中国私营经济年鉴

（二〇〇四年——二〇〇六年六月）

中华全国工商业联合会
中国民（私）营经济研究会 主编

中华工商联合出版社

责任编辑：陈光辉　祖冲力
封面设计：刘　彬

图书在版编目（CIP）数据

中国私营经济年鉴：2004 年～2006 年 6 月/中华全国工商业联合会，中国民（私）营经济研究会主编. —北京：中华工商联合出版社，2006. 12
ISBN 978－7－80193－524－3

Ⅰ. 中…　Ⅱ. ①中…②中…　Ⅲ. 私营经济-中国-2004～2006－年鉴　Ⅳ. F121. 23－54

中国版本图书馆 CIP 数据核字（2006）第 163284 号

中华工商联合出版社出版、发行
北京东城区东直门外新中街 11 号
邮编：100027　　电话：64153909
网址：www. chgslcbs. cn
北京盛兰兄弟印刷装订有限公司印刷
新华书店总经销

850×1168 毫米　1/16　印张：45　彩插 40 面　1300 千字
2007 年 1 月第 1 版　2007 年 1 月第 1 次印刷
ISBN 978－7－80193－524－3/F・194
定价：298. 00 元

《中国私营经济年鉴》

(2004年－2006年6月)

编委会

目　录

重要文件摘编

中央领导人讲话摘编

综合研究报告

专题研究报告

各地个体、私营经济发展概况

个体私营经济统计数据简要分析

党建、工会、人物

中国私营经济大事记

法　律

国务院行政法规及文件

司法解释

部门规章及文件

地方政策法规

企业家论坛

重要文件摘编

中共中央关于加强党的执政能力建设的决定（节录）

（2004 年 9 月 19 日中国共产党第十六届中央委员会第四次全体会议通过）

我国经济体制改革仍处在攻坚阶段，建成完善的社会主义市场经济体制和更具活力、更加开放的经济体系的任务还很艰巨。要尊重群众的首创精神，围绕改革的重点和难点，鼓励大胆探索、勇于实践，坚决破除一切妨碍发展的观念和体制机制弊端。切实解决好关系经济体制改革全局的重大问题。正确处理坚持公有制为主体和促进非公有制经济发展的关系，毫不动摇地巩固和发展公有制经济、发挥国有经济的主导作用，毫不动摇地鼓励、支持和引导个体、私营等非公有制经济发展，使两者在社会主义现代化建设进程中相互促进、共同发展。

摘自《中共中央关于加强党的执政能力建设的决定》（2004 年 9 月 19 日中国共产党第十六届中央委员会第四次全体会议通过）

中共中央关于制定国民经济和社会发展第十一个五年规划的建议（节录）

（2005年10月11日中国共产党第十六届中央委员会第五次全体会议通过）

大力发展个体、私营等非公有制经济，鼓励和支持非公有制经济参与国有企业改革，进入金融服务、公用事业、基础设施等领域。引导个体、私营企业制度创新，加强和改进对非公有制企业的服务和监管。各类企业都要切实维护职工合法权益。

摘自《中共中央关于制定国民经济和社会发展第十一个五年规划的建议》（2005年10月11日中国共产党第十六届中央委员会第五次全体会议通过）

中共中央关于构建社会主义和谐社会若干重大问题的决定（节录）

（2006 年 10 月 11 日中国共产党第十六届中央委员会第六次全体会议通过）

——必须坚持改革开放。坚持社会主义市场经济的改革方向，适应社会发展要求，推进经济体制、政治体制、文化体制、社会体制改革和创新，进一步扩大对外开放，提高改革决策的科学性、改革措施的协调性，建立健全充满活力、富有效率、更加开放的体制机制。

——推进文化体制改革，形成富有活力的文化管理体制和文化产品生产经营机制。加强公益性文化设施建设，鼓励社会力量捐助和兴办公益性文化事业，加快建立覆盖全社会的公共文化服务体系。

——完善文化产业政策，培育国有和国有控股骨干文化企业，鼓励非公有资本依法进入文化产业，以重大文化产业项目带动发展，推动集约化经营，提供价格合理、形式多样的文化产品和服务，增强文化产品国际竞争力。

——坚持发挥生产力作为最活跃最革命因素的决定性作用，坚定不移地通过深化改革破除各种障碍，完善公平竞争机制，健全现代产权制度，不断解放和发展生产力。坚持把创新精神贯穿到治国理政的各个环节，使一切有利于社会进步的创造才能得到发挥，保护创新热情，鼓励创新实践，完善创新机制，宽容创新挫折，增强自主创新能力，建设创新型国家。弘扬自力更生、顽强拼搏、团结协作精神，倡导自主创业、艰苦创业、和谐创业，营造鼓励人们干事业、支持人们干成事业的社会环境，共同致力于建设中国特色社会主义伟大事业。

——高举爱国主义和社会主义伟大旗帜，发挥统一战线在促进社会和谐中的独特优势，支持人民政协围绕团结和民主两大主题履行政治协商、民主监督、参政议政的职能，发挥协调关系、汇集力量、建言献策、服务大局的作用，加强各党派、各团体、各民族、各阶层、各界人士的团结和谐。贯彻长期共存、互相监督、肝胆相照、荣辱与共的方针，加强同民主党派和无党派人士合作共事，不断发展我国社会主义多党合作事业。坚持全心全意依靠工人阶级的方针，发挥包括知识分子在内的工人阶级、广大农民推动经济社会发展根本力量的作用，鼓励和支持包括新的社会阶层在内的全体社会主义事业的建设者为经济社会发展贡献力量。

摘自 2006 年 10 月 18 日新华网

中共中央颁发《关于巩固和壮大新世纪新阶段统一战线的意见》(节录)

2006年11月29日

《意见》指出，要切实做好新的社会阶层人士统战工作。改革开放以来出现的新的社会阶层，主要由非公有制经济人士和自由择业知识分子组成，集中分布在新经济组织、新社会组织中。他们作为中国特色社会主义事业的建设者，在促进共同富裕、构建社会主义和谐社会、全面建设小康社会中发挥着重要作用。新的社会阶层人士是统一战线工作新的着力点，要最大限度地把他们团结在党的周围，充分发挥他们的作用，不断为实现中华民族的伟大复兴凝聚新力量。要坚持充分尊重、广泛联系、加强团结、热情帮助、积极引导的方针，以社团为纽带，以社区为依托，以网络为媒介，以活动为抓手，探索做好新的社会阶层人士统战工作的机制和方法。要在党委统一领导下，建立由统战部门牵头、党政有关部门参加、社会有关团体参与的联席会议制度，形成开展新的社会阶层人士统战工作的合力。要把新的社会阶层代表人士的培养选拔纳入党外代表人士队伍建设的总体规划，逐步建立一支代表人士队伍。

《意见》指出，要加强党外代表人士队伍建设。建设一支素质优良、结构合理、数量充足的党外代表人士及其后备队伍，直接关系到党与党外人士合作的水平，关系到中国共产党领导的多党合作和政治协商制度的坚持和完善，关系到统一战线的持续发展。要努力提高党外代表人士的综合素质，提高他们的政治把握能力、组织协调能力、参政议政能力、合作共事能力。要加强党外代表人士后备队伍建设，按照干部队伍建设的基本要求和党外人才成长规律，把党外代表人士后备队伍建设工作纳入人才和干部队伍建设的总体规划。通过建立健全党外干部的培养选拔任用机制和监督管理机制，不断推进党外代表人士的新老交替和政治交接。

摘自2006年11月29日《经济日报》

国务院关于鼓励支持和引导个体私营等非公有制经济发展的若干意见

（国发［2005］3号）

各省、自治区、直辖市人民政府，国务院各部委、各直属机构：

公有制为主体、多种所有制经济共同发展是我国社会主义初级阶段的基本经济制度。毫不动摇地巩固和发展公有制经济，毫不动摇地鼓励、支持和引导非公有制经济发展，使两者在社会主义现代化进程中相互促进，共同发展，是必须长期坚持的基本方针，是完善社会主义市场经济体制、建设中国特色社会主义的必然要求。改革开放以来，我国个体、私营等非公有制经济不断发展壮大，已经成为社会主义市场经济的重要组成部分和促进社会生产力发展的重要力量。积极发展个体、私营等非公有制经济，有利于繁荣城乡经济、增加财政收入，有利于扩大社会就业、改善人民生活，有利于优化经济结构、促进经济发展，对全面建设小康社会和加快社会主义现代化进程具有重大的战略意义。

鼓励、支持和引导非公有制经济发展，要以邓小平理论和“三个代表”重要思想为指导，全面落实科学发展观，认真贯彻中央确定的方针政策，进一步解放思想，深化改革，消除影响非公有制经济发展的体制性障碍，确立平等的市场主体地位，实现公平竞争；进一步完善国家法律法规和政策，依法保护非公有制企业和职工的合法权益；进一步加强和改进政府监督管理和服务，为非公有制经济发展创造良好环境；进一步引导非公有制企业依法经营、诚实守信、健全管理，不断提高自身素质，促进非公有制经济持续健康发展。为此，现提出以下意见：

一、放宽非公有制经济市场准入

（一）贯彻平等准入、公平待遇原则。允许非公有资本进入法律法规未禁入的行业和领域。允许外资进入的行业和领域，也允许国内非公有资本进入，并放宽股权比例限制等方面的条件。在投资核准、融资服务、财税政策、土地使用、对外贸易和经济技术合作等方面，对非公有制企业与其他所有制企业一视同仁，实行同等待遇。对需要审批、核准和备案的事项，政府部门必须公开相应的制度、条件和程序。国家有关部门与地方人民政府要尽快完成清理和修订限制非公有制经济市场准入的法规、规章和政策性规定工作。外商投资企业依照有关法律法规的规定执行。

（二）允许非公有资本进入垄断行业和领域。加快垄断行业改革，在电力、电信、铁路、民航、石油等行业和领域，进一步引入市场竞争机制。对其中的自然垄断业务，积极推进投资主体多元化，非公有资本可以参股等方式进入；对其他业务，非公有资本可以独资、合资、合作、项目融资等方式进入。在国家统一规划的前提下，除国家法律法规等另有规定的外，允许具备资质的非公有制企业依法平等取得矿产资源的探矿权、采矿权，鼓励非公有资本，进行商业性矿产资源的勘查开发。

（三）允许非公有资本进入公用事业和基础设施领域。加快完善政府特许经营制度，规范招投标行为，支持非公有资本积极参与城镇供水、供气、供热、公共交通、污水垃圾处理等市政公用事业和基础设施的投资、建设与运营。在规范转让行为的前提下，具备条件的公用事业和基础设施项目，可向非公有制企业转让产权或经营权。鼓励非公有制企业参与市政公用企业、事业单位的产权制度和经营方式改革。

（四）允许非公有资本进入社会事业领域。支持、引导和规范非公有资本投资教育、科研、卫生、文化、体育等社会事业的非营利性和营利性领域。在放开市场准入的同时，加强政府和社会监管，维护公众利益。支持非公有制经济参与公有制社会事业单位的改组改制。通过税收等相关政策，鼓励非公有制经济捐资捐赠社会事业。

（五）允许非公有资本进入金融服务业。在加强立法、规范准入、严格监管、有效防范金融风险的前提下，允许非公有资本进入区域性股份制银行和合作性金融机构。符合条件的非公有制企业可以发起设立金融中介服务机构。允许符合条件的非公有制企业参与银行、证券、保险等金融机构的改组改制。

（六）允许非公有资本进入国防科技工业建设领域。坚持军民结合、寓军于民的方针，发挥市场机制的作用，允许非公有制企业按有关规定参与军工科研生产任务的竞争以及军工企业的改组改制。鼓励非公有制企业参与军民两用高技术开发及其产业化。

（七）鼓励非公有制经济参与国有经济结构调整和国有企业重组。大力发展国有资本、集体资本和非公有资本等参股的混合所有制经济。鼓励非公有制企业通过并购和控股、参股等多种形式，参与国有企业和集体企业的改组改制改造。非公有制企业并购国有企业，参与其分离办社会职能和辅业改制，在资产处置、债务处理、职工安置和社会保障等方面，参照执行国有企业改革的相应政策。鼓励非公有制企业并购集体企业，有关部门要抓紧研究制定相应政策。

（八）鼓励、支持非公有制经济参与西部大开发、东北地区等老工业基地振兴和中部地区崛起。西部地区、东北地区等老工业基地和中部地区要采取切实有效的政策措施，大力发展非公有制经济，积极吸引非公有制企业投资建设和参与国有企业重组。东部沿海地区也要继续鼓励、支持非公有制经济发展壮大。

二、加大对非公有制经济的财税金融支持

（九）加大财税支持力度。逐步扩大国家有关促进中小企业发展专项资金规模，省级人民政府及有条件的市、县应在本级财政预算中设立相应的专项资金。加快设立国家中小企业发展基金。研究完善有关税收扶持政策。

（十）加大信贷支持力度。有效发挥贷款利率浮动政策的作用，引导和鼓励各金融机构从非公有制经济特点出发，开展金融产品创新，完善金融服务，切实发挥银行内设中小企业信贷部门的作用，改进信贷考核和奖惩管理方式，提高对非公有制企业的贷款比重。城市商业银行和城市信用社要积极吸引非公有资本入股；农村信用社要积极吸引农民、个体工商户和中小企业入股，增强资本实力。政策性银行要研究改进服务方式，扩大为非公有制企业服务的范围，提供有效的金融产品和服务。鼓励政策性银行依托地方商业银行等中小金融机构和担保机构，开展以非公有制中小企业为主要服务对象的转贷款、担保贷款等业务。

（十一）拓宽直接融资渠道。非公有制企业在资本市场发行上市与国有企业一视同仁。在加快完善中小企业板块和推进制度创新的基础上，分步推进创业板市场，健全证券公司代办股份转让系统的功能，为非公有制企业利用资本市场创造条件。鼓励符合条件的非公有制企业到境外上市。规范和发展产权交易市场，推动各类资本的流动和重组。鼓励非公有制经济以股权融资、项目融资等方式筹集资金。建立健全创业投资机制，支持中小投资公司的发展。允许符合

条件的非公有制企业依照国家有关规定发行企业债券。

（十二）鼓励金融服务创新。改进对非公有制企业的资信评估制度，对符合条件的企业发放信用贷款。对符合有关规定的企业，经批准可开展工业产权和非专利技术等无形资产的质押贷款试点。鼓励金融机构开办融资租赁、公司理财和账户托管等业务。改进保险机构服务方式和手段，开展面向非公有制企业的产品和服务创新。支持非公有制企业依照有关规定吸引国际金融组织投资。

（十三）建立健全信用担保体系。支持非公有制经济设立商业性或互助性信用担保机构。鼓励有条件的地区建立中小企业信用担保基金和区域性信用再担保机构。建立和完善信用担保的行业准入、风险控制和补偿机制，加强对信用担保机构的监管。建立健全担保业自律性组织。

三、完善对非公有制经济的社会服务

（十四）大力发展社会中介服务。各级政府要加大对中介服务机构的支持力度，坚持社会化、专业化、市场化原则，不断完善社会服务体系。支持发展创业辅导、筹资融资、市场开拓、技术支持、认证认可、信息服务、管理咨询、人才培训等各类社会中介服务机构。按照市场化原则，规范和发展各类行业协会、商会等自律性组织。整顿中介服务市场秩序，规范中介服务行为，为非公有制经济营造良好的服务环境。

（十五）积极开展创业服务。进一步落实国家就业和再就业政策，加大对自主创业的政策扶持，鼓励下岗失业人员、退役士兵、大学毕业生和归国留学生等各类人员创办小企业，开发新岗位，以创业促就业。各级政府要支持建立创业服务机构，鼓励为初创小企业提供各类创业服务和政策支持。对初创小企业，可按照行业特点降低公司注册资本限额，允许注册资金分期到位，减免登记注册费用。

（十六）支持开展企业经营者和员工培训。根据非公有制经济的不同需求，开展多种形式的培训。整合社会资源，创新培训方式，形成政府引导、社会支持和企业自主相结合的培训机制。依托大专院校、各类培训机构和企业，重点开展法律法规、产业政策、经营管理、职业技能和技术应用等方面的培训，各级政府应给予适当补贴和资助。企业应定期对职工进行专业技能培训和安全知识培训。

（十七）加强科技创新服务。要加大对非公有制企业科技创新活动的支持，加快建立适合非公有制中小企业特点的信息和共性技术服务平台，推进非公有制企业的信息化建设。大力培育技术市场，促进科技成果转化和技术转让。科技中介服务机构要积极为非公有制企业提供科技咨询、技术推广等专业化服务。引导和支持科研院所、高等院校与非公有制企业开展多种形式的产学研联合。鼓励国有科研机构向非公有制企业开放试验室，充分利用现有科技资源。支持非公有资本创办科技型中小企业和科研开发机构。鼓励有专长的离退休人员为非公有制企业提供技术服务。切实保护单位和个人知识产权。

（十八）支持企业开拓国内外市场。改进政府采购办法，在政府采购中非公有制企业与其他企业享受同等待遇。推动信息网络建设，积极为非公有制企业提供国内外市场信息。鼓励和支持非公有制企业扩大出口和“走出去”，到境外投资兴业，在对外投资、进出口信贷、出口信用保险等方面与其他企业享受同等待遇。鼓励非公有制企业在境外申报知识产权。发挥行业协会、商会等中介组织作用，利用好国家中小企业国际市场开拓资金，支持非公有制企业开拓国际市场。

（十九）推进企业信用制度建设。加快建立适合非公有制中小企业特点的信用征集体系、评级发布制度以及失信惩戒机制，推进建立企业信用档案试点工作，建立和完善非公有制企业信用档案数据库。对资信等级较高的企业，有关登记审核机构应简化年检、备案等手续。要强化企业信用意识，健全企业信用制度，建立企业信用自律机制。

四、维护非公有制企业和职工的合法权益

（二十）完善私有财产保护制度。要严格执行保护合法私有财产的法律法规和行政规章，任何单位和个人不得侵犯非公有制企业的合法财产，不得非法改变非公有制企业财产的权属关系。按照宪法修正案规定，加快清理、修订和完善与保护合法私有财产有关的法律法规和行政规章。

（二十一）维护企业合法权益。非公有制企业依法进行的生产经营活动，任何单位和个人不得干预。依法保护企业主的名誉、人身和财产等各项合法权益。非公有制企业合法权益受到侵害时提出的行政复议等，政府部门必须及时受理，公平对待，限时答复。

（二十二）保障职工合法权益。非公有制企业要尊重和维护职工的各项合法权益，要依照《中华人民共和国劳动法》等法律法规，在平等协商的基础上与职工签订规范的劳动合同，并健全集体合同制度，保证双方权利与义务对等；必须依法按时足额支付职工工资，工资标准不得低于或变相低于当地政府规定的最低工资标准，逐步建立职工工资正常增长机制；必须尊重和保障职工依照国家规定享有的休息休假权利，不得强制或变相强制职工超时工作，加班或延长工时；必须依法支付加班工资或给予补休；必须加强劳动保护和职业病防治，按照《中华人民共和国安全生产法》等法律法规要求，切实做好安全生产与作业场所职业危害防治工作，改善劳动条件，加强劳动保护。要保障女职工合法权益和特殊利益，禁止使用童工。

（二十三）推进社会保障制度建设。非公有制企业及其职工要按照国家有关规定，参加养老、失业、医疗、工伤、生育等社会保险，缴纳社会保险费。按照国家规定建立住房公积金制度。有关部门要根据非公有制企业量大面广、用工灵活、员工流动性大等特点，积极探索建立健全职工社会保障制度。

（二十四）建立健全企业工会组织。非公有制企业要保障职工依法参加和组建工会的权利。企业工会组织实行民主管理，依法代表和维护职工合法权益。企业必须为工会正常开展工作创造必要条件，依法拨付工会经费，不得干预工会事务。

五、引导非公有制企业提高自身素质

（二十五）贯彻执行国家法律法规和政策规定。非公有制企业要贯彻执行国家法律法规，依法经营，照章纳税。服从国家的宏观调控，严格执行有关技术法规，自觉遵守环境保护和安全生产等有关规定，主动调整和优化产业、产品结构，加快技术进步，提高产品质量，降低资源消耗，减少环境污染。国家支持非公有制经济投资高新技术产业、现代服务业和现代农业，鼓励发展就业容量大的加工贸易、社区服务、农产品加工等劳动密集型产业。

（二十六）规范企业经营管理行为。非公有制企业从事生产经营活动，必须依法获得安全生产、环保、卫生、质量、土地使用、资源开采等方面的相应资格和许可。企业要强化生产、营销、质量等管理，完善各项规章制度。建立安全、环保、卫生、劳动保护等责任制度，并保证必要的投入。建立健全会计核算制度，如实编制财务报表。企业必须依法报送统计信息。加快研究改进和完善个体工商户、小企业的会计、税收、统计等管理制度。

（二十七）完善企业组织制度。企业要按照法律法规的规定，建立规范的个人独资企业、合伙企业和公司制企业。公司制企业要按照《中华人民共和国公司法》要求，完善法人治理结构。探索建立有利于个体工商户、小企业发展的组织制度。

（二十八）提高企业经营管理者素质。非公有制企业出资人和经营管理人员要自觉学习国家法律法规和方针政策，学习现代科学技术和经营管理知识，增强法制观念、诚信意识和社会公德，努力提高自身素质。引导非公有制企业积极开展扶贫开发、社会救济和“光彩事业”等社会公益性活动，增强社会责任感。各级政府要重视非公有制经济的人才队伍建设，在人事管理、教育培训、职称评定和政府奖励等方面，与公有制企业实行同等政策。建立职业经理人测评与推荐制度，加快企业经营管理人才职业化、市场化进程。

（二十九）鼓励有条件的企业做强做大。国家支持有条件的非公有制企业通过兼并、收购、联合等方式，进一步壮大实力，发展成为主业突出、市场竞争力强的大公司大集团，有条件的可向跨国公司发展。鼓励非公有制企业实施品牌发展战略，争创名牌产品。支持发展非公有制高新技术企业，鼓励其加大科技创新和新产品开发力度，努力提高自主创新能力，形成自主知识产权。国家关于企业技术改造、科技进步、对外贸易以及其他方面的扶持政策，对非公有制企业同样适用。

（三十）推进专业化协作和产业集群发展。引导和支持企业从事专业化生产和特色经营，向“专、精、特、新”方向发展。鼓励中小企业与大企业开展多种形式的经济技术合作，建立稳定的供应、生产、销售、技术开发等协作关系。通过提高专业化协作水平，培育骨干企业和知名品牌，发展专业化市场，创新市场组织形式，推进公共资源共享，促进以中小企业集聚为特征的产业集群健康发展。

六、改进政府对非公有制企业的监管

（三十一）改进监管方式。各级人民政府要根据非公有制企业生产经营特点，完善相关制度，依法履行监督和管理职能。各有关监管部门要改进监管办法，公开监管制度，规范监管行为，提高监管水平。加强监管队伍建设，提高监管人员素质。及时向社会公布有关监管信息，发挥社会监督作用。

（三十二）加强劳动监察和劳动关系协调。各级劳动保障等部门要高度重视非公有制企业劳动关系问题，加强对非公有制企业执行劳动合同、工资报酬、劳动保护和社会保险等法规、政策的监督检查。建立和完善非公有制企业劳动关系协调机制，健全劳动争议处理制度，及时化解劳动争议，促进劳动关系和谐，维护社会稳定。

（三十三）规范国家行政机关和事业单位收费行为。进一步清理现有行政机关和事业单位收费，除国家法律法规和国务院财政、价格主管部门规定的收费项目外，任何部门和单位无权向非公有制企业强制收取任何费用，无权以任何理由强行要求企业提供各种赞助费或接受有偿服务。要严格执行收费公示制度和收支两条线的管理规定，企业有权拒绝和举报无证收费和不合法收费行为。各级人民政府要加强对各类收费的监督检查，严肃查处乱收费、乱罚款及各种摊派行为。

七、加强对发展非公有制经济的指导和政策协调

（三十四）加强对非公有制经济发展的指导。各级人民政府要根据非公有制经济发展的需要，强化服务意识，改进服务方式，创新服务手段。要将非公有制经济发展纳入国民经济和社会发展规划，加强对非公有制经济发展动态的监测和分析，及时向社会公布有关产业政策、发展规划、投资重点和市场需求等方面的信息。建立促进非公有制经济发展的工作协调机制和部门联席会议制度，加强部门之间的配合，形成促进非公有制经济健康发展的合力。要充分发挥

各级工商联在政府管理非公有制企业方面的助手作用。统计部门要改进和完善现行统计制度，及时准确反映非公有制经济发展状况。

（三十五）营造良好的舆论氛围。大力宣传党和国家鼓励、支持和引导非公有制经济发展的方针政策与法律法规，宣传非公有制经济在社会主义现代化建设中的重要地位和作用，宣传和表彰非公有制经济中涌现出的先进典型，形成有利于非公有制经济发展的良好社会舆论环境。

（三十六）认真做好贯彻落实工作。各地区、各部门要加强调查研究，抓紧制定和完善促进非公有制经济发展的具体措施及配套办法，认真解决非公有制经济发展中遇到的新问题，确保党和国家的方针政策落到实处，促进非公有制经济健康发展。

中央领导人讲话摘编

在全国“两会”上海代表团会上的讲话（节录）

（2006年3月6日）

胡锦涛

胡锦涛强调，要在新的历史起点上继续推进社会主义现代化建设，说到底要靠深化改革、扩大开放。要毫不动摇地坚持改革方向，进一步坚定改革的决心和信心，不断完善社会主义市场经济体制，充分发挥市场在资源配置中的基础性作用，同时努力加强和改善宏观调控，保证经济社会又快又好发展。要不失时机地推进改革，切实加大改革力度，在一些重要领域和关键环节实现改革的新突破，同时注重提高改革决策的科学性，增强改革措施的协调性，使改革兼顾到各方面利益、照顾到各方面关切，真正得到广大人民群众拥护和支持。要不断提高对外开放水平，着力转变对外贸易增长方式，优化引进外资结构，支持有条件的企业对外投资和跨国经营，同时注意维护国家经济安全。

摘自2006年3月7日《人民日报》

在全国统战工作会议上的讲话（节录）

（2006年7月10日）

胡锦涛

必须科学分析和准确把握我国社会阶层结构发生的深刻变化，全面兼顾和实现社会各阶层群众的利益，充分发挥社会各阶层在推动经济社会发展中的作用。要坚持充分尊重、广泛联系、加强团结、热情帮助、积极引导的方针，切实做好新的社会阶层人士的工作，尊重他们的劳动创造和创业精神，凝聚他们的聪明才智，引导他们做合格的中国特色社会主义事业的建设者。

摘自2006年7月12日新华网

在国务院召开促进非公有制经济发展温州座谈会上的讲话（节录）

（2004 年 8 月 28 日）

温家宝

一是国家依法保护非公有制企业的权益。非公有制企业要依法经营，照章纳税，保障职工的合法权益。二是国家制定鼓励、支持和引导非公有制经济发展的政策。非公有制企业要认真执行国家的产业政策、环保政策和其他政策。三是国家为非公有制企业创造公平的市场环境，进一步放宽市场准入。非公有制企业要自觉遵守市场规则。四是国家为非公有制企业发展创造比较宽松的融资环境。非公有制企业要按照国家规定规范财务和资金管理，守法诚信，自觉维护金融秩序。五是社会营造支持非公有制经济发展的舆论环境。非公有制企业要通过改革创新，提高自身素质，以优质产品和优质服务赢得社会的信任。

摘自《非公有制经济政策读本》

在中共十六届五中全会上关于制定国民经济和社会发展第十一个五年规划建议的说明（节录）

（2005 年 10 月 8 日）

温家宝

坚持公有制为主体、多种所有制经济共同发展。国有经济布局和结构调整、国有企业改革已取得了重要进展，但仍然需要加大力度，继续推进。要加快国有大型企业股份制改革，健全现代企业制度。深化垄断行业改革，放宽市场准入，实现投资主体和产权多元化。建立健全各类国有资产监管体制和制度。继续深化集体企业改革。同时，认真贯彻落实鼓励、支持和引导非公有制经济发展的方针和政策，为非公有制企业健康发展创造公平竞争的法治环境、政策环境和市场环境。

摘自《关于制定国民经济和社会发展第十一个五年规划建议的说明》

对国务院召开促进非公有制经济发展青岛座谈会的批示

（2004 年 7 月 26 日）

温家宝

我国个体、私营等非公有制经济是社会主义市场经济的重要组成部分，是促进社会生产力发展的重要力量，对经济增长、扩大就业、活跃市场、增加财政收入发挥着重要作用。要按照党的十六大和宪法的要求，坚持公有制为主体、多种所有制经济共同发展的基本经济制度，毫不动摇地巩固和发展公有制经济，毫不动摇地鼓励、支持和引导非公有制经济发展。要抓紧研究制定鼓励、支持和引导非公有制经济发展的政策措施，清理和修订限制非公有制经济发展的法律法规和政策，消除体制性障碍，切实保护私有财产权，使非公有制企业与其他企业享受同等待遇，实现公平竞争。当前，国家实行的宏观调控，解决经济运行中的突出矛盾和问题，不仅有利于国民经济平稳较快发展，也有利于非公有制经济健康发展。

摘自《非公有制经济政策读本》

在第十届全国人民代表大会第三次会议上的政府工作报告（节录）

（2005 年 3 月 5 日）

温家宝

鼓励、支持和引导非公有制经济发展。认真贯彻落实国务院《关于鼓励支持和引导个体私营等非公有制经济发展的若干意见》，为非公有制企业创造平等竞争的法治环境、政策环境和市场环境；进一步放宽非公有资本进入的行业和领域，拓宽非公有制企业融资渠道，依法保护私有财产权和非公有制企业权益。改进政府对非公有制企业的服务和监管。非公有制企业要提高自身素质，遵守国家法律法规政策和安全、环保等规定，保障职工合法权益。

摘自温家宝2005 年3 月 5 日在第十届全国人民代表大会第三次会议上作的《政府工作报告》

非公有制经济人士要争做中国特色社会主义事业优秀建设者（节录）

（全国政协主席贾庆林2004年12月24日在会见全国非公有制经济人士中国特色社会主义事业优秀建设者表彰大会全体代表时的讲话）

贾庆林

随着非公有制经济的发展，非公有制经济人士队伍不断壮大，涌现出一批政治上有觉悟、经济上有实力、社会上有影响、对人民有贡献的代表人士。他们在发展企业、走向富裕的同时，继承和发扬中华民族传统美德，致富不忘国家，自觉回报社会，踊跃参与公益事业和光彩事业，积极解囊赈灾、捐资助学、扶贫济困，以实际行动树立良好的社会形象，受到社会各界的广泛赞誉，对引导广大非公有制经济人士做合格的中国特色社会主义事业建设者，起到了积极的示范作用。

当前，我国非公有制经济正处于历史上最好的发展时期，希望广大非公有制经济人士抓住机遇，乘势而上，为完善社会主义市场经济体制、实现全现建设小康社会奋斗目标贡献更大的力量。各级党委、政府特别是统战部门、工商联组织要加强对非公有制经济人士的团结、帮助、引导、教育，努力培养一支热爱党、热爱祖国、热爱社会主义、热爱人民的代表人士队伍，引导和带动广大非公有制经济人士坚定走中国特色社会主义道路，为全面建设小康社会、实现中华民族伟大复兴做出新的更大的贡献。

摘自2004年12月25日《人民日报》

在全国政协民建、工商联联组会上的讲话（节录）

（2006 年 3 月 7 日）

贾庆林

在党和国家政策的正确指引下，我国非公有制经济获得长足发展，已经成为我国国民经济新的增长点，成为推动社会主义市场经济体制完善的重要力量，成为吸纳社会就业的重要渠道，成为活跃市场方便群众生活的重要力量，成为对外经贸合作的积极参与者，成为科技创新的生力军。贾庆林说，我们要充分认识非公有制经济在建设中国特色社会主义事业中的重要作用，进一步增强发展非公有制经济的自觉性和坚定性。要认真贯彻落实科学发展观，积极引导非公有制经济人士为实施“十一五”规划和全面建设小康社会做贡献，要充分发挥民建、工商联的作用，积极引导非公有制经济健康发展和非公有制经济人士健康成长。贾庆林强调，我们要按照中央的要求，始终坚持“两个毫不动摇”，不断消除体制性障碍，允许非公有制经济进入法律法规未禁止的行业领域，继续鼓励和支持非公有制企业参与国企改革，进入金融服务、基础设施建设等领域，完善金融、税收、科技创新等方面的政策，推动非公有制经济健康发展。

摘自 2006 年 3 月 8 日《人民日报》

在促进非公有制经济健康发展论坛上的讲话（节录）

（2006 年 11 月 17 日）

贾庆林

贾庆林对广大非公有制经济人士提出四点希望。第一，坚持正确政治方向，始终不渝地走中国特色社会主义道路。要坚决拥护中国共产党的领导，不断深化对党的基本理论、基本纲领、基本路线、基本经验的认识，加深对党的一系列治国理政新思想的学习和了解，进一步增强走中国特色社会主义道路的自觉性和坚定性。第二，做强做大企业，在促进经济又好又快发展中发挥积极作用。要认真贯彻国家关于经济社会发展的方针政策，大力培育骨干企业，发展主业突出、市场竞争力强的大公司、大集团，努力成为经济增长的生力军。要注重科技创新，形成自主知识产权，争创名牌产品，努力成为自主创新的生力军。要大胆开拓国际市场，在更大范围、更广领域和更高层次上参与国际经贸合作，努力成为实施“走出去”战略的生力军。第三，提高自身素质，努力成为合格的中国特色社会主义事业的建设者。要不断加强自我修养，全面提高思想道德素质和科学文化素质。学习和遵守国家法律法规和方针政策，加强企业行为的自我规范、自我约束，依靠诚实劳动、合法经营、公平竞争，树立品牌和形象。第四，增强社会责任，为构建社会主义和谐社会贡献力量。要大力发展劳动密集型产业和服务业，挖掘企业内部潜力，多渠道、多方式增加就业岗位。要以发展和谐劳动关系为目标，尊重和维护职工的各项合法权益，依法按时足额支付职工工资，改善员工工作、生活条件和环境，努力构建和谐企业。要更多地关注社会的发展与进步，关心社会困难群体，踊跃投身到智力支边、温暖工程和光彩事业中去，报效国家、服务社会、回馈人民。

摘自 2006 年 11 月 17 日新华网

综合研究报告

2006年中国第七次私营企业抽样调查数据分析综合报告

《中国私营企业研究》课题组

关于本次调查的说明

由中共中央统战部、中华全国工商业联合会、国家工商行政管理总局、中国民（私）营经济研究会组成的《中国私营企业研究》课题组在2006年上半年实施了第七次全国私营企业抽样调查。①

作为调查对象的那些私营企业，系指在各地工商管理局登记“企业资产属于私人所有、雇工八人以上的盈利性的经济组织”②。由于行业特点和季节用工等原因，一些私营企业雇工不足八人，本次调查也把它们列入问卷对象。

从2004年第六次全国私营企业抽样调查到现在，又过去了整整两年。在此期间，有两件大事对私营企业的发展影响最大：一是2004年中国共产党十六届四中全会提出了构建社会主义和谐社会的战略任务，为包括私营企业主在内的新的社会阶层指明了进取的方向。二是2005年2月国务院发布了《关于鼓励支持和引导个体私营等非公有制经济发展的若干意见》，（即国发［2005］3号文件），为私营企业的发展系统地提出了相关的政策。以这两件大事作为大背景，本次调查内容在保持连续性的基础上，增加了相应的新条目。

为了保持数据的可比性，本次调查问卷与前六次一样，分为私营企业和私营企业主两大部分。前者包括企业发展历史、治理结构、资金构成、经营状况、劳资关系等内容；后者包括企业主的社会属性、组织状况、生活方式、政治诉求以及对统战部、工商联工作的期望等。课题组在2006年1～2月反复讨论问卷，六易其稿，并报全国工商联领导首肯。

本次调查仍分别由各地工商联和工商局实施。工商联在全国31个省、市、自治区按0.55‰比例进行多阶段抽样，即按社会经济发展水平抽取县和（县级）市，再按城乡与行业分布随机抽取被调查企业，一共发放了2 360份问卷，回收2 301份，回收率为97.5%；工商局在15个省、市、自治区的常年观测点实施调查，一共发放了1 600份问卷，共回收问卷1 536份，回收率为96.0%。全国工商联和国家工商行政管理总局于2006年3月分别培训了各地调查负责人；4～6月实施入户调查；7～8月进行了后期的数据统计处理。本次调查统计时点统一规定为2005年年底，其他数据延续到2006年6月底。

由于私营企业的发展相当不平衡，企业规模相差甚大，同一项指标在不同企业里呈偏态分

① 前六次全国私营企业调查在1993年、1995年、1997年、2000年、2002年、2004年实施，有关数据及分析分别发表在《中国私营经济年鉴（1994年版）》（香港经济导报社）、《中国私营经济年鉴（1996年版）》（中华工商联合出版社）、《中国私营企业发展报告（1978～1998）》（社会科学文献出版社）、《中国私营经济年鉴（2004年版）》（华文出版社）、《中国私营经济年鉴（2000～2001年）》（中华工商联合出版社）、《中国私营经济年鉴（2002年～2004年6月）》（中国致公出版社）。

② 《中华人民共和国私营企业暂行条例》（1988年5月15日国务院令第4号发布）。

布，因此，在表示私营企业一般发展水平的一些数据中，受到少数畸大畸小（主要是畸大）的极端数据的影响，往往使平均数偏离一般水平而失去代表性。为了避免这种情况，我们在本报告中经常使用中位数这个概念。所谓中位数，就是用同一指标所有数据里大小居中的数值来表示一般水平。为了便于比较，我们在一些指标中同时列出平均数和中位数，两个数值的差距可以在一定程度上提示数据分布的偏斜程度。

从1997年第三次全国抽样起，我们对部分私营企业进行了追踪调查，时至今日已坚持了十年、六个时点，这对于总结企业发展的经验与教训是十分宝贵的资料，课题组将另做全面分析。

第一部分 近两年来私营经济宏观发展态势

（一）国发［2005］3号文件出台后，从中央部门到地方各省区市都加强了对非公经济的鼓励支持和引导

2005年2月出台的《国务院关于鼓励支持和引导个体私营等非公有制经济发展的若干意见》（国发［2005］3号文件）共7章36条。它主要包括7个方面的重要政策，即放宽市场准入，加大财税金融支持，完善社会服务，维护企业和职工的合法权益，引导企业提高自身素质，改进政府监管，加强发展指导和政策协调。它的核心内容是确立非公有制经济平等的市场主体地位，为非公有制经济发展创造一视同仁的法制环境、政策环境和市场环境。国发［2005］3号文件在市场准入方面取得了根本性突破：第一次正式提出了要“贯彻平等准入、公平待遇原则”；第一次明确了允许非公有制经济进入垄断行业，并可参股自然垄断行业；第一次明确提出了非公有制企业可平等取得矿产资源的探矿权、采矿权和商业性勘查开发权；第一次明确了允许非公有制企业进入国防科技工业领域。同时，文件还明确要求各级政府部门和各级地方政府都要制定相应的配套措施和实施办法，修改和完善相关的法律法规。

文件正式颁布一年多来，中央有关部门和单位相继出台了一系列配套法规，各级政府也依据地方实际，纷纷出台了贯彻和落实的“实施意见”。

首先，国家发改委在国发［2005］3号文件发布不久就提出了一个经国务院同意的贯彻落实文件的分工方案。分工方案涉及56个相关部门和单位。

其次，截至2006年上半年，已有10多个部门和单位出台了22个配套文件，还有一部分配套措施正在研究制定之中。这些措施和办法涉及工商行政管理、法规规章清理、垄断行业准入、金融保险政策、国内国际商务、质量监督检验和新闻舆论宣传等各个方面。在市场准入方面，中宣部、文化部、国防科工委、国家民航总局、铁道部等部门先后出台文件，允许非公有资本进入本行业参与竞争。银监会发布了《银行开展小企业贷款业务指导意见》，针对小企业贷款难的问题制定了具体措施；证监会则针对创业板市场的建设和完善中的问题，为鼓励私营企业到境外资本市场融资出台了具体措施；商务部和中国出口信用保险公司为支持非公有制企业实施“走出去”战略，对开发适应中小企业的保险产品和承保模式等提出了新的措施；国家外汇管理局为扶持非公有制高新技术企业和创业投资企业发展，简化了境内居民通过境外特殊目的公司融资及返程投资的外汇管理相关程序；财政部增加了中小企业发展专项资金规模，加大了对社会化服务体系建设和中小企业技术进步的支持力度。

第三，截至2006年6月底，已经有22个省（市）出台了国发［2005］3号文件的实施意见，累计出台促进非公有制经济发展的法规政策性文件200多件。许多地区强调结合本地实际，在具体措施上有新的突破。

（二）两年来个体、私营经济呈快速增长趋势

根据国家工商行政管理总局提供的数字，我们可以清楚地看到，2004年12月至2006年6

月这一年半时间内，全国的个体、私营企业的数量、投资者人数、从业人员、雇工人数和注册资本金都呈快速增长态势。

个体工商户从2004年底的23 504 911户增长到25 057 006户，一年半增加1 552 095户；从业人员从2004年底的45 871 081人增长到51 209 396人，一年半净增5 338 315人；注册资金从2004年底的50 578 963万元增长到61 084 138.33万元，一年半净增10 505 175.33万元。个体工商户数量结束了多年徘徊时有下降的态势，呈现了稳定增长趋势。这一年半之内，除海南省减少3 000多户、陕西省减少10万户、甘肃省减少3万户、新疆减少2万户之外，其他各省、区、市都是增长的，其中增长最多的是广东省，一年半净增413 186户。

私营企业从2004年12月的3 650 670户增加到4 648 297户，一年半净增997 627户；投资者人数从2004年的9 486 288人增加到11 841 493人，一年半净增2 355 205人；注册资本金从2004年底的479 359 632万元增加到686 128 992.4万元，一年半净增206 769 360.4万元；雇工人数从2004年底40 686 225人增加到49 692 520人，一年半净增9 006 295人。与个体工商户相比，私营企业增幅较大，各省区市都普遍增长，私营企业超过10万户的，已从2004年的12省市增加为14个省市。它们分别是：江苏（547 160户）、广东（510 137户）、上海（493 047户）、浙江（385 763户）、山东（343 892户）、北京（278 918户）、四川（191 795户）、辽宁（177 699户）、河南（144 933户）、湖北（140 765户）、河北（138 697户）、福建（135 972户）、安徽（117 375户）、陕西（102 043户）。（详见表1－2－1、表1－2－2）

截至2006年6月底，个体工商户与私营企业的从业人员（含私企投资者）已达112 743 409人，占当年27 331万城镇就业人口的41.25%；注册资金已达747 213 130.73万元。

表1－2－1　2006年6月全国个体私营经济基本情况

单位：户、人、万元

项　目	个体工商户			私营企业			
	户数	从业人员	资金数额	户数	投资者人数	雇工人数	注册资本(金)
合　计	25 057 006	51 209 396	61 084 138.33	4 648 297	11 841 493	49 692 520	686 128 992.40
北　京	686 855	896 866	976 997.05	278 918	669 885	2 321 579	33 972 212.00
天　津	181 982	263 506	608 020.00	85 263	207 657	761 682	17 417 838.00
河　北	1 073 656	2 689 959	2 934 623.70	138 697	404 582	2 050 476	15 599 441.25
山　西	444 274	877 887	1 860 367.30	76 765	174 222	698 725	11 545 562.80
内蒙古	491 946	869 698	1 066 010.72	52 654	146 060	572 799	9 103 389.70
辽　宁	1 269 441	3 141 415	5 948 905.43	177 699	446 512	2 215 275	26 676 900.84
吉　林	460 808	1 407 131	1 050 277.75	65 437	136 583	586 789	8 505 597.60
黑龙江	706 226	1 539 823	1 892 397.49	75 671	205 660	758 703	10 617 208.00
上　海	280 904	340 908	385 396.28	493 047	1 031 713	3 796 883	77 334 980.00
江　苏	1 777 569	3 592 922	6 292 843.00	547 160	1 217 419	7 240 296	83 122 517.21
浙　江	1 769 368	3 485 164	5 808 497.00	385 763	889 766	4 751 869	61 478 576.00
安　徽	1 125 181	2 708 277	1 649 909.23	117 375	289 660	1 643 641	12 392 971.22
福　建	508 951	1 007 567	2 433 178.18	135 972	285 434	1 154 650	28 688 290.41
江　西	680 478	1 717 538	1 635 334.00	77 737	207 287	1 272 714	11 387 832.00

续表

项 目	个体工商户			私营企业			
	户数	从业人员	资金数额	户数	投资者人数	雇工人数	注册资本(金)
山 东	1 726 511	3 699 104	3 719 879.87	343 892	1 007 130	3 881 567	47 573 609.01
河 南	1 300 425	2 768 329	1 996 864.58	144 933	372 620	1 145 236	18 752 926.10
湖 北	1 028 354	2 326 304	2 326 634.53	140 765	369 217	971 819	22 042 716.00
湖 南	984 922	1 899 031	3 348 413.50	92 476	261 211	1 857 773	16 274 235.20
广 东	2 373 534	5 189 853	5 360 641.04	510 137	1 349 026	4 479 201	76 496 516.21
广 西	990 991	1 602 282	1 474 707.49	58 217	162 714	702 043	7 961 607.00
海 南	120 430	230 234	154 305.86	34 756	84 098	304 133	8 512 083.75
重 庆	476 468	834 931	751 234.60	75 930	206 079	803 608	12 126 227.43
四 川	1 588 164	2 634 933	2 227 796.49	191 795	480 295	2 048 969	21 193 060.00
贵 州	457 676	655 891	696 568.68	43 937	130 780	348 359	5 492 827.31
云 南	757 263	1 440 699	1 515 740.46	69 439	191 803	832 357	13 011 960.00
西 藏	64 751	124 139	116 655.75	3 024	7 240	47 812	814 475.00
陕 西	735 126	1 496 855	1 008 751.39	102 043	554 153	1 041 624	8 832 452.66
甘 肃	311 197	563 897	511 809.86	40 722	104 823	402 190	5 994 203.64
青 海	133 213	285 810	239 507.99	11 278	30 596	253 215	1 935 446.20
宁 夏	107 900	195 801	200 070.00	19 996	54 486	195 754	2 583 067.00
新 疆	442 442	722 642	891 799.11	56 889	162 782	550 779	8 688 262.82

表 1-2-2 2004 年全国个体私营经济基本情况

单位：户、人、万元

项 目	个体工商户			私营企业			
	户数	从业人员	资金数额	户数	投资者人数	雇工人数	注册资本(金)
合 计	23 504 911	45 871 081	50 578 963	3 650 670	9 486 288	40 686 225	479 359 632
北 京	526 741	692 670	675 232	224 659	571 433	2 156 412	28 413 274
天 津	178 296	252 146	558 755	69 644	172 086	594 468	12 154 017
河 北	1 019 061	2 554 230	3 200 064	107 782	299 466	1 940 316	11 594 086
山 西	439 267	854 441	1 216 118	55 829	135 452	818 322	8 645 300
内蒙古	444 101	779 662	871 072	42 681	118 669	493 427	5 935 255
辽 宁	1 264 041	2 850 297	4 297 324	136 870	331 378	1 926 337	18 552 017
吉 林	424 188	800 871	787 329	50 858	87 969	903 518	6 840 797
黑龙江	697 655	1 476 897	2 176 292	57 836	167 496	672 750	7 323 121
上 海	275 082	334 120	335 044	384 927	825 889	3 222 721	56 815 082

续表

项目	个体工商户			私营企业			
	户数	从业人员	资金数额	户数	投资者人数	雇工人数	注册资本(金)
江苏	1 645 193	2 497 583	4 833 179	418 012	971 585	4 649 402	53 513 473
浙江	1 683 906	3 128 056	4 983 037	333 164	762 270	4 411 215	39 084 030
安徽	1 067 271	2 562 432	1 354 644	89 010	228 734	1 184 465	8 725 006
福建	467 994	858 437	2 444 758	110 185	232 424	880 728	18 443 530
江西	609 098	1 495 379	1 205 002	60 855	156 612	984 986	7 531 513
山东	1 659 869	3 445 278	3 067 216	276 111	782 087	3 119 438	31 964 023
河南	1 231 117	2 579 792	1 743 496	107 616	290 009	905 008	10 348 557
湖北	991 284	2 144 292	1 846 160	113 751	295 768	807 541	16 385 462
湖南	945 472	1 963 482	2 324 476	69 002	300 147	1 439 482	10 722 013
广东	1 960 348	4 236 911	4 309 975	389 771	988 161	3 356 489	55 914 316
广西	984 583	1 529 361	1 147 158	43 234	118 886	544 833	5 164 805
海南	123 577	248 169	140 496	25 316	60 807	229 278	6 441 315
重庆	455 969	914 909	687 691	67 991	186 348	808 271	8 809 214
四川	1 447 101	2 307 396	1 679 844	135 724	365 623	1 517 902	13 714 230
贵州	433 096	630 722	629 003	36 105	91 943	275 851	4 183 632
云南	694 734	1 258 853	1 295 861	52 026	143 790	624 083	8 311 885
西藏	56 591	98 155	81 531	2 218	5 380	37 982	511 432
陕西	741 789	1 562 709	937 607	86 641	507 163	1 014 405	9 775 333
甘肃	341 675	634 048	482 868	32 504	84 640	339 689	3 642 199
青海	131 414	270 506	237 650	9 892	26 616	218 648	1 511 972
宁夏	97 814	167 448	161 661	17 384	47 507	165 690	1 956 765
新疆	466 584	741 829	868 419	43 072	129 950	442 568	6 431 980

第二部分　私营企业的发展状况和特点

（一）私营企业的发展状况

1. 私营企业规模稳步增长，销售收入进一步提高

本次抽样调查显示，2005 年底私营企业的所有者权益中位数为 200 万元，比 2003 年底的 185 万元增长了 8.1%；开办企业时的实收资本总额中位数为 98 万元，资本增值 1.04 倍。以经营时间长度的中位数 5 年来计算，年均资本规模增长 15.3%。

2005 年底，所有者权益超过 1 000 万元的企业占 24.5%，比 2003 年底的 21.7% 增长了 2.8 个百分点。超过 5 000 万元的企业占 5.2%，比 2003 年底的 5.6% 下降了 0.4 个百分点，超过 1 个亿的企业占 2.2%，比 2003 年底的 2.6% 下降了 0.4 个百分点。本次调查发现，中型私营企业

在数量上有所增长，但较大规模的私营企业数量有所降低。（见表 2－1－1）

表 2－1－1　私营企业规模中位数比较

单位：万元

	所有者权益			
		>1 000 万比重	>5 000 万比重	>1 亿比重
2003 年	185	21.7%	5.6%	2.6%
2005 年	200	24.5%	5.2%	2.2%

2005 年底，私营企业销售额的中位数为 654 万元，比 2003 年底的 440 万元增长了 48.6%，销售收入大幅增长。销售收入在 1 000 万元以上的占企业总数的 42.7%，比 2003 年底的 35.6% 增长了 7.1 个百分点。销售额在 5 000 万元以上的占 17.7%，比 2003 年底的 12.3% 增长了 5.4 个百分点。销售额在 1 亿元以上的占 10%，比 2003 年底的 6% 增长了 4 个百分点。（见表 2－1－2）

表 2－1－2　私营企业销售收入中位数比较

单位：万元

	销售额			
		>1 000 万比重	>5 000 万比重	>1 亿比重
2003 年	440	35.6%	12.3%	6%
2005 年	654	42.7%	17.7%	10%

从行业分布来看，资产规模中位数在 500 万元以上的行业有房地产、建筑业、电力煤气水、农林牧渔和租赁业，100 万～500 万元之间的有采掘业、制造业、交通运输、科研技术、卫生、批发零售和住宿餐饮，100 万元以下的行业有居民服务、文化体育和信息服务业。销售收入中位数在 1 000 万元以上的有房地产、建筑业、农林牧渔、电力煤气水、采掘业、制造业和租赁业；销售额中位数在 300 万～1 000 万元之间的有卫生、交通运输、科研技术、住宿餐饮和批发零售；销售额中位数在 300 万元以下的是信息服务、文化体育和居民服务业。（见表 2－1－3）

表 2－1－3　按行业分类的规模与销售额中位数

单位：万元

行业	农林牧渔	采掘业	制造业	电力煤气水	建筑业	交通运输	信息服务	批发零售	住宿餐饮	房地产	租赁	科研技术	居民服务	卫生	文化体育
规模	500	300	300	650	900	300	68	100	100	1 030	500	200	70	130	69
销售额	1 600	1 100	1 000	1 250	1 800	514	200	316	388	2 130	1 000	475	82	821	105

注：由于国家统计局对行业划分采用了新的标准，因此无法与 2003 年底的数据做比较。

2. 企业纳税显著提高，利润有较大增长

与上次调查相比较，2005 年私营企业纳税额的中位数为 25 万元，提高了 56 个百分点。纳税额在 100 万以上的比例为 26.9%，提高了 6.5 个百分点。在 200 万以上的占 17.5%，提高了 4.9 个百分点。在 500 万以上的占 7.9%，提高了 2.9 个百分点。在 1 000 万以上的占 4.0%，提高了 1.5 个百分点。

本次调查发现，与上次调查相比，私营企业利润额有较大幅度增长，2005 年的中位数在 21 万元，比 2003 年提高了 40%。但是由于利润额的增幅低于销售额的增幅，因此销售利润率略有下降，亏损企业所占比例进一步扩大为8.6%。这表明私营企业的经营状况有两极分化的趋势。2005年私营企业的交费额虽上升了50%，但由于销售额同时上升了48.6%，因此企业负担加重不是十分明显。（见表2－1－4）

表2－1－4

单位：万元

	纳税额					交费	利润	亏损
		>100万	>200万	>500万	>1 000万			
2003年	16	20.4%	12.6%	5.0%	2.5%	2	15	8.2%
2005年	25	26.9%	17.5%	7.9%	4.0%	3	21	8.6%

从行业分布来看，纳税额最多的行业分别是房地产、建筑业和采掘业，这些行业也是交费最多的行业。纳税额最少的是居民服务业。利润最高的行业分别是电煤气水、建筑业和农林牧渔（见表2－1－5）。行业中亏损最为严重的分别是制造业和批发零售业，占据了亏损样本总数的59.1%。

表2－1－5

单位：万元、个

行业		纳税额	交费	利润
农林牧渔	样本数	165	129	170
	中位数	30	3	46.5
采掘业	样本数	47	37	48
	中位数	54	8	36
制造业	样本数	1 241	904	1 227
	中位数	45	5	34
电力煤气水	样本数	33	25	34
	中位数	35	3	79.5
建筑业	样本数	146	103	144
	中位数	94	10	61
交通运输	样本数	69	56	67
	中位数	16	4	25
信息服务	样本数	90	69	93
	中位数	10	1	10
批发零售	样本数	539	410	541
	中位数	8	1	10
住宿餐饮	样本数	119	84	117
	中位数	24	4	15

续表

行业		纳税额	交费	利润
金融	样本数	2	2	2
	中位数	7	2	16.5
房地产	样本数	63	44	59
	中位数	112	15.5	40
租赁	样本数	23	18	21
	中位数	40	2.5	38
科研技术	样本数	39	30	40
	中位数	10	2	11.5
公共设施	样本数	9	5	9
	中位数	7	2	5
居民服务	样本数	58	45	58
	中位数	4	1	10
教育	样本数	4	2	3
	中位数	38	0.15	6
卫生	样本数	16	12	18
	中位数	6	2	13
文化体育	样本数	22	15	22
	中位数	9.5	1	10
公共管理	样本数	2	1	2
	中位数	27	2	-71.5

本次调查还发现，2005年私营企业纯利润中用于投资的中位数为10万元。根据调查中得出的企业利润中位数20万元来推算，可以看出，私营企业将50%的纯利润用于再投资，这与单个样本计算利润投资支出率的中位数一致。这个数据有力地说明，私营企业用于投资的利润支出比例可靠度很高。

3. *雇工趋于稳定*

本次抽样调查的数据表明，2005年私营企业全年雇佣人数中位数为45人，全年雇佣下岗工人的中位数为7人，农民工的中位数为15人，雇佣半年以上不足一年员工数为3人，雇佣半年以下员工数为1人。与前次调查比较，全年雇佣人数基本持平，临时雇佣人数略有降低。说明近几年私营企业户均雇工人数趋于稳定，变化不大。（见表2-1-6）

表2-1-6

单位：人、个

		全年雇佣人数	全年雇佣下岗工人数	全年雇佣农民工数	雇佣半年以上不足一年员工数	雇佣半年以下员工数
样本	有效样本数	3 579	3 257	2 989	2 354	2 160
	缺值	258	580	848	1 483	1 677
平均值		177	32	98	31	24
中位数		45	7	15	3	1
标准差		540.5	105.3	394.8	126.8	332.6

4. 主营行业集中于制造业和批发零售业，且主营行业有多元化趋势

由于国家统计局的行业分类发生变化，因此本次抽样调查数据不便与前次调查做比较。本次抽样调查表明，私营企业主营行业主要集中在制造业和批发零售业，比例高达65.4%（见表2-1-7）。由于填报时主营行业可以多选，因此我们发现房地产和科研技术在第二选择中比例比较高。有11.8%的企业选择了两个以上的主营行业，有3.7%的企业选择了两个主营行业，说明私营企业主营行业有多元化的趋势。随着市场准入的逐步放开，已经有少数企业开始从事电力煤气水、公共设施等基础建设行业。

表2-1-7

单位:%

行业	农林牧渔	采掘业	制造业	电煤气水	建筑业	交通运输	信息服务	批发零售	住宿餐饮	金融	房地产	租赁	科研技术	公共设施	居民服务	教育	卫生	文化体育	公共管理
比重	6.3	2.0	43.5	1.1	5.4	2.5	3.9	21.9	4.1	0.1	2.5	0.9	1.5	0.4	2.1	0.3	0.8	0.7	0.1

5. 企业总部向大中城市转移，生产基地向开发区集中

2005年私营企业总部在大城市的比例为17.3%，在中小城市的为35%，在乡镇的为27.2%，在农村的为10.2%，在开发区的占10.3%，与开业时企业总部所在地比较，几乎没有多大差异。但仔细观察，还是可以发现有从农村、乡镇向城市迁移的趋势，尤其是向开发区迁移比较明显。这说明企业希望获得更及时的市场信息和更宽松的投资环境。如果与上次调查数据比较，这一趋势更加明显。而最大生产或经营场地又有向农村和开发区分散迁移的趋势。这表明，私营企业更愿意把使用廉价的劳动力和廉价的土地作为建设生产基地的重要条件。（见表2-1-8）

表2-1-8

单位:%

	开业时企业总部所在地	2005年企业总部所在地	最大生产或经营场地所在地
大城市	16.9	17.3	17.5
中小城市	34.6	35	34.1
镇	28.6	27.2	26.4
农村	12.6	10.2	11.3
开发区	7.3	10.3	10.7
合计	100.0	100.0	100.0

在回答最近3年企业生产或经常场地面积有无变化时，有50.6%的企业表示有所增加，只有1.8%的企业回答减少了，这说明企业半数以上的企业在谋求更大的发展。

6. 重视专利产品和质量管理，但科技研发投入不足

本次调查显示，有41.4%的企业在2005年有研发费用的投入，与前次调查基本持平。这些企业一般都是有一定实力的企业，它们的销售额和利润都远远超出整个样本的平均水平，分别是1 500万元和51万元。有36%的企业近3年推出的新产品在2005年的销售额中位数为350万元。然而，本次调查的数据表明，其研发费用的中位数为20万元，与前次调查数据30万元比较大幅度降低。

本次调查数据还表明，有16.7%的私营企业拥有自己的知识产权（包括技术专利、发明等），与前次调查的比例一致。拥有多项专利的企业占12.1%，比前次调查高1.2个百分点。另外有26.8%的企业表示有自己设计的产品，其中，超过3种产品的占14.4%，略高于前次调查数据。这表明，私营企业正在逐步重视自主创新。

有40.9%的企业的质量管理通过了ISO9000系列、UL、长城、CE等认证，比前次调查数据高出5.7个百分点。这说明私营企业在激烈的市场竞争中愈发重视质量管理。此外，有4.9%的企业拥有全国驰名品牌，11.2%的企业拥有省级著名品牌，16.9%的企业拥有市级知名品牌，可见相当一部分企业已开始发展自己的品牌战略。

7. 私营企业两成以上是国有、集体企业改制形成的

本次调查显示，有20.3%的私营企业是通过改制、收购原国有、集体企业而发展起来的，其中，以1998～2003年发生的最为频繁，该时间段占到企业总数的70%以上。在这些企业中，有35.2%是改制、收购的国有企业，42.4%是改制、收购的城镇集体企业，22.4%是改制、收购的农村集体企业。

在回答如何改制、收购的问题时，28.4%的企业表示是通过社会公开竞标的，有12%是政府邀请特定购买人个别商谈的，19.7%是原企业领导层购买的，20.4%是原企业全体职工购买、经营者持大股的，5.5%是先托管、后收购的，7.4%是企业资产、债务相抵和负责安排原企业下岗职工后“零”收购的，还有6.6%是通过其他方式收购或改组的。

在问到收购、改制的资金来源时，69.2%的私营企业表示收购资金部分来源于“个人积累”、来源于“向银行抵押贷款”，其余的则分别“向亲友借贷”，还有的来源于“集资”。

改组、收购国有、集体企业时的作价是个比较敏感的话题。本次调查显示，被改组、收购的国有、集体企业作价的中位数为160万元，“零”收购占5.3%，超过1亿元的占0.8%，最高的案例为8亿元。

8. 一半以上的私营企业希望在对外贸易合作中有所作为

本次调查显示，9.5%的私营企业同海外企业建立了合资合作的关系；1.9%的企业已在海外投资办厂，其投资平均值为82万美元，中位数为45万美元（标准差113.678 1），半数集中在北美和东南亚；18.3%的私营企业自营出口输出产品；15.6%的私营企业委托贸易公司外销产品；5%的私营企业代理外国厂商业务；5.5%的私营企业承接了“三来一补”业务；3.4%的私营企业购买了品牌使用权；16.1%的私营企业引进了专利技术（包括技术专利和设备等）；55.5%的企业希望将来能在对外经济贸易合作中有所作为。

本次调查显示，2005年私营企业出口总额的中位数为120万美元，占其销售额的25.3%，主要集中在制造业（比例高达79.3%）；其次是农林牧渔和批发零售业。9.5%的私营企业拥有自主品牌的产品出口，出口额中位数为100万美元，占其销售总额的16.7%，这些企业也主要集中在制造业。

（二）私营企业内部管理机制

1. 私营企业的类型结构门类众多，日趋复杂

对本次抽样调查的数据，依据不同的划分方法，可以将私营企业分成不同类型。按规模大小，可以分为普通企业和典型企业；按其来源可分为改制企业和非改制企业；按区域可分为东、中、西部企业，按城乡可分为大、中、小城市企业和乡镇企业，按行业分的类型则更多（如表2－2－1所示）。

表 2-2-1 私营企业的类型结构

		企业数量（户）	2005 年所有者权益（万元）			2005 年企业销售额（万元）			2005 年企业税后净利润（万元）			2005 年企业雇工（人）		
			均值	中位	样本	均值	中位	样本	均值	中位	样本	均值	中位	样本
规模	普通企业	2 131	1 084	210	2 131	3 544	765	2 131	173	25	2 131	173	53	2 131
	典型企业	15	32 010	10 000	15	173 510	141 000	15	4 698	3 266	15	3 242	2 560	15
	缺值	1 691	845	100	370	4 833	497	1 024	162	14	774	151	30	1 433
改制	改制	730	1 723	500	513	9 152	1 764	627	335	45	580	345	100	683
	非改制	2 870	1 121	170	1 858	3 725	510	2 360	166	20	2 169	136	36	2 693
	缺值	237	939	150	145	3 133	480	183	63	15	171	163	40	203
地区	东部	2 528	1 172	200	1 637	5 054	792	2 080	219	24	1 906	182	45	2 336
	中部	800	864	180	526	4 190	470	655	194	20	609	151	40	756
	西部	509	2 069	380	353	4 150	650	435	70	19	405	192	50	487
城乡	大城市	641	1 388	126	396	4 766	425	489	162	12	446	142	28	578
	中小城市	1 295	1 272	210	846	4 540	720	1 069	155	24	967	190	48	1 220
	镇	1 006	1 088	200	728	4 961	717	897	186	22	844	205	50	965
	农村	378	918	185	252	5 103	600	336	273	20	316	152	40	366
	开发区	383	1 777	488	242	5 199	937	310	328	35	286	162	50	359
行业	农林牧渔	212	2 070	500	147	7 590	1 600	183	437	47	170	323	70	204
	采矿业	66	686	300	41	5 222	1 100	52	417	36	48	278	66	64
	制造业	1 452	1 491	300	1 085	6 040	1 000	1 331	271	34	1 227	217	80	1 393
	电力煤气水	36	2 150	650	28	6 213	1 250	34	-370	80	34	213	50	33
	建筑业	180	2 117	900	123	7 364	1 800	151	234	61	144	526	80	173
	交通运输	85	967	300	56	3 456	514	70	198	25	67	247	45	81
	信息服务	129	455	68	83	2 187	200	105	24	10	93	54	13	122
	批发零售	733	440	100	472	3 050	316	565	46	10	541	60	16	677
	住宿餐饮	137	795	100	99	1 027	388	120	55	15	117	140	50	132
	金融	3	3 343	45	3	360	360	2	17	17	2	10	9	3
	房地产	83	4 154	1 030	51	7 677	2 130	67	319	40	59	144	40	80
	租赁	29	1 310	500	21	2 669	1 000	23	254	38	21	201	30	28
	科研技术	49	771	200	39	1 097	475	42	84	12	40	69	36	47
	公共设施	12	204	133	4	750	103	10	651	5	9	42	14	12
	居民服务	71	223	70	47	2 658	82	61	25	10	58	36	20	67
	教育	10	288	300	6	1 567	578	4	40	6	3	79	38	10
	卫生	26	2 486	130	19	2 158	821	19	179	13	18	128	50	25
	文化体育	25	79	69	16	232	105	22	21	10	22	42	18	22
	公共管理	3	890	890	1	210	210	2	-72	-72	2	64	50	3

按照规模不同，我们将私营企业分为“普通企业”和“典型企业”。从本次调查所得的3 837个样本数据中，选取“2005 年所有者权益”、“2005 企业销售额”、“2005 年企业税后净利

润”、“2005年企业雇工”等四项基本指标，通过聚类（K－Means Cluster），将样本企业分为“普通企业”（2 131户，总样本55.5%）和“典型企业”（15户，总样本0.4%）两大类。所有者权益中位数在1亿元以下的“普通企业”在户数上占主体。从表2－2－1可以看出，所有者权益中位数210万元，销售额中位数765万元，雇工中位数53人。所有者权益中位数在1亿元以上的“典型企业”户数虽然不多，但属于大型私营企业。这类企业销售额中位数14亿，雇工中位数2 560人。“典型企业”呈现数量少、规模巨大的特征。分析表明，“典型企业”与“普通企业”规模差异很大，四个聚类指标的均值比例分别为30、49、27和18，四个聚类指标的卡方值分别为1 542、2 074、1 910、1 029。进一步分析发现，本次抽样调查的“典型企业”中有50%是从国有企业改制、收购过来的，他们中2户已上市、1户已进入上市辅导期、5户有上市打算（表2－2－2交叉分析和相关分析结果都是显著的）。“典型企业”具有超强的银行融资能力（见表2－2－3）。

表2－2－2　企业规模与企业是否改制、企业是否上市的交叉分析和相关分析表

	您企业是不是改制、收购过来的			您企业是否上市				
	是	不是	总数	已经上市	已进入上市辅导期	有上市的打算	暂时不想上市	总数
普通企业	442 （22%）	1 570 （78%）	2 012 （100%）	9 （0.5%）	9 （0.5%）	206 （10.4%）	1 759 （88.7%）	1 983 （100%）
典型企业	7 （50%）	7 （50%）	14 （100%）	2 （13.3%）	1 （6.7%）	5 （33.3%）	7 （46.7%）	15 （100%）
总数	449 （22.2%）	1 577 （77.8%）	2 026 （100%）	11 （0.6%）	10 （0.5%）	211 （10.6%）	1 766 （88.4%）	1 998 （100%）
卡方值（P值）	6.33（0.01）			66.74（0）				
相关分析结果	－0.06（0.01）			－1.61（0）				

表2－2－3　“典型企业”和“普通企业”银行融资能力交叉分析表

资金借贷来源	卡方值	自由度	P值
四大国有银行	893.71	194	0
股份制银行	500.92	44	0
城市商业银行和信用社	788.62	128	0
民间金融机构	0.46	29	1.00
个人借贷	146.76	88	0
境外银行	0.03	3	0.99

卡方检验结果显示，“典型企业”区域分布中，东部有12户，中部有1户，西部2户；企业总部在大城市的3户、在中小城市的6户、在镇的5户、在农村的1户；行业分布，1户是农林牧渔，10户是制造业，1户是建筑业、2户是批发零售，行业分布差异不显著。

本次调查样本中，改制企业730户，约占总样本的1/5。改制企业和非改制企业在规模上差异很大，与“2005年所有者权益”、“2005年企业税后净利润”、“2005年企业雇工”三项指标交叉分析的卡方值分析为866、775、717。从表2-2-4可以看出，“典型企业”改制前主要是国有企业，而“普通企业”改制前排在第一位的是城镇集体企业。企业的改制、收购方式包括：①社会公开竞标；②政府邀请特定购买人个别商谈；③原企业领导层购买；④原企业全体职工购买、经营者持大股；⑤先托管、后收购；⑥企业资产、债务相抵和负责安排原企业下岗职工后“零”收购；⑦其他。表2-2-4显示，“典型企业”主要通过第四种方式完成的。“典型企业”和“普通企业”的作价，也相差甚远。

表2-2-4 企业的改制、收购的基本情况

单位：%

	原来企业类型			改制、收购方式							作价（万元）	收购资金来源（多选）				
	国有企业	城镇集体企业	农村集体企业	(1)	(2)	(3)	(4)	(5)	(6)	(7)		个人积累	银行贷款	亲友借贷	集资	其他
普通企业	34.5	41.7	23.8	28	11.8	20.7	19.3	5.8	8.2	6.3	514	70.2	54.1	41.4	23.4	5.4
典型企业	57.1	28.6	14.3	0	16.7	16.7	50	16.7	0	0	9 217	83.3	50	16.7	50	0

本次调查样本，东部企业2 528户、中部800户、西部509户。比较三个区域私营企业的规模，销售额、税后利润两项指标呈通常的“东中西”递减分布，而所有者权益、员工数两项指标出现了“西东中”分布特征。

2. 私营企业的治理结构有待改善

通过类型划分，有助于我们认识私营企业的群体特征，对于分析私营企业治理结构也有一定的帮助。本次调查的重点是私营企业资本结构、组织发育和决策机制等三个相互联系的治理结构内容。

（1）私营企业所有者权益结构中，企业主的所有者权益占主体，而且这种主体地位并没有随企业成长而出现明显的改变。

表2-2-5 配对样本检验结果

	配对差					t	自由度	双尾检验概率
	均数	标准差	标准误	差之95%可信区间 下限	差之95%可信区间 上限			
Pair1	0.73	1.88	0.03	0.01	0.14	2.14	2 713	0.03（显著）
Pair2	-0.13	9.82	0.18	-0.47	0.22	-0.71	3 077	0.48（不显著）
Pair3	-0.13	14.24	0.25	-0.63	0.36	-0.53	3 225	0.59（不显著）
Pair4	0.79	10.33	0.19	0.41	1.17	4.05	2 833	0.00（显著）
Pair5	0.16	3.45	0.07	0.03	0.29	2.42	2 787	0.02（显著）
Pair6	0.08	2.43	0.05	-0.01	0.17	1.72	2 876	0.09（不显著）
Pair7	-0.08	3.13	0.06	-0.19	0.04	-1.29	2 785	0.20（不显著）
Pair8	0.4	2.86	0.05	-0.66	0.15	0.74	2 789	0.46（不显著）
Pair9	0.01	2.25	0.04	-.071	0.96	0.3	2 783	0.77（不显著）

注：

Pair1：您企业注册登记为私营企业时共有几位法人投资者？—2005 年底您企业有几位法人投资者？

Pair2：您企业注册登记为私营企业时共有几位自然人投资者？—2005 年底您企业有几位自然人投资者？

Pair3：在开办私营企业时，您自己的实收资本占资本总额的比例是多少（%）？—2005 年底，您的所有者权益占权益总额的比例是多少（%）？

Pair4：在开办私营企业时，其他国内个人的实收资本占资本总额的比例是多少（%）？—2005 年底，其他国内个人的所有者权益占总额的比例是多少（%）？

Pair5：在开办私营企业时，其他国有企业的实收资本占资本总额的比例是多少（%）？—2005 年底，其他国有企业的所有者权益占总额的比例是多少（%）？

Pair6：在开办私营企业时，其他集体企业的实收资本占资本总额的比例是多少（%）？—2005 年底，其他集体企业的所有者权益占总额的比例是多少（%）？

Pair7：在开办私营企业时，其他私营企业的实收资本占资本总额的比例是多少（%）？—2005 年底，其他私营企业的所有者权益占总额的比例是多少（%）？

Pair8：在开办私营企业时，外资的实收资本占资本总额的比例是多少（%）？—2005 年底，外资所有者权益占总额的比例是多少（%）？

Pair9：在开办私营企业时，各级政府的实收资本占资本总额的比例是多少（%）？—2005 年底，各级政府的所有者权益占总额的比例是多少（%）？

私营企业还处于成长时期。本次抽样调查的私营企业，平均登记时间是 1998 年，距今不到 10 年时间。表 2－2－5 将 2005 年私营企业投资者人数和资本结构同开办私营企业时的情况进行了对比分析。结果表明，从投资者人数看，私营企业自然人投资者无明显变化（中位数为 2），法人投资者开始有增多的趋势（但显示的中位数都为 1）；从资本结构看，企业主所有者权益仍是主体（中位数为 70%），企业主所有者权益比例、其他集体企业所有者权益比例、其他私营企业所有者权益比例、外资所有者权益比例、各级政府所有者权益比例等五项指标无明显变化，而其他个人所有者权益比例和其他国有企业所有者权益比例两项指标有差异。可见，企业自身的成长对资本结构的影响并不明显。

表 2－2－6 所示，将“典型企业”与“普通企业”、“改制企业”与“非改制企业”两两进行比较，可以发现“典型企业”和“改制企业”企业主所有者权益比例小而其他企业个人所有者权益比例较大，交叉分析结果都是显著的。由此，我们可以看出，私营企业资本结构具有“路径依赖”的基本特征。

表 2－2－6　不同类型私营企业资本结构对比分析

		普通企业	典型企业	改制企业	非改制企业
开业时企业主自己的实收资本占资本总额的比例	平均数	67.78	52.00	59.83	69.52
	中位数	70.00	51.00	60.00	70.00
	标准差	27.16	39.35	30.34	25.70
	卡方值(P 值)	220.17(0)		291.67(0)	
2005 年底，企业主所有者权益占权益总额的比例	平均数	68.56	48.13	59.65	70.00
	中位数	70.00	51.00	60.00	70.00
	标准差	26.59	36.47	29.56	25.80
	卡方值(P 值)	276.01(0)		275.23(0)	

续表

		普通企业	典型企业	改制企业	非改制企业
开业时其他国内个人的实收资本占资本总额的比例	平均数	26.89	37.47	32.50	24.80
	中位数	20.00	25.00	30.00	20.00
	标准差	25.74	36.92	29.24	24.70
	卡方值(P值)	321.25(0)		275.56(0)	
2005年底，其他国内个人所有者权益占权益总额的比例	平均数	26.04	37.00	32.64	24.00
	中位数	20.00	33.00	30.00	20.00
	标准差	25.01	32.80	28.37	24.00
	卡方值(P值)	251.75(0)		281.39(0)	

(2) 私营企业组织机构不断发育，但私营企业上市基本上没有达到优化治理结构的目的。

如表2-2-7所示，与前几次调查相比，2006年私营企业内部组织机构发育到较高的比例，其中，有股东大会的占58.1%、有董事会的占63.5%、有监事会的占36.5%、有党组织的占34.8%、有工会的占53.3%、有职代会的占35.9%。这些组织机构的发育，对于规范企业相关利益主体的行为，保障各自的权益，形成完善的企业治理结构提供了重要的组织基础。

表2-2-7 私营企业内部的组织状况

单位:%

	股东大会	董事会	监事会	党组织	工会	职代会
1993年调查	—	26.0	—	4.0	8.0	11.8
1995年调查	—	15.8	—	6.5	5.9	6.2
2000年调查	27.8	44.5	23.5	17.4	34.4	26.3
2002年调查	33.9	47.5	26.6	27.4	49.7	27.4
2004年调查	56.7	74.3	35.1	30.7	50.5	31.0
2006年调查	58.1	63.5	36.5	34.8	53.3	35.9

(3) 私营企业的决策机制是以“企业主”为中心，且出现了大小企业“两头抓”的趋势。

私营企业之所以能迅速增长，并能在中国经济中扮演重要角色，与私营企业相对灵活的决策经营机制是分不开的。而这种灵活机制的核心是企业主的决定性作用。从表2-2-9可以看出，90%私营企业主兼任企业总裁、(总)经理。上市私营企业的比例也超过80%。企业重大决策主要由企业主负责(36.9%)，其中50%上市私营企业由“董事长说了算”。此外，企业日常管理也主要由企业主和主要管理人员(53.1%)、企业主(39.1%)负责。无论是“已经上市”的还是“暂时不想上市”的企业，都是如此。这种大小企业重大决策和日常管理均由企业主亲自抓的现象通称“两头抓”。这种“两头抓”现象的主要原因：一是企业主多年形成的集权式管理风格；二是公司上市后，经营风险扩大，“亲自挂帅”成为企业主的自然反应；三是市场经济发育不完善，“放权”的委托代理风险很高。

表2-2-8　私营企业决策机制

		已经上市	已进入上市辅导期	有上市有打算	暂时不想上市	总数	卡方值(P)
您是否兼任本企业总裁、总经理	是	38(84.4%)	19(73.1%)	309(89.8%)	2 673(90.4%)	3 039(90.2%)	14.5(0.02)
	不是	7(15.6%)	7(26.9%)	35(10.2%)	283(9.6%)	332(9.8%)	
	总数	45(100%)	26(100%)	344(100%)	2 956(100%)	3 371(100%)	
您企业的重大决策者	您本人	21(50%)	2(8.7%)	66(19.6%)	1 134(38.9%)	1 223(36.9%)	136.6(0)
	股东大会	10(23.8%)	5(21.7%)	60(17.9%)	521(17.9%)	596(18%)	
	董事会	6(14.3%)	14(60.9%)	151(44.9%)	674(23.1%)	845(25.5%)	
	您和主要管理人员	3(7.1%)	2(8.7%)	58(17.3%)	554(19%)	617(18.6%)	
	您和党组织	2(4.8%)	0	0	11(0.4%)	13(0.4%)	
	您和工会组织	2(4.8%)	0	0	11(0.4%)	13(0.4%)	
	其他	0	0	1(0.3%)	5(0.2%)	6(0.2%)	
	总数	42(100%)	23(100%)	336(100%)	2 912(100%)	3 313(100%)	
企业日常管理者	您本人	18(39.1%)	5(20%)	80(23.3%)	1 222(41.1%)	1 325(39.1%)	59(0)
	您和主要管理人员	23(50%)	15(60%)	225(65.4%)	1 534(51.6%)	1 797(53.1%)	
	您和党组织	1(2.2%)	0	0	1(0.3%)	12(0.4%)	
	您和工会组织	0	0	1(0.3%)	10(0.3%)	11(0.3%)	
	职业经理人	4(8.7%)	5(20%)	36(10.5%)	189(6.4%)	234(6.9%)	
	其他	0	0	0	6(0.2%)	6(0.2%)	
	总数	(100%)	(100%)	(100%)	(100%)	3 385(100%)	
为促进企业规范经营和持续发展,您认为哪个方面重要程度排第一	由主要投资者亲自抓	24(58.5%)	8(33.3%)	132(39.9%)	1 532(53.5%)	1 696(52%)	41.7(0)
	尽快培养子女接班	4(9.8%)	2(8.3%)	24(7.3%)	249(8.7%)	279(8.6%)	
	逐步引进职业经理	13(31.7%)	12(50%)	167(50.5%)	996(34.8%)	1 188(36.4%)	
	从亲友中选择把关	0	1(4.2%)	5(1.5%)	68(2.4%)	74(2.3%)	
	其他	0	1(4.2%)	3(0.9%)	19(0.7%)	23(0.7%)	
	总数	41(100%)	24(100%)	331(100%)	2 864(100%)	3 260(100%)	

3. 私营企业的人才结构中，家族成员比例较大

私营企业从创立到发展，离不开优秀人才的作用。早期的创业者，虽然正规学历不高，但凭借他们敏锐的市场意识和坚韧不拔的开拓精神，加上家族成员的鼎力相助，在资源稀缺的环境中得以起步并艰难地成长起来。从表2-2-9可以看出，“家族成员”在私营企业人才结构中占有重要的比例。在已上市的企业中，高层管理人员中的亲属占54.2%，在有上市打算的企业中，高层管理人员中的亲属占55%。企业成长过程中，“亲情”与“制度”依然处于两难境地。

表 2-2-9　私营企业人才结构与股份化的关系

		已经上市	已进入上市辅导期	有上市有打算	暂时不想上市	总数	卡方值(P)
股东里有几位是您的父母、配偶、兄弟姐妹或子女	0	9(29%)	10(58.8%)	110(41.8%)	1 145(50.8%)	1 274(49.7%)	46(0)
	1	15(48.4%)	6(35.3%)	98(37.3%)	797(35.4%)	916(35.7%)	
	2	3(9.7%)	1(5.9%)	32(12.2%)	216(9.6%)	252(9.8%)	
	3	1(3.2%)	0	14(4%)	54(2.4%)	69(2.7%)	
	3 位以上	3(9.7%)	0	9(3.4%)	40(1.8%)	52(2%)	
	总数	31(100%)	17(100%)	263(100%)	2 252(100%)	2 563(100%)	
董事会里有几位是您的父母、配偶、兄弟姐妹或子女	0	10(38.5%)	10(66.7%)	116(46.4%)	1 292(62.3%)	1 428(60.4%)	52.3(0)
	1	13(50%)	4(26.7%)	87(34.8%)	560(27%)	664(28.1%)	
	2	1(3.8%)	1(6.7%)	30(12%)	154(7.4%)	186(7.9%)	
	3	2(7.7%)	0	8(3.2%)	37(1.8%)	47(2%)	
	3 位以上	0	0	9(3.6%)	30(1.4%)	39(1.6%)	
	总数	26(100%)	15(100%)	250(100%)	2 073(100%)	2 364(100%)	
企业高层管理人员中有几位是您的父母、配偶、兄弟姐妹或子女	0	11(45.8%)	11(78.6%)	118(45%)	1 146(53.5%)	1 286(52.6%)	33(0.1)
	1	10(41.7%)	3(21.4%)	88(33.6%)	678(31.7%)	779(31.9%)	
	2	1(4.2%)	0(%)	35(13.4%)	229(10.7%)	265(10.9%)	
	3	2(8.3%)	0(%)	9(3.4%)	52(2.4%)	63(2.6%)	
	3 位以上	0	0(%)	12(4.6%)	37(1.7%)	49(2%)	
	总数	24(100%)	14(100%)	262(100%)	2 142(100%)	2 442(100%)	
如果您已婚，您的配偶在哪里工作	本企业	19(45.2%)	7(30.4%)	171(52.1%)	1 257(44%)	1 454(44.8%)	37.9(0)
	自己开办其他企业	6(14.3%)	3(13%)	22(6.7%)	203(7.1%)	234(7.2%)	
	国有企事业	6(14.3%)	6(26.1%)	30(9.1%)	350(12.3%)	392(12.1%)	
	其他企业	1(2.4%)	2(8.7%)	29(8.8%)	345(12.1%)	377(11.6%)	
	务农	1(2.4%)	0	4(1.2%)	64(2.2%)	69(2.1%)	
	无业	7(16.7%)	2(8.7%)	42(12.8%)	486(17%)	537(16.5%)	
	其他	2(4.8%)	3(13%)	30(9.1%)	150(5.3%)	185(5.7%)	
	总数	42(100%)	23(100%)	328(100%)	2 855(100%)	3 248(100%)	

在深入分析私营企业人才结构后（见表2-2-10），我们发现，普通企业雇用管理人员的中位数是6人，雇用技术人员的中位数是5人；典型企业雇用管理人员的中位数是100人，技术人员是80人。典型企业在管理人员和技术人员的力量方面，明显高于普通企业。对于普通企业来说，除引进管理人才和技术人才之外，更需要在内部建立一套员工成长的机制，创造良好的各类人才发挥作用的“微生态”环境；同时要做好下岗工人的转岗和农民工的上岗培训，提升他们的生产技能；对于流动性工种的工人，也要探索出相应的管理办法。良好的人才结构是私营企业持续成长的基础和未来竞争力的保障。

表 2-2-10 私营企业的人才结构

	普通企业			典型企业			卡方值
	平均数	中位数	标准差	平均数	中位数	标准差	
登记时企业员工数	69	20	262.59	2 221.87	100	3 764.19	791.88
2005 年企业全年雇用员工数	173	53	414.86	3 242.93	2 560	3 644.26	1 029.21
2005 年企业雇用下岗工人数	34	10	106.70	105	49	150.36	330.54
2005 年企业雇用农民工人数	98	20	274.08	2321	380	3 798.81	716.29
2005 年企业雇用管理人员数	16	6	35.52	161	100	248.00	901.02
2005 年企业雇用技术人员数	17	5	40.53	255	80	368.33	828.31
2005 年企业雇用半年以上不足一年的员工人数	29	3	113.60	295	2	623.95	434.20
2005 年企业雇用半年以下的人员工人数	27	0	401	183	11	383.95	374

（三）私营企业发展的外部环境问题

本次抽样调查的另一个重点是私营企业发展与作为外部环境的政府管理的关系。重点问题之一是，私营企业主如何评价国务院《关于鼓励支持和引导个体私营等非公有制经济发展的若干意见》在各地方的贯彻落实情况，私营企业的非税收负担（即所谓“三项支出”）、贷款难题、债务问题以及社会环境治理问题等。

1. 对国发［2005］3 号文件的贯彻落实情况总体评价较好

调查表明，对于国发［2005］3 号文件，被调查的私营企业主中表示“知道”的有3 012人，占 78.5%；708 人表示“不知道”，占 18.5%；还有 117 人没有回答，占 3.0%。那么，有哪些因素会影响私营企业主对国务院文件的知情呢？从表 1 所反映的 Logistic 分析结果来看，知情与否，与业主的年龄、政治面貌、文化程度和企业规模成正相关的关系，即年龄每增加 1 岁，可增加 0.037 个知情者。上学年数增加 1 年，知情者可以增加 0.122 人。民主党派业主的知情率明显高于一般党外群众业主。销售额每增加 100 万元，知情者可以增加 0.078 人。

表 2-3-1 是否知情的影响因素 Logistic 回归分析

	回归系数	标准误	Wald 系数	自由度	显著度	Exp（B）
常数	-1.366	0.480	8.114	1	0.004	0.255
中部地区	-0.385	0.205	3.532	1	0.060	0.680
东部地区	-0.608	0.181	11.246	1	0.001	0.544
男性业主	-0.010	0.155	0.005	1	0.946	0.990
业主年龄	0.037	0.007	29.297	1	0.000	1.038
上学年数（年）	0.122	0.021	34.774	1	0.000	1.129
中共党员（团员）	0.080	0.112	0.513	1	0.474	1.084
民主党派	0.816	0.378	4.658	1	0.031	2.262
2005 年销售额	0.078	0.016	23.872	1	0.000	1.081

说明：地区变量以西部地区为参照；性别变量以女性为参照；政治面貌变量以群众为参照；销售额单位为百万元。

表2-3-2　企业主是否“看过”国发［2005］3号文件的影响因素Logistic回归分析

	回归系数	标准误	Wald系数	自由度	显著度	Exp（B）
常数	-0.917	0.583	2.476	1	0.116	0.400
中部地区	0.029	0.225	0.016	1	0.898	1.029
东部地区	-0.256	0.193	1.755	1	0.185	0.774
男性业主	-0.094	0.190	0.244	1	0.621	0.910
业主年龄	0.049	0.009	33.308	1	0.000	1.050
中共党员（团员）	0.326	0.138	5.579	1	0.018	1.386
民主党派	0.494	0.350	1.992	1	0.158	1.639
上学年数（年）	0.031	0.025	1.444	1	0.229	1.031
500万~999万元	0.105	0.186	0.321	1	0.571	1.111
1 000万~4 999万元	0.349	0.156	4.997	1	0.025	1.418
5 000万~9 999万元	0.863	0.299	8.332	1	0.004	2.369
1亿元以上	0.861	0.262	10.848	1	0.001	2.366

国发［2005］3号文件颁布以后，各地的贯彻落实情况如何？本次抽样调查分9个专题考察了私营企业主对各地贯彻落实情况的分项评价，最后请他们对地方政府贯彻落实的总体情况做一个总评价（参见表2-3-3）。可以看到，在不考虑那些没有回答的情况下，如果把“有改进”与“明显改进”合并为“改进评价比率”，并按这一比率从高到低排序，那么，“改进评价比率”最高的是“放宽市场准入”方面，比率达到86.6%；最低的是“加大财税支持，改善融资环境”方面，该比率仅为67.5%；总的改进评价比率约为75%。也有极少数人对这些方面很不满意，认为不仅没有改善，反而出现倒退，其中，对“改进政府监管方式，规范收费行为”感到不满意的人最多，其比例达到2.5%。如果把没有回答的问卷视作不满意的话，那么，这个比例则更高。

表2-3-3　对国发［2005］3号文件颁布以后私营企业发展的外部环境改善情况的看法分布

单位：%

	倒退	没有	有改进	明显改进	合计	改进评价比率
放宽市场准入	0.5	12.9	62.9	23.7	100.0	86.6
规范、发展行业协会、商会等组织	0.5	16.5	62.8	20.2	100.0	83.0
完善私有财产保护，维护企业合法权益	0.8	18.4	63.1	17.7	100.0	80.8
营造良好的舆论氛围方面	0.9	18.3	64.4	16.3	100.0	80.7
支持科技创新，完善社会服务	0.3	20.0	62.9	16.8	100.0	79.7
推进企业信用制度建设	0.6	21.6	60.8	17.0	100.0	77.8
加强指导和政策协调方面	0.7	22.1	64.6	12.7	100.0	77.3

续表

	倒退	没有	有改进	明显改进	合计	改进评价比率
改进政府的监管方式，规范收费行为	2.5	22.9	58.8	15.7	100.0	74.5
加大财税支持，改善融资环境	1.3	31.1	55.6	11.9	100.0	67.5
地方政府认真落实国发［2005］3 号文件的措施	1.0	24.2	60.7	14.2	100.0	74.9

考虑到对“地方政府认真落实国发［2005］3 号文件的措施”的总评价具有整体性，因此我们专门从这个角度分析影响业主评价的因素。由于评价的尺度难以被改造为“二分”形式，我们运用交互表方式而不是 Logistic 回归分析方法进行分析。为了判别是否存在交互关系，我们同时进行了卡方检验，并针对等级变量计算了等级相关系数，针对类别变量计算了列联系数，结果表明（表 2－3－4）地区之间的差别比较明显，西部与总体的差异较大，也就是说，与总体情况相比，西部企业家对地方政府贯彻落实国发［2005］3 号文件的措施的评价要差一些。就企业销售额来说，与总体对照，销售额在 1 亿元以上的企业主对地方政府贯彻落实国发［2005］3 号文件的评价更加正面更加积极。在该规模的企业的业主中，认为地方政府的措施“有改进”和有“明显改进”的人所占比例合计达到了 83.9%，高出总体中这一比例（74.9%）9 个百分点。这表明，地方政府对销售额达到亿元级的私营企业更加重视。

表 2－3－4　不同地区和企业销售额对业主的总体评价的影响分析

单位：%

	倒退	没有改进	有改进	明显改进	合计
东部	0.4	23.6	63.7	12.4	100.0
中部	1.1	22.7	56.0	20.2	100.0
西部	3.2	29.5	54.2	13.1	100.0
总体	1.0	24.2	60.7	14.2	100.0
统计检验	$X^2=61.992$，df＝6，N＝2 932，sig. ＜0.001； Gamma＝－0.015，sig. ＝0.631； 列联系数＝0.144，sig. ＝0.000				
499 万元以下	0.8	25.7	57.9	15.6	100.0
500 万～999 万元	1.8	21.9	63.5	12.9	100.0
1 000 万～4 999 万元	0.6	26.5	59.0	13.9	100.0
5 000 万～9 999 万元	0.5	25.1	60.5	14.0	100.0
1 亿元以上	1.0	15.0	67.1	16.8	100.0
总体	0.9	24.2	60.1	14.8	100.0
统计检验	$X^2=23.981$，df＝12，N＝2561，sig. ＝0.020； Gamma＝0.039，sig. ＝0.150； 列联系数＝0.096，sig. ＝0.020				

2. 企业三项支出负担出现不同程度的下降

在 2004 年分析第六次全国私营企业抽样调查数据时，我们曾经提出企业“三项支出”概念，据以分析企业与政府的关系。所谓三项支出是指，企业的各种交费，企业应付来自政府部门的各种摊派，以及企业为了搞好与政府的关系而付出的各种不一定合理合法的公关、招待费用。在本次调查中，我们继续要求业主们提供2005年其企业的这三项支出。统计结果表明，在全部被调查企业中，未提供这方面的支出情况的企业数分别为：交费方面1 702家，摊派方面1 660家，公关、招待方面1 142家。在其余企业中，明确表示不存在这样的费用支出的企业分别为：交费方面244家，摊派方面956家，公关、招待方面395家。因此，在回答了有无这些支出的企业中，真正发生了这些支出的企业分别为：交费方面1 891家，占88.6%；摊派方面1 221家，占56.1%；公关、招待方面2 300家，占85.3%。就提供了三项支出信息的企业而言，这三项支出的发生率还是比较高的，但与2004年调查时相比有所下降。第六次调查表明，在不考虑没有提供相关信息的企业的情况下，2003年，交费支出发生率为95.1%，摊派支出发生率为70.0%，公关、招待支出发生率为95.2%，本次调查发现，到2005年，这三项支出的发生率分别下降了6.8%、19.9%与10.4%。从三项支出的数额来看（参见表2-3-5），虽然总额有所增加，但平均负担额都有所下降，最大值也小了许多。其中，公关招待费用的平均值下降幅度最大，为23.9%；其他两项的平均支出下降幅度很小，平均交费支出下降1.6%，平均摊派支出下降7.0%。因此，从绝对支出额来看，私营企业的负担总体上是下降的。

表2-3-5　2003—2005年私营企业“三项支出”情况分析

单位：万元

		总额	平均值	中位数	标准差	最少	最多
2003年	交费	88 793.1	48.8	2	640.5	0	25 688
	摊派	8 438.9	5.7	1	20.9	0	390
	公关、招待	30 438.6	14.2	3	133.4	0	6 000
2005年	交费	102 378.3	48.0	3	365.0	0	11 272
	摊派	11 429.8	5.3	1	26.1	0	500
	公关、招待	29 171.7	10.8	3	30.9	0	566

说明：2003年的数据来自《中国私营经济年鉴（2002—2004）》。下同。

被调查企业三项支出仍然存在一定的地区差异，就三项支出的发生率而言，东部交费支出发生率为92.0%，摊派支出发生率为53.2%，公关、招待支出发生率为85.3%；中部三项支出的发生率分别为79.1%、60.0%与82.3%；西部三项支出的发生率分别为89.5%、63.8%、90.2%。这样，中部的三项支出发生率比较而言是最低的，西部的交费支出发生率低于东部，其他两项支出的发生率高于东部，因此，总的来讲，西部私营企业的各项负担发生面较广。

从表2-3-6看，三项支出的平均水平在两年间的变化也有特点。在东部地区，三项支出的平均水平始终最高，但也都有较大幅度的下降；中部地区企业三项支出平均水平居于最低位置，但两年之间有两项是上升的；西部地区企业三项支出平均水平总体上继续居于第二位，且也有两项处于上升态势。这些情况表明，中西部尤其是西部地区私营企业的负担问题有加重的趋势。

表2-3-6　2003—2005年不同地区私营企业三项支出平均值比较

单位：万元

	2003年			2005年		
	交费	摊派	公关、招待	交费	摊派	公关、招待
东部	68.3	6.6	19.1	58.3	5.5	11.4
中部	22.9	4.0	9.8	26.6	4.6	9.3
西部	36.9	5.6	8.7	39.4	5.1	10.3

与以前的分析一样，对三项支出是否真的成为企业负担，需要把它们与企业正常收支情况进行比较，用于比较的指标，本应还是企业的纳税、税后净利润以及企业投资者的分红。但是，本次调查关于企业分红的数据缺失值较多，与交费支出、摊派支出以及公关、招待支出之间存在的数据交叉缺失也比较多，因而剩下能够匹配起来进行统计分析的样本过少，因此，这里仅仅用三项支出与企业的纳税额和税后净利润额进行比较。相关比较结果如表2－3－7所示。不难看出，就2005年的情况来说，私营企业的三项支出所形成的企业负担确实还是比较重的，不过，与2003年的调查结果相比，负担还是下降不少。结合表2－3－5的数据来看，这种下降可能意味着企业的经营绩效在提高，因此，即使支出的绝对额下降幅度不大，但由于企业收入增长，其负担程度的下降比较明显。不过，我们仍然要看到，从2005年三项支出总额分别相当于企业纳税额和税后净利润的35.6%与30.1%来看，企业的负担应当还有下降的空间，这表明，政府转变职能，改革企业税费收度的任务仍然相当艰巨。

表2－3－7　2003—2005年私营企业三项支出相当于纳税和税后净利润的比例比较

单位：%

	2005年		2003年	
	相当于纳税总额的比例	相当于税后净利润总额的比例	相当于纳税总额的比例	相当于税后净利润总额的比例
交费总额	27.7	26.1	48.8	68.0
摊派总额	3.1	2.6	9.2	7.8
公关、招待总额	5.9	5.7	18.2	15.2
三项支出总额合计	35.6	30.1	–	–

说明：在计算三项支出总额合计并与企业纳税或税后净利润进行比较时，我们对数据进行了全匹配处理，保证所有数据都来自相同的样本；而在比较单项支出与纳税额或税后净利润时，分别进行两两匹配，仅保证被比较的两个数据来自相同的样本。因此，单项比例之和不等于三项支出总额比例。

3. 企业贷款难问题依然突出

私营企业向银行借贷是一个老大难问题。从此次调查结果来看，85.5%的业主感到贷款存在这样那样的困难，14.5%的人没有回答这个问题，也许他们根本不指望银行贷款。从表2－3－8的结果看，贷款难的原因分布确实发生了一定程度的变化，手续繁杂问题的影响面缩小了，但是抵押、担保条件太苛刻等问题更加突出了，贷款成本太高，其影响面扩大了37.8%。

表2－3－8　2003—2005年私营企业贷款难的原因分布比较

单位：%

	手续繁杂	贷款抵押、担保条件太严	公开财务信息的要求过高	信用等级评定过严	贷款成本太高	其他	合计
2003年	33.8	46.5	1.3	2.8	12.7	2.8	100.0
2005年	24.4	49.3	2.0	4.5	17.5	2.4	100.0

为了剖析不同类别的私营企业在贷款时是否受到不同因素的影响，我们运用交互分析加卡方检验的方法，分析了企业成立方式（是否属于改制企业）、企业所在地区、企业经营规模以及企业主的性别、政治面貌、年龄（分组）和文化程度等因素的影响，结果表明，不同地区企业贷款难的原因分布有所不同（参见表2－3－9），最突出的差别是，与总体分布相比，手续繁杂的影响面在中部最大，贷款抵押担保条件太严的问题在西部影响面最大。

表 2-3-9 不同地区私营企业贷款难的原因分布

单位:%

	手续繁杂	贷款抵押、担保条件太严	公开财务信息的要求过高	信用等级评定过严	贷款成本太高	其他	合计
东部	23.6	50.2	2.0	3.7	18.4	2.2	100.0
中部	26.7	43.6	2.1	6.1	18.3	3.2	100.0
西部	24.4	54.1	1.8	5.5	12.2	2.0	100.0
总体	24.4	49.3	2.0	4.5	17.5	2.4	100.0
统计检验	$X^2=28.736$, df = 10, N = 3281, sig. < 0.001, 列联系数 = 0.093						

4. 企业之间的"三角债"问题依然严重

企业间的"三角债"也是一个老大难问题。从此次调查结果看，没有提供外企业拖欠本企业的债务（包括货款和借款）和本企业欠外企业的债务的企业分别有375个与392个，在其余企业中，有外企业欠债的企业1 960户，占53.8%，户均被欠369.8万元，被欠最多的为5亿元；有外欠其他企业债务的企业1 003户，占29.1%，户均欠债217.3万元。

在全部被调查企业中，共有1 786户企业既提供了本企业欠外企业货款、借款的信息，也提供了外企业拖欠本企业货款、借款的信息，其中，770户企业只有外企业拖欠本企业的货款、借款，占43.1%，户均被拖欠货款、借款281.4万元；59户只有拖欠其他企业的货款、借款，占3.3%，户均拖欠其他企业货款、借款209.3万元；957户企业同时既有外企业所欠货款、借款，也有拖欠外企业的货款、借款，占53.6%，户均被拖欠517.4万元，同时拖欠214.3万元，总体上还是债权大于债务。如果把同时被其他企业拖欠又拖欠其他企业的企业视为陷入了"三角债"，那么，在不考虑那些没有提供完整信息的企业的情况下，这种三角债的发生面达到了53.6%；这1 786户企业的企业间债权和债务总计92.9亿元，其中属于"三角债"性质的占75.4%。私营企业间的"三角债"问题之严重由此也可见一斑。

第三部分 私营企业主阶层状况

本次抽样调查十分关注私营企业主的社会特征、收入与财产、工作生活方式、社会政治参与、阶层意识、企业劳资关系状况以及企业主们对党和国家的统战工作、工商联工作以及行业协会（商会）工作的希望。

（一）私营企业主的社会特征

1. 基本人口特征：男性为主，年龄增大，学历提高

此次调查的3 837个业主中，有男性3 293人，占85.8%；女性535人，占14.0%。9人未报告其性别属性，占0.2%。这一结构与第六次调查的结果近似，差别很小。这说明，私营企业主阶层仍然以男性为主。

私营企业主的年龄有增大的趋势。在本次调查中，除了29人未报告其出生年份外，其余3 809名私营企业主的平均年龄为44.4岁，比上次调查增加1岁；年龄中位数为44岁，比上次调查增加2岁；年龄标准差为8.3岁，也比上次调查略有提高（上次调查结果为8.1岁）。从图3-1-1的年龄分布曲线看，企业主的年龄结构基本上呈正态分布，并且集中在33～57岁之间，这一年龄段的业主合计占87.5%。

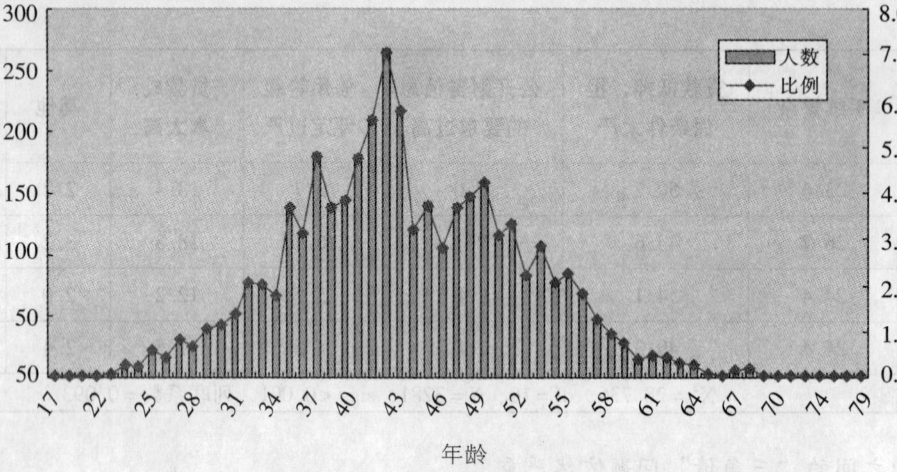

图 3-1-1　私营企业主年龄分布图

企业主的文化程度较高。与第六次调查结果相比，本次调查的结果变化不大。除 22 人未提供其文化程度信息外，在其余业主中，小学占 1.5%，初中占 12.6%，高中、中专占 36.6%，大专占 31.7%，大学本科占 13.1%，研究生占 4.5%。大专以上占 49.3%。从学位情况看，本次调查中有学士 273 人，占 7.1%；硕士 164 人，博士 15 人，合计占 4.7%。高中生、中专生的比例比第六次调查的结果有所提高，其他文化程度业主的比例均有轻微下降。

2. 私营企业主的职业变迁表明，机关干部、经营管理人员和专业科技人员已成为队伍主体

本次调查分别对私营企业主从学校毕业后的第一个职业、开办私营企业前的最后一个职业以及从第一个职业到开业前最后一个职业之间的职业变迁进行了较为全面的考察。从表 3－1－1 可以看到，私营企业主的职业流动变化是相当显著的。农民、工人、服务员和普通职员所占比例从最初的 57.9% 下降为 26.7%，降幅达到 53.9%；干部、国有或集体企业负责人（承包人、承租人）、企业供销人员、专业技术人员合计所占比例从 26.3% 上升为 47.0%，升幅达到 78.7%；个体工商户的比例从 7.5% 提高到了 20.4%，升幅达到 1.72 倍。可见，私营企业主在开业前的社会经济地位以较为普遍的向上流动为特征。可以说，私营企业主的社会来源是以三类精英为主，即机关干部、企业经营管理人员（包括个体工商户）以及专业技术人员，合计的比例从 33.8% 上升为 67.4%，升幅达到 99.4%。这种趋势，实际上在历次调查中都有表现，尤以这次调查反映得最为明显。

表 3－1－1　私营企业主开办企业前的职业流动

单位:%

职业类别	第一次就业的职业		开业前的职业	
	人数	比例	人数	比例
务农、企业普通职员、工人、服务人员	1 959	57.9	922	26.7
村干部	23	0.7	75	2.2
党政机关、事业单位科级及以下干部	258	7.6	254	7.4
党政机关、事业单位县处级及以上干部	0	0.0	29	0.8

续表

职业类别	第一次就业的职业		开业前的职业	
	人数	比例	人数	比例
国有、集体企业供销人员、技术人员	597	17.6	505	14.6
国有、集体企业负责人、承租人、承包人	12	0.3	756	22.0
个体户业主	253	7.5	703	20.4
军人、其他工作	262	7.8	131	3.8
下岗失业或没有参加过工作	22	0.6	68	1.9
合　计	3 386	100.0	3 443	100.0

企业的开业时间不同，其业主开业前的职业分布也有差异（参见表3－1－2）。农民、工人、服务人员和企业普通职员所占比例，在四个时期呈现下降趋势，第三个时期最低，2001年以后又有所回升，但也没有达到第二个时期的比例。"下海"干部的比例在前三个时期一直显著上升，到第四个时期出现下挫，但比例仍然大大高于第一个时期。国有和集体企业负责人、承包人、承租人的比例在平稳中有所波动，第二个时期下滑较大，但在第三个时期上升较多。国有和集体企业供销人员、专业技术人员的比例变动趋势是一条倒U型曲线，在第二个时期达到顶点，这反映了当时知识分子"下海"的热潮。个体户业主的比例在前三个时期明显趋于下降，直到第四个时期才又回升，但未能达到第一个时期的水平，显示出个体户在市场化程度越来越高的过程中转型为私营企业的难度加大。总的来说，私营企业主开业前的职业变化表现出这个阶层的较为显著的社会精英化趋势。

表3－1－2　不同时期开业的企业主开业前的职业分布

单位：%

职业类别＼开业时间	1991年以前	1992－1995年	1996－2000年	2001年以后
农民、工人、服务人员、企业普通职员	30.2	26.7	24.7	26.1
村干部以及各级国家干部	5.9	10.6	12.3	9.7
国有集体企业负责人、承租人、承包人	22.0	18.8	23.9	22.3
国有集体企业供销人员、专业技术人员	12.3	18.0	15.1	13.6
个体户	24.2	20.0	18.2	21.3
军人、其他工作	3.4	4.0	3.7	3.6
下岗失业或没有参加过工作	2.1	1.9	2.1	3.5
合计	100.0	100.0	100.0	100.0

统计分析还表明，不同地区的私营企业主开业前的职业分布有一定的差异（见表3－1－3）。从表3－1－3的数据看，各地区的"干部"比重和"下岗失业或没有工作过"的比重与总体没有什么差异，可以看出差异较为显著的是，中部私营企业主中开业前担任"国有、集体企业供销人员、技术人员"的人较多；西部地区私营企业主中开业前开办过个体户的较多，而开办企业前的职业为"农民、工人、服务人员和企业普通职员"的明显较少。

表3-1-3　不同地区私营企业主开业前的职业分布

单位：%

	各级国家干部、村干部	国有、集体企业负责人、承包人、承租人	国有、集体企业供销人员、技术人员	个体户	军人、其他工作	农民、工人、服务人员、企业普通职员	下岗失业或没有工作过	合计
东部	10.0	22.0	13.9	20.1	4.5	26.8	2.6	100.0
中部	11.5	20.3	17.6	19.2	1.1	27.3	3.0	100.0
西部	10.3	24.4	13.6	24.0	4.6	20.9	2.2	100.0
总体	10.4	22.0	14.7	20.4	3.8	26.1	2.6	100.0
统计检验	$X^2=36.222$，df = 12，N = 3443，sig. < 0.001，列联系数 = 0.102；Gamma = −0.040，sig. = 0.079							

（二）私营业主的收入和财产情况

私营业主的家庭收入是和与私营业主同收入共支出、同住共食的家庭成员的数量相关的。本次抽样调查显示，在被调查的私营业主中，家庭成员的数量以2～6人居多，占被调查的私营业主总数的97.8%．其中，数量为2人、3人、4人、5人、6人的比例分别为10.8%、31.4%、22.6%、15.9%和7.1%。

1. 私营业主的个人收入和家庭收入同样呈两极分化趋势

（1）私营业主的个人收入在波动中上升

与以往相比，近年来，私营业主的个人收入发生了新的变化。本次抽样调查显示，2005年私营业主的包括工资、分红等在内的个人平均收入为18.6万元。纵观近年来私营业主个人收入的变化，可以看出，私营业主的个人收入虽然存在波动，但是在总体上仍然处于上升和提高的态势。2000年调查显示，私营业主的个人年平均收入为13.8万元，而在2004年调查时，私营业主的个人收入达到了20.2万元，比2000年增长了46.4%，三年间私营业主的个人收入实现了大幅度的增长。从2003年至2005年，私营业主的个人年平均收入从20.2万元下降到18.6万元，下降了8.6%，但是与2000年相比，私营业主的个人收入还是实现了较快的增长，增幅为34.78%。

虽然私营业主的收入在总体上保持增长的态势，但是，由于受到诸多经济社会因素的影响，私营业主这一群体内部个人收入也有两极分化现象。根据本次抽样调查，2005年全国企业私营业主的个人年平均收入最高的达到1 500万元，而最低者甚至没有收入（仅为调查显示）。这种情况如属实，反映了私营业主内部分化加剧，这种分化是由于私营业主占有资源的差别和竞争力的差别所形成的。

（2）私营业主的家庭收入

根据本次抽样调查，2005年私营业主家庭全年的总收入平均为25.99万元，中位收入为11万元，最高收入为1 500万元。其中，年收入过百万的私营业主家庭占14.4%。

图3-2-1为2005年全国私营业主家庭年收入的面积图，反映了目前私营业主家庭收入分布的态势。从这个面积图可以看出，私营业主的收入虽然存在很大的差异性，但是也表现出了一定的集中性。就总体而言，家庭年收入在50万元以下的家庭占有相当大的比例。

2000年全国私营企业抽样调查时，私营业主家庭的年平均收入为18.5万元，2003年平均收入为26.7万元，而2005年私营业主家庭全年的总收入平均为26万元。与2000年相比，私营业主的家庭收入增长了40.54%，但是与2003年相比，私营业主的家庭收入略有下降。

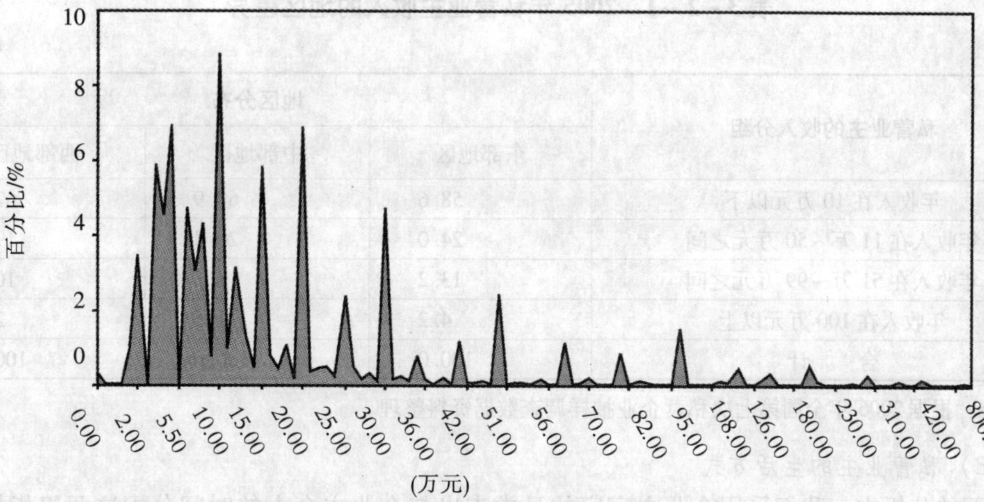

图 3-1-2　2005 年私营业主家庭的总收入

2. 私营业主的家庭财产状况

在本次全国私营企业抽样调查中，私营业主及其家庭的财富主要界定在金融资产、住房原值以及私营业主在其企业中所拥有的所有者权益构成。

（1）家庭金融资产（包括证券、存款）差别很大

根据本次抽样调查，2005 年全国私营业主的家庭金融资产的平均值为 58. 29 万元，比 2003 年增长了 4. 09%。但是，私营业主所拥有的金融资产的数量和增长的速度存在差异。最高的达到8 600万元，最低的则是零资产和负资产（仅为调查显示）。

（2）居住和房产状况良好

本次抽样调查发现，私营业主拥有住房 1 ~ 3 套的户数较多，拥有自有住房数量为 1 套、2 套和 3 套的占被调查的私营业主的比例分别为 60. 4%、23. 2% 和 6. 4%。本次调查测算，全国私营业主住房的平均现值为 94. 29 万元。

（3）所有者权益占资本总额的六成以上

本次抽样调查显示，私营企业在开办时，业主的实收资本占资本总额的 67. 72%；到 2005 年底，私营业主的所有者权益占资本总额的比例达到 68. 13%。

3. 私营业主收入的地区差异明显

私营业主的收入也存在明显的地区差异。本次抽样调查显示，2005 年，东部地区年收入达 100 万元以上的私营业主的比例为 4. 2%，而中部地区和西部地区则分别为 1. 5% 和 2. 8%；东、中、西部年收入在 10 万元以下的私营业主的比例分别为 58. 6%、69. 9% 和 67. 4%。此外，就中部地区和西部地区的对比看，中部地区和西部地区私营业主的收入具有较大的相似性，特别是年收入在 10 万元以下组别和年收入在 11 万 ~ 50 万元之间组别比例大体相当，分别为 69. 9%∶67. 4% 和 20. 4%∶19. 3%。（见表 3 - 2 - 1）

私企业主的收入是个敏感问题，上述数据是问卷中根据本人填报的数字分析的，是否真实地反映了他们的实际收入，我们暂且存疑。不过从整体上分析，绝大多数私企业主的收入并不如媒体上所渲染的那么多，不少媒体把私企业主的资产同个人和家庭收入混为一谈了，造成了私企老板都是富得流油的错觉。

表3-2-1　2005年私营业主收入的地区差异

单位:%

私营业主的收入分组	地区分布		
	东部地区	中部地区	西部地区
年收入在10万元以下	58.6	69.9	67.4
年收入在11万~50万元之间	24.0	20.4	19.3
年收入在51万~99万元之间	13.2	8.3	10.6
年收入在100万元以上	4.2	1.5	2.8
合　计	100.0	100.0	100.0

资料来源：根据2006年全国第七次私营企业抽样调查数据资料整理。

（三）私营业主的生活方式

下面的分析中，我们采用企业主家庭的日常支出与企业主个人的时间分配这两组指标来描述私营企业主的生活方式。

1. 家庭的日常支出总体上高于一般城镇居民

在我国，家庭是日常生活单位，生活水平表现在整个家庭支出的高低上。私营企业主家庭和家庭成员人均主要日常支出见表3-3-1。

表3-3-1　2005年私营企业主日常生活费主要支出

	2005年	比较2003年
全家全年生活费支出（元）	101 247.00	
其中：家庭人均每月衣食住行等基本费用（元）	692.54	增加180.89
家庭人均每月娱乐、保健费用（元）	247.91	增加80.20
家庭人均每月教育、学习费用（元）	360.05	增加55.89

2005年同时期全国城镇居民人均每月衣食住行基本费用支出为460.62元①、用于保健为50.07元②、用于教育文化娱乐费用为91.46元③，相比之下，私营企业主家庭的人均生活支出表现出较高的水平。

但是如果看到私营企业主群体内部的差异，其中企业资产在100万元以下的小业主，他们的日常人均支出（见表3-3-2）则与一般城镇居民的支出水平相接近。

表3-3-2　2005年不同资产规模企业主的生活费支出

资产规模（元）	100万以下	100万~500万	500万~1000万	1000万~1亿	1亿以上
全家全年生活费支出（元）	82 207.00	94 834.00	116 972.00	171 296.00	225 682.00
其中：家庭人均每月衣食住行等基本费用（元）	646.49	698.86	811.94	1 140.85	1 381.24
家庭人均每月娱乐、保健费用（元）	205.26	237.15	275.60	390.35	478.62
家庭人均每月教育、学习费用（元）	305.24	343.05	376.35	543.98	887.45

社会舆论在谈到分配悬殊时，经常以私营企业主为高收入的例证，其实如果再深入分析，私营企业主总数中60%以上资产在100万元以下，他们的生活并不如人们想像的那样潇洒、

① 根据《中国统计年鉴（2006）》第350页计算，中国统计出版社，北京，2006。

② 同上。

③ 同上。

富裕。

2. 从个人的时间分配上看，企业越大，工作时间越长

观察私营企业主的生活方式，不能仅仅看到他们的高收入和高生活水平，还要看到他们超乎常人的付出。比较他们与其他社会成员的时间分配就可以清楚地看到这一点。

由于我国全国性的时间分配调查是从2000年才开始进行的，所以，我们只能利用2005年在北京的一次调查数据作基准来加以对照。那次调查结论是："城市居民生活节奏加快，工作日工作时间延长，加班时间增加，平均睡眠时间减少……闲暇时间不断增加。实际工作时间为7小时52分钟，加班时间为52.7分钟……休闲时间为4小时35分钟。"①

而本次调查得到私营企业主的时间分配主要内容见表3-3-3。

与一般城市居民相对照，私营企业主工作、学习时间要多得多，而休闲远较一般人少，而且，拥有资产越多的企业主工作和学习的时间就越多，休闲和睡眠时间就越少。

表3-3-3　2005年私营企业主每天主要活动所用时间

活动内容	平均时间	比较2004年调查数据
工作与学习	12小时30分	增加1小时18分
在企业里做日常管理工作	7小时31分	增加49分
外出联系生意、开会、公关、招待	3小时16分	减少2分
各种学习	1小时43分	增加31分
自己或陪伴家人娱乐、休闲	2小时24分	增加42分
睡眠	7小时17分	减少31分

表3-3-4　不同资产规模企业主的时间分配

资产规模（元）	100万以下	100万~500万	500万~1000万	1000万~1亿	1亿以上
工作与学习	12小时16分	12小时33分	12小时42分	12小时59分	13小时10分
在企业里做日常管理工作	7小时30分	7小时32分	7小时39分	7小时28分	7小时0分
外出联系生意、开会、公关、招待	3小时6分	3小时19分	3小时26分	3小时41分	4小时11分
各种学习	1小时40分	1小时42分	1小时47分	1小时50分	1小时59分
自己或陪伴家人娱乐、休闲	2小时27分	2小时28分	2小时18分	2小时13分	2小时6分
睡　眠	7小时22分	7小时14分	7小时13分	7小时8分	7小时11分

从表3-3-4中可以看到，私营企业资产越大、压力越大。日复一日、年复一年，他们比常人更多地拼精力、耗时间，比常人有着更高的工作热情，这可以称为企业家的"敬业精神"。

（四）私营业主的政治参与和阶层意识

中共十六大把包括私营业主和个体工商户等新的社会阶层定位为中国特色社会主义的建设者，提升了私营业主的政治地位，私营业主的社会意识和政治态度更趋积极。

1. 私营企业主中，中共党员占32.2%

本次私营企业抽样调查发现，在被调查的2001年后注册为私营企业的私营业主中，其政治面貌为中共党员的，占32.2%；为民主党派人士的，占2.0%。

① 新华网，2005年11月17日。

从政治面貌为中共党员的私营业主的职业背景看，他们中，在开办私营企业前曾经在党政机关、事业单位担任过一般干部、科级干部、县处级干部、县处级以上干部的分别占56.4%、30.7%、11.6%和1.4%。在中共党员私营业主中，有55.2%的人曾经是国有、集体企业的负责人，有20.3%的人曾有过参军的经历。

本次抽样调查还显示，尚未加入中国共产党的私营业主中，只有9.6%的人写过入党申请书，可见私营业主要求入党的还不够普遍。

2. 私营企业中建立党组织的不足30%

私营企业党组织的建设是党的建设的重要方面。但是，从目前情况看，私营企业党组织建设还远不能和国有、集体企业相比。本次抽样调查发现，目前，在私营企业中，建立了党组织的比例还不足30%，企业中党员的数量也十分有限。员工中没有中共党员的私营企业占31.7%。私营企业员工中党员数量为1人、2人、3人、4人、5人、6人和7人的百分比分别是4.5%、5.6%、4.3%、2.4%、3.8%、2.4%和1.3%。

3. 私营业主对企业党组织作用的看法基本正确

对于中共党组织在私营企业中的作用，私营业主的看法如下表。

表3-4-1　私营业主对于私营企业中党组织所发挥作用的看法

单位：%

私营企业中党组织所发挥的作用	同意	不同意
帮助经营者掌握党和政府的方针政策、法律法规	75.2	24.8
帮助企业做好决策	51.1	48.9
开展员工思想政治工作，指导企业文化建设	69.6	30.4
协调劳资关系，维护企业和员工的利益	59.6	40.4
处理企业和政府部门以及其他组织的关系	51.4	48.6

资料来源：根据2006年全国第七次私营企业抽样调查数据资料整理。

上述表格表明，私营业主对于党组织在私营企业中所发挥的作用基本上持认同和肯定的态度。他们对于党组织在私营企业中的功能定位是在思想政治方面。而在企业的生产经营方面，私营业主的看法有很大的不同，对于“帮助企业做好决策”这一点，持肯定和否定态度的私营业主所占的比例几乎相同。

4. 私营业主的政治态度表现出鲜明的利益特征

（1）私营业主的政治态度更多地体现在经济层面，将自己的关注点放在企业的经营和发展上，“把私营企业办好”是私营业主最为关注的事情。

在被问及在经济、政治和社会生活中的具体打算时，高达70.8%的私营业主认为当前最迫切的事情是“在商言商，把企业办好”。私营业主在社会生活中，注重社会舆论和社会评价，高达50.5%的私营业主认为努力在“在日常生活中树立良好的个人和企业形象，做一名社会贤达”，这也可以说是坚持“在商言商，把企业办好”理念的一种延续。

（2）私营业主在力求经济上有所作为的同时，对政治参与表现出了一定的兴趣。

他们衷心拥护党的改革开放的好政策，希望参与国家和地方的政治生活，获得在政治生活中的发言权。有28.8%的私营业主认为“争取当人大代表、政协委员”最为迫切。

（3）私营业主同其他社会阶层成员和睦相处的愿望强烈。

本次调查反映，私营业主选择“和社会上其他阶层成员和睦相处”这一项的比例排在“在商言商，把企业办好”和“在日常生活中树立良好的个人和企业形象，做一名社会贤达”的选择之后，为45.2%，居第三位。这种情况表明，和谐社会的理念深入人心，建设和谐社会，与社会上其他阶层的成员和睦相处关乎全体社会成员的共同利益，也是私营业主的利益所在。因而，私营业主们从心底里拥护构建和谐社会的战略决策。

表3-4-2是私营业主对于在经济、政治和社会生活中的具体意愿的迫切程度的统计表，反映了私营业主的政治和经济理念以及价值取向。

表3-4-2　私营业主对于在经济、政治和社会生活中各种打算的迫切程度

单位:%

私营业主的具体打算	最为迫切	比较迫切	一般	不太迫切	最不迫切	合计
在媒体上多宣传自己的事业	18.5	16.0	28.2	12.5	24.8	100
在商言商，把企业办好	73.7	17.6	7.2	0.8	0.7	100
在日常生活中树立良好的个人和企业形象，做一名社会贤达	54.0	26.3	15.7	2.7	1.3	100
参加中国共产党	24.1	11.5	21.5	11.1	31.8	100
争取当人大代表、政协委员	28.8	19.2	20.5	9.2	22.3	100
与党政领导人经常保持联系	22.8	25.4	27.8	10.0	13.9	100
参加民主党派	8.3	7.3	16.9	11.2	56.3	100
和社会上其他阶层成员和睦相处	45.2	32.3	19.6	1.9	1.0	100

资料来源：根据2006年全国第七次私营企业抽样调查数据资料整理。

5. *私营业主在社会经济组织中任职的不少*

私营业主在社会经济组织中担任职务是私营业主政治参与的重要方面。目前私营业主在社会经济组织中任职的比例较低，任职的范围较小，主要集中在经济组织中，在党政组织（主要是人大和政协）中任职的情况不多。本次抽样调查表明，在受访的3 837名私营业主中，回答担任各种社会职务的有1 020人，其中，担任乡级职务的28人，担任县级职务的13人，担任地级职务的有15人，担任省级职务的有8人，分别占被调查的私营业主总数的0.5%、0.3%、0.4%和0.2%。

本次抽样调查还发现，虽然私营业主在各级人大和政协组织中人数很少，比例很小，但是他们在经济组织中担任职务的情况却较多，在县、地（市）、省三级经济组织中担任职务的人分别是263人、278人和89人，分别占6.9%、7.2%和2.3%。（见表3-4-3）

表3-4-3　私营业主担任的重要社会工作统计表

	人数（人）	百分比（%）	有效百分比（%）	累计百分比（%）
乡级党政职务	18	0.5	1.8	1.8
乡级群众组织	3	0.1	0.3	2.1
乡级经济组织	30	0.8	2.9	5.0
乡级其他组织	2	0.1	0.2	5.2
县级党政职务	13	0.3	1.3	6.5
县级群众组织	10	0.3	1.0	7.5
县级经济组织	263	6.9	25.8	33.2
县级文体组织	2	0.1	0.2	33.4
县级其他组织	4	0.1	0.4	33.8

续表

	人数（人）	百分比（%）	有效百分比（%）	累计百分比（%）
地级党政职务	15	0.4	1.5	35.3
地级群众组织	24	0.6	2.4	37.6
地级经济组织	278	7.2	27.3	64.9
地级文体组织	6	0.2	0.6	65.5
地级其他组织	10	0.3	1.0	66.5
省级党政职务	8	0.2	0.8	67.3
省级群众组织	6	0.2	0.6	67.8
省级经济组织	89	2.3	8.7	76.6
省级文体组织	3	0.1	0.3	76.9
省级其他组织	2	0.1	0.2	77.1
中央级党政职务	1	0.0	0.1	77.2
全国性群众组织	4	0.1	0.4	77.5
全国性经济组织	31	0.8	3.0	80.6
全国性其他组织	4	0.1	0.4	81.0
党政职务	15	0.4	1.5	82.5
群众组织	9	0.2	0.9	83.3
经济组织	159	4.1	15.6	98.9
文体组织	2	0.1	0.2	99.1
其他组织	9	0.2	0.9	100.0
总计	1 020	26.6	100.0	—
未回答人数	2 817	73.4	—	—
总　计	3 837	100.0	—	—

资料来源：根据 2006 年全国第七次私营企业抽样调查数据资料整理。

6. 私营业主阶层的自我评价：属于中等阶层

私营经济是我国改革开放中出现的新的经济成分，私营业主是伴随着经济社会变革从原有的社会阶层中分化出来的新的社会阶层。新的社会阶层的特殊性，决定了私营业主成为社会中备受关注的社会群体。他们对于自身的经济地位、政治地位和社会地位的评价也表现出了鲜明的特点。

（1）在本次抽样调查中，认为自身的经济地位、政治地位和社会地位属于中层的比例为最高，分别为21.2%、26.0%和26.6%。这表明，私营业主把自身的经济地位、政治地位和社会地位定位于全社会的中间地带，即属于中等阶层。

（2）私营业主把自身的政治地位和社会地位紧密地联系在一起，对自身政治地位和社会地位的评价具有趋同性。本次抽样调查显示，私营业主对于自身政治地位和社会地位的评价大致相同。

私营业主对于自身经济地位、政治地位和社会地位的不同评价见表 3－4－4。在表 3－4－4 中，私营业主对于自身经济地位、政治地位和社会地位的排序由数字 1～10 来代表，数字 1 表示地位最高，数字越大代表地位越低，数字 10 则代表地位最低。不同百分比数值则代表了对于自身地位不同评价的私营业主占被调查的私营业主的比例。我们可以看出，他们对自己的经济地位、政治定位和社会定位，确定在中等（即排位6至1）以上的比例均在60%以上。

表3-4-4　私营业主对于自身的经济地位、政治地位和社会地位的评价

单位:%

地位排序	经济地位	政治地位	社会地位
1	1.3	1.5	1.8
2	4.2	5.2	3.6
3	9.9	12.0	11.9
4	9.0	11.3	12.1
5	21.2	26.0	26.6
6	15.7	18.1	18.7
7	9.7	9.4	10.3
8	11.8	9.55	8.8
9	7.0	2.9	2.3
10	6.3	1.0	0.9

资料来源：根据2006年全国第七次私营企业抽样调查数据资料整理。

（五）私营企业内部的劳资关系总体上趋于改善

对于私营企业中的劳资关系状况，本次调查主要是从员工劳动合同签订情况、员工的工资福利保险情况以及企业组建工会的情况三个方面进行考察。

1. 企业员工劳动合同签订率有所提高，但仍不理想

在本次调查中，有258户企业未提供企业雇工信息。其余3 579个企业共计雇用全年员工633 833人（雇用短期员工的数量很少，不及全年雇用员工数的1%，故这里的分析暂不考虑这些短期员工）。在全部被调查企业中，有5户未雇用员工，因此不存在建立劳动合同制度的问题。在3 832户应当建立劳动合同制度的企业中，有679户未提供员工是否签订劳动合同的信息，其余3 153户企业中，又有346户没有员工签订合同，这意味着它们实际上没有建立劳动合同制度，因此就这3 153户企业而言，建立劳动合同制度（包括集体劳动合同）的企业所占比例为89%，这个比例应当说是相当高的。但是，如果把没有提供签订劳动合同信息的1 025户（679户+346户）视作未签订劳动合同的话，那么，未建立劳动合同的比例占26.7%，建立劳动合同制度的比例实际应为73.3%。无论在哪一种情况下，被调查企业中的劳动合同签订面都有所提升。

为了较为准确地分析，我们对数据进行了处理，包括剔除那些签订合同的员工人数大于雇工人数的样本以及缺失雇工人数的样本，如果用这样得到的3 420个样本进行分析，那么平均的劳动合同签订率为72.8%。按照第六次全国私营企业抽样调查，2003年的劳动合同签订率平均为64%，因此，两年中私营企业员工的劳动合同签订率提高了8.8个百分点。如果假定企业未提供其员工参加签订合同的人数就意味着没有建立劳动合同制度的话，那么，企业员工的劳动合同签订率的平均水平仅为64.5%，与第六次调查的结果相比没有什么差异。

不同类型私营企业的劳动合同签订率存在一定的差异（参见表3-5-1）。从地区来看，东部地区私营企业的劳动合同签订率最高，中部地区的最低；从企业的销售额规模来看，销售规模越大，企业员工的合同签订率越高，最高规模组的劳动合同签订率比最低规模组的签订率高出14个（或23个）百分点；企业的产生方式也有影响，改制企业的劳动合同签订率明显高于非改制企业，两者相差6.7个（或10.5个）百分点。

表3-5-1 2005年不同类型私营企业的员工劳动合同签订率

单位:%

	用第一种方法计算的平均签订率	用第二种方法计算的平均签订率
东部	74.6	67.0
中部	68.6	57.2
西部	70.8	63.3
499万元以下	67.7	56.9
500万~999万元	74.2	68.4
1000万~4999万元	76.0	73.0
5000万~9999万元	81.0	78.3
1亿元以上	81.9	80.2
改制企业	78.1	73.4
非改制企业	71.4	62.9

按照国家有关政策，企业签订集体合同是受到鼓励的。从本次调查的结果来看，在3 837个被调查企业中，2 007个企业没有提供有关信息，占52.3%；1 198个企业表示本企业没有签订集体合同，占31.2%；仅有632个企业提供了本企业员工签订集体合同的人数，占16.5%。如果假定未提供相关数据的企业实际上就是没有实行集体合同制度，那么，目前我国私营企业实行集体劳动合同的比例仅为16.5%；如果不考虑未提供相关数据的企业，则集体劳动合同制度在私营企业中的推广度为34.5%。

2. 私营企业工会组建率有所上升，但发展速度较慢

关于私营企业组建工会的情况，有597个企业没有回答。在其余3 240个企业中，组建了工会的企业为1 726户，占53.3%；未组建工会的企业1 514户，占46.7%。在上次调查中，不考虑没有回答相关问题的企业，2003年私营企业的工会组建率为48.8%。因此，两年间私营企业工会组建率提高了4.5个百分点。这两年国家一再强调企业应当组建工会，而工会组建速度并不算快，每年仅仅提升不到2.3个百分点。按照这个速度，我们还要努力一二十年，才能把私营企业工会组建率提升到法定的水平。

那么，私营企业组建工会受什么因素影响呢？由于这是一个“二分”变量，我们同样采用Logistic回归方法对此进行了分析，结果如表3-5-2所示。可以看到，业主的年龄越大，私营企业组建工会的概率也越大；相对于业主的群众身份来说，中共党员（团员）身份和民主党派身份都倾向于提高工会组建概率；相对于年销售额在499万元以下的企业来说，销售额在500万元以上的企业组建工会的概率更高，而且，从回归系数来看，企业的销售额越大，其工会组建概率也越高；相对于非改制企业而言，改制企业组建工会的概率也大一些。

表3-5-2 私营企业是否组建工会的影响因素分析

	回归系数	标准误	Wald系数	自由度	显著度	Exp（B）
常数	-1.138	0.424	7.188	1	0.007	0.320
中部地区	-0.633	0.162	15.170	1	0.000	0.531
东部地区	-0.415	0.143	8.402	1	0.004	0.660
男性业主	-0.037	0.143	0.066	1	0.797	0.964
业主年龄	0.022	0.006	13.787	1	0.000	1.022

续表

	回归系数	标准误	Wald 系数	自由度	显著度	Exp（B）
中共党员（团员）	0.403	0.100	16.168	1	0.000	1.497
民主党派	0.610	0.223	7.518	1	0.006	1.841
上学年数（年）	-0.010	0.018	0.322	1	0.570	0.990
500 万~999 万元	0.542	0.133	16.587	1	0.000	1.720
1000 万~4999 万元	1.121	0.112	99.669	1	0.000	3.066
5000 万~9999 万元	1.522	0.186	66.820	1	0.000	4.582
1 亿元以上	2.182	0.198	121.639	1	0.000	8.868
改制企业	0.681	0.122	31.132	1	0.000	1.975

说明：改制企业的参照对象为非改制企业。

3. 企业员工工资提升幅度较大，与国有单位职工平均工资水平的差距正在缩小

本次调查对私营企业员工的经济利益的考察，涉及工资、奖金、分红、劳保福利以及各项保险。

先看企业的工资、奖金情况。在3 837个企业中，有3 281个企业提供了员工的工资、奖金支付额度，平均每个企业的工资、奖金支付总额为 201.7 万元。根据企业提供的雇工人数（这里仅仅涉及全年雇工），3 137个企业的雇工平均年工资、奖金为16 188.8元，月平均水平达到1 349元；年工资奖金中位数为10 500元，标准差为110 347万元，最少的仅为 33.3 元，最多的高达 611.1 万元。如果将年工资奖金 20 万元以上的极值剔除，则员工的年均工资为13 480元，月平均工资奖金为1 123.3元。虽然有一些极值影响了员工的工资奖金水平，但总体来看，2005 年私营企业员工的工资奖金收入差距还不是特别大，如果不剔除极值，其基尼系数为 0.415，在剔除 9 个 20 万元以上的极值之后，基尼系数即下降为 0.381；如果再剔除 18 个 10 万元以上的极值，基尼系数进一步下降为 0.354，这表明，工资收入并不是中国目前收入差距过大的主要原因（据研究，目前全国收入基尼系数接近 0.5）。另外，根据上次调查，2003 年私营企业员工的工资、奖金、分红合计年人均8 033元；因此，在不考虑物价的情况下，2005 年私营企业员工的工资奖金（不计分红）收入的增长幅度最少为 67.8%。按照这些数据比较，私营企业员工工资奖金水平与全国职工平均工资水平的差距也在缩小。2003 年时，全国国有单位职工平均工资是私营企业员工平均工资的 1.8 倍，到 2005 年，这一差距缩小为不到 1.2 倍。

那么，从企业方面看（即不考虑员工个人的特征），员工收入水平的高低受什么因素影响呢？为了回答这个问题，我们进行了线性回归分析，结果表明，在私营企业内部，员工的工资奖金收入并不受私营企业的特征（如地区、企业经营规模、是否组建工会、是否改制企业等）的影响，也不受企业主的个人特征（如企业主的年龄、性别、政治面貌、文化程度等）影响，看来，主要是受员工个人的特征影响。

再看分红。2005 年，私营企业给员工分红的不多，在3 837个企业中，仅有 397 个企业给其员工分红，占 10.3%；分红总额为29 634.2万元，平均每个企业分红 74.6 万元。

4. 劳保福利支出显著增长，劳动条件正在改善

向员工支付劳保费用以及投资改善劳动条件的企业增多，具体地说，有2 242家企业支付劳保费用，占全部企业的 58.4%，户均支出 14.5 万元，员工人均1 235.3元，这比 2003 年时的人均 439 元增加了 1.8 倍多；有2 050家企业投资改善劳动条件，占全部企业的 53.4%，户均支出 37.3 万元，为员工人均支出10 877.8元。从线性回归分析结果看，企业劳保费用支出主要受企业销售额和企业是否组建工会影响：企业销售额每增加 100 万元，企业劳保费用支出可以增加4 750元；企业组建工会，其劳保费用总支出可增加 10. 8 万元。私营企业投入改善劳动条件的支出也主要受这两个因素影响：企业销售额每增加 100 万元，其劳动条件改善支出可增加 1. 343 万元；企业有工会，其劳动条件改善总投入可增加 18. 25 万元。[①]

5. 建立员工保险的企业比率有所上升，但整体情况并不理想

按照法律的有关规定，企业应当为职工建立医疗保险、养老保险、失业保险、工伤保险和生育保险。从本次调查结果看，建立医疗保险的企业占 36. 9%，比 2003 年上升 3. 5 个百分点；建立养老保险的企业占 43. 9%，比 2003 年上升 5. 2 个百分点；建立失业保险的企业占 22. 2%，比 2003 年上升 5. 6 个百分点；建立工伤保险的企业占 24. 4%；建立生育保险的企业占 13. 9%。与此同时，值得注意的是这些保险的覆盖率以及人均保费支出情况。由于本次调查没有涉及企业雇工中的女职工情况，因此这里无法对生育保险进行分析。对于其余四大保险来说，覆盖率和人均保费支出都不令人乐观。具体分析时，覆盖率的计算涉及明确表示是否给员工提供某种保险的所有企业，人均保费支出的计算仅仅涉及确实有某种保险支出的企业。分析的结果是，2005 年，医疗保险覆盖率为 26. 3%，人均医保支出2 434. 5元；养老保险覆盖率为 29. 2%，人均养老保费2 921. 4元；失业保险覆盖率为 18. 2%，人均失业保费支出1 136. 7元；工伤保险覆盖率为 10. 7%，人均保费支出 837. 8 元。就前三种保险来看，与 2003 年的调查结果相比，覆盖率和人均保费支出都上升了两倍多。尽管如此，目前的保险覆盖率仍然过低。

保险覆盖率低，除了以前曾经指出的各种外部因素的影响之外，[②] 还与企业的一些特征相关。线性回归分析表明，就全部四种保险的覆盖率来说，有影响的共同因素是企业位于东部地区、企业有工会、企业是通过改制产生的，它们都具有显著提高四种保险的覆盖率的作用；中部地区这个因素对私营企业养老保险覆盖率和失业保险覆盖率都有不利影响，也就是说，相对于东部地区来说，中部地区私营企业的养老保险覆盖率和失业保险覆盖都较低；企业销售额对工伤保险覆盖率的提高有积极影响，企业销售额越高，其工伤保险覆盖率也越高。

6. 私营企业主对协调劳资关系的看法总体合理

最后，让我们考察一下，私营企业主心目中协调劳资关系的最好办法是什么。本次调查的问卷向私营企业主提供了 7 种办法，要求他们按照“最好的办法”、“次好的办法”与“第三好的办法”等在 7 个选项种选择 3 项。我们对他们做出的选择按照先加权赋值然后计算综合百分比的办法进行了整理，结果表明，排第一位的是“随着企业效益提高而提高员工工资福利待遇”，其加权综合比重为 40. 5%；排第二位的是“善待员工，尊重员工人格”，其加权综合比重为 24. 7%；第三是“改善工作条件，减少工伤事故”，其加权综合比重为 15. 1%；第四是“通过企业文化建设，加强企业凝聚力”，其加权综合比重为 14. 1%；第五是“通过劳动力市场来调节，合则留、不合则去”，其加权综合比重为 3. 5%；第六是“支持工会协调劳动关系”，其加权综合比重为 2. 1%；最后是“其他”，加权综合权重为 0. 1%。因此，综合来看，在私营企业主心目中，协调劳资关系的核心问题是根据企业效益增加员工的收入以及对员工人格给予尊重，再辅之以劳动条件改善和企业文化建设。应当说，这个选择模式还是反映了问题的实质的。值得注意的是，纯粹依靠市场机制来调节劳资关系的主张，在广大私营企业主中似乎并没有多少市场。同样值得注意的是，私营企业主对工会的作用并不十分看好，工会作为一种协调劳资关系的组织形式，在私营企业主心目中的分量很轻。

7. 私营企业主对企业社会责任的看法总体是正面的、积极的

① 这几个回归结果的显著度均为 $sig < 0.001$。

② 参见《中国私营经济年鉴（2002—2004）》，中国致公出版社 2005 年版，第 46 页。

表3－5－3显示，私营企业主对于企业社会责任的认识。我们在设计问卷时，设计了“一切按市场经济规律办事”、“为国家多创名牌”、“多做公益事业和慈善事业”、“为国家多交税”等企业社会责任的单方面认识，在回答中表示“很同意”和“同意”的比例相当高，这说明，私企业主对社会责任的认识有片面之处，但我们依然可以看到，对“合法经营，依法纳税，诚实守信，关爱员工，保护环境，热心公益事业就是尽企业的社会责任”的认同度达到了99.5%，表明绝大多数私营企业主对企业社会责任的认同态度。

表①3－5－3　私营企业主对企业社会责任的看法

如下做法就是尽企业的社会责任	所持观点的比例（%）			
	很同意	同意	不同意	很不同意
一切按市场经济规办事	23.5	64.7	11.0	0.8
为国家多创名牌	21.2	63.1	15.0	0.8
多做公益事业和慈善事业	27.6	64.2	7.8	0.5
为国家多交税	29.0	62.5	8.1	0.5
合法经营，依法纳税，诚实守信，关爱员工，保护环境，热心公益事业	53.8	45.8	0.4	0.1

8. 参与社会公益事业的态度较积极

私营企业主作为先富起来的阶层，参与社会公益捐赠是其回报社会的重要方式。在本次调查中，被调查企业主中有过捐赠行为的为84.1%，捐赠额相差很大，最低的为100元，最高的为8 000万元，中位数为5万元，比上次调查提高了32个百分点，说明在近两年中私营企业参与公益事业的情况有了一定的改观。表3－5－4至表3－5－7，分别表示了不同资本规模、不同政治面目、不同文化程度、不同年龄段的企业主捐赠人数比例和捐赠金额。从资产规模看，规模越大，捐赠人数比例越高，捐赠金额越大。从政治面貌看，属于民主党派的企业主参与捐赠比例最高，达到96.3%，然后依次是中共党员、一般群众和共青团员。从文化程度看，并非学历越高的企业主捐赠积极性就越高，从统计学的角度来看，学历与捐赠积极性以及捐赠金额没有相关性。从不同年龄段看，30岁以下的企业主捐赠积极性相对最低，只有56.2%，其他各年龄段的企业主捐赠积极性都比较高，捐赠比例几乎都在八成以上。40～60岁之间的比例达到最高，捐赠金额岁年龄增长而逐渐增高。

表3－5－4　不同资产规模企业主的捐赠人数和捐赠额

资产规模	捐赠人数比例（%）	中位数
100万元以下	69.6	5 000
100万～500万元	84.9	30 000
500万元以上	93.2	150 000
全体	84.1	50 000

① 表中数字均采取四舍五入，相加有可能超过100%。

表 3-5-5　不同政治面目企业主中的捐赠人数和捐赠额

政治面目	捐赠人数比例（%）	中位数（元）
中共党员	89.4	38 000
共青团员	69.0	5 000
民主党派	96.3	100 000
群众	81.1	20 000
全体	84.1	50 000

表 3-5-6　不同文化程度企业主的捐赠人数和捐赠额

文化程度	捐赠人数比例（%）	中位数（元）
小学	87.0	50 000
初中	81.0	20 000
高中、中专	84.9	30 000
大专	84.5	57 000
大学	82.1	60 000
研究生	89.3	102 500
全体	84.1	50 000

表 3-5-7　不同年龄段企业主的捐赠人数和捐赠额

	捐赠人数比例（%）	中位数（元）
30 岁以下	56.2	10 000
30~40 岁	78.4	30 000
40~50 岁	86.4	50 000
50~60 岁	89.4	50 000
60 岁以上	83.1	90 000
全体	84.1	50 000

9. 参与光彩事业的人数有所上升

光彩事业是由非公有制经济人士和民营企业发起并作为参与主体，旨在与“老、少、边、穷”地区和中西部地区共求发展、共谋利益、共创利润、共享文明安乐，以自觉自愿、量力而行、互惠互利、义利兼顾为原则的一项开发式扶贫事业。1994 年 10 位私营企业家发起以来，光彩事业已有 11 年历史。11 年来，光彩事业为促进经济社会和人的全面发展做出了重要贡献，共实施光彩事业项目13 544个，到位资金1 069亿元，培训人员 294 万人，安排就业 300 多万人帮助

548 万人摆脱了贫困，捐赠总额达 130 多亿元，受到各级党委、政府和贫困地区群众的高度评价。

表 3－5－8 显示，比第六次抽样调查时的情况相比，到 2005 年，参与过光彩事业的私营企业主比例有 65.3%，增加了 21.3 个百分点，而且在 7 种方式的光彩事业活动中，企业主参与的比例都有了明显的上升，这说明，光彩事业正在被越来越多的私营企业主所理解、所认同。参与方式位次排第一、二、三位的分别是捐赠、修桥铺路和投资助学，这一结果与上次调查时完全一致，但比例有大幅度提高。值得肯定的是，"到老少边穷地区办企业" 在上次调查时位列最后，本次调查位次前移了一位，而且参与比例提高了近 7 个百分点。

表 3－5－8 私营企业参与"光彩事业"情况

	第六次调查		第七次调查	
	企业主参与比例（%）	位次	企业主参与比例（%）	位次
曾经参与光彩事业	44.0		65.3	
其中：利用农产品开发新项目	5.4	6	10.9	6
到老少边穷地区办企业	3.9	8	10.8	7
国土绿化	6.9	4	12.5	5
市场建设	6.8	5	13.0	4
投资举办光彩小学	8.8	3	19.5	3
修桥铺路等公益事业	19.5	2	53.3	2
捐赠	27.9	1	63.0	1
其他	4.6	7	10.6	8

10. 企业环保问题比较突出

在3 837个样本中，回答了 2005 年企业是否交纳治污费的样本数为3 433个，占样本总数的 89.5%，在这些企业中，有 40.5% 的企业不同程度地交纳过治污费，其费用的中位数为8 000元，最高为3 000万元。从行业来看，污染较严重的行业交纳治污费的比例较高，如农林牧渔、采掘业、住宿餐饮、卫生、公共管理等均超过 50%，但同时也发现诸如制造业①、电力煤气水、建筑业等污染较严重的行业未交纳治污费的比例也很高，说明这部分企业逃避治污费用的做法相当普遍。（见表 3－5－9）当问及 2005 年未交纳治污费而被罚款时，只有 1.8% 的企业有被罚款的经历，说明有关部门的执法力度远远不够。

表 3－5－9

行业		是否交纳治污费		行业		是否交纳治污费	
		没有	有			没有	有
农林牧渔	样本数	91.0	101.0	房地产	样本数	45.0	29.0
	比例（%）	47.4	52.6		比例（%）	60.8	39.2
采掘业	样本数	18.0	39.0	租赁	样本数	21.0	6.0
	比例（%）	31.6	68.4		比例（%）	77.8	22.2

① 制造业只有 5 成企业交纳治污费，对于污染较严重的行业来说比例偏低。

续表

行业		是否交纳治污费		行业		是否交纳治污费	
		没有	有			没有	有
制造业	样本数	669.0	688.0	科研技术	样本数	32.0	12.0
	比例（%）	49.3	50.7		比例（%）	72.7	27.3
电力煤气水	样本数	18.0	17.0	公共设施	样本数	9.0	1.0
	比例（%）	51.4	48.6		比例（%）	90.0	10.0
建筑业	样本数	102.0	56.0	居民服务	样本数	46.0	19.0
	比例（%）	64.6	35.4		比例（%）	70.8	29.2
交通运输	样本数	54.0	26.0	教育	样本数	5.0	5.0
	比例（%）	67.5	32.5		比例（%）	50.0	50.0
信息服务	样本数	99.0	19.0	卫生	样本数	9.0	15.0
	比例（%）	83.9	16.1		比例（%）	37.5	62.5
批发零售	样本数	535.0	130.0	文化体育	样本数	17.0	7.0
	比例（%）	80.5	19.5		比例（%）	70.8	29.2
住宿餐饮	样本数	40.0	87.0	公共管理	样本数	1.0	2.0
	比例（%）	31.5	68.5		比例（%）	33.3	66.7
金融	样本数	3.0	0	合计	样本数①	1 814	1 259
	比例（%）	100.0	0		比例（%）	59.0	41.0

在问及2005年企业为治理污染投入了多少费用时，在回答问题的3363个样本中，仅有27.9%的企业表示有此项支出，其中位数在3万元，最高投入了8 000万元。从行业来看，制造业、电力煤气水、建筑业依然是问题较为突出的行业，反映了从事这些行业的私营企业环保意识比较淡薄。（见表3－5－10）

表3－5－10

行业		有否治污投入		行业		有否治污投入	
		没有	有			没有	有
农林牧渔	样本数	95.0	91.0	房地产	样本数	63.0	10.0
	比例（%）	51.1	48.9		比例（%）	86.3	13.7
采掘业	样本数	22.0	32.0	租赁	样本数	24.0	3.0
	比例（%）	40.7	59.3		比例（%）	88.9	11.1
制造业	样本数	821.0	515.0	科研技术	样本数	35.0	9.0
	比例（%）	61.5	38.5		比例（%）	79.5	20.5
电力煤气水	样本数	20.0	14.0	公共设施	样本数	8.0	1.0
	比例（%）	58.8	41.2		比例（%）	88.9	11.1
建筑业	样本数	127.0	26.0	居民服务	样本数	54.0	7.0
	比例（%）	83.0	17.0		比例（%）	88.5	11.5

① 由于交互中会损失部分未填写行业的样本，故此样本总数与前述样本总数有一定差异。

续表

行业		有否治污投入		行业		有否治污投入	
		没有	有			没有	有
交通运输	样本数	67	14	教育	样本数	6	3
	比例（%）	82.7	17.3		比例（%）	66.7	33.3
信息服务	样本数	106	10	卫生	样本数	15	9
	比例（%）	91.4	8.6		比例（%）	62.5	37.5
批发零售	样本数	596	60	文化体育	样本数	20	4
	比例（%）	90.9	9.1		比例（%）	83.3	16.7
住宿餐饮	样本数	70	55	公共管理	样本数	2	1
	比例（%）	56	44		比例（%）	66.7	33.3
金融	样本数	3	0	合计	样本数①	2 154	864
	比例（%）	100	0		比例（%）	71.4	28.6

（六）对统战工作和对工商联、行业协会工作的希望

1. 十分关注“优秀建设者”评选表彰活动

根据中共十六大关于私营企业主等新的社会阶层都是中国特色社会主义事业建设者的论断和“四个都要”的要求（即对为国家富强贡献力量的社会各阶层人们都要团结，对他们的创业精神都要鼓励，对他们的合法权益都要保护，对他们中的优秀分子都要表彰），经中共中央同意，中央统战部、国家发改委、工商行政总局、人事部、全国工商联从2004年开始在私营企业主等非公有制经济人士中开展评选表彰“全国优秀中国特色社会主义事业建设者”活动，各地也相应地开展了这一活动。这是改革开放以来在私营企业主中开展的规格最高、政治意义最突出的评选表彰活动。第二届全国“优秀建设者”评选表彰活动也将在2006年底进行。为了解这一活动在私营企业主中的反应，本次调查特别增设了这方面的问题。

在被调查企业中，有61.6%的企业主知道“优秀建设者”表彰活动。表3-6-1比较清晰地显示了不同资产规模、不同政治面目、不同文化程度、不同年龄段私营企业主对“优秀建设者”评选表彰活动的了解程度。在不同资产规模企业中，资产规模越大，了解的人越多。在不同政治面貌的企业主中，属于民主党派的企业主了解的人最多，其次是中共党员。在不同文化程度的企业主中，小学至高中学历的人了解“优秀建设者”的比例比较明显地低于大专至研究生学历的人。在不同年龄段的企业主中，40岁以上的明显高于40岁以下的人的比例。

表3-6-1 不同类型企业主对“优秀建设者”评选表彰活动的了解情况

		知道（%）	不知道（%）
不同资产规模	100万元以下	49.8	50.2
	100万~500万元	61.2	38.8
	500万元以上	73.8	26.2

① 由于交互中会损失部分未填写行业的样本，故此样本总数与前述样本总数有一定差异。

续表

		知道（%）	不知道（%）
不同政治面目	中共党员	64.4	35.6
	共青团员	49.5	50.5
	民主党派	82.0	18.0
	群　众	55.0	45.0
不同文化程度	小　学	57.9	42.1
	初　中	50.8	49.2
	高中、中专	56.9	43.1
	大　专	65.4	34.6
	大　学	64.3	35.7
	研究生	63.1	36.9
不同年龄段	30 岁以下	42.1	57.9
	30 ~40 岁	55.6	44.4
	40 ~50 岁	60.9	39.1
	50 ~60 岁	65.2	34.8
	60 岁以上	61.7	38.3

表 3 -6 -2 表明，被调查企业普遍认为开展“优秀建设者”评选表彰活动是有意义的。有一半左右的企业主对表中所列的各项有关评选表彰活动的要求都寄予了很大的希望。其中，提出希望的人数比例最高的项目是“评选过程更加公开透明”，也就是说，私营企业主比较普遍地希望了解评选表彰活动的过程，这恰恰证明了企业主对这一活动的关注程度。

表 3 -6 -2　私营企业主对“优秀建设者”评选表彰活动的希望

项　目	提出希望的人数比例（%）
评选标准更加全面客观	48.1
评选过程更加公开透明	57.1
加大对评选表彰活动和获选者的宣传	45.6
提高“优秀建设者”的政治地位和社会待遇	51.0
使“优秀建设者”的评选与“劳动模范”评选具有同等影响力	44.6
继续开展这项活动意义不大	10.2

2. *对工商联工作寄予厚望*

国发［2005］3 号文件强调，“要充分发挥各级工商联在政府管理非公有制企业方面的助手作用”。工商联作为中国工商界组成的人民团体和民间商会，正在为推动非公有制经济健康发展和非公有制经济人士健康成长发挥着越来越重要的作用。据全国工商联统计，截至 2006 年 6 月底，工商联拥有会员 197.3 万，其中企业会员 67.5 万，县以上组织3 119个；乡镇商会、街道分会等基层组织22 402个，组建的各级行业组织 7 588 个。本次调查有工商局参与，在工商局的样本中，有34.9%的企业是工商联会员，超过了1/3（所有样本的水平较高，达到了64.2%），有33.5的企业参加了工商联下属的行业商会或同业公会（所有样本的水平较高，达到了52.5%，见表3－6－3）。

表3－6－3　加入工商联及其下属组织情况表

		总　体		工商局	
		样本数	比例（%）	样本数	比例（%）
是否是工商联的会员	是	2 246	64.2	458	34.9
	不是	1 251	35.8	855	65.1
是否参加了工商联下属的行业商会或同业公会	参加了	1 749	52.5	426	33.5
	未参加	1 548	47.5	845	66.5

调查显示，私营企业主十分关注工商联的工作，并对提升工商联地位，更好地发挥工商联的作用寄予了很高的期望，同时提出了中肯的建议。近2/3的企业希望尽快出台指导工商联工作的新文件。希望各级党委要把工商联工作列入重要日程，定期研究，帮助解决实际问题；3/4的企业希望工商联能够加强对企业的服务，更好地发挥商会职能；半数以上的企业希望工商联机关改进工作作风，多深入到企业中了解真实情况，听取投资者、经营者与企业员工意见。（见表3－6－4）

表3－6－4

		样本数	比例（%）
是否希望工商联能提请中央制定指导工商联工作的新文件，进一步发挥工商联的作用	是	2 266	64.0
	不是	1 277	36.0
是否希望工商联能使各级党委把工商联工作列入重要议程，定期研究，帮助解决实际问题	是	2 246	63.4
	不是	1 296	36.6
是否希望工商联能更好地体现商会职能作用，加强对企业的服务	是	2 688	75.8
	不是	856	24.2
是否希望工商联机关能改进工作作风，多深入到企业中了解情况，听取意见	是	1 859	52.5
	不是	1 658	47.5
是否有民营企业家担任会长	是	1 238	34.9
	不是	2 306	65.1

本次调查发现，私营企业主对民营企业家担任工商联会长的支持率不高，仅占34.9%。通过分析发现，这种态度同是否是工商联会员有很大差异，工商联会员企业对民营企业家担任工商联会长的支持率要高，否则反之。（见表3－6－5）

表 3-6-5

单位:%

		是不是工商联的会员		总体水平
		是	不是	
是否希望由民营企业家担任工商联会长	否	59.9	72.4	65.1
	是	40.1	27.6	34.9
合计		100.0	100.0	100.0

3. 对行业协会等中介组织的维权要求迫切

本次调查显示，2/3 的企业参加了政府部门主管的行业协会，比例正好是66.7%。从行业来看，参加比例最高的分别是教育、电力煤气水、建筑业和农林牧渔，都超过了75%；从规模来看，企业规模越大，参加比例越高。（见表3-6-6）这表明，这些行业政企分开程度不高，许多私营企业为了自己的发展，不得不求助于政府部门的行业协会。

表 3-6-6

单位:%

		规模分组			总体水平
		100 万以下	100 万~500 万	500 万以上	
是否参加了政府部门主管的行业协会	参加了	53.4	66.5	82.5	67.7
	没有参加	46.6	33.5	17.5	32.3
合计		100.0	100.0	100.0	100.0

在问及企业希望所参加的行业商会或同业公会做哪些事情时，呼声最高的是分别是“代表本行业企业的共同利益”、“帮助企业与政府有关方面增加沟通”和“健全行规、行约，加强自律、维护信誉”，而最不受欢迎的是“举办经济论坛”和“组织国内外投资考察”。这表明，企业家们希望行业商会或同业公会多做实事，不欢迎增加企业负担的空谈和无效益的考察。（见表3-6-7）

表 3-6-7

		样本数	比例（%）
代表本行业企业的共同利益	不希望	460	14.1
	希望	2 806	85.9
帮助企业与政府有关方面增加沟通	不希望	935	28.6
	希望	2 334	71.4
协调同行业企业的经营行为	不希望	1 163	35.6
	希望	2 107	64.4
健全行规、行约，加强自律、维护信誉	不希望	1 125	34.4
	希望	2 145	65.6
提供信息、咨询、教育培训等项服务	不希望	1 353	41.3
	希望	1 920	58.7

续表

	样本数		比例（%）
政策解读	不希望	1 818	55.6
	希望	1 454	44.4
组织国内外投资考察	不希望	2 333	71.5
	希望	930	28.5
举办经济论坛	不希望	2 400	73.6
	希望	863	26.4
开展企业家联谊活动	不希望	1 881	57.7
	希望	1 380	42.3
扩大企业和企业家的知名度	不希望	2 012	61.7
	希望	1 251	38.3
为企业个案提供法律援助	不希望	1 819	55.7
	希望	1 444	44.3

附　录

全国经济普查数据和2004年企业年度报表数据之比较

本次调查特别关注了全国经济普查数据和2004年企业报表数据的比较。结果显示，大部分企业在销售额、纳税和利润等三项指标上的经济普查数据与2004年度报表数据一致，但是，也有一定比例企业的数据分别发生了不同程度的变化。其中，销售额有21.1%的企业发生了变化，纳税发生变化的占14.8%，利润发生变化的占16.5%；而销售额增幅中位数所在区间为10%～20%，高于减幅中位数所在区间，纳税和利润均是增幅区间明显高于减幅区间。因此，经济普查数据总体水平高于2004年度报表数据，符合经济普查的结果。但同时我们也发现，数据发生变化的这些企业在行业分布上没有明显的差异，这与国家统计局对GDP修正的部分解释（即“个体、私营经济成分占较大比重的交通运输仓储邮电通信业、批发零售贸易餐饮业、房地产业三个行业中，普查后的增加值比常规统计多出近1.5万亿元，占第三产业新增部分的70%”）存在差异。（见表1和图1）

表1　经济普查数据与2004企业年度报表数据对比结果

	销售额	纳税	利润
减幅50%以上的比重（%）	1.7	1.1	1.9
减幅20%～50%的比重（%）	1.1	1.1	1.5
减幅10%～20%的比重（%）	1.6	1.9	1.7
减幅10%以内的比重（%）	4.9	1.9	2.2
无变化的比重（%）	78.9	85.2	83.5

续表

	销售额	纳税	利润
增幅10%以内的比重（%）	4.0	2.0	1.2
增幅10%～20%的比重（%）	2.8	1.7	2.1
增幅20%～50%的比重（%）	3.3	3.6	3.7
增幅50%以上的比重（%）	1.7	1.5	2.2
减幅中位数所占区间	10%以内	10%～20%	10%～20%
增幅中位数所占区间	10%～20%	20%～50%	20%～50%

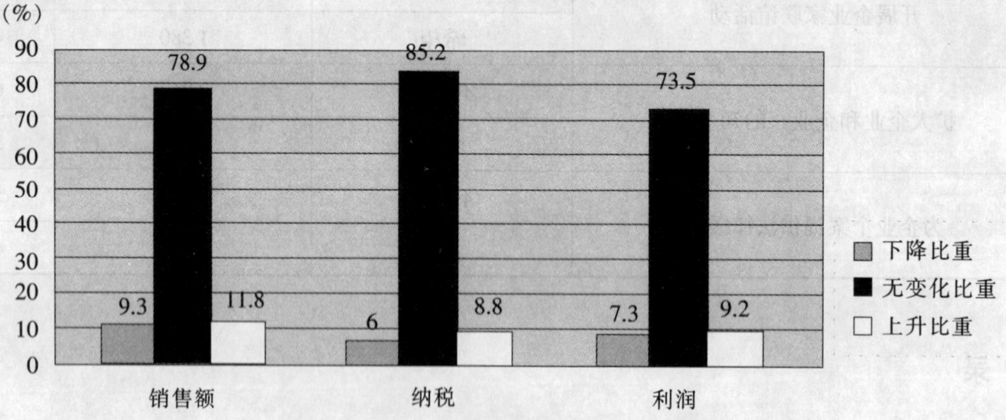

图1　经济普查数据与2004企业年度报表数据对比图

民营经济大发展，跨进历史新时期

——2005年暨“十五”民营经济发展报告

新世纪的头5年，是中国“十五”计划实施、中国经济快速发展的5年，也是中国民营经济空前发展的5年。5年来，中国民营经济特别是私营经济的地位和作用发生了历史性变化，民营企业自身整体素质得到了根本性提高，民营经济政策和制度改革取得了实质性突破。在“十五”计划完成、“十一五”规划实施开局之际，回顾中国民营经济的5年发展历史，展望未来5年发展前景，具有很重要的意义。

首先需要说明的是，本报告所述民营经济包含三个层次，具体界定如下：一是广义民营经济，指除国有和国有控股企业以外的多种所有制经济的统称；二是内资民营经济，指广义民营经济减去港澳台和外商投资企业，包括集体和个体私营及其他混合经济；三是狭义民营经济，单指个体私营经济。本报告以分析狭义民营经济即个体私营经济为主。

一、历史新时期，五年大发展

（一）“十五”是民营经济地位和作用发生历史性变化的5年

“十五”期间，民营经济在中国社会与经济中的地位和作用发生了历史性变化。民营经济已经成为国民经济的基本组成部分，成为增加就业的主要渠道，成为国家税收的重要来源，成为对外贸易的生力军。

1. 国民经济的重要组成部分，经济增长的主要动力

（1）民营经济在GDP中的比重明显提高

根据国家统计局数据及我们推算：“九五”末期的2000年，中国内资民营经济在国内生产总值（GDP）中所占比重约为42.8%，外商和港澳台投资经济的比重约为12.6%，二者之和约占GDP的55%。到“十五”末期的2005年，内资民营经济在GDP中的比重约为50%，外商和港澳台经济比重约为15%～16%，两者相加约占65%左右（见表1）。

表1　2005年按生产法计算的内资民营经济占GDP的比重

单位:%

指　标	全　国	第一产业	第二产业		第三产业
			工 业	建筑业	
各产业比重	100.0	15.2	45.9	7.0	31.9
内资民营经济占各产业的比重	—	92.0	38.8	69.1	41.0
内资民营经济在GDP中的比重	49.7	14.0	17.8	4.8	13.1

资料来源：根据国家统计局资料进行的测算。

关于民营经济，特别是其中的个体私营经济在整个国民经济中的比重情况，有关政府部门

至今未有十分规范和准确的数据，表1数据主要是根据国家公布的数据进行推算。但不管怎么看，民营经济特别是私营经济在整个国民经济中的重要地位已被普遍承认。最新公布的全国经济普查数据也证明了这点。

2004年全国经济普查数据显示：从企业数量看，2004年私营企业法人单位198.2万个，占全国企业法人单位数的61%，加上个人资本占第一大比例的其他企业，如股份合作制、联营企业、其他有限责任公司、其他内资企业，比重达72%；另有个体经营户多达3 921.6万户。从资本总量看，全国企业法人中的个人实收资本5.1万亿元，占全国企业实收资本的28%，超过集体资本1.4万亿元和外商及港澳台资本2.9万亿元之总和；另外，个体经营户拥有的固定资产原价总额超过1.6万亿元。从就业人数看，私营企业就业人数约5 400多万人，加上个人资本占大比例的其他企业就业人员2 000多万人，共约8 000多万人。还有个体户就业人数9 422.4万人。从经济总量看，2004年全国GDP比原统计数多了2.3万亿元，总量多了16.8%。其中，第三产业多了2.13万亿元，占多出量的93%；而第三产业多出量中大多数来自个体私营经济。根据以上最新数据大致可以推断，个体私营经济占GDP的比重可能已达45%左右，而前几年普遍判断是1/3。加上外资经济和集体经济，民营经济已经占整个GDP的65%左右。

（2）民营经济投资大幅度增长

根据国家统计局数据，内资民营投资总量由2000年的13 807亿元，增加到2005年的53 193亿元，5年间增长了2.9倍，平均每年增长29.1%，明显高于同期全社会固定资产投资20.2%的增长水平，更高于国有和外资的增长水平。其中，2005年内资民营投资比2004年增长38.2%，增速比全部投资高12.5个百分点（见表2）。

表2　分经济类型固定资产投资

单位：亿元，%

项目＼年份	2000	2001	2002	2003	2004	2005
全国投资总额	32 918.0	37 213.0	43 500.0	55 567.0	70 477.0	88 604.0
国有经济	16 504.0	17 607.0	18 877.0	21 661.0	25 028.0	27 085.0
外资企业	2 606.0	2 999.0	3 451.0	4 909.0	6 967.0	8 326.0
内资民营企业	13 807.0	16 608.0	21 172.0	28 997.0	38 482.0	53 193.0
占全国比重	100.0	100.0	100.0	100.0	100.0	100.0
国有经济	50.1	47.3	43.4	39.0	35.5	30.6
外资企业	7.9	8.1	7.9	8.8	9.9	9.4
内资民营企业	41.9	44.6	48.7	52.2	54.6	60.0

资料来源：国家统计局。

与此相对应，“十五”期间民营投资占全社会投资的比重也不断上升。2000年，内资民营投资占全社会固定资产投资的比重为41.9%，以后逐年上升。2002年，民营投资的比重首次超过国有投资，达到48.7%，位居各经济类型之首。2003年，首次突破50%，达到52.2%。2005年则达到60%，5年提高18.1个百分点。目前中国投资已经进入到由政府和市场社会力量共同推动发展的新阶段。

与民营经济投资增长相对应，民营企业的信贷融资也出现较快发展势头。根据中国人民银行的数据，2001—2005年期间，金融系统投向民营经济的贷款余额为12万亿元，贷款余额累计增加6.92万亿元，5年平均增长速度为18.77%，高出全部贷款平均增长速度4.8个百分点。在经济过热的2003年，民营经济贷款同比增速一度高达28.43%，比全部贷款的同比增速高出近7个百分点。各层次民营经济贷款的增长以及与全部贷款增长情况的对照如图1所示。

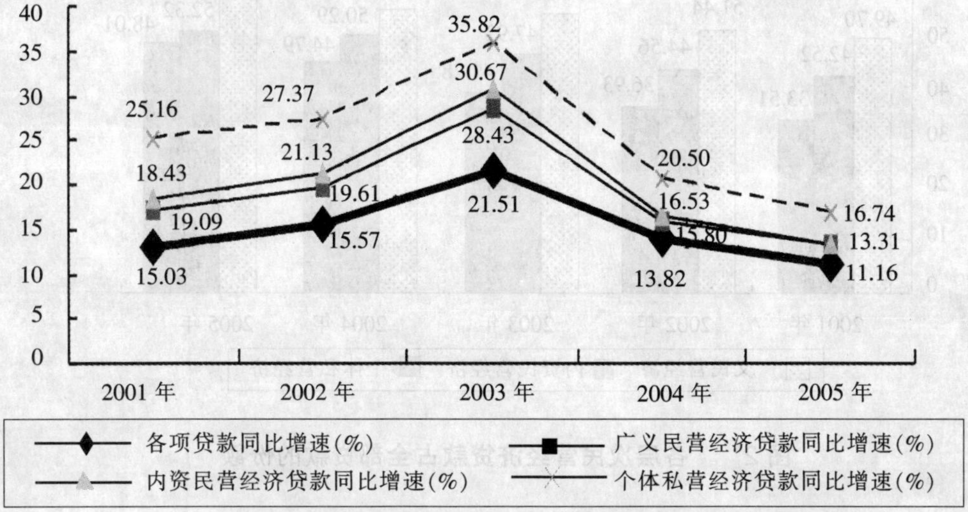

图1 “十五”期间民营经济贷款与全部贷款同比增速对照图

与民营企业贷款增长相对应，民营经济贷款占全部贷款的份额逐年提高。2005年末，民营经济贷款占全部贷款的比重为59%，比5年前提高了9个百分点。各层次民营经济占全部贷款的比重如表3及图2所示。

表3 十五期间各层次民营经济贷款余额情况

单位：亿元

项目 年份	广义民营经济贷款	内资民营经济贷款	个体私营经济贷款
2000	50 793	42 950	32 028
2001	59 462	50 867	40 087
2002	71 121	61 614	51 057
2003	91 338	80 509	69 346
2004	105 853	93 819	83 563
2005	120 046	106 306	97 549

资料来源：中国人民银行调查统计司。

（3）民营工业高速增长

一是企业数量大幅度增加。“十五”期间，规模以上内资民营工业企业从2000年的80 951家，增加到2005年的181 727家，5年增长了1.24倍，年均增长17.6%，增速比规模以上工业增长速度高7.3个百分点。其中，2005年内资民营工业企业个数比2004年增长25.4%，增速比规模以上工业快4.2个百分点。民营工业企业个数占规模以上工业的比重，从2000年49.7%，提高到2005年的68.3%，5年提高18.6个百分点，其中2005年提高2.2个百分点（见表4）。

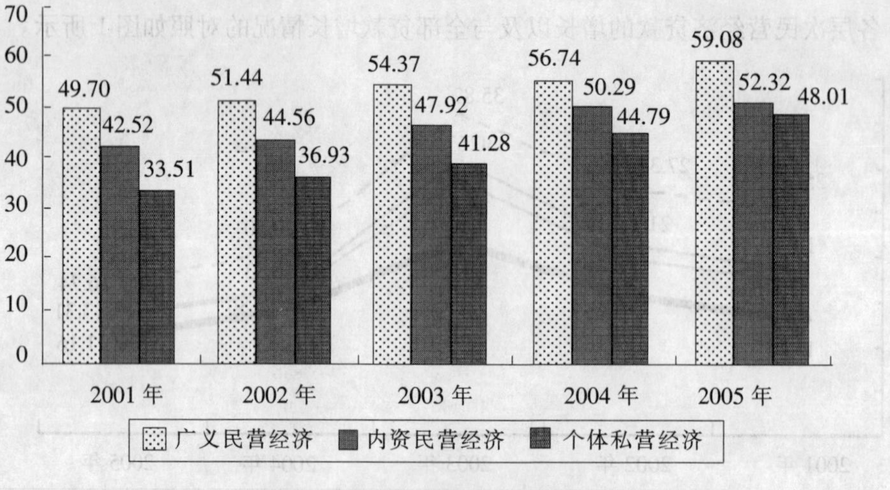

图 2　各层次民营经济贷款占全部贷款的份额

表 4　规模以上各类工业企业数量及比重变化情况

单位：户，%

项目 \ 年份		2000	2001	2002	2003	2004	2005	5年年均增长率
全国工业企业	绝对数	162 885	171 256	181 557	196 222	219 463	266 090	10.3
	增长率	—	5.14	6.01	8.08	11.84	21.25	
国有及其控股	绝对数	53 489	46 767	41 125	34 280	31 750	29 229	-11.4
	增长率	—	-12.57	-12.06	-16.64	-7.38	-7.94	
外商及港澳台	绝对数	28 445	31 423	34 466	38 581	42 753	55 134	14.2
	增长率	—	10.47	9.68	11.94	10.81	28.96	
民营工业	绝对数	80 951	93 066	105 966	123 361	144 960	181 727	17.6
	增长率	—	14.97	13.86	16.42	17.51	25.36	
私营工业	绝对数	22 128	36 218	49 176	67 607	85 167	118 100	39.8
	增长率	—	63.67	35.78	37.48	25.97	38.67	
占全国比重		100.0	100.0	100.0	100.0	100.0	100.0	—
国有及其控股		32.8	27.3	22.7	17.5	14.5	11.0	—
外商及港澳台		17.5	18.3	19.0	19.7	19.5	20.7	—
民营工业		49.7	54.3	58.4	62.9	66.1	68.3	—
私营工业		13.6	21.1	27.1	34.5	38.8	44.4	—

资料来源：国家统计局。

二是资产规模迅速扩大。内资民营工业资产总值从2000年的16 482亿元，增加到2005年的59 226亿元，5年增长了2.59倍，年均增长29.2%，增速比规模以上工业资产总值高15.4个百分点。其中，2005年民营工业资产总值比2004年增长29.6%，比规模以上工业快6.2个百分点。民营工业资产总值占规模以上工业的比重从2000年13.1%，提高到2005年的24.6%，5年提高11.5个百分点，其中2005年提高1.2个百分点（见表5）。

表5　规模以上各类工业企业资产及比重变化情况

单位：亿元，%

项目	年份	2000	2001	2002	2003	2004	2005	5年年均增长率
全国工业企业	绝对数	126 211.20	135 402.50	146 217.80	168 807.70	195 261.70	240 772.80	13.80
	增长率	—	7.28	7.99	15.45	15.67	23.31	
国有及其控股	绝对数	84 014.90	87 901.50	89 094.60	94 519.80	101 593.70	118 961.80	7.20
	增长率	—	4.63	1.36	6.09	7.48	17.10	
外商及港澳台	绝对数	25 714.10	28 354.50	31 513.80	39 260.30	47 951.10	62 585.30	19.50
	增长率	—	10.27	11.14	24.58	22.14	30.52	
民营工业	绝对数	16 482.20	19 146.50	25 609.40	35 027.70	45 716.80	59 225.70	29.20
	增长率	—	16.16	33.76	36.78	30.52	29.60	
私营工业	绝对数	3 873.80	5 902.00	8 759.60	14 525.30	19 845.20	28 583.00	49.10
	增长率		52.36	48.42	65.82	36.63	44.03	
占全国比重		100.0	100.0	100.0	100.0	100.0	100.0	—
国有及其控股		66.6	64.9	60.9	56.0	52.0	49.4	—
外商及港澳台		20.4	20.9	21.6	23.3	24.6	26.0	—
民营工业		13.1	14.1	17.5	20.8	23.4	24.6	—
私营工业		3.1	4.4	6.0	8.6	10.2	11.9	—

资料来源：国家统计局。

三是销售收入大幅度增长。内资民营工业销售收入从2000年的19 403亿元，增加到2005年的81 625亿元，5年间增长了3.21倍，年均增长33.3%，增速比规模以上工业销售收入高9.5个百分点。其中，2005年民营工业销售收入比2004年增长39.5%，增速比规模以上工业快9.3个百分点。民营工业实现的销售收入占规模以上工业的比重，从2000年23.1%，提高到2005年的33.4%，5年提高10.3个百分点，其中2005年提高2.2个百分点（见表6）。

表6　规模以上各类工业企业销售收入及比重变化情况

单位：亿元，%

项目	年份	2000	2001	2002	2003	2004	2005	5年年均增长率
全国工业企业	绝对数	84 151.80	93 733.30	109 485.80	143 171.50	187 814.80	244 593.40	23.80
	增长率	—	11.39	16.81	30.77	31.18	30.23	
国有及其控股	绝对数	42 203.10	44 443.50	47 844.20	58 027.20	71 451.90	85 943.70	15.3
	增长率	—	5.31	7.65	21.28	23.14	20.28	
外商及港澳台	绝对数	22 545.70	26 022.10	31 189.30	43 607.60	57 831.50	77 024.90	27.90
	增长率	—	15.42	19.86	39.82	32.62	33.19	
民营工业	绝对数	19 402.90	23 267.70	30 452.30	41 536.80	58 531.30	81 624.80	33.30
	增长率	—	19.92	30.88	36.40	40.91	39.45	
私营工业	绝对数	4 791.50	7 982.40	11 971.60	19 733.80	28 973.80	44 106.60	55.90
	增长率	—	66.60	49.97	64.84	46.82	52.23	

续表

项目 \ 年份	2000	2001	2002	2003	2004	2005	5 年年均增长率
占全国比重	100.0	100.0	100.0	100.0	100.0	100.0	—
国有及其控股	50.2	47.4	43.7	40.5	38.0	35.1	—
外商及港澳台	26.8	27.8	28.5	30.5	30.8	31.5	—
民营工业	23.1	24.8	27.8	29.0	31.2	33.4	—
私营工业	5.7	8.5	10.9	13.8	15.4	18.0	—

资料来源：国家统计局。

四是工业增加值大幅度增长。内资民营工业企业完成增加值从 2000 年的 5 527 亿元，增加到 2005 年的 21 385 亿元，5 年间增长了 2.87 倍，年均增长 31.1%，增速比规模以上工业增长速度高 9.9 个百分点。其中，2005 年内资民营工业增加值比 2004 年增长 30.8%，比规模以上工业增速快 9.6 个百分点。民营经济占规模以上工业增加值的比重逐年提高，从 2000 年 21.8%，提高到 2005 年的 32.2%，5 年提高 10.4 个百分点，其中 2005 年提高 2.4 个百分点（见表 7）。

表 7　规模以上各类工业企业增加值及比重变化情况

单位：亿元，%

项目 \ 年份		2000	2001	2002	2003	2004	2005	5 年年均增长率
全国工业企业	绝对数	25 394.80	28 329.40	32 994.80	41 990.20	54 805.10	66 425.20	21.2
	增长率	—	11.56	16.47	27.26	30.52	21.20	
国有及其控股	绝对数	13 777.70	14 652.10	15 935.00	18 837.60	23 213.00	26 063.40	13.6
	增长率	—	6.35	8.76	18.22	23.23	12.28	
外商及港澳台	绝对数	6 090.40	7 128.10	8 573.10	11 599.60	15 240.50	18 976.70	25.5
	增长率	—	17.04	20.27	35.30	31.39	24.52	
内资民营	绝对数	5 526.80	6 549.20	8 486.60	11 553.00	16 351.60	21 385.10	31.1
	增长率	—	18.50	29.58	36.13	41.54	30.78	
私营工业	绝对数	1 318.50	2 174.40	3 255.80	5 378.80	8 290.00	11 807.20	55.0
	增长率	—	64.91	49.73	65.21	54.12	42.43	
工业增加值比重		100.0	100.0	100.0	100.0	100.0	100.0	—
国有及其控股		54.3	51.7	48.3	44.9	42.4	39.2	—
外商及港澳台		24.0	25.2	26.0	27.6	27.8	28.6	—
内资民营		21.8	23.1	25.7	27.5	29.8	32.2	—
私营工业		5.2	7.7	9.9	12.8	15.1	17.8	—

资料来源：国家统计局。

五是工业利润大幅度增长。内资民营工业企业利润总额从 2000 年的 702.7 亿元，增加到 2005 年的 3 948 亿元，5 年间增长了 4.6 倍，年均增长 41%，增速比规模以上工业增长速度高 15 个百分点。其中，2005 年内资民营工业利润比 2004 年增长 53%，比规模以上工业增速快近 1 倍。民营经济占规模以上工业利润的比重逐年提高，从 2000 年 16%，提高到 2005 年的 27.5%，5 年提高 11.5 个百分点，其中 2005 年提高 4.8 个百分点（见表 8）。

表 8　规模以上各类工业企业利润及比重变化情况

单位：亿元,%

项目	年份	2000	2001	2002	2003	2004	2005	5 年年均增长率
全国工业企业	绝对数	4 393.50	4 733.40	5 784.50	8 337.20	11 341.60	14 362.00	26.7
	增长率	—	7.74	22.20	44.13	36.04	26.63	
国有及其控股	绝对数	2 408.30	2 388.60	2 632.90	3 836.20	5 311.90	6 446.90	21.8
	增长率	—	－0.82	10.23	45.70	38.47	21.37	
外商及港澳台	绝对数	1 282.50	1 443.00	1 877.20	2 777.40	3 454.80	3 966.80	25.3
	增长率	—	12.51	30.10	47.95	24.39	14.82	
内资民营	绝对数	702.70	901.90	1 274.30	1 723.60	2 575.00	3 948.30	41.2
	增长率	—	28.36	41.29	35.26	49.40	53.33	
私营工业	绝对数	189.70	312.60	490.20	859.60	1 236.7	1 975.0	59.8
	增长率	—	64.79	56.81	75.36	43.87	59.70	
工业增加值比重		100.0	100.0	100.0	100.0	100.0	100.0	—
国有及其控股		54.8	50.5	45.5	46.0	46.8	44.9	—
外商及港澳台		29.2	30.5	32.5	33.3	30.5	27.6	—
民营工业		16.0	19.1	22.0	20.7	22.7	27.5	—
私营工业		4.3	6.6	8.5	10.3	10.9	13.8	—

资料来源：国家统计局

（4）私营工业更是迅猛增长

一是企业数量增长。“十五”期间，私营工业企业个数从 2000 年的 22 128 家，增加到 2005 年的 118 100 家，5 年间增长了 4.34 倍，年均增长 39.8%，增速比全国工业高 29 个百分点。其中，2005 年私营工业企业个数比 2004 年增长 38.7%，比全国工业增速快 17 个百分点。私营工业企业个数占全国工业的比重，从 2000 年的 13.6% 提高到 2005 年的 44.4%，5 年提高 30.8 个百分点，其中 2005 年提高 5.6 个百分点（见表 4）。

二是资产总值增长。私营工业企业的资产总值从 2000 年的 3 874 亿元，增加到 2005 年的 28 583亿元，5 年间增长了 6.38 倍，年均增长 49.1%，增速比全国工业资产总值高 35 个百分点。其中，2005 年私营工业资产总值比 2004 年增长 44.0%，比全国工业快 20.7 个百分点。私营工业企业资产总值占全部工业的比重从 2000 年的 3.1% 提高到 2005 年的 11.9%，5 年提高 8.8 个百分点，其中 2005 年提高 1.7 个百分点（见表 5）。

三是销售收入增长。私营工业企业实现销售收入从 2000 年的 4 792 亿元，增加到 2005 年的 44 107 亿元，5 年间增长了 8.21 倍，年均增长 55.9%，增速比全国工业销售收入高 32 个百分点。其中，2005 年私营工业销售收入比 2004 年增长 52.2%，比全国工业快 22 个百分点。私营工业实现销售收入占全部工业的比重从 2000 年的 5.7% 提高到 2005 年的 18%，五年提高 12.3 个百分点，其中 2005 年提高 2.6 个百分点（见表 6）。

四是工业增加值增长。私营工业企业完成增加值从 2000 年的 1 319 亿元，增加到 2005 年的 11 807亿元，5 年间增长了 7.96 倍，年均增长 55.0%，增速比全国工业增加值高 34 个百分点。其中，2005 年私营工业增加值比 2004 年增长 42.4%，比全国工业快 21 个百分点。私营工业增加值占全部工业的比重逐年提高，从 2000 年的 5.2% 提高到 2005 年的 17.8%，5 年提高 12.6 个百分点，其中2005年提高2.7个百分点（见表7）。

五是实现利润增长。私营工业利润从2000年的190亿元，增加到2005年的1 975亿元，5年间增长了9.41倍，年均增长59.8%，增速比全国工业高33个百分点。其中，2005年私营工业比2004年增长59.7%，增速比全国工业高33个百分点。私营工业实现利润占全部工业的比重从2000年的4.3%，提高到2005年的13.8%，5年提高9.5个百分点，其中2005年提高2.9个百分点（见表8）。

（5）各地私营经济均高速发展

一是私营企业数量快速增长。据国家工商总局的数据，全国私营企业数量由2000年的176万户增长到2005年的430户，年均增长19.5%。其中西藏增长最快，超过31%；另有上海、湖南、云南和四川等四省增长率超过25%；14个省市区超过20%；青海、内蒙古、黑龙江、陕西、海南和河北等6省低于15%，最低的河北省也有年均7.3%的增长（见表9、图3）。

表9　2000～2005年全国各省私营企业数量情况表

单位：户，%

年份 地区	2000	2001	2002	2003	2004	2005	2005年增速	平均增速
全　国	1 761 769	2 028 548	2 435 282	3 005 524	3 650 670	4 300 916	17.8	19.5
西　藏	677	1 047	1 367	1 823	2 218	2 631	18.6	31.2
上　海	138 189	176 384	224 662	291 711	384 927	473 949	23.1	28.0
湖　南	24 796	30 405	38 093	56 534	69 002	84 553	22.5	27.8
云　南	20 079	28 737	34 262	43 734	52 026	66 008	26.9	26.9
四　川	54 561	65 723	84 462	110 359	135 724	178 705	31.7	26.8
江　苏	174 113	225 475	286 199	343 680	418 012	507 378	21.4	23.9
山　西	25 400	27 999	34 013	42 874	55 829	71 296	27.7	22.9
河　南	48 451	54 969	66 076	81 300	107 616	133 535	24.1	22.5
江　西	25 983	29 441	38 979	48 995	60 855	71 129	16.9	22.3
新　疆	18 989	22 440	27 938	36 617	43 072	51 702	20.0	22.2
宁　夏	7 129	9 099	11 361	14 591	17 384	18 778	8.0	21.4
福　建	48 547	55 309	66 005	87 510	110 185	127 421	15.6	21.3
北　京	102 787	124 133	150 873	186 805	224 659	260 371	15.9	20.4
广　西	20 662	23 255	27 984	34 860	43 234	51 925	20.1	20.2
重　庆	30 663	34 690	43 741	54 922	67 991	75 684	11.3	19.8
湖　北	52 727	58 416	70 453	86 155	113 751	129 029	13.4	19.6
广　东	184 218	210 963	258 620	323 077	389 771	449 194	15.2	19.5
天　津	34 047	40 472	47 252	59 076	69 644	77 320	11.0	17.8
安　徽	46 934	55 690	62 019	74 815	89 010	105 998	19.1	17.7
山　东	141 229	144 719	175 963	228 554	276 111	315 410	14.2	17.4
甘　肃	17 097	19 695	21 926	26 462	32 504	38 169	17.4	17.4
辽　宁	74 160	83 780	97 576	114 415	136 870	165 217	20.7	17.4
吉　林	26 953	31 605	32 585	38 135	50 858	60 007	18.0	17.4

续表

年份 / 地区	2000	2001	2002	2003	2004	2005	2005 年增速	平均增速
贵　州	19 979	22 248	23 990	28 100	36 105	41 484	14.9	15.7
浙　江	178 771	208 826	247 287	302 136	333 164	359 039	7.8	15.0
青　海	5 458	6 649	7 961	8 815	9 892	10 947	10.7	14.9
内蒙古	26 793	30 070	34 237	35 114	42 681	48 317	13.2	12.5
黑龙江	41 510	41 560	43 716	51 402	57 836	68 200	17.9	10.4
陕　西	61 401	70 159	80 130	80 761	86 641	98 444	13.6	9.9
海　南	20 393	20 975	20 481	26 161	25 316	32 275	27.5	9.6
河　北	89 073	73 595	75 072	86 031	107 782	126 801	17.6	7.3

资料来源：国家工商总局。

图 3　2000~2005 年全国各省私营企业数量平均增速图

二是私营企业投资者人数快速增长。据国家工商总局的统计，全国私营企业投资者人数从2000年的395万多人增长到2005年的1 110万人，年均增长22.9%。其中西藏增长最快，年均增长达39.5%。其中增长率超过25%的有湖南、陕西、上海、云南、北京、四川和贵州等7个省市区；超过20%的共有21个地区，最低的河北和海南也分别达9.8%和8.3%（见表10、图4）。

表10　2000～2005年全国各省私营企业投资者人数情况表

单位：人，%

地区＼年份	2000	2001	2002	2003	2004	2005	2005年增速	平均增速
全　国	3 953 480	4 608 348	6 228 163	7 728 322	9 486 288	11 099 344	17.0	22.9
西　藏	1 173	1 999	2 825	4 225	5 380	6 196	15.2	39.5
湖　南	70 606	84 960	168 232	289 227	300 147	300 725	0.2	33.6
陕　西	142 762	180 263	498 081	505 336	507 163	520 232	2.6	29.5
上　海	282 835	367 546	478 425	623 776	825 889	1 006 191	21.8	28.9
云　南	50 022	82 124	94 070	121 991	143 790	176 553	22.8	28.7
北　京	—	—	305 605	481 469	571 433	638 605	11.8	27.8
四　川	137 065	173 349	209 764	288 387	365 623	452 652	23.8	27.0
贵　州	56 717	63 414	61 288	72 471	91 943	184 508	100.7	26.6
辽　宁	137 620	169 066	202 155	246 134	331 378	415 598	25.4	24.7
江　苏	398 469	511 061	681 272	814 431	971 585	1 142 527	17.6	23.5
广　东	410 713	481 908	600 463	744 377	988 161	1 167 000	18.1	23.2
新　疆	55 666	68 460	82 809	112 999	129 950	151 753	16.8	22.2
山　西	59 073	69 269	97 675	106 117	135 452	161 022	18.9	22.2
江　西	70 327	92 234	120 550	112 735	156 612	187 223	19.5	21.6
河　南	126 425	143 211	169 987	190 686	290 009	336 400	16.0	21.6
山　东	347 844	356 604	449 779	600 713	782 087	922 869	18.0	21.5
宁　夏	19 333	26 406	32 881	40 963	47 507	50 939	7.2	21.4
广　西	55 818	58 221	70 038	91 545	118 886	145 592	22.5	21.1
湖　北	131 346	113 339	164 840	205 072	295 768	341 694	15.5	21.1
吉　林	50 328	67 906	79 549	84 378	87 969	128 371	45.9	20.6
重　庆	80 542	98 113	122 332	154 246	186 348	205 259	10.1	20.6
安　徽	110 350	134 603	150 494	188 233	228 734	270 425	18.2	19.6
天　津	78 364	97 602	113 267	146 845	172 086	190 244	10.6	19.4
甘　肃	42 075	49 581	56 680	68 376	84 640	99 511	17.6	18.8
黑龙江	83 563	98 086	111 342	134 603	167 496	197 489	17.9	18.8
福　建	116 024	130 302	162 255	194 021	232 424	268 433	15.5	18.3
青　海	16 294	17 453	20 534	23 362	26 616	29 771	11.9	12.8
浙　江	450 602	517 857	587 741	696 864	762 270	819 845	7.6	12.7
内蒙古	78 169	84 628	95 888	102 538	118 669	135 877	14.5	11.7
河　北	230 845	202 990	191 350	213 062	299 466	368 492	23.0	9.8
海　南	51 966	54 951	56 002	69 150	60 807	77 348	27.2	8.3

资料来源：国家工商总局。

注：因北京市2000和2001年的数据奇低，因此我们将其3年的平均增速作为5年的平均增速进行测算

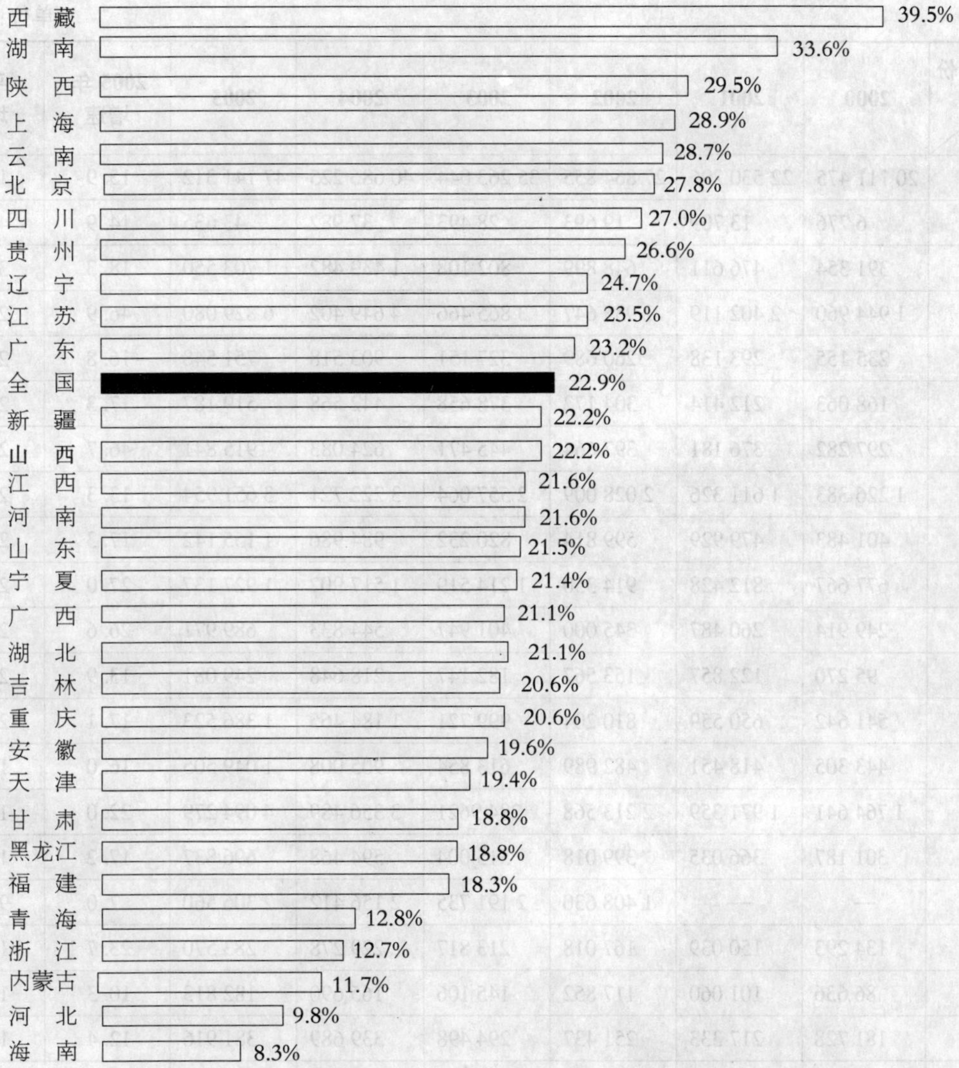

图 4　2000~2005 年全国各省私营企业投资者人数平均增速图

三是私营企业雇工人数快速增长。据国家工商总局的统计，全国私营企业雇工人数从 2000 年的2 011万人增长到 2005 年的4 714万人，年均增长 18. 6%。其中西藏增长最快，年均增长达 45. 1%。其中增长率超过 25% 的有湖南、江苏、吉林、新疆和云南等地区；超过 20% 的共有 13 个地区；低于 10% 的有陕西、湖北和河北三省，最低的河北为 2. 8%（见表 11、图 5）。

表11　2000～2005年全国各省私营企业雇工人数情况表

单位：人，%

地区 \ 年份	2000	2001	2002	2003	2004	2005	2005年增速	平均增速
全　国	20 111 475	22 530 296	27 864 855	35 263 044	40 686 225	47 141 312	15.9	18.6
西　藏	6 776	13 709	19 693	28 493	37 982	43 635	14.9	45.1
湖　南	391 354	476 611	648 899	802 108	1 439 482	1 703 550	18.3	34.2
江　苏	1 944 960	2 402 119	2 955 647	3 865 466	4 649 402	6 829 080	46.9	28.6
吉　林	235 155	293 138	260 689	327 151	903 518	751 548	－16.8	26.2
新　疆	168 063	212 414	304 172	378 658	442 568	519 187	17.3	25.3
云　南	297 282	376 181	397 664	445 471	624 083	915 841	46.7	25.2
上　海	1 226 383	1 611 326	2 028 009	2 557 064	3 222 721	3 651 954	13.3	24.4
江　西	401 483	479 929	599 814	820 232	984 986	1 155 142	17.3	23.5
四　川	677 667	812 428	914 350	1 214 519	1 517 902	1 927 137	27.0	23.2
广　西	249 914	260 487	345 000	401 947	544 833	689 971	26.6	22.5
青　海	95 270	122 857	153 567	182 147	218 648	249 081	13.9	21.2
安　徽	541 642	650 559	810 204	999 721	1 184 465	1 386 523	17.1	20.7
河　南	443 305	418 451	482 989	613 854	905 008	1 049 505	16.0	18.8
广　东	1 764 641	1 971 359	2 213 568	284 9621	3 356 489	4 094 279	22.0	18.3
天　津	301 187	366 035	399 018	515 004	594 468	696 837	17.2	18.3
北　京	—	—	1 408 630	2 191 735	2 156 412	2 306 560	7.0	95.8
海　南	134 293	150 039	167 018	213 817	229 278	283 570	23.7	16.1
宁　夏	86 636	101 060	117 852	145 106	165 690	182 813	10.3	16.1
甘　肃	181 728	217 333	251 437	294 498	339 689	381 916	12.4	16.0
重　庆	405 853	464 363	591 259	710 253	808 271	849 144	5.1	15.9
山　西	327 360	368 384	429 506	997 990	818 322	661 891	－19.1	15.1
山　东	1 792 742	1 765 312	2 083 874	3 063 831	3 119 438	3 518 469	12.8	14.4
福　建	563 518	637 775	696 843	868 470	880 728	1 078 535	22.5	13.9
辽　宁	1 111 326	1 408 091	1 657 994	1 823 366	1 926 337	2 105 765	9.3	13.6
浙　江	2 554 126	2 953 204	3 452 468	4 143 100	4 411 215	4 528 376	2.7	12.1
黑龙江	453 102	504 066	645 182	627 766	672 750	754 545	12.2	10.7
内蒙古	336 004	370 815	415 793	410 971	493 427	546 260	10.7	10.2
贵　州	199 426	219 719	197 124	222 723	275 851	322 004	16.7	10.1
陕　西	691 236	785 283	1 081 371	1 096 587	1 014 405	1 025 240	1.1	8.2
湖　北	664 704	597 946	769 032	847 710	807 541	884 346	9.5	5.9
河　北	1 784 098	1 442 108	1 466 699	1 603 665	1 940 316	2 048 608	5.6	2.8

资料来源：国家工商总局。

注：因北京市2000和2001年的数据奇低，因此我们将其3年的平均增速作为5年的平均增速进行测算

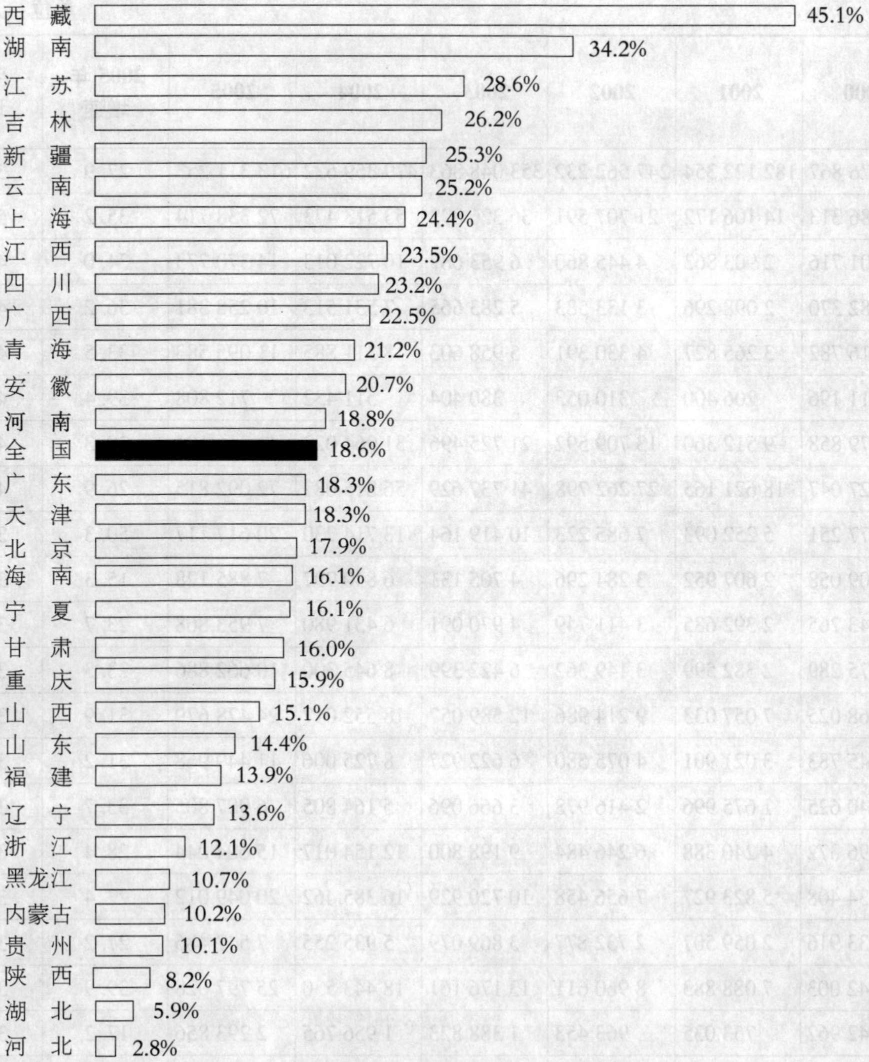

图 5　2000~2005 年全国各省私营企业雇工人数平均增速图

四是私营企业注册资金数量快速增长。据国家工商总局的统计，全国私营企业注册资金从 2000 年的13 308亿元增长到 2005 年的61 331亿元，年均增长 35.7%。其中江苏增长最快，年均增长达 50%；增长率超过 40% 的有湖南、江西、云南、西藏、山东、上海 7 个省市区；只有海南和陕西增长率低于 20%，最低的陕西为 13%（见表 12、图 6）。

表12　2000～2005年全国各省私营企业注册资金情况表

单位：万元，%

地区 \ 年份	2000	2001	2002	2003	2004	2005	2005年增速	平均增速
全　国	133 076 867	182 122 354	247 562 232	353 048 863	479 359 632	613 311 253	27.9	35.7
江　苏	9 486 313	14 106 172	21 707 591	36 326 092	53 513 473	72 338 714	35.2	50.1
湖　南	2 001 716	2 903 863	4 445 860	6 953 687	10 722 013	14 370 773	34.0	48.3
江　西	1 582 370	2 098 296	3 133 583	5 283 665	7 531 513	10 258 381	36.2	45.3
云　南	1 716 782	3 265 827	4 330 391	5 958 603	8 311 885	11 095 583	33.5	45.2
西　藏	111 196	206 400	310 053	380 404	511 432	712 808	39.4	45.0
山　东	6 779 858	9 512 360	13 709 592	21 725 496	31 964 023	41 316 104	29.3	43.5
上　海	11 927 047	18 621 165	27 262 798	41 737 629	56 815 082	72 092 815	26.9	43.3
四　川	3 877 251	5 252 093	7 685 223	10 419 164	13 714 230	20 617 117	50.3	39.7
吉　林	1 509 058	2 607 952	3 284 296	4 705 131	6 840 797	7 885 128	15.3	39.2
新　疆	1 543 265	2 392 685	3 411 749	4 970 091	6 431 980	7 953 868	23.7	38.8
山　西	2 075 289	2 382 599	3 149 362	6 422 399	8 645 300	10 662 886	23.3	38.7
辽　宁	4 968 025	7 057 033	9 214 986	12 589 057	18 552 017	24 478 679	31.9	37.6
安　徽	2 345 783	3 021 901	4 075 580	6 622 927	8 725 006	11 449 968	31.2	37.3
广　西	1 440 625	1 675 996	2 416 978	3 666 096	5 164 805	6 907 805	33.7	36.8
天　津	3 296 372	4 240 388	6 246 484	9 198 800	12 154 017	15 604 044	28.4	36.5
湖　北	4 434 408	5 823 927	7 656 458	10 720 929	16 385 462	20 049 012	22.4	35.2
内蒙古	1 733 916	2 059 507	2 732 877	3 869 079	5 935 255	7 547 486	27.2	34.2
福　建	5 942 003	7 088 883	8 960 611	13 176 161	18 443 530	25 797 028	39.9	34.1
宁　夏	542 962	753 035	963 453	1 388 823	1 956 765	2 293 856	17.2	33.4
浙　江	12 260 302	16 793 813	21 660 299	29 240 602	39 084 030	51 669 100	32.2	33.3
河　南	4 057 330	4 470 617	5 449 589	7 129 470	10 348 557	16 989 080	64.2	33.2
甘　肃	1 164 270	1 589 388	2 004 393	2 718 259	3 642 199	4 781 253	31.3	32.6
青　海	453 468	722 641	909 746	1 122 996	1 511 972	1 844 336	22.0	32.4
黑龙江	2 332 060	3 100 380	3 991 588	5 116 508	7 323 121	9 234 268	26.1	31.7
河　北	3 915 742	4 074 870	5 701 409	8 064 158	11 594 086	14 416 133	24.3	29.8
广　东	18 761 216	23 617 744	33 800 829	45 227 995	55 914 316	66 714 638	19.3	28.9
重　庆	3 139 665	4 069 993	5 464 313	6 982 525	8 809 214	11 143 513	26.5	28.8
北　京	10 362 744	16 330 213	19 885 894	23 395 283	28 413 274	32 385 354	14.0	25.6
贵　州	1 671 357	2 116 942	2 531 531	2 989 748	4 183 632	5 138 526	22.8	25.2
海　南	3 418 783	4 415 300	4 727 811	5 955 985	6 441 315	7 781 048	20.8	17.9
陕　西	4 225 693	5 750 369	6 936 905	8 992 104	9 775 333	7 781 951	-20.4	13.0

资料来源：国家工商总局。

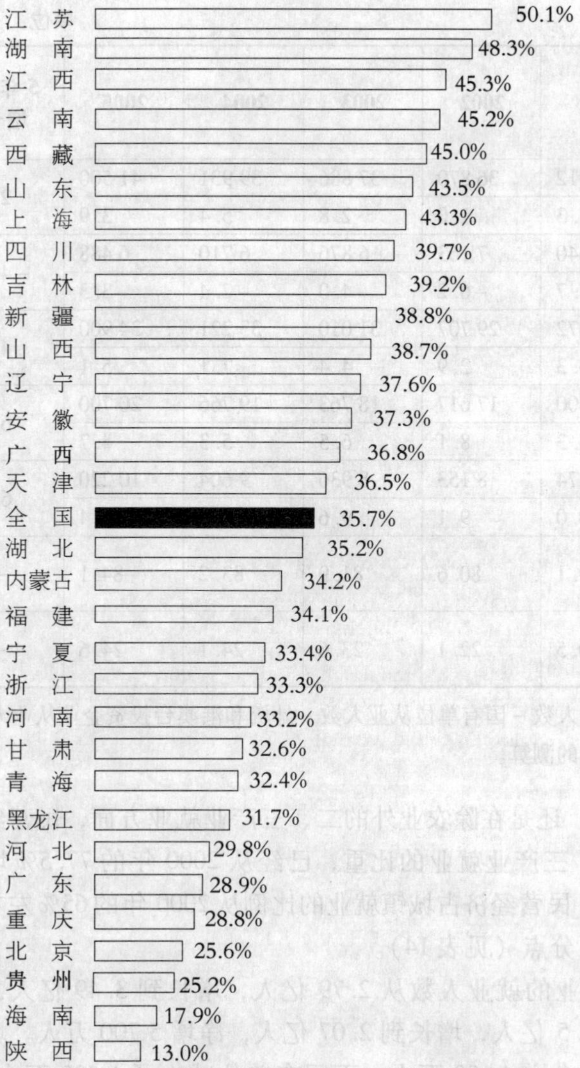

图 6　2000~2005 年全国各省私营企业注册资金平均增速图

2. 劳动就业的主要渠道，社会稳定的基本因素

“十五”期间，一方面，城镇新增劳动力和农村转移劳动力日益增多，其中城镇就业增加了 4 180万人，年均增加 836 万人；另一方面，国有单位就业人数大幅度下降，5 年减少了1 614万人，年均减少 323 万人，就业问题对社会稳定构成了巨大挑战。同期，由于民营经济快速发展，形成了巨大劳动力需求，吸纳了劳动力增量和存量转移的绝大部分，明显改善了就业结构，缓解了就业压力。可以说，没有民营经济，就没有就业问题的基本解决，也就没有社会的基本稳定（见表 13）。

表 13 民营经济就业占全社会二、三产业就业比重

单位：万人,%

指标		2000	2001	2002	2003	2004	2005	5 年年均增长率
全社会二、三产业就业	人数	36 043	36 512	36 870	37 886	39 931	41 500	2.9
	增长率	2.3	1.3	1.0	2.8	5.4	3.9	
国有单位就业	人数	8 102	7 640	7 163	6 876	6 710	6 488	-4.3
	增长率	-5.5	-5.7	-6.2	-4.0	-2.4	-3.3	
民营经济二、三产业就业	人数	27 940	28 872	29 707	31 010	33 221	34 900	4.5
	增长率	4.8	3.3	2.9	4.4	7.1	5.1	
城镇民营经济就业	人数	15 049	16 300	17 617	18 763	19 766	20 700	6.6
	增长率	21.0	8.3	8.1	6.5	5.3	4.7	
城乡个体私营经济就业	人数	7 477	7 474	8 153	8 936	9 604	10 220	6.4
	增长率	—	0.0	9.1	9.6	7.5	6.4	
民营经济占二、三产业就业比重		77.5	79.1	80.6	81.9	83.2	84.1	—
个体私营经济占二、三产业就业比重		20.7	20.5	22.1	23.6	24.1	24.6	—

说明：城镇民营经济就业人数 = 城镇就业总人数 - 国有单位从业人数 - 外资和港澳台投资企业从业人数。

资料来源：根据国家统计局提供的资料进行的测算。

“十五”期间，无论在城镇就业方面，还是在除农业外的二、三产业就业方面，民营经济所占的比例都在稳步提高。民营经济在二、三产业就业的比重，已经从 2000 年的 77.5% 增加到 2005 年的 84.1%，提高了 6.6 个百分点。民营经济占城镇就业的比例从 2000 年的 65% 左右增加到 2005 年的 75% 以上，提高了约 10 个百分点（见表 14）。

“十五”期间，民营经济在二、三产业的就业人数从 2.79 亿人，增长到 3.49 亿人，净增 7 000万人。城镇民营经济的就业人数从 1.5 亿人，增长到 2.07 亿人，净增 5 700 万人。城镇就业总人数由 2.32 亿人增长到 2.73 亿人，净增 4 100 万人，而国有单位减少了 1 500 万个岗位。民营经济创造的就业，不仅分担了国企“减员增效”的后顾之忧，而且吸纳了更多的新增劳动力。

需要说明的是，至今国家对个体私营经济实际就业状况没有很完整的统计。从历年公布的就业统计数据中可以看到，按国有、集体、股份制、个体、私营、外商和港澳台等 10 种类型经济组织统计的城镇就业人员的总数只相当于城镇就业总数的 2/3。一般来讲，国家对国有、集体、股份制、外商和港澳台等经济成分的就业统计是比较正规和准确的，而对个体、私营经济的就业统计遗漏就很大。城镇就业中约有 1/3 强的就业人员未列入上述各种类型经济组织中的数量部分，他们绝大多数都是个体、私营经济就业人员。

表 14 城镇民营经济就业情况

单位：万人,%

指标		2000	2001	2002	2003	2004	2005	5 年年均增长率
城镇就业总数	绝对数	23 151.0	23 940	24 780	25 639	26 476	27 331	3.4
	增长率	10.2	3.4	3.5	3.5	3.3	3.1	

续表

指标 \ 年份		2000	2001	2002	2003	2004	2005	5年年均增长率
国有单位就业人数	绝对数	8 102	7 640	7 163	6 876	6 710	6 488	-4.3
	增长率	-5.5	-5.7	-6.2	-4.0	-2.4	-1.6	
城镇民营经济就业	绝对数	15 049	16 300	17 617	18 763	19 766	20 700	6.6
	增长率	21.0	8.3	8.1	6.5	5.3	4.7	
城镇个体私营就业	绝对数	3 404	3 658	4 268	4 922	5 515	6 326	13.2
	增长率	-1.8	7.5	16.7	15.3	12.1	14.7	
民营经济占城镇就业人数比重		65.0	68.1	71.1	73.2	74.7	75.8	—
个体私营占城镇就业人数比重		14.7	15.3	17.2	19.2	20.8	22.0	—

资料来源：根据国家统计局提供的资料进行的测算。

工业就业情况的变化从一个重要方面反映出民营经济就业的增长。“十五”期间，民营经济在规模以上工业中的从业人数，由2000年的1 711万人，增加到2005年的3 005万人，增长了76%，年均增长11.9%，占规模以上工业就业人数的比重由2000年的30.8%，提高到2005年的44.3%。私营工业从业人数由2000年的346.4万人，增加到2005年的1 613万人，增长了3.6倍，年均增长36%，占规模以上工业就业人数的比重由2000年的6.2%，提高到2005年的23.8%（见表15）。

表15 规模以上各类工业企业从业人数及比重变化情况

单位：万人，%

指标 \ 年份		2000	2001	2002	2003	2004	2005	5年年均增长率
全国工业企业	绝对数	5 559.40	5 441.40	5 520.70	5 748.60	6 098.60	6 784.70	4.10
	增长率	—	-2.12	1.46	4.13	6.09	11.25	
国有及其控股	绝对数	2 995.30	2 675.10	2 423.60	2 162.90	2 048.20	1 933.50	-8.40
	增长率	—	-10.69	-9.40	-10.76	-5.30	-5.60	
外商及港澳台	绝对数	853.00	939.00	1 054.30	1 258.70	1 444.50	1 846.60	16.70
	增长率		10.08	12.29	19.38	14.76	27.84	
民营工业	绝对数	1 711.20	1 827.30	2 042.70	2 327.00	2 605.90	3 004.60	11.90
	增长率	—	6.79	11.78	13.92	11.99	15.30	
私营工业	绝对数	346.40	541.50	732.90	1 027.60	1 240.80	1 612.70	36.00
	增长率	—	56.30	35.30	40.20	20.70	30.00	
从业人数比重		100.0	100.0	100.0	100.0	100.0	100.0	—
国有及其控股		53.9	49.2	43.9	37.6	33.6	28.5	—
外商及港澳台		15.3	17.3	19.1	21.9	23.7	27.2	—
民营工业		30.8	33.6	37.0	40.5	42.7	44.3	—
私营工业		6.2	10.0	13.3	17.9	20.3	23.8	—

资料来源：根据国家统计局提供的资料进行的测算。

3. 国家税收的重要来源，共同富裕的基本力量

2000年以来，民营经济特别是私营企业税收大大快于全国税收增长速度。私营企业税收增长率5年来一直保持在40%以上。2005年私营企业税收为2 715.9亿元，是2000年的6.5倍(见表16、表17)。

从税收总量看，目前民营经济税收比重已经超过国有经济。在不少地方，民营经济税收占地方财政收入的比重已经超过70%～80%，甚至更高，成为地方的主体财源。

表16　各种经济成分缴税总额及增长率

单位：亿元，%

指标 \ 年份		2000	2001	2002	2003	2004	2005	5年年均增长率
全国	绝对数	12 665.8	15 165.5	16 996.6	20 466.1	25 723.5	30 865.8	19.5
	增长率	—	19.7	12.1	20.4	25.7	20.0	
国有企业	绝对数	5 399.9	5 367.4	5 359.2	5 890.9	6 851.9	7 487.9	6.8
	增长率	—	-0.6	-0.2	9.9	16.3	9.3	
民营企业	绝对数	7 265.9	9 543.3	11 273.8	14 100.9	18 336.9	23 377.9	26.3
	增长率	—	31.3	18.1	25.1	30.0	27.5	
内资民营	绝对数	5 049.1	6 660.5	7 786.7	9 832.3	12 981.6	17 029.4	27.5
	增长率	—	31.9	16.9	26.3	32.0	31.2	
私营	绝对数	419.7	660.9	945.6	1 388.3	1 994.8	2 715.9	45.3
	增长率		57.5	43.1	46.8	43.7	36.1	
个体	绝对数	762.7	917.6	1 005.0	1 047.5	1 211.6	1 385.7	12.7
	增长率	—	20.3	9.5	4.2	15.7	14.3	
外资企业	绝对数	2 216.7	2 882.7	3 487.1	4 268.6	5 355.3	6 348.5	23.4
	增长率	—	30.0	21.0	22.4	25.5	18.5	

资料来源：国家税务总局和《课题组》的计算。

表17　不同经济成分的税收收入占全部税收收入的比重情况

单位：%

指标 \ 年份	2000	2001	2002	2003	2004	2005
国有企业	42.6	35.4	31.5	28.8	26.6	24.3
民营经济	57.4	62.9	66.3	68.9	71.3	75.7
内资民营	39.9	43.9	45.8	48.0	50.5	55.2
私　营	3.3	4.4	5.6	6.8	7.8	8.8
个　体	6.0	6.1	5.9	5.1	4.7	4.5

资料来源：国家税务总局和《课题组》的计算。

需要指出的是，由于统计方面的原因，中国私营经济税收总额实际上比表16反映的数额可能要大。比如，根据2004年全国经济普查数据，2004年全国个体经营户缴纳税费共1 996亿元，比表16的1211.6亿元多785.4亿元，多出了约65%。

需要特别指出的是，民营经济不仅为国家提供了大量税收，而且成为中国社会走向共同富

裕的基本力量。首先，近2 500万家个体工商户户均注册资金近2.4万元（2004年全国经济普查的个体经营户为3 922万户，户均固定资产为4.2万元），实际资产可能远大于此。这些个体户涉及家庭人口达7 500多万人（按经济普查数则涉及人口达1.5亿~2亿人），其中多数人基本上过上了小康生活。其次，430多万家私营企业，户均注册资金近142.6万元，实际资产也可能大于此。其中绝大多数为中小企业，这些企业涉及投资者超过1 100万人，家庭人口超过3 300万人，这些家庭多数是富裕家庭，极少数是富豪。这些企业的高层管理人员，其数量高于1 100万投资者人数，涉及的家庭人口更多，他们基本上属中等收入者，部分属富裕阶层。第三，个体私营企业就业的人数若按直接统计法（统计公布数据，包括乡镇企业中的个体私营企业从业人员）计算为1亿多人，若按排除法（扣除国有、集体、外商和股份与有限公司等单位和企业从业人员后）计算则达3亿人左右，他们因能够就业而获得了生活保障，其中多数人过上了温饱和小康生活。

4. 对外贸易的新兴主力，企业“走出去”的生力军

随着进出口贸易权逐步放开，愈来愈多的私营企业开始直接从事对外贸易。经过几年发展，私营企业现已成为中国对外贸易的一支强大“生力军”。私营出口企业从2000年的1 800家，猛增到2005年的5.6万家，企业数量增长了30倍（见表18）。

表18　中国开展出口的民营企业数量变化

单位：家

年份＼项目	内资民营企业	集体企业	私营企业
2000	6 100	4 300	1 800
2001	9 200	5 100	4 100
2002	16 000	5 600	10 400
2003	26 700	6 000	20 700
2004	46 300	6 000	40 300
2005	61 400	5 400	56 000

资料来源：商务部。

“十五”期间，民营经济出口总额从2000年的1 327.6亿美元增加到2005年5 931.9亿美元，增长约3.5倍，年均增速34.9%。民营经济出口总额占全国的比重从2000年的53.3%提高到2005年的77.8%，5年间增长了24.5个百分点（见表19）。

表19　民营经济与全国的出口情况

单位：亿美元,%

指标＼年份		2000	2001	2002	2003	2004	2005	5年年均增长率
全国出口	绝对值	2 492.1	2 661.5	3 255.6	4 383.7	5 933.6	7 620.0	25.0
	增长率	27.9	6.8	22.3	34.6	35.4	28.4	
民营经济	绝对值	1 327.6	1 529.2	2 027.0	3 003.3	4 397.6	5 931.9	34.9
	增长率	37.7	15.2	32.6	48.2	46.4	34.9	
民营经济出口占全国的比重		53.3	57.5	62.3	68.5	74.1	77.8	—

资料来源：根据国家海关提供的数据测算。

2000 年，私营经济进出口总额为 37.5 亿美元，占全国进出口的比例仅占 0.8%，其中出口只占 1%；2005 年，进出口总额达 1 662.1 亿美元，占全国的比重达到 11.7%，其中出口总额为 1 122.3亿美元，占全国的比重达到 14.7%（见表 20）。

表 20　个体私营经济进出口情况

单位：亿美元，%

年份 指标	2000	2001	2002	2003	2004	2005
个私进出口总额	37.5	87.1	233.4	593.2	1 112.1	1 662.1
个私进出口比重	0.8	1.7	3.8	7.0	9.6	11.7
个私进出口增长率	254.8	132.5	167.8	154.2	87.5	49.5
全国进出口增长率	31.3	7.5	21.8	37.1	35.7	23.1
个私出口额	23.8	53.1	137.8	347.4	692.4	1 122.3
个私出口比重	1.0	2.0	4.2	7.9	11.7	14.7
个私出口增长率	275.0	123.0	160.0	152.0	99.3 0.	62.1
全国出口增长率	27.9	6.8	22.3	34.6	35.4	28.4

资料来源：根据国家海关提供的数据测算。

从规模以上工业企业的出口交货值来看，也反映出民营经济已经成为中国外贸的生力军。民营工业的出口交货值，2001 年为 2 956 亿元，2005 年为 8421 亿元，4 年年均增长 30%（见表 21）。

表 21　规模以上各类工业企业出口交货值及比重变化情况

单位：亿元，%

年份 指标		2001	2002	2003	2004	2005	4 年年均增长率
全国工业企业	绝对数	16 244.5	20 055.2	26 941.8	40 484.2	47 948.9	31.1
	增长率	—	23.46	34.34	50.27	18.44	
国有及其控股	绝对数	2 977.1	3 186.2	3 632.5	4 433.8	5 558.7	16.9
	增长率	—	7.02	14.01	22.06	25.37	
外商及港澳台	绝对数	10 311.7	13 018.4	17 958.9	28 983.6	33 968.9	34.7
	增长率	—	26.25	37.95	61.39	17.20	
内资民营	绝对数	2 955.7	3 850.6	5 350.3	7 066.8	8 421.3	29.9
	增长率	—	30.28	38.95	32.08	19.17	
占全国比重		100.0	100.0	100.0	100.0	100.0	—
国有及其控股		18.3	15.9	13.5	11.0	11.6	—
外商及港澳台		63.5	64.9	66.7	71.6	70.8	—
内资民营		18.2	19.2	19.9	17.5	17.6	—

资料来源：商务部。

（二）“十五”是民营企业自身素质得到根本性提高的 5 年

“十五”期间，中国民营经济质量也明显提升，资本规模不断扩大、市场竞争力日益提高、社会责任感不断增强，企业自身的整体素质正在得到根本性提高。

1. 逐步进入重化工业和基础产业，产品技术质量档次大幅提高

长期以来，民营特别是私营企业主要分布在市场竞争比较充分的劳动密集型产业中。随着市场准入政策的放宽以及私营企业自身实力的增强，越来越多的私人资本进入到资金密集和技术密集的重化工业和基础产业中。“十五”期间私营企业在钢铁、化工、煤炭、电力、房地产等领域的投资、资产和收入规模均不断提高。

从全国工商联上规模民营企业调研数据来看，黑色、有色金属冶炼及压延加工业是增长最快的产业之一，2004 年的营业收入总额和税后净利润总额占被调查上规模企业的总额比重跃居各个行业首位（见图 7、图 8）。

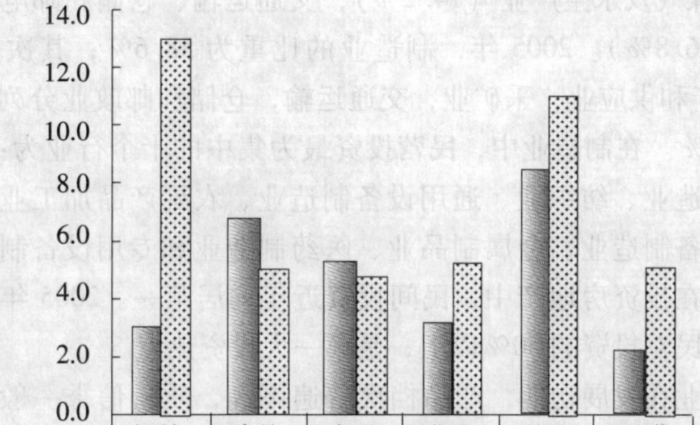

	钢铁	建筑	食品	化工	纺织	通信
2000 年	3.1	6.7	5.2	3.1	8.5	2.1
2004 年	12.9	4.9	4.8	5.2	11.0	5.1

图 7　2000~2004 年上规模民营企业主要行业营收总额比重变化图

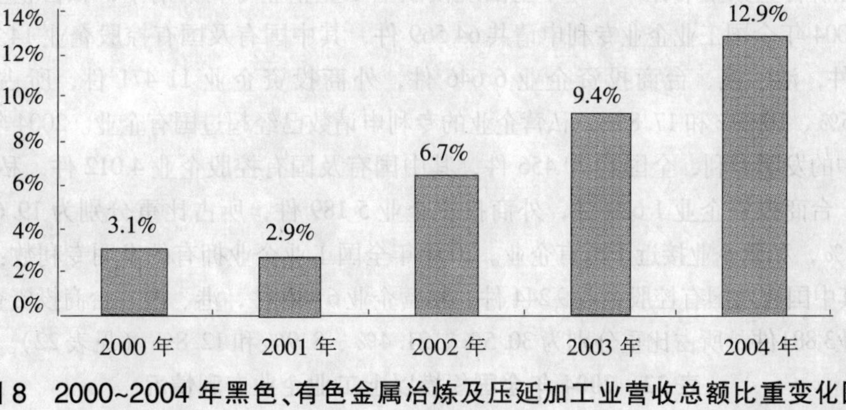

图 8　2000~2004 年黑色、有色金属冶炼及压延加工业营收总额比重变化图

根据国家统计局的分析，“十五”期间，除烟草、自来水等专营行业外，其他各工业行业中，民营经济在资产总值和销售收入方面均大幅度增长，且明显高于行业平均水平。煤炭开采和洗选业、黑色金属采矿业、石油加工、化工、黑色金属冶炼及压延加工业、有色金属冶炼及压延加工业等行业中，民营工业的资产总值增长速度超过规模以上工业 15 个百分点以上。石油加工、医药工业、黑色金属冶炼及压延加工业、其他采矿业等行业中，民营工业销售收入的增长速度超过规模以上工业 15 个百分点以上。

并且，民营经济在一些过去涉足较少的行业发展也很迅速。“十五”期间，黑色金属冶炼及压延加工业中，民营工业的销售收入从 2000 年的 880 亿元，增加到 2005 年的 7 973 亿元，增长

了8倍，年均增长55%，比全行业增速高21个百分点。通用设备制造业中民营销售收入从2000年的1 099亿元，增加到2005年的4 704亿元，增长了3.3倍，年均增长34%，增速比全行业增速高5.3个百分点。化学纤维制造业中民营销售收入从2000年的107亿元，增加到1 240亿元，增长了10.6倍，年均增长63%，增速比全行业增速高47.2个百分点。医药制造业中民营销售收入从2000年的408亿元，增加到2005年的1 991亿元，5年间增长了3.88倍，年均增长37.3%，增速比全行业增速高17.5个百分点。

从投资看，民营投资在全部20个行业中均有涉足。2000年，在500万元以上城镇固定资产投资中，本行业民营投资占全部民营投资比重分列第一至第五位的行业是制造业（37.2%），采掘业（14.4%），电力煤气及水生产业（14.2%），交通运输、仓储和邮电通信业（9.8%），批发和零售贸易餐饮业（6.8%）。2005年，制造业的比重为58.6%；其次是住宿和餐饮业，占6.5%；电力热力的生产和供应业，采矿业，交通运输，仓储和邮政业分列第三至第五位，分别占6.4%、4.8%和3.7%。在制造业中，民营投资最为集中的十个行业为：非金属矿物制品业、化学原料及化学制品制造业、纺织业、通用设备制造业、农副产品加工业、黑色金属冶炼及压延加工业、交通运输设备制造业、金属制品业、医药制造业和专用设备制造业。房地产业也是民营投资的重要领域，在投资房地产中，民间投资近年均居第一。2005年城镇民间进入房地产业的投资约占全部城镇民营投资的50%以上，是第一大投资热点。

民营特别是私营企业在发展初期，产品档次普遍不高，质量信誉一般较低。近年来，民营企业质量意识日益提高，品牌意识不断增强。“十五”期间，民营企业生产的产品花色品种不断翻新，质量档次大幅度提高，较好地满足了人民日常生活的多样化需求，为提高人民生活质量作出了巨大贡献，为中国产品占领世界市场作出了巨大贡献。

民营企业还是中国技术创新的重要来源。据统计，自改革开放以来，大约70%的技术创新来自中小企业，约65%的国内发明专利来自中小企业，80%以上的新产品由中小企业开发。

从全国经济普查数据来看，2004年全国规模以上工业企业专利申请中，私营企业已经占相当高的比例。2004年全国工业企业专利申请共64 569件，其中国有及国有控股企业14 792件，私营企业15 790件，港、澳、台商投资企业6 646件，外商投资企业11 471件，所占比重分别为23.0%、24.5%、10.3%和17.8%，私营企业的专利申请数已经超过国有企业。2004年全国工业企业专利申请中的发明专利，全国共20 456件，其中国有及国有控股企业4 012件，私营企业3 627件，港、澳、台商投资企业1 689件，外商投资企业5 189件，所占比重分别为19.6%、17.7%、8.3%和25.4%，私营企业接近于国有企业。2004年全国工业企业拥有的发明专利数：全国企业共30 315件，其中国有及国有控股企业9 244件，私营企业6 486件，港、澳、台商投资企业2 700件，外商投资企业3 881件，所占比重分别为30.5%、21.4%、8.9%和12.8%（见表22）。

表22　2004年全国规模以上工业企业专利情况

单位：件，%

专　利	全国企业	国有及控股	私营企业	港澳台企业	外商投资企业
专利申请数	64 569.0	14 792.0	15 790.0	6 646.0	11 471.0
比　重	100.0	23.0	24.5	10.3	17.8
发明专利申请数	20 456.0	4 012.0	3 627.0	1 689.0	5 189.0
比　重	100.0	19.6	17.7	8.3	25.4
拥有发明专利数	30 315.0	9 244.0	6 486.0	2 700.0	3 881.0
比　重	100.0	30.5	21.4	8.9	12.8

资料来源：国家统计局和《课题组》的计算。

据国家统计局对全国大中型工业企业开展自主创新活动的统计：2004 年，全国大中型工业企业共有27 700 多家，其中私营企业4 500 多家，占全国的16.3%；大中型工业企业中开展自主创新活动的企业共有6 566 家，占23.7%；开展自主创新活动的私营企业只有799 家，占全国大中型工业企业的比重为12.2%，占大中型工业私营企业的比重为17.7%。私营企业 R&D 人员占全国的比重为4.6%，R&D 经费占4.3%。私营企业 R&D 项目数占全国的比重为5.0%，R&D 项目人员占5.0%，R&D 项目经费占4.6%。私营企业专利申请量占全国的比重为14.8%，发明专利占7.6%，发明专利拥有量占11%。私营企业创办的科技机构占全国的比重为11.2%，科技活动人员占6%，科技活动经费支出占4.7%。私营企业新产品产值占全国的比重为4.4%，新产品销售收入为4.2%，其中出口为20.9%。私营企业引进国外技术支出占全国的比重为0.9%，消化吸收经费支出为3.2%，购买国内技术支出为5.7 %。这些数据表明，中国私营企业在科技创新上已经占有相当重要地位。

据国家知识产权局的统计，自1985 年中国《专利法》实施以来，民营企业专利申请量逐年升高。1995 年民营企业的专利申请量达到1 600 多件，此后逐年上升，平均年增长率达到30%以上。"十五"期间，民营企业专利申请量仍保持了29%的年均增长率，与同期全国企业专利申请量的年均增长率相当。"十五"期间，民营企业提交的专利申请达到92 219 件，占中国专利制度实施以来民营企业专利申请总量的75%，占同期全国企业专利申请总量的37%。其中，民营企业发明专利申请占15%，实用新型申请占33%，外观设计申请占52%。2005 年民营企业的专利申请量为22 304 件，比2000 年增长1.7 倍；其中，民营企业发明专利申请所占比重从2001 年的10.6%上升到2005 年的19.7%。

民营科技企业的快速发展从一个重要方面也反映出民营经济整体素质的提高。截止到2005 年底，全国民营科技企业数量为143 991 家，是2000 年的86 100 家的1.67 倍，年均增长近11%。企业资产总额达到63 120 亿元，是2000 年的3.17 倍，年均增长26%。销售总收入达到61 218 亿元，是2000 年的4.18 倍，年均增长33%。净利润3 192 亿元，是2000 年的3.2 倍。上缴国家税金2 958 亿元，是2000 年的3.79 倍，年均增长30.6%。出口创汇1 742 亿美元，是2000 年的6.7 倍，年均增长46.3%。

自2000 年至2005 年民营科技企业的企业数量、从业人员、技工贸总收入、工业总产值、纳税总额、创汇总额均高速增长（见表23）。

表23　中国民营科技企业发展主要指标

项目 / 年份	企业数（家）	从业人员（万人）	总资产（亿元）	总收入（亿元）	净利润（亿元）	税收（亿元）	出口创汇（亿美元）
2000 年	86 100	559.09	19 866	14 639.5	1 005.7	779.9	260.0
2001 年	100 950	644.23	24 813	18 471.4	1 074.3	1 015.5	319.8
2002 年	109 384	783.0	32 910	25 959.0	1 763.0	1 382.0	491.0
2003 年	124 896	961.0	44 682	37 103.0	2 295.0	2 054.0	787.0
2004 年	141 353	1 130.0	53 003	48 083.0	2 825.0	2 342.0	1 209.0
2005 年	143 991	1 212.0	63 120	61 218.0	3 192.0	2 958.0	1 742.0
年增速（%）	10.8	16.7	26.0	33.1	31.3	30.6	46.3

数据来源：国家工商局。

2. 企业资本规模明显扩大，产权结构日益多元化

“十五”期间，个体、私营企业数量和资本规模大幅增加。2005 年注册私营企业 430 万户，比 2000 年增加 254 万户，年均增长 19.6%；注册资金总额为 6 1331 亿元，比 2000 年增长48 023 亿元，年均增长 35.7%；注册个体工商户 2 464 万户，比 2000 年减少 107 万，但比 2004 年增加了 113 万户，是 1999 年以来的首次增长；注册资金总额为 5 809 亿元，比 2000 年增加了约2 500 亿元，年均增长 11.9%（见表 24、表 25）。5 年来，个体工商户和私营企业的户均注册资金规模均扩大了近 1 倍。根据 2004 年全国经济普查数据，2004 年个体经营户户均资产总额为 4.2 万元，私营企业户均资产总额为 439 万元。

表 24　2000～2005 年我国私营企业发展情况

年 份	注册资金总额（亿元）	增长率（%）	注册企业（万户）	增长率（%）	户均注册资金（万元）	增长率（%）
2000 年	13 308	—	176	—	75.5	—
2001 年	18 212	36.9	203	15.1	89.8	18.9
2002 年	24 756	35.9	244	20.1	101.7	13.3
2003 年	35 305	42.6	301	23.4	117.3	15.4
2004 年	47 936	35.8	365	21.3	131.3	11.9
2005 年 *	61 331	27.9	430	17.8	142.6	8.6
年均增长（%）	—	35.7	—	19.6	—	13.6

资料来源：国家工商总局。

表 25　2000～2005 年我国个体工商户发展情况

年 份	注册资金总额（亿元）	增长率（%）	注册户数（万户）	增长率（%）	户均注册资金（万元）	增长率（%）
2000 年	3 315	—	2 571	—	1.29	—
2001 年	3 436	3.7	2 433	−5.7	1.41	9.3
2002 年	3 782	10.1	2 378	−2.3	1.59	12.8
2003 年	4 187	10.7	2 353	−1.0	1.78	11.9
2004 年	5 058	20.8	2 351	−0.1	2.15	20.8
2005 年 *	5 809	14.9	2 464	5.6	2.40	11.6
年均增长（%）	—	11.9	—	−0.8	—	13.2

数据来源：国家工商总局。

“十五”期间，中国民营企业在做大做强方面也是成绩卓著。从全国工商联上规模民营企业调研数据来看，企业规模持续快速增长。2004 年民营企业 500 家（上规模民营企业中销售收入前 500 名）的入门门槛为9.7 亿元，比2003 年的6.1 亿元提高了60%，比2002 年的4.0 亿元提高 1.4 倍。2000—2004 年，民营企业 500 家销售收入总额的年均增长率为 47.4%，比中国企业 500 家高 26 个百分点。目前，中国已经成长起来一批具有较强市场竞争力的大型民营企业，如

联想控股有限公司2004 年的营业收入总额超过300 亿元（见表26）。

表26　2000～2004 年民营企业500 家与中国企业500 家规模对比

单位：亿元，%

年 份	民企500 家营业收入总额	增长率	中国企业500 家营业收入总额	增长率	民企500 规模 中企500 规模
2000	3 264	—	53 954	—	6.0
2001	4 947	51.6	61 055	13.2	8.1
2002	7 052	42.6	69 619	14.0	10.1
2003	10 767	52.7	89 935	29.2	11.9
2004	15 382	42.9	117 460	30.6	13.2

资料来源：全国工商联上规模民营企业调查报告及中国企业发展报告。

从规模以上工业企业规模发展情况看，民营工业企业平均规模不断扩大（见以下各表，数据来自国家统计局，每户平均数为我们推算）。

从工业增加值的平均规模看，2000 年民营企业和私营企业户均工业增加值为683 万元和596 万元，2005 年提高到1 177 万元和1 000 万元，5 年增长了70% 左右。需要指出的是，民营企业特别是私营工业企业普遍是中小型企业，随着其规模的扩大，进入规模工业企业的数量增长非常快，5 年分别增长了1.2 倍和4.3 倍（见表27）。

表27　规模以上工业企业户均工业增加值数据表

指 标 \ 年 份	2000	2001	2002	2003	2004	2005	5 年增长（%）
全部企业单位数（个）	162 885.00	171 256.00	181 557.00	196 222.00	219 463.00	266 090.00	63.40
民营企业单位数（个）	80 951.00	93 066.00	105 966.00	123 361.00	144 960.00	181 727.00	124.50
私营单位数（个）	22 128.00	36 218.00	49 176.00	67 607.00	85 167.00	118 100.00	433.70
全部工业增加值（亿元）	25 394.80	28 329.40	32 994.80	41 990.20	54 805.00	66 425.00	161.60
全部企业户均规模（万元）	1 559.06	1 654.21	1 817.32	2 139.93	2 497.20	2 496.30	60.10
民营经济工业增加值（亿元）	5 526.77	6 549.24	8 486.62	11 552.99	16 352.00	21 385.00	286.90
民营户均工业增加值（万元）	682.73	703.72	800.88	936.52	1 128.10	1 176.80	72.40
私营企业工业增加值（亿元）	1 318.50	2 174.40	3 255.80	5 378.80	8 290.00	1 1807	795.50
私营企业户均增加值（万元）	595.85	600.36	662.07	795.60	973.38	999.76	67.80

从企业的户均资产规模看，2000 年民营企业和私营企业户均资产规模为2 036 万元和1 751 万元，2005 年提高到3 259 万元和2 420 万元，增长了60% 和38%（见表28）。

表 28　规模以上工业企业户均资产规模数据表

指标 \ 年份	2000	2001	2002	2003	2004	2005	5 年增长（%）
全部企业资产总计（亿元）	126 211.2	135 402.5	146 217.8	168 807.7	195 261.7	240 772.8	90.8
全部资产户均规模（万元）	7 748.5	7 906.4	8 053.5	8 602.9	8 897.2	9 048.5	16.8
民营经济资产总计（亿元）	16 482.2	19 146.5	25 609.4	35 027.7	45 716.8	59 225.7	259.3
民营经济户均资产（万元）	2 036.1	2 057.3	2 416.8	2 839.4	3 153.8	3 259.0	60.1
私营企业资产总计（万元）	3 873.8	5 902.0	8 759.6	14 525.3	19 845.2	28 583.0	637.9
私营企业户均资产（万元）	1 750.6	1 629.6	1 781.3	2 148.5	2 330.2	2 420.2	38.2

从企业产品销售收入的平均规模看，2000 年民营企业和私营企业户均产品销售收入为 2 397 万元和 2 165 万元，2005 年提高到 4 492 万元和 3 735 万元，增长了 87% 和 73%（见表 29）。

表 29　规模以上工业企业户均销售收入规模数据表

指标 \ 年份	2000	2001	2002	2003	2004	2005	5 年增长（%）
全国工业企业产品销售收入（亿元）	84 151.8	93 733.3	109 485.8	143 171.5	187 814.8	244 593.4	190.7
工业企业户均产品销售收入（万元）	5 166.3	5 473.3	6 030.4	7 296.4	8 557.9	9 192.1	77.9
民企产品销售收入（亿元）	19 402.9	23 267.7	30 452.3	41 536.8	58 531.3	81 624.8	320.7
民企户均产品销售收入（万元）	2 396.9	2 500.1	2 873.8	3 367.1	4 037.8	4 491.6	87.4
私营企业产品销售收入（亿元）	4 791.5	7 982.4	11 971.6	19 733.8	28 973.8	44 106.6	820.5
私营企业户均产品销售收入（万元）	2 165.4	2 204.0	2 434.4	2 918.9	3402.0	3 734.7	72.5

资料来源：国家统计局。

从企业从业人数的平均规模看，2000 年民营企业和私营企业户均从业人员为 211 人和 157 人，2005 年为 165 人和 137 人，平均规模 5 年减少了 21.8% 和 12.8%。户均从业人数规模之所以减少，主要是进入规模工业企业范围的民营和私营企业的数量增长的速度高于从业人员增长的速度。另一方面，这也反映出民营企业的劳动生产率在大幅度提高（见表 30）。

表 30　规模以上工业企业户均从业人数规模数据表

指标 \ 年份	2000	2001	2002	2003	2004	2005	5 年增长（%）
全部企业从业人员人数（万人）	5 559.4	5 441.4	5 520.7	5 748.6	6 098.6	6 784.7	22.0
全部企业户均从业人员（人）	341	318	304	293	278	255	－25.3
民营经济从业人员（万人）	1 711.2	1 827.3	2 042.7	2 327.0	2 605.9	3 004.6	75.6
民营经济户均从业人员（人）	211	196	193	189	180	165	－21.8
私营企业从业人员（万人）	346.4	541.5	732.9	1 027.6	1 240.8	1 612.7	365.6
私营企业户均从业人员（人）	157	150	149	152	146	137	－12.8

资料来源：国家统计局。

根据国家统计局的统计，2004 年进入“销售额在 3 亿元以上、资产总额在 4 亿元以上、从业人员在 2000 人及以上”的大型工业企业行列的企业共有 2 154 家企业。其中大型国有及国有控股企业由 1 242 家减少到 1 185 家，集体企业由 61 家减少到 44 家，这两类占大型企业数量的 57%。非公有制大型企业发展加快，其中，股份制企业由 943 家增加到 1 109 家，外商和港澳台商投资企业由 361 家增加到 476 家，私营企业由 80 家增加到 118 家，大型企业数量分别比 2003 年增长 17.6%、31.9% 和 47.5%。各类非公有制企业均呈快速增长态势，大型私营企业首次超过百家，成为大型工业企业发展的活跃力量。发达地区非公有制大型工业企业比重明显高于欠发达地区。浙江省和广东省非公有制大型企业比重最高，均为 81.3%。江苏省非公有制企业比重为 64.7%，山东省为 53%，河南省为 33.6%，辽宁省为 26.7%。东北老工业基地非公有制企业比重仅为 20%，整个西部地区则只有 17.8%。

据全国经济普查数据，2004 年，从业人数在 500 ~ 999 人的私营企业有 5 393 家，在 1 000 ~ 2 999 人的私营企业有 2 221 家，在 3 000 ~ 4 999 人的私营企业有 196 家，5 000 人及以上的私营企业有 66 家。这 66 家企业中一家为私营独资企业，60 家为私营有限责任公司企业，5 家为私营股份有限责任公司企业。私营企业营业收入在 5 000 万 ~ 1 亿元有 18 443 家，占私营企业总数的 0.9%；营业收入在 1 亿及以上的企业有 12 535 家，占私营企业总数的 0.6%。私营企业资产总额在 5 000 万 ~ 1 亿元的有 14 567 家，占私营企业总数的 0.7%；资产总额 1 亿元以上的 11 395 家，占私营企业总数的 0.6%。

根据国家工商总局的统计，截至 2005 年年底，全国私营企业注册资本在 1 000 万元以上的私营企业达 10.5 万户，比 2004 年同期增加 2.7 万户，增长 35.2%，占私营企业总户数的 2.4%。注册资金 1 亿元以上的大型私营企业 3 049 户，增加 946 户，增长 45%，占私营企业总户数的 0.07%。全国私营企业集团 5 046 户，比 2004 年增加 910 户，增长 22%。

随着私营企业资产规模的扩大，私营企业产权结构日益多元化，从以个人、家族企业为主，向股权多元化的公司制发展。根据全国工商联的 2004 年《中国私营企业调查》中的数据显示，1992 ~ 2003 年的 10 多年间，私营企业中独资企业比例由 63.8% 下降为 22.5%，有限责任公司比例由 16.5% 上升至 62.9%（见表 31）。

表 31　私营企业组织形式比例变化

单位：%

年 份	独资企业	合伙企业	有限责任公司	其他	合计
1993 年调查	63.8	16.0	16.5	3.7	100
1995 年调查	55.8	15.7	28.5	0.9	100
2002 年调查	28.7	5.7	65.6	0.0	100
2004 年调查	22.5	7.4	62.9	7.2	100

资料来源：2004 年中国第六次私营企业抽样调查。

据 2004 年全国经济普查数据，在全国 198 万家私营法人企业中，独资企业 66.7 万家，占 36.8%；合伙企业 14.4 万家，占 7.3%；有限责任公司 110 万家，占 55.5%；股份有限公司 7.18 万家，占 3.6%。就是说，198 万家私营企业，公司制企业已经占近 60%。这一数据更能反映出私营企业股权结构的重大变化。

另据国家工商总局的统计，2005 年全国实有私营有限公司达 330.3 万户 较 2004 年增加 54.7 万户 增长 19.8% 占私营企业总数的 76.8%。私营股份有限公司 957 户 较 2004 年增加 95 户 增长 11%。个人独资企业 86.9 万户，比 2004 年增加 9.9 万户，增长 12.9%，占总户数的 20.2%，比2004年减少0.9个百分点。合伙企业12.8万户，增加0.4万户，增长3.2%，占总户数的3%，比2004年减少0.4个百分点。

深圳证券交易所中小企业板的创立为中国私营企业直接进入资本市场创造了条件。在中小企业板上市的私营企业有50家。由于主板市场上市条件要求高，私营企业通过发行上市（IPO）的并不多，一些私营企业经过改制或兼并收购成为上市公司，在沪深两地及海外证券市场挂牌上市，成为推动中国证券市场发展的重要力量。据有关方面统计，2005年以个人为控制人的私营企业在沪深证券交易所上市的有345家，在香港有119家，在美国有66家，在新加坡有50家（见图9）。

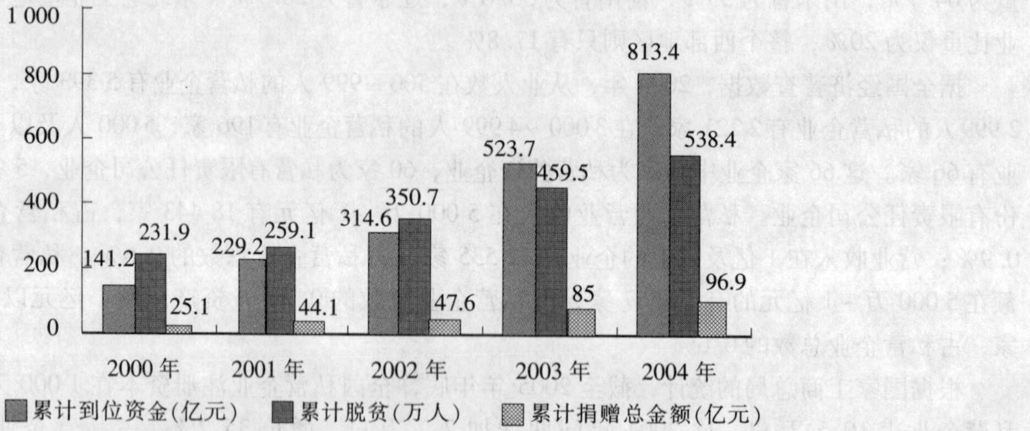

图12　2000~2004年光彩事业成果图

3. 管理人员素质提升，治理结构走向规范

“十五”期间，民营企业主整体素质有了较大提高。根据《中国私营企业调查》数据，私营企业家的文化素质逐年提高，拥有大专以上学历的私营企业主1993年为17.2%，2000年为38.4%，2004年达到51.8%（见图10、图11）。私营企业主的管理素质、政治素质和领导素质也有所加强，2004年私营企业主中为共产党员的比例上升至33.9%。

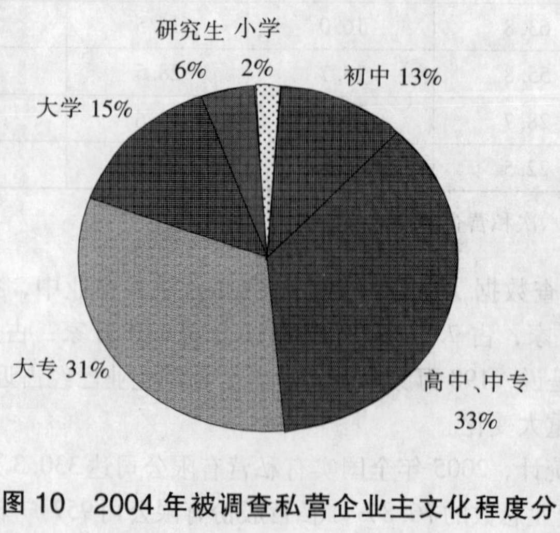

图10　2004年被调查私营企业主文化程度分布

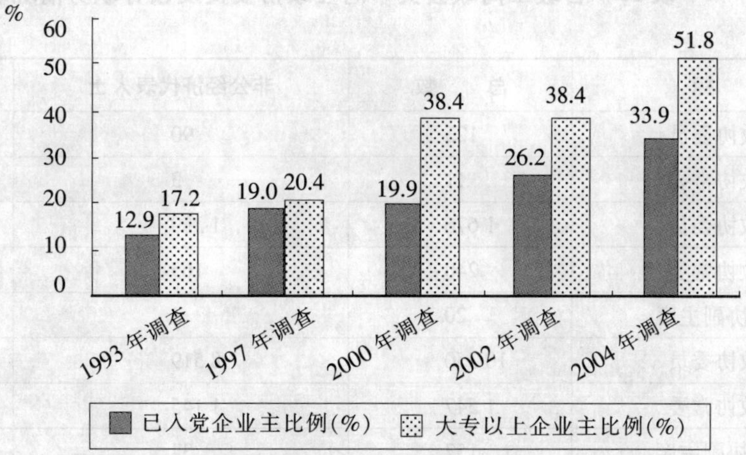

图 11　私营企业主大专以上文化程度比例和入党情况

资料来源：全国工商联：2004 年中国第六次私营企业抽样调查。

作为非公有制企业经营者的政治素质提高的一个重要标志是其部分人员进入政界参政议政。随着非公有制经济的发展和非公有制经济代表人士的增多，中央推荐非公有制经济代表人士担任省级工商联会长并进入政协领导层的工作。据统计，目前在非公有制经济代表人士中，进入各级人大的有 23 143 人，各级政协的有 48 359 人，其中有全国人大代表 139 人，政协委员 90 人、政协常委 3 人，全国工商联副主席 7 人；有省级人大代表 1 127 人、省级人大常委 17 人，省级政协委员 1 359 人、省级政协常委 165 人，省级工商联会长 5 人；有市级人大代表 6 536 人、市级人大常委 227 人和人大副主任 6 人，市级政协委员 8 519 人、常委 1145 人和副主席 34 人；县级人大代表 15 341 人、人大常委 1 173 人和人大副主任 46 人，县级政协委员 383 891 人、常委 6 513 人和副主席 242 人；市县两级工商联会长的 592 人（见表 32、表 33）。

表 32　各级工商联会员中时任人大代表及领导职务情况表

单位：人，%

指　　标	总　　数	非公经济代表人士	非公比重
全国人大代表	153	139	90.8
省级人大代表	1 308	1 127	86.2
省级人大常委	36	17	47.2
市级人大代表	7 476	6 536	85.2
市级人大常委	376	227	60.4
市级人大副主任	26	6	23.1
县级人大代表	18 622	15 341	82.4
县级人大常委	1 576	1 173	74.4
县级人大副主任	118	46	39.0
合　计	27 757	23 143	83.3
各级常委	1 988	1 400	70.4
各级副主任	144	52	36.1

说明：非工商联组织会员的非公有制经济人士不包括在内。

表33　各级工商联会员中时任政协委员及领导职务情况表

单位：人,%

指　标	总　数	非公经济代表人士	非公比重
全国政协委员	123	90	73.2
全国政协常委	11	3	27.3
省级政协委员	1 676	1 359	81.1
省级政协常委	240	165	68.8
省级政协副主席	20	3	15
市级政协委员	10 350	8 519	82.3
市级政协常委	1 547	1 145	74
市级政协副主席	157	34	21.7
县级政协委员	46 605	38 391	82.4
县级政协常委	7 832	6 153	78.6
县级政协副主席	622	242	38.9
合　计	58 754	48 359	82.3
各级常委	9 630	7 466	77.5
各级副主席	799	279	34.9

说明：非工商联组织会员的非公有制经济人士不包括在内。

“十五”期间，私营企业治理结构逐渐走向规范。许多私营企业进行了股份制改造，建立了股东大会、董事会和监事会，股权结构和管理模式向现代企业制度靠拢。许多家族制企业聘请职业经理人参与企业管理和运作，使企业更加适应现代市场经济的要求。根据2004年《中国私营企业调查》数据，私营企业中74.3%的企业设有董事会，56.7%的企业设有股东大会，50.5%的企业设有工会，均比2000年大幅度提高。内部组织的逐步完善对规范企业治理结构起到有力的支撑作用（见表34）。

表34　私营企业内部主要组织架构

单位：%

年　份	股东大会	董事会	监事会	党组织	工会	职代会
1993年	—	26.0	—	4.0	8.0	11.8
1995年	—	15.8	—	6.5	5.9	6.2
2000年	27.8	44.5	23.5	17.4	34.4	26.3
2002年	33.9	47.5	26.6	27.4	49.7	27.4
2004年	56.7	74.3	35.1	30.7	50.5	31.0

资料来源：全国工商联2004年中国第六次私营企业抽样调查。

4. 诚信守法渐成趋势，劳动关系走向和谐

过去，不少私营企业给人们的印象是惟利是图、产品假冒伪劣、破坏市场秩序。随着国家对诚信守法的大力倡导，政府对市场经济秩序的不断整顿，私营企业规模的逐渐扩大，越来越多的企业认识到诚信守法是企业的生存之本，企业信誉意识日益增强，信用水平不断提高。

劳动关系和谐是整个社会和谐十分重要的方面。近年来，随着国家对劳动执法监督不断加大力度，政府和社会舆论对和谐劳动关系的大力倡导，越来越多的私营企业日益认识到“关爱员工，实现双赢”的重要性和必要性。许多企业越来越重视维护员工合法权益，重视员工劳动安全、工资福利和教育培训，尊重员工的人格和自我价值实现。虽然私营企业劳动管理还存在不少问题，劳资矛盾经常发生，但总体上看，企业劳动关系正日益走向和谐。

劳动合同的签订率和劳动争议发生率是民营企业守法经营和劳动关系规范调整的重要反映。据劳动部提供的材料，“十五”期间，劳动关系调整体系逐步完善。随着劳动用工双方劳动合同立法工作不断推进，城镇民营经济组织劳动合同签订率不断提高，到2004年6月达到75.6%；新的《集体合同规定》已经颁布，各地陆续出台了地方集体合同法规。目前，多层次的劳动关系三方协调体系基本形成，各地方都已建立三方机制，现已逐步向基层延伸；劳动争议仲裁机构实体化建设取得突破进展，自2001年深圳建立国内首家劳动争议仲裁院起，一些省和地市级劳动争议仲裁机构陆续成立。私营经济劳动争议案件数由2000年的20 128件，占当年劳动争议案件总数的14.9%，增加到2004年的45 061件，所占比例达到17.3%。劳动争议案件数量虽然逐年增加，但是，劳动争议案件数和劳动者争议当事人人数，与私营企业数量和就业规模相比却很低，明显低于全国平均水平，更低于国有企业水平。2003年劳动争议当事人与城镇私营企业就业人员的比例只有0.7‰。因此，总体上看，中国民营经济劳动关系是基本稳定和谐的（见表35）。

表35 “十五”期间私营企业劳动争议案件

年 份	2000	2001	2002	2003	2004
全国劳动争议案件总数（万件）	13.5	15.5	18.4	22.6	26.0
增 长（%）	—	14.8	18.7	22.8	15.0
私营企业劳动争议案件数（件）	20 128	23 925	30 618	31 537	45 061
增 长（%）	—	18.9	28.0	30.0	42.9
私企劳动争议案件占比重（%）	14.9	15.4	16.6	14.0	17.3

资料来源：劳动部。

工资水平是反映劳动关系和谐的最主要指标之一。从全国经济普查的数据看，私营企业的平均工资水平虽然是各类经济形式中较低的，但差距并不是人们想像的那样大。2004年私营工业企业从业人员的年平均劳动报酬为9 310元，相当于全国工业企业的年平均劳动报酬12 910元的72%。

5. 积极承担社会责任，大力奉献公益事业

“十五”期间，民营企业特别是私营企业在承担社会责任方面的表现取得很大进步，在依法纳税、提供就业、保护环境、资助教育、救灾扶贫等社会公益事业及西部大开发等方面发挥着日益重要的作用，反映了民营企业日益增强的“致富思源、富而思进”的社会责任感。

以私营企业为主的中国光彩事业实施12年以来，参与的私营企业家和港澳台侨工商界人士达18 723人，兴办光彩事业项目13 544个，投入资金1 069亿元，安排就业300万人，捐资办学和资助其他公益事业130亿元，帮助548万贫困人口解决了温饱问题，为中国贫困落后地区经济建设和社会发展作出了重要贡献（见表36、图12）。

表36 2000～2004年光彩事业成果统计

指 标 \ 年 份	2000	2001	2002	2003	2004	2005
累计投资项目（个）	3 160	5 744	7 377	9 765	11 849	13 544
累计到位资金（亿元）	141.2	229.2	314.6	523.7	813.4	1 069
累计参与企业（家）	3 207	8 846	10 994	14 407	16 504	18 723
累计就业（万人）	90.7	104.9	134.5	210.2	276.9	300.8
累计脱贫（万人）	231.9	259.1	350.7	459.5	538.4	548.3
累计捐赠金额（亿元）	25.1	44.1	47.6	85.0	96.9	130.8

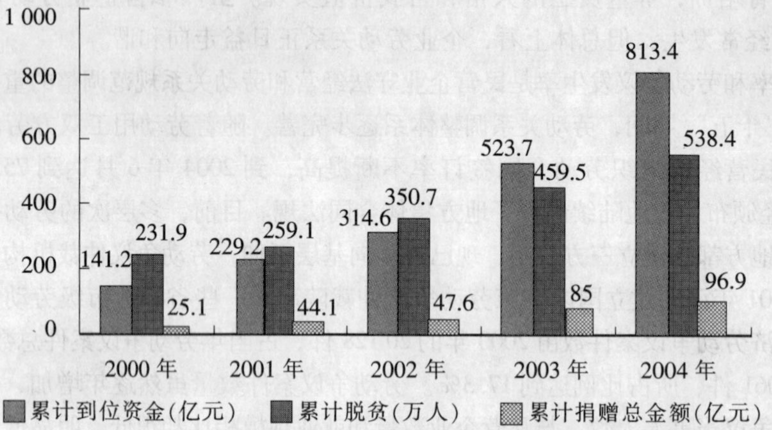

图12　2000~2004 年光彩事业成果图

（三）“十五”是民营经济政策和制度改革取得实质性突破的 5 年

“十五”期间，民营经济发展进入历史新时期的又一重要标志是，党和国家关于非公有制经济的理论、方针、制度和政策等取得了重大突破，为非公有制经济发展创造了前所未有的良好政策和制度环境。

1. 非公有制经济发展的理论认识取得重大突破

从“十五大”之后特别是“十六大”以来，党和国家对非公有制经济的理论认识取得了重大突破。主要有四个方面：一是确认“非公有制经济是促进我国社会生产力发展的重要力量”；二是确认“非公有制经济是社会主义市场经济的重要组成部分”；三是明确宣告国有、集体、个体私营和外资等“各种所有制经济完全可以在市场竞争中发挥各自优势，相互促进、共同发展”；四是明确宣告“各类私营经济、外资经济的企业主、管理人员、从业人员等社会阶层，都是中国特色社会主义事业的建设者”。这些理论认识的突破，是中国的又一次思想大解放，它已经并将继续从根本上改变人们对非公有制经济发展的价值判断。

2. 非公有制经济发展的基本方针已经形成

党的“十五大”之后特别是“十六大”以来，党中央和国务院明确提出了坚持“两个毫不动摇和一个统一”的方针，即“必须毫不动摇地巩固和发展公有制经济；必须毫不动摇地鼓励、支持和引导非公有制经济发展；坚持公有制为主体，促进非公有制经济发展，统一于社会主义现代化建设的进程中，不能把两者对立起来”；并明确要求“要正确处理坚持公有制为主体和促进非公有制经济发展的关系”，明确宣告“各种所有制经济完全可以在市场竞争中发挥各自优势，相互促进、共同发展”。这一方针的形成，给中国深化改革、建立市场经济体制、建设社会主义现代化指明了一个重要的前进方向。

3. 非公有制经济发展的根本制度得以确立

1999 年和 2004 年的两次宪法修正案，以国家最高法律的形式明确了非公有制经济在中国社会制度中的法律地位、权利和作用：“国家在社会主义初级阶段，坚持公有制为主体、多种所有制经济共同发展的基本经济制度”；“在法律规定范围内的个体经济、私营经济等非公有制经济，是社会主义市场经济的重要组成部分”；“国家保护个体经济、私营经济等非公有制经济的合法的权利与利益。国家鼓励、支持和引导非公有制经济发展，并对非公有制经济依法实行监督和管理”“公民的合法的私有财产不受侵犯”；“国家依照法律规定保护公民的私有财产权和继承权”。作为国家根本大法的《宪法》中的这些重要法律规定，为中国非公有制经济发展从根本上扫除了制度障碍。

4. 非公有制经济发展的政策体系框架基本建立

“十五大”特别是“十六大”以来，党中央和国务院明确提出了一系列政策要求：“大力发展和积极引导非公有制经济”；“清理和修订限制非公有制经济发展的法律法规和政策，消除体制性障碍。放宽市场准入，允许非公有资本进入法律法规未禁入的基础设施、公用事业及其他行业和领域。非公有制企业在投融资、税收、土地使用和对外贸易等方面，与其他企业享受同等待遇”；“要从多方面为非公有制经济发展创造条件，为非公有制经济创造平等竞争、一视同仁的法制环境、政策环境和市场环境”。

2005 年 2 月，国务院制定了《关于鼓励支持和引导个体私营等非公有制经济发展的若干意见》（简称“国务院非公经济 36 条”），明确提出了推进非公有制经济发展的 7 个方面 36 条的重要政策措施。随着“国务院非公经济 36 条”的颁布，几十个部门、31 个省市区纷纷着手制定配套政策和实施意见。

党中央和国务院政策的制定，部门和地方配套措施的相继出台，预示着中国推进非公有制经济发展的政策体系框架已经逐步基本建立，并将不断完善。

二、2005 年：三十六条新政策，民营经济新起点

（一）“国务院非公经济 36 条”及配套措施制定，公平竞争的法治环境、政策环境、市场环境开始全面形成

2005 年，对于中国非公有制经济发展最具重大意义和深远影响的是，国家出台了《国务院关于鼓励支持和引导个体私营等非公有制经济发展的若干意见》（国发 2005 年 3 号文件）。《若干意见》共 7 章 36 条，因此这个文件被社会普遍简称为“国务院非公经济 36 条”。它提出了 7 个方面的重要政策：放宽市场准入，加大财税金融支持，完善社会服务，维护企业和职工的合法权益，引导企业提高自身素质，改进政府监管，加强发展指导和政策协调等。

尤其要指出的是，“国务院非公经济 36 条”在市场准入方面取得了根本性突破。在政府文件中对非公有制经济，第一次正式提出要“贯彻平等准入、公平待遇原则”；第一次明确了允许非公有制经济进入垄断行业，并可进入自然垄断行业；第一次明确提出了非公有制企业可平等取得矿产资源的探矿权、采矿权和商业性勘查开发；第一次明确了允许非公有制企业进入国防科技工业领域。

文件还明确要求各个政府部门和各个地方政府都要制定相应的配套措施和实施办法。明确要求对相关的法律法规要进行修改和完善。目前《证券法》、《公司法》等法律已经修改，《物权法》和《反垄断法》等法律正在制定。

“国务院非公经济 36 条”是一部极重要的文献，它的制定和实施，在社会主义制度下非公有制经济发展史上具有里程碑的意义。

首先，这是一部全面、系统、具有历史意义的重要文件。它全面、系统地阐述了新的历史时期国家关于非公有制经济发展的政策要求。文件 7 个方面内容，涉及非公有制经济发展的各个主要方面；36 条政策，相互联系、配合形成一个系统性政策框架；许多是改革的突破，具有长远历史影响。

其次，这是一部贯彻落实党中央关于非公有制经济发展方针精神的重要文件。党的“十五大”确立了公有制为主体、多种所有制经济共同发展的基本经济制度；“十六大”提出了必须毫不动摇地巩固和发展公有制经济，必须毫不动摇地鼓励、支持和引导非公有制经济发展；十六

届三中全会明确了放宽市场准入，允许非公有资本进入法律法规未禁入的基础设施、公用事业及其他行业和领域；非公有制企业在投融资、税收、土地使用和对外贸易等方面，与其他企业享受同等待遇。“国务院非公经济36条”，正是党的“十五大”特别是“十六大”以来有关方针精神的具体化、政策化和措施化。

第三，这是一部落实宪法精神、推动宪法实施的重要文件。中国宪法明确规定了“在法律规定范围内的个体经济、私营经济等非公有制经济，是社会主义市场经济的重要组成部分”；“国家保护个体经济、私营经济等非公有制经济的合法的权利和利益。国家鼓励、支持和引导非公有制经济的发展，并对非公有制经济依法实行监督和管理”；“公民的合法的私有财产不受侵犯”；“国家依照法律规定保护公民的私有财产权和继承权”；“国务院非公经济36条”，使宪法的相关规定在国务院的政策中得以具体落实，是政府依法治国的一个重要体现。

第四，这是一部反映人民意愿、顺应改革开放大趋势的重要文件。正如文件所说，“改革开放以来，我国个体、私营等非公有制经济不断发展壮大，已经成为社会主义市场经济的重要组成部分和促进社会生产力发展的重要力量。积极发展个体、私营等非公有制经济，有利于繁荣城乡经济、增加财政收入，有利于扩大社会就业、改善人民生活，有利于优化经济结构、促进经济发展，对全面建设小康社会和加快社会主义现代化进程具有重大的战略意义”。“国务院非公经济36条”，反映了人民与社会的意愿，顺应了完善社会主义市场经济体制、建设中国特色社会主义的趋势和要求。

可以肯定，随着时间推移，“国务院非公经济36条”的制定和落实，其重要的现实与历史意义将会进一步显现。

一年多来，部门和地方制定配套措施取得了重大进展。温家宝总理在国务院常务会讨论这个文件时要求：“国务院各部门要按照中央的方针政策和这个文件的规定，尽快认真清理、修订有关政策性文件和行政规章；要以改革创新的精神，抓紧制定相关的配套办法和实施细则，完善具体的政策措施，确保党和国家方针政策落到实处。地方各级政府要进一步转变职能，强化服务意识，深入调查研究，认真解决非公有制经济发展中遇到的新问题，把文件精神落在实处。”一年多来，国务院有关部门和各个地方政府，按照国务院的要求，在制定相关的配套办法和实施细则、完善具体政策措施方面，取得了重大进展。

首先，国家发改委在“国务院非公经济36条”发布不久就提出了一个经国务院同意的贯彻落实文件的分工方案。国务院文件出台后立即产生一个落实的分工方案，且涉及56个相关部门和单位，这是少有的。这既说明文件具有重大的经济社会影响，也反映了新一届政府在切实转变政府管理职能和改进政府工作作风。因为，社会主义市场经济条件下政府部门最重要的职能要求，是将主要精力放在及时制定政策、全面落实政策和监督执行政策上。

其次，截止到2006年上半年，已有10多个部门和单位出台了22个配套文件，还有一部分配套措施正在研究制定。这些措施和办法涉及工商行政管理、法规规章清理、垄断行业准入、金融保险政策、国内国际商务、质量监督检验和新闻舆论宣传等各个方面，许多措施操作性很强，一些办法还有相当的超前性。

第三，截止到2006年上半年，31个省区市已制定《若干意见》实施意见21件，累计出台促进非公有制经济发展的法规政策性文件200多件。有的还是党委与政府联合制定文件。鉴于许多地区已经认识到其经济发展相对落后的一个基本原因是非公有制经济发展落后，因此，不少地区在制定实施意见时，不仅注意认真和全面落实党和国家方针政策精神，还强调结合本地需要在具体措施上要有新的举措、新的突破。如在指导思想上，河北省明确提出：“坚持思想上放心放胆、工作中放手放开、政策上放宽放活的方针，进一步解放思想，更新观念，坚决冲破一切阻碍民营经济发展的思想障碍，坚决革除一切影响民营经济发展的体制弊端，坚决摒弃一切束缚民营经济发展的做法规定。”在发展目标上，湖北省提出“经过5年左右的努力，使非公有制经济占全省生产总值的比重达到60%以上”。重庆市则在制定“十一五”总体规划的同时，制定了非公有制经济“十一五”发展专项规划。在行业准入上，天津市的81条实施意见中就有19条涉及行业准入，不仅突破大，而且操作性较强。在税收政策上，青海省提出了4大类17项措施，其中之一是对新办的生产流通企业，“5年内免征企业所得税，期满后减按15%的税率征收企业所得税5年”，基础产业企业“5年内免征企业所得税，期满后减半征收企业所得税5年”。在财产保护上，四川省明确要求“对非法改变非公有制企业财产权属关系的依法予以纠正。建立和完善保护非公有资本和非公有制企业合法权益的法规、规章体系”；“严禁对非公有制企业乱收费、乱摊派、乱检查、乱代理、乱指定”。

第四，部门和地方落实配套政策措施得到了人们的肯定和好评。2006年初，全国工商联对这一文件贯彻落实情况在全国进行了问卷调查，对象包括民营企业家和工商联领导共1 000多人。调查结果是，对政府部门落实情况的满意率（包括非常满意和满意）为67.1%，感觉一般的占26.8%，不满意率为5%；对地方政府落实情况的满意率为61.9%，感觉一般的占30.2%，不满意率为5.8%。

（二）2005年：民营经济稳定增长，地位与作用继续提高

2005年，民营经济保持快速稳定发展的态势。2005年，内资民营经济投资维持高增长速度，内资民营经济固定资产投资总额为53 193亿元，同比增长38.2%；占全社会固定资产投资的比重为60%，提高了5.4个百分点。其中私营经济的投资总额为13 999亿元，同比增长了80.6%，占全社会投资的比重为15.8%（见表37）。

表37　2005年民营经济主要发展指标

指　　标	2005年	同比增长（%）	占全国比重（%）	提高百分点
民营经济（城镇）就业（万人）	20 843.0	5.4	76.3	—
个体私营经济（城镇）就业（万人）	6 326.0	14.7	23.1	—
内资民营经济固定资产投资（亿元）	53 193.0	38.2	60.0	5.4
私营经济固定资产投资（亿元）	13 999.4	80.6	15.8	—
内资民营企业税收（亿元）	17 029.4	31.2	55.2	4.7
私营企业税收（亿元）	2 715.9	36.1	8.8	1.0
民营企业出口总额（亿美元）	5 392.0	34.9	77.8	4.7
私营企业出口总额（亿美元）	1 122.3	62.1	14.7	3.0

资料来源：根据国家统计局、国家税务总局、中国海关的数据测算整理。

2005年内资民营企业税收总额为17 029.4万元，增长率为31.2%，占全国税收的比重为55.2%。私营企业税收总额为2 716亿元，增长36.1%，占全国税收的比重为8.8%，加上个体经济税收，占全国税收的比重为13.2%。

2005年，民营经济出口增长速度继续高于全国平均水平，出口总额为5 392亿美元，同比增长34.9%，占全国出口总额的比重为77.8%。其中私营企业出口总额为1 122亿美元，增长62%，高于全国出口平均增长率约1倍，占全国出口的比重可达14.7%，比2004年提高3个百分点。

从规模以上工业增长情况更能说明民营经济的增长变化情况。2005年内资民营经济工业企业数量为181 727，比2004年增长25.4%；占全国工业企业总数的68.3%，提高近2.2个百分点。其中私营工业企业数量为118 100，增长38.7%；占全国工业企业总数的44.4%，提高5.3

个百分点（见表38）。

表38　2005年全国规模以上工业增长情况数据表（一）

单位：个，%

指　　标	2004年	2005年	同比增长	占全国比重
全国工业企业单位数	219 463	266 090	12. 1	—
内资民营企业单位数	144 960	181 727	25. 4	68. 3
私营企业单位数	85 167	118 100	38. 7	44. 4

资料来源：国家统计局。

2005年内资民营经济工业增加值为21 385亿元，比2004年增长29. 5%；占全国工业增加值的比重为32. 2%，提高了2. 4个百分点。其中私营工业增加值为11 807亿元，增长42. 4%；占全国工业增加值的比重为17. 8%，提高了2. 7个百分点（见表39）。

表39　2005年全国规模以上工业增长情况数据表（二）

指　　标	2004年	2005年	同比增长	占全国比重（%）
全国工业企业增加值（亿元）	54 805. 1	66 425. 2	21. 2	—
内资民营工业增加值（亿元）	16 351. 6	21 385	30. 8	32. 2
户均工业增加值（万元）	1 128. 01	1 176. 77	4. 3	—
私营企业工业增加值（亿元）	8 290. 00	11 807. 20	42. 4	17. 8
户均工业增加值（万元）	973. 38	999. 76	2. 7	—

资料来源：国家统计局。

2005年内资民营经济工业资产总额为59 225. 7亿元，比2004年增长29. 5%，占全国工业资产总额的比重为24. 6%，提高了1. 4个百分点。其中私营工业资产总额28 583亿元，增长44%；占全国工业资产总额的比重为11. 9%，提高了1. 7个百分点（见表40）。

表40　2005年全国规模以上工业增长情况数据表（三）

指　　标	2004年	2005年	同比增长	占全国比重（%）
全国工业企业资产总计（亿元）	195 261. 7	240 772. 8	23. 3	—
内资民营工业资产总计（万元）	45 716. 8	59 225. 7	29. 5	24. 6
户均资产（万元）	3 153. 8	3 259. 0	3. 3	—
私营工业企业资产总计（万元）	19 845. 2	28 583. 0	44	11. 9
户均资产（万元）	2 330. 2	2 420. 2	3. 9	—

资料来源：国家统计局。

2005年内资民营经济产品销售收入总额为81 624. 8亿元，比2004年增长39. 5%；占全国工业产品销售收入总额的比重为33. 4%，提高了2. 2个百分点。其中私营工业产品销售收入总额为44 106. 6亿元，增长52. 2%；占全国工业产品销售收入总额的比重为18%，提高了2. 6个百分点（见表41）。

表41　2005 年全国规模以上工业增长情况数据表（四）

指　标	2004 年	2005 年	同比增长	占全国比重（%）
全部工业产品销售收入（亿元）	187 814.8	244 593.4	30.2	—
内资民营工业产品销售收入（亿元）	58 531.3	81 624.8	39.5	33.4
户均产品销售收入（万元）	4 037.8	4 491.6	11.2	—
私营企业销售收入（亿元）	28 973.8	44 106.6	52.2	18.0
户均销售收入（万元）	3 402.0	3 734.7	9.8	—

资料来源：国家统计局。

2005 年内资民营工业从业人数为 3 004.6 万人，比 2004 年增长 15.3%；占全国工业从业人数总额的比重为 44.3%，提高了 1.6 个百分点。其中私营企业从业人数为 1 612.7 万人，增长 30%；占全国工业从业人数总额的比重为 23.8%，提高了 3.5 个百分点（见表 42）。

表42　2005 年全国规模以上工业增长情况数据表（五）

指　标	2004 年	2005 年	同比增长	占全国比重（%）
全国工业企业从业人员（万人）	6 089.6	6 784.7	11.4	—
内资民营工业从业人员（万人）	2 605.9	3 004.6	15.3	44.3
户均从业人员（人）	180	165	-8.8	—
私营企业从业人员（万人）	1 240.8	1 612.7	30.0	23.8
户均从业人员（人）	146	137	-6.2	—

资料来源：国家统计局。

2005 年内资民营工业企业利润总额为 3 948.3 亿元，比 2004 年增长 53.3%；占全国工业利润总额的比重为 27.5%，提高了 4.8 个百分点。其中私营企业利润总额为 1 975 亿元，增长 59.7%；占全国工业利润总额的比重为 13.8%，提高了 2.9 个百分点（见表 43）。

表43　2005 年全国规模以上工业增长情况数据表（六）

指　标	2004 年	2005 年	同比增长	占全国比重（%）
全部工业企业利润（亿元）	11 341.6	14 362.0	26.6	—
内资民营工业企业利润（亿元）	2 575.0	3 948.3	53.3	27.5
户均利润（万元）	177.6	217	22.3	—
私营工业企业利润（亿元）	1 236.7	1 975.0	59.7	13.8
户均利润（万元）	145	167	15.4	—

资料来源：国家统计局。

三、"十一五"民营经济：新的增长，质的提高

（一）国民经济快速健康发展，改革开放不断推向前进

根据党的十六届五中全会精神和国家"十一五"规划发展纲要，展望未来 5 年，中国国民经济和社会发展、改革开放和市场经济体制建设的前景更加乐观，这为民营经济的进一步发展创造了良好的宏观经济与政策环境。

——经济社会发展总要求：国民经济持续快速协调健康发展和社会全面进步，全面建设小

康社会取得重要阶段性进展。

——经济增长主要目标：GDP 年均增长 8%，实现 2010 年人均国内生产总值比 2000 年翻一番。

——推进发展的主要原则：以科学发展观统领经济社会发展全局，做到六个必须，即必须保持经济平稳较快发展，必须加快转变经济增长方式，必须提高自主创新能力，必须促进城乡区域协调发展，必须加强和谐社会建设，必须不断深化改革开放。

——实现发展的主要任务：建设社会主义新农村，推进经济结构调整和经济增长方式转变，促进区域协调发展，增强自主创新能力和加快科技教育发展，深化体制改革和提高对外开放水平，加强和谐社会建设。

——推进改革开放的主要措施：着力推进行政管理体制改革，坚持和完善基本经济制度，推进财政税收体制改革，加快金融体制改革，推进现代市场体系建设，加快转变对外贸易增长方式，实施互利共赢的开放战略。

——为非公有制经济发展创造三大公平竞争环境：坚持公有制为主体、多种所有制经济共同发展。大力发展个体、私营等非公有制经济，鼓励和支持非公有制经济参与国有企业改革，进入金融服务、公用事业、基础设施等领域。引导个体、私营企业制度创新，加强和改进对非公有制企业的服务和监管。为非公有制企业健康发展创造公平竞争的法治环境、政策环境和市场环境。

特别需要提及的是，在"十一五"规划纲要中，中央进一步明确了要坚持和完善基本经济制度，即坚持公有制为主体、多种所有制经济共同发展的基本经济制度。要毫不动摇地巩固和发展公有制经济，毫不动摇地鼓励、支持和引导个体及私营等非公有制经济发展。要完善国有资本有进有退、合理流动的机制，加快国有大型企业股份制改革，除极少数必须由国家独资经营的企业外，绝大多数国有大型企业改制为多元股东的公司。要改善国有企业股本结构，发展混合所有制经济，实现投资主体和产权多元化，建立和完善现代企业制度，形成有效的公司法人治理结构，增强企业活力。要深化垄断行业改革，坚持政企分开、放宽准入、引入竞争、依法监管，推进垄断行业管理体制和产权制度改革。深化石油、电信、民航、邮政、烟草、盐业和市政公用事业改革，推进国有资产重组，形成竞争性市场格局，建立现代企业制度。要鼓励非公有制经济发展，大力发展个体、私营等非公有制经济。进一步消除制约非公有制经济发展的体制性障碍和政策性因素，进一步落实鼓励、支持和引导非公有制经济发展的政策措施。允许非公有制经济进入法律法规未禁止的行业和领域，鼓励和支持非公有制经济参与国有企业改革，进入金融服务、公用事业、基础设施等领域。完善金融、税收、信用担保、技术创新等方面的政策，改善行政执法和司法环境，加强和改进对非公有制企业的服务和监管。这一系列改革措施，将为民营经济发展创造更好的条件。

（二）民营经济继续快速增长，自身素质进一步提高

展望未来 5 年，中国民营经济特别是个体私营经济发展将呈多方面变化趋势。

一是发展速度继续保持高于全国平均水平，占 GDP 的比重进一步提高。私营企业数量仍将大幅增长，占全国企业总数的比例可能达到 70% 以上；个体私营经济增长率将继续明显高于全国平均速度，占全国 GDP 的比重可能将达到 55% ~60%，全部民营经济将可能达到 3/4。

二是企业规模继续明显扩大，一批在国内外市场上有竞争力的大公司大集团将形成。私营企业平均注册资金规模可能将增长 50% 以上，户均资金规模可达 250 万元左右；规模私营企业的户均资产和销售收入规模仍将以 30% 左右速度增长；将有更多的民营企业进入全国大型工业企业，进入最大 1 000 家工业企业，进入全国 500 强企业，可能会有几家民营企业进入世界 500 强。

三是产业结构不断优化并向重化工业和基础设施领域作更大的拓展。私营企业继续在轻工纺织、普通机械、建筑运输、商贸服务等产业领域占主体地位；在重化工业和基础设施产业领域的份额将进一步提高，在其中的部分行业将占主体地位。

四是企业自主创新能力不断增强，企业技术不断升级、产品档次更加提高。一批拥有自主知识产权的技术与产品将出现，民营企业成为实现国家创新战略的重要主体，民营企业将为人民生活及产品出口提供更多的高质量、高档次、高层次的消费品。

五是企业治理结构不断规范与完善。私营企业中的公司制企业比例和海内外上市公司中私营企业的比例进一步提高；私营企业中的家族与专家结合型管理模式进一步发展，企业治理结构更加走向规范、合理和现代。

六是企业人才结构进一步优化，员工整体素质进一步提高。将有一大批专业人才进入民营、私营企业，企业管理人员的素质明显提高；大学、中专、技校毕业生主要流向民营企业，企业普通员工素质进一步提高。

七是民营企业工资收入、社会保障和生产安全卫生等条件进一步改善，企业劳动关系进一步协调与和谐。日益增多的企业家和经营者注重以人为本的企业文化，将更加关注员工的生产、生活的条件与保障。企业的最低工资水平将较大幅度地提升，平均工资水平将与全国逐步缩小。国家的社会保障政策的推进重点日益转向民营企业，民营企业的保险、养老、失业和医疗的参保率将大幅度提高，总体保障水平明显提升，成为推动全民社会保障水平提升的一个主要因素。企业的生产安全与卫生制度建设与条件保障将有进一步改善。随着这些因素的变化，民营企业劳动关系在主要方面将进一步协调与和谐。

八是民营企业将承担更多社会责任，更多地参与新农村建设和社会公益慈善事业。国家对企业社会责任的广泛积极倡导、完善制度建设和加强管理监督，社会舆论对企业社会责任的宣传、讨论和评价，企业对社会责任的自觉意识逐渐形成、管理制度的相应建立和社会责任行为的具体履行，这一切，将推动民营经济特别是私营企业进一步成为社会责任的重要承担者，成为社会主义新农村建设的积极力量，成为社会公益、慈善事业的重要参与者，成为构建和谐社会的一支重要力量。

四、民营经济发展建议：全面落实国家政策，大力提升自身素质

“十五”期间，虽然民营经济取得了长足发展，虽然民营经济的法律政策环境改变在相当大程度上取得了根本性的突破，但民营企业的发展仍面临着种种困难与问题，比较突出的有以下几点。

一是私人财产权保护相关立法滞后。一个突出的表现是，人们盼望多年的以规范和保护私人财产权为根本内容的物权法，由于种种原因，迟迟未能出台。

二是行政执法和司法监督中不公平现象仍然严重存在。一个主要表现是，同是一样的违规行为，若发生在国有和三资企业身上，可能不算问题或不算大问题，但若发生在私营企业身上，则往往被诉诸法律，导致企业倒闭破产，甚至使企业主倾家荡产。

三是市场准入实际管理中各种或明或暗的限制。基于某些部门传统观念转变的滞后，基于担心手中的某些行政管理权力的可能失去，更基于某些利益集团或力量千方百计地要维护自己传统的和既得的利益，非公有制企业在进入许多过去较少进入或从未进入的行业或领域，遭到了来自各个方面的各种或明或暗、或直接或间接限制与阻碍。这是目前许多行业和领域仍然存在非公有制经济进入的“玻璃门”现象的最主要原因。

四是财税、金融、土地、科技和社会等方面服务远未完善，某些方面甚至还存在歧视。特

别需要指出的是，随着市场准入的逐步放开，融资难问题已经成为民营经济发展的最大障碍。据国家统计局数据，2005 年全国个体私营企业的短期贷款为2 181亿元，乡镇企业短期贷款为7 902亿元，两者分别只占全国金融机构短期贷款总额的 2. 49% 和 9%。相对于私营经济在国民经济中的地位，相对于私营经济的投资、贷款需要而言，这个比例太小。

五是社会中介组织发展的严重落后。以各类行业和社会中介组织为主的非政府组织的发展，是民营经济健康发展的重要条件。在西方市场经济国家，这类组织高度发达，成为继企业、政府之后社会的第三极力量。但在中国，政府与市场中介组织不分，政府类行业协会管理的行政化、官僚化倾向仍然严重，民间行业商会发展受现行政策法规和行政管理的严重限制，作为现代市场经济三大组织力量之一的市场中介组织或称非政府组织的力量较弱、作用有限、行为不规范，严重影响市场秩序的规范、行业发展的有序、企业行为的自律与自卫。中国的行业商会、协会组织近年来发展虽然十分迅速，但居于主体和强势地位的行业协会多为官方或半官方组织，由于其运行机制的局限，它们为民营经济提供服务严重不足；而在市场经济发展中自发自主成立的民间行业商会、同业公会，虽然能够主动、积极地为民营经济服务，但其受到来自某些政府部门的歧视和政府类行业协会的排挤，它们始终处于弱势地位，有的甚至未被获得完全的法律地位，其正常的工作与服务受到种种限制。

以上是就民营经济发展的外部环境而言。实际上，民营企业在自身素质方面也存在着种种局限性。

如在民营企业特别是私营企业中，劳动者合法权益受侵害现象仍较为普遍。主要表现是：劳动合同签订率低，内容不规范，履约率低；有意压低和拖欠工资比较普遍，延长工时现象经常发生；劳动安全与卫生条件普遍差，一些企业的生产环境相当恶劣，伤亡事故、职业病发生频繁；多数企业没有工会，劳动者缺乏利益代言人；基本社会保险缺乏，多数劳动者在治病、养老、失业、工伤等方面无社会保障；少数企业还有侵犯雇员基本人权的现象。近年来劳资冲突案件呈日益上升趋势，据劳动部统计，2004 年全国的劳动争议案件上升了 15%，其中私营企业的劳动争议案件上升了43%。总的看，劳资矛盾正在成为一个突出的社会矛盾。

又如，从私营企业经营管理行为来看，许多方面需加规范。目前相当一部分私营企业名义上改成了有限责任公司，但内部组织结构未变，管理制度也不健全，企业投资者与管理者合一，一个人说了算、家长作风盛行。全国 80% 以上的私营企业由业主兼任经理或总裁。在生产经营中，一些私营企业缺乏诚信、账目不实、偷漏税款、逃废债务、制假售假和搞不正当竞争，成为市场秩序混乱的一个重要根源。相当部分私营企业不了解或无视国家产业政策和行业规划，盲目投资、低水平重复建设现象比较普遍。大量企业环境污染重、设备技术落后、产品质量不高、卫生安全条件差、企业管理水平低。一些私营企业与部分政府官员权钱交易、相互利用、相互包庇，一些官员直接、间接入股私营企业，有的甚至参与企业经营，形成新的“政企不分”，等等。这些问题的存在，严重阻碍民营企业的正常发展，严重损害其形象。

以上这些制约民营、私营经济发展的内部和外部的矛盾与障碍，必须采取积极和切实措施加以解决。最根本的是认真贯彻宪法修正案的相关规定和全面实施《国务院关于鼓励支持和引导个体私营等非公有制经济发展的若干意见》及其相关配套措施。为此，提出以下建议。

（1）加快配套立法进程，完善保护私人产权法律体系。按照国家宪法关于“公民的合法的私有财产不受侵犯”、“国家依照法律规定保护公民的私有财产权和继承权”等基本规定的要求，制定配套的法律法规，及时修改一些与此相悖的法规条款，建立健全规范和保护现代产权关系的国家法律制度。尽快改变立法滞后的状况，加快物权法、反垄断法等相关立法的进程步伐，建立和完善规范与保护私人财产权和现代产权关系的法律法规体系，为坚持和完善基本经济制度、为非公有制经济发展奠定坚实的法律制度基础。

（2）改善行政执法改进司法监督，营造更加公正的法治环境。采取措施尽快改变在民营、私营经济发展中同样大量存在的有法不依、执法不公、司法腐败等突出现象，加快行政管理体制改革，减少行政审批，规范行政执法和司法行为，加强和改进司法监督，促进司法公正，为民营、私营经济营造真正公正和有序的法治环境。

（3）完善行业准入配套政策，创造更加公平的市场环境。进一步推动有关部门和行业加快制定非公有制经济市场准入的配套政策；努力消除某些部门利益、地方利益和垄断势力利益的影响，打破在市场准入的操作层面实际上存在的或明或暗、或直接或间接的障碍，打破实践中“名放实不放”的“玻璃门”。加快制定和完善各行各业准入的配套政策，切实贯彻国务院提出的“平等准入、公平待遇”原则，进一步打破行政垄断及基于行政的经济垄断，打破地方封锁，推进行业准入政策与管理的公开化、公平化、程序化、规范化，为民营、私营经济创造真正公平竞争的市场环境。

（4）改革财税金融管理制度，构造更加良好的发展环境。加快金融体制和财税体制改革步伐，建立适合和满足大、中、小型各类企业需要的信贷政策体系，积极发展多种所有制的中小金融企业，特别是发展专门为中小企业服务的地区性银行机构，建立和完善多层次的资本市场，尽快统一各类企业主要是内外资企业的税收制度，对创业型、就业型、科技型、服务型中小企业实行税费扶持政策，规范各类行政事业收费，切实制止摊派，为民营、私营企业创造更加良好的发展环境。

（5）推进政府职能转变，充分发挥商会协会重要作用。着力推进政府职能转变，加快政府与市场中介组织分开步伐，彻底改革行业协会管理体制和运行方式，真正使其市场化、民间化和自主自立，赋予民间行业商会在市场中正常生存和发展的平等权利，逐步形成行业商会和协会组织公平竞争、相互促进、共同发展的格局，充分发挥行业商会和协会组织在社会主义市场经济中的重要作用。

（6）健全治理规范行为，大力提升民营企业整体素质。加强和改进对民营、私营企业的监管，积极引导企业转变增长方式、推进产品技术和制度创新、完善企业治理结构、规范企业经营行为、强化员工技能水平培训、构建和谐劳动关系、承担更大社会责任，努力提高民营、私营企业整体素质，特别是要提高企业主要投资者和企业经营者在思想、道德、政治、经济、管理和技术等方面的个人素质，进一步树立企业和企业家的良好形象。

专题研究报告

2005年度全国工商联上规模民营企业调研报告

调研报告说明

调研目的：本次调研是自1998年度以来，全国工商联对上规模民营企业开展的第八次调研。通过对民营企业的连续调查和研究，为分析民营经济发展趋势、民营企业的发展规律提供依据；调研结果为各地党委、政府分析本地民营经济发展水平，制订民营经济发展政策提供参考。同时，在企业调研中可以发现民营企业发展中存在的问题，从而使工商联及其他相关部门能够为企业提供及时有效的帮助和服务。

调研方法：调查由中华全国工商业联合会组织各地工商联在其各自区域范围内实施，以企业自愿参加为原则，由民营企业自填调查表，并经当地工商联和有关部门确认。

调研对象：为年营业收入总额在2亿元人民币（含）以上的民营企业。

调研内容：主要包括企业经营情况、资产和人员规模、企业投融资意向、企业管理和技术创新需求、企业经营和发展战略以及企业国际化经营等，同时对影响民营企业发展的主要问题进行调查。集团企业下设多个子公司的，其各项经济指标按国家会计制度中有关合并报表的规定填报。

调研结果说明：所有调研数据的时间范围是2005年1月1日~2005年12月31日。本报告中对参与本次调研的“全国工商联上规模民营企业”简称为“上规模民营企业”，“营业收入前500名的上规模民营企业”简称为“民营企业500家”。文中数据除标明资料来源的，其他均出自2005年全国工商联上规模民营企业调研问卷。

本报告中的企业排名不作为任何机构或组织对民营企业评比的依据。

第一篇　2005年上规模民营企业整体状况分析

第一章　2005年上规模民营企业发展概况

一、2005年我国民营经济的政策环境

2005年我国经济呈现良性高速增长态势，全年GDP增速接近10%。经济运行的总体特点表现为：物价水平指数增长平稳，通货膨胀率维持在合理区间；市场需求旺盛，消费品零售总额增长；宏观调控有保有压，固定资产投资增速不减；货币供应量增长速度加快，但信贷形势依然偏紧。

2005年《国务院关于鼓励支持和引导个体私营等非公有制经济发展的若干意见》的颁布，

是第一次以中央政府名义发布的鼓励支持和引导非公有制经济发展的政策性文件。《若干意见》提出了促进非公有制经济发展的重要政策措施，要求清理和修订限制非公有制经济发展的法律法规和政策，进一步消除影响非公有制经济发展的体制性障碍，明确允许非公有资本进入金融、电力、电信、铁路、民航、石油等原国有企业垄断的行业和领域，对民营企业发展的影响至关重大和深远。政府各有关部门相继出台配套政策措施和实施细则，在工作中贯彻落实《若干意见》精神。

在宏观经济和政策制度等各层面支持的有利环境下，2005 年民营经济发展势头良好，越来越多的民营企业开始由劳动密集型产业进入资金密集型和技术密集型的重化工业与基础产业，向现代制造业和新兴现代服务业拓展，成为新兴市场上的生力军和骨干企业；民营企业的产品质量档次大幅提高，不仅注重规模集约化发展，节能降耗，更开始注重科技创新，加大研发投入，知名品牌不断涌现，在实力不断增强的同时提高社会综合效益。民营企业更加速拓展海外市场，积极参与国际竞争，在进出口额不断增长的同时，也逐步成为“走出去”的生力军。这些都构成了2005 年民营经济发展中的亮点。

二、2005 年上规模民营企业总体分析

（一）2002～2005 年上规模民营企业经济效益效率分析

1. 2002～2005 年上规模民营企业整体业绩稳步提高

2005 年上规模民营企业调研的对象为年营业收入总额在 2 亿元人民币（含）以上的民营企业，共入围 2 688 家，比 2004 年度增长了 26.85%。其营业收入总额为 31 360.48 亿元，资产总额为 24 797.2 亿元，税后净利润为 1 324.03 亿元。我们从表 1－1 可以看到，2002～2005 年上规模民营企业无论是从入围企业数量、营业收入、资产总额，还是户均规模、利润水平，都有较快速的增长。如 2002～2005 年，上规模民营企业户均营业收入年均增长 27%，户均资产总额年均增长 20%，户均税后净利润年均增长 20%。

表 1－1　2002～2005 年上规模民营企业主要规模经济指标

项目	2002 年		2003 年		2004 年		2005 年	
	总额	户均	总额	户均	总额	户均	总额	户均
企业数（家）	1 582.00	—	2 268.00	—	2 119.00	—	2 688.00	—
营业收入（亿元）	9 324.67	5.89	1 522.54	6.71	22 141.08	10.45	31 360.48	11.67
缴税总额（亿元）	471.30	0.30	691.77	0.31	884.29	0.42	1 184.03	0.44
资产总额（亿元）	8 821.59	5.58	13 851.56	6.14	18 790.66	8.87	24 797.20	9.23
固定资产（亿元）	3 085.02	1.95	4 658.35	2.18	6 088.26	2.96	7 818.73	2.92
净资产（亿元）	3 653.90	2.32	5 431.26	2.43	6 758.86	3.20	8 962.53	3.37
税后净利润（亿元）	486.13	0.31	780.23	0.35	1 068.73	0.50	1 324.03	0.50
利润占收入比重（%）	5.2	—	5.1	—	4.8	—	4.2	—
员工人数（万人）	274.2	0.17	383.91	0.17	438.33	0.21	582.29	0.22

注：2002 年、2003 年上规模民营企业的入围标准是年营业收入 1.2 亿元（含）以上，2004 年以后入围标准提高到年营业收入 2 亿元（含）以上。

2005 年上规模民营企业营业收入排名前 20 位的企业，其营业收入总额合计为 5 025.6 亿元，

比2004年增长了37%。黑色、有色金属冶炼及压延加工业（主要是钢铁冶炼），纺织业与化学纤维制造业各分别有4家企业进入前20名；食品加工业与食品、饮料制造业也有3家企业进入前20名。而联想控股有限公司的营业收入总额连续8年位居首位，在并购IBM个人电脑业务之后，2005年营收总额更达到1 081.89亿元，比2004年有高达158%的增长。（见表1-2）

表1-2 2005年上规模民营企业营业收入总额前20名

单位：亿元，%

排序		企业名称	营业收入	增长率
2005年	2004年			
1	1	联想控股有限公司	1 081.89	158.07
2	2	江苏沙钢集团有限公司	405.48	30.28
3	5	苏宁电器集团	397.18	79.66
4	3	上海复星高科技（集团）有限公司	321.39	14.25
5	6	广厦控股创业投资有限公司	256.14	20.33
6	4	东方集团实业股份有限公司	246.56	9.13
7	39	江苏雨润食品产业集团有限公司	243.00	206.76
8	10	华芳集团有限公司	201.17	18.94
9	7	上海华冶钢铁集团有限公司	169.68	-13.40
10	16	江苏永钢集团有限公司	167.40	43.55
11	13	雅戈尔集团股份有限公司	167.17	19.88
12	8	南京斯威特集团有限公司	164.23	-14.46
13	58	四川新希望集团有限公司	163.47	170.23
14	19	江苏三房巷集团有限公司	160.39	44.40
15	34	天津荣程联合钢铁集团有限公司	154.44	86.99
16	20	江苏阳光集团有限公司	151.82	41.30
17	15	正泰集团	150.11	25.62
18	12	横店集团控股有限公司	147.50	3.69
19	18	杭州娃哈哈集团有限公司	140.65	22.91
20	—	临沂新程金锣肉制品有限公司	135.94	35.30

在2005年资产总额排名上，联想控股有限公司也由2004年的第5名跃至首位。资产总额前20名的民营企业其资产合计为3 971.89亿元，比2004年前20名企业的资产总额增长了25.4%。（见表1-3）

表1-3 2005年上规模民营企业资产总额前20名

单位：亿元，%

名次 2005年	名次 2004年	企业名称	资产总额	增长率
1	5	联想控股有限公司	622.55	180.41
2	1	东方集团实业股份有限公司	542.56	10.00
3	2	上海复星高科技（集团）有限公司	371.76	9.24
4	3	江苏沙钢集团有限公司	345.35	30.56
5	15	南京斯威特集团有限公司	190.02	110.90
6	6	广厦控股创业投资有限公司	167.38	5.87
7	8	横店集团控股有限公司	166.68	16.98
8	7	大连实德集团有限公司	164.59	7.57
9	12	新奥集团股份有限公司	150.81	48.89
10	9	雅戈尔集团股份有限公司	150.25	11.33
11	35	江苏雨润食品产业集团有限公司	131.00	106.51
12	13	大华（集团）有限公司	127.34	37.32
13	10	新疆广汇实业投资（集团）有限责任公司	122.98	9.28
14	16	华立控股股份有限公司	108.37	28.63
15	—	富丽达集团控股有限公司	107.38	8.94
16	18	四川宏达集团	106.25	29.87
17	14	东方希望集团有限公司	104.55	13.64
18	24	三胞集团有限公司	103.27	43.73
19	21	亿达集团有限公司	95.89	24.84
20	23	四川新希望集团有限公司	92.91	24.20

2. 2002~2005年上规模民营企业经营效率有所提升，利润率呈下降趋势

2002~2005年上规模民营企业平均劳动生产率和人均利润率都在稳步提升，年均增长18.25%和12%，表明民营企业管理水平提高，员工素质增强，提高劳动生产率的新技术应用增加。同时，2002~2005年上规模民营企业平均总资产周转率指标逐年提高，表明民营企业运用资产经营能力提高。

但在2002~2005年间，民营企业的销售利润率在逐年降低，2002年上规模民营企业的销售利润率为5.21%，2003年为5.12%，而从2004年起就下降到5%以下。从下降幅度上，2005年销售利润率下降了0.61个百分点，在近几年中幅度最大。（见图1-1）

从利润率这一角度看，在一定程度上表明民营企业利润增幅低于营业收入增幅，市场竞争激烈，企业运营成本增加，利润率水平有所下降，2005年民营企业的经营环境竞争变得更为激烈。（见表1-4）

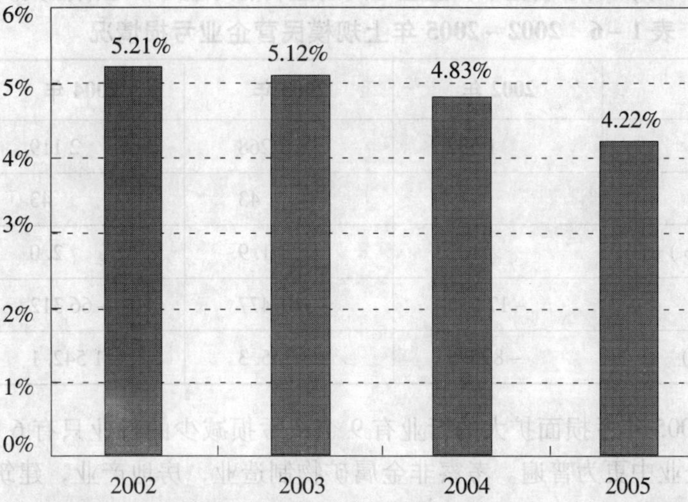

图 1-1　2002~2005 年上规模民营企业销售利润率指标

表 1-4　2002~2005 年上规模民营企业经营效率指标

	2002 年	2003 年	2004 年	2005 年	年均增速（%）
企业数（家）	1 582.00	2 268.00	2 119.00	2 688.00	—
总资产周转率（%）	105.70	109.92	117.80	126.47	5.63
销售净利率（%）	5.21	4.98	4.83	4.22	-5.30
劳动生产率（万元/人）	34.01	39.66	50.51	53.85	18.25
人均利润率（万元/人）	1.77	1.98	2.44	2.27	12.00

3. 2002~2005 年上规模民营企业出口增速较快

2005 年上规模民营企业中有 53.5% 的企业拥有出口业务，年出口总额为 460.04 亿美元，比 2004 年增长了 35.5%，户均出口额为 3 336 万美元。2002~2005 年间，出口总额年均增长 48.92%，户均出口额年均增长 27.67%，说明上规模民营企业不断积极开拓海外市场，近年来取得了可喜的成绩。（见表 1-5）

表 1-5　2002~2005 年上规模民营企业出口情况

	2002 年	2003 年	2004 年	2005 年	年均增长率(%)
全部企业数（家）	1 582.00	2 268.00	2 119.00	2 688.00	—
有出口的企业数（家）	879.00	1 163.00	1 133.00	1 379.00	17.54
占全部企业比重	55.6	51.3	53.5	51.3	-3.27
出口总额（亿美元）	153.67	277.66	339.49	460.04	48.92
户均出口额（万美元）	1 748.00	2 387.00	2 996.00	3 336.00	27.67

4. 2002~2005 年上规模民营企业亏损面逐渐扩大

2005 年上规模民营企业中亏损企业占全部企业的 2.3%，亏损企业比重连续 4 年递增，尽管增

幅较小，但仍可发现面对激烈的市场竞争，企业之间的盈利能力差距在逐渐拉大。（见表1－6）

表1－6　2002～2005年上规模民营企业亏损情况

	2002年	2003年	2004年	2005年
企业数（家）	1 582	2 268	2 119	2 688
亏损企业数（家）	19	43	43	63
占全部企业比重（%）	1.2	1.9	2.0	2.3
亏损总额（万元）	－17 015	－161 477	－66 312	－220 726
户均亏损额（万元）	－895.5	－3 755.3	－1 542.1	－3 503.6

与2004年相比，2005年亏损面扩大的行业有9个，亏损减少的行业只有6个，说明经营环境恶化的情况在民营企业中更为普遍。考察非金属矿物制造业，房地产业，建筑业，石油加工、炼焦加工业，化学原料及化学制品制造业，批发和零售业，餐饮业，交通运输、仓储业等行业亏损企业增加的原因，除了自身经营因素以外，外部原因包括国家对房地产行业的调控、原油价格及相关成本居高不下、商业流通领域竞争加剧等因素。而渡过了宏观调控形势最严峻期的黑色、有色金属冶炼及压延加工业的亏损面有所减少，但仍然是连续3年行业亏损面超过全部企业亏损面的3个行业之一，说明该行业内的竞争形势仍然非常激烈。（见表1－7）

表1－7　2003～2005年上规模民营企业分行业亏损情况表

行业名称	2003年		2004年		2005年	
	总数	亏损面(%)	总数	亏损面(%)	总数	亏损面(%)
企业数（家）	2 268		2 119		2 688	
亏损企业数（家）	43	1.9	43	2.0	63	2.3
黑色、有色金属冶炼及压延加工业，金属制品业	6	3.1	15	5.0	12	3.6
采矿业	0	0.0	0	0.0	1	3.3
交通运输设备制造业	2	2.7	4	6.2	3	3.6
信息传输、计算机服务和软件业	3	13.0	0	0.0	0	0.0
商业、餐饮业、服务业（包括批发和零售业）	11	5.6	6	3.3	8	3.8
棉、化纤、纺织服装、鞋帽、皮革制造业	5	1.3	8	2.1	11	2.4
食品加工业与食品、饮料制造业	3	2.1	3	2.4	2	1.4
通信设备、计算机及其他电子设备制造业	1	1.8	0	0.0	2	3.8
非金属矿物制品业(含水泥、玻璃、陶瓷、耐火材料等)	1	1.3	0	0.0	6	9.7
石油加工、炼焦加工业、化学原料及化学制品制造业	3	2.1	0	0.0	7	3.2
造纸、纸制品、印刷业、文教体育、办公用品制造业	1	1.8	1	2.6	0	0.0
橡胶、塑料制品业	2	3.9	0	0.0	0	0.0
木材加工及木、竹、藤、棕、草制品、家具制造业	1	4.8	1	3.8	0	0.0
房地产业	1	1.0	0	0.0	4	3.4
建筑业	0	0.0	0	0.0	1	0.5
电气机械及器材、线缆制造业	1	0.6	2	1.5	0	0.0
医药制造业	1	1.2	1	4.1	2	2.6

续表

行业名称	2003 年		2004 年		2005 年	
	总数	亏损面(%)	总数	亏损面(%)	总数	亏损面(%)
科学研究、技术服务和地质勘查业	0	0.0	1	100.0	0	0.0
仪器仪表制造业	0	0.0	1	11.0	0	0.0
交通运输、仓储业和邮政业	0	0.0	0	0.0	1	6.7
通用设备和专用设备制造业	0	0.0	0	0.0	2	1.4
其他制造业	1	1.2	0	0.0	0	0.0

(二)2002~2005 年上规模民营企业社会效益分析

1. 2002~2005 年上规模民营企业纳税能力增强

2005 年上规模民营企业缴税总额为 1 184.03 亿元，比上一年增长了 33.9%；户均缴税额4 423 万元，比上一年增长了 5.9%。其中缴税总额在 1 亿元以上的企业有 264 家，较上年增加 72 家，增幅为 37.5%。上规模民营企业在 2005 年贡献的税收无论从总额还是单位额来看都有大幅提高，纳税能力明显增强。对比 2002~2005 年的纳税数据，上规模民营企业缴税总额的年均增长为 38%；户均缴税额的年均增长为 14%。（见表 1-8）

表 1-8　2002~2005 年上规模民营企业税收指标

项目	2002 年		2003 年		2004 年		2005 年		年均增长率	
	总额	户均	总额	户均	总额	户均	总额	户均	总额(%)	均值(%)
企业数（家）	1 582	—	2 268	—	2 119	—	2 688	—	21	—
缴税总额（万元）	4 713 018	2 979	6 917 734	3 070	8 842 859	4 177	11 840 339	4 423	38	14

2005 年缴税总额前 20 名企业的缴税额合计为 193.80 亿元，比 2004 年增长了 33.1%。这 20 名企业的缴税额占全部入围企业缴税总额的 16.4%。上海复星高科技（集团）有限公司和联想控股有限公司的缴税额排在前 2 位，分别比 2004 年增长 26.2% 和 77.4%。（见表 1-9）

表 1-9　2005 年上规模民营企业缴税额前 20 名

单位：亿元、%

排名	企业名称	2005 年	2004 年	增长率
1	上海复星高科技（集团）有限公司	44.69	35.41	26.2
2	联想控股有限公司	12.92	7.28	77.4
3	江苏沙钢集团有限公司	10.27	15.48	-33.7
4	苏宁电器集团	9.71	5.21	86.5
5	人民电器集团	9.31	7.84	18.8
6	大华（集团）有限公司	9.24	7.91	16.9
7	正泰集团	9.04	7.51	20.3
8	广厦控股创业投资有限公司	8.71	7.20	21.0
9	河北文丰钢铁有限公司	8.61	1.87	360.3
10	杭州娃哈哈集团有限公司	8.09	6.88	17.6

续表

排名	企业名称	2005 年	2004 年	增长率
11	德力西集团有限公司	7.87	6.82	15.5
12	萍乡钢铁有限责任公司	7.06	—	—
13	鄂尔多斯市乌兰煤炭集团有限责任公司	7.04	1.30	441.9
14	四川剑南春集团有限责任公司	6.71	6.03	11.3
15	天津荣程联合钢铁集团有限公司	6.21	4.01	54.8
16	长城电器集团有限公司	6.21	6.79	-8.6
17	上海人民企业（集团）有限公司	6.10	5.12	19.1
18	浙江吉利控股集团有限公司	5.47	3.97	37.9
19	天正集团有限公司	5.36	6.14	-12.7
20	四川宏达集团	5.16	2.85	81.0
	总计	197.80	145.62	33.1

2. 2002～2005 年上规模民营企业是吸纳就业的重要力量

民营企业是提供全社会就业的重要力量，2005 年上规模民营企业员工人数为 582.3 万人，比 2004 年增长了 32.9%；员工人数在 1 万人以上的有 85 家，比 2004 年增加 33 家，增长 63%；户均员工人数为 2 171 人，比 2004 年的 2 070 人增长 5%。（见表 1－10）

表 1－10　2002～2005 年上规模民营企业员工人数

	2002 年	2003 年	2004 年	2005 年	年均增长率(%)
企业数（家）	1 582.00	2 268.00	2 119.00	2 688.00	—
员工人数（万人）	274.84	383.91	438.33	582.29	29.11
户均员工人数（人）	1 737.00	1 702.00	2 070.00	2 171.00	6.72

2005 年员工人数排名前 20 位的企业员工总数为 73.05 万人，比 2004 年增长了 14.3%，占全部上规模企业员工总数的 12.5%。员工人数最多的是苏宁电器集团和广厦控股创业投资有限公司，（见表 1－11）

表 1－11　2004～2005 年上规模民营企业员工人数前 20 名

2005 年			2004 年		
排名	企业名称	员工数	排名	企业名称	员工数
1	苏宁电器集团	70 000	1	上海复星高科技(集团)有限公司	64 340
2	广厦控股创业投资有限公司	56 723	2	内蒙古小肥羊餐饮连锁有限公司	59 680
3	中天建设集团有限公司	53 926	3	广厦控股创业投资有限公司	54 627
4	横店集团控股有限公司	46 889	4	横店集团控股有限公司	48 668
5	内蒙古小尾羊餐饮连锁有限公司	46 000	5	苏宁电器集团	48 000
6	宝业集团股份有限公司	40 000	6	宝业集团股份有限公司	40 000
7	江苏南通二建集团有限公司	38 302	7	中天建设集团有限公司	29 732
8	四川新希望集团有限公司	35 000	8	华芳集团有限公司	28 586
9	华芳集团有限公司	34 503	9	上海人民企业（集团）有限公司	26 500

续表

2005 年			2004 年		
排名	企业名称	员工数	排名	企业名称	员工数
10	江苏雨润食品产业集团有限公司	33 000	10	江苏隆力奇集团有限公司	25 000
11	龙元建设集团股份有限公司	32 000	11	南京斯威特集团有限公司	24 879
12	浙江展诚建设集团股份有限公司	30 071	12	雅戈尔集团股份有限公司	24 596
13	浙江中富建筑集团股份有限公司	28 800	13	华龙日清食品有限公司	23 583
14	雅戈尔集团股份有限公司	28 300	14	江苏雨润食品产业集团有限公司	23 000
15	上海城建建设实业(集团)有限公司	27 349	15	四川新希望集团有限公司	22 000
16	联想控股有限公司	26 800	16	河南省思念食品股份有限公司	20 000
17	江苏南通六建建设集团有限公司	26 800	17	新华联控股有限公司	20 000
18	上海复星高科技(集团)有限公司	26 128	18	家世界连锁商业集团有限公司	18 861
19	南京斯威特集团有限公司	26 014	19	龙大食品集团有限公司	18 753
20	新华联集团	23 865	20	五洋建设集团股份有限公司	18 000
—	总计	730 470	—	—	638 805

三、2005 年上规模民营企业地区分布

（一）上规模民营企业地区分布特征

2003～2005 年，上规模民营企业的地区分布集中度较高，主要分布在东部地区，中部和西部省区的上规模民营企业比重较低，几年间地区分布结构变化不大。东部地区的上规模民营企业 3 年的数量分别是 1 770 家、1 674 家和 2 172 家；中部地区上规模民营企业 3 年的数量分别是 337 家、302 家和 358 家；西部地区的上规模企业 3 年分别是 161 家、143 家和 158 家。3 年的比重变化见图 1－2。

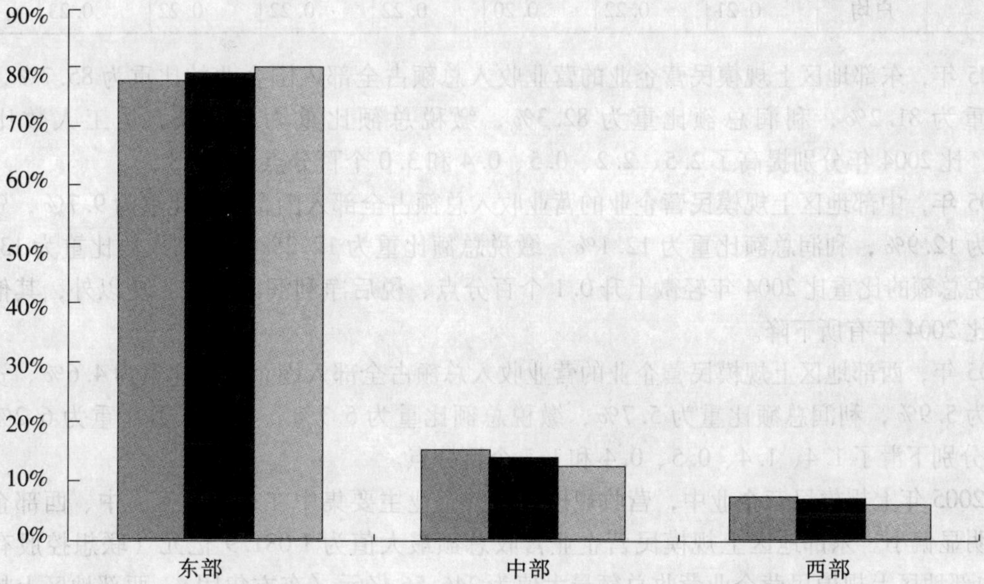

图 1－2　2003~2005 年上规模民营企业地区分布

（二）上规模民营企业地区发展特征比较分析

从不同地区主要效益指标来看，东部地区的上规模民营企业经营规模最大，盈利能力最强。中、西部地区的上规模民营企业经营规模相对较小，盈利能力较低，因此地区间发展不平衡的问题依然存在。从2004年、2005年两年情况对比来看，东部地区不仅规模指标的绝对数远远领先于中西部，在规模扩张速度上也要快于中西部。（见表1－12）

表1－12　2004～2005年不同地区上规模民营企业主要效益指标

指　标		全国总计		东　部		中　部		西　部	
年份		2004年	2005年	2004年	2005年	2004年	2005年	2004年	2005年
企业数（家）	绝对数	2 119.00	2 688.00	1 674.00	2 172.00	302.00	358.00	143.00	158.00
	比重(%)	100.00	100.00	79.00	80.80	14.30	13.30	6.70	5.90
营业收入总额（亿元）	绝对数	22 141.00	31 360.00	18 417.00	26 886.00	2 394.00	3 045.00	1 330.00	1 429.00
	比重(%)	100.00	100.00	83.20	85.70	10.80	9.70	6.00	4.60
	户均	10.40	11.70	11.00	12.40	7.90	8.50	9.30	9.00
资产总额（亿元）	绝对数	18 791.00	24 797.00	14 840.00	20 146.00	2 581.00	3 191.00	1 370.00	1 461.00
	比重(%)	100.00	100.00	79.00	81.20	13.70	12.90	7.30	5.90
	户均	8.90	9.20	8.90	9.30	8.50	8.90	9.60	9.20
税后净利润（亿元）	绝对数	1 068.00	1 324.00	874.00	1 089.00	129.00	160.00	66.00	75.00
	比重(%)	100.00	100.00	81.80	82.30	12.10	12.10	6.20	5.70
	户均	0.50	0.49	0.52	0.50	0.43	0.45	0.46	0.47
缴税总额（亿元）	绝对数	884.00	1 184.00	723.00	973.00	107.00	145.00	54.00	67.00
	比重(%)	100.00	100.00	81.80	82.20	12.10	12.20	6.10	5.70
	户均	0.42	0.44	0.43	0.45	0.35	0.41	0.38	0.42
员工人数（万人）	绝对数	438.00	582.00	340.00	469.00	65.00	77.00	33.00	36.00
	比重(%)	100.00	100.00	77.60	80.60	14.80	13.20	7.50	6.20
	户均	0.21	0.22	0.20	0.22	0.22	0.22	0.23	0.23

2005年，东部地区上规模民营企业的营业收入总额占全部入围企业的比重为85.7%，资产总额比重为81.2%，利润总额比重为82.3%，缴税总额比重为82.2%，员工人数比重为80.6%，比2004年分别提高了2.5、2.2、0.5、0.4和3.0个百分点。

2005年，中部地区上规模民营企业的营业收入总额占全部入围企业的比重为9.7%，资产总额比重为12.9%，利润总额比重为12.1%，缴税总额比重为12.2%，员工人数比重为13.2%。除了缴税总额的比重比2004年轻微上升0.1个百分点、税后净利润的比重不变以外，其他几个指标均比2004年有所下降。

2005年，西部地区上规模民营企业的营业收入总额占全部入围企业的比重为4.6%，资产总额比重为5.9%，利润总额比重为5.7%，缴税总额比重为5.7%，员工人数比重为6.2%，比2004年分别下滑了1.4、1.4、0.5、0.4和1.3个百分点。

在2005年上规模民营企业中，营收规模最大的企业主要集中在东部地区，中、西部企业营收规模明显偏小。东部地区上规模民营企业营收总额最大值为1 081.9亿元（联想控股有限公司），中部地区上规模民营企业营收总额最大值为246.56亿元（东方集团），西部地区上规模民营企业营收总额最大值为163.5亿元（新希望集团）。

2005年东、中、西部地区上规模民营企业发展差距比较大，发展速度不均衡。在全部上规模企业中，营业收入总额超过5亿元的大中型民营企业中，东部地区的企业数量不仅在绝对数上遥遥领先，在同类企业总数中所占比重也比2004年提高，从2004年的81.5%提高到82.9%；而中西部地区营收总额在5亿元以上的企业所占比重则从18.5%下滑到17.1%。尤其是营收规模介于30亿～100亿之间的企业中，东部企业所占比重更是由2004年的84%提高到2005年的89.8%，提高了5.8个百分点，接近到全部的9成。（见表1－13）

表1－13　2004～2005年不同规模标准上规模民营企业地区分布

营收总额标准		全国总计		东部		中部		西部	
		2004年	2005年	2004年	2005年	2004年	2005年	2004年	2005年
≥100亿元	绝对数	28.0	41.0	26.0	37.0	1.0	2.0	1.0	2.0
	比重(%)	100.0	100.0	92.9	90.2	3.6	4.9	3.6	4.9
30亿～100亿元	绝对数	100.0	147.0	84.0	132.0	7.0	11.0	9.0	4.0
	比重(%)	100.0	100.0	84.0	89.8	7.0	7.5	9.0	2.7
5亿～30亿元	绝对数	837.0	1 088.0	676.0	889.0	117.0	150.0	44.0	49.0
	比重(%)	100.0	100.0	80.8	81.7	14.0	13.8	5.3	4.5
5亿元以下	绝对数	1 154.0	1 412.0	888.0	1 114.0	177.0	195.0	89.0	103.0
	比重(%)	100.0	100.0	76.9	78.9	15.3	13.8	7.7	7.3
总计	绝对数	2 119.0	2 688.0	1 674.0	2 172.0	302.0	358.0	143.0	158.0
	比重(%)	100.0	100.0	79.0	80.8	14.3	13.3	6.7	5.9

东部地区良好的经济环境和优越的地理位置使民营经济非常发达，上规模民营企业发展速度快，在市场占有、企业规模、盈利能力和出口创汇等方面的人均指标均高于全国平均水平，表现为集约性、成长性和外向性均较强，经营效率较高。但同时，由于能源等原材料供应紧张、价格升高等原因，东部地区的上规模民营企业运营成本也较高，规模和效益的两极分化差异较大。（见表1－14）

表1－14　2004～2005年不同地区上规模民营企业主要人均经济指标

人均指标	全国总计		东部		中部		西部	
	2004年	2005年	2004年	2005年	2004年	2005年	2004年	2005年
人均营业收入（万元/人）	50.50	53.90	53.60	57.30	40.00	39.50	36.30	39.90
人均税后净利润（万元/人）	2.44	2.27	2.60	2.32	2.00	2.08	1.60	2.09
人均资产总额（万元/人）	42.90	42.60	43.80	42.90	41.20	41.40	39.10	40.70
人均缴税总额（万元/人）	2.02	2.03	2.13	2.07	1.62	1.88	1.66	1.86
人均出口额（万美元/人）	0.77	0.79	0.91	0.91	0.29	0.28	0.35	0.26

2005年东部地区上规模民营企业销售净利率、净资产收益率下滑程度比较大，这反映了市场竞争激烈程度的加剧对传统行业东部优势企业的利润正构成削弱。同时中、西部地区企业则有所增长，说明随着振兴东北、西部大开发的政策措施深入实施，中西部地区上规模民营企业逐渐发挥资源成本优势，企业运营管理不断改善，经济效益在不断提高。（见表1－15）

表1－15　2004～2005年不同地区上规模民营企业主要经济效率指标

指　　标	全国平均		东部平均		中部平均		西部平均	
	2004年	2005年	2004年	2005年	2004年	2005年	2004年	2005年
总资产周转率（%）	117.83	126.47	122.73	133.46	94.38	95.42	97.14	97.84
销售净利率（%）	4.83	4.22	4.86	4.05	4.43	5.25	4.99	5.23
净资产收益率（%）	15.81	14.71	16.60	14.85	13.42	14.10	11.09	14.06
资产负债率（%）	61.71	63.86	62.55	63.69	58.82	64.97	56.25	63.67

尽管2005年市场竞争不断加剧，东部地区上规模民营企业仍然具有绝对竞争优势，其面临的主要问题是运营成本增高，销售毛利下滑。东部地区上规模民营企业应进一步优化经济结构，转变增长方式，提高整体素质和国际竞争力，进一步发展外向型经济，同时注重资源节约和生态环境建设，注重在规模做大的同时强化成本控制。与东部地区企业相比，中西部地区上规模民营企业在行业内拥有一定成本优势，盈利能力较强，因此中西部上规模企业应在保持上述优势的基础上，继续改善经营模式，提高经营效率，注重拓展国内和国外两个市场，争取做强做大。

小　结

2005年我国经济呈现良性高速增长态势。《国务院关于鼓励支持和引导个体私营等非公有制经济发展的若干意见》的出台，进一步消除了影响民营经济发展的政策上、体制上的障碍。

2002～2005年上规模民营企业经济效益和社会效益都得到提升，企业经营效率提高，纳税能力增强，民营企业已经成为吸纳就业的重要力量。

上规模民营企业的平均销售净利率呈逐年下降的趋势，亏损企业占全部企业的比重连续递增，面对激烈的市场竞争，企业之间的盈利能力差距在逐渐拉大。

从主要经济效益效率指标来看，东部地区的上规模民营企业经营规模处于优势地位，劳动生产率较高，外向型经济特征显著，但运营成本也相对较高。中、西部地区上规模民营企业运营成本较低，利润率相对较高，但企业整体经营规模小，劳动生产率相对较低。

第二章　2005年上规模民营企业行业分析

一、2005年上规模民营企业主要行业景气度分析

按营业收入增长速度排名，有14个行业营业收入增长率超过行业41.64%的平均增长率。进入水利、环境和公共设施管理业的上规模民营企业由2004年的1家增加至3家，营业收入合计达到了34.95亿元，增长12.28倍；其次是交通运输、仓储业和邮政业，行业营业收入增长262.91%；排名第3到第5位的分别是仪器仪表制造业、建筑业和农、林、牧、渔业。（见表2－1）

表 2-1　2005 年按营业收入增速高于平均增速的行业排名

序号	行业名称	企业数（家）	增长率（%）	营业收入（亿元）	增长率（%）	净利润总额（亿元）	增长率（%）	固定资产投资增长率（%）
1	水利、环境和公共设施管理业	3	200.00	34.95	1 228.40	5.68	1 184.96	-2.26
2	交通运输、仓储业和邮政业	16	60.00	221.94	262.91	6.30	227.95	120.10
3	仪器仪表制造业	16	77.78	386.19	167.62	17.11	76.40	82.43
4	建筑业	202	75.65	2 722.21	152.32	76.08	79.20	114.98
5	农、林、牧、渔业	27	8.00	545.54	135.27	25.23	99.82	145.33
6	信息传输、计算机服务和软件业	12	71.43	115.12	94.20	8.23	213.49	-31.64
7	电力、热力、燃气及水的生产和供应业	15	114.29	126.1	74.77	10.84	119.89	65.69
8	非金属矿物制品业	62	37.78	371.81	70.50	17.25	-29.60	22.07
9	纺织业、化学纤维制造业	351	23.59	3 857.96	56.07	141.33	54.14	43.72
10	医药制造业	78	56.00	621.37	54.50	47.10	75.74	36.71
11	采矿业	30	66.67	162.96	51.36	26.03	140.81	44.66
12	租赁和商务服务业	8	33.33	63.63	48.86	3.16	678.42	2 449.10
13	橡胶制品、塑料制品业	52	26.83	488.58	48.59	25.70	51.20	55.81
14	通用设备和专用设备制造业	144	17.07	1 300.75	47.64	65.63	37.45	31.44
	上规模企业总值	2 688	26.85	31 360.48	41.64	1 324.03	23.89	28.42

（一）民营企业进入自然垄断行业

越来越多的民营企业进入自然垄断行业中。2005 年民营企业在水利、环境和公共设施管理业，交通运输、仓储业和邮政业，电力、热力、燃气及水的生产和供应业获得了较大发展，这三个行业营业收入增长高于平均增长率，利润更是取得了至少 100% 的增长。

1. 水利、环境和公共设施管理业

城镇化建设对水利、环境和公共设施管理服务业要求提高。2005 年上规模民营企业在该领域取得了突破性的发展，实现营业收入 34.95 亿元，税后净利润总额 5.68 亿元，销售利润率为 16.25%。但固定资产投资却出现了下降，同比下降 2.26%。面对较高的利润、较好的市场空间，民营企业欲获得进一步发展，需要克服地方保护主义和国有企业已形成的垄断。

2. 交通运输、仓储业和邮政业

当今物流产业对于提高经济运行的效率、满足人民不断提高的物质文化需求起着重要作用。2005 年交通运输、仓储业和邮政业中的上规模民营企业增加到了 16 家，其中北京 2 家、天津 2 家、山东 2 家、上海 6 家。合计实现营业收入 221.94 亿元、税后净利润 6.30 亿元，分别增长 262.91% 和 227.95%，固定资产投资增长 120.10%，显现出较强的增长势头。

3. 电力、热力、燃气及水的生产和供应业

公用事业领域的改革给民营经济带来了生机。2005 年有 15 家上规模民营企业进入该领域，数量翻了一倍，实现营业收入、税后净利润分别是 126.10 亿元、10.84 亿元；税后净利润增长 119.89%，大大高于营业收入 74.77% 的增长率，行业经济效益较好。

（二）快速增长的竞争性行业

1. 仪器仪表制造业

抓住了中国成为世界加工制造中心的机遇，2005 年上规模民营企业在仪器仪表制造业上获得了飞速发展。营业收入总额为 386.19 亿元，同比增长 167.6%；税后净利润总额 17.11 亿元，同比增长 76.4%；同年的固定资产投资也增长 82.4%，行业表现出比较高的景气指数。

2. 建筑业

近年来我国房地产行业快速发展，拉动了建筑业等相关产业。2005 年上规模民营企业分布在建筑业中有 202 家，行业企业数量位居第 3 位；营业收入达到了 2 722.21 亿元，位居第 4 位。该行业的固定资产投资 285.75 亿元，同比增长 115%。

与建筑业密切相关的非金属矿物制品业（含水泥、玻璃、陶瓷、耐火材料等）也获得了较快增长。2005 年实现营业收入 371.81 亿元，增长速度超过 70%。但税后利润却出现了近 30% 的下降，反映出该行业市场竞争激烈。

3. 农、林、牧、渔业

2005 年农、林、牧、渔业中的上规模民营企业有 27 家，仅比 2004 年增加 2 家。但该行业的营业收入、税后净利润出现了大幅增长。2005 年营业收入实现 545.54 亿元，增长 135%；税后净利润 25.23 亿元，增速接近 100%；固定资产投资增长 145%。民营企业在该领域的做强做大，有利于实现农业产业化，提高农民收入，建设社会主义新农村。

4. 信息传输、计算机服务和软件业

第三产业中的信息传输、计算机服务和软件业的发展，将促进我国整体科技水平的提高。2005 年民营企业在该行业中实现税后净利润 8.23 亿元，同比增长 213.5%，经济效益有明显的提高。值得注意的是，该行业的固定资产投资同比降低 31.6%，而净资产却增长 177.7%，显现出该行业在无形资产的投资加速，整个行业的技术附加值在提高。

5. 纺织业、化学纤维制造业

纺织业、化学纤维制造业是民营经济分布的主要行业之一，属劳动密集型行业，吸纳着大量的就业人口。在该行业中，2005 年上规模民营企业有 351 家，企业数量排名居第一位；实现营业收入 3 857.96 亿元，按营收排名第二位；实现税后净利润 141.33 亿元，营业收入和税后净利润增速均在 55% 左右，销售利润率稳定。

6. 租赁和商务服务业

租赁和商务服务业是第三产业的内容。经过前几年的培育，该行业在 2005 年实现了较好的经济效益，税后净利润 3.16 亿元，是 2004 年的近 6.78 倍。从投资增速上看，在未来几年中该行业也将有较大的拓展。

（三）增长较慢的部分行业

表 2－2 列出了 2005 年营业收入增速较慢的行业排名。在所调研的上规模民营企业中，营业收入平均增速为 41.64%，而金属制品业、房地产业营业收入增速仅为 8.9% 和 10.5%，固定资产投资也接近零增长，大大低于行业平均水平。另外，上规模民营企业在黑色、有色金属冶炼及压延加工业的营业收入增速低于平均数字，固定资产投资也仅在 13%。这些数字显示，尽管从全国来看这几个行业有“发展过热”的迹象，但是在 2005 年上规模民营企业在这几个行业中的投资增长不多，已开始进行投资结构的调整。（见表 2－2）

表 2-2 2005 年按营业收入增速低于平均增速的行业排名

序号	行业名称	企业数（家）	增长率（%）	营业收入（亿元）	增长率（%）	税后净利润（亿元）	增长率（%）	固定资产投资增长率（%）
1	金属制品业	103	1.98	734.26	8.86	92.007	-19.69	1.74
2	房地产业	118	11.32	960.28	10.55	25.785	12.55	-2.44
3	造纸及纸制品、印刷业、文教体育、办公用品制造业	44	15.79	357.52	12.74	84.744	35.58	-10.30
4	食品加工与食品、饮料制造业	139	13.01	1324.23	14.35	23.054	14.38	21.56
5	化学原料及化学制品制造业	183	39.69	1367.53	14.70	63.429	40.97	14.93
6	电气机械及器材、线缆制造业	185	39.10	2 169.28	18.86	81.903	-10.23	42.61
7	工艺品其他制造业	33	37.50	212.02	19.33	98.764	36.01	8.59
8	服装、鞋帽、皮革制造业	111	14.43	1 078.81	26.34	10.391	22.25	-5.06
9	住宿、餐饮业	9	12.50	102.79	32.12	62.728	66.28	-13.43
10	木材加工及木、竹、藤、棕、草制品、家具制造业	26	0.00	300.08	32.77	13.648	47.40	34.77
11	黑色、有色金属冶炼及压延加工业	233	15.35	3 866.79	34.89	15.357	4.11	12.97
12	批发和零售业	199	14.37	2 856.19	35.40	155.117	31.45	63.68
13	交通运输设备制造业	83	27.69	921.85	38.52	41.889	45.68	-35.44
14	通信设备、计算机及其他电子设备制造业	55	19.57	1 579.84	39.56	33.869	-52.44	29.48
	上规模企业总值	2 688	26.85	31 360.48	41.64	1 324.03	23.89	28.42

1. 房地产业

2005 年全国房地产开发投资 15 759 亿元，同比增长 19.8%。而上规模民营企业房地产投资增长率却出现了 2.44% 的下降，营业收入和税后净利润总额分别增长 10.55% 和 12.55%，大大低于全部行业的平均水平。

2. 部分重化工业

（1）金属制品业

2005 年金属制品业营业收入总额仅增长 8.86%，税后净利润出现了大幅下滑，同比减少 19.68%。从企业个数上看，有 103 家企业，仅比 2004 年增长 2 家。

（2）化学原料及化学制品制造业

该行业在营业收入仅出现 14.70% 小幅增长的同时，税后净利润出现了 40.97% 的增长，同时固定资产投资有较高速的增长，预计 2006 年该行业的利润率会有所降低。

（3）黑色、有色金属冶炼及压延加工业

尽管 2005 年该行业营业收入增幅高达 34.89%，但税后净利润增长仅为 4.11%，说明行业成本上升比较快。2005 年全社会固定资产投资 88 604 亿元，比 2004 年增长 25.7%。上规模民营企业在黑色、有色金属冶炼及压延加工业固定资产投资增长速度大大低于全社会固定资产投资增长率。

（4）交通运输设备制造业

2005 年全行业营业收入达到 921.85 亿元，税后净利润接近 42 亿元，同比增长 38.52% 和 45.68%，行业盈利能力有所增强。但固定资产投资同时却出现了 35% 的下降，民营企业对该行业未来表示出比较谨慎的态度。

二、2005 年上规模民营企业行业分析

近几年上规模民营企业中各产业的比重基本稳定。将综合类企业、业务类型不明确的上规模民营企业剔除后发现，2005 年第一产业的比重有所提高，营业收入、税后净利润的比重分别由 2004 年的 1.13% 和 1.28% 提高至 1.86% 和 2.07%。近几年上规模民营企业第二产业营业收入、税后净利润所占比例都高于 80%，2005 年第二产业营业收入占比为 82.41%，税后净利润占比为 84.37%。第三产业上规模民营企业营业收入所占比重为 15.74%，比前两年略有减少，而税后净利润占比略有提高，达到 13.56%，由此可认为第三产业中的上规模民营企业向附加值较高的现代服务业发展。（见表 2-3）

表 2-3　三个产业上规模民营企业营业收入和税后净利润占比情况

单位：%

	2005 年	2004 年	2003 年
营业收入总额			
第一产业	1.86	1.13	1.28
第二产业	82.41	82.93	80.92
第三产业	15.74	15.94	17.80
税后净利润总额			
第一产业	2.07	1.28	1.23
第二产业	84.37	86.28	86.39
第三产业	13.56	12.43	12.38

在上规模民营企业的第二产业中，制造业所占比例在减少，建筑业和采掘业所占比例在增加。2003 年制造业税后净利润占三个产业的比重为 81.8%，2005 年缩小到 75.1%，也反映出我国经济结构的不断调整。（见图 2-1）

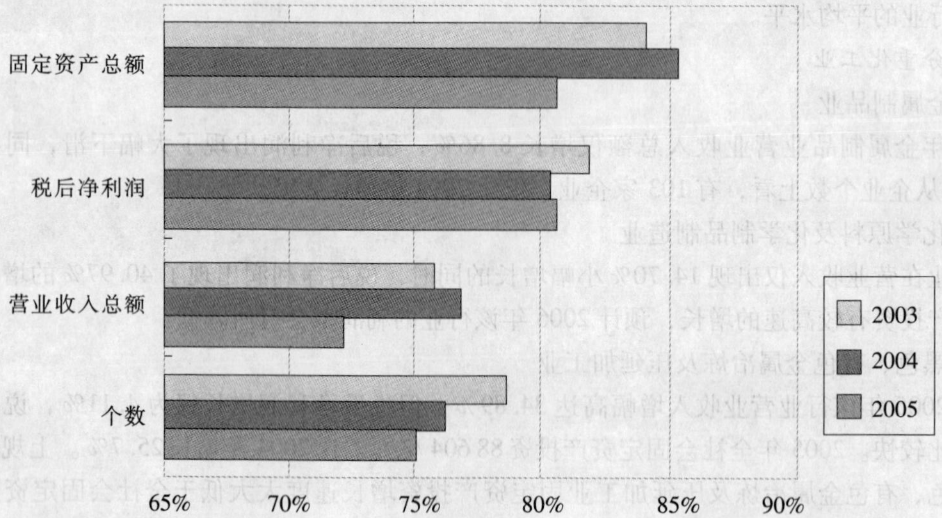

图 2-1　2003~2005 年上规模民营企业制造业比重变化图

2005 年营业收入总额在 1 000 亿元以上的行业共有 11 个，合计营收总额为 23 804. 78 亿元，占全部行业营业收入的 75. 91%。黑色、有色金属冶炼及压延加工业，纺织、化学纤维制造业和批发零售业仍占据行业营业收入总额排名的前 3 位。建筑业由 2004 年的营业收入第 9 位攀升至 2005 年的第 4 位，营业收入占比由 2004 年的 4. 87% 跃升至 8. 68%（见表 2 –4）。

表 2 –4　2005 年营业收入总额大于 1000 亿元的行业分布

单位：亿元,%

序号	行业名称	2005 年			2004 年	
		营业收入	营收占比	排名	营收占比	排名
1	黑色、有色金属冶炼及压延加工业	3 866. 79	12. 33	1	12. 95	1
2	纺织业、化学纤维制造业	3 857. 96	12. 30	2	11. 16	2
3	批发和零售业	2 856. 19	9. 11	3	9. 53	3
4	建筑业	2 722. 21	8. 68	4	4. 87	9
5	电气机械及器材、线缆制造业	2 169. 28	6. 92	5	8. 24	4
6	综合（含投资类、主业不明显）	1 681. 19	5. 36	6	7. 51	5
7	通信设备、计算机及其他电子设备制造业	1 579. 84	5. 04	7	5. 11	8
8	化学原料及化学制品制造业	1 367. 53	4. 36	8	5. 38	6
9	食品加工与食品、饮料制造业	1 324. 23	4. 22	9	5. 23	7
10	通用设备和专用设备制造业	1 300. 75	4. 15	10	3. 98	10
11	服装、鞋帽、皮革制造业	1 078. 81	3. 44	11	3. 86	12

考察 2005 年上规模民营企业固定资产投资增长情况，其中有 3 个行业的增速超过 1 倍，它们是农、林、牧、渔业，交通运输、仓储业和邮政业，建筑业。我国农业尚属于小农经济，龙头企业的发展壮大并不会造成彼此之间的过度竞争，在建设社会主义新农村政策的推动下，民营企业在农、林、牧、渔业还将有很大的发展空间。

2005 年交通运输业行业固定资产投资增长了 120%、营业收入增长 263%、税后净利润增长 228%。物流产业的发展和城市交通运输业的改制，吸引了大量的社会资金，由于这一行业处于快速成长期，相信在未来的几年间仍将保持较高的景气度。

建筑业受房地产行业发展的影响较大，随着国家对房地产行业调控政策的落实，房地产投资增速将放缓，市场运作将趋于规范，建筑业的市场竞争也将加剧。2005 年建筑业的营业收入增幅比 2004 年加快，但税后净利润增幅却明显下降，税后净利润增长低于营业收入增长。另外，可以预期，随着公用事业领域改革的深入，将有更多的社会资金进入电力、热力、燃气及水的生产和供应业。（见表 2 –5）

综合考虑，未来几年间，民营经济在农、林、牧、渔业的比重将继续小幅提高，第二产业中的行业结构处于不断优化中，第三产业提供给全社会的服务内容将逐步丰富，质量不断提高。

表 2-5 上规模民营企业部分行业主要经济指标增速比较

单位:%

行业名称	固定资产投资增长率		营业收入增长率		税后净利润增长率	
	2005 年	2004 年	2005 年	2004 年	2005 年	2004 年
农、林、牧、渔业	145.3	41.1	135	34	100	49
交通运输、仓储业和邮政业	120.1	2.6	263	123	228	14
建筑业	115.0	83.9	152	99.5	79	161
仪器仪表制造业	82.4	41.8	168	62	76	58
电力、热力、燃气及水的生产和供应业	65.7	-36.2	75	-32	120	-41
批发和零售业	63.7	37.7	35	66	31	20
橡胶制品、塑料制品业	55.8	123.6	49	74	51	42
石油加工、炼焦加工业	47.8	-59.1	42	-71	-29	-55
采矿业	44.7	94.9	51	107	141	52
平 均	28.4	30.7	41.6	45.4	23.9	37.0

根据全国《国民经济和社会发展第十一个五年规划纲要》，“十一五”期间国内生产总值（GDP）年均增长 7.5%，到 2010 年我国将实现人均 GDP 比 2000 年翻一番，GDP 能耗要比“十五”末期降低 20% 左右。从目前的发展来看，GDP 增长大大超过了预期，2005 年 GDP 增长 10.2%，2006 年上半年 GDP 增长 10.9%。但与此同时，一些高耗能产业的投资增速不减，使国家先前制定的节能降耗指标受到考验，目前全社会关心“十一五”能耗指标能否完成的问题。为此，普遍的共识是需要大力调整产业结构。通过我们对上规模民营企业的调研来看，2005 年民营企业在重化工业的投资并不是很高，例如在金属制品业、黑色和有色金属冶炼及压延加工业、化学原料及化学制品制造业的固定资产投资分别为 1.74%、12.97% 和 14.93%，大大低于当年全社会固定资产投资速度；相反，上规模民营企业 2005 年在农林牧渔业、交通运输仓储业和邮政业、建筑业、批发零售业的固定资产投资较高，分别达到了 145.33%、120.10%、114.98% 和 63.68%，这些行业能耗低，民营企业对它们进行大力投资，有利于全国产业结构的调整、可持续发展。（见图 2-2）

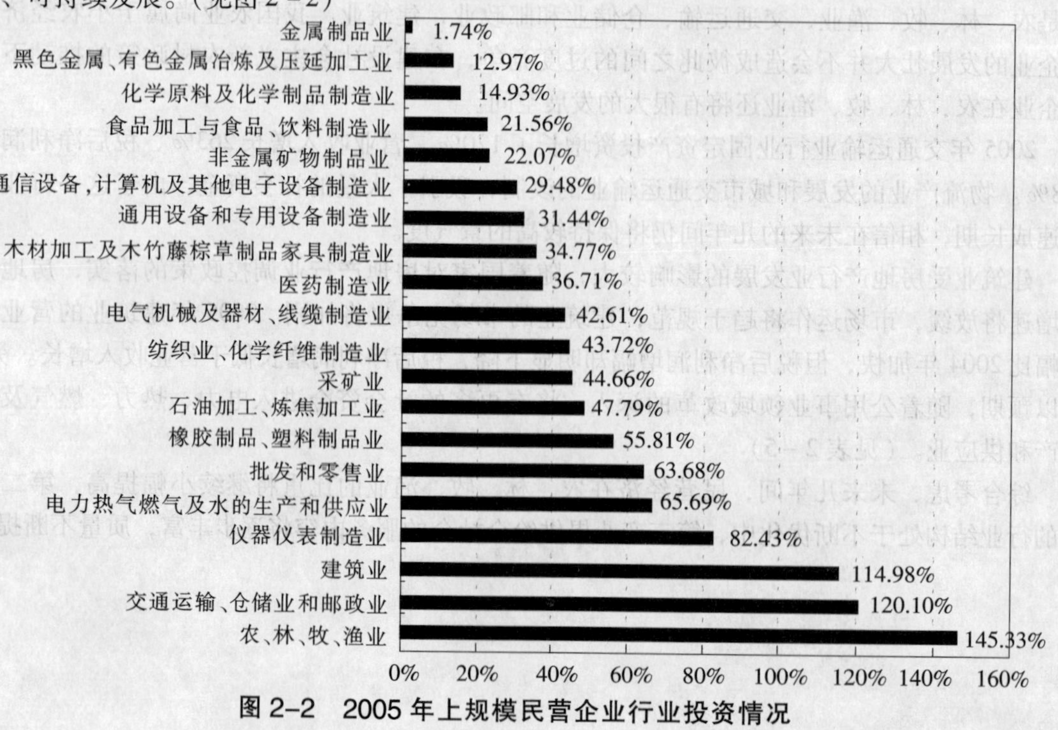

图 2-2 2005 年上规模民营企业行业投资情况

我们进一步列示出主要行业前3位企业的市场份额变动情况。大多数民营企业处在竞争性行业，随着市场参与者的增多，一般而言，行业集中度减少，前3位企业的合计市场份额减少。表2-6列出了上规模民营企业中有18个行业中前3名企业市场份额减少情况。在纺织、化学纤维制造业，黑色、有色金属冶炼及压延加工业，建筑业等行业中，2005年上规模企业数量均超过了100家，但前3家企业的营业收入占比只在10%以上，比2004年的数值都有降低。

表2-6　2004~2005年主要行业前3名企业市场份额变动情况

单位：家，%

序号	行业名称	2005年 企业数量	2005年 前3名收入占比	2005年 前3名利润占比	2004年 企业数量	2004年 前3名收入占比	2004年 前3名利润占比
市场进入者增加，前3名企业份额减少							
1	纺织业、化学纤维制造业	351	13.70	10.52	284	16.83	12.79
2	黑色、有色金属冶炼及压延加工业	233	19.20	13.91	202	21.76	21.45
3	建筑业	202	16.40	17.11	115	30.56	26.16
4	批发和零售业	199	22.07	25.84	174	24.29	25.33
5	电气机械及器材、线缆制造业	185	17.38	11.86	133	22.95	8.70
6	化学原料及化学制品制造业	183	18.10	22.14	131	22.98	14.69
7	房地产业	118	18.06	17.61	106	23.11	15.06
8	金属制品业	103	11.42	16.31	101	16.73	10.51
9	交通运输设备制造业	83	21.76	14.99	65	29.26	25.75
10	综合（含投资类、主业不明显）	79	33.60	41.58	72	39.05	34.66
11	医药制造业	78	17.02	5.65	50	24.41	5.43
12	橡胶制品、塑料制品业	52	34.00	38.74	41	37.13	19.84
13	造纸及纸制品、印刷业、文教体育、办公用品制造业	44	29.61	21.57	38	38.75	42.99
14	石油加工、炼焦加工业	33	43.82	11.58	18	47.51	36.00
15	采矿业	30	20.53	25.09	18	40.08	28.32
16	仪器仪表制造业	16	72.90	63.18	9	84.51	73.08
17	电力、热力、燃气及水的生产和供应业	15	68.86	67.60	7	88.68	81.20
18	信息传输、计算机服务和软件业	12	57.67	24.07	7	71.59	79.22
市场进入者增加，前3名企业份额增加							
1	通用设备和专用设备制造业	144	29.05	23.30	123	20.79	14.15
2	食品加工与食品、饮料制造业	139	39.24	45.74	123	23.30	21.96
3	服装、鞋帽、皮革制造业	111	21.61	20.76	97	18.18	18.93
4	非金属矿物制品业（含水泥、玻璃、陶瓷、耐火材料等）	62	24.64	20.73	45	24.49	40.87
5	通信设备、计算机及其他电子设备制造业	55	76.49	—	46	59.31	52.69
6	工艺品其他制造业	33	30.91	24.28	24	29.93	23.19
7	木材加工及木、竹、藤、棕、草制品、家具制造业	26	46.44	37.30	26	41.18	27.14
8	农、林、牧、渔业	27	65.84	58.82	25	45.25	33.99
9	交通运输、仓储业和邮政业	16	74.62	61.83	10	65.62	58.24

表2－6同时列示了9个行业随着市场参与者的增加，企业市场份额的增加情况。在通用设备和专用设备制造业，食品加工与食品、饮料制造业，服装、鞋帽、皮革制造业，上规模企业分别达到了144、139和111家，前3名的营业收入份额也分别达到了29.05%、39.24%和21.61%，行业的集中程度高。不仅如此，这9个行业前3名企业2005年的营业收入占比都比2004年有了提高，同时这些行业的利润也出现了不同程度的集中。例如，食品加工与食品、饮料制造业前3位企业的营业收入占比由2004年的23.30%提高到了2005年的39.24%，税后净利润占比由2004年的21.96%提高到了2005的45.74%。木材加工及木、竹、藤、棕、草制品、家具制造业，农、林、牧、渔业中的上规模民营企业的市场集中度也较高。

三、2005年上规模民营企业行业经济效益效率分析

（一）销售利润率指标

2005年参与调研的上规模民营企业有2 688家，合计实现营业收入31 360.48亿元，税后净利润1 324.03亿元，销售利润率为4.22%。其中有22个行业的销售利润率高于4.22%的平均水平，有13个行业的销售利润率低于平均水平。其中水利、环境和公共设施管理业销售利润率高达16.26%，居于首位。采矿业、住宿餐饮业位于其后，销售利润率均高于10%，这两个行业的营利水平也比2004年有了较大的提高；房地产业排在第4位，销售利润率不足9%，说明民营房地产业并非暴利行业；排在第5位的电力、热力、燃气及水的生产和供应业的销售利润率为8.60%，经济效益较好。

在2005年销售利润率高于平均水平的22个行业中，有14个行业销售利润率好于2004年，7个行业落后于2004年。非金属矿物制品业（含水泥、玻璃、陶瓷、耐火材料等）的销售利润下滑幅度最大，2004年销售利润率高达11.24%，2005年仅为4.64%，下降了6.60个百分点。（见表2－7）

表2－7　2005年销售利润率高于平均值的行业情况

单位：家，%

序号	行业名称	企业数量	2005年	2004年	2003年
1	水利、环境和公共设施管理业	3	16.26	16.81	—
2	采矿业	30	15.97	10.04	13.65
3	住宿、餐饮业	9	13.28	10.55	—
4	房地产业	118	8.82	8.67	6.65
5	电力、热力、燃气及水的生产和供应业	15	8.60	6.83	7.81
6	医药制造业	78	7.58	6.66	8.42
7	信息传输、计算机服务和软件业	12	7.15	4.43	3.42
8	教育	1	7.00	—	—
9	造纸及纸制品、印刷业、文教体育、办公用品制造业	44	6.45	5.36	7.08
10	化学原料及化学制品制造业	183	5.99	4.87	—
11	服装、鞋帽、皮革制造业	111	5.81	6.01	—
12	综合（含投资类、主业不明显）	79	5.47	5.10	5.46
13	橡胶制品、塑料制品业	52	5.26	5.17	6.36
14	木材加工及木、竹、藤、棕、草制品、家具制造业	26	5.12	4.61	2.86
15	通用设备和专用设备制造业	144	5.05	5.42	6.26

续表

序号	行业名称	企业数量	2005年	2004年	2003年
16	租赁和商务服务业	8	4.97	0.95	—
17	工艺品其他制造业	33	4.90	4.30	5.96
18	食品加工与食品、饮料制造业	139	4.79	4.79	6.08
19	非金属矿物制品业（含水泥、玻璃、陶瓷、耐火材料等）	62	4.64	11.24	6.86
20	农、林、牧、渔业	27	4.63	5.45	4.88
21	电气机械及器材、线缆制造业	185	4.55	6.03	5.46
22	仪器仪表制造业	16	4.43	6.72	6.89
	平均	—	4.22	4.83	5.12

2005年民营企业比较集中的纺织业、化学纤维制造业，黑色、有色金属冶炼及压延加工业，建筑业，批发和零售业，利润率均低于行业平均水平，和2004年相比均出现了不同程度的下滑。重化工业中的黑色、有色金属冶炼及压延加工业销售利润率为4.01%，大大低于2004年的5.20%和2003年的6.71%；石油加工、炼焦加工业的销售利润率为3.89%，比2004年下降了3.92个百分点；交通运输设备制造业的利润率略有提升，行业销售利润率为3.67%；建筑业在2005年无论是企业数量还是营业收入，都获得了较大发展，但行业销售利润率较低，为2.79%；批发和零售业销售利润率仅为1.47%。许多民营企业就在这些微利行业中成长、壮大。（见表2－8）

表2－8　2005年销售利润率低于平均值的行业情况

单位：家，%

序号	行业名称	企业数量	2005年	2004年	2003年
1	黑色、有色金属冶炼及压延加工业	233	4.01	5.20	6.71
2	石油加工、炼焦加工业	33	3.89	7.81	5.00
3	交通运输设备制造业	83	3.67	3.49	3.28
4	纺织业、化学纤维制造业	351	3.66	3.71	4.20
5	烟草制品业	1	3.59	—	6.17
6	金属制品业	103	3.51	4.76	4.77
7	交通运输、仓储业和邮政业	16	2.84	3.14	6.16
8	建筑业	202	2.79	3.94	3.01
9	文化、体育、娱乐业	3	2.30	4.72	—
10	批发和零售业	199	1.47	1.51	2.08
11	通信设备、计算机及其他电子设备制造业	55	1.36	3.98	5.16
12	卫生、社会保障和社会服务业	1	0.94	11.36	—
13	金融、保险业	2	0.45	—	1.47

（二）资产周转率和劳动生产率

2003～2005年间，上规模民营企业的资产周转率逐年在上升。2003年资产周转率为109.94%，2005年上升到了126.47%。其中批发和零售业、仪器仪表制造业资产周转率靠前，分别是250.41%和221.43%；其次是服装、鞋帽、皮革制造业和建筑业，这些行业基本属于劳动密集型，较高的资产周转率保证了行业盈利。

2005年黑色、有色金属冶炼及压延加工业，金属制品业和石油加工、炼焦加工业的资产周转率尽管都得到了很大程度的提高，但盈利能力仍在下降，可以看出这些行业的融资环境偏紧。相反，采矿业，住宿餐饮业，电力、热力、燃气及水的生产和供应业的资产周转率在下降，但销售利润率由于行业景气程度上升而有所提高。（见表2－9）

表2－9　2003～2005年主要行业资产周转率

单位：家，%

行业名称	企业数量	2005年	2004年	2003年
批发和零售业	199	250.41	271.69	225.31
仪器仪表制造业	16	221.43	129.35	103.87
服装、鞋帽、皮革制造业	111	167.38	141.41	—
建筑业	202	161.72	111.95	122.74
黑色、有色金属冶炼及压延加工业	233	157.93	143.02	98.99
水利、环境和公共设施管理业	3	155.99	16.92	—
金属制品业	103	150.96	131.59	124.92
食品加工与食品、饮料制造业	139	150.83	136.34	137.91
农、林、牧、渔业	27	147.73	116.51	161.58
电气机械及器材、线缆制造业	185	133.17	171.90	141.45
通信设备、计算机及其他电子设备制造业	55	132.08	123.42	138.13
纺织业、化学纤维制造业	351	126.56	117.47	127.55
交通运输设备制造业	83	126.17	86.77	94.03
工艺品其他制造业	33	123.90	96.82	118.35
化学原料及化学制品制造业	183	121.15	137.13	—
住宿、餐饮业	9	118.84	89.85	—
通用设备和专用设备制造业	144	118.66	107.07	106.25
橡胶制品、塑料制品业	52	115.00	89.44	137.44
造纸及纸制品、印刷业、文教体育、办公用品制造业	44	107.98	93.23	94.22
信息传输、计算机服务和软件业	12	104.59	93.92	145.06
石油加工、炼焦加工业	33	98.76	77.75	125.85
木材加工及木、竹、藤、棕、草制品、家具制造业	26	98.49	115.35	123.34
交通运输、仓储业和邮政业	16	96.70	88.50	51.20
医药制造业	78	89.26	79.10	65.99
综合（含投资类、主业不明显）	79	87.69	77.88	76.32
非金属矿物制品业	62	75.66	55.56	72.72
采矿业	30	68.31	76.11	68.13
房地产业	118	58.68	67.40	68.83
租赁和商务服务业	8	58.64	261.20	—
电力、热力、燃气及水的生产和供应业	15	49.57	53.67	65.00
平　均	—	126.47	117.83	109.94

近几年来，上规模民营企业劳动生产率不断提高，2003年全行业人均营业收入为40万元，

到2004年便超过了50万元，2005年达到了54万元。通信设备、计算机及其他电子设备制造业属于技术密集型行业，劳动生产率居前；其次是资本密集型的黑色、有色金属冶炼及压延加工业，其劳动生产率在2005年有很大的提高。劳动密集型的批发和零售业、仪器仪表制造业分别列于第三、四位。排在第五位的房地产行业的劳动生产率却出现了降低。（见表2-10）

表2-10　2003~2005年主要行业劳动生产率

单位：家，万元/人

行业名称	数　量	2005年	2004年	2003年
通信设备、计算机及其他电子设备制造业	55	140	116	59
黑色、有色金属冶炼及压延加工业	233	115	88	52
批发和零售业	199	102	89	62
仪器仪表制造业	16	87	69	56
房地产业	118	83	106	44
橡胶制品、塑料制品业	52	72	56	31
石油加工、炼焦加工业	33	67	49	46
化学原料及化学制品制造业	183	66	59	—
电气机械及器材、线缆制造业	185	62	59	46
综合（含投资类、主业不明显）	79	59	53	52
农、林、牧、渔业	27	59	30	33
通用设备和专用设备制造业	144	54	45	32
金属制品业	103	54	48	36
电力、热力、燃气及水的生产和供应业	15	54	45	32
食品加工与食品、饮料制造业	139	53	40	36
交通运输设备制造业	83	52	52	47
纺织业、化学纤维制造业	351	49	42	29
医药制造业	78	47	41	35
造纸及纸制品、印刷业、文教体育、办公用品制造业	44	44	51	29
木材加工及木、竹、藤、棕、草制品、家具制造业	26	41	32	38
非金属矿物制品业	62	38	28	34
交通运输、仓储业和邮政业	16	37	28	16
服装、鞋帽、皮革制造业	111	35	30	—
工艺品其他制造业	33	33	29	22
采矿业	30	25	29	19
建筑业	202	23	25	20
平　均	—	54	51	40

（三）人均利润和人均资产

从人均税后净利润来看，2005年比2004年有所下降，2005年这一指标是2.27万元/人，而2004年是2.44万元/人。第三产业的文化体育娱乐业、房地产业、信息传输计算机服务和软件业、水利环境和公共设施管理业的人均利润率较高，普遍高于重化工行业。住宿和餐饮业，交通运输、仓储业和邮政业，建筑业的人均利润率最低，2005年分别是1.36万元/人、1.05万元/

人和0.65万元/人，2004年这三个行业的指标值均不超过1万元/人，处于靠后的位置。

就人均资产而言，住宿和餐饮业，建筑业，服装、鞋帽、皮革制造业这一指标比较低，而通信设备、计算机及其他电子设备制造业，电力、热力、燃气及水的生产和供应业，文化、体育、娱乐业，房地产业指标比较高，这反映了不同行业的资本密集程度不同。（见表2-11）

表2-11 2004~2005年主要行业人均利润和人均资产指标

单位：家，万元/人

行业名称	企业数量	人均利润		人均资产	
		2005年	2004年	2005年	2004年
文化、体育、娱乐业	3	7.49	3.31	137.22	65.82
房地产业	118	7.31	9.19	141.07	157.28
信息传输、计算机服务和软件业	12	5.59	5.75	74.75	138.27
电力、热力、燃气及水的生产和供应业	15	4.64	3.07	108.90	83.71
黑色、有色金属冶炼及压延加工业	233	4.59	4.58	72.52	61.67
化学原料及化学制品制造业	183	3.96	2.89	54.52	43.17
采矿业	30	3.91	2.89	35.87	37.88
仪器仪表制造业	16	3.86	4.67	39.32	53.72
橡胶制品、塑料制品业	52	3.80	2.90	62.82	62.67
医药制造业	78	3.54	2.74	52.29	51.98
综合（含投资类、主业不明显）	79	3.21	2.69	66.81	67.61
造纸及纸制品、印刷业、文教体育、办公用品制造业	44	2.82	2.72	40.44	54.47
电气机械及器材、线缆制造业	185	2.81	3.53	46.40	34.09
农、林、牧、渔业	27	2.75	1.61	40.20	25.39
通用设备和专用设备制造业	144	2.73	2.42	45.62	41.76
石油加工、炼焦加工业	33	2.61	3.86	67.96	63.62
食品加工与食品、饮料制造业	139	2.54	1.90	35.13	29.07
租赁和商务服务业	8	2.24	2.10	76.91	84.49
木材加工及木、竹、藤、棕、草制品、家具制造业	26	2.12	1.47	41.96	27.57
服装、鞋帽、皮革制造业	111	2.04	1.80	21.00	21.21
交通运输设备制造业	83	1.91	1.81	41.16	59.84
通信设备、计算机及其他电子设备制造业	55	1.90	4.60	106.05	93.72
金属制品业	103	1.88	2.30	35.47	36.68
纺织业、化学纤维制造业	351	1.80	1.55	38.91	35.53
非金属矿物制品业	62	1.76	3.12	50.16	49.93
工艺品其他制造业	33	1.63	1.25	26.81	30.09
批发和零售业	199	1.50	1.34	40.88	32.73
住宿、餐饮业	9	1.36	0.93	8.63	9.79
交通运输、仓储业和邮政业	16	1.05	0.88	38.24	31.62
建筑业	202	0.65	0.98	14.39	22.26
平均	—	2.27	2.44	42.59	42.87

小 结

越来越多的民营企业进入自然垄断行业中。2005 年，上规模民营企业在水利、环境和公共设施管理业，交通运输、仓储业和邮政业，电力、热力、燃气及水的生产和供应业获得了较大发展。

2005 年上规模民营企业营业收入平均增速 41.64%，而民营企业在金属制品业、房地产业、黑色有色金属冶炼及压延加工业的营业收入增速低于平均值。尽管从全国来看，这几个行业有“发展过热”的迹象，调研显示上规模民营企业已经在调整投资结构。

2005 年上规模民营企业中有 9 个行业在营业收入市场份额、行业的税后净利润呈现出不同程度的集中，产业集中度提高。

2003～2005 年间，上规模民营企业的资产周转率逐年在上升，资金效率提高保证了相关行业的盈利水平。

第二篇 2005 年民营企业 500 家分析

第三章 2005 年民营企业 500 家总体状况分析

民营企业 500 家指按照年度营业收入总额排序，名列前 500 位的民营企业。从近几年民营企业 500 家的规模指标和效率指标来看，民营企业 500 家的规模在逐渐壮大，效率水平也在不断提高，这表明我国民营经济已经涌现出一大批规模和效益并重的大中型企业，在轻工、商业服务业、重化工领域发挥着日益重要的作用。

一、2005 年民营企业 500 家经营情况分析

延续以往年度的排序标准，根据营收总额指标，2005 年上规模民营企业 500 家的入围门槛由 2004 年的 9.72 亿元提升至 13.36 亿元，提升幅度为 37.45%。（见图 3－1）

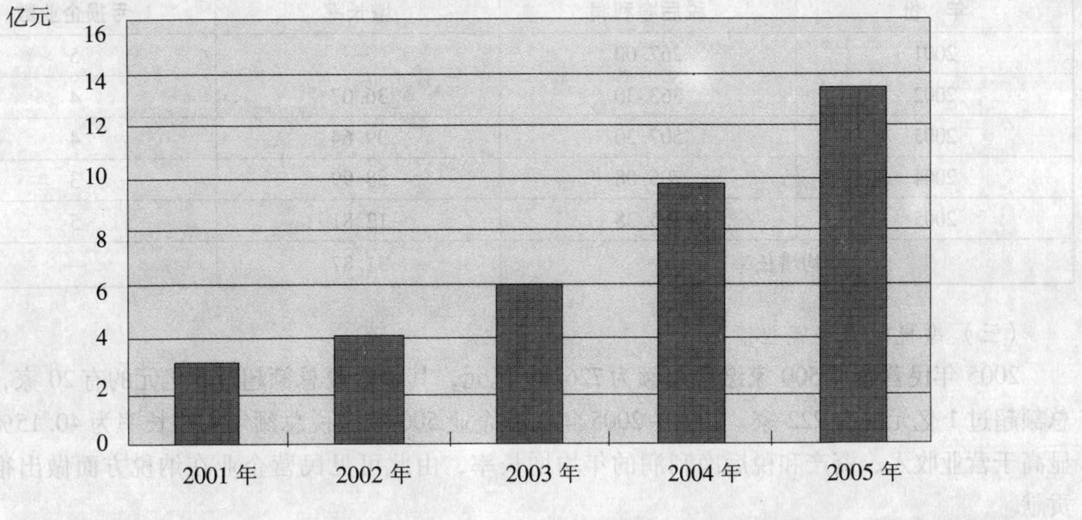

图 3-1 2001~2005 年民营企业 500 家入围门槛变化

（一）营业收入和资产规模

2005 年民营企业 500 家的营业收入总额合计为 20 806.61 亿元，比 2001 年的 4 946.6 亿元增长 4.2 倍。营业收入总额超过 100 亿元的有 41 家，超过 200 亿元的有 8 家。

2005 年民营企业 500 家资产总额合计为 15 156.93 亿元，比 2001 年的 4 345.8 亿元增长 3.5 倍。资产总额超过 100 亿元的有 18 家，超过 50 亿元的有 72 家。

2001～2005 年民营企业 500 家的营业收入总额年均增长率为 43.34%，资产总额的年均增长率为 36.97%，表明民营企业 500 家收入规模扩张的幅度要大于资产规模的扩张幅度，企业经营能力不断提高。（见表 3－1）

表 3－1　2001～2005 年民营企业 500 家营收和资产规模指标

单位：亿元，%

年　份	营收总额	增长率	资产总额	增长率
2001	4 946.60	—	4 345.80	—
2002	7 051.70	42.56	6 438.40	48.15
2003	10 767.10	52.69	9 258.70	43.80
2004	15 382.42	42.87	12 010.87	29.73
2005	20 806.61	35.26	15 156.93	26.19
年均增长率		43.34	—	36.97

（二）盈利水平

2005 年民营企业 500 家税后净利润总额为 795.38 亿元，比 2001 年的 267.0 亿元增长 2.98 倍，但 2005 年税后净利润仅比 2004 年增长 12.81%，表明在宏观调控和市场竞争的双重影响下，民营企业 500 家盈利水平有所下降。2005 年民营企业 500 家税后净利润总额在 10 亿元以上的有 8 家，在 5 亿元以上的有 28 家。

2001～2005 年民营企业 500 家税后净利润年均增长率为 31.87%，低于营业收入总额和资产总额的年均增长率。从亏损企业家数来看，这 5 年均有 3～5 家的企业亏损，由此可见收入的增加并不必然带来利润的增加。（见表 3－2）

表 3－2　2001～2005 年民营企业 500 家盈利能力指标

单位：亿元，%，家

年　份	税后净利润	增长率	亏损企业数
2001	267.00	—	5
2002	363.30	36.07	4
2003	507.30	39.64	4
2004	705.08	38.99	3
2005	795.38	12.81	5
年均增长率		31.87	—

（三）缴税能力和就业情况

2005 年民营企业 500 家缴税总额为 726.89 亿元，其中缴税总额超过 5 亿元的有 20 家，缴税总额超过 1 亿元的有 222 家。2001～2005 年民营企业 500 家缴税总额年均增长率为 40.15%，明显高于营业收入、资产和税后净利润的年均增长率，由此可见民营企业在纳税方面做出很大的贡献。

2005 年民营企业 500 家员工总人数为 304.32 万人，其中员工人数在 3 万人以上的有 12 家，在1万人以上的有78家。2001~2005年民营企业500家员工人数年均增长率为25.97%，表明民营企业是吸纳就业的重要力量。(见表3-3)

表3-3 2001~2005年民营企业500家缴税和就业指标

单位：亿元,%，万人

年　份	缴税总额	增长率	员工人数	增长率
2001	199.10	—	122.20	—
2002	361.70	81.67	172.10	40.83
2003	438.00	21.09	213.40	24.00
2004	585.10	33.58	244.23	14.45
2005	726.89	24.23	304.32	24.60
年均增长率		40.15	—	25.97

(四) 出口规模

2005年民营企业500家出口总额为234.15亿美元，出口总额在5亿美元以上的企业有7家，在1亿美元以上的有66家。民营企业500家出口创汇能力在逐年提高，2001~2005年出口总额年均增长率为44.15%，出口产品主要集中在轻工纺织、电气机械制造等劳动密集型产业。(见表3-4)

表3-4 2001~2005年民营企业500家出口额指标

单位：亿美元,%

年　份	出口总额	增长率
2001	57.60	—
2002	101.20	75.69
2003	163.50	61.56
2004	195.41	19.52
2005	234.15	19.82
年均增长率	—	44.15

(五) 经营效率指标

民营企业500家盈利能力呈逐年下降的趋势，2005年销售净利率和资产净利率均为5年间的最低值。但民营企业500家的劳动效率逐年提高，劳动生产率（人均营业收入）由2001年的40.48万元/人提高至2005年的68.37万元/人，增长68.9%。

2005年，民营企业500家的总资产周转率为137.28%，为5年来最高，表明企业在平均利润率下降的情况下，通过提高企业资产运营能力来保持市场竞争力，企业销售能力有所提高。(见表3-5)

表3-5 2001~2005年民营企业500家经营效率指标

年　份	2005年	2004年	2003年	2002年	2001年
销售净利率（%）	3.82	4.58	4.71	5.15	5.40
资产净利率（%）	5.25	5.87	5.48	5.64	6.14
总资产周转率（%）	137.28	128.07	116.29	109.53	113.82
人均营业收入（万元/人）	68.37	62.98	50.46	40.97	40.48
人均利润（万元/人）	2.61	2.89	2.38	2.11	2.18

二、2005年民营企业500家地区分析

2005年进入民营企业500家的有25个省（区、市）的企业，其中浙江省和江苏省是民营企业500家的大户，分别占民营企业500家的40.6%和20.8%，比2004年提高了7.4%和5.2%。山东省进入500家的企业有所下降，由44家降为34家；上海市由31家降至26家；辽宁省则由12家上升至22家。

从地区分布来看，东部地区民营企业500家最多，为426家，占全部500家企业的85.2%；中部地区45家，占9.0%；西部地区29家，占5.8%。贵州、西藏、甘肃、青海、宁夏、海南等省区没有企业进入民营企业500家。（见表3-6）

表3-6　2005年民营企业500家地区分布

单位：家，%，亿元

序号	省（区、市）	企业数	占比	营收总额	占比
1	浙　江	203	40.6	7 065.49	34.0
2	江　苏	104	20.8	5 599.39	26.9
3	山　东	34	6.8	1 196.21	5.7
4	上　海	26	5.2	1 435.91	6.9
5	辽　宁	22	4.4	609.12	2.9
6	河　北	12	2.4	431.53	2.1
7	四　川	12	2.4	507.88	2.4
8	天　津	10	2.0	431.96	2.1
9	湖　北	10	2.0	330.95	1.6
10	河　南	9	1.8	170.72	0.8
11	内蒙古	8	1.6	147.91	0.7
12	广　东	8	1.6	227.09	1.1
13	湖　南	7	1.4	240.51	1.2
14	山　西	5	1.0	216.71	1.0
15	安　徽	5	1.0	103.76	0.5
16	重　庆	5	1.0	139.29	0.7
17	北京市	4	0.8	1 152.02	5.5
18	黑龙江	4	0.8	315.64	1.5
19	福　建	3	0.6	48.89	0.2
20	江　西	3	0.6	161.66	0.8
21	吉　林	2	0.4	50.84	0.2
22	广　西	1	0.2	17.94	0.1
23	云　南	1	0.2	23.86	0.1
24	陕　西	1	0.2	61.59	0.3
25	新　疆	1	0.2	119.77	0.6
	全　国	500	100	20 806.61	100

三、2005年民营企业500家行业分析

（一）主要行业分布

同2004年度的数据相比，2005年民营企业500家中纺织业、化学纤维制造业的企业数量依然位居榜首，为64家；建筑业进入500家的企业数量由24家增加到53家，位居第二；黑色、有色金属冶炼及压延加工业企业数量由57家降为51家，位居第三。（见表3-7）在前20名企业中，纺织业与化学纤维制造业有4家，黑色、有色金属冶炼及压延加工业有4家，食品加工与食品、饮料制造业有3家，综合类2家，通用设备和专用设备制造业、通信设备与计算机及其他电子设备制造业、批发和零售业、农林牧渔业、金融保险业、建筑业、电气机械及器材线缆制造业各有1家企业。

表3-7　2004~2005年民营企业500家主要行业分布

单位：家

排序	行业名称	2005年	2004年
1	纺织业、化学纤维制造业	64	58
2	建筑业	53	24
3	黑色、有色金属冶炼及压延加工业	51	57
4	批发和零售业	46	44
5	电气机械及器材、线缆制造业	39	42
6	综合（含投资类、主业不明显）	26	34
7	服装、鞋帽、皮革制造业	24	26
8	房地产业	20	19
9	交通运输设备制造业	20	16
10	化学原料及化学制品制造业	19	27
11	通用设备和专用设备制造业	17	21
12	金属制品业	15	17
13	食品加工业与食品、饮料制造业	14	26
14	医药制造业	14	12
15	通信设备、计算机及其他电子设备制造业	10	15
16	橡胶制品、塑料制品业	8	11

按营业收入总额排序，黑色、有色金属冶炼及压延加工业，纺织业、化学纤维制造业，批发和零售业位居前三位，其营业收入总额占全部营业收入总额的35.76%。建筑业不仅进入民营企业500家的企业大幅增加，其营业收入总额所占比重也从2004年的4.64%提高至9.41%，表明2005年国家基础设施的建设和房地产业的繁荣，建筑业得到长足的发展。（见表3-8）

表3-8　2004~2005年民营企业500家主要行业营业收入总额排序

单位：亿元，%

排序	行业名称	2005年营收总额	2005年占比	2004年占比
1	黑色、有色金属冶炼及压延加工业	2 889.77	13.89	14.31
2	纺织业、化学纤维制造业	2 494.32	11.99	9.97
3	批发和零售业	2 054.68	9.88	9.95

续表

排序	行业名称	2005 年营收总额	2005 年占比	2004 年占比
4	建筑业	1 957.00	9.41	4.64
5	电气机械及器材、线缆制造业	1 440.91	6.93	9.44
6	综合（含投资类、主业不明显）	1 362.24	6.55	9.62
7	通信设备、计算机及其他电子设备制造业	1 350.47	6.49	6.49
8	食品加工与食品、饮料制造业	751.32	3.61	4.83
9	通用设备和专用设备制造业	750.58	3.61	3.27
10	化学原料及化学制品制造业	683.39	3.28	4.97
11	服装、鞋帽、皮革制造业	677.07	3.25	3.57
12	交通运输设备制造业	598.39	2.88	3.0
13	房地产业	485.25	2.33	3.42
14	农、林、牧、渔业	456.17	2.19	0.99
15	医药制造业	329.38	1.58	1.6
16	仪器仪表制造业	327.42	1.57	0.79
17	金属制品业	304.80	1.46	2.18
18	橡胶制品、塑料制品业	271.78	1.31	1.45
19	金融、保险业	246.56	1.18	—

近几年来，通过国有企业改制加入民营企业行列的企业逐渐增多。根据2005年调研数据显示，在民营企业500家中有43家为国有企业改制。黑色、有色金属冶炼及压延加工业中由国有企业改制的有3家，建筑业中国有企业改制的有10家。

2005年民营企业500家出口总额为234.15亿美元，比2004年增长19.82%。与以往年度相同，纺织业与化学纤维制造业、服装鞋帽皮革制造业是出口创汇的主要力量，二者出口总额占全部出口额的72.49%。但是纺织、食品等行业出口额比2004年有所下降，这与国际上对我国实行贸易壁垒有关，因此调整出口产品结构，提高产品附加值势在必行。（见表3－9）

表3－9　2004～2005年民营企业500家主要行业出口额

单位：亿美元，%，亿美元

排序	行业名称	2005 年出口额	比重	2004 年出口额
1	纺织业、化学纤维制造业	47.55	20.31	50.96
2	服装、鞋帽、皮革制造业	24.94	10.65	20.23
3	综合（含投资类、主业不明显）	21.29	9.09	19.17
4	通信设备、计算机及其他电子设备制造业	20.77	8.87	5.5
5	电气机械及器材、线缆制造业	18.16	7.76	23.25
6	黑色、有色金属冶炼及压延加工业	15.77	6.73	17.84
7	通用设备和专用设备制造业	13.93	5.95	8.63
8	化学原料及化学制品制造业	9.16	3.91	8.87
9	金属制品业	5.47	2.34	7.47
10	食品加工业与食品、饮料制造业	3.73	1.59	5.90

（二）主要行业经营效率

1. 盈利能力指标

本次500家企业中有1家水利、环境和公共设施管理业的企业入围，其资产净利率的指标值最高，达到27.48%。有17个行业的指标值在民营企业500家平均值（5.25%）以上；交通运输、仓储业和邮政业，信息传输、计算机服务和软件业，石油加工、炼焦加工业，通信设备、计算机及其他电子设备制造业等4个行业资产净利率下降幅度较大。（见表3－10）

表3－10 2004～2005年民营企业500家主要行业资产净利率

单位：亿元，%

行业名称	资产总额	2005年资产净利率	2004年资产净利率
水利、环境和公共设施管理业	20.15	27.48	—
采矿业	74.06	13.15	10.45
住宿、餐饮业	69.22	11.65	11.18
服装、鞋帽、皮革制造业	370.68	11.43	9.85
仪器仪表制造业	121.20	10.67	7.56
食品加工与食品、饮料制造业	403.83	9.41	7.19
化学原料及化学制品制造业	573.13	7.33	6.49
橡胶制品、塑料制品业	226.51	7.08	3.33
农、林、牧、渔业	278.94	6.78	5.29
黑色、有色金属冶炼及压延加工业	1796.64	6.61	7.87
医药制造业	389.32	6.15	4.39
造纸及纸制品、印刷业、文教体育、办公用品制造业	131.09	5.93	4.39
工艺品其他制造业	56.26	5.89	3.57
房地产业	683.39	5.56	7.72
通用设备和专用设备制造业	632.13	5.46	5.95
电气机械及器材、线缆制造业	1 036.37	5.45	11.17
建筑业	1 013.26	5.25	4.92
综合（含投资类、主业不明显）	1 474.31	4.87	3.88
纺织业、化学纤维制造业	1 827.99	4.84	4.34
木材加工及木、竹、藤、棕、草制品、家具制造业	199.15	4.79	4.06
交通运输设备制造业	392.45	4.70	2.54
非金属矿物制品业（含水泥、玻璃、陶瓷、耐火材料等）	186.86	4.57	7.10
金属制品业	212.81	4.54	7.98
电力、热力、燃气及水的生产和供应业	195.54	3.71	2.76
批发和零售业	809.22	3.63	4.93
租赁和商务服务业	48.20	2.65	4.39
交通运输、仓储业和邮政业	161.64	2.41	5.63
信息传输、计算机服务和软件业	39.04	2.32	4.76
石油加工、炼焦加工业	67.29	1.65	4.71
通信设备、计算机及其他电子设备制造业	975.03	0.68	4.77
金融、保险业	542.56	0.17	—
民营企业500家平均	—	5.25	5.87

2. 劳动生产率指标

根据人均营业收入指标，我们可以看出不同行业的劳动生产率水平，资金密集型和技术密集型产业的劳动生产率最高，劳动密集型产业的劳动生产率较低。有14个行业的劳动生产率指标高于民营企业500家平均值，通信设备、计算机及其他电子设备制造业，信息传输、计算机服务和软件业，黑色、有色金属冶炼及压延加工业，石油加工、炼焦加工业，金融保险业的人均营业收入远远高于行业平均水平。（见表3-11）

表3-11 2004~2005年民营企业500家主要行业劳动生产率

单位：万元/人

行业名称	2005年	2004年
通信设备、计算机及其他电子设备制造业	292.89	153.88
信息传输、计算机服务和软件业	166.37	155.14
黑色、有色金属冶炼及压延加工业	156.35	111.62
石油加工、炼焦加工业	145.57	52.18
金融、保险业	119.91	—
批发和零售业	104.05	96.94
橡胶制品、塑料制品业	102.38	82.81
仪器仪表制造业	99.25	86.88
房地产业	89.8	146.63
化学原料及化学制品制造业	89.51	71.49
食品加工与食品、饮料制造业	79.99	45.83
纺织业、化学纤维制造业	77.28	55.14
电气机械及器材、线缆制造业	73.1	65.45
通用设备和专用设备制造业	69.16	61.16
综合（含投资类、主业不明显）	66.16	56.93
农、林、牧、渔业	65.82	27.29
交通运输设备制造业	63.44	64.42
金属制品业	62.73	60.89
造纸及纸制品、印刷业、文教体育、办公用品制造业	60.26	67.82
服装、鞋帽、皮革制造业	54.48	40.47
医药制造业	52.52	50.68
木材加工及木、竹、藤、棕、草制品、家具制造业	52.34	43.44
非金属矿物制品业（含水泥、玻璃、陶瓷、耐火材料等）	51.87	42.56
交通运输、仓储业和邮政业	51.35	166.67
电力、热力、燃气及水的生产和供应业	48.84	37.97
采矿业	47.52	71.47
工艺品其他制造业	43.5	47.76
租赁和商务服务业	37.16	191.04
建筑业	25.26	27.51
住宿、餐饮业	9.14	9.03
民营企业500家平均	68.37	62.98

3. 总资产周转率指标

通过资产周转率指标，我们可以看出一个行业或企业对资产的经营效率。仪器仪表制造业、批发和零售业、建筑业、食品加工与食品饮料制造业、服装鞋帽皮革制造业由于行业特性使得总资产周转率高于其他行业。2005 年，有 13 个行业的总资产周转率指标高于民营企业 500 家平均值。（见表 3－12）

表 3－12　2004～2005 年民营企业 500 家主要行业总资产周转率

行业名称	2005 年	2004 年
仪器仪表制造业	270.15	130.07
批发和零售业	253.91	328.78
建筑业	193.14	148.98
食品加工与食品、饮料制造业	186.05	161.79
服装、鞋帽、皮革制造业	182.66	159.47
农、林、牧、渔业	163.53	122.26
黑色、有色金属冶炼及压延加工业	160.84	146.85
石油加工、炼焦加工业	160.56	69.44
交通运输设备制造业	152.48	80.01
金属制品业	143.23	153.95
工艺品其他制造业	141.89	87.06
电气机械及器材、线缆制造业	139.03	183.44
通信设备、计算机及其他电子设备制造业	138.51	131.79
纺织业、化学纤维制造业	136.45	126.96
造纸及纸制品、印刷业、文教体育、办公用品制造业	120.5	87.58
橡胶制品、塑料制品业	119.99	81.79
化学原料及化学制品制造业	119.24	142.8
通用设备和专用设备制造业	118.74	110.49
信息传输、计算机服务和软件业	111.06	86.3
木材加工及木、竹、藤、棕、草制品、家具制造业	104.6	111.21
交通运输、仓储业和邮政业	102.46	259.77
住宿、餐饮业	98.4	104.78
综合（含投资类、主业不明显）	92.4	80.23
非金属矿物制品业（含水泥、玻璃、陶瓷、耐火材料等）	85.11	41.04
医药制造业	84.6	79.59
房地产业	71.01	95.63
采矿业	60.44	160.69
租赁和商务服务业	53.46	451.04
金融、保险业	45.44	—
电力、热力、燃气及水的生产和供应业	41.46	45.99
民营企业 500 家平均	137.28	128.07

四、2004～2005 年同时入围民营企业 500 家的企业分析

每年民营企业 500 家入围企业不尽相同，对 2004、2005 年度均入围民营企业 500 家的企业进行进一步整理分析，对我们了解大中型民营企业的变化情况、发展方向，分析企业经营阶段特征具有较强的现实意义。

根据整理数据所知，共有 308 家企业在 2004 年和 2005 年度同时入围民营企业 500 家。从这 308 家企业的经济指标来看，2005 年出口创汇总额增长幅度最大，为 40.74%；其次是营业收入总额增长，为 31.36%。但税后净利润总额增长幅度仅为 11.94%，远远小于营业收入的增长幅度，2005 年这些民营企业利润水平普遍下降。（见表 3－13）

表 3－13　2004～2005 年同时入围民营企业 500 家的企业经济效益指标

	2005 年	2004 年	增长率
营业收入总额（亿元）	15 079.27	11 488.08	31.26%
资产总额（亿元）	11 112.91	8 866.40	25.34%
固定资产总额（亿元）	3 492.33	2 813.72	24.12%
净资产总额（亿元）	3 882.84	3 193.23	21.60%
税后净利润总额（亿元）	572.58	511.52	11.94%
缴税总额（亿元）	521.67	438.28	19.03%
员工人数（万人）	191.80	175.30	9.41%
出口总额（亿美元）	179.91	127.83	40.74%

从经济效率指标来看，这 308 家企业 2005 年的盈利能力比 2004 年略有下降，销售净利率、资产净利率和总资产周转率均低于民营企业 500 家的平均值，可见新入围的企业在成长性、盈利能力方面更强；但是企业劳动效率要明显高于民营企业 500 家的平均值，这些企业 2005 年人均营业收入为 78.62 万元，人均利润为 2.99 万元，分别比民营企业 500 家的平均值高出 14.99% 和 14.56%。（见表 3－14）

表 3－14　2004～2005 年同时入围民营企业 500 家的企业经营效率指标

	2005 年	民营企业 500 家 平均值	2004 年
销售净利率（%）	3.78	3.82	4.45
资产净利率（%）	5.15	5.25	5.77
总资产周转率（%）	135.69	137.28	129.57
人均营业收入（万元/人）	78.62	68.37	65.53
人均利润（万元/人）	2.99	2.61	2.92

小　结

2001～2005 年，民营企业 500 家的收入规模、资产规模持续增长，营业收入总额年均增长率为 43.34%，资产总额的年均增长率为 36.97%，企业经营能力不断提高。

2001～2005 年，民营企业 500 家出口创汇能力在逐年提高，出口总额年均增长率为 44.15%，出口产品主要集中在轻工纺织、电气机械制造等劳动密集型产业。

2001～2005 年，民营企业 500 家盈利能力呈现逐年下降的趋势，2005 年销售净利率和资产净利率均为 5 年间最低值，但企业劳动生产效率逐年提高，2005 年比 2001 年增长 68.9%。

民营企业500家主要分布在东部地区，占全部500家企业的85.2%，浙江省和江苏省进入500家的企业分别占40.6%和20.8%。

2005年民营企业500家产业分布中出现新特点，建筑业和批发零售业进入的企业明显增多，营业收入总额所占的比重也相应提高。近几年来，通过国有企业改制加入民营企业行列的企业逐渐增多占民营企业500家中的8.6%。

第四章　2005年民营企业500家与中国企业500强比较分析

中国企业500强是由中国企业联合会、中国企业家协会发布的年度排名，民营企业500家是中华全国工商业联合会（全国工商联）对上规模民营企业开展年度调研发布的企业排序。本章对2005年度民营企业500家与中国企业500强的情况进行比较分析，中国企业500强的数据选取自《中国企业发展报告（2006）》。

2005年国有企业在中国企业500强中继续保持主导地位，国有及国有控股企业有349家，占全部企业总数的69.80%，比2004年减少7家；营业收入占全部企业营业收入总额的84.49%，资产额占全部企业资产总额的94.95%。私营企业有87家，占全部企业总数的17.40%，比2004年增加8家，但所占比重仍然过小；营业收入占全部营业收入总额的7.92%，资产总额占全部企业资产总额的1.73%。

一、企业规模差距比较

2005年中国企业500强入围门槛为营收总额60.70亿元，民营企业500家入围门槛为13.36亿元，两者差距为4.5倍，比2004年的4.7倍有所缩小。

从总量指标上看，民营企业500家与中国企业500强之间依然存在巨大的差距。2005年民营企业500家的营业收入总额为20 806.61亿元，中国企业500强的营业收入总额为141 405亿元，前者只是后者的14.7%；而资产总额所占比值更小，2005年民营企业500家资产总额仅为中国企业500强的6.02%。

从户均指标来看，2002~2005年民营企业500家和中国企业500强的差距在逐年缩小。民营企业500家户均营收总额占中国企业500强户均营收总额的百分比由2002年的10.13%提高至2005年的14.71%；户均资产总额所占百分比由2002年的2.33%提高至2005年的3.68%；户均员工人数所占百分比由2002年的8.5%提高至2005年的13.46%。由此可见，民营企业500家与中国企业500强在营收规模和员工规模上的比值差距都缩小了10%以上，而资产规模差距缩小3.17%，幅度不大。（见表4-1）

表4-1　2002~2005年民营企业500家和中国企业500强规模差距比较

	户均营收总额（亿元）	户均资产总额（亿元）	户均员工人数（万人）
民营企业500家			
2005年	41.61	30.31	0.61
2004年	30.76	24.02	0.49
2003年	21.53	18.52	0.43
2002年	14.10	12.88	0.34

续表

	户均营收总额（亿元）	户均资产总额（亿元）	户均员工人数（万人）
中国企业500强			
2005年	282.81	823.44	4.53
2004年	234.91	674.16	4.11
2003年	179.87	567.97	4.18
2002年	139.23	552.79	4.05
民营企业500家/中国企业500强			
2005年	14.71%	3.68%	13.46%
2004年	13.09%	3.56%	11.89%
2003年	11.98%	3.26%	10.20%
2002年	10.13%	2.33%	8.50%

2005年中国企业500强最低营业收入为60.70亿元，在民营企业500家中有82家达到此标准，而2004年民营企业500家中仅有75家达到中国企业500强的最低营收标准（45.72亿元），从中也可以看出民营大中型企业在逐渐成长。

民营企业500家中营收规模最大的是联想控股有限公司，营收总额为1 081.89亿元，在中国企业500强中位居24位，比2004年提高32位。（见表4－2）

表4－2　2005年民营企业500家和中国企业500强营收总额前10名企业

单位：亿元

排名	民营企业500家	营收总额	中国企业500强	营收总额
1	联想控股有限公司	1 081.89	中国石油化工集团公司	8 230.18
2	江苏沙钢集团有限公司	405.48	国家电网公司	7 127.03
3	苏宁电器集团	397.18	中国石油天然气集团公司	6 943.90
4	上海复星高科技（集团）有限公司	321.39	中国工商银行股份有限公司	2 389.80
5	广厦控股创业投资有限公司	256.14	中国移动通信集团公司	2 357.90
6	东方集团实业股份有限公司	246.56	中国人寿保险（集团）公司	1 898.57
7	江苏雨润食品产业集团有限公司	243.00	中国南方电网有限责任公司	1 893.10
8	华芳集团有限公司	201.17	中国建设银行股份有限公司	1 865.70
9	上海华冶钢铁集团有限公司	169.68	中国电信集团公司	1 862.85
10	江苏永钢集团有限公司	167.40	中国银行	1 829.68
—	合计	3 489.89	合计	36 398.71

民营企业500家资产总额最多的企业也是联想控股有限公司，其资产总额为622.54亿元，在中国企业500强中排名63位。民营企业500家资产总额前10名的企业资产总计仅为中国企业500强资产总额前10名的1.08%，资产规模差距很大。（见表4－3）

表 4-3　2005 年民营企业 500 家和中国企业 500 强资产总额前 10 名企业

单位：亿元

排名	民营企业 500 家	资产总额	中国企业 500 强	资产总额
1	联想控股有限公司	622.54	中国工商银行股份有限公司	64 541.06
2	东方集团实业股份有限公司	542.56	中国农业银行	47 710.19
3	上海复星高科技（集团）有限公司	371.76	中国银行	47 428.06
4	江苏沙钢集团有限公司	345.35	中国建设银行股份有限公司	45 857.42
5	南京斯威特集团有限公司	190.02	交通银行股份有限公司	14 234.39
6	广厦控股创业投资有限公司	167.38	国家电网公司	11 696.98
7	横店集团控股有限公司	166.68	中国石油天然气集团公司	11 602.25
8	大连实德集团有限公司	164.59	招商银行股份有限公司	7 339.83
9	新奥集团股份有限公司	150.81	中国石油化工集团公司	7 298.53
10	江苏永钢集团有限公司	150.25	中国人寿保险（集团）公司	7 247.47
—	合计	2 871.94	合计	264 956.18

二、地区分布比较

中国企业 500 强主要集中在经济发达的 7 个省市，即北京、上海、天津、山东、浙江、江苏和广东。上述省市在中国企业 500 强中共有 336 家企业，占 67.2%。其中北京的企业最多，主要原因是许多大型企业和中央直属企业总部都设在北京。

从地区分布来看，中国企业 500 强分布相对均衡，东部地区企业数量为 77.0%，中部地区为 12.4%，西部地区为 10.6%；而民营企业 500 家东部地区企业占大多数，为 85.2%，中部地区企业为 9.0%，西部地区仅为 5.8%。（见图 4-1）

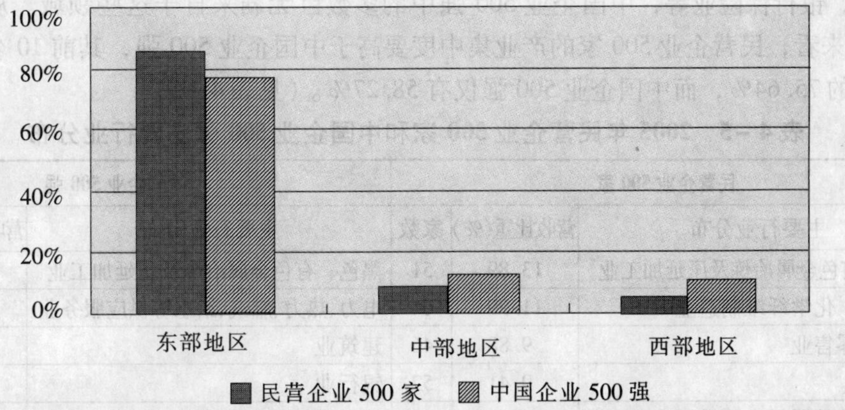

图 4-1　2005 年民营企业 500 家和中国企业 500 强地区分布比较

中国企业 500 强和民营企业 500 家虽然主要分布在经济发达的地区，但是中国企业 500 强中企业分布前两位的是北京市和广东省，二者营收总额占到全部的 57.4%，企业家数占到 29.8%。其中北京市 95 家企业的营业收入总额达到 500 强企业营收总额的 49.7%；广东省企业数量虽位居第二为 53 家，但营收比重仅为 7.7%，尚低于上海市 8.0% 的比重。中国企业 500 强前 50 强中有 32 家企业总部设在北京，这些大型企业大部分在相应的行业领域占有垄断地位，是关系到国计民生的中央大型企业集团。

民营企业500家企业数量最多的前两位是浙江省和江苏省，二者无论从企业数量还是营收总额都占绝对优势。2005年浙江、江苏两省入围500家的企业数量合计占到61.4%，营收总额合计占到60.9%，这与民营企业最先在沿海地区起步发展有直接联系。（见表4－4）

表4－4　2005年民营企业500家和中国企业500强省区分布比较

	民营企业500家			中国企业500强		
	企业数	家数比重（%）	营收比重（%）	企业数	家数比重（%）	营收比重（%）
北京	4	0.8	5.5	95	19.2	49.7
广东	8	1.6	1.1	53	10.6	7.7
浙江	203	40.6	34.0	47	9.2	3.9
江苏	104	20.8	26.9	40	8.0	4.0
山东	34	6.8	5.7	40	8.0	4.6
上海	26	5.2	6.9	32	6.4	8.0
天津	10	2.0	2.1	29	5.8	3.7
河北	12	2.4	2.1	21	4.2	1.8
辽宁	22	4.4	2.9	17	3.4	2.5

三、产业分布比较

与中国企业500强相比，民营企业500家在产业分布上明显的特征就是集中在劳动密集型产业，如纺织、建筑、批发零售业等，垄断行业以及金融保险等行业很少出现大型民营企业，重化工如石油、冶金、煤炭等领域只是在近年来民营企业的规模才逐渐扩大，加上一些国有企业改制的民营企业，民营企业500家开始在重化工业领域增多。

中国企业500强主要分布在资金密集型、具有自然垄断和行政垄断特征的行业，例如石油、天然气开采与石化业，电力、蒸汽、热水、煤气的生产和供应业，黑色、有色金属冶炼及金属制品加工业，银行保险业等，中国企业500强中的多数巨无霸来自于这些领域。从营收总额前10名的产业来看，民营企业500家的产业集中度要高于中国企业500强，其前10名行业的营收总额占全部的75.64%，而中国企业500强仅有58.27%。（见表4－5）

表4－5　2005年民营企业500家和中国企业500强主要行业分布

排名	民营企业500家			中国企业500强		
	主要行业分布	营收比重(%)	家数	主要行业分布	营收比重(%)	家数
1	黑色、有色金属冶炼及压延加工业	13.89	51	黑色、有色金属冶炼及压延加工业	12.11	84
2	纺织业、化学纤维制造业	11.99	64	电力、热力、燃气、给水等供应服务业	6.68	7
3	批发和零售业	9.88	46	建筑业	6.30	36
4	建筑业	9.41	52	银行业	6.27	10
5	电气机械及器材、线缆制造业	6.93	39	石油开采及石化业	5.87	2
6	综合（含投资类、主业不明显）	6.55	26	石油、天然气开采及生产业	5.75	3
7	通信设备、计算机及其他电子设备制造业	6.49	10	邮电通信业	4.72	6
8	食品加工与食品、饮料制造业	3.61	14	汽车及零配件制造业	4.49	17
9	通用设备和专用设备制造业	3.61	17	家用电器及零配件制造业	3.16	19
10	化学原料及化学制品制造业	3.28	19	煤炭采掘及采选业	2.92	25
	合计	75.64	338	合计	58.27	209

2005年，黑色、有色金属冶炼及压延加工业成为民营企业500家和中国企业500强的第一大产业，中国企业500强中黑色、有色金属冶炼及压延加工业在企业数量上和营业收入上均为各行业之首；民营企业500家中黑色、有色金属冶炼及压延加工业的营业收入最高，但企业数量第一的是纺织业、化学纤维制造业。

中国企业500强中位居前10名的产业中银行业，石油开采及石化业，石油天然气开采及生产业，邮电通信业，电力、热力、燃气、给水等供应服务业均有自然垄断和行政垄断的性质，每个行业企业数量不超过10家，但实现的营业收入则位居前列，这种经营优势是民营企业所无法拥有的，在这些相关领域民营企业规模不大。

民营企业500家中位居前10名的产业均是竞争比较充分的领域，而且这些领域平均利润率不高，是民营经济最先发展的产业，在这些领域中，民营企业具有比较强的竞争优势，纺织、批发零售、建筑业等行业民营企业具有举足轻重的作用。

我们将电力、热力、燃气、给水等供应服务业，金融保险业，石油开采及石化业，石油、天然气开采及生产业，邮电通信业，电力生产业，烟草加工业和航空、航天与兵器制造业等8大垄断性行业的数值剔除掉，来考察中国企业500强和民营企业500家在主要竞争性产业的绩效情况。

民营企业500家中只有3家企业属于这8个行业（1家金融保险业、2家电力、热力、燃气、给水等供应服务业），中国企业500强中有62家企业属于这8个行业，企业数量占全部行业的12.40%，但其营业收入占全部企业的37.44%，利润总额占62.53%，资产总额则高达79.67%。

从效率指标来看，在竞争性行业中，中国企业500强的经营效率远远低于民营企业500家，销售利润率为民营企业500家的70.1%；资产利润率为52.3%，总资产周转率为74.4%；人均营业收入为67.2%；人均利润仅为47.3%，单位员工获利能力不及民营企业500家的一半。因此在竞争性产业领域中，民营企业500家的绩效水平要好于中国企业500强，具有经营优势。（见表4-6）

表4-6　2005年民营企业500家和中国企业500强竞争性行业经营效率比较

项　目	民营企业500家竞争性行业	中国企业500强竞争性行业
	主要经营指标	
企业数量（家）	497.00	438.00
占全部企业比重（%）	99.4	87.60
营业收入（亿元）	20478.99	88463.27
占全部企业营收总额比重（%）	98.43	62.56
资产总额（亿元）	14418.84	83706.62
占全部企业资产总额比重（%）	95.13	20.33
利润总额（亿元）	794.46	2408.50
占全部企业利润总额比重（%）	99.88	37.47
员工人数（万人）	300.61	1932.33
占全部企业员工比重（%）	98.78	85.30
	主要效率指标	
销售利润率（%）	3.88	2.72
资产利润率（%）	5.51	2.88
总资产周转率（%）	142.03	105.68
人均营业收入（万元/人）	68.12	45.78
人均利润（万元/人）	2.64	1.25

四、企业经济效益效率比较

从劳动生产率指标来看，2001 ~2005 年民营企业 500 家人均营业收入的绝对值均大于中国企业 500 强。但从年均增长率来看，中国企业 500 强的劳动效率提高速度却要高于民营企业 500 家。（见表 4 –7）

表 4 –7　2001 ~2005 年民营企业 500 家与中国企业 500 强劳动生产率比较

单位：万元/人,%

年份	民营企业 500 家	增长率	中国企业 500 强	增长率
2001	40.48	—	31.41	—
2002	40.97	1.21	34.39	9.49
2003	50.46	23.16	43.02	25.09
2004	62.98	24.81	57.67	34.05
2005	68.37	8.56	61.89	7.32
年均增长率	—	14.44	—	18.99

从表 4 –8 我们可以看出，中国企业 500 强中国有及国有控股企业的劳动生产率最低，而集体企业和外商投资企业的人均营业收入较高，分别为 107.77 万元/人和 164.61 万元/人，私营企业人均营业收入也达到了 78.39 万元/人，高于国有及国有控股企业。

表 4 –8　2004 ~2005 年民营企业 500 家与中国企业 500 强经济效益效率比较

单位:%，万元/人

		销售利润率	资产周转率	资产利润率	人均营业收入	人均利润
2005 年指标值						
中国企业 500 强	国有及国有控股	4.73	30.56	1.45	58.50	2.77
	集体	2.72	43.38	1.18	107.77	2.93
	私营	3.76	157.21	5.91	78.39	2.95
	外商	3.69	211.88	7.83	164.61	6.08
	平均	4.55	34.34	1.60	61.89	2.81
民营企业 500 家平均		3.82	137.28	5.25	68.37	2.61
世界 500 强平均		6.42	26.01	1.67	300.75	19.25
2004 年指标值						
中国企业 500 强	国有及国有控股	4.54	32.63	1.48	54.57	2.48
	集体	3.32	33.88	1.12	83.32	2.77
	私营	5.12	80.12	4.10	71.18	3.64
	外商	3.11	119.14	3.71	182.61	5.69
	平均	4.48	35.06	1.57	57.67	2.59
民营企业 500 家平均		4.58	128.07	5.87	62.98	2.89
世界 500 强平均		5.51	24.80	1.37	290.03	15.97

我们从表 4 –8 中还可以看到，2005 年民营企业 500 家平均资产周转率最高，为 137.28%，资产经营效率较好；世界企业 500 强平均资产周转率最低，为 26.01%；中国企业 500 强平均资

产周转率略高于世界500强，为34.34%，其中国有及国有控股企业资产周转率最低，仅为30.56%，且低于2004年的指标值。中国企业500强中资产周转率最高的是外商投资企业，其次是私营企业，但由于其企业数量不多，因此中国企业500强平均资产周转率比较低。

从盈利能力上看，民营企业500家平均资产利润率最高，其次是世界企业500强，最低的是中国企业500强。从销售利润率来看，世界企业500强最高，其人均营业收入和人均利润也最高，表明世界企业500强的劳动生产率远远高于国内企业。

在中国企业500强中，私营企业和外商投资企业的人均营业收入和人均利润要高于国有及国有控股企业，但是从销售利润率上不及国有企业，而且2005年私营企业的人均利润和销售利润率均低于2004年，这也与2005年民营企业500家的盈利能力下降趋势相适应，说明宏观调控政策、能源资源紧缺、成本增加以及国内外市场竞争升级的影响体现在民营企业身上较为明显。

五、企业成长性比较

我们仅从2003~2005年3年间的数据分析，民营企业500家营业收入总额增长率和资产总额增长率大大超过中国企业500强。民营企业500家营收总额3年间年均增长率为43.61%，资产总额年均增长率为33.24%；而中国企业500强3年间营收总额年均增长率为26.73%，资产总额年均增长率为14.92%。

从利润指标来看，民营企业500家成长性要好于中国企业500强。2003~2005年民营企业500家税后利润总额3年间年均增长率为30.48%，而中国企业500强利润总额年均增长率为26.2%；但从2005年利润增长指标来看，中国企业500强的利润总额增长率高于民营企业500家。（见表4-9）

表4-9 民营企业500家和中国企业500强成长性比较

年份	营收总额增长率（%）		资产总额增长率（%）		利润总额增长率（%）	
	民营500家	中国500强	民营500家	中国500强	民营500家	中国500强
2005	35.26	20.40	26.19	22.90	12.81	22.10
2004	42.87	30.61	29.73	18.70	38.99	65.90
2003	52.69	29.18	43.80	3.16	39.64	-9.40

小 结

2005年民营企业500家与中国企业500强规模指标相比还有比较大的差距，民营企业500家的营业收入总额仅为中国企业500强营业收入总额的14.7%。

中国企业500强和民营企业500家虽然主要分布在经济发达的地区，但是中国企业500强中企业分布前两位的是北京市和广东省，民营企业500家企业数量最多的前两位是浙江省和江苏省，这与民营企业最先在沿海地区起步发展有直接联系。

从行业指标上看，具有自然垄断和行政垄断性质的银行业，石油开采及石化业，石油天然气开采及生产业，邮电通信业，以及电力、热力、燃气、给水等服务业在中国企业500强中占主要地位。民营企业500家主要在竞争比较充分的领域，纺织、批发零售、建筑业等行业民营企业具有比较强的竞争优势。

从劳动生产率指标来看，2001~2005年民营企业500家人均营业收入的绝对值均大于中国企业500强。从年均增长率来看，中国企业500强的劳动效率提高速度要高于民营企业500家。

2005年民营企业500家在资产周转率、资产利润率等方面均高于中国企业500强。民营企业500家的规模成长性较好，2003～2005年民营企业500家的营业收入总额增长率和资产总额增长率均超过中国企业500强。

第三篇　2005年上规模民营企业经营管理情况分析

在对企业经营情况进行调查的基础上，2005年对上规模民营企业在投融资、管理、经营、技术创新、国际化以及影响企业发展的主要问题等六个方面进行了专项调查，以力求比较详实地反映出目前上规模民营企业的基本状况、发展趋势和主要困难。参加调研的上规模民营企业共有2 688家，此项调查问卷的有效回收率超过70%。

第五章　2005年上规模民营企业经营管理情况分析

一、2005年上规模民营企业投融资情况分析

（一）2005年上规模民营企业融资情况

连续几年的上规模民营企业调研都表明，资金问题始终是困扰民营企业发展的主要问题。由于目前民营企业的资金融通渠道仍然有限，因此，上市融资还是许多民营企业融资的重要选择。

2005年参加调研的2 688家上规模民营企业中，有123家企业拥有上市公司，其中有92家企业拥有国内上市公司，31家企业拥有海外上市公司，分别占全部调研企业的3.42%和1.15%。（见表5－1）

表5－1　2005年上规模民营企业上市情况

企业上市情况	企业数（家）	占全部企业比重（%）
国内	92	3.42
海外	31	1.15
总计	123	4.58

在已经拥有上市公司的上规模民营企业中，有24家企业在国内拥有两家以上的上市公司，最多的达到8家。有6家企业在海外拥有两家以上的上市公司，最多的达到5家，这在一定程度上反映了上规模民营企业海外资本市场融资的活跃。

从上市企业的行业背景看，在海内、外同时拥有上市公司的上规模民营企业行业背景差异不大，基本以制造业为主，主要集中在医药制造业，食品加工与食品、饮料制造业，电气机械及器材、线缆制造业，通信设备、计算机及其他电子设备制造业等行业。此外，造纸及纸制品、印刷业、文教体育、办公用品制造业，和非金属矿物制品业的上规模民营企业，也在海外拥有上市公司。而服装、鞋帽、皮革制造业，化学原料及化学制品制造业，农、林、牧、渔业，仪器仪表制造业，金融、保险业的民营企业，仅在国内拥有上市公司。

2005年上规模民营企业中，继续持有上市意向的企业仍然具有一定的数量，同时上市意向群体差异化相对明显。已拥有上市公司的企业更多的表现出进一步通过资本市场融资的意向，且在海外主板上市融资的意向性表现得更为强烈。而目前尚无上市公司的企业的上市意向则更

加活跃，其上市意向首选是内地中小企业板，有意向在内地主板上市融资的上规模民营企业仍然占据主流。这两种企业的上市意向具有相对明显的差异。（见表5－2）

表5－2 2005年上规模民营企业上市意向

企业上市意向	已上市企业家数	未上市企业家数	合计
内地主板	31	282	313
内地中小企业板	13	296	309
海外主板	27	139	166
海外创业板	12	88	100

（二）2005年上规模民营企业投资活动

通过对上规模民营企业的投资意向进行比较分析显示：本企业扩建是上规模民营企业投资意向的首选。2005年上规模民营企业中有60.04%的企业表示将进行企业扩建，有17.37%的企业表示将新建企业。企业首选投资意向以强化自身建设为主，同时兼顾企业的扩张发展，这反映出上规模民营企业正逐渐步入谨慎扩张、理性发展的阶段。（见表5－3）

表5－3 2005年上规模民营企业投资意向

企业投资意向	已上市企业家数	未上市企业家数	合计
本企业扩建	111	1 503	1 614
新建企业	43	424	467
并购企业	40	208	248

调研结果显示，并购和新建企业等扩张行为，在目前尚未上市公司的企业中的潜在意向性远远超过已上市的企业。在具体的投资领域方面，已上市的上规模民营企业和尚未上市的企业基本都以行业内纵深发展为主，跨行业投资为辅，但在具体投资领域方面表现出较大的不同。在已上市的上规模民营企业中有88家有比较明确的投资意向，基本是在自己的主业范围内深化发展或延伸产业链，其中有16家具有跨行业投资的意向，并且投资意向方向集中性差，主要分布在文化、环保、能源等多领域。在目前尚未上市的上规模民营企业中，有1 076家企业有比较明确的投资意向，有85家企业的投资意向为跨行业，投资领域则相对集中，以房地产、物流、环保、能源、医药为主，研发中心和社会福利也占有一定比例。

由于民营企业的资金来源渠道有限，目前上规模民营企业的投资来源以自有资金为主，银行借贷是主要的补充途径。资本市场融资功能还没有在上规模民营企业的融资活动中充分发挥，民间借贷仍然在一定范围内存在。（见表5－4）

表5－4 2005年上规模民营企业投资主要资金来源

企业主要投资来源	已上市企业（家）	未上市企业（家）	合计（家）
自有	131	1 630	1 761
银行借贷	105	1 448	1 553
资本市场融资	66	131	197
其他方式融资	17	133	150
民间借贷	1	76	77

2005年上规模民营企业认为在企业投资过程中面临的主要问题是融资困难、土地使用问题以及专业人才短缺；其次是审批时间长、缺乏项目以及环保评估等。具体来看，已上市企业的专业人才短缺问题相对突出，未上市企业以融资困难问题居首。以往比较集中的行业准入以及

政策透明度等问题，随着市场经济体制建设的不断完善以及政府职能的不断调整，已经有所改观。（见表5－5）

表5－5　2005年上规模民营企业投资主要困难比较

投资困难	已上市企业投融资需求分析（家）	未上市企业投融资需求分析（家）	合计（家）
融资困难	59	751	810
土地使用	50	676	726
专业人才短缺	66	646	712
审批时间长	46	401	447
缺乏合适项目	22	290	312
环保评估	11	177	188
行业准入	16	131	147
其他	16	130	146
政策不透明	24	119	143
市场前景不明	3	132	135
总计	313	3 453	3 766

2005年上规模民营企业的融资活动和投资扩张行为理性程度有所提高。由于企业的发展环境特别是政策与监管环境明显改善，民营企业自身经营不断强化，发展战略正在超越盲目扩张阶段，上规模民营企业正在稳步进入成长期。随着企业自身实力的不断增强，除了资金问题外，人才问题已成为未来企业持续发展所面临的首要问题之一。为此，我们对本次调研中反映出企业在投资过程中专业人才短缺的前十个行业进行统计，发现一些近年来逐步发展的行业以及需要综合人才的领域人才短缺情况相对突出。（见表5－6）

表5－6　2005年上规模民营企业人才短缺突出行业

行业分类	专业人才短缺提及率（%）
水利、环境和公共设施管理业	66.67
住宿、餐饮业	55.56
信息传输、计算机服务和软件业	41.67
工艺品其他制造业	39.39
造纸及纸制品、印刷业、文教体育、办公用品制造业	38.64
仪器仪表制造业	37.50
通用设备和专用设备制造业	36.81
综合（含投资类、主业不明显）	35.90
电气机械及器材、线缆制造业	33.51
电力、热力、燃气及水的生产和供应业	33.33

二、2005年上规模民营企业管理情况分析

（一）2005年上规模民营企业的治理结构

随着我国民营企业群体的不断发展壮大，企业不断重视和加强自身管理问题，同时管理的强化又促进了民营企业的进一步发展。开展党群工作建设，规范管理、提升管理能力，优化治

理结构和激励机制，建立健全劳动用工制度，推进信息化建设已成为上规模民营企业的首要着力点。

从企业发起人结构来看，上规模民营企业以自然人发起为主，其次是企业法人，乡镇企业改制和国有企业改制的分别占15%和10%，另外中外合资的达到8.26%。民营企业的竞争优势来自于其产权清晰，通过比较可以看出，由国有企业改制而来的民营企业的盈利水平目前还低于其他类型的企业。（见表5－7）

表5－7　2005年上规模民营企业发起人类型的绩效对比

企业发起人类型	企业数（家）	占全部企业比重（%）	销售利润率（%）	总资产利润率（%）
自然人发起	1 000	37.20	4.37	5.66
法人发起	482	17.93	4.74	5.38
乡镇企业改制	394	14.66	4.12	5.44
国有企业改制	269	10.01	2.78	3.85
中外合资	222	8.26	5.87	6.36
平均	—	—	4.22	5.34

董事会是上规模民营企业的主要决策机构。调研数据表明，有53%的上规模民营企业的重大决策权掌控者是董事会，有34%的企业重大决策权掌控者是股东大会，而重大决策权掌控者是董事长和总裁的仅为12%和2%左右，反映出目前上规模民营企业的决策权集中在企业家个人的已经不多，企业管理向现代企业制度过渡，治理结构不断完善。（见表5－8）

表5－8　2005年上规模民营企业决策机制

企业重大决策权掌控者	企业数（家）	占全部企业比重（%）
董事会	1 425	53.01
股东大会	902	33.56
董事长	321	11.94
总裁（CEO）	46	1.71

上规模民营企业中党建及工会建设工作开展良好。调研数据表明，党委（支部）和工会组织在上规模民营企业中设立的覆盖面越来越大，设立的企业数量也连年增多，从2003年的50%到2005年的70%以上，反映了党群工作在上规模民营企业中不断得到重视并得以有效开展，同时也反映了党和政府对上规模民营企业党建、工会工作的重视。（见表5－9）

表5－9　2005年上规模民营企业党建和工会设立情况

企业已设置的党群机构	2005年		2004		2003年	
	企业数（家）	占全部企业比重（%）	企业数（家）	占全部企业比重（%）	企业数（家）	占全部企业比重（%）
党委（支部）	1 973	73.40	1 273	60.08	1 137	50.15
工会	2 026	75.37	1 315	62.06	1 157	51.04

调研数据表明，有58%的上规模民营企业总裁由董事长兼任，另有14%的企业总裁在股东中产生，总裁由社会聘用或员工中提升的企业数量不多，合计只占7%左右。由此可见企业家同时也是经营者的现象比较普遍，职业经理人市场没有形成，民营企业对职业经理人的信任度不高。（见表5－10）

表 5-10　2005 年上规模民营企业总裁产生机制

企业总裁产生机制	企业数（家）	占全部企业比重（%）
董事长兼任	1 561	58.07
股东中产生	364	13.54
社会上聘用	137	5.10
员工中提升	52	1.93

上规模民营企业的激励机制多样化特征明显，这些激励措施能够有效地激励公司管理层，充分调动经营者的积极性，将自身的利益与公司的利益紧密地结合在一起，使得民营企业在市场经济中呈现出很强活力。目前上规模民营企业是以年薪、加薪、分红等短期激励机制为主，长效激励机制还没有成为激励机制的主流，只有 4.91% 的上规模民营企业采取股票期权与其他各类激励机制结合的方式，因此民营企业短期与长期激励机制有效结合发挥作用的途径尚需要进一步探索。（见表 5-11）

表 5-11　2005 年上规模民营企业激励机制

企业激励机制类型	企业数（家）	占全部企业比重（%）
年薪制	1 431	53.24
加薪	628	23.36
分红	535	19.90
激励基金	297	11.05
其他	282	10.49
股票期权	132	4.91

（二）2005 年上规模民营企业管理状况

2005 年上规模民营企业现代化管理手段运用和信息化建设工作正在展开，特别是在企业质量管理方面，有近 74% 的上规模民营企业通过 ISO9000 认证，同时企业还根据具体领域通过多项相关质量管理认证，以适应市场竞争的要求。（见表 5-12）

表 5-12　2005 年上规模民营企业质量管理手段

企业质量管理手段	企业数（家）	占全部企业比重（%）
ISO9000	1 988	73.96
ISO14000	721	26.82
其他认证	476	17.71
3C 质量认证	271	10.08
OHSAS18000	258	9.60

为了进一步强化和提高管理绩效，上规模民营企业的信息化建设也在有效开展之中，其中 OA（协同办公系统）的开展已经接近 60%。同时，ERP（企业资源规划）、CRM（客户关系管理）、SCM（供应链管理）、MRPII（制造资源计划）等建设工作也在一定范围内展开。但是，通过 2003 年到 2005 年的调研结果比较，信息化建设覆盖面出现波动的现象值得关注。（见表 5-13）

表 5－13　2003～2005 年上规模民营企业信息化建设情况比较

企业信息化	2005 年		2004 年		2003 年	
	企业数（家）	占全部企业比重（%）	企业数（家）	占全部企业比重（%）	企业数（家）	占全部企业比重（%）
ERP（企业资源规划）	789	29.35	831	39.22	758	33.44
CRM（客户关系管理）	486	18.08	493	23.27	534	23.56
SCM（供应链管理）	344	12.80	348	16.42	408	18.00
MRPII（制造资源计划）	123	4.58	157	7.41	260	11.47
OA（协同办公系统）	1 523	56.66	—	—	—	—

上规模民营企业劳动用工制度在不断完善，员工保障机制逐步健全。通过对养老保险，医疗保险和失业保险在各个企业内部的覆盖面的调研显示：有 49.11% 的企业其养老保险的企业内部覆盖面达到 80% 以上；有 42% 以上的企业其医疗保险的企业内部覆盖面达到 80% 以上；有 39.17% 以上的企业其失业保险的企业内部覆盖面达到 80% 以上。但是，还有一些上规模民营企业需要建立健全员工各项保障机制，贯彻和落实好劳动用工制度。（见表 5－14）

表 5－14　2005 年上规模民营企业员工保障状况

企业内部覆盖面（%）	养老保险		医疗保险		失业保险	
	企业数（家）	占全部企业比重（%）	企业数（家）	占全部企业比重（%）	企业数（家）	占全部企业比重（%）
<30%	206	7.66	350	13.02	359	13.36
≤30% <60%	457	17.00	366	13.62	338	12.57
≤60% <80%	400	14.88	282	10.49	250	9.30
≥80% 以上	1 320	49.11	1 129	42.00	1 053	39.17

调研结果表明，2005 年上规模民营企业人力资源结构进一步改善，结构也在不断优化。但总体来看，企业技术人员和大学以上学历人员的比例相对不高，有 60% 的上规模民营企业大学以上人员的比例低于 30%；有 65% 的企业技术人员比例在 30% 以下。（见表 5－15）

表 5－15　2005 年上规模民营企业人力资源结构

比重	管理人员		技术人员		大学以上	
	企业数（家）	占全部企业比重（%）	企业数（家）	占全部企业比重（%）	企业数（家）	占全部企业比重（%）
≥50%	55	2.05	175	6.51	260	9.67
≤30%<50%	157	5.84	293	10.90	334	12.43
≤20%<30%	346	12.87	394	14.66	323	12.02
≤10%<20%	990	36.83	751	27.94	555	20.65
<10%	714	26.56	599	22.28	756	28.13

三、上规模民营企业经营与发展情况分析

随着市场竞争的不断加剧，民营企业如何进行战略规划、开展品牌创建以及如何构造企业的市场竞争力等问题，日益成为企业经营管理和持续发展中的重要问题。

（一）2005 年上规模民营企业战略发展问题

2005 年上规模民营企业的战略规划工作不断加强。已制定3 至5 年规划的上规模民营企业数量达到1 735 家，占全部调研企业的65%；拥有国际化战略规划的企业数量也在不断增加，达到219 家，占全部调研的8.2%；没有战略规划的企业不到2%。表明我国上规模民营企业整体已经步入稳步成长阶段，短期营利行为已经成为初创期的历史。（见表5－16）

表5－16　2005 年上规模民营企业战略规划情况

企业战略规划情况	企业数（家）	占全部企业比重（%）
没有规划	53	1.97
1～2 年规划	522	19.42
3～5 年规划	1 735	64.55
国际化规划	219	8.15

2005 年上规模民营企业的品牌建设工作也取得了良好成绩。调研数据表明，已有225 家上规模民营企业的产品被认定为“中国驰名商标”，占8.37%，有252 家企业的产品被认定为“中国名牌产品”，占9.38%。联想、小天鹅、娃哈哈、吉利、波司登、天士力、雨润、正泰、德力西等品牌，人们耳熟能详。打造市场品牌，可提高产品附加值，对拥有驰名商标和非驰名商标企业的几项经济效率指标分析可以看到，拥有驰名商标的企业效益效率指标明显好于其他企业。（见表5－17）

表5－17　2005 年拥有驰名商标的上规模民营企业效率情况

	家数	收入利润率（%）	总资产利润率（%）	净资产收益率(%)
拥有驰名商标企业	225	4.50	6.27	16.22
拥有非驰名商标企业	2 463	4.20	5.26	14.64
全部企业	2 688	4.22	5.34	14.77

上规模民营企业中自有品牌产品已形成企业销售收入中的主要部分，贴牌产品也构成销售收入的一部分。调研数据显示，上规模民营企业自有品牌产品基本占企业产品的主导地位，只有406 家企业既有自有品牌又有贴牌销售收入，表明上规模企业已步入创立自有品牌为主、经营贴牌产品为辅的发展阶段。

在上规模民营企业中，许多企业已经成为行业中的领头羊，这些企业主要分布在制造业的各个不同的细分行业中，体现出在本行业中的主导型和领先性。有418 家企业居于所属行业或细分领域的第一位，数量占比为15.55%；居于第二位的企业有129 家；第三位的有155 家。位居前三位的企业合计702 家，占全部企业数量的26.12%；前五位的企业合计828 家，占全部企业数量的30.80%。这些数字进一步说明，上规模民营企业已经成为各行各业中的重要力量。

（二）2005 年上规模民营企业市场竞争力分析

打造企业市场竞争力是上规模民营企业强化自身经营的有效举措。通过加强企业研究开发、生产制造、市场营销、经营组织、资金运作、企业文化建设、战略执行能力、市场应变能力以及风险控制能力等，企业的市场竞争力不断增强。当前，上规模民营企业市场竞争力的形成主要依赖营销和生产，市场营销，生产制造和研究开发是企业保持竞争力的主要方式。（见表5－18）

表 5-18 2005 年上规模民营企业市场竞争力分析

企业对自身市场竞争力形成的主要因素的认定	企业数（家）	占全部企业比重（%）
研究开发	1 034	38.47
生产制造	1 157	43.04
市场营销	1 272	47.32
经营组织	631	23.47
资金运作	479	17.82
企业文化	308	11.46
战略执行	257	9.56
市场应变	684	25.45
风险控制	283	10.53

通过对民营企业500家和其他企业的比较，大型企业对研究开发、资金运作、战略执行、企业文化、经营组织等因素的看重程度高于规模较小的企业；而规模较小的企业在市场应变、生产制造、市场营销的重视程度要高于大企业。可见，上规模民营企业的不同群体已经开始以不同的方式打造各自的竞争能力，企业的竞争力也要根据企业的发展不断的调整和加强。（见表5-19）

表 5-19 2005 年上规模民营企业市场竞争力比较

企业对自身市场竞争力形成主要因素的认定	民营企业500家的比重（%）	民营企业500家以外的企业比重（%）
研究开发	40.60	37.98
生产制造	38.80	44.01
市场营销	46.00	47.62
经营组织	28.20	22.39
资金运作	19.60	17.41
企业文化	13.60	10.97
战略执行	16.00	8.09
市场应变	22.60	26.10
风险控制	9.40	10.79

四、上规模民营企业技术能力与创新情况分析

（一）2005 年上规模民营企业技术创新能力分析

民营企业也是我国自主创新的重要推动力量，国家许多创新成果是由民营企业来推动和完成的。自主创新是企业长期可持续发展的战略措施，也是企业强化自身市场竞争力的重要手段。2005 年技术创新工作在上规模民营企业中得到进一步重视和加强，企业的技术能力和技术水平得到不断提高，成果显著。

在 2005 年上规模民营企业中，获得省级科学进步奖的企业有 405 家，占全部企业的 15.07%；获得国家科学技术进步奖的企业有 148 家，占全部企业的 5.51%；获得国家技术发明奖的企业有 36 家，占全部企业的 1.34%。民营企业 500 家的获奖比重远远高于平均水平。因此，从调研数据可以看出，上规模民营企业技术能力在不断提升，技术能力与企业竞争力相互

促进。(见表5－20)

表5－20　2005年上规模民营企业科技获奖情况

企业获奖种类	获奖企业数（家）	占全部企业比重（%）
国家技术发明奖	36	1.34
国家科技进步奖	148	5.51
省级科学技术奖	405	15.07

有881家上规模民营企业被认定为高新企业，占全部企业的32.78%；有873家上规模民营企业拥有自己的专利，占全部企业的32.48%。其中464家企业拥有2 516项发明专利，578家企业拥有6 789项实用新型专利，446家企业拥有13 911项外观设计专利。在全部调研企业中，有1 310家企业的核心技术属于企业自主知识产权。

上规模民营企业的核心技术水平表现为以国内领先为主，调查中认为本企业技术居国际领先的有3.57%，为国际先进的有13.38%，为国内先进的有43.12%，10.53%的企业认为只达到国内平均水平；上规模民营企业的技术装备水平也基本相同，企业居国际领先地位的有3.87%，达到国际先进水平的为14.77%，为国内先进的占47.06%，10.61%的企业处于国内平均水平。调查显示进入民营企业500家的规模大的企业，其技术水平、装备水平都要好于其他企业。(见表5－21)

表5－21　2005年上规模民营企业技术领先性分析

	民营企业500家的比例结构（%）	全部参加调研企业的比例结构（%）
技术装备——国际领先	8.40	3.87
国际先进	19.80	14.77
国内先进	44.60	47.06
国内平均	6.80	10.16
核心技术——国际领先	6.20	3.57
国际先进	18.00	13.36
国内先进	45.00	43.12
国内平均	6.00	10.53

2005年上规模民营企业的技术来源以自主开发和引进技术人才、引进技术为主，联合开发逐渐增多。其中民营企业500家的模仿技术较少，通过企业并购和企业合资的方式引进关键技术的相对较多。(见表5－22)

表5－22　2005年上规模民营企业关键技术来源比较分析

关键技术来源	民营企业500家的比重（%）	全部企业的比重（%）	民营企业500家以外的企业比重（%）
自主开发	57.00	48.74	46.85
引进技术人才	36.40	26.75	24.54
引进技术	24.20	18.08	16.68
联合开发	18.80	15.36	14.58
模仿	3.60	3.91	3.98
企业合资	3.60	2.79	2.61
并购企业	5.00	2.72	2.19

（二）2005 年上规模民营企业研发情况分析

2005 年上规模民营企业研发工作得到进一步重视，产学研结合渐成方向。调研显示，有 1 576家企业设立了研发机构，占全部企业的 58.63%；另有 169 家企业设立了博士后工作站，占全部企业的 6.29%。越是有竞争优势的企业，研发投入就越大。销售收入排序在前的规模大的民营企业，设立研发部门和博士后工作站的比例明显高于排序在后的企业。

上规模民营企业重视技术创新的研发投入，研发费用占企业销售收入比重较高，调查显示，研发投入比重占 3% ~10% 的企业较多。（见表 5 -23）

表 5 -23　2005 年上规模民营企业研发费投入情况

研发投入占销售收入比重	民营企业 500 家数	占民营企业 500 家中的比重（%）	上规模民营企业家数	占上规模民营企业比重（%）
< 1%	64	12.80	341	12.69
1% ~2%	52	10.40	307	11.42
2% ~3%	45	9.00	215	8.00
3% ~5%	79	15.80	311	11.57
5% ~10%	71	14.20	316	11.76
10% ~20%	11	2.20	61	2.27
>20%	5	1.00	25	0.93

上规模民营企业的技术项目拓展方向和领域分布也相对集中，主要在新材料、生物技术、通讯技术、新能源等高新技术领域。技术创新离不开充足的创新资金来源，目前上规模民营企业的技术创新资金来源以自有资金为主，辅之以银行借贷和政府资助。调研显示，有 70% 的企业主要依靠自有资金开展创新工作；有 28% 的企业通过银行借贷，政府的资助能力和覆盖面有限，政府资助覆盖不到 10% 的上规模民营企业。民营企业技术创新资金来源的渠道仍然有限，资本市场融资和风险投资还未发挥重要作用。（见表 5 -24）

表 5 -24　2005 年上规模民营企业技术创新资金来源比较

技术创新资金来源	企业数（家）	占全部企业比重（%）
自有资金	1 883	70.05
银行借贷	747	27.79
政府资助	222	8.26
资本市场融资	79	2.94
风险投资	18	0.67

我们从图 5 -1 中可以看到，上规模民营企业从不同渠道获得政府科技资金支持的比重不高，有 881 家的企业曾经获得了不同数额的政府资金支持，民营企业 500 家得到的支持较大，政府资金的流向更青睐于大企业。

销售收入排名较后的上规模民营企业得到政府资金支持相对较少。（见图 5 -2）

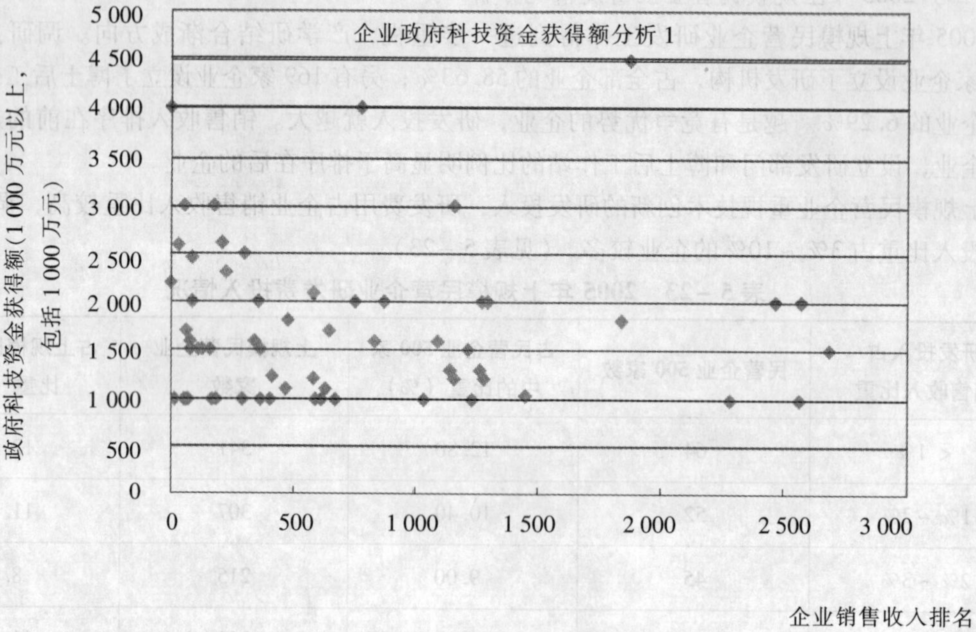

图 5-1 2005 年上规模民营企业获得政府科技资金支持分布情况一

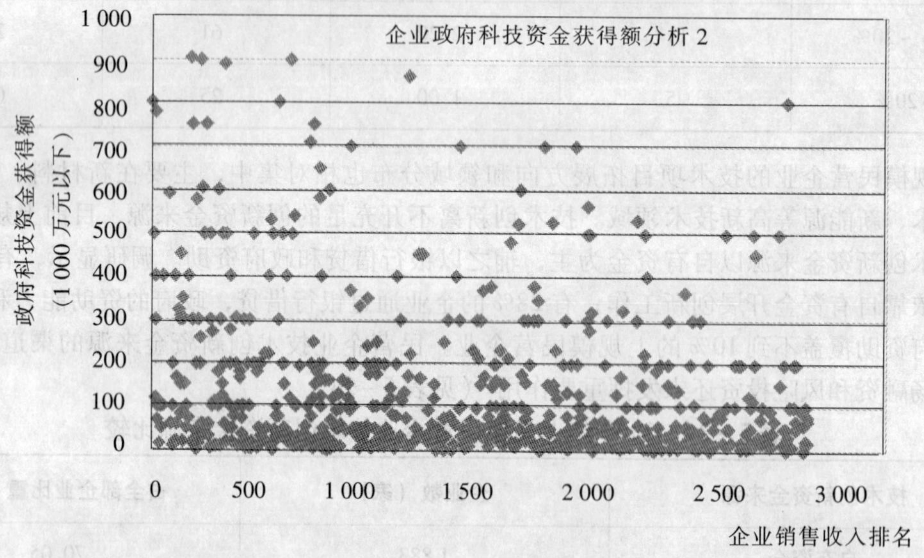

图 5-2 2005 年上规模民营企业获得政府科技资金支持分布情况二

（三）2005 年上规模民营企业创新所面临的主要问题

2005 年上规模民营企业的技术创新困难突出表现在人才缺乏和资金短缺上，二者比重合计为 67.3%；同时，产学研合作难度较大、政策支持力度弱和技术市场不健全也是影响上规模民营企业技术创新的重要因素。（见表 5－25）

表 5－25　2005 年上规模民营企业创新困难分析

企业主要创新困难类型	企业数（家）	占全部企业比重（%）
人才缺乏	1 193	44.38
资金短缺	616	22.92
产学研合作难度较大	473	17.60
政策支持力度弱	451	16.78
技术市场不健全	310	11.53
知识产权保护不够	205	7.63
企业管理水平低	178	6.62
激励机制不健全	131	4.87

五、上规模民营企业国际化经营情况分析

（一）2005 年上规模民营企业海外拓展经营情况

国际化经营步伐不断加大是中国民营企业近年来的主要发展特征，上规模民营企业也日益重视海外市场开拓，成为“走出去”的一支重要力量。

2005 年上规模民营企业中海外市场拓展方式中，有销售网络的企业有 420 家；设立办事处的企业有 358 家；开展周边国家经贸合作的企业 196 家；在外建厂的企业 68 家；在外设研发机构的企业 58 家；开展工程承包地企业的 47 家；进行资源开发的企业 35 家；从事企业兼并的有 21 家。（见图 5－3）

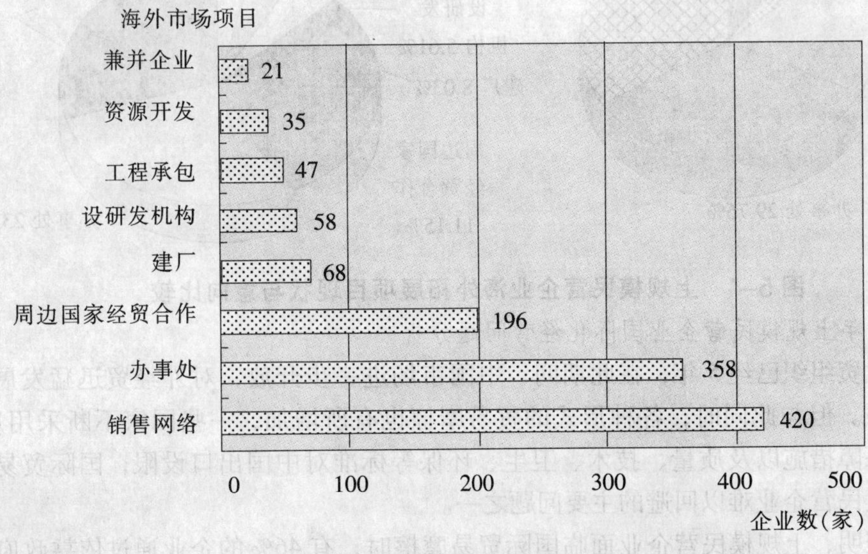

图 5-3　2005 年上规模民营企业海外拓展方式

调研数据显示，2005 年上规模民营企业在海外市场已有一定的发展规模。各项指标前五名的企业主要分布在制造业、农林牧渔业、建筑业和批发零售业等。从整体上看上规模民营企业国际化经营仍然处于初级阶段，投资额多数在 1 000 万元以下，销售收入多在 10 000 万元以下，

海外雇员多为 500 人以下。

上规模民营企业海外市场分布基本遍及全球，且呈现出一定的行业特征。制造业企业的市场范围基本遍布全球；建筑业已经打开世界许多地区和国家的市场；农林牧渔业以亚太地区市场为主，欧美以及澳大利亚市场也开始拓展；电力、热力、燃气及水的生产和供应主要海外市场是伊朗、印尼和东南亚；交通运输、仓储和邮政业主要在欧洲和东南亚等地区；信息传输、计算机服务和软件业的企业主要分布在亚洲地区，加拿大、美国、英国、科威特、西班牙等地也有市场份额。

2005 年上规模民营企业海外拓展项目以建设销售网络、设立办事处以及与周边国家开展经贸合作为主。由于国际贸易环境的不断变化，各国特别是发展中国家之间的国际贸易竞争日益激烈，上规模民营企业海外拓展也面临诸多困难与风险。2005 年上规模民营企业在海外建厂、进行资源开发和兼并企业等海外拓展项目数量比前两年有所波动，没有呈现稳定上升的趋势，民营企业的对外投资活动呈现谨慎发展的特征。

与此同时，随着上规模民营企业的海外拓展能力和实力在不断增强，企业在国际经济贸易环境中不断优化自身的定位，走出去的方式也在发生变化，准备在海外建厂、设立研发机构、进行资源开发以及兼并企业等意向的企业数有所增加，海外市场拓展行为向纵深化发展。（见图 5－4）

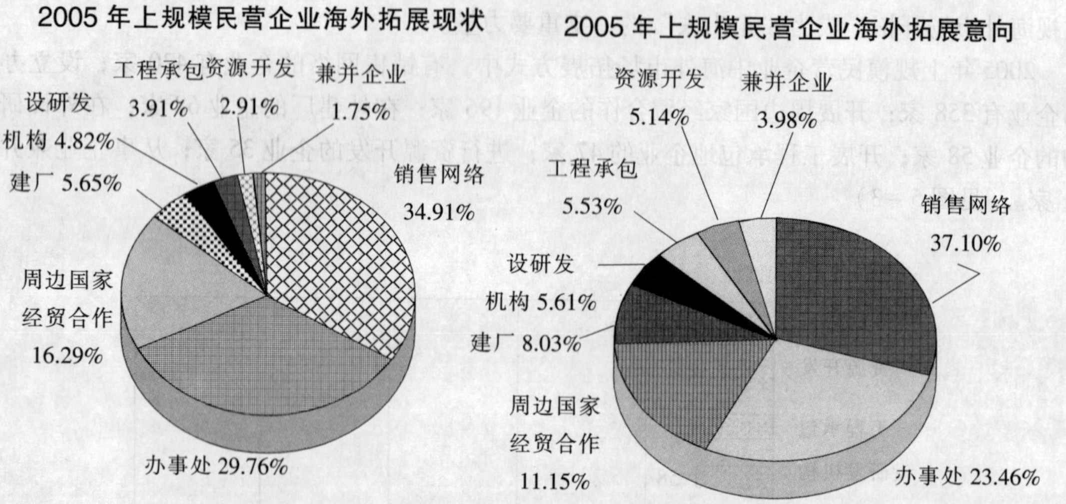

图 5–4　上规模民营企业海外拓展项目现状与意向比较

（二）2005 年上规模民营企业国际化经营问题分析

我国加入世贸组织已经 5 年，在此期间，中国市场进一步开放，对外经贸迅猛发展，国际竞争力明显增强。但与此同时，各种形式的贸易摩擦也有所增加，一些国家不断采用反倾销、反补贴、特殊保障措施以及质量、技术、卫生、环保等标准对中国出口设限，国际贸易摩擦正日益成为上规模民营企业难以回避的主要问题之一。

调研数据表明，上规模民营企业面临国际贸易摩擦时，有 46% 的企业通过依靠政府力量和依靠商会力量，共同应对和解决；只有 5.1% 的企业暂时未考虑如何解决企业所遇到的国际贸易摩擦。（见表 5－26）

表 5－26　2005 年上规模民营企业国际贸易摩擦主要解决手段

主要解决手段	企业数（家）	占全部企业比重（%）
依靠政府	448	16.67
商会力量	447	16.63
共同应对	333	12.39
本企业力量	284	10.57
暂未考虑	137	5.10

而经营人才缺乏、经验不足和不了解海外投资环境成为影响上规模民营企业海外拓展的主要问题；同时，缺乏商务信息、审批程序复杂以及外汇管制严格等问题也在一定程度上困扰着企业。在调研中还反映出上规模民营企业海外拓展的其他困难，如国内同行低水平无序竞争、贸易和技术壁垒、贸易国的外贸政策、汇率、政府政策扶持不够、退税减少以及政策变化快等。（见表 5－27）

表 5－27　2005 年上规模民营企业海外开拓困难

企业战略规划情况	企业数（家）	占全部企业比重（%）
缺少经营人才	525	19.53
经验不足	276	10.27
不了解海外投资环境	269	10.01
缺乏商务信息	253	9.41
审批程序复杂	207	7.70
外汇管制严格	129	4.80
缺乏国际竞争力	117	4.35

六、2005 年上规模民营企业发展的主要问题分析

在不同的时期和发展阶段，上规模民营企业的生存和发展都存在着不同程度的困难，但总的来看，上规模民营企业发展所面临的主要问题又具有一定的集中性。同时，各类困难体现在不同的行业中又有不同的行业特征。

2005 年的原材料涨价问题取代 2004 年的融资问题成为上规模民营企业发展所要面对的首要问题，其次是资金融通困难、人力资源紧张和税费负担重，市场开拓和能源紧张也成为影响民营企业发展的主要问题。（见表 5－28）

表 5－28　2005 年上规模民营企业发展困难分析

企业发展困难种类	企业数（家）	占全部企业比重（%）
原材料涨价	1 110	41.29
融资困难	968	36.01
人力资源	830	30.88

续表

企业发展困难种类	企业数（家）	占全部企业比重（%）
税费负担	658	24.48
市场开拓	481	17.89
能源紧张	444	16.52
企业管理	355	13.21
执法环境	232	8.63
社会服务	174	6.47
地方保护	158	5.88
政府沟通	127	4.72
劳动关系	118	4.39
权益保护	109	4.06
治理结构	72	2.68
舆论环境	48	1.79

原材料涨价对自然资源依托性强的制造业和服务业影响比较大；在资金密集和需要高投入的行业，融资是企业发展的主要困难；税费负担问题在制造业相对突出；人力资源短缺问题则在一些近年逐步发展的行业和需要综合人才的领域表现相对突出。（见表5－29）

表5－29　2005年影响上规模民营企业发展主要因素行业比较

单位：%

序号	原材料涨价		融资困难		税费负担	
	所属行业	本行业企业提及率	所属行业	本行业企业提及率	所属行业	本行业企业提及率
1	电力、热力、燃气及水的生产和供应业	66.67	水利、环境和公共设施管理业	100.00	非金属矿物制品业（含水泥、玻璃、陶瓷、耐火材料等）	37.10
2	电气机械及器材、线缆制造业	66.49	采矿业	63.33	橡胶制品、塑料制品业	32.69
3	石油加工、炼焦加工业	60.61	石油加工、炼焦加工业	60.61	通用设备和专用设备制造业	28.47
4	通用设备和专用设备制造业	59.72	信息传输、计算机服务和软件业	58.33	医药制造业	26.92
5	化学原料及化学制品制造业	59.02	非金属矿物制品业	53.23	批发和零售业	26.63
6	木材加工及木、竹、藤、棕、草制品、家具制造业	57.69	房地产业	43.22	纺织业、化学纤维制造业	26.21

小 结

2005 年上规模民营企业的投融资活动呈现理性发展特征。已上市的企业和未上市的企业投资基本都以行业内纵深发展为主，跨行业投资为辅。融资困难、土地使用和专业人才缺乏是上规模民营企业投资面临的主要问题。

上规模民营企业党建和工会工作开展良好，劳动用工制度不断完善，人力资源结构不断优化。上规模民营企业法人治理结构正向现代企业制度转变和完善。同时，民营企业激励机制多样化特征明显，质量管理工作逐步加强，信息化建设工作也在开展之中。

上规模民营企业战略规划工作不断加强，品牌创设工作取得良好进展。目前，上规模民营企业市场竞争力的形成主要依赖研究开发、生产制造和市场营销。

上规模民营企业技术创新能力有所增强，取得专利数不断增加，创新投入不断加大。企业技术创新困难主要体现在人才缺乏、资金短缺、产学研合作困难和政策支持力度不足。

上规模民营企业国际化经营步伐加大，海外市场已初具规模，但从整体上看还处于初级阶段。在海外拓展过程中，上规模民营企业面临缺少经营人才、海外经验不足和不了解海外投资环境等困难。

2005 年原材料涨价已经取代融资问题成为上规模民营企业发展所面对的首要问题，同时融资困难、人力资源缺乏和税费负担重也是影响民营企业发展的主要问题。

新时期中国民营科技企业发展报告

中国民营科技实业家协会研究中心

（2001～2006 年）

前　言

民营科技企业历经1/4 世纪的创业发展，已经成为国民经济和社会发展中一支举足轻重的力量。2006 年是国民经济“十一五”规划开启年，也是《国家中长期科学与技术发展规划》实施的第一年。特别是1月，在全国科学技术大会上胡锦涛主席代表党中央部署了增强自主创新能力、建设创新型国家的伟大战略任务，进而使民营科技企业进入了创新发展的新阶段。

2002 年国家科技部曾委托中国民营科技实业家协会完成并编辑出版了《中国民营科技企业发展报告 1978～2001 年》，在全国及社会上产生广泛影响，受到政府部门、学术界和民营企业界的广泛关注。为贯彻落实《国家中长期科学和技术发展规划纲要》和全国科学技术大会“增强自主创新能力，建设创新型国家”的精神，科技部政策法规与体制改革司委托中国民营科技实业家协会承担编写《中国民营科技企业发展报告 2001～2005 年》课题任务。中国民营科技实业家协会研究中心具体承担了此项任务，并组织了专家参与的课题组。自 2005 年 10 月至 2006 年 10 月，课题组已对辽宁、山东、江苏、浙江、广东 5 省和北京、上海 2 直辖市及其所属 26 个市（县）调研，实地考察调研民营科技企业发展情况，掌握了较详细的资料。在此基础上，撰写出《新时期中国民营科技企业发展报告》。

研究中心愿与一切有志于推动民营科技创业创新发展的研究机构、政府机关、大学等建立友好交流合作机制；热忱希望得到专家学者的指导，热切期待得到民营企业家的大力支持。研究中心将努力当好政策舆论的先行，为政府决策和制定政策、为企业管理咨询服务，在实现自主创新、建设创新型国家的伟大事业中做出应有的贡献。

一、新时期民营科技企业的发展态势

我国民营科技企业于 20 世纪 80 年代起步，发展壮大于 90 年代，并以迅捷矫健的步伐进入了新世纪。民营科技企业历经 1/4 世纪的发展，已经成为国民经济中不可或缺的重要力量。当前为实现自主创新和建设创新型国家的战略任务正在厉精图强，奋发作为。近 5 年来（2001～2006 年），民营科技企业呈现出新的发展态势。

（一）国内政策与法制环境不断完善，推动民营科技企业发展

进入新世纪特别是“十六大”以来，国家方针政策、地方政策法规、各部门管理政策的不断创新，为民营科技企业发展提供了良好的发展环境。这些反映时代发展变化的创造性政策的出台，是近五年民营科技企业得以健康发展的重要保障。

——2000 年中央在关于制定“十五”计划建议中明确提出“要为各类企业发展创造平等竞争的环境，支持、鼓励和引导私营、个体企业尤其是科技型中小企业健康发展”。这一论述为新

时期民营科技企业的发展壮大提供了根本性的政策导向。

——2001年底我国正式加入世界贸易组织（WTO），我国经济进一步融入世界经济，为民营科技企业提供了更多的发展机遇和空间，能够有条件得到所需的人才、资金和市场的支持，加快了民营科技企业与国际接轨的步伐。

——2002年“十六大”报告中强调指出“在社会变革中出现的民营科技企业的创业者和技术人员……都是中国特色社会主义事业的建设者。对为祖国富强贡献力量的社会各阶层人们都要团结，对他们的创业精神都要鼓励，对他们的合法权益都要保护，对他们中的优秀分子都要表彰，努力形成全体人民各尽其能、各得其所，而又和谐相处的局面。”这一系列论述对民营科技企业给予了科学性的总结和历史性的定位，提出了与时俱进，开拓创新，全面建设小康社会的奋斗目标，为民营科技企业的发展创新，提供了良好的社会环境。

——2003年十六届三中全会进一步强调“大力发展国有资本、集体资本和非公有资本等参股的混合所有制经济，实现投资主体多元化，使股份制成为公有制的主要实现形式”，并提出“个体、私营等非公有制经济是促进我国社会生产力发展的重要力量。清理和修订限制非公有制经济发展的法律法规和政策，消除体制性障碍。放宽市场准入，允许非公有资本进入法律法规未禁入的基础设施、公用事业及其他行业和领域。非公有制企业在投融资、税收、土地使用和对外贸易等方面，与其他企业享受同等待遇。”这一系列政策的提出为民营科技企业的发展提供了更加广阔的空间。时代、复星、比亚迪等在这一政策的引导下成为新时期民营科技企业参与国有资产重组的典型代表。

——2004年全国十届人大二次会议通过修改宪法，进一步确立了包括民营科技企业在内的非公有经济法律地位：“国家保护个体、私营经济等非公有制经济的合法的权利和利益。”、“公民的合法的私有财产不受侵犯。”这就为民营科技企业在新时期发展提供了法律保障，民营科技企业进入了以法兴业的新阶段。

——2005年国务院下发了《国务院关于鼓励支持和引导个体私营等非公有制经济发展的若干意见》（简称“36条”），较为完整和系统地提出了促进非公有制经济发展的政策措施。“36条”不仅明确了促进非公有制经济发展的总体要求，还要求有关部门和各地区要加紧制定相关配套办法和实施细则，完善具体的政策措施，加大宣传力度，确保政策落到实处，民营科技企业作为非公有制经济的主体受益匪浅。

——2006年全国技术创新大会确立增强自主创新能力，建设创新型国家的战略任务。2月，国务院相继发布了《国家中长期科学和技术发展规划纲要（2006～2020年）》及其若干配套政策（共60条）。主要包括科技投入、税收激励、金融支持、政府采购、引进消化吸收再创新、创造和保护知识产权、人才队伍、教育与科普、科技创新基地与平台、加强统筹协调等内容。60条配套政策对营造良好自主创新环境，推动企业成为技术创新主体，加快创新型国家建设具有重要作用，为民营科技企业在建设创新型国家中大显身手提供了更有效的政策保障。

这一系列与时俱进的政策法规的出台，为新时期民营科技企业扬帆远行起到了导航护航的作用，激励和指引着更多民营科技企业不断开拓创新，成为构建和谐社会和建设创新型国家的主力大军。

（二）民营科技企业发展态势

自2001年至2005年新世纪的头5年中，随着国家有利于民营科技企业的政策与法制环境的不断完善，推动了民营科技企业快速健康发展。无论从产业规模、人才与效益结构都发生了深刻的变化，呈现出前所未有的良好发展势头。

截止到2005年底，全国民营科技企业数量为143 991家，企业数量比2004年增加1.87%。其中私营与个体经济企业56 855家，有限责任公司和股份有限公司50 278家，外商及港澳台投资企业9 959家，集体经济企业8 676家，股份合作制经济8 506家，国有经济企业4 131家，联营企业2 204家，其他经济类型企业3 382家，分别占企业总数的39.49%、34.92%、6.92%、6.03%、5.91%、2.87%、1.53%和2.35%。私营与个体经济的民营科技企业跃居首位，比2001年的24 437家增长了1.33倍，说明私营与个体经济民营科技企业显示出旺盛的生命力。国有民营经济企业由2001年的6 362家下降至2005年的4 131家，下降了54%，说明国有企业深入改革步伐加快，"国退民进"趋势明显。

2005年全国民营科技企业资产总额达到63 120亿元，比2004年增长了19.09%，是2001年24 813亿元的2.54倍。企业平均资产负债率53.04%。其中总收入100万元以下的企业资产总额为2 632亿元，占全部民营科技企业资产总额的4.17%。在总收入100万元以上的企业中，资产总额在1 000万元以下的企业29 988家，占企业总数的20.83%；资产总额在1 000万元至1亿元的企业25 182家，占企业总数的17.49%；资产总额1亿元以上的企业8 168家，占企业总数的5.67%。

2005年全国民营科技企业全年总收入达到61 218亿元，比2004年增长27.32%，是2001年的3.31倍。全年总收入在100万元以下的企业80 653家，占企业总数的56.01%；100万元至1 000万元企业30 988家，占21.52%；1 000万元至1亿元的企业24 613家，占17.09%；1亿元以上的企业7 737家，占5.37%，其中超过10亿元的企业有874家，占企业总数的0.61%。

2005年全国民营科技企业实现工业增加值12 966亿元，比2004年增长30.34%。全年实现净利润3 192亿元，比2004年增长12.99%，是2001年的2.97倍。上缴国家税金2 958亿元，比2004年增长26.30%，是2001年的2.91倍。出口创汇1 742亿美元，比2004年增长44.09%，是2001年的5.44倍。

2005年全国民营科技企业长期职工总数达到1 212万人，较2004年增长7.26%，是2001年的1.88倍。其中大学以上文化程度的人员约185万人，占长期职工总数的15.26%。民营科技企业中从事科技活动的人员总数为169万人，其中科学研究与试验发展人员86万人。总收入100万元以下的企业共有职工142万人，平均每家企业拥有职工18人。在总收入100万元以上的63 338家企业中，长期职工在100人以下的企业有44 256家，占63 338家企业的69.87%；100人以上的企业有19 082家，占30.13%。

2005年全国民营科技企业科技活动经费为2 223亿元，是2001年的4.58倍。科学研究与试验发展经费1 230亿元，分别占全年总收入的3.58%和1.98%。

2005年全国民营科技企业全年技术性收入2 757亿元，比上一年增长16.58%，是2001年的3.1倍。总收入100万元以上的63 338家企业中，技术性收入在50万元以下的企业有49 346家，占63 338家企业数的77.91%；技术性收入50至500万元的企业8 977家，占14.17%；技术性收入500万元以上的企业5 015家，占7.92%。

自2000年至2005年民营科技企业的企业数量、从业人员、技工贸总收入、工业总产值、纳税总额、创汇总额分别高速增长。

表1　中国民营科技企业发展主要指标

年份	企业数（家）	从业人员（万人）	总资产（亿元）	总收入（亿元）	税收（亿元）	创汇（亿美元）
2000	86 100	559.09	19 866	14 639.46	779.90	259.98
2001	100 950	644.23	24 813	18 471.39	1 015.50	319.80
2002	109 384	783.00	32 910	25 959.00	1 382.00	491.00

续表

年份	企业数（家）	从业人员（万人）	总资产（亿元）	总收入（亿元）	税收（亿元）	创汇（亿美元）
2003	124 896	961.00	44 682	37 103.00	2 054.00	787.00
2004	141 353	1 130.00	53 003	48 083.00	2 342.00	1 209.00
2005	143 991	1 212.00	63 120	61 218.00	2 958.00	1 742.00
年增速（%）	10.83	16.74	26.01	33.13	30.55	46.29

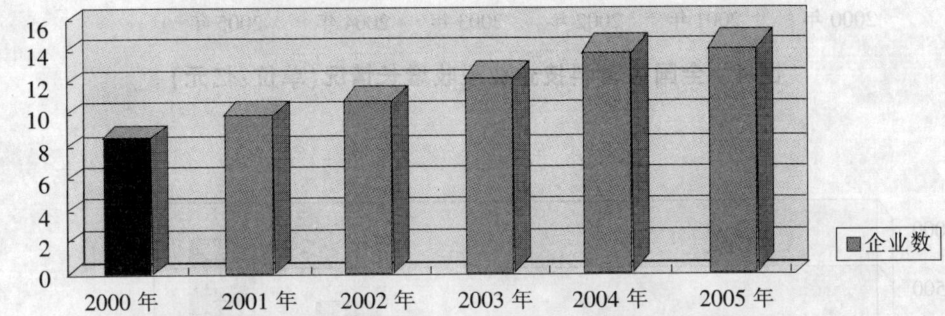

图 1　全国民营科技企业数量增长情况(单位:万家)

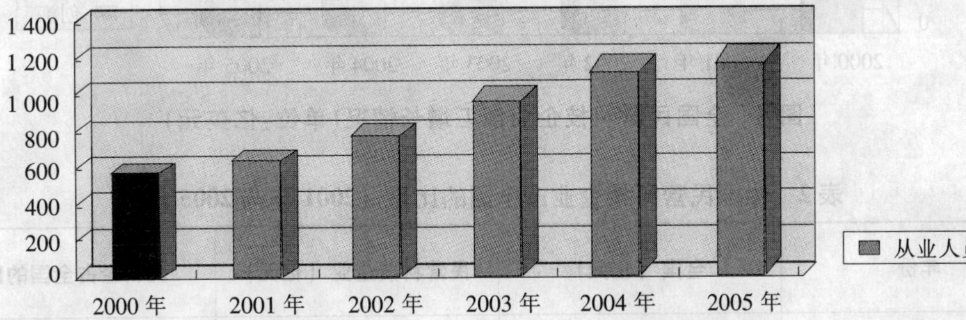

图 2　全国民营科技企业从业人员增长情况(单位:万人)

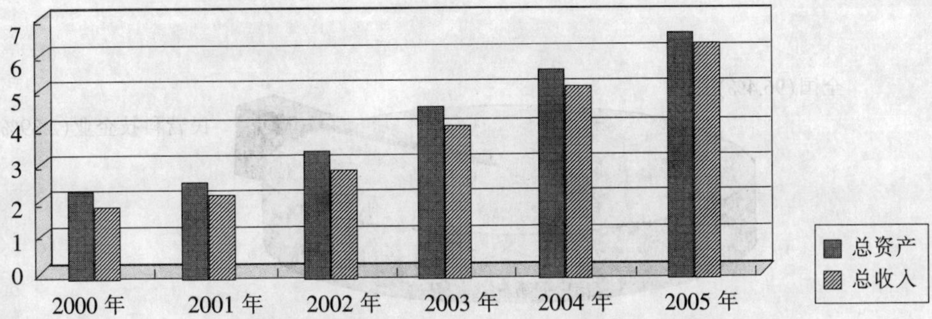

图 3　全国民营科技企业总资产及总收入增长情况(单位:万亿元)

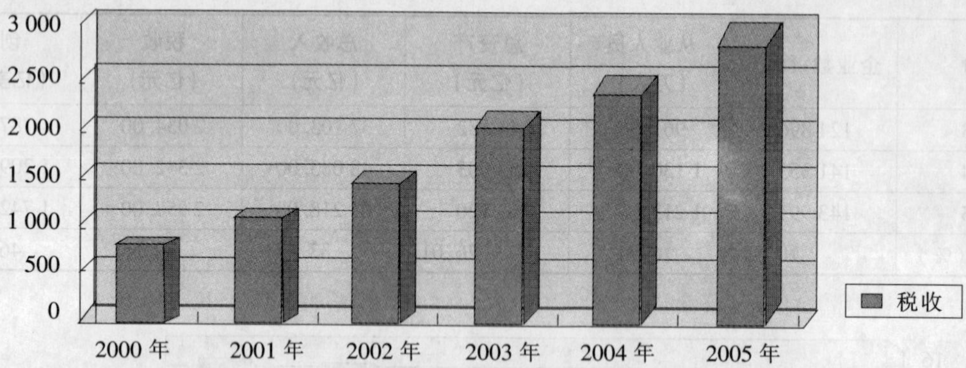

图 4　全国民营科技企业税收增长情况(单位:亿元)

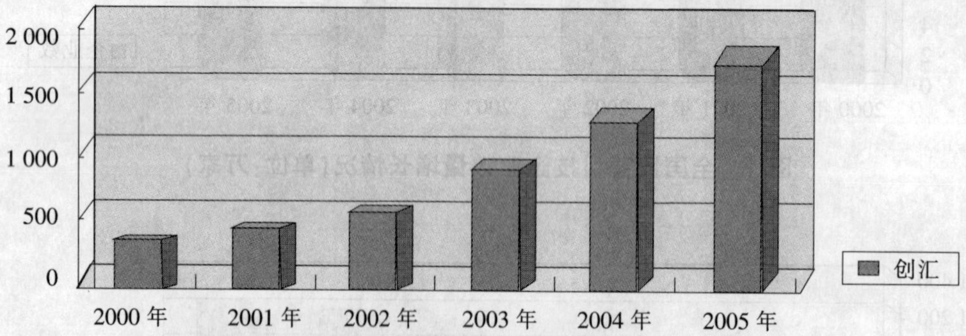

图 5　全国民营科技企业创汇增长情况(单位:亿美元)

表 2　中国民营科技企业占全国的比重（2001 年与 2005 年）

年份	全国（亿元）	民营科技企业（亿元）	民科企占全国的比重
2001 年	1 096. 55	2 621. 31	2. 39%
2005 年	182 321	12 966	7. 11%

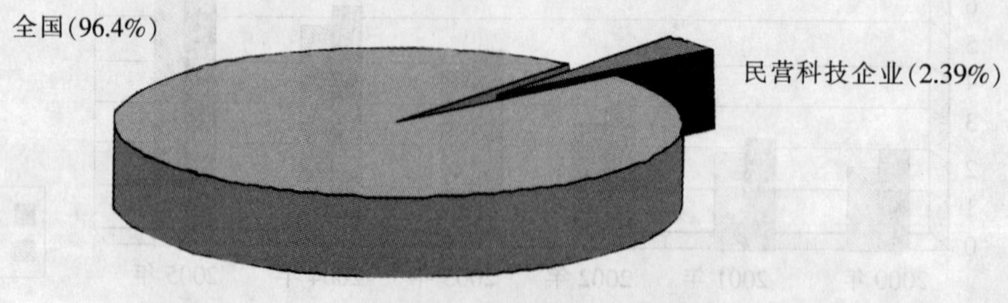

图 6　2001 年民营科技企业工业增加值占全国 GDP 的比重(%)

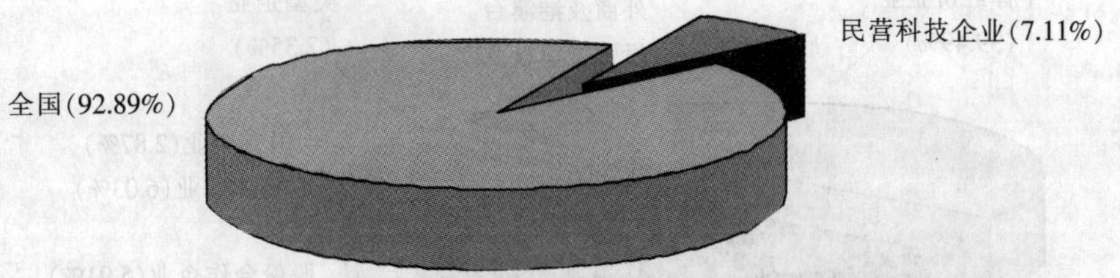

图 7　2005 年民营科技企业工业增加值占全国 GDP 的比重(%)

表 3　中国民营科技企业经济类型构成

	2001 年		2005 年	
	数量（家）	比重（%）	数量	比重（%）
私营企业与个体经济企业	24 437	24. 21	56 855	39. 49
有限责任公司和股份有限公司	43 529	43. 12	50 278	34. 92
外商及港澳台投资企业	5 401	5. 35	9 959	6. 92
集体企业	12 538	12. 42	8 676	6. 03
股份合作企业	5 226	5. 18	8 506	5. 91
国有企业	6 362	6. 30	4 131	2. 87
联营企业	1 204	1. 19	2 204	1. 53
其他经济类型企业	2 253	2. 23	3 382	2. 35
总计	100 950	100. 00	143 991	100. 00

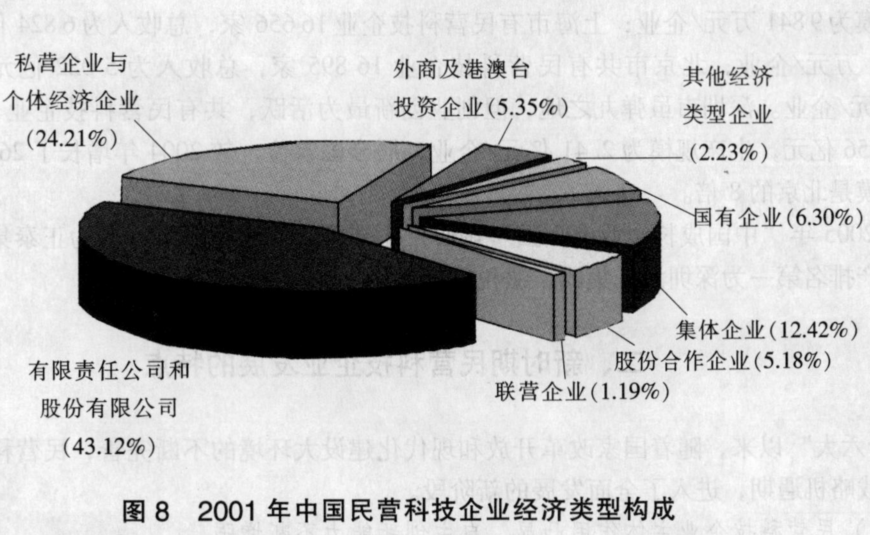

图 8　2001 年中国民营科技企业经济类型构成

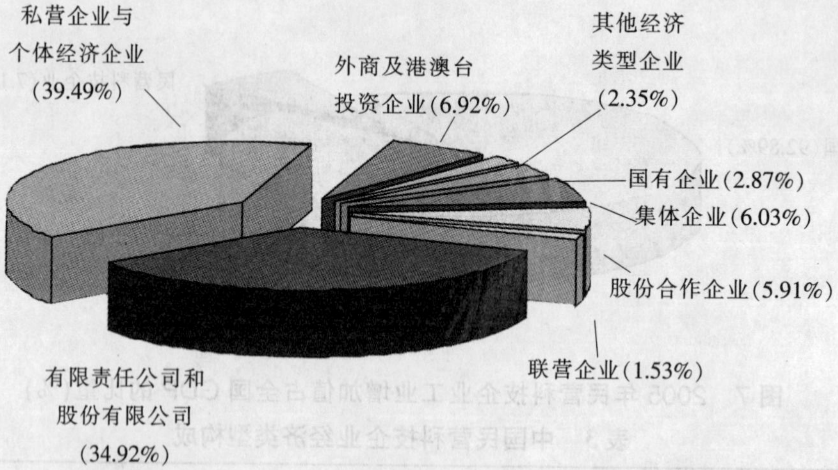

图 9　2005 年中国民营科技企业经济类型构成

表 4　中国民营科技企业收入规模构成（按企业数计算）

	2001 年		2005 年	
	数量（家）	比重（%）	数量（家）	比重（%）
收入＞＝1 亿元	2 627	2. 60	7 737	5. 37
1 000 万元＜＝收入＜1 亿元	11 729	11. 62	24 613	17. 09
100 万元＜＝收入＜1 000 万元	23 168	22. 95	30 988	21. 52
收入＜100 万元	63 426	62. 83	80 653	56. 01
总计	100 950	100. 00	143 991	100. 00

据 2005 年统计显示，民营科技产业规模明显扩大，经济规模和从业人员规模同步增长。全国民营科技企业资产平均为 4 384 万元/企业，年增长率 18. 49%，从业人员增长率 7. 26%。广东省共有民营科技企业 9 594 家，其生产规模为 8 928 万元/企业；浙江省共有民营科技企业 6 617 家，其生产规模为 1. 07 亿元/企业；江苏省共有 6 851 家民营科技企业，总收入为 6 742 亿元，生产规模为 9 841 万元/企业；上海市有民营科技企业 16 656 家，总收入为 6 824 亿元，生产规模为 4 097 万元/企业；北京市共有民营科技企业 16 895 家，总收入为 5 022 亿元，生产规模为 2 972万元/企业。深圳市虽弹丸之地，但创业创新最为活跃，共有民营科技企业 1 021 家，总收入为 2 456 亿元，生产规模为 2. 41 亿元/企业，居全国首位，较 2004 年增长了 26. 84%，其企业生产规模是北京的 8 倍。

据 2005 年“中国成长企业 100 强”调研排序结果，营业总额第一名为正泰集团，资产总额和净资产排名第一为深圳海王集团，缴税额排名第一为长城电器集团。

二、新时期民营科技企业发展的特点

“十六大”以来，随着国家改革开放和现代化建设大环境的不断完善，民营科技企业赢来了难得的战略机遇期，进入了全面发展的新阶段。

（一）民营科技企业主体作用凸显，自主创新能力不断增强

1. 成为高新技术产业开发区的主力军

进入新世纪，我国民营科技企业坚持以科学发展为指导，积极发挥民营科技企业在自主创

新中的主导作用，已成为高新技术产业发展的主力军。

在53个国家级高新区中，民营新科技企业占总量的70%以上。北京、上海、江苏认定的高新技术企业中，民营科技企业占80%；深圳市民营高新技术企业占90%；浙江省近1 700家省级高新技术企业中，95%是民营科技企业；在相当多数的市县级的高新技术企业中，几乎全部是民营科技企业。

民营科技企业形成了明显的地区特色。在高新技术产业领域，北京、深圳是民营科技企业中IT产业群体最密集的地区，已发展成为我国计算机、通信、网络等产品的重要基地。深圳民营科技企业都集中于高新区，电子信息作为其主导产业占98%，自主知识产权产品产值超过50%，形成了以华为、中兴、腾讯等为代表的IT业群体。上海信息产业发达，同时生物医药工程以及保健品的开发和生产也占有优势。因此上海不但是我国信息产业基地，也是我国生物工程研发基地。江苏省南京市认定的软件企业中，民营科技企业占90%以上，其规模化和市场竞争力不断提高，成为发展高新技术产业的重要力量，2005年全市软件产业达到150亿元。

2. 自主创新能力不断增强

20世纪90年代，民营科技企业以技工贸或贸工技的发展模式，寻求发展途径。相当多数的企业侧重于市场开发，以期积累原始资金，因此研发能力较弱，成果及产品大多数是仿制和做国外商家代理。当时既没有雄厚资金搞研发，更匮乏创新技术。进入新时期，民营科技企业在增强企业制度创新的基础上，更重视技术创新，并取得了可喜的成绩。

一是重视发明专利，增强原始创新能力。拥有发明专利是提高民营科技企业核心竞争力的基础。为了在激烈的市场竞争中立于不败之地，民营科技企业大都注重研发投入，加强技术创新，争取掌握更多的发明专利。其中最具有代表性的是华为公司，华为持续每年提取大于销售收入的15%用于研究开发，专利申请连年以高于100%的速度增长，年度专利申请量突破1 000件。截止2005年，华为申请专利数超过8 000件，其中授权超过1 600件，是中国申请专利最多的企业单位，其中85%属于发明专利。华为已有7种产品世界领先，4~5种产品为业界最佳之一，在国际市场上覆盖了90多个国家和地区，居于全球运营商前50名。华为研发的创新产品于2001年获国家科技进步一等奖，嗣后又连续4年获国家科技进步二等奖，成为中国民营科技企业创业创新的旗帜。中兴公司的技术创新也成果斐然，目前已经累计申请核心专利突破3 000项，其中大部分为发明专利申请，有近300项的专利国际申请，近400项的国际商标注册证明了中兴知识产权国际化战略的成效。上海联合基因集团公司坚持自主创新，在基因研究方面取得了一大批国内外领先科研成果。在过去8年中，累计投入5亿元的资金用于基因研究和相关产品的开发。“十五”期间承担了国家科技部、自然科学基金等政府科研项目33个，获得中国专利授权3项，美国专利授权7项，获得海科技进步一等奖、上海市优秀新产品一等奖等成果奖7项。2004年浙江省申请专利2.53万件，授权1.52万件，居全国第二位，其中95%以上是由民营科技企业及其科技人员申请的；全省开发省级以上新产品3 469项，绝大部分是民营科技企业开发的。2003年苏州市2 200多家民营科技企业中，1/3以上的民营科技企业拥有专利权，累计授权专利达2 000多项，其中发明专利281项，占全市总量的60%。

袁隆平农业高科技公司、山东莱州农业科学院重视农业新品种的研发，在水稻、玉米的研发上取得了根本性的突破，为我国农业的丰产丰收和“三农”发展做出了历史性的贡献。袁隆平的“水稻两用核不育系‘培矮64S’选育及其应用研究”和李登海等研发的“高产玉米新品种掖单13号的选育和推广”分别荣获2001年和2003年国家科技进步一等奖，为此袁隆平于2000年荣获国家最高科学技术奖获得者。自2000年至2005年民营科技企业荣获国家科技进步一等奖共15项，二等奖共115项（如表1所示）。在2005年国家科技进步奖的获奖企业中，民营科技企业占17%，实现了新突破，而在1999年以前这一比例还不到5%。

表1　2000～2005年民营科技企业荣获国家科技进步一、二等奖的情况

年　度	获一等奖数量（项）	获二等奖数量（项）
2000年	7	9
2001年	3	15
2002年	0	16
2003年	2	17
2004年	2	31
2005年	1	27
合计	15	115

二是走产学研联合之路，增强集成创新能力。产学研结合机制是民营科技企业新时期择善而从的机制，也是增强集成创新能力的关键。在民营科技企业荣获国家科技进步一等奖中绝大多数是产学研密切合作的结果。在由企业作为主体研发投入，科研院所以科技人员和项目成果参与其中，发挥各自优势，互动互补实现双赢，最具典型意义的是山东丛林集团。丛林集团把20余年的全部积累3亿多元用于超大型公用设备的研发，与上海重型机器厂、西安重型机械研究所、中南大学等科研机构联合，成功研制出世界首台万吨铝材挤压机，填补了国内重型挤压装备的空白，有12项关键技术获得国家专利，荣获2004年度全国机械行业惟一一个国家科技进步一等奖。浙江省目前已有5 000多家民营科技企业与全国500多家高等院校和科研院所建立了科技合作关系，为企业技术创新提供了有力支撑。苏州市民营科技企业在产学研联合上十分重视发挥大院大所的作用，与中科院计算所共同投资建设集成电路设计心，以中科院上海技术物理所为技术依托建成昆山传感器产业基地，以苏州大学实验动物中心为技术依托建成西山动物实验中心，这些都极大地增强了民营科技企业集成创新能力。龙口市民营企业经认定的产学研联合体现已发展到140多个，每年转化高校院所科研成果80多项。

中关村民营科技企业也充分利用得天独厚的科技资源，整合多种创新资源，走集成创新之路。慧点科技公司与清华大学共同组建联合实验室，同时与IBM公司和惠普公司等结成合作联盟，赢得了IBM全球最重量级奖项——“培根奖”的两项全球提名，成为大中华区惟一获此殊荣的企业。华旗资讯公司通过集成先进技术，不断进行产品创新，推出多项全球第一的移动存储设备，数码影像数字水印技术走在了世界前头。成功打造了国内个人数字产品第一品牌“爱国者”，MP3战胜了韩国三星等国际大公司。数码大方公司打破了UGS公司等四家国际大公司垄断我国制造业信息化高端市场的局面，与清华、华中理工大学等结成技术合作伙伴关系，成功合并美国IronCAD公司，与领域内世界第一的达索公司合作在北京建立联合研发中心，并与IBM等国际巨头结成战略联盟，扩大出口业务。

三是加大引进、消化、吸收力度，增强再创新能力。消化吸收再创新是一种重要的创新方式，民营科技企业瞄准本行业国内国际先进水平，通过购买专利、参股合作等形式，在引进的基础上消化吸收，加工提炼，提高扩张，以引进的高新技术和产品为依托，逐步形成起一批掌握核心和关键技术的骨干企业。引进、消化、吸收、超越正在成为民营科技企业新时期的亮点。北京时代集团的里氏硬度测试仪，是该公司通过引进产品，经过消化、吸收后，接连开发、更新了四代品，目前国产化率达90%以上，不仅占领了国内市场，而且出口欧美几十个国家。北京中信国安MGL公司利用其鲁博士从日本留学带来的锂离子二次电池正极材料的技术，进行再开发，成功突破了国外厂商对该技术的垄断，拥有完全的自主知识产权。

苏州东菱公司是一家中小型科技企业，创业起点高，技术创新始终瞄准国际先进水平。公

司每年的新品投入占销售收入的15%~20%，每年的新品销售收入占30%~40%，销售增加值中新品增加值提升了40%~50%。先后成功研制开发出了代表我国力学环境试验设备最高水平的18吨级电动振动试验系统、世界上最大级480千伏安开关型功率放大器、超大型高加速度冲击试验系统、100毫米大位移电动振动试验系统、电动式地震振源系统等30余项新产品，申报20余项专利，其中3项发明专利，推进了国内振动行业的技术进步。今年年初，东菱公司自主创新的“16吨电动振动台”和“5 000 g高加速度冲击台”两项成果通过了国防科工委的成果鉴定，被认为是“具有知识产权国际领先水平的地面大型技术设备，填补了国内空白”。

四是建立研发机构，为增强自主创新能力添后劲。各省市政府及全国民营科技企业都十分重视研发机构的建设，将其作为培养造就创新人才和增强自主创新能力的重要基地，诸多规模化的民营高技术企业都成立了研究院、工程技术中心，甚至成立了学院，如联想、华为、海尔、方正、复星、正泰等。即使在中小民营科技企业聚焦的发达地区也建立研发机构放在重要位置。如苏州市70%以上的民营科技企业建立专门的研发机构，60%以上的核心技术来源于自主研发，60%以上企业拥有主要产品开发生产核心技术，60%的企业承担了省级以上科技攻关项目。台州市在151家民营高新技术企业建有研发中心的达145家，占总数96%。烟台市技工贸总收入超500万元以上的民营科技企业全部建立了技术研发机构，其中规模较大的还创建了技术研发中心。有的民营科技企业还将研发机构设在国内外科技发达区，充分利用国内外丰富的科技资源。

民营科技企业上海杰士杰新材料股份有限公司把自主创新作为衡量企业发展和人才业绩的最重要标准。杰事杰公司将技术创新写入公司章程，确立“一把手工程”为核心的自主创新制度，使技术创新与一把手的薪水联系起来，将股东的意志变成企业管理的自觉行为。在职业经理人考核指标中，自主创新指标占25分（总指标100分），而主管研发的总监占70分。杰事杰公司在自主创新中位居上海民营科技企业百强之首，2005年被评为上海市2004年度拥有授权发明专利最多的科技企业。为推动技术创新，该公司与国内高校和科研院所联合培养博士生（现在已有12名博士生），董事长杨桂生兼博士生导师，产学研相结合不但能够解决公司技术攻关问题，还为高校研究生培养拓宽了新路。

3. 以自主创新提升产业结构，推动民营科技企业做大做强

以高新技术改造、带动、提升传统产业是新时期民营科技企业发展的显著特点。民营科技企业历经20余年的“一次创业”，累积了在传统产业发展上的优势，在保持传统产业发展良好势头的同时，更重视产业结构的调整与发展。我国有相当一批高新技术领域的中小型民营科技企业，具有较强的技术开发能力和发展空间，不但成为高新技术产业发展的后备梯队，而且大大提升了传统产业的层级，跃上新的台阶。浙江台州飞跃集团就是从传统补鞋缝纫机起家，通过创新发展成为世界级成套缝制设备供应商。为了在传统产业中获得更好的发展空间，飞跃集团创办人邱继宝背着缝纫机跑了中东和欧美等10多个国家，终于赢得了世界市场份额。目前飞跃集团已经建立多层次、开放式的技术研发体系，以台州总部为中心，以北京、日本、宁波三大研发机构为支撑，将触角伸向国际缝制设备领域的最前沿；10多个产品列入国债项目、国家火炬计划项目、国家级新产品，每年都能根据市场需求开发出20多个高新技术产品，新品产值率达70%，并已经累计获得专利300多项；现有500多个品种，销往世界127个国家，占世界市场的20%，2004年的销售额达到37亿元，实现利税3.5亿元；2005年的销售额达到50亿元。重庆力帆集团经过十几年的创业创新实现了由组装摩托车技术到整体制造轿车的巨大转变。凭借技术创新，力帆集团成功地从摩托车产业延伸到汽车产业，同时在摩托车产业继续保持着发动机产销量、出口创汇、专利拥有量、产销综合值四项指标上目前仍居全国同行业第一的地位。2005年力帆的出口创汇突破2.42亿美元，海外工厂也陆续投产运营。

浙江新昌万丰奥特控股集团公司先后组织并实施了国家“863”计划、“火炬”计划、“星火

计划”等一系列科技创新项目，所开发的软件、制造设备与检测仪器等均属同行业领先水平，现已发展成为“国家级重点高新技术企业”，是“中国汽车零部件50强”、“中国机械行业核心竞争力100强”、“中国成长企业100强”、“全国民营企业出口100强”、“全国铝轮企业综合竞争力金牌单位”、“全国铸件出口龙头企业”、“全国工业重点行业效益十佳企业”等。万丰奥特公司是亚洲最大的铝轮生产基地和民营企业造车的先锋力量，产品涉及到汽车整车、汽车零部件、机械装备等3个产业，集团拥有国家级技术研发中心，博士后科研工作站和国内企业界首家院士工作站，是全国企事业专利试点单位。2004年该集团完成销售收入30亿元，实现利税3亿多元。这家传统企业的发展道路，就是产品和产业结构不断提升的道路。当前浙江相当一批高新技术企业，就是走的这条科技武装的发展道路。

青岛金王集团公司是一家由海外归国留学生创办的研究、开发、生产各种蜡烛制品的高新技术企业，具有自主知识产权，产品品种涉及到蜡制品系列、玻璃制品系列、清香产品系列等几万多个品种。为扩大产业规模，集团在青岛即墨建立工业园的基础上，2005年又建立亚洲最大的，现代化的研发实验室，其专职研究人员达到80多人，重点加强对基础材料的研究开发。为了开拓国际市场，集团还在美国、德国、韩国等设立了分公司和有关研发机构，并聘请当地人员参与设计。2002年以来企业集团实施了专利战略，2003年、2004年申请的专利达到了100多项，其中发明专利约占10%，目前平均2.5天就产生一项专利。传统产品以专利为基础，便具有了较强的竞争力。

惠州侨兴集团主要从事电话机、手机、传真机等通信终端产品的研究、开发、生产与销售，为了改造提升产业，在高新技术集散地北京、上海、深圳、惠州建立了4个工程技术研发中心，构成了侨兴完整的研发体系，大大增强了企业自主创新能力，使产业不断创新。2004年侨兴集团已实现生产总值超过70亿元，生产的电话机、手机、传真机、复读机、对讲机等产品共有200多个品种，年产量突破1 000万台；手机款式50多种，年产量400多万台。

浙江大东南集团公司，原来是一家传统的包装企业，先后从香港、日本、德国、英国、意大利等国家和地区引进了一系列具有国际先进水平的技术设备，开发生了产适应市场需求的高档次塑料包装基材和塑料包装产品，成为了全国塑料包装制品行业的龙头企业、国家级重点高新技术企业。

4. 企业发展与科技要素紧密结合，形成特色产业群和“块状经济”

特色产业群和“块状经济”是新时期民营科技企业发展的又一显著特征。聚集型的民营科技企业正在逐步走向集群，成为区域创新的新亮点。在珠三角深圳、东莞，在长江三角洲浙江的温州、宁波、义乌、绍兴等地区，这种集聚效应十分显著。深圳高新区聚集了1 000多家民营科技企业。在这里不论房租有多高，企业多拥挤，它也要进来。当某一个产业相关的企业聚集在一起的时候，就会增加产业、企业的竞争力，降低企业的技术开发、技术创新的成本，这种企业和产业的聚集，又产生了人才创新聚集效应。深圳虚拟大学城就吸引了北大、清华、南开、哈工大、中山大学等纷纷到这里驻足。与此同时涌现一批特色鲜明的民营科技园，如硅谷动力·清湖科技园、深圳市汽车电子创业园等。硅谷动力·清湖科技园建成1年多，吸引民营和外资企业55家，预计年产值逾50亿元。苏州市在科技部省政府的指导支持下，已建设了昆山模具、周庄传感器、吴中医药、苏州软件、吴江光电缆、常熟高分子材料、太仓特种新材料等十个国家火炬计划特色业基地。周庄传感器产业基地，聚焦18家专门从事传感器技术及其产品研和生产的民营科技企业。其传感器市场份额分别占世界同类产品的60%，霍尔传感器居世界同类企业规模第二，基地在国内外的影响越来越大。

浙江的区域特色经济多为块状经济，块状经济中的龙头企业，几乎都是民营科技企业；块状经济比较发达的县市，又大都是民营科技企业集中的县市。2004年，在全省88个县市区中有

85 个出现了块状经济，总产值达 5 993 亿元，约占全省工业总产值的 49%，其中年产值超过亿元的块状经济有 519 个。2002 年，乐清市被批准为省级高新技术产业特色基地和国家火炬计划智能电器产业基地，目前基地拥有电器整机企业 1 400 多家，2004 年基地内 30 家骨干企业销售收入 122 亿元。浙江民营科技企业以其特色产业创造了多个全国第一。如宁波市的民科企业在生产注塑机、电火花智能机床、智能档案柜架、数码高速印刷机等方面是全国第一，占领全国大部分市场；台州市的民科企业在生产塑料模具、电视机壳、气电柜、服装机械等全国第一，占领国内大部分市场；温州的民科企业在生产高压阀门、制鞋机器、警灯警报器以及低压电器等方面又是全国第一，主宰全国的市场。山东省民营科技企业发展增强了企业集群及产业凝聚效应，已建成济南民营科技园、高密民营科技园、只楚民营科技园、莱州民营科技园等百余个民营科技园区，促进了山东民营经济的快速发展。

5. 民营科技企业从“游离作战”向国家和省市科技计划的承担主体转变

2000 年前民营科技企业承担国家科技计划项目很少，尚未成为承担的主体。进入新世纪，民营科技企业“勇担历史重任，帷幄高技术战役”，不但成为地方科技计划承担的主体，而且在国家级各类科技计划中也占有举足轻重的位置。如浙江省的温州、台州、义乌等市，广东的深圳、惠州、东莞等市，山东的潍坊、烟台、威海等市中，省、市的一大批重点科技项目多数由民营科技企业承担。2005 年，在苏州市推荐的江苏省重大科技成果转化专项的 20 个项目中，18 个项目是由民营科技企业承担的。苏州市得到国家中小企业创新基金支持的 73 个项目中有 69 个是由民营科技企业研究开发的，占 94%。2004 年惠州市共有 45 家民营科技企业承担了国家、省和市的科技开发项目，获得了各级科技经费共 700 万元的支持。惠州市获得国家科技型中小企业技术创新基金支持项目 6 项中民营科技企业承担了 4 项。在国家的科技攻关和产业化重大科技项目中，不少民营科技企业已成为承担主体。

（二）企业创业成长方式发生重大型的结构变化

一是由原来个体或民办企业自生发展逐渐向制度规范型企业转变。民营科技企业在第一次创业中的成长发展，主要是靠“四自”原则（自愿组合、自筹资金、自主经营、自负盈亏）为核心的民营机制而获得成功的。1997 年以来，在党的十五大精神指引下，约有 60% 以上的民营科技企业进行改制工作。改制使集体所有制科技企业的比重大为减少（苏南地区的集体乡镇企业都已转制成为产权明晰的股份制民营企业），股份制和私营科技企业大为增加，企业的产权进一步明晰。目前民营科技企业中，集体所有制科技企业不到 6%，国有民营科技企业约 3%，股份合作制、有限责任公司和股份有限公司 50% 以上，私营和个体科技企业约 30%，其他（包括联营、中外合资等）约为 10% 左右。

二是科技创业园（孵化器）、大学科技园、民营科技园等培育企业发展的载体已在我国大规模发展起来，并发挥重要作用。目前山东、广东、河北等省已建立了大批民营科技园。河北省的民营科技园都是很有特色的专业园区，如国际羊绒科技园、皮毛民营科技园、玻璃钢民营科技园、橡塑民营科技园等，并与县、市的区域经济发展紧密结合，成为当地农民致富、推动城镇建设和发展以及增加当地政府财政收入的主要依靠力量。上海徐汇区软件基地立通过搭建服务平台、整合资源，降低企业创业成本，促进科技成果转化，逐步形成产业化支撑服务体系。软件基地已有 100 余家软件企业，培育了上海航天计算机系统工程公司、金硅科技、交大海隆等知名企业，销售收入由创业之初（1999 年）的 3 200 万元，发展到 2004 年的 7.5 亿元。上海多媒体谷基地以培育和发展多媒体技术研发、高新技术成果转化、企业孵化、网络应用与增值服务、软件类产品产销和相关设备制造等产业为主，现已有 50 多家与多媒体产业链相关的高科技企业和专业机构入驻，包括西门子、菲利浦、SMG、中国电信、中国网通、中国移动、中国联通、上海贝尔等国际化大企业，目前多媒体产业基地正在不断凝聚企业，深化产业内涵，向特色鲜明、功能完备的基地迈进。

三是加强共有技术的合作，建立产业联盟。在实践发展中，民营科技企业越来越认识到信息技术资源的重要性，意识到这些资源不但有其特质，能为某企业所用，更具共享共有性。联盟互动才能实现双赢。因此共有技术与产业联盟应运而生。青岛高校软控股份有限公司就是其中的代表。经山东省经济贸易委员会批准，该公司联合多家橡胶轮胎企业、高等院校成立了山东省橡胶行业技术中心，其主要任务是加强自主研发，致力于行业共性、关键性技术的开发，以市场化模式运作，加快科技成果产业化，进而提升我国橡胶行业的技术水平。

（三）民营科技企业正全方位向新产业和重型产业渗透

一是向具有时代特征的新兴产业迅速发展，并形成规模经济，如数码产业、创意产业、网络产业、纳米产业、生物工程、环保新能源产业方兴未艾。无锡高新区内的尚德太阳能电力公司由海归人员施正荣创办，是致力于环保新能源研发与产业化的高新技术企业。它于2000年进入无锡孵化器，两年后孵化成功，继之形成产业，并开始规模化生产，2005年实现跃迁式发展，在新创建的产业基地仅8个月的时间里产值即达18亿元，全部销售国际市场，成为世界第五，国内市场第一的太阳能电力企业。其编制的产业标准8项获国际认证，98项获国家认证。2005年12月14日尚德成功在美国纽约证券交易所上市，成为中国内地首家在纽约挂牌上市的民营高科技企业。

二是正在打破市场垄断，特别是在向重化工产业领域进入（钢铁、石油、汽车、航空、矿山、有色金属等）。如在汽车产业领域，吉利、力帆、比亚迪、万丰奥特等民营科技企业正在打造自主品牌，有的产品还在海外市场同步上市。

（四）多元化的创业人才造就了新型企业家队伍

20世纪90年代初期以前，民营科技企业的创业人员主要是科技人员，而且主要是学自然科学的技术人员。新时期民营科技企业的创业人员不但数量多，而且其来源十分广泛：

一是在智力密集区和经济发达区（北京、上海、深圳）大多数是科技人员和高学历者，其中不仅有学自然科学出身的技术人员，而且有学社会科学和文学艺术的人员，如上海复星集团创办人中就有由复旦大学哲学系毕业的。

二是由乡镇企业转轨的企业家，如浙江正泰集团的南存辉、德力西集团的胡成中、万向集团的鲁冠球、丛林集团的张修基都是以鞋匠、铁匠等小作坊起家，随着不断发展壮大，这些企业家正在走向成熟，成为民营科技企业的领军人物。

三是自学成才者，以浙江飞跃集团的邱继宝最为典型，背着自已发明的缝纫机走出了一条自主创新，生产科技含量越来越高的缝纫机系列产品的创业之路。

四是新时期海外留学归国创业人才引领创新潮流，如中星微邓中翰、金王陈索斌、尚德施正荣、新浪汪延、百度李彦宏等。

这些智勇双全的创业家，既是企业创新的主导者，又是企业领军之率才，目前已经形成我国有特色的民营科技企业家群体，这个群体大约在10万人以上，主要由成功的创业者所组成。其代表性的人物有联想柳传志、华为任正非、复星郭广昌、尚德施正荣、中星微邓中瀚等。这批成功的创业者，在北京、上海、广东、江苏、浙江、上海等省市年龄越来越年轻化。他们一般都具有较强的创业意识、创新意识、效率意识、人才意识和规范管理意识，能把现代管理理论与中国的传统文化结合起来，创造出一套适合于本企业发展的模式，发挥团队精神和调动企业职工的积极性。新时代的企业家不但是物质财富的创造者，而且在培育创业创新文化，发挥企业团体精神，塑造企业形象，打造产品品牌等发挥了砥柱作用。

（五）民营新科技企业丰富了区域创新与发展模式

1. 以北京中关村为代表的智力密集区发展模式

北京的智力资源密集程度居全国之冠，以中关村为中心的科技园区已带动全市民营科技与新技术产业的发展。民营科技20世纪80年代初率先在中关村起步，从陈春先首创民营科技，到“两通两海”，再到“中关村电子一条街”，进而建立全国第一个高新区，迄今25年在全市已形成东、西、南、北、中的协调发展格局，由当初的一区三园发展到一区十一园，辐射到全市8个行政区。经过多年的发展，在联想、北大方正、四通集团、清华同方和紫光等大型企业的带领下，北京民营科技企业形成了以信息技术、网络技术和软件技术为基础的IT产业群体，50%左右的民营科技企业都聚集在这个群体中，新技术企业的贡献率（科技进步）超过50%，有40余家国外高科技企业（跨国公司）在园区设研发机构（研究中心、研究院、中国总部）。2005年北京民营科技企业数量约1.6万家，从业人员50余万人（科技人员20多万人），销售收入4 600多亿元。

2. 以广州、深圳、东莞为代表的珠三角区域发展模式

珠三角民营科技企业走了一条别具特色的路子。

其一以广州、深圳为中心城市的智力依托型。广州不但作为珠三角的龙头，而且也是中国近现代史上最先与海外在政治、经济、文化上发生联系的重要通道。深圳则为中国现代改革、开放的桥头堡，充分利用改革开放的机遇和新城新建的契机，海纳百川，吸引人才，形成人文环境、人才网际互动，杂交优势，并大力发展民营科技企业，形成了通信、计算机、网络技术的产业群体，70%以上的民营科技企业都聚集在这个群体中。短短几年时间就位居全国前列，2004年民营科技企业902个，总收入1 717.3亿元，企业强度为1.90亿元/个，在全国居绝对首位。并且创造了民营科技主体创新模式，其具体体现是四个“90%”：即90%的技术研发机构在企业；90%的技术研发人员、一流的研发人员在企业；90%的研发资金来源于企业；90%的研发成果、技术成果、技术创新的成果来源于企业。深圳民营科技中出现“巨大中华”四大企业，充分显示出高效生产率的威力。华为公司在企业做大做强上十分重视研发投入，连续多年研发投入超过10%，年投入达40亿元。深圳比亚迪由原北京有色金属研究院下海的年轻科技人员王传福创办，短短6年时间比亚迪生产的镍镉电池销量居世界第一位，锂电池居世界第二位，氢镍电池居世界第三位，成为同行业中举世瞩目的民营科技企业。2002年比亚迪果敢地资产重组兼并国企西安秦川汽车制造厂，一次性投入2.69亿元，重组后采取“东研西产”战略，努力做大做强。

其二以珠江三角洲中小城镇为代表的中小企业簇群发展模式，其劳动力资源丰富，属劳力密集型。如东莞、顺德等地区，其企业形态多属“三来一补”或来料加工的工贸型的民营企业，随着区域创新和企业发展，乡镇企业迅速提升。目前东莞市民营科技企业已超过1 100余家，技工贸总收入超过250亿元以上。顺德容桂镇的美的、格兰仕、科龙等企业不断地提高科技含量，大幅度提高劳动生产率，都已发展为大型规模化民营科技企业。

3. 以上海、苏州、无锡、常州、温州、台州等为代表的长三角区域发展模式

上海作为长三角的龙头，一直在发挥领军作用，2003年GDP达到6 251亿元。上海市充分利用所处于的知识密集、产业密集和国际化信息资源环境的优势，重视资产重组，发挥机制创新和管理创新的优势。如上海复星集团通过制度创新和资产重组，与南京钢铁厂重组成为“南钢股份”，实现了能级跃迁式发展。2003年实现技工贸总收入270亿元，上缴税收31.05亿元，纳税增长率高于全国税收增长率202个百分点，2004年实现净利润7.1亿元，仅上半年就缴税收17.55亿元，比上年同期又增长了65.5%。最近，在中国最具竞争力民营企业50强中，复星列居第17位，而“南钢股份”荣获2004年中国证券市场“年度成就奖”。

温州地区是全国低压电器研发生产的集散地，其市场份额占全国的60%。乐清市是全国著名的家用电压器生产销售中心，其柳市镇人口仅10余万人，其中70%是外来打工族，所创造的

GDP80%以上来源于民营经济。该镇有100余家家用电器生产企业，龙头企业正泰和德力西已由传统企业提升为知名度民营科技企业，成为“温州模式”的典型代表。现在两个企业均已发展成为产值超百亿元的大型民营企业。温州私营企业正在转轨转型，如正泰、德力西采取了与国内知名大学合作的形式，提高科技含量，创建研究院和科技工业园，不断提升产业水平。

4. 以胶东半岛为中心的齐鲁区域发展模式

胶济铁路沿线包含济南、青岛、烟台、潍坊、淄博、威海六市的齐鲁高新技术产业带已见雏形。这里集中了山东省11个国家级和40个省级高新区及经济技术开发区、33个民营科技园区，其高新技术企业和民营科技企业分别占山东省的总数的79%和62%，形成一批各具特色的高新技术产业基地。新材料、生物工程、电子信息、机电一体化四个高新技术领域的企业占山东省高新技术企业总数的89%。济南已成电子信息产业基地，淄博成为新材料产业发展基地，潍坊成为电子产业基地，烟台成为生物制药产业基地。全省2 800多家高新技术企业中，民营科技企业占70%以上，已成为高新技术产业的生力军。

山东力诺集团1994年创业，年均增长超过40%以上。集团产业领域有太阳能、玻璃新材料、化工涂料以及生物医药等。其中太阳能产业已从基础材料到光热转换、光伏发电等，形成了较完整的产业链，所生产的太阳能热水系统、供暖系统与空调制冷系统等系列产品，年总收入逾50亿元，获山东省“名牌产品”、“中国著名品牌”称号，出口世界许多国家和地区，是济南市10佳民营科技企业。淄博东岳集团承担了国家863计划，相继开发一系列具有自主知识产权的产品，以较强的竞争力，迫使美国等发达国家有关企业不得不降低其产品价格与我国企业合作。2005年东岳集团产值达到100亿元。威海光威集团研发出的碳素布品种可广泛应用于航空航天、国防军工、汽车制造和建筑业等领域，是目前世界花色品种最全、年产量最高的钓具生产企业，也是中国最大的碳纤维预浸布及碳纤维复合材料制品生产厂家之一。烟台登海种业股份有限公司完成的“高产玉米新品种—掖单13号选育和推广”项目，荣获2003年国家科技进步一等奖。龙口丛林集团完成的“100MN油压双动铝挤压技术与装备研制”荣获2004年国家科技进步一等奖，此技术属世界首创（当时世界上还没有万吨油挤压机），开创了中国特大型工业铝型材生产的先河。

（六）企业管理素质明显提高，企业国际化步伐不断加快

民营科技企业过改制，推进了企业的制度创新，规范了企业的管理。较多的集体所有制企业和私营企业改为有限责任公司和股份有限公司，普遍地建立了股东大会、董事会、监事会以及与经营者多位一体的权力制衡、责权利相适应的现代企业治理结构，建立和健全了企业的内部管理机制，把企业引上了现代化管理的轨道，使企业的管理水平上升了一个台阶。为调动企业职工的积极性，适应当前激烈的市场竞争，相当一批民营科技企业还建立了一些多样化的内部管理激励机制，如实行股票期权制度，建立竞聘上岗制度，实行企业年薪制度，建立内部项目招标制度以及提供教育和培训制度等。这些措施的实行，都大大地激发了企业职工的能动性和主动性，形成了企业发展与人才成长的协调机制，保证并优化了技术创新所需要的资源配置。苏州市2000年前均完成改制重组，无锡市2001年11月上旬最后一家企业完成改制，其中江阴有8家上市公司，均为民营科技企业。

随着我国加入WTO，民营科技企业以其智力密集、机制灵活、产品技术含量高的优势，瞄准国际市场，扩大产品出口，积极采取“走出去”战略，开拓国际市场、参与国际竞争。联想、海尔、华为等都在海外建立了营销网络和跟踪国际市场的海外机制。2004年12月联想集团收购IBM的PC业务，则是民营科技企业国际化的大手笔。2005年3月，此次收购顺利通过了美国政府的审查，联想和IBM正在迅速的行动，整合双方的PC业务，联想将成为全球第三大PC供应商。2006年初吉利汽车在北美车展大获成功，1月10日吉利董事长李书福荣获底特律车展“银

钴奖”，标志着中国自主品牌汽车在国际上第一次获奖，并与波多黎各签下销售协约，两年后将“吉利”车卖到美国。吉利是一家生产“吉利”牌小轿车的“草根”民营企业。李书福是一个农民出身的民营企业家，却成为打造出中国第一辆有自主知识产权赛车的“汽车狂人”，成为西方媒体追逐的传奇人物。自2005年起，吉利车进入马来西亚，牵手香港，今年伊始挺进北美，报刊媒体称“李书福在美国掀起吉利旋风”极有可能使其成为首家销往北美市场的中国汽车企业。山东海盟机械产品刹车磁盘95%出口，山东金王集团生产的蜡烛工艺品全部出口到美国、西欧、日本等发达国家市场，无锡尚德太阳能产品也都全部销售到国际市场。

（七）企业文化内容不断丰富，努力培育创新型企业，促进社会和谐

加强学习培训、文娱活动，完善激励机制　如飞跃、正泰等诸多企业都建有员工的生日卡片，每逢生日，员工们都会收到公司精心准备的一份礼物，深深感受到集体的温暖。正泰集团一直置身于“学习型团队”、“学习型班组”和“知识型职工”的打造。学习型组织的创建，使企业员工的思想观念到得改变，学习能力到增强，管理能力得到优化，技术研发能力得到持续增强，企业绩效得到显著提高。2005年正泰集团作为全国民营企业的惟一代表被中华全国总工会、中央文明办、国家教育部、科技部、人事部等10部委评选为“全国学习型组织标兵单位”。

健全党团和工会组织，发挥良好作用　在浙江，相当多数的民营科技企业建立了党的组织，而且党的学习生活比较健全。如浙江传化集团经营者主动接受党的监督，建立党组织以后，通过党委书记参加公司最高决策会议、党委委员参加总裁办公会议、党支部书记参加总经理办公会议，以及工会委员会参加职工代表大会等形式加以规范和发挥党组织的作用，对党组织提出的建议，集团行政非常重视。在集团党委和工会的建议和积极参与下，传化集团作为浙江省的非公有制企业试点单位，为员工办理了社会养老保险，使原有的公司内部养老保险同社会保障体系接轨。德力西集团的党组织创办了德力西党政学校，举办培训班、轮训班，对广大干部员工进行政治教育和思想道德教育，提高了员工的政治思想素质和文化素质，大大推进企业文化的建设。

营造良好文化氛围，促进社会和谐　复星集团一直秉持“修身、齐家、立业、助天下”的理念，并成为企业文化刊物之业训。复星与南京钢铁集团有限公司重组为南京钢铁联合有限公司（简称“南钢”）后，对其职业经理人大胆启用，用人不疑，并妥善继续使用员工，使南钢生产一直居于全国同行前列，2005年南钢荣获“江苏省和谐劳动关系模范企业”称号。

温州地区的民营企业中，活跃着280万外来打工族，被称为新温州人。“新温州人”为构建和谐社会、推动温州经济发展和文明进步做出了巨大贡献。为此，温州市文明办、正泰集团共同筹划“新温州人，共谋温州新发展”大型活动，倡扬同是一家人，同走一条路，共谋创新温州发展大计。受到社会各界一致好评。

（八）振兴“三农”，在建设社会主义新农村中加快城乡一体化

民营科技企业不但在高新技术产业化、城市现代化进程中勇担重任，而且在建设社会主义新农村中其地位作用也更加鲜明，成为振兴“三农”的主力军。

近几年来，一批民营科技企业家主动地投身于农业科技产业，把振兴、富裕“三农”作为历史重任勇敢担当起来。如在陕西杨凌、湖北武汉出现了一批科技与资源紧密结合、集约化经营、以发展科技庄园经济形式为目标的新型民营科技企业。目前湖北已有和平科技、多福等近10家科技农庄。和平农业公社实施土地使用权作为股权参与要素分配的新模式，为民营科技体制和机制创新作探索。最近又与几个村紧密结合，形成村企合一的新体制，董事长黄崇胜出任管委会主任。陕西杨凌金坤生物工程股份有限公司依托西北农林科技大学的生物高新技术，推行“科技专家+公司+基地+农户+国际贸易”的金坤模式，实现了知识、资本、农民、市场的有机结合和动物良种繁育的工程化，承担了三个国家级项目（高技术产业化推广项目、高科

技扶贫项目、高科技农业综合开发项目），成为带领农民致富的龙头企业。

江苏省常熟市蒋巷村常盛集团，其创办人常德盛既是创业家、企业家，又是村党委书记，他四十年如一日，为村子创造出了产值上亿元，利税上千万元。他所确立的目标是：20世纪60、70年代“治水改土，增产治穷”；80年代“稳定农业，发展工业，壮大集体经济”；90年代“三业并举，两手齐抓，建设现代化新农村”的新目标，迄今都已在创业实践中成为现实。常盛集团成为带领蒋巷村村民共同致富的典范。温家宝总理参观后高度赞扬并评价：“你们所干的，正是我们所想的。”

烟台只楚集团已由原来一个贫困的乡村，建成工、农、副产业发达的科技园区，即只楚民营科技园，现在面积达2平方公里，有民营科技企业28家，其中有高新技术企业9家，国家火炬重点高新技术企业3家，2005年技工贸总收入33.1亿元，利税4.6亿元。

山东省龙口市南山集团靠运销建材、毛巾被起家，现已成为村企合一（整合9个村）体制，集产、供、销、科、工、贸为一体的占地36.5平方公里的大型民营企业。经过20年的艰苦创业，由一个白手起家的生产小队，建设成为经济实力较强、社会文明进步、生态环境优美、人民安居乐业的“农民新城”，走出一条具有南山自身特色的小康之路。2005年集团总收入达到126亿元，利税达到19.3亿元，特别是其第三产业——旅游业正方兴未艾，南山旅游风景区成为国家授予的AAAA级景区之一。在建设社会主义新农村中，南山集团创造了一、二、三产业合理配置，工业反哺农业，和谐社会的好经验。南山集团先后被授予“全国乡镇企业创名牌重点企业”、“全国乡镇企业示范区”、“全国小城镇建设示范区”“全国创建文明村镇工作先进单位”等称号。

三、新时期民营科技企业发展中存在的问题

在看到民营科技企业优势和自身建设取得成就的同时，也应该清醒地看到其目前存在的不足。

（一）经济规模偏小，抗风险能力较差

在我国经济融入全球化经济的形势下，我国民营科技企业与外资企业，特别是跨国公司比，当前最大的挑战，就是经济规模偏小，实力有限，抗风险能力弱。根据2005年科技部的统计数据显示，民营科技企业总体上是中小型企业，平均资产规模为4 384万元，平均从业人员85人，大大低于国有企业、港澳台企业和外资企业水平。民营科技企业中资产超亿元者为8 168家，占企业总数的5.67%。由于企业总体规模小，经济实力弱，因而在装备、技术等方面的现代化程度上自然不高，竞争力明显低于国外同行。资产规模是核心竞争力的一个重要表现，平均资产规模小，资本的有机构成就低。这样维持正常的运转已经不易，遇上风险就面临生存危机。多年来，民营科技企业在市场竞争中被淘汰率高，多数寿命不超过5年，这主要与经济规模偏小有关。同时，由于经济规模偏小，在参与国有资产重组中，相当一批有发展前途的老企业，竞争实力弱，资质受到了约束。

（二）技术创新后劲不足

1993年民营科技企业的研发投入曾达到11.51%。然而自1993年以来，随着企业产业化与规模化进程的深入，企业的“工业”成分明显增加，较大规模的其他生产要素投入增加以及受国家宏观调控的影响，民营科技企业研发投入占总收入的比例逐年下降。

表5-1　研发投入占产品销售的比重

年份	研发投入（亿元）	产品销售收入（亿元）	比例（%）
2000年	405.61	14 639	2.77
2001年	477.62	15 597	3.69
2002年	544.00	20 259	2.69
2003年	792.00	29 932	2.64
2004年	987	39 978	2.47
2005年	1 230	61 218	2.34

民营科技企业经济效益的逐年下降是一个非常危险的信号，如果再进一步下降，民营科技企业就会蜕变为一般工业企业。民营科技企业为研究开发新产品，亟待加强资金投入。但由于融资渠道不畅，特别是国家银行对民营科技企业歧视，不予借贷，限制了民企投入的力度和速度。由此也影响了多数缺乏技术创新的长远规划，形成不了积极的技术创新体系。据我们在调查中发现，虽民营企业多数从技术创新起家，但相当一部分企业技术后劲不足，产品缺乏国际竞争力。如在民营高新技术企业中，主要表现为发明专利不多，原始创新成果极少，一大批企业还缺乏更新换代的主导技术产品以及较长期发展自有核心技术储备；在一般民营科技企业中，主要表现为发明专利基本没有，企业所拥有的专利主要是外观设计和实用新型，企业的主要技术来源是在引进的基础进行二次开发，自主开发能力较弱。为此，在调研中60%以上企业认为目前所遇到的主要困难是技术困难或技术竞争激烈。

（三）人才竞争激烈，人力成本大幅度提高

20世纪90年代初期以来，我国民营科技企业能持续高速发展，其重要原因之一，就是充分发挥了民营机制和我国人力资本低廉这两大优势。我国加入WTO后，民营科技企业的这两大优势将逐渐失去，人才方面的竞争将越来越激烈，人力资本将大幅度提高。对我国来说，在一段较长的时期里，人才市场虽供大于求，但具有创新才能的顶尖级科技人才以及具有高层次技术管理能力与思想超前的高级管理人才仍处于稀缺状态，这是当前今后一段时间人才争夺的焦点。我国加入WTO后，随着外国企业的大量进入，再加上外企员工待遇高，生活优越，办公条件好，因而将有大批人才被吸引流向外企，甚至连民营科技企业现有的人才队伍也可能大批外流，这对我国民营科技企业发展是极其不利的。目前已在一些地区如中关村等就出现了人才争夺的激烈局面。一方面有些民营高科技企业的优秀人才不断流入外企，而另一方面一批从事猎头服务公司就专门为外企网络优秀人才，甚至把触角伸到了名牌高校未毕业的本科生和研究生。面对外企的高薪水、高待遇，我国民营科技应尽快完善企业的激励机制，改善人才管理，加强职工培训，以应对来自这方面的竞争。

（四）部分企业产权改革滞缓

1997年以来，在党的十五大精神指引下，我国多数民营科技企业进行了改制工作。经过几年的改制促进了企业的体制和管理创新，使民营科技企业中的国有民营和集体民营比重大为减少，股份制和私营企业的比重大为增加，企业产权进一步明晰。2005年民营科技企业中，股份合作制、有限责任公司和股份限公司的比例达到40%以上。但同时也要看到，目前仍有少数企业产权改革滞后，边界模糊，影响了企业健康发展和核心竞争力提高，突出地表现在以下两个方面：一是相当一部分国有民营科技企业仍然是校办、院办、所办，没有下决心转轨为民有民办，这既不利于这些校院所集中精力搞好教学科研本业，又干预了企业的经营管理，影响了企业按市场经济规律发展。针对这些现象，在跨世纪时有的经济学家曾大力呼吁："制度重于技术”；“要把数以百万计的专业力量从行政单位、事业单位办企业的旧体制下解放出来”。然而几年时间过去了，这种现象仍在继续，改革的推进太慢。这部分国有民营科技企业，目前虽企业数量不大，但技术力量雄厚，并与高校、科研院所有着天然的联系，只要产权制度安排好了，这部分企业是大有可为的。二是一部分老的集体民营科技企业，当初是由科技人员集资或借贷创办的。但在当时的历史条件下，由于在创业阶段大数投资者没有权观念，没有通过必要的手段明确自己的产权归属，初始投资者是谁边界模糊，因而多数被注册为全民所有制或集体所有制。随着企业变迁与发展，产权问题变得越来越突出，个人在企业的产权得不到落实，于是有些放慢了企业发展速度，等待政策落实，有些则放弃原有实体，另办新的实体，把原有实体作为存量资产慢慢消耗掉，这些问题的出现严重地影响企业的健康发展。另外，由于产权归属不清，民营科技企业在发展中出现了许多经济纠纷和案件，特别是国企侵犯民企的案件陡增。一些挂靠或联营单位借机侵吞民营科技企业的财产；或者是由于产权归属不清，出现严重侵犯企权益的冤假错案。

（五）多数企业现代管理制度远未建立起来

经过十几年来市场竞争的考验，我国民营科技企业中有相当一批管理得很出色，已走上了现代企业有管理轨道，因而它们由小到大、由弱到强，得到了持续发展，如联想、华为、海尔等就是这方面的典型。但我国多数民营科技企业管理还比较落后，现代企业的管理制度远未建立起来；少数企业甚至管理较为混乱，严重影响企业的发展。管理较为混乱的集中表现在以下三个方面：一是说假话，做假账。说假话是为了应付政府，并获取顾客信任；做假账是为了对付税务机关，有的还进行偷税漏税。有这种行为者虽是极少数企业，但在社会上的影响很大，使民营企业的社会诚信度受到了质疑，不利于民营企业赢得人们的爱护和尊重。二是家长制作风较为严重，缺乏民主管理。民营科技企业中有一部分家族企业，这是发展中的必然，当企业规模较小时，往往家族企业还有一定优越性，有利于积累资本和降低成本，这应该充分肯定。但家族企业也要学会科学管理，不能搞家长制作风，什么事都是业主一个人说了算，将股东会、董事会和监事会形同虚设，做一些非理性经营和违反正常经营规则的事情。三是不能正确建立企业内部和谐关系，只关心员工生产，不关心员工生活，甚至随意拖欠员工工资，不给员工上医疗、失业和养老保险，有的企业还虐待员工。这些管理中的问题，虽是极少数企业的问题，也是发展过程中出现的问题，但影响不好，成为制约民营经济发展的障碍。

（六）国家现行税制阻碍民营科技企业发展

1. 税率过高

增值税 17% 的税率较高，个人所得税起征点低，不利于引进人才和留住人才。

2. 生产型增值税制度不鼓励创新

目前税制对技术创新的优惠政策主要体现在企业所得税中。包括对企业研究开发新产品、新技术、新工艺所发生的各项费用，不受比例限制，计入管理费用。但是按照中国的生产型增值税制度，在收支抵消后，差额部分，只要是正数，就要按17%征税。创新活跃企业的科研开发活动由于原材料投入少，能享受到的扣除额很少，同时前期投入的高额研发费用也无法抵扣，使他们需要承担高于一般企业的税赋。这种没有区别的扣除政策不利于知识密集型企业的发展和鼓励企业的科研开发与技术创新。

3. 内外税制不平等

内资企业不能享受外商投资企业的“超国民待遇”。外资企业追加投资和再投资可抵所得税而内资企业没有此规定，外资企业比内资企业所得税优惠多 3 年，外资企业计税没有计税工资限制。综合分析，外资企业比国内企业的有效税率要低 10 到 12 个百分点。

（七）民营科技企业普遍存在融资难问题

首先，民营中小外向型企业普遍面临贷款难问题。银行对企业贷款要求“双担保”，即相当的不动产（土地、房产等）担保和有良好信誉的企业担保或担保公司担保。因民营科技企业普遍规模较小，可用于抵押的土地、厂房等固定资产较少金融部门为规避风险，集中力量抓大企业而不愿向小企业放贷，即使有幸获得银行贷款，一般也不能满足业务发展需要，且基本上是6个月到1年的短期流动资金贷款。而目前信用担保也是商业化运作，门槛也比较高，导致最缺乏资金的中小企业融资“无门”。现在中小民营企业基本上都是靠自我积累和民间高息借款的方式解决资金问题。

其次，民营企业境外直接上市融资受到限制。据企业反映，目前企业申请境外直接上市的条件、限制领域、所有制形式等判断要素不够透明，且程序复杂，审批周期长，直接上市的以国有大型企业为主，其他企业很难通过境外直接上市融资渠道获得新的资源和发展条件。

再次，内资企业尤其是民营企业境外投资融资难。为帮助境内投资企业解决境外投资融资难问题，2005年国家外汇管理总局出台了《关于调整境外银行为境外投资企业提供融资性对外担保管理方式的通知》，为境内投资主体在境外注册的全资附属企业和参股企业提供融资性对外担保。但在实际操作过程中，企业普遍反映程序过于复杂，所需材料多，审批时限长，往往等批下来时机已经错过。

最后，虽然国家发改委可以安排企业长期债券类融资，债券利率比银行中长期贷款有较大的优势，但基本上是面向国有大型企业。

（八）民营科技企业获取土地资源难

由于政府掌握的各种资源有限，分配土地、资金等资源时，通常采取的做法就是设置各种较高的门槛。国有企业由于历史原因，有些已经获取了一定的土地等资源，或者国有企业投资的港口、能源等项目属于重大基础设施建设项目，比较容易获取土地等资源。外资企业一直都是我市扶持的重点，所以政府在土地等资源配置中也给予了大力支持。相对而言，由于民营科技企业发展较晚、基础较差、投资项目较小，再加之政府在分配土地、政府资金等资源时设置的较高门槛，客观上导致以民营企业为主的众多中小企业获得土地、政府资金等资源的难度很大，企业发展受到严重制约。

（九）民营科技企业发展很不平衡

这种发展不平衡，主要集中表现在三个方面：一是东、中、西部发展不平衡，东部省市多数较好，中部省市多数一般，西部省区多数落后。二是在一个地区内，大中城市与中小城市发展不平衡，民营科技企业多数集中于智力密集、文化发达的大中城市，而中小城镇又一般发展薄弱。三是城市与农村发展不平衡，目前农村中的民营科技企业极其稀少。上述三种不平衡分布情况与民营科技企业在21世纪头半个世纪所肩负的历史重任不相适应，因而如何利用政策措施推进中西部、中小城镇以及农村中民营科技企业的加速发展，打破这种不平衡局面，就成为宏观管理上亟待解决的战略问题。

中国民营科技实业家协会研究中心
彭树堂　王爱凤　王善杰　李国光

光彩事业的新进展

2004～2005年，在党中央提出的科学发展观、全面建设小康社会、构建社会主义和谐社会、建设社会主义新农村等战略方针指引下，在各级党委、政府的关心支持下，在各级统战部、工商联和光彩事业促进会的组织、引导下，在广大民营企业家及港澳台侨工商界人士的积极参与和共同努力下，光彩事业紧紧围绕党和政府的中心工作，继续强化扶贫开发、尤其是农村扶贫这一基础性工作，积极投身"西部开发"、"东北振兴"、"中部崛起"、"新农村建设"，同时组织民营企业以"抓住重要战略机遇期"的紧迫感和理念共识，摸索"新型工业化道路"，实践"走出去"战略，在实现企业理性、快速发展的同时，为构建长期繁荣、稳定、有序的"和谐社会"做出了应有的贡献，也为在全球化背景下抓住机遇、参与全球产业分工体系、实现中国的"和平崛起"进行了有益的尝试，为我国减贫和国际社会消除贫困、为人类的和平与发展做出了新的贡献。据不完全统计，两年间又有4 316人参与投资实施光彩事业项目3 779个，新增到位资金545.27亿元，培训人员93.74万人次，安排就业90.58万人，捐资办学及其他公益事业45.79亿元，帮助88.81万贫困人口解决了温饱问题。

一、召开了两次理事会，进行了光彩事业十周年纪念和中国光彩会换届

2004年4月，光彩事业十周年纪念会暨中国光彩事业促进会二届四次理事会议在北京召开。会议全面总结了光彩事业实施十年来所取得的成绩和经验，进一步明确了光彩事业今后的任务。会议期间，中共中央政治局常委、全国政协主席贾庆林，国务院副总理曾培炎到会祝贺，并接见了全体与会代表。贾庆林同志作了重要讲话，对光彩事业给予了高度评价。刘延东同志在纪念会暨理事会开幕大会上作了题为《新的世纪孕育新的机遇 新的机遇成就新的事业》的光彩事业十周年工作报告。联合国驻华总代表马和励到会致词。胡德平同志在闭幕会上作了总结讲话。会议增补马正述等36人为中国光彩会常务理事，授予郝建秀等22位企业家光彩事业奖章，授予黑龙江省光彩会等10个单位和个人光彩事业组织奖。会议期间还举办了"光彩事业与农业产业化论坛"和"光彩事业与再就业论坛"，邀请农业部、劳动和社会保障部的领导、部分专家学者和有关企业负责人演讲。会间还举办了光彩事业十周年专题联欢晚会，运用文艺表演的形式回顾了光彩事业十年所走过的光辉历程，展现了光彩事业所取得的成绩，阐述了光彩理念，得到了有关方面领导和企业家的普遍好评。

2005年12月，中国光彩事业促进会在京召开了第三次会员代表大会暨三届一次理事会。会议期间，中共中央政治局常委、全国政协主席贾庆林，中共中央政治局委员、国务院副总理回良玉，接见了全体与会代表，贾庆林同志作了重要讲话。国家开发银行、国务院扶贫办、中国扶贫协会、国家林业局、国土资源部等有关部门的领导出席会议并讲话。刘延东同志作了《在新的历史起点上实现新的更大发展》的主旨讲话，胡德平同志代表第二届理事会作了《开创光彩事业的新局面，为构建和谐社会再立新功》的工作报告。黄孟复同志在闭幕会上作了总结讲话。在这次换届会上，选举刘延东同志继任中国光彩会会长，推举黄孟复同志为中国光彩会顾问，选举胡德平、黄跃金、张龙之、谢伯阳、辜胜阻、卢志强、刘志强、雷菊芳、张永珍、胡

应湘、何超琼、李学春、李河君、王再兴、陈大光、刘金虎、祝义才、王文彪同志为中国光彩会副会长，孙公麟同志任秘书长。为提高光彩会的工作效率、强化议事能力，这次换届大会还对中国光彩会的组织架构进行了调整，由理事制改为会员制。换届以后，中国光彩会有理事530名，其中企业理事415名，团体理事64名，特邀理事51名。会上还对32名光彩事业奖章获得者、15名光彩事业组织奖获得者进行了表彰，向38名在林业和国土绿化事业中做出突出贡献的民营企业家颁发了光彩事业国土绿化贡献奖。

二、光彩事业项目拓展迅速，经济社会效益显著

——光彩事业项目所涉及的领域越来越宽。光彩事业项目已由主要在农业领域、且多为单纯的种植养殖项目，发展到参与国有企业改革、改组、改制，涌现出许多在生态环境建设、市场建设、国际禁毒替代品开发等领域带有明显社会公益性、光彩特色的项目，在基础设施建设领域投资也非常活跃，还有部分企业已进入了垄断行业。如华睿集团投资的金沙江中游流域水电开发项目，其中金安桥电站装机240万千瓦，投资规模130亿元，这是民营企业正式进入大型水电垄断行业的第一个案例。又如广西泰富集团在广西、四川、云南、甘肃的5个国定贫困县开发了9个金矿，成为当地黄金开采业的龙头企业。

——出现了一批投资亿元以上的光彩项目。在光彩事业实施初期，光彩事业项目的投资规模，一般都是几百万、几千万元，很少有上亿元的项目。近年来，投资规模上亿元的项目不断出现，还有不少投资规模在10亿元以上的项目。如在三峡库区的万州，有重庆市江大建筑开发（集团）公司投资13.6亿元开发的天仙湖生态旅游风景区项目；浙江科华集团公司投资4.7亿元兴建的日产5 000吨熟料新型干法回转窑水泥项目；香江集团、豪德集团、德美奥翔集团在全国兴建的几十个光彩大市场，每个项目的投资都在亿元以上。

——具有光彩事业特色的国土绿化项目成绩突出。光彩事业在“华北、西北”防沙治沙、长江流域水土保持和东北及云南、广东、广西、海南荒山绿化等方面已经形成了一些项目群。如新疆天演生物技术有限公司的速生杨项目，6年来在全国17个省（区、市）种植面积达300万亩，逐步形成林产一体化、林纸一体化的产业链，累计投入国土绿化资金1.2亿元，带动5万多人就业。再如内蒙古亿利资源集团，从1997年开始在当地实施百万亩甘草种植工程、百万亩沙柳柠条工程、十万亩速生丰产林工程等，累计投入国土绿化资金2亿元，治理沙漠300多万亩。仅2004年就带动当地3万多农牧民参加生态建设，劳务收入达2 000多万元。

—— 经济社会效益愈来愈显著。光彩事业不仅帮助几百万人解决了温饱问题，还使不少人通过光彩事业走上了致富之路。他们在光彩事业的帮助扶持下积累了资金，创办起了自己的企业，继而帮助还没有脱贫的人口脱贫致富。社会效益特别显著的光彩事业项目不胜枚举。如，全球浓缩苹果汁产量最大的北方安德利果汁有限公司，通过“公司+农户”的形式，收购陕西、河南等六个省60多万户果农的落果和残次果，使200多万从事苹果种植的农民人均年增收1000多元。湖南老爹农业科技开发公司采用企业出资租地、农民出地管理，收益共享的公司化基地模式，让农民在获得土地收益的同时还能得到工资收入和增产分红收益，使20多万湘西少数民族农民通过与老爹公司合作从事猕猴桃种植实现了脱贫致富。

三、与政府的合作有了新局面

——与地方政府共同开展的“光彩事业行”活动硕果累累。“光彩事业行”，是中国光彩会在实践中，摸索、创造出来的一种组织和推动光彩事业的有效形式，它结合欠发达地区的实际

需要和民营企业的特点，通过组织民营企业家集中性地在某个地区进行项目考察和洽谈，在义利兼顾的理念指引下投资兴建光彩事业项目，推动民营企业为欠发达地区的经济社会发展做贡献，受到了各地党委政府的肯定和欢迎，得到了广大民营企业家们的响应和支持。两年来，全国工商联、中国光彩会先后与地方政府合作，举办了"光彩事业银川行"、"光彩事业井冈行"、"光彩事业万州行"、"光彩事业长白行"、"中国光彩事业大别山（黄冈）老区行"、"沪苏浙光彩事业枣庄行"、"光彩事业巴中革命老区行"、"光彩事业科尔沁·少数民族地区行"等8次"光彩行"活动，共组织1 200多名企业家参加，签订合同和投资意向近300个，涉及金额400多亿元，结出了累累硕果，在落实了一批有一定投资规模、经济社会效益良好的光彩事业项目的同时，对宣传欠发达地区的资源优势和投资环境，促进欠发达地区非公有制经济发展和非公有制经济人士的健康成长，都起到了积极的作用。

——与国家林业局的联合工作成效显著。为引导民营企业参与林业建设，推动我国林业大发展，2004年3月2日，国家林业局与中国光彩事业促进会召开了第一次联席会议。会议决定建立国家林业局与中国光彩事业促进会联席会议制度，审议通过了联合工作制度（包括联席会议、联合发文、联合调研、联合培训、联合宣传、联合表彰等六项内容），确定了联席会议的联络工作机构。两年来，双方合作紧密、扎实、富有成效。双方联合开展了多次调研活动，形成了调研报告并上报中央或形成了两会提案；在内蒙古牙克石和河南郑州举办了两期民营企业林业培训班，80多名民营企业接受了培训；在2005年的中国光彩会第三次会员代表大会上，38名在我国林业建设和国土绿化事业中做出突出贡献的优秀民营企业家获得了"光彩事业国土绿化贡献奖"。两年来，双方领导及联络工作机构多次及时针对非公有制林业发展中出现的有关问题积极进行沟通，加强信息交流，努力协助投入林业建设的民营企业家解决一些在实际工作中遇到的具体问题，宣传介绍国家鼓励非公有制林业发展的有关政策，为民营企业参与林业建设提供咨询服务。还通过中华工商时报、人民政协报、绿色时报等新闻媒体及搜狐网站、光彩事业网站，对联席会议、联合调研、民营企业林业培训班等相关情况及民营企业参与林业建设的典型事例进行了专题宣传报道。

——与政府部门开展的其他工作。随着光彩事业的影响越来越大，政府对中国光彩会工作的不断重视，政府部门与中国光彩会联合开展的活动越来越多、形势越来越多样。2004年5月，中国光彩会与全国工商联、武汉市人民政府联合主办了"中国民营经济东湖论坛"，来自全国各地的民营企业家、港澳工商界人士和湖北省、武汉市有关领导同志共200余人出席会议。2004年7月，应乌鲁木齐市政府邀请，中国光彩会协调全国工商联共同组织菲律宾、美国和国内工商界人士80余人参加"乌鲁木齐丝绸之路国际服装服饰节"。活动期间，代表团还出席了"新机遇新发展"经济合作论坛，探讨了新疆与海内外企业的合作商机，交流了共同发展的意愿。2004年9月，为纪念邓小平同志诞辰100周年，全国工商联、中国光彩会、四川省委统战部、省工商联、省光彩会和广安市委、市政府在邓小平同志的家乡广安市举行"致富思源，共建广安"活动总结表彰大会，总结2001年以来"致富思源，共建广安"活动取得的巨大成绩，肯定光彩事业为小平同志家乡建设做出的成绩，表彰为"致富思源，共建广安"活动做出重要贡献的先进企业、先进单位和先进个人。2005年8月，为发挥光彩事业重点联系地区的辐射效应，中国光彩会、国务院西部开发办与银川市政府共同举办了第一届西部（宁蒙陕甘）扶贫开发协作会，宁夏、内蒙、陕西、甘肃、青海的30多个地、县的政府部门和来自21个省区的300多位企业家参加了本次协作会，共签订合同项目42个，总投资金额76.22亿元，有力地带动了周边地区的经济协作和共同发展。

四、对外交往和引导企业家“走出去”有了新突破

——积极参与国际事务，推动民间外交。两年来，中国光彩会充分利用联合国经社理事会特殊咨商地位和贸发会议观察员的非政府组织身份，积极参与国际事务，为推动民间外交做出了努力。2004年2月，胡德平同志率团赴日内瓦出席联合国贸发会议“非政府组织和私营企业意见听取会”，并在大会上作了“全球化与本土化”的发言，阐述了“经济全球化更要注重本土化”的观点。2004年6月，谢伯阳同志率中国光彩事业代表团出席了在巴西圣保罗安赫莫比会议中心举办的“联合国贸易和发展会议第十一届大会”。这是2003年中国光彩会取得联合国贸发会议观察员身份后首次出席贸发会议年会，促进了中国光彩会与联合国贸发会议的联系与交往，推动了民营企业与南美工商界的交流与合作。2004年11月，胡德平同志应邀率光彩企业家到上海会晤巴基斯坦总理阿齐兹和中非总统，并就进一步发挥民营经济的作用，促进双方民间交流与合作进行会谈。2005年3月，胡德平同志率中国光彩会代表团访问了巴基斯坦，期间，中国光彩会与巴基斯坦人类发展基金组织对发展两国民间经贸进行了认真的探讨，建立起了良好的互信关系。为推动中非工商理事会的工作，2005年3月，谢伯阳同志又率团访问了非洲的加纳、尼日利亚、喀麦隆，了解了非洲三国的基本情况和发展潜力，提出了一些合作意向。

——配合政府走出去战略，动员企业家走出去。为贯彻中央“走出去”战略，帮助国内民营企业拓展国际市场，进一步推动光彩事业向国际化发展，刘延东同志提出要把组织推动企业家“走出去”作为光彩会的重点工作之一。2004年，中国光彩会与商务部合作，在迪拜的中国商品分拨中心筹建了光彩国际大市场，面积3万平方米，可供800家企业进驻，利用迪拜良好的地理位置、基础设施，优惠的自由贸易政策，宽松的投资环境，展示展销中国民营企业各类产品，开拓国际市场。2004年，为进一步推动我国与非洲国家的民间经贸交流，我会与中国外商投资企业协会合作，举办了两次民营企业家与非洲国家政府官员的座谈会，来自苏丹、莫桑比克、利比亚等10余个非洲国家的近30位政府官员参加座谈。通过座谈，民营企业进一步密切了与非洲国家的联系，寻找到了商机与合作伙伴。目前，已有一批民营企业家到非洲、拉美乃至欧美等国家开发资源、投资办厂。河北保定企业家刘建军在非洲27个国家建立了28个农业科技园，当地人称之为“保定村”。2005年6月，刘延东同志率团出访拉美古巴、巴西、阿根廷三国，随团访问的民营企业家在三国签署商贸合作及捐赠项目共15个，协议投资额6.04亿美元。

——近年来与联合国机构合作取得更加积极的进展。2004年10月，来华访问的联合国秘书长安南邀请胡德平同志及20多位企业家在北京钓鱼台宾馆座谈。胡德平同志向安南介绍了中国光彩事业的由来、宗旨、理念以及中国光彩会与联合国UNDP合作、交流的情况。光彩企业家们介绍了自己参与光彩事业，履行企业家社会责任的情况，一致表示赞同并愿积极响应参与安南提出的“全球契约”。安南高度赞扬中国光彩事业，肯定中国工商界人士在推动中国经济发展和促进人类文明进步方面做出的积极贡献，呼吁中国工商企业加入全球契约，积极履行社会责任，为促进全球市场的共同的价值观和原则，实现更加稳定、更加包容的世界经济做出应有的贡献。按照联合国开发计划署的提议，2004年11月，中非工商理事会正式成立。中非工商理事会以民营企业为参与主体和服务对象，主要目的是搭建一个信息平台，为民营企业“走出去”、利用非洲资源、开拓非洲市场、促进中非民间经贸交流与合作服务，推动中非合作和南南合作。这是中国光彩会获得联合国经社理事会咨商地位和联合国贸发会议特别观察员身份后，正式签订的第一份国际合作项目，也是UNDP与国内NGO组织开展的第一个国际合作项目。

——其他工作。2004年9月，中国光彩会与日本中部产业连盟共同主办了民营企业家培训研修班，35位民营企业家参加了培训。培训期间，企业家还与日本工商界进行了交流恳谈，听

取了日本投资环境介绍，考察了日本工商企业的经营管理。通过培训、考察，宣传了中国光彩事业，搭建了光彩企业家与日本企业交流的平台。11 月，胡德平同志在京会见日本“中产连”专务理事竹内弘之，并就今后中国光彩会与“中产连”的长期合作交换了意见。2004 年，根据外交部总体安排，我会积极参与联合国亚太经社会 60 届年会，并共同举办可持续发展会议，会议期间还举行了光彩事业成果展。此次活动有力地配合了外交部的工作，受到外交部的来函表扬。2005 年 10 月，巴基斯坦发生大地震，中国光彩会积极组织广大民营企业家捐资赈灾，向灾区捐赠价值 100 万元的毛毯用于赈灾，其后又组织北京、天津、山西、内蒙古、辽宁、山东、河南、香港的 118 位民营企业家捐赠款物 405 万元用于灾后重建。

五、光彩事业的宣传工作有了新气象

二届二次理事会后，中国光彩会提出了加强宣传的要求，两年来，采取了突出主题、相对集中的办法，与人民日报、经济日报、中央电视台、人民政协报、中国新闻社、统一战线杂志社、中华工商时报、中国工商杂志社、中国青年报、湖南电视台绿色频道等新闻媒体建立了紧密联系，同时还与国际著名媒体建立了广泛合作，发表了几百篇通讯报导和上百个电视采访专题节目，还相对集中若干个专题（地区），组织了十几次系列报道，并编发光彩事业简报 31 期，及时宣传了光彩事业的新进展。网络媒体方面，2003 年开通的中国光彩事业网，及时报道中国光彩会和地方光彩会的各种活动，收录各大媒体有关光彩事业活动的消息文章，还设立了“商务信息”栏目，发布各地提供的招商合作项目，点击率逐年提高，社会评价也越来越好。英文版也已制作完毕，审批后也将正式开通。

2004 年，在光彩事业十周年纪念会暨中国光彩会二届四次理事会议召开之际，集中宣传光彩事业的丰硕成果。大会期间，专门制作了宣传光彩事业的成果、反映光彩事业的历程、介绍各地光彩事业工作和光彩企业家事迹的《光彩十年》画册、《中国光彩事业》光盘、《光彩足音》资料书、《各省和重点联系地区光彩事业工作总结汇编》和 12 集《光彩中国》人物专题片，举办了一台大型文艺晚会。大会期间，中国光彩会还与搜狐公司合作，在搜狐网站举办了光彩企业家论坛沙龙，回顾光彩事业十年来的成就，介绍国际社会对光彩事业的评价，畅谈企业家应履行的社会责任，参与光彩事业的亲身经历和给自身企业带来的变化。中央电视台在新闻联播中播报了会议消息，新华社、人民日报、经济日报、光明日报、中国日报、中国新闻社、人民政协报、中华工商时报等媒体共发表宣传文章 220 篇。2005 年 12 月，为配合中国光彩会第三次会员代表大会的召开，中国光彩会编辑出版了《中国光彩事业发展报告》，搜集整理了中央领导有关光彩事业的文献资料，收集修改了 29 个省和 7 个重点联系地区光彩会的分报告，用 100 多万字的篇幅，全面回顾了光彩事业十一年的发展历程，刘延东、黄孟复、胡德平同志分别作了序。

六、光彩会自身能力建设得到明显加强

——组织建设得到进一步加强和完善。在中央统战部的积极努力下，中国光彩会获有了国家主管部门批准的人员编制和条件较好的办公场所；建立了信息交流、综合统计、重点项目审批等一系列工作制度；完善了政策争取、贷款推荐、信息提供、协调服务、舆论宣传、荣誉表彰等支持系统；全国各省、直辖市、自治区除西藏外，都成立了省一级的光彩会，大部分地、州、市和相当一部分县、旗，也成立了光彩会的组织。

——积极分子队伍不断壮大。光彩事业体现了由我国改革开放政策造就的一大批非公有制

经济人士的觉悟，日益成为他们致富思源、回报社会的一个平台和载体，成为引导非公有制经济人士健康成长的一面旗帜。可以说，全国的民营企业家都不同程度地参与了光彩事业。据初步统计，目前全国各级光彩事业促进会理事已近 3 万人，他们以自己的实际行动，树立了民营企业家的良好形象，赢得了各级党委和政府的充分肯定和社会的广泛认同。据统计，去年全国评选表彰的 100 名优秀中国特色社会主义事业建设者中，有 72 位是中国光彩会理事。十届全国人大代表、全国政协委员中有非公人士 243 名，他们都是光彩事业的积极参与者，其中 81 人是中国光彩会理事。全国工商联 267 位执委中，有 136 位是中国光彩会理事。

——拓展了重点联系地区的工作。两年来，中国光彩会又先后与蚌埠、银川、万州签订了合作协议，中国光彩事业重点联系地区拓展到了 7 个。2005 年 10 月，在山东聊城市召开了中国光彩事业重点联系地区联谊会，全国民营企业家 130 人会聚聊城，探索加快发展光彩事业的新路子。会上，中央统战部副部长胡德平同志从如何更好地发挥光彩会作用、为民营企业服务的功能等方面发表了精彩的总结演讲。

——积极维护光彩企业合法权益。两年来，为了维护光彩企业家的合法权益，保护他们参与光彩事业的积极性，中国光彩会积极通过统战系统、工商联系统、以及与政府部门的联合工作机制，开展协调服务工作，受到了企业家们的好评。中国光彩会的行动，让企业家们十分感动，表示有生之年一定要尽最大力量参与光彩事业，以实际行动为光彩事业增添光彩。

附件一

中国光彩事业促进会关于授予郝建秀等 22 人光彩事业奖章的决定

（2004 年 4 月 15 日会长会议通过）

经各省、自治区、直辖市光彩事业促进会提名推荐，本会评审决定，授予郝建秀、郝续宽、刘保国、高振富、郭广昌、王建沂、郑胜涛、胡炯、林欧文、王再兴、刘德顺、陈泽民、刘新才、陈大光、符史钦、杨大陆、李学春、孙甚林、王伟、来辉武、张金山、热迪力·阿布拉光彩事业奖章，以资表彰。

郝建秀　山西建峰工贸集团董事长
郝续宽　内蒙古维信（集团）有限公司总经理
刘保国　辽宁大连森兴箸业集团董事长
高振富　黑龙江大庆市振富企业集团董事局主席
郭广昌　上海复星高科技集团有限公司董事长
王建沂　浙江富通集团有限公司董事长
郑胜涛　浙江神力集团董事长
胡　炯　安徽兴华投资集团董事长
林欧文　福建三爱药业股份有限公司董事长
王再兴　香港豪德集团有限公司董事局主席
刘德顺　山东威海市德顺房地产开发有限公司董事长
陈泽民　河南郑州三全食品股份有限公司董事长

刘新才　湖北小银狐投资集团董事长
陈大光　广西泰富黄金矿业开发有限公司总裁
符史钦　海南龙泉集团有限公司董事长
杨大陆　四川大陆集团有限公司董事长
李学春　重庆派斯集团董事长
孙甚林　重庆南方集团董事长
王　伟　贵州安顺市兴伟实业开发公司董事长
来辉武　陕西咸阳505集团公司总裁
张金山　宁夏香山酒业集团董事长
热迪力·阿布拉　新疆阿尔曼实业有限公司总经理

附件二

中国光彩事业促进会关于授予张灵忠等32人光彩事业奖的决定

（2005年12月28日会长会议通过）

经各省、自治区、直辖市光彩事业促进会提名推荐，本会评审，授予张灵忠、柴宝成、丁立国、陈忠孝、王长利、赵永亮、杨敏、刘野、高翔、陈邓华、高纪凡、宗庆后、赵玉秀、林印孙、陈成秀、苏寿堂、王银良、谢圣明、李途纯、陈丹、林康宁、左宗申、廖长光、刘沧龙、金朝水、柳云松、王西林、赵步长、韩庆、韩兴旺、孙珩超、李建宏光彩事业奖章，以资表彰。

张灵忠　北京力教多媒体技术开发公司董事长
柴宝成　天津宝成集团董事长
丁立国　河北德龙钢铁有限公司董事长
陈忠孝　山西常平集团董事长
王长利　内蒙古豪德集团董事长
赵永亮　内蒙古东达拉蒙古王集团董事长
杨　敏　辽宁罕王实业集团董事长
刘　野　吉林富华集团董事长
高　翔　黑龙江圣泰制药股份公司董事长
陈邓华　上海中发电气集团总裁
高纪凡　常州天合光能有限公司董事长
宗庆后　杭州娃哈哈集团董事长
赵玉秀　安徽恒信集团董事长
林印孙　江西正邦集团总裁
陈成秀　厦门厦顺铝箔有限公司董事长
苏寿堂　山东华乐实业集团董事长
王银良　河南王守义十三香调味品集团总经理
谢圣明　湖北红桃K集团董事长

李途纯　湖南太子奶生物科技有限公司董事长
陈　丹　广东恒兴集团董事长
林康宁　海南新顺昌实业有限公司董事长
左宗申　宗申产业集团总裁
廖长光　重庆小天鹅集团董事局主席
刘沧龙　四川宏达集团董事长
金朝水　云南三鑫集团董事局主席
柳云松　贵州好一多乳业有限公司董事长
王西林　延安王家坪实业发展集团总经理
赵步长　陕西步长集团董事长
韩　庆　兰州天庆集团董事长
韩兴旺　青海兴旺集团董事长
孙珩超　宁夏宝塔石化集团董事长
李建宏　新疆宏景投资公司董事长

工商联行业商会情况

一、工商联行业商会的发展进程

在工商联组建之初，同业公会等行业组织就是工商联的主要组成部分。1952 年 6 月中共中央批准的中央统战部关于改组工商业联合会的指示指出：“改组同业公会也是要改变它过去在工商联各级组织中的地位，使之成为工商联领导下的专业性组织。”同年 8 月政务院颁发的《工商业联合会组织通则》规定：“市、县工商业联合会得按行业设立同业公会或同业委员会。”

党的十一届三中全会以后，按照党的改革开放政策，恢复并拓宽了工商联工作的空间和领域。1991 年中共中央 15 号文件（以下简称中央 15 号文件）对工商联的性质、任务、作用等作了明确规定，对同业公会的作用给予了肯定，并明确指出：“对同业公会先按照以下办法试行：(1）可在县、镇进行试点，不成立省、市级组织；（2）在县、镇试点中，应选择非公有制经济成分为主的、零星分散的、政府部门不易照顾到的行业。”当时工商联系统仅有行业组织约 100 家。

中央 15 号文件发布 15 年以来，各级工商联组织非常重视同业公会的建设，使同业公会（商会）成为由同行业企业自愿联合组成隶属于工商联的民间自律的行业组织。特别是党的十六届三中全会《决定》提出，要“按照市场化原则规范和发展各类行业协会、商会等自律性组织”，这对于工商联系统行业商会的发展起到很大鼓舞和推动作用。根据报表统计，截止到 2006 年 6 月 30 日，各级工商联行业商会（同业公会，下同）总数已达到7 588个。中央 15 号文件发布以来的 15 年间，工商联的行业商会数增加了 75 倍；自 1998 年以来，平均每年增加 32.5%（见附件 1）。

二、工商联行业商会的分布和登记情况

从地域分布看，全国 31 个省级行政区中，除西藏外，都有工商联行业商会组织。其中，在经济比较发达、非公有制经济发展比较快的地区，工商联行业商会组织发展比较快、数量比较多（见附件 2）。

从行业分布看，按国家统计局分类标准，在经济领域 18 个门类 88 个行业大类中，其中 79 个行业大类均有工商联行业商会组织，占行业大类总数的近 90%。除了国营垄断的矿业、航空、银行、地质勘探等行业外，工商联行业商会已遍布工商领域各行各业。其中成立行业商会较多的行业有：零售业、批发业、居民服务业、餐饮业、纺织服装鞋帽制造业、农副食品加工业、非金属矿物制品业、食品制造业、农业、道路运输业等 15 个行业，主要集中在商业、服务业、轻工业等非公有制经济比较集中的，政府不易照顾到的零星、分散的行业（见附件 3）。

从组织层次看，工商联行业商会大多数建立在县和乡镇基层。其中，县级 3 933 个，占 51%；乡镇街道 1 488 个，占 20%。发展现状符合中央 15 号文件关于在县、镇进行成立同业公会试点的精神（见附件 4）。

从登记情况看，通过对已经收录进工商联行业商会数据库的 3 206 家行业商会进行分析，有 1/3已在民政部门注册登记，2/3 尚不具备独立法人资格，作为工商联的直属会员组织开展活动

（见附件5）。据了解，自2003年以来江苏、广东、河南、湖南、安徽、浙江、内蒙古、湖北、福建等九个省（区）先后授权工商联为行业商会业务主管单位或授予工商联部分行业组织管理职能。

三、几点体会

工商联行业商会在长期的实践过程中，逐步形成了自己的特色，遵循“自愿入会、自选领导、自聘人员、自筹经费、自理会务”和“自我管理、自我服务、自我协调、自我约束、自我教育”的“双五自”原则，充分体现了它的民间自律性经济组织的特征。从这些年的情况看，工商联行业商会，适应社会主义市场经济的需要，较好地发挥了配合政府加强同业自律管理，协调同业务方关系，维护同业共同利益，维护市场秩序，促进社会诚信体系建设，推动行业发展的作用。行业商会以围绕中心、服务大局、服务行业、服务会员、服务社会为己任，做了大量工作，发挥了积极作用。为此，我们认为：

1. 成立工商联行业商会是发展社会主义市场经济的客观需要。从发展趋势、地区分布和行业分布中可以看出工商联行业商会得到普遍认可和欢迎。工商联行业商会原则上实行企业家办会，由龙头企业的代表人担任会长（见附件6），在团结业界同仁，推动行业发展和自律，协助政府开展行业分析，促进地方经济发展等方面发挥了重要作用。

2. 从部分省政府授权工商联作为行业商会主管单位的实践看，对发挥工商联的民间商会职能，更好地发挥工商联在政府管理非公有制企业方面的助手作用，是非常有利和必要的。

3. 中央15号文件明确规定可由工商联在基层开展组建行业商会试点。经过15年的实践，工商联组建行业商会已经积累了较成熟的经验，特别是在劳动密集型行业、较为分散的细小行业和新兴行业中组建的行业商会，已经发挥了很好作用，可以总结推广。

4. 工商联作为所属会员组建的行业商会主管单位，有利于在行业商会组织建设中充分发挥各级统战部和工商联党组的领导核心作用，有利于加强行业商会党建工作，有利于培养优秀代表人士队伍，更好地发挥工商联作为党和政府联系非公有制经济人士的桥梁纽带作用，更好地发挥工商联的统战性、经济性和民间性。

附件：1. 工商联行业商会发展情况
2. 工商联行业商会较多的10个省
3. 工商联行业商会分布较多的15个行业
4. 工商联行业商会构成情况
5. 工商联行业商会登记注册情况
6. 工商联行业商会会长情况

附件 1

工商联行业商会发展情况(1998 年底-2006 年 6 月底)

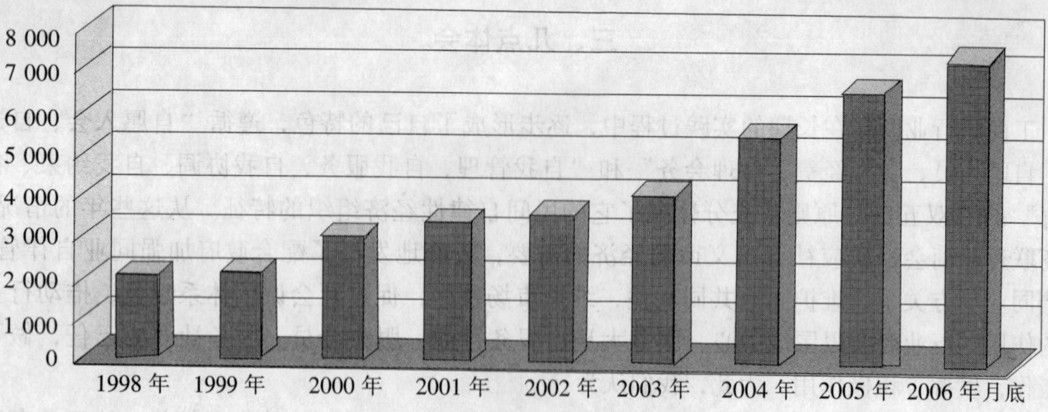

1998 年到 2006 年 6 月底，行业商会总数净增5 569个，增加了 2.76 倍，年平均增长率为32.5%。

附件 2

工商联行业商会较多的 10 个省

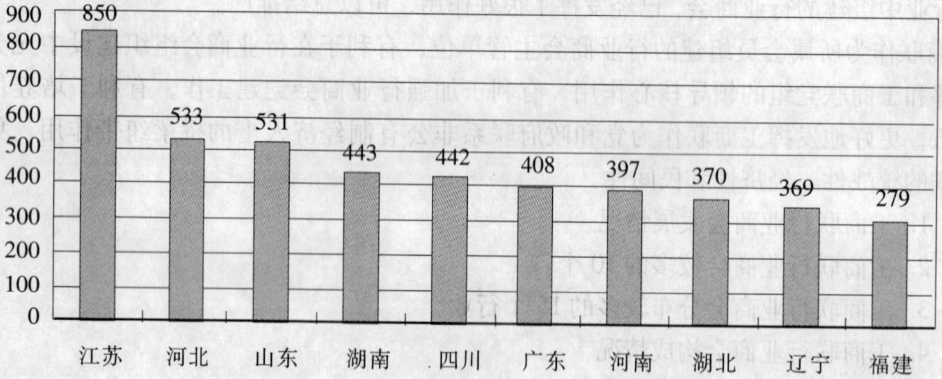

附件 3

工商联行业商会分布较多的 15 个行业

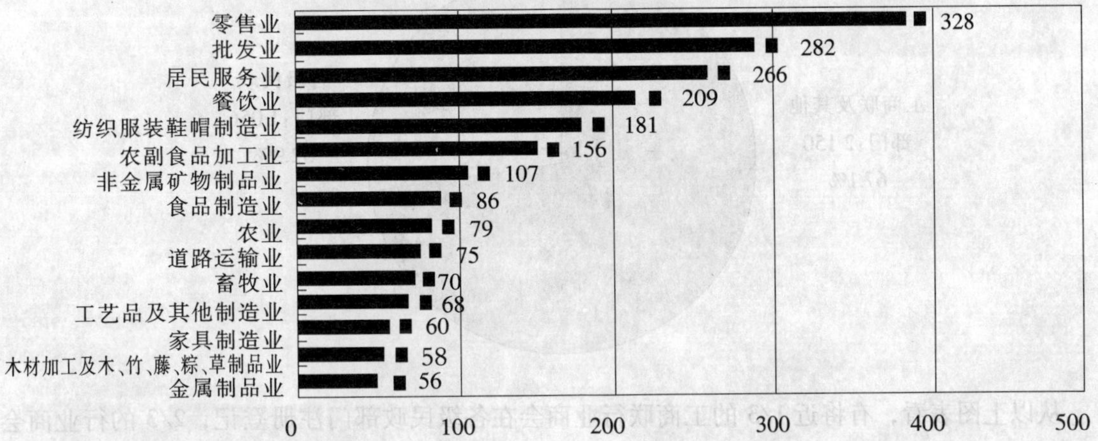

根据统计，在国民经济行业分类所涉及的 88 个经济大类中，工商联行业商会涉及其中的 79 个大类。其中分布比较多的前 15 个行业是：零售业、批发业、居民服务业、餐饮业、纺织服装、鞋、帽制造业、农副食品加工业、非金属矿物制品业、食品制造业、农业、道路运输业、畜牧业、工艺品及其他制造业、家具制造业、木材加工及木、竹、藤、棕、草制品业、金属制品业。

附件 4

截至 2006 年 6 月 30 日，工商联共有行业商会 7 588 个，其中全国工商联直属 22 个（占行业商会总数的 0.3%），省级 322 个（占行业商会总数的 4.2%），地级 1 726 个（占行业商会总数的 22.7%），县级 3 933 个（占行业商会总数的 51.0%），乡镇街道 1 488 个（占行业商会总数的 20.0%），其他 97 个。县和县以下工商联行业商会点行业商会总数的 71.4%。

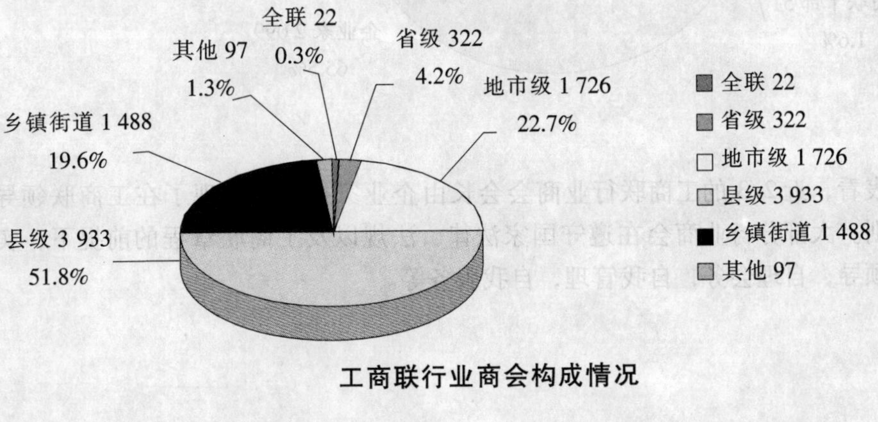

工商联行业商会构成情况

附件5

工商联行业商会登注册情况

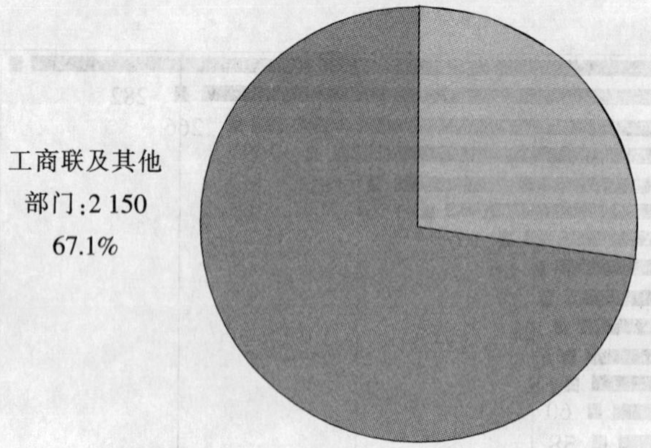

从以上图表看，有将近1/3的工商联行业商会在各级民政部门注册登记，2/3的行业商会没有独立法人资格，由工商联组织成立或由其他部门成立后由工商联联系管理，作为工商联的二级机构存在。

附件6

工商联行业商会会长情况

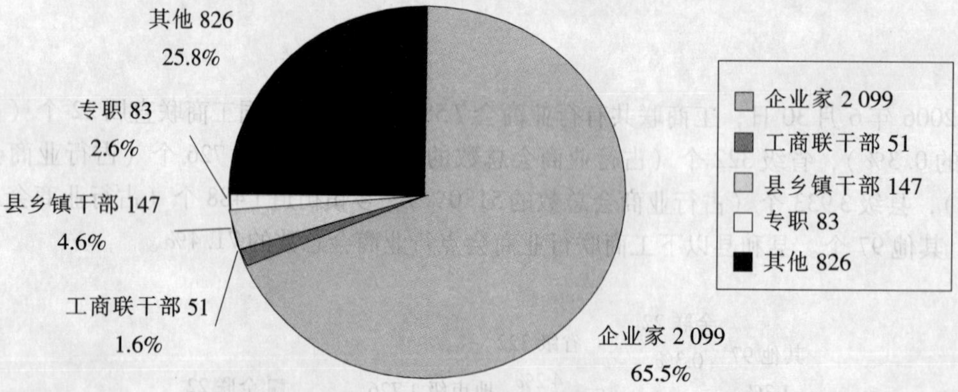

从以上图表看，近2/3的工商联行业商会会长由企业家担任，体现了在工商联领导下，企业家办会的原则。大部分行业商会在遵守国家法律、法规以及工商联章程的前提下，实现了自筹经费，自选领导，自理会务，自我管理，自我服务等。

各地个体、私营经济发展概况

31个省（区、市）个体、私营企业发展情况综述

（2004年12月~2006年6月）

一

综合31个省、区、市工商联的报告，可以清楚地看到，2004年12月至2006年6月这一年半时间内，全国的个体、私营企业的数量、投资者人数、从业人员、雇工人数和注册资本金都呈快速增长态势。

个体工商户从2004年底的23 504 911户增长到25 057 006户，一年半增加1 552 095户；从业人员从2004年底的45 871 081人增长到51 209 396人，一年半净增5 338 315人；注册资金从2004年底的50 578 963万元增长到61 084 138. 33万元，一年半净增10 505 175. 33万元。个体工商户数量结束了多年徘徊时有下降的态势，呈现了稳定增长趋势。这一年半之内，除海南省减少3000多户、陕西省减少10万户、甘肃省减少3万户、新疆减少2万户之外，其他各省、区、市都是增长的，其中增长最多的是广东省，一年半净增413 186户。

私营企业从2004年12月的3 650 670户增加到4 648 297户，一年半净增997 627户；投资者人数从2004年的9 486 288人增加到11 841 493人，一年半净增2 355 205人；注册资本金从2004年底的479 359 632万元增加到686 128 992. 4万元，一年半净增206 769 360. 4万元；雇工人数从2004年底的40 686 225人增加到49 692 520人，一年半净增9 006 295人。与个体工商户相比，私营企业增幅较大，各省区市都普遍增长，私营企业超过10万户的，已从2004年的12省市增加为14个省市。它们分别是：江苏（547 160户）、广东（510 137户）、上海（493 047户）、浙江（385 763户）、山东（343 892户）、北京（278 918户）、四川（191 795户）、辽宁（177 699户）、河南（144 933户）、湖北（140 765户）、河北（138 697户）、福建（135 972户）、安徽（117 375户）、陕西（102 043户）。（详见表1-1、表1-2）

截至2006年6月底，个体工商户与私营企业的从业人员（含私企投资者）已达112 743 409人，占当年27 331万城镇就业人口的41. 25%；注册资金已达747 213 130. 73万元。

表1－1　2006年6月全国个体私营经济基本情况

单位：户、人、万元

项目	个体工商户			私营企业			
	户数	从业人员	资金数额	户数	投资者人数	雇工人数	注册资本(金)
北　京	686 855	896 866	976 997. 05	278 918	669 885	2 321 579	33 972 212. 00
天　津	181 982	263 506	608 020. 00	85 263	207 657	761 682	17 417 838. 00
河　北	1 073 656	2 689 959	2 934 623. 70	138 697	404 582	2 050 476	15 599 441. 25
山　西	444 274	877 887	1 860 367. 30	76 765	174 222	698 725	11 545 562. 80
内蒙古	491 946	869 698	1 066 010. 72	52 654	146 060	572 799	9 103 389. 70
辽　宁	1 269 441	3 141 415	5 948 905. 43	177 699	446 512	2 215 275	26 676 900. 84
吉　林	460 808	1 407 131	1 050 277. 75	65 437	136 583	586 789	8 505 597. 60
黑龙江	706 226	1 539 823	1 892 397. 49	75 671	205 660	758 703	10 617 208. 00
上　海	280 904	340 908	385 396. 28	493 047	1 031 713	3 796 883	77 334 980. 00
江　苏	1 777 569	3 592 922	6 292 843. 00	547 160	1 217 419	7 240 296	83 122 517. 21
浙　江	1 769 368	3 485 164	5 808 497. 00	385 763	889 766	4 751 869	61 478 576. 00
安　徽	1 125 181	2 708 277	1 649 909. 23	117 375	289 660	1 643 641	12 392 971. 22
福　建	508 951	1 007 567	2 433 178. 18	135 972	285 434	1 154 650	28 688 290. 41
江　西	680 478	1 717 538	1 635 334. 00	77 737	207 287	1 272 714	11 387 832. 00
山　东	1 726 511	3 699 104	3 719 879. 87	343 892	1 007 130	3 881 567	47 573 609. 00
河　南	1 300 425	2 768 329	1 996 864. 58	144 933	372 620	1 145 236	18 752 926. 10
湖　北	1 028 354	2 326 304	2 326 634. 53	140 765	369 217	971 819	22 042 716. 00
湖　南	984 922	1 899 031	3 348 413. 50	92 476	261 211	1 857 773	16 274 235. 20
广　东	2 373 534	5 189 853	5 360 641. 04	510 137	1 349 026	4 479 201	76 496 516. 21
广　西	990 991	1 602 282	1 474 707. 49	58 217	162 714	702 043	7 961 607. 00
海　南	120 430	230 234	154 305. 86	34 756	84 098	304 133	8 512 083. 75
重　庆	476 468	834 931	751 234. 60	75 930	206 079	803 608	12 126 227. 43
四　川	1 588 164	2 634 933	2 227 796. 49	191 795	480 295	2 048 969	21 193 060. 00
贵　州	457 676	655 891	696 568. 68	43 937	130 780	348 359	5 492 827. 31
云　南	757 263	1 440 699	1 515 740. 46	69 439	191 803	832 357	13 011 960. 00
西　藏	64 751	124 139	116 655. 75	3 024	7 240	47 812	814 475. 00
陕　西	735 126	1 496 855	1 008 751. 39	102 043	554 153	1 041 624	8 832 452. 66
甘　肃	311 197	563 897	511 809. 86	40 722	104 823	402 190	5 994 203. 64
青　海	133 213	285 810	239 507. 99	11 278	30 596	253 215	1 935 446. 20
宁　夏	107 900	195 801	200 070. 00	19 996	54 486	195 754	2 583 067. 00
新　疆	442 442	722 642	891 799. 11	56 889	162 782	550 779	8 688 262. 82
合　计	25 057 006	51 209 396	61 084 138. 33	4 648 297	11 841 493	49 692 520	686 128 992. 40

表 1-2　2004 年全国个体私营经济基本情况

单位：户、人、万元

项目	个体工商户			私营企业			
	户数	从业人员	资金数额	户数	投资者人数	雇工人数	注册资本(金)
北京	526 741	692 670	675 232	224 659	571 433	2 156 412	28 413 274
天津	178 296	252 146	558 755	69 644	172 086	594 468	12 154 017
河北	1 019 061	2 554 230	3 200 064	107 782	299 466	1 940 316	11 594 086
山西	439 267	854 441	1 216 118	55 829	135 452	818 322	8 645 300
内蒙古	444 101	779 662	871 072	42 681	118 669	493 427	5 935 255
辽宁	1 264 041	2 850 297	4 297 324	136 870	331 378	1 926 337	18 552 017
吉林	424 188	800 871	787 329	50 858	87 969	903 518	6 840 797
黑龙江	697 655	1 476 897	2 176 292	57 836	167 496	672 750	7 323 121
上海	275 082	334 120	335 044	384 927	825 889	3 222 721	56 815 082
江苏	1 645 193	2 497 583	4 833 179	418 012	971 585	4 649 402	53 513 473
浙江	1 683 906	3 128 056	4 983 037	333 164	762 270	4 411 215	39 084 030
安徽	1 067 271	2 562 432	1 354 644	89 010	228 734	1 184 465	8 725 006
福建	467 994	858 437	2 444 758	110 185	232 424	880 728	18 443 530
江西	609 098	1 495 379	1 205 002	60 855	156 612	984 986	7 531 513
山东	1 659 869	3 445 278	3 067 216	276 111	782 087	3 119 438	31 964 023
河南	1 231 117	2 579 792	1 743 496	107 616	290 009	905 008	10 348 557
湖北	991 284	2 144 292	1 846 160	113 751	295 768	807 541	16 385 462
湖南	945 472	1 963 482	2 324 476	69 002	300 147	1 439 482	10 722 013
广东	1 960 348	4 236 911	4 309 975	389 771	988 161	3 356 489	559 143 16
广西	984 583	1 529 361	1 147 158	43 234	118 886	544 833	5 164 805
海南	123 577	248 169	140 496	25 316	60 807	229 278	6 441 315
重庆	455 969	914 909	687 691	67 991	186 348	808 271	8 809 214
四川	1 447 101	2 307 396	1 679 844	135 724	365 623	1 517 902	13 714 230
贵州	433 096	630 722	629 003	36 105	91 943	275 851	4 183 632
云南	694 734	1 258 853	1 295 861	52 026	143 790	624 083	8 311 885
西藏	56 591	98 155	81 531	2 218	5 380	37 982	511 432
陕西	741 789	1 562 709	937 607	86 641	507 163	1 014 405	9 775 333
甘肃	341 675	634 048	482 868	32 504	84 640	339 689	3 642 199
青海	131 414	270 506	237 650	9 892	26 616	218 648	1 511 972
宁夏	97 814	167 448	161 661	17 384	47 507	165 690	1 956 765
新疆	466 584	741 829	868 419	43 072	129 950	442 568	6 431 980
合计	23 504 911	45 871 081	50 578 963	3 650 670	9 486 288	40 686 225	479 359 632

二

个体、私营企业的贡献是多方面的。为了考察其经济社会方面的表现，我们选择了4个考核指标：个体、私营经济在各省GDP中所占的比重、在税收中所占的比重、在就业人口中所占的比重、在出口中所占的比重。可惜，在各省、区、市工商联的报告中，这4个数据齐全的只有部分省、市。为了从今年起展开这方面的深入研究，我们还是从这4个数据入手进行分析比较。

由于各地差异较大，我们按照国家统计局关于东、中、西部3个地区的划分，对3个地区各省、区、市个体私营经济对GDP、税收、就业、出口四个方面的贡献分列如下。（详见表2-1、表2-2、表2-3）。

表2-1　东部11省、区、市个体私营经济对GDP、税收、就业、出口贡献一览表

地　区	占GDP的比重（%）	占税收比重（%）	占就业比重（%）	占出口比重（%）
北　京	—	13.40	70.00	—
天　津	24.20	—	59.16	—
河　北	52.40	43.40	—	47.20
辽　宁	43.00	33.00	75.00	—
上　海	16.40	18.90	42.03	25.00
江　苏	32.00	23.10	—	10.50
浙　江	71.50	60.00	90.00	42.00
福　建	60.97	—	—	21.70
山　东	48.00	42.30	70.20	59.00
广　东	39.60	36.50	32.50	36.30
海　南	—	国税7.4 地税18.5	79.36	19.76

表2-2　中部8省、区、市个体私营经济对GDP、税收、就业、出口贡献一览表

地　区	占GDP的比重（%）	占税收比重（%）	占就业比重（%）	占出口比重（%）
山　西	42.1	13.27	—	68.0
吉　林	34.1	21.00	53.5	—
黑龙江	33.0	24.20	50以上	65.2
安　徽	43.5	—	—	37.0
江　西	36.1	36.00	68.0	22.4
河　南	50.0	—	—	30.0
湖　北	17.8	15.00	80.0	4.0
湖　南	50.2	41.70	46.7	—

表2-3 西部12省、区、市个体私营经济对GDP、税收、就业、出口贡献一览表

地 区	占GDP的比重（%）	占税收比重（%）	占就业比重（%）	占出口比重（%）
内蒙古	34.9	21.00	73.29	—
广 西	47.0	28.60	—	37.5
重 庆	43.3	44.70	65.70	57.1
四 川	41.0	19.80	—	35.0
贵 州	27.0	44.70	59.10	—
云 南	35.0	14.16	70以上	38.2
陕 西	45.0	40.00	75.00	—
甘 肃	36.0	25.00	70以上	10.0
青 海	23.0	55.00	—	—
宁 夏	42.0	大非公70.7	48.00	41.9
新 疆	23.0	—	—	43.0
兵 团	28.0	—	—	42.8

从上述三个地区个体、私营经济的贡献可以看出：

第一，凡国有经济比重较高的省市，个体、私营企业发展得快的，国有资产增值更快。这说明，个体、私营企业的发展，不仅没有动摇公有制经济的主体地位，反而促进了公有制经济的发展。江苏、上海、广东就属于这方面的典型。据国资委在上海召开的一次会议透露，截至2005年，地方国有资产最多的是广东、上海、浙江、江苏、山东5省市，而这5个省市的私营企业也是全国最多的。上海市1995年的地方国有资产是1 549亿元，到了2005年，增值为7 300亿元，10年内国资增加4.7倍。而这10年，正是上海私营企业数量激增的10年。10年前，上海私企不足10万户，年底增加到49万户，10年增长4倍多。私企与国企，民资与国资同步增长。这有力说明，公有制企业与私有制企业两者是互相促进、共同发展的关系，而不是此消彼长、一个吃掉一个的关系。

第二，国有经济比重较小的地区，推动经济发展的主要力量是个体、私营经济。浙江省属于这方面的典型。浙江省原有的国有资产并不多，但是，由于大力发展非公有制经济，促使国有资产大大增值。目前，浙江地方国有资产总量在全国居第三位。这说明，发展私营企业，不仅是促进地区经济发展的重要途径，而且是国有资产保值增值的必要措施。

第三，省以下的地（市）县区域经济发展主要靠个体、私营企业。浙江省近30个百强县，个体私营经济比重均在80%以上。江苏、广东、山东、河北、河南等省经济发达的县（市），无一不是个私企业发达的县（市）。

第四，中西部地区以及国有经济比重不大的地区，已经不再走由国家投资铺公有制企业新摊子的老路，而是从实际出发，发展多种所有制经济。福建、河北、河南、湖南等省个体、私营经济已经占到GDP的50%以上，它们的做法必将影响更多的省、区、市。

三

在国际国内两个市场的激烈竞争中发展起来的个体、私营企业，自主创新意识比较强，自

主创新的能力和贡献明显增长。这是各省、区、市工商联报告的共同看法。

据中国民营科技实业家协会调查，在53个国家开发区和高新技术园区中，民营科技企业占了80%。在北京市，经认定的高新技术企业有18 118户，其中95%以上都是私营企业。

在上海，个体、私营企业申请的专利数和授权的专利数，分别占企业专利申请及授权总量的一半和1/3。国有经济占有约70%的资金、技术、设备和人才等科技开发资源，而各类专利的贡献率比重仅占全市内资企业专利总量的30%；只拥有30%开发资源的个体、私营企业，却拥有70%的专利。

在江苏，在广东，在浙江，在福建，民营企业已成为创品牌的主力。2005年，江苏共有注册商标14.75万件，其中私营企业的注册商标超过半数。全省61个产品中的100个中国名牌称号，私营企业占了69个。全省培育了173家质量诚信企业和532个质量信用产品，其中民营企业占到83%。广东省国家级和省级高新技术产业开发区中，民营企业占企业总数的80%以上。在获得省级专利优秀奖和知识产权优秀奖的90家企业中，私营企业占了七成。浙江个体、私营企业从早期的“无牌”、“冒牌”到“贴牌”经营，如今已经进入“创牌”阶段。现在全省已有知名私企商号521个，个私企业注册商标73万个。浙江全省个私企业2005年投入技改资金同比增长18%，新产品开发资金同比增长17%。福建省2005年获得全国和省级的“名牌产品”、“著名商标”、“免检产品”中，80%为私营企业创造。在福建现有的62家“中国名牌”企业中，私营企业占了91.5%。私营企业事实上已经成为推动产业升级和自主创新的主力军之一。

四

以私营企业为主体的产业集群和专业村、专业镇的形成，为各地经济的发展和新农村建设做出了突出贡献。这方面具有特色的是广东省、浙江省和河北省。

广东省形成了一大批以专业镇为特色的私营企业产业集群，显示出强大的市场活力和生命力。目前，珠江东岸形成了经济规模近4 000亿元的、全国规模最大的电子信息产业集群区；在珠江西岸形成了经济规模近1 300亿元的电子机械产业集群。在珠江两岸1 500多个建制镇中，产业集群特点比较明显的专业镇有130多个，产值超10亿元的有300个，其中超20亿元的有120多个。这些以私营企业为主体的产业集群，推动了县域产业结构的调整，广大农民从传统的第一产业向第二、第三产业转变，有力地推动了社会主义新农村的建设。

浙江绝大多数县市，私营经济已成为县城经济的主要支柱，其主要形式就是星罗棋布的产业集群，如温州的皮鞋、打火机，嵊县的领带，台州的注塑机械和汽配模具，宁波的服装，永康的五金，绍兴的纺织，义乌的小商品，等等。

河北省在产业集群建设方面后来居上。河北各地从自身资源和产业优势出发，加快培育地方特色，打造战略产业和品牌，涌现出了一批小而精、小而专、小而特、小而优的特色群体和特色产业。在专业村、专业镇、工业园区发展的基础上，与产业链相配套的大量个体、私营企业不断聚集，形成了一批具有地方特色和区域竞争优势的产业集群。2005年全省年营业收入5亿元以上的产业集群达到162个，其中超100亿的产业集群5个，超50亿元以上的产业集群31个。随着产业集群的发展，河北全省11个市的个体、私营经济增加值占到当地生产总值的40%以上，全省已有176个县（市、区）个体、私营经济年营业收入超10亿元，其中129个县（市、区）个体、私营经济年营业收入超过50亿元，约占全省、县（市、区）总数的70%。

五

2005 年 2 月 25 日国务院正式发布了 3 号文件，即《国务院关于鼓励支持和引导个体私营等非公有制经济发展的若干意见》（简称"非公经济 36 条"）。这个文件，按照中共十六大关于毫不动摇地鼓励、支持和引导非公经济发展的精神，提出了三十六条实施意见。各省、区、市和中央有关部委根据国务院的要求，结合各地区和各部门实际情况，相继出台了贯彻落实政策措施。广大非公经济人士受到了极大鼓舞，投资、创业的积极性空前高涨，实现了三个提升。

一是个体、私营企业户数和资金总量提升。个体工商户从 2004 年底 23 504 911 户增加到 2006 年 6 月底的 25 057 006 户，注册资金从 50 578 963 万元增加到 61 084 138.33 万元；私营企业从 2004 年底的 3 650 670 户增加到 2006 年 6 月底的 4 648 297 户，注册资金从 479 359 632 万元增加到 686 128 992.4 万元。这个增长和提升速度是建国后从来没有的。这种总量提升，在浙江省表现得尤为明显。2005 年，浙江全省净增个体、私营企业注册资金 1 363.75 万元，同比增长 29.7%，其中老企业增资扩股所增金额比 2004 年增长 42.5%。

二是户均资金实力提升。以私营企业为例，2004 年底，户均注册资金不足 130 万元，2006 年 6 月底提升为户均 140 余万元。户均注资最多的是浙江（户均 159.37 万元）、上海（户均 156.85 万元）、江苏（户均 151.92 万元）、广东（户均 149.95 万元）。浙江注册资金超亿元私企已达 283 家，超 10 亿元的有 184 家，经营规模超亿元的私企已达 1 320 家。北京注册资金超亿元的有 135 家，江苏有 370 家，福建 130 家，山西 27 家，河南、湖南各 52 家。随着私营企业户均实力的提升，它们已成为各省固定资产投资的重要力量，多数省份私营企业的投资已占当地总投资的 1/3 以上。

三是产业结构提升。随着市场准入的逐步放开，一批私营企业进入基础设施建设、公用事业领域和新型服务业，促进了产业结构的调整。另外，各地一大批具有实力的私营企业通过兼并重组等途径参与国有企业改革，推动了混合所有制经济的发展。

然而，由于传统观念的束缚和政府管理体制改革的滞后，"非公经济 36 条"的贯彻落实在不同地区都遇到程度不等的阻力和障碍。各地个体、私营企业热切盼望"非公经济 36 条"这股春风，通过各级政府部门的配套措施得以落实，真正化为滋润万物的春风，而不要再"刮沙尘暴"。浙江的个体、私营企业主说得好：当前，最有用的政策是放宽市场准入，最想进入的领域是公用事业和基础设施行业，最大的外部环境问题是执法环境不佳，最头疼的内部问题是技术创新能力不足，最需要的支持是财税金融信贷，最渴望的是科技创新的社会服务，最迫切的希望是尽快出台"非公经济 36 条"的配套措施。

综合各地工商联报告，个体、私营企业对发展环境的意见集中反映在以下几个方面：

一是公平的市场竞争环境有待进一步完善。虽然各地在贯彻平等准入、公平待遇方面做了一些工作，有了相当程度的改善，但在不少地区，部分行业仍被政府部门及其所属国有企业垄断，私营企业往往不能进入或不能充分进入。有的行业，如石油、电信、电力、邮政等行业，垄断的门虽然打开了，但行业进入的门槛却提高了。占据垄断地位的国有大公司以规范市场的名义，设置各种框框，实际上是反对、阻挠私营企业进入。政府有关部门对私企进入垄断行业也缺少统一配套的政策规定，一些地方开放行业发生偏差，有的出现地方保护和暗箱操作行为，给私营企业增加了沟通的成本和政策性风险。一些需要上下游协调的行业，由于存在部分环节的行业垄断，私营企业在市场准入和竞争中处于不利地位，难以得到平等待遇。

二是希望加快政府职能的转变，减少不必要的前置性审批，提高办事效率，改进工作作风，真诚地为纳税人服务。现在的普遍情况是，各省、市、县的主要领导都十分重视个体、私营企业的发展，讲话不少，发文件不少，但一到具体工作部门便难以贯彻落实，种种刁难和拖沓，使个体、私营企业普遍感到办事难、成本高。

三是改善法治环境，提高依法行政水平，切实维护个体、私营企业的合法权益。虽然宪法明确规定了保护合法的私有财产，但由于具体立法的滞后，由于根深蒂固的传统观念影响，个私企业的合法权益受侵犯的现象十分普遍，其中最为突出的是政府部门失信造成个体、私营企业的合法权益受侵损，受害者投诉无门，即使投诉，也久久无人过问。据广东省工商联调查，该省非公经济人士政协委员在问卷调查中对此有意见的占了一半以上。另外，各地执法水平参差不齐，滥用行政权力、司法权力的现象比较严重，面对这种情况，个体、私营企业不敢打官司，也打不起官司。

四是加快金融体制改革，为中小企业创造良好的融资环境。中小企业特别是个体、私营企业融资难，是一个普遍而又急需解决的老大难问题。2005 年 7 月，银监会颁布了《银行开展小企业贷款业务的指导意见》之后，小企业融资难的状况虽有了一定改善，但绝大多数中小企业仍然贷不到款。据上海市有关部门统计，上海近年获得各种融资担保贷款的中小企业不足 2 000 户，仅占中小企业总数的 5‰。

总之，个体、私营企业急切盼望"非公经济 36 条"真正落到实处，急切盼望政府有关部门尽快清理与"非公经济 36 条"相悖的现行法律法规和条例，出台配套的政策措施。为此，必须进一步解放思想，消除对非公经济的错误认识，真正落实非公有制经济的国民待遇。

六

各地工商联普遍认为，在改善个体、私营企业外部环境的同时，要通过各种途径帮助和引导它们提高自身素质。

个体、私营企业的平均规模相对偏小，整体水平仍然较低，经营绩效总体水平较差，产业布局和产业结构比较落后，平均自主创新和市场竞争能力不强，企业组织制度多为两权合一的家族企业，管理人才奇缺，部分个体、私营企业违法经营、市场失信、污染环境、侵害员工合法权益的现象并不少见。

这一切，说明个体、私营企业迫切需要加以引导和帮助。

一是着力提高企业诚信度和守法水平。对于绝大多数个体、私营企业来说，帮助引导的重点应当是守法、诚信、敬业这些最基本的职业操守。当前以至于今后一个相当长的时期内，要着重解决以下问题：虚假注册资金现象，偷税漏税，逃避银行债务，恶意拖欠，不真实财务报表，制假售假，生产销售违规产品，虚假广告和侵犯知识产权等违法行径。

二是着力提高企业创新能力。个体、私营企业经过近 20 年发展，已经从创业求生存阶段进入创新求发展的新阶段，它们普遍感到资金不足，人才不足。要着力帮助它们培养吸纳高素质的人才，优化企业组织形式，推动企业制度创新；更要为它们的技术创新提供各种有效的服务，特别是金融服务。

三是着眼于多数。要把工作的着力点放在规模为 100 万～500 万元的小型企业群体上，帮助它们培训人才，学习法律法规和企业管理。在 460 多万私营企业中，注册资金在 500 万元以下的企业占了一大半以上，它们才是私营企业的主体。注册资金在亿元以上、经营规模在 5 亿元以上的私营企业毕竟是极少数，它们有一定的经济实力，也有相当的人脉资源，一般都在各级政府的视野里。而绝大多数注册资产在 500 万元以下的私营企业往往被各级政府所忽略，其实它们是最渴望得到帮助的群体。在做好少数大型私营企业和代表性人士工作的同时，应把更多的注意力转到这一更大的群体上来。

北京市2004～2006年私营个体经济发展概况

北京市工商联

近两年来，中共北京市委、市政府以邓小平理论和“三个代表”重要思想为指导，认真落实科学发展观，围绕首都经济社会发展大局和“新北京、新奥运”战略构想，进一步完善促进非公有制经济发展环境，使北京市私营个体经济继续保持了快速、协调、健康发展的态势。非公有制经济作为社会主义市场经济的重要组成部分，非公经济人士作为社会主义事业的建设者，已经成为推动首都经济发展的一个重要因素、吸纳城乡劳动力就业的一条主要渠道、增加财政收入的一个重要源泉、构建和谐社会的一支重要力量。

一、两年多来北京市私营个体经济发展情况

（一）私营个体经济主体数量突破性增长

据统计，截至2006年一季度，全市私营企业累计26.1万户，比2003年底增长39%；全市个体工商户累计67.8户，比2003年底增长51.7%。2005年底，全市的市场主体（包括内资企业、外资企业、个体工商户）共有111.1万户，其中私营企业、个体工商户达到91.2户，占全市市场主体的82.13%。接近“三分天下有其二”，成为本市市场主体中不容置疑的重要组成部分。

截止2005年底，全市内资企业共有41.5万户，其中私营企业占了62.7%。2005年全市内资企业数同比增长3.11%，但国有企业、集体企业、股份合作制企业及其他企业，同比分别下降13.69%、15.89%、16.09%及13.71%，惟有私营企业同比增长15.9%，可见私营企业的增长支撑了内资企业数量的增长。

（二）私营个体经济税收突破百亿

2004年，私营个体经济入库税收突破了百亿大关；2005年私营个体经济入库税收134.8亿元，比2003年的84.3亿元增长60%，与2004年同比增长了20.4%；其中私营企业入库税收123.1亿元，同比增长20.83%，个体工商户入库税收11.7亿元，同比增长15.75%。2005年私营个体经济入库税收总额占地方税收的14.7%。

（三）私营个体经济从业人员持续增长

私营个体经济已经成为吸纳就业的主要渠道。据初步统计，到2005年底，全市私营企业的从业人员约有250万人（包括投资人），与2004年同比增长15.93%；全市个体工商户的从业人员约有85万人，与2004年同比增长22.26%，其中当年安置下岗职工4.5万人。私营个体吸纳就业合计约有335万人，占全市就业总人数的70%以上。特别是在第三产业中的商业、服务业，个体私营经济的从业人员达到90%以上。因此，民营经济是名副其实的吸纳就业的主要渠道。

（四）私营个体经济实力增强

截至2005年底，全市私营企业注册资本（金）累计3 238.5亿元，比2003年增长38.4%；注册资本（金）在1亿元以上的私营企业累计135户，与2004年同比增长达98.53%，这说明本市私营企业正在迅速做大做强。全市个体工商户注册资金累计85.88亿元，比2003年增长66.4%；注册资金与2004年同比增长幅度高出户数同比增长幅度3.6个百分点，说明个体工商

户的实力也有所提高。

(五) 私营个体经济的国内外市场竞争力增强

据市商务局初步统计，2005 年，全市社会消费品零售额累计实现 2 902 亿元，同比增长 10.8%，其中私营个体等非公有制商贸主体累计零售额为 2 205 多亿元，占社会零售总额的 76%；私营、个体经济进出口总额 27.88 亿美元，同比增长 93.35%，其中出口 12.21 亿美元，同比增长 152.19%，进口 15.67 亿美元，同比增长 63.59%；私营、个体经济进出口总额占全市进出口总额 2.2%。截止 2005 年底，全市共有进出口企业 1.13 万户，其中私营企业 6 772 户，个体工商户 37 户，占总数的 60.12%。

(六) 私营个体经济已经成为科技创新的生力军

高新技术产业是首都经济发展的重要支柱，也是个体私营经济充分发挥创造才华、充分展现自主创新能力的主要领域。据市科委初步统计，截止 2005 年底，在全市 18 118 户高新技术企业中 95% 以上都是私营企业。一批自主创新能力强，具有尖端核心技术、国际知名品牌和先进企业文化的私营高科技企业不断涌现。如华旗资讯数码科技有限公司 1993 年成立，短短十多年已发展成为中国 IT 业的核心企业，他们研发的防盗数码水印技术在国际上处于领先水平，其创立的爱国者品牌已经在国际 IT 市场上具有了一定的知名度，他们还形成了以“六赢”理念为核心的先进企业文化。以华旗、用友等为代表的民营高科技企业已经成为首都科技创新，建设创新型城市的生力军。

(七) 私营个体经济在新形势下的市场应变能力增强

北京城市发展规划经国务院批准公布后，民营经济立即在发展布局上作出调整，使之与城市规划相适应。2005 年，定位于功能拓展区的私营企业户数达 13.3 万户，同比增长 27.33%，占到私企总户数的 51.25%；定位于发展新区的私营企业数同比增长 15.8%；定位于城市核心区的私营企业数同比增长 13.41%；而定位于生态涵养区的私营企业数则同比下降 14%，形成了根据区域定位，有增有减的梯次发展布局。

(八) 私营个体经济继续保持着“三、二、一”的产业发展格局

截止 2005 年底，全市从事第三产业的私营企业逾 22.9 万户，占 88%，其中从事信息咨询和计算机应用服务等新兴第三产业的企业比去年同期增长了近 13%；从事第二产业的私营企业超过 3 万户，占 11.5%；从事第一产业的私营企业有 1 396 户，占 0.5%。从事第三产业的个体工商户逾 62.1 万户，占 95.4%；从事第二产业的个体工商户近 2.2 万户，占 3.4%；从事第一产业的个体工商户8 125户，占 1.2%。

目前，非公有制经济在北京市各服务行业的网点已逾 20 万个，占全市服务网点的 85% 以上。遍布城乡的超市和上千个集贸市场，提供了全市粮、油、肉、蛋、菜、果等农副产品供应量的 80% 以上，成为北京市农副产品加工、流通和城市服务业的主渠道。

(九) 农村私营个体经济快速发展

由于市委、市政府的政策向社会主义新农村建设倾斜，全市的农村私营个体经济发展加快，据市农委不完全统计，2005 年 1 ~ 10 月农民创办的个体工商户 8 603 户，实际投资 3.03 亿元，从业人员 2 万人；农民兴办及原乡镇企业改制的个人独资企业、合伙企业 335 个，固定资产投入总额 12.2 亿元，户均 364.18 万元，从业人员 1.8 万人，通过发展农村个体私营经济，有近 4 万农民实现向二、三产业转移就业，有力促进了农村经济发展和农民收入提高。

(十) 私营个体经济内部产业结构调整加快

根据中央调整经济结构，转变增长方式，实行宏观调控，提高经济效益的要求，首都非公有制经济以科学发展观为指导，适时对内部产业结构进行自我调整，减少了对投资较大，资源消耗较多，层次较低，效益不高，以一般制造业为主的第二产业的投入，加大了第一产业和第

三产业的投入。特别是宏观调控着重导向的第一产业发展速度首次超过了第三产业的发展速度，有力促进了社会主义新农村建设。2005年新登记注册的私营个体经济主体中，从事第一产业的私营企业数同比增长30.59%，个体工商户数同比增长286.6%；从事第三产业的私营企业数同比增长9.27%，个体工商户数同比增长24.65%；而从事第二产业的私营企业数同比下降26.1%，个体工商户数同比下降55.05%。

（十一）非公经济组织人才已成为全市人才队伍的重要组成部分

随着经济结构调整力度的不断加大，在激烈的市场竞争中，非公有制企业基于自身发展需要，采取了各种吸引人才的措施和手段，从而使非公经济组织汇集了大量人才。据北京市人事局统计，目前北京地区人才总量已超过200万人，其中中央在京单位人才总量在70万人左右，北京市属单位人才总量为60万人左右，非公经济组织内聚集的人才总量超过70万人，呈现了"三足鼎立"的态势。

二、非公有制经济发展环境进一步得到改善

自2001年《北京市促进私营个体经济发展条例》颁布以后，特别是《国务院关于鼓励支持和引导个体私营等非公有制经济发展的若干意见》的出台，北京市非公有制经济发展环境进一步得到改善。

（一）清理政策法规，创造平等的发展环境

2004年，北京市政府有关部门就现行的148项政策、法规进行了检查，对影响非公有制经济市场准入，并带有歧视性、限制性条款认真清理。2006年4月，北京市政府法制办、发改委发布了《关于全面开展清理限制非公有制经济发展规定工作的意见》，将进一步清理的重点确定为在市场准入、财税金融支持、社会服务、权益保护和政府监管等方面与《国务院关于鼓励支持和引导个体私营等非公有制经济发展的若干意见》不一致的规定，要求年底前完成。为进一步促进非公有制经济发展创造了平等的政策环境。

（二）制定政策意见，引导非公有制经济健康发展

2006年3月，北京市政府在"十一五"开局之年出台了《北京市人民政府关于鼓励支持和引导个体私营等非公有制经济发展的意见》［京政发（2006）7号］（以下简称《意见》），《意见》分为放宽市场准入、加大财税金融支持、完善社会服务、维护合法权益、提高自身素质、营造发展氛围等六大部分共三十四条。其中针对性较强，有所突破、有所创新的政策要点比较多，如提出"停止收取集贸市场管理费和个体工商户管理费"，反映了北京市贯彻落实《国务院关于鼓励支持和引导个体私营等非公有制经济发展的若干意见》的力度，预示着北京市非公有制经济在"十一五"期间将有更大发展。

（三）搭建平台，拓宽为中小企业服务渠道

2006年3月31日，北京市促进非公有制经济发展座谈会暨北京中小企业网站开通和中小企业之家揭牌仪式在国门路大饭店举行。为了促进和创新政府对中小企业服务引导监管的模式，完善中小企业的服务体系，打造服务平台，市发展和改革委员会决定在国门路大饭店建立北京中小企业之家。中小企业之家是政府与企业互动交流的一个场所，将开展中小企业工作交流，举办中小企业研讨交流和专题的论坛，组织中小企业进行项目产品的推荐、双向交流和业务的合作。北京中小企业网是市发展和改革委员会牵头搭建的面向广大中小企业的公益性信息服务平台，是全市中小企业服务体系的重要组成部分。北京中小企业网将以服务中小企业为宗旨，运用现代信息技术，整合全市的信息和服务资源，从综合和全局的角度对市场经济环境下的中小企业运行与发展提供服务。

（四）加强政府与银行合作，解决中小企业融资难

2006年7月，北京市发展和改革委员会在“北京中小企业之家”召开中小企业融资座谈会，就构建中小企业融资服务体系问题与众多中小企业、中介服务机构、专家学者进行了深入交流。为解决融资难的瓶颈问题，推动中小企业发展，市发改委针对中小企业不同成长阶段的融资需求特点，提出了构建中小企业融资服务体系的思路。其主要内容：一是针对创业期中小企业融资需求，研究建立北京市创业投资引导基金，为创业期中小企业利用股权融资营造创业投资市场环境。二是针对成长期中小企业融资需求的特点，通过搭建融资服务平台和推动担保机构发展来解决中小企业间接融资难题。三是针对成熟期中小企业融资需求，建立中小企业直接融资育成体系，鼓励和支持中小企业股份制改造，引导中小企业利用国内外资本市场实现直接融资。

“十一五”期间，北京市将进一步贯彻落实《国务院关于鼓励支持和引导个体私营等非公有制经济发展的若干意见》，为非公有制经济发展营造客观公正的社会舆论环境，公开公平的市场竞争环境、切实有效的法治保障环境，使非公有制经济在科学发展观的指导下，按照“新北京、新奥运”的战略构想，为首都的经济发展、社会和谐、人民幸福做出新的更大的贡献。

天津市2004～2006年私营经济发展概况

天津市工商联

党的十六届四中全会以来，天津市个体私营经济取得长足发展，政策环境更加宽松，市场环境明显改善，私营经济日趋活跃，在促进全市经济发展、扩大就业、活跃市场、优化资源配置等方面起到了十分重要的作用，成为天津市经济发展中新的增长点。

一、天津市个体私营经济发展概况

（一）个体私营经济增长势头强劲

2005年全市个体私营经济占全市GDP的比重由2003年的22.6%提高到24.2%。截至2006年6月，全市个体私营经济达到26.73万户，其中私营企业8.53万户，较2004年7月6.73万户增加1.8万户；注册资金总额达到1 802.58亿元，其中私营企业1 741.78亿元；从业人员123.28万人，其中私营企业96.93万人；2005年全年实现销售及营业收入1 306.17亿元，上缴税收61.07亿元，分别比2004年增长36.2%和21.4%；2006年1至6月销售及营业收入692.34亿元，上缴税收36.89亿元，分别比上年同期增长7.5%和26.6%。

（二）经营领域不断拓宽

目前，除国家尚未放开的领域外，天津市私营企业几乎遍布各个行业，特别是在第三产业中，私营企业在占据传统服务业的同时，正积极向房地产、现代物流、金融保险、信息咨询、社区服务等新的领域进军，有的私营企业已经涉足投资担保和发展基金等领域。同时，随着市场进一步放开，开始进入公交、供水、燃气、供热、污水处理、垃圾处理等市政公用行业。特别是天津市关于鼓励私营企业参与国有企业改革的政策措施颁布以后，一部分私营企业通过收购、兼并、控股、参股等方式，参与国有中小企业改组改制，开始向规模化发展。

（三）产业结构日趋合理

随着国家有关政策的逐步放宽，全市私营经济打破了原有的以商品零售、粗加工和简单服务为主的格局，产业结构进一步优化。在文化、体育、娱乐、休闲以及中介、法律、咨询、市场策划、保险代理、物流配送等新兴服务业中，私营企业迅速发展，已经成为从事咨询顾问、律师、会计等行业的生力军。另外，公司制企业的发展，使私营企业的管理和经营模式不断优化，越来越多的企业实行了产权制度改革，建立了法人治理机构。目前，天津市私营企业正在从产权结构封闭化、单一化向社会化、多元化转变；从管理模式的“家族化”向以人才为核心的制度化转变；从经营机制的低效、粗放化向高效、科学化转变。

（四）社会形象和地位进一步提高

绝大多数私营经济人士坚持把企业文化建设摆在重要位置，确立和营造了积极向上的企业经营理念和文化氛围，创办企业报纸、刊物，开展丰富多彩的职工文化生活，并坚持为光彩事业及社会公益事业做贡献。广大私营企业经营者致富不忘回报社会，积极参与扶贫助残、抗险救灾等社会公益活动，受到社会各界的好评。有百余名优秀民营企业家受到党委和政府的表彰，其中有两名民营企业家被国家有关部委授予优秀中国特色建设者称号。

（五）人员素质不断提升

随着知识分子和具有专业技能人员的加入，私营企业从业人员的结构日趋优化，基本改变了过去以城镇待业人员和其他闲散人员以及农村剩余劳动力为主的人员结构，在私营企业经营者和管理人员中许多具有大专以上学历和高级技术职称。据2005年抽样调查显示，在被调查企业中，40%以上的经营者和管理者具有大专以上的学历，85%的技术人员具有高级技术职称，其中不乏一批硕士、博士等高级专业人才。

二、天津市个体私营经济发展政策环境及存在的问题

（一）政策环境发生重大变化

天津市委、市政府高度重视个体私营经济的发展，2004年，市政府制定并实施了《关于促进个体私营经济和中小企业发展的意见》（津政发〔2004〕91号），2005年2月，国务院出台了《关于鼓励支持和引导个体私营等非公有制经济发展的若干意见》（以下简称《若干意见》），为了更好地贯彻落实国务院《若干意见》，天津市政府着手抓了以下几个方面的工作。一是出台了《关于鼓励支持和引导个体私营等非公有制经济发展的若干问题的意见》（津政发〔2005〕55号），文件从贯彻平等准入原则，实行市场公平准入；建立融资服务体系，促进直接间接融资；调整完善财税政策，促进企业持续发展；推进产权制度改革，完善法人治理结构；加强行业协调自律，维护企业职工合法权益；建立社会服务体系，加强引导管理协调6个方面共80条，提出促进非公有制经济发展的具体措施。二是召开了天津市贯彻落实《国务院关于鼓励支持和引导个体私营等非公有制经济发展的若干意见》会议，提出要认真贯彻落实国务院《若干意见》精神，抓好天津市《关于鼓励支持和引导个体私营等非公有制经济发展的若干问题的意见》的落实工作，进一步推动个体私营等非公有制经济加快发展，在全市经济社会发展中发挥更大作用，并表彰了天津市2004年度百强企业和先进企业。三是在《关于促进个体私营经济和中小企业发展的意见》基础上，市政府及下属各职能部门出台或正在制定配合国务院36条的政策文件，从不同方面提出进一步改善非公有制经济发展环境的政策措施，为个体私营经济发展创造良好条件。

（二）制约私营经济发展的主要问题

1. 私营企业自身发展滞后，总体规模仍然偏小

目前，私营企业总体上仍处在成长阶段，企业规模普遍较小，实力较弱，抗风险能力差，没有形成大规模的资本积累，大型企业集团较少，对外扩张和拓展的能力不足，私营企业在资产规模、整体实力方面与国际和国内同行业大企业相比，还有很大差距。私营企业产业分布较窄，主要分布于第三产业，以房地产、餐饮、商业和其他社会服务业，以及一些进入障碍比较低的制造业为主，而在其他诸如金融服务业、技术密集型和资本密集型制造业方面，私营企业的进入状况也远远无法与国有企业和外资企业相比。

2. 政府有关部门对科技型私营中小企业的支持力度尚显不足

有关调查数据显示，全市科技型中小企业中有近80%的企业未承担过各类科技发展计划项目，没有得到过政府资助；有近40%的企业未与科研院所、大专院校开展过科技创新合作；有超过50%的企业不了解政府的科技资助政策；有关部门对科技型中小企业利用资本市场融资的控制还相当严格，科技型中小企业通过发行股票、债券等方式筹资受到很大限制。

3. 面向私营企业的社会化服务体系尚不完善

政府缺位，机制不完善，服务链条不健全，个别重要环节有缺失等问题还很严重，中介机构也普遍存在硬件设施差，软件不完善、服务能力不强等问题，企业与政府直接打交道的“硬链接”现象较为普遍。

4. 私营中小企业的自主创新能力有待提高

大部分企业技术水平和自主创新能力较低，企业增长方式和产品结构不尽合理，缺少自主知识产权，缺乏长远的发展规划，企业核心竞争力不强，相当一部分企业没有建立科学的决策机制和现代企业制度，企业经营者的整体素质还不能完全适应当前形势发展的要求。

三、促进天津市私营经济发展的建议

按照天津市委"站在新起点、再创新优势、实现新跨越"的总要求，坚持科学发展观，紧紧抓住天津滨海新区开发开放的有力时机，努力创造宽松的投资环境，全面促进私营经济发展。

（一）建立和完善面向私营中小企业的政策扶持体系

要尽快制定配套政策措施，鼓励和支持私营中小企业调整产业结构、产品结构，走新型工业化道路，使其有效利用能源，减少环境污染，提高质量效益，同时强化私营中小企业在自主创新中的主体地位，加大企业技术创新、技术改造和科技风险资金扶持力度，加快建立以企业为主体、市场为导向、产学研相结合的技术创新体系，进一步提高私营中小企业的产业素质和竞争能力。

（二）建立和完善适应私营企业的贷款融资机制

金融部门应进一步开发多元化的金融产品和金融服务，与私营企业建立长期的银企合作关系，建立企业征信系统，对经营良好、诚实守信的私营企业实行授信管理，加大发放小额信用贷款力度；加强市、区县两级中小企业担保机构建设，扩大市级担保机构的数量和担保规模，有计划、有步骤地设立区县级担保机构，建立财政拨付和民间资本融入相结合的资本金增补渠道，不断提高担保能力，扩大担保覆盖面；进一步拓宽私营企业的社会融资渠道，鼓励私营企业上市融资。

（三）进一步加大科技投入，把发展科技型私营企业纳入技术创新和人才发展的战略规划

在经济发展，政府财政收入逐年增长的条件下，加大对科技的投入，各类科技计划应向私营科技企业倾斜，通过各类科技计划项目的资助，切实解决一些关键性技术问题，实现科技成果向产业化开发的转化，大力开发具有自主知识产权的关键技术和核心技术，努力提高原始创新、集成创新和引进消化吸收再创新的水平，以此来提高科技型中小企业自主创新能力，并引导他们不断积累和形成持续的创新能力，逐渐发展成新的支柱产业群体。

（四）加强面向私营企业的社会化服务体系建设

要重点支持一批专业化的企业孵化器、生产力促进中心，信息咨询、技术转让、知识产权等服务机构，帮助他们不断改善服务条件，提高服务能力；打通各种科技设施的行政壁垒，利用现有的大型科学仪器协作网，建立为私营企业创新研发服务平台，使这些设施更有效地服务全市的科技创新活动；要强化和整合行业协会和行业商会功能，发挥政府和私营企业之间交流沟通的平台作用，帮助企业优化生产经营环境，建立风险防范和危机处理制度与机制，提高竞争能力，实现可持续发展。

河北省2005年个体、私营经济发展报告

河北省工商联

一、基本情况

2005年，河北省个体私营经济持续强劲增长、快速发展。至年末，全省个体私营经济单位数178.4万个，新增19.8万个，增幅12.5%；从业人数1 305.9万人，新增179.6万人，增幅13.8%；实现营业收入1 884.2亿元，增幅27%；完成增加值5 305亿元，增幅33.4%；实缴税金49.3亿元，增幅40.9%；完成固定资产投入2 328.2亿元；外贸出口51.6亿美元，增幅34.2%。其中，私营企业126 801家（其中城镇46 429家，农村80 372家；独资30 381家，合资9 752家，有限责任公司86 215家）。投资人数368 492人，雇工人数2 048 608人，注册资金总额14 416 133万元。

2005年，河北省个体私营经济增加值和营业收入的增幅分别高于2004年增幅17.8和10.5个百分点。个体私营经济增加值已占全省国民生产总值的52.4%，实缴税金已占全省财政收入的43.4%。

二、主要特点

（一）县域个体私营经济发展速度加快，县域经济总体实力普遍增强

全省11个市的个体私营经济增加值占当地生产总值的比重均超过了40%。全省已有176个县（市、区）个体私营经济年营业收入超过了10亿元，其中129个县（市、区）个体私营经济年营业收入超过50亿元，约占全省县（市、区）总数的70%，比上年增加了18个。基础较差的县（市、区）加快发展的愿望更加迫切，进步幅度更加明显。2005年全省136个县（市、区）完成个体私营经济增加值5 234亿元，平均每个县（市、区）完成增加值38.5亿元，有48个县高于平均值，个体私营经济呈现出遍地开花、迅速发展的态势。2005年全省52个贫困县个体私营经济增加值平均增幅达到43%，实缴税金平均增幅达到62%，加快了脱贫致富步伐。

（二）产业结构明显优化

2005年全省个体私营经济积极推进“两个转变”，传统产业在嫁接改造中得到提升。新上项目起点高，工艺、设备、产品的技术含量快速提升，以大企业为龙头的产业链条逐步延伸，呈现出城乡经济协调发展的势头，互补性增强。一批高污染、高能耗的企业得到有效治理，一批规模小、污染重的小企业退出市场。新上的纺织业设备以进口为主；水泥企业规模越来越大，由立窑向旋窑过渡，并加大了粉尘治理；冶金企业进行了整合提高，改善了产品结构，增加了新品种，提高了附加值；在调整中发展壮大了农副产品加工业，2005年全省农副产品加工业企业达到9.97万个，比上年净增加1.3万个，完成增加值633.8亿元，占全部个体私营工业企业的16.3%，规模以上农产品加工业达到1 917家，比上年增加了194个。

（三）产业集群建设成效显著

各地从自身资源和产业优势出发，加快培育地方特色，打造战略产业和品牌，涌现出了一批小而精、小而专、小而特、小而优的特色群体和特色产业。在专业村、专业镇、工业园区发展的基础上，与产业链相配套的大量个体私营企业不断聚集，形成了一批极具地方特色和区域竞争优势的产业集群，成为带动个体私营经济增长的骨干力量。2005 年全省年营业收入 5 亿元以上的产业集群达到 162 个，比上年增加了 23 个，产业集群共完成增加值1 355亿元，实缴税金 115 亿元，分别占全省个体私营经济总量的25.5%和25.6%。超100 亿元的产业集群5 个，营业收入 50 亿元以上的产业集群 31 个。本省最大的产业集群邯郸武安市冶金产业营业收入达到333.7 亿元。全省个体私营经济各类园区达到 491 个，其中收入 10 亿元以上的园区达到 62 个，增加了 13 个，武安镇工业园区营业收入达到 91.6 亿元，个体私营经济的聚集度日益提高。

（四）企业创新意识逐步增强

随着经济结构的变化和市场化、国际化程度的提高，外部资源和市场约束力因素的增加，促进了个体私营企业经营管理者创新意识日益增强，个体私营企业创新机制日趋深化。在管理上积极采用先进的经营管理方法，引导企业向集约化经济转变，以企业形象、企业精神、商标品牌等为重点的企业文化建设成为管理的一项重要内容。个体私营企业研发投入逐年加大，自主开发能力不断增强。2005 年全省个体私营企业研发机构达到 488 个，新增技术创新示范企业 54 家，累计达到 231 家，省级名牌产品达到 183 个，省级优质产品达到 251 个，中国名牌产品达 11 个，占本省中国名牌产品总数的 40.7%；河北省著名商标达 484 件，占本省总量的 73.1%；中国驰名商标 8 个，占本省总量的 1/3。以人为本的经营理念形成广泛共识，高素质的人才受到企业青睐，全年共引进专业人才 1.2 万人。

三、发展动因

（一）有利政策环境的推动作用

2005 年全省各级各部门积极贯彻落实《国务院鼓励支持和引导个体私营等非公有制经济发展的若干意见》和省政府《贯彻〈国务院鼓励支持和引导个体私营等非公有制经济发展的若干意见〉的实施意见》及省直有关部门出台的 20 个配套文件精神，各设区市都结合实际，制定完善了一系列政策措施，并采取在省、市报纸等媒体开办政策解读专栏、编印政策汇编送基层、加强检查督导等办法，推进政策的贯彻落实；加强"三乱"治理力度，减轻企业负担，全省个体私营经济的发展氛围日渐浓厚，发展环境进一步宽松，有利地推动了全省个体私营经济的快速发展。

（二）良好融资担保活动的促进作用

近几年来，河北省下大力抓了解决个体私营经济特别是个体私营企业发展的融资"瓶颈"制约问题，帮助企业拓展融资渠道，有效缓解了企业融资困难。一是着力加快信用担保体系建设。经过上下共同努力，担保体系建设取得重大进展。到 2005 年 12 月底，全省共建立担保机构 206 家，担保资本金达到 34.6 亿元，全省累计完成贷款担保总额 41.7 亿元，解决了一批个体私营企业融资难问题。二是积极推进企业境外上市。通过上市培训、境外考察、推介洽谈等工作。2005 年，有 6 家企业在境外成功上市。三是促进银企沟通与合作。各地采取多种形式，联合银行等金融部门组织开展银企、银保项目对接洽谈活动，为企业融通资金，取得较好效果，调动了企业投入的积极性。2003 年和 2004 年累计投入 2 331 亿元，2005 年完成固定资产投入 1 934.9 亿元，建设项目 25 543 个，一批大项目、高科技项目、农业产业化项目、商贸流通项目、房地产、企业改造成为投入的主体，投资超亿元以上的项目达到 433 个，千万元以上项目 4 167 个。河北鑫港国际商贸中心投资达 18 亿元。新建项目呈现出建设起点高、设计规范、建设速度快的特点，固定资产投入的大幅增加，为个体私营经济增添了持续健康发展的后劲和潜力。

（三）规模企业健康发展的支撑作用

近几年在做大做强思想的指导下，各级各部门都注重了扶优扶强和龙头企业建设，有力地促进了规模企业的健康发展。省直10个部门进一步明确细化了对口扶持100家成长型个体私营企业措施、目标和责任，帮助企业解决了一些发展中的难点问题；对16个重点产业集群技术服务机构建设项目给予了重点扶持；加强了对重点农业产业化龙头企业项目跟踪调度，引导农产品加工龙头企业开展合资合作，2005年，农业部认定了河北省24个全国农产品加工示范企业和7个示范基地；争取国家发改委专项资金700万元，重点支持10个优势项目建设。

2005年河北省个体私营企业平均规模明显增大，核心竞争力进一步增强，全省规模以上个体私营企业达到8 452家，比上年增加1 948家，其中亿元以上企业达到820家，规模以上企业营业收入占全部个体私营经济的30.6%，增长幅度高出全省个体私营经济8.7个百分点。规模以上个体私营企业对全省个体私营经济起到了强有力的支撑作用。

（四）服务体系建设的激励作用

2005年，各级政府部门积极转变政府职能，下大力抓好服务体系建设。在总结前两年国家和省创业辅导试点工作的基础上，提出了全省建立创业辅导基地的总体规划、目标和要求，总结推广了石家庄、承德、唐山、秦皇岛、邯郸、保定等市建立创业辅导基地模式和经验。全省创业基地建设工作全面有序展开。目前，全省已建成和正在建设的个体私营企业创业基地共34个，其中列入规划的20个基地基本建成，共建设标准厂房45万多平方米，已入驻企业1 035家，安置就业3.6万人。创业辅导基地的建设，激发了全民创业热情，引导了个体私营企业的健康发展。在全省个体私营企业系统开展了远程教育、企业家经营管理培训、专业技术专项培训、“北大大讲堂”等教育培训活动，共培训职工220多万人次，促进了个体私营企业经营管理者和专业技术人才队伍素质的提高。

（五）对外开放战略的拉动作用

河北省个体私营企业在不断提高自身实力的基础上，积极贯彻实施“走出去”战略，抓住经济全球化机遇，通过项目招商、对外交流、博览会、贸易洽谈等渠道，积极开拓国际市场，提高了个体私营经济的外向度。2005年全省个体私营企业外贸出口额51.6亿美元，同比增长34.2%，占全省外贸出口额的47.2%，比上年提高了6个百分点，外贸出口额占全部个体私营经济增加值的7.8%，对全省个体私营经济增加值新增部分的贡献率达12.8%。

四、存在的主要问题

（一）企业综合素质不高，人才不足

河北省个体私营企业经营管理者大多缺乏大发展的魄力和能力，引进、培养高素质人才不足，企业策划人才力量薄弱，企业信用度低，管理方式落后，核算制度不规范，它导致的直接后果是企业规模小，市场占有率低，核心竞争力不强，抗市场风险能力差。

（二）生产要素不稳定，企业盈利空间小

由于原材料价格不稳定，能源、动力、劳动者工资等生产要素成本上升，电力供应紧张，开工不足，减少了企业的营利空间。

（三）服务体系不完善，个体私营企业受惠少

近几年，各级政府部门普遍注重了“抓大放小”、“扶优扶强”政策的实施，个体私营企业很难得到相应的扶持，金融、财政的支持力度与个体私营经济地位和作用不协调，社会资信体系建设滞后，影响了个体私营企业的快速健康发展。

山西省 2004 ~ 2005 年非公有制经济发展概况

山西省工商联

2004 年和 2005 年，以国务院《关于鼓励支持和引导个体私营等非公有制经济发展的若干意见》的制定出台为标志，国家对发展非公有制经济在理论、政策、法律等层面上又有了新的突破。在这种好的发展环境促进下，我省各级党委政府和有关部门以科学发展观为指导，认真贯彻落实党和国家的方针政策，创优环境力促个体、私营等非公有制经济快速健康发展。我省非公有制企业适应宏观调控的新形势，努力克服主导产品市场形势不利带来的困难，进一步调整结构，加强内部管理，大力开拓市场，保持了健康协调发展的势头。

一、全省非公有制经济发展的基本情况

（一）从发展总量来看，个体工商户趋缓，私营企业发展速度较快

2004 年全省个体工商户 439 267 户，比上年增长 8.18%，到 2005 年下降为 428 754 户，较上年减少 2.39%。全省私营企业则在 2004 年、2005 年实现了较快增长。2004 年达 55 829 户，比上年增长 30.22%；2005 年达到 71 296 户，净增 15 467 户，同比增长 27.7%，增幅居全国前列。（见表 1 ~ 2）

表 1　山西省个体工商户发展情况统计表

年份	户数		从业人员		注册资金		产值		营业额		消费品零售额	
	户数	比上年增长（%）	人数	比上年增长（%）	金额（亿元）	比上年增长（%）	金额（亿元）	比上年增长（%）	金额（亿元）	比上年增长（%）	金额（亿元）	比上年增长（%）
2004	439 267	8.18	854 441	12.54	121.61	91.18	27.12	-30.99	166.17	-17.02	174.37	20.21
2005	428 754	-2.39	822 605	-3.73	163.23	34.22	294.39	8.55	143.80	-13.46	126.47	-27.47

表 2　山西省私营企业发展情况统计表

年份	户数		投资者		雇工人数		注册资金		产值		营业总额		社会消费品零售总额	
	户数	比上年增长（%）	人数	比上年增长（%）	金额（亿元）	比上年增长（%）	金额（亿元）	比上年增长（%）	金额（亿元）	比上年增长（%）	金额（亿元）	比上年增长（%）	金额（亿元）	比上年增长（%）
2004	55 829	30.22	135 452	27.64	818 322	-18	864.53	34.61	204.89	200.91	157.12	176.62	214.32	237.35
2005	71 296	27.7	161 022	18.88	661 891	-19.12	1 066.29	23.34	111.81	-45.43	135.28	-13.9	204.83	-4.43

（二）从发展规模看，个体私营经济的实力逐渐增强，一批规模非公企业脱颖而出

2005 年，个体工商户、私营企业的企业规模继续扩大，实力不断增强。个体工商户注册资金为 163.23 亿元，户均注册资金 3.81 万元，比 2004 年的 2.77 万元增加 1.04 万元。私营企业注册资金为 1 066.29 亿元，户均注册资金 149.56 万元；投资者人数 161 022 人，比 2004 年增加 25 570 人，增长 18.88%。与 2004 年比，注册资本 100 万 ~ 500 万元的私营企业增长 45.21%，

500 万~1 000 万元的增长 115.29%，1 000 万元~1 亿元的增长 54.13%，亿元以上的增长 107.69%。(见表3)

随着一大批新项目的投产，全省亿元以上非公企业不断涌现。2005 年，全省销售收入亿元以上的非公企业达到 359 家，新增 47 家；其中销售收入 10 亿元以上的企业达到 18 家，比上年新增 1 家；纳税千万元以上的企业 228 家，比上年新增 39 家，其中纳税超亿元的企业达到 14 家，比上年新增 4 家。规模最大、纳税最多的非公企业是山西海鑫钢铁集团，销售收入达 74 亿元，税收达 4.6 亿元。

表3　2004~2005 年山西私营企业规模比较

年份 \ 注册资本	100 万~500 万元	500 万~1 000 万元	1 000 万元~1 亿元	亿元以上
2004	6 552	850	859	13
2005	9 514	1 830	1 324	27

(三) 从产业结构看，第三产业仍是个体工商户和私营企业从事经营的主要行业，传统优势产业不断提升改造，新兴产业快速发展

2005 年，全省个体工商户中从事第三产业的户数占到 91.68%，从业人员占 87.2%，注册资金占 76.53%。私营企业中从事第三产业的户数占到 69.94%，投资者人数占到 68.2%，雇工人数占到 49.37%；注册资金占到 65.11%。(见表4)

近两年来，全省非公有制经济积极参与结构调整，大力改造提升传统产业，坚持发展新兴产业。全省关闭了一批小煤矿、小焦化企业，陆续上马投产了一批规模大、档次高、深加工和清洁型的传统产业项目，传统主导产业企业数量进一步减少，但企业规模和档次进一步提高，产量继续保持稳定增长。2005 年原煤产量达到 1.85 亿吨，焦炭产量达到 7 853 万吨，其中机焦产量 6 893 万吨，生铁产量达到 3 177 万吨，成品钢材产量达到 803 万吨。农副产品加工业、旅游业、第三产业等新兴产业继续快速发展。以第三产业为主的城市民营经济完成增加值 389 亿元，同比增长 69.8%。

表4　山西省个体、私营经济产业分布情况

单位：户、人、万元、%

项目 \ 年份 比例	私营企业 2004 总数	私营企业 2004 比例	私营企业 5005 总数	私营企业 5005 比例
第一产业户数	2 085	3.73	2 697	3.78
投资者人数	5 075	3.75	5 950	3.70
雇工人数	20 294	2.47	24 458	3.70
注册资金	192 902	2.24	260 478	2.44
第二产业户数	14 495	25.96	18 733	26.28
投资者人数	34 628	25.56	45 249	28.10
雇工人数	297 092	36.31	310 646	46.93
注册资金	2 756 502	31.88	3 459 876	32.45
第三产业户数	39 249	70.31	49 866	69.94
投资者人数	95 749	70.69	109 823	68.20
雇工人数	500 936	61.22	326 787	49.37
注册资金	5 695 896	65.88	6 942 531.5	65.11

项目 \ 年份 比例	个体工商户 2004 总数	个体工商户 2004 比例	个体工商户 5005 总数	个体工商户 5005 比例
第一产业户数	2 790	0.640	2 829.0	0.66
从业人数	9 244	1.080	8 978.0	1.09
注册资金	29 211	2.400	52 492.1	3.22
第二产业户数	34 611	7.880	32 850.0	7.66
从业人数	106 077	12.410	96 349.0	11.71
注册资金	115 136	9.470	330 600.4	20.25
第三产业户数	401 866	91.48	393 075	91.68
从业人数	739 120	86.51	717 278	87.20
注册资金	1 071 771	88.13	1 249 159.02	76.53

（四）从组织形式看，私营企业仍以有限责任公司为主，独资企业和合伙企业发展缓慢，股份有限公司实现突破

2005 年独资企业户数 18 400 户，所占比重由 2004 年的 26.79%下降到 25.81%；合伙企业户数 1 694 户，所占比重由 2004 年 2.72%下降到 2.38%；有限责任公司户数 51 201 户，所占比重由 2004 年 70.51%上升到 71.81%；股份有限公司登记 1 户，实现了零的突破。一批以介休安泰、沁新煤焦为代表的民营企业建立了完善的法人治理结构，他们以更科学、更规范的方式对企业进行长效管理，不断提升企业的持续竞争力。（见表 5）

表 5　山西省私营企业组织形式变化情况

单位：户

年　份	独资企业			合伙企业			有限责任公司			股份有限公司数量
	数量	比例(%)	增长(%)	数量	比例(%)	增长(%)	数量	比例(%)	增长(%)	
2004	14 943	26.77	38.52	1519	2.72	−0.07	39 367	70.51	28.79	—
2005	18 400	25.81	23.13	1 694	2.38	11.52	51 201	71.81	30.06	1

（五）从分布区域看，个体工商户和私营企业逐步由农村向城镇发展

2005 年全省个体工商户在城镇进行生产经营的有 22 998 户，占总户数的 53.6%，从业人员 411 053 人，占总人数的 49.97%，注册资金 91.12 亿元，占总资金的 55.8%。私营企业在城镇经营的有 39 890 户，占总户数的 54.7%，投资者人数 90 706 人，占总人数的 56.33%，雇工人数 299 695 人，占总数人的 45.28%，注册资金 526.64 亿元，占总资金的 49.4%。

（六）外资经济发展质量稳步提高

2005 年，全省新批外商投资项目 85 个，利用外资项目总投资 24.4 亿美元，比 2000 年增长 4.5 倍，富士康、沃尔玛、罗费韦尔、卡特彼勒、日本能源株式会社等一批世界 500 强企业入驻山西。

二、山西非公有制经济的地位和作用

两年来，山西省非公有制经济得到了快速发展，其作用和地位越来越突出。

（一）在 GDP 中的比重加大

2005 年山西非公有制经济完成 GDP 总量1 735亿元，在全省 GDP 中所占比重达到 42.1%，比 2000 年的 30.3%，提高 11.8 个百分点，大大改变了公有制经济一统天下的局面，形成了以公有制经济为主体，多种经济成分共同发展的良好格局。

（二）成为财政收入的主要来源

2004 年全省个私经济纳税 74.6 亿元，比上年增长 45.7%，占全省财政总收入的 14%。2005 年个私经济上交税金 100.55 亿元，同比增长 34.79%，占全省财政总收入的 13.27%。河津市、孝义市、介休市、清徐县、潞城市等市县非公企业上缴税金已占到当地财政收入的 70%至 90%。

（三）成为就业的主要渠道

非公经济的迅速发展，形成了巨大劳动力需求，成为新增就业人口就业和下岗职工再就业的主渠道。2005 年末，全省个体工商户从业人员达 82.26 万人，比 2000 年末增长 45.05%；私营企业从业人员达 82.29 万人，比 2000 年末增长 1.12 倍。

（四）改善了投资结构

“十五”时期，非国有经济投资比重达到 54%，比“九五”时期提高 25 个百分点，民间投

资所占比重达到51.2%，比“九五”时期提高28.2个百分点。到2005年非国有经济完成固定资产投资近1 000亿元，已成为全省固定资产投资的主导力量。

（五）出口额增加较快

全省非公企业紧紧抓住国际市场对能源、原材料、特色农产品等需求增大的有利时机，积极开拓国际市场，加快出口步伐，到2005年完成出口交货值192亿元，同比增长19.6%，占到全省总量的68%。出口的主要产品为焦炭、金属镁、铸件、玻璃器皿、化工产品和农副产品。

（六）积极承担社会责任

到2005年7月底，全省非公有制经济人士在贫困地区实施光彩项目885个，投入资金112.9亿元，培训技术骨干14.69人次，安排农村富余劳动力14万人，使48万农村贫困人口脱贫致富，安置国企下岗职工再就业35万人。

三、加快非公有制经济发展的新举措

（一）加快发展民营经济成为全省上下的共识，齐心合力促发展的气候逐步形成

在党的十五大、十六大精神的指引下，山西省各级党委、政府进一步认识到发展非公经济的重要性，把加快发展非公经济摆上了重要位置，纷纷采取一系列措施，出台鼓励、支持政策，扶持、引导非公经济健康发展。2004年5月，山西省委、省政府出台了《关于进一步加快非公有制经济发展的决定》，先于国务院“非公36条”提出“不禁止，则自由”，“积极推进无经营范围的注册登记试点”；“非公有制企业贷款占新增贷款的比重，2004年要达到40%以上，并力争逐年提高”；“省财政从2005年起连续5年每年安排2 000万元作为扶持中小企业发展专项资金”等优惠政策。在国务院“非公36条”正式发布后，省委、省政府于2005年6月出台了《关于加快发展县域经济的若干意见》，9月26日省政府出台了《关于促进全省个体私营等非公有制经济快速健康发展的实施意见》。之后，省发展和改革委员会、财政厅、交通厅、劳动和社会保障厅、商务厅、教育厅、国土资源厅、建设厅、扶贫开发领导组、中国人民银行太原中心支行等也相继出台了促进个体私营等非公有制经济发展的相关政策措施，从而逐步构建起促进非公经济发展的政策框架体系。

（二）非公企业社会化服务体系建设成效显著

2005年，非公企业六大服务体系即“信用担保体系”、“信息网络体系”、“人才培训体系”、“创业辅导体系”、“法律援助体系”、“行业协会体系”全面铺开建设。据不完全统计，全省中小企业担保机构发展到230户，累计为4 000多家中小企业提供担保贷款约80亿元，受保企业增加销售收入约120亿元。省中小企业局完成了“山西中小企业网”和“山西乡镇企业网”的整合工作，建成“中国中小企业山西网”，省工商联完善了“晋商在线”和“山西省工商联”网站。组织完成了“银河培训工程”和“蓝色证书培训工程”，省和各市的人才交流中心为非公企业组织了多次专场招聘会。编制了创业辅导服务体系建设实施方案，初步建成了一批中小企业创业基地。省工商联成立的会员维权委员会开展了为非公企业维权活动，省中小企业局与30家专业法律服务机构进行合作。一批专业协会陆续成立，目前，全省各级工商联牵头组建的同业公会、行业协会已有252个。

（三）非公企业的贡献得到社会各界的广泛认可

各级党委、政府加大对非公企业的表彰力度，重奖为当地经济做出突出贡献的非公企业家。近年来，全省受到各级党委、政府表彰的先进非公企业、纳税大户8 000多家。2004年12月，省委、省政府隆重表彰了为山西省非公经济发展做出重大贡献的26位非公企业家，授予他们“山西省非公有制经济人士优秀中国特色社会主义事业建设者”称号。各级人大、政协、工商联

在换届时，更加注重安排贡献突出的非公经济人士担任人大代表、政协委员、工商联执常委，加大了这一群体进入的比例。目前，有8 000多人担任各级人大代表、政协委员和工商联执常委。新闻媒体加大了正面宣传力度，报道非公企业为经济和社会发展所做的成绩。

四、当前山西非公经济发展中存在的问题

（一）产业结构低度化受制于市场影响

目前，不少地方的产业结构调整集中在煤、焦、铁等传统资源上。2002年、2003年煤焦铁等原材料需求旺盛，受市场拉动，价格持续上扬，全省投资的新项目主要集中在煤焦铁钢等能源、原材料方面，新兴产业、农副产品加工业、第三产业、高新技术产业等一直处于投资乏力、增长缓慢状况。2004年开始，特别是2005年由于焦炭、钢铁、耐火材料等主导产品价格下跌，市场风险性和不确定性增加，企业的经营难度加大，资金紧张，效益减少，焦化行业出现了行业性整体亏损。

（二）市场准入仍受限制，国民待遇难于平等

大部分企业反映现在“门槛低了，凳子高了”。尽管“非禁即入”，但无形壁垒森严，准入制度含混模糊。垄断集团利用其垂直的垄断地位，对非公资本实施价格、市场等或明或暗的“制裁”手段，使非公企业无法自主公平地展开竞争。

（三）财税金融支持力度不大，企业融资非常困难

金融部门由于自身管理的缺失，造成了企业的套贷等违规贷款现象，就借宏观调控之机对中小企业的贷款“一刀切”。在信贷上对非公企业要求高、门槛高、条件苛刻，不愿给非公企业放贷，致使一些中小型企业得不到国有银行支持，生产常常处于停产待料、无钱进货的状态。

（四）人才缺乏制约非公有制经济健康发展

相当比例的大专院校毕业生、军队转业干部及机关事业单位的富余人员不愿到非公企业工作，国有企业下岗职工在实在找不到较理想的就业岗位时，才勉强到非公企业就业。除观念认识问题外，非公企业人员还存在着事实上的不平等待遇和限制性因素，比如户口迁移、配偶调动安置、子女就读、职称评聘等问题上，大多不能得到合理解决。

（五）非公企业自身素质有待提高

绝大多数民营企业的整体素质不高，拥有核心技术和知名产品、品牌的企业数量偏少。民营企业整体规模分散，技术水平较低，经营模式传统型、家族化，产业结构趋同，技术人员缺乏和职工文化水平低并存。同时，民营企业在生态保持、诚信经营、安全生产、职工合法权益保护以及依法纳税等方面问题也比较突出。

内蒙古自治区2004~2006年私营个体经济发展概况

内蒙古自治区工商联

2004~2006年，内蒙古自治区各级党委、政府认真学习贯彻落实党的十六大和十六届三中、四中、五中全精神以及《国务院关于鼓励支持和引导个体私营等非公有制经济发展的若干意见》，采取积极有效措施，进一步优化发展环境，加大对个体私营等非公有制经济政策、资金、信息等扶持力度，全区个体私营等非公有制经济得到了快速发展，已经成为全区经济增长的重要推动力量。

一、2004~2006年全区个体私营经济发展情况

2006年上半年，全区注册登记私营企业户数达到52 654户，比2005年同期增加6 729户，增长14.65%，占全区登记企业户数的92.4%；注册资金910.34亿元，比2005年同期增加234.23亿元，增长34.64%；从业人员71.88万人，比2005年同期增加3.66万人，增长5.37%。注册登记个体工商户491 946户，比2005年同期增加38 709户，增长8.54%；注册资金106.61亿元，比2005年同期增加17.47亿元，增长19.6%；从业人员87万人，比2005年同期增加4.7万人，增长5.71%。2006年上半年，全区个体私营等非公有制经济实现增加值占全区GDP的37%左右；个体私营经济上缴税收38.8亿元，比2005年同期增长11.5%；固定资产投资完成160.8亿元，比2005年同期增长63.1%，占全区固定资产投资完成额的12.2%；全区共引进个体私营等非公有制经济项目946个，到位资金229亿元。

2005年，全区私营企业为48 317户，从业人员682 137人，注册资金754.75亿元，分别比2004年增长13.20%、11.44%、27.16%，2005年，全区个体工商业达到467 617户，从业人员822 708人，注册资本97.27亿元，分别比2004年增长5.30%、5.52%、11.66%。全区个体私营经济注册资本达到852.02亿元，比2004年增长了25.18%。个体私营经济户均注册资本达到16.57万元，比2004年增加2.59万元，增长18.53%。全区个体私营经济总产值达到302.20亿元，销售总额或营业收入400.10亿元，分别比2004年增长52.21%、20.72%。全区新批准外商直接投资企业197家，合同外资额13.83亿美元，比2004年下降49.9%；实际利用外商直接投资11.86亿美元，比2004年增长89%。全区个体私营等非公有制经济实现增加值1 333.6亿元，比2004年增长19.9%，占全区GDP的34.9%。个体私营等非公有制经济上缴税收96.6亿元，增长97%，占全区税收总额的21%，比2003年提高了4.2个百分点。全区共实施国内（区外）招商引资项目2 946个，占全区引进项目总数的81.7%，到位资金433.8亿元，占全区引进到位资金总数的39.5%。

2004年，全区个体工商业户数444 101户，比2003年同期减少20.06%；从业人员77.97万人，比2003年同期减少28.06%；注册资金为87.11亿元，比2003年同期增长4.56%；私营企业户数42 681户，比2003年同期增长21.55%；私营企业注册资本金593.53亿元，比2003年同期增长53.40%；私营企业从业人员61.21万人，比2003年同期增长19.20%。全区个体工商户实现总产值47.94亿元，比2003年同期减少8.95亿元，下降15.72%；销售总额或营业收入

为197.89亿元，比2003年同期减少34.22亿元，下降14.74%；社会消费品零售额为139.14亿元，比2003年同期增加4.22亿元，增长3.13%。私营企业实现总产值150.57亿元，比2003年同期增加34.62亿元，增长29.86%；销售总额或营业收入为133.55亿元，比2003年同期增加28.20亿元，增长26.77%；社会消费品零售额为113.90亿元，比2003年同期增加49.88亿元，增长77.91%。全区个体私营等非公有制经济实现国内生产总值（GDP）858.60亿元，占全区GDP的31.8%，较2003年同期增加335.35亿元，增长64%。个体私营企业、港澳台投资企业和外商投资企业上缴税收占全区财政收入的13.53%。全区实现税收总收入311.59亿元，比2003年同期增加122.82亿元，增长65.06%。个体私营等非公有制经济吸纳社会新增就业179 778人，占全区社会新增就业增量的73.29%，比2003年同期增加51 960人，增长了40.65%。

二、全区非公有经济存在的主要问题

一是思想解放不够，不少人思想认识上仍然存在着偏差。少数同志还没有完全摆脱“左的”思想观念的束缚，还习惯于计划经济体制下形成的思维定势和工作模式，对非公有制经济心存疑虑，不敢放开手脚、理直气壮地鼓励支持和引导个体私营等非公有制经济发展。

二是政策落实不到位。一方面舆论宣传力度不够，一些优惠政策没有被广大群众特别是非公有制经济人士所了解和掌握，政策还没有发挥其应有的积极作用。另一方面，少数地区和部门从局部利益出发，对自己有利的就办，没有利的就拖着不办或人为设置障碍。

三是民营经济融资难的问题仍然没有得到有效地解决。据金融机构统计，目前全区金融机构各项短期贷款余额中，个体私营和三资企业贷款仅占1.1%。一些中小民营企业因得不到资金扶持而发展缓慢，有的陷入发展的困境。

四是民营经济数量少，规模小，特别是整体实力不强，产品档次不高，科技含量低，缺乏竞争力。一些民营企业人才缺乏，管理落后，创新意识不强。少数民营企业政策法律观念淡薄，诚信缺失，劳资关系紧张，影响到企业的健康发展。

三、发展全区非公有制经济的几点建议

（一）要广泛深入持久地抓好《国务院关于鼓励支持和引导个体私营等非公有制经济发展的若干意见》（以下简称《若干意见》）和自治区党委、政府关于贯彻落实国务院《若干意见》实施意见的学习、宣传和落实工作，把思想认识和行动统一到国家和自治区有关发展非公有制经济的方针政策上来，理直气壮地鼓励支持和引导非公有制经济发展。要加大督查力度，规范行政行为，确保国家和自治区出台的鼓励支持和引导非公有制经济发展的各项优惠政策全方位地落实到位。

（二）理顺管理体制，强化监管职能。自治区应该在发展和改革委员会设立中小企业局，统一协调管理全区中小企业和民营经济，同时将自治区非公有制经济工作领导小组办公室设在中小企业局，具体负责非公有制经济日常管理工作。各盟市、旗县发展和改革委员会应按照这种模式，设立相应的组织机构，理顺管理体制，避免多头管理，加强对非公有制经济发展的规划、指导、协调、监管和服务。

（三）进一步优化民营经济发展环境。要充分发挥各级非公有制经济投诉维权中心的作用，赋予其相应的职能，认真处理投诉案件，严厉追究行政不作为和“三乱”现象。要开展行风政风评议活动，强化民营企业和企业家对政府部门工作的监督，增强政府部门依法行政意识、公仆意识和服务意识。以龙头企业为核心，按照自愿和市场化原则，大力发展行业商（协）会，充分发挥行业商（协）会在行业自律、维护市场经济秩序等方面的积极作用。

（四）切实提高民营企业整体素质。积极支持民营企业进行体制、技术和管理创新，鼓励和引导民营经济树立科学发展观，培育核心技术和核心产品，提高自主创新能力和可持续发展能力，推动民营企业上规模、上水平，培育一大批大企业集团和跨国企业集团。加强民营企业人力资源建设，着力推进企业诚信建设和企业文化建设。加强对民营企业各类人才的技能培训，从根本上提高民营企业整体素质。

四、内蒙古自治区贯彻落实《若干意见》情况

为了学习贯彻落实好《若干意见》，推动内蒙古非公有制经济快速发展。根据内蒙古工商联的建议，内蒙古自治区政府于今年3月份成立了非公有制经济发展领导小组，并组织党委政研室、发改委、统计局、调研室和工商联6家单位对全区12个盟市非公有制经济发展情况进行了全面深入的调研，并广泛听取各方面的意见，在此基础上制定了《内蒙古自治区人民政府关于贯彻国务院鼓励支持和引导个体私营等非公有制经济发展若干意见的实施意见》。2006年5月22日，内蒙古自治区非公有制经济工作会议在呼和浩特市隆重召开，会议上表彰了推动非公有制经济发展的单位及个人，自治区党委书记储波和自治区主席杨晶分别作了重要讲话。

辽宁省2004~2005年私营个体经济发展概况

辽宁省工商联

2004~2005年是辽宁省个体私营经济继续发展的一年。特别是在国家振兴东北老工业基地的重大战略决策过程中，个体私营经济发挥了应有的作用，为全省经济持续增长，为繁荣辽宁省城乡经济，促进社会和谐进步、安排职工就业等方面做出了新的贡献。

2004年全省个体私营经济创增加值2 828.5亿元，占全省总额的41.2%；从业人员511万人，占全省总数的24.4%；上交税金188.4亿元，占全省地方财政一般预算收入的35.6%。2005年全省个体私营经济创增加值3 446亿元，占全省总额的43%；从业人员535万人，占全省总数的25.2%；上交税金228亿元，占全省地方财政一般预算收入的33.8%。

一、2004~2005年辽宁省个体私营经济发展主要特点

（一）2004年平稳调整，2005年快速增长

2004年我省个体私营经济总体呈平稳调整态势，个体私营经济总户数为140.1万户，比2003年减少了12.3万户，降幅为8.1%；从业人数为511万人，比2003年减少了3万人。2005年开始恢复增长，个体私营经济总户数为144万户，比2004年增长了4万户；从业人员为535万人，比2004年增长了24万人，资本金为2 995亿元，比2004年增加了710亿元，增幅为31.1%。

（二）个体经济增长缓慢，私营经济增长较快

从总户数上看，个体经济2004年为126.4万户，比上年下降了14.6万户，2005年为127.5万户，比上年略有增长，但比2003年仍下降了13.5万户；私营经济2004年为13.7万户，比上年增加了2.3万户，2005年为16.5万户，比上年增加了2.8万户。从从业人数上看，2004年285万人，比上年下降了22万人，2005年为283万人，比上年下降了2万人；私营经济2004年为226万人，比上年增加了20万人，2005年为252万人，比上年增加了26万人。从注册资金看，个体经济2004年增长了24%，2005年增长了27%；私营经济2004年增长了50%，2005年增长了30%。

（三）行业调整加快，制造业、批发零售业仍占主体

2004~2005年的个体私营经济在行业分布上，仍是以制造业、批发零售业为主体，如2005私营经济各行业户数比例图显示。

但随着国家有关政策的落实，个体私营经济开始进入一些新的产业领域，特别是传统的垄断行业，如电力、燃气及自来水供应等行业，并且这些行业增长较快，详见2005年私营经济各行业户数增幅图。

（四）城镇发展平稳，农村变化较大

从户数上看，城镇2004年为94.9万户，比上一年增长了0.9万户，2005年为96万户，比上一年增长了1.1万户；农村2004年为45.2万户，比上年减少了13.2万户，2005年为48万户，比上年增长了2.8万户。从注册资金结构上看，2004年农村占城镇比例为28.7%，比上年下降0.8个百分点，2005年为34.7%，比上年提高了6个百分点。可以看出全省近两年个体私

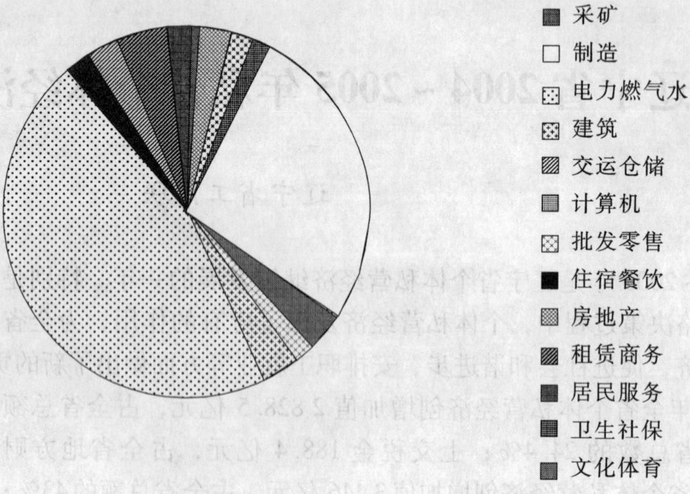

图1　2005私营经济各行业户数比例

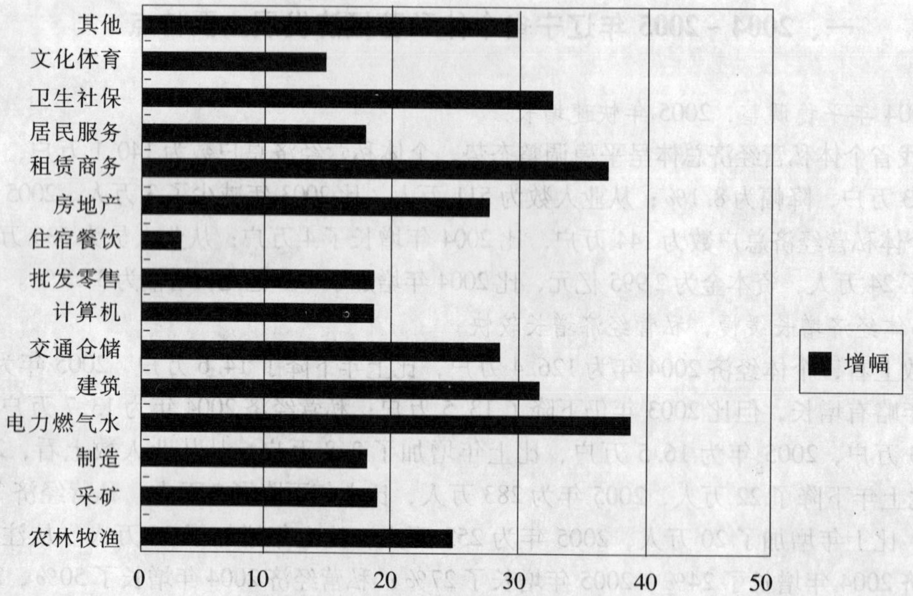

图2　2005私营经济各行业户数增幅

营经济变化较大的原因是农村个体私营经济变化较大。

（五）个体私营等非公有制经济人士积极奉献社会受到有关部门表彰

据统计2004年下半年至2005年上半年，全省共实施光彩事业项目125项，投资总额56.3亿元，培训人员21 555人，实现脱贫28 325人，社会捐赠4 747.78万元。全省由工商联组织培训农民工人数36 409人，安排农民工就业58 693人，安排城镇下岗职工再就业120 928人。民营企业家的义举得到了社会的广泛好评，也受到了有关部门的表彰。省工商联与省委统战部、省中小企业厅、人事厅、工商局五部门联合表彰了51名非公有制经济人士，授予“优秀中国特色社会主义建设者”光荣称号。在全国工商联表彰的2005年度民营企业思想政治工作先进单位中，沈阳远大集团等7家会员企业获此殊荣；全国工商联与总工会联合表彰了“关爱员工优秀企业家”，锦州德营集团董事长田德营等4位企业家名列其中，西洋集团等4家企业被评为“全国双爱双评先进企业”。

二、影响辽宁省个体私营经济发展的主要因素

2005年，“国发3号文件”出台后，省工商联即在省政协全会及省政府协商会上提出关于落实文件精神的建议，省委、省政府对此高度重视，全省各级党组织和政府有关部门加大了落实工作的力度。一是组织了系列宣传活动，配合文件精神的贯彻落实，省市工商联组织开展了多种形式的专题研讨和政策报告会。二是清理了与“国发3号文件”相悖的地方性政策和规章。三是积极研究制定相关配套措施。各地围绕贯彻落实国发3号文件，在实施政策创新上做了大量卓有成效的工作。全省出现了一个贯彻落实“国发3号文件”的热潮，有力推动了个体私营经济健康有序地发展，大大改善了个体私营经济发展的体制环境和政策环境。但我们也要清醒看到，如何继续做好有利于个体私营经济健康发展的工作，还需要在实践中，在发展中进行新的探索。对影响个体私营经济发展的不利因素，应引起我们的高度重视。

（一）政策因素影响

目前，国家利用两年的时间正在对全国各地的土地使用情况进行整顿，土地使用批准权限上收，并规定了严格的土地使用政策，使一些招商引资项目和新上扩建项目难以按计划顺利实施。受当前安全生产形势的影响，国家对矿业企业安全生产秩序加大了整顿力度，使部分矿业企业处于停产或关闭状态。

（二）价格因素影响

受国内外油料、电力、煤炭等能源价格上涨因素的影响，钢材、水泥等能源消耗型企业生产成本增加，利润下降，加之个别企业经营不善，管理粗放，致使企业发展难以为继。

（三）资金因素影响

由于国家实行稳健的货币政策和金融业调整了贷款审批权限，个体私营经济资金瓶颈难以突破，主要表现在三个方面：一是个别已基本形成的大项目资金投入紧张；二是已完成技改的企业流动资金紧张；三是成长型特别是成长型的中小企业融资困难。

（四）结构因素影响

目前个体私营经济的产业结构和产品结构还有很大缺陷，其盲目发展，无序竞争导致资源利用水平较低，产品科技含量匮乏，产品附加值不高，并对环境造成破坏，不利于可持续发展。此外农村个体经济相对萎缩在一定程度上不利于新农村建设。

三、2006年党和政府在推动个体私营经济发展中的主要举措

2006年是我国实施“十一五”规划的开局之年，也是在新的起点上振兴老工业基地、建设和谐辽宁的关键之年。在大力促进个体私营经济健康发展中，需要各级党委和有关部门切实解决好个体私营经济发展中遇到的新情况和新问题，把支持个体私营经济的各项政策落到实处并提供和创造更加宽松的发展环境。

（一）推进政策创新

完善个体私营等非公有制经济法规和政策体系，出台《辽宁省人民政府关于鼓励支持和引导个体、私营等非公有制经济发展的实施意见》，进一步论证《辽宁省中小企业促进条例》，推进政策创新，为“十一五”时期全省个体私营经济发展提供政策支持和法制保障。制定和实施《辽宁省非公有制经济“十一五”发展规划》，努力提高规划的科学性、可行性和指导性，努力

创造良好的政策环境。

（二）促进银企对接

改善个体私营等非公有制经济融资环境，政府有关部门将与国家开发行等7家金融机构继续开展民营企业贷款工作。加强各级民营企业部门项目评审委员会的建设，提高推介项目的质量。建立和完善信用担保的行业准入、风险控制、补偿机制和监管制度；建立风险补偿资金，支持担保机构的发展，鼓励和引导担保机构为个体私营等非公有制经济提供融资担保服务。建立健全信用管理制度，加强信用促进协会建设，促进企业信用管理的加强，引导企业依法经营，诚实守信。

（三）创新和强化培训工作，提高企业素质

各有关部门和工商联组织将统筹规划，分类实施，全面推进，形成科学的培训工作体系。加强培训工作的计划管理，进一步提高培训内容的针对性、科学性、实用性、系统性。一是加强中、高层管理人员的培训，培育职业经理人队伍；二是加强专业技术工人培训，逐步解决专业技术工人短缺问题；三是组织农民工转移培训。

（四）做好经济服务工作

以提高工商联服务能力为核心，进一步完善服务体系建设，充分发挥工商联组织的桥梁纽带作用，在招商引资、法律维权、促进科技成果与民营资本对接、推进扶贫、就业与再就业和光彩事业等方面加大工作力度，积极引导民营企业参与社会主义新农村建设。

（五）推进技术创新，促进产业结构调整

坚持以企业为主体，以市场为导向，以提高企业自主创新能力为目标，以建立健全产、学、研相结合的民营经济创新支持体系，引导个体私营等非公有制经济向“专、精、特、新”为重点的方向发展，推动民营经济自主创新、联合创新、引进消化吸收再创新，增强企业核心竞争能力。实施名牌战略，培育企业名牌产品和驰名商标。支持资源、能源节约的技术改造项目和污染治理、环境保护项目，鼓励发展循环经济，促进全省经济和社会全面、协调和可持续发展。

吉林省2004～2006年私营经济发展概况

吉林省工商联

一、2004～2006年吉林省私营经济的基本状况

改革开放以来特别是近两年来，吉林省私营经济迅速崛起，民间投资迅速增长，在发展经济、活跃市场和增加出口等方面发挥了重要作用，已成为促进吉林省经济社会发展的重要力量。

项目 / 年度	户数（万户）	增长率（%）	从业人员（万人）	增长率（%）	注册资金（亿元）	增长率（%）	户均注册资金（亿元）	增长率（%）	总产值（亿元）	增长率（%）	销售额或营业收入（亿元）	增长率（%）	社会商品零售额（亿元）	增长率（%）
2004	5.09	33.5	90.35	119.0	684.10	45.4	134.50	8.90	77.00	27.00	73.70	5	64.42	8.00
2005	6.00	18.0	75.15	-16.8	788.50	15.3	131.50	-2.20	98.38	27.00	118.13	60	112.00	73.86
2006年上半年	6.50	8.3	58.69	-21.9	850.56	7.0	130.85	—	76.58	—	82.65	—	84.72	—

二、私营经济发展的主要特点

（一）发展速度继续加快

企业数量、规模和资金总量呈快速增长的态势。2004年到2006年上半年全省私营企业由5.09万户增加6.5万户，增幅达27.70%；注册资金由684.1亿元增加到850.56亿元，增幅为24.33%。2004年至2005年销售收入由73.7亿元增加到118.13亿元，增幅达60%；总产值由77亿元增加到98.38亿元，增幅为27%。

2005年末，注册资本100万～500万元的私营企业2 232户，500万～1 000万元的私营企业581户，1 000万元～1亿元的私营企业287户，亿元以上的私营企业30户。至2006年上半年，注册资本100万～500万元的私营企业5 053户，500万～1000万元的私营企业1 346户，1 000万元～1亿元的私营企业1 054户，亿元以上的私营企业53户。

（二）总体素质不断提升

全省私营企业产权结构呈现从家族为主向多元化发展，2004年至2006年上半年，独资企业比例由18%降为16.23%，有限责任公司比例由81%上升至82.82%，企业家和企业治理结构不断提高。

全省私营企业组织形式变化情况

单位：%

	独资企业	合伙企业	有限公司	股份公司	合　计
2004年	18.00	1.00	81.00	0.00	100
2005年	17.00	0.85	82.00	0.15	100
2006年上半年	16.23	0.83	82.82	0.12	100

随着国有企业改革的深化，吉林省私营经济的企业结构也正在发生着深刻变化，以全省1 672户私营规模以上企业为例，有60%以上是由国有企业改制或私营企业参与国有企业改革而建成的，其中混合所有制经济比例正在逐步加大。

根据省工商联问卷调查显示，全省私营企业家的整体素质也在不断提高。在文化程度构成中，初中及以下占9%，高中及中专占42%，大学占41%，硕士以上占8%；年龄结构中31～40周岁的占36%，41～50周岁的占40%。全省私营企业家中担任各级人大代表的有297人，担任各级政协委员的有813人，有2人担任了市级政协副主席，100人被评为全省优秀民营企业家。

近年来，全省私营企业党建工作取得了明显成效。据2004年统计，已建立党委245个，总支207个，独立支部2 065个，联合支部2 929个，向不具备建立党组织条件的私营企业派出党建工作指导员。联络员1 956名，党的工作体系已基本覆盖了私营企业。

（三）产业结构逐步优化

全省私营经济的产业特色和产业结构已初步形成，私营资本投入已逐步从传统三产向二产和现代服务业转移。投入高科技领域的资本，已占到私营资本投资的35.6%，私营科技企业发展到5 200户，实现技工贸总收入1 650亿元；私营企业首次投入新产品2 700多个，新产品产值达450亿元。

全省私营企业产业构成发展情况

户数（个）	批发零售及餐饮业	制造业	农林牧渔业	社会服务业
2004年	20 450	10 491	2 504	9 834
2005年	24 821	13 292	2 796	9 061
2006年上半年	25 439	14 374	3 001	14 621
占当年私企比例（%）	40. 20∶41. 4∶38. 87	20. 6∶22. 2∶21. 97	5∶4. 7∶4. 5	19. 3∶15. 1∶22. 34

近两年，全省私营经济产业特色和产业结构呈现出以下几种发展趋势：一是为大企业、大项目专业化配套加工业有了新发展。长春、吉林、四平、白城等地汽车零部件配套加工业企业显现强劲发展势头。二是农副产品等资源加工业逐步壮大。大成集团、皓月集团、正业集团、吉安生化公司等国家级农业产业化龙头企业，在农副产品、食品加工方面呈现出较强带动功能，以私营企业为主的农副产品和食品加工业已成为继汽车工业后我省又一个重要的支柱产业。三是医药产业快速发展。民营医药企业占全省医药企业的95%以上，这些企业在推动技术进步，增加地方财政收入等方面作用日益增强。四是重化工业的民营企业开始做大做强，建龙钢铁公司、红嘴钢铁公司、福耀集团、吉林德全水泥公司等一批民营企业发展势头强劲，贡献显著增大。五是电子信息等高新技术产业加快发展。全省5 200多户民营科技企业绝大多数通过质量管理和专业认证，20%以上的产品实现出口。六是现代服务业成为私营经济发展的新领域。私营经济在现代服务业、文化产业、医疗卫生、教育等领域呈现快速发展势头。七是较大规模企业增速加快。许多私营企业通过参与老工业基地改造的项目建设，实现了企业超常规发展，同时一大批国有转制企业和域外知名私营企业不断加入我省私营企业行列。如吉林德大集团、省一建公司、省旅游集团、天景集团等改制为私营企业，河北建龙、广东香江、大连万达、深圳万科、山东金锣、江苏东方投资、浙江娃哈哈、福建福耀集团等一大批全国民营500强企业来我省投资兴业，从而进一步壮大了全省私营经济的实力。

（四）贡献在加大

1. 对全省经济快速发展发挥了重要作用

2005年，全省私营经济的总产值比上年增长27%，2006年上半年全省私营企业总产值为

76.58 亿元，是 2005 年的 77.84%，销售收入或营业收入为 82.65 亿元，占 2005 年的 69.97%，社会商品零售额 84.72 亿元，占 2005 年的 76%。私营经济的快速发展成为全省社会经济总量不断增长的重要因素之一。

2. 对稳定就业起到了重要作用

2004 年私营企业吸纳下岗职工 2.34 万人，2005 年私营企业安置下岗职工 4 343 人，2006 年私营企业安置下岗 2.56 万人；国有企业就业人数从 247 万人下降到 135 万左右，年均减幅为 10.7 个百分点。2004 年个体私营企业就业人数为 170.44 万人，占全省就业人数的 30.17%。私营经济创造的就业，无论在分担国企下岗职工的就业存量，还是在吸纳城乡新的就业增量方面都发挥了主渠道的重要作用。

3. 外向拉动工程的生力军

近两年来，在全省已初步建成私营企业农畜产品、医药、化工、机电、服装、药材、木制品、矿产品、土特产品、工艺品等 10 个出口基地，出口 100 万美元的私营企业达到百户以上。一批私营企业已经开始涉足对外劳务输出、走出国门投资兴业、边贸等领域，经济外向度稳步提高。2005 年末，出口创汇私营企业 1 278 户，出口创汇折合人民币 2 220 万元，占全省出口总额的 0.9%。

三、吉林省私营发展中存在的主要问题分析

（一）民营企业自身存在的问题

1. 传统产业占较大比重，品牌企业数量少

吉林的私营企业主要集中在传统产业上，但全省私营企业拥有驰名商标和著名商标数很少，说明在品牌培育上，吉林省私营企业尚有很长的路要走。

2. 私营企业数量偏少，质量不高

与广东、浙江等发达省份相比，吉林省私营企业有数量、规模及影响力方面都有较大的差距。一是企业总体数量少，只相当于上述省份的 1/9 ~ 1/10；二是大企业、企业集团只有上述省份的 1/9 ~ 1/12 不等；三是对国民经济的贡献仍偏低，从近两年的统计数据来看，私营经济的税收一般只占税收总额的 15% 左右。

3. 开拓创新能力不强，核心竞争能力较弱

吉林省私营企业开拓创新能力和核心竞争力不强主要表现在三个方面：一是技术创新投入不足；二是科研开发能力弱；三是产品竞争力强。目前吉林省私营企业缺少高科技、高附加值的拳头产品，在国内市场有影响、在国际市场有竞争力的知名品牌也很少。

4. 企业缺乏高素质的人才

一方面私营企业急需的高素质技术人才和管理人才，另一面多数企业没有参加社会保障体系，企业文化和团队精神建设滞后，所以人才难求、难留、难发挥作用，是众多私营企业普遍遇到的难题。

5. 企业经营管理水平偏低

多数企业主未经过企业管理的专业培训、战略素质、企划能力、决策能力、经营管理能力跟不上时代发展的要求。企业内部组织机构和运行机制存在明显的缺陷，不少企业还停留在作坊式、家族式、经验式管理的水平上，缺乏科学化决策和制度化、规范化管理，财务比较混乱，市场营销手段落后。

（二）私营经济发展环境有待进一步改善

1. 市场化水平低，制约私营经济发展

私营经济对市场经济具有天然的亲和力。长期以来，我省国有经济比重大，导致全社会观

念陈旧，计划经济思维的惯性强，竞争和开拓意识差，在发展过程中，倾全力招商引资和上项目，对发展私营经济的重视不够，不仅对私营经济发展状况和发展趋势尚未形成科学系统的管理体系，管理分散、范围狭窄、方式简单的情况仍然存在，有关发展私营经济的政策体系尚不完善，对私营经济还存在诸多限制和歧视性政策，而且由于政府支配大量的社会资源，对私营经济发展形成挤压，制约私营经济发展，使私营企业难以拓展市场，难以快速完成资本原始积累，进而难以提升管理水平和技术水平。

2. 对“非公36条”宣传不到位，落实不到位的情况还大量存在

“非公经济36条”出台后，虽然省直一些部门和各市州相继制定了扶持民营经济发展的政策措施，但是，受部门利益、地方利益的影响，缺乏与“36条”配套的市场准入、政府监管、融资扶持、人才支持、全民创业、技术创新鼓励等可操作性的配套政策。一些部门缺乏服务意识，对发展私营经济重视不够，形成了地方党委、政府和私营企业家“两头热”，而一些行政部门“中间凉”的现象。部门职能重叠，存在多头管理、交叉管理的现象，当企业有困难时又推诿扯皮、无人问津。许多政策存在“玻璃门”现象，如在注册制度、市场准入、审核批准等方面，看起来很透明却根本无法逾越，存在各种隐性限制，许多领域私营企业进入的门槛依然很高。

3. 私营企业融资困难

没有建立银行、企业、政府定期交流制度以及企业信用评价、信用信息通报体系，三方缺乏沟通合作。在整个金融生态环境很差的背景中，由于我省私营经济规模较小，中小企业的资产较少，资信程度普遍较低，与国有企业相比，从银行等金融机构获得正常的贷款支持更加困难，大都存在着融资渠道狭窄、负债率较高的问题，再加上我省担保机构发展滞后，担保资金规模与经济主体的实际贷款需求存在差距，私营企业只能通过借高利贷或以附加条件方式从银行贷款，无形中增加了企业生产成本。

4. 社会化服务体系不健全

私营经济的发展，需要社会中介组织在教育培训、管理咨询、市场营销、技术开发和法律等方面的支持。吉林省在此方面仍在很大差距，一是社会服务组织发展缓慢；二是已有的中介服务机构大多设在政府部门，其服务对象大多是大企业，中小企业很难得到；三是服务组织缺乏管理，收费高，中小企业难以承受。这些都在一定程度上制约着吉林省私营经济的发展。

黑龙江省2004～2006年私营经济发展概况

黑龙江省工商联

2004年7月～2006年6月期间，黑龙江省委、省政府把发展私营经济作为全面构建社会主义和谐社会的战略任务，加大了推动私营经济发展的工作力度。全省私营经济呈现出良好的发展态势，已成为我省经济的重要组成部分，并将逐步成为我省国民经济最强劲、最稳定的发展动力，成为创造就业、保持稳定的最佳途径，成为越来越重要的税收来源，成为完善社会主义市场经济体制的直接参与者和积极的推动者。

一、发展概述

2004年7月～2006年6月期间，黑龙江省私营经济进入持续快速协调健康发展的新时期。全省上下深入贯彻两个“毫不动摇”方针，紧紧抓住国家实施振兴东北等老工业基地战略的历史性机遇，坚持“非禁即入、平等待遇”的原则，落实鼓励、支持和引导私营经济发展的各项政策，为其创造优良的发展环境。2005年2月国务院颁布了《关于鼓励支持和引导个体私营等非公有制经济发展的若干意见》（国发［2005］3号），10月黑龙江省委、省政府出台了《贯彻落实〈国务院关于鼓励支持和引导个体私营等非公有制经济发展的若干意见〉的实施意见》（黑发［2005］20号）。此《意见》在放宽市场准入、加大财税金融政策支持、完善社会服务体系、改进政府服务、加强组织领导等方面均作了若干有利于私营经济发展的规定。例如，坚持“非禁即入、平等待遇”的原则，鼓励支持非公有制经济投资主体进入国家法律、法规未禁入的一切行业和领域；设立省政府中小企业发展专项基金，2005年为5 000万元，并视省财力状况逐年增加；大力支持非公有资本进入担保领域，鼓励建立互助性担保机构和民营担保机构等。随后，省财政厅、省建设厅、中国人民银行哈尔滨中心支行等20个中省直部门，陆续出台20个政策措施，配合《省委、省政府贯彻落实〈国务院关于鼓励支持和引导个体私营等非公有制经济发展的若干意见〉的实施意见》（黑发［2005］20号），从市场准入、财税金融、项目审批等方面进一步加大对我省私营经济的扶持力度。这些配套措施以放宽市场准入为亮点，鼓励私营企业投资经营垄断行业，对私营企业一视同仁，平等准入，公平对待。其中在管理、监督方面，省国土资源厅、省工商行政管理局、省建设厅都出台了鼓励、放宽的具体细则。如矿产资源勘察开发打破所有制界限，给予私营企业与国有矿山企业同等的矿产资源配给政策；对新兴行业本着“法无禁止即为合法”的原则进行登记注册，鼓励私营企业跨入社会经济各领域。在财税、金融方面，省财政厅、省地税局、中国人民银行哈尔滨中心支行等部门也都做出了承诺，重点加强对私营企业的财政扶持和信贷支持力度。如设立省级中小企业发展专项资金，并逐渐加大资金投入，每年扶持一批具有示范作用的就业型、外向型、科技型的私营企业。为进一步加大政策贯彻落实的推进力度，营造私营经济大发展、快发展的良好氛围，2006年5月10日至30日，黑龙江省政府督查室、省发展非公有制经济工作领导小组办公室组成联合督查组，对黑发［2005］20号文件的贯彻落实情况进行了专项督查。在这些政策的引导下，2004年私营经济实现增加值1 618亿元，比上年增长15.2%，占全省生产总值的30.5%，占外贸进出口总额的

56.1%，占全社会固定资产投资的40.5%。2005年私营经济实现增加值1 818亿元，比上年增长20.0%，占全省生产总值的33.0%，实现税收174亿元，进出口额占全省进出口总额的65.2%，投资占全社会固定资产投资的42.0%。2006年1~6月份私营经济预计实现增加值1 080亿元，同比增长20%；预计实现税收96亿元，同比增长22%；前5个月就实现进出口总额33.95亿美元，同比增长56.61%，占全省出口总额的74.24%，远远超过全省进出口总额的增长比重。

二、主要特点

从经济运行和发展情况看，主要有以下几个特点：

一是私营经济成为全省国民经济的重要组成部分。截至2005年底全省私营企业已达6.82万户。2004年6月~2006年7月我省私营经济完成各项主要经济指标的增幅，均高于全省平均增长速度，已经成为拉动全省国民经济增长的重要力量。在某些市县，甚至成为主体经济。牡丹江市东宁县2005年私营企业729户，从业人员32 463人，总产值19.7亿元，占全县GDP的88%，实现税收1.73亿元，占全县财政收入的92.5%。

二是私营企业成为城市实现就业和农村劳动力转移的主要渠道。截至目前，全省私营经济从业人员已达605万人，全省50%以上的新增就业岗位由私营企业提供；全省农村劳动力的17.6%在乡镇私营企业就业，占向非农产业转移农民总数的41.3%；农民人均纯收入的1/5来自乡镇私营企业。

三是私营经济成为推动经济体制改革的生力军。全省一大批私营企业通过兼并、联合、参股、嫁接、租赁合作等多种形式，积极参与国企改革，在盘活国有资产、安置下岗职工中发挥了重要作用。全省有1万多户私营企业参与到国有企业的改革，注入资金达70多个亿，盘活原国有资产100多亿元，安置职工26万人。截至目前省内各县（市、区）90%以上的国有和集体企业都已完成了改制。

四是私营经济在全省经济结构调整中发挥了积极的促进作用。目前，全省制药行业中，私营企业占企业总数的70%；在林木加工业中，私营企业的加工量占全省加工总量的60%。特别是一批私营企业，坚持“打绿色牌、走特色路”，为中小企业发展注入了新的活力。目前，在全省300多家企业持有的有机、绿色食品标识中，私营企业占70%；在省级农业产业化龙头企业中，60%是私营企业。

五是私营企业成为全省外向型经济发展的重要力量。2004年私营企业进出口居各种经济类型的第一位，实现进出口总值38.1亿美元，增长99.6%，占全省比重达56.1%，提高20.3个百分点，其中出口21.3亿美元，增长90.2%。2005年进出口总额完成62亿美元，同比增长28.6%，占全省进出口总额的65.2%，无论是对外矿产资源开采、石油冶炼、林木采伐，还是农业种植加工，工业制造、餐饮服务和进出口贸易，私营经济都大放异彩。2006年前5个月，全省私营经济就已经实现进出口总额33.95亿美元，同比增长56.61%，占全省进出口总额的74.24%，远远超过全省进出口总额的增长比重。特别是，俄罗斯成为我省私营经济对外贸易的主战场。2004年末，全省对俄贸易有进出口业绩的企业共计707家，其中前10名的企业都是私营企业。私营企业对俄进出口贸易额已经占全省对俄贸易总额的77.2%。

六是私营经济成为县域经济的主要力量。随着各类小区的发展，私营在县域经济中的比重越来越大。在县域经济发展较好的市、县，私营经济增加值占当地国民生产总值的比重已超过了60%，税收对财政收入的贡献率也都超过了50%。

七是科技创新和市场竞争力不断增强。目前，全省私营科技企业达6 800户，有196户企业设立了研发机构，开发新产品1 200余种，推广应用新技术600余项。其中3个项目获省政府重大科技效益奖，10 个项目获省科技进步奖。300 余户企业通过了质量管理、环境管理、职业健康安全管理体系认证，100 多个产品获省名牌产品称号。

三、主要问题

随着国有经济布局调整的推进和国有企业改革的深化，私营经济应该是与国有经济平等竞争、相互融合的重要成分。但目前黑龙江省制约私营经济发展的因素仍然存在，主要表现在以下几个方面：

一是政策落实不到位。尽管各级党委、政府在大力发展私营经济方面相继都制定了一系列政策和措施，但在落实上仍存在下的功夫不够，显得不到位。“政策好，落实难”，“政策够用，不管用”这是一些私营企业主普遍反应的问题，他们认为发展私营经济有些工作还停留在“务虚”上，是“写在纸上，说在嘴上，挂在墙上”，实际落实中，有关部门“踢球”、“扯皮”，没有把发展私营经济当作振兴地方经济的要务，真正摆上重要的工作日程。由于有些政策缺乏具体配套措施，加之一些部门囿于部门利益，上有政策、下有对策，政令不畅，“中梗阻”、“玻璃门”现象还比较突出，导致一些政策难以落实到位。

二是金融生态环境有待改善。黑龙江省私营企业的发展长期以来一直被融资难这个“瓶颈”问题所困扰，全省 80% 的私营企业资金紧张，他们迫切地需要一个和谐、优良的金融生态环境来有效地推动非公经济的健康快速发展。目前，全省金融生态环境中不利于私营经济发展的问题主要有：（1）金融机构中存在的“所有制歧视”问题还没能得到彻底解决。（2）私营企业融资成本负担过重。目前银行对私营企业的贷款期限通常在一年以内，银行为严格控制风险，私营企业从银行获得长期资金基本上没有可能。为了满足长期资金周转的需要，一些企业不得不采取短期贷款多次周转的办法，增加了资金使用成本。（3）信贷结构存在失衡问题。私营企业面临着融资结构不合理，短期负债比重过高，中长期融资渠道不畅的问题。对于大量的科技型企业来说，最为缺乏的不是短期贷款而是长期股权投资，但这类投资很难从正式金融体系中获得。（4）间接融资渠道支持力度不够，直接融资渠道开放度低，社会信用制度建设滞后。

三是发展环境不宽松。在政务环境方面，乱收费、乱集资、乱罚款、乱摊派、乱执法现象还在一定程度上存在，企业的合法权益得不到有效保护。一些部门存在着服务意识淡薄，办事不够透明，许多服务不到位。在审核、收费、执法等方面存在的一些障碍没能得到彻底清除。政府职能转变滞后、办事程序繁琐、效率低下、条块管理、官僚作风、刁难勒卡等问题还没有从根本上解决。在舆论环境方面，对发展私营经济的宣传力度不够。在平等竞争方面，私营企业在市场准入、税费收取、土地征用、人才引进等领域均受到歧视和限制，致使私营企业不能与国有企业站在同一起跑线上公平竞争，影响了私营企业的发展。

四是私营企业整体素质亟待提高。从总体上看，全省私营企业的管理水平普遍偏低，创新能力差，文化氛围不浓，企业的生产设备、工艺、产品相对落后，知名品牌少，市场竞争力不强。企业的社会诚信度偏低，重既得利益，轻社会责任。在养老、失业、医疗等主要劳动保障方面，许多私营企业的员工没有得到应有的待遇。财务账目不实，安全生产、环保欠账过多等问题比较突出。尤其是企业经营者的文化水平和知识层次不高，大专以上学历者仅占 3% ~5%，导致大部分经营者缺少长远发展构想和寻求市场机遇的敏感性，对外开放意识较弱，经济发展的外向度低，市场范围狭小。同时，知名的骨干企业偏少，整体实力较弱，企业的集聚度和产业关联度不高。

上海市2004～2006年私营经济发展概况

上海市工商联

一、上海私营经济总体现状

截止2006年6月底，上海私营企业户数为493 047户，占全市企业总数近八成；从业人员483万人（投资者103万人，员工380万人）。私营企业总注册资本7 730.5亿元，户均注册资本156.8万元。私营企业中有限责任公司44.6万户，占总户数的90.53%，注册资本7 653.18亿元，户均注册资本171.46万元。上海私营企业2006年1～6月累计实现产值和营业额5 026.31亿元。

二、私营经济在促进上海经济社会发展中的作用

（一）总量增长与规模扩张并举，企业规模提升明显

自2004年7月至2006年6月，上海市私营企业户数增长了36.9%，平均每年递增17%。2006年6月，上海市共有私营企业493 047户，占全市企业总量的78%，比2004年7月的70%提高了8个百分点。

在总量快速增长的同时，上海私营企业规模也在不断扩大。2006年6月，私营企业户均注册资本达156.8万元，比2004年7月增长了8.2%。2006年1～6月私营企业总产值累计达1 054.64亿元，比2004年7月增长37%；销售额达3 971.67亿元，比2004年7月增长45%。

表一　2004年7月～2006年6月上海私营经济基本情况

年份	户数	总注册资金（亿）	户均注册资金（万）	总产值（亿）	销售额（亿）
2004年7月	360 194	5 220.10	144.9	770.12	2 738.56
2006年6月	493 047	7 730.50	156.8	1 054.64	3 971.67

（二）经济贡献率持续保持上升趋势

1. 对全市GDP增长的贡献加大

2005年全市私营个体经济生产总值达1 501亿元，同比增长16.7%，占全市GDP总量比重的16.4%，比2004年增加0.7个百分点（2004年比重按经济普查后调整的数据15.7%计）。

2. 税收增长迅速

2005年，私营企业纳税户数达40.7万户，比2004年增长21.5%；私营企业上交税收达503.06亿元，同比增长35.8%，约占全市同期税收比重的18.9%；私营个体经济每亿元注册资金产生的税收达698万元，同比增长2%。

（三）成为扩大就业的重要渠道

2006年6月年上海私营企业投资者和雇工人数达410万人，比2003年底增长28.9%，净增

90万人。目前，私营个体经济的从业人员总量占到了全市从业人员总数的40%以上，成为就业和再就业的主渠道。

表二　2004.7～2006.6上海私营经济从业人员情况

	年份	2004年7月	2006年6月
从业人员（万人）	投资者	76.93	103.17
	雇工	316.64	379.69
	总计	393.57	482.86

（四）对全市科技创新的贡献增强

2005年，全市科技型私营企业达4.5万户，年内新增9400多户，增幅26.3%。其中，经认定的私营高新技术企业约为1538家，占全市比重66.8%。

全市经认定的高新技术成果转化项目中，民营经济有2492项，占总数的70.1%；其中2005年度新增458项，占全市新增总数的76.1%。在2005年全市1701项科技成果中，民营经济有54项，占总量比重约3.2%。其中，属于国际领先的有4项，占同类比重约3.3%；达到国际先进水平的21项，占同类比重3.3%。民营经济所办的市级企业技术中心31家，占全市比重的18.7%。

（五）对进出口的贡献加大

2005年，全市私营外贸企业新增3450户，累计达13511户，占全市新增和累计总户数的比重分别为72.66%和76.35%。

私营外贸企业实现进出口总额为129.4856亿美元，同比增长56.17%，占全市外贸进出口总额的7.04%，占全市内资企业外贸进出口总额的21.59%。其中，私营外贸企业进口总额为57.3001亿美元，同比增长41.73%，占全市外贸进口总额的6.01%，占全市内资外贸企业进口总额的18.40%。私营外贸企业出口总额72.1855亿美元，同比增长69.90%，占全市外贸出口总额的8.01%，占全市内资企业外贸出口总额的25.04%。

三、私营经济发展主要特点

（一）私营企业产业结构继续微调

2005年，本市私营企业一、二、三产业的各自比重，按户数统计分别约为0.34%、22.11%和77.55%；按注册资本统计分别为0.37%、22.50%和77.13%；按增加值统计为0.5%、52.4%和47.1%。

第二产业比重减少，第一产业微调，是近年私营企业结构调整的主要特征。2005年相比较2004年，私营企业一、二、三产业按户数比重计，分别发生了-0.1、-4.6和+4.7个百分点的变化。

（二）私营企业组织形式向有限责任公司集中

2006年6月，全市私营企业中有限责任公司为44.63万户，占私营企业总户数比重90.53%，比2004年7月增加1.03个百分点；个人独资企业4.47万户，占比重9.07%，比2004年7月减少0.93个百分点；合伙企业2032户，占比重0.41%，比2004年7月减少0.1个百分点。

（三）私营经济园区发展迅速

2005年年末，全市各类私营经济园区为494家，其中市郊294家，市区200家，各占比重59.5%和40.5%。市郊范围中，乡镇设立的214家，区、县委办局设立的53家，其他单位设立27家；市区范围中，街道设立的155家，区委办局设立的18家，区属企业、高校等其他单位设立的27家。

目前注册在全市各类私营经济园区的私营企业约有30多万户，占园区企业比重的93%以上。其中注册资本50万元以下的企业居多，约占比重85%；商贸型企业约占比重55%以上。注册在私营经济园区的私营企业上缴税收约占全市私营企业总税收的75%以上。

（四）民间资本积极参与国有企业改革和产权市场交易

2005年，据上海联合产权交易所统计，私营个体资本产权成交金额104.10亿元，占比重12.6%。私营个体资本作为产权交易的出让方，涉及交易宗数达585宗，同比增长43.03%；交易额为93.08亿元，同比增长27.26%。以产权交易的受让方计，私营个体资本涉及交易宗数达1 714宗，同比下降32.25%；交易额为250.93亿元，同比下降7.55%。

（五）民营企业自主创新和品牌意识增强

上海市民营企业申请的专利数和授权的专利数，分别占企业专利申请及授权总量的一半和1/3。相比全市国有经济占有约70%的资金、技术、设备和人才等科技开发资源，而各类专利的贡献率比重仅占全市内资企业专利总量的30%；民营经济只拥有约30%的开发资源，却有约70%的专利贡献。

民营经济的品牌意识日益增强，市工商局公布的2005年新申请认定的155件上海市著名商标中，来自民营经济的已经达到60.1%。2004年至今近两年民营企业参加上海市著名商标认定的申请数量占全部企业的比重一路飚升，净增约20个百分点。

（六）民营企业家自身素质和社会责任感日益增强

随着本市民营经济的发展，涌现出一批优秀民营企业家，他们认真贯彻执行党和政府的路线方针政策，爱国、敬业、诚信、守法、贡献，自身素质和社会责任感日益加强。他们在积极参与市场竞争、长期艰苦创业的同时，重视落实科学发展观，重视企业制度、技术和产品的自主创新，重视企业文化建设，支持企业加强党、团和工会建设，切实保障员工的合法权益，依法纳税，积极吸纳社会就业，主动参与社会公益和慈善事业，得到了社会各界的好评。

2004年年末，上海有郭广昌等6名民营企业家荣获中共中央统战部、全国工商联等单位颁发的“全国优秀中国特色社会主义事业建设者”荣誉称号的表彰。2005年2月，上海有55位民营企业家荣获市委统战部、市发展改革委、市工商联等单位颁发的“上海市优秀中国特色社会主义建设者”荣誉称号的表彰。2005年5月，张文荣、陈伟峰、刘幸偕、严健军等还作为首批荣获全国劳动模范的上海民营企业家，出席了在北京召开的表彰会。

在优秀民营企业家的带动下，涌现了一批优秀民营企业和个体工商户，2005年有关部门首次分别公布了上海私营企业百强、民营科技企业百强排行榜和101户文明个体工商户。

四、当前上海民营经济发展存在的主要问题

（一）民营经济整体发展水平仍然较低

上海的民营经济已具有数量扩张迅速、传统行业门类分布广、对社会经济贡献增长加大等特点，但整体发展水平仍然较低，阻碍民营经济进一步的发展和强盛。上海民营经济发展的现状，也与上海作为国际大都市的经济和社会整体发展特征存在一定的差距。具体表现在民营经济的产业布局结构落后、调整优化速度缓慢，民营企业平均规模相对偏小、经营绩效总体水平较差，平均自主创新和市场竞争能力不强、国际化特征缺乏，部分企业管理模式落后、诚信意识薄弱等方面。

（二）民营企业自主创新意识和能力还需增强

依靠市场机制成长的民营企业，对自主创新应有天然的强烈需求，但目前相当数量的民营

企业自主创新的意识、能力和业绩仍然落后，主要受制于自身能力的缺陷和外部支持环境的缺乏两方面。主要表现在：企业创新意识薄弱，创新综合资源筹集水平低和投入缺乏，企业创新经营管理水平的低下；政策待遇在操作层面上存在不平等，社会公共服务体系的不完善，融资市场和科技成果交易市场发育迟缓等。

（三）民营企业的素质和诚信意识亟需增强

企业市场自律、行业自律意识和机制的缺失，以及法律、行政监管和惩戒机制的不完善，使得部分民营企业和民营机构素质不高、诚信度差的问题仍然存在，反映在企业违法经营、市场失信、危害环境、侵害职工权益等主要方面，其具体表现有虚假注册资金、偷漏税、逃废银行供应商或客户债务、提供不真实财务报表、制假售假、生产销售违规产品、发布产品或服务的虚假广告、违法排放污染物、安全生产事故频频、偷逃法定缴纳的职工社会保障金、强迫员工加班加点等方面，致使不少民营企业面临诚信危机，造成对市场和社会的恶劣影响。

（四）民营经济的“国际化”特征依然缺乏

民营经济的“国际化”特征的缺乏主要表现在：产品市场国际化程度低，民营经济进出口贸易虽然有跨越式增长，但在总量和结构上与本市外资、国资企业相比差距仍然明显。人才结构国际化程度低，民营经济在人力资源开发水平上与“国际化”要求存在明显差距。资本投资国际化程度低，民营资本境外投资刚刚开始起步，其方式、结构、资金数量和效益均处在一个较低的水平。国际化经营能力欠缺，民营企业尚缺乏综合性的跨国经营能力和经验。

（五）部分领域的平等开放还存在障碍

尽管上海近几年在产业领域、基础设施和公用事业领域、社会事业领域等不断扩大开放范围，为民营经济平等进入不断降低市场准入门槛。但在总体上，部分领域的开放度还是不够，民营经济进入部分原先由国有经济垄断的领域仍存在一定的障碍。比较突出的是法律法规未禁止的部分后开放的行业领域，有电力、电信、石油、民用航空、燃气和自来水生产供应等垄断行业，以及教育、卫生医疗、文化娱乐经营、民政服务等社会事业领域，民营经济的进入和发展仍然受到很多实际限制和不平等待遇。

（六）资金短缺、融资瓶颈仍然束缚民营经济的发展

目前，以中小企业为主体的民营企业的融资需求和市场供应仍然存在较大的差距，外部信用环境和金融市场基础设施建设的不完善，使得各类担保机构和商业银行开拓民营企业市场仍然面临很多现实困难。在外部信用环境方面，本市率先建立和使用的个人和企业信用体系和人民银行上海总部试点建立的中小企业征信体系，已经使得地区的外部信用环境得到部分改善。在商业银行贷款支持民营企业融资方面，2005 年 7 月中国银监会颁布的《银行开展小企业贷款业务的指导意见》，从政策扶持、制度建设、操作方式和程序等方面提出指导意见，进一步鼓励商业银行开展中小企业贷款融资服务，融资难的问题在担保和银行贷款方面也得到一定缓解。但民营经济特别是大部分中小企业仍面临融资难的问题，现状仍不容乐观。据有关方面统计，本市近年获得各种融资担保贷款的中小企业不足 2 000 户，仅占中小企业总数的 5‰左右。中小企业融资担保机构在规模结构和承担担保总额比重上，仍主要倚重政策性担保机构。

上海市个体、私营经济数据表

单位：亿元、亿美元

	2000 年	2004 年	2005 年	2005 比 2000 年增长率
全市固定资产投资完成总量	1 869.67	3 084.66	3 542.55	13.6%
增长率	7.00%	25.8%	14.8%	—
其中非国有	1 039.69	2 129.54	2 302.28	17.2%
增长率	19.50%	29.8%	8.1%	—
占全市比重	55.60%	69%	65%	—
全市工业增加值总额	1 804.14	3 492.89	4 155.23	18.2%
增长率	2.60%	21.9%	12.5%	—
其中私营企业	51.38	552.72（见注2）	662.37	66.7%
增长率	（见注3）	108.2%（见注2）	19.8%	—
占全市比重	2.8%	15.8%	15.9%	—
全市进出口总额	547.10	1 600.26	1 863.65	27.8%
增长率	41.7%	42.4%	16.5%	—
其中私营企业	（见注4）	82.92	129.50	（见注4）
增长率	（见注4）	169.5%	56.2%	—
占全市比重	（见注4）	5.2%	6.9%	—
全市出口总额	253.54	735.20	907.42	29.0%
增长率	35%	51.6%	23.4%	—
其中私营企业	0.21	42.49	74.92	223.9%
增长率	168.3%	134.2%	76.2%	—
占全市比重	0.08%	5.8%	8.3%	—
全市税收总额	1 394.9	2 330.1	2 661.7	13.8%
增长率	26.6%	27.5%	14.2%	—
其中私营企业	73.93	370.48	503.06	45.4%
增长率	59.7%	49.1%	35.8%	—
占全市比重	5.30%	11.9%	18.9%	—
个体工商户税收总额	11.44	11.52	26.06	17.9%

注：

1. 数据来源：2000~2005 年《上海年鉴》、《上海统计年鉴》、《上海经济年鉴》、《上海工业年鉴》。

2. 2004 年私营企业工业增加值为经济普查后修正数据，原数据为 474.68 亿元，增长 78.77%。

3. 由于统计口径变化，1999 年上海私营企业工业增加值未有统计数据，仅统计私营及个体等其他所有制企业工业总产值为 680.09 亿元。因此，无法计算 2000 年增长率。

4. 1999 年、2000 年上海私营企业进口额未有统计数据，无法填写相关项。

江苏省2004~2006年私营经济发展概况

江苏省工商联

一、2004年私营经济概况

2004年江苏民营经济由早期的分散粗放型向规模集约化发展，规模实力不断增强。截止2004年底，全省共有私营企业和个体工商户206.33万户、同比增长18.2%，从业人员811万人、同比增长20.3%，注册资本5 835.02亿元、同比增长47.5%；其中，私营企业累计41.82万户、新增11万户、同比增长21.6%，注册资本5351.7亿元、同比增长47.3%，从业人员547.58万人、同比增长32.12%。全省规模以上私营工业企业有1.4万多户，比上年增加3 200多户。同时，民营经济的贡献份额进一步增大，2004年，全省私营个体经济累计上缴税收404亿元、同比增长42.9%，比全省税收增幅高9.8个百分点，占全省税务部门直接税收征收总额的21.3%、同比提高1.5个百分点；其中，私营个体经济上交国税255亿元、同比增长35.8%，上交地税149亿元、同比增长56.8%。

2004年，全省私营个体经济创造增加值4 600亿元，占全省GDP的32%以上，所占比重比上年提高1.5个百分点；其中，规模以上私营工业实现经济增加值1 445.83亿元、同比增长22.0%，占全省工业总量的22.4%，比上年提高1.2个百分点。

2004年3月，江苏省委、省政府专门召开了全省民营经济工作会议，回顾、总结了前几年民营经济发展情况，提出了当前和今后一个时期全省加速发展民营经济的指导思想和战略举措，表彰了百家优秀民营企业和百名优秀民营企业家。这个会议重申了省委、省政府在“思想上放心放胆、政策上放宽放活、工作上放手放开”的“六放”方针；会后，省委、省政府出台了鼓励和引导民营经济发展的《关于进一步加快民营经济发展的若干意见》（苏发［2004］7号文）和《关于进一步改善企业发展环境的规定》（苏政发［2004］40号文）两个重要文件。这两个文件明确提出了把加快发展民营经济作为实现江苏“两个率先”（在全国率先全面建成小康社会、率先基本实现现代化）的重大战略举措，着力从进一步解放思想、拓展发展空间、构建公平竞争平台、规范行政许可行为、加大扶持力度、完善服务体系、加强组织领导等方面，为加快发展民营经济打造最优政策环境。全省民营经济工作会议以后，全省各地和省一些有关部门做了大量的相关政策举措的细化、深化和贯彻落实工作。

二、2005年私营经济概况

2005年全省各级党委和政府认真贯彻落实苏发［2004］7号及国发［2005］3号文件精神，促进了全省民营经济在宏观调控中持续快速发展，在转变经济增长方式中科学健康发展，为江苏站在一个新的历史起点上，做出了重要贡献。

截止2005年底，全省私营企业达50.7万户，比上年增长21.4%；个体工商户175.3万户，比上年底增长9%。全省新登记注册私营企业10.8万户；新登记注册个体工商户55.9万户。连续四年江苏的私营企业数量保持全国第一。

2005 年全省私营个体经济注册资金共计 7 830 亿元，比上年底净增 2 011 亿元，增长 34.6%。其中私营企业注册资金为 7 234 亿元，比上年底净增 1 883 亿元，增长 35.2%；个体工商户注册资金为 596 亿元，比上年底净增 128 亿元，增长 27%。全省个体工商户户均注册资金为 3.4 万元，私营企业户均注册资本为 142.57 万元，私营公司户均注册资本为 184.81 万元，分别比上年底增长 16.84%、11.37%、10.34%。其中私营企业注册资本 100 万～500 万元的达 85 668户，500 万～1 000 万元的达 1700 户，1 000 万元万～1 亿元的达 12 411 户，亿元以上的达 370 户，分别比上年底增长 28.33%、30.25%、41.65%、47.41%。注册资本亿元以上的私营企业增长比例高于私营企业平均增长水平，反映了资本的集中和集聚的加快。私营股份公司达 113 户，私营企业集团公司达 422 户，分别比上年底增长 13%、13.75%。

2005 年全省工商户、私营企业创造产值达 5 181.70 亿元，实现销售收入 5 847.85 亿元，实现社会商品零售额 2 733.90 亿元。2005 年，全省私营个体经济上交国家税收 526 亿元，同比增长 30.2%，比全省税收增幅高 9.8 个百分点，占全省税务部门直接税收征收总额的 23.1%、同比上升 1.8 个百分点。其中，私营个体经济上交国税 328 亿元，同比增长 28.7%，上交地税 198 亿元，同比增长 32.7%。

2005 年底，全省私营个体经济从业人员达1 118.37万人；其中私营企业从业人员 797.16 万人、同比增长 235.06%，个体工商户从业人员 321.21 万人、同比增长 75.92%。2005 年私营企业、个体工商户解决下岗职工再就业 95 757 人；5 335 名高校毕业生从事个体经营，使就业难等一些矛盾得以较好化解。

2005 年全省民营企业进出口 152 亿美元，同比增长 54.9%；其中出口 110.5 亿美元，增长 70.7%，比全省平均水平高出 30.1 个百分点；进口 41.6 亿美元，增长 24.4%。民营企业出口占全省出口的 9%，比上年提升了 1.6 个百分点，出口增量占全省出口增量的 12.9%。2005 年全省共批准境外投资项目 163 个，其中民营企业境外投资项目达 100 个，占全省总数的 61.7%，增长 56.3%；民营企业已成为境外投资的中坚力量。

2005 年国务院颁发了《关于鼓励支持和引导个体私营等非公有制经济发展的若干意见》，放宽非公有制经济市场准入，允许非公有资本进入垄断行业、公用事业、基础设施、社会事业、金融服务业等领域，为具有一定规模和实力的私营企业提供了大展身手的舞台。据不完全统计，到 2005 年底，全省已有 849 户私营企业进入电力、煤气、水的生产和供应等社会基础设施及原垄断行业。如民营企业南京威龙公司与南京铁路经济开发总公司联手成立了南京亿源物流公司，经营国有铁路资产——安德门货场。其中南京威龙公司占 60% 的股份，开始了民企进入“铁老大”的破冰之旅。

民营企业更加注重品牌建设，到 2005 年底，全省共有注册商标 14.75 万件，其中私营企业拥有注册商标超过半数，省著名商标 817 件，全国驰名商标 46 件，私营企业分别占 50%、39%。全省有 61 个产品新获中国名牌产品称号，总数达到 100 个，其中民营企业创牌 69 个。江苏评定的 403 个名牌产品，其中民营企业创牌 312 个。2005 年国家监督抽查我省民营企业产品平均合格率为 77.86%，高出全国平均水平；省级监督检查民营企业平均合格率达到 89.58%。2005 年有 95 家企业的产品获得国家免检产品称号，其中民营企业达 68 家；全省培育了 173 家质量诚信企业和 532 个质量信用产品，其中民营企业占到 83%。

三、2006 年上半年私营企业发展概况

截至 2006 年 6 月底，全省私营企业和个体工商户累计达 232.47 万个，其中：私营企业为

54.71 万个，比上年底净增 3.97 万个，增长 7.8%；个体工商户为 177.76 万个，比上年底净增 2.42 万个，增长 1.4%。1～6 月，全省新登记注册私营企业和个体工商户累计为 33.15 万个，同比下降 3.9%。其中：新登记注册私营企业 5.8 万个，增长 5.9%；新登记注册个体工商户 27.4 万个，下降 5.7%。

注册资金总量继续增加。6 月末，全省私营个体经济注册资金总额达 8 880 亿元，比上年底增长 13.4%。其中：私营企业注册资金为 8 254 亿元，比上年底增长 14.1%；个体工商户注册资金为 626 亿元，比上年底增长 5.1%。

上缴税金稳定增长。1～6 月，全省私营个体经济上缴国税和地税收入合计为 327 亿元，同比增长 27.3%，比全省税收增幅高 10.7 个百分点，占全省税务部门直接征收总额的 20.1%，同比上升 1.8 个百分点。其中：私营个体私营经济上交国税 200 亿元，同比增长 29.4%；上交地税 127 亿元，同比增长 27.3%。

外贸出口增长较快。1～6 月，全省私营企业完成出口总额 74.5 亿美元，同比增长 58.1%，比全省增幅高 30 个百分点，占全省出口的 10.5%，同比提高近 2 个百分点。

四、促进民营经济发展存在的几个薄弱环节

总体看，江苏民营经济正处于发展的春天，已进入快速发展、良性发展的历史新阶段；但从发展现状看，还存在一些薄弱环节。

（一）发展环境仍然存在一些问题

苏发［2004］7 号和国发［2005］3 号文件下发后，全省各地都能认真加以贯彻，并出台了相关的政策措施。但是，我省民营经济在发展环境方面仍然存在一些问题。这主要表现为：各地制定政策的力度是大的，但落实的力度不够。有什么新的政策规定，什么能办，什么不能办，企业难以及时了解和把握。特别是许多政策尚无配套措施，民营企业觉得政策的原则性较强，缺乏操作性。

（二）促进民营经济发展的合力有待形成

国发［2005］3 号文件指出：建立促进非公有制经济发展的工作协调机制和部门联席会议制度，加强部门之间配合，形成促进非公有制经济健康发展的合力。目前江苏尚没有这样的协调机制，也没有部门联席会议制度。各有关部门主要是从各自的工作职能角度去做促进民营经济发展工作的，这也导致了发展民营经济完整的政策在部门之间、条线之间、政府与企业之间各有侧重，各有理解，使完整的政策变得比较零碎，客观上制约了民营经济的发展。同时，各部门的促进工作没有联席会议制度的督促检查，不仅使民营经济在发展中出现的新问题难以及时解决，也使各部门的促进工作深浅不一，虚实不同，难以形成合力以促进民营经济的发展。

（三）民营企业自身存在程度不同的不足

江苏的民营企业在快速成长，但其“先天不足”仍然存在，并在不同的企业有不同的反映。总体上看有过渡依赖机会导向的问题，导致产业趋同、产能过剩、重复建设、重复投资的现象不同程度的存在。同时有的企业片面追求最低成本，进行恶性竞争；有的企业不在加强内部管理和加大技术创新上下功夫，只想把企业办到税费优惠的地方去，租赁经营，打一枪换一个地方，通过变相延长工作时间、欠缴工人社保费用等逃避社会责任的非正常竞争手段获取利润，扰乱了行业秩序。

（四）为民营小企业的服务有待加强

数量多，规模小，是江苏民营企业的一个基本的特征。如何为这些数量多、规模小的民营企业提供切实有效的服务是摆在各有关部门面前的一项长期的任务。小企业是社会就业的主体，

从某种意义上说也是江苏经济发展的希望所在。小企业在市场中虽然灵活，但也非常脆弱，有时不当的检查或罚款，就可能导致这样的企业歇业。在关心、关注有一定规模的民营企业的同时，应该用更多的力气研究如何为面广量大的民营小企业创造良好的发展环境，提供更为有效的服务。

（五）行业协会与行业商会的资源有待整合

行业协会与行业商会产生于不同的系统，具有不尽相同的运作模式和类似的职能，工作中难免有交叉甚至冲突。近几年来，在各级政府及相关部门的重视下，行业协会经过改革，功能有所健全。但行业协会的发展明显滞后，一些老问题依然存在，而能够为面广量大的中小民营企业提供服务的行业商会却没有合法的独立法人资格，极大地限制了行业商会的活力。

近几年我省部分市县对行业商会的发展模式以及整合行业协会与行业商会资源进行了一些探索，明确工商联为行业商会的主管部门，在全国产生了较大反响，也取得了非常明显的效果。但这种做法并没有在江苏全面展开，而2005年这一问题在外省已经获得突破，这在客观上影响了江苏行业商会的运作与发展。这对江苏民营经济的发展特别是对中小民营企业提供有效的服务是非常不利的。

“十一五”期间，是江苏民营经济实现跨越发展的关键性机遇期。在这关键时期，加速发展民营经济是一种必然选择。要使江苏的民营经济健康、快速发展，必须进一步推进鼓励民营经济发展的政策的落实，营造更为宽松的发展环境；要尽快建立促进民营经济发展的协调机制，形成促进江苏民营经济发展的合力；要针对民营企业自身的不足，进一步做好引导工作；要采取更为有效的措施为广大民营中小企业服务；要为行业商会的发展与运作创造条件，在行业健康发展的基础上，促使整个民营经济得以健康发展。

浙江省2004~2006年私营经济发展报告

浙江省工商联

2004~2006年上半年，在国务院《关于鼓励支持和引导非公有制经济发展的若干意见》的推动和浙江省委、省政府的正确领导下，浙江私营经济继续良好发展，发展速度趋稳成为浙江私营经济运行的特点之一。随着宏观调控效应的进一步呈现，浙江私营经济高速增长的可能性降低，但由于各级政府大力扶持个体私营等非公有制经济发展的根本方针不会改变，因此，在国际基本环境不变的情况下，浙江私营经济仍将稳步发展。

一、2004~2006年上半年浙江个体私营等非公有制经济基本情况

截止2006年6月底，浙江省共有个体工商户176.94万户，从业人员348.52万人，资金580.85亿元，与去年同期相比，分别增长2.05%、8.85%、-3.65%；到2006年6月底，共有私营企业38.58万户，投资者88.98万人，雇工475.19万人，注册资金6 147.86亿元，同比分别增长6.83%、8.14%、2.42%、30.50%. 在2004年，浙江全省个体私营企业全年实现总产值9 909.77亿元，销售总额（或营业收入）7 826.07亿元，出口交货值1 555.48亿元。在2005年，浙江全省个体私营企业全年实现总产值11 530.16亿元，销售总额（或营业收入）9 054.74亿元，出口交货值2 070.34亿元，同比分别增长16.35%、15.7%、33.1%。这三项指标已经连续八年位居全国第一。在浙江大多数县市，私营经济已经成为县域经济的主要支柱。全省进入2003年全国百强县的近30个县（市、区）中，绝大多数县（市、区）私营经济占生产总值的比重超过80%，占工业总产值的比重超过90%。2005年浙江的个体私营经济GDP占全省的71.5%，就业人员占全省的90%，出口额占全省的42%，税收占全省的60%。

二、2004~2006年上半年期间，浙江个体私营经济发展的基本特点

（一）总量持续增长，新兴行业迅猛发展

从2004~2006年上半年的统计分析情况来看，浙江私营企业户数增长绝对量最大的行业依然集中在私营经济传统行业——制造业、批发和零售业，其中私营企业增量的集中度达到71.34%，以制造业为主；个体工商户增量的集中度达到94.94%，以批发和零售业为主。可见浙江私营经济在传统行业中的增量依然较大。

一些新兴行业虽然总量不大，但由于近年来政策放开、市场细分、经济发展等原因，发展速度引人注目。如私营企业的“卫生、社会保障和社会福利业”，属于政策性新领域，2005年以来，每半年其户数以30%左右的幅度递增；私营企业的“租赁和商务服务业”虽然不是新产生行业，却是因经济发展、市场细分而在近年来真正兴旺起来的行业，近年来户数的年增长率一直居高不下，2006年上半年净增了3 099户，仅次于二大龙头行业——制造业、批发和零售业，户数比上年同期增长了64%；个体工商户的“电力、燃气及水的生产和供应业”发展势头十分迅猛，水、气、电等资源高增长的需求和有限的供应催生了一批小水电、供水、供气经营户，

在2006年6月底户数比上年同期增长了22倍。

（二）质量明显提升，增长方式转变

浙江个体私营经济经过多年的高速增长与积累，特别是在2004年，一方面是过度的能源消耗造成生产资料供不应求，市场经济调节杠杆自发要求主体从盲从扩张向效率提升转变；另一方面，个体私营经济早期的发展已经积累了较为丰富的人才、资金及经营管理经验，为个体私营等非公有制经济从总量增长向整体发展创造了有利条件。同时，我国加入了WTO后，经济全球化进程加快，成熟、强大的国际市场给原先以“轻、小、低、散”为特色的浙江个体私营经济造成了强大的压力和动力。

2004~2006年上半年期间，浙江个体私营经济在提升质量、转变经济增长方式方面取得了积极进展。一是区域经济向品牌经济发展。浙江个体私营经济从早期的“无牌”、“冒牌”到“贴牌”经营，许多个体私营企业经历了一个伤痕累累的成长过程。如今，“创牌”已成为越来越多的个体私营企业的经营方式和目标。据浙江省工商行政管理局统计，浙江现有知名商号521个，个体私营企业注册商标7.3万多个，其中国家级驰名商标63个（2000年末6个），省著名商标862个。企业以产品与管理创品牌、提升品牌，以品牌推动企业进一步发展；二是科技投入引领产业升级。据不完全统计，浙江个体私营企业2005年投入技改资金500亿元，比上年增长18%左右，投入新产品开发资金60多亿元，比上年增长17%左右；2006年上半年投入技术改造研究资金239.56亿元，比上年同期增长1.46%，新产品研究开发投入52.53亿元，比上年同期增长6.23%。上半年开发新产品近3000个，比上年同期增长16%。

（三）企业实力增强，竞争力度提升

资源瓶颈和政策调控，促使浙江民营企业家理性投资，投资力度进一步提高。2005年浙江个体私营企业资金实力实现了三个提升：首先是个体私营经济资金总量提升，2005年全省净增个体私营企业注册资金1 363.75亿元，比上年增长29.72%，特别是老企业增资扩股提升实力多，其增资金额比2004年增长42.5%；其次是户均资金实力提升。2006年上半年，全省私营企业注册资金总量净增980.95亿元，除了4万多户新设企业注入483亿元之外，一半以上的净增注册资金来自老企业的增资，2006年上半年注册资金100万元以上的私营企业增加了7 241家，1亿元以上的增加了85家。目前，浙江，私营企业户均注册资金已达159.37万元/户，比年初增长15.46万元/户。再次是上规模企业数量再度提升。浙江2005年有超亿元私营企业1 111家，注册资本亿元以上的有283家，同比增长率分别为23.03%、29.82%；至2006年6月底，有企业集团923家，比2005年增加203家。另据不完全统计，浙江私营企业综合实力超过10亿元的有184家，年产值或销售总额超亿元的有1 320家。2006年上半年，浙江有固定资产投资的私营企业共1.25万家，共投入资金470.83亿元，比上年同期增长了2/3。现有1 680家私营企业通过欧洲CE认证，有5 880家通过ISO9000体系认证。

（四）社会贡献提高，促进和谐发展

浙江个体私营经济对全省GDP的贡献率不断提升，对外贸易出口的贡献率不断提升，对扩大就业、促进社会和谐的贡献率不断提升。

2005年，浙江个体私营企业实现就业和再就业的劳动力人口达854.9万人，其中净增就业岗位25万个。2006年上半年浙江个私领域就业净增岗位46.25万个，2005年安置下岗职工再就业10.088万人，其中5万人登记为个体工商户，近5千人登记为私营企业主，2006年上半年共安置下岗职工5.543万人次从事个体私营经济，实现再就业。

（五）走出浙江、发展浙江的态势良好

从2004~2006年上半年，浙江个私经济外向拓展强劲的良好态势。2004年以来，全省平均每天新增私营企业210家，每天有1 120家个体户完成设立，创历史最高速度。浙江个私经济呈现高速惯性增长之势，发展的氛围、发展的势头不可阻挡。个体企业、民营资本鱼贯而出，呈现“井喷”行情。据初步统计，目前在外省经营发展的浙江人达390万之多，在境外的有100万，近500万浙江人在省外发展。2005年全省实现出口交货值2 070.34亿元，年增长33.1%。2006年上半年有1.57万户个体私营经营户实现出口创汇折合人民币869.35亿元，分别比上年同期增长8.66%、11.87%。私营企业在“走出去”的同时，引进来的步伐也在不断加快，大批企业以民资引内资外资，跨区域跨国界并购和股权转换，走上合资合作的发展新路。

三、2005年浙江私营经济发展中存在的主要困难和问题

从浙江全省情况来看，2004~2006年上半年期间，私营经济发展环境总体来说是好的，无论是法制环境、政策服务环境、领导重视程度，还是私营经济自身发展水平，目前都处于比较好的时期。但由于历史的和现实的一些原因，也还存在着一些不尽如人意的情况。

（一）政府和有关部门为私营经济发展服务的观念有待进一步转变，服务的措施还未完全到位

一是一些政府部门对私营经济的认识参差不齐，存在偏差，在实际工作中，或是基于传统习惯，或是基于某些思想顾虑，仍对非公经济的合法进入设置或明或暗、直接或间接的限制。观念的守旧导致政策未能落到实处，民营企业遭受的一些不公平待遇未得到明显改善，特别是一些垄断行业要进入，人为的前置条件增多，与国企相比，仍然面临着不公平竞争。

二是政策执行不落实，执行方式亟待转变。促进非公有制经济发展的政策要真正落到实处，需要出台一系列的配套政策和措施，以细化政策，用以具体指导、引导私营经济的进一步发展：出台促进民营企业做大做强的配套措施；出台推动民营企业自主创新的配套措施；出台金融配套措施；完善为企业服务的信息平台的配套措施；出台培育社会中介机构的配套措施等。民营企业家认为最有用的政策是“放宽市场准入”；最想进入的领域是公用事业和基础设施行业；企业面临的最大外部软环境问题是执法环境不佳；最头痛的内部问题是缺乏技术创新；最需要的支持是财税金融的信贷力度；最渴望提供的社会服务是科技创新服务；最迫切希望的是尽早出台相关的配套措施。他们说：36条是春风，配套措施落地，就是春风化雨了，这样，非公有制经济一定会百花齐放，我们的祖国一定更美丽。

（二）各种生产要素资源制约私营经济的进一步快速发展

2004~2006年上半年期间，浙江私营经济发展越来越受到生产要素资源的制约，在国家宏观经济政策的影响下，电力、土地、资金等要素供给与私营经济快速发展之间的矛盾日益突出。受国家宏观调控政策的深度影响，用地已成为浙江民营企业发展的头等难题，严重影响和制约着私营经济的提升发展，许多项目无法落实土地而流产。融资问题仍旧是制约民营企业，尤其是中小企业发展的重要因素，融资体制改革滞后，民营企业只能参与，不能办、不能控股银行；融资渠道不畅，手段落后，使民间借贷利率走高，企业经营成本上升，部分行业发展速度开始下滑，企业亏损面扩大。

同时，人才和技术已经成为浙江民营企业生存、发展和实现新飞跃的关键因素。浙江数量众多的民营企业，低小散的格局变革缓慢，低成本、低附加值扩张现象突出，产业的技术含量不高，大多数民营企业技术投入少，新产品开发迟缓，人才信息不畅通，高级管理人才和复合型人才留不住的现象突出，单纯的没有自主知识产权的模仿生产和低技术含量、低附加值产品的生产，使其市场空间越变越小。

再是单亲繁殖、无序运行惯性依旧，一些民营企业固有的缺陷，成为实现进一步发展的羁绊。一是企业组织形式有待优化。浙江许多民营企业始于个体工商户，多以家庭、朋友“血缘

纽带”为基础，以独资和合伙为主要形式，企业产权结构优化速度不快。很多企业“宁为鸡首，不为凤尾”，与外合资存在排斥心态；企业家庭化和家庭企业化现象相当普遍，争权夺利、利益纠纷、内耗频繁，导致企业停滞不前、衰弱、败落甚至消亡的现象屡见不鲜。二是民营企业的信用度和社会责任感有待进一步提高。浙江民营企业中高素质的经营者仍是少数，大多数经营者在政治觉悟、知识水平、管理能力、人格魅力、法律意识和道德修养等方面仍存在不少问题。三是自身管理能力有待提升。综合素质的先天不足已成为浙江民营企业实现新飞跃的一大“内伤”。主要是民营企业经营者特别是老一辈创业者，限于时代局限，大多数没有经过正规系统的教育培训，知识水平普遍比较低，在企业做大规模后，自身素质难以适应企业管理需要，管理能力有待提高；一部分民营企业仍沿袭一人所有、一人决策、一人承担风险的家庭式管理模式，现代企业制度建立缓慢；一些企业产权封闭，家庭成员或者亲戚担任高、中层管理人员，外来活力和积极因素难以渗入。

总之，在2004~2006年上半年期间，浙江私营经济发展出现了科技进步与创新步伐明显加快，科技化发展趋势不断加强，民营企业积极“走出去”、“引进来”，国际化发展趋势不断加强；一大批民营企业在竞争中发展壮大，规模化发展趋势不断加强，与其他所有制经济互相渗透、互相融合，股份化发展趋势不断加强；块状经济的规模效益、集群优势进一步显现，集聚化发展趋势不断加强等新趋势、新特点。与此同时，浙江私营经济也遇到了一些新的矛盾和问题，主要是：私营经济粗放经营、数量扩张的发展路子与资源供给和环境承载力约束明显加大的矛盾；私营经济主要集中在低成本、低技术、低附加值产业领域与要素成本大幅度上升的矛盾；民营企业规模化国际化高科技化发展趋势加快与经营管理、专业技术人才缺乏的矛盾；民营企业结构调整、产业升级相对缓慢与其他省市民营企业加快发展、在同一产业层次上市场竞争不断加剧的矛盾。这表明，浙江私营经济在此期间，正处于转型的关键时期，孕育着企业制度、产业发展、经营模式和增长方式等方面的重大转变；面临着实现新飞跃的历史机遇和历史性任务。在以胡锦涛同志为总书记的党中央领导下，浙江的私营经济在“十一五”时期一定会按照科学发展观的要求，坚持走新型工业化道路，加快制度创新、科技创新和管理创新，全面提高私营经济的科技化、规模化、集约化和国际化水平，再创新优势，再上新台阶，实现新飞跃。

安徽省2004~2006年私营个体经济发展概况

安徽省工商联

两年来，安徽省各级党委政府高度重视个体私营经济发展，认真贯彻落实《国务院关于鼓励支持和引导个体私营等非公有制经济发展的若干意见》和省委、省政府《关于加快民营经济发展的决定》，采取一系列措施促进个体私营经济发展，全省个体私营经济呈现出从未有过的良好态势。

一、安徽省个体私营经济发展主要特点

（一）对国民经济贡献率进一步加大

到2005年底，安徽民营经济实现增加值2 170亿元，比2004年增长11.5%。个体私营等非公有制经济在全省经济中的比重由2000年的33%提高到2005年的43.5%左右，基本占据了国民经济的半壁江山。个体私营经济对税收贡献也越来越大，“十五”时期，我省民营经济的地方税从2001年的13亿元增长到2005年的24亿元，年均增长17%，有力的促进了我省地方经济的发展。部分市个体私营经济已经成为地方经济的主要支柱和财政收入的重要来源，巢湖市2005年全市非公有制经济创造的增加值占比达50%，入库税金占工商税收总数的67%以上；安庆市民营经济占经济总量的50%以上，上交税收占财政收入的比重达60%以上。

（二）个私企业总量进一步扩张

2005年，全省私营企业达到10.60万户，比2004年净增1.7万户，比“九五”末期增长126%，注册资本1 144.99亿元，比2004年净增272.49亿元，比“九五”末期增长389%，规模和实力大大增强。2005年，我省平均每天新增私营企业50户，发展速度明显加快，国家工商总局统计表明，私营企业增长速度仅次于山西、辽宁和上海，位居全国前列。全省个体工商户已发展到111.04万户，注册资金154.24亿元，同2004年相比，个体工商户数量有所下降，主要原因是部分个体工商户做大做强后逐渐向私营企业转化。

（三）参与国际竞争意识越来越强

私营企业综合竞争力不断增强，涌现出一大批外向型企业，积极参与国际竞争。截至2005年12月底，全省获得外贸经营资格的私营企业2 794家，占全省获权企业的54%。全省私营企业实现进出口总额24.8亿美元，同比增长44.3%。其中出口19.2亿美元，同比增长54.2%；进口5.6亿美元，同比增长18.4%。进出口额、出口额、进口额分别占全省的27.2%、37%、14.2%。私营企业进出口增幅高于全省平均水平17.9个百分点，出口增幅高于全省平均水平22.4个百分点。私营企业进出口、出口的强劲增长分别拉动全省进出口、出口增幅提高10.7和17.3个百分点。全省17个市私营企业出口增幅均远高于市出口平均增幅。

私营企业出口结构进一步优化。机电产品出口4.66亿美元，占全省私营企业出口额的24.3%，比上年提高2.7个百分点；高新技术产品、农产品、加工贸易出口增幅都高于全省平均水平。出口国家（地区）达到184个，比上年增加16个，对产品层次高、出口效益好的欧盟、美国市场出口增幅也高于全省平均水平。其中，私营企业农产品出口异军突起，成为安徽省农产

品出口主力军，截至2005年底，私营农产品企业出口达20 460万美元，净增4 219万美元，增幅达26%，占全省农产品出口总额的61.4%。

（四）对解决就业贡献越来越大

近年来，安徽省就业压力日益增大，每年要安排城镇新增劳动力、下岗失业人员和农村转移剩余劳动力就业，需要增加120万个以上的就业岗位，对各级政府的压力很大。在缓解就业压力上，个体私营经济起到了很大作用，自1997年以来，个体私营经济从业人员平均每年以15%以上的速度递增，个私经济成为吸纳就业的主力军，为实现社会稳定做出了巨大贡献。截至2005年12月底，私营企业从业人员165.69万人，比“九五”末期增长155%，在城镇个体私营企业中就业人数已超过200万。宁国市私营企业向社会提供了九成以上的社会就业岗位；淮南市2005年通过个体私营经济这一渠道共安排15万人就业，比2004年增长11%，已占全市城镇就业人数的48%；滁州市个私经济从业人员已达35万人，其中吸纳下岗失业人员就超过5万人。

（五）参与农业产业化成效越来越显著

近年来，安徽省农业产业化经营实践中涌现出一大批私营企业，在带动农民致富和推动当地经济发展中发挥了越来越大的作用，成为农业产业化进程的主力军。2005年全省私营龙头企业3 000多个，占全省龙头企业的80%以上。2005年确定的175家省级以上龙头企业中，私营企业则超过80%。农业产业化经营发展较快的宣城市，省市级32家龙头企业除宣纸集团外，其余都是私营企业；合肥市私营农业产业化龙头企业占88.7%。私营企业在创造农业品牌、做大当地产业普及农业技术、增加农民收入方面发挥着积极的作用。2005年全省仅有的5个中国名牌产品中，就有2个私营龙头企业（安徽大平工贸集团生产的大平油脂、安徽鸿润集团生产的鸿润羽绒制品）的农业加工产品。宣城市以和威、华大等一批规模家禽养殖民营龙头企业，带动当地产业发展，2005年全市家禽饲养量达1.5亿羽，占全省的20%左右，产品辐射到海南、新疆、湖南、河南、山东、江苏、浙江等省、自治区。

（六）以私企为主体的产业集群迅速崛起

在安徽省部分地区，个体私营经济已逐渐从分散经营走向相对集中经营，连片开发，集群化发展。滁州天长市已经逐渐形成了天长—秦栏沿线的电子元件、天长—冶山沿线的工艺玩具、天长—铜城沿线的医疗器械、仪表线缆等产业集群及产业带。秦栏镇目前拥有成规模的电子元件企业110家，资产在500万元以上的有35家，1 000万元以上的有15家，其主导产品FBT占世界维修市场的80%，成为安徽民营经济第一镇，被誉为安徽的“温州模式”。芜湖市规划建设特色工业园区，如电器部件工业园、汽车部件工业园、生物药业科技园、中国（芜湖）旅游商品经济园区、机械工业园等产业集聚的工业园区，各类特色园区已成为个县区招商引资、加大投资的重要载体和经济发展的重要增长点，园区工业占全市工业的比重为55.2%，一批技术含量、产品附加值高、产出效率高的企业向园区聚集。

（七）对县域经济支撑作用越来越明显

从2005年安徽县域经济实力排名来看，前十强县都是个体私营经济相对发达的地区。宁国市私营企业创造了该市79%国内生产总值、81%工业增加值、90%社会销售总额、71%税收和100%出口总值，中鼎集团等10家骨干民企完成税收3.7亿元，占全市税收收入的68.3%；铜陵市2005年全市县、区财政收入5.91亿元中，有90%是由私营经济实现；巢湖无为县全年国税收入4亿元，有2.96亿元由私营企业上缴，比例达到75%；滁州天长市和凤阳县私营企业上缴税收占财政收入的比重已达60%以上。对县域经济支撑作用越来越明显。

（八）上规模私营企业越来越多

通过2005年度安徽民营企业百名排序来看，私营企业各项主要经济指标继续保持较高的增长水平，涌现出一批有实力的私营骨干企业。2005年营收总额达亿元以上的有251家，比2004

年增加 47 家。其中安徽楚江集团投资集团有限公司、安徽亚夏实业股份有限公司、安徽鑫科新材料股份有限公司营收总额超过 20 亿元。缴税达 500 万元以上的有 220 家，比 2004 年增加 59 家，其中超过 1000 万元的有 84 家，比 2004 年增加 22 家，安徽南翔贸易集团有限公司缴税最高达到 1.2 亿元。

二、个体私营经济发展存在的问题

（一）总量和企业个体规模不大

截止 2005 年底，安徽省私营企业数量不到浙江省 1/3，不到江苏省 1/4，同发达地区差距十分明显。平均注册资本 108.18 万元，仅达到全国平均注册资本的 2/3。从个体规模来看，虽然营收总额超亿元大企业不断增加，但从全国整体来看，规模仍然偏小，2005 年全国民企 500 强排序，安徽省只有 8 家企业进入，而浙江绍兴 1 个县就有 20 家，差距十分明显。

（二）政策未完全落实到位

政策执行过程中，由于种种原因打了折扣。2003 年，安徽省出台了《关于加快民营经济发展的决定》，但时至今日，还有不少政策措施没有得到有效落实。2005 年 2 月份，国务院出台了《关于加快个体私营等非公有制经济发展的若干意见》，全国已经有很多个省市自治区出台了《若干意见》的配套措施，有的贯彻力度还相当大，但安徽省配套措施至今仍不完善。

（三）个私经济发展环境有待改善

一是市场准入不平等。有的准入制度含混模糊不透明，有的设置许多资金规模、技术资质、总量控制等门槛，造成看似容易、实则难办的“玻璃门”现象；二是行政效率低。某地招商来的企业花了 3 年多的时间才办好全部证照；少数政府工作人员不一次性告知办事条件，使办事人员白跑多趟；少数地方供电、供水部门指定产品、材料甚至设计和施工，造成不公平竞争，并加重企业负担；三是部分政府部门服务意识不到位，“多乱”现象仍然存在，私营企业负担沉重。

（四）融资难对民营经济发展形成瓶颈制约

一是现行金融体制滞后。银行体系主要服务于国有企业和大工程大项目，部分商业银行对私营企业的抵押和担保条件要求比较苛刻，对私营企业的“惜贷”现象明显。二是地方金融机构缺乏，对私营企业支持力度不足。地方商业银行和担保机构虽然有一定发展，但同私营企业旺盛的资金需求相比仍是杯水车薪。三是一些中小私营企业自身管理不够规范，财务不甚透明，难以搭建良好的银企互信关系，影响了融资。

（五）私营企业核心竞争力不够强

相当一部分私营企业自身素质不高，不少停留在低水平的粗放式经营阶段，现代企业制度尚未建立，科技生产水平较低，缺乏企业家人才，缺乏自主知识产权，抗风险能力弱；企业文化体系建设薄弱，企业内部凝聚力不强，缺乏核心竞争力；企业的诚信度和品牌意识亟需增强；部分私营企业内部管理混乱，弄虚作假、假冒伪劣、拖欠职工工资等现象仍然存在。

福建省 2004~2005 年私营经济发展概况

福建省工商联

近两年来，福建省私营个体经济持续快速发展，日益成为经济社会的重要力量，在推动经济增长、增加财政收入、提升经济结构、扩大社会就业、提高人民生活水平、促进社会安定稳定等方面发挥着越来越重要的作用。特别是2005 年，随着国家私营个体经济政策和制度改革取得实质性突破，福建省私营个体经济的地位和作用发生了历史性变化，私营个体企业自身素质也得到了根本性提高。

一、2004~2005 年福建省私营个体经济发展的基本情况及其主要特点

（一）私营个体经济快速增长

截至2005 年底，全省共有私营企业12.74 万户，从业人员107.85 万人，注册资金2 579.70亿元，分别比2003 年同期增长45.6%、24.18%、95.80%；个体工商户达49.47 万户、注册资金255.04 亿元，分别比2003 年同期增长6.64%、22.56%。全省私营个体经济生产总值由2000年的2 353.60亿元增加到2005 年的4 000 亿元，年均增长14%。2005 年私营个体经济生产总值占全省 GDP 的60.97%，对国民经济经济的贡献率达63.4%。

（二）企业规模不断扩大

全省私营企业在保持较快增长速度的同时，企业规模化、集约化的趋势明显。截至2005 年底，全省注册资金1 亿元以上的私营企业130 户、1 000 万~1 亿元的5 656 户、500 万~1 000 万元的6 983 户、100 万~500 万元的 33 499 户，户数分别比 2004 年同期增长了 217.07%、67.34%、62.32%、56.98%。

（三）私营工业经济贡献突出

近年来，全省工业经济保持较快增长，工业对国民经济增长的贡献率不断加大。2005 年，全省工业完成总产值10 001 亿元，比上年增长 16.7%；工业实现增加值2 869.57 亿元、利税817.62 亿元、从业人员396.8 万人，对国民经济增长的贡献率达54%。其中，私营工业企业实现增加值1 655.80 亿元、利税374.61 亿元、从业人员256.2 万人，分别占全省工业的57.70%、45.81%、64.57%。私营工业对工业的贡献率达54.40%，私营工业成为推动福建省经济增长的重要力量。

（四）私营企业成为品牌创建的主力军

至2005 年末，全省共拥有“中国名牌”产品62 个，“中国驰名商标”54 件，国家免检产品141 个，数量均居全国第5 位。此外，还有省级名牌产品695 个，省级著名商标625 件。在荣获全国和省级的“名牌产品”、“著名商标”、“免检产品”中，80%为民营企业创造。而在全省现有62 家“中国名牌”的企业中，私营成分高达91.5%，在2005 年33 家新入围“中国名牌”的企业中，私营企业占93.9%。

（五）私营企业成为出口增长的新亮点

全省现有进出口经营权的私营企业达7 300 多户，占全省有进出口经营权企业总数的83%。

2004年福建省私营企业出口额首次超过50亿美元，达到53.5亿美元，比2003年同期增长90.58%。2005年，全省私营企业出口75.62亿美元，比2004年同期增长41.4%，高于全省出口平均增幅22.9个百分点，增幅高居各类经营主体之首；对全省出口增长贡献率达40.6%，比2004年提高近10个百分点；占全省出口总额的比重由2004年的18.2%提高到21.7%。

（六）私营企业成为产业集群和县域经济的重要支撑

以私营企业为主体的产业集群迅速崛起，产业聚集产生的规模效应和经济效益正日益凸现。到2005年，全省已初步形成60个产业集群，其中产值超百亿元的有14个，32个省重点产业集群累计完成工业总产值3 766亿元，占规模以上工业产值的46.3%，比上年增长18.7%。纺织服装、鞋业、工艺陶瓷、石雕、水暖器材、石材、电机、电子等产业集群在全国具有较高知名度。这些产业集群大多是由私营经济为主体构成的，对县域经济发展起到积极推动作用，如晋江和石狮的纺织服装业、德化陶瓷、惠安石雕、安溪茶叶、福安电机、涵江电子产业集群等。

二、目前存在的差距及主要问题

虽然福建省私营经济取得了长足发展，但相关政策配套与落实的滞后，市场准入实际管理中各种或明或暗的限制，财政、金融、土地、技术和社会等方面服务的不完善甚至歧视，社会中介组织发展的严重落后等问题依然存在，私营企业在自身素质方面也存在着种种局限性，这些都很大程度上制约着福建省私营经济的进一步发展和提升。

（一）私营企业空间需要进一步拓宽，在支持私营经济发展和保障公平待遇上还需努力

虽然得益于《国务院关于鼓励支持和引导个体私营等非公有制经济发展的若干意见》和福建省委省政府《关于全面提升民营经济发展水平的若干意见》的相继出台，福建省民间资本的市场准入门槛降低，外部环境不断改善，但仍存在三个方面的束缚。一是税负上的不公平待遇和操作不规范仍然存在。例如对外资企业征税是从获利年度起，而对私营企业则是从开办日期起；另外，据企业反映，私营个体小企业税收的调整幅度过大也不规范，个别地方的企业纳税额甚至一年三调。二是“前置”审批繁杂。眼下，私营企业已经开始介入金融、保险、证券、邮政、通讯、石化、电力、公路建设等民间资本长期难以进入的行业。但是政府有关部门对私营企业投资资格的认定、用地指标的落实、投资项目的许可、产权转移与企业兼并等诸多环节还存在繁杂的“前置”审批，导致投资效率低、费时长。三是具体政策落实不到位。近年来，各级政府对私营个体企业发展给予了更多的关注和支持，但是至今多数地方仍未制定出台民间投资产业目录，更没有像对外资招商那样，有计划、有针对性的向民间资本开展集中招商活动，相关职能部门对出台的政策落实情况也没有进行很到位的跟踪管理等。

（二）私营经济的组织管理、产业层次、产品档次、技术水平和品牌效应仍比较低，企业缺乏核心竞争力

一是产权模式和企业管理存在隐患。私营企业制度创新相对滞后。在体制方面，虽然私营企业大多采用有限责任公司形式，但实质上大多数企业仍实行血缘和裙带关系为依托的传统家族式管理。由于投资主体的单一性，产生了投资决策的主观随意性和人才引进的排他性。在管理方面，不少民营企业不注意产品创新、工艺设计、市场营销和售后服务，没有建立健全财务、分配、成本、人力资源等基础管理制度，没有按照国际先进标准和国内先进行业标准组织生产和质量管理。家族式管理的企业治理结构，在企业初创时期，发挥了很积极的作用，然而随着市场环境的进一步完善，市场竞争的加剧以及企业规模的扩大，家族制企业那些原来有利于企业发展的积极因素开始转变为消极因素，由血缘关系和地缘关系而产生的宗法性和封闭性，对人才缺乏重视，以及企业家能力的极限很大程度上制约着企业的进一步发展。

二是企业缺乏核心竞争力。私营企业，特别是广大中小企业，技术落后，研发水平低，产业链不完整。从产品层次看，目前私营企业出口的产品中，高档及自有品牌所占比例很小，绝大部分是中低档品种，而且由于生产设备趋同，产品同质化相当严重，在利润空间不断压缩的同时，还要面对国外繁杂苛刻的技术和环境标准等贸易保护手段的困扰，频繁遭遇国外反倾销调查，尤其是以大量劳动密集型的纺织服装和鞋类，状况最为严重。

三是实力不强，产业结构尚需作进一步调整。一个地区、一个行业，必须要有带动一个行业和地区经济发展的龙头大企业。龙头大企业是行业技术进步与创新的领头雁，具有强大的辐射力，能够引领当地企业共同提高综合竞争力。目前福建省龙头私营企业明显偏少，跟浙江、江苏、广东等省份相比，存在非常大的差距。而在私营企业的产业结构方面，制造业仍是福建私企进入最多的行业，其比例为总数的82.08%，高科技产业和服务业进入不足，整体竞争力偏弱。

四是品牌效应不足。私营企业缺少高科技、高附加值的拳头产品，在国内外市场有影响力、有竞争力的知名品牌也不多见。而现有品牌，跟外资品牌，甚至跟其他省私营企业的品牌相比，都存在相当大的差距，不管是利润的增加还是竞争力的增强，品牌为企业带来的效应并不显著。一方面是品牌运作能力不够稳定，很多品牌还要靠短期的大打广告来支撑；另一方面是品牌战略推进缺少韧劲。这就造成了品牌难以凭借持续稳定的发展而累计成大品牌或持久品牌，难以有效发挥品牌应有的巨大效应。

（三）融资渠道狭窄，资金供应不足，融资难、担保难问题依然是束缚私营企业发展的主要瓶颈

从整体环境上看，金融对私营企业的支持力度并不强劲，由于目前社会信用环境较差，各金融机构都将目光转向了大中型优质客户市场，大部分私营中小企业仍处于正规融资的边缘化，这与快速发展的私营企业形成强烈的反差，大量的中小企业把资金血脉寄托在非正规的融资途径上。究其原因，有三个方面。其一是银行方面的原因。自国家实施资产负债比例管理以来，商业银行普遍加强了集中调控力度，贷款重点投向国家重点工程项目和大型企业，对基层行分配的贷款规模较小，尤其是以中小企业为主要服务对象的县级支行，基本上没有贷款权限。中小企业的发展和融资活动因此受到不同程度的影响。其二是中小企业自身方面的原因。一些中小企业在发展初期盲目追求短期利益，而不注重资本积累，按照商业银行现有的评级、授信标准，符合贷款条件的少，使他们难以获得金融机构的信赖。另外，缺乏必要的金融中介机构也是融资难的重要原因。许多中小企业并没有足够的资本进行抵押贷款，担保性放款是解决这些企业资金不足的有效途径。但从目前情况看，福建省专门为中小企业提供这种担保服务的担保机构不多，已成立的担保机构，也因担保资金来源等方面的问题而使作用的发挥受到相当的限制。

（四）有效的社会化服务体系尚不健全

企业社会化服务体系亟需跟上，在市场中介、信息咨询、创业辅导、人力资源、管理培训、信用担保、法律援助等方面的建设比较薄弱。在信息咨询方面，企业无法从投资导向、市场开拓、产品开发、政策咨询等方面及时得到全面、全方位的信息服务。由社会兴办的服务机构，当前普遍存在规模小、服务不到位、信用不足、收费较高等问题，难以适应企业的需求。在人才培训服务方面，一些企业经营者反映，企业需要的培训服务少，而有的培训费用较高，企业难以承担。

江西省2005年私营经济发展分析报告

江西省工商联

2005年是“十五”计划完成之年，2006年“十一五”规划已开始实施，值此江西省经济发展爬坡过坎、历史交替的关键时期，认真回顾、分析2005年和过去五年全省个体私营经济的发展情况与历史轨迹，对“十一五”时期全省个体私营经济发展的大趋势和前景作出预测，对今后至“十一五”时期如何加快全省个体私营经济发展进行一番研究，并提出一些建议，对江西省经济的健康持续发展，具有多方面的重大积极意义。

一、“十五”时期是江西省个体私营经济发生历史性重大突破的五年

（一）“十五”时期江西省个体私营经济在社会经济中的份额、地位、作用和贡献取得历史性重大突破

“十五”时期是江西省经济发展史上不平凡的5年，5年来，江西省大力解放思想、转变观念、创新思路，抓住了中国经济快速增长的历史机遇，全省经济进入快速发展阶段，产业结构明显改善，基础建设发生巨大变化，对省外、境外的开放取得重大突破，投资发展的软环境明显改善，人民生活水平持续提高，江西在中部地区崛起的态势初现端倪。“十五”时期江西经济之所以能够高速发展，江西个体私营经济的高速发展起了重要的推动作用，功不可没。五年来，江西个体私营经济在全省经济中份额、地位、作用和贡献都取得历史性重大突破。

1. 个体私营经济成为全省国民经济和工业经济的重要组成部分

“九五”末期的2000年，江西省个体私营经济总产值304.617亿元，占全省国内生产总值2 003.07亿元的15.21%。到“十五”末期的2005年，个私经济总产值1 464.29亿元，占全省生产总值的4 056.2亿元的36.1%，已经是三分天下有其一。

2000年规模以上私营企业工业增加值10.14亿元，占规模以上企业工业增加值的3.76%。2001年，私营企业工业增加值199.6亿元，内资非公有制企业工业增加值266.2亿元，占规模以上工业增加值828.5亿的24.1%，私营企业工业增加值5年增长18.5倍，年均增速超过81.1%，比同期全省工业增加值增长22.2%的速度高58.9%。2000年和“十五”时期江西省私营企业工业增加值情况和占全省规模以上工业的比重见表1。

表1　“十五”时期江西省规模以上私营企业工业增加值情况及对比

单位：亿元　%

工业增加值		2000年	2001年	2002年	2003年	2004年	2005年	5年年均增长
全省工业企业	增加值	269.81	308.22	362.68	446.78	627.06	882.30	—
	增长率	—	10.30	16.20	18.20	28.00	29.30	22.20
私营企业	绝对数	10.14	24.55	35.11	81.48	116.48	236.85	—
	增长率	—	139.90	42.60	83.50	30.40	86.88	81.10
私营经济占工业增加值比重		3.76	7.97	9.68	18.24	18.58	26.84	—

2. 个体私营经济成为全省财税收入的重要来源

全省个体私营经济入库地税2001为133 591.4万元，2005年为212 243万元，2005年约为2001年的1.6倍。详情见表2。

表2　江西省“十五”期间个体经营经济入库地税税收情况

单位：万元

年　份	2001	2002	2003	2004	2005
地　税	133 591.4	136 451.0	159 977.4	191 841.8	212 243
营业税	58 393.7	74 111.5	87 823.8	102 689.9	110 215
个人所得税	40 686.0	48 613.8	56 222.8	68 379.5	79 708
资源税	1 272.8	2 080.1	2 457.0	3 735.9	4 483
固定资产投资方向调节税	16.6	0.3	–	–	–
城市维护建税	4 932.2	6 131.8	7 048.9	8 318.1	8 410
房产税	1 636.5	2 028.2	2 571.1	3 000.9	3 810
印花税	181.0	259.4	348.2	420.8	744
城镇土地使用税	203.1	180.5	360.7	325.3	547
土地增值税	137.7	429.9	411.8	936.5	1 220
车船使用税	1 834.0	2 280.6	2 733.1	4 034.9	3 106
屠宰税	24 297.8	334.9	–	–	–

2000年，全省非公有制经济国税收入总额为228 952万元占全省国税总收入892 550万元的25.65%。2005年全省非公有制经济国税收入总额为583 621万元，是2000年的2.55倍，占2005年全省国税收入2 052 386万元的28.44%，比2000上升了2.79个百分点。2000年至2005年江西省国税中二种内资非公有制经济税收情况见表3，从表3可见，私营企业在国税中所占比重持续上升，个体经营国税收入保持稳定，比重下降。

表3　江西个体、私营及外商投资企业国税收入基本情况表

单位：万元　%

			2000年	2001年	2002年	2003年	2004年	2005年
国税税收收入总额	税额	税额	892 550.0	1 013 043.0	1 118 221.0	1 351 957.0	1 651 995.0	2 052 386.0
		比上年增长%	25.8	13.5	10.4	20.9	22.2	18.7
	其中 私营企业	税额	20 291.0	26 047.0	34 037.0	56 159.0	85 808.0	127 570.0
		比上年增长%	20.6	28.4	30.7	65.0	52.8	48.7
		占总额%	2.3	2.6	3.0	4.2	5.2	6.2
	其中 个体经营	税额	108 575.0	123 796.0	130 599.0	124 356.0	129 509.0	143 118.0
		比上年增长%	23.0	14.0	5.5	-4.8	4.1	10.5
		占总额%	12.2	12.2	11.7	9.2	7.8	7.0

备注：1. 本表2001—2004年税收收入入库数不含车购税，2005年税收收入入库数含车购税。

2. 2004年含车购税的入库数为1 728 950万元，2005年同比增长18.7%。

3. 个体私营经济成为吸纳社会就业的主要经济实体

2001年至2005年江西省个体工商户和私营企业从业人员发展情况表4。

表4　江西省个体工商户、私营企业从业人员情况表

年　份	个体工商户		私营企业	
	从业人员实有数	同比（%）	从业人员实有数	同比（%）
2001 年	1 379 578	－1.43	572 163	21.27
2002 年	1 421 950	3.07	720 364	25.90
2003 年	1 429 264	0.51	932 967	29.51
2004 年	1 495 379	4.63	1 141 598	22.36
2005 年	1 677 376	12.17	1 342 365	17.59

2001 年江西省个私经济从业人员为 1 951 741 人，到 2005 年全省个私经济从业人员数达 3 019 741人，2005 年内资非公有制经济单位从业人员数达 57.73 万人，比 2004 年末增长 7.27 万人，增长 14.41%。2005 年全省内资非公有制企业从业人员 440 万人，相当全省城镇就业总数的 68%。

4. 个体私营经济成为对外贸易的重要生力军

2005 年江西省内资非国有企业进出口总额 80 275 万美元，占全省进出口总额的 22.42%。2003 年至 2005 年内资非国有企业进出口情况见表 5。

表5　江西省内资非国有企业进出口情况表

单位：万美元

年份	2003 年	2004 年	2005 年			
			绝对值	增减（%）	所占比重(%)	同比变化百分点
进出口总值	252 799	353 198	405 939	14.9	—	—
出口总值	150 569	199 539	244 005	22.3	100.0	—
其他企业	13 768	44 130	80 275	81.9	32.9	10.8
进口总值	102 230	153 658	161 934	5.4	100.0	—
其他企业	4 677	7 837	10 735	37.0	6.6	1.5

5. 民间资本成为投资主力

2000 年个体投资 157.74 亿元，内资非国有投资 215.78 亿元，占全社会固定资产投资的 39.36%。2005 年城镇内资非国有投资 1 067.6 亿元，占全省城镇投资的 55.2%，考虑到国有投资绝大多数均在城镇，若将非城镇固定资产投资视为内资非国有投资，则内资非国有投资达 1 426.7亿元，占全社会固定资产投资的 62.22%，比 2000 年提高了 22.86 个百分点，投资额是 2000 年的 6.61 倍。现仅仅算城镇内资非国有投资额，也是 2000 年的 4.95 倍。“十五”期间，内资非国有投资情况见表 6。

表6　“十五”时期内资非国有投资情况表

单位：亿元　%

年份	2000	2001	2002	2004	2005
内资非国有投资	215.78	244.58	298.36	768.70	1067.60
占全社会（城镇）投资比重	39.36	37.06	32.26	51.65	55.20

注：2004、2005 年为城镇投资。

（二）“十五”是江西省个体私营经济发展环境明显优化和私营企业实力、素质明显提高的五年

1. 江西省个体私营经济发展的环境持续优化

2002 年江西省人民政府下发了《关于进一步加快民营经济发展的若干意见》，在降低准入门

槛、加速个体私营经济进入市场；拓宽融资渠道，加大个体私营经济的投入力度；政策上一视同仁，促进公平竞争；引导私营企业向科技型和外向型发展，增强市场竞争力；坚持依法行政，切实保护私营企业合法权益；广聚各方人才，大力培养和造就一大批私营企业家；切实转变政府职能，不断优化对私营企业的服务等七个方面提出了28条意见。2003年，省人大通过了《江西省发展个体私营经济条例》。省工商联组织举办了“省领导与民营企业家座谈会”，专门听取私营企业家关于优化私营企业发展的政务环境、司法环境和融资环境的建议。省政府连续两年开展了行风和政务环境评议评价活动，努力改善了政务环境。2005年，中共江西省委、江西省人民政府下发了《关于推动全民创业、加快富民兴赣的若干意见》。省工商联、省光彩会隆重举办了“打造江西民营经济竞争优势”高层论坛，全国政协副主席、全国工商联主席黄孟复出席会议并作重要演讲，省委常委刘上洋、副省长孙刚等省领导出席论坛，孙刚副省长和私营企业家郑跃文、黄代放，经济学家吕政在论坛上就优化发展环境，促进江西个体私营经济发展作了精彩演讲。

2. 江西省个体私营经济总量不断扩大、效益不断提高

全省个体工商户户数从2001年的575 971户增加到2005年的674 870户，增加了17.17%；私营企业户数从2001年的29 441户增加到2005年的71 129个，增加了141.60%。个私经济注册资金从2001年的2 756 171万元增加到2005年的11 775 937万元，增加了327.26%。2001年至2005年个私企业户数和注册资金情况见表7。

全省私营工业企业利润从2000年的0.55亿元增长到2005年28.98亿元，5年增长51.69倍，年均增速121%；比同期全省工业利润平均增长55.1%的速度高65.9%。

表7　江西省私营企业、个体工商户基本总量情况表

单位：万元

	私营企业				个体工商户			
	户　数		注册资金		户　数		注册资金	
	实有数	同比（%）	实有数	同比（%）	实有数	同比（%）	实有数	同比（%）
2001年	29 441	13.31	2 098 296	32.60	575 971	-3.13	657 875	5.97
2002年	38 979	32.40	3 133 583	49.34	598 501	3.91	775 726	17.91
2003年	48 995	25.70	5 283 665	68.61	593 816	-0.80	951 925	22.71
2004年	60 855	24.21	7 531 513	42.54	609 098	2.57	1 205 002	26.59
2005年	71 129	16.88	10 258 381	36.21	674 870	10.80	1 517 556	25.94

二、2004年江西省个体私营经济发展普查情况

关于个体私营经济的统计数据来源于不同渠道，数据的统计范围、定义和方法不同，可信程度往往不够高。2005年12月省统计局发布了《江西省第一次普查主要数据公报》，这次普查的基准时间为2004年12月31日，时期资料为2004年度。《公报》中的有关个体私营经济数据应当是可信程度最高的。

（一）内资非公有制企业单位和个体经营户基本情况

2004年全省个体经营户有878 603户，若按省工商局统计数，其中个体工商户为60.41万户，民办非企业单位和其他个体户为26.95万户，个体经营户中第二产业143 574户，比重为16.3%，第三产业735 029户，比重为83.7%。

全省企业法人单位56 571个，与2001年第2次全国基本单位普查的国家行政数据比较增加

18 483 个，增长了 27.9%，其中私营企业增加了 34 904 个，增长 1.4 倍；其他有限责任公司、股份有限公司增加 2837 个，增长 76.9%。在此期间，国有企业单位下降 51.2%，集体企业单位下降 58.2%，由此更显出内资非公有制企业单位在数量上增长迅速，在比重上已经成为江西省企业单位的主体（69.6%）。（详见表 8）。

表 8　按登记注册类型分组的内资非公有制企业法人单位

	单位数（个）	比重（%）
所有企业合计	56 571	100.0
其他联营企业	100	0.2
其他有限责任公司	4 832	8.5
股份有限公司	1 695	3.0
私营企业	31 793	56.2
其他内资企业	968	1.7
内资非公有制企业合计	40 945	69.6

个体经营户较多的前三个地区是：赣州、南昌、上饶（详见表 9）。

表 9　个体经营户的地区分布

	个体经营户（户）
合　计	878 603
南　昌	117 793
景德镇	45 183
萍　乡	43 683
九　江	89 676
新　余	24 973
鹰　潭	24 969
赣　州	174 254
吉　安	87 083
宜　春	99 838
抚　州	70 095
上　饶	101 056

个体经营户较为集中的 5 个行业是：工业 106 781 户，占 12.2%；交通运输业 108 845 户，占 12.4%；批发和零售业 407 878 户，占 46.4%；住宿和餐饮业 64 741 户，占 7.4%；居民服务和其他服务业 98 119 户，占 11.2%（详见表 10）。

表 10　个体经营户的行业分布

	户数（户）	比重（%）
总　计	878 603	100.0
工业*	106 781	12.2
建筑业	36 793	4.2
交通运输业	108 845	12.4
批发和零售业	407 878	46.4

续表

	户数（户）	比重（%）
住宿和餐饮业	64 741	7.4
房地产业	301	0.0
租赁和商务服务业	5 801	0.7
居民服务和其他服务业	98 119	11.2
教育	6 033	0.7
卫生和社会福利业	31 448	3.6
文化、体育和娱乐业	11 863	1.4

* 包括采矿业、制造业和电力、燃气及水的生产和供应业。

（二）企业实收内资非公有制资本情况

2004 年末，全省第二、三产业 56 571 个企业法人单位的实收资本总额为 2 430.12 亿元。在全部企业法人单位的实收资本总额中，个人投入的资本 651.50 亿元，占 26.8%。各类企业实收资本来源构成详见表 11。

表 11　企业实收资本来源构成

单位：%

	实收资本	国家资本	集体资本	个人资本	港澳台资本	外商资本
国有企业	100	98.3	1.0	0.6	0.0	0.0
集体企业	100	11.7	80.0	8.2	0.0	0.1
股份合作企业	100	49.6	10.9	39.0	0.2	0.3
国有联营企业	100	97.1	1.1	1.8	0.0	0.0
集体联营企业	100	2.9	42.1	55.0	0.0	0.0
国有与集体联营企业	100	81.7	15.9	2.4	0.0	0.0
其他联营企业	100	15.6	16.5	67.9	0.0	0.0
国有独资公司	100	100.0	0.0	0.0	0.0	0.0
其他有限责任公司	100	61.1	3.9	34.1	0.6	0.4
股份有限公司	100	44.3	7.8	43.8	0.3	3.7
其他内资企业	100	11.2	16.7	71.6	0.5	0.0
私营企业	100	1.0	1.8	96.7	0.3	0.2
港澳台商投资企业	100	16.5	3.2	5.0	52.0	23.3
外商投资企业	100	7.2	1.8	12.8	22.5	55.7
合　计	100	58.8	5.2	26.8	4.9	4.3

由此可见，江西省境内个人资本比重略强于 1/4，反映了公有制企业改制空间仍然不小，私营企业资本实力仍然不强，个人资本积累缓慢。

（三）第二产业内资非公有制企业单位数和就业情况

1. 工业

2004 年末，全省共有工业企业法人单位 32 453 个，就业人员 1 913 958 人。

在工业企业法人单位中，私营企业 22 625 个，占 69.7%；其余类型企业 4 363 个，占 13.5%；内资非公有制企业合计 26 988 个，占 83.16%。

在工业企业法人单位就业人员中，其余类型企业占 22.3%（详见表 12）；内资非公有制企业就业人员合计占 66.7%。

表12　按登记注册类型分组的内资非公有制工业企业法人单位和就业人员

	法人单位（个）	就业人员（人）
企业单位合计	32 453	1 913 958
其他联营企业	62	2 084
其他有限责任公司	1 558	257 696
股份有限公司	543	81 756
私营企业	22 625	849 713
其他企业	591	14 411

2. 建筑业

2004年末，全省共有建筑业法人单位2 189个，就业人员622 049人。建筑业企业法人单位中，私营企业659个，占30.1%；其余类型企业670个，占30.6%。

建筑业企业法人单位就业人员中，私营企业占12.5%，其他有限责任公司占22.2%，其余类型企业占8.6%（详见表13）。

表13　按登记注册类型分组的内资非公有制建筑业企业法人单位和就业人员

	法人单位（个）	就业人员（人）
合　计	2 189	622 049
其他联营企业	3	157
其他有限责任公司	448	138 017
股份有限公司	126	33 097
私营企业	659	78 041
其他内资企业	17	436

（四）第三产业内资非公有制企业单位数和就业情况

1. 批发和零售贸易业

在批发和零售贸易业企业法人单位中，私营企业占37.7%，其余类型企业共占18.2%。

在批发和零售贸易业法人企业就业人员中，私营企业占26.6%，其余类型企业共占23.9%（详见表14）。

表14　按登记注册类型分组的内资非公有制批发和零售业企业法人单位及就业人员

	法人单位（个）	就业人员（人）
股份合作企业	508	5 140
其他联营企业	19	278
其他有限责任公司	1 335	27 727
股份有限公司	358	20 815
私营企业	3 883	55 724
其他内资企业	150	1 046
合　计	—	—

2. 住宿和餐饮业

在住宿和餐饮业法人单位中，私营企业占47.9%，其余类型企业共占8.0%。

在住宿和餐饮业法人企业就业人员中，私营企业占38.6%，其余类型企业共占13.1%（详见表15）。

表15 按登记注册类型分组的住宿和餐饮业企业法人单位、就业人员

	法人单位（个）	就业人员（人）
其他有限责任公司	78	6 412
股份有限公司	39	2 681
私营企业	927	30 423
其他内资企业	38	1 212
其他联营企业	0	0
合 计	1 933	78 796

（五）几个主要行业个体经营户就业和营业收入情况

2004年末，全省第二、三产业的就业人员数为6 628 984人。其中，个体经营人员1 915 679人，占28.9%。几个主要行业个体经营户就业和营业收入情况见表16。

表16 个体经营户及其就业、营业情况

行业	户数（户）	就业人数（人）	营业收入（亿元）
工业	106 781	439 782	583.68
建筑业	36 793	169 877	80.18
交通运输业	108 845	147 360	100.19
房地产业	301	1 191	0.82
批发业	30 732	73 835	225.68
零售业	377 146	620 631	602.22
住宿业	3 063	9 777	4.04
餐饮业	61 678	172 266	88.47
其他第三产业	153 264	280 960	—
合计	878 603	1 915 679	1 685.25

三、2005年个体私营经济发展情况

2005年，江西省个体私营经济发展迅猛，是全省经济加快发展的重要增长极，是推进全省社会生产力发展的主要生力军，对增强经济增长活力、缓解就业压力、保持社会稳定和实现江西在中部地区崛起的战略目标发挥了必不可少的重要作用。

（一）个体私营经济总量不断增大

2005年，全省个体工商户、私营企业总户数745 999户，从业人员共3 019 741人，注册资金总额11 775 937万元。

规模以上内资内资非公有制企业工业增加值266.2亿元，占全省规模以上工业增加值的32.1%，已是三分天下有其一。省中小企业局当年统计内资非公有制企业2005年完成增加值1 380亿元。

（二）个体私营经济继续保持高速增长

全省私营企业户数、从业人员、注册资本分别比上年增长16.88%、17.59%、36.21%，个体工商户户数、从业人员、注册资本分别比上年增长10.80、12.17%、25.94%。个体工商户户数和从业人员的增长率为5年来最高值，注册资金增长率比5年来增长最快的2004年仅低0.65个百分点。省中小企业局当年统计的内资非公有制企业完成增加值增长35.8%。

（三）民间投资和外商投资继续高速增长

2005年，全省城镇内资非国有投资1 067.58亿元，比2004年增长了41.6%，是全省城镇固定资产投资的55.20%，比重提高4.2个百分点。

（四）对财税的贡献增大

2005年，个体私营经济上缴税收127亿元，占总税收的29.8%。省中小企业局统计，内资非公有制企业实缴税金150亿元，占全省财政总收入的36%；省工商局估算个私经济纳税额占全省税收总额的39%；省国税局统计，2005年全省非公有制经济交纳国税总额为59.543 1亿元，占全省国税总额的24.01%，其中，个体、私营和内资非国有控股股份制经济交纳国税32.3585亿元。省地税局统计，2005年个体私营经济入库地税21.2243亿元，地税局共管理258 536个私经济纳税户，其中个体、私营经济纳税户分别为245 185户、13 351户；全年征收个体私营经济税款22.193 44亿元，比去年同期增收27 081.26万元。

（五）产业聚集成为主流

一是私营企业产业集群日渐增多。主要有进贤文港笔业、进贤李渡医疗器械、南康家具等历史内生型；有余江眼镜、横峰锁业等招商引资型；有玉山轴承、余江微型元器件等公有制企业裂变型；有玉山水泥、贵溪铜加工、芦溪电瓷等资源开发利用型；有九江、南昌、南康等地的纺织服装等劳动力密集型；有星火有机硅、昌河、江铃的汽车配件等大型龙头企业带动型等六大类型。2005年，芦溪电瓷产业集群有70家电瓷企业，中低压电瓷占全国市场份额的70%，年产值5亿元，纳税1.2亿元；萍乡化工填料产业集群有70余家，占全国市场份额的70%，年产值达10亿元，税收2亿元。

二是私营企业入驻工业园区迅速增多。2005年，全省工业园区已投产的工业企业有6 053户，比上年增加1 306户，每平方公里投入、销售收入、税金密度分别达到4.83亿元、5.05亿元和2 914万元，分别比上年增长42.5%、28.88%和7.4%，共完成销售收入1 467亿元、工业增加值430亿元、上缴税金84.7亿元，出口创汇17.7亿美元，占全省工业GDP、财政收入、出口总值的30.2%、19.9%和12.5%，分别比上年提高了4.2个、2.1个和13.5个百分点。全省工业园区吸纳就业人员90.5万人，比上年增长23.3%。入驻工业园区的企业大多数是私营企业。

（六）民办教育跃居全国前列

2005年，江西省共有各级各类民办学校4 790所，总资产达34.5亿元，教职工6.54万人，在校生共104.83万人。其中，民办高校60所，在校生20.34万人；民办高中389所，在校生36.6万人；民办初中152所，在校生13.2万人；民办小学93所，在校生6.19万人；民办幼儿园4 110个，在园幼儿达32.5万人。2005年3月25日，经教育部批准，江西民办本科院校实现零的突破，江西蓝天学院和南昌理工学院获准组建本科层次民办普通高等学校。目前，江西蓝天学院全日制在校生规模暂定为8 000人，南昌理工学院全日制在校生规模暂定为1.2万人。2005年，教育部共同意全国组建15所本科层次的民办高校，江西就占有2所。在全省教育总量中，民办高等教育机构接近1/2，在校生占1/4，10所民办高等职业学院列入国家统招计划。在“全国民办高校20强”中，江西省喜占4席，与陕西、北京一道并列第一。非义务教育阶段的民办教育学校数和在校生数均位居全国各省前列，民办教育已经成为全省现代国民教育不可缺少的组成部分，总体实力跃居全国前列。

（七）各设区市个体私营经济快速增长、比重上升、特点纷呈

部分设区市个体私营经济的主要数据请看表17、18、19、20、21。

表17　2005年各设区市个私经济发展情况

市	个私企业户数（万户）其中：私营企业（户）	增长（%）	从业人员（万人）	增长（%）	注册资金（亿元）	增长（%）	营业收入（亿元）	增长（%）	总产值（亿元）	增长（%）	上交税收（亿元）	增长（%）	占财政总收入比重（%）
赣州	13.02 8 274	5.7 20.42	50.14 18.06	9 14.75	146.54 117.3	26.8 27.04	—	—	—	—	17.6	26.6	37.69
九江	6 418	9.6	33.97	—	96.08	48.4	—	—	—	—	13.65	17.87	34.3
新余	2.04 1 770	16.8	7.32	25.1	30	49.8	51.88	38.2	35.18	78	2.99	65.2	36.8
抚州	5.95 5 537	持平 27.92	129.18 10.62	持平 23.21	60.25 53.97	—	75.41	11.21	54.52	15.21	3.64	13.8	—
宜春	—	—	48	—	—	—	—	—	—	—	16.8	—	54.4
景德镇	3.04 2 018	—	6.57 2.69								1.87		
上饶*	8.67 7 283	24.05	45.55 6.1	14.73	131.41 114.34	26.64	318.8	25.4	336	21.9	11.52	15.9	34.3
萍乡	3.5 4 227	25	30	—	41.4	—	—	—	126.2	—	14.67	—	—

注：*上饶个私经济总产值、销售收入为1～11月份的数据。

从表中可以看出各设市区个体私营经济，特别是私营企业主要经济指标增长速度都很高。部分设区市私营企业注册资金增长明显。

表 18　私营企业注册资金大户情况

地区	注册资金 100 万元	增长（%）	注册资金 500 万元	增长（%）	注册资金 1 000 万元	增长（%）
赣州	2 420 户	26.11	631 户	34.26	229 户	28.05
抚州	1 144 户	11.17	232 户	25.17	53 户	26.20
上饶	1 634 户	44.99	644 户	107.74	339 户	229.13
新余	476 户	48.27	—	—	—	—

表 19　萍乡市个体、私营经济数据表

单位：亿元、亿美元、%

	2000 年	2004 年	2005 年	2005 比 2000 年增长率
全市固定资产投资完成总量	17.28	96.88	125.97	48.5
增长率	15	76.7	30	
其中内资非国有	5.18	49.02	91.96	74.6
增长率	20.1	83	87.6	
占全市比重	31	50.6	73	—
全市工业增加值总额	50.8	99.13	120.73	18.9
增长率	7.8	14.9	16	—
其中私营企业	16.76	69.71	96.2	41.2
增长率	12.6	27.5	38	—
占全市比重	33	70.3	79.6	—
全市进出口总额	6 650 000	0.143 9	0.523 6	51
增长率	89.45	120.36	263.9	—
其中私营企业	3 710 000	0.132 4	0.264 1	48.7
增长率	73.3	145	85.5	—
占全市比重	55.7	92	50.4	—
全市出口总额	0.032 8	0.135 5	0.327 1	55.3
增长率	33.3	134.4	141.4	—
其中私营企业	0.016 1	0.104 4	0.254 6	73
增长率	38.4	155	243	—
占全市比重	49.1	77.1	77.83	—
全市税收总额	7.32	18.88	23.79	25

续表

	2000 年	2004 年	2005 年	2005 比 2000 年增长率
增长率	12.80	35.80	26.00	—
其中私营企业	1.87	8.52	12.03	40
增长率	14.60	31.30	42.00	—
占全市比重	31.00	45.10	50.60	—
个体工商户税收总额	2.34	10.79	14.9	45

部分设区市个体私营经济的一些重要数据和特色分别介绍如下：

赣州市：获自营出口的私营企业 26 户。市中小企业信用担保投资有限公司担保资金达 5 000 万元，全年生效担保业务 13 笔，担保额 12 599 万元。有 5 个县成立了担保机构，担保资金 6 700 万元，为 146 户企业提供了担保，担保额达 1.51 亿元。

宜春市：全市规模以上私营企业达 609 户，比上年增加 280 户。仁和集团销售收入达 9.83 亿元，比上年增长 102%；四特酒有限责任公司销售收入达 6.29 亿元，比上年增长 26%。年纳税 100 万元以上的私营企业达到 300 家，比去年增加 180 家：其中纳税 200 万元以上的有 102 家，比去年增加 60 家。纳税 1 000 万元以上的有 15 家，比去年增加 10 家；在纳税 200 万元以上的 102 家私营企业中，有 89 家是工业企业，占 87%。

新余市：纳税超千万元的私营企业有 2 个（新余市永盛工贸有限公司、新余市良山钢管有限责任公司），永盛工贸纳税 2 400 多万元，销售收入过 2 亿元的私营企业有 6 家。如：永盛工贸、良山钢管、江西飞宇电子科技有限公司、新余市百乐工贸有限公司销售收入突破 3 亿元；江西春龙控股集团公司、江西第二化肥厂、新余市钢城实业公司、新余市双林恩达纺织印染有限公司等 9 个企业销售收入突破 1 亿元。受市场需求拉动和钢铁资源支撑作用，钢材加工产业优势凸显。全市现有民营钢铁加工企业 60 多家，年销售收入达 28 亿元，占全市私营企业销售收入的 38.5%，已逐步形成了以钢管、钢带、钢绳、钢丝、钢球等钢材系列制品加工企业集群。有规模以上农产品加工企业 12 家，其中有 9 家企业被评为省级农业产业化龙头企业。并形成了百乐大米、康美乐冷饮、恩达夏布、洪鸭皮蛋等一批独具地方特色的名牌产品和著名商标。康美乐食品厂是江西、湖南、湖北三省冷饮行业实力最强、产品市场占有率最高的企业，现已进入全国冷饮行业前五位。市经济开发区已投产，规模以上企业 42 家，其中私营企业 31 家，占开发区规模以上企业的 72.8%。

九江市：个体私营经济税收占一般地方财政收入 60.9%，财政增收的 4.69 亿元中有 2.07 亿元是个体私营经济所做的贡献，个体私营经济对财政增长贡献率为 44.1%，2005 年，税收过百万元企业 195 个，销售收入过千万元企业 254 个。修水县香炉山钨业有限公司纳税达 1.4 亿元，增幅达 178%，率先突破全市私营企业纳税过亿“零”记录。截至 2005 年，个体私营经济为社会创造就业岗位 33.97 万人。

萍乡市：萍钢产值首次突破百亿大关，成为全省第五家产值超百亿的企业。个体私营经济完成国税收入比重达 79.2%，完成地税收入比重达 70.3%，并涌现出年纳税超千万元的企业 6 户。个体私营经济的商业网点占全市网点的 95% 以上。2005 年引进的市外资金中 80% 是个体私营经济成分。

南昌市：1～10 月规模以上内资非公有制企业完成工业增加值 138.1 亿元，全市内资非公有制企业完成工业增加值 92.1 亿元，分别占 75.1%、50.08%。其中，奥克斯、TCL 为主的空调、彩电制造业增长339.5%，私营企业正邦科技增长136.3%。

表20　景德镇市个体、私营经济数据表

单位：亿元、亿美元、%

	2000年	2004年	2005年	2005比2000年增长率
全市固定资产投资完成总量	14.1683	877 540	88.43	44.23
增长率	27.25	58.6	2.4	—
其中内资非国有	28 876	446 878	38	67.44
增长率	64.44	55.27	下降14.18	—
占全市比重	20.38	50.92	43.07	—
全市工业增加值总额	446 053	649 538	75	—
增长率	13.43	5.74	17.1	—
其中私营企业	—	106 992	221 300	—
增长率	—	11.56	51.14	—
全市税收总额	—	108 104	120 165	—
增长率	—	13.9	11.16	—
其中私营企业	—	17 189	1.87	6.9
增长率	—	19.45	8.94	—

表21　九江市个体、私营经济数据表

单位：亿元、亿美元、%

	2000年	2004年	2005年
全市固定资产投资完成总量	44.77	141.71	190.20
增长率	—	19.1	32.6
其中内资非国有	—	—	96.49
增长率	—	—	48.1
占全市比重	10.2	—	50.7
全市工业增加值总额	69.04	125.52	151.18
增长率	16.3	29.6	26.0
其中私营企业	—	23.4	40.16
增长率	—	67	37.3
占全市比重	12.8	36	82.2
全市税收总额	20.50	35.08	39.81
增长率	14.2	14.2	14.2
其中私营企业	—	11.58	13.65
增长率	—	51.8	17.87
占全市比重	—	31.1	28.9

2006年1至5月内资非公有制经济发展继续提速。

一是新增企业多。截止5月底，全省共有规模以上内资非公有制工业企业3 651户，同比新增917户，相当于去年同期总量的1/3。二是解决就业好。目前，全省规模以上内资非公有制工业企业吸纳从业人员84.5万人，同比新增就业5.4万人，相当于同期全省规模工业企业新增就业总数的1.3倍。三是投入多。1~5月累计，全省城镇内资非国有固定资产投资351亿元，同比增长50.2%；占全省城镇固定资产投资总额的61.9%，同比提高了5.3个百分点。四是外向型经济增长较快。1~5月累计，全省内资非公有制经济实现出口创汇8亿美元，同比增长47.2%；占全省出口总额的63.8%，同比提高了5.1个百分点。五是企业增长快。1~5月累计，全省私营企业完成工业增加值106亿元，同比增长37%。六是内资非公有制经济融资难问题有所缓解。南昌市一季度完成的内资非公有制企业增加值和上缴金额分别占当地GDP、财政总收入的43.3%和19.2%，同比相应增加了6.4个和1个百分点。据省银监局统计，今年一季度向中小企业贷款累计发放量同比增长27.3%，向个体及私营企业贷款累计发放量同比增长45.9%，而且票据承兑和贴现也有一半以上用于支持中小企业。

四、个体私营经济发展面临的主要问题和困难

（一）行政效能和政府信用有待提高

近年来，省、市、县（市、区）、乡（镇、街、道）政府都制定了不少鼓励、支持个体私营经济发展的优惠政策和工作部署，但实际贯彻落实的效果却不够理想。往往是有政策、落实难，有承诺，兑现差。

1. 行政效能不够高，执行力不够强

工作上热下冷，有些工作难以落实到具体经办机构、具体经办人、具体事情、具体细节上，好的工作部署得不到有力的贯彻执行，不时出现“肠梗阻”现象，最终难转化为生产力。

2. 工作连续性、稳定性不够好

由于县（市、区）和乡镇领导变动频繁，有的地方一朝君子一朝臣，有的新官不理旧事，“一年看二年干三年盼着换”，这就可能影响政策的连续性、稳定性和政府信用，使个体私营经济的发展得不到持续稳定的推动和支持。

3. 局部利益、部门利益影响优惠政策和工作部署的贯彻落实

当优惠政策和工作部署涉及影响部门利益、局部利益时，就可能搞“上有政策、下有对策”，阳奉阴违。

4. 优惠政策不够公平

在税费负担、土地出让、服务支持等方面存在“厚外薄内、扶大忘小”现象，外地客商能够享受到不少本土私营企业尤其是本土中小私营企业不能享受的优惠和扶持，如有的市外地客商可以享受所得税二年免税，三年减半的优惠，可以享受土地报批费用出让金的减免等。严重制约了本土私营企业进一步做优、做强、做大，有些本土资本只好选择到外地去当外商。

5. 环境优化不够到位

现在，一个私营企业直接、间接接受执法管理的部门多达十几个，存在多头管理、政出多门、有利相争、无利相推等现象。一些私营企业反映，各种检查、查账频繁，有些基层行政执法部门和执法人员大局意识、服务意识和职业道德较差，把自己摆在主人位置上，老爷作风，居高临下审视服务对象，履行职责特别“较真”，工作态度和方法简单粗暴，有时甚至小题大做、无事生非，故意刁难企业，一旦抓住企业一点差错，就往狠里整、重里罚。对企业限制多

支持少，设卡多引导少，收费多服务少。不送礼不办事，违规乱罚款、乱收费现象仍然不少。有的企业创办时把关不严，一两年后又强行关闭，造成企业主的投资损失。环保、劳动、质监等部门存在以罚代管现象，工商、税务、稽查、公安、交警、质监、林业等部门税费任务年年增加，一些私营企业难以承受，苦不堪言。交警、路政、稽查、煤管、林业等多个部门上路检查、罚款，影响投资环境。

6. 优惠政策不兑现

一些企业反映，近年来，市、县（市、区）政府在招商引资和鼓励、支持个体私营经济发展方面都制定了不少优惠政策，有的还签订了合同，但这些优惠政策涉及到部门利益，在落实、执行时往往会打折扣，难以全部兑现。

（二）企业和企业家素质不够高

江西私营企业中，除国企改制的萍钢规模较大外，用总资产、净资产、销售收入、纳税额、利润、员工总数等指标综合评判，综合规模普遍偏小；除科瑞集团资金运作、实业投资能力较强、企业文化建设水平较高外，从战略管理水平、核心竞争能力、技术含量与自主创新能力、生产工艺水平、国际化、生产经营管理水平、企业文化建设、员工整体素质、产品附加值、市场占有率、发展速度、品牌企业形象和企业社会责任感、学习能力、合作精神、公司治理结构等方面综合评判，综合素质普遍偏低，某些方面素质较高的企业也屈指可数，甚至有些销售款、纳税额大户和综合素质较高的私营企业在某些方面的素质之低出乎意料。

相对其他社会阶层，私营企业家们能够发现、抓住甚至创造发展机遇，并在某些市场中立足，其在某些方面的素质必定有过人之处，比如，敢于冒险，善于社交，乐于开拓，喜于思考，甘于奋斗，勤于学习等。但与全国范围的优秀私营企业家相比，江西私营企业家群体的综合素质还存在诸多不足之处。一是全面协调发展、全国知名的企业家难寻；二是高知识型、科技型、国际化型、学习型企业家罕见；三是战略思维与市场开拓并重，品牌、形象、社会责任与产品质量性能优质服务兼顾，市场机遇、发展速度、盈利水平与经营管理水平、核心竞争能力、竞争优势齐抓的企业家寡闻；四是社会诚信度高，善于合作，乐于参与社会、政治和商会活动，关爱员工，平易近人，社会各阶层和官、产、学、媒体、商会、百姓各方面均认可的企业家少遇；五是善于资本运作，在互联网、软件、太阳能、激光、微电子、通讯、计算机、生物工程、金融、影视制作等领域具有自主创新能力的成功企业家鲜有。

（三）金融体系发育不足

1. 中小企业难以获得贷款融资

中小私营企业发展到一定规模后，企业有一定的经营管理能力抓住较大的发展机遇，对融资的需求迅速上升。近几年，江西省个体私营经济的迅速发展壮大，许多私营企业都有融资的需求，但都往往告贷无门。一是由于四大国有商业银行风险控制机制要求严格，市分行仅有 100 万元的贷款权限，县支行仅有 20 万 ~ 30 万元的权限，又有“零风险”要求和“终身追究制”制约，而中小型私营企业缺乏信用记录和有效抵押，也存在少数骗贷行为，因而中小型私营企业几乎得不到国有商业银行的信贷支持。二是信用社和某些银行有人情贷、回扣贷现象，据反映，临川、崇仁的信用社公开要信贷回扣。三是担保公司发展缓慢，存在担保基金规模小、申请程序繁琐、费用偏高等问题。2005 年底新余市中小企业担保中心担保金只有 1 261 万元。上饶市本级中小企业担保中心注册资金仅有 300 万元。四是民间融资不发达，存在缺乏公开的规范，风险大，借款利息偏大等问题。

2. 本土金融业发展迟缓

组建江西发展银行的设想很好，但推动力不够大、操作层面进展迟缓，对民间资本投资入股城市商业银行缺乏有力的推动措施。

3. 直接融资开放度低

对传统产业的中小型私营企业，在上市、发行债券、吸引基金投资等直接融资方面均很困难。

（四）现代商会体系建设滞后

2005 年全省工商联共有企业会员 13 776 个，企业会员数在全国列第 15 位，最多的是江苏省有 69 156 个，比上年增加 1 627 个。共有基层组织 773 个，在全国列第 12 位，最多的是河南省有 2 109 个。其中，乡镇商会 620 个，街道商会 97 个，异地商会 18 个，市场商会 15 个，开发区及其他商会组织 23 个。共有各级行业组织 246 家，在全国列第 12 位，最多的是江苏省有 811 家；其中省级行业组织有 6 家，在全国列第 16 位，最多的是重庆市有 28 家，各设区市 30 个，县级 210 个。考虑到行业组织实际开展活动情况，京、津、沪、渝县级行业组织和基层组织很少，宁夏、青海、西藏、海南在地域、人口、经济总量方面有特殊情况，部分省市的统计未更新，江西省工商联在行业组织发展和开展活动方面仍然是滞后的。

（五）用电成本过高

调研中发现，用电成本成为许多企业反映较为强烈的问题。

1. 商业用电价格偏高

商业照明用电高达每度 0.93 元，明显高于其他六类电价；商业用电高峰时段恰好是电价高峰时段，高峰电价 = 基础电价 ×130%，加重了商贸企业电费负担。江西省大多数商贸企业是私营企业，私营企业中商贸业的比重较高，这种行业性高电价在一定程度相当于所有制型高电价。

2. 企业初装和增容安装变压器成本偏高

据抚州市一家企业反映，自行购买供电设备不到 6 万元，供电部门要价 38 万元，另一家企业反映，自行购买变压器设备安装需 7 万元，供电部门报价 47.3 万元。

3. 拉闸限电随意性偏大

一些县市不时出现突然拉闸停电，企业经济损失严重，还易于引发安全事故。

五、“十一五”个体私营经济发展展望

展望未来 5 年，江西个体私营经济发展变化将会呈现五大发展趋势：

第一，发展速度将保持领先水平，占 GDP 和财税收入的比重持续上升。尤其是民营工业企业、民营服务业企业的增长率将比其他所有制形态更快。

第二，企业规模继续扩大，部分有实力的私营企业竞争力逐渐提高。上规模私营企业数量将迅速增加，部分上规模私营企业在面临二次创业、产业升级和转型。

第三，省外私营企业投资保持高速增长。随着江西投资软、硬环境日趋改善，区位优势日益凸现，东南沿海普通产业会加速向中西部地区转移，大量省外私营企业会来江西投资办厂、兴办企业，江西会逐渐成为国内民间资本投资的重要目的地。

第四，企业综合素质大面积提升。一是企业法人治理、产权结构、管理水平、竞争能力、员工素质、技术工艺水平、产品质量档次、企业自主创新能力、环保意识都将不断提高。二是企业家综合素质、企业参政议政意识和社会责任感、企业参与商会活动和合作发展意识都将持续增强。

第五，产业结构渐趋合理。高新技术产业、现代服务业、现代制造业、民办教育都将占更大比重。产业集群规模将持续增长、数量将更多。

六、加快个体私营经济发展的对策建议

（一）以深化经济、行政体制改革为主动力，逐步从根本上优化个体私营经济的发展环境

1. 健全立法、决策的民主机制

在人大立法、政府决策、政治协商等环节应有制度化的措施保证私营企业家的呼声、意见和建议能被党委、人大、政府的领导所知晓。鉴于非公经济在社会、经济生活的实际地位、作用和工商联的职能，工商联会长应在同级人大担任副职，并在人大常委中优先安排工商联专职领导。政府及其部门在作出有关内资非公有制经济发展的决策时，要注重切实发挥工商联的助手作用，在调研、征求意见、贯彻执行等环节均与工商联进行沟通与合作。在政协的政治安排中应给工商联界别更多的名额。

2. 以更好地提供公共产品为标准推进行政体制改革

现代政府的主要职能是能够及时适应社会经济发展的客观需要，低成本、高效率地提供充足、优质的公共产品。现行的政府机构虽然经过多次改革、创新，在提供公共产品方面仍存在诸多不足，一是机构设置过多、过细，政府资源内部配置过于分散，一些机构在做好机关内部事务之余，没有足够的人才、资金、设备、职能（手段）来提供公共产品。建议将职能相近、交叉的部门合并，如：发改委、经贸委、中小企业局和各工业行业办可以合并为经发委；外经贸、内贸、供销社、粮食、经济合作、招商、旅游等部门可以合并为商务厅（局）；人事、劳动和社会保障、编制可以合并；信访和监察可以合并；文化、广播电视、新闻出版可以合并；农业、林业、水利可以合并；版权、商标、知识产权（专利）可以合并。市级政府的部门数应少于省政府，县级政府的部门数应少于市政府并有较大幅度的减少。那些编制、经费、职能少的部门、单位应当是合并的重要对象，要鼓励各设区市和县、市、区政府在机构合并方面大胆创新。为了减少机构合并的阻力，可以采用职数、编制不减少的办法。各部门的内设机构也应尽量精简并规范化。二是部门协调困难，执行力不够高。建议强化办公厅、发改委等综合部门的协调职能，建立、健全各项工作的协调机制、监督反馈机制、督办机制、考核激励机制，加大干部交流的力度，努力削弱市场中的行政垄断、行业垄断现象，大力推进行政资源共享、电子政务，切实提升政府的战略管理能力、调研能力、学习能力、应变能力、执行力和亲和力，努力改善政府的社会形象，提升政府社会信用，建立学习型、服务型、协调型、效能型、精简型的现代化政府，努力实现政府与市场、企业、社会的和谐发展、良性循环和互动双赢。

3. 规范执法部门的经费和职权

要改变执法部门罚没款、收费与划拨经费挂钩的办法，要尽量合并执法部门，罚款、收费不能下达硬指标，要尽量推行统一联合执法。

4. 推行政务公开，加强对行政、执法的监督

要坚持定期让政府部门的服务对象、纳税人、社会各界知名人士对政府部门工作质量进行评议；要充分发挥各民主党派、工商联的民主监督职能，定期征求各民主党派、工商联对政府部门的意见、建议和批评；要支持各种新闻媒体对政府部门进行舆论监督，凡新闻媒体进行过报道的违法、违纪事件，纪检、监察部门要进行跟踪调查。

5. 逐步培育、建立、健全现代商会体系

江西省工商联在商会建设方面提过多次建议，但仍需要进一步引起有关领导的高度重视和有力支持。我们认为，现代商会制度是确保现代市场经济健康运行的重要基础秩序，是个体私营经济健康发展的重要制度保障，是区域经济竞争的重要法宝，是社会主义与市场经济相结合的重要制度接口。江西要想缩小与发达地区的差距，大力发展现代商会体系可能是一个低成本、

高效益的明智之举。

（二）继续深入开展思想解放活动，培育开放学习创新型现代商业文化

进入新世纪以来，江西最深刻的变化是人们的思想观念、精神状态的变化，抓住机遇，不争论、不折腾，不甘落后，谋发展，已经成为全省上下的主流思潮。但全省社会文明的演进，文化思潮的进化，是一个艰难、曲折和漫长的过程。一方水土养一方人，有什么样的文化传统、文化环境，就会造就什么样的人才群落。江西历史上漫长而普及的农耕文化、小农经济意识、封建专制意识、旧官场文化和潜规则深深地影响着许多江西人的观念、思维、感情和行为，这种文化氛围由于江西高等教育和科技研发事业的滞后，缺乏一种居高临下的现代文明的强烈冲击；由于个体私营经济不发达、境外投资总量小，缺乏一种利益相关的现代商业文明的强烈冲击；由于本土财经媒体、文化知识型媒体不够发达，缺乏一种营造新型文化环境的主流媒介。在旧文化中，最典型、最具危害性的是对人才的压抑，各类突出人才往往要面对妒贤嫉能、求全责备、诽谤打压、逆向淘汰、生硬僵化和见富眼红、平均主义、多头监管的周边环境，由于有这种不利于杰出人才脱颖而出的成才和发展环境，尽管有江右商帮的经商传统，尽管宋代曾有人才辈出的文化传统，尽管有物华天宝、人杰地灵的悠久历史，尽管江西地理区位优势日益凸显，但江西经济（包括个体私营经济）发展仍然不够理想，优秀的企业家（含私营企业）仍然较少。

面对这种现象，我们建议：

第一，继续深入开展思想解放运动，以科学发展观和改革开放为旗帜，继续大力普及现代经济学、工商管理、公共管理知识，继续广泛宣传介绍知识经济、经济全球化知识，培育开放的学习型文化。

第二，把人才强省战略摆在更突出的位置。要通过大力度的持续宣传和反复强调，让全省上下广泛、深刻地认识到，国以才立，政以才治，业以才兴，江西崛起，人才为本；人才是江西发展的第一资源、第一资本、第一动力；唯有人才辈出的成才环境，才有民富国强的经济成就，唯有能人发财的发展环境，才有企业兴旺、大家富裕的良性循环；人才辈出是江西崛起的主导力量所在。

第三，制定各种可操作的财税等方面的优惠政策体系和扶持举措，鼓励和支持企业自主创新和科技型私营企业加快发展。

（三）编制并实施江西省"十一五"《个体私营经济发展规划》

省发改委已经牵头编制出"十一五"江西省《全民创业规划》，并征求过各相关部门、单位的意见，这一规划写得很全面，分寸把握适当。但《全民创业规划》无法覆盖个体私营经济发展的全部内容和主要内容，而发展个体私营经济应当是"十一五"规划中的主要内容之一，为此建议另行编制《个体私营经济发展规划》，作为全省国民经济和社会发展"十一五"规划的重要组成部分和重点专项规划。建议《个体私营经济发展规划》由省发改委牵头，省经贸委、省工商局、省中小企业局、省统计局等部门参与编写，省工商联参与调查、研究和讨论。

（四）建立健全个体私营经济发展的服务支撑体系

目前，各有关政府部门及其下属机构各自都有一些与经济（包括个私经济）发展高度相关的优惠、扶持、保障、服务、支撑职能，名目繁多，累积起来很丰富，含金量也不低。但一方面，私营企业往往觉得缺乏有效、方便的服务支撑体系；另一方面，一些有关部门和机构却往往觉得私营企业对服务支撑的需求不足。究其主要原因，一是有关部门、机构之间缺乏经常性的有效协调，各自为政、各行其是，缺乏相互沟通，互不配套，形不成合力，与广大私营企业间缺乏经常性的沟通渠道。二是对服务支撑体系的建立、健全缺乏统筹考虑，很可能出现社会迫切需求、投入产出比高的服务无机构提供，社会需求小、投入产出比低的服务支撑有多个机

构提供。

建议，由省发改委、省经贸委、省中小企业局牵头，省工商联参与协助，对省政府各部门及其下属机构（包括各类企事业单位、各类协会、联合会、各类中介服务机构）的职能进行全面的调查、清理和研讨，提出系统的建立、健全内资非公有制经济发展的服务支撑体系的方案和实施意见，明确落实面向个体私营经济发展的服务支撑体系的协调机制、协调部门、协调的具体操作办法，建议明确工商联负责协助政府有关部门与广大私营企业进行沟通、联络。

（五）以改革创新驱动发展

虽然江西在经济发展方面有明显的区位优势、后发优势、硬环境优势，近年在抓住机遇、加快经济（个体私营经济）发展方面的工作力度明显加大、工作经验日益丰富、投资积累效益可观、经济亮点层出不穷，与过去的江西比成绩喜人。但是，从宏观角度、从全球经济一体化、从全国范围来看，江西的经济（包括个体私营经济）成就并不灿烂，主要是总量不够大，大企业数目少，外向型经济规模小，经济国际化程度低，在全国有较大影响、高速成长的优秀企业很少。从经济学、管理学的角度来看，从可持续发展、知识经济、自主创新的角度来看，按照科学发展观的要求来看，江西的经济成就并不卓越，主要是产业结构层次低、科技型企业少、自主创新能力弱、企业普遍缺乏竞争优势和核心竞争能力、现代服务业发展滞后，高水平研究型高等教育的质量乏善可陈，很少有私营企业能被公认为代表了中国企业发展的希望。客观地说，江西在加速发展，但沿海发达地区仍在高水平基础上加速发展，中部各省和东北、西部省份在经济发展方面各有高招，江西与沿海发达地区的差距仍在扩大，部分兄弟省市发展势头十分强劲，在国内区域经济的竞争中，江西的比较优势并不很大，竞争优势和自主创新能力的培育任重道远。对此，我们应当有清醒的认识和觉悟，要有全球和全局视野、要有足够的勇气和胆量，在立足江西的实际情况基础上，抓住关键要害环节，精心谋划，进行大手笔的改革、创新。诚如省委书记孟建柱所言："要崛起就要创新，没有创新就不可能追赶，更不可能超越。"

从发展个体私营经济的角度来看，要特别注重以下几个方面的创新。

一是观念创新。要努力让"保护私人财产权是经济健康发展的基本保障，个体私营经济是江西崛起的重要力量，大力加快个体私营经济发展是江西崛起的必由之路"等新观念成为全社会的基本共识。

二是体制创新。要充分认识到体制创新是崛起的必由之路和明智之举，是耽误不得、失误不起的大事，要切实在创建精简、协调、高效的公共服务型政府和建立现代商会体制方面有大举动。

三是管理创新。要努力创建学习型政府、学习型社会，形成创新型精英脱颖而出、施展才华的用人机制，切实提升各级政府及企事业单位的战略管理和经营管理水平，切实提升各级政府的执行力和工作效能。

四是产业创新。要大胆地切实放宽个体私营经济的市场准入，用战略规划和服务支撑引导民间资本进入金融等现代服务业、高新技术产业和新经济领域，鼓励私营企业通过技术改造、自主创新、分工协作、资本运营来提升产业层次、优化产业结构，切实系统地扶持私营企业产业集群的发展。

大胆创新、大手笔创新和科学创新是加快江西个体私营经济发展，实现江西崛起的希望所在。

江西省工商联上规模会员企业按资产总额排序

单位：万元

序号	企业名称	资产总额
1	萍乡钢铁有限责任公司	634 770
2	江西亚东水泥有限公司	250 994
3	泰豪集团有限公司	176 361
4	江西博能实业集团有限公司	145 734
5	汇仁集团有限公司	104 219
6	江西兰丰水泥集团有限公司	95 779
7	江西民生集团有限公司	87 795
8	南昌洪城大厦股份有限公司	86 247
9	果喜实业集团有限公司	85 264
10	大亚木业（江西）有限公司	52 208
11	九江市修水县珠江实业有限公司	48 960
12	江西汪氏蜂业集团（汪氏蜜蜂园）	48 364
13	九江清源实业集团有限公司	43 931
14	赣州虔东实业（集团）有限公司	43 093
15	仁和（集团）发展有限公司	42 124
16	江西煌上煌集团有限公司	39 827
17	南昌市五江保温瓶实业有限公司	39 675
18	九江信华集团有限公司	37 509
19	江西海扬纺织集团有限公司	36 806
20	江西武冠新材料股份有限公司	32 001
21	江西洪客隆实业有限公司	29 743
22	江西青龙集团有限公司	28 303
23	江西玉华水泥有限公司	27 299
24	江西省丰和营造集团有限公司	26 557
25	赣县世瑞矿产品贸易有限公司	26 069
26	赣州华坚国际鞋城有限公司	25 739
27	江西江特电气集团有限公司	23 454
28	江西济民可信药业有限公司	21 322
29	江西思创数码科技股份有限公司	20 975
30	新余市永盛工贸有限公司	17 756
31	德兴市百勤实业集团	12 957
32	江西联达冶金有限公司	12 837
33	江西省南昌市第五建筑安装工程公司	12 684
34	九江新康达化工实业有限公司	9 013
35	新余市良山钢管有限责任公司	8 001
36	江西金发铜业有限公司	6 600
37	江西九州医药有限公司	4 585
38	江西鼎盛有色金属材料有限公司	1 100
合计		2 446 655

江西省工商联上规模会员企业按缴税总额排序

单位：万元

序号	企业名称	缴税总额
1	萍乡钢铁有限责任公司	70 644
2	汇仁集团有限公司	11 407
3	江西亚东水泥有限公司	9 355
4	江西济民可信药业有限公司	6 762
5	仁和（集团）发展有限公司	5 255
6	赣县世瑞矿产品贸易有限公司	4 738
7	九江市修水县珠江实业有限公司	4 275
8	江西煌上煌集团有限公司	3 890
9	江西博能实业集团有限公司	3 813
10	泰豪集团有限公司	3 464
11	江西民生集团有限公司	2 931
12	新余市永盛工贸有限公司	2 472
13	江西金发铜业有限公司	2 160
14	江西玉华水泥集团	1 925
15	江西联达冶金有限公司	1 785
16	赣州虔东实业（集团）有限公司	1 644
17	果喜实业集团有限公司	1 622
18	江西江特电气集团有限公司	1 615
19	江西武冠新材料股份有限公司	1 563
20	江西兰丰水泥集团有限公司	1 495
21	新余市良山钢管有限责任公司	1 405
22	大亚木业（江西）有限公司	1 362
23	九江信华集团有限公司	1 200
24	江西鼎盛有色金属材料有限公司	1 200
25	九江新康达化工实业有限公司	1 186
26	江西洪客隆实业有限公司	1 030
27	江西青龙集团有限公司	972
28	九江清源实业集团有限公司	940
29	南昌洪城大厦股份有限公司	876
30	德兴市百勤实业集团	725
31	江西省丰和营造集团有限公司	702
32	江西海扬纺织集团有限公司	696
33	江西省南昌市第五建筑安装工程公司	428
34	江西汪氏蜂业集团（汪氏蜜蜂园）	400
35	南昌市五江保温瓶实业有限公司	350
36	江西思创数码科技股份有限公司	343
37	赣州华坚国际鞋城有限公司	237
38	江西九州医药有限公司	150
合计		157 017

江西省工商联上规模会员企业按照营业收入额排序

单位：万元

序号	企业名称	市	营业收入总额	所属行业
1	萍乡钢铁有限责任公司	萍乡市	1 002 268	黑色、有色金属冶炼及压延加工业
2	汇仁集团有限公司	南昌市	300 214	医药制造业
3	南昌洪城大厦股份有限公司	南昌市	130 502	批发和零售业
4	江西博能实业集团有限公司	上饶市	120 467	综合（含投资类、主业不明显）
5	泰豪集团有限公司	南昌市	103 539	综合（含投资类、主业不明显）
6	仁和（集团）发展有限公司	宜春市	101 447	医药制造业
7	赣县世瑞矿产品贸易有限公司	赣州市	85 198	黑色、有色金属冶炼及压延加工业
8	江西济民可信药业有限公司	宜春市	78 686	医药制造业
9	江西亚东水泥有限公司	九江市	74 172	非金属矿物制造业（含水泥、玻璃、陶瓷、耐火材料等）
10	江西民生集团有限公司	九江市	53 566	综合（含投资类、主业不明显）
11	新余市永盛工贸有限公司	新余市	51 702	黑色、有色金属冶炼及压延加工业
12	江西洪客隆实业有限公司	南昌市	50 007	其他
13	江西思创数码科技股份有限公司	南昌市	42 543	通信设备、计算机及其他电子设备制造业
14	新余市良山钢管有限责任公司	新余市	40 736	黑色、有色金属冶炼及压延加工业
15	江西兰丰水泥集团有限公司	宜春市	40 538	非金属矿物制造业（含水泥、玻璃、陶瓷、耐火材料等）
16	江西金发铜业有限公司	宜春市	39 680	金属制造业
17	江西煌上煌集团有限公司	南昌市	39 318	食品加工业与食品、饮料制造业
18	江西联达冶金有限公司	萍乡市	39 089	金属制造业
19	赣州虔东实业（集团）有限公司	赣州市	36 313	黑色、有色金属冶炼及压延加工业
20	江西武冠新材料股份有限公司	萍乡市	32 708	化学原料及化学制品制造业
21	大亚木业（江西）有限公司	抚州市	30 260	木材加工及木、竹、藤、棕、草制品、家具制造业
22	南昌市五江保温瓶实业有限公司	南昌市	28 736	非金属矿物制造业（含水泥、玻璃、陶瓷、耐火材料等）
23	九江信华集团有限公司	九江市	28 039	房地产业
24	江西青龙集团有限公司	宜春市	26 654	综合（含投资类、主业不明显）
25	江西江特电气集团有限公司	宜春市	26 344	电气机械及器材、线缆制造业
26	果喜实业集团有限公司	鹰潭市	26 229	木材加工及木、竹、藤、棕、草制品、家具制造业
27	江西九州医药有限公司	宜春市	26 001	批发和零售业
28	江西鼎盛有色金属材料有限公司	宜春市	25 001	金属制造业
29	江西海扬纺织集团有限公司	九江市	24 556	纺织业、化学纤维制造业
30	江西汪氏蜂业集团（汪氏蜜蜂园）	南昌市	24 358	食品加工业与食品、饮料制造业
31	九江市修水县珠江实业有限公司	九江市	22 509	采矿业
32	九江清源实业集团有限公司	九江市	22 383	医药制造业
33	德兴市百勤实业集团	上饶市	21 613	化学原料及化学制品制造业
34	江西省丰和营造集团有限公司	南昌市	21 200	建筑业
35	江西省南昌市第五建筑安装工程公司	南昌市	20 734	建筑业
36	江西玉华水泥集团	吉安市	20 137	非金属矿物制造业（含水泥、玻璃、陶瓷、耐火材料等）
37	赣州华坚国际鞋城有限公司	赣州市	20 108	服装、鞋帽、皮革制造业
38	九江新康达化工实业有限公司	九江市	20 032	化学原料及化学制品制造业
合计			2 897 587	

2005 年江西省纺织服装进出口企业构成统计

单位：万美元　%

企业构成	进出口额	同比	出口金额	同比	进口金额	同比	进出口家数	同比	出口家数	同比	进口家数	同比
私　营	30 205	64.31	29 958	64.39	247	55.08	141	38.24	139	37.62	17	70
其　他	17	—	16	—	1	—	3	—	1	—	2	—
合　计	78 230	-1.41	73 488	-2.3	4742	14.66	385	14.93	351	15.46	107	15.05

2006 年 1 月～5 月江西省纺织服装进出口企业构成统计

单位：万美元　%

企业构成	进出口额	同比	出口额	同比	进口额	同比	进出口家数	同比	出口家数	同比	进口家数	同比
私　营	12 339.4	6.06	12 198.9	5.60	140.5	71.44	128	30.61	125	30.21	20	122.22
其　他	65.8	—	61.5	—	4.3	—	3	—	2	—	2	—
总　计	35 236.4	17.39	32 513.8	15.03	2 722.6	55.60	324	14.08	294	15.29	97	31.08

说明：

①本报告主要数据来源为：省发改委、中小企业局、统计局、国税局、地税局、工商局；抚州、萍乡、新余、九江、上饶、赣州、景德镇市工商联，上饶市工商局、赣州市中小企业局；《江西日报》、政府有关部门网站等公开媒体。

②本报告对部分数据进行了计算，由于数据来源可能不同，数据口径可能不一致，计算结果可能有偏差。

山东省2005年民营经济发展形势分析报告

山东省工商联

自去年年初以来，中共山东省委、省政府把加快民营经济发展与建设社会主义新农村结合起来，注重产业结构调整，着眼科技创新，放宽进入领域，加大领导力度，搞好政策扶持，开拓发展空间，使山东省民营经济发展实现了新的突破，顺利驶入稳健快速发展通道。现将有关情况报告如下：

一、山东民营经济发展更为扎实快速和稳健

截止2005年底，我省实有个体工商户168.7万户，从业人员364.9万人，注册资金349.6亿元，同比分别增长1.6%、5.9%和14%；2005年山东全省实现国民生产总值（GDP）14 336亿元，其中个体私营经济所占GDP比重为48%强，约计7 109亿元；上缴税收211.6亿元，年增28.1%，占全省总税收42.3%；实有私营企业31.5万户，从业人员444.1万人，包括个体工商户，全省个体私营经济从业人员为809万人，比2002年增加319万人，年增63.8%，占全省总就业人数70.2%。注册资本（金）4 131.6亿元，同比分别增长14.2%、13.8%和29.3%。2005年山东省实现进出口总额503.2亿美元，出口创汇278.2亿美元。其中我省私营企业出口创汇165.1亿美元，占总出口数额59%。

（一）个体工商户发展进一步趋缓，户均经济实力不断增强

从户数上看，2005年全省个体工商户延续了2004年的趋势，发展进一步趋缓，期末实有户数同比增长1.6%，比上年低了3个百分点，比2003年低了7个百分点；全年新登记个体工商户32.5万户，同比减少6.9%。但从业户拥有资金情况看，全省个体工商户资金数额同比增长14%，增幅比户数高12.4个百分点。户均经济实力进一步增强，为2.07万元，同比增加2 200元，与2000年相比增加了1万元，增长近1倍。

（二）私营企业保持较快增长，新登记企业资金实力比较雄厚

2005年，全省私营企业在经历了前两年的高速发展后，保持了较快增长，但速度有所减缓。到年底，全省私营企业实有户数达到31.5万户，同比增长14.2%，增幅比上年回落6.6个百分点。规模、实力进一步增强。特别是2005年新登记私营企业，在户数同比下降6.3%（全年新登记7万户）的同时，新登注册资本（金）865.4亿元，同比增长7.9%，户均资本（金）为124.3万元，同比增加16.3万元，增幅是近年来最高的；新登记私营企业注册资本（金）和户均资本（金）均超过浙江省，分别高了24.8%和16.4%。2005年，新登记或主动追加投资的私营企业大户大幅增加。到年底，全省注册资本（金）在1 000万元以上的私营企业达到7 582户，过亿元的达到162户，同比分别增加2 329户和49户，净增户数约占实有户数的三成以上；私营企业集团达到619家，同比增加112家。

（三）个体、私营企业资本（金）总量大幅增加，加速了所有制结构调整

2005年，全省个体、私营企业注册资本（金）总量继续大幅增加，在社会资本（金）总量中的比重进一步提高，特别是新增资本（金）量已占到新增社会注册资本（金）总量的比重达

七成以上，所有制结构加速调整。到年底，全省个体私营经济注册资本（金）总额达到4 481.2亿元，同比新增978亿元，增幅27.9%，新增额占实有注册资本（金）总额的1/5。从社会资本（金）构成情况看，个体、私营经济注册资本（金）占社会注册资本（金）总额比重为28.1%，同比上升了4.1个百分点；个体、私营经济注册资本（金）新增额所占比重大幅提高，占新增总额72%，同比上升18.8个百分点，创历史最高水平。到年底，全省内资、外资、个体私营经济注册资本（金）所占比重分别为47.5%、24.4%和28.1%（上年为52.4%、23.6%和24%），公有制企业注册资本（金）比重下降了4.9%，非公有制企业注册资本（金）比重首次超过公有制企业，占到5成以上。

（四）个体、私营经济产业结构继续微调，第一产业、第三产业比重上升

继2005年提出建设胶东半岛制造业基地之后，2005年又出台了促进农村经济发展和加快服务业发展的实施意见，制定了一系列“红盾护农”和支持服务业发展的具体措施，促进了个体、私营经济第一产业、第三产业的发展。个体、私营企业中第一产业发展明显加快，比重提高。2005年，个体、私营企业中从事第一产业的业户同比分别增长18.9%和29.3%，比平均发展速度快了17.3个和15.1个百分点，占总户数的比重分别为1.8%和2%，同比提高0.3个和0.2个百分点。特别是本年新登记第一产业，同比分别增长1.4倍和55.8%，增幅是近年来最高的，占新登记户数的所占比重分别为2.9%和2.8%，同比上升1.8和1.1个百分点。个体、私营企业中从事服务性第三产业的业户均占据较大优势，其中个体工商户中第三产业比重达到84.2%，同比上升0.7个百分点；私营企业第三产业比重达到52.9%，同比上升0.5个百分点，比第二产业高了7.8个百分点，差距扩大1.2个百分点。个体、私营企业中第二产业比重略有下降，分别为14%和45.1%，同比下降1个和0.7个百分点。

（五）行业发展领域拓宽，非传统行业发展快于传统行业

从行业发展情况看，发展不平衡性表现突出，非传统行业发展明显加快，传统行业受行业空间限制，基本趋于饱和，发展减缓。个体工商户中，制造业、交通运输仓储业、住宿餐饮业、租赁商务服务业等传统性行业本年新登记户数同比减幅在10%以上，减幅最大的交通运输仓储业减少51.9%，制造业减少33.1%；而农林牧渔业、房地产业、文化体育娱乐业、卫生社会保障社会福利业等非传统行业发展较快，本年登记户数同比增幅均在30%以上，其中农林牧渔业受国家和省内支持农村经济发展政策的影响，本年登记户数同比增长1.4倍，房地产业受房地产市场持续坚挺，买卖、租赁交易增多的影响，同比增长68.2%。私营企业中，制造业、批发零售业、住宿餐饮业等传统行业发展低于平均水平，本年登记户数同比降幅均在10%以上，其中住宿餐饮业同比下降18.4%；而农林牧渔业、采矿业、交通运输仓储业、房地产业发展迅速，本年登记户数同比增幅均在18%以上，其中采矿业同比增长达85.1%，农林牧渔业同比增幅55.8%，房地产业同比增幅31.4%。

（六）民营企业家的社会责任感进一步增强，社会形象得到提高

截止2005年底，全省参与光彩事业活动的民营企业家2 416人，落实光彩事业项目6 153个，合同投资额33亿元，到位资金21亿元，帮助64万贫困人口解决了温饱问题，安置就业人员282万人，培训215万人次，各类捐款捐物达6.81亿元。特别是在建设社会主义新农村活动中，全省广大民营企业家以高度社会责任感和使命感，积极投身其中，踊跃开展“民企帮村”活动。威海市目前已有195个企业与153个村庄结成帮扶对子，实施帮扶项目88个，项目总投资3 015万元，无偿投入公益、福利事业资金1 490万元，为农民和农村办实事137件。另有16个市、120多个县区近5万家民营企业自觉在“民企帮村”活动中显身手、做贡献。以实际行动展示新时期民营企业家的时代风采。

二、快速发展中出现的问题和挑战

应当说，民营经济近年来特别是去年以来，发展的速度和规模都呈现出良好的势头。但是，制约我省民营经济发展的障碍和因素依然不少，民营经济的发展决非“风景这边独好”，在大发展的“合唱中还有不和谐的音符”，我们必须冷静地予以分析和对待。

（一）传统的所有制观念依然在束缚民营经济的发展

首先在政策规定上享受不到平等的国民待遇。现行的产业政策、财政政策、金融政策、市场准入政策等方面都或多或少存在着对民营企业限制性的规定。有些民营企业因受技术、设备及各方面能力的限制，一时找不到新的投资方向或新的发展切入点，很需要在产业政策上得到指导和支持，而政府往往在这方面偏重于国有、集体和其他方面大型企业，使许多中小民营企业在生产经营和项目投资上陷入盲目性和投机性。目前，民营企业感到困难最大的是融资问题，由于金融部门对民营企业的贷款要求上授信标准高、贷款额度低，且手续繁杂、成本增大，致使民营企业在发展中对资金的需求更为困难。

其次在政策执行上受到不公平对待。本来国家税收政策存在对民营企业重复计征所得税的不公平规定，而有的地方还存在执行税收政策时随意加征的现象。调查中，菏泽市某印刷有限公司、淄博某有限公司反映：企业负责人获取信息、联系业务所用的手机每月都要花费 1 000 多元，理当计入企业成本。而税务部门人员为了尽量多征税，却按国家规定的公务员通信费用标准，对民营企业负责人手机费每月限额 80 元计入成本，超出部分要分别交纳企业、个人所得税，一部手机 1 个月通话费 1 000 元即要纳税 200 多元。这样的规定显然是不合理的，是对民营企业的歧视。

（二）政策落实不到位拖累了民营经济的发展

从宏观上说，改革开放以来，特别是近年来，中央对民营经济的认识和采取的方针，越来越切合我们的国情、越加符合现阶段生产力的发展水平。但是在具体执行过程中也存在一些问题，各地反映较多的主要是“两难”：

一是好政策落实难。山东在发展民营经济方面的优惠政策，有的比周边发达省市还要超前，在全国引起一定反响，但这些政策在全省的落实情况却不尽一致。在一些地方，不少扶持政策还是睡在文件里，说在嘴皮上，甚至牵涉到部门利益的还遭到或明或暗的抵制。对发展民营经济能起促进作用的有利的、宽松的政策，执行不得力；而对于侧重规范的、制约的政策（如在土地、税费、行业准入、进出口等方面）却执行得很认真。有人说，我们一些市县，从表面上看，执行政策最认真，而发展的步子也最慢。

二是遇到问题协调难。不少地方反映，目前，对民营经济没有一个统一的协调、服务部门，协调机制不完善，服务体系不健全，民营企业在信息服务、产业指导、技术支持等方面难以得到有关部门的帮助。而我们要了解一点民营经济的情况，也往往要找好多部门，而且这些部门提供的情况还不一样。比如要查某个数据，工商、税务、统计，给的数字都不一样。这就带来了一系列问题，首先是给领导判断形势、制订政策不能提供准确的依据。其次，对民营经济有管理权和收费权的单位不少，但真正为企业服务的单位又很少，导致在企业出现问题时，有关部门就相互推诿、相互扯皮。再次，对涉及民营经济长远发展的一些重大制约性因素，如反映了多年的融资难问题、峰谷电价问题，以及在国企改制初期因职工身份置换不彻底而引起的遗留问题等，很少有人坐下来研究解决。不少企业反映，企业红火的时候，经常有领导来视察指导，而一旦企业出了点问题，找谁也找不到了。

（三）体制性障碍严重滞碍了民营企业发展

民营企业对进入交通、水利、电力、通讯等基础设施建设项目、城市和城镇水、电、气等公共设施和公共服务项目等有四个主要方面的障碍：

一是资质审批困难。从了解情况看，许多民营企业反映，我省民营企业在涉及交通、水利、建筑等施工资质方面的审批要比外省困难得多，比本系统企业要严得多。同等条件的，系统内企业可以被评为二级、甚至一级，民营企业只能评为三级。二是信息不透明。各类基础设施建设项目一般都是政府有关部门或特许公司发起、规划，民营企业难以获得及时、准确的信息，在项目决策时缺乏信息支持。三是前置审批多，手续繁杂，效率低下，从而导致民营企业对参与基础设施建设可望而不可及。四是内外有别。在电力、公路、水利、交通、能源、市政等一些垄断和一些半垄断性行业，在项目审批、资金安排、项目设计、原材料供应以及项目营运后的维护等方面都是向本系统直属企业倾斜，基本上都是系统内封闭运行，民营企业很难进入。即使是少量的民营企业进入了，也很难享受"系统内"的财政资金、税费返还等优惠政策。建设项目从设计、施工到验收都是系统内封闭运行，缺乏必要的竞争和监督，也就更容易产生暗箱操作和滋生腐败。

三、加快山东民营经济发展的几点对策与建议

（一）应进一步清除影响民营经济发展的思想障碍

实践都一再证明，思想解放的程度，决定民营经济发展的速度。因此，在当前要加快山东民营经济的发展，首先要进一步解放思想，思路要进一步拓宽，工作要进一步创新。各级党政领导和职能部门应自觉以中共十六大和十六届五中全会精神，以及国务院下发的《若干意见》为指针，始终毫不动摇地支持、鼓励和引导非公有制经济发展。在研究民营经济发展时，首先要想哪些可以干，而不是首先想哪些不能干；首先要想怎么干才能促进民营经济快速发展，而不是首先想怎么干才不会出问题。山东的民营经济要想实观跨越式的大发展，就必须要在鼓励、吸引优秀人才创办民营企业上有突破，要在下决心解决环境问题、动真格治理"三乱"上有突破，要在激活本省民间资本和吸引外来民间资本上有突破。凡是国家法律法规没有明令禁止的，都可以大胆地去做；凡是对民营经济发展有利的措施办法，都可以大胆地试行。要消除对民营企业家不亲不疏的感情距离，对民营企业家政治上放心，政策上放宽，发展上放手。要在全省上下真正形成合力，解决出政策不出效益，能想到不能做到，有思路没有措施，有呼声不抓落实的问题。应注重激发民间创业的活力。在对待民营经济发展的问题上，全社会都要解放思想，与时俱进。应自觉学习江浙等地民营经济发达地区党政领导和社会各界的市场经济意识和勇于创业精神，在全社会形成一个鼓励创业、勇担风险的社会氛围。鼓励高素质的人才大批加入到民营企业，特别是高科技民营企业；鼓励全社会一切有投资能力的人能大胆投资入股办企业。通过营造支持民营经济发展的浓厚社会氛围，激发民间创业的活力，形成全省民营经济新的发展高潮。

（二）应进一步优化民营经济的发展环境

首先应"重典"治理"三乱"。"三乱"目前仍是给民营企业带来利益受损、精力耗费的最大问题之一，民营企业往往无力自我保护。因此需要从立法、组织、行政、监督等多方面采取措施并施以"重典"治理，特别要着力解决利益部门化、个人化和商品化的问题。治理"三乱"关键在于从严和动真。各级党政领导应借鉴公安部门实行"五条禁令"的成功经验，对执法部门人员的行为也制订若干禁令，对于屡治无效，民意反映很大的部门及部门负责人，要结合年度考核进行必要的组织处理。财政要保证相关执法部门的事业经费和人员工资，罚没收入要全额上缴，不得与支出挂钩，杜绝一些行政执法部门"靠收费养人，养人去收费"的状况。应尽快

构筑健全的监督体系和周密的监督网络。除了进一步加强党纪行政监督外，应更好地发挥人大、政协、党派团体、行业协会、舆论监督和群众监督的作用。在省级主要新闻媒体上开辟治理“三乱”问题监督专栏，对一些典型个案及时进行曝光，严肃处理。要加快收费制度改革。今后除国家规定之外，山东省应不再出台新的收费项目；对过去的收费项目，应认真进行清理，重新予以审批，不合理的应坚决废除；应进一步完善“收支两条线”办法，取消“以收定支”和“以收定奖”的错误做法。要认真研究解决多头收费问题，试行“一站式”收费，有条件的可以逐步摸索试行费改税。

其次要加快深化行政审批制度改革。凡是国家明令取消的审批事项，应坚决取消；凡是明显不符合政企分开和政事分开原则、妨碍公平竞争的行政审批事项，应一律取消；凡是可以用市场机制代替的，应坚持按市场机制运作。建议在全省进行工商审批制改革。应努力实行检查审批制和信息共享制度。应依法规范对民营企业的各种检查，实行检查审批制度，对未经授权进入企业检查的要制止；对同一事项的检查，实行信息社会共享，杜绝对同一事项进行多级、多部门的重复检查；在不危及国家安全的情况下，应及时将国家和省内的远景规划、计划、各项优惠政策等信息向社会公布。

（三）应进一步拓展民营经济的发展空间

应以落实《若干意见》为契机，尽快取消对民营经济发展的各种限制性、歧视性条文，实施不同所有制企业一视同仁，同一准入门槛。凡是国家法律法规未加限制的行业，都对民营经济放开；凡是鼓励和允许外商进入的领域，都对民营经济放开；凡是今后国家实行特殊投资政策的领域，允许其他所有制经济进入的，也对民营经济放开。要允许民营企业参与政府采购的公开竞标。鼓励民营企业投资办教育、办医院。在市场准入上要着力打破行业和部门的垄断，公开招标、公平竞争。在清理历年民营经济市场准入政策的基础上编制出台全省的“鼓励、允许、限制、禁止”民营经济经营的产业目录，并定期修订；把重点民间投资项目纳入省重点建设项目规划。

促进民营经济与农村经济紧密结合。鼓励、支持民营企业充分利用本地资源，发展“一村一品”、“一镇一业”，逐步形成区域化布局、专业化生产、一体化协作、规模化经营的格局，促进民营经济在推动农业产业化、农村城镇化进程中发挥更大的作用，形成各具特色、各显优势的块状经济产业带。同时要注意促进民营经济在走新型工业化道路上发挥积极作用。应以政策为激励，市场为导向，资本为牵动，鼓励支持我省民营企业参与信息产业、高新技术产业的建设与开发。通过新型工业化战略的带动，促进全省民营经济达到提高科技含量、降低资源消耗、减少环境污染、增加经济效益的目的。

应积极推动金融改革。总结前一段时间全省招商引资的经验，加大吸引资金的步伐。要把中小企业信用建设同企业纳税信用、财会信用、个人信用以及公民道德建设结合起来，创建覆盖全省的信用发布、信息共享、网络化、制度化的企业信用和个人信用体系，为民营企业融资担保奠定坚实的信用基础。要在进一步建立和完善中小金融机构的同时，面向民间资金雄厚的省份开放民间金融市场，为民营企业融资提供更多渠道。应支持有实力的民营企业，通过对地方信用社的参股、控股改造，有计划、有步骤地进行民营商业银行的试点工作。应鼓励民营企业组建会员制的互助担保机构，允许民间资本创办商业性的民间贷款担保机构。应积极支持有条件的民营企业通过股票市场和债券市场直接融资。

（四）应进一步提高民营企业主的自身素质

要加强民营经济行业协会、同业公会建设。应自下而上地建立民营经济行业协会、同业公会，充分发挥这些组织在行业协作、行业管理和行业自律方面发挥积极作用。行业协会要积极研究行业规划，努力促进同行业规模经济的发展；要建立信息网络，开展技术交流，提供法律援助和政策咨询，努力促进同行业的互补与合作，实现共同发展。各级政府应提供必要的资助和授权，支持工商联充分发挥助手和桥梁纽带作用，帮助行业协会多层次地培训民营企业管理人才、技术人才和高素质的劳动力。要重点支持民营科技型、规模型和外向型企业。通过扶优扶强，培植典型，努力形成山东省民营经济的特色和亮点。应充分调动民营企业参与重大科技项目研发的积极性，更好地推动科技成果产业化。可以尝试依托山东省在科学和技术方面的优势，重点在政策、税收、资金、技术上支持具有良好发展前景的民营高科技企业，使其成为拥有著名品牌和自主知识产权，具有相当竞争力的民营科技龙头企业，发挥其在山东省民营经济中的带动作用。大力扶持一批规模型，外向型的强势民营企业，使其成为山东省民营经济的支撑力量。

要努力培育一支高素质的民营企业家队伍。应切实注重在全省营造一个有利于民营企业家成长的良好社会环境，营造一个有利于民营企业不断追求产品创新、技术创新、组织和制度创新的激励机制，努力培养出一支有世界眼光、有战略思维的高素质的优秀民营企业家队伍。

面对新的发展机遇，山东省民营经济不进则退。相信，山东省各级党委政府只要抓住机遇，适时出台扶持政策，真正狠抓落实，山东民营经济必将驶入迅猛发展的快车道。民营经济必将为建设“大而强、富而美”的社会主义新山东做出新的更大的贡献。

河南省2004～2005年私营经济发展概况

河南省工商联

一、河南省私营经济发展的基本情况

近两年来，特别是2005年1月河南省民营企业表彰大会以来，全省上下认真贯彻省委、省政府关于民营经济发展的“三放”方针（即政治上放心、政策上放开、发展上放手），加强组织领导，落实工作措施，着力营造私营经济快速发展的良好环境，全省私营经济发展势头强劲，总量增长迅速。2004年私营经济总产值达3 941.34亿元，占全省GDP 8 815.09亿元的45%；2005年全省地区生产总值10 535.20亿元，私营经济占生产总值的比重达到50%；私营工业增加值1 439.91亿元，增长37%，占规模以上工业增加值的比重44.6%，比上年提高4.3%；出口总额达15.45亿美元，占全省出口总额的30.3%。私营经济已成为河南省经济快速增长、扩大财政收入、缓解就业压力和繁荣城乡经济的主要力量。以下是2004年、2005年河南省个体私营经济发展情况统计：

表一　2004年河南省个体、私营企业发展情况统计表

类别	户　数		注册资金		从业人数	
	户数（万户）	比上年增长（%）	金额（亿元）	比上年增长（%）	人数（万人）	比上年增长（%）
个体户	123.11	1.6	174.35	4.1	257.98	0.29
私营企业	10.76	32.3	1 034.86	45.2	90.50	47.40

表二　2005年河南省个体、私营企业发展情况统计表

类别	户　数		注册资金		从业人数	
	户数（万户）	比上年增长（%）	金额（亿元）	比上年增长（%）	人数（万人）	比上年增长（%）
个体户	128.80	4.6	177.67	1.9	274.21	6.29
私营企业	13.35	24.0	1 698.90	64.0	104.95	15.97

二、私营经济发展的主要特点

（一）省委、省政府对私营经济发展高度重视

近年来，河南省委、省政府高度重视私营经济的发展，出台了一系列政策措施鼓励、支持、引导私营经济加快发展。2003年省委、省政府召开了高规格的发展非公有制经济工作会议，出台了《关于进一步促进非公有制经济发展的决定》。2005年初，省委、省政府召开了全省民营企业表彰大会，省委书记徐光春、省长李成玉均作了重要讲话，省政府专门拿出1 000多万元奖

金，重奖做出突出贡献的民营企业家。会议提出了要坚持“放心、放开、放手”的方针，为非公有制经济发展创造更加良好的环境。

（二）私营经济持续快速发展

2004年是河南省在全面建设小康社会、奋力实现中原崛起进程中迈出关键步伐的一年，也是河南省私营经济发展较快的一年。与2003年相比，私营企业总户数、注册资金和从业人数分别增加了2.63万家、321.92亿元、29.12万人，同比分别增长32.3%、45.2%、47.4%，全省平均每天就有94家新注册的私营企业开业，比全国日平均数高60%。

2005年河南私营经济继续保持高速增长的态势，与2004年相比，私营企业总户数、注册资金和从业人数分别增加了2.59万户、664.05亿元、14.45万人，同比分别增长24%、64%、15.97%。

（三）私营企业规模不断扩大

2004年全省私营企业中注册资金100万~500万元的10612家，500万~1 000万元的1 938家，1 000万元~1亿元的企业818家，1亿元以上的企业23家。

到2005年底，注册资金在100万~500万元的企业已达22 269家，同比增长110%；500万~1 000万元的企业4 254家，同比增长119%；1 000万~1亿元的企业2 616家，同比增长220%；超亿元的企业达52家，同比增长126 %。

（四）私营经济对社会的贡献越来越大

1. 成为吸纳就业的主渠道

河南省私营经济的快速发展，创造了大量的就业机会，不仅解决了大批城镇居民和下岗失业职工的就业再就业问题，而且吸纳了大量农村富余劳动力。2005年底，全省私营企业和个体工商户共容纳劳动力279.16万人。一些大型私营企业吸纳劳动力的作用非常明显，郑州三全食品股份有限公司、河南思念食品股份有限公司两个企业就安置了近3万人就业；河南财鑫集团现有员工近3 000人，其中80%的员工来自原国有企业。在2005年年初省政府表彰的120家“明星民营企业”、“优秀民营企业”中户均吸纳劳动力达2 200人。民营经济已成为吸纳农村进城务工人员和大学毕业生就业的主渠道，为缓解社会就业压力、增加城乡居民收入发挥了重要作用。

2. 成为促进县域经济发展的主力军

随着县域国有企业的逐步退出和乡镇企业的全面改制，推动县域经济发展的主体力量发生了重大转换，民营经济已成为县域经济发展的重要支柱。2005年全省县域GDP达到7 247.10亿元，民营经济实现增加值4 317.75亿元，占GDP的59.6%，比2003年提高8.3个百分点。2005年全省经济发展20强县（市）民营经济增加值占GDP的比重达到60%以上；民营经济实现的税收占全部税收的比重超过50%。民营经济发展对县域社会经济发展起到了举足轻重的作用，成为县域经济发展的主力军和社会主义新农村建设的重要力量。

3. 推动工业化、城镇化进程的有效载体

2005年，河南省实现工业增加值4 923亿元，比上年增长18.7%，工业对经济增长的贡献率达到56.7%，已经成为一个工业大省。私营企业发展速度明显加快，增势强劲，在我省实现由农业大省向工业大省的转变过程中发挥着很重要的作用。2005年全省私营工业实现增加值1 439.91亿元，增长37%，成为拉动我省工业经济增长的主要力量。尤其是2005年初省委、省政府对民营企业提出了“政治上放心、政策上放开、发展上放手”的“三放”方针后，全省私营经济已呈现出规模化、专业化、园区化发展的良好态势，不断增加的私营企业已成为河南省工业化、城镇化建设的有效载体。私营企业通过经济园区从集中办企业到集中做产业，由企业聚集向产业聚集发展，形成了产业集群，带动了一大批企业和相关产业的发展，有力地推动了人口、资金等要素的流动和集聚，大规模地解决了农村劳动力转移和就业安置，促进了城镇基础设施建设和第三产业的发展。私营经济的健康、快速发展有利推动了我省的工业化、城镇化进程，为实现中部崛起、构建和谐中原做出了重要贡献。

（五）私营企业整体形象进一步提升

近两年来，河南省私营企业在数量不断增加、规模不断扩大的同时，企业经营者的自身素质和企业的整体形象不断提升，参与公益事业、为社会做贡献的意识越来越强。截至2005年底，全省私营企业参与实施光彩事业项目1 353个，到位资金36亿元，捐款项目299个，累计资金2亿元，培训人员320 987人，实现就业与再就业28万人次，帮助脱贫49万人。2005年年初召开的河南省民营企业表彰大会上，郑州宇通企业集团等20家企业和河南汇通集团等100家企业因突出的社会贡献、良好的企业形象分别获得了“明星民营企业”和“优秀民营企业”称号。2003年、2005年省委统战部、省人事厅、省工商联等部门联合开展“河南省优秀中国特色社会主义事业建设者”评选表彰活动，100名非公有制经济代表人士因为诚信经营、照章纳税、积极参与社会公益事业，荣获“河南省优秀中国特色社会主义事业建设者”称号。仅2005年受表彰的49家企业为社会公益事业捐款捐物共计2.3亿元，突出的社会贡献获得了社会各界的广泛赞誉。

三、河南省私营经济发展中存在的主要问题

（一）私营企业总体实力不强

河南省的私营经济近几年发展速度较快，2005年私营企业的户数、注册资本、投资者人数、从业人员分别比“九五”开局之年的2001年增加142.72%、279.34%、134.92%、150.78%，全省私营经济增加值占生产总值的比重达到50%，比2004年提高5.2个百分点，比“九五”末提高15.5个百分点。但与全国其他省、市相比，私营企业不仅数量少、规模小，且从整体上看，科技含量不高、竞争力不强。从企业规模来看，2004年注册资本超过1 000万元的企业只有841户，占私营企业总数的0.078%；注册资本超过1亿元的企业只有23户，占私营企业总数的0.021%。与湖南省相比，河南的私营企业规模还有一定差距，2004年湖南省私营企业总户数为6.9万户，注册资金1 000万元以上的企业达1 917户，占私营企业总数的2.78%，注册资金1亿元以上的企业50户，占私营企业总数的0.07%。2005年全省注册资本超过1 000万元的私营企业只有2 668户，占全省私营企业总数的2%；注册资本超过1亿元的私营企业仅有52户，占全省私营企业总数的比重只有0.04%。另外，私营企业中的知名品牌相对较少，产品和企业在国内外市场上的影响力不大，企业开拓国际市场能力不强，经济外向度比较低。

（二）政策环境有待进一步优化

河南省委、省政府及有关部门近年来都出台了许多促进私营经济发展的优惠政策和规定，为河南省民营企业的发展创造了良好的条件和环境。2003年省委、省政府的《关于进一步促进非公有制经济发展的决定》（豫发［2003］7号文件）、2005年省政府办公厅转发省中小企业局的《关于建立健全全省中小企业社会服务体系的若干意见》以及2006年6月省政府出台的《河南省人民政府关于贯彻国发［2005］3号文件精神鼓励支持和引导非公有制经济发展的实施意见》等文件都从政策上为推动河南私营经济的快速发展提供了有力支持。但是由于受到部门利益和地方利益的影响，这些优惠政策和规定在执行中没能有效地发挥作用。如在市场准入方面，私营企业已经没有政策性的歧视，但是在实际工作中，还存在着资质审批困难、信息不透明、门槛过高等问题。一些地方性的政策或规定可操作性不强，有些优惠政策条件过严，门槛过高，中小型私营企业无法享受。

(三) 融资困难制约了私营企业的发展

虽然国家及河南省都提出了加大对私营企业提供信贷支持力度的要求，但由于银行的管理机制和私营企业自身的因素，融资难的问题依然十分突出。目前我省私营企业的筹资渠道主要是自筹资金和银行贷款。自筹资金非常有限，很难使私营企业实现高速度的发展。银行对私营企业的贷款虽然在制度上消除了歧视，但实际操作中存在差别，相对国有企业，私营企业的融资机会少、规模小、期限短、成本高，特别是中小企业从银行得到贷款非常不易。融资困难从一定程度上制约了私营企业的发展。

(四) 缺少人才优势和创新能力，后劲不足

目前，河南省私营企业普遍存在缺乏人才的现象。人才缺乏不仅仅表现在缺少高新技术人才、复合型管理人才，产业工人特别是技术工人的短缺也制约着私营企业特别是技术密集型私营企业的发展。有些私营企业没有树立人才战略意识，缺乏科学的人才选择和培养制度，不愿意在吸引人才、培训人才上进行投资。比如最基本的养老保险、医疗保险等社会保障问题难以解决。有些企业的负责人还缺乏对人才的尊重、理解、信任，导致员工的频繁辞职和跳槽。另外，全省私营企业的技术创新能力虽有明显增强，但总体上看，私营企业特别是中小企业技术创新能力薄弱的状况还没有根本改变，中小企业在技术开发上的投资比较少，缺少创新机制，没有研制开发新产品的能力，产品科技含量低，企业发展缺乏发展后劲。

(五) 管理体制不够完善，还存在着“三乱”现象

对私营企业的管理和指导，还没有形成统一的、长效的协调机制，管事者多，服务者少，收费的多，解决问题的少。不少地方还存在着一定程度的“三乱”现象，特别是餐饮、零售等服务行业，经常面临名目繁多的检查验收，耗费了大量的人力、物力、精力。

四、贯彻国务院《关于鼓励支持和引导个体私营等非公有制经济发展的若干意见》的情况

2005 年初，国务院《关于鼓励支持和引导个体私营等非公有制经济发展的若干意见》（以下简称《若干意见》）颁布后，省中小企业局和省工商联都非常重视，及时组织开展了学习、宣传活动。省中小企业局于 2005 年 4 月举办了学习贯彻《若干意见》大型报告会，各省辖市中小企业局的负责人、200 多家企业负责人参加了报告会。2005 年 8 月省中小企业局出台了《关于建立健全全省中小企业社会服务体系的若干意见》，加快建立健全以政府为主导、社会广泛参与的中小企业（主要是非公有制企业）社会化服务体系。省工商联于 2005 年 3 月召开了非公有制经济代表人士座谈会，学习座谈国务院《若干意见》精神，并向全省各级工商联组织下发了贯彻落实《若干意见》的通知。各市工商联也通过召开座谈会、举行报告会、印发宣传单、出动宣传车等形式大力开展了宣传活动，使广大工商联干部和非公有制企业全面系统地了解文件内容，为文件精神在非公有制企业得到贯彻落实奠定了良好的基础。2005 年 7 月，省工商联召开了九届六次常委会议，对文件的学习宣传、贯彻落实进行专题研究。会后，省工商联向省政府提交了关于深入贯彻落实国务院《若干意见》的建议，建议省政府牵头加大宣传力度，尽快制定贯彻落实《若干意见》的具体办法和措施；建议省政府抓紧清理与《若干意见》相抵触的文件、规定，制止与《若干意见》不相符的行政行为；建议省政府考虑建立真正发挥工商联助手作用的工作机制。这些工作，有力地推动了《若干意见》在全省的宣传贯彻。

河南省政府于 2005 年下半年抽调专门人员在深入调查研究基础上起草了河南省人民政府《贯彻落实国务院关于鼓励支持和引导个体私营等非公有制经济发展的若干意见的实施意见（征求意见稿）》，并广泛征求意见，于今年 6 月中旬出台了正式文件。河南省政府办公厅于 2006 年

5月专门下发了《关于开展清理限制非公有制经济发展规定工作的通知》，为《若干意见》的贯彻落实扫清了障碍。

五、加快河南私营经济发展的几点建议

（一）加大落实有关促进非公有制经济发展优惠政策的力度

建立政策落实的联动机制，职能部门要各司其职，各负其责，对于私营企业发展中遇到的困难和问题，涉及到哪个部门，哪个部门就应该给予解决。由河南省中小企业服务局牵头成立的“河南省民营企业投诉中心”已于2006年6月正式成立，专门受理来自中小企业的投诉并协调有关部门进行调查处理，为中小企业提供法律、政策咨询服务。投诉中心应加大宣传和服务的力度，发挥应有的作用。

（二）转变政府职能，增强服务意识

一是要坚持依法行政，规范行政行为。全面清理涉及私营企业的“乱检查、乱摊派、乱罚款”行为，有关部门应做到依法行政，周到服务，支持私营经济健康快速发展。二是要理顺私营经济的管理体制，建立私营经济工作协调机制和部门联席会议制度，定期召开专题会议，专门研究解决个体、私营经济发展中遇到的困难和问题。三是要加强对政府机关及职能部门具体办事人员的培训和教育，督促他们认真学习、深刻领会有关加快非公有制经济发展的文件精神和优惠政策，提高业务素质和服务水平。

（三）发挥政府职能部门及社会中介组织的积极作用，提高私营企业自主创新能力

省委书记徐光春在2005年1月的全省民营企业表彰大会上指出：“各级党委、政府一定要真正把发展非公有制经济作为加快工业化、城镇化和农业现代化的重要突破口和县域经济发展的战略重点，作为构建和谐社会、完善社会主义市场经济体制的重要动力，促进我省非公有制经济更快更好的发展”，“民营企业和企业家一定要认清形势，抓住机遇，内强素质、外树形象，不断做强做大做优”

政府职能部门要真正落实徐光春书记的讲话精神，努力营造有利于民营企业开展创新活动的政策环境，鼓励支持民营企业建立适合自己发展的创新机制和人才竞争机制，广泛吸引具有自主创新能力的各类人才，建立起持续稳定的人才队伍。行业协会、商会等中介组织应充分发挥联系企业与市场之间的桥梁作用，为民营企业提供技术创新、成果转让、技术咨询等方面的服务，充分整合有利于私营经济健康发展的资源优势，降低企业在自主创新过程中的风险和难度，引导私营企业加大对自主创新活动的投资力度，不断提高河南省私营企业在国内外市场的核心竞争力。私营企业本身应做到“内强素质、外树形象”，不断提升企业规模和产业层次，提高企业技术创新、管理创新、制度创新能力，力争在较短时间内使私营经济总量上规模、结构上档次、质量上水平、管理上台阶，形成一大批机制灵活、技术先进、管理有序、效益良好的私营企业群。

（四）把“请进来”与“走出去”战略相结合，鼓励和支持私营企业“走出去”

河南在实施“请进来”战略的同时，要充分认识实施“走出去”战略的重要性，统筹国内发展与对外开放，不断提升河南经济的对外依存度。建议省委、省政府进一步加大对外开放的力度，从政策上引导和支持私营企业“走出去”，切实解决私营企业“走出去”开拓市场、开展国际投资和服务贸易等方面的政策性、体制性问题，努力提高非公有制经济在外贸进出口和对外经济技术合作的比重，大力发展外向型经济。政府有关部门要为私营企业提供有关国家市场环境和法律法规、资源状况、贸易投资及经济合作项目等信息服务，对私营企业的经营管理人员进行国际贸易、国际经济技术合作等专业知识的培训，搭建与企业经常性沟通的渠道，支持和引导私营企业在更大范围、更广领域、更高层次上参与国际经济合作，提升河南省私营企业

的国际竞争力。

（五）支持、引导私营企业投身社会主义新农村建设

私营企业在加快农业产业化、推进农业现代化、开拓农村商品市场、转移农村劳动力、推动新型村镇建设、促进农村扶贫事业、更新农民观念和培养新型农民等各个方面，都将发挥不可替代的重要作用。建议省委、省政府在制定相关政策时，鼓励、支持和引导私营企业参与新农村建设，营造私营企业参与新农村建设的良好政策环境，使私营企业在社会主义新农村建设中发挥更大作用。

湖北省2005年私营个体经济发展报告

湖北省工商联

2005年，湖北省个体私营经济"亮点纷呈"，"明星闪耀"，全省个体私营经济取得快速发展。

一、个体私营企业进入质量并举的发展新阶段

近年来，湖北全省切实地把发展壮大个体私营经济作为发展湖北经济社会的重要战略举措来抓，大力发展个体私营企业，到2005年，全省个体私营企业进入了质量并举的发展新阶段。

（一）推进个体私营经济发展的政策空前

大力表彰优秀私营企业。2005年，省政府下发《湖北省人民政府关于表彰全省优秀民营企业的决定》，授予武汉凯迪电力股份有限公司等20家企业为"全省优秀民营企业"称号，鼓励和表彰全省的优秀私营企业家。

出台加快个体私营等非公有制经济发展的意见。2005年，省委、省政府出台了《关于进一步加快个体私营等非公有制经济发展的若干意见》，要求全省要坚定不移地加快发展非公有制经济、要放宽市场准入、要加大财税金融支持力度、要加快服务体系建设、要维护企业和职工合法权益、要提升非公有制企业发展水平、要进一步加强对非公有制经济工作的领导。

出台加强工商联工作的意见。为充分发挥工商联在促进个体私营等非公有制经济发展中的桥梁纽带和助手作用，中共湖北省委、省人民政府以鄂发［2005］16号文件下发了《关于进一步加强工商联工作的意见》。

（二）个体私营企业进入质量并举的阶段

经过多年的沉淀和积蓄，全省的个体私营企业的规模、竞争力、在全国的影响和地位逐步上升，一批个体私营企业脱颖而出。

在全国工商联公布的2005年度全国民营企业500强中，湖北省民营企业占10席，这是湖北省在全国连续几届的评选中取得的最好成绩，涌现了一批像九州通集团有限公司那样的优秀私营企业，显现出湖北省个体私营企业进入了质量并举的新阶段。

从量上看，2005年，湖北省有10家私营企业入围全国民营企业500强，而在2003年、2004年时均只有2~3家企业入围，一改了过去湖北省在全国民营企业500强中企业家数过少的局面，反映出了近年来湖北省私营企业加快发展的进程。

从质上看，在10家入围全国民营企业500强企业中，有6家入围全国民营企业200强，呈现出整体跃进的态势。

二、个体私营经济成为国民经济发展的新的增长极

2005年，湖北经济社会取得长足的发展，个体私营经济成为推进国民经济发展的重要因素和新的增长极。

（一）全省个体工商户的发展状况

2005年，全省个体工商户得到较快发展，省工商局的统计资料显示，到年末，全省期末实有个体工商户1 018 622户，比2004年增加2.76%，从业人员2 288 346人，比2004年增加6.72%，注册资金达227.38亿元，比2004年增加23.16%，户均注册资金为2.23万元，比2004年增加19.88%。

（二）私营企业的发展状况

2005年，全省私营企业取得长足的发展。省工商局的年度统计资料显示，到年末，全省私营企业户数达到129 029户，比上年度增加6.2%，投资者人数达到341 694人，比上年增加7.4%，实际雇工人数为884 346，比上年略有减少，下滑了1个百分点，注册资金达到2 004.9亿元，比上年增加16.3%。

（三）个体私营企业在工业领域中的发展状况

省统计局统计资料显示，2005年，全省工业（指国有及规模以上非国有，下同）中，私营工业企业为2 901家，比上年同期增加11.7%，占全省工业企业数的43.6%。

总体上看，私营工业企业在全省工业中的作用越来越强。从销售收入上看，2005年，全省私营工业企业实现产品销售收入836.6亿元，比上年增长34.92%，占全省工业的14.0%，比上年同期的占比高1.1个百分点。从实现利润上看，全省私营工业企业实现利润为26.6亿元，比上年同期增长31.6%，比全省工业的利润增幅快8.8个百分点，占全省工业的7.9%，比上年同期的占比高0.6个百分点。从税金总额上看，全省私营工业企业上交税金为29.1亿元，比上年同期增加31.5%，比全省工业上交税金的增幅快11.8个百分点，占全部工业上交税金的7.9%，比上年同期的占比高0.7个百分点。因此，从整体上看，私营企业在全省工业发展中的作用越来越强，贡献越来越大。

（四）个体私营企业外向开拓创新高

武汉海关统计资料显示，2005年，个体私营企业的出口商品总值为80 397万美元，占全省出口总值的18.1%，比上年增加3.1个百分点，增长速度为59.3%，比全省增加了27.8个百分点。在进口商品总值中，个体私营企业的进口商品总值为45 838万美元，占全省进口总值的9.9%，占比比上年约略增加，增长速度为37.6%，速度比全省进口速度略有增加。

2005年，全省个体私营企业出口商品中，采用一般贸易方式的占总值的93.7%，比上年增加了20.2%，另一方式为进料加工贸易，占比仅为4.9%，比上年增加了241.0%。在进口商品中，采用一般贸易方式的占总值的75.4%，增长了210.7%，另一主要方式为保税仓库，占进口商品总值的21.6%，增长了317.3%。

（五）个体私营企业投资热情高涨

省统计局的投资资料显示。2005年，全省私营企业完成50万元以上投资项目的投资额为343.7亿元，比上年同期投资额增加57.5%，高于全省20.3%的增长速度。

从私营企业投资的行业上看，制造业和房地产业是两大重点行业。制造业的投资额为146.2亿元，在总量中占42.5%，比上年增长60.4%，房地产业的投资额为120.7亿元，在总量中占35.1%，比上年增长52.9%。从全省的地市上看，全省私营企业投资总量最多的5个地市分别为：武汉市（25.8%）、宜昌市（10.4%）、黄石市（6.63%）、黄冈（6.27%）、荆州（6.24%）。

（六）个体私营科技型企业取得发展

2005年，全省私营科技企业为258户，占全省高新技术产业企业总户数的22.32%，比2004年高出8.63个百分点；从业人员为38 694人，占全省高新技术产业企业从业人员的6.78%，与2004年的占比大致相同；增加值为383 870万元，占全省高新技术产业企业增加值的

7.20%，比2004年高出3.16个百分点；实现产品销售收入700 229万元，占全省高新技术产业企业销售收入的4.60%，比2004年高出0.3个百分点；利税总额为99 052万元，占全省高新技术产业企业利税总额的5.76%，比2004年高出2.23个百分点。

（七）个体私营经济发展中存在的问题

2005年，全省个体私营经济在发展中还存在着以下问题：一是个体私营经济增长乏力，2005年本年中，全省注册登记的个体工商户为200 892户，比2004年本年减少2.8%；注册登记的私营企业25 900户，同比减少10.3%，投资者人数为62 186人，同比减少14.0%，雇工人数为131 853人，同比减少8.1%。二是个体私营企业有待进一步做强做大。2005年，全省规模以上工业中，私营企业的户数占工业总户数的43.6%，但实现利润仅占7.90%，实现销售收入仅占14.0%，上交税金仅占7.9%。2005年，私营工业的销售收入利润率仅为3.2%，仅为全省工业的6成。销售收入税金率为3.5%，仅为全省工业的5成多。三是个体私营企业的行业分布不均。由于行业的政策性保护和自身发展的实力不够，个体私营企业从事的产业多处于行业的下游，分布于资源密集型和劳动密集型产业，资金密集型和技术密集型的产业中相对较少。在2005年，全省的制造业中，私营企业主要集中于农副产品加工、纺织业、非金属矿物制品业。三个产业占中的私营企业占全省制造业私营企业的1/3强。四是个体私营企业自身有待提高。全省许多个体私营企业信用程度不高，许多个体私营企业仍采用“家族式”管理和封闭式管理模式，在企业经营管理中，以伦理规范来进行行业规范，家族式管理的局限性、随意性，形成了企业决策的浪漫化、模糊化。不少的个体私营企业家口头上尊重知识、尊重人才，实际上在灵魂深处却崇尚经验。全省个体私营企业大多缺乏持续的、行之有效的长期的营销体系，名牌产品不多，品牌扩销能力不强，产品的技术创新不够，企业的技术水平较低。

三、进一步发展湖北个体私营经济的建议

发展湖北个体私营经济是一项复杂的系统工程，是一项长期的艰巨的历史任务，个体私营经济在具体的发展阶段，有着不同的发展需求，建议全省从以下方面加快湖北个体私营经济的发展。

（一）要更加重视个体私营经济

近年来，随着国家宏观调控各项措施的逐步到位，个体私营经济在发展中面临着挑战和机遇，个体私营经济迫切需要政策的支持和各级的重视。全省要更加重视个体私营经济的生存和发展，把支持和扶持工作落到实处，抓到根本上。

（二）要加大政策的创新力度

发展湖北省的个体私营经济，制度创新是根本途径。一方面我们要有敢为人先的勇气，敢在全国范围内出台外省还没有的政策，来支持发展个体私营经济，以制度创新来形成个体私营经济的层面优势，另一方面要认真地研究和探究国家出台的一系列支持和扶持非公有制经济的政策和制度，把国家的政策和制度用足用活、发挥其最大效力。第三方面就是要抓好落实，不能让政策停留在文件上，要落实到实际上，落实到个体私营经济发展上。

（三）增强个体私营企业自身的综合实力

要培育核心竞争力，实施名牌战略，做大做强个体私营企业；要实行科学管理，实现决策的科学化、民主化，尽力建立现代企业制度，尊重科学、尊重人才；要提高个体私营企业经营者的素质，增强全局意识、开放意识和发展意识；要建立良好的信誉和信用，要树立自身的社会形象，成为受社会尊敬的企业，增强企业的社会责任；要着力构建个体私营企业人才高地，用事业留住人才，用感情留住人才。

（四）要进一步加强全省企业改制工作

与经济发达省份相比，湖北经济的公有制成份过高，存在着公有制企业比重过重和非公有制经济比重不高的问题，市属企业和省属企业改制工作受多重因素的影响，改制进展不快。公有制经济在全省经济中处于绝对控制地位。因此，全省要进一步加强企业改制工作，增加非公有制经济的比重，积极推进个体私营企业参与国有企业的改革改制工作。

湖南省2004~2006年私营个体经济发展概况

湖南省工商联

一、基本情况及主要特点

2004年以来是湖南个体私营经济发展最快最好的时期。

（一）个体私营经济持续发展

到2006年6月，湖南省登记的个体工商户984 922户，注册资本3 348 413万元，从业人员1 899 031人。与2004年比较，湖南个体工商户注册资本增长较快，户数及从业人员增长较慢（表1）。

表1　2004年12月~2006年6月湖南个体工商户基本情况

	户数（户）		从业人员（人）		注册资金（万元）	
	绝对值	比上年增长（%）	绝对值	比上年增长（%）	绝对值	比上年增长（%）
2004.12	945 472	1	1 963 482	-1.00	2 324 476	19
2005.12	974 743	3	1 966 391	0.15	2 691 461	16
2006.06	984 922	—	1 899 031	—	3 348 413	—

到2006年6月，湖南省注册登记的私营企业92 476户，注册资本16 273 926万元，投资者人数325 710人，雇工人数2 054 533人。与2004年比较，私营企业不论从户数，还是注册资本、从业人员等方面都有较快增长（表2）。

表2　2004年12月~2006年6月湖南私营企业基本情况

	户数（户）		投资者人数（人）		雇工人数（人）		注册资金（万元）	
	绝对值	比上年增长（%）	绝对值	比上年增长（%）	绝对值	比上年增长（%）	绝对值	比上年增长（%）
2004.12	69 002	22	300 147	4	1 439 482	79	10 722 013	54
2005.12	84 553	23	300 725	0.19	1 703 550	18	14 370 773	34
2006.06	92 476	—	325 710	—	2 054 533	—	16 273 926	—

私营企业在总量迅速扩张的同时，企业实力日益增强，规模进一步扩大。截至2006年6月，湖南私营企业平均注册资本175.98万元，比去年同期增长8.09%。注册资本100万元以上的私营企业19 744户，占私营企业总数的21.35%，亿元以上的52户，私营企业集团85家（表3）。

表3　2004年12月~2006年6月湖南私营企业规模比较

规模 年份	100万元~500万元		500万元~1 000万元		1 000万元以上	
	绝对数	比上年增长（%）	绝对数	比上年增长（%）	绝对数	比上年增长（%）
2004.12	9 998	28	2 326	-5	1 867	95
2005.12	12 574	26	3 204	38	2 567	37
2006.06	13 996	—	3 722	—	1 974	—

（二）有限责任公司成为私营企业主要组织形态

截至2005年底，湖南私营企业中的有限责任公司达到62 310户，约占同期私营企业总数的73%左右（表4）。从投资者人数分布上看，投资股份有限公司、有限责任公司、合伙企业、独资企业的为2 139人、259 006人、23 146人和16 434人，分别占同期投资者总数的1%、86%、8%、5%。从注册资本分布上看，四类企业注册资本金为319 500万元、13 062 974万元、383 659万元、604 640万元，分别占同期私营企业注册资本金总额的2%、91%、3%、4%。

表4　2004～2005年湖南私营企业组织形态

项目 \ 年份	2004年		2005年	
	户　数（户）	同期占比（%）	户　数（户）	同期占比（%）
股份有限公司	61	0.09	65	0.03
有限责任公司	50 078	72.57	62 310	73.69
合伙企业	5 169	7.50	5 744	6.79
独资企业	13 694	19.85	16 434	19.44

（三）区域分布相对集中

从城乡分布上看，湖南个体私营企业主要在城镇地区。2005年，湖南个体工商户在城镇从事生产经营的635 847户，占同期总数的65.23%，私营企业在城镇从事生产经营的63 832户，占同期总数的75.49%。从区域分布上看，湖南私营企业主要聚集于长沙、株洲、湘潭三市，2005年，三市私营企业占同期私营企业总数的47%（表5）。

表5　2004～2005年长沙、株洲、湘潭三市私营企业占比分布

地区 \ 年份	2004年		2005年	
	户　数（户）	同期占比（%）	户　数（户）	同期占比（%）
长沙	23 491	34	29 142	34
株洲	5 744	8	6 924	8
湘潭	3 269	5	4 140	5

（四）行业分布主要集中在第三产业

从户数上看，从事第三产业的个体工商户有886 855户，占同期个体工商户总数的90.98%；从事第三产业的私营企业有58 511户，占同期私营企业总数的69.25%。从注册资本上看，从事第三产业的个体私营企业注册资本达到11 610 697万元，占同期个体私营企业注册资本总额的68.05%。从从业人员上看，从事第三产业的个体私营企业从业人员2 818 770人，占个体私营企业从业人员总数的76.81%。从社会消费品零售总额上看，从事第三产业的个体私营企业实现社会消费品零售总额10 348 498万元，占个体私营企业社会消费品零售总额的81.34%（表6、表7）。

表6　2005年底个体私营企业三次产业分布情况

	个体工商户			私营企业		
	户数（户）	从业人员（人）	注册资金（万元）	户数（户）	从业人员（人）	注册资金（万元）
第一产业	2141	6 925	11 811	1 260	16 881	245 660
第二产业	85 747	260 150	344 655	24 782	567 215	4 849 411
第三产业	886 855	1 699 316	2 334 995	58 511	1 119 454	9 275 702

表7　2005年底个体私营企业三次产业效益分布情况

单位：万元

	个体工商户			私营企业		
	总产值	销售总额或营业收入	社会消费品零售额	总产值	销售总额或营业收入	社会消费品零售额
第一产业	381 668	231 017	162 733	126356	128 653	52 311
第二产业	2 943 277	—	763 263	7 154 882	—	1 396 077
第三产业	—	12 130 868	8 334 073	—	7 152 585	2 014 425

（五）社会贡献不断增强

2005年，湖南个体私营等非公有制经济增加值3 271.19亿元，比上年增长15.6%，占湖南GDP的50.2%；其中，规模工业增加值737.28亿元，比上年增长28.4%，占湖南规模工业增加值的45.2%。非公有制经济实际完成投资1 329.51亿元，比上年增长57.1%，占湖南实际完成投资额的56.1%；非公有制经济投资中利用外资127.37亿元，比上年增长33.2%，占湖南利用外资总额的88.9%。实交税金246.11亿元，比上年增长30.8%，占湖南税收收入的41.7%。安排就业1 774.79万人，比上年增长7.4%，占湖南就业人员总数的46.7%。与此同时，广大个体私营企业主积极参与社会主义新农村建设，到2006年上半年，湖南省各级工商联会员中已有3 445家企业在467个行政村援建了852个项目，计划投入资金3.5亿元；各级工商联组织在133个行政村建立了结对帮扶示范点，开展项目近400个。

二、主要做法

2005年以来，省委、省政府高度重视个体私营经济发展。2003年7月下发《关于加快民营经济发展的决定》（湘发［2003］7号），随后20多个省直部门出台了17个配套文件。2004年，省政府、省政协派出4个督察组对贯彻落实湘发［2003］7号文件的情况进行了督察。与此同时，省委、省政府还加强了对各市州发展非公有制经济的考核，制定了奖惩措施。2004年底，省委、省政府首次授予23名非公有制经济代表人士“湖南省优秀中国特色社会主义事业建设者”称号，2005年7月，省委、省政府召开非公有制经济发展经验交流和表彰大会，重点表彰了30家优秀非公有制企业、30名优秀非公有制企业家以及一批服务非公经济发展的县市区、开发园区和先进单位。全省上下形成了鼓励、支持和引导非公有制经济发展的浓厚氛围。

国发［2005］3号文件下发后，省委、省政府高度重视贯彻落实工作，出台了《关于鼓励支持和引导个体私营等非公有制经济发展的实施意见》，并制定了《重要举措分工方案》，将具体任务分解到相关省直部门和单位。随后省政府出台了《关于非公有资本进入文化产业的意见》、《贯彻落实〈国务院关于投资体制改革决定〉的实施意见》，省经委、省财政厅等部门出台了《湖南省中小企业发展专项管理暂行办法》、《湖南省担保机构信用登记评价方案》。《湖南省实施〈中华人民共和国中小企业促进法〉办法》、《关于加强中小企业社会服务体系建设的指导意见》、《湖南省中小企业信用担保风险补偿资金管理办法》等一系列文件也在研究制定之中，非公有制经济的政策环境更加宽松。

省直各有关部门紧紧围绕贯彻落实工作，加大了支持力度，强化了具体措施。如省发改委积极推进投资体制改革，全年共争取国家资金2.14亿元，支持46个非公项目建设，将32个非公投资项目引入省重点工程。省财政厅落实2 000万元中小企业信用担保资金，兑现了市州县发展非公有制经济目标考核奖励资金，并在省财政预算中设立中小企业发展专项资金。省经委在抓好政策体系和社会服务体系建设的同时，突出抓好100户销售收入亿元以上的非公企业、100

户高成长性“小巨人”计划企业和以园区、产业集群区为载体，不断催生非公有制企业等3个重点，在生产要素协调和技改资金、贴息补助资金、扭亏资金安排上重点扶持非公有制企业。国土部门废止、修订不利于非公有制经济发展的规范性文件200多件，并对原有80多项行政审批事项进行清理。税务部门认真落实高新技术企业和下岗职工再就业税收优惠政策。统计部门初步建立了非公有制经济统计监测体系，为党委、政府进行科学决策提供了大量数据资料和优质服务。工商、质监部门积极实施品牌发展战略，为非公有制企业排忧解难。工商联充分发挥政府管理非公有制经济的助手作用，在调查研究、宣传引导、经济服务、行业商（协）会管理与服务等方面做了大量的工作。人事、劳动、银行、海关等各有关单位和部门也在各自职责范围内加强了非公有制经济服务工作。

三、存在的主要问题

湖南个体私营经济虽然纵向比较发展较快，但横向比较仍有较大差距。

（一）数量偏少

“十五”期间，虽然湖南私营企业年均增速达到48%，但总量规模与兄弟省份的差距仍然很大。广东省2004年私营企业数比湖南多32万户，到2005年，这个差距扩大到36万户；湖北省2000年私营企业数比湖南多2.79万户，到2005年，这个差距扩到3.63万户。

（二）企业实力不强

2005年，湖南省注册资金在1 000万元以上的私营企业只有2 567家，而浙江已达1万家以上。在2005年公布的中国民营企业500强名单中，湖南只有8家民营企业上榜，且排位靠后。在2005年中国制造业民营企业品牌竞争力50强名单中，湖南没有一家。

（三）行业分布不合理

湖南省个体私营企业主要集中在农副产品和食品加工、纺织服装、鞋帽制造等制造业，以及批发和零售贸易、餐饮、娱乐、美容美发等服务行业。如2005年，个体工商户从事批发和零售业的有631 667户，占个体工商户总数的64.8%，从事住宿和餐饮业的有70 219户，占总数的7%；从事交通运输、仓储和邮政业的有66 196户，占总数的6.7%。私营企业中，从事批发和零售业的有30 489户，占私营企业总数的36.1%。而在现代服务业中，从事信息传输、计算机服务和软件业的个体工商户只有7 642户，只占个体工商户总数的0.78%，私营企业只有6 739户，占私营企业总数的7.9%。个体私营企业过度集中于一些准入门槛低、技术含量小的行业，造成这些行业竞争十分激烈，而计算机服务、软件开发等现代服务业发展相对滞后，制约了湖南工业化进程。

（四）科技水平不高

从民营科技企业数量上看，2005年，湖南民营科技企业1 520家，总收入814.54亿元，而广东民营科技企业有7 316家，技工贸收入达4 500亿元。从人才总量上看，2005年，湖南非公有制经济人才总量是61万人，仅占湖南人才总量的18.8%，而浙江省2004年非公有制经济组织管理人才和专业技术人才总量就已达239万人，占该省人才总量的50%以上。从技术水平上看，2005年湖南省包括民营企业在内的工业企业职务发明专利为1 882件，不及韩国三星公司在中国一年的专利申请量，也不及深圳华为公司一年的专利申请量。

（五）外向度偏低

2005年，湖南私营企业完成进出口额13.68亿美元，其中出口11.18亿美元，进口2.51亿美元，私营企业外贸进出口占全省的比重为22.8%、29.8%和11%，远低于湖南国有企业的53.8%、48.9%、62%。与发达省份比较，2005年，广东省非公有制经济外贸出口达到377.5

亿美元，其中仅深圳市就突破100亿美元，而湖南只有11.18亿美元。在全国190个出口名牌中，湖南也只有华联陶瓷一个。

四、对策与建议

制约湖南个体私营经济发展的原因是多方面的，既有企业内部的原因，也有宏观经济发展环境方面的原因。从企业内部看，主要存在管理水平低、粗放经营、创新能力和创新意识较差、缺乏长远战略思考等问题。从发展环境看，资金、技术、人才仍是制约非公有制企业发展的三大瓶颈；宏观指导不够、服务体系不健全、政策落实不到位仍是制约非公有制经济发展的重要原因。

（一）加强和改善宏观指导和服务

尽快制定湖南非公有制经济的“十一五”专题规划，就非公有制经济发展的指导思想、工作思路、主要目标、战略任务、政策举措等做出全面详尽的规定，以统一各方思想，形成合力。积极建立湖南省非公有制经济发展的宏观协调机制，不断完善适合反映非公有制经济发展整体情况的统计指标体系，定期分析非公有制经济宏观运行情况，定期分析非公有制经济发展情况，及时研究非公有制经济发展中宏观环境问题，着力解决非公有制经济发展过程中带有关键性、普遍性、全局性的重大问题。利用各种新闻媒体，加强对非公有制企业的宏观指导和服务。完善社会服务体系，组建中小企业服务中心，形成省、市、县三级综合服务体系。建立推动非公有制经济发展的业绩评价机制，定期考评各级政府、各个部门引导和服务非公有制经济发展的工作业绩。

（二）采取有效措施鼓励投资创业

进一步出台鼓励初创企业的优惠政策，降低初创企业门槛。制订湖南创业辅导方案，建立和完善创业辅导网络，为创业人员提供培训、策划、咨询、诊断、指导和代理服务。充分利用报刊、广播、电视等新闻媒体，普及创业知识，宣传创业典型，发布各类信息，在全社会营造浓厚的创业氛围。加大支持力度，通过设立“创业投资企业基金”、“风险补偿基金”、“小企业创业基金”等方式，专项用于创办小企业的贷款贴息，或建立“小企业创业基地”对初创企业提供全方位帮助。进一步加强人才市场建设，完善人才评估、人才推荐机制，以满足初创企业需要。

（三）努力提升个体私营企业自主创新能力

建立鼓励技术创新的激励机制，引导非公有制企业不断增强科技队伍，加大创新投入，提高技术创新能力。对技术创新上有重大贡献的个人和企业要加大奖励和宣传的力度，对技术创新能力强的企业优先支持。要为非公有制企业自主创新创造良好的政策环境，制定鼓励非公有制企业增加科技投入的财税政策，通过政府采购等手段支持非公有制企业开展自主创新。完善知识产权的政策法规，加大对知识产权的保护力度，维护发明人的合法权益，促进发明专利、技术成果的转移和流动。加强技术创新的社会化服务体系，大力推动具有应用性、基础性、行业共性、战略性特征的技术研发，逐步整合湖南各类科技信息资源，建立和完善面向全省的科技服务信息网，为非公有制企业技术创新提供更加完善的科技信息服务。

（四）加大财政金融支持力度

进一步完善专项资金的使用管理，充分发挥专项资金的引导、带动和放大作用。整合各类专项资金，安全、合理、高效地用好专项资金，重点支持非公有制经济公共服务体系建设项目、公共服务平台建设项目、自主创新产业项目和吸纳就业的创业项目。积极改善金融生态，加快非公有制企业信用体系建设，改善企业融资环境，推动银行与企业更紧密的联系与合作。建立区域性民营银行，适度发展典当业，建立健全融资担保机构等方式，帮助非公有制企业拓宽融资渠道。

（五）加快社会化服务体系建设

大力发展行业商（协）会，进一步明确行业商（协）会的职能，理顺行业商（协）会与政府业务主管部门的关系。在保证行业商（协）会独立运作的前提下，积极帮助行业中介组织建立规章制度、规范运作。发挥财政资金的引导、带动和放大作用，给予初创行业商（协）会一定的资金支持。鼓励行业商（协）会拓展服务职能，通过政府购买服务等方式，支持其发展。大力发展商业性中介服务机构，优先发展一批对推动湖南经济有重大影响的中介机构，重点扶持一批市场需要而发展明显滞后的新兴中介行业，逐步建立起与社会主义市场经济体制相适应的的特色明显、结构合理、功能完善、信誉良好的现代中介市场体系，全面提升湖南中介服务的水平。

广东省2005~2006年私营经济发展概况

广东省工商联

2005年，广东省广大私营企业及个体工商户认真贯彻落实《国务院关于鼓励支持和引导非公有制经济发展的若干意见》和省委、省政府的决策部署，抓住机遇，加快发展，私营经济在科学发展的道路上迈出坚实步伐，出现了迅猛发展的喜人局面。

一、广东私营经济发展的基本概况及主要特点

近年来，广东省私营经济实现大发展，在经济社会发展的地位迅速提高。截至2006年6月底，全省个体私营企业数达到288万家，总量居全国首位。其中私营企业突破50万户，达51.01万户，同比增长23.21%；个体工商户237.35万户，同比增长15.90%。其中，私营企业注册资本（金）达7 649.6亿元，比上年末增长14.7%。全省私营企业工业增加值为1 187.48亿元，增长30.2%，比同期全省平均水平高出11.7个百分点。私营经济已经成为推动广东经济社会发展的重要力量。

（一）私营企业规模实力明显提高，创新意识不断增强，成为产业发展和科技进步的生力军

在发展模式上，广东私营经济更注重发展质量和可持续性，私营企业的创新意识不断增强，私营企业申请专利和创名牌的力度加大，私营科技型企业发展势头迅猛，一大批实力雄厚，拥有自主知识产权和著名品牌的大型私营企业集团迅速崛起，成为产业、行业的龙头骨干企业，有力地推动了我省产业结构优化升级，实现经济由粗放型向集约型转变。2005年底，经全省各级科技部门认定的私营科技企业达7 316家，比2002年底的4740家增加了一半多。在广东省国家级和省级高新技术产业开发区中，私营企业数占开发区企业总数的80%以上。在去年获省专利金奖的10家企业中，私营企业占了一半；在获省专利优秀奖和知识产权优秀奖的90家企业中，私营企业占了7成。私营科技企业在广东省经济发展中已占有相当比重，为推动产业结构的优化升级做出了积极贡献。

（二）外向型私营企业迅猛发展，进出口总额大幅增长，成为发展外源型经济的新增长点

不少私营企业抓住我国加入世贸组织的机遇，积极开拓国际市场，“走出去”参与国际竞争。到今年6月底，全省获得进出口经营权的私营企业达48 619家，今年来新增户数9 141家。上半年私营企业出口总额为475亿美元，增速达58.8%，比全省出口增速高30.5个百分点，占全省出口总额的36.3%；进口额达116.5亿美元，占全省总额的11.5%，占全国私营企业进口总额的37.0%。与此同时，私营企业积极参与境外经贸合作，2005年广东省私营企业在境外设立企业68家，协议投资额达2.35亿美元，分别占同期全省新设境外企业总数和新增投资总额的55.3%和53.2%。

（三）私营企业资本运作力度加大，有力推动了国有企业改革，成为拉动社会经济投资的有效途径

2006年上半年，全省私营经济单位完成固定资产投资1 243.63亿元，同比增长27.7%，占全省社会固定资产投资的38.5%。2005年，全省私营经济共完成固定资产投资2 428.8亿元，

同比增长23.6%，比全社会固定资产投资增幅高7.3个百分点，占全省社会固定资产投资的三成半，成为拉动社会投资的重要力量。同时，私营企业充分利用兼并、重组、改造上市等资金运作手段，积极参与国有企业改革，加快与国有经济的融合。据统计，目前，全省已有1万多家国有企业实现产权制度改革，以各种形式完成公司制改造的约九成，其中多数是在私营资本的参与下完成的。私营企业也借助国有企业的既有优势，使企业得到迅速壮大。如广东恒兴集团近年来先后收购、兼并了7家国有企业，成功使集团的海水饲料产销量连续5年位居全国首位。一大批通过引进私营资本改制或民资与国资相互参股合作的混合所有制企业迅速成长，使私营经济和国有经济的优势得到充分发挥，企业素质显著提升，成为广东省内源型经济迅猛发展的重要因素。

（四）私营经济纳税总额、就业容量增长迅猛，成为建设和谐广东的重要税收来源和就业载体

截至2006年上半年底，全省私营经济单位上交税金389.30亿元，同比增长41.5%，占全省一般预算收入的36.5%；私营经济单位从业人数达1 656.35万人，占全省总就业人数的32.5%。2005年，私营经济纳税总额实现两位数增长，全省私营经济单位上交税金1 184.5亿元，比上年增长29%；私营经济单位就业容量不断扩大，全省私营经济单位从业人数达1 503.1万人，占全社会就业人数的31.7%，比2004年底增加了122.62万人，增长8.88%，较2002年底增长500.1万人，增长50%，近3年私营经济平均每年新提供的就业岗位在167万人以上。

（五）以私营企业为主体的产业集群迅速崛起，有力地促进了县域经济发展，成为推动区域协调发展的重要力量

私营经济已成为广东省县域经济发展的主要推动力量，许多县（市）私营经济占县域经济总量的80%以上。特别是全省已形成了一批以专业镇为特色的私营企业产业集群，显示出强大的市场活力和生命力。目前，在珠江东岸形成了经济规模近4 000亿元的、全国规模最大的电子信息产业集群区；在珠江西岸形成了经济规模近1 300多亿元的电气机械产业集群，使广东省的电子信息产业和电气机械制造业迅速崛起，发展成为广东的第一、第二大产业。在1 500多个建制镇中，产业集聚特点比较明显的专业镇达130多个，产值超过10亿元的有300个，其中超过20亿元的有120多个，推动了县域产业结构加快从农业为主向二、三产业为主转变。一些专业镇整体产业规模发展迅速，其产值占全国总产值相当大一部分，如南海大沥的铝材产量占全国的40%；中山古镇的灯饰销量占全国的60%以上；江门恩平的麦克风占全国销量的70%以上；西樵纺织企业近2 000家，年交易额近200亿元。以南海西樵的纺织印染、盐步的内衣、中山沙溪的休闲装、东莞虎门的服装生产和贸易、东莞大朗的毛织等为主的纺织服装产业聚集群，以佛山石湾、南海南庄、潮州潮安及枫溪为主的陶瓷产业聚集群，云浮云城的石材等为主的建筑材料产业聚集群等以私营经济为主体的产业集群的出现，有力地促进当地经济发展，成为推动区域协调发展的重要力量。

二、当前广东省私营经济发展存在的问题

（一）某些地方、某些部门对发展私营经济的思想认识仍不到位

促进和引导非公有制经济发展是党和国家的一项重大政治决策，随着党一系列的理论创新和国务院非公经济36条的颁布，私营经济进一步发展遇到的理论、政策问题都有了明确的回答。当前，尽管人们对私营经济和私营企业的蔑视、歧视的观念已经有了相当大的改变，但是某些地方、某些部门的观念与认识的转变仍不到位。广东省不少私营企业经营者反映，各地党政高层领导对私营经济的地位、作用有科学、客观的认识，而某些政府职能部门，因其工作职

能特殊，对私营企业及其业主还存有怀疑和歧视观念，对私营经济发展具有一定的障碍和消极作用。

2006年省“两会”期间，省工商联以问卷调查方式访问了50位担任省人大代表、省政协委员的非公有制经济代表人士。问卷对国务院非公经济36条关于享受国民待遇、放宽市场准入、企业融资环境、财税支持等四项主要内容的贯彻落实情况作了调查，结果显示，有近50%的代表、委员们认为各项政策有待进一步落实，他们迫切期盼国务院政策落到实处。

（二）公平的市场环境建设有待进一步完善

近年来，广东省私营企业对进入公用事业、基础设施、文化教育卫生等社会事业领域的热情较高，对这些领域的发展前景看好，各地都有不少私营企业参与这些领域的投资、建设和运营。总体上说，广东省在贯彻平等准入、公平待遇原则等方面有了一定的改善，但在一些地区，部分行业已被政府部门及其所属企业垄断，私营企业往往不能进入或不能充分进入；一些地方开放行业准入发生偏差，有的出现地方保护和暗箱操作行为，给企业带来较高的沟通成本和政策性风险；一些需要上下游协调的行业，由于存在部分环节的行业垄断，私营企业在市场中处于不利的地位，难于得到平等对待。当前，广东省私营企业进入垄断行业还存在不少问题。一方面，垄断行业改革缓慢是平等准入的主要障碍，像石油、电信、邮政等行业，垄断的大门虽然打开了，但行业进入的门槛却提高了，这些取得垄断地位的大公司以规范市场的名义，设置各种条条框框，实际上反对向私营企业开放市场。另一方面，政府及有关部门对进入垄断行业缺少统一配套的政策规定，缺乏相应的产业投资指导。

（三）法治环境建设影响私营经济进一步发展

维护企业的合法权益是市场经济的必然要求。2003年省委省政府决定成立广东省私营企业投诉中心，就是要让私营企业有说话的地方。目前，从受理私营企业的投诉和各地私营企业经营者反映的情况看，广东省私营企业合法权益遭受侵犯的案例仍时有发生，法治环境有待进一步改善。省工商联在省两会期间的问卷调查发现，近三成受访者认为“法治环境”和“权益保护”是当前影响私营企业进一步发展的主要因素之一。近半数私营企业家认为政府职能转变是加快广东省私营企业发展的最迫切的一项改革。

（四）私营企业自主创新能力总体不高

广东省不少中小型私营企业对自主创新的重要性认识不足，大都涉足一些市场准入壁垒较低的传统制造业、手工业和服务业。起点低、规模小、资金有限。不少企业乐于传统粗放型经营，没有创新的迫切需求，甚至害怕在扩大科技创新和打造自主品牌的过程中失去既得利益，害怕承担创新失败的风险。同时，私营企业中普遍存在的资金不足和人才匮乏，成为企业自主创新乏力的主要制约因素。

（五）私营经济发展舆论环境有待进一步优化

党的十六大之后，在理论上对待私营经济、对待私营企业主已经没有什么分歧了，对他们的贡献和重要性也不会再有任何怀疑。但是客观地看，怀疑、质疑至今依然在一定程度上存在。特别是近几年来，舆论导向中的偏激、偏见现象，一定程度上给社会上留下了私营企业主“为富不仁”、“偷税漏税”、“缺乏社会责任感”等负面形象。

如何评价私营企业的社会贡献，实际上关系到党和国家鼓励非公有制经济发展的延续，关系到和谐社会的建设和国家的长治久安。今年省“两会”期间，省工商联对担任省人大代表、省政协委员的私营企业主作的问卷调查表明，分别有23.6%和11.8%的受访者认为治安环境差和社会上存在仇富心理，影响私营企业构建和谐企业活动的开展；而私营企业主认为优化社会舆论环境十分重要。

广西壮族自治区2004～2006年私营经济发展概况

广西壮族自治区工商联

2004年7月以来，广西壮族自治区采取有力措施，积极发展个体私营经济，个体私营经济发展迅速，经济总量不断壮大，实力不断增强。

据广西区工商局统计，截至2004年底，全区个体工商户和私营企业户总数达1 027 817户，其中个体户984 583户，户数比同年6月底增长1.96%；私营企业户43 234户，户数比同年6月底增长20%；全区个体、私营企业户从业人员达2 193 080人，注册资产总额达631 196多万元，分别比同年6月底增长12%、17%。全年全区个体工商户、私营企业户实现总产值累计达232.3亿元，销售总额或营业收入724.5亿元，社会消费品零售额469亿元，分别比上年增长29%、19%和13%。全年全区非公有制经济增长13.1%，比全区平均生产总值增长幅度高1.3个百分点；全区非公有制经济完成固定资产投资占全社会固定资产投资的53%。全区新开业的个体户达241 565户，从业人员377 432人，注册资金324 306万元，安排下岗失业人员21 776人，出口创汇的个体户有48户，出口创汇折合人民币624万元；全区新开业的私营企业达11 904户，从业人员181 409人，注册资金1 319 765万元，安排下岗失业人员10 889人，出口创汇的私营企业有332户，出口创汇折合人民币114 461万元。全区注册资金在100万～500万元的私营企业有3 828家，500万～1 000万元的有1 179家，1 000万～1亿元的有786家，比上年多328家；超亿元的有12家，比上年多9家。

2004年底，全区个体私营经济从业人数从2003年的199.4万人增至219.3万人，新增就业人员19.9万人，占全区城镇新增就业22.5万人的88.5%；个体私营经济安排下岗职工重新就业32 665人。

2005年，广西个体私营经济更上一层楼，经济发展规模比2004年扩大，私营企业实力进一步壮大。

截至2005年底，全区个体工商户达101.5万户，从业人员163.58万人，注册资金131.77亿元，分别比上年增长3.2%、7%、14.7%；私营企业5.19万户，从业人员83.56万人，注册资金690.78亿元，分别比上年增长20.1%、25.9%、33.7%。全区个体工商户实现总产值115.48亿元，销售总额或营业收入525.78亿元，社会消费品零售额377.76亿元，分别比上年年增长16%、2%和6.4%；全区私营企业实现总产值189亿元，销售总额或营业收入287.9亿元，社会消费品零售额149亿元，分别比上年年增长42.4%、37.9%和31%。全区非公有制经济增加值占全区生产总值的比重提高到47%，比2000年提高6个百分点。全区非公有制经济固定资产投资额1 066.4亿元，占广西全社会固定资产投资的60%，比2004年增长47.2%。全区注册资金在100万～500万元的私营企业有2 851家，500万～1 000万元的有928家，1 000万～1亿元的有554家，超亿元的有14家，私营企业集团达31户。全区上市公司22家，其中由民营企业控股的有10家，占全部上市公司的45%。全区规模以上民营企业工业增加值达到283.96亿元，约占全区全年规模以上工业增加值总数的47.67%。全年全区私营企业出口产值10.8亿美元，比上年增长46.4%，占全区外贸出口的37.5%，出口额超国有企业1.25亿美元。

2005年，全区51 925户私营企业中从事第一产业的私营企业有1 871户，注册资本21.19亿元，从业人员24 160人，分别占总数的3.6%，3.06%和3.5%。从事第二产业的私营企业有14 999户，注册资本96.93亿元，从业人员316 725人，分别占总数的28.88%，14.03%和45.9%。从事第三产业的有33 896户，注册资本435.79亿元，从业人员334 834人，分别占总数的65.28%，63%和48.5%。

全区个体私营经济从业人数从2004年的219.3万人增至247.14万人，新增就业岗位27.84个，全区个体私营经济安排下岗职工重新就业的超过3万人。

2005年，广西个体户、私营企业户大多数从事第三产业，分别达到914 879户和31 075户，分别占总户数的90%和60%。科技开发类私营企业得到长足发展，全区从事信息传输、计算机服务和软件开发的私营企业有3 664家，占私营企业户数的7%，在行业构成中居于第四位，成为增速最快的行业。

2006年上半年，广西个体私营经济发展势头强劲，形势喜人。

截至2006年6月底，广西全区个体工商户达990 991户，从业人员160.23万人，注册资金147.41亿元，实现生产总值57.13亿元，销售总额或营业收入288亿元，社会消费品零售额205亿元；安置下岗人员4 588人，出口创汇个体户21户，出口创汇折合人民币260万元；新开业的个体工商户达92 868户，新增从业人员147 452人，新增注册资金19亿元。私营企业发展到58 217户，从业人员86.48万人，注册资金796.16亿元，全区私营企业实现总产值110亿元，实现销售总额或营业收入129.1亿元，社会消费品零售额93亿元；安置下岗人员2 818人，出口创汇企业73户，出口创汇折合人民币41 714万元。2006年1月到6月，全区新开业的私营企业6 039户，新增从业人员72 578人，新增注册资金8.6亿元；全区注册资金在100万~500万元的私营企业有3 446家，比年初增加595家；500万~1 000万元的有1 102家，比年初多174家；1 000万~1亿元的有618家，比年初多64家，超亿元的有85家，比年初多75家。

广西发展个体私营经济的主要经验和特点是：

一、党委、政府真抓实干，大力发展非公有制经济

2004年4月，广西区党委、区政府先后出台了《关于加快民营经济发展的决定》、《关于加快企业国有产权改革的意见》，同年5月出台《关于加快县域经济发展的决定》，三个文件都是要求各级党委、政府高度重视民营经济发展，采取强有力措施，加快非公有制经济发展，提高非公有制经济在全区经济的比重。2005年4月26日，全区县域经济会议首次提出县域经济建设要以发展民营经济为主体，把民营经济建设提到前所未有的高度。会后，各级党委和政府把民营经济纳入当地国民经济与社会发展总体规划，把推动民营经济发展列入重要议事日程，并作为重点工作来抓。2006年年初，广西区党委提出结合实际，认真贯彻《国务院关于鼓励支持和引导个体私营经济等非公有制经济发展的若干意见》，各有关部门要发挥作用，积极发展民营经济，努力使民营经济成为直接带动全区经济发展的重要引擎。两年来，全区非公有制经济增加值占全区生产总值的比重都在不断提高，2005年达到47%，比2004年提高了2.5个百分点。

二、积极招商引资，大批民营企业涌入广西投资兴业

2002年起，广西开展了以招商引资为重点的“百企入桂”活动，邀请全国大型民营企业到广西投资创业；广西又把2004年定为招商年，全区上下进行招商引资；同时，广西还利用2004、2005年两届中国——东盟博览会在南宁举行的时机，积极进行经贸活动，签订众多国内合作项目，招商工作颇有成效。2004年，全区签订国内合作项目102个，总投资额485.4亿元。同时加强与广东合作，双方共签订105个有代表性的经贸合作项目，总投资额496.8亿元；2005年，广西签订国内国外合作项目2 000个，区外到位资金400亿元，其中投资额1 000万元以上

的“百企入桂”项目916个，投资968.79亿元，引进区外资金932.13亿元，区外到位资金290.47亿元，为历年来成效之最。一大批区外省市民营企业、上市公司纷纷到广西考察投资兴业。2005年，仅广西工商联系统就邀请和接待区外客商215批共1 160人。在广西创业的外地企业家先后成立一些有影响的商会，如温州商会、福建商会、广东商会、四川商会等，对全区的民营经济发展起到了积极促进作用。

三、私营企业发展步伐加快，企业规模不断壮大

2004年，全区规模以上民营企业工业增加值达到283.96亿元，约占全区当年规模以上工业增加值总数的47.67%。2005年，广西私营企业得到迅猛发展，全区私营企业达到51 925户，比2004年增加8 691户，增幅达到20%；当年全区私营企业增加值总额达518亿元，占全区工业增加值总额的40%。到2006年6月底，全区私营企业达58 217户，从业人员86.48万人，注册资金796.16亿元，分别比2005年底增长12%、4%和15%。两年来，全区私营企业规模的实力不断壮大，2004年，广西注册资金超亿元的私营企业只有12家，2005年有14家；到2006年6月底广西注册资金超亿元的私营企业有85家，比2005年底多74家。

四、第三产业占主导地位，进一步促进产业结构优化

到2006年6月底，广西个体户、私营企业户大多数从事第三产业，分别达到900 999户和39 447户，分别占总户数的91 %和68%。第三产业的兴旺，极大地促进了广西产业结构的优化。全区从事交通运输、仓储和邮政业，信息传输、计算机服务和软件开发的私营企业分别有1 214户、4 053户，分占私营企业户数的2%、7%，在行业构成中居于前五位；全区从事交通运输、仓储和邮政业的个体工商户分别是109 546户，占个体户总数的11%、在行业构成中居于第三位，成为增速最快的行业。

五、民营经济人士素质不断提高

2004年，广西出台一系列促进民营经济发展的新文件，广西区党委统战部和广西区工商联联合在全区非公有制经济人士中开展“学习新精神，促进新发展，实现新进步”的专题学习活动，广大非公有制经济人士提高认识，增强发展民营经济的责任感，加快发展步伐。据统计，在这次学习活动中，在新政策的指导下，进行“第二次创业”的民营企业超过1 000家。当年在广西进行百色革命老区建设大会战中，广西非公有制经济人士捐款1 700多万元，投资办厂8.5亿元，培训农民1.2万人，吸收下岗职工7 500人。2005年，广西区党委统战部、区工商联等五个部门联合表彰50名广西优秀中国社会主义事业建设者，全区非公有制经济人士掀起争做优秀建设者的热潮，做大做强各自企业。据统计，全年共有566家民营企业参与民营企业招聘周活动，提供就业岗位16 364个，达成用工协议8 116个；全区民营企业自主安排下岗职工就业3.4万人，培训农民工260多万人，安置农民工70多万人。广西工商联会员投资光彩事业项目11个，合计多金额1.6亿元，救助失学儿童1 626人，助学金额87.7万元，扶贫济困金额165.3万元。2006年4月下旬到5月初，广西区党委统战部和广西区工商联组织广西138名民营企业界的董事长、总经理到中央党校学习培训，着重学习企业管理经营的新知识，提高其管理水平。与此同时，2006年年初以来，广西区工商联认真组织广西各级工商联在广大民营企业中开展“百千万”捐资助学活动，即县（城区）会员企业捐助100名、地级市会员企业捐助1 000名、全区会员企业捐助1万名贫困学生，这是广西民营企业参与社会主义新农村建设的重要活动之一。截至6月30日止，全区民营企业总捐资1 035.82万元，捐资企业达到415家，捐款5万元以上的企业29家，最多捐款达到75万元，个人捐款885人，受捐学生11 596人，受捐学校37所。

广西个体、私营经济数据表

单位：亿元、亿美元、%

	2000 年	2004 年	2005 年	2005 比 2000 年增长率
全省固定资产投资完成总量	660.00	1 254.87	1 777.33	170.0
增长率	6.40	27.10	40.50	—
其中非国有	270.74	665.08	1 066.40	293.9
增长率	9.10	34.30	47.20	—
占全省比重	41.00	53.00	60.00	—
全省工业增加值总额	620.00	1 044.80	1297.00	109.2
增长率	9.00	17.00	18.00	—
其中私营企业	130.20	405.30	518.80	298.5
增长率	14.00	24.00	28.00	—
占全省比重	21.00	38.80	40.00	—
全省进出口总额	20.38	42.88	51.83	154.3
增长率	16.30	34.30	20.90	—
其中私营企业	5.10	13.30	16.80	229.4
增长率	17.20	21.00	26.70	—
占全省比重	25.00	30.90	32.40	—
全省出口总额	14.93	23.96	28.77	92.7
增长率	19.70	21.60	20.10	—
其中私营企业	2.80	7.38	10.80	285.7
增长率	22.40	38.20	46.40	—
占全省比重	18.80	30.80	37.50	—
全省税收总额	186.70	357.30	409.50	119.4
增长率	11.00	13.10	14.60	—
其中私营企业	29.20	87.20	117.30	299.6
增长率	15.00	26.00	32.10	—
占全省比重	15.60	24.40	28.60	—
个体工商户税收总额	17.60	61.80	68.20	287.5

海南省2004～2005年私营经济发展概况

海南省总商会

一、概　况

2004～2005年是实现"十五"计划发展目标的关键时期，也是海南民营经济摆脱困境、战胜自然灾害、实现持续健康快速发展的重要时期。在党的十六届四中、五中全会精神和《国务院关于鼓励支持和引导个体私营等非公有制经济发展的若干意见》精神鼓舞下，海南省委、省政府进一步加大社会治安的整治和投资环境的建设力度，按照"一省两地"产业发展战略，着力打造环境、体制、产业特色，以"大企业进入、大项目带动"加快产业结构调整升级，夯实经济社会发展的物质基础，全省经济战胜了持续干旱和"达维"强台风等重大自然灾害，保持了平稳较快的增长态势。2005年全年生产总值（GDP）903.60亿元，比上年增长10.1%，按常住人口计算，人均生产总值突破万元大关，达到10 980元，比上年增长8.9%；以现行汇率折算，人均生产总值约合1 357美元；依据国际上衡量一个国家或地区的发展标准，海南已经从低收入地区跨入了中等偏下收入地区行列，进入了新的一轮加速发展时期。与此同时，海南省民营经济乘势而上，发展速度和规模不断扩大，逐步发展成为海南社会经济的新增亮点。截止2005年底，除国有、集体、国有控股企业以外，股份合作制、港澳台投资、外商投资、私营等民营企业总数已达到45 376户，占全省企业总数的71.10%。其中，私营企业全年新增数量7 498户，与上年相比增长7.14%，总数已达到32 275户，占全省各类企业总数的50.46%；全省个体工商户117 600户。与其他经济类型企业相比，海南民营经济无论在解决就业和再就业、减轻政府社会压力方面，还是在对社会的贡献率、税收、对外经济贸易等方面都发挥着其他经济类型企业所无法比拟的积极作用，已经成为了推动全省国民经济不断向前发展的重要组成部分。

二、主要特点

（一）民营经济的迅猛发展，已成为解决就业和再就业、减轻政府社会压力的主渠道

截止2005年底，全省在岗职工人数73.09万人。其中，由民营企业解决的城镇居民、农村剩余劳动力就业人数达到282 967人，安置下岗职工再就业3 712人；个体工商户解决就业人数260 483人。民营经济安排就业总数已占全省城镇就业总数的74.36%以上；与2004年同期私营企业和个体工商户安置就业人数相比，分别增长23.42%和5%。

（二）民营企业数量和规模越来越大，对社会贡献率日益突出

截止2005年底，全省实有各类企业63 961户，注册资本（金）总额2 097.78亿元。其中，私营企业32 275户，占全省企业总户数的50.46%，注册资本（金）595.60亿元，占全省各类企业注册资本（金）总数的28.39%；公有制企业18 485户，混合制企业10 745户，外商投资企业2 456户。全省各类企业平均注册资本（金）328万元，排列分别为外商投资企业2 174.52万元、混合制企业532.59万元、私营企业214.08万元、公有制企业115.41万元。私营企业全

年完成总产值 138 345. 00 万元，完成销售总额或营业收入 1 435 765. 50 万元，完成社会消费品零售总额 925 339. 50 万元。2005 年全省新登记个体工商户 32 955 户，总数为 117 600 户，比上年同期相比减少了 4. 84%，其主要原因是个体工商户的经营范围和规模不断扩大，部分个体工商户转化为私营企业。认注资金 14. 13 亿元，与 2004 年同期相比增长了 7. 89%。按产业比例划分，其中，第一产业占 0. 46%，第二产业占 0. 22%，第三产业占 99. 31%。按行业比例划分，分别是：批发零售业 54. 53%，交通运输业 17. 54%，居民服务业 10. 03%，住宿餐饮业占 9. 74%，制造业 3. 14%，其他行业 5. 01%。

（三）民营经济已成为全省税收的重要来源

国税　2004 年全省国税总额 538 546 万元，其中国有企业、集体和国有控股企业共上缴 177 068万元，占 32. 7%，非国有企业上缴 361 478 万元，占 67. 3%。2005 年全省国税收入 619 373万元。除国有、集体和国有控股部分外，各类股份制、股份合作制、私营、港澳台投资、外商投资企业共实现国税收入 426 842 万元，占全省国税收入的 68. 92%。其中，私营企业、个体经营者和其他企业创国税收入 45 982 万元，占全省国税收入的 7. 4 %。

地税　2004 年全省地总额 396 850 万元，其中国有企业、集体和国有控股企业共上缴 109 941万元，占 27. 7%，非国有企业上缴总额为 286 909 万元，占 72. 3%。2005 年，全省地税收入 478 401 万元。除国有、集体和国有控股部分外，各类股份制、股份合作制、私营、港澳台投资、外商投资企业共实现地税收入 338 394 万元，占全省地税收入的 70. 74%。其中，私营、个体经营者和其他企业创税收收入全省地税总数的 18. 85%。

（四）民营企业涉外资历不深，但外贸业绩不凡

海南是个经济欠发达地区，受建省晚、民营经济发展相对滞后、企业数量少、规模小等条件的制约，个体、私营企业涉足对外经济贸易只是近几年的事情。但随着中国加入 WTO，国家赋予海南的各项优惠政策不断得到落实以及对外经济交流的不断深入，海南个体私营企业大胆实施“走出去、请进来”发展战略，逐步与国际接轨，各类产品，特别是海（水）产品、农副产品开始抢占国际市场，并取得非凡业绩。2004 年全省进出口贸易总额 318 500 万美元，其中出口值 100 000 万美元，进口值 218 500 万美元。2005 年全省实现外贸进出口总额 259 229. 03 万美元。其中，进口 156 983. 70 万美元，出口值 102 245. 33 万美元；个体私营企业进出口贸易虽然数量不大，但却实现进出口额 34 681. 20 万美元，占全省进出口总额的 13. 38%。其中，进口值 14 477. 30 万美元，出口值 20 203. 90 万美元，分别占全省进出口的 9. 23% 和 19. 76%。

（五）国有企业改革步伐的加快，为民营企业提供了广阔的发展空间

海南国有企业改革起步较晚。2004 年为起步阶段，全年仅完成 4 家企业改制。2005 年取得突破性进展，46 家国有企业基本完成改制关闭破产工作。涉及资产 11. 8 亿元，安置职工 4 671 人。2006 年计划将安排 16 家总公司（托管公司）共 174 家国有企业，涉及资产 78. 8 亿元，计划安置职工 9 206 人。卫留成省长在 2005 年全省经济工作会议上宣布，预计 2008 年前全省国企改制工作将全部结束，而改制后的原国有企业将全部转化为股份制企业或私营企业。这不仅为今后民营经济的发展注入了强大的精神动力，而且也为民营经济的发展提供了广阔的发展空间。省国资委的有关资料显示，从 2003 年开始，海南省部分民营企业已借助各项经济政策，通过收购、兼并、合作等方式，进行了大量的前期工作，成功实现了部分国有企业向民营企业的转化，成为加快国企改革的重要的推动力。

（六）产业结构调整进一步优化，经济运行保持平稳较快增长

海南民营企业主要集中在第一、三产业。其中，第一产业占 9. 19%，第三产业占 73. 65%。据省有关部门统计，2005 年全省第一产业完成增加值 301. 10 亿元，比上年增长 6. 0%，“十五”期间平均每年递增 8. 3%，按同口径计算，占生产总值比重由 2000 年的 36% 下降至 33. 1%。全

省第二产业完成增加值228.91亿元，比上年增长16.1%，“十五”期间平均增长14.6%，占生产总值比重由2000年19.7%提高至25.9%。第三产业完成增加值373.59亿元，比去年增长10.2%，“十五”期间平均每年递增9.1%，占生产总值比重由43.8%下降至41.0%。实现了海南省“十五”计划确定的三次产业结构调整目标。

（七）国务院《若干意见》和海南《若干规定》为海南省民营经济发展带来新的机遇

2005年2月，《国务院关于鼓励支持和引导个体私营等非公有制经济发展的若干意见》正式出台，为改善民营经济的发展环境起到了极大的推动作用。2005年12月8日，省委省政府召开首届非公经济发展大会，对全省民营经济为社会经济发展做出的贡献给予了高度评价，对民营企业及民营企业家的社会地位和政治地位予以确认。同时，出台了《海南省人民政府关于鼓励支持和引导个体私营等非公有制经济发展的若干规定》，在市场准入、支持非公经济自主创新、加大财政支持力度、加强市场监管，提高民营企业自身素质等6个方面作出了25条具体规定，充分表明了省委省政府对发展民营经济的决心和信心，为今后海南民营经济的持续、健康、快速发展奠定了坚实的基础。

（八）光彩事业健康发展，有力推动了社会主义新农村建设

文明生态村作为社会主义新农村建设的创建载体，海南走在了全国前列，得到了党中央国务院的高度重视。通过各级党委、政府的不断努力和民营企业家的积极参与，目前，全省已有5 300多个自然村建成了文明生态村，约占总量的22.8%，有的地区已超过50%以上。文昌、儋州、琼海、海口、三亚等地以“文明生态村”为模式的社会主义新农村建设典型事例曾被新华社、人民日报、中央电视台、经济日报等中央多家新闻媒体在全国进行宣传和推广。近年来，我省广大的民营企业家积极响应各级党委、政府和省总商会（工商联）的号召，大力弘扬“致富思源、富而思进、扶贫济困、乐善好施、义利兼顾、德行并重、发展企业、回馈社会”的光彩精神，积极投身社会主义新农村建设。以项目推动为主，立足海南热带高效农业等主导产业，选择适合海南农村经济的“公司+农户”等经营模式，带动了当地数十万农民脱贫致富。在广大民营企业家的带动下，一批农业产业化项目发挥典型示范作用，取得显著的经济和社会效益。乐东县和东方市的香蕉，五指山的野菜，文昌市和陵水县的西瓜，儋州、万宁、澄迈、三亚等市县的瓜果菜，琼中县的绿橙等数十个品种已经形成了具有海南特色的知名品牌，产品不仅占领了国内市场，而且还远销日本、韩国、美国、英国、俄罗斯等许多国家和地区。

光彩事业不仅造就了一大批非公有制经济代表人士队伍，更重要的是有力地推动了海南省社会主义新农村建设。

三、存在的问题

海南属于欠发达地区，与经济相对发达省（区）相比，还有很大的差距。民营企业的知名品牌少，资本实力差、竞争能力弱、技术研发能力不强，经济总量小，仍处于初级创业阶段，而且全省约80%以上的私营个体经济集中在第三产业，从事第二产业和高新技术产业的比例很小，产业层次偏低，市场竞争力不强，这些都是当前民营企业发展中的最主要的薄弱环节。另外，贷款融资渠道不畅、体制障碍、政府监管和民营企业自身素质不高等因素，也都在不同程度上影响和制约了海南省民营经济持续快速健康发展。

（一）贷款难融资难仍是制约民营经济做大做强的主要“瓶颈”

尽管海南投资环境不断改善，相关政策不断得到落实，省政府还借助国家开发银行贷款，搭建开发性金融合作平台，从事基础设置建设和基础产业、支柱产业建设，以解决中小企业融资贷款难的问题。虽然部分有实力的、诚信度较高的企业确实从中受益，但毕竟解决的企业数

量有限，实施的效果并不理想，仍有80%以上的民营企业面临资金短缺、贷款无门的窘况，而且企业规模越小，贷款就越困难，直接影响了企业做大做强。

（二）体制性障碍难以从根本上消除

尽管国务院《若干意见》和海南省《若干规定》都明确提出放宽市场准入，允许民营企业进入法律未禁止的任何领域，加大财税的支持力度，鼓励银行加大对中小企业的贷款支持力度等。但事实上，民营经济的市场准入障碍仍然较大。在经营范围上，只要涉及与国有企业竞争的绝大多数行业，特别是垄断行业、公用事业、基础设置和社会事业等大型项目，民营企业的进入就非常艰难。即便是进入了，也有随时被挤出局的危险。另外，国务院《若干意见》已经出台一年多、海南《若干规定》也已经出台近半年，有关政策规定至今并未得到有关部门的重视和贯彻落实。政府有关部门至今仍未围绕《若干意见》、《若干规定》出台过与之相配套的、较有影响力的、具有实际意义的、可操作性强的实施细则或相关措施，不仅影响了政策的落实效果和政府的形象，也间接地制约了民营经济的快速发展。

（三）民营企业得不到应有的重视

随着海南各项经济政策的落实和投资环境的不断改善，“大企业进入，大项目带动”的发展战略效应开始突现，在这种大的环境影响和带动下，海南省民营经济迅速崛起，并在各个行业领域中发挥着积极作用，不仅缓解了政府部门就业与再就业等社会压力，而且还在税收、出口创汇等方面做出了突出的贡献。但尽管如此，仍然得不到应有的重视。少数职能部门的工作人员在对待民营经济发展的态度上和思想认识上仍存在较大的误区，甚至持怀疑和蔑视的态度。个别市（县）行政执法部门只注重领导引进的“重点”或“大”项目，而对私营企业所反映和发生的问题，总是漠不关心或一拖再拖，直接影响了投资者的信心和决心，影响了民营经济的持续健康发展。

（四）民营企业自身发展滞后，企业经营者素质有待于提高

管理上，除部分较大规模的企业具备现代化管理方式外，海南省约80%以上的民营企业仍然处在原始创业和原始积累阶段。一方面，企业规模小，产品科技含量不高，从企业经营成本考虑，不需要太多的（或者高素质的）管理人员来管理。另一方面，企业主对企业的生产经营、财务账目持保守态度，对外聘管理人员不信任、不放心。在信用建设上，个别企业出于各自利益，不守诚信，或从事非法商业活动，破坏和扰乱了正常的市场秩序，致使因个别企业的行为而影响了民营企业的整体形象；企业自主知识产权少、创新意识和创新能力相对薄弱，利润空间狭小，整体管理水平不高，企业核心竞争力不强，人才流失严重等现象，也是民营中小企业普遍存在的问题。

海南省个体、私营经济数据表

单位：亿元、亿美元、%

	2000 年	2004 年	2005 年	2005 年比 2000 年增长率
全省固定资产投资完成总量	193.45	32.53	367.51	—
增长率	1.7	—	15.7	89.98
其中非国有	31.34	—	—	—
增长率	16.9	—	—	—
占全省比重	—	—	—	—
全省工业增加值总额	265.61	38.47	166.62	—
增长率	6.1	—	17.0	-37.27
其中私营企业	—	—	—	—
增长率	—	—	—	—
占全省比重	—	—	—	—
全省进出口总额	12.88	31.85	25.92	—
增长率	5.7	57.9	-23.8	101.25
其中私营企业	—	—	—	—
增长率	—	—	—	—
占全省比重	—	—	—	—
全省出口总额	8.03	10.00	10.22	—
增长率	7.3	29.8	-6.4	27.28
其中私营企业	—	—	—	—
增长率	—	—	—	—
占全省比重	—	—	—	—
全省税收总额	21.67 31.51	53.85 39.68	39.71 54.49	—
增长率	15 8.1	23 23.3	11.6 21.5	83.25 72.93
其中私营企业	—	0.72	—	—
增长率	—	1.22	—	—
占全省比重	—	1.32	—	—
个体工商户税收总额	—	3.52 增 4.4	—	—

重庆市2004～2006年民营经济发展概况

重庆市工商联

2004年，全市上下认真贯彻《中共重庆市委、市人民政府关于进一步加快民营经济发展的决定》，把握宏观调控带来的机遇，抓住发展第一要务，民营经济保持了持续、快速、健康的发展态势；2005年2月，国务院出台了《关于鼓励、支持和引导个体私营等非公有制经济发展的若干意见》后，市政府及时制定了贯彻国务院《关于鼓励、支持和引导个体私营等非公有制经济发展的意见》的实施意见，颁布了《重庆市非公有制经济中长期发展规划》，民营经济发展环境进一步得到了优化，民营企业家的发展信心受到了极大的鼓舞，民营经济继续保持了持续、快速、健康的发展态势。

一、民营经济发展概况

民营经济总量快速增加，占据了重庆市经济的半壁江山。2004年，全市共有民营经济组织523 960个，其中个体工商户455 969户，私营企业67 991户（含港澳台和外资）。民营经济完成GDP增加值1 032.9亿元，占全市GDP的38.98%，对全市GDP增长的贡献率达到45.4%，拉动全市经济增长5.58个百分点。2005年，全市共有民营经济组织517 062个，其中个体工商户440 449户，私营企业75 684户，外资和港澳台投资企业929户。全市民营经济实现增加值1 590亿元，同比增长22%，高出全市经济增速10.5个百分点，占全市GDP的比重达到51.8%（其中，内资民营经济占GDP的比重为43.3%），民营经济对全市经济增长的贡献率超过70%，拉动全市经济增长7个百分点以上，成为推动重庆市经济增长的主要力量。2006年1～6月，重庆市民营经济实现增加值803亿元，同比增长20%，占全市GDP的比重提高到54.7%。

民营经济投资增速第一，成为重庆市投资增长的主要力量。2004年全市民营经济累计完成投资840.48亿元，高于同期国有投资增幅8.4个百分点，占全社会投资总量的52.2%。2005年，全市民营经济投资1 208亿元，占全社会投资总量的60%左右。特别是私营个体投资比2004年增长30.5%，超过全市投资增速6.8个百分点，高出国有投资增幅10.1个百分点。到今年6月份，重庆市民营经济投资达到612亿元，同比增长26%。

民营经济在社会消费品零售总额中的比重继续保持优势，成为扩大内需、促进消费的“助推器”。2004年全市消费品市场发展形势喜人，商贸流通规模不断扩大，社会消费品零售总额达955亿元，增长14.3%。民营经济无论是在批发零售业、餐饮业等传统行业，还是在连锁经营、电子商务等现代流通行业上都占主导地位，餐饮业占社会消费品零售总额的比重达13.8%；朝天门市场交易额突破100亿元大关，成为西部最大的商品交易市场。2005年，重庆市社会消费品零售总额创直辖以来最好水平，达1 215亿元，增长15.3%，其中批发零售贸易总额达到1 042亿元，同比增长18%；餐饮业持续红火，实现销售收入162亿元，增长16.6%。民营经济占社零总额的比重超过了60%。

民营企业出口继续扩大，成为重庆市出口的“主力军”。2004年，全市外贸出口突破20亿美元大关，达到20.9亿美元，其中民营企业出口11.93亿美元，占比达57.1%。2005年，民营企业出口19亿美元，占全市出口的75.4%。截止2006年6月，民营经济出口达到11.4亿美元，同比增长40.7%。

民营经济对税收的贡献接近一半，成为税收大户。2004年，民营经济共缴纳税金106亿元，占全市工商税收的35%，占地方财政收入的15%。2005年，民营经济税收161亿元，占全市税收总额的44.7%。截止2006年6月，民营经济实交税金81亿元，同比增长23.8%，实现利润130.7亿元，同比增长19.6%。

民营经济就业人员继续增加，成为解决就业问题的主渠道和提高群众收入的重要来源。2004年民营经济新增就业人员42万人，民营经济从业人员510万人。2005年，全市民营经济单位从业人员达到565.4万人，占二、三产业从业人员的65.7%；民营经济劳动者报酬526亿元，比2004年增加18.2%。截止2006年6月，民营经济单位从业人员达到583万人，劳动者报酬达到283.2亿元，同比增加16.3%。

民营企业质量品牌意识明显增强，成为重庆市自主创新的主体。2004年，全市高新技术企业601家，其中民营企业有497家，占82.7%；高新技术产品销售收入570亿元中，民营企业有481亿元，占84.4%；全市民营企业提出国内专利申报2 138件，占全市申报总数的69.35%。2005年，民营企业重点新产品开发成倍增长，占市科委下达全市第一批市级重点新产品计划的80.6%。全市新增66家民营企业通过ISO9000质量体系认证，16家企业的19种产品获得“重庆市名牌产品”称号。

二、民营经济发展特点及存在问题

重庆民营经济在促进经济增长，加快改革开放，扩大就业，增加收入，活跃市场，促进消费，打破垄断，公平竞争等方面发挥着越来越重要的作用。

参与社会主义新农村建设的积极性高涨。市委二届七次全会通过了《中共重庆市委关于统筹城乡发展加快农村全面建设小康社会步伐的决定》，出台了一系列优惠扶持政策措施，调动了民营企业投资农业产业的积极性。在农业产业化进程中，培育了优质生猪、花椒、柑橘、中药材、榨菜、笋竹、花卉苗木等产业基地，龙头企业达2 100家，其中国家重点龙头企业19家，市级龙头企业159家。龙头企业销售收入总量达250亿元。

民营工业支撑作用突出。截止2005年12月，全市民营企业完成工业增加值619.6亿元，民营工业企业完成增加值占比为52.6%。规模以上民营工业企业完成增加值312.6亿元，同比增长28.1%。全市规模以上民营工业企业投资389亿元，占全市工业投资的73.4%，民营工业对全市经济的发展起了十分重要的作用。

摩托车产业峰回路转，正向汽车产业挺进。在原材料涨价、能源紧张、运费上调的不利因素下，重庆摩托车产业依然保持稳步增长势头。截止2005年，重庆生产摩托车420万辆，增长27.6%；出口摩托车173.3万辆，金额5.9亿美元，分别增长19.7%和18.7%。同时，力帆、宗申、金冠、云河等民营企业继续挺进汽车产业。12月，力帆集团获得国家发改委轿车生产许可证。

民营经济在第三产业表现活跃。民营经济在房地产业、餐饮业占据主导地位，在商贸流通领域占有重要地位，开始涉足燃气供应、加油加气、文化、体育等行业，并向现代物流、电子商务、会展经济等现代商业进军。在国家宏观调控政策下，重庆房地产价格稳定，投资增长27.8%，销售额34.3%，继续保持健康发展态势，成为外地和国外房地产投资者的投资热点。重庆餐饮业同比增长16.6%，在全国各地加速发展，正在酝酿走出国门。

提高企业素质已成为民营企业家的迫切愿望。按照科学发展观的要求，民营企业逐步转变经济增长方式，加快产品结构、产业结构、投资结构、组织管理体系的调整，走新型工业化道路。同时，加强企业内部管理，一些大型企业较好地运用信息技术如 ERP 管理体系等提升企业科学管理水平。

民营企业党建工作不断加强。重庆民营企业积极探索党建工作途径，积极建立党组织，民营企业党的基层组织在民营企业中发挥着贯彻党的路线方针政策，做好思想政治工作和维护各方面权益的作用。

民营企业家社会责任感越来越强。民营企业为职工购买养老保险和医疗保险范围不断扩大，企业职工生产生活条件不断改善。民营企业参与社会扶贫的力度明显增大，捐资社会公共事业、投身"光彩事业"已成为民营企业家的自觉行动。

与东部沿海地区及其他直辖市相比，重庆市民营经济自身仍然存在总量不大，规模较小，实力不强，税收偏低，区域发展不平衡，结构性矛盾突出等问题。从外部环境来看，主要还存在以下几方面的问题：

思想观念方面。在思想认识上存在偏见，对民营企业没有按"一视同仁"的基本要求办事，一些同志仍然把民营企业当成"二等企业"，把民营企业主看作"二等公民"，存在所有制歧视和身份歧视。

政策待遇方面。在申请立项、投融资、税收信贷、土地使用、财政贴息、政府采购、资格认定、人才引进、证照办理、收费标准等方面；在并购国有企业，参与其分离办社会职能和辅业改制方面；在资金和外汇管理、进出口经营权等方面，民营企业无法享受与其他所有制企业同等的政策待遇，存在着"一国两制"的现象，制约了民营企业的发展。

市场准入方面。在电力、电信、石油等自然垄断领域，在公交、环保、供水、供气、污水处理等公用事业领域，在教育、科研、卫生、文化、体育等社会事业领域，在国防科技建设领域，在金融、保险等服务业领域，都存在不同程度的"限进"情况。

行政管理方面。一些地方政府及其职能部门由于长期对资源的配置权力过大和对微观经济活动的干预过多，管理的意识非常浓厚，而主动服务的意识严重不足；在执行相关政策规章时生搬硬套，本位主义和教条主义严重，缺乏以经济建设为中心的大局意识，甚至不惜以付出巨大的社会成本和放慢经济发展为代价；在具体工作中还存在一定程度滥用管理职权的现象，不熟悉、不了解企业的业务和发展诉求，缺乏对民营企业实施有效管理与提供优质服务的能力和本领，甚至好心办坏事；部门行政审批和许可仍然过多，部门自由裁量空间过大，审批的透明度不高，审批程序复杂，办事效率不高。

法制环境方面。尽管重庆市在治乱减负方面取得了一定成效，但"三乱"现象仍不同程度存在，侵犯企业合法权益的现象时有发生。加之法院判决后执行难，企业举步维艰。

融资方面。融资困难仍然是制约重庆市民营经济发展的"瓶颈"问题。融资渠道狭窄，方式落后，产品单一，体制不健全，使重庆市民营经济发展资金严重不足，丧失了许多发展机遇。重庆市信用担保体系建设滞后，金融机构对民营经济贷款比重小，民营企业通过股票上市、发行债券直接融资难，这些"老大难"问题远远没有解决。

三、贯彻国务院［2005］3 号文件情况

《若干意见》出台后，市政府多次召开会议研究《若干意见》的贯彻落实，并在深入调研、广泛征求意见和多次进行修改的基础上，出台了市政府《贯彻国务院关于鼓励支持和引导个体私营等非公有制经济发展若干意见的实施意见》和《重庆市非公有制经济中长期发展规划》。市工商联两次向市委、市政府提出制定贯彻落实《若干意见》实施意见的建议，并组织了七个

《若干意见》宣讲组，分赴全市各区县（自治县、市）开展宣传工作，向民营企业编发了5 000册《若干意见》单行本。市中小企业局召开了新闻座谈会、企业家座谈会，《重庆日报》全文刊载了《若干意见》，形成了贯彻落实《若干意见》的良好氛围。但是，市级有关部门、大多数区县（自治县、市）都还未制定相应的实施意见，还需要进一步加大贯彻落到力度，真正把《若干意见》落到实处。

重庆市个体、私营经济数据表

单位：亿元、亿美元、%

	2000 年	2004 年	2005 年	2005 年比 2000 年增长率
全市固定资产投资完成总量	655.8	1 609.9	2 006.3	25.1
增长率	16.5	26.8	23.7	—
其中非国有	—	840.5	1 208	—
增长率	—	28.8	43.7	—
占全市比重	—	52.2	60.2	—
全市工业增加值总额	527	927.5	1 023.4	14.2
增长率	10.4	16.9	14	—
其中私营企业	—	406	619.6	—
增长率	—	—	52.6	—
占全市比重	—	43.8	60.5	—
全市进出口总额	17.9	38.5	42.9	19.1
增长率	47.5	48.7	11.3	—
其中私营企业	—	—	—	—
增长率	—	—	—	—
占全市比重	—	—	—	—
全市出口总额	9.95	20.9	25.2	20.4
增长率	103	31.9	20.5	—
其中私营企业	—	11.9	19	—
增长率	—	—	59.7	—
占全市比重	—	56.9	75.4	—
全市税收总额	—	302.9	360	—
增长率	—	—	18.9	—
其中民营经济	—	106	161	—
增长率	—	27	51.9	—
占全市比重	—	35	44.7	—
个体工商户税收总额	—	—	—	—

四川省2005年私营个体经济发展概况

四川省工商联

2005年，四川各地认真贯彻落实国务院《关于鼓励支持和引导个体私营等非公有制经济发展的若干意见》和省政府《关于进一步促进非公有制经济发展的实施意见》精神，努力克服宏观经济调控影响，使全省个体私营经济仍保持了两位数的发展势头。据统计，2005年全省个体私营经济增加值达到3 028.4亿元，占全省GDP比重41%，与上年同期比较提高2.6个百分点。目前，个体私营经济已构成全省民营经济的发展主体，其成效突出、作用显现是推动全川经济社会蓬勃发展的生力军。

一、发展的主要特点

（一）总量新突破、比重创新高

2005年，四川民营经济增加值首次突破3 000亿元大关，达到3 210.57亿元，比上年净增615.16亿元，占全省GDP的比重43.5%，比上年同期提高2.8个百分点。民营经济在一、二、三产业的增加值分别为552.16亿元、1 528.55亿元和1 129.86亿元，与上年同期相比，第二产业比重提高了2.6个百分点，第一、三产业比重下降1.1和1.5个百分点，其产业特征仍呈“二、三、一”格局。从经济类型看，个体私营经济已成为全省民营经济的发展主体。2005年，四川个体私营经济实现增加值3 028.4亿元，占全省民营经济的94%；外商经济完成增加值129.1亿元，占全省民营经济比重1.8%，其比重较同期提高了0.2个百分点；而港澳台经济实现增加值53.07亿元，占全省民营经济比重0.7%。

（二）保持高增速、成效更突出

“九五”以来，四川民营经济保持了持续发展的良好势头，其年均增速为14.5%。“十五”时期全省民营经济发展更为强劲，年平均增速达到19.9%。2005年，尽管受宏观经济调控影响但全省民营经济增速仍达到19.8%，与1996年相比提高了3.1个百分点，其中个体私营经济增加值增长19.6%，外商经济增加值增长22.9%，港澳台经济增加值增长21.5%。四川民营经济发展速度明显高于同期GDP增速。1996～2005年期间，全省民营经济增加值平均增长17.4%，比GDP增速快7.3个百分点。2005年，四川民营经济比同期GDP增速快7.2个百分点，其中第一产业增长快4.7%，第二产业增长快8.2%，第三产业增长快5.3%。

（三）促进大发展、贡献超过半

目前，四川民营经济已成为推动经济社会发展的两个主要驱动轮之一。2005年，在全省GDP增长的12.6%中，公有经济占36.0%，民营经济占64.0%，民营经济对全省GDP增长的贡献已超过半壁河山。从所有制构成看，个体私营经济对全省经济增长的贡献最大。2005年，个私营经济对GDP增长的贡献率为59.8%，拉动经济增长7.5个百分点；而外商、港澳台经济的贡献率则分别为3.0%和1.2%。再从产业构造看，民营第一、二、三产业对全省经济增长的贡献率分别为5.6%、39.4%和19.0%。由此可见，民营第二产业是推动其经济增长的主要动力。“十五”期间，四川民营工业增加值保持了年均30%以上的增速。2005年，民营工业完成增加值1 304.86亿元，占全省工业增加值的51.9%，增速达30.3%，贡献率为65.6%。从民营第二产业分布看，除石油、天然气开采和烟草制品等少数垄断行业外，其他工业领域都有民营资本进入发展。另外，民营第三产业除少数社会公共管理外所占比重高达96.8%。其中，餐饮住宿业所占比重75.1%，文化娱乐、交通邮政、租赁商务、医疗卫生、教育和金融等行业，所占比重分别为51.6%、47.1%、37.5%、3.9%及0.09%。

（四）个私数量增、实力得加强

2005年，工商登记在册的民营经济数量为193.6万户，比上年同期新增7万户，增幅为3.8%。其中，个体工商户153万户、私营企业17.9万户、外商企业4 075户、港澳台企业2 431户，分别增长5.8%、31.7%、7.5%、4.2%。2005年，四川民营企业户均注册资金规模有所提高，平均注册资金为47.3万元，比上年同期增加1.6万元。其中，外商户均2 152.27万元、私营企业115.37万元、个体工商户1.35万元，分别增长44.3%、7.5%和16.6%。

（五）环境日趋好、外商投资忙

随着发展环境的进一步改善，四川民间投资日趋活跃。2005年，全省民间投资（不含股份合作和其他有限责任公司投资）达729.66亿元，占全社会投资额比重的21.1%，比2004年增长30.4%，拉动全社会投资增长6.4个百分点，对投资增长的贡献率为20.9%。其中，港澳台企业投资89.83亿元增长72.5%，外商企业投资61.15亿元增长51.5%。2005年，四川新增世界500强企业14家，累计达111家；同时，全年共审批外商增资项目152个，合同外增资额4.52亿美元，其中英特尔在前期投资3.75亿美元的基础上又增资7500万美元。

（六）出口创汇增、民企贡献大

2005年，四川进出口总额79.05亿美元，同比增加15.1%，其中出口47.01亿美元，进口32.04亿美元。2005年，全省有进出口实绩的企业超过2 000家，民营企业占35%强。在出口产品的地区分布方面，四川已向世界182个国家和地区输出了本土产品，对20多个国家和地区出口增值1 000万美元以上；而在出口产品结构方面，全省机电、纺织、服装、丝绸、鞋类等产品出口均有大幅增加。目前，省政府已拨款数百万专项资金支持出口企业进行国外注册、论证、参展及研发。省商务厅新近还推荐民企凯斯妮服装、升达地板、艾民尔皮具、长叶家具申报国家出口品牌。

（七）财税增收多、就业渠道宽

2005年，四川民营经济上缴税收152.22亿元，比上年增长10.4%，占全省税收的19.8%。其中，个体私营经济实现税收152.22亿元、港澳台及外商经济实现税收58.05亿元。2005年，全省个体私营经济从业人员488.54万人，新增69.45万人，增幅为16.6%。目前，个体私营经济已成为吸纳社会劳动力和国有、集体企业下岗职工就业与再就业的主要渠道。

（八）落后赶先进、区域共发展

2005年，四川21个市、州的民营经济整体上有一个较好的发展态势，尤其是边、远、贫穷地区和少数民族地区民营经济的发展步伐加快。据统计，全省有11个市、州的民营经济增加值较上年同期增加20亿元以上。其中，成都市增加212.76亿元、德阳市增加36.51亿元、绵阳市增加35.09亿元、南充市增加28.97亿元、凉山州增加28.46亿元。另外，民营经济增速超过全省GDP增长的有10个市、州，其分别是：成都市21%、阿坝州20%、攀枝花市19.1%、眉山市及凉山州18.8%、资阳市和南充市及遂宁市18.4%、自贡市18.4%、甘孜州18.2%。另外，全省有18个市州的民营经济对当地GDP贡献超过50%。其中，乐山市68.9%、巴中市67.9%、南充市67.5%、成都市和广安市66.7%。

二、存在的主要问题

（一）发展理念与政务环境有待进一步深化和改善

四川地处西部内陆与沿海地区比较信息闭塞、观念保守、行动滞后。另外，作为“老三线”工业基地的四川国有大型企业众多，国有经济在目前全省国民经济中仍占相当大的比重 。因此，实施“工业强省战略”和搞好国有大型企业的改制重组对于保持四川在全国装备制造业方面的领先地位和加速提升全省整体经济实力以及减轻就业与再就业压力实现社会稳定具有重要意义。因而，“抓大放小”或“抓大不放小”一直是全省经济工作所顾及的问题。2005 年，尽管民营经济占全省 GDP 增长的比重已达 64%，但在 2006 年的政府《工作报告》乃至对“十一五”规划中提及甚少，由此可见，政府对经济工作的指导思想和对工作重点的倾向。国发［2005］3 号和川府发［2005］21 号文件下发后，四川民营经济的发展环境总体上有较大改观，但因认识上的差异和贯彻力度的不均衡，民营经济在实际工作中因其地位、身份有别而仍受到歧视和不公正待遇；行业进入的门槛仍然较高，“三个凡是”的准入原则未能得到有效落实；民营企业在创办和经营过程中审批过于烦琐，“吃、拿、卡、要、摊”屡禁不止；因个别地方政府的不诚信和执法不公引发的矛盾冲突时有发生。这说明，四川在学习和实践“五个统筹”的科学发展观，转换经济发展理念和改善经济发展环境尤其是政务环境方面有待进一步深化认识与强化工作力度。

（二）融资难仍然是制约个私经济发展的突出问题

资金短缺、融资困难仍然是严重制约民营经济发展的一大瓶颈。据调查，四川民营经济在银行的存贷差为几十至上百倍，从这一角度讲民营经济支持了地方经济和国有企业发展，但自身却面临资金短缺；另外，银行对国有经济的投入与产出较之对民营经济的投入与产出是极不相称的。据统计，2005 年四川金融机构各项短期贷款余额中，个体私营经济和三资企业仅占 1% 左右，但其所创造的增加值却几乎占全省的一半。在现实经济活动中，民营企业尤其私营企业很难获得政府的专项资金支持，若要通过资本市场融资则运作成本和面临的其他诸多困难更大。

（三）规模小、档次低，缺乏高素质企业家人才

四川个体私营经济起步较晚，加之实力单薄且大都集中在高度竞争的传统劳动密集型生产领域。因此，就整体而言，四川私营企业生产经营规模偏小、产品档次低、业主综合素质不高、各类管理和技术人才缺乏，以及家族管理模式相当普通等。此外，个体工商户与私营企业在法制观念、商务资讯、合作精神、开拓创新和正确处理劳资关系等方面也存在着一些问题。

（四）发展差距拉大，地区间发展不平衡

一是省会成都及周边幅射地区发展强劲，而老、少、边、穷地区发展依旧缓慢。成都及老工业基地德阳和绵阳三市占据了全省 21 个市、州民营经济总量的 47.1%，其中民营增加值最大的成都市是增加值最小的甘孜藏族自治州的 65 倍之巨，其差距比 2004 年扩大了 24%。

二是地处交通干道沿线的较之偏远地区发展要快。据统计，凡是通铁路和高速公路的县（市、区），其民营经济不仅发展速度快，而且发展数量多、增值提高显著。

三是发展质量与效能存在较大差异。部分市、县为单纯追求增长速度，不注重质量与效益的同步提高，因而造成发展水平低下后劲不足。

贵州省2004~2006年私营个体经济发展概况

贵州省工商联

2004年以来，贵州省的非公有制经济得到了较快的增长，特别是2005年国发3号文件下发后，其发展环境日益向好。非公有制经济已成为贵州省国民经济的重要组成部分和经济增长的主要来源，在促进全省工业化、农业产业化和城镇化建设中做出了积极贡献。

一、非公有制经济发展概况

贵州省的非公有制经济在“十五”末期，呈加速发展的态势。企业的发展环境明显改善，财政支持力度加大，企业管理水平明显提高，形成了一批具有规模和竞争力的企业。如贵州西洋肥业已成为贵州省大型企业中惟一的非公有制企业，2005年产值超过18亿元；老干妈食品有限公司成为贵州省食品行业首家产值突破10亿元的企业，2005年上缴税金达1.5亿元。在制药行业、农业产业和民营科技领域的非公有制经济优势明显，其中在全省医药工业中，非公有制企业已经一统天下，销售收入超过亿元的企业达12户。2006年，为扶持中小企业发展，省政府已确定将中小企业发展专项资金由每年的2 000万元，增加到5 000万元，2010年以前每年递增20%。2006年上半年，贵州省出台了《贵州省人民政府关于贯彻〈国务院关于鼓励支持和引导个体私营等非公有制经济发展若干意见〉的意见》，为非公有制经济发展拓展了空间。

（一）个体工商户和私营企业发展情况

2004年，全省有个体工商户43.31万户，从业人员63.07万人，注册资本金62.90亿元，分别比上年增长4.2%、2.3%和5.9%；总产值15.88亿元，营业（销售）收入98.92亿元，社会消费品零售额75.55亿元，比上年同期分别下降7%、增长63%、增长28%。

2005年，全省有个体工商户43.16万户，从业人员59.66万人，注册资本金69.31亿元，分别比上年减少1 434户、34 118人和增加1.41亿元，分别下降0.33%、5.4%和增长2.24%。2005年个体工商户总体呈下降趋势的原因，一是国务院3号文件颁布实施后，部分个体工商户转为私营企业或股份制企业；二是部分个体工商户向省外转移；三是少数个体工商户歇业。

2004年，全省有私营企业3.61万户，投资者人数8.14万人，从业人数27.59万人，注册资本金418.36亿元，分别比上年增长28.5%、26.8%、23.9%和39.9%。

2005年，全省有私营企业4.15万户，投资者人数18.45万人，从业人数32.2万人，注册资本金513.85亿元，分别比上年增长14.95%、126.65%、16.7%和22.8%。

在产业结构中，个体工商户主要集中在第三产业，私营企业主要集中在第二产业和第三产业，其中第三产业略高于第二产业；从行业分布来看，私营企业较为集中的行业是：批发零售业12 862户，占35.65%；工业7 181户，占19.89%；采矿业3 227户，占8.94%；居民服务和其他服务业1 876户，占5.2%。从地区分布看，贵州省非公有制经济在各市、州、地的分布存在明显差异，贵阳市和遵义市相对较多，安顺市、铜仁地区、黔西南州等地相对较少。

（二）规模以上工业企业发展情况

2004年，全省规模以上工业企业完成工业总产值1 249.7亿元，其中非公有制企业完成

403.91 亿元，占 32.32%；全省规模以上工业企业实现工业增加值 438.4 亿元，其中非公有制企业实现工业增加值 119.1 亿元，占 27.17%。2005 年，全省规模以上工业企业实现工业增加值 561.59 亿元，同比增长 28.1%，其中非公有制企业实现工业增加值 164.97 亿元，占 29.38%，同比增长 38.51%。2005 年，全省规模以上非公有制企业达 805 户，比上年增加 161 户，占全省规模以上工业企业新增数的 86.1%，非公有制经济在全省经济总量中的比例已达 27.8%。

（三）税收及进出口情况

2004 年，全省非公有制经济（含混合所有制企业）实现各项税收 131.85 亿元，占全省税收总额 247.15 亿元的 53.3%，比上年提高 3.65 个百分点；2005 年，全省非公有制经济（含混合所有制企业）实现各项税收 182.22 亿元，占全省税收总额 308.35 亿元的 59.1%，同比增长 38.2%；剔除混合所有制企业中的国有成分，非公有制经济实际完成税收 137.92 亿元，占全省税收总额的 44.7%，非公有制经济已成为财政收入的重要来源。2004 年，私营企业实现进出口总额 10 276 万美元，同比增长 254.69%，实现出口 7 824 万美元，同比增长 355.7%；2005 年，在全省进出口总额下降的情况下，私营企业完成进出口总额 11 061 万美元，同比增长 7.69%，完成出口 8 920 万美元，同比增长 14.09%，私营企业已成为对外贸易的生力军。

（四）就业情况

2004 年，全省私营企业、个体工商户从业人员近 100 万人。仅贵阳市就新增安置 4.9 万城镇人员就业，安置下岗失业人员 3.5 万人再就业，转移农村劳动力 2.6 万人。2005 年，全省私营企业、个体工商户从业人员 91.86 万人，个体工商户从业人员比上年减少 3.41 万人；全年全省非公有制经济新增就业 15.49 万人，占全省新增就业岗位的 80%。

二、非公有制经济发展存在的主要问题

（一）观念认识滞后

近年来，虽然省、市、县都出台了一些促进非公有制经济发展的地方政策，但由于长期以来的传统观念和计划经济体制的影响根深蒂固，一些部门无视非公有制经济已经成为国民经济的重要组成部分和新的经济增长点的现实，仍然将其视为市场经济的“必要补充”，置于“拾遗补缺”的位置。目前，不少干部对发展非公有制经济的认识，同党的十五大、十六大和国发[2005] 3 号、黔府发[2006] 14 号文件要求还有相当差距；重国有轻“非公”、重外资轻内资的思想观念和思维定势及恐私、歧私的思想还不同程度地存在着。在国发 3 号文件颁布后，一些部门还在抢滩占点搞垄断。对发展非公有制制经济，管死的办法多，搞活的措施少，一切以部门利益为重，缺乏全局意识，使政策落实大打折扣。

（二）投资发展环境不宽松

政策不配套，法规不完善；融资难、用地难、用人难；服务不到位，衙门作风浓，工作效率低；宣传不力，保护不足，重视不够，制约发展的体制机制和政策性问题还未根本解决；一些部门置党和政府的三令五申于不顾，为了部门利益，“三乱”不止；一些地方和部门支持不力、政策滞后，服务意识差。到目前止，贵州省还没有以省委、省政府的名义召开过全省非公有制经济工作和表彰等大会。

（三）统计和研究工作滞后

多年来，谁也说不准贵州省非公有制经济发展的相关数据，统计工作滞后。目前，贵州省还没有成立研究非公经济发展的专门机构。统计数据的残缺和研究的滞后，影响了对贵州省非公经济发展的正确认识和规律把握，进而影响了有关政策的制定和公共服务的提供，也使指导工作陷入盲目性。

（四）民间商会作用没有得到应有的发挥

一是公会等行业组织从数量、覆盖面、布局到结构，还不能适应市场经济发展要求；二是官办色彩浓厚，民间性不足；三是行业组织在参与行业管理和服务的工作中，因绝大多数得不到政府的委托或授权，作用十分有限，少数获得授权的，又成了部门的直属单位，工作带有很大的行政色彩；一些民间组织，把离退休的甚至是在职的领导干部拉进协会班子，公平性被打破；四是贵州省未授权工商联作为行业组织的业务主管单位，制约了工商联民间性优势的发挥。

上述问题的存在，不同程度地制约和阻碍了贵州省非公有制经济的快速健康发展。要解决好上述存在的主要问题，需要政府、企业和全社会的共同努力，营造良好的发展环境。

三、关于加快贵州省非公有制经济发展的建议

中央和贵州省已经先后出台了鼓励支持和引导非公有制经济发展的政策，当前的主要任务是贯彻落实。针对上述存在问题和贵州省非公经济发展的实际，应着力解决好以下问题。

（一）继续深入开展解放思想、转变观念的教育

首先要从党政干部特别是领导干部的教育做起，而后扩大到全社会，要让全省上下真正认识到加快发展贵州省非公有制经济的重要性和紧迫性，切实为加快非公经济发展打下坚实的思想基础。

（二）保证党和国家的方针政策的全面贯彻执行

尽快清理一切阻碍新时期非公经济发展和与国务院［2005］3号文件精神相悖的地方性法规和规定，加快制定贯彻黔府发［2006］14号文件的各种配套措施，保证党和国家的方针政策在贵州省全面贯彻执行。

（三）加强统计、分析和研究工作

相关部门要把非公经济单列统计，政策及发展研究部门、各级党校、行政学院、社会主义学院等机构要加强对非公经济发展的系统研究，为党委政府决策提供可靠依据。

（四）全面打造非公经济发展的良好环境

要下大力气改变不适应贵州省经济发展特别是制约非公经济发展的软硬环境。从舆论、政策、法制等方面为非公经济发展提供保障，切实解决非公经济的市场准入难、融资担保难、用人用地难等一系列实际问题。千方百计使全省形成时时、处处、人人、事事都鼓励支持非公经济发展的良好局面。

（五）建立健全社会化服务体系，推进政府职能转变，提高服务的效率水平

一是完善“一站式”服务的工作制度，切实提高工作效率；二是建立健全非公有制经济服务体系，围绕保险代理、税务代理、技术创新、市场开拓、人才培训、法律援助、信息咨询等方面去拓展工作；三是支持和推动非公经济融资担保体系建设，成立由政府、企业、银行等金融机构共同组成的融资担保机构，或采取政府出资、企业集资相结合的方式，建立多种资金来源、多种组织形式参与多层次信用担保体系，运用自主担保、联环互保等方式，为非公企业的融资担保服务；四是各级党委、政府应支持工商联组建和发展民间经济组织，诸如行业协会、商会、同业公会等，授权工商联作为民间经济组织的业务主管单位；五是建立健全非公有制经济的统计、监测系统，统一统计口径，定期发布统计信息；六是规范对社团、行业等中介组织的管理，积极推进政社分开、政会分开，按照干部管理及审批权限，严格限制公务员、政府官员（含离退休干部）在民间社团中任职和兼职，没有特殊需要的，一般不准公务员在民间社团中任职或兼职，以保证社团的公平性、民主性和民间性。

云南省2004~2006年民营经济发展概况

云南省工商联

"十五"期间，云南省委省政府以邓小平理论和"三个代表"重要思想为指导，牢固树立科学发展观，把加快云南民营经济发展摆到重要位置，明确提出了"没有非公经济的大发展，就没有云南经济的大发展"，不断完善政策措施，切实优化发展环境，着力抓好工作落实，使全省私营经济得以迅速发展。

一、基本走势：从高速步入持续、平稳

2004~2006年，是云南"十五"计划和"十一五"规划的衔接期。在这一时期，云南私营经济获得了长足发展。

截止2004年底，云南私营（民营）经济户数共有74.9万户，注册资本金1 324.7亿元，比上年同期增长27%；上缴税金69亿元，比上年同期增长37%；完成社会消费品零售总额701.1亿元，比上年同期增长19.2%，占全省社会消费品零售总额对79.6%，私营经济从业人员202.7万人，比上年同期增加22.3万人；全省私营（民营）经济增加值首次突破1 000亿元，达到1 021亿元，占全省GDP的34.5%。（见下表）

云南省私营（民营）经济增加值及其占GDP的比重

年　份	增加值（亿元）	占GDP的比重（%）	比重比上年提高（个百分点）
2001	496.0	23.9	2.9
2002	601.0	26.9	3.0
2002	779.0	31.6	4.7
2004	1 026.0（经普调整）	33.3（经普调整）	1.7（经普调整）
2005	1 257.3	35	1.7

云南私营（民营）经济经过"十五"前几年的高速增长后，从2005年开始，增加值呈现持续、平稳的增长态势。

截止2005年12月累计，全省私营（民营）经济完成增加值1 257.3亿元，比上年同期增长20.2%，占全省GDP的35%。实现了"三分天下有其一"的目标。对全省国民经济增长的贡献率为45%。

私营（民营）经济实体户数79.7万户，比上年同期增长6.4%；注册资金1 633.8亿元，比上年同期增长23.3%；完成社会消费品零售总额844.3亿元，比上年同期增长18%。

云南私营（民营）经济成为了地方财政收入的重要来源，2005年，私营（民营）经济上缴税金突破100亿元大关，达101.4亿元，比上年同期增长46.7%；占全省税收总收入（国、地税）的14.16%；个体私营经济从业人员255.1万人，比上年同期增长19.9%。

云南私营（民营）经济已成为社会就业的主渠道。从以下详细列表中可以看到，民营经济

已经成为全省社会就业的主力军。

全省就业人员人数表

单位：万人

指　　标	2004 年	2005 年	2005 年比 2004 年（%）
就业人员合计	2 401.39	2 461.3	2.5
1. 全部职工	235.43	235.71	0.1
国有经济单位	171.45	168.39	−1.8
城镇集体经济单位	12.24	10.65	−13.0
其他各种经济单位	51.74	56.67	9.5
联营经济	0.23	0.19	−17.4
股份制经济	42.76	45.69	6.9
外商投资经济	1.43	1.58	10.5
港、澳、台投资经济	1.94	1.53	−21.1
其他经济	5.38	7.68	42.8
2. 城镇私营企业就业人员	47.36	76.90	60.7

私营企业队伍不断壮大，民营资本快速增长，全省注册登记私营企业 6.6 万户，注册资金 1 109.5亿元，增长33.3%，户均168 万元。从组织结构来看，私营有限责任公司5.3 万户，比上年同期增长 30.6%，占全部私营企业总数的 80.3%；独资企业 11 745 户，比上年同期增长 13.8%；合伙企业 1 233 户，比上年同期增长 17%；股份有限公司 33 户，比上年同期增长 8.5%。

从2004 年占 GDP 的 34.5%到2005 年占 GDP 的 35%，应该说增长的幅度不大，但发展质量却有较大的不同。

二、基本特点：从数量发展到量、质并举

（一）私营企业队伍日愈壮大，民营资本快速增长

私营经济结构中私营企业数量比重增加，资本大幅增加，规模不断扩大，实力不断增强。2005 年 12 月累计，全省注册登记的私营企业 6.6 万户，比上年同期新增 1.4 万，增长 27%，注册资金 1 109.5 亿元，比上年同期增加 278.3 亿，增长 33.3%，户均注册资金 168 万元。特别是在工业领域，云南私营经济一路上扬，势头强劲。目前，云南规模以上工业企业中，私营工业企业 1 561 户，占规模以上户数的 71、2%。

（二）私营（民营）经济总量不断扩大，社会贡献成效显著

2003 年，云南私营（民营）经济增加值达 777 亿元，占全省 GDP 总量的 31。6%；2004 年，云南私营（民营）经济增加值达 1 021 亿元，占全省 CDP 总量的 34.5%；2005 年，云南私营（民营）经济完成增加值 1 257.3 亿元，占全省 GDP 的 35%。在整个“十五”时期，私营（民营）经济增加值分别比上年提高 2.9 个、3 个、4.7 个和 1.7 个百分点。

（三）上缴税金增速加快，并在高位上稳定地为地方提供财源

数据显示，至 2005 年，云南私营（民营）经济年上缴税金已突破 100 亿元大关，达到

101.6 亿元，比上年同期增长 46.7%。

（四）私营（民营）经济吸纳社会就业逐步扩大

2000 年，个体私营经济从业人员 936 012 人；2001 年，全省个体经济从业人员 104.29 万人；2002 年，非公经济从业人员 165.2 万人；2003 年，个私经济从业人员 180.4 万人；2004 年，民营经济从业人员 202.7 万人；2005 年，个体私营经济从业人员 225 万人，比上年同期增加 28 万人，增长 19.9%。

（五）民间投资日趋活跃

随着私营（民营）经济发展大环境的进一步改善，激发了私营企业和广大民众创业投资的积极性，投资热情空前高涨，投资呈现总量攀升、增速加快、比重提升的态势。截止 2005 年 12 月，全省民间投资完成 893 亿元，增长 38.2%，占全省固定资产投资的 51.2%，国有经济投资与民间投资在全省的比重，由 2001 年的 72.5: 27.5 调整为 48.8: 51.2，民间投资已成为拉动云南经济增长最活跃的新生力量。

（六）民营企业成为对贸易的生力军

2005 年，全省私营（民营）经济完成进出口总额 18.09 亿美元，比上年同期增长 37.5%，占全省进出口总额的 38.2%。云南民营企业成为对外贸易的生力军，至 2006 年 4 月，对外贸易同比增长 48.8%。云南民营企业境外投资增长势头强劲。据人行昆明中心支行提供的数据，2006 年一季度，云南省共通过 8 笔境外投资资金来源审查，其中民营起 7 笔，占新批准项目总数的 88%，新增协议中方投资2 136.25万美元，占去年境外投资协议中中方投资的总额的 93%，其中民营企业 2 126.25 美元，占新增中方协议投资总额的 99.5%。

三、主要问题：长期制约私营（民营）经济发展的老、大、难问题

（一）思想认识和观念上还有差距

一些部门仍习惯于以公有制经济为主要服务对象。对私营（民营）经济要么不习惯，要么或多或少存在偏见，在市场准入、土地使用、公平竞争、法律服务、社会保障和企业人才、户籍等方面，没有把私营（民营）经济摆在与公有制经济一视同仁、平等对待的地位。

（二）产业结构调整任重道远

云南私营（民营）经济仍处于小规模、低档次、分散经营的资本积累初级阶段，对重工业和能源工业的依赖性大，抗风险能力低，产业多样性差，产业结构不合理，高技术含量、高附加值、高市场占有率的产品少。

（三）企业利润空间逐步缩小

基础原料、能源、运力、劳动力成本不断上升，市场竞争激烈、企业减利增亏因素增多，企业的利润空间进一步压缩，由于煤炭进价上涨，运输成本提高了 20% 左右，工业用电、汽油、柴油均不同程度提价，致使企业生产成本增高，甚至有部分企业被迫停产。

（四）资金瓶颈依旧未见根本改观

一方面，是受金融政策调整的影响，银根收缩，金融市场不活跃；另一方面，是企业融资渠道单一，信用担保体系不健全，虽然各级中小企业信用担保体系已经逐步建立，但由于与协作银行的关系有待进一步理顺，担保机构资本金需进一步充实等因素制约，仍难于有效缓解私营（民营）企业资金瓶颈问题。

（五）外部发展环境仍需改善

一是有些部门服务不到位。对私营（民营）经济的重视更多地停留在口头上，文件中，贯彻落实少，扶持帮助不够，具体措施不多。二是政策落实不到位。许多政策在执行中被扭曲，

出现“肠梗阻”现象，使好政策没有收到好效果。同时，政策宣传力度不够，企业难以及时了解和掌握相关精神。

四、贯彻3号文件：实施意见和其他贯彻措施正在准备出台

《国务院关于鼓励支持和引导个体私营等非公有制经济发展的若干意见》正式公布后，省委、省政府非常重视，认为为云南非公经济带来了前所未有的发展机遇，对于促进云南“十一五”时期非公经济发展至关重要。并责成相关部门结合云南实际制定实施意见，该意见已经一定范围内征求意见，但尚未颁布。

省委、省政府强调要把贯彻国务院3号文件和贯彻落实省委、省政府《关于加快非公有制经济发展的若干意见》（云发［2003］5号）和云南鼓励支持非公经济发展的其他政策措施结合起来，统一于推动和促进云南非公经济在“十一五”期间的快速健康发展中。

省委、省政府责成相关部门对云南非公有制经济发展的现行政策、规章和管理措施进行全面清理，凡存在所有制歧视和不适应非公经济发展要求的，都要一律废止或修改，消除一切妨碍非公经济发展的体制性弊端。

为了贯彻落实3号文件，2006年3月，云南省“加快发展非公有制经济工作领导小组”召开了第十三次会议，专门研究了云南省的非公经济发展问题。

该次会议决定：一是召开一次高规格、大规模的“全省加快中小企业发展大会”。通过这次会议，出台四个文件，即《云南省贯彻落实〈国务院鼓励支持和引导个体私营等非公有制经济发展文件〉的意见》、《关于加快中小企业社会化服务体系建设的指导意见》、《云南省加快中小企业社会化服务体系建设的指导意见》、《云南省中小企业和非公有制经济“十一五”发展规划》。二是从非公经济专项资金中安排2 000万元，用于推动全省中小企业信用担保体系建设，重点补助已成立的担保机构的担保资金。三是协调省经委和国家开发银行合作，缓解中小企业贷款难问题。

五、“十一五”工作重点：从六方面促进私营（民营）经济健康发展

省委省政府要求：在“十一五”期间，要认清形势，找准差距，突出重点，加快推进全省私营（民营）经济新发展。要着力抓好以下重点：一要进一步完善《云南省非公有制经济发展“十一五”规划》。在规划理念、规划体系、规划方法、规划内容中体现和落实科学发展观；二要进一步抓好国务院3号和云发5号文件的贯彻落实。努力推动各级政府和有关部门强化服务意识，改进服务方式，创新服务手段，切实营造良好发展环境；三要引导和支持非公企业增强自主创新能力。加快培育一批具有自主知识产权和核心竞争力较强、对全省非公经济发展滞后地区辐射带动作用明显的重点骨干非公企业；四要着力解决中小企业融资难问题。组织开展多种形式的银企合作活动，把一批有产品、有市场、有信用的非公企业推荐给各类金融机构，切实帮助企业争取银行贷款支持；五要进一步加快推进社会化服务体系建设。以中小企业服务中心为载体，加强与各类社会中介服务机构的沟通联系，切实为非公经济提供公益性、扶持性的服务；六要进一步完善工作协调机制，不断强化对非公经济的服务与指导，形成全面推动非公经济加快发展的整体合力，积极有效地促进全省非公经济的快速、协调、健康发展。

云南省（区、市）个体、私营经济数据表

单位：亿元、亿美元、%

	2004 年	2005 年
全省固定资产投资完成总量	1 330.60	1 755.30
增长率	30.3%	31.9%
非国有	744	940.03
增长率	24.3%	20.9%
占全省比重	55.9%	53.6%
全省工业增加总额	—	998.83
增长率	—	—
私营企业	—	—
增长率	—	—
占全省比重	—	—
全省进出口总额	37.5	47.4
增长率	—	25.3%
私营企业	9.5	18.09
增长率	—	37.5%
占全省比重	—	38.2%
全省出口总额	22.4	26.4
增长率	—	15.2%
私营企业	—	12.17
增长率	—	24.4%
占全省比重	—	46.1%
全省税收总额	665.30	766.40
增长率	—	13.2%
私营企业	68.4	101.4
增长率	49%	46.7%
占全省比重	10.3%	13.2%
个体工商户税收总额	—	—

西藏自治区2004～2006年私营个体等非公有制经济发展报告

西藏自治区工商联

近年来，西藏自治区经济发展、社会进步、局势稳定、民族团结、边防巩固、人民安居乐业，进入了自和平解放以来的最好时期之一。截止到2004年6月底，全区共有个体工商户5.43万户，注册资金7.57亿元，从业人员9.06万人；私营企业1960户，注册资金46.57亿元，从业人员3.47万人。由于2006年6月底的数据暂时无法得到，暂用2005年年底的数字来代替说明。截止2005年底，全区共有个体工商户6.19万户，注册资金10.87亿元，从业人员11.58万人；私营企业2631户，注册资金71.28亿元，从业人员4.36万人。

在区党委、政府的正确领导下，西藏个体、私营等非公有制经济加快了二次创业的步伐，进入了非常重要的转型期，呈现出了新的变化和发展趋势。个体工商户以平均每年8%左右的速度增长，私营企业以平均每年20%左右的速度增长。从企业内部来看，主要呈现以下五个特点；一是企业规模不断扩大。二是结构水平不断提高，发展的领域不断拓宽。三是企业素质逐步提高。四是广大非公有制经济代表人士对鼓励、支持和引导发展非公有制经济健康发展政策表现出了前所未有的热情和支持。五是呈现出了数量加速增长和综合竞争能力提高的景象。从西藏自治区非公有制经济发展的外部环境来看，呈现出了在市场准入平等化、政商关系合理化、融资渠道多元化、产业发展集中化、活动空间市场化等特点。目前，西藏自治区经济发展正在形成国有经济、非国有经济共同发展的基本格局，国有经济和非国有经济依据市场经济运行规则发挥各自优势，统一于社会主义现代化建设的进程中，相互融合、相互促进、共同发展。个体、私营经济的发展壮大，对拉动投资、带动消费、扩大出口、促进国民经济快速增长、扩大社会就业、带动新兴产业发展、推进所有制结构的调整和优化的作用越来越大。个体、私营等非公有制经济在国民经济中的地位和作用将有进一步提升和扩大的趋势。

一、西藏非公有制经济发展存在的主要问题

从党的十五大召开至今，西藏非公有制经济虽然得到了迅猛发展，但规模提升与数量增长并未保持同步；与区外发达省市（区）横向相比，差距悬殊。

（一）部分经营者自身素质较低，管理跟不上

一是部分经营者缺乏专业培训，自身素质较低，没有技术开发能力，企业技术水平差，与当前激烈竞争的市场环境很不相适。由于缺乏科学，规范的管理，再加上作坊式经营缺乏现代企业管理，另外还不同程度的存在“小富即安”的思想，导致企业缺乏创新意识和竞争意识。二是发展方面存在一定的盲目性，经营规模不大，产品档次不高，营销方式落后，科技含量低，生产经营不稳定，有些企业由于缺乏对市场的科学判断，投资具有一定的盲目性，造成产品结构趋同，低层次恶性竞争加剧。三是风险意识差，创新观念不强，很多经营者认为大家都经营一种熟悉的传统的行业较保险，而缺乏创新意识。城镇居民从事个体、私营等非公有制经济满

足小富即安，农牧民经商办企业思路不宽，缺乏进入市场参与竞争积极性。四是经营群体分散，集约化程度不高，多为各自独立作战，协作精神差，行业集团化未形成，造成市场竞争力不强，生产企业的名优产品不多，市场的占领能力弱。五是部分经营者法制观念淡薄，缺乏诚信经营，违法经营时有发生。六是产权制度和私营制度方面存在较大隐患，资本积累不足，发展后劲乏力，投资者缺乏现代商业知识和创业经验，成功率低。

（二）私营企业创新能力弱，产品缺乏竞争力

私营企业由于在生产规模和资本积累方面的劣势，大部分中小企业投资少、规模小。由于中小企业绝大多数为乡镇企业和私营企业，技术力量有限，大多数的企业几乎没有技术研发部门，企业用于科技开发的经费更是少之又少，多数企业多年没有使用过新技术，加上技术装备水平低、科研经费投入不足、产品开发研制缓慢，导致私营企业的主要产品质量普遍不高、附加值较低、初级产品多、深加工产品少。只有少数私营企业产品定位在生产特色产品，获得国际标准认证的产品很少，这样的产品结构使私营企业在面对开放度日益扩大的市场时，很难走向区外市场。据调查，私营企业参与对外贸易的只有个别企业而且其产品出口数量少。大多数企业产品销售地域或范围局限在区内或本地（市）境内。反映出私营经济在生产经营中具有明显的地域特征，生产协作单位主要在本地区范围内，显示出很强的经营封闭性和生产的地方性特点，这势必制约着私营企业未来的发展。

（三）大部分非公有制企业吸引人才困难

当前大部分个体、私营企业借政策和环境的春风正处于快速发展阶段，缺乏人才却成为制约其发展的一大障碍。现在有知识、有能力的人们普遍的就业观是找有实力、规模的大企业，对规模小、实力弱的企业特别是个体私营企业因各种想法不愿意去，这就让处于发展期急于招募人才的个体、私营企业十分为难。

（四）非公有制企业融资渠道不畅

由于市场体系不完善，为个体私营经济提供各种优质服务的中介组织体系不健全，加之西藏非公有制企业普遍规模小，变化大，整体素质不高，银行对其信贷资产保全难，难以防范风险，所以个体、私营企业进入直接融资或间接融资市场困难较大。

（五）转变经营方式难度较大

一是总体上尚处于逐步完成原始积累阶段。虽然不少非公有制企业完成了原始积累，达到了一定的规模。但从总体来看，西藏自治区的非公有制企业仍处于企业规模较小、产业层次较低的原始积累阶段。目前总体仍处于高投入、低产出的依靠外延扩张的发展方式，规模以上企业数量少，产出规模小，且附加值不高，因此，非公有制经济效益提高难度大。要实现增长方式从粗放型向集约型转变并非轻而易举的事。二是经营理念的转变任重道远。改革开放以来随着经济的不断发展和经营观念的不断改进，与市场经济发展相适应的价值观、道德规范和行为准则虽开始深入人心，但是多数非公有制企业缺乏对技术标准工作的足够重视，企业发展缺乏长期战略规划，短期化的经营理念明显。

（六）非公有制经济产业结构不合理

目前，全区非公有制大部分从事传统的行业，如餐饮娱乐、商贸服务业、建筑建材业和旅游业等，而且大多数行业的管理方式和经营方式雷同。而从事种植养殖业、农副产品深加工业、藏医藏药业、民族手工业的生产型企业很少，从事咨询、技术、法律、会计等现代服务业的企业就更少。造成非公有制企业产业结构不合理的主要原因有：一是由于非公有制企业主绝大部分的文化水平较低，没有掌握高科技知识，也没有现代企业管理的现代管理理念；二是许多业主的投资主要倾向于经营操作简单、投资额度较小，效益来的较快的项目，缺乏长远的规划和更高的目标；三是以往大中专毕业生都安排在国家机关、事业单位和国有企业，新毕业的大中

专毕业生普遍不愿到非公有制企业就业，造成非公有制企业人才匮乏；四是大部分非公有制企业的投资规模小，没有能力购买先进的设备和引进高级人才，企业很难向高投入、高产出、高效益发展。同时，许多经营企业缺乏创新意识，导致非公有制企业发展速度缓慢，跟不上形势的发展，甚至停滞不前，容易被淘汰。

二、制定和落实政策支持措施及配套办法

西藏自治区以贯彻落实《关于鼓励支持和引导个体私营等非公有制经济发展的若干意见》为契机，制定和落实具体财政政策支持措施及配套办法，进一步推动全区经济社会跨越式发展

2005 年年初，国务院出台了《关于鼓励支持和引导个体私营等非公有制经济发展的若干意见》，对鼓励、支持和引导个体私营等非公有制经济的发展，在深化体制改革、完善法规政策、加强环境建设等方面提出了较为全面、系统的要求。

2005 年 8 月，西藏自治区出台了《西藏自治区人民政府关于贯彻〈国务院关于鼓励支持和引导个体私营等非公有制经济发展的若干意见〉的实施意见》（藏政发［2005］37 号）。该《意见》的落实，必将为推动西藏自治区经济社会跨越式发展提供新的动力，必将使西藏自治区的全面建设小康社会步伐明显加快。各地（市）也按照中央和区党委、政府的精神要求，正在制定和出台本地区鼓励个体私营经济发展的相关政策措施，有力地促进了当地非公有制经济的发展。

自治区党委书记张庆黎同志在拉萨市调研时指出："在我区尤其是在拉萨市发展非公有制经济的潜力很大，条件比较成熟，应该在现有的基础上，加大力度，加快速度，有一个更大的发展。在发展非公有制经济上，我们一定要解放思想、放开手脚、大力发展。"在全区经济工作会议上的讲话中，张庆黎书记又明确指出："对于我区来讲，发展非公有制经济，怎么发展都不过分，怎么发展都不要限制。要放宽经营领域，凡是国家法律法规没有明令禁止的，都允许非公有制经济生产经营；凡是国有资本退出的领域，都要允许非公有制经济大胆进入。要继续努力营造公平竞争、平等发展的政策、法制、市场和舆论环境，为非公有制经济发展提供更加广阔自由的空间。"

自治区党委常务副书记、自治区主席向巴平措同志在自治区八届人大五次会议所作的《关于西藏自治区"十一五"时期国民经济和社会发展规划纲要的报告》上也明确指出："大力发展非公有制经济，坚持公有制经济为主体，多种所有制经济共同发展的基本经济制度，毫不动摇地鼓励支持和引导非公有制经济发展。鼓励非公有制企业投资、参股国有企业，大力发展混合所有制。完善和落实支持、鼓励非公有制经济加快发展的政策措施，消除体制障碍，保障同等待遇，营造公平竞争环境。建立非公有制企业恳谈制度。加强和改进对非公有制经济服务与监管，创造有利的融资环境，促进非公有制经济上规模、上档次。依法保护非公有制企业和职工的合法权益。"

三、贯彻落实发展非公有制经济政策中存在的问题

虽然区党委、区政府制订了一系列的优惠政策，但西藏自治区非公有制经济发展软环境建设状况还有待进一步改善，主要在政策环境和服务环境上存在的问题还比较突出，个体、私营业主和投资者对此反映也较强烈。非公有制企业主对西藏自治区发展环境的总体上市认同的，但关键是各项政策的落实。

（一）优惠政策的可操作性不是很强

近几年各地、市出台的有关优惠政策规定，优惠力度不够大，而且随着对外开放的扩大，

中国加入WTO、国家和自治区对行政审批体制改革的深入，部分收费项目、税收项目的取消，很多优惠政策已经实现。政策中规定的某些操作难度大的政策无法完全落实。

（二）服务环境改善不够

服务环境存在的突出问题是广大个私企业反映最多的问题。牵涉到的部门不少。主要表现：一是乱检查乱罚款现象依然存在。二是变换形式乱收费、乱摊派仍时有发生。三是融资服务手段少，企业融资仍很困难。

（三）个别管理部门思想解放不够，政策落实不到位

一是一些行业和部门对发展个体、私营等非公有制经济认识不足，特别是有的干部对发展个体、私营等非公有制经济的重要性和紧迫感认识不高，工作力度不大。二是政府职能转换有待进一步加强，审批制经济未根本改观，政府、企业、市场三者关系尚未完全理顺。三是非公有制经济在办理各种手续时，个别职能部门仍然存在门难进、脸难看、事难办、话难听的现象。另外，各执法部门多头重复检查对非公有制经济正常的经营造成一些不便，并且仍存在一些只收费不服务，以收费代管理的现象，管理和服务非公有制经济跟不上形势。

四、发展西藏非公有制经济的几点建议

（一）加快政府职能转变，加大扶持、服务力度

首先，营造良好的宣传舆论环境。广泛宣传党和政府发展非公经济的方针政策，宣传非公企业家所做的社会贡献和创业事迹。宣传群众身边的创业典型和致富经验，引导群众“想创业、敢创业、会创业、创大业”。要全面消除体制障碍，全力打造全民创业、发展非公有制经济的绿色通道。要进一步落实财税政策、人才政策和用地政策，支持非公有制企业在竞争性领域中逐步发挥主力军作用，鼓励非公有制经济参与文化、教育、卫生等社会事业发展，进一步拓宽非公有制经济发展的空间。要健全区、县、乡三级培训网络，免费为农民工和下岗职工进行技能培训，为更多的群众投身非公有经济发展创造条件。

其次，抓培植骨干。骨干私营企业是一个地方经济发展水平的重要标志，也是带动一个地方经济发展的龙头。加快发展非公有制经济，必须着力培植非公有制骨干企业，这是先进地区的成功经验，也是近两年来我们一直努力的方向。培植非公有制骨干企业，一是要择优扶持。各地（市）都要有选择、有重点地对成长前景看好的企业和新上项目，在财政、金融、外贸等方面加大协调和政策扶持力度，促其快速成长。要重点围绕水资源、森林资源、矿产资源、生物资源和旅游资源等，努力创造一批区域品牌，培育特色经济，打造一批有影响力的拳头产品，壮大一批核心竞争力较强的非公有制骨干企业。

再次，转变作风，营造良好的服务环境。各级党委和政府必须把发展非公有制经济这项工作摆在重要位置，要经常深入企业，深入基层，研究解决非公有制经济发展中出现的新情况、新问题。要牢固树立科学的发展观和正确的政绩观，把科学态度和实干精神结合起来，在办实事上花大力气，在求实效上下真功夫，以优质的服务、科学的指导促进非公有制经济的发展。要力戒形式主义，不摆花架子，不搞“形象工程”和“政绩工程”。要建立健全执法责任制，加大对行政执法人员的监督、奖励、处罚等约束激励机制，坚决做到依法行政，严禁乱执法。要自觉遵循市场经济规律，立足实际，合理规划，分类指导。无论是制定目标、措施，还是确立主导产业，组织开展招商引资活动等，都要科学合理、切实可行。在鼓励支持和引导非公有制经济发展的同时，职能部门在研究如何引导其依法经营以及保障所有雇员的合法权益和收益。比如，由于西藏自治区非公有制经济用工不规范、普遍采取的是临时性、季节性的用工形式，到目前为止西藏自治区非公有制经济还尚未纳入到失业保险统筹、工伤保险社会统筹和医疗保

险统筹，只有15家企业参加了社会养老保险社会统筹，参保职工也只有200多人。所以，职能部门要结合本地区的实际情况，制定相应的政策措施，尽快在非公有制经济建立并完善从业人员的养老、工伤、生育、医疗、失业等社会保险，加强和完善非公有制经济组织从业人员中的女工和未成年工的劳动保护等问题。

第四，规范行政收费，严禁乱收费、乱摊派。实行收费“明白卡”制度，由政府对各类收费进行全面清理，印发统一的收费项目、收费金额（比例）明白卡，企业照卡缴费，杜绝乱收费。捐赠、赞助实行自愿原则，不准强行摊派，除党报党刊外，不准强行要求企业订阅报刊杂志等。

第五，规范政府职能，强化商会功能。应遵循市场经济规则，政府当好裁判，搞好服务，做好宏观调控，不直接干预属于企业自己的行为。商会是企业自己的组织，各行业商会、同业公会属于商会性质，应从政府职能部门中脱离出来归口商会统一管理，并应健全其功能。政府有政府的职能、商会有商会的功能，各负其责，使商会在发展非公有制经济中发挥重要作用。

（二）认真做好贯彻落实工作

国家和西藏自治区为鼓励和发展私营经济制订了很多很好的政策措施，特别是《西藏自治区人民政府关于贯彻〈国务院关于鼓励支持和引导个体私营等非公有制经济发展的若干意见〉的实施意见》藏政发［2005］37号文件，这些政策措施的出台，有利于西藏促进非公有制经济的健康发展和本地区的平安与稳定。各地区、各部门按职能具体分工，要确保把国家和自治区为西藏私营经济发展制订的各项政策和具体措施及配套办法，落到实处，而不是挂在嘴上，写在文件里。自治区工商联要有效发挥自身在政府与非公有制经济组织间的桥梁、纽带和助手作用。

（三）建立新型工业管理的理念，提升私营企业素质

私营企业要逐步突破以家族为核心的管理模式和分配方式，根据企业自身发展需要，不断充实管理内涵，建章立制，完善账表，逐步从家庭式、经验式的管理向现代企业制度转变，用科学高效的管理手段管理企业，向管理要效益；鼓励其积极参与国有中小企业的改制，吸收其先进的管理经验和优秀的管理人才，建立良好的管理基础。加强人力资源管理、财务管理、质量管理和营销管理；通过建立规范的企业制度，以法定的制度和约定的规则，在所有者、经营者和劳动者之间建立规范、透明的权利和责任，通过管理的现代化加速企业的发展进程。

西藏自治区私营个体经济数据表

单位：亿元、亿美元、%

	2000年	2004年	2005年
全区固定资产投资完成总量	66.50	168.44	196.19
增长率	17.40	21.50	16.50
其中非国有	2.73	21.33	32.85
增长率	58.00	83.90	54.00
占全区比重	4.00	13.00	16.70
全区工业增加总额	27.36	57.61	59.45
增长率	—	17.40	13.50
其中私营企业	—	—	—
增长率	—	—	—
占全区比重	—	—	—
全区进出口总额	1.30	2.24	2.0539
增长率		38.70	-8.10
其中私营企业	—	—	—
增长率	—	—	—
占全区比重	—	—	—

续表

	2000 年	2004 年	2005 年
全区出口总额	1.10	1.300 9	1.653 2
增长率	—	6.92	27.10
其中私营企业	—	—	—
增长率	—	—	—
占全区比重	—	—	—
全区税收总额	8.15	12.88	15.82
增长率	—	11	23
其中私营企业	—	0.4	0.4
增长率	—	52	-1
占区省比重	—	3.12	2.72
个体工商户税收总额	—	1.8	1.7

陕西省2000～2006年私营个体经济发展分析报告

陕西省工商联

在邓小平理论和“三个代表”重要思想的指导下，在党的十六大精神以及中央宏观调控政策、《国务院关于鼓励支持和引导个体私营等非公有制经济发展的若干意见》（“非公经济36条”）指引下，在中共陕西省委、省政府的正确领导下，经过广大非公有制经济人士的共同努力，2005年陕西省的非公有制经济继续保持快速、协调、健康发展态势。据陕西省政府有关部门统计，截止2005年，全省非公经济已占全省各类市场主体的90%以上；地区生产总值占全省的45%；从业人员占全省的43.7%；固定资产投资占全省的40.1%；地税收入占全省的46.4%；国税收入占全省的28.8%；商贸、餐饮、服务业网点占全省的93%；新兴服务业占全省的95%以上，已经成为陕西省做大经济总量的一支重要力量，吸纳城乡就业的一条主要渠道，拉动经济增长最具活力的因素，财政收入的一个重要源泉，便民服务的一支主要力量。非公有制经济在陕西经济和社会发展中发挥着越来越重要的作用，已成为社会主义市场经济的重要组成部分和促进社会生产力发展的重要力量。

一、全省民营经济发展基本情况

非公有制企业利用国家贯彻和落实科学发展观及出台鼓励支持政策的大好机遇，深化改革，调整结构，转变经济增长方式，提高企业经济效益和竞争能力。私营个体经济自觉按照宏观调控导向，发挥自身优势，调整企业投资、产品、管理、产能、架构等，取得了可喜的佳绩。

非公有制经济在全省经济中的比重由1997年的11.8%上升到1998年的18%、1999年的25%和2000年的31.3%，非公有制经济的快速发展拉动全省经济增长率约4个百分点，推动全省发展速度高于全国平均水平。2001年，非公有制经济在全省经济中的比重达35%。2002年，非公有制经济占全省经济总量的38.2%。2003年，非公有制经济占全省经济总量的40%。2004年，非公有制经济在全省经济中的比重达40%以上。2005年，非公有制经济占全省经济总量的45%。

截止2005年底，全省共有个体经营户92.92万户，从业人员146.54万人，注册资金93.88亿元；私营企业9.84万户，投资人数52.02万人，雇工人数102.24万人，注册资金1 118.45亿元；港澳台商及外商投资企业705户。其中上千万元4 138户（其中省工商局登记2 676户、各地市1 438户），5 000万元以上279户，超亿元88户（其中省工商局登记55户、各地市33户），民营企业集团245个。截止2004年底，全省有13家民营企业进入对中国经济社会发展贡献突出企业1 000强，17户民营企业进入陕西省最具活力企业50强。涌现出像海星、东岭、东盛、步长、伟志、迈科等一大批经济实力和竞争力较强的企业集团，形成了一批如华圣果业、海天天线、秦丰农业、银桥乳业、开米洗液、汉港乳胶等国内、省内知名品牌。

二、私营个体工商业的发展特点

（一）私营企业持续、快速发展，总量增加，规模扩大

从地区分布来看，私营企业排在前五位的是：西安市、宝鸡市、汉中市、榆林市、渭南市（详见表1）。

表1　全省各市私营企业户数

单位：户

地名	户数	地名	户数
西安市	44 121	铜川市	1 686
宝鸡市	7 095	咸阳市	3 364
渭南市	4 074	延安市	2 580
汉中市	5 034	榆林市	4 965
安康市	2 069	商洛市	1 633
杨　凌	723	省工商局	21 100

说明：表中数据由陕西省工商局提供。

全省私营企业数量继续稳定增长，特别是上规模大中型私营企业增速明显加快，私营企业的规模和效益进一步提高。

1. 私营企业数量继续稳定快速增长

2005年，全省私营企业延续了往年快速发展的势头，在户数、注册资金等方面均有较大增长。截止2005年底，全省私营企业总数达9.84万户，增加1.18万户，比上年同期增长13.6%，比上年增长8个百分点；从业人员（投资者加雇工）154.26万人，比上年同期增加2.1万人，增长1.38%，占全省从业人员总数的1.36%，比上年同期增加1.16个百分点；投资者52.02万人，增加1.3万人，增长2.56%；注册资本1 118.45亿元，增长340.92亿元，比上年同期增长43.85%（详见表2、图1）。

表2　“十五”期间全省私营企业发展基本情况

年份	户数（万户）	人数（万人）	注册资金（亿元）
2000	6.03	68.00	392.80
2001	7.05	80.34	502.68
2002	8.00	158.00	694.00
2003	8.20	151.80	710.30
2004	8.66	152.16	777.53
2005	9.84	154.26	1 118.45

说明：表中数据来自历年陕西省工商局统计、《陕西经济年鉴》、《陕西日报》等。

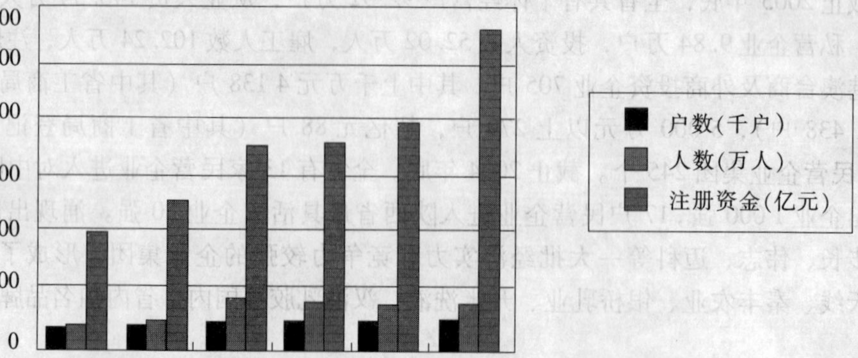

图1　“十五”期间全省私营企业发展基本情况图

私营企业户均注册资金达113.66万元，比上年同期增长26.6%；户均从业人员16人，比上年同期减少11.1%。

2005年，新开业私营企业达1.58万户，比上年同期增加0.08万户，增长5.3%；从业人员25.3万人，比上年同期减少1.7万人，降低6.3%。其中，投资者人数8.4万人（上年为8.85万人），降幅5.1%；雇工人数16.4万人（上年为17.6万人），降幅6.8%（其主要原因是部分企业自动化程度提高和减员增效所致）；注册资金179.65亿元，比上年同期增加44.95亿元，增长33.4%。

据陕西省工商局统计，截至2006年6月末，新登记私营企业8148户，全省私营企业达102 043户，比上年增加3 643户，增长3.7%；从业人员1 595 777人（投资者554 153人，雇工1 041 624人），比上年增加53 177人，增长3.45%，占全省从业人员总数的3.33%，比上年增加1.97个百分点；投资者554 153人，比上年增加33 953人，增长6.5%；注册资金883.25亿元，比上年减少235.2亿元，降低21.03%。

2. 大中型私营企业增速加快，规模效益提高

截至2005年底，全省私营企业注册资本上千万元的私营企业4 138户，比上年增加3 171户，增长3.28倍，占私营企业总户数的4.2%；注册资金5 000万元以上的私营企业279户，增加63户，增长29.2%，占私营企业总户数的0.3%；注册资金超亿元的大型私营企业达到88户，增加57户，增长183.9%，占私营企业总户数的0.09%。

3. 民营企业投资力度逐年增大

2004年末，全省第二、三产业63 521个企业法人单位的实收资本总额为2 972.42亿元。在全部企业法人单位的实收资本总额中，由国家投入的资本1 853.97亿元，占62.4%；集体投入的资本186.25亿元，占6.3%；个人投入的资本827.22亿元，占27.8%，港澳台投入的资本51.96亿元，占1.75%；外商投入的资本53.02亿元，占1.78%。企业实收资本中个人资本占27.8%，比集体、港澳台、外商资本分别高出21.5、26.05、26.02个百分点（各类企业实收资本来源构成详见表3、图2）。

表3　企业实收资本来源构成

单位：%

	实收资本	国家资本	集体资本	个人资本	港澳台资本	外商资本
总计	100.0	62.4	6.3	27.8	1.75	1.78
国有企业	100.0	98.8	0.8	0.3	0.00	0.10
集体企业	100.0	7.6	82.0	10.4	0.00	0.00
股份合作企业	100.0	15.5	23.1	61.3	0.10	0.00
国有联营企业	100.0	74.2	0.3	25.5	0.00	0.00
集体联营企业	100.0	2.7	59.5	37.7	0.10	0.00
国有与集体联营企业	100.0	58.3	26.6	15.0	0.00	0.20
其他联营企业	100.0	6.5	19.8	73.7	0.00	0.00
国有独资公司	100.0	99.5	0.1	0.4	0.00	0.00
其他有限责任公司	100.0	45.1	7.3	47.0	0.30	0.30
股份有限公司	100.0	46.6	6.4	46.6	0.30	0.00
其他内资企业	100.0	3.4	12.1	83.6	0.10	0.90
私营企业	100.0	1.1	2.4	96.2	0.20	0.10
港澳台商投资企业	100.0	8.8	2.9	3.9	80.90	3.50
外商投资企业	100.0	47.8	2.0	1.8	2.80	45.60

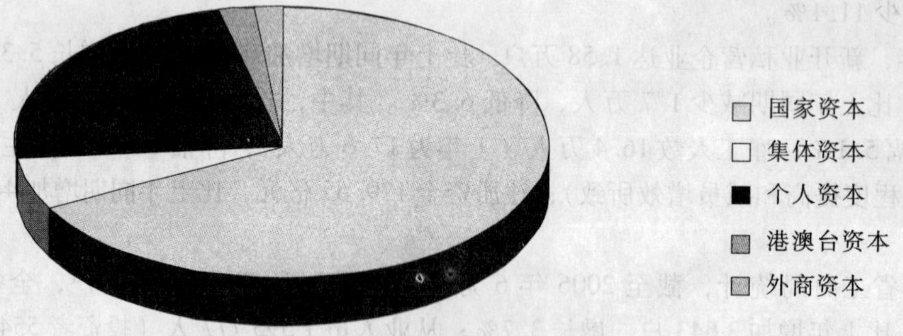

图 2　2004 年企业实收资本来源构成图

据省统计局统计，“十五”期间全省全社会固定资产投资快速提升，其中以私营企业的固定资产投资额增幅较大，2003 年达到 75.3%，比同期国有企业的增长率高出 46.9 个百分点。2004 年，固定资产投资在前几年较快增长的基础上增幅回落，其中国有企业、集体企业和私营企业分别较上年增速回落 14.2、1.9 和 37.2 个百分点，但私营企业增长率仍然是最高的，达到 38.1%（详见表 4、图 3）。

表 4　全省按经济类型统计固定资产投资额情况表

单位：亿元

年份	全社会投资总额	国有企业投资额	增长率（%）	私营企业投资额	增长率（%）	集体企业投资额	增长率（%）	个体经营户投资额	增长率（%）
2000	745.85	473.53	16.1	137.11	52.4	41.66	6.9	93.54	13.3
2001	850.66	523.90	10.6	169.14	23.4	41.41	11.4	111.19	18.9
2002	947.63	555.41	6.0	212.91	25.9	54.52	17.5	151.79	36.5
2003	1 278.72	713.37	28.4	373.28	75.3	62.78	15.2	129.29	−15
2004	1 644.19	814.51	14.2	515.34	38.1	71.15	13.3	143.2	10.8
2005	1 980.52	930.84	14.3	693.18	34.5	81.25	14.2	178.25	24.5

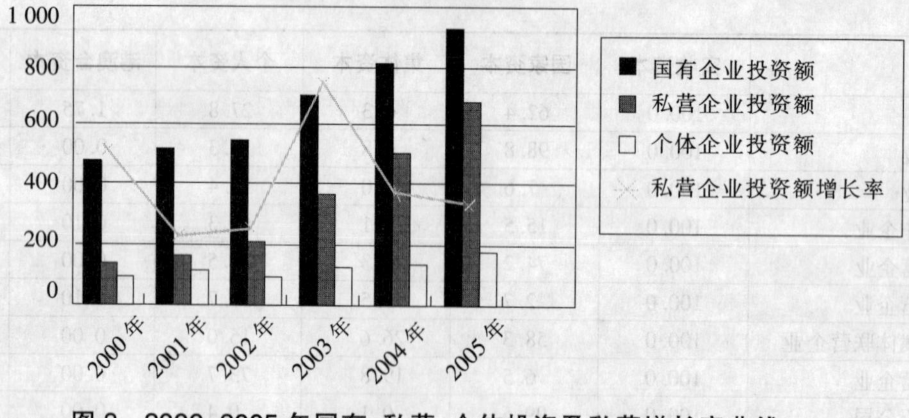

图 3　2000–2005 年国有、私营、个体投资及私营增长率曲线

2006 年上半年全省城镇投资中，国有及国有控股经济投资完成 633.15 亿元，比上年同期增长 35.5%，非国有经济投资完成 345.43 亿元，增长 51.3%，高于国有经济投资增速 15.8 个百分点，所占比重由上年同期的 32.8% 提高到 35.3%，提高了 2.5 个百分点。

4. 私营企业组织形式呈多样化发展，公司制企业比重继续提高

2005 年，按照建立现代企业制度的要求，全省工商行政管理机关进一步加大了对产权制度

改革的支持力度，积极鼓励、支持和引导有一定规模的企业由业主制、合伙制向公司制过渡。据省工商局统计，私营有限公司已经成为私营企业占主导地位的企业组织形式。公司制企业的增长幅度比独资企业、合伙企业分别高出8.2和19.3个百分点。其中，私营有限公司达7.38万户，较上年增加1.03户，增长16.2%，占私营企业总数的75%，比上年增加1.61个百分点；注册资本830.21亿元，比上年增加260.11亿元，增长45.6%，占私营企业注册资本总额的74.2%。私营独资企业2.15万户，较上年增加0.16户，增长8.0%，占私营企业总数的21.9%，比上年下降了1.08个百分点；私营合伙企业3 100户，较上年减少100户，下降3.1%，占私营企业总数的3.15%。截至2006年6月底，全省私营有限公司总数已达80 351户，比上年增加6 551户，增长8.9%，占私企总数的79%，比上年增加0.4个百分点。

5. 产业结构进一步得到调整和优化，信息传输、计算机服务等高新技术产业保持高速发展

按照新的行业分类统计，截止2005年底，共有制造业私营企业1.44万户，占私营企业总户数的14.6%；建筑业私营企业1 006户，占私营企业总户数的1.02%；批发和零售贸易、住宿和餐饮私营企业8 597户，占私营企业总户数的8.74%；其他如信息传输、计算机服务和软件业私营企业发展加快，总数达1 068户，占1.08%；居民服务和其他服务业私营企业达1 548户，占1.57%。以上共占私营企业总户数的27.01%。

从产业结构看，私营企业在第一产业和第三产业的增长进度快于第二产业。至2001年，个体户和私营企业在第三产业中的比例比1997年分别下降3.9个百分点和19.9个百分点。第一、第二产业份额相对增大，其中，从事制造业的占全省私营企业总数的41.4%。个体户第一产业占总户数3.7%，第二产业占9.8%。

据第一次全省经济普查统计，2004年末，全省共有从事第二、三产业的法人单位152 902个。其中，企业法人单位63 521个，机关、事业法人单位43 858个，社会团体法人单位2 243个，其他法人单位43 280个。产业活动单位199 770个，其中，第二产业31 380个，第三产业168 390个。个体经营户929 170户，其中，第二产业134 149户，第三产业795 021户（详见表5）。

表5　法人、产业活动单位数与个体经营户数

	单位数（个）	比重（%）
一、法人单位	152 902	100.0
企业法人	63 521	41.5
机关、事业法人	43 858	28.7
社会团体法人	2 243	1.5
其他法人	43 280	28.3
二、产业活动单位	199 770	100.0
第二产业	31 380	15.7
第三产业	168 390	84.3
三、个体经营户	929 170	100.0
第二产业	134 149	14.4
第三产业	795 021	85.6

截止2005年底，据陕西省统计局提供全省私营企业三次产业比例推算，第一产业共有私营企业6 888户，比上年同期增加1 086户，增长18.7%，占总户数的7%，比上年同期增加0.3个百分点；从业人员10.8万人，增加0.61万人，增长6%；注册资金78.3亿元，增加26.2亿

元，增长50.3%。第二产业共有私营企业40 344户，比上年同期增加6 310户，增长18.5%，占总户数的41%，比上年同期增长1.7%；从业人员63.2万人，增加3.4万人，增长5.7%；注册资金458.5亿元，增加152.9亿元，增长50%。第三产业共有私营企业51 168户，比上年同期增加4 404户，增长9.4%，占总户数的52%，比上年同期减少2个百分点；从业人员80.2万人，减少2万人，降低2.4%；注册资金581.6亿元，增加161.8亿元，增长38.5%。

截至2006年6月末，据陕西省统计局提供全省私营企业三次产业比例推算，第一产业共有私营企业7 959户，比上年增加1 071户，增长15.5%，占总户数的7.8%，比上年增加0.8个百分点；从业人员12.42万人，增加1.62万人，增长15%；注册资金68.89亿元，减少9.41亿元，降低12%。第二产业共有私营企业54 491户，比上年增加14 147户，增长35.1%，占总户数的53.4%，比上年增长12.4%；从业人员85万人，增加21.8万人，增长34.5%；注册资金471.7亿元，增加13.2亿元，增长2.9%。第三产业共有私营企业39 593户，比上年减少11 575户，降低22.6%，占总户数的38.8%，比上年减少13.2个百分点；从业人员61.77万人，减少18.43万人，降低23%；注册资金272.76亿元，减少308.84亿元，降低53.1%。

6. 区域发展不衡

从区域经济发展情况看，陕北、关中、陕南私营企业发展不平衡，全省非公经济主要集中在关中地区，而陕南、陕北地区非公经济发展较为缓慢。虽然近年来在省委、省政府的共同推动下，陕北、陕南两地区非公经济有所发展，但在全省非公经济总量中的比重仍然偏低。全省第二、第三产业单位半数以上集中于关中地区，企业拥有量自关中、陕南、陕北呈递减态势。据2003年统计，关中地区包括西安、宝鸡、咸阳、渭南、铜川和杨凌示范区共有私营企业6.9万户和个体户47.9万户；而陕南的汉中、安康、商洛三市共有私营企业0.9万户和个体户27.8万户；陕北延安、榆林两市共有私营企业0.4万户和个体户5.7万户。

据2004年全国经济普查统计公报，全省共有第二、三企业法人单位63 521个，关中地区拥有企业法人单位47 245个，占74.4%；陕南地区9 864个，占15.5%；陕北地区6 412个，占10.1%。全省共有第二、三产业活动单位199 770个，关中地区拥有产业活动单位116 176个，占58.2%；陕南地区48 338个，占24.2%；陕北地区35 256个，占17.6%。全省第二、三产业法人单位数名列前7位的地区依次是：西安、咸阳、渭南、宝鸡、榆林、汉中、延安。个体经营户较多的5个市依次是：西安241 244户；咸阳142 340户；宝鸡107 298户；汉中91 428户；渭南82 526户（详见表6）。

表6　法人单位与个体经营户的地区分布

地区	法人单位（个）	个体经营户（户）
全　省	152 902	929 170
西　安	36 403	241 244
铜　川	3 885	22 956
宝　鸡	16 387	107 298
咸　阳	19 674	142 340
渭　南	18 010	82 526
汉　中	13 591	91 428
安　康	10 025	68 897
商　洛	9 826	55 646
延　安	10 376	47 014
榆　林	13 941	66 887
杨　凌	780	2 934
省　直	4	—

7. 民营科技企业成为全省最具特色、潜力巨大且优势明显的经济增长点

2000年，全省民营科技企业已发展到7 531家，技工贸总收入达到245亿元，实现利税18.5亿元，创汇84.6万美元。截止2001年底，全省民营科技企业发展到8 652家，实现技工贸总收入410亿元，利润总额25.4亿元，上缴税费18.6亿元，从业人员35万人，其中科技人员14万人，人均劳动生产率达到16万元；综合发展指标在全国名列第三。在西安、宝鸡、杨凌、咸阳、渭南5个高新区的企业中，民营科技企业都占到80%以上。在全省组织实施的重大产业化项目中，民营科技企业承担了70%的任务。民营科技企业出口创汇额为1.8亿美元，比1992年的271万美元增长了66.4倍，年均增长率为467%。截止2003年底，全省民营科技企业已超过1万家，位居全国第二；实现技工贸总收入700多亿元，从业人员33万多人。民营科技企业对全省高新技术产业新增产值的贡献率已达80%以上，增长幅度明显高于其他经济成分，综合发展指标在全国亦名列前茅。2004年，全省民营科技企业已发展到1.10万家。关中国家高新技术产业开发带中，民营科技企业占到90%以上，西安高新区95%以上都是民营科技企业。西安高新区企业实现营业收入800.94亿元，同比增长31.25%；实现税金28.21亿元，同比增长21.2%（入区民营科技企业达到4 000多家）。其中电子信息、机电一体化、生物医药三大支柱产业分别占到全区营业收入的31%、25%、18.5%，优势产业的良好发展潜力和规模竞争力已经初现。2005年，西安高新区主要经济指标继续保持30%以上的高速增长，实现营业收入1 042.31亿元，同比增长30.13%，突破千亿大关；生产总值270.11亿元，占全省生产总值的7.4%。就企业规模而言，营业收入过百亿元企业1家，过20亿元企业11家，过10亿元企业20家，过亿元的企业达到120家；有30家高新企业在国内外上市。宝鸡高新区的生产总值也达到110多亿元。

（二）个体工商户数量增长开始回升，新增户数有较快增长，资金总额略有增加

1. 全省个体工商户降幅基本停止，大部分地区开始回升

2001年后，个体经营户的户数逐年递减，2000年全省个体户总数达到104.2万户，2001年降到97.4万户，2004年降到最低点为74.18万户，比2000年净减30.02万户，降幅达28.8%；其中以2003年减幅最大，比上年下降16.1%；从业人员以2004年减幅最大，达到21.2%；注册资金从2001年以来逐年递减，但降幅不大，最多为2.6%。原因有四：一部分个体户因城镇改造或市场整顿，无经营场地停业、歇业；一部分个体户充分利用原始积累，扩大再生产，流向合资、独资或私营企业；一部分个体户因经营不规范等，在整顿市场经济秩序中被淘汰；个体户大都处于创业的初始阶段，经验不足，困难问题较多，对个体户税费、周边环境等支持力度有待加强。2005年全省上下贯彻落实国务院36条，有关方面加强了工作力度，个体户的数量有了较大的增加，总户数达到92.92万户，比上年增长25.3%，注册资金略有回升，从业人员比上年减少6个百分点，仍有待提高（详见表7、图4）。

表7 “十五”期间全省个体经营户发展情况

年份	户数（万户）	增长率（%）	从业人员（万人）	增长率（%）	注册资金（亿元）	增长率（%）
2000	104.2	5.5	200多	5.46	98.6	33.08
2001	97.4	-7.5	185.03	-7.4	97.5	-1.1
2002	97	-0.4	198	7	95	-2.6
2003	81.4	-16.1	198.2	0.1	94.8	-0.2
2004	74.18	-8.9	156.27	-21.2	93.76	-1.1
2005	92.92	25.3	146.54	-6.2	93.88	0.13

说明：表中数据来自历年陕西省工商局统计、《陕西经济年鉴》、《陕西日报》等。

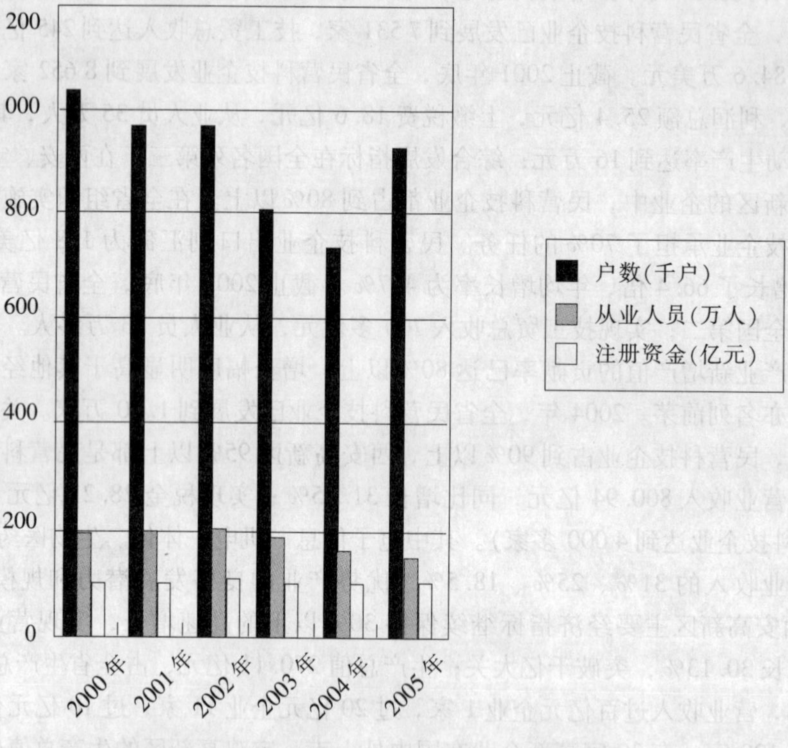

图4 “十五”期间全省个体工商户发展情况图

截至2006年6月底，全省新登记个体工商户4.81万户，全省个体户总数达到95.08万户，比上年增加2.16万户，增长2.33%；从业人员1 496 855人，比上年增加31 455人，增长2.15%，比2005年提升了8.35个百分点；注册资金100.86亿元，首次突破百亿元大关，比上年增加6.98亿元，增长7.44%，比上年高7.31个百分点。

2. 个体经营户集中在五个行业

个体经营户较为集中的五个行业。批发零售业386 268户，占41.6%；交通运输业165 405户，占17.8%；工业112 615户，占12.1%；居民服务和其他服务业101 552户，占10.9%；住宿和餐饮业97 727户，占10.5%（详见表8）。

表8 个体经营户的行业分布

	户数（户）	比重（%）
总计	929 170	100.0
工业*	112 615	12.1
建筑业	21 534	2.3
交通运输业	165 405	17.8
批发和零售业	386 268	41.6
住宿和餐饮业	97 727	10.5
房地产业	92	—
租赁和商务服务业	9 979	1.1
居民服务和其他服务业	101 552	10.9
教育	2 302	0.3
卫生和社会福利业	24 866	2.7
文化、体育和娱乐业	6 830	0.7

*包括采矿业、制造业和电力、燃气及水的生产和供应业。

（三）个体私营经济的持续、快速、健康发展，创造了明显的经济和社会效益，成为促进地区经济发展的重要力量

1. 个体私营经济已成为经济增长的主要推动力量

改革开放以来，全省个体私营经济的发展速度成倍地高于全省经济增长速度，GDP 的比重已达45%。2005 年，全年规模以上私营企业实现利润 119.53 亿元，增长 12%。在部分地区，个体私营经济已成为经济增长的主要推动力量（详见表 9）。

表 9 "十五"期间私营企业工业利润额情况表

年　份	私营企业利润额（亿元）	占全省工业利润比重（%）
2000	9.99	16.7
2001	35.00	29.0
2002	24.24	21.0
2003	30.00	20.2
2004	106.72	43.5
2005	174.04	45.1

2006 年上半年，规模以上国有企业完成工业总产值 800.52 亿元，比上年同期增长 33.6%，高于全省增速 3.8 个百分点，带动全省工业生产增速加快，股份制企业完成工业总产值 996.14 亿元（全省股份制企业的 2/3 为私有控股），增长 29.6%；集体企业完成 41.06 亿元，增长 26%；外商及港澳台商企业完成 117.26 亿元，增长 11.1%。

2. 个体私营经济已经成为地方财政收入的重要来源

2005 年，个体私营经济缴纳工商税收达 175.8 亿元，占全省税收总额的 35%。其中：私营企业缴纳工商税收 153 亿元，占全省税收总额的 30.4%；个体工商户缴纳工商税收 22.8 亿元，占全省税收总额的 4.5%。加上港澳台和外商投资企业的 23.02 亿元，非公有制经济已占全省税收总额的 39.5%。目前，个体私营经济已成为全省绝大多数市县经济的主体力量，成为地方财政收入的重要来源（详见表 10）。

表 10　全省个体私营经济纳税情况表

年份	年纳税额（亿元）	占全省税收比例（%）
2000	46.30	25.2
2001	62.94	27.0
2002	76.35	30.1
2003	107.43	35.8
2004	152.32	38.8
2005	175.80	35.0

说明：表中数据系陕西国税局、地税局统计。

2006 年 1－6 月，全省私营企业缴纳国税 113.27 亿元，比上年同期增加 57.99 亿元，增长 1.05 倍；全省个体户缴纳国税 7.78 亿元，比上年同期增加 1.53 亿元，增长 24.5%；全省个体私营企业缴纳国税 121.05 亿元，比上年增加 59.52 亿元，增长 96.73%，占全省国税总额的 51.42%，比上年高出 13.88 个百分点；全省私营企业缴纳地税 49.86 亿元，比上年同期增加 10.86 亿元，增长 27.85%；全省个体户缴纳地税 6.57 亿元，比上年同期增加 0.98 亿元，增长 17.53%；全省个体私营企业缴纳地税 56.43 亿元，增加 11.84 亿元，增长 26.55%，占全省地税

总额的50.07%，比上年高出0.08个百分点；全省个体私营企业共缴纳税收177.48亿元，比上年同期增加71.36亿元，增长67.24%，占全省税收总额的50.98%，比上年同期高出9.05个百分点。

3. 个体私营经济已成为对外开放中的一支生力军

随着外贸经营权的放开，个体私营外贸企业出口增长迅猛，促进了外向型经济的发展。1998年，全省有进出口贸易的民营企业仅有几家，到2003年已达168户，增长了数十倍。2004年上半年，全省新注册的民营进出口企业就有176户，截止年底累计达到1 191户，是上年的7.1倍。1－8月有出口业绩的民营企业已达225户，比2003年同期增长1倍多。出口超过100万美元的民营企业有51家，超过1 000万美元的大型民营企业有8家。2004年民营企业出口总值已达8.69亿美元，在全省出口总值中所占比重上升为23.85%。出口增长速度远远高于全省其他企业，成为全省进出口业的一支新生力量。

据陕西省商务厅统计，2005年全省个体私营企业出口创汇折合人民币71.54亿元，占全省出口总额的28.37%。其中，私营企业出口创汇折合人民币71.53亿元，占全省出口贸易额的28.36%；个体工商业出口创汇折合人民币0.010 5亿元，占全省出口贸易额的0.004%。2002－2005年，个私进出口年均增长率为113.15%，比全省进出口年均增长率（22.45%）高出90.7个百分点；个私出口年均增长率为122.65%，比全省出口年均增长率（29.2%）高出93.45个百分点（详见表11、图5）。

表11　“十五”期间个体私营经济进出口情况表

年　份	2002年	2003年	2004年	2005年
个体私营进出口总额（亿美元）	1.62	3.62	8.69	11.29
个体私营进出口所占比重（%）	7.3	13.0	23.9	24.7
个体私营进出口增长率（%）	159.1	123.1	140.5	29.9
全省进出口增长率（%）	8.0	25.2	30.9	25.7
个体私营出口额（亿美元）	1.04	2.51	6.77	8.72
个体私营出口所占比重（%）	7.6	14.5	28.2	28.4
个体私营出口增长率（%）	150.0	142.0	169.8	28.8
全省出口增长率（%）	24.3	26.1	38.1	28.3

2006年上半年，私营企业出口自5月份止跌而显现回升势头后，1－6月出口继续保持增势，出口总值4.71亿美元，比上年同期增加0.11亿美元，增长2.31%，占全省出口总值的25.15%。据分析，私营企业增速减缓与2004年以来私营企业出口迅猛增长导致出口基数较高和果汁出口龙头企业海升果业转为外资企业有关。但私营企业恒兴果汁出口额仍为最高，达到4 631万美元。

（四）个体私营企业已成为就业和再就业的主渠道，为维护社会稳定发挥了重要作用

1. 个体私营企业创造了大量的就业岗位

2005年城镇新增就业人员25.4万人，其中大部分在个体私营企业实现就业。截至2005年底，全省个体私营企业就业人数已达300.8万人，比上年同期（308.4万人）减少7.6万人，降低2.46%。

截至2006年6月底，全省城镇单位从业人员为333.9万人，比上年同期增加4.71万人，增长1.4%，比一季度末增加1 269人。在岗职工人数稳定增长，6月底达到322.4万人，同比增长2.2%；个体从业人员和离开本单位仍保留劳动关系的职工人数分别下降16.8%和11.3%。在岗职工中，国有单位在岗职工同比增长1.2%，集体职工下降6.3%，非公有制企业职工增长

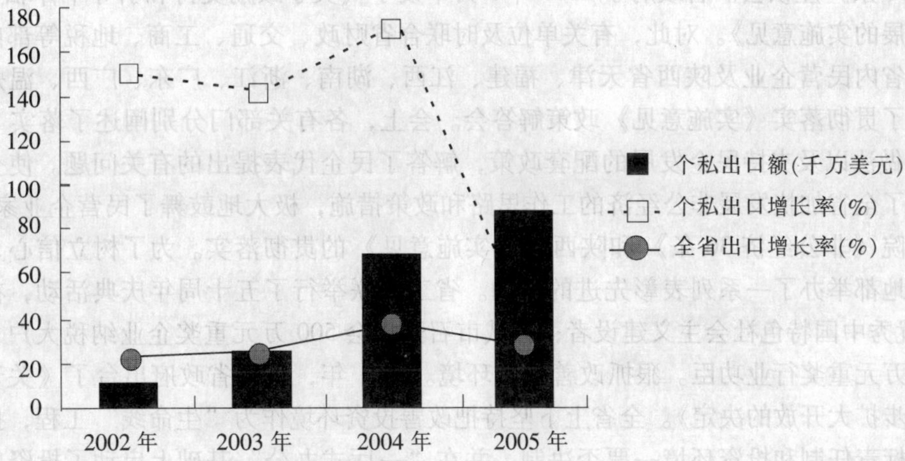

图 5 "十五"期间个体私营企业出口情况图

10.0%。在增加的从业人员中，19.7% 的人员是从农村招收的，15.8% 的人员是从城镇招收的，14.9% 是录用的大中专技工学校毕业生。全省从业人员人均劳动报酬达到 7 056.5 元，人均月工资较上年同期增加 137 元。分经济类型，国有企业劳动报酬总额为 178.8 亿元，较上年同期增长 12.7%，人均工资达到 7 202 元，人均增资 783 元；集体企业从业人员劳动报酬总额达到 8.4 亿元，同比增长 1.4%，人均工资达到 3 816 元，人均增资 308 元；非公有制企业从业人员劳动报酬总额达到 48.4 亿元，同比增长 25.9%，人均工资达到 7 607 元，人均增资 1 039 元。

2. 个体私营企业成为吸纳下岗失业人员和劳务扶贫的主渠道

2002 年，全省非公有制经济累计安置城镇待业和下岗分流人员 30 多万人次。2003 年，全省非公有制企业吸纳农村剩余劳动力 100 多万，安置城镇待业、下岗分流人员 27 万，已经成为就业、再就业及劳务扶贫的重要渠道。2005 年，全省共有 62 997 名下岗失业人员在个体私营经济领域实现了就业，占全年 10.3 万下岗失业人员再就业总数的 61.16%。其中：下岗失业人员持《再就业优惠证》申办个体工商户 16 127 人，下岗失业人员投资兴办私营企业 394 人。个体工商户吸纳下岗失业人员 19 156 人，私营企业吸纳下岗失业人员 27 320 人。下岗失业人员持《再就业优惠证》申办个体工商户免收工商管理行政性收费 2 560.45 万元。

2006 年 1－6 月，下岗失业人员办理个体工商户登记 7 370 人，免收各种费用 1 234.4 万元；个体工商户吸收下岗失业人员就业 16 643 人；下岗失业人员投资兴办私营企业 160 户；私营企业吸收下岗失业人员就业 23 978 人；执行地方再就业优惠政策减免收费人数 742 人，减免收费金额 32.4 万元。

3. 支持和促进了高校毕业生参加工作

2005 年，全省各级工商行政管理机关通过各种形式，大力支持、积极促进高校毕业生自谋职业、自主创业。2005 年，全省个体私营企业吸纳高校毕业生就业 12 854 人，占高校毕业生总人数（26 779 人）的 48%，全省各级工商行政管理机关为落实高校毕业生从事个体经营优惠政策，共免收工商管理行政性收费 120.92 万元。2006 年上半年，高校毕业生申办个体工商户 378 人，其中大学专科 282 人，大学本科 96 人；免收各种费用 95.5 万元；个体工商户吸纳高校毕业生就业 3 215 人，私营企业吸纳高校毕业生就业 7 339 人，高校毕业生投资兴办私营企业 72 人。

三、主要措施

政策宣传，表彰先进。国务院《非公经济 36 条》颁布后，组织召开了民营企业学习贯彻

《非公经济36条》座谈会。省政府于2005年9月下发了《关于鼓励支持和引导个体私营等非公有制经济发展的实施意见》。对此，有关单位及时联合省财政、交通、工商、地税等部门及人民银行，召集省内民营企业及陕西省天津、福建、江西、湖南、浙江、广东、广西、温州商会的代表，举行了贯彻落实《实施意见》政策解答会。会上，各有关部门分别阐述了落实《实施意见》的具体做法以及支持民企发展的配套政策，解答了民企代表提出的有关问题。使企业家们进一步明确了全省加快发展非公经济的工作思路和政策措施，极大地鼓舞了民营企业家的士气，促进了国务院《非公经济36条》和陕西省《实施意见》的贯彻落实。为了树立信心、振奋精神，全省各地都举办了一系列表彰先进的活动。省工商联举行了五十周年庆典活动，在会上表彰了54名优秀中国特色社会主义建设者；韩城市召开大会500万元重奖企业纳税大户、西安经济开发区百万元重奖行业功臣。狠抓改善投资环境。2001年，省委省政府出台了《关于改善投资环境进一步扩大开放的决定》。全省上下坚持把改善投资环境作为“生命线”工程，推行投资环境建设目标责任制和投资环境一票否决制，并在“一厅式办公”基础上启动了投资项目行政审批“绿色通道”，发挥客商投诉中心作用，加大投诉查办力度，实实在在帮助投资者解决困难，为外来投资者创造更加规范、完善与和谐的投资环境、市场环境和发展环境，已成为各级政府的重中之重，“亲商、安商、富商”的良好社会氛围逐步形成。建立健全促进中小企业发展的财政政策体系。为促进陕西省中小企业发展，规范中小企业发展专项资金的管理，2005年，制定了《陕西省中小企业发展专项资金管理暂行办法》。全省加强了中小企业信用担保体系建设，全省已组建中小企业信用担保机构45户，注册担保资金20亿元，累计担保贷款18亿元，收保企业710户。中小企业股权融资积极推进，2005年共有300多户股份有限公司、9 000多户合伙制及股份合伙制企业、7万多户有限责任公司股权融资230多亿元。中小企业创业孵化服务已经在西安、宝鸡等工业园区相继试点，并积累了一定的经验。真抓实干，走出去请进来，扩大国内外招商引资力度。东西部贸易洽谈会、杨凌农高会、欧亚经济论坛以及层出不穷的境内境外招商引资活动，极大地提升了陕西在国内外的影响和知名度。据不完全统计，“十五”以来，全省累计批准外商投资项目4 224个，实际使用外资超过50亿美元。外省在陕投资项目6 000多个，实际引进资金1 200亿元。努力发展乡镇企业，成就县域经济的蓬勃发展。“十五”期间，采取有力措施，激发农民创业激情，积极催生小企业，使全省农民工业化创业迈出了新步伐。乡镇企业成为全省农民收入重要来源，全省农民人均纯收入37%来自乡镇企业，99%的乡镇企业都是个体私营企业，涌现出31户国家和省级农业产业化重点龙头企业。“十五”期间，乡镇企业实现利润668.8亿元、实现营业收入10 838.4亿元，分别比“九五”期间提高65.5%和68.8%，为农村公益事业投资6.6亿元。截至2006年6月底，全省乡镇企业从业人员423万人，比2005年底新吸纳就业5万人。全省乡镇企业中的个体私营企业已发展到91万多个，实现增加值、营业收入、利润和税金分别占全省乡镇企业同类指标的76%、79%、80%和72%。

四、存在问题

全省非公经济已初具规模，纵向比有长足发展。但由于起步晚、发育程度低，横向比仍是“总量小，实力弱”，还存在不少问题，应引起高度重视。一是个体私营企业总体发展水平不高。主要表现在数量偏少，规模偏小；质量效益不高，设备工艺不先进，产品单一，市场竞争实力不强，企业效益不稳；在区域和行业分布上不平衡。二是个体私营企业融资难。这是一个困扰企业发展普遍而又突出的问题。据调查有95%以上的民营企业认为，资金是制约企业发展的首要因素，全省中小企业的实际融资每年不足300亿元，仅为需求量的1/4。企业的融资渠道主要是自筹和存量变现等。全省近八成企业集团面临资金债务困境，这是国家统计局陕西调查总队对全省128户企业集团最新调查问卷得出的结论。企业项目融资功能差，九成的企业发展靠银行贷款企业负债高，利息负担重。125户企业平均资产负债率高达70%，资产利润率0.77%，利息支出占到利润总额的197.4%，13%的企业资不抵债；企业产品竞争力不强，销售不畅，存货和应收账款占用资金大，125户企业这两项资金合计占企业流动资金的52.4%；高投资低效益，全省125户企业集团2005年对企业外投资15.6亿元，获得投资收益仅达2.3亿元，反而加剧企业资金紧缺矛盾。三是个体私营企业发展环境有待进一步优化。主要表现在政策环境不畅，社会环境欠佳。有些政策在兼顾各方利益时，对大企业和国企优惠多，对中小企业和民企考虑少。一些民企合法权益受到侵害时，害怕报了案破不了案；破了案判不了案；顾虑“赢了官司，垮了企业”。四是民营企业素质有待进一步提升。有些企业缺乏长远发展规划和科学决策，管理粗放，运行机制不健全。有些企业人才匮乏，产品科技含量低，具有较高素质的企业家队伍还没有完全成长起来，阻滞了企业核心竞争力和整体素质的提升。

五、建　议

建议全省今后一段时间发展个体私营企业的整体思路应是：巩固稳定现有阵地，提升企业经济效益。具体来说就是，转变观念，加强扶持力度，优化已有基础，加大产品广告宣传，扩大强化营销队伍，勤奋努力，主动开通国内、外市场，直接面对消费群体，盘活流动资金，打造活力企业。

实施“非公经济36条”主要是文件落实难，即使出台了一些配套文件，也是操作性不强。即便是有操作性，执行不好或执行不力，有没有处罚，谁来监督检查执行等都是问题。关键是要进行行政管理体制的改革，转变政府职能，强化服务意识。具体来说，一是要继续清理审批准入许可；二是要进一步转变政府职能，将政府从行政管理的思路转变到公共服务上来；三是整顿收费罚款的问题，个体工商户和中小企业最敏感的是税费负担，但是很多政府部门，甚或不是政府部门如有的物业公司都在千方百计、想方设法、巧立名目、违规违法大肆乱收费；四是集中统一执法，避免各个部门交叉重复执法，或者为权力寻租而恶意执法，政府要推广一站式服务、电子政务等；五是要给非公企业尤其是个体工商户和中小企业税收优惠，为他们减负。他们为国家创造了大量的就业机会却无法享受到税收优惠，国际上通行的做法是这些企业的税收往往只是大型企业的2/3甚或1/3。并要加大对这些企业吸纳农民工、城镇待业人员、下岗职工的奖励力度；六是解决融资问题，据推算，国有企业人均贷款是10万元，而私营企业的人均贷款不到3 000元，加大信贷支持力度，结合非公经济特点，开展金融产品创新，完善金融服务，切实发挥银行内设中小企业信贷部的作用，改进信贷考核和奖惩管理方式，提高对非公企业的贷款比重；拓宽直接融资渠道，支持中小投资公司发展；改进保险公司服务方式和手段，开展面向非公企业的产品和服务创新；建立和完善信用担保的行业准入、风险控制和补偿机制，加强对信用担保机构的监管。七是着力建立职业经理人测评与推荐制度，加快企业经营管理人才职业化、市场化进程；八是吸取吸纳外资使东部某些地区生态环境严重污染的教训，加强对投资项目的前期审察，尤其要考虑重金属、化工三废的污染问题。

附

陕西省私营个体经济数据表

单位：亿元、亿美元、%

	2000年	2004年	2005年	2005比2000年增长率
全省固定资产投资完成总量	745.85	1 644.19	1 980.52	165.5
增长率	20.4	28.6	20.5	—
非国有	230.65	658.54	871.43	277.8
增长率	33.8	31.0	32.3	—
占全省比重	30.9	40.1	44.0	—
全省工业增加值总额	549.58	876.7	1267.18	130.6
增长率	9.4	22.9	18.7	—
私营企业	57.92	309.62	506	773.6
增长率	20.9	25.4	63.4	—
占全省比重	10.5	35.6	39.9	—
全省进出口总额	21.4	36.36	45.7	113.6
增长率	6.36	30.9	25.7	—
私营企业	—	8.69	11.29	—
增长率		140.5	29.9	—
占全省比重		23.9	24.7	—
全省出口总额	13.1	24	30.7	134.4
增长率	13.9	38.1	28.36	—
私营企业	—	6.77	8.72	—
增长率		169.8	28.8	—
占全省比重	—	28.2	28.36	—
全省税收总额	183.4	392.6亿	502.3	173.9
增长率	17	30.8	27.9	—
私营企业	33.1	111.5	153	362.2
增长率	57.6	27.6	37.2	—
占全省比重	18	28.4	30.4	—
个体工商户税收总额	13.2	22.8	24.8元	87.9

甘肃省2004～2005年私营个体经济发展概况

甘肃省工商联

一、发展概况

到2005年底，全省私营企业和个体工商户实现增加值694亿元，占全省GDP的比重达到36%；个体工商户31万户，从业人员56万余人，注册资金47.4万元，私营企业3.8万户，比上年同比增长15%，投资者及雇工人数48万人，与上年同比增长14%；私营经济注册资478.1万元，比上年同比增长31%；非公有制经济上缴税金53亿元，占全省税收总额的25%；非公有制经济累计进出口2.6亿美元，与上年同比增长13.1%，占全省进出口总值的10%。

从以上数据可以看到，甘肃省非公有制经济的发展呈现出了健康向上的好势头，经济总量增长较快，已经成为最具活力的增长点。对全省经济社会发展的贡献进一步提高，非公有制经济已经成为吸纳劳动力就业的主渠道，特别在吸纳新增就业人数方面，更是发挥了非常重要的作用，以全省新增就业人数最多的兰州为例，非公有制经济每年吸纳就业人员占全市新增就业人数的70%左右。一批国有企业通过改制、重组，转制为非公有制企业，吸纳了大量的国有企业下岗职工，有效地减轻了社会就业压力。对外贸易方面随着外贸体制改革，全省非公有制经济进出口从无到有，从小到大，增长比较显著。甘肃省是个农业省份，非公有制经济在这里已经成为农业产业化经营的主力军，全省以特色农产品加工为主的龙头企业绝大部分为非公有制经济，这些企业积极探索与市场经济相适应的组织形式，创造龙头企业与基地农户利益相结合的多种模式，加快了农业产业化的进程，在安排农村剩余劳动力、增加农民收入、脱贫致富，建设社会主义新农村方面正在起着积极的主导作用。值得一提的是，甘肃省近两年非公有制经济发展中，还有一批外地企业功不可没，其中以浙江企业为首，据有关方面统计，有约7万户浙商在甘肃创业，浙江企业达3 000多家，这些企业的年销售额达百亿元，上缴利税近10亿元，解决再就业人数近40万人以上。全省14个市、州有一半非公有制经济总量超过本地区经济总量的1/3以上。随着国有企业管理体制的改革，大量非公有制经济资本注入国有企业，促进了国有企业资本多元化。甘肃省非公有制经济人士在发展自身企业的同时，致富思源，富而思进，不忘国家和人民，自觉回报社会，踊跃参与光彩事业和社会公益事业，止目前，非公有制经济纳入省光彩事业促进会统计的光彩项目927个，其中农业产业化238个，到位资金60余亿元，帮助32万贫困人口脱贫。开展捐资办学和其他社会公益事业折合资金1.3亿元，建了70余所光彩小学。全省顺利完成“十五”规划确定的主要目标任务，非公有制经济做出了主要的贡献。

二、主要措施

非公有制经济的发展事关全省经济社会发展大局，近年来，省委、省政府坚持把加快非公有制经济发展放在重要战略位置，制定实施了一系列鼓励发展的政策措施，大量营造良好的发展环境，取得了比较明显的成效。

（一）制定政策，保驾护航

2004～2005年省委省政府多次召开专门会议研究解决非公有制经济发展问题，省委书记、省长在会上发表重要讲话，强调指出“十一五”时期，全省要保持经济两位数增长，人民生活水平达到总体小康，顺利实现这个奋斗目标，必须加快非公有制经济的发展。省委省政府制定了《贯彻〈国务院关于鼓励支持和引导个体非公有制等非公有制经济发展的若干意见〉的实施意见》，省发改委、工商、税务、人事、劳动、中小企业局、人民银行、工商联等24个部门，也都结合各自的职能和国家、甘肃省的政策精神制定了相应的配套措施。全省各地也都根据本地实际，制定了旨在促进非公有制经济发展的政策和措施。

（二）制造舆论，鼓励支持

为了总结经验，表彰先进，进一步促进非公有制企业快速发展和非公有制企业家的健康成长，甘肃省人民政府于2005年底隆重召开大会，决定授予兰州市城关区等13个县区市“甘肃省发展非公有制经济先进”称号，并各奖励人民币10万元；授予兰州黄河嘉酿啤酒有限公司等19户企业“甘肃省优秀非公有制企业”称号；授予兰州奔马集团金宽荣等81名同志“甘肃省优秀非公有制企业家”号。此次表彰在全省上下引起很大反响。2006年3月，省委省政府在省城兰州召开了声势浩大的全省促进非公有制经济发展报告会，省委副书记在会上作了重要讲话，高度评价非公有制经济对甘肃经济发展做出的贡献，指出了甘肃非公有制经济发展中的问题，强调各级党委和政府要真抓实干，营造非公有制经济发展的环境。获得省表彰的优秀单位和企业家在大会作了报告。

（三）深化落实，搞好服务

省委省政府要求全省上下牢固树立环境也是生产力的思想，在全社会形成人人是环境、事事是环境的氛围，以优良的环境为加快非公有制经济发展提供条件，开展限时办结制和一站式办公试点，强调实行“首问责任制、组织非公有制企业评议政府工作、受理企业投诉、举报、加快行政审批制度”等营造发展环境的“五件事”，并以此标准来衡量政府部门是否改进作风、提高效率、改善服务。这些措施在一些地区得到很好的落实，切实促进了当地的非公有制经济的发展。2005年3月，省政府新闻办公室公布了由全省4 000多家非公有制企业对14个市、州政府和39家省属职能部门绩效评价的结果，这次评议通过1.8万份调查问卷和实地调查的报告采用60多个指标，分别就各市、州和省属职能部门的工作效率、职能履行、依法行政、廉政勤政等进行了测评。

三、问题症结

甘肃省非公有制经济发展水平与东部发达省份相比仍处于较低层次，也落后于全国平均增长水平，究其原因：一是历史渊源。甘肃的建设是50年代依靠计划手段配置资源起步的，“一五”时期布局的十六项重点建设项目，基本奠定了今天甘肃国有经济比重独大的格局。由于国有经济比重大，使得一大批劳动力在相对长的时期内不可能放弃铁饭碗。二是自然环境。甘肃是个农业省份，相对广阔而又贫瘠的土地，使得大量农民长期依附于土地难以流动。尽管土地的回报很低，但对于劳动力的需求很大，农民厮守故土，不愿意离开，很少外出打工作生意。由于体制和土地的双重束缚，造成劳动者创造能力低：非公有制经济发展起步缓慢，又延缓了资本的原始积累，从而从根本上制约了非公有制经济发展的进程。三是政策落实不力。尽管省委、省政府近年相继出台了一系列支持和促进非公有制经济发展的政策和措施，但在具体工作中许多政策措施不够落实，不能到位，执行中打了折扣，影响了环境改善，制约了发展。四是经济总量低，企业规模小，发展速度慢。以及非公有制经济贷款难和自身发展创新乏力等因素也都在不同程度地影响和制约了甘肃非公有制经济的发展。

四、对策意见

加快非公有制经济发展，是实行甘肃经济稳定增长的必然选择，是增强公有制经济活力的必由之路，是推动市场化进程的客观要求，这是省委、省政府，也是全省上下的一致认识和呼声。为了迅速提升甘肃非公有制经济发展速度，努力探索走出一条符合甘肃省情的加快非公有制经济发展的路子，省委、省政府提出：

一是要把发展非公有制经济同改革抓企业结合起来，通过改革改制把一批中小企业转换为非公有制企业。

二是要把发展非公有制经济同发展抓项目结合起来，通过引进域外私人资本催生一批非公有制企业。

三是要把发展非公有制经济同培育新的投资主体结合起来，通过启动民间资本兴办一批非公有制企业。

四是要把发展非公有制经济同发展劳务经济结合起来，通过提高劳动者的创造能力为非公有制经济大发展打下坚实的基础。

五是要把改革同整治非公有制经济发展环境结合起来，进一步整治和改善发展环境，简化办事程序和环节，努力提高办事效率，规范执法行为，切实维护非公有制经济合法权利，着力营造良好的发展环境。

省委、省政府要求全省各地党委、政府都要把鼓励、支持和引导非公有制经济发展列入重要的议事日程，加强宏观指导，寓监管于服务之中。发展改革部门要把非公有制经济发展作为“十一五”国民经济和社会发展总体规划的重要内容，及时向社会公布有关产业政策、产业发展规划和市场需求等方面的信息，有关职能部门要积极引导非公有制企业按照国家产业和环保政策的要求，围绕经济增长方式的转变，严格控制高耗能、高污染项目，防止低水平重复建设，走可持续发展的道路。统计部门要建立和完善非公有制经济的统计制度，加强对非公有制经济发展动态的监测和分析，为党委和政府决策提供科学依据。各级工商联、各种商会要充分发挥联系非公有制企业、民营经济和从业人员的桥梁纽带作用，为促进甘肃省非公有制经济的发展建言献策，反映他们的呼声和要求。

甘肃省私营个体经济数据表

单位：亿元、亿美元、%

	2000 年	2004 年	2005 年	2005 年比 2000 年增长率
全省固定资产投资完成总量	441.25	756.01	874.53	98.15
增长率			—	
其中非国有	58.75	96	363.77	519.18
增长率	—	63.4	278.92	—
占全省比重	13.31	12.70	41.60	—
全省工业增加值总额	327.60	574.00	685.80	109.34
增长率		75.21	19.48	—
其中私营企业	5.70	25.00	—	—
增长率	—	338.60	—	—
占全省比重	1.73	4.36	—	—
全省进出口总额	5.70	17.63	26.33	361.93
增长率	—	209.30	49.34	—
其中私营企业	0.009 4	2.30	2.60	27 560
增长率	—	24 368	13	—
占全省比重	0.16	13.04	9.87	—
全省出口总额	4.15	9.96	10.91	162.89
增长率		140	9.53	—
其中私营企业	0.002 4	2.10	2.20	91 567
增长率	—	87 400	4.76	—
占全省比重	0.06	21.08	20.16	—
全省税收总额	95.3	187.92	215.39	126
增长率	—	97.19	14.57	—
其中私营企业	1.1	3.96	5.68	416.36
增长率	—	260	43.43	—
占全省比重	1.15	2.10	2.63	—
个体工商户税收总额	6.5	8.6	9.8	50.77

青海省 2004～2005 年私营经济发展概况

青海省工商联

一、全省民营经济发展概况

2004 年 7 月以来，青海民营经济发展的机遇良好，特别是 2005 年国务院 3 号文件和省政府 47 号文件的发布，以及全省“政策环境治理年”活动的开展，为青海省民营经济营造了较为宽松的发展环境，民营经济总量持续增长，实力不断增强，规模效益和发展质量进一步提高，呈现出良好的发展势头。2005 年底，全省个体工商户发展到 14.5 万户，从业人员 30.27 万人，注册资金 25.63 亿元，分别比 2004 年增长 10.4%、11.9%、和 7.9%；私营企业达到 1.09 万户，从业人员 27.89 万人，注册资本 184.43 亿元，分别比 2004 年增长 10.1%、13.7% 和 22.8%。个体私营经济创造增加值 101.8 亿元，实现销售收入 222.9 亿元，完成社会消费品零售额 154.2 亿元，分别比 2004 年增长 120.8%、2.4%、72.3%。

二、民营经济发展的特点

（一）民营经济发展环境进一步优化

2005 年国务院 3 号文件和省政府 47 号文件发布，这是我国政府部门关于非公有制经济发展的全面、系统的政策性文件。文件充分反映了党的十五大、十六大、十六届三中、四中全会和宪法修正案的精神，对民营经济的发展具有重大的现实意义，成为民营经济发展的新起点。

国务院 3 号文件发布以后，省委、省政府对贯彻落实相当重视。省长宋秀岩作了重要批示，省委常委、副省长李津成专门召集会议专题研究部署我省《若干政策措施》制定的问题，并就起草我省实施意见广泛征求专家学者和有关部门的意见，指示要把青海的贯彻措施写成“最管用、最有含金量、最有力度”的文件。同时成立了由省政府办公厅牵头，工商局、统计局、经济委员会、法制局、统战部和工商联为成员的“省政府贯彻落实国务院文件领导小组”及办公室。经过 3 个多月的工作，在清理文件、调研民营经济、征求各部门和专家学者及民营经济人士意见的基础上，几易其稿，形成了 9 章、80 多条、1.3 万字的《若干政策措施》，并于 2005 年 8 月发布。省政府 47 号文件发布后，政府部门及各州、地、市陆续制定配套措施与实施意见。同时，省政府首次将非公有制经济发展纳入了《青海省国民经济和社会发展第十一个五年规划纲要》，提出了“力争五年内非公有制经济总量翻一番”的发展目标。这一系列关于鼓励支持和引导非公有制经济发展的政策措施的出台，标志着青海非公有制经济政策体系框架已经确立，个体私营等非公有制经济发展中很多政策性的障碍在不断得到消除。

民营经济的发展与政府职能转变、投资环境的改善息息相关，为了切实解决投资环境建设中政策不落实、服务不到位、办事效率低等突出问题，省政府采取强有力的措施，加大督查检查力度，使国务院 3 号文件和省政府 47 号落到了实处。一是在全省范围内开展了以“服务零障碍、环境零缺陷、办事无梗阻”为基本要求的“投资环境治理年”活动。活动开展以来，各地区、各部门着重进行了“四项清理”、“五项整顿”，并取得了一定成效。二是从省经济委员会、省监察厅、省政府法制办、省政府督察室、省工商联抽调专人组成联合检查组，对全省各地在促进个体私营等非公有制经济加快发展方面制定的政策文件、具体操作办法，以及涉及非公有制经济发展的相关文件清理情况进行了检查，为更好地贯彻落实国务院3号文件和省政府47号文件，进一步优化民营经济发展环境提供了保障。

（二）民营经济整体实力得到增强

2004年7月以来，在党的十六届三中全会的指引下，全省民营经济保持了平稳较快发展的态势，民营经济的整体实力得到了增强。一是2005年全省非公有制经济占全省生产总值的比重达23%。二是到2005末，全省个体工商户发展到14.5万户，私营企业达到1.09万户，私营企业超过了国有企业户数。三是民营经济组织形式从以个体私营为主向多元投资主体的公司制企业发展，股份多元化的私营公司发展迅速，已成为私营企业的主要组织形式。2005年底，私营有限责任公司占全省私营企业总数2/3。一批骨干企业迅速发展壮大，全省目前共有11户私营企业资产超过亿元，262户私营企业注册资金超过千万元，组建私营企业集团45家。四是不少经过资本积累阶段的上规模企业逐渐摆脱低成本竞争的恶性循环，向品牌竞争、科技创新迈进。到2005年底，全省102件著名商标中，非公有制企业拥有52件，占51%。4件全国驰名商标中，民营或民营控股企业拥有3件。还有110家私营企业产品在国外市场销售，65家私营企业获得了进出口自营权。五是民营经济税收增长速度加快，已成为国家税收的重要来源。2005年度全省国税收入中，内资民营企业占30%，外商及港澳台企业占3%。2005年度全省地税收入中，内资民营企业占55%，外商及港澳台企业占2%。

（三）承接东中部产业向青海转移的领域进一步拓宽，能力进一步增强

国务院3号文件和省政府47号文件放宽了非公有制经济市场准入，随着两个文件贯彻落实和全省水电、交通、通讯等基础设施建设的进一步加强，全省承接东中部地区产业向青海转移的领域进一步拓宽，能力进一步增强。近两年来，省外民营企业积极向水电资源、矿产资源开发，基础设施建设，房地产开发，农畜产品加工、中藏药种植及加工等领域和行业进军。特别是围绕柴达木地区的矿产资源开发，环青海湖地区的农畜产品开发，西宁和格尔木的三产开发，东部民营企业投资活跃。到2005年底末，已有680多户省外投资者落户青海，总投资超过50亿元人民币。外省企业的进入，不但推动了我省民营经济加快发展，而且带来了经营管理、技术创新等方面的新理念，直接带动了我省民营企业综合素质的提高。

（四）民营企业家的责任意识不断增强

全省民营企业坚持把自身企业的发展与国家的发展结合起来，把遵循市场法则与发扬社会主义道德结合起来，把个人富裕与全体人民共同富裕结合起来，民营企业家的社会责任意识不断增强。

近两年，省工商联会同省劳动和社会保障厅、省总工会共同举办了两次“民营企业招聘周活动”，民营企业积极参与，为下岗失业人员、大中专毕业生及其他持能人才提供各类用工岗位1.1万余个。2005年底，全省私营企业从业人员达27.89万人，为解决城乡富余劳动力和下岗职工就业开辟了新途径。

随着现代企业制度的建立，青海省民营经济人士越来越重视企业内部的劳动关系。在统战部、工商联和工会的号召下，“关爱员工、实现双赢”成为了2005年民营企业文化建设的主题，民营经济组织认真贯彻科学发展观的要求和构建社会主义和谐社会的精神，积极建立和谐融洽的新型劳资关系，营造了民营企业家和企业员工共谋双赢的和谐局面，《劳动法》、《工会法》等保护劳动者合法权益的相关法律法规在民营经济组织中得到了进一步的贯彻落实，促进了民营经济组织与社会的协调发展。

全省民营企业和民营企业家按照“自觉自愿、互惠互利、义利兼顾”的原则，积极参与产

业化扶贫、智力扶贫、开发式扶贫、造血式扶贫等，光彩事业得了长足的发展。据不完全统计，截止2005年6月底，参与光彩事业项目投资的民营企业达464户，实施光彩事业项目171个，累计到位资金71 785万元，全国光彩事业重点项目6个，培训人员4 960人（次），安排就业10万余人，捐助教育及其他公益事业4 000万元。

（五）参与社会主义新农村建设成为民营经济发展的新亮点

社会主义新农村、新牧区建设是一场广泛、深刻和重大的经济与社会变革。根据中共青海省委十届八次全委会议和全国工商联九届八次常委会议精神，2006年6月15日，省委统战部、省工商联联合召开了“鼓励支持民营企业参与建设社会主义新农村动员大会”，动员民营企业按照“爱国、敬业、诚信、守法、贡献”的要求，积极响应省委、省政府的号召，在参与新农村、新牧区建设中发展自己，在发展自己中支持新农村、新牧区建设。会议期间，民营企业家和各级工商联积极介绍以往参与农牧区经济、社会建设的经验和作法，展望了民营企业在参与社会主义新农村、新牧区建设中的大好机遇和美好前景。据不完全统计，近年来全省共有2 600余户民营企业直接参与了青海省农牧区经济建设，其生产领域涉及到农牧区发展的各个方面。一批以民营企业为主的农牧业产业化龙头企业迅速崛起，截止目前，全省农牧业产业化龙头企业达230个，其中国家级龙头企业6个，省级龙头企业30个。各类专业化生产基地得到了较快发展。建成各类农贸市场400余个，年成交额达10亿多元。成立以种植、养殖、农畜产品流通为主的各类专业合作社（协会）257个，其中基层专业合作社（协会）232个。民营企业通过参与农牧业产业化经营，使农牧民增收困难的问题得到了缓解，较好地解决了农牧业和市场之间的矛盾，实现了农牧业经营方式的重大转变，为民营企业与农牧业产业化的发展开辟了新的途径。会后，有19位民营企业家率先向全省民营企业发出了参与社会主义新农村、新牧区的倡议，参与社会主义新农村、新牧区建设成为了民营企业投资开发的新亮点。

三、近两年民营经济发展中存在的主要障碍

（一）“中梗阻”成为政策执行不力的主要因素

国务院3号文件和省政府47号文件的颁布，“投资环境治理”年活动的开展，为青海省民营经济的发展营造了良好的政策环境。但是，由于现行的部分法律法规和政策与国务院3号文件和省政府47号文件不配套，民营经济发展中“玻璃门”现象仍然存在。“中梗阻”成为政策执行不力的主要因素，部分地区和部门在政策落实过程中，出现“够用不管用”和“两头热、中间冷”现象，政策到位率不高，实施措施不完善，办事繁杂缓慢，具体落实有一定差距。同时，社会上对民营经济的偏见和质疑仍然存在。

（二）融资难严重制约着民营经济的发展

私营企业融资难，个体工商户融资就更难了。在市场经济条件下，银行实行市场化经营，银行往往也是偏爱大企业、大项目，由于个体、私营企业总体规模小，缺乏担保条件，银行一般不愿意向它们提供贷款。据有关部门调查显示，青海省有87%的个体私营经济组织发展资金主要源于自有资金，24%的企业有银行贷款，13%的企业主要以民间集资方式获取资金，有近1%企业25%以上的流动资金来自高利贷。

（三）自身素质不高仍是制约发展的瓶颈

目前，青海省大多数非公有制经济的科技含量低，技术改造和创新能力差，绝大多数企业很少有自己的专利技术和购买专用技术，许多企业的生产设备落后。同时，经营者素质偏低，无论是从业人员还是企业主，文化水平和自身素质偏低。许多技术人员不愿到民营企业从业，

吸引优秀人才困难。一些民营企业在完成了原始积累后缺乏明确的发展思路，或好大喜功，盲目冒进，或贪图享乐，不思进取，短期化行为比较严重。

（四）社会化服务体系不健全

社会服务和中介组织发育程度低，缺乏创业培训、投资指导以及各种政策法规信息、科技信息、市场信息、经营管理知识和融资担保等服务，社会化服务体系尚未成形。民营经济普遍感到获取技术支持困难，政策信息渠道不畅。

宁夏回族自治区2005年私营经济发展概况

宁夏回族自治区工商联

近年来宁夏回族自治区党委、政府相继出台了一系列鼓励支持私营经济发展的政策，去年初《国务院关于鼓励支持和引导个体私营等非公有制经济发展若干意见》颁布后，自治区党委、政府于2005年10月制定了《关于支持非公有制经济发展的若干意见》，促使我区民营经济得到了快速发展，取得了显著成就，为宁夏社会发展的各个方面做出了重要贡献。

一、非公有制发展的基本情况

（一）个体经济健康发展

截止2005年底，全区共有个体工商户为110 063户，比上年同期增长12.52%。从业人员186 130人，注册资金190 631.35万元，分别比上年同期增长11.16%和17.92%。个体工商户户均注册资金1.73万元。2005年新开业个体工商户31 876户，从业人员57 185人，注册资金63 499.19万元。

城镇个体工商户81 279户，占总户数的73.85%。

从产业结构上看，第一产业68户，占总户数的0.06%；第二产业8 883户，占总户数的8.07%；第三产业101 112户，占总户数的91.87%。

2005年，全区个体工商业共创产值55 065.79万元，比上年同期增加11 355.69万元，增长25.98%；实现销售总额或营业收入426 058万元，比上年同期增加115 436.29万元，增长37.16%；社会消费品零售额297 962万元，比上年同期增加95 562.09万元，增长47.21%。

个体工商户安置国有企业下岗职工10 725人，其中下岗职工创办企业投资者为5 435人，吸纳下岗职工5 290人。

（二）私营经济实力增强

随着全区各地对私营经济发展的高度重视，自治区扶持私营经济发展措施的进一步落实，全区私营企业进入持续、快速、健康的发展时期，企业户数持续增长，规模相继扩大，在国民经济中的比重稳步提高，对经济发展和社会稳定起到了积极的作用。

2005年底，全区私营企业已达18 778户，投资者人数50 939人，雇工人数182 813人，注册资本（金）229.38亿元，分别比上年同期增长8.02%、7.22%、10.33%及17.22%。户均注册资本122.16万元。注册资本亿元以上的私营企业7户。

新开私营企业3 485户，投资者人数8 457人，雇工人数25 587人，注册资本（金）390 221万元。

从产业分布情况看，私营企业第一产业693户，占总户数的3.69%；第二产业4 666户，占24.85%；第三产业13 419户，占71.46%。

从企业组织形式上看，独资企业3 531户，占总户数的18.8%；合伙企业119户，占0.63%；有限责任公司15 121户，占80.53%；股份有限公司7户，占0.04%。

私营企业的城镇发展数已明显快于农村，截止2005年底城镇数已达13 331户，占总户数的70.99%。

2005年，全区私营企业共创产值800 115.19万元，比上年同期增加151 239.19万元，增长23.31%；实现销售总额或营业收入459 548.23万元，比上年同期减少65 873.77万元，下降12.98%；社会消费品零售额436 826.77万元，比上年同期增加7 775.77万元，增长1.81%。

私营企业不仅在创造社会财富、增加政府税收、繁荣城乡市场、方便群众生活等方面发挥着日益重要的作用，而且吸纳安置国有企业下岗职工1 793人，其中有72个下岗职工作为投资人创办了私营企业，非公有制经济劳动就业比重占全区就业总数的48%为促进社会稳定做出了积极贡献。

（三）外商投资增数强劲

截止2005年12月底，全区登记在册的外商投资企业463户，比去年同期增长1.98%。投资总额445 947万美元，注册资本201 972万美元，其中外方认缴出资额154 876万美元，分别比上年同期增长9.66%、0.19%、3.65%。其中：中外合资企业272户，外资企业142户，中外合作企业47户，中外股份公司2户。

2005年新登记注册外资企业26户，外商投资企业分支（办事）机构51户，外国（地区）企业常驻代表机构4户。投资总额34 730万美元，注册资本16 610万美元，其中外方认缴11 868万美元，本年注销外资企业3户。

从产业结构看，外商投资于第一产业32户，占总户数的6.91%；第二产业338户，占73%；第三产业93户，占20.09%。

从外商企业登记情况看，亚洲342户，占总户数的73.87%；欧洲30户，占6.48%；北美洲64户，占13.82%；拉丁美洲18户，占3.89%；大洋洲7户，占1.51%；非洲2户，占0.43%。

（四）税收和出口贡献提高

涉外经济、股份制经济和个体私营经济共实现税收收入52.89亿元，占全区税收收入的70.7%，非公有制经济占全区出口总值的比重41.9%，对全区出口增长的贡献率达91.3%，进出口增幅超出全区平均水平，成为推动宁夏外贸增长的新动力。全区个体私营经济占全区GDP的比重达到42%。

非公有制经济不仅在社会财富、增加税收、繁荣市场、方便群众生活等方面发挥着日益重要的作用，而且为拓宽就业渠道、缓解就业压力、促进社会稳定和谐做出了积极贡献。

（五）对当前非公有制经济发展环境的总体评价

党的十五大以来，特别是十六大召开以后，党和政府从政治上、经济上、法律上等方面促进和支持非公有制经济快速发展，从宏观上奠定了非公有制经济发展的基石，尤其是2005年作为“十五”计划完成“十一五”规划制定的承上启下重要年份中，国务院3号文件出台的大背景下，民营经济基本完成原始资本积累，并逐渐进行体制创新，以科学发展观为指导，按照国家宏观政策要求构建和谐企业的发展模式。国发36条、宁发19条这两个文件，从政策层面上给民营企业极大的空间释放，使民营企业发展的手段从分散的政策支持转向总体的政策制度保障。所有制理论的不断创新，非公有制经济发展的政治环境、社会环境和经济环境不断改善、又促使非公有制经济发展的大氛围越来越好。

一些非公有制经济人士也认为，宁夏非公有制经济的发展环境经过近几年的不懈努力，在大的方面领导重视、政策扶持等方面都有明显改善。宁夏在非公有制经济发展政策方面从上到下都不比非公有制经济发达地区差，无论是从政策的具体内容上看，还是从政策的宽松程度比，可以说是与经济发达地区没什么两样，能排在前面。从重视程度上看，也是今非昔比。从领导层面上说、轻视、排斥、不支持等现象已经有了根本性改变，大力发展非公有制经济以提升我区经济发展实力已经成为领导层的共识。宁夏县域的国有经济已基本退出，县域经济中占主导地位的是非公有制经济，县级财政收入中，来自民营经济的收入已超过50%，有的市县达到80%~90%多，已说明这个问题。非公有制经济人士、对宁夏回族自治区民营经济发展环境不满意的是落实工作差。总的评价是，“四多四少”，即有些部门表面文章做的多、实际问题解决的少；口号喊的多、实实在在的支持少；浮在面上的多、深入了解情况少；轻描淡写的多、敢于碰硬的少。大家认为如果从落实这个层面上与非公有制经济发达地区相比差距还很大。

二、存在问题

（一）优惠政策落实难

在调研中，不少民营企业反映，各级党委政府颁布的扶持民营经济发展的政策，政府经济管理部门出台的新规定、新规章、民营企业往往看不到，知道甚少不了解或不清楚的占59%。一些执法部门置政府出台的政策于不顾、强调执法要以上级业务部门文件为依据。当党委、政府出台的政策与业务部门文件不一致时，他们只认部门的文件。国务院36条、宁发19条文件出台后，相关部门未制定与之相配套的具体办法和实施措施，使这两个文件缺少可操作性，难以落到实处，被企业称为“玻璃门”、看起来透明，实施起来难逾越，尤其是财政税收，金融信贷等方面的政策更是难以落实，形成了地方党委、政府和民营家“两头热”，而一些行政部门“中间凉”的现象。受部门利益的驱动，职能重叠，多头交叉管理，而企业有困难时又推诿扯皮，这样既损害了政府的形象，也挫伤了民营企业的积极性。

（二）融资难仍是民营企业的发展瓶颈

融资难是企业家反映最普遍、最集中的问题，宁夏回族自治区绝大多数民营企业规模小、固定资产少、财务不健全、贷款风险高，都不具备利用资本市场直接融资的条件。融资的主要手段仍然是企业资产抵押和企业之间相互担保的银行贷款。部分民营企业迫不得已借用民间高利贷。由于缺少创新融资方式的平台，大部分民营中小企业仍处于正规融资的边缘化，这与快速发展的民营企业形成强烈的反差。调查显示，有57%的企业难以从金融部门得到贷款；有70.5%的企业没有得到政府信用担保机构的担保服务，85.2%的企业没有得到政府专项发展资金的扶持。究其原因主要有三个方面。其一，是银行方面的原因。自国家实施资产负债比例管理以来，商业银行普遍加强了集中调控力度、贷款重点投向国家重点工程项目和大型企业，对基层行分配的贷款规模较小，尤其是以中小企业为主要服务对象的县级支行、基本上没有贷款权限。中小企业的发展和融资活动因此受到不同程度的影响。其二，是中小企业自身方面的原因。一些中小企业在发展初期盲目追求短期利益、资本积累少，按照银行现有的评级、授信标准符合贷款条件的少，使他们难以获得金融机构的信赖，信贷资金投放也受到抑制，2005年宁夏存款额高于贷款额142亿，信贷没有得充分有效的利用。其三，缺乏必要的金融中介机构也是融资难的重要原因。担保性放款是解决这些企业资金不足的有效途径。但从目前情况看，宁夏虽有62家中小企业信用担保机构，但普遍实力较小，担保能力弱，担保资金规模与经济主体的实际需求存在差距，支撑和带动作用的发挥受到限制。

（三）企业人力资源缺乏，自主创新能力差

调研中，相当一部分老板集所有者、决策者、经营者身份于一人，实行家族式，经验型管理模式。早期招聘的技术和管理人才大多是从国有企业“挖墙脚”来的，现在使用的技术和管理人才大多是在各个民营企业之间跳槽流动的。造成民营企业优秀人才“引不进、留不住”的原因，一是老板对引进的人才放心不下，担心企业商业机密外泄和客户流失，因而企业高层管理人员和关键部门的负责人大都是老板的亲属，引进的人才难以施展才干，应有的作用得不到发挥。二是受民营企业稳定性差、工资福利待遇、社会保险和子女就学等诸多问题困扰，使得民营企业技术和管理人才频繁流动，影响企业的技术创新、管理创新及快速有序的发展。

（四）有效的信息服务不畅

企业发展离不开信息，但获得与经营有关的重要信息比较难，他们无法从投资导向，市场开拓，产品开发，政策咨询等方面及时得到全方位的服务，导致一些企业铺开即关，企业平均寿命较短，同时，低水平的重复建设，资源配置效率低，行业内缺少整合，企业各自为政，未形成产业链和分工协作机制，致使企业规模小，结构不合理，争创品牌意识不强，核心竞争力弱，规模效应差。因而，信息不足、不到位、不对称也是非公有制企业普遍感到存在的问题。

（五）对非公有制经济仍然存在歧视，办事难

对各种所有制经济一视同仁，营造平等竞争的发展环境已经是老生常谈，但事实上，仍然存在歧视问题。这种歧视已不完全是当初的政策性歧视。很大程度是具体落实上的歧视，办事关卡多，随意性大，关系网复杂。调研中，老板们对办事难的问题反映也很强烈。他们说："现在办大事小事都得找'熟人''通融'，这已成为一条办事不可缺少的'第一程序'，搞'感情'投资现在已是很平常的事，我们早已习以为常了，否则反而感到不正常了。"一些企业还反映，现在到一些部门办事总感觉到心里没底、"浅了说不清、深了不敢问"只能"听人呼悠"，少数公务人员不作为的问题时有发生。有的企业家感到，一些执法人员用有色眼睛看待他们创造的财富，吃点、花点没啥，让出点血是应该的，这些都说明，一些公务人员的服务意识在一定程度上还处在"我同意你发展，我让你发展"的初级阶段，"我帮你发展，我们共同发展"的服务氛围在全区尚未形成。

此外，部分民营企业诚信度低，信用意识淡薄，影响了非公有制企业的整体形象。

三、意见建议

（一）加快各级政府职能转变

首先，要在制度创新上下功夫。要通过体制创新促进环境优化，全面施行《行政许可法》，提高办事效率和服务水平。其次，要根据宁夏回族自治区实际情况，清理和修订限制民营经济发展的法规和政策，实行公开竞争，尤其是在税收政策、资金支持等方面给予非公有制企业"国民待遇"与国有、外资企业一视同仁。再次，是对民营企业的服务要向人性化、信息化方面转变。在政策信息方面，更通过各种渠道，重点向民营企业系统宣传国家和我区的产业发展政策，使企业能够依靠政策得到实效，依靠政策求得发展。在市场信息方面要充分利用各种优势，把接收到的市场价值走势，行业发展的预测，新技术、新工艺、新产品等市场信息及时传递给民营企业，使他们能够凭借这些信息及时调整经营策略，应对竞争风险。最后，职能归位，各司其职，减少职能交叉、重叠，使之做到不抢位，不越位，服务到位。建议自治区人大牵头每年开展一次促进民营经济发展的执法检查活动，及时总结先进经验，发现存在问题，督促相关法律法规落到实处。

（二）要着力拓宽融资渠道

政府部门要积极搭建商业银行与民营企业对接的"金融平台"，制订有针对性的贷款政策和管理办法，增加贷款种类和贷款抵押物种类等新的服务品种，简化审贷手续，适当提高现有资产抵压率。改进资信评估方法，对没有贷款记录的企业进行运行情况分析，给予一定信贷支持。进一步完善企业信用担保体系，鼓励和支持多形式、多层次的信用担保体系建设，逐步建立以民间资本投资为主体的多种形式的投资渠道和担保机构。政策性金融担保机构要及时配合国家

的产业导向，鼓励非公有制企业投入涉农产业，积极参与县域经济和社会主义新农村建设。

（三）相关部门应尽快制定出台操作性强的扶持民营经济发展的实施细则

国务院2005年初出台的36条和自治区出台的19条“若干意见”，深受非公有制经济人士欢迎和好评，但是他们更希望能出台操作性强的实施细则。建议自治区人民政府责成各相关部门继续解放思想，广泛调研，倾听民营企业的意见和建议，积极呼应国务院和自治区党委、政府《若干意见》，尽快出台与之配套的实施细则。让放心、放手、放胆、放活发展民营经济的理念，成为全区上上下下的自觉行动。

（四）落实科学发展观，争创新优势

宁夏的许多民营企业存在“重引进、轻消化”的现象，导致“引进—落后—再引进—再落后”的恶性循环，要引导民营企业在利用，引进国内外先进技术时，关键是要消化吸收，争取拥有自主知识产权。形成自主创新能力。通过增加技术研发投入，加强与高校及科研机构的合作，从新技术的研发和先进的设计思路入手，提高产品档次和品牌效应。提升产品附加值，推动产业结构升级，在创新中不断增强持续发展的后劲。

企业的发展，起决定作用的是企业经营管理者的素质。调查表明，企业家的素质与企业的发展相关，第一代民营企业家，文化素质普遍不是很高，但他们凭着敏锐的市场嗅觉，过人的胆识与勤奋取得了今天的业绩，但要继续做大做强企业，就必须加强新知识的学习，创新管理方法，不断提高素质。要实施人才战略，着力解决民营企业人才缺乏问题，人事部门要加大民营企业培训服务力度，并根据民营企业的人才需求，帮助民营企业引进人才，对流向民营企业的人才，要认真落实招聘优惠政策，努力营造吸引人才、用好人才、稳定人才，让人才的创造性得到最大程度发挥的良好氛围，完善激励机制，使民营企业的专业人才能“进得来，安得下，留得住，有作为”。

（五）强化对非公有制经济的舆论导向

新闻媒体应加大对非公有制企业和非公有制企业家的宣传，多向社会介绍他们创业的艰辛和曲折及对社会的贡献。通过正确的舆论导向倾斜，多塑造民营企业家的形象，进一步消除对非公有制企业的负面认识，善待财富和财富的创造者，悉心爱护、支持和保护创业者，把全区广大群众创业热情和致富愿望迅速有效的调动起来。逐步形成一个理解、尊重非公有制企业家的社会氛围，营造鼓励、支持他们创造更多的财富。

（六）加强对非公制经济人士荣辱观的教育

要以“八荣八耻”为主要内容，引导他们树立正确的社会主义荣辱观，将发展企业同构建社会主义和谐社会结合起来，争做合格的中国特色社会主义建设者。

（七）要充分发挥工商联应有的作用

作为党和政府联系非公有制经济人士的桥梁纽带，政府管理非公有制经济助手的工商联组织，在改善宁夏经济发展环境工作中，在帮助、引导非公有制经济快速健康发展中都具有其他部门不可替代的独特作用。有效的发挥他们广泛联系非公有制经济人士网络优势，授权工商联作为非公有制党建工作主管机构和拥有部分经济类社会团体、行业协会，异地商会业务主管职能，使其在社会主义市场经济中扮演重要角色。伴随着党的所有制理论不断创新，非公有制经济不断发展，工商联的工作不仅是党和国家的政治需要，而且正在成为发展经济的需要，工商联的工作应更加务实，发挥更大的作用。

宁夏个体、私营经济数据表

单位：亿元 %

	2000 年	2004 年	2005 年	2005 年比 2000 年增长率
全省固定资产投资完成总量	160.82	380.85	444.73	177
增长率	10.17	12.68	16.77	—
其中非国有	56.33	229.54	291.62	418
增长率	12.65	22.46	27.05	—
占全省比重	35.03	60.27	65.57	—
全省工业增加值总额	86.17	197.50	228.29	165
增长率	8.61	12.17	15.59	—
其中私营企业	17.66	37.04	48.12	172
增长率	10.24	14.65	29.91	—
占全省比重	20.49	18.75	21.08	—
全省进出口总额	4.43	9.08	9.67	118
增长率	11.51	8.74	6.50	—
其中私营企业	0.87	1.37	1.62	86
增长率	9.63	11.12	18.25	—
占全省比重	19.64	15.09	16.75	—
全省出口总额	3.28	6.46	6.87	109
增长率	10.71	7.45	6.29	—
其中私营企业	0.93	1.32	1.65	77
增长率	9.14	15.73	24.06	—
占全省比重	28.35	20.43	24.02	—
全省税收总额	31.58	62.96	77.20	144
增长率	7.41	39.54	22.62	—
其中私营企业	1.09	2.67	5.27	383
增长率	45.33	35.21	97.37	—
占全省比重	3.45	4.24	6.38	—
个体工商户税收总额	2.84	5.30	5.20	83

新疆维吾尔自治区 2004～2006 年私营个体经济发展概况

新疆维吾尔自治区工商联

2004 年至 2006 年上半年，是新疆个体私营经济在曲折中发展、取得辉煌成绩的两年。在党中央、国务院关于鼓励、支持和引导个体私营经济发展的政策指引下，在自治区党委和人民政府的重视和关怀下，新疆的个体私营经济日益显现出强大的生命力，为国民经济和社会发展做出了杰出贡献。

一、个体私营经济发展基本状况

2004 年，在宏观调控中，新疆个体私营经济保持了较快的发展速度。截至 2004 年底，新疆个体工商户达 46.66 万户，从业人员 74.18 万人，注册资金 86.84 亿元，同比分别增长 3.7%、5% 和 8.7%。个体工商户户均资金为 1.86 万元，同比增长 4.5%。私营企业数首次突破 4 万户，达到 4.31 万户，从业人员 57.25 万人，注册资金 643.2 亿元，同比分别增长 17.6%、16.4% 和 29.4%。私营企业户均资金为 149.3 万元，同比增长 10%。注册资金在 100 万～500 万元的私营企业 6 976 户，同比增长 26%；500 万～1 000 万元的私营企业 1 278 户，同比增长 18%；1 000万元以上的私营企业 1 053 户，同比增长 30.8%。私营企业集团数量增幅较大，达到 79 家，同比增长 105.1%。2004 年新疆个体私营经济组织创造的国内生产总值（GDP）达 481.3 亿元，约占全区的 21.8 %。2004 年，新疆个体私营经济组织吸纳安置就业再就业 11.6 万人，其中安置下岗、失业人员就业达 6.32 万人，同比增长 7.71%。2004 年，民营经济上缴税金 28.56 亿元，占全区的 12%，同比增长 1.24%。个体私营经济在新疆进行产业结构调整、国有企业改制、招商引资等方面贡献突出。2004 年，仅广汇、宏景、溢达、华凌、德汇等自治区工商联直属会员企业就吸引投资近 50 亿元。个体私营经济在新疆进出口的主力军地位日益明显。2004 年，在国有企业、集体企业进出口同比下降的情况下，私营企业成为了进出口增长的主力军。2004 年私营企业全年进出口 22.21 亿美元，同比增长 136%，占到了全区的 43%，其中出口 13.3 亿美元，同比增长 173.4%，进口 8.9 亿美元，同比增长 96%。截止 2004 年，新疆实施光彩事业项目 246 个，计划投资金额 91.83 亿元，到位资金 63.99 亿元，培训 14 296 人。为新疆改水工程、自然灾害、捐资助学等社会公益事业累计捐款捐物 2.26 亿元。

2005 年，新疆个体私营经济发展快速。截至 2005 年底，新疆个体工商户为 47.71 万户，从业人员 75.89 万人，注册资金 92.32 亿元，同比分别增长 2.3%、2.3% 和 6.3%；私营企业达 5.17 万户，从业人员 67.09 万人，注册资金 795.39 亿元，同比分别增长 20%、17.2% 和 23.7%。私营企业出口 25.7 亿美元，增长 93.7%。2005 年，私营企业突破 5 万户大关，首次超过国有集体企业户数。2005 年，私营企业户均资金为 153.8 万元，同比增长 3%；注册资金 100 万～500 万元的私营企业 8 905 户，同比增长 28%；500 万～1 000 万元的私营企业 1 639 户，同比增长 27%；1 000 万～1 亿元的私营企业 1 210 户，同比增长 23%；1 亿元以上的私营企业

64户，同比增长12%。私营企业集团达113家，同比增长43%。在私营企业中，有限责任公司达到4.16万户，从业人员57.71万人，注册资金752.7亿元，同比分别增长22.7%、19.1%和24.7%；私营股份有限公司为8户，从业人员4 942人，注册资金15.3亿元，同比分别增长14.2%、55.1%和18.6%。个体私营经济组织的贡献更加突出。2005年全区国民生产总值（GDP）2 609亿元比2004年的2 203亿元增长了406亿元，其中个体私营经济贡献了135.1亿元，个体私营经济对全区国民生产总值（GDP）贡献率高达33.3%。2005年，从事第一产业的个体工商户发展形势喜人，户数为1 664户，从业人员3 902人，注册资金1.22亿元，同比分别增长38.7%、46.6%和60.3%。从事第三产业的私营企业大幅增长，户数达4.29万户，从业人员45.65万人，注册资金565.4亿元，同比分别增长22.5%、19.4%和25.4%。2005年，个体私营经济上缴税收达到45.76亿元。个体私营经济组织对社会福利事业做出较大贡献。到目前为止，在新疆实施光彩事业项目276个，计划投资金额96.59亿元，到位资金65.19亿元，培训人员15 363人，为新疆自治区的改水工程、自然灾害救助、捐资助学等社会公益事业捐款捐物2.39亿元。

2006年上半年，新疆个体私营经济得到长足发展。截至2006年6月底，新疆个体工商户为44.24万户，从业人员72.26万人，注册资金89.18亿元，同比分别增长1.6%、4.5%和7.2%；私营企业达5.69万户，从业人员71.36万人，注册资金868.83亿元，同比分别增长21.7%、16.0%和17.2%。个体私营经济的规模不断扩大，实力不断增强，成为了新疆经济社会发展的重要力量。

二、个体私营经济发展存在的主要问题

2004年至2006年上半年，新疆的个体私营经济虽然取得了较大成绩，但在其发展的过程中，还存在着认识上、体制上、素质上等诸多问题。

融资难的问题相当突出。2004年以来，为了抑制部分行业经济过热，保持国民经济持续、健康发展，国家出台了一系列财政、金融、产业调整政策，对部分行业进行了宏观调控。一段时间内大部分银行停止放贷和压缩贷款规模，民营企业贷不上款，企业运转资金困难。虽然国家明确指出要鼓励、支持和引导个体私营经济的发展，但“贷款难，难贷款”的问题仍然十分突出。

一些地方和部门的服务还不是十分到位。一些地方和部门对党和国家关于毫不动摇地发展非公有制经济的政策理解的不深、贯彻力度不够。为个体私营经济服务的意识不强、服务质量不够高。个别部门依然存在“门难进、脸难看、事难办”等现象。一些地方和部门重收费、轻管理；重数量、轻质量；重发展、轻指导。还有一些地方在发展中存在乱铺摊子、重复建设现象。个别地方的综合服务大厅，“一站式”服务效果不明显，派驻的办事人员既无权，又无责，只起着传递作用，不但没有给企业提供方便，反而多了一道办事程序。

交通运输难，运输的成本高，利润低。运输难是制约新疆经济发展的又一大瓶颈。除融资难外，最大的问题应数交通运输难。使得企业在做大做强的同时，降低了工作的效率，在高速发展的当今社会，极大的影响了企业的再发展，也在一定程度上阻碍了经济的发展。

部分企业家素质能力和管理水平有待进一步提高。在个体私营经济发展到一定阶段后，市场竞争日趋激烈。企业家素质能力和管理水平的高低开始成为个体私营经济发展的一个重要因素。2004年宏观调控以来，很多私营企业遇到了困难，甚至出现了危机。登记注册的私营企业数量明显下降，这是多年所没有过的情况。一个很重要的原因就是企业风险管理意识不强，整体管理水平的提升跟不上企业发展规模扩大的步伐，几年、几十年拼搏和奋斗的成果一夜之间

化为乌有。

三、促进个体私营经济发展的对策建议

一是改善融资环境，加大融资力度。

二是提高政府服务质量，营造良好发展环境。

三是贯彻平等准入、公平待遇原则。

四是进一步统一思想认识，为个体私营经济发展营造良好的舆论环境。

五是加强交通运输设施建设，推动个体私营经济发展。

六是抓好教育培训，切实提高个体私营企业抗御风险的能力和从业人员的素质。

个体私营经济统计数据简要分析

2004年经济普查规模以上私营工业企业开展科技活动情况简要分析

全国工商联研究室

2004年中国开展了第一次全国经济普查，对在境内从事第二、第三产业的全部法人单位、产业活动单位和个体经营户的基本属性、就业人员、财务状况、生产经营情况、生产能力、科技活动情况等方面作了全面调查，取得了大量详实的统计数据。其中，涉及企业科技活动的数据，较为全面地反映了我国目前企业、机构科技创新活动的真实情况，对于我们了解中国各类企业，特别是私营企业开展自主创新情况有很大的借鉴作用。下面我们根据《中国经济普查年鉴（2004）》统计数据，对中国规模以上私营工业企业开展科技活动情况作一简要分析。

一、科技企业分布情况

从总体来看，2004年全国规模以上工业企业共计276 474家，其中私营企业119 358家，占43.2%。在这些规模以上工业企业中，有科技活动的企业总数为32 924家，其中属于私营企业的为10 800家，占32.8%，比国有企业高11.7个百分点；有R&D活动的企业全国为17 075家，其中国有及国有控股企业4 413家，占25.8%，私营企业4 843家，占28.4%；有新产品开发的企业全国为18 838家，其中私营企业5 705家，分别比国有及国有控股企业、港澳台商投资企业、外商投资企业高出2.6、19.7、16.6个百分点；有科技机构的企业全国为13 906家，其中私营企业3 717家，占26.7%，国有及国有控股企业3 624家，占26.1%（见表1－2）。

从规模以上私营工业企业内部科技活动企业的分布来看，有科技活动、有R&D活动、有新产品开发以及有科技机构的私营企业，占全部规模以上私营企业的百分比分别为9%、4.1%、4.8%和3.1%；而国有及国有控股企业中，这四类企业所占的百分比均在10%以上，远远高于私营企业（见表1－1）。这说明在规模以上私营工业企业中，虽然有科技活动的企业在总量上比较多，但比例并不是很高，私营企业开展自主创新的潜力十分巨大。

表1－1　分登记注册类型科技活动企业分布情况

单位：个，%

指　　标	规模以上工业企业	国有及国有控股企业	私营企业	港澳台商投资企业	外　　商投资企业
工业企业数	276 474	35 705.0	119 358.0	28 399.0	28 766.0
所占比重	—	12.9	43.2	10.3	10.4
有科技活动的企业	32 924	6 963.0	10 800.0	2 971.0	3 626.0
所占比重	—	21.1	32.8	9.0	11.0
有R&D活动的企业	17 075	4 413.0	4 843.0	1 478.0	2 013.0
所占比重	—	25.8	28.4	8.7	11.8

续表

指　　标	规模以上工业企业	国有及国有控股企业	私营企业	港澳台商投资企业	外　　商投资企业
有新产品开发的企业	18 838	4 421.0	5 705.0	1 670.0	2 125.0
所占比重	—	23.5	30.3	8.9	11.3
有科技机构的企业	13 906	3 624.0	3 717.0	1 223.0	1 396.0
所占比重		26.1	26.7	8.8	10.0

表1-2　分登记注册类型科技活动企业比较情况表

单位：个，%

指　　标	国有及国有控股企业	私营企业	港澳台商投资企业	外商投资企业
工业企业数	35 705.0	119 358.0	28 399.0	28 766.0
有科技活动的企业	6 963.0	10 800.0	2 971.0	3 626.0
所占比重	19.5	9.0	10.1	12.6
有 R&D 活动的企业	4 413.0	4 843.0	1 478.0	2 013.0
所占比重	12.4	4.1	5.2	7.0
有新产品开发的企业	4 421.0	5 705.0	1 670.0	2 125.0
所占比重	12.4	4.8	5.9	7.4
有科技机构的企业	3 624.0	3 717.0	1 223.0	1 396.0
所占比重	10.1	3.1	4.3	4.9

二、科技活动人员情况

从总体来看，截至2004年底，全国规模以上科技企业中，从事科技活动的人员总计183.8010万人，其中私营企业20.46万人，占11.1%，国有及国有控股企业99.37万人，占54.1%，比私营企业高43个百分点。在这些人员中，参加科技项目的人员总数为120.56万人，私营企业15.09万人，占12.5%，比国有及国有控股企业少了约45.66万人；从事科技管理和服务的人员总计63.24万人，其中，国有及国有控股企业38.62万人，而私营企业仅为5.37万人；在这些科技人员当中，科学家和工程师的总数为106.43万，私营企业占了10.4%，而国有及国有控股企业占了55.2%，比私营企业高出了44.8个百分点；具有高中级技术职称的人员总计63.45万，属于国有及国有控股企业的为39.99万，属于私营企业的为5.66万（见表2-1）。

从规模以上私营工业企业内部科技人员结构来看，参加科技项目的人员占到总数的73.8%，比国有企业高12.7个百分点。其中，从事科技管理和服务的人员比例为26.2%，而科学家和工程师的比例则为54.3%，具有高中级技术职称的人员所占比例为27.7%，均低于国有及国有控股企业各类相应人员所占的比例（见表2-2）。

表2-1　分登记注册类型工业企业科技活动人员情况

单位：人,%

指　　标	规模以上工业企业	国有及国有控股企业	私营企业	港澳台商投资企业	外　　商投资企业
科技活动人员合计	1 838 010	993 730.	204 607. 0	13 477. 0	192 272. 0
所占比重	—	54. 1	11. 1	0. 7	10. 5
参加科技项目人员	1 205 618. 0	607 530. 0	150 912. 0	9 473. 0	134 980. 0
所占比重	—	50. 4	12. 5	0. 8	11. 2
科技管理和服务人员	632 392. 0	386 200. 0	53 695. 0	4 004. 0	57 292. 0
所占比重	—	61. 1	8. 5	0. 6	9. 1
科学家和工程师	1 064 329. 0	587 152. 0	111 019. 0	8 069. 0	118 346. 0
所占比重	—	55. 2	10. 4	0. 8	11. 1
高中级技术职称人员	634 511. 0	399 849. 0	56 614. 0	4 042. 0	50 383. 0
所占比重	—	63. 0	8. 9	0. 6	7. 9

表2-2　分登记注册类型工业企业科技活动人员情况比较表

单位：人,%

指　　标	国有及国有控股企业	私营企业	港澳台商投资企业	外商投资企业
科技活动人员合计	993 730. 0	204 607. 0	121 579. 0	192 272. 0
参加科技项目人员	607 530. 0	150 912. 0	87 321. 0	134 980. 0
所占比重	61. 1	73. 8	71. 8	70. 2
科技管理和服务人员	386 200. 0	53 695. 0	34 258. 0	57 292. 0
所占比重	38. 9	26. 2	28. 2	29. 8
科学家和工程师	587 152. 0	111 019. 0	67 110. 0	118 346. 0
所占比重	59. 1	54. 3	55. 2	61. 6
高中级技术职称人员	399 849. 0	56 614. 0	31 655. 0	50 383. 0
所占比重	40. 2	27. 7	26. 0	26. 2

三、科技活动经费情况

2004年，从规模以上工业企业的经费筹集情况来看，总额为2 505. 2亿元，其中国有及国有控股企业1 200. 2亿元，占47. 9%，私营企业241. 2亿元，占9. 6%。所筹资金的来源主要有三个方面，一是政府资金88. 2亿元，二是企业资金2 154. 5亿元，三是金融机构贷款210. 2亿元。从中我们不难看出科技活动经费的来源，主要还是企业自有资金。对于政府资金，则主要投于国有及国有控股企业，占到资金总额的60. 9%，而投到私营企业的政府资金为13亿元，占14. 7%，远低于国有企业。金融资构贷款中，私营企业占17. 5%，国有及国有控股企业占34. 2%（见表3-1）。从规模以上私营工业企业科技活动经费筹集的来源结构看，政府资金、企业资金以及金融机构贷款的比例分别为5. 4%、76. 5%和15. 2%（见表3-2）。

综上所述，我们可以看出，与庞大的私营企业数量相比，政府和金融机构在支持私营企业自主创新方面的力度还远远不够，资金问题也就成为困扰私营企业进行自主创新的一个主要问题。

表3－1　分登记注册类型工业企业科技活动经费筹集情况

单位：万元，%

指　标	规模以上工业企业	国有及国有控股企业	私营企业	港澳台商投资企业	外　商投资企业
科技活动经费筹集总额	25 051 857	12 001 948.0	2 411 963.0	2 087 526.0	4 459 322.0
所占比重	—	47.9	9.6	8.3	17.8
政府资金	881 805	537 084.0	129 713.0	29 980.0	37 041.0
所占比重	—	60.9	14.7	3.4	4.2
企业资金	21 545 142	10 492 497.0	1 844 863.0	1 868 387.0	4 177 438.0
所占比重	—	48.7	8.6	8.7	19.4
金融机构贷款	2 101 515	718 754.0	366 883.0	156 258.0	154 286.0
所占比重	—	34.2	17.5	7.4	7.3
其他资金	523 395	253 614.0	70 505.0	32 901.0	90 557.0
所占比重	—	48.5	13.5	6.3	17.3

表3－2　分登记注册类型工业企业科技活动经费筹集情况比较表

单位：万元，%

指　标	国有及国有控股企业	私营企业	港澳台商投资企业	外商投资企业
科技活动经费筹集总额	12 001 948.0	2 411 963.0	2 087 526.0	4 459 322.0
政府资金	537 084.0	129 713.0	29 980.0	37 041.0
所占比重	4.5	5.4	1.4	0.8
企业资金	10 492 497.0	1 844 863.0	1 868 387.0	4 177 438.0
所占比重	87.4	76.5	89.5	93.7
金融机构贷款	718 754.0	366 883.0	156 258.0	154 286.0
所占比重	6.0	15.2	7.5	3.5
其他资金	253 614.0	70 505.0	32 901.0	90 557.0
所占比重	2.1	2.9	1.6	2.0

2004年，从规模以上工业企业科技活动的经费支出情况看，内部支出总额为2 402.2亿元，其中国有及国有控股企业科技活动经费支出为1 180.5亿元，私营企业为224.9亿元；外部支出总额为213.7亿元，其中国有及国有控股企业为112.9亿元，私营企业为9.3亿元。从支出结构看，私营企业内部支出大多数属于经常费用支出，占到全部内部支出的84.4%，比国有企业略低，科研建设支出占15.6%，比国有企业高5个百分点，说明私营企业与国有及国有控股企业相比，在科研基础设施的建设上，基础比较薄弱，需要投入较大的资金用于科研的固定资产购建上。私营企业的外部支出中，用于对研究院所和高校的支出总额为5.3亿元，占外部支出额的57.2%；而国有及国有控股企业在这方面的外部支出总额则达到40.4亿元，但占其外部支出额的比例却低于私营企业，仅为35.8%（见表3－3）。

表 3－3　分登记注册类型工业企业科技活动经费支出情况

单位：万元，%

指　　标	规模以上工业企业	国有及国有控股企业	私营企业	港澳台商投资企业	外　　商投资企业
科技活动经费内部支出	24 022 281.0	11 805 487.0	2 248 510.0	2 000 657.0	4 083 151.0
1. 经常费用支出	21 465 037.0	10 554 001.0	1 898 335.0	1 815 042.0	3 823 951.0
所占比重	89.4	84.4	90.7	93.7	
劳务费	5 408 641.0	2 766 749.0	449 023.0	436 636.0	925 321.0
所占比重		23.4	20.0	21.8	22.7
2. 科研基建支出	2 557 245.0	1 251 486.0	350 174.0	185 615.0	259 200.0
所占比重		10.6	15.6	9.3	6.3
固定资产购建支出	8 268 482.0	3 876 032.0	935 494.0	655 647.0	1 217 106.0
所占比重		32.8	41.6	32.8	30.0
科技活动经费外部支出	2 137 321.0	1 128 725.0	93 092.0	137 235.0	608 179.0
1. 对研究院所和高校支出	698 900.0	403 917.0	53 225.0	38 289.0	42 472.0
所占比重		35.8	57.2	27.9	7.0
2. 对其他企业支出	992 466.0	539 181.0	22 732.0	90 594.0	325 600.0
所占比重		47.8	24.4	66.0	53.5

四、企业办科技机构情况

2004 年，在全国规模以上工业企业中，企业办科技机构总数为 17 555 个，其中属于国有及国有控股企业的 5 283 个，属于私营企业的 4 239 个。这些机构中的科技人员总数为 643 574 人，其中属于私营企业的 70 568 人，占 11%，比国有及国有控股企业的这类人员低 40.8 个百分点。从人员结构看，博士 6 648 人，硕士 30 642 人（见表 4－1）。在这类私营企业中，博士共 927 人，所占比例为 1.3%，比国有及国有控股企业高 0.5 个百分点；硕士共 2 706 人，所占比例为 3.8%，比国有及国有控股企业低 1 个百分点（见表 4－2）。

表 4－1　分登记注册类型工业企业办科技机构情况

单位：%

指　　标	规模以上工业企业	国有及国有控股企业	私营企业	港澳台商投资企业	外　　商投资企业
企业办科技机构数（个）	17 555.0	5 283.0	4 239.0	1 607.0	1 621
所占比重		30.1	24.1	9.2	9.2
机构科技活动人员（人）	643 574.0	333 267.0	70 568.0	43 977	60 888.0
所占比重		51.8	11.0	6.8	9.5
博士毕业（人）	6 648.0	2 528.0	927.0	462.0	992.0
所占比重		38.0	13.9	6.9	14.9
硕士毕业（人）	30 642.0	16 069.0	2 708.0	1 823.0	5 474.0
所占比重		52.4	8.8	5.9	17.9
机构科技经费内部支出（万元）	8 415 603.0	4 044 641.0	640 038.0	655 266.0	1 342 347.0
所占比重		48.1	7.6	7.8	16.0
机构仪器设备原价（万元）	7 933 074.0	4 326 638.0	648 215.0	572 779.0	1 010 753.0
所占比重		54.5	8.2	7.2	12.7

表4-2 分登记注册类型工业企业办科技机构人员情况比较表

单位：人,%

指　　标	国有及国有控股企业	私营企业	港澳台商投资企业	外　　商投资企业
机构科技活动人员	333 267.0	70 568.0	43 977.0	60 888.0
博士毕业	2 528.0	927.0	462.0	992.0
所占比重	0.8	1.3	1.1	1.6
硕士毕业	16 069.0	2 708.0	1 823.0	5 474.0
所占比重	4.8	3.8	4.1	8.9

五、企业研发情况

2004年，规模以上工业企业中从事R&D的人员总计812 299人，其中私营企业79 683人，占总数的9.8%，比国有及国有控股企业低45个百分点；R&D项目总数为53 641项，其中国有及国有控股企业28 319项，私营企业7 299项；R&D经费内部支出总计1 104.55亿元，其中私营企业占7.7%，为84.54亿元（见表5-1）。

表5-1 分登记注册类型工业企业研究与试验发展（R&D）活动情况

单位:%

指　　标	规模以上工业企业	国有及国有控股企业	私营企业	港澳台商投资企业	外　　商投资企业
R&D人员（人）	812 299	445 283.0	79 683.0	55 007.0	92 443.0
所占比重	—	54.8	9.8	6.8	11.4
R&D人员折合全时当量（人年）	541 863	299 599.0	52 822.0	36 789.0	60 707.0
所占比重	—	55.3	9.7	6.8	11.2
R&D项目数（项）	53 641	28 319.0	7 299.0	3 619.0	5 381.0
所占比重	—	52.8	13.6	6.7	10.0
R&D经费内部支出（万元）	11 045 509	5 413 275.0	845 384.0	889 852.0	2 105 189.0
所占比重	—	49.0	7.7	8.1	19.1

2004年，全国规模以上工业企业科技项目总数为104 547项，其中国有及国有控股企业52 273项，占总量的50%，私营企业16 541项，占15.8%。参与项目的人员总数为120.6万人，其中私营企业15.1万人，占到12.5%，其中科学家和工程师为9.5万人，远低于国有及国有控股企业52.5%的比例。从平均每科技项目参加人员数来看，全国平均水平为12人，国有及国有控股企业与之持平，而私营企业则为9人，少于全国平均水平。在项目经费内部支出方面，全国总的支出额为1 647.4亿元，其中私营企业和国有及国有控股企业所占的比重分别为9.8%和46.8%（见表5-2）。

表5－2　分登记注册类型工业企业科技项目情况

单位：%

指　　标	规模以上工业企业	国有及国有控股企业	私营企业	港澳台商投资企业	外　商投资企业
科技项目数（项）	104 547	52 273.0	16 541.0	6 946.0	9 947.0
所占比重	—	50.0	15.8	6.6	9.5
参加项目人员（人）	1 205 648	607 530.0	150 912.0	87 321.0	135 010.0
所占比重	—	50.4	12.5	7.2	11.2
科学家和工程师（人）	820 966	431 056.0	94 794.0	55 463.0	94 746.0
所占比重	—	52.5	11.5	6.8	11.5
项目经费内部支出（万元）	16 474 307	7 712 441.0	1 616 105.0	1 371 233.0	2 976 361.0
所占比重	—	46.8	9.8	8.3	18.1

在新产品开发方面，2004 年全国规模以上工业企业共有新产品开发项目 76 176 项，占科技项目总数的 72.9%；新产品开发经费 965.7 亿元，产值为 23 032.2 亿元，投入产出比为 1：23.85；新产品销售收入为 22 808.6 亿元。其中私营企业新产品开发项目 13 294 项，占总数的 17.5%，低于国有及国有控股企业 44.1% 的水平；新产品开发经费为 89.5 亿元，产值为 1 711 亿元，投入产出比为1：19.12，低于国有及国有控股 23.48 的水平，说明私营工业企业在自主创新的成果转化方面和新产品产值创造方面还不是很强，均低于全国平均水平（见表5－4）。

表5－3　分登记注册类型工业企业新产品开发及生产情况

单位：%

指　　标	规模以上工业企业	国有及国有控股企业	私营企业	港澳台商投资企业	外　商投资企业
新产品开发项目数（项）	76 176	33 605.0	13 294.0	5 404.0	8 066.0
所占比重	—	44.1	17.5	7.1	10.6
新产品开发经费（万元）	9 656 964	4 459 600.0	894 678.0	883 462.0	1 902 404.0
所占比重	—	46.2	9.3	9.1	19.7
新产品产值（万元）	230 321 687	104 739 939.0	17 110 293.0	25 709 169.0	68 238 404.0
所占比重	—	45.5	7.4	11.2	29.6
新产品销售收入（万元）	228 085 839	104 393 640.0	16 211 489.0	25 682 491.0	67 224 843.0
所占比重	—	45.8	7.1	11.3	29.5
出　口（万元）	53 122 361	11 121 654.0	3 715 751.0	10 977 307.0	23 383 047.0
所占比重	—	20.9	7.0	20.7	44.0

2004 年，全国规模以上工业企业专利申请总数为 64 569 件，其中发明专利 20 456 件，占到 31.7%，拥有发明专利数 30 315 件。私营企业中，专利申请数为 15 790 件，发明专利 3 627 件，占 23%，比全国平均水平低 8.7 个百分点，私营企业拥有的发明专利数为 6 486 件，占总量的 21.4%，比国有企业低 9.1 个百分点（见表5－4）。

表5-4 分登记注册类型工业企业专利情况

单位：件，%

指　标	规模以上工业企业	国有及国有控股企业	私营企业	港澳台商投资企业	外　商投资企业
专利申请数	64 569	14 792.0	15 790.0	6 646.0	11 471.0
所占比重	—	22.9	24.5	10.3	17.8
发明专利	20 456	4 012.0	3 627.0	1 689.0	5 189.0
所占比重	—	19.6	17.7	8.3	25.4
拥有发明专利数	30 315	9 244.0	6 486.0	2 700.0	3 881.0
所占比重	—	30.5	21.4	8.9	12.8

2004年全国规模以上工业企业用于技术改造的经费支出总计2 955.6亿元，技术引进经费支出397.4亿元，消化吸收经费支出61.2亿元，购买国内技术经费支出82.5亿元。其中，私营企业的技术改造经费支出总计259.3亿元，占总额的8.8%，远低于国有及国有控股企业1 967.9亿元的技术改造经费支出水平；技术引进经费支出为7.8亿元，占总量的2%，消化吸收经费支出4亿元，占总量的6.6%，购买国内技术经费支出8.1亿元，占总量的9.8%（见表5-5）。各项支出与国有企业相比，都存在很大差距。

表5-5 分登记注册类型工业企业技术改造和技术获取情况

单位：万元，%

指　标	规模以上工业企业	国有及国有控股企业	私营企业	港澳台商投资企业	外　商投资企业
技术改造经费支出	29 555 959	19 679 204.0	2 593 412.0	1 450 621.0	2 199 153.0
所占比重	—	66.6	8.8	4.9	7.4
技术引进经费支出	3 973 636	2 413 539.0	78 265.0	220 341.0	1 645 914.0
所占比重	—	60.7	2.0	5.5	41.4
消化吸收经费支出	612 062	316 133.0	40 157.0	31 134.0	160 388.0
所占比重	—	51.7	6.6	5.1	26.2
购买国内技术经费支出	824 822	509 029.0	81 014.0	40 864.0	51583.0
所占比重	—	61.7	9.8	5.0	6.3

2004～2005年全国大中型私营工业企业自主创新情况简要分析

全国工商联研究室

2004年，全国大中型工业企业共有27 700多家，其中大中型私营工业企业有4 500多家，占全国的16.3%。2005年全国大中型工业企业28 500多家，比2004年增长了3%，其中大中型私营工业企业5 390多家，占全国的18.9%。根据国家统计局公布的最新资料，在此针对全国大中型工业企业，特别是私营工业企业的自主创新情况进行简要分析，具体情况如下：

一、自主创新企业的分布

2004年，全国大中型私营工业企业中有开展自主创新活动的企业为799家，占全国有开展自主创新活动的大中型工业企业总数的12.2%，占私营大中型工业企业总数的17.7%。

2005年，全国大中型私营工业企业中有开展自主创新活动的企业为1 014家，比2004年增长了26.9%，占全国有开展自主创新活动的大中型工业企业总数的14.8%，占私营大中型工业企业总数的18.8%。

表1　自主创新企业分布情况

类型 \ 指标 / 年份	开展自主创新活动的企业数（个） 2004年	2005年	所占比重[1]（%） 2004年	2005年
1. 按企业规模分				
大　型	1 239.0	1 387.0	58.1	55.7
中　型	5 327.0	5 487.0	20.8	21.0
2. 按登记注册类型分				
内资企业	5 138.0	5 171.0	27.3	26.8
国有企业	1 046.0	914.0	28.4	27.2
集体企业	109.0	100.0	11.7	10.9
股份合作企业	82.0	84.0	22.2	20.7
联营企业	22.0	19.0	19.0	18.3
国有联营企业	11.0	9.0	21.6	20.5
有限责任公司	1 967.0	2 037.0	29.4	30.3
国有独资公司	397.0	395.0	49.1	52.4
股份有限公司	1 110.0	989.0	45.2	42.6
私营企业	799.0	1 014.0	17.7	18.8
占　比[2]（%）	12.2	14.8		
港澳台商投资企业	582.0	708.0	13.9	16.7
外商投资企业	846.0	995.0	18.0	19.8
中外合资经营企业	491.0	523.0	24.0	25.3
外资企业	265.0	398.0	11.5	15.2
合　计	6 566.0	6 874.0	23.7	24.1

注：①所占比重指有开展自主创新活动的企业在同类企业中所占比重。

②占比指各类有开展自主创新活动的企业占全部有开展自主创新活动企业总数的比重。

二、大中型工业企业自主创新活动投入情况

2004 年，全国大中型私营工业企业共有 R&D 人员 30 036 人，占全国大中型工业企业 R&D 人员总数的 4.6%；R&D 经费 408 611 万元，占全国大中型工业企业 R&D 经费总数的 4.3%；人均 R&D 经费 13.6 万元，比全国 14.6 万元/人的平均水平略低。

2005 年，全国大中型私营工业企业共有 R&D 人员 44 789 人，比 2004 年增长了 49.1%，占全国大中型工业企业 R&D 人员总数的 5.9%，占比提高了 1.3 个百分点；R&D 经费总计 644 171 万元，比 2004 年增长了 57.6%，占全国大中型工业企业 R&D 经费总数的 5.2%，占比提高了 0.9 个百分点；人均 R&D 经费 14.4 万元，比 2004 年增长了 5.9%，与全国平均水平相比低了 2.1 万元/人。

表 2　大中型工业企业自主创新活动投入情况表

类型 \ 指标 / 年份	R&D 人员（人）		R&D 经费（万元）		人均经费*（万元）	
	2004 年	2005 年	2004 年	2005 年	2004 年	2005 年
1. 按企业规模分						
大　型	381 053.0	466 129.0	6 169 278.0	8 248 237.0	16.2	17.7
中　型	272 879.0	293 915.0	3 375 033.0	4 254 681.0	12.4	14.5
2. 按登记注册类型分						
内资企业	538 625.0	625 444.0	6 967 742.0	9 247 330.0	12.9	14.8
国有企业	118 820.0	123 818.0	1 257 601.0	1 617 960.0	10.6	13.1
集体企业	10 628.0	10 749.0	272 518.0	327 389.0	25.6	30.5
股份合作企业	3 478.0	3 509.0	37 309.0	52 076.0	10.7	14.8
联营企业	1 784.0	3 008.0	58 606.0	85 179.0	32.9	28.3
国有联营企业	1 532.0	2 786.0	53 733.0	79 126.0	35.1	28.4
有限责任公司	236 638.0	301 307.0	2 865 532.0	4 217 121.0	12.1	14.0
国有独资企业	92 646.0	122 616.0	1 017 524.0	1 610 832.0	11.0	13.1
股份有限公司	137 007.0	137 425.0	2 065 199.0	2 287 925.0	15.1	16.7
私营企业	30 036.0	44 789.0	408 611.0	644 171.0	13.6	14.4
占　比（%）	4.6	5.9	4.3	5.2		
港澳台商投资企业	40 937.0	48 763.0	743 741.0	936 297.0	18.2	19.2
外商投资企业	74 370.0	85 837.0	1 832 828.0	2 319 291.0	24.6	27.0
中外合资经营企业	34 367.0	41 876.0	986 681.0	1 313 909.0	28.7	31.4
外资企业	26 924.0	32 050.0	592 064.0	724 756.0	22.0	22.6
合　计	653 932.0	760 044.0	9 544 311.0	12 502 918.0	14.6	16.5

注：＊人均经费指 R&D 人员人均 R&D 经费。

三、大中型工业企业自主创新活动开展情况

2004 年，全国大中型私营工业企业共有 R&D 项目 1 821 项，占全国大中型工业企业 R&D 项

目总数的5.0%；项目人员25 742人，占全国大中型工业企业R&D项目人员总数的5.0%；项目经费总计364 898万元，占全国大中型工业企业R&D项目经费总额的4.6%；平均每个R&D项目经费为200.38万元。

2005年，全国大中型私营工业企业共有R&D项目2 347项，比2004年增长了28.9%，占全国大中型工业企业R&D项目总数的6.7%；项目人员35 884人，比2004年增长了39.4%，占全国大中型工业企业R&D项目人员总数的6.8%；项目经费总计563 800万元，比2004年增长了54.5%，占全国大中型工业企业R&D项目经费总额的5.9%；平均每个R&D项目经费为240.22万元，比2004年增长了19.9%。

表3　大中型工业企业自主创新活动开展情况表

类型 \ 指标/年份	R&D项目数（项）		R&D项目人员（人）		R&D项目经费（万元）	
	2004年	2005年	2004年	2005年	2004年	2005年
1. 按企业规模分						
大　型	17 705	17 705	294 118	310 824	5 115 196	6 059 586
中　型	18 789	17 274	221 756	214 405	2 820 365	3 432 439
2. 按登记注册类型分						
内资企业	30 938	29 258	417 253	416 190	5 837 607	6 801 163
国有企业	7 769	6 647	95 601	75 292	1 097 099	1 061 506
集体企业	1081	771	8 979	5 785	234 152	170 582
股份合作企业	183	206	2 783	2 636	31 613	46 868
联营企业	126	161	1 547	2 202	25 896	48 683
国有联营企业	91	128	1 366	2 038	21 862	43 712
有限责任公司	12 811	12 448	171 514	197 164	2 395 521	3 228 736
国有独资公司	5 171	5 086	66 077	78 953	849 445	1 157 732
股份有限公司	7 140	6 650	110 854	96 695	1 686 108	1 672 587
私营企业	1 821	2 347	25 742	35 884	364 898	563 800
占　比（%）	5.0	6.7	5.0	6.8	4.6	5.9
港澳台商投资企业	2 118	2 186	35 581	39 787	594 313	779 456
外商投资企业	3 438	3 535	63 040	69 252	1 503 642	1 911 406
中外合资经营企业	1 897	2 150	29 275	33 145	768 467	993 633
外资企业	671	801	24 028	25 368	527 458	680 157
合　计	36 494	34 979	515 874	525 229	7 935 561	9 492 025

四、大中型工业企业自主创新活动产出情况

2004年，全国大中型私营工业企业新产品产值为900亿元，占全国大中型工业企业新产品产值总额的4.4%；新产品销售收入总计850亿元，占全国大中型工业企业新产品销售收入总额的4.2%，其中出口收入为235亿元，占私营企业新产品销售收入的27.6%，占全国大中型工业企业新产品出口收入总额的4.8%。

2005年，全国大中型私营工业企业新产品产值为1 279亿元，比2004年增长了42.1%，占

全国大中型工业企业新产品产值总额的5.0%；新产品销售收入1202亿元，比2004年增长了41.4%，占全国大中型工业企业新产品销售收入总额的5.0%；其中出口收入为297亿元，比2004年增长了26.4%，占私营企业新产品销售收入的24.7%，占全国大中型工业企业新产品出口收入总额的5.4%，占比提高了0.6个百分点。

表4　新产品生产及销售情况表

	新产品产值（亿元）		新产品销售收入（亿元）		出口	
	2004年	2005年	2004年	2005年	2004年	2005年
1. 按企业规模分						
大　型	13 707	17 713	13 726	16 764	3 171	3 766
中　型	6 855	7 670	6 695	7 334	1 683	1 773
2. 按登记注册类型分						
内资企业	11 952	15 550	11 888	14 922	1 641	2 268
国有企业	1 601	2 275	1 627	2 291	186	232
集体企业	685	807	661	757	110	144
股份合作企业	65	66	63	63	21	17
联营企业	86	100	86	96	14	13
国有联营企业	73	91	73	89	13	13
有限责任公司	5 020	6 658	5 077	6 442	592	940
国有独资公司	1 584	2 330	1 709	2 279	176	325
股份有限公司	3 593	4 261	3 525	4 036	481	605
私营企业	900	1 279	850	1 202	235	297
占　比（%）	4.4	5.0	4.2	5.0	4.8	5.4
港澳台商投资企业	2 292	3 019	2 297	2 936	1 013	1 518
外商投资企业	6 319	6 814	6 236	6 240	2 200	1 753
中外合资经营企业	4 088	4 617	3 969	4 035	895	1 051
外资企业	1 696	1 789	1 758	1 795	1 169	599
合　计	20 563	25 382	20 421	24 097	4 854	5 539

2004年，全国大中型私营工业企业专利申请量为6 264件，占大中型工业企业专利申请总量的14.8%，其中发明专利1 058件，占全国大中型工业企业发明专利总量的7.6%，占其专利申请量的16.9%；发明专利拥有量为1 987件，占全国大中型工业企业发明专利拥有总量的11.0%。

2005年，全国大中型私营工业企业专利申请量为8 382件，比2004年增长了33.8%，占大中型工业企业专利申请总量的15.2%，其中发明专利1 051件，比2004年增长了27.7%，占全国大中型工业企业发明专利总量的7.4%，占其专利申请量的16.1%；发明专利拥有量为2 850件，比2004年增长了43.4%，占全国大中型工业企业发明专利拥有总量的12.4%，占比较2004年提高了1.4个百分点。

表 5　专利申请及拥有量情况表

单位：件

指　标	专利申请量		发明专利		发明专利拥有量	
年　份	2004 年	2005 年	2004 年	2005 年	2004 年	2005 年
1. 按企业规模分						
大　型	20 779	28 943	8 293	11 761	7 181	10 863
中　型	21 539	26 328	5 615	6 531	10 807	12 108
2. 按登记注册类型分						
内资企业	28 298	38 350	8 312	12 594	13 884	17 209
国有企业	2 258	2 900	683	961	1 531	2 030
集体企业	1 065	1 174	221	371	292	200
股份合作企业	188	351	71	154	117	289
联营企业	87	36	16	8	16	21
国有联营企业	37	24	11	5	8	9
有限责任公司	10 575	14 704	4 182	6 289	5 553	7 578
国有独资公司	2 375	3 293	539	850	914	1 518
股份有限公司	7 850	10 668	2 081	3 438	4 388	4 216
私营企业	6 264	8 382	1 058	1 351	1 987	2 850
占　比（%）	14.8	15.2	7.6	7.4	11.0	12.4
港澳台商投资企业	4 929	8 434	1 157	1 948	1 612	2 171
外商投资企业	9 091	8 487	4 439	3 750	2 492	3 591
中外合资经营企业	5 553	5 733	3 448	3 087	935	2 213
外资企业	2 361	1 516	728	458	1 306	1 101
合　计	42 318	55 271	13 908	18 292	17 988	22 971

五、大中型工业企业技术获取情况

2004 年，全国大中型私营工业企业引进国外技术支出为 33 447 万元，占大中型工业企业引进国外技术支出总额的 0.9%；消化吸收经费支出 17 100 万元，占全国大中型工业企业消化吸收经费支出总额的 3.2%；购买国内技术支出为 40 040 万元，占全国大中型工业企业购买国内技术支出总额的 5.7%。

2005 年，全国大中型私营工业企业引进国外技术支出为 68 933 万元，比 2004 年增长了 106.1%，占全国大中型工业企业引进国外技术支出总额的 2.3%，占比提高了 1.4 百分点；消化吸收经费支出 28 570 万元，比 2004 年增长了 67.1%，占全国大中型工业企业消化吸收经费支出总额的 4.1%；购买国内技术支出为 51 178 万元，比 2004 年增长了 27.8%，占全国大中型工业企业购买国内技术支出总额的 6.1%。

表 6　大中型工业企业技术获取情况表

单位：万元

指标 / 年份	引进国外技术支出		消化吸收经费支出		购买国内技术支出	
	2004 年	2005 年	2004 年	2005 年	2004 年	2005 年
1. 按企业规模分						
大　型	2 484 930	1 991 579	332 758	340 516	454 119	578 017
中　型	1 194 566	976 071	206 941	353 309	245 074	255 859
2. 按登记注册类型分						
内资企业	1 987 093	1 642 547	372 870	390 394	642 303	716 819
国有企业	472 601	378 686	41 901	55 253	144 577	140 108
集体企业	26 264	24 989	10 514	6 563	12 709	9 651
股份合作企业	1 787	17 963	1 545	4 483	1 826	4 238
联营企业	57 836	44 951	3 435	2 005	10 565	10 215
国有联营企业	51 032	44 094	3 259	1 980	10 535	9 961
有限责任公司	725 291	589 783	183 063	196 454	225 838	323 258
国有独资公司	250 978	272 484	45 899	58 631	73 766	130 296
股份有限公司	668 321	514 721	115 313	94 838	206 749	177 625
私营企业	33 447	68 933	17 100	28 570	40 040	51 178
占　比（%）	0.9	2.3	3.2	4.1	5.7	6.1
港澳台商投资企业	186 540	221 409	24 207	64 709	20 388	31 793
外商投资企业	1 505 864	1 103 694	142 623	238 721	36 501	85 264
中外合资经营企业	1 217 215	849 379	101 757	224 845	26 568	66 554
外资企业	191 440	222 921	34 616	10 203	2 312	4 335
合　计	3 679 496	2 967 650	539 700	693 824	699 192	833 876

六、大中型工业企业办科技机构情况

2004 年，全国大中型私营工业企业所办科技机构总数为 1 017 个，占大中型工业企业所办科技机构总量的 11.2%；机构中科技活动人员为 31 769 人，占全国大中型工业企业所办科技机构中科技活动人员总量的 6.0%；机构中科技活动经费支出额为 349 736 万元，占全国大中型私营工业企业所办科技机构科技活动经费支出总额的 4.7%。

2005 年，全国大中型私营工业企业所办科技机构数为 1 364 个，比 2004 年增长了 34.1%，占全国大中型工业企业所办科技机构总量的 14.6%，占比提高了 3.4 个百分点；机构中科技活动人员为 50 119 人，比 2004 年增长了 57.8%，占全国大中型工业企业所办科技机构中科技活动人员总量的 7.8%，占比提高了 1.8 个百分点；机构中科技活动经费支出额为 657 444 万元，比 2004 年增长了 88.0%，占全国大中型工业企业所办科技机构科技活动经费支出总额的 6.5%，占比提高了 1.8 个百分点。

表7　大中型工业企业办科技机构情况表

指标 / 年份	机构数（个）		机构科技活动人员（人）		机构科技活动经费支出（万元）	
	2004 年	2005 年	2004 年	2005 年	2004 年	2005 年
1. 按企业规模分						
大　型	2 401	2 758	288 158	375 299	4 800 396	6 724 297
中　型	6 682	6 592	240 224	265 203	2 656 029	3 440 404
2. 按登记注册类型分						
内资企业	7 385	7 620	445 560	529 490	5 704 623	7 922 284
国有企业	1 482	1 290	88 539	89 910	786 369	1 216 632
集体企业	179	180	6 870	7 466	172 052	203 714
股份合作企业	102	100	2 705	3 445	32 809	32 615
联营企业	28	22	3 403	3 118	78 341	98 383
国有联营企业	13	13	3 031	2 895	74 081	94 248
有限责任公司	2 893	3 059	184 131	246 830	2 467 256	3 558 958
国有独资公司	771	762	60 443	74 303	720 882	1 137 119
股份有限公司	1 684	1 587	128 143	127 660	1 818 061	2 134 825
私营企业	1 017	1 364	31 769	50 119	349 736	657 444
比　重（%）	11.2	14.6	6.0	7.8	4.7	6.5
增长率（%）		34.1		57.8		88.0
港澳台商投资企业	841	784	33 551	48 943	563 819	787 525
外商投资企业	857	946	49 271	62 069	1 187 983	1 454 893
中外合资经营企业	524	565	26 180	31 258	658 066	886 344
外资企业	217	264	13 611	20 586	337 202	350 353
合　计	9 083	9 350	528 382	640 502	7 456 426	10 164 701

2004年全国个体私营企业发展基本情况

一、私营企业持续、快速发展，总量增加，规模扩大

2004年全国私营企业数量继续稳定增长，特别是上规模大中型私营企业增速明显加快，私营企业的规模和效益进一步提高。

（一）私营企业数量继续稳定快速增长

2004年，全国私营企业延续了往年快速发展的势头，在户数、从业人员、注册资金等方面均有较大增长。截至2004年底，全国私营企业总数达365.07万户，新增64.52万户，比上年同期增长21.47%，比上年同期增加1.4个百分点；从业人员5 017.25万人，比上年同期增加718.11万人，增长16.7%，占全国从业人员总数的6.74%，比上年同期增加0.96个百分点。其中投资者人数948.63万人，增加175.8万人，增长22.75%；注册资本47 935.96亿元，增长12 631.07亿元，比上年同期增长35.78%。

私营企业户均注册资金达131.31万元，比上年同期增长11.78%；户均从业人员13.74人，比上年同期减少3.92%。

2004年，新开业私营企业达93.83万户，比上年同期增加13.32万户，增长16.54%；从业人员976.25万人，比上年同期增加40.10万人，增长0.04%。其中，投资者人数215.04万人，增长13.83%；雇工人数761.21万人，增长1.87%，注册资金10 337.83亿元，比上年同期增加1 375.62亿元，增长15.35%。

全国私营企业发展基本情况

年　份	户数（万户）	人数（万人）	注册资金（亿元）
1992	13.9	231.9	221.2
1993	23.8	372.6	680.5
1994	43.2	648.4	1 447.8
1995	65.5	956.0	2 621.7
1996	81.9	1 171.1	3 752.4
1997	96.1	1 349.3	5 140.1
1998	120.1	1 709.1	7 198.1
1999	150.9	2 021.6	10 287.3
2000	176.2	2 406.5	13 307.7
2001	202.9	2 713.9	18 212.2
2002	243.5	3 247.5	24 756.2
2003	300.6	4 299.1	35 304.9
2004	365.1	5 017.3	47 936.0

（二）大中型私营企业增速加快，规模效益提高

截至 2004 年底，全国私营企业注册资本在 100 万元以上的私营企业达 109.11 万户，比上年同期增加 50.74 万户，增长 86.93%，占私营企业总户数的 29.9%。其中，注册资金 100 万 ~ 500 万元的私营企业 55.16 万户，比上年同期增加 10.44 万户，增长 23.3%，占私营企业总户数的 15%；注册资金 500 万 ~ 1 000 万元的私营企业 46.21 万户，增加 37.75 万户，增长 4.5 倍，占私营企业总户数的 12.7%；注册资金 1 000 万元 ~ 1 亿元的私营企业 7.53 万户，增加 2.47 万户，增长 48.68%，占私营企业总户数的 2%；注册资金 1 亿元以上的大型私营企业达到 2 103 户，增加 947 户，增长 81.9%，占私营企业总户数的 0.06%。

（三）私营企业组织形式呈现多样化发展，公司制企业比重继续提高

2004 年，企业逐步由业主制、合伙制向公司制过渡。私营有限公司已经成为私营企业占主导地位的企业组织形式。私营股份有限公司虽然数量较小，但增长速度大大超过其他形式的私营企业。公司制企业的增长幅度比独资企业、合伙企业分别高出 7.71 和 21.37 个百分点。其中，私营有限公司达 275.64 万户，较上年增加 53.37 万户，增长 24.01%，占私营企业总数的 75.50%，比上年增加了 1.55 个百分点；注册资本 44 158.59 亿元，比上年增加 11 417.4 亿元，增加 25.86%，占私营企业注册资本总额的 92.12%。

私营股份有限公司 862 户，较上年增加 259 户，增长 42.95%，占私营企业总数的 0.024%，比上年的 0.02% 增加了 0.002 个百分点；注册资本 427.24 亿元，较上年增加 178.04 亿元，增加 71.45%，占私营企业注册资本的 0.89%。

私营独资企业 76.96 万户，较上年增加 10.79 万户，增长 16.31%，占私营企业总数的 21.08%，比上年的 22.02% 下降了 0.94 个百分点；私营合伙企业 12.38 万户，较上年增加 3 200 户，增长 2.65%，占私营企业总数的 3.39%。

（四）产业结构进一步得到调整和优化，信息传输、计算机服务等高新技术产业保持高速发展

按照新的国民经济行业分类统计，截至 2004 年底，共有制造业私营企业 106.85 万户，占私营企业总户数的 29.27%；建筑业私营企业 13.65 万户，占 3.74%；批发和零售贸易、住宿和餐饮私营企业 136.96 万户，占私营企业总户数的 37.52%；其他如信息传输、计算机服务和软件业私营企业发展加快，总数达 14.28 万户，占 3.91%；居民服务和其他服务业私营企业达 20.64 万户，占 4.03%。以上共占私营企业总户数的 78.47%。

从产业结构看，私营企业在第一产业和第三产业的增长速度快于第二产业。截至 2004 年底，第一产业共有私营企业 6.72 万户，比上年同期增加 1.33 万户，增长 24.68%，占总户数的 1.84%，比上年同期增加 0.05 个百分点；从业人员 94.75 万人，增加 8.17 万人，增长 9.44%；注册资金 882.32 亿元，增加 255.21 亿元，增长 40.7%。第二产业共有私营企业 125.21 万户，比上年同期增加 18.51 万户，增长 17.35%，占总户数的 34.3%，比上年同期下降 2.87%；从业人员 2 342.16 万人，增加 230.96 万人，增长 10.94%；注册资金 17 441.48 亿元，增加 4 512.02 亿元，增长 34.90%。第三产业共有私营企业 233.14 万户，比上年同期增加 44.67 万户，增长 23.70%，占总户数的 63.86%，比上年同期增加 1.15 个百分点；从业人员 2 580.34 万人，增加 478.99 万人，增长 22.79 %；注册资金 39 612.16 亿元，增加 17 863.78 亿元，增长 82.14%。

（五）私营企业与发展不平衡

从区域经济发展情况看，东、中、西部地区私营企业发展不够均衡，东部地区高于中、西部地区，户、人、资指标所占比重超过 60%。截至 2004 年底，东部地区（不包括广西）共有私营企业 247.64 万户，占总户数的 67.84%；从业人员 3 248.44 万人，占私营企业从业人员总数的 64.75%；注册资金 33 288.91 亿元，占注册资金总数的 69.44%。

中部地区（不包括内蒙古）共有私营企业60.48万户，占总户数的16.57%；从业人员937.83万人，占从业人员总数的18.69%；注册资金7 652.18亿元，占注册资金总数的15.96%。

西部地区（包括广西、内蒙古）共有私营企业56.95万户，占总户数的15.59%；从业人员830.98万人，占从业人员总数的16.56%；注册资金6 994.87亿元，占注册资金总数的14.6%。

全国各地区私营企业继续呈现快速增长态势，平均增幅较大。其中私营企业户数增长幅度居全国前10名的省市区有：吉林33.36%，河南32.37%，湖北32.03%，上海31.96%，山西30.22%，贵州28.49%，福建25.91%，河北25.28%，江西24.21%，广西24.02%。

二、个体工商户数量增长开始回升，新增户数和资金总额有较快增长

（一）全国个体工商户降幅基本停止，大部分地区开始回升

2004年，全国登记个体工商户2 350.50万户，比上年减少2.69万户，减少0.11%，基本停止下降趋势，大部分地区开始回升。全国有21个省、市出现回升。其中增幅较大的有北京17.88%，江苏17.41%，宁夏10.68%，内蒙古9.37%，山西8.18%，西藏8.0%，青海6.63%，浙江6.23%，广东5.67%，吉林4.80%。

全国个体工商业发展基本情况

年　份	户数（万户）	人数（万人）	注册资金（亿元）
1992	1 533.9	2 467.7	600.9
1993	1 766.9	2 939.3	854.9
1994	2 186.6	3 775.9	1 318.6
1995	2 528.5	4 613.6	1 813.1
1996	2 703.7	5 017.1	2 165.4
1997	2 850.9	5 441.9	2 574.0
1998	3 120.2	6 114.4	3 120.3
1999	3 160.1	6 240.9	3 439.2
2000	2 571.4	5 070.0	3 315.3
2001	2 433.0	4 760.3	3 435.8
2002	2 377.5	4 742.9	3 782.4
2003	2 353.2	4 299.1	4 187.0
2004	2 350.5	4 587.1	5 057.9

（二）从业人员减少，户均注册资金增幅较大

从业人员4 587.11万人，比上年减少49.43万人，减少1.07%；资金总额较上年有较大增加，达到5 057.90亿元，比上年增加870.91亿元，增长20.80%；户均注册资金2.15万元，比上年同期增加0.37万元，增长20.79%。

（三）新开业户数增长较快，户数较上年有较大幅度增加

2004年，新增个体工商户536.05万户，比上年同期的458.8万户增加77.25万户，增加16.84%。新开业户数超过10万户的有21个地区。其中，江苏为56.85万户，浙江40.27万户，

广东37.72万户，山东34.89万户，四川31.61万户。

（四）个体工商户主要集中在商贸餐饮、服务等第三产业，有些行业增长较快

截至2004年底，个体工商户从事批发和零售贸易、住宿、餐饮业和交通运输、仓储业的户数之和为1 734.96万户，占总户数的73.81%。其中，批发和零售贸易、住宿和餐饮业1 542.51万户，增加50.9万户，增长3.41%；信息传输、计算机服务和软件业11.62万户，增加3.38万户，增长41.02%。采矿业5.11万户，比上年同期减少0.7万户，减少12.05%；农林牧渔业继续下降，为25.49万户，比上年同期减少16.45万户，下降39.22%；交通运输、仓储业和邮政业192.45万户，减少16.84万户，下降8.04%；制造业241.99万户，减少11.49万户，下降4.53%。

在产业结构发展方面，第一产业降幅继续扩大，第三产业继续增长。第一产业25.49万户，比上年同期减少16.45万户，下降39.22%，占总户数的1.08%，比上年减少0.7个百分点；从业人员58.52万人，下降43.30%，占从业人员总数的1.28%，比上年同期减少0.95个百分点；注册资金109.54亿元，增长0.18%，占注册资金总数的2.17%，比上年同期减少0.44个百分点。

第二产业252.97万户，比上年同期下降4.04%，占总户数的10.76%，比上年减少0.44个百分点；从业人员753.24万人，下降3.27%，占从业人员总数的16.42%，比上年同期减少0.38个百分点；注册资金1 041.83亿元，增长28.45 %，占注册资金总数的20.6%，比上年同期增加1.23个百分点。

第三产业2 072.03万户，比上年同期增长1.19%，占总户数的88.15%，比上年增加1.13个百分点；从业人员3 775.36万人，增长0.55%，占从业人员总数的82.30%，比上年同期增长1.32个百分点；注册资金3 906.53亿元，增长19.59%，占注册资金总数的77.24%，比上年同期减少0.78个百分点。

（五）从区域经济发展情况看，东部地区高于中、西部地区，在户、人、资三项指标上，所占比例接近或超过50%

截至2004年底，东部地区（不包括广西）共有个体工商户1 080.41万户，占总户数的45.97%；从业人员2 109.79万人，占个体工商户从业人员总数的45.99%；注册资金2 884.51亿元，占注册资金总数的57.03%。

中部地区（不包括内蒙古）共有个体工商户640.54万户，占总户数的27.25%；从业人员1 387.76万人，占从业人员总数的30.25%；注册资金1 265.35亿元，占注册资金总数的25.02%。

西部地区（包括广西、内蒙古）共有个体工商户629.54万户，占总户数的26.78%；从业人员1 089.56万人，占从业人员总数的23.76%；注册资金908.04亿元，占注册资金总数的17.95%。

三、个体私营经济的持续、快速、健康发展，创造了明显的经济和社会效益，成为促进国家和地区经济发展的重要力量

（一）个体私营经济已经成为经济增长的主要推动力量

改革开放以来，我国个体私营经济的发展速度成倍地高于全国经济增长速度，占GDP的比重已超过1/3。2004年，全年规模以上私营企业实现利润1 237亿元，增长40.1%。在部分地区，个体私营经济已经成为经济增长的主要推动力量。

全国个体私营经济经济规模变化情况

指标 年份	产值（亿元）		营业额（亿元）		零售额（亿元）	
	私营	个体	私营	个体	私营	个体
1992	205.1	926.2	113.6	2 238.9	90.7	1 861.3
1993	421.7	1 386.9	309.2	3 309.2	190.5	2 709.8
1994	1 154.0	1 637.5	758.5	6 123.2	512.6	4 211.4
1995	2 295.2	2 791.2	1 499.2	8 972.5	1 006.4	5 355.4
1996	3 226.6	3 538.6	2 276.7	11 554.2	1 458.6	6 706.4
1997	3 922.5	4 552.7	3 096.7	14 159.6	1 854.7	8 074.0
1998	5 853.3	5 960.3	5 323.7	17 486.3	3 059.3	9 780.0
1999	7 686.0	7 063.4	7 149.4	21 300.0	4 191.4	12 000.0
2000	10 739.8	7 161.7	9 884.1	19 855.5	5 813.5	11 349.8
2001	12 558.3	7 320.0	13 368.9	19 647.9	8 175.3	11 499.2
2002	15 338.0	7 967.6	14 369.2	20 834.3	7 929.4	12 222.9
2003	20 083.0	8 740.9	18 652.4	22 823.1	10 602.7	13 423.3
2004	23 050.4	8 097.7	25 930.9	19 682.6	13 141.9	12 252.1

（二）个体私营经济已经成为财政收入的重要来源

2004 年，个体私营经济共缴纳税收超过 3 207 亿元，占全国税收总额（25 718 亿元）的 12.47%。其中：私营企业缴纳税收 1 995 亿元，占全国税收总额 7.76%；个体工商户缴纳税收 1 212亿元，占全国税收总额的 4.71%。加上外商投资企业，非公有制经济已占全国税收的 1/3 以上。目前，个体私营经济已经成为全国绝大多数地市县经济的主体力量，成为地方财政收入的重要来源。

全国个体私营经济纳税情况

年份	年纳税额（亿元）	占全国税收比例（%）
1992	203.0	7.8
1993	293.0	8.2
1994	370.0	8.2
1995	429.6	8.0
1996	450.0	7.9
1997	540.0	7.0
1998	700.8	8.5
1999	830.0	9.4
2000	1 177.0	9.3
2001	1 578.5	10.5
2002	1 950.5	11.5
2003	2 435.0	11.9
2004	3 207.0	12.5

（三）个体私营经济已经成为对外开放中的一支生力军。

随着外贸经营权的放开，个体私营外贸企业出口增长迅猛。2004 年，全国个体私营企业出口创汇折合人民币 1 749 亿元，占全国出口总额的 3.57%。其中，私营企业出口创汇折合人民币 1 674.47 亿元，占全国出口贸易额的 3.42%；个体工商业出口创汇折合人民币 74.53 亿元，占全国出口贸易额的 0.15%。

四、个体私营企业已成为就业和再就业的主渠道，为维护社会稳定发挥了重要作用

1. 个体私营企业创造了大量就业岗位

2004 全年城镇新增就业人员 980 万人，其中大部分在个体私营企业实现就业。截至 2004 年底，我国个体私营企业就业人数已达 9 604.36 万多人，上年同期增加 668.68 万人，增长 7.48%。

2. 个体私营企业成为吸纳下岗失业人员的主渠道

2004 年，全国共有 263.34 万名下岗失业人员在个体私营经济领域实现了再就业，占全年 510 万下岗失业人员再就业总数的 51.64%。其中：下岗失业人员持《再就业优惠证》申办个体工商户 89.8 万人，下岗失业人员投资兴办私营企业 6.65 万人。个体工商户吸纳下岗失业人员 117.80 万人，私营企业吸纳下岗失业人员 88.91 万人。下岗失业人员持《再就业优惠证》申办个体工商户免收工商管理行政性收费 7.86 亿元。

3. 支持和促进了高校毕业生工作

2004 年，全国个体私营经济吸纳高校毕业生就业 134.4 万人，占高校毕业生就业总人数（280 万人）的 48%。

2004 年全国个体私营经济基本情况

单位：户、人、万元

项目	个体工商户			私营企业			
	户数	从业人员	资金数额	户数	投资者人数	雇工人数	注册资本(金)
北　京	526 741	692 670	675 232	224 659	571 433	2 156 412	28 413 274
天　津	178 296	252 146	558 755	69 644	172 086	594 468	12 154 017
河　北	1 019 061	2 554 230	3 200 064	107 782	299 466	1 940 316	11 594 086
山　西	439 267	854 441	1 216 118	55 829	135 452	818 322	8 645 300
内蒙古	444 101	779 662	871 072	42 681	118 669	493 427	5 935 255
辽　宁	1 264 041	2 850 297	4 297 324	136 870	331 378	1 926 337	18 552 017
吉　林	424 188	800 871	787 329	50 858	87 969	903 518	6 840 797
黑龙江	697 655	1 476 897	2 176 292	57 836	167 496	672 750	7 323 121
上　海	275 082	334 120	335 044	384 927	825 889	3 222 721	56 815 082
江　苏	1 645 193	2 497 583	4 833 179	418 012	971 585	4 649 402	53 513 473
浙　江	1 683 906	3 128 056	4 983 037	333 164	762 270	4 411 215	39 084 030
安　徽	1 067 271	2 562 432	1 354 644	89 010	228 734	1 184 465	8 725 006
福　建	467 994	858 437	2 444 758	110 185	232 424	880 728	18 443 530
江　西	609 098	1 495 379	1 205 002	60 855	156 612	984 986	7 531 513
山　东	1 659 869	3 445 278	3 067 216	276 111	782 087	3 119 438	31 964 023
河　南	1 231 117	2 579 792	1 743 496	107 616	290 009	905 008	10 348 557
湖　北	991 284	2 144 292	1 846 160	113 751	295 768	807 541	16 385 462
湖　南	945 472	1 963 482	2 324 476	69 002	300 147	1 439 482	10 722 013
广　东	1 960 348	4 236 911	4 309 975	389 771	988 161	3 356 489	55 914 316
广　西	984 583	1 529 361	1 147 158	43 234	118 886	544 833	5 164 805
海　南	123 577	248 169	140 496	25 316	60 807	229 278	6 441 315
重　庆	455 969	914 909	687 691	67 991	186 348	808 271	8 809 214
四　川	1 447 101	2 307 396	1 679 844	135 724	365 623	1 517 902	13 714 230
贵　州	433 096	630 722	629 003	36 105	91 943	275 851	4 183 632
云　南	694 734	1 258 853	1 295 861	52 026	143 790	624 083	8 311 885
西　藏	56 591	98 155	81 531	2 218	5 380	37 982	511 432
陕　西	741 789	1 562 709	937 607	86 641	507 163	1 014 405	9 775 333
甘　肃	341 675	634 048	482 868	32 504	84 640	339 689	3 642 199
青　海	131 414	270 506	237 650	9 892	26 616	218 648	1 511 972
宁　夏	97 814	167 448	161 661	17 384	47 507	165 690	1 956 765
新　疆	466 584	741 829	868 419	43 072	129 950	442 568	6 431 980
合　计	23 504 911	45 871 081	505 789 63	3 650 670	9 486 288	40 686 225	479 359 632

2005年全国个体私营经济发展基本情况

一、私营企业数量持续快速增长，规模显著扩大

2005年全国私营企业快速发展，企业户数大幅度增加，总量超过国有、集体和外资企业数量之和，占企业总数的53.4%。其中，国有、集体企业349.6万户，外商投资企业26万户。私营企业的资金规模继续扩大，上规模大中型私营企业增速明显加快，企业的规模和效益进一步提高。私营企业户均注册资金142.6万元，比上年增加11.3万元，增长8.61%。

（一）企业户数、注册资金和从业人员三项指标继续快速增长

截至2005年底，全国私营企业总数达430.1万户，新增65万户，比上年同期增长17.8%。户数排在前10位的省（区、市）有：江苏省50.7万户，上海市47.4万户，广东省44.9万户，浙江省35.9万户，山东省31.5万户，北京市26万户，四川省17.9万户，辽宁省16.5万户，河南省13.4万户，湖北省12.9万户。

从业人员5 824万人，比上年同期增加807万人，增长16.08%。其中投资者人数1 109.9万人，增加161.3万人，增长17%。

注册资本61 331.1亿元，增长13 395.1亿元，比上年同期增长27.94%。

2005年，新开业私营企业达94.09万户，比上年同期增加0.26万户，增长0.28%；从业人员947.6万人，比上年同期增加38.65万人，增长2.93%。其中，投资者人数223.7万人，增长4.02%；雇工人数723.9万人，下降4.9%。注册资金11 027.7亿元，比上年同期增加689.9亿元，增长6.67%。

历年来全国私营企业发展基本情况

年份	户数（万户）	人数（万人）	注册资金（亿元）
1992	13.9	231.9	221.2
1993	23.8	372.6	680.5
1994	43.2	648.4	1 447.8
1995	65.5	956.0	2 621.7
1996	81.9	1 171.1	3 752.4
1997	96.1	1 349.3	5 140.1
1998	120.1	1 709.1	7 198.1
1999	150.9	2 021.6	10 287.3
2000	176.2	2 406.5	13 307.7
2001	202.9	2 713.9	18 212.2
2002	243.5	3 247.5	24 756.2
2003	300.6	4 299.1	35 304.9
2004	365.1	5 017.3	47 936.0
2005	430.1	5 824.0	61 331.1

（二）大中型私营企业增幅较大，规模继续扩张

2005 年一些私营企业通过自身积累、开拓国内国际市场、参与国有集体企业改组、改制等多种形式，使企业的规模继续扩张，大中型私营企业增长幅度明显。截至 2005 年底，全国私营企业注册资本在 1 000 万元以上的私营企业达 10.5 万户，比上年同期增加 2.7 万户，增长 35.2%，占私营企业总户数的 2.4%。注册资金 1 亿元以上的大型私营企业 3 049 户，增加 946 户，增长45%，占私营企业总户数的 0.07%。全国私营企业集团 5 046 户，比上年增加 910 户，增长 22%。

（三）在企业组织形式方面，有限责任公司仍是企业的主导形式

2005 年私营企业继续朝着建立完善现代企业制度的方向发展，全国工商行政管理机关积极支持产权制改革，积极鼓励、支持和引导有一定规模的企业由业主制、合伙制向公司制过渡，私营有限公司已经成为私营企业占主导地位的企业组织形式。

全国实有私营有限公司达 330.3 万户，较上年增加 54.7 万户，增长 19.8%，占私营企业总数的 76.8%，比上年增加了 1.3 个百分点；从业人员 4 681.1 万人，增加 709.9 万人，增长 17.9%，占私营企业从业人员的 80.4%，比上年同期增加 1.2 个百分点；注册资本 56 775.8亿元，比上年增加 12 617.2 亿元，增长 28.6%，占私营企业注册资本总额的 92.6%，比上年同期增加 0.4 个百分点；户均注册资本 171.8 万元，比上年增加 11.7 万元，增长 7.3%。

私营股份有限公司 957 户，较上年增加 95 户，增长 11%；从业人员 16.3 万人，增加 6.5 万人，增长 65.6%；注册资本 510.1 亿元，增加 82.9 亿元，增长 19.4%，占私营企业注册资本总额的 0.8%，比上年减少 0.1 个百分点。

实有个人独资企业 86.9 万户，比上年增加 9.9 万户，增长 12.9%，占总户数的 20.2%，比上年减少 0.9 个百分点；从业人员 930.9 万人，增加 84.3 万人，增长 10%，占私营企业从业人员的 16%；注册资本 3 416.1 亿元，增加 610.3 亿元，增长 21.8%，占私营企业注册资本总额的 5.6%，比上年减少 0.3 个百分点。

实有合伙企业 12.8 万户，增加 0.4 万户，增长 3.2%，占总户数的 3%，比上年减少 0.4 个百分点；从业人员 195.7 万人，增加 6.1 万人，增长 3.2%，占私营企业从业人员的 3.4%，比上年减少 0.4 个百分点；注册资本 629.1 亿元，增加 84.7 亿元，增长 15.6%，占私营企业注册资本总额的 1%，比上年减少 0.1 个百分点。

（四）产业结构进一步调整和优化，信息传输、计算机服务等高新技术产业保持高速发展

受党中央国务院有关鼓励、支持和引导促进个体私营经济发展的方针政策的影响，各级政府纷纷出台新的政策措施，大力扶持私营企业进入新的行业和领域，使私营企业发展的行业和领域不断拓宽。私营企业在第一、第三产业均有不同程度增长，第二产业略有下降。截至 2005 年底，第一产业共有私营企业 8.2 万户，比上年同期增加 1.5 万户，增长 21.7%，占总户数的 1.9%，比上年同期增加 0.1 个百分点；第二产业共有私营企业 142.7 万户，比上年同期增加 17.5 万户，增长 14%，占总户数的 33.3%，比上年同期减少 1 个百分点；第三产业共有私营企业 278.2 万户，比上年同期增加 45 万户，增长 19.3%，占总户数的 64.8%，比上年同期增加 0.9 个百分点。

各行业特别是新兴行业发展迅猛，发展较快的行业主要有：文化、体育和娱乐业 4.9 万户，比上年增加 2.3 万户，增长 88.3%；租赁和商务服务业 32.7 万户，增加 12 万户，增长 58.2%；房地产业 10.3 万户，增加 3.3 万户，增长 46.1%；卫生、社会保障和福利业 6 967 户，增加 1 960 户，增长 39.2%；电力、煤气及水的生产和供应业 1.8 万户，增加 5 023 户，增长 38.3%；交通运输、仓储和邮政业 8.7 万户，增加 1.9 万户，增长 26.9%；建筑业 17.2 万户，增加 3.6 万户，

增长26.2%。

（五）在城乡结构上，农村私营企业增长幅度高于城镇

2005年全国农村私营企业共有150.1万户，比上年增加23.8万户，增长18.8%，比上年增加2.9个百分点；从业人员2 365.6万人，增加342.1万人，增长16.9%，比上年增加1.5个百分点；注册资本20 743.5亿元，增加4 661.6亿元，增长29%。城镇私营企业280万户，比上年增加41.2万户，增长17.3%，比上年减少7.3个百分点；从业人员3 458.4万人，增加464.7万人，增长15.5%，比上年减少2.1个百分点；注册资本40 587.6亿元，增加8 733.5亿元，增长27.4%。

二、个体工商户数量止跌回升，自1999年以来首次出现正增长，户均资金持续增加

（一）全国个体工商户数量开始回升

截止到2005年底，全国工商行政管理机关共登记个体工商户2 463.9万户，比上年增加113.4万户，增长4.8%。自1999年以来，全国个体工商户数量一直呈现下降态势，2005年全国个体工商户数量在大部分地区开始上升。其中有5个省（市、区）增长率超过10%。主要有北京市65.2万户，增长23.7%；广东省227.4万户，增长16%；宁夏回族自治区11万户，增长12.5%；江西省67.5万户，增长10.8%；青海省14.5万户，增长10.4%。从实有户数来看，排在全国前5名的省份有：广东省227.4万户，江苏省175.3万户，浙江省172.7万户，山东省168.7万户，四川省153.1万户。

个体工商户数量出现较大幅度增长的主要原因有以下几个方面：一是各地在贯彻国务院关于鼓励支持和引导个体私营等非公有制经济政策的同时，陆续制定和出台了一些支持本地个体私营经济发展的对策措施，促进了城乡个体经济的发展。二是各地政府采取的措施对下岗失业人员和高校毕业生从事个体经营的政策进行扶持，下岗失业人员和高校毕业生办理个体工商户营业执照数量增加较快。如，自2003年实行下岗职工再就业优惠政策至今年上半年以来，全国工商系统共支持、办理907万名下岗失业人员在个体私营经济领域实现再就业，落实再就业优惠政策免收行政性收费28.44亿元。其中，一大部分下岗失业人员从事个体经营。仅2006年上半年，下岗失业人员申办个体工商户的数量就达56.95万人。三是各地在查处取缔无照经营行为的同时，实行查处与引导相结合，处罚与教育相结合，对于下岗失业人员或经营条件、经营范围、经营项目符合法律法规规定的，积极督促、引导其依法办理相应手续，使一些符合条件的无照经营者办理了工商登记，领取了营业执照。四是工商行政管理机关从2005年初开始实行委托工商所直接登记个体工商户、实行“一审一核”制度，在不涉及前置审批环节、相关手续齐全的前提下，可以做到当场办照，大大提高了办照效率，方便了城乡居民就近办照。

全国个体工商业发展基本情况

年　份	户数（万户）	人数（万人）	注册资金（亿元）
1992	1 533.9	2 467.7	600.9
1993	1 766.9	2 939.3	854.9
1994	2 186.6	3 775.9	1 318.6

续表

年　　份	户数（万户）	人数（万人）	注册资金（亿元）
1995	2 528.5	4 613.6	1 813.1
1996	2 703.7	5 017.1	2 165.4
1997	2 850.9	5 441.9	2 574.0
1998	3 120.2	6 114.4	3 120.3
1999	3 160.1	6 240.9	3 439.2
2000	2 571.4	5 070.0	3 315.3
2001	2 433.0	4 760.3	3 435.8
2002	2 377.5	4 742.9	3 782.4
2003	2 353.2	4 299.1	4 187.0
2004	2 350.5	4 587.1	5 057.9
2005	2 463.9	4 900.5	5 809.5

（二）从业人员增多，户均注册资金增幅较大

从业人员4 900.5万人，比上年增加313.4万人，增长6.8%；资金总额较上年有较大增加，达到5 809.5亿元，比上年增加751.6亿元，增长14.9%；户均资金数额2.4万元，比上年同期增加0.2万元，增长9.6%。

（三）新开业户数和注销、吊销户数减少

全国新开业个体工商户534.3万户，比上年减少1.8万户，下降0.3%，占实有总户数的21.7%，比上年的比重减少1.1个百分点；注销、吊销396万户，比上年减少70.1万户，下降15%，占实有总户数的16.1%，比上年减少3.7个百分点。

（四）个体工商业在第三产业特别是现代服务业领域发展迅速

个体工商业户在第一产业共有25.2万户，比上年减少2 495户，下降1%，占总户数的1%；第二产业共有253.5万户，增加5 018户，增长0.2%，占总户数的10.3%，比上年减少0.5个百分点；第三产业共有2 185.2万户，增加113.2万户，增长5.5%，占总户数的88.7%，比上年增加0.5个百分点。

个体工商户主要集中在商贸餐饮、服务等第三产业，有些行业增长较快。截止到2005年底，从事批发和零售业个体户1 421.7万户，增加98.5万户，增长7.4%，占个体工商户总数的57.7%，比上年增加1.4个百分点；居民服务和其他服务业248.2万户，增加11.5万户，增长4.9%，占个体工商户总数的10.1%；制造业241.8万户，下降0.1%；住宿和餐饮业228.2万户，增长4%；交通运输、仓储和邮政业184.9万户，下降3.9%。

个体工商户增长较快的行业是：房地产2.7万户，增长59%；卫生、社会保障和社会福利业6.9万户，增长26.4%；信息传输、计算机服务和软件业13.4万户，增长15.1%；租赁和商务服务业25.6万户，增长8.2%。

（五）从城乡结构来看，城镇个体工商户增长幅度高于农村

2005年农村实有个体工商户1 034.5万户，占个体工商户总数的42.0%，比上年增加10.5

万户，增长1%；从业人员2 122.8万人，增加56.9万人，增长2.8%；资金数额2 345.5亿元，增加156亿元，增7.1%。城镇个体工商户1 429.4万户，增加102.9万户，增长7.8%，占个体工商户总数的58%；从业人员2 777.7万人，增加256.5万人，增长10.2%，资金数额3 464亿元，增加595.6亿元，增长20.8%。

三、个体私营经济的持续、快速、健康发展，创造了明显的经济和社会效益，成为促进国家和地区经济发展的重要力量

（一）个体私营经济的经济效益显著

改革开放以来，我国个体私营经济的发展速度成倍高于全国经济增长速度，占GDP的比重已超过1/3。在部分地区，个体私营经济已经成为经济增长的主要推动力量。2005年，全年规模以上私营企业实现工业增加值11 807亿元，比上年增长25.3%。比全年规模以上工业增加值增长16.4%高出8.9个百分点。

指 标	增加值（亿元）	比上年增长（%）
规模以上工业	66 425	16.4
国有及国有控股企业	26 063	10.7
集体企业	2 581	12.4
股份制企业	32 173	17.8
外商及港澳台投资企业	18 977	16.6
私营企业	11 807	25.3
轻工业	20 585	15.2
重工业	45 840	17.0

2005年全国个体工商户和私营企业销售总额为56 613.2亿元，占全国商品销售总额（164 032.9亿元）的34.5%；社会消费品零售额之和为33 378.1亿元，占全国社会消费品零售总额（67 176.6亿元）的49.7%。其中，全国私营企业共创产值27 434.1亿元，比上年增加4 483.7亿元，增长19.5%；完成销售总额30 373.6亿元，增加4 742.6亿元，增长18.5%；社会消费品零售额15 489亿元，增加2 450.3亿元，增长18.8%。全国个体工商业总产值9 805.5亿元，比上年增加1 707.8亿元，增长21.1%；销售总额26 239.6亿元，比上年增加6 557亿元，增长33.3%；社会消费品零售额17 889.1亿元，增加5 637.1亿元，增长46%。

历年来全国个体私营经济经济生产经营变化情况

年 份	产值（亿元）		营业额（亿元）		零售额（亿元）	
	私营	个体	私营	个体	私营	个体
1992	205.1	926.2	113.6	2 238.9	90.7	1 861.3
1993	421.7	1 386.9	309.2	3 309.2	190.5	2 709.8
1994	1 154.0	1 637.5	758.5	6 123.2	512.6	4 211.4
1995	2 295.2	2 791.2	1 499.2	8 972.5	1 006.4	5 355.4
1996	3 226.6	3 538.6	2 276.7	11 554.2	1 458.6	6 706.4
1997	3 922.5	4 552.7	3 096.7	14 159.6	1 854.7	8 074.0
1998	5 853.3	5 960.3	5 323.7	17 486.3	3 059.3	9 780.0
1999	7 686.0	7 063.4	7 149.4	21 300.0	4 191.4	12 000.0
2000	10 739.8	7 161.7	9 884.1	19 855.5	5 813.5	11 349.8
2001	12 558.3	7 320.0	13 368.9	19 647.9	8 175.3	11 499.2
2002	15 338.0	7 967.6	14 369.2	20 834.3	7 929.4	12 222.9
2003	20 083.0	8 740.9	18 652.4	22 823.1	10 602.7	13 423.3
2004	22 950.4	8 097.7	25 630.9	19 682.6	13 038.7	12 252.1
2005	27 434.1	9 805.5	30 373.6	26 239.6	15 489.0	17 889.1

（二）个体私营经济缴纳税、费成为各级政府财政收入的重要来源

2005年，个体私营经济共缴纳工商税收超过4 101.6亿元，比上年增加894.6亿元，增长27.9%，占全国税收总额（30 866亿元）的13.2%。其中私营企业缴纳工商税收2 715.9亿元，增加36.1%，占全国税收总额8.8%；个体工商户缴纳工商税收1 385.7亿元，增加173.7亿元，增长14.3%，占全国税收总额的4.5%。此外，个体私营经济缴纳的各种行政性收费，弥补了财政经费的不足，也是各级财政收入的重要组成部分。同时，个体私营经济已经成为全国绝大多数地市县经济的主体力量，成为市、县财政收入的重要来源。

全国个体私营经济纳税情况

年　份	年纳税额（亿元）	占全国税收比例（%）
1992	203.0	7.8
1993	293.0	8.2
1994	370.0	8.2
1995	429.6	8.0
1996	450.0	7.9
1997	540.0	7.0
1998	700.8	8.5
1999	830.0	9.4
2000	1 177.0	9.3
2001	1 578.5	10.5
2002	1 950.5	11.5
2003	2 435.0	11.9
2004	3 207.0	12.5
2005	4 101.1	13.2

（一）个体私营经济是对外贸易的组成部分

随着经济开放程度的扩大，个体私营经济的国际竞争力进一步加强，个体私营对外贸易增长迅速。2005 年，全国个体私营企业出口创汇折合人民币 2 263.4 亿元，比上年增加 514.4 亿元，增长29.4%。其中，私营出口创汇企业 3.1 万户，比上年增加 6 736 户，增长 27.4%。私营企业出口创汇折合人民币 2 202.4 亿元，增加 527.9 亿元，增长 31.5%。个体工商户出口创汇 4 350户，出口创汇折合人民币 61.2 亿元，减少 13.3 亿元，下降 17.9%。

四、个体私营企业已成为吸纳就业再就业的主渠道，为维护社会稳定发挥了重要作用

（一）个体私营企业创造了大量就业岗位

2005 年城镇新增加 970 万人，净增加 855 万人。其中大部分在个体私营企业实现就业。截至 2005 年底，我国个体私营企业实际登记就业人数已达 10 725 万人，比上年增加 1 120 万人，增长 11.7%。

（二）个体私营企业成为吸纳下岗失业人员的主渠道

2005 年全国工商系统共支持、办理 239.6 万名下岗失业人员在个体私营经济领域实现了再就业。其中：下岗失业人员申办个体工商户 77.6 万人，投资兴办私营企业 6.89 万人。个体私营企业吸纳下岗失业人员就业合计 155.1 万人。落实中央和地方各项再就业优惠政策免收工商管理行政性收费合计 10.1 亿元。其中，落实中央再就业优惠政策减免 8.62 亿元，落实地方各项再就业优惠政策减免 1.39 亿元。

（三）支持和促进了高校毕业生工作

2005 年，全国各级工商行政管理机关通过各种形式，大力支持、积极促进高校毕业生自谋职业、自主创业，共引导、支持35.64 万名高校毕业生在个体私营经济领域实现就业。其中，高校毕业生申办个体工商户 5.07 万人，投资兴办私营企业 2.36 万人。个体私营企业吸纳高校毕业生就业合计 28.2 万人。为促进高校毕业生从事个体经营免收工商管理行政性收费 8 450.55 万元。

全国各地区个体工商业发展基本情况

单位：户、人、万元

地区	户数	从业人员	注册资金
北京	651 686	846 857	858 854
天津	177 040	254 632	599 312
河北	1 087 732	2 699 603	2 823 676
山西	428 754	822 605	1 632 252
内蒙古	467 617	822 708	972 669
辽宁	1 274 219	2 826 683	5 469 009
吉林	447 494	889 362	1 049 064
黑龙江	713 961	1 556 370	2 195 758
上海	282 839	342 765	373 381
江苏	1 753 358	3 212 069	5 961 822
浙江	1 726 694	3 200 822	6 015 456
安徽	1 110 417	2 668 794	1 542 387
福建	494 731	898 730	2 550 374
江西	674 870	1 677 376	1 517 556
山东	1 686 510	3 648 675	3 495 510
河南	1 288 022	2 742 083	1 776 709
湖北	1 018 622	2 288 346	2 273 759
湖南	974 743	1 966 391	2 691 461
广东	2 274 011	4 896 039	5 077 079
广西	1 015 941	1 635 767	1 317 693
海南	117 600	220 779	141 305
重庆	445 141	908 588	740 803
四川	1 530 998	2 505 629	2 073 089
贵州	431 662	596 604	643 070
云南	729 434	1 458 244	1 411 348
西藏	61 886	115 836	108 693
陕西	730 693	1 495 432	938 773
甘肃	310 064	559 858	473 997
青海	145 034	302 712	256 322
宁夏	110 063	186 130	190 631
新疆	477 098	758 923	923 172
合计	24 638 934	49 005 412	58 094 983

全国各地区私营企业发展基本情况

单位：户、人、万元

地区	户数	投资者人数	雇工人员	注册资本金
北京	260 371	638 605	2 306 560	32 385 354
天津	77 320	190 244	696 837	15 604 044
河北	126 801	368 492	2 048 608	14 416 133
山西	71 296	161 022	661 891	10 662 886
内蒙古	48 317	135 877	546 260	7 547 486
辽宁	165 217	415 598	2 105 765	24 478 679
吉林	60 007	128 371	751 548	7 885 128
黑龙江	68 200	197 489	754 545	9 234 268
上海	473 949	1 006 191	3 651 954	72 092 815
江苏	507 378	1 142 527	6 829 080	72 338 714
浙江	359 039	819 845	4 528 376	51 669 100
安徽	105 998	270 425	1 386 523	11 449 968
福建	127 421	268 433	1 078 535	25 797 028
江西	71 129	187 223	1 155 142	10 258 381
山东	315 410	922 869	3 518 469	41 316 104
河南	133 535	336 400	1 049 505	16 989 080
湖北	129 029	341 694	884 346	20 049 012
湖南	84 553	300 725	1 703 550	14 370 773
广东	449 194	1 167 000	4 094 279	66 714 638
广西	51 925	145 592	689 971	6 907 805
海南	32 275	77 348	283 570	7 781 048
重庆	75 684	205 259	849 144	11 143 513
四川	178 705	452 652	1 927 137	20 617 117
贵州	41 484	184 508	322 004	5 138 526
云南	66 008	176 553	915 841	11 095 583
西藏	2 631	6 196	43 635	712 808
陕西	98 444	520 232	1 025 240	7 781 951
甘肃	38 169	99 511	381 916	4 781 253
青海	10 947	29 771	249 081	1 844 336
宁夏	18 778	50 939	182 813	2 293 856
新疆	51 702	151 753	519 187	7 953 868
合计	4 300 916	11 099 344	47 141 312	613 311 253

党建、工会、人物

非公有制经济组织党建工作情况综述

中央统战部　高卫东　李良红

近年来，随着我国非公有制经济的迅速发展，各级党政部门对非公有制经济组织中党的建设工作越来越重视，各类非公有制经济组织在自身发展过程中也逐步认识到非公党建工作的重要性和必要性。因此，各地非公有制经济组织党建工作较之过去，在组织建设、思想建设、作风建设和制度建设方面得到了较大的加强和改善。各级党政部门对加强非公经济组织党建工作进行了积极探索实践，逐步建立健全了非公党建工作领导机构和工作机制，切实加强非公企业党的建设，使党的工作覆盖面不断扩大，党组织的影响力、创造力、凝聚力、战斗力不断增强，为促进非公有制经济的健康发展和非公有制经济人士的健康成长发挥了积极作用。总体来说，非公有制经济组织党的建设工作方面取得的创新成果体现在以下几个方面。

一、领导体制方面

各地认真学习贯彻党的十六大和十六届三中、四中、五中全会精神，树立和落实科学发展观；从巩固党的执政基础和扩大党的群众基础，提高党的执政能力建设和先进性建设的高度出发，把加强党的领导和体制机制建设作为非公有制制经济组织党建工作的重中之重来抓，充分调动和发挥相关党政有关部门及人民团体的积极性和主动性，稳步推进非公有制制经济组织党建工作。

（一）成立党建工作领导小组

为切实加强对非公有制经济组织党建工作的领导，各地都把非公有制经济组织党建工作列入党委的重要议事日程，许多地方成立了非公经济组织党建领导小组。如北京市各级党委高度重视非公党建工作，宣武、朝阳、房山、昌平区委都成立了非公有制经济党的工作委员会，截止2005年底，全市已在4 695家非公有制企业中建立了党组织，占应建党组织非公有制企业总数的99%，非公党建工作取得了积极效果。陕西省咸阳市委成立了由市委副书记任组长，市委常委、组织部长任副组长，组织、宣传、统战、人事、劳动、科技、招商、工商局、非公局、工商联、高新区、工会、团市委等单位主要负责人为成员的非公有制经济组织党建工作领导小组，各县市区也成立了相应机构，并相继出台了《关于进一步加快非公有制经济发展的若干意见》和《关于进一步加快非公有制经济发展的实施意见》。四川省德阳市专门成立了市委"两新"组织工委，下设新经济组织办公室（设在市委统战部），负责全市新经济组织党建工作，并以市委1号文件的形式下发了《关于加强非公有制企业党建工作的意见》。

（二）建立党建工作联席会议制度

各地把非公党建作为党建工作的重点内容，协调联动，形成非公经济组织党建工作的良好氛围。如四川省建立非公有制经济组织党建工作联席会议制度，省纪委、省委组织部（党建办）、省委宣传部、省委统战部、省经委、省财政厅、省建设厅、省国土资源厅、省劳动和社会保障厅、省公安厅、省司法厅、省工商局（个私协会）、省国税局、省地税局、省环保局、省质监局、省统计局、省总工会、团省委、省工商联等20个单位作为联席会议成员单位，形成齐抓共管非公党建工作的良好局面。山西省建立了由省委组织部、省委统战部、省工商联等十家单位参加的非公党建工作联席会议制度，并要求各市县建立相应机构，非公党建工作也因此有了突破性进展。山东省聊城市委建立了由组织部牵头，统战部、工商联、工商局、劳动局、民营经济发展局等七个部门参加非公有制企业党建联席会议制度，定期研究非公有制经济组织党建工作，引导非公有制经济组织党建工作健康发展。

（三）建立成员单位联系企业制度

为把非公有制经济组织的党建工作抓实抓深，许多地区建立了非公有制经济组织党的建设领导小组（或协调小组、联席会议）成员单位与非公经济组织的联系制度。四川省委规定，非公有制经济组织党建工作联席会议成员单位要确定一名负责人为联席会议成员，明确一名处室负责同志作联络员；在抓党建工作中，要积极向企业宣传党的路线方针政策，在业务工作中注意了解非公有制经济组织党建工作情况。结合每一个部门的职能，还规定了相应的职责。如省国土资源厅的具体职责是：指导、监督非公有制经济组织依法使用土地；在抓业务工作的同时关心、支持企业党建工作，帮助企业党组织引导业主依法用地、节约用地。山西省委统战部把加强非公有制经济组织的党建工作作为在新的历史条件下做好非公领域统战工作的重要措施来抓，他们主动与组织部门沟通，争取支持，推荐了一批统战干部担任非公党建工作指导员、联系员，这些统战干部既是帮助非公有制企业学习党的方针政策的辅导员，又是非公有制企业党组织发挥作用的协调员。四川省巴中市还建立了党建联席会议成员单位联系企业制度，各成员单位分别联系一个非公企业，派出精明强干的党建指导员或联络员抓具体联系指导工作。全市建立了40个非公党建联系点，通过加大工作指导力度，扩大非公有制党建“三覆盖”范围，使业主、员工、社会“三满意”。

（四）建立健全党内各项规章制度

在推进非公有制经济组织党建工作的实践中，各地对制度建设进行了有益的探索。普遍认为，要使非公有制经济组织中的党组织发挥应有的作用，建立健全各项规章制度是非常重要的一个环节，不少地方在这方面做了大量有益的探索。四川省委在《关于进一步加强非公有制经济组织党建工作的若干意见》中，要求有关部门将非公有制经济组织党的建设纳入重要议事日程，做到业务工作和党建工作“两手抓”，促进非公有制经济组织的健康发展。山西省委统战部、省工商联对各级统战部和工商联参与非公党建工作提出了明确要求，并把非公党建工作作为年终目标考核责任制的重要内容纳入干部考核体系，较好地推动了全省非公党建工作的开展。云南省楚雄市结合各企业实际，制定了“三会一课”制度、党员电化教育工作制度、发展党员制度、民主评议党员制度、党员活动日和家访谈心、党费收缴管理、党组织和党员“双目标”管理制度等，使基层党建工作制度进一步得到健全和完善，并做到严格执行，年初有安排，年终有检查考核，得到较好落实。

（五）把非公有制经济组织的党建工作作为统战部、工商联工作的重要内容

山西省委统战部和省工商联利用媒介加强宣传引导，宣传加强非公党建工作的重要意义，总结推广非公党建工作的成功经验，提高企业主和干部职工认识，营造非公党建工作的良好氛围。河北省廊坊市委统战部把坚持准确定位、典型示范、政治安排作为工作切入点，发挥工商联作为党联系非公有制经济人士的桥梁纽带、“团结、帮助、引导、教育”非公有制经济人士的重要作用和独特优势，“围绕发展抓党建，抓好党建促发展”，努力推动非公企业党建成为企业经营者的自觉行动。广东省佛山市工商联党组利用与非公有制组织的天然联系优势，主动配合组织部门，通过深入基层，走访企业，与企业主谈心等，做好党建的宣传工作，得到企业主的认可和支持。作为著名小商品集散地的浙江省义乌市十分重视基层商会和商会的党建工作，通过构建平台，建立商会和商会党组织，积极开展活动，逐步形成了一套以商会党组织为龙头，

党工团共建的工作机制，取得了明显成效。

二、组织建设方面

在推动非公有制经济组织党的建设的过程中，各地本着有利于管理、有利于党组织开展活动、有利于促进企业发展的原则，结合本地的实际情况，正确处理党组织与企业主的关系、党组织与企业的关系、党组织与职工的关系、党的组织与群团组织的关系、企业党组织与上级党组织的关系，积极探索多种组织形式，使企业党组织摆脱顾虑，轻装上阵，充分发挥其应有作用，促进企业的壮大和非公经济的发展。

（一）采取“联建”、“挂靠”等各种形式建立组织

北京市丰台区委提出“以块为主、条块结合、优势互补、共同发展”的非公党工作建指导方针，先后在建立了194家非公经济党组织，并按照“行业相近、地域相连”的原则，在街道、社区、集贸市场建立了42个联合党支部。辽宁省锦州市采取单建、联建、统建、行业建以及挂靠的形式，以党组织设置为切入点，本着区别不同行业特点，因地制宜、积极稳妥的原则，合理在非公有制企业中设置党组织，得到明显效果。云南省楚雄市采取独建、合建、挂靠等多种形式，坚持与企业的生产经营性质和规模相结合，与企业拓宽生产经营领域同步、与企业生产组织形式变化同步、与企业生产经营形势变化同步合理调整，设置党支部，符合条件一个就及时建立一个，不断扩大党的工作覆盖面。

（二）属地管理和行业管理等相结合

河南省驻马店市根据本地非公有制企业的状况和特点，注意理顺非公有制企业党组织的隶属关系，切实加强对非公有制企业党组织的领导。①属地管理。明确规定，非公有制企业党组织一般由所在地的乡镇、村、街道社区党组织领导。②行业管理。对专业性较强、行业特点明显的，由具有业务指导职能的行业管理部门党组织归口领导。③直属管理。对一些企业规模较大、党员人数较多的，直接由所在县区党委或市直工委领导。④挂靠管理。对没有党组织的企业党员，将组织关系挂靠在人事局、乡镇党委、行政村（居委会）等单位的党组织，实行挂靠管理。⑤联合管理。对党员人数不足3名的，按照“产业相近、地域相邻”的原则，联合建立党支部。⑥新建代管。在非公有制经济组织发展相对集中的社区，新成立社区党组织，负责整个社区的非公党建工作。

（三）强化非公党建工作长效机制

北京市各区县和行业协会积极探索非公党建的新思路，昌平等区县从非公有制经济组织的特点出发，积极探索非公经济党组织履行职能、发挥作用的新途径、新形式、新方法，并使之逐步制度化、规范化。辽宁省锦州市着眼抓好非公党建工作的长远计划和阶段安排，对非公党建实行目标管理，提高认识，强化执政意识；明确职责，抓好组织设置；改进活动方式，发挥党员作用；加强制度建设，规范党内生活。

三、党建工作内容方面

各地在实际工作中，紧密结合本地和非公有制经济组织的实际，把做好非公党建工作与做好党的思想政治工作和统战工作、促进企业发展和个人进步结合起来，真正使非公有制经济组织的党建工成为企业欢迎、党员热心、群众接受的工作。

（一）把党建工作与企业生产经营结合起来

各地在推动非公有制经济组织党的建设的过程中，始终注意把党建工作与非公企业的发展

密切结合起来，用党建工作的新成绩促进企业的生产经营。如福建省漳州市紧紧围绕党的中心任务开展非公党建工作，使非公党建工作服从和服务于非公有制经济发展，促进了企业效益提高和企业发展壮大。

（二）把党建工作与企业思想政治工作结合起来

湖北省黄冈市为了加强非公有制经济组织思想政治工作，发挥党组织在非公有制经济组织中的政治核心作用，提出要像抓非公经济发展一样抓非公企业党建，确立了“非公企业发展到哪里，党组织就延伸到哪里，思想政治工作就做到哪里”的工作思路，围绕促进非公有制经济健康发展和非公有制经济人士健康成长来开展工作，坚持思想政治工作与经济发展相结合、与解决企业和职工实际困难相结合、与开展友好联谊活动相结合，实现了“党建、经济齐发展，组织、企业同壮大”的良好局面。当地许多企业十分注意“外树形象、内强素质”，坚持以科学制度管理人，以先进理念教育人，以模范事迹感召人，使思想政治工作循循善诱，润物无声。很多企业通过坚持开展每日一次早会活动，每周一次升国旗活动，党员干部与员工结对帮带活动等，对职工进行爱祖国、爱企业、爱岗位和诚信守法、积极奉献的教育。特别是把转化后进职工、为职工排忧解难办实事、调动每一个员工积极性等，列入党员、工会干部、班组长甚至总经理的工作职责中，使思想政治工作经常化、制度化。

（三）把党建工作与企业文化建设结合起来

浙江省湖州市以企业文化建设为基础，不断增强企业的吸引力。建立健全各类学习制度，组织各类企业人才学习党的路线方针政策，学习市场经济知识和岗位所需要的业务知识、工作技能；结合企业发展需要，举办相关的讲座，帮助企业管理人才发现生产经营中存在的问题，并联系实际加以解决；通过厂报、宣传栏、广播、文艺演出等渠道，营造良好的企业文化环境，让人才真正融入到企业建设中，培育起团队精神和主体意识；统战部门通过光彩会、商会、协会，积极组织开展各类社会公益活动，引导企业主和企业人才回报社会，发挥宣传作用，提升企业社会形象。

（四）把党建工作与培养非公经济代表人士以及培养各类人才结合起来

各地注意发挥非公经济党组织在加强各类人才队伍建设的作用。如山西省运城市委、市政府明确把新的社会阶层中的各类人才纳入工作范围，消除体制和改革障碍，在政治上一视同仁，在政府奖励、职称评定等人才政策上统一对待和安排，在面向社会的资助、培训项目、人才信息等公共资源运用上平等开放等，鼓励引导人才合理有序向非公有制企业流动。

四、发挥作用方面

党员先进是党的先进性的基础和保证，各地在推进非公党建的工作中结合保持共产党先进性教育活动，切实推动党员和党组织发挥先锋模范作用，使非公党建工作真正有影响、有成效。

（一）发挥党员作用

一方面开展党员定点联系企业，加强党建指导。如四川省德阳市四大班子党员领导干部每年都分别定点联系1户重点企业，全市从党政部门和群团组织中选派300名党建联络员定点联系未建立党组织的企业，协助抓建党和党建工作。另一方面，在非公有制经济组织中积极开展党员带头创新创业，促进企业发展。如山东聊城冠洲股份公司董事长兼党支部书记张炳谦同志，积极实践“三个代表”重要思想，以共产党员优秀品格，艰苦创业，率先垂范，在企业的发展进程中充分发挥党员的先锋模范作用。企业职工思想解放，干劲倍增，经济效益显著。2005年1～10月份，就实现销售收入16.78亿元，利税1.38亿元。在慈善事业捐赠中，冠洲股份有限公司慷慨解囊捐赠4.5万元，充分显示了非公有制企业家的思想境界。

（二）发挥党组织作用

各地积极探索非公党建工作的新方法和新途径，把实现企业利益的生产和销售等关键领域，作为发挥党员作用的主阵地来抓，领导企业工会、共青团、妇女组织切实发挥作用，加强党组织和职工的联系，有效地维护职工的合法权益，增强了党组织的群众基础，形成了以党的建设带动工会、共青团、妇女组织的建设，工、青、妇活动促进党建发展的良好局面。凡是有党组织的非公有制企业，员工在党员的带动下劳动积极性都比较高涨，政治文化生活也比较活跃，企业负责人都能把党组织建设放到企业发展的重要位置上，认真贯彻落实党的方针政策，遵纪守法，诚信创业，使企业得到快速发展，为促进地方经济发展和解决就业问题做出应有贡献。不仅如此，很多地方还在“以点带面”上下功夫。如北京市在先进性教育活动中，以思想发动为契机，在非公经济党组织中开展“亮身份、树形象，党员当先锋，为企业发展做贡献”的主题实践活动，使党组织增强了在职工群众中的影响力和凝聚力。四川省德阳市委就选择了生产规模大、员工队伍稳定、对党建工作有积极性的企业作为新经济组织党建示范点，目前全市已建成55家，很好地发挥了典型引导和辐射带动作用。

综述两年多来非公有制经济组织党建工作的总体情况，这项工作虽然取得了很大成绩，但毕竟还是新生的事物，面临的新情况比较多，许多时候没有先例和经验可循，不可避免地出现这样或那样的问题，如思想认识不到位、领导体制不顺畅、组织管理不健全、理论和工作指导滞后、落实相关制度困难等，这些都需要地今后的工作中加以研究解决。我们相信，有各级各地党政主要领导的高度重视，有组织、统战以及党政有关部门的共同努力、有各有关单位的积极配合，非公有制经济组织党建工作必将有新的更大发展，为促进非公有制经济的健康发展和非公有制经济人士的健康成长做出新的更大的贡献。

五、关于今后工作的思考和意见建议

不断加强非公有制经济领域党的建设是一项长期的历史任务，同时也是较为复杂的系统工程。要做好这项工作，必须坚持以马克思列宁主义、毛泽东思想、邓小平理论和“三个代表”重要思想为指导，全面贯彻落实科学发展观，不断扩大和巩固党的执政基础和群众基础，为促进社会主义和谐社会建设、为全面建设小康社会做出应有的贡献。

（一）加强领导，形成非公党建工作的合力

要重视和加强党对非公有制经济组织党建工作的领导，把它列入党委议事日程。建立党委抓非公有制经济领域党建工作的有效机制，不断建立行之有效的途径和渠道，发挥各有关部门的职能作用，形成工作合力，营造全党抓非公有制经济领域党建工作的氛围。

（二）整合资源，构建非公有制经济领域党建工作的平台

以党组织为政治核心，做好工、青、妇等群团组织建设工作，组建有党、工、团、妇等有关方面参加的非公领域党建工作专门组织，开展形式多样、持之以恒的党建工作机制，把广大非公有制经济人士团结在党的周围。

（三）进一步加强宣传引导，不断优化党建工作环境

各级党委要进一步提高党组织对非公有制企业党建工作的认识，切实加强对这一党建工作新领域的探索与实践，促进非公有制企业党建与经济协调发展。同时要加强对企业主的宣传教育，做好企业主的思想工作，把党的思想政治优势、组织优势和密切联系群众的优势导入并转化为非公有制经济领域党建工作的最大资源。

（四）建立健全企业党组织，拓宽党的覆盖面

要尽快制定整体规划，明确目标任务，落实具体措施，切实抓紧抓好非公有制企业党组织

组建工作。如对企业员工100名以上、党员不足3名的企业，可先按地域相近、行业相通、各方自愿的原则建立联合支部，并逐步创造条件单独建立党组织。积极稳妥、因地制宜、确保质量，做到成熟一个，建立一个，巩固一个，力争使每个企业党组织都有活力。同时要通过企业中的工会、共青团等群众组织，来宣传贯彻上级党组织的指示精神，并为组建企业党组织创造条件。

（五）抓好党员发展工作，不断壮大企业党的力量

鉴于非公有制企业党员少，党的力量薄弱的现状，要把发展党员作为党组织建设的一个重要环节来抓，改善党员队伍素质结构和分布结构。把生产经营管理一线和重点岗位、关键岗位的骨干，尤其是经营管理层人员作为发展对象，以提高决策管理层中党员比例，为党组织参与决策、发挥政治核心作用打好基础。在发展党员工作中，严格党员标准，确保新党员质量。

（六）协调理顺企业党组织统一管理的隶属关系

针对党政部门对非公有制企业多头管理，致使非公有制企业党组织隶属关系混乱的现象，合理确定企业党组织的隶属关系，统一管理非公经济组织中党的建设工作。目前，非公经济组织思想政治工作看起来是党组织、工会、共青团、妇联、工商联和一些产业局（协会）都在抓，但由于隶属关系不明确，管理难到位，形成都抓都抓不好，都管都管不好的状态。建议充分利用工商联广泛联系非公有制企业和非公经济人士的优势和统战性、经济性、民间性的特点，发挥其作为党和政府联系非公有制经济人士的桥梁纽带、政府管理非公有制经济助手的作用。实践证明，工商联应该并完全可以作为非公有制经济领域党建和思想政治工作的主管单位。县级以上工商联成立非公有制经济组织党委或党工委，乡镇、社区工商联（商会）组织应该成立党总支或支部，归口管理非公有制经济组织党建和思想政治工作。并根据企业的发展情况，要及时调整党组织隶属关系，以促进企业党组织的建设。

（七）坚持正常的组织活动，不断强化党员教育管理

坚持组织生活与党员活动相结合，提高党员素质，发挥党员先锋模范作用；坚持思想政治工作与生产经营相结合，组织开展一些工作需要、党员欢迎、业主理解的活动；坚持“业余、多样、灵活、务实”为主，注重解决实际问题。做到经济活动与党建活动相结合，相对集中与分散活动相结合，工作时间与业余时间相结合，教育活动与娱乐活动相结合，从而进一步扩大企业党组织的影响，增强党的凝聚力、吸引力和战斗力。

（八）切实加强非公有制经济组织中的人才工作，为企业党员人才提供制度保障

在非公有制经济组织人才工作中贯彻党管人才的原则，在政治上消除偏见，在政策上平等对待，坚持“团结、帮助、引导、教育”的方针，进一步加强非公有制经济人士的思想政治工作，为构建社会主义和谐社会贡献新的力量。要根据企业人才需求的状况和特点，帮助企业创立先进的人才工作机制。如人才培育机制、才服务机制、人才保障机制等。

（九）不断健全和完善党的工作机制，提高党建工作水平

要进一步提高非公有制企业党建工作水平，建立切实有效的党建工作机制，加强领导，明确职责，长抓不懈。加强非公企业党组织领导班子建设，选好配强党组织负责人，促使党组织的工作正常化、规范化。探索研究非公企业党组织发挥作用的有效途径，努力协调好各方关系，创造团结和谐的工作环境，不断丰富党组织活动方式和内容。并总结推广非公经济党建工作长效机制的建立和典型经验，做好典型引路。

（十）做好非经济人士的政治引导工作

充分发挥统战部、工商联的优势和作用，运用统战工作的方式，做好非公经济人士的政治引导工作，是非公企业党建工作的重要内容。由于统战部、工商联的工作性质不同于组织部门和其他政府职能部门，更容易了解非公有制企业主的真实想法，掌握他们的思想动态，提出有针对性的意见和建议，为上级党委制定有关非公经济组织党建工作的政策提供有力依据。

（十一）加大非公有制经济人士的政治安排力度

扩大非公有制经济人士在各级人大代表、政协委员中的比例，增加评选劳模的名额，增加吸纳非公有制经济组织中优秀分子加入党组织的指标，激励他们参政议政的政治热情，发挥他们“爱国、敬业、诚信、守法、奉献”的带头作用，培养更多的优秀中国特色社会主义事业建设者。

（十二）加强调研，不断探索非公有制经济组织思想政治工作的规律

要深入研究非公有制企业思想政治工作的新情况、新特征和着力点，大力宣传非公有制企业思想政治工作和文化建设的新鲜经验，坚持与时俱进，创新理念，创新方法，在加强思想政治工作针对性、实效性、主动性上下功夫，在活跃企业文化建设的群众性、经常性、生动性上出成果，真正起到凝聚人心、化解矛盾、维护稳定、促进发展的作用。

构建和谐社会中的私营企业工会组织与工会工作

全国总工会　安建华　黄敬平

伴随改革开放的步伐，我国私营经济有了迅猛的发展，已成为国民经济的重要组成部分。扩大工会对私营企业的覆盖面，发挥工会在维护职工合法权益，促进私营企业发展中的作用，成为工会工作的重要课题。近些年来，全总和各地工会贯彻落实中央提出的“扩大工会覆盖面，增强工会凝聚力”的要求，坚持走中国特色社会主义工会发展道路，认真贯彻“组织起来、切实维权”的工会工作方针，着眼推动构建和谐社会，不断加大对私营企业工会工作的服务指导力度，为私营企业工会开展工作创造了良好的外部环境。广大私营企业工会，紧紧围绕企业的发展要求，紧贴私营企业职工的意愿，努力探索社会主义市场经济条件下私营企业工会工作的内在规律，在探索中前行，以有为求有位，私营企业工会在协调劳动关系、促进社会和谐中发挥越来越重要的作用。

——工会对私营企业的覆盖面进一步扩大。随着改革的不断深入，我国私营经济已成为推动社会生产力发展的重要力量。截至2005年9月底，全国私营企业法人单位达94.7万个，在私营企业就业人员达4 714万人；注册资本由1993年底的681亿元增加到2003年底的35 305亿元，增长了52倍；私营企业产值由1989年的422亿元增加到2003年的20 083亿元，增长了48倍；实现的社会消费品零售额由1989年的190亿元增长到2003年的10 603亿元，增长了近56倍；2003年出口创汇折合人民币1 749.68亿元，比2001年增长了91.68%。面对规模日益扩大的私营企业，面对数量如此庞大的私营企业就业群体，全国总工会站在巩固党的执政地位和增强党的阶级基础、扩大党的群众基础的高度，坚持把推进私营企业建立工会、发展私营企业职工加入工会作为建会的重点，采取制定年度建会目标、实施考核奖励等措施，大力推进在私营企业建立工会，最大限度地把在私营企业就业的职工组织到工会中来，不断扩大工会对私营企业的覆盖面。各级工会组织积极推动建立“党委重视、政府支持、工会运作、各方配合”的工会组建工作格局，积极适应市场经济条件下建会工作的特点和规律，宣传职工、启发职工主动建会、自愿入会的内在动力，不断创新工会组建形式和职工入会的方式，并采取建立会员优惠基地等措施，增强工会的凝聚力。截至2005年9月底，全国私营企业工会已达39.5万个，比2004年增加7.1万个；工会会员达3 219.6万人，比2004年增加了365.3万人，私营企业工会组织数、会员数都有了很大的发展。

——私营企业工会工作更加规范。私营企业组织形式、劳动用工方式和利益分配方式的特殊性，决定了私营企业工会的组织形式、工作机制和工作运行模式不同于国有企业工会，是工会工作中需要深入研究探索的新课题。为此，全总和各地工会每年都把加强私营企业工会工作列入调研课题，深入企业、深入职工群众中，听取私营企业工会干部对加强私营企业工会工作的意见、建议，及时发现和解决私营企业工会工作中遇到的矛盾和问题，努力探索私营企业工会工作的特点、规律，并在调查研究的基础上制定有关加强私营企业工会工作的指导性意见。近年来，全总先后出台了《关于加强基层工会工作的决定》等文件，特别是2006年全总十四届九次主席团全体会议审议通过的《企业工会工作条例（试行）》，对私营企业工会工作应坚持的指导思想、目标任务、组织建设、工作机制、干部队伍建设和加强对私营企业工会工作的帮助指导提出了明确要求，对私营企业工会工作干什么、怎么干、用什么样的机制保障干等方面的问题，做出了初步的规范，使私营企业工会工作更加有章可循。浙江省总工会针对全省私营企业数量多、规模大、就业人数多等实际，专门成立了私营企业工会工作办公室，加强对私营企业工会工作的帮助指导。湖北省总工会、河北石家庄市总工会出台了《非公有制企业工会条例》，对包括私营企业在内的非公有制企业工会的组织设置、干部配备、工作任务、工作机制等进行了系统的规范，为包括私营企业在内的非公有制企业工会开展工作提供了保证。

——平等协商、集体合同制度在协调私营企业劳动关系中发挥的作用日益突出。维护职工合法权益是工会的基本职责。维权要取得实效，关键靠机制。用契约的方式，把广大在私营企业就业人员与企业经营者的关系确定下来，让各自严格遵循有关权利与义务，既是市场经济的内在要求，也是保护好劳动者权益的根本保证。为确保此项工作能够在私营企业推广开、运转起来，全总和各地总工会注重加大源头参与力度，积极推动平等协商、集体合同制度进入立法层面，为私营企业工会代表职工与企业进行平等协商，签订集体合同创造条件。近年来，全总与政府有关部门联合推出了“劳动合同三年行动计划”，明确提出了到2007年集体合同的签订率要达到90%以上的总目标。全总还积极参与《劳动法》的修改和《劳动合同法》的起草工作，明确提出要把签订劳动合同、集体合同作为规范企业用工行为，维护职工合法权益的重要手段，为私营企业工会推进平等协商、集体合同工作提供了法律保证。今年全总下发了《创建劳动关系和谐企业的意见》，对包括私营企业在内的各种所有制企业建立和谐稳定的社会主义新型劳动关系提出了明确要求。江苏省总工会把推进工资集体协商作为维护职工权益的着力点，采取推动立法保障、加大培训强能、抓典型示范推动等多种方法，推动平等协商集体合同工作落实到企业，体现到维护广大职工合法权益上。截至2005年9月底，江苏省以工资集体协商为主要内容的集体合同覆盖职工达662万人。四川省自贡市总工会为提高劳动合同的签订率，在社会公开招聘了100名工资集体协商指导员，帮助和指导包括私营企业在内的企业工会开展平等协商集体合同工作，收到了较好效果。广大私营企业工会积极开展平等协商、集体合同要约行动，严格依照有关法律法规维护职工合法权益。据统计，截至2005年9月底，全国平等协商、集体合同覆盖私营企业达73万家，覆盖职工达3 275万人；区域性集体合同覆盖私营企业37万家，覆盖职工1 033万人；行业性集体合同覆盖私营企业6万家，覆盖职工363万人；工资专项集体合同覆盖私营企业28万家，覆盖职工1 360万人。

——民主管理制度的推广使更多的私营企业职工享有“主人翁”的权利。推行以职工代表大会为主要形式的民主管理制度，是完善企业法人治理结构，保证广大职工主人翁地位重要制度设计，也是中国工会维护职工合法权益的创举，是中国工会工作的一大特色。截至2005年9月底，全国已有河北、山西、内蒙古、黑龙江、山东、广东、重庆新疆8个省（区）的人大常委会审议通过了9部有关职工民主管理（厂务公开）的地方性法规，为职工民主管理提供了法律依据。越来越多的私营企业工会继承工会工作这一优良传统，积极推行以职工代表大会为主要形式的民主管理制度。尤其是在涉及私营企业经营发展、职工利益的问题上，私营企业工会充分利用职工代表大会这种制度让广大职工参与企业管理。浙江省总工会制定了《关于在非公有制企业推行厂务公开制度的实施意见》和《非公有制企业职代会操作规程》，明确了包括私营企业在内的非公有制企业建立职代会制度、厂长接待日、厂情发布会等适应非公有制企业实际的厂务公开内容和形式，规范非公有制企业厂务公开工作，确保包括私营企业职工在内的广大非公有制企业职工享有充分的民主政治权利。据统计，全国非公企业实行厂务公开的已达16.3万家。全总和各地工会还积极推动股份制企业工会主席进入董事会、监事会，其中已建立职工董事的非公有制企业2.6万家，已建立职工监事的非公有制企业2 215家。这些制度和措施的推选，拓宽职工参与企业经营管理的渠道，使更多的私营企业职工享有了知情权、参与权和监督权。

——劳动争议的调处机制的逐步完善改善了私营企业劳动关系的外部环境。相比较而言，私营企业是劳资纠纷的“多发地”，据有关省（市）统计，在近年所发生的劳资纠纷群体性事件中，私营企业所占的比重较大，接近30%。频发的劳资纠纷既严重地阻滞了企业发展的步伐，也给社会和谐稳定带来了隐忧。为及时有效地化解包括私营企业在内的劳动争议问题，维护好广大职工的合法权益，促进社会稳定，2005 年 7 月份，全总办公厅下发了《关于贯彻中央政法委通知精神，加强工会劳动争议处理工作的意见》，对工会加强劳动争议处理工作提出了 7 个方面的要求。2005 年 8 月份，劳动和社会保障部、全国总工会和中国企业联合会以国家协商劳动关系三方会议名义联合下发了《关于进一步加强劳动争议调解工作的通知》，强调要高度重视新形势下的劳动争议调解工作，积极推进区域性、行业性劳动争议调解组织建设，大力加强劳动争议预防和预警机制建设。2005 年 10 月份，全总还联合相关成员单位，对 100 名全国优秀劳动仲裁员、301 名全国优秀劳动争议调解工作者、50 个全国先进劳动争议仲裁委员会、151 个全国先进劳动争议调解组织进行了表彰。据统计，截至 2005 年 9 月底，全国建立劳动争议调解组织 239 433 个，其中区域性、行业性劳动争议调解组织 8 891 个，包括私营企业在内的企业劳动争议调解委员会 230 542 个；劳动争议调解组织受理劳动争议 258 230 件，其中区域性行业性劳动争议调解组织受理 64 944 件，调解成功 5 142 件。全国有 5 572 名工会干部取得劳动争议仲裁员资格证书，3 775 名被各级劳动争议仲裁委员会聘为劳动仲裁员；工会劳动仲裁员参与处理案件 2. 2 万件，占劳动仲裁委员会受理案件总数的 5. 7%。从而，为促进社会和谐稳定做出了贡献。

——私营企业工会在促进企业健康发展中的作用更加突出。“促进企业发展、维护职工权益”是中国企业工会工作必须遵循的原则，也是中国工会区别于西方国家工会的一个重要标志。遵循这一原则，要求企业工会要在维护好广大职工合法权益的同时，团结引导职工立足本职、爱岗敬业，学赶先进、争创一流，促进企业持续健康发展，为实现职工的利益奠定坚实的物质基础，达到企业和职工互利双赢的目的。正是基于企业工会工作的这一原则，广大私营企业工会把促进企业发展作为一项重要工作，紧紧围绕企业生产和发展的需要，广泛开展了合理化建议、技术攻关、评选岗位技术能手、“创建学习型组织、争当知识型职工”等劳动竞赛活动，增强了私营企业的发展后劲。江苏省苏州市沧浪区凤凰餐饮一条街开业之初，所有私营企业未建立工会组织，企业主们既不重视职工的合理诉求，也不重视职工合法权益的维护。一些职工便以消极怠工或破坏方式来发泄对老板的不满，有的厨师甚至将食用油、味精倒入阴沟里，劳资关系一度较为紧张。双塔街道工会联合会成立后帮助指导所辖的行业工会依据《工会法》、《中国工会章程》起草了工会联合会章程，指导行业工会与同业公会签订集体合同，指导行业工会定期就职工关注的工资、休假、社会保险缴纳等问题同业公会进行平等协商，调解劳资双方之间的矛盾。同时，工会组织还定期举行各种培训、开展劳动技能竞赛等活动。并利用各种节日举办职工所喜闻乐见的文化娱乐活动。2004 年春节，餐饮企业工会在通天府大酒店举行了“凤凰街慈善募捐大会”，20 多家私营企业的近 200 名员工参加募捐，共捐款 5 000 元，全部用于救助在本街就业的特困外来务工人员，增强了企业的凝聚力。自行业工会组建以来，行业一条街呈现出祥和、和谐的景象。凤凰餐饮一条街被苏州市评为第一个“文明示范街”。一位业主深有感慨地讲：“建会前，我担心工会组织会找自己的麻烦，日子不好过。没想到工会的成立，给了我一颗‘定心丸’，职工安心了，我也不再为劳资关系紧张而烦心了。”

——私营企业工会工作的活力不断增强。发挥私营企业工会在促进企业发展、维护职工合法权益中的作用，必须激发其履行职责的内在动力，从 1995 年始，全总在全国范围内组织开展了以“企业爱职工、职工爱企业，评热爱企业的优秀员工、评热爱员工的优秀企业经营者”活动，下发了《关于开展“双爱双评”活动的通知》，对开展活动的指导思想、主要内容和组织实施方法进行了明确。十多年来，这一活动不断深化，社会影响日益扩大。从2004年开始，全总与全国工商联联合在包括私营企业在内的广大非公有制企业开展了“关爱职工、实现双赢”活动，每年对热爱员工的企业和热爱企业的员工进行联合表彰。截至2006年9月底，全总和全国工商联已联合表彰了近200名热爱员工的企业经营者、近200名热爱企业的优秀员工。中共中央政治局委员、全国人大副委员长、中华全国总工会主席王兆国，全国政协副主席、全国工商联主席黄孟复等党和国家领导人每年都要亲切接见参加会议的代表并发表重要讲话。这些活动的开展对私营企业工会创造性开展工作起到了激励和导向作用。为使私营企业工会真正能够独立自主地开展工作，各地进行了企业工会主席直选、上级工会给私营企业下派工会主席候选人和建立企业工会主席维权保障基金等探索，努力为私营企业工会主席开展维权工作创造更好的外部条件。湖北省总工会出台了《基层工会主席直接选举试行办法》和《基层工会干部依法维权责任考核和权益保障试行办法》，同时每年拿出100万元作为基层工会主席维权保障基金，激励包括私营企业工会主席在内的广大基层工会干部主动维权、依法维权、科学维权。近年来，越来越多的私营企业工会把为职工办实事、做好事、解难事作为增强工会吸引力的重要举措，广泛开展为职工送技能、送岗位、送娱乐、送健康活动，把帮助私营企业特困职工子女上学列入帮扶的重要内容，并组织开展了职工医疗互助等活动，让广大职工感受到工会大家庭的温暖，私营企业工会的凝聚力进一步得到增强。

关于表彰全国非公有制经济人士优秀中国特色社会主义事业建设者的决定

改革开放以来，在党和国家政策的指引下，我国非公有制经济得到了长足发展，为推动国民经济的持续快速增长，促进社会主义市场经济体制的进一步完善，缓解社会就业压力和构建社会主义和谐社会发挥了重要作用。随着非公有制经济的发展，在非公有制经济人士中涌现出了一大批优秀分子，他们认真贯彻执行党的路线方针政策，爱国、敬业、诚信、守法、贡献，积极实践科学的发展观，重视企业文化建设，支持企业加强党、团和工会组织建设，切实保障员工的合法权益，依法纳税，积极吸纳社会就业，主动参与社会公益事业，得到了社会各界的好评。为深入贯彻落实党的十六大和十六届三中全会、四中全会精神，实践"三个代表"重要思想，进一步促进非公有制经济健康发展和非公有制经济人士健康成长，进一步调动非公有制经济人士投身全面建设小康社会的积极性，经中央批准，并经非公有制经济人士所在企业党组织申请、地市推荐、省级评选表彰活动领导小组认定、省级党委批准、新闻媒体公示等程序，中共中央统战部、国家发展和改革委员会、人事部、国家工商总局、全国工商联决定，对于果等100名非公有制经济人士进行表彰，授予"优秀中国特色社会主义事业建设者"奖章，并颁发证书。

此次受到表彰的非公有制经济人士是全国广大非公有制经济人士中的优秀代表，他们身上集中展现了广大非公有制经济人士投身中国特色社会主义建设事业的精神风貌。希望受到表彰的非公有制经济人士谦虚谨慎，戒骄戒躁，不辜负党和人民的殷切希望，在全面建设小康社会的伟大实践中，再立新功。希望全国广大非公有制经济人士以他们为榜样，在以胡锦涛同志为总书记的党中央领导下，深入学习贯彻邓小平理论和"三个代表"重要思想，积极实践科学发展观，做到爱国、敬业、诚信、守法、贡献，争做优秀中国特色社会主义事业建设者，为全面建设小康社会、实现中华民族伟大复兴做出新的更大贡献。

中共中央统战部
国家发展和改革委员会
人事部
国家工商总局
全国工商联
二〇〇四年十二月二十二日

全国非公有制经济人士优秀
中国特色社会主义事业建设者名单

于　果	蓝天职业技术学院院长
尹明善	重庆力帆控股有限公司董事长
王子华	北京京奥港集团董事长
王文京	北京用友软件股份有限公司董事长
王安康	云南南磷集团股份有限公司董事长
王均瑶	均瑶集团有限公司董事长
邓　伟	亿阳集团有限公司董事长
付胜龙	大汉控股集团有限公司董事长
卢志强	泛海集团有限公司董事长
赵步长	陕西咸阳步长制药有限公司董事长
任怀灿	昆明诺仕达企业（集团）有限公司总裁
伍跃时	长沙新大新集团有限公司董事局主席
刘永好	四川新希望集团有限公司董事长
刘汉元	四川通威股份有限公司董事长
刘玉芬（女）	河北春蕾实业集团有限公司董事长
刘志强	香江集团有限公司董事长
刘迎霞（女）	哈尔滨翔鹰股份有限公司董事长
刘幸偕	上海高智科技发展有限公司董事长
刘建民	甘肃建新实业集团有限公司董事长
刘忠元	内蒙古元和（集团）有限责任公司董事长
刘忠田	辽宁忠旺集团董事长
刘金虎	宁夏金龙集团董事局主席
刘积仁	东软集团有限公司董事长
刘锦兰	江苏兴达钢帘线股份有限公司董事长
后　力	安徽江淮电缆集团有限公司总裁
孙广信	新疆广汇实业投资（集团）有限责任公司董事局主席
孙树华	河南省华林塑料集团有限公司董事长
孙甚林	重庆南方集团有限公司总裁
朱开友	汇源集团有限公司董事长
朱奕龙	宁夏银帝集团董事长
米恩华	新疆华凌工贸（集团）有限公司总裁
许连捷	福建恒安集团有限公司首席执行官

闫希军　　　天津天士力集团有限公司总裁
严晓群　　　南京斯威特集团有限公司董事长
严望佳（女）北京启明星辰信息技术有限公司首席执行官
余渐富　　　安徽南翔集团董事长
吴一坚　　　金花企业集团总裁
吴振山　　　河北天山实业集团有限公司董事长
宋佳城　　　海湾安全技术有限公司董事长
张大中　　　北京市大中电器有限公司董事长
张文中　　　北京物美投资集团有限公司董事长
张芝庭　　　贵州神奇集团董事局主席
张近东　　　苏宁电器集团董事长
张学阳　　　武汉精伦电子股份有限公司董事长
张思民　　　深圳海王集团股份有限公司董事长
李如成　　　雅戈尔集团总裁
李安民　　　山西安泰集团股份有限公司董事长
李洪信　　　山东太阳纸业股份有限公司董事长
李家翔　　　西宁三田实业集团董事长
李新炎　　　福建龙工集团有限公司董事局主席
杨　敏（女）抚顺罕王实业集团有限公司董事局主席
杨兴义　　　宁夏兴俊实业集团董事长
杨钦欢　　　广东梅雁企业（集团）股份有限公司董事长
杨喜庆　　　西安宏府集团董事长
汪远思　　　河南思达科技发展控股有限公司名誉董事长
沈文荣　　　江苏沙钢集团有限公司董事长
花　欣　　　成都迈普产业集团董事长
苏寿堂　　　山东华乐实业集团公司董事长
苏志刚　　　广州长隆集团有限公司董事长
邱继宝　　　飞跃集团有限公司董事长
陆　锦　　　山东大陆企业集团有限公司董事长
陈　丹　　　广东恒兴集团有限公司董事长
陈　峰　　　海南航空股份有限公司董事长
陈年代　　　汇仁集团有限公司董事长
陈显彬　　　广西三环企业集团股份有限公司董事长
周　伟　　　贵州西洋肥业有限公司董事长
周海江　　　红豆集团有限公司总裁
宗庆后　　　杭州娃哈哈集团有限公司董事长
林欧文　　　福建省三爱药业股份有限公司董事长
茅永红　　　百步亭集团总裁
修涞贵　　　吉林修正药业集团股份有限公司董事长
南存辉　　　正泰集团董事长
柯尊洪　　　成都康弘药业集团董事长
段转建（女）安徽国祯集团股份有限公司董事长

祝义才　　江苏雨润食品产业集团有限公司董事长
胡成中　　德力西集团有限公司董事局主席
胡葆森　　建业住宅集团（中国）有限公司董事长
席劲松　　上海舜业钢铁集团有限公司董事长
徐　明　　大连实德集团有限公司总裁
徐冠巨　　传化集团有限公司董事长
柴宝成　　天津宝成机械集团有限公司董事长
袁玉珠　　山西中阳钢铁集团有限责任公司董事长
郭广昌　　上海复星高科技（集团）有限公司董事长
高元坤　　山东力诺集团有限责任公司董事长
高振富　　大庆市振富企业集团董事局主席
梁国坚　　广西索芙特股份有限公司董事长
梁稳根　　三一重工股份有限公司董事长
黄锦辉　　利安达信隆会计师事务所有限责任公司董事长
富子荣　　内蒙古华荣实业集团有限公司董事长
景　柱　　海南汽车集团有限公司董事长
谢圣明　　红桃开集团股份有限公司董事长
韩真发　　吉林正业集团有限责任公司总裁
摆金生　　乌鲁木齐市恒宇祥实业有限公司董事长
楼忠福　　广厦控股创业投资有限公司董事局主席
群　培　　拉萨市城关区哈达集团公司董事长
雷菊芳（女）甘肃奇正实业集团有限公司董事长
穆麒茹（女）北京兆泰房地产开发有限责任公司董事长
霍振祥　　北京统一石油化工有限公司董事长
魏中浩　　上海爱普香料有限公司董事长

中国私营经济大事记

2004 年 7～12 月私营经济大事记

7 月 1 日，新修订的《中华人民共和国对外贸易法》，自今日起正式实施。根据《外贸法》的有关规定，商务部制定发布了《对外贸易经营者备案登记办法》。自 7 月 1 日起，取消对外贸经营权的审批，改为备案登记制，个人履行法定程序后也可从事外贸经营。

7 月 22 日，温家宝总理再次对非公有制经济发展做出重要批示，指出，“我国个体、私营等非公有制经济是社会主义市场经济的重要组成部分，是促进社会生产力发展的重要力量，对经济增长、扩大就业、活跃市场、增加财政收入发挥着重要作用。要按照党的十六大和宪法的要求，坚持公有制为主体、多种所有制经济共同发展的基本经济制度，毫不动摇地巩固和发展公有制经济，毫不动摇地鼓励、支持和引导非公有制经济发展。要抓紧研究制定鼓励、支持和引导非公有制经济发展的政策措施，清理和修订限制非公有制经济发展的法律法规和政策，消除体制性障碍，切实保护私有财产权，使非公有制企业与其他企业享受同等待遇，实现公平竞争。当前，国家实行的宏观调控，解决经济运行中的突出矛盾和问题，不仅有利于国民经济平稳较快发展，也有利于非公有制经济健康发展。”

7 月 25 日，国务院在青岛召开促进非公有制经济发展座谈会，会上宣读了温家宝总理 7 月 22 日的重要批示，国务院副总理曾培炎出席会议并讲话。曾培炎强调，要放宽市场准入，允许非公有制资本进入法律法规未禁入的基础设施、公用事业及其他行业和领域。继续深化改革，保障非公有制企业在投融资、税收、土地使用和对外贸易等方面，与其他所有制企业享受同等待遇。深化金融体制改革，积极探索建立适应非公有制经济和中小企业发展需要的融资机制。

7 月 27 日，浙江省向社会公开招聘副厅级、县级党政正职领导干部，在报名参加考试的人当中有 10 位民营企业家。选拔结果 10 位民营企业家虽已数悉落选，但浙江省做出面向包括民营和外资企业管理人员在内的非公有制经济组织人士招聘，在全国尚属首次。

8 月 1 日，据新华社消息，截至 7 月 28 日，我国有 52 家个体企业获得外贸经营权。

8 月 1 日，国家工商总局颁布的《个体工商户登记程序规定》正式生效，该《规定》明确要求，申请人提交的申请材料齐全、符合法定形式的，登记机关应当当场予以登记。申请材料不齐全或者不符合法定形式，应当当场或者在 5 日内一次告知申请人需要补正的全部内容，申请人按照要求提交全部补正申请材料的，登记机关应当受理。除当场登记的外，登记机关应当自受理登记申请之日起 15 日内做出是否准予登记的决定。登记机关做出准予登记的，应当发给申请人准予个体工商户登记通知，并在 10 日内向申请人颁发，送达个体工商户营业执照。不予登记的，应当发给申请人不予个体工商户登记通知书。

8 月 18 日，由广厦集团、吉利集团等多家民营企业参股组建的民营银行——浙江商业银行正式成立。该银行 15 家股东中，民营企业占有 13 家，占全部股东的 85.71%。

8 月 19 日，唐港铁路有限责任公司正式挂牌成立（唐山迁安至曹妃甸铁路）。该公司因含有“民间资本成分”而被铁道部誉为“铁路投资机制的一个新范例”。然而就在公司正式挂牌之日，该公司原 8 家股东中惟一的民营企业——广东珠江投资有限公司突然从股东名单中消失，余下的 7 家股东全是国有企业。

8 月 27 日至 29 日，国务院总理温家宝到台州、温州、杭州的农村和浙江汽轮集团、青春宝集团等国有企业，以及星星集团、飞跃集团、康奈集团等非公有制企业进行考察，召开了部分非公有制企业负责人座谈会。他指出，我国个体、私营等非公有制经济是社会主义市场经济的重要组成部分，是促进社会生产力发展的重要力量。鼓励、支持和引导非公有制经济发展，对于全面建设小康社会和加快现代化建设具有重要意义。

8 月 31 日，华融托管德隆 3 家核心企业。9 月，德隆旗下的德恒、恒信、中富 3 家券商和金新信托再被华融托管。

9 月 14 日，十届全国人大常委会第十一次会议通过 9 部相关法律修正案后，国务院相关部门取消和调整的审批项目达到了1 086项，占审批项目总数的 50.1%，实现了中央提出的大幅度减少行政审批项目的目标，审批过多过滥的状况明显改变。

9 月 16 日，西班牙东南小城埃尔切，一把火烧毁了中国鞋城里温州商人价值 100 多万欧元的鞋子。此后半个月，该城又发生两起针对中国鞋商的抗议活动。

9 月 19 日，党的十六届四中全会通过的《中共中央关于加强党的执政能力建设的决定》中明确指出：“正确处理坚持公有制为主体和促进非公有制经济发展的关系，毫不动摇地巩固和发展公有制经济、发挥国有经济的主导作用，毫不动摇地鼓励、支持和引导个体、私营等非公有制经济发展，使两者在社会主义现代化建设进程中相互促进、共同发展”。

12 月 8 日，联想集团以 12.5 亿美元收购 IBM 全球 PC 业务成功。在收购 IBM 电脑业务后，联想将成为全球第三大电脑厂商，仅次于戴尔与惠普。

12 月 24 日，中央统战部、国家发改委、人事部、工商总局、全国工商联联合表彰了 100 名非公有制经济人士。并授予他们“优秀中国特色社会主义事业建设者”称号。这是我国首次对为改革开放和社会主义建设做出贡献的非公有制经济人士进行表彰，体现了党中央国务院对广大非公有制经济人士的亲切关怀和殷切期望。

2005 年私营经济大事记

1 月 1 日，《中华人民共和国进出口货物原产地条例》自即日起正式实施。1992 年 3 月 8 日国务院发布的《中华人民共和国出口货物原产地规则》、1986 年 12 月 6 日海关总署发布的《中华人民共和国海关关于进口货物原产地的暂行规定》同时废止。

1 月 20 日，根据商务部提供的信息，我国民营企业出口额 2004 年首次突破千亿大关，达到

1 011.6 亿美元，同比增长 68.6%，增幅分别超过国有企业和外资企业 57.2 个百分点和 27.7 个百分点，民企出口占我国总出口的比重已从不足 1% 上升到 17%。

2 月 1 日，中央统战部、全国工商联和中国民（私）营经济研究会联合在京举行“中国私营企业第六次全国问卷调查数据发布暨《中国私营经济年鉴》第五册首发式”。全国政协副主席、中央统战部部长刘延东出席并讲话。有关方面领导、专家、新闻工作者近 200 人出席发布会。

2 月 24 日，新华社授权全文播发了《国务院关于鼓励支持和引导个体私营等非公有制经济发展的若干意见》。《若干意见》从放宽非公有制经济市场准入、加大对非公有制经济的财税金融支持、完善对非公有制经济的社会服务、维护非公有制企业和职工的合法权益、引导非公有制企业提高自身素质、改进政府对非公有制企业的监管、加强对发展非公有制经济的指导和政策协调等七个方面，提出了鼓励、支持和引导个体私营等非公有制经济发展的政策措施。

2 月 25 日，人民日报发表题为《推动非公有制经济跨入历史发展新阶段》的社论。社论指出，《国务院关于鼓励支持和引导个体私营等非公有制经济发展的若干意见》是一部全面促进非公有制经济发展的重要政策性文件，对于推动非公有制经济跨入历史发展的新阶段，实现更好的发展，具有重要的现实意义和深远的历史影响。社论指出，只要各地区、各部门不断提高驾驭社会主义市场经济的能力，确保《若干意见》中各项方针政策落到实处，我国的非公有制经济必将迎来一个新的发展春天，必将为全面建设小康社会做出新的更大的贡献。

3 月 5 日，国务院总理温家宝在十届全国人大三次会议上代表国务院作的《政府工作报告》中要求：“鼓励、支持和引导非公有制经济发展。认真贯彻落实国务院《关于鼓励支持和引导个体私营等非公有制经济发展的若干意见》，为非公有制企业创造平等竞争的法制环境、政策环境和市场环境；进一步放宽非公有制资本进入的行业和领域，拓宽非公有制企业融资渠道，依法保护私有财产权和非公有制企业权益。改进政府对非公有制企业的服务和监管。非公有制企业要提高自身素质，遵守国家法律法规政策和安全、环保等规定，保障职工合法权益。”

3 月 12 日，大批俄罗斯税务部门的经济警察，突然来到距莫斯科市南区 14 公里的萨达沃特花鸟市场，以这批货物“没有通过正规报关手续”为由，将储放在该市场集装箱仓库的大批中国鞋类产品强行运走。这批鞋制品主要来自温州纳斯特鞋业等 20 家中国出口企业，共涉及 100 多个集装箱，价值 8 000 多万元人民币。

3 月 21 日，为落实《国务院关于鼓励支持和引导个体私营等非公有制经济发展的若干意见》。国家工商总局下发了《关于发挥工商行政管理职能作用促进个体私营等非公有制经济发展的通知》（工商个字［2005］第 39 号），《通知》从以下八个方面提出要求：用科学发展观统领和指导促进个体私营经济发展工作；改革市场主体登记管理制度，放宽市场准入，鼓励公平竞争；积极推动农村个体私营企业发展，提高农业业综合生产能力，促进农民增收和农村劳动力转移；按照统筹城乡发展的要求，积极支持和引导个体私营企业促进区域经济协调发展；鼓励、支持和引导个体私营企业大力发展第三产业；积极引导下岗失业人员和大学生从事个体私营经济，促进就业和再就业工作；加强执法和规范管理；进一步改进工作作风，优质高效服务。

3 月 23 日，奥克斯集团宣布退出汽车市场。此前，奥克斯曾以“发展民族汽车工业”为己任，力争打造一个“具有独立知识产权和较高品牌效应的奥克斯汽车”，结果是用了 4 000 万元投入和一年时间却遭遇了一系列的挫折。

3 月，自从《国务院关于鼓励支持和引导个体私营等非公有制经济发展的若干意见》发布后，先后有北京市、天津市、河北省、山西省、吉林省、黑龙江省、上海市、浙江省、福建省、湖北省、湖南省、海南省、重庆市、四川省、西藏自治区、陕西省、甘肃省、青海省、宁夏自治区、新疆自治区的人民政府或省委和省人民政府制定了贯彻《若干意见》的实施意见。

4 月 13 日，《国务院关于非公有制资本进入文化产业的若干决定》（国发［2005］10 号）发布。《决定》就逐步形成公有制为主体、多种所有制经济共同发展的文化产业格局做出了规定。《决定》指出，国家明确鼓励支持非公资本进入文化表演团体、演出场所、博物馆和展览馆、艺术教育与培训、文化艺术中介、电影电视剧制作发行等众多文化产业领域，并可在文艺表演团体、演出场所等文化公司中持有控股权。

该《决定》同时指出，在出版物印刷、发行、新闻出版单位的广告、发行，广播电台和电视台的音乐、科技、体育、娱乐方面节目制作、建设和经营有线电视接收网等业务中，非公资本也可入股，但国有资本所持股份必须达到 51% 以上。

4 月 14 日，30 多名私营企业家和 23 名农民工的名字赫然出现在 2005 年全国劳模和先进工作者候选人公示榜上。这是私营企业家和农民工首次登上全国劳动模范的评选榜单。

4 月 18 日，国务院减轻企业负担部际联席会议下发了《关于治理向个体私营等非公有制企业乱收费、乱罚款和各种摊派等问题的通知》（国减［2005］2 号）。《通知》要求各地区各部门取消涉及企业的行政事业性收费、政府性基金；对非公有制企业与公有制企业实行统一政策；政府部门和有关单位不得强制非公企业代收各种费用等八个方面，对向个体私营等非公有制企业乱收费、乱罚款和各种摊派等行为进行重点治理。《通知》同时规定，对初创小企业减免登记注册费，禁止向非公企业乱检查、乱评比、乱培训、乱拉赞助。

5 月 7 日，国家质量检验检疫总局下发了《关于鼓励支持和引导个体私营等非公有制企业实施以质取胜战略的意见》（国质检质［2005］191 号）。《意见》的出台旨在贯彻落实《国务院关于鼓励支持和引导个体私营等非公有制经济发展的若干意见》，鼓励支持非公有制企业实施以质取胜战略，提高非公有制企业的质量管理和产品质量水平。

5 月 15 日，前健力宝集团董事长张海因涉嫌挪用银行贷款罪被警方批捕。在张海掌管健力宝不到 3 年的时间内，这个有着 20 年历史的民族饮料企业陷入了现金流失短缺、负债持续走高的窘境。

5 月 23 日，“深圳航空有限责任公司股权拍卖”，在深圳一槌定音，其股权的 65% 被民营企业深圳市汇润投资有限公司和亿阳集团有限公司以 27.2 亿元人民币收购。

5 月 23 日，继证券公司获准发行短期融资券之后，非金融企业的短期融资券发行最终开闸。

央行发布了《短期融资券管理办法》（下称《办法》）以及《短期融资券承销规程》、《短期融资券信息披露规程》两个配套文件，允许符合条件的企业在银行间债券市场向合格机构投资者发行短期融资券。允许发行的短期融资券最长期限为365天，短期债券金额不得超过其净资产的40%。短期融资券只对银行间债券市场机构投资人发行，不对社会公众发行。央行同时称，发行人应进行信用评级，聘请注册会计师进行审计，应聘请律师出具法律意见书。此外，央行还明确了发行人的信息披露规范。

6月6日，全国工商联、劳动和社会保障部、全国总工会联合举办的民营企业招聘周正式拉开序幕。全国100个大中城市的1万多家民营企业参与了招聘周活动，提供了20多万个就业岗位。

6月15日，国防科工委颁布的《武器装备科研生产许可实施办法》正式生效。《办法》打破了武器装备科研生产由军工企业和国有资本垄断的局面，第一次允许得到许可的民营企业、外资企业进入国防科技工业领域。

6月29日，中国首家民营石油联合企业——长联石油控股公司在京宣布成立。长联石油由多家民营企业发起成立，有近50家民营企业入股，涉及资本约50亿元人民币，是中国规模最大的综合性石油业民营实体。

6月30日，全国工商联首发《中国民营企业发展报告》，《报告》对当前民营企业的发展现状作了详尽的描述，对新中国成立以来民营企业的发展历程作了较全面的回顾。

7月18日，继首家民营“奥凯”航空公司2004年6月运营以来，第二家民营航空公司“春秋航空公司”正式运营。

7月26日，《铁道部关于鼓励支持和引导非公有制经济参与铁路建设经营的实施意见》（铁政法［2005］123号）正式实施。《意见》充分认识非公有制经济参与铁路建设经营的重要意义，要求放宽市场准入、鼓励各类非公有制资本进入铁路行业，要求加大改革力度，为非公有制经济参与铁路建设经营创造良好环境。

7月28日，为促进和指导各银行不断改善对小企业的金融服务，逐步调整和优化信贷资产结构，根据《中华人民共和国银行法》、《中华人民共和国银行监督法》，以及《国务院关于鼓励支持和引导个体私营等非公有制经济发展的若干意见》等法规和有关规定，银监会制定了《银行开展小企业贷款业务指导意见》（银监发［2005］54号）。《指导意见》规定，各银行应有专门部门负责小企业贷款工作，对小企业贷款业务加强专项指导和分账考核。小企业贷款产品应体现起点金额、利率浮动水平、担保要求、贷款期限和还款方式等方面的差异，以便小企业根据各自情况进行选择。

7月29日，民营企业科龙电器董事长顾邹军因涉嫌经济问题被检察机关立案侦察，顾本人已被采取刑事强制措施（限制自由）。

8月5日，中国搜索引擎企业百度正式在美国纳斯达克斯股票交易市场挂牌上市。发行价27

美元，开盘价66美元，然后一路狂飚，到交易日收盘时，百度股份定格为122.54美元，市值达到了39.58亿美元，股价涨幅达到了353.85%。

8月15日，中国民用航空总局制订的《国内投资民用航空业规定（试行）》今日正式试行。按照规定，今后各种所有制主体都可以投资民用航空业，鼓励国内投资主体投资航油企业。

8月18日，《国家统计局关于统计上对公有和非公有控股经济的分类办法》（国统字［2005］79号）正式实施。1998年国家统计局印发的《关于统计上划分经济成分的规定》中的附件三《关于统计上国有经营控股情况的分类办法》同时废止。新办法以法人企业作为分类对象，根据企业实收资本中某种经济成分的出资人实际出资情况进行分类，并按出资人对企业的控股程度，分为绝对控股和相对控股。《办法》将非公有制控股经济规定为私人控股、私人绝对控股、私人相对控股。港澳台商控股、港澳台商绝对控股、港澳台商相对控股。外商控股、外商绝对控股8类。

8月30日，全国工商联授予白洋淀雁翎队纪念馆爱国主义教育基地示范单位牌匾。该馆是民营企业家河北源兴电力安装有限公司董事长袁大炳等投资6 000万元兴建的。目的是让人们不忘抗战历史。

8月31日，由香江集团出资5 000万元成立的中国第一家私立慈善基金——香江社会救助基金会诞生，该基金会是民政部批准成立的，他的成立标志着中国社会私人捐赠制度化的开始。

9月5日，据商务部发布的统计数字显示，2004年，中国国有企业在境外的投资下降了8个百分点，而有限责任公司和私营企业对外投资比重分别上升了8个和2个百分点。

9月8日，随同国家主席胡锦涛访问加拿大的80名企业家中，浙江商人占1/4，其中温州企业占14席。

9月10日，国家税务总局计划司和中国税务杂志社联合发布的2004年度中国私营企业纳税百强排行榜显示，2004年度中国私营企业纳税百强共纳税51.21亿元，户均纳税5 000余万元，比2003年增长35.48%。其中在2004年度福布斯公布的中国富豪排行榜（200名）中，有12位富豪名下的企业进入2004年度中国私营企业纳税百强排行榜。

9月13日，科龙电器公告披露，截至2005年8月31日，科龙电器及其控股子公司遇到的涉讼或仲裁案件共计108件，涉及金额5 .94亿元。公告显示，在108件诉讼或仲裁案件中，科龙电器及其控股子公司作为原告的案件有17件，标的额为1506.39万元；科龙电器及其控股子公司作为被告的案件有91件，标的额为5.79亿元。

9月14日，据人民日报报载，美中关系全国委员会日前宣布，将一年一度的“推动美中关系杰出贡献个人”表彰授予联想控股有限公司总裁柳传志。这是该组织成立40年来首次将此奖颁发给非美籍人士。

9月17日，海信集团进驻科龙集团公司的管理层班子正式亮相，海信集团副总裁、海信空调有限公司总经理汤业国接替刘从梦出任科龙集团总裁。

9月19日，全国政协副主席、全国工商联主席黄孟复率中国民营企业家访问美国。在美期间，黄孟复呼吁美国有关方面尽早承认中国市场经济地位。

9月20日，商务部、中国出口信用保险公司联合下发《关于实行出口信用保险专项优惠措施支持个体私营等非公有制企业开拓国际市场的通知》（商规发［2005］389号），《通知》明确提出对非公有制企业实行八项专项优惠支持措施。这些措施，不但将使广大非公有制企业享受到国家政策的支持，获得出口信用保险的保驾护航，而且还可以有效规避风险，使企业自身发展更为顺利。

9月26日，商务部下发了《关于促进中小流通企业改革和发展的指导意见》（商改发［2005］483号），目的是贯彻落实《国务院关于促进流通发展的若干意见》和《国务院关于鼓励支持和引导个体私营等非公有制经济发展的若干意见》，引导中小流通企业加快改革发展步伐，促进中小流通企业健康发展。

9月27日，中华工商时报披露，雅戈尔公司5个产品共同获得2005年中国名牌产品奖。雅戈尔两年来不惜投入数亿元资金用于技术改造和设备更新，并通过服装城和纺织城的建设，打造集面料、成衣、零售一体化的产业链。

9月27日，全国工商联与20余位民营企业家发起建立的“中华红丝带家园”在河南省上蔡县建成并投入使用，家园占地30余亩，建筑面积3 000余平方米，开园之日已有70余名因艾滋病致孤儿童进驻该家园。中共中央政治局常委、全国政协主席贾庆林为家园落成典礼发来贺信。

9月28日，全国工商联、全国总工会联合在京召开“关爱员工、实现双赢”表彰及经验交流大会，中共中央政治局委员、全国人大常委会副委员长王兆国接见了全体代表，全国政协副主席、中央统战部部长刘延东、全国政协副主席、全国工商联主席黄孟复出席并讲话。此次会上共表彰了在“关爱员工、实现双赢”活动中做出成绩的87位民营企业家和87位企业员工及86个先进集体。

9月30日，国家发展改革委关于贯彻落实《国务院关于鼓励支持和引导个体私营等非公有制经济发展的若干意见》的分工方案（发改企业［2005］966号）正式发布。《分工方案》从放宽非公有制经济市场准入、加大对非公有制经济的金融支持、完善对非公有制经济的社会服务、维护非公有制企业和职工的合法权益、引导非公有制企业提高自身素质、改进政府对非公有制经济企业监管六大方面提出了分工落实《若干意见》。

10月13日，中国光彩事业促进会向巴基斯坦地震灾区捐赠价值100万元人民币的毛毯，用于紧急救援巴灾区人民生活。捐赠仪式在首都机场举行，中央统战部副部长、全国工商联第一副主席、中国光彩事业促进会副会长胡德平等领导、巴基斯坦驻华大使萨尔曼，中国红十字会常务副会长江亦曼等出席捐赠仪式。

10月13日，国家发改委办公厅下发了《关于健全非公有制经济和中小企业统计监测体系做好生产经营分析工作的通知》（发改办企业［2005］2177号），《通知》从贯彻落实《中华人民共和国中小企业促进法》、《国务院关于鼓励支持和引导个体私营等非公有制经济发展的若干意见》出发，对健全非公有制经济和中小企业统计监测制度与做好企业生产经营分析、报送非公有制经济和中小企业的统计及分析资料，提出了具体要求。

10月18日，文化部正式出台了《关于鼓励支持和引导非公有制经济发展文化产业的意见》。《意见》鼓励非公有制文化企业积极参与文化产品出口、申报文化产业基地、政府文化项目采购和招投标；中央和地方建立的文化产业发展专项资金，对非公有制文化企业兴办的符合国家政策的产业项目，将与国有、集体文化企业执行同一程序、同一标准。此外，《意见》对非公有制经济参与国有文化单位重组、改造也作了明确规定。

10月26日，北京科瑞、北京信远、北京新华联、山东华隆等10家民营企业再次援助巴基斯坦共计近300万元人民币。巴基斯坦驻华大使萨尔曼代表巴国接受捐赠。全国工商联第一副主席胡德平出席捐赠仪式并讲话。

10月27日，第十届全国人民代表大会常务委员会第十八次会议讨论修订了《中华人民共和国公司法》。这是自1993年《公司法》颁布以来，全国人大常务委员会对该法作的第三次修订。此次修订后的《公司法》，除修订了原法诸多条款内容外，还增加了不少新的条款。新法引入公司法人人格否认制度；增加了股份有限公司可实行累积投票的规定；新法同时将原法中规定的有限责任公司的注册资本、股份有限公司的注册资本由原规定的最高50万元和1000万元，降到最低为3万元和500万元。除此以外，新法还删去了公司对外投资占公司净资产一定比例的限制，增加了股东诉讼的规定和有限责任公司中小股东在特定条件下的退出机制等。

10月27日，第十届全国人民代表大会常务委员会第十八次会议以高票通过了《中华人民共和国证券法》修订案。此次修订的《证券法》，外延有所扩充，从根本上改变了现行《证券法》只是作为股票现货交易法的地位。该修订案还将原《公司法》中的有关证券发行条款完善后全部移到了《证券法》，避免了过去“一律两法”的现象。新《证券法》也充分体现了维护公众投资者利益的立法宗旨。

10月28日，由中华工商时报与北京大学民营经济研究院共同主办的“北大民营经济论坛”专刊正式出刊。全国政协副主席、中共中央统战部部长刘延东为专刊题写了贺词。中央统战部副部长、全国工商联第一副主席胡德平，北京大学民营经济研究院院长厉以宁为专刊撰写了专题文章。“北大民营经济论坛”专刊暂定每月一期。专刊包括“民营经济新视角”、“专家评说”、“与北大对话”、“政策探讨”等栏目。

11月1日，国家外汇管理局下发的《关于境内居民通过境外特殊目的公司融资及返程投资外汇管理有关问题的通知》（汇发［2005］75号）今天实施。文件的出台旨在进一步完善创业投资政策支持体系，规范境内居民通过境外特殊目的的公司从事投融资活动所涉及的跨境资本交易。

11月4日，《文化部财政部人事部国家税务总局关于鼓励发展民营文艺表演团体的意见》（文市发［2005］31号）正式对外发布。《意见》从积极支持民营文艺表演团体的发展、放宽民营文艺表演团体的准入、简化民营文艺表演团体的演出审批手续、加强对民营文艺表演团体创作演出的指导和支持、鼓励和支持民营文艺表演团体参加对外文化交流、加强民营文艺表演团体人才培养、完善对民营文艺表演团体的管理、努力形成有利于民营文艺表演团体健康发展的社会舆论氛围等8个方面提出具体意见，鼓励支持民营表演团体的发展。

11月4日，世界商业杂志《福布斯》在北京公布了2005年福布斯中国富豪榜。本年度上榜人数从2004年的200人扩大到400人，首次与美国富豪榜的人数旗鼓相当。此次上榜的400个富豪平均拥有个人财富14.8亿元，最低入围标准是5亿元人民币，被评为首富的拥有133亿元亿人民币。从榜单上看，45岁以下的中国富豪几乎占了榜单的一半，最年轻的只有24岁，共有25位女富豪上榜。

11月9日，国务院下发《关于进一步加强就业再就业工作的通知》，明确提出要全面落实鼓励、支持和引导个体私营等非公有制经济发展的方针政策，认真贯彻执行国家关于发展第三产业的政策措施，在推动第三产业和多种所有制经济发展中广开就业门路。

11月10日，民营企业——横店集团和万向钱潮成为当年首发短期融资券企业。其中横店集团腔股有限公司在银行间市场发行规模为10亿元的一年期的短期融资券。短期融资是指我国境内具有法人资格的非金融企业，依照《短期融资券管理办法》规定的条件和程序，在银行间债券市场发行，并在约定期限内还本付息的有价证券。依照本办法，企业申请发行融资券必须满足以下七项条件：①中华人民共和国境内依法设立的企业法人；②具有稳定的偿债资金来源，在最近一个会计年度资金盈利；③资金流动性良好，具有较强的到期偿还能力；④发行融资券募集的资金用于本企业生产经营；⑤近3年没有违法和重大违规行为；⑥近3年发行的融资券没有延迟支付本息的情形；⑦具有健全的内部管理体系和募集资金的使用偿付管理制度。

11月21日，《浙江省企业投资项目核准目录》由省政府发布实施。该《目录》明确，企业经核准后可投资能源、铁路、民航等“敏感领域”。《目录》共罗列了能源、交通运输、原材料等10类30多种项目。根据《目录》，在能源方面，经省级企业投资项目主管部门核准后可投资的领域包括电力、煤炭、石油和天然气。具体是：总装机容量5 000千瓦（含）至25万千瓦的水电站项目、国家规划矿区外煤炭项目、年产50万吨以下的煤炭液化项目、液化石油气接收和存储设施、省域内或年输气能力5亿立方米以下的输气管网。在交通运输方面，企业可投资的领域主要包括：省域内或100公里以下的新建（含增建）铁路项目；未列入国家高速公路网的高速公路、国道主干线以外的国道省道、跨省区市的公路项目；总投资10亿元以下的扩建机场项目。在原材料方面：企业可投资已探明储量5 000万吨以下规模的铁矿开发项目。同样，上述项目也需要经省级企业投资项目主管部门或按照隶属关系由国务院行业主管部门核准。

《目录》同时明确：中方投资3 000万美元以下的资源开发类境外投资项目，及中方投资用汇额1 000万美元以下的非资源类境外投资项目，由省发改委批准。

12月1日，德州晶华集团董事长苗建中在家中自缢身亡。晶华集团是亚洲最大的空心玻璃砖产销基地、中国最大日用玻璃生产基地和粉煤灰利用基地，集团总资产为36亿元人民币。

12月4日，13位温州企业家随温家宝总理对法国、葡萄牙等5国进行访问。据中国贸促会有关人士介绍，近年来随国家领导人出访的高规格“经贸团”中，民营企业代表数量已完全超过国有企业，沪苏浙民营企业家最多，约占出访企业总数的20%~30%。

12月6日，在国家发改委副主任张国宝的主持下，金沙江中游水电开发有限公司发起人协议书签字仪式在人民大会堂举行，国有电力公司华电集团、华能集团、大唐集团、云南省投资公司与民营企业华睿集团发起组建金沙江中游水电开发公司，共同开发金沙江中游水利资源。这是民营企业首次被允许进入国家大型水电项目的开发建设。华睿将占有公司股份的15%，并负责金安桥水电站的建设工程。

12月6日，国务院经济普查领导小组办公室和国家统计局发布的第一次全国经济普查数据显示，全国共有198.2万个私营企业，与2001年第二次全国基本单位普查同口径数据比较，增长49.7%。全国企业法人单位中，国有企业、国有联营企业、国有独资公司共19.2万个，与2001年基本单位普查同口径数据相比，下降48.2%；集体企业、集体联营企业、股份合作企业45.6万个，下降46.9%。全国企业法人单位按照登记注册类型分组，国有企业数量占单位数的5.5%，集体企业占10.5%，私营企业占61.0%。

12月6日，根据第一次全国经济普查资料，2004年末，全国共有限额以上零售业企业法人单位21 692个，就业人员283.2万人，2004年实现商品销售额14 940亿元，其中零售额12 594.7亿元。平均每法人单位拥有从业人员131人，商品销售额6 887.3万元，其中零售额5 806.1万元。

从企业登记注册类型看，私营企业地位较为突出。2004年末，全国共有限额以上私营零售企业法人单位8 725个，就业人员69.9万人，年零售额3394.3亿元，分别占全部限额以上零售业的40.2%、24.7%和27 %。

12月27日，在中国近代银行发祥地山西省平遥县，以“日升隆”、“晋源泰”两家明清票号命名的、民间出资的商业性小额贷款有限公司揭牌成立。这是中国首次批准民间信贷公司下海试水，也是央行在农村金融市场上尝试民间商业性小额信贷组织的试点。

12月27日，重庆市高级人民法院对原德隆系德恒证券7名被告作出终审判决，决定驳回上诉，判处德恒证券交纳罚金1 000万元，德恒证券的7名主管人员由于非法吸收公众存款罪而被判刑并处以10万元至30万元不等罚金。

12月28日，中国光彩事业基金会在北京成立。全国政协副主席、中央统战部部长刘延东，全国政协副主席、全国工商联主席黄孟复为该基金会揭牌。中国光彩基金会的宗旨是，在全国各地和老少边穷地区直接扶持一批扶贫项目，起到示范引导和带动作用；为参与光彩事业的企业家排忧解难；为光彩事业的长期健康发展和中外交流提供支持。

12月29日，国务院法制办公室、国家发展改革委联合下发了《关于开展清理限制非公有制经济发展规定工作的通知》，《通知》要求对县级以上（含县级）地方各人民政府及其所属部门，国务院各部委及有关单位制定的规章、规范性文件以及其他文件进行清理。凡规章、规范性文件以及其他文件主要内容与《国务院关于鼓励支持和引导个体私营等非公有制经济发展的若干意见》不一致的，应当明令废止；个别条款与《若干意见》不一致的，应当予以修改。

12月29日，全国人大常委会根据司法实践中遇到的情况，就《中华人民共和国刑法》有关出口退税、抵扣税款的其他发票规定作了如下解释：刑法规定的“出口退税、抵扣税款的其他发票”，是指除增值税专用发票以外的，具有出口退税、抵扣税款功能的收付款凭证或者完税凭证。

2006年1～6月私营经济大事记

1月10日，全国工商联第一副主席胡德平在海军副政委邬华扬中将的陪同下，率民营企业家一行20余人，赴西沙群岛慰问驻岛官兵，并向驻岛部队赠送了近百万元的现金、数字电影设备、图书、字画和纪念品。

1月12日，中共中央、国务院发出《关于深化文化体制改革的若干意见》。《意见》要求，深化文化企业改革，要规范国有企业文化事业单位的转制。转制企业要在清产核资的基础上，合理确定产权归属，确认出资人身份，明确出资人权利，建立资产经营责任制，形成以公有制为主体、多种所有制共同发展的文化产业格局。

1月12日，中国人民银行、财政部和劳动和社会保障部共同下发了《关于改进和完善小额担保贷款政策的通知》，该《通知》规定，对符合贷款的劳动密集型小企业，当年新招下岗失业人员比例达到企业现有职工总数30%以上，并与其签订一年以上劳动合同的，最高给予100万元人民币的贷款；自谋职业、组织起来再就业的，每人可以给予2万元的贷款额度，以此增加对企业的信贷支持。

1月13日，新能源行业的112家从事小水电、风电、太阳能供热、光伏能发电、生物能、节能技术和设备制造的民营企业家发起成立了“全国工商联新能源商会”。全国政协副主席、全国工商联主席黄孟复出席成立会并讲话。

1月17日，江苏省无锡民营企业红豆集团获国家发改委批准，发行额度为7亿元的企业债券。

1月20日，上海首家由28位民间投资人发起的股份制创业投资公司——上海汇乐投资管理有限公司成立。

1月23日，财政部、国家税务总局下发了《关于下岗失业人员再就业有关税收政策问题的通知》（财税［2005］186号），对企业吸纳下岗职工实行“定额减免”的优惠办法，即企业每吸纳一名下岗职工，每年可减税4 000元，而过去企业只有在吸纳下岗职工人数达到该企业职工总人数的30%时，才能享受税收减免。

2月10日，商务部发布公告称，中石油、中石化根据分销网络布局发展需要，申请对有关地区成品油批发企业进行调整，最终商务部取消了中石化和中石油山东、天津、上海和北京的总计5家子公司的成品油批发经营资质。同时，将这一权利赋予陕西东方石化有限公司、大连铭源、大连保税区奥威尔国际贸易商社和北京远东5家公司。其中4家均为私营企业。

2月16日，筹备已久的渤海银行正式对外营业。渤海银行是1996年以来新获准设立的一家全国性的股份制商业银行。

2月20日，在中国和巴基斯坦建交55周年之际，前来访华的巴基斯坦总统穆沙拉夫在钓鱼台国宾馆会见了由全国工商联第一副主席、中国光彩事业促进会副会长胡德平率领的全国工商联企业家代表团。穆沙拉夫感谢中国光彩事业促进会对巴基斯坦的援助，并希望加强两国企业在经贸领域的投资合作。

2月21日，首个由民营企业若航交通发展有限公司投资的直升机专用机场获准。该停机场占地约90亩，总投资6 000万元，可停放20架各种型号直升飞机，计划于2006年8月在南京浦口区建成，并向社会开放。

2月23日，由中国企业联合会主办、中华全国工商业联合会和中国外商投资企业协会协办的“企业知识产权保护与自主创新大会”在人民大会堂召开。中共中央政治局委员、国务院副总理、国家知识产权工作组组长吴仪出席会议。

2月23日，全国工商联与中国农业发展银行在人民大会堂举行支持社会主义新农村建设座谈会，并签署了《合作框架协议》。全国政协副主席、全国工商联主席黄孟复及农发行、中国证监会有关领导出席签字仪式。

2月24日，国家发改委和全国工商联共同在人民大会堂召开座谈会，纪念《国务院关于鼓励支持和引导个体私营等非公有制经济发展的若干意见》颁布一周年。全国政协副主席、全国工商联主席黄孟复，中央统战部副部长、全国工商联党组书记胡德平，国家发改委副主任欧新黔和有关方面专家及数十家民营企业代表出席座谈会。

2月28日，国家统计局发布了《2005年国民经济和社会发展统计公报》。《公报》显示，2005年私营企业实现利润1 975亿元，增长47.3%；而同期国有及国有控股企业实现利润6 447亿元，比上年增长17.4%；集体企业实现利润551亿元，增长32.0%；股份制企业利润实现7 420亿元，增长28.7%；外商及港澳台投资企业实现利润3 967亿元，增长6.9%。

3月5日，国务院总理温家宝在第十届全国人民代表大会第四次会议上代表国务院作的《政府工作报告》中强调：“认真落实鼓励、支持和引导非公有制经济发展的政策措施，进一步为各类所有制企业创造公平竞争的法制环境、政策环境和市场环境。”

3月10日，国家税务总局发布的数据显示：“十五”期间我国私营企业税收收入达7 705.57亿元，是“九五”期间的7.6倍。从企业注册登记类型看，税收多元化分布特征日趋明显，税收的企业结构发生显著变化。“十五”期间，从企业登记注册类型看，全国国有企业（不含国有控股或控资，下同）完成税收收入30 998.31亿元，年均增长6.9%；集体企业（含股份合作企业，下同）完成5 723. 39 亿元，年均下降2. 1%；联营企业完成539. 90 亿元，年均下降1. 7%；股份公司（包括有限责任公司和股份制公司，下同）完成32 212. 18 亿元，年均增长34. 0%；私营企业完成7 705. 57 亿元，年均增长45. 3%；涉外企业完成22 385. 09 亿元，年均增长23. 6%；个体经营完成 5 567. 36 亿元，年均增长 12. 7%；其他企业完成 1 901. 10 亿元，年均增长41. 9%。国有企业、集体企业、股份公司、私营公司、涉外企业税收占全部税收收入（不含车辆购置税）的比重分别从“九五”期间的52. 3%、13. 3%、10. 3%、2. 2%、14. 5%变为“十五”期间的28. 3%、5. 2%、29. 4%、7. 1%、20. 5%。其中，股份公司、私营企业、涉外企业税收的比重分别提高了19. 1 个、4. 9 个和6. 0 个百分点，而国有企业、集体企业税收的比重下降较为明显，分别下降了24. 0 个和8. 1 个百分点。

3 月 14 日，第十届全国人民代表大会第四次会议批准的《中华人民共和国国民经济和社会发展第十一个五年规划纲要》第三十章第三节深化投资体制改革中指出，落实企业投资自主权，逐步缩小政府对投资项目的核准范围，健全企业投资项目核准制和备案制。第三十一章强调：坚持公有制为主体、多种所有制经济共同发展的基本经济制度。毫不动摇地巩固和发展公有制经济，毫不动摇地鼓励、支持和引导个体、私营等非公有制经济发展。第三十一章第一节强调：完善国有资本有进有退、合理流动的机制，加快国有大型企业股份制改革，除少数必须由国家独资经营的企业外，绝大多数国有大型企业改制为多元股东的公司。改善国有企业股本结构，发展混合所有制经济，实现投资主体和产权多元化，建立和完善现代企业制度，形成有效的公司法人治理结构，增强企业活力。本章第三节要求深化垄断行业改革，要求坚持政企分开、放宽准入、引入竞争、依法监管，推进垄断行业管理体制和产权制度改革。本章第四节要求鼓励非公有制企业发展，强调大力发展个体、私营等非公有制经济。进一步消除制约非公有制经济发展的体制性障碍和政策性因素，进一步落实鼓励、支持和引导非公有制经济的政策措施。允许非公有制经济进入法律法规未禁止的行业和领域，鼓励和支持非公有制经济参与国有企业改革，进入金融服务、公用事业、基础设施等领域。完善金融、税收、信用担保、技术创新等方面的政策，改善行政执法和司法环境，加强和改进对非公有制经济企业的服务和监管。

3 月 19 日，光彩 49 控股股份有限公司（简称光彩 49 集团）在北京人民大会堂举行成立大会。中共中央统战部副部长、中国光彩事业促进会副会长、全国工商联第一副主席胡德平出席并宣布光彩 49 集团成立。据称，光彩 49 集团组织推动 52 家具有良好商业信誉及行业代表性、区域代表性与高成长性的民营企业，以等额股权形式组成的公司型企业平台，是民企间战略合作互动型公司组织，是具有开放型基金管理公司、资产管理公司、投资银行功能特性的战略投资控股公司。

3 月 25 日，中国私营企业第七次全国抽样问卷调查在广州正式启动，全国工商联副主席辜胜阻、中国民（私）营经济研究会会长保育钧出席并讲话，中央统战部、国家工商总局及 31 个省、市、区和新疆建设兵团工商联研究室负责人出席。全国私营企业抽样问卷调查涵盖了全国所有省、直辖市和自治区及新疆建设兵团，是目前国内惟一的大规模私营企业抽样问卷调查。

3 月 28 日，中国石化集团与民营企业新疆美克化工有限责任公司各出资 50% 联合成立了新疆维美化工有限责任公司。该公司建设和运营年产的 2. 16 万吨天然气制乙炔装置和 1 万立方米空分装置项目工程当天也在库尔勒开工。这是中央大型企业与地方优秀民营企业的首次合作。

3月29日，国内首个民企救助基金——企业应急互助基金在浙江省诸暨市成立，该基金尝试以互助方式帮助濒于危境的民营企业化解资金链断裂风险。基金总额为5 000万元，其中4 000万元来自诸暨市企业家协会下属的60家会员企业，另外1 000万元由诸暨市财政出资。试行办法规定，由基金评审委员会对申请企业进行评估，决定是否发放。基金发放期限为15天，之后必须归还。

4月3日，国务院副总理吴仪率团访问美国，代表团中共有111家中国企业的202名代表，其中仅温州就有正泰、德利西、方太等12家民营企业的代表。

4月9日，中国银监会副主席唐双宁在北京大学召开的“第三届民营企业投资与发展论坛”上，就《关于民营资本进入银行业的有关问题》发表演讲时表示：首先，民营资本进入中国银行业不存在法律障碍。其次，民营资本已成为我国银行业金融机构资本金的重要组成部分。第三，民营资本进入银行业需要分清资本准入和机构准入两个不同的概念。

4月10日，全国工商联、劳动和社会保障部、全国总工会三部门在全国100个重点城市联合举办的“2006全国民营企业招聘周”活动率先在北京拉开序幕。中共中央政治局常委、国务院副总理黄菊专门为招聘周活动发来了贺信。在全国农业展览馆主会场，180多家民营企业开展招聘，来自首都高校的大学生和北京18个区县的下岗职工7 000余人参加了招聘活动。

4月19日，民航总局华东地区管理局发布公告，宣称两家民营航空公司——宁波泛亚航空有限公司和茉莉航空有限公司已经申请分别以宁波栎社国际机场和南京禄口国际机场为基地进行筹建。两家公司都申请了客、货运业务，而泛亚航空因为以星航运（以色列集团下属子公司）的入股使得宁波成为拥有国内首家引入外资民营航空公司的城市。

5月9日，海关总署统计司发布的数据显示，2006年一季度我国民营企业出口值达395亿美元，比去年同期增长37.9%，高于国有企业和外商投资企业增长水平，直接拉动我国外贸出口增长7个百分点。

5月10日，渣打银行在上海宣布，该行将在深、沪两地推出中小企业“无抵押小额贷款”，成为首家在内地实施信用放款的外资银行。渣打银行中国区个人银行业务总裁叶杨诗明介绍说：“渣打银行中小企业‘无抵押小额贷款’方案目前允许最高贷款额度达人民币50万元，贷款期限可长达24个月。凡注册在上海或深圳，营业时间在两年以上，经营稳定的中资企业均可申请。”

5月12日，为落实国家各项宏观调控政策措施，央行上海总部公布了《2006年上海市信贷投向指引》。《指引》按信贷投向分为“支持类”、“审慎类”、“限制和禁止”三大类。

5月18日，商务部和全国工商联在京共同举办“全国民营企业‘走出去’促进与交流会议。”中共中央政治局委员、国务院副总理吴仪出席会议。新希望集团刘永好、重庆力帆集团尹明善、浙江华立集团汪力等5位民营企业家作了“走出去”的情况介绍。全国政协副主席、全国工商联主席黄孟复出席并讲话。

5月20日，今年国内三大车展之一的“2006中国重庆国际汽车工业展”在山城重庆拉开帷幕，力帆汽车展出了其包括520款车型在内的最新研发成果和产品。

5月24日，全国工商联九届八次常委会，同意自即日起接收中国个体劳动者协会为全国工商联团体会员。其会长同时担任全国工商联兼职副主席。中国个体劳动者协会成立于1986年，现有个体工商户会员2 127.32万户。

6月5日，温州市人民政府推出了《温州市成长型中小企业专项扶持资金使用管理暂行办法》，《办法》规定，每年将从市建设先进制造业基地财政专项资金中拨出资金，对成长型中小企业和成长型中小企业信用担保体系进行专项扶持，企业最高可获80万元资金的补助。

6月6日，经国务院批准，财政部、国家税务总局正式发布财税［2006］66号文件，规定自2006年1月1日起，对企业、事业单位、社会团体和个人等社会力量通过中国光彩事业基金会捐赠的公益救济性款项，准予在缴纳企业所得税和个人所得税税前全额扣除。与中国光彩事业基金会享有同样优惠政策的还有中国老龄事业发展基金会、中国华文教育基金会、中国绿化基金会等7家基金会。

6月12日，中国3家地方石油商会与7家民营油气企业联名上书商务部，恳请对目前油气流通领域准入政策进行调整。否则，他们将从此退出这一行业，其资产由中石化、中石油两大垄断集团按价收购。上书原因是商务部在今年早些时候对外发布了《成品油市场管理暂行办法》的修订稿，要求凡从事油气批发的企业要拥有10家加油站资格。

6月14日，在上海合作组织峰会召开之际，巴基斯坦总统穆沙拉夫会见了中共中央统战部副部长、全国工商联第一副主席胡德平率领的全国工商联企业家代表团一行，再次就中巴能源领域合作项目进行了友好会谈。

6月18日，据人民日报报载，根据中央组织部最新党内统计结果显示，保持共产党员先进性教育活动自2005年1月开展以来，党组织在新经济组织、新社会组织、城市街道和乡镇的覆盖面扩大，党的执政基础进一步加强。从业人员50人以上且具有建立党组织条件的9.8万个非公有制企业中，有97.9%的企业建立了党组织。

6月19日，“2006年民营上市公司百强”揭晓，民生银行、美的电器、国美电器位列三甲。统计显示，今年上榜的百强企业缴纳税收总计165.84亿元人民币，员工薪酬累计达213.07亿元人民币。评选结果显示，今年百强的入门门槛再度飚升，进入门槛已从2005年的11亿元人民币，提升为今年的18.89亿元人民币，营收规模提升幅度为71.7%。

6月20日，根据商务部商业改革发展司、中国烹饪协会、中华全国商业信息中心共同做出的调查分析，2005年度我国餐饮业百强企业营业额为681.23亿元，按可比口径分析比前年同期增长21.3%。从百强企业所有制性质分析，国有及国有控股12家，营业额88.95亿元，占百强企业营业额的13.06%。外商投资企业8家，营业额173.34亿元，占25.44%。民营企业80家，营业额418.95亿元，占61.50%。民营企业已在规模与服务水平方面均成为餐饮市场的主要角色。

6月20日，应一些中国制鞋企业的要求，欧盟委员会贸易总司就对中国鞋征收反倾销税问题举行了不公开的听证会，听取了相关中国企业的辩护和陈述。为将分散在各地的企业力量集中起来，一些中国制鞋企业自发组成了“欧盟对华鞋反倾销应对联盟”，其主要策略是对欧盟的反倾销指控进行“无损害抗辩”。

6月21日，据深圳报纸报道，深圳市政府发出了《关于贯彻落实国务院办公厅转发建设部等部门关于调整住房供应结构稳定住房价格意见的通知》。《通知》要求，自6月1日起，凡新审批、新开工的商品住房建设，套型建筑面积90平方米以下住房（含 经济适用房）面积所占比重，必须达到开发建设总面积的70%以上。过去已审批但未取得施工许可证的项目、凡不符合要求的，均应进行套型调整；因特殊情况需要调整住房结构比例的，必须报建设部批准。为抑制房地产开发企业利用银行贷款囤积土地和房源，《通知》规定对项目资金比例达不到35%的房地产企业，银行不得发放贷款。对空置3年以上的商品房，银行不得接受其作为贷款的抵押物。

6月21日，据人民日报报道，始于2004年的浙江通领科技集团与美国电器业巨头伏顿公司的一场艰难的专利纠纷，历时700多天的等待，通领科技终于获得美国法院确保胜诉的“马克曼命令”。这是中美企业知识产权纠纷中，中国企业拿到的第一份“马克曼命令”。说明美国法院已确认通领科技的产品不存在侵权问题。

6月23日，根据《科技型中小企业创新基金暂行规定》和相关管理办法，经科技部科技型中小企业技术创新基金管理中心组织进行评审、评估，科技部和财政部已完成了2006年度科技型中小企业技术创新基金第一批项目的审定工作。本批项目涉及电子信息生物与医药、新材料、机电一体化、新能源和环保等领域共计601项，计划资助总金额为2.1253亿元。

6月24日，在十届全国人大常委会第二十二次会议上，反垄断法草案首次提请审议。1994年，全国人大常委会将制定反垄断法列入立法规划。

6月26日，据人民日报报道，内外资企业所得税“两法合并”改革时间表已经锁定，全国人大常委会已经公布了2006年立法计划，8月份开始审议新的企业所得税法草案，目前有关部门正在抓紧工作做最后的冲刺和准备。

6月26日，全国工商联冶金业商会成立。国内最大民营钢铁企业——江苏沙钢集团董事长沈文荣当选为首任会长。全国政协副主席、全国工商联主席黄孟复出席成立大会并讲话。

6月28日，国家发改委、国土资源部、银监会联合发文，要求从严控制新开工项目，加强固定资产投资调控。

6月28日，人民日报公布的《国务院关于加快振兴装备制造业的若干意见》指出，对在重大技术装备制造领域具有关键作用的装备制造骨干企业，要在保证国家控制能力和主导权的基础上支持其进行跨行业、跨领域、跨所有制的重组。大型重点骨干装备制造企业控股权向外资转让时应征求国务院有关部门的意见。

6月28日，辽宁营口“东华集团非法集资30亿元”案在营口市中级人民法院开庭。据公诉书指控：从2002年4月开始，营口东华集团董事长汪振东等人以“东华生态”、“东华酒业”等企业名义，以37天还本付息一次、35%至80%高额利息的诱惑，以租养、代养蚂蚁的方式，使数万名投资者与该集团签订10.9万份合同，将29.9亿元资金交给东华集团。2005年6月辽宁省公安厅已对其立案侦察，目前已追回涉案赃物折合人民币1 000万元（查封冻结资产除外）。

6月29日，第十届全国人民代表大会常务委员会第二十二次会议通过了《中华人民共和国刑法修正案》。该《修正案》对原《刑法》作了多达二十一处的修改和增加，其中，第一百三十四条、第一百三十五条、第一百三十九条，都对企业安全生产和事故报告做出规定。对在生产、作业中违反有关安全管理规定而发生重大伤亡事故或者造成严重后果的，对因安全生产设施或者安全生产条件不符合国家规定而发生重大伤亡事故或者造成严重后果的，对在事故发生后负有报告职责的人员不报或者谎报事故情况、贻误事故抢救的，处三年以上七年以下有期徒刑。第一百六十一条、第一百六十二条，分别对公司企业披露信息、财务会计报告、隐匿财产、处分财产作出规定。明确对违反规定的责任人处有期徒刑和罚金。

6月30日，在中共建党85周年前夕，中共中央表彰了500个“全国先进基层党组织”，50名“全国优秀共产党员”和200名“全国优秀党务工作者”。受表彰的500个“全国先进基层党组织”中有企业130家，其中有北京启明星辰技术有限公司党支部、鄂尔多斯市东方路桥（集团）公司党委、上海复星高科技（集团）有限公司党委等20家非公有制企业，占受表彰企业的15.4%。

（于丁柱整理）

法　　律

中华人民共和国公司法（修订）

（1993 年 12 月 29 日第八届全国人民代表大会常务委员会第五次会议通过 1999 年 12 月 25 日第九届全国人民代表大会常务委员会第十三次会议第一次修正 2004 年 8 月 28 日第十届全国人民代表大会常务委员会第十一次会议第二次修正 2005 年 10 月 27 日第十届全国人民代表大会常务委员会第十八次会议修订 2005 年 10 月 27 日中华人民共和国主席令第四十二号公布自 2006 年 1 月 1 日起施行）

第一章　总　则

第一条　为了规范公司的组织和行为，保护公司、股东和债权人的合法权益，维护社会经济秩序，促进社会主义市场经济的发展，制定本法。

第二条　本法所称公司是指依照本法在中国境内设立的有限责任公司和股份有限公司。

第三条　公司是企业法人，有独立的法人财产，享有法人财产权。公司以其全部财产对公司的债务承担责任。

有限责任公司的股东以其认缴的出资额为限对公司承担责任；股份有限公司的股东以其认购的股份为限对公司承担责任。

第四条　公司股东依法享有资产收益、参与重大决策和选择管理者等权利。

第五条　公司从事经营活动，必须遵守法律、行政法规，遵守社会公德、商业道德，诚实守信，接受政府和社会公众的监督，承担社会责任。

公司的合法权益受法律保护，不受侵犯。

第六条　设立公司，应当依法向公司登记机关申请设立登记。符合本法规定的设立条件的，由公司登记机关分别登记为有限责任公司或者股份有限公司；不符合本法规定的设立条件的，不得登记为有限责任公司或者股份有限公司。

法律、行政法规规定设立公司必须报经批准的，应当在公司登记前依法办理批准手续。

公众可以向公司登记机关申请查询公司登记事项，公司登记机关应当提供查询服务。

第七条　依法设立的公司，由公司登记机关发给公司营业执照。公司营业执照签发日期为公司成立日期。

公司营业执照应当载明公司的名称、住所、注册资本、实收资本、经营范围、法定代表人姓名等事项。

公司营业执照记载的事项发生变更的，公司应当依法办理变更登记，由公司登记机关换发营业执照。

第八条　依照本法设立的有限责任公司，必须在公司名称中标明有限责任公司或者有限公司字样。

依照本法设立的股份有限公司，必须在公司名称中标明股份有限公司或者股份公司字样。

第九条　有限责任公司变更为股份有限公司，应当符合本法规定的股份有限公司的条件。股份有限公司变更为有限责任公司，应当符合本法规定的有限责任公司的条件。

有限责任公司变更为股份有限公司的，或者股份有限公司变更为有限责任公司的，公司变更前的债权、债务由变更后的公司承继。

第十条 公司以其主要办事机构所在地为住所。

第十一条 设立公司必须依法制定公司章程。公司章程对公司、股东、董事、监事、高级管理人员具有约束力。

第十二条 公司的经营范围由公司章程规定，并依法登记。公司可以修改公司章程，改变经营范围，但是应当办理变更登记。

公司的经营范围中属于法律、行政法规规定须经批准的项目，应当依法经过批准。

第十三条 公司法定代表人依照公司章程的规定，由董事长、执行董事或者经理担任，并依法登记。公司法定代表人变更，应当办理变更登记。

第十四条 公司可以设立分公司。设立分公司，应当向公司登记机关申请登记，领取营业执照。分公司不具有法人资格，其民事责任由公司承担。

公司可以设立子公司，子公司具有法人资格，依法独立承担民事责任。

第十五条 公司可以向其他企业投资；但是，除法律另有规定外，不得成为对所投资企业的债务承担连带责任的出资人。

第十六条 公司向其他企业投资或者为他人提供担保，依照公司章程的规定，由董事会或者股东会、股东大会决议；公司章程对投资或者担保的总额及单项投资或者担保的数额有限额规定的，不得超过规定的限额。

公司为公司股东或者实际控制人提供担保的，必须经股东会或者股东大会决议。

前款规定的股东或者受前款规定的实际控制人支配的股东，不得参加前款规定事项的表决。该项表决由出席会议的其他股东所持表决权的过半数通过。

第十七条 公司必须保护职工的合法权益，依法与职工签订劳动合同，参加社会保险，加强劳动保护，实现安全生产。

公司应当采用多种形式，加强公司职工的职业教育和岗位培训，提高职工素质。

第十八条 公司职工依照《中华人民共和国工会法》组织工会，开展工会活动，维护职工合法权益。公司应当为本公司工会提供必要的活动条件。公司工会代表职工就职工的劳动报酬、工作时间、福利、保险和劳动安全卫生等事项依法与公司签订集体合同。

公司依照宪法和有关法律的规定，通过职工代表大会或者其他形式，实行民主管理。

公司研究决定改制以及经营方面的重大问题、制定重要的规章制度时，应当听取公司工会的意见，并通过职工代表大会或者其他形式听取职工的意见和建议。

第十九条 在公司中，根据中国共产党章程的规定，设立中国共产党的组织，开展党的活动。公司应当为党组织的活动提供必要条件。

第二十条 公司股东应当遵守法律、行政法规和公司章程，依法行使股东权利，不得滥用股东权利损害公司或者其他股东的利益；不得滥用公司法人独立地位和股东有限责任损害公司债权人的利益。

公司股东滥用股东权利给公司或者其他股东造成损失的，应当依法承担赔偿责任。

公司股东滥用公司法人独立地位和股东有限责任，逃避债务，严重损害公司债权人利益的，应当对公司债务承担连带责任。

第二十一条 公司的控股股东、实际控制人、董事、监事、高级管理人员不得利用其关联关系损害公司利益。

违反前款规定，给公司造成损失的，应当承担赔偿责任。

第二十二条 公司股东会或者股东大会、董事会的决议内容违反法律、行政法规的无效。

股东会或者股东大会、董事会的会议召集程序、表决方式违反法律、行政法规或者公司章程，或者决议内容违反公司章程的，股东可以自决议作出之日起六十日内，请求人民法院撤销。

股东依照前款规定提起诉讼的，人民法院可以应公司的请求，要求股东提供相应担保。

公司根据股东会或者股东大会、董事会决议已办理变更登记的，人民法院宣告该决议无效或者撤销该决议后，公司应当向公司登记机关申请撤销变更登记。

第二章　有限责任公司的设立和组织机构

第一节　设　立

第二十三条　设立有限责任公司，应当具备下列条件：

（一）股东符合法定人数；

（二）股东出资达到法定资本最低限额；

（三）股东共同制定公司章程；

（四）有公司名称，建立符合有限责任公司要求的组织机构；

（五）有公司住所。

第二十四条　有限责任公司由五十个以下股东出资设立。

第二十五条　有限责任公司章程应当载明下列事项：

（一）公司名称和住所；

（二）公司经营范围；

（三）公司注册资本；

（四）股东的姓名或者名称；

（五）股东的出资方式、出资额和出资时间；

（六）公司的机构及其产生办法、职权、议事规则；

（七）公司法定代表人；

（八）股东会会议认为需要规定的其他事项。

股东应当在公司章程上签名、盖章。

第二十六条　有限责任公司的注册资本为在公司登记机关登记的全体股东认缴的出资额。公司全体股东的首次出资额不得低于注册资本的百分之二十，也不得低于法定的注册资本最低限额，其余部分由股东自公司成立之日起两年内缴足；其中，投资公司可以在五年内缴足。

有限责任公司注册资本的最低限额为人民币三万元。法律、行政法规对有限责任公司注册资本的最低限额有较高规定的，从其规定。

第二十七条　股东可以用货币出资，也可以用实物、知识产权、土地使用权等可以用货币估价并可以依法转让的非货币财产作价出资；但是，法律、行政法规规定不得作为出资的财产除外。

对作为出资的非货币财产应当评估作价，核实财产，不得高估或者低估作价。法律、行政法规对评估作价有规定的，从其规定。

全体股东的货币出资金额不得低于有限责任公司注册资本的百分之三十。

第二十八条　股东应当按期足额缴纳公司章程中规定的各自所认缴的出资额。股东以货币出资的，应当将货币出资足额存入有限责任公司在银行开设的账户；以非货币财产出资的，应当依法办理其财产权的转移手续。

股东不按照前款规定缴纳出资的，除应当向公司足额缴纳外，还应当向已按期足额缴纳出资的股东承担违约责任。

第二十九条 股东缴纳出资后，必须经依法设立的验资机构验资并出具证明。

第三十条 股东的首次出资经依法设立的验资机构验资后，由全体股东指定的代表或者共同委托的代理人向公司登记机关报送公司登记申请书、公司章程、验资证明等文件，申请设立登记。

第三十一条 有限责任公司成立后，发现作为设立公司出资的非货币财产的实际价额显著低于公司章程所定价额的，应当由交付该出资的股东补足其差额；公司设立时的其他股东承担连带责任。

第三十二条 有限责任公司成立后，应当向股东签发出资证明书。

出资证明书应当载明下列事项：

（一）公司名称；

（二）公司成立日期；

（三）公司注册资本；

（四）股东的姓名或者名称、缴纳的出资额和出资日期；

（五）出资证明书的编号和核发日期。

出资证明书由公司盖章。

第三十三条 有限责任公司应当置备股东名册，记载下列事项：

（一）股东的姓名或者名称及住所；

（二）股东的出资额；

（三）出资证明书编号。

记载于股东名册的股东，可以依股东名册主张行使股东权利。

公司应当将股东的姓名或者名称及其出资额向公司登记机关登记；登记事项发生变更的，应当办理变更登记。未经登记或者变更登记的，不得对抗第三人。

第三十四条 股东有权查阅、复制公司章程、股东会会议记录、董事会会议决议、监事会会议决议和财务会计报告。

股东可以要求查阅公司会计账簿。股东要求查阅公司会计账簿的，应当向公司提出书面请求，说明目的。公司有合理根据认为股东查阅会计账簿有不正当目的，可能损害公司合法利益的，可以拒绝提供查阅，并应当自股东提出书面请求之日起十五日内书面答复股东并说明理由。公司拒绝提供查阅的，股东可以请求人民法院要求公司提供查阅。

第三十五条 股东按照实缴的出资比例分取红利；公司新增资本时，股东有权优先按照实缴的出资比例认缴出资。但是，全体股东约定不按照出资比例分取红利或者不按照出资比例优先认缴出资的除外。

第三十六条 公司成立后，股东不得抽逃出资。

第二节 组织机构

第三十七条 有限责任公司股东会由全体股东组成。股东会是公司的权力机构，依照本法行使职权。

第三十八条 股东会行使下列职权：

（一）决定公司的经营方针和投资计划；

（二）选举和更换非由职工代表担任的董事、监事，决定有关董事、监事的报酬事项；

（三）审议批准董事会的报告；

（四）审议批准监事会或者监事的报告；

（五）审议批准公司的年度财务预算方案、决算方案；

（六）审议批准公司的利润分配方案和弥补亏损方案；

（七）对公司增加或者减少注册资本作出决议；

（八）对发行公司债券作出决议；

（九）对公司合并、分立、解散、清算或者变更公司形式作出决议；

（十）修改公司章程；

（十一）公司章程规定的其他职权。

对前款所列事项股东以书面形式一致表示同意的，可以不召开股东会会议，直接作出决定，并由全体股东在决定文件上签名、盖章。

第三十九条 首次股东会会议由出资最多的股东召集和主持，依照本法规定行使职权。

第四十条 股东会会议分为定期会议和临时会议。

定期会议应当依照公司章程的规定按时召开。代表十分之一以上表决权的股东，三分之一以上的董事，监事会或者不设监事会的公司的监事提议召开临时会议的，应当召开临时会议。

第四十一条 有限责任公司设立董事会的，股东会会议由董事会召集，董事长主持；董事长不能履行职务或者不履行职务的，由副董事长主持；副董事长不能履行职务或者不履行职务的，由半数以上董事共同推举一名董事主持。

有限责任公司不设董事会的，股东会会议由执行董事召集和主持。

董事会或者执行董事不能履行或者不履行召集股东会会议职责的，由监事会或者不设监事会的公司的监事召集和主持；监事会或者监事不召集和主持的，代表十分之一以上表决权的股东可以自行召集和主持。

第四十二条 召开股东会会议，应当于会议召开十五日前通知全体股东；但是，公司章程另有规定或者全体股东另有约定的除外。

股东会应当对所议事项的决定作成会议记录，出席会议的股东应当在会议记录上签名。

第四十三条 股东会会议由股东按照出资比例行使表决权；但是，公司章程另有规定的除外。

第四十四条 股东会的议事方式和表决程序，除本法有规定的外，由公司章程规定。

股东会会议作出修改公司章程、增加或者减少注册资本的决议，以及公司合并、分立、解散或者变更公司形式的决议，必须经代表三分之二以上表决权的股东通过。

第四十五条 有限责任公司设董事会，其成员为三人至十三人；但是，本法第五十一条另有规定的除外。

两个以上的国有企业或者两个以上的其他国有投资主体投资设立的有限责任公司，其董事会成员中应当有公司职工代表；其他有限责任公司董事会成员中可以有公司职工代表。董事会中的职工代表由公司职工通过职工代表大会、职工大会或者其他形式民主选举产生。

董事会设董事长一人，可以设副董事长。董事长、副董事长的产生办法由公司章程规定。

第四十六条 董事任期由公司章程规定，但每届任期不得超过三年。董事任期届满，连选可以连任。

董事任期届满未及时改选，或者董事在任期内辞职导致董事会成员低于法定人数的，在改选出的董事就任前，原董事仍应当依照法律、行政法规和公司章程的规定，履行董事职务。

第四十七条 董事会对股东会负责，行使下列职权：

（一）召集股东会会议，并向股东会报告工作；

（二）执行股东会的决议；

（三）决定公司的经营计划和投资方案；

（四）制订公司的年度财务预算方案、决算方案；

（五）制订公司的利润分配方案和弥补亏损方案；

（六）制订公司增加或者减少注册资本以及发行公司债券的方案；

（七）制订公司合并、分立、解散或者变更公司形式的方案；

（八）决定公司内部管理机构的设置；

（九）决定聘任或者解聘公司经理及其报酬事项，并根据经理的提名决定聘任或者解聘公司副经理、财务负责人及其报酬事项；

（十）制定公司的基本管理制度；

（十一）公司章程规定的其他职权。

第四十八条 董事会会议由董事长召集和主持；董事长不能履行职务或者不履行职务的，由副董事长召集和主持；副董事长不能履行职务或者不履行职务的，由半数以上董事共同推举一名董事召集和主持。

第四十九条 董事会的议事方式和表决程序，除本法有规定的外，由公司章程规定。

董事会应当对所议事项的决定作成会议记录，出席会议的董事应当在会议记录上签名。

董事会决议的表决，实行一人一票。

第五十条 有限责任公司可以设经理，由董事会决定聘任或者解聘。经理对董事会负责，行使下列职权：

（一）主持公司的生产经营管理工作，组织实施董事会决议；

（二）组织实施公司年度经营计划和投资方案；

（三）拟订公司内部管理机构设置方案；

（四）拟订公司的基本管理制度；

（五）制定公司的具体规章；

（六）提请聘任或者解聘公司副经理、财务负责人；

（七）决定聘任或者解聘除应由董事会决定聘任或者解聘以外的负责管理人员；

（八）董事会授予的其他职权。

公司章程对经理职权另有规定的，从其规定。

经理列席董事会会议。

第五十一条 股东人数较少或者规模较小的有限责任公司，可以设一名执行董事，不设董事会。执行董事可以兼任公司经理。

执行董事的职权由公司章程规定。

第五十二条 有限责任公司设监事会，其成员不得少于三人。股东人数较少或者规模较小的有限责任公司，可以设一至二名监事，不设监事会。

监事会应当包括股东代表和适当比例的公司职工代表，其中职工代表的比例不得低于三分之一，具体比例由公司章程规定。监事会中的职工代表由公司职工通过职工代表大会、职工大会或者其他形式民主选举产生。

监事会设主席一人，由全体监事过半数选举产生。监事会主席召集和主持监事会会议；监事会主席不能履行职务或者不履行职务的，由半数以上监事共同推举一名监事召集和主持监事会会议。

董事、高级管理人员不得兼任监事。

第五十三条 监事的任期每届为三年。监事任期届满，连选可以连任。

监事任期届满未及时改选，或者监事在任期内辞职导致监事会成员低于法定人数的，在改选出的监事就任前，原监事仍应当依照法律、行政法规和公司章程的规定，履行监事职务。

第五十四条 监事会、不设监事会的公司的监事行使下列职权：

（一）检查公司财务；

（二）对董事、高级管理人员执行公司职务的行为进行监督，对违反法律、行政法规、公司章程或者股东会决议的董事、高级管理人员提出罢免的建议；

（三）当董事、高级管理人员的行为损害公司的利益时，要求董事、高级管理人员予以纠正；

（四）提议召开临时股东会会议，在董事会不履行本法规定的召集和主持股东会会议职责时召集和主持股东会会议；

（五）向股东会会议提出提案；

（六）依照本法第一百五十二条的规定，对董事、高级管理人员提起诉讼；

（七）公司章程规定的其他职权。

第五十五条 监事可以列席董事会会议，并对董事会决议事项提出质询或者建议。

监事会、不设监事会的公司的监事发现公司经营情况异常，可以进行调查；必要时，可以聘请会计师事务所等协助其工作，费用由公司承担。

第五十六条 监事会每年度至少召开一次会议，监事可以提议召开临时监事会会议。

监事会的议事方式和表决程序，除本法有规定的外，由公司章程规定。

监事会决议应当经半数以上监事通过。

监事会应当对所议事项的决定作成会议记录，出席会议的监事应当在会议记录上签名。

第五十七条 监事会、不设监事会的公司的监事行使职权所必需的费用，由公司承担。

第三节 一人有限责任公司的特别规定

第五十八条 一人有限责任公司的设立和组织机构，适用本节规定；本节没有规定的，适用本章第一节、第二节的规定。

本法所称一人有限责任公司，是指只有一个自然人股东或者一个法人股东的有限责任公司。

第五十九条 一人有限责任公司的注册资本最低限额为人民币十万元。股东应当一次足额缴纳公司章程规定的出资额。

一个自然人只能投资设立一个一人有限责任公司。该一人有限责任公司不能投资设立新的一人有限责任公司。

第六十条 一人有限责任公司应当在公司登记中注明自然人独资或者法人独资，并在公司营业执照中载明。

第六十一条 一人有限责任公司章程由股东制定。

第六十二条 一人有限责任公司不设股东会。股东作出本法第三十八条第一款所列决定时，应当采用书面形式，并由股东签名后置备于公司。

第六十三条 一人有限责任公司应当在每一会计年度终了时编制财务会计报告，并经会计师事务所审计。

第六十四条 一人有限责任公司的股东不能证明公司财产独立于股东自己的财产的，应当对公司债务承担连带责任。

第四节 国有独资公司的特别规定

第六十五条 国有独资公司的设立和组织机构，适用本节规定；本节没有规定的，适用本章第一节、第二节的规定。

本法所称国有独资公司，是指国家单独出资、由国务院或者地方人民政府授权本级人民政府国有资产监督管理机构履行出资人职责的有限责任公司。

第六十六条 国有独资公司章程由国有资产监督管理机构制定，或者由董事会制订报国有资产监督管理机构批准。

第六十七条 国有独资公司不设股东会，由国有资产监督管理机构行使股东会职权。国有资产监督管理机构可以授权公司董事会行使股东会的部分职权，决定公司的重大事项，但公司的合并、分立、解散、增加或者减少注册资本和发行公司债券，必须由国有资产监督管理机构决定；其中，重要的国有独资公司合并、分立、解散、申请破产的，应当由国有资产监督管理机构审核后，报本级人民政府批准。

前款所称重要的国有独资公司，按照国务院的规定确定。

第六十八条 国有独资公司设董事会，依照本法第四十七条、第六十七条的规定行使职权。董事每届任期不得超过三年。董事会成员中应当有公司职工代表。

董事会成员由国有资产监督管理机构委派；但是，董事会成员中的职工代表由公司职工代表大会选举产生。

董事会设董事长一人，可以设副董事长。董事长、副董事长由国有资产监督管理机构从董事会成员中指定。

第六十九条 国有独资公司设经理，由董事会聘任或者解聘。经理依照本法第五十条规定行使职权。

经国有资产监督管理机构同意，董事会成员可以兼任经理。

第七十条 国有独资公司的董事长、副董事长、董事、高级管理人员，未经国有资产监督管理机构同意，不得在其他有限责任公司、股份有限公司或者其他经济组织兼职。

第七十一条 国有独资公司监事会成员不得少于五人，其中职工代表的比例不得低于三分之一，具体比例由公司章程规定。

监事会成员由国有资产监督管理机构委派；但是，监事会成员中的职工代表由公司职工代表大会选举产生。监事会主席由国有资产监督管理机构从监事会成员中指定。

监事会行使本法第五十四条第（一）项至第（三）项规定的职权和国务院规定的其他职权。

第三章 有限责任公司的股权转让

第七十二条 有限责任公司的股东之间可以相互转让其全部或者部分股权。

股东向股东以外的人转让股权，应当经其他股东过半数同意。股东应就其股权转让事项书面通知其他股东征求同意，其他股东自接到书面通知之日起满三十日未答复的，视为同意转让。其他股东半数以上不同意转让的，不同意的股东应当购买该转让的股权；不购买的，视为同意转让。

经股东同意转让的股权，在同等条件下，其他股东有优先购买权。两个以上股东主张行使优先购买权的，协商确定各自的购买比例；协商不成的，按照转让时各自的出资比例行使优先购买权。

公司章程对股权转让另有规定的，从其规定。

第七十三条　人民法院依照法律规定的强制执行程序转让股东的股权时，应当通知公司及全体股东，其他股东在同等条件下有优先购买权。其他股东自人民法院通知之日起满二十日不行使优先购买权的，视为放弃优先购买权。

第七十四条　依照本法第七十二条、第七十三条转让股权后，公司应当注销原股东的出资证明书，向新股东签发出资证明书，并相应修改公司章程和股东名册中有关股东及其出资额的记载。对公司章程的该项修改不需再由股东会表决。

第七十五条　有下列情形之一的，对股东会该项决议投反对票的股东可以请求公司按照合理的价格收购其股权：

（一）公司连续五年不向股东分配利润，而公司该五年连续盈利，并且符合本法规定的分配利润条件的；

（二）公司合并、分立、转让主要财产的；

（三）公司章程规定的营业期限届满或者章程规定的其他解散事由出现，股东会会议通过决议修改章程使公司存续的。

自股东会会议决议通过之日起六十日内，股东与公司不能达成股权收购协议的，股东可以自股东会会议决议通过之日起九十日内向人民法院提起诉讼。

第七十六条　自然人股东死亡后，其合法继承人可以继承股东资格；但是，公司章程另有规定的除外。

第四章　股份有限公司的设立和组织机构

第一节　设　立

第七十七条　设立股份有限公司，应当具备下列条件：

（一）发起人符合法定人数；

（二）发起人认购和募集的股本达到法定资本最低限额；

（三）股份发行、筹办事项符合法律规定；

（四）发起人制订公司章程，采用募集方式设立的经创立大会通过；

（五）有公司名称，建立符合股份有限公司要求的组织机构；

（六）有公司住所。

第七十八条　股份有限公司的设立，可以采取发起设立或者募集设立的方式。

发起设立，是指由发起人认购公司应发行的全部股份而设立公司。

募集设立，是指由发起人认购公司应发行股份的一部分，其余股份向社会公开募集或者向特定对象募集而设立公司。

第七十九条　设立股份有限公司，应当有二人以上二百人以下为发起人，其中须有半数以上的发起人在中国境内有住所。

第八十条　股份有限公司发起人承担公司筹办事务。

发起人应当签订发起人协议，明确各自在公司设立过程中的权利和义务。

第八十一条　股份有限公司采取发起设立方式设立的，注册资本为在公司登记机关登记的全体发起人认购的股本总额。公司全体发起人的首次出资额不得低于注册资本的百分之二十，其余部分由发起人自公司成立之日起两年内缴足；其中，投资公司可以在五年内缴足。在缴足前，不得向他人募集股份。

股份有限公司采取募集方式设立的，注册资本为在公司登记机关登记的实收股本总额。

股份有限公司注册资本的最低限额为人民币五百万元。法律、行政法规对股份有限公司注册资本的最低限额有较高规定的，从其规定。

第八十二条 股份有限公司章程应当载明下列事项：

（一）公司名称和住所；

（二）公司经营范围；

（三）公司设立方式；

（四）公司股份总数、每股金额和注册资本；

（五）发起人的姓名或者名称、认购的股份数、出资方式和出资时间；

（六）董事会的组成、职权和议事规则；

（七）公司法定代表人；

（八）监事会的组成、职权和议事规则；

（九）公司利润分配办法；

（十）公司的解散事由与清算办法；

（十一）公司的通知和公告办法；

（十二）股东大会会议认为需要规定的其他事项。

第八十三条 发起人的出资方式，适用本法第二十七条的规定。

第八十四条 以发起设立方式设立股份有限公司的，发起人应当书面认足公司章程规定其认购的股份；一次缴纳的，应即缴纳全部出资；分期缴纳的，应即缴纳首期出资。以非货币财产出资的，应当依法办理其财产权的转移手续。

发起人不依照前款规定缴纳出资的，应当按照发起人协议承担违约责任。

发起人首次缴纳出资后，应当选举董事会和监事会，由董事会向公司登记机关报送公司章程、由依法设立的验资机构出具的验资证明以及法律、行政法规规定的其他文件，申请设立登记。

第八十五条 以募集设立方式设立股份有限公司的，发起人认购的股份不得少于公司股份总数的百分之三十五；但是，法律、行政法规另有规定的，从其规定。

第八十六条 发起人向社会公开募集股份，必须公告招股说明书，并制作认股书。认股书应当载明本法第八十七条所列事项，由认股人填写认购股数、金额、住所，并签名、盖章。认股人按照所认购股数缴纳股款。

第八十七条 招股说明书应当附有发起人制订的公司章程，并载明下列事项：

（一）发起人认购的股份数；

（二）每股的票面金额和发行价格；

（三）无记名股票的发行总数；

（四）募集资金的用途；

（五）认股人的权利、义务；

（六）本次募股的起止期限及逾期未募足时认股人可以撤回所认股份的说明。

第八十八条 发起人向社会公开募集股份，应当由依法设立的证券公司承销，签订承销协议。

第八十九条 发起人向社会公开募集股份，应当同银行签订代收股款协议。

代收股款的银行应当按照协议代收和保存股款，向缴纳股款的认股人出具收款单据，并负有向有关部门出具收款证明的义务。

第九十条 发行股份的股款缴足后，必须经依法设立的验资机构验资并出具证明。发起人应当自股款缴足之日起三十日内主持召开公司创立大会。创立大会由发起人、认股人组成。

发行的股份超过招股说明书规定的截止期限尚未募足的，或者发行股份的股款缴足后，发起人在三十日内未召开创立大会的，认股人可以按照所缴股款并加算银行同期存款利息，要求发起人返还。

第九十一条 发起人应当在创立大会召开十五日前将会议日期通知各认股人或者予以公告。创立大会应有代表股份总数过半数的发起人、认股人出席，方可举行。

创立大会行使下列职权：

（一）审议发起人关于公司筹办情况的报告；

（二）通过公司章程；

（三）选举董事会成员；

（四）选举监事会成员；

（五）对公司的设立费用进行审核；

（六）对发起人用于抵作股款的财产的作价进行审核；

（七）发生不可抗力或者经营条件发生重大变化直接影响公司设立的，可以作出不设立公司的决议。

创立大会对前款所列事项作出决议，必须经出席会议的认股人所持表决权过半数通过。

第九十二条 发起人、认股人缴纳股款或者交付抵作股款的出资后，除未按期募足股份、发起人未按期召开创立大会或者创立大会决议不设立公司的情形外，不得抽回其股本。

第九十三条 董事会应于创立大会结束后三十日内，向公司登记机关报送下列文件，申请设立登记：

（一）公司登记申请书；

（二）创立大会的会议记录；

（三）公司章程；

（四）验资证明；

（五）法定代表人、董事、监事的任职文件及其身份证明；

（六）发起人的法人资格证明或者自然人身份证明；

（七）公司住所证明。

以募集方式设立股份有限公司公开发行股票的，还应当向公司登记机关报送国务院证券监督管理机构的核准文件。

第九十四条 股份有限公司成立后，发起人未按照公司章程的规定缴足出资的，应当补缴；其他发起人承担连带责任。

股份有限公司成立后，发现作为设立公司出资的非货币财产的实际价额显著低于公司章程所定价额的，应当由交付该出资的发起人补足其差额；其他发起人承担连带责任。

第九十五条 股份有限公司的发起人应当承担下列责任：

（一）公司不能成立时，对设立行为所产生的债务和费用负连带责任；

（二）公司不能成立时，对认股人已缴纳的股款，负返还股款并加算银行同期存款利息的连带责任；

（三）在公司设立过程中，由于发起人的过失致使公司利益受到损害的，应当对公司承担赔偿责任。

第九十六条 有限责任公司变更为股份有限公司时，折合的实收股本总额不得高于公司净资产额。有限责任公司变更为股份有限公司，为增加资本公开发行股份时，应当依法办理。

第九十七条 股份有限公司应当将公司章程、股东名册、公司债券存根、股东大会会议记录、董事会会议记录、监事会会议记录、财务会计报告置备于本公司。

第九十八条 股东有权查阅公司章程、股东名册、公司债券存根、股东大会会议记录、董事会会议决议、监事会会议决议、财务会计报告，对公司的经营提出建议或者质询。

第二节 股东大会

第九十九条 股份有限公司股东大会由全体股东组成。股东大会是公司的权力机构，依照本法行使职权。

第一百条 本法第三十八条第一款关于有限责任公司股东会职权的规定，适用于股份有限公司股东大会。

第一百零一条 股东大会应当每年召开一次年会。有下列情形之一的，应当在两个月内召开临时股东大会：

（一）董事人数不足本法规定人数或者公司章程所定人数的三分之二时；

（二）公司未弥补的亏损达实收股本总额三分之一时；

（三）单独或者合计持有公司百分之十以上股份的股东请求时；

（四）董事会认为必要时；

（五）监事会提议召开时；

（六）公司章程规定的其他情形。

第一百零二条 股东大会会议由董事会召集，董事长主持；董事长不能履行职务或者不履行职务的，由副董事长主持；副董事长不能履行职务或者不履行职务的，由半数以上董事共同推举一名董事主持。

董事会不能履行或者不履行召集股东大会会议职责的，监事会应当及时召集和主持；监事会不召集和主持的，连续九十日以上单独或者合计持有公司百分之十以上股份的股东可以自行召集和主持。

第一百零三条 召开股东大会会议，应当将会议召开的时间、地点和审议的事项于会议召开二十日前通知各股东；临时股东大会应当于会议召开十五日前通知各股东；发行无记名股票的，应当于会议召开三十日前公告会议召开的时间、地点和审议事项。

单独或者合计持有公司百分之三以上股份的股东，可以在股东大会召开十日前提出临时提案并书面提交董事会；董事会应当在收到提案后二日内通知其他股东，并将该临时提案提交股东大会审议。临时提案的内容应当属于股东大会职权范围，并有明确议题和具体决议事项。

股东大会不得对前两款通知中未列明的事项作出决议。

无记名股票持有人出席股东大会会议的，应当于会议召开五日前至股东大会闭会时将股票交存于公司。

第一百零四条 股东出席股东大会会议，所持每一股份有一表决权。但是，公司持有的本公司股份没有表决权。

股东大会作出决议，必须经出席会议的股东所持表决权过半数通过。但是，股东大会作出修改公司章程、增加或者减少注册资本的决议，以及公司合并、分立、解散或者变更公司形式的决议，必须经出席会议的股东所持表决权的三分之二以上通过。

第一百零五条 本法和公司章程规定公司转让、受让重大资产或者对外提供担保等事项必须经股东大会作出决议的，董事会应当及时召集股东大会会议，由股东大会就上述事项进行表决。

第一百零六条 股东大会选举董事、监事，可以依照公司章程的规定或者股东大会的决议，实行累积投票制。

本法所称累积投票制，是指股东大会选举董事或者监事时，每一股份拥有与应选董事或者监事人数相同的表决权，股东拥有的表决权可以集中使用。

第一百零七条 股东可以委托代理人出席股东大会会议，代理人应当向公司提交股东授权委托书，并在授权范围内行使表决权。

第一百零八条 股东大会应当对所议事项的决定作成会议记录，主持人、出席会议的董事应当在会议记录上签名。会议记录应当与出席股东的签名册及代理出席的委托书一并保存。

第三节 董事会、经理

第一百零九条 股份有限公司设董事会，其成员为五人至十九人。

董事会成员中可以有公司职工代表。董事会中的职工代表由公司职工通过职工代表大会、职工大会或者其他形式民主选举产生。

本法第四十六条关于有限责任公司董事任期的规定，适用于股份有限公司董事。

本法第四十七条关于有限责任公司董事会职权的规定，适用于股份有限公司董事会。

第一百一十条 董事会设董事长一人，可以设副董事长。董事长和副董事长由董事会以全体董事的过半数选举产生。

董事长召集和主持董事会会议，检查董事会决议的实施情况。副董事长协助董事长工作，董事长不能履行职务或者不履行职务的，由副董事长履行职务；副董事长不能履行职务或者不履行职务的，由半数以上董事共同推举一名董事履行职务。

第一百一十一条 董事会每年度至少召开两次会议，每次会议应当于会议召开十日前通知全体董事和监事。

代表十分之一以上表决权的股东、三分之一以上董事或者监事会，可以提议召开董事会临时会议。董事长应当自接到提议后十日内，召集和主持董事会会议。

董事会召开临时会议，可以另定召集董事会的通知方式和通知时限。

第一百一十二条 董事会会议应有过半数的董事出席方可举行。董事会作出决议，必须经全体董事的过半数通过。

董事会决议的表决，实行一人一票。

第一百一十三条 董事会会议，应由董事本人出席；董事因故不能出席，可以书面委托其他董事代为出席，委托书中应载明授权范围。

董事会应当对会议所议事项的决定作成会议记录，出席会议的董事应当在会议记录上签名。

董事应当对董事会的决议承担责任。董事会的决议违反法律、行政法规或者公司章程、股东大会决议，致使公司遭受严重损失的，参与决议的董事对公司负赔偿责任。但经证明在表决时曾表明异议并记载于会议记录的，该董事可以免除责任。

第一百一十四条 股份有限公司设经理，由董事会决定聘任或者解聘。

本法第五十条关于有限责任公司经理职权的规定，适用于股份有限公司经理。

第一百一十五条 公司董事会可以决定由董事会成员兼任经理。

第一百一十六条 公司不得直接或者通过子公司向董事、监事、高级管理人员提供借款。

第一百一十七条 公司应当定期向股东披露董事、监事、高级管理人员从公司获得报酬的情况。

第四节　监事会

第一百一十八条　股份有限公司设监事会，其成员不得少于三人。

监事会应当包括股东代表和适当比例的公司职工代表，其中职工代表的比例不得低于三分之一，具体比例由公司章程规定。监事会中的职工代表由公司职工通过职工代表大会、职工大会或者其他形式民主选举产生。

监事会设主席一人，可以设副主席。监事会主席和副主席由全体监事过半数选举产生。监事会主席召集和主持监事会会议；监事会主席不能履行职务或者不履行职务的，由监事会副主席召集和主持监事会会议；监事会副主席不能履行职务或者不履行职务的，由半数以上监事共同推举一名监事召集和主持监事会会议。

董事、高级管理人员不得兼任监事。

本法第五十三条关于有限责任公司监事任期的规定，适用于股份有限公司监事。

第一百一十九条　本法第五十四条、第五十五条关于有限责任公司监事会职权的规定，适用于股份有限公司监事会。

监事会行使职权所必需的费用，由公司承担。

第一百二十条　监事会每六个月至少召开一次会议。监事可以提议召开临时监事会会议。

监事会的议事方式和表决程序，除本法有规定的外，由公司章程规定。

监事会决议应当经半数以上监事通过。

监事会应当对所议事项的决定作成会议记录，出席会议的监事应当在会议记录上签名。

第五节　上市公司组织机构的特别规定

第一百二十一条　本法所称上市公司，是指其股票在证券交易所上市交易的股份有限公司。

第一百二十二条　上市公司在一年内购买、出售重大资产或者担保金额超过公司资产总额百分之三十的，应当由股东大会作出决议，并经出席会议的股东所持表决权的三分之二以上通过。

第一百二十三条　上市公司设独立董事，具体办法由国务院规定。

第一百二十四条　上市公司设董事会秘书，负责公司股东大会和董事会会议的筹备、文件保管以及公司股东资料的管理，办理信息披露事务等事宜。

第一百二十五条　上市公司董事与董事会会议决议事项所涉及的企业有关联关系的，不得对该项决议行使表决权，也不得代理其他董事行使表决权。该董事会会议由过半数的无关联关系董事出席即可举行，董事会会议所作决议须经无关联关系董事过半数通过。出席董事会的无关联关系董事人数不足三人的，应将该事项提交上市公司股东大会审议。

第五章　股份有限公司的股份发行和转让

第一节　股份发行

第一百二十六条　股份有限公司的资本划分为股份，每一股的金额相等。

公司的股份采取股票的形式。股票是公司签发的证明股东所持股份的凭证。

第一百二十七条　股份的发行，实行公平、公正的原则，同种类的每一股份应当具有同等权利。

同次发行的同种类股票，每股的发行条件和价格应当相同；任何单位或者个人所认购的股份，每股应当支付相同价额。

第一百二十八条 股票发行价格可以按票面金额，也可以超过票面金额，但不得低于票面金额。

第一百二十九条 股票采用纸面形式或者国务院证券监督管理机构规定的其他形式。

股票应当载明下列主要事项：

（一）公司名称；

（二）公司成立日期；

（三）股票种类、票面金额及代表的股份数；

（四）股票的编号。

股票由法定代表人签名，公司盖章。

发起人的股票，应当标明发起人股票字样。

第一百三十条 公司发行的股票，可以为记名股票，也可以为无记名股票。

公司向发起人、法人发行的股票，应当为记名股票，并应当记载该发起人、法人的名称或者姓名，不得另立户名或者以代表人姓名记名。

第一百三十一条 公司发行记名股票的，应当置备股东名册，记载下列事项：

（一）股东的姓名或者名称及住所；

（二）各股东所持股份数；

（三）各股东所持股票的编号；

（四）各股东取得股份的日期。

发行无记名股票的，公司应当记载其股票数量、编号及发行日期。

第一百三十二条 国务院可以对公司发行本法规定以外的其他种类的股份，另行作出规定。

第一百三十三条 股份有限公司成立后，即向股东正式交付股票。公司成立前不得向股东交付股票。

第一百三十四条 公司发行新股，股东大会应当对下列事项作出决议：

（一）新股种类及数额；

（二）新股发行价格；

（三）新股发行的起止日期；

（四）向原有股东发行新股的种类及数额。

第一百三十五条 公司经国务院证券监督管理机构核准公开发行新股时，必须公告新股招股说明书和财务会计报告，并制作认股书。

本法第八十八条、第八十九条的规定适用于公司公开发行新股。

第一百三十六条 公司发行新股，可以根据公司经营情况和财务状况，确定其作价方案。

第一百三十七条 公司发行新股募足股款后，必须向公司登记机关办理变更登记，并公告。

第二节 股份转让

第一百三十八条 股东持有的股份可以依法转让。

第一百三十九条 股东转让其股份，应当在依法设立的证券交易场所进行或者按照国务院规定的其他方式进行。

第一百四十条 记名股票，由股东以背书方式或者法律、行政法规规定的其他方式转让；转让后由公司将受让人的姓名或者名称及住所记载于股东名册。

股东大会召开前二十日内或者公司决定分配股利的基准日前五日内，不得进行前款规定的股东名册的变更登记。但是，法律对上市公司股东名册变更登记另有规定的，从其规定。

第一百四十一条 无记名股票的转让，由股东将该股票交付给受让人后即发生转让的效力。

第一百四十二条 发起人持有的本公司股份，自公司成立之日起一年内不得转让。公司公开发行股份前已发行的股份，自公司股票在证券交易所上市交易之日起一年内不得转让。

公司董事、监事、高级管理人员应当向公司申报所持有的本公司的股份及其变动情况，在任职期间每年转让的股份不得超过其所持有本公司股份总数的百分之二十五；所持本公司股份自公司股票上市交易之日起一年内不得转让。上述人员离职后半年内，不得转让其所持有的本公司股份。公司章程可以对公司董事、监事、高级管理人员转让其所持有的本公司股份作出其他限制性规定。

第一百四十三条 公司不得收购本公司股份。但是，有下列情形之一的除外：

（一）减少公司注册资本；

（二）与持有本公司股份的其他公司合并；

（三）将股份奖励给本公司职工；

（四）股东因对股东大会作出的公司合并、分立决议持异议，要求公司收购其股份的。

公司因前款第（一）项至第（三）项的原因收购本公司股份的，应当经股东大会决议。公司依照前款规定收购本公司股份后，属于第（一）项情形的，应当自收购之日起十日内注销；属于第（二）项、第（四）项情形的，应当在六个月内转让或者注销。

公司依照第一款第（三）项规定收购的本公司股份，不得超过本公司已发行股份总额的百分之五；用于收购的资金应当从公司的税后利润中支出；所收购的股份应当在一年内转让给职工。

公司不得接受本公司的股票作为质押权的标的。

第一百四十四条 记名股票被盗、遗失或者灭失，股东可以依照《中华人民共和国民事诉讼法》规定的公示催告程序，请求人民法院宣告该股票失效。人民法院宣告该股票失效后，股东可以向公司申请补发股票。

第一百四十五条 上市公司的股票，依照有关法律、行政法规及证券交易所交易规则上市交易。

第一百四十六条 上市公司必须依照法律、行政法规的规定，公开其财务状况、经营情况及重大诉讼，在每会计年度内半年公布一次财务会计报告。

第六章 公司董事、监事、高级管理人员的资格和义务

第一百四十七条 有下列情形之一的，不得担任公司的董事、监事、高级管理人员：

（一）无民事行为能力或者限制民事行为能力；

（二）因贪污、贿赂、侵占财产、挪用财产或者破坏社会主义市场经济秩序，被判处刑罚，执行期满未逾五年，或者因犯罪被剥夺政治权利，执行期满未逾五年；

（三）担任破产清算的公司、企业的董事或者厂长、经理，对该公司、企业的破产负有个人责任的，自该公司、企业破产清算完结之日起未逾三年；

（四）担任因违法被吊销营业执照、责令关闭的公司、企业的法定代表人，并负有个人责任的，自该公司、企业被吊销营业执照之日起未逾三年；

（五）个人所负数额较大的债务到期未清偿。

公司违反前款规定选举、委派董事、监事或者聘任高级管理人员的，该选举、委派或者聘任无效。

董事、监事、高级管理人员在任职期间出现本条第一款所列情形的，公司应当解除其职务。

第一百四十八条 董事、监事、高级管理人员应当遵守法律、行政法规和公司章程，对公司负有忠实义务和勤勉义务。

董事、监事、高级管理人员不得利用职权收受贿赂或者其他非法收入，不得侵占公司的财产。

第一百四十九条 董事、高级管理人员不得有下列行为：

（一）挪用公司资金；

（二）将公司资金以其个人名义或者以其他个人名义开立账户存储；

（三）违反公司章程的规定，未经股东会、股东大会或者董事会同意，将公司资金借贷给他人或者以公司财产为他人提供担保；

（四）违反公司章程的规定或者未经股东会、股东大会同意，与本公司订立合同或者进行交易；

（五）未经股东会或者股东大会同意，利用职务便利为自己或者他人谋取属于公司的商业机会，自营或者为他人经营与所任职公司同类的业务；

（六）接受他人与公司交易的佣金归为己有；

（七）擅自披露公司秘密；

（八）违反对公司忠实义务的其他行为。

董事、高级管理人员违反前款规定所得的收入应当归公司所有。

第一百五十条 董事、监事、高级管理人员执行公司职务时违反法律、行政法规或者公司章程的规定，给公司造成损失的，应当承担赔偿责任。

第一百五十一条 股东会或者股东大会要求董事、监事、高级管理人员列席会议的，董事、监事、高级管理人员应当列席并接受股东的质询。

董事、高级管理人员应当如实向监事会或者不设监事会的有限责任公司的监事提供有关情况和资料，不得妨碍监事会或者监事行使职权。

第一百五十二条 董事、高级管理人员有本法第一百五十条规定的情形的，有限责任公司的股东、股份有限公司连续一百八十日以上单独或者合计持有公司百分之一以上股份的股东，可以书面请求监事会或者不设监事会的有限责任公司的监事向人民法院提起诉讼；监事有本法第一百五十条规定的情形的，前述股东可以书面请求董事会或者不设董事会的有限责任公司的执行董事向人民法院提起诉讼。

监事会、不设监事会的有限责任公司的监事，或者董事会、执行董事收到前款规定的股东书面请求后拒绝提起诉讼，或者自收到请求之日起三十日内未提起诉讼，或者情况紧急、不立即提起诉讼将会使公司利益受到难以弥补的损害的，前款规定的股东有权为了公司的利益以自己的名义直接向人民法院提起诉讼。

他人侵犯公司合法权益，给公司造成损失的，本条第一款规定的股东可以依照前两款的规定向人民法院提起诉讼。

第一百五十三条 董事、高级管理人员违反法律、行政法规或者公司章程的规定，损害股东利益的，股东可以向人民法院提起诉讼。

第七章 公司债券

第一百五十四条 本法所称公司债券，是指公司依照法定程序发行、约定在一定期限还本付息的有价证券。

公司发行公司债券应当符合《中华人民共和国证券法》规定的发行条件。

第一百五十五条 发行公司债券的申请经国务院授权的部门核准后，应当公告公司债券募集办法。

公司债券募集办法中应当载明下列主要事项：

（一）公司名称；

（二）债券募集资金的用途；

（三）债券总额和债券的票面金额；

（四）债券利率的确定方式；

（五）还本付息的期限和方式；

（六）债券担保情况；

（七）债券的发行价格、发行的起止日期；

（八）公司净资产额；

（九）已发行的尚未到期的公司债券总额；

（十）公司债券的承销机构。

第一百五十六条 公司以实物券方式发行公司债券的，必须在债券上载明公司名称、债券票面金额、利率、偿还期限等事项，并由法定代表人签名，公司盖章。

第一百五十七条 公司债券，可以为记名债券，也可以为无记名债券。

第一百五十八条 公司发行公司债券应当置备公司债券存根簿。

发行记名公司债券的，应当在公司债券存根簿上载明下列事项：

（一）债券持有人的姓名或者名称及住所；

（二）债券持有人取得债券的日期及债券的编号；

（三）债券总额，债券的票面金额、利率、还本付息的期限和方式；

（四）债券的发行日期。

发行无记名公司债券的，应当在公司债券存根簿上载明债券总额、利率、偿还期限和方式、发行日期及债券的编号。

第一百五十九条 记名公司债券的登记结算机构应当建立债券登记、存管、付息、兑付等相关制度。

第一百六十条 公司债券可以转让，转让价格由转让人与受让人约定。

公司债券在证券交易所上市交易的，按照证券交易所的交易规则转让。

第一百六十一条 记名公司债券，由债券持有人以背书方式或者法律、行政法规规定的其他方式转让；转让后由公司将受让人的姓名或者名称及住所记载于公司债券存根簿。

无记名公司债券的转让，由债券持有人将该债券交付给受让人后即发生转让的效力。

第一百六十二条 上市公司经股东大会决议可以发行可转换为股票的公司债券，并在公司债券募集办法中规定具体的转换办法。上市公司发行可转换为股票的公司债券，应当报国务院证券监督管理机构核准。

发行可转换为股票的公司债券，应当在债券上标明可转换公司债券字样，并在公司债券存根簿上载明可转换公司债券的数额。

第一百六十三条 发行可转换为股票的公司债券的，公司应当按照其转换办法向债券持有人换发股票，但债券持有人对转换股票或者不转换股票有选择权。

第八章 公司财务、会计

第一百六十四条 公司应当依照法律、行政法规和国务院财政部门的规定建立本公司的财务、会计制度。

第一百六十五条 公司应当在每一会计年度终了时编制财务会计报告，并依法经会计师事务所审计。

财务会计报告应当依照法律、行政法规和国务院财政部门的规定制作。

第一百六十六条 有限责任公司应当依照公司章程规定的期限将财务会计报告送交各股东。

股份有限公司的财务会计报告应当在召开股东大会年会的二十日前置备于本公司，供股东查阅；公开发行股票的股份有限公司必须公告其财务会计报告。

第一百六十七条 公司分配当年税后利润时，应当提取利润的百分之十列入公司法定公积金。公司法定公积金累计额为公司注册资本的百分之五十以上的，可以不再提取。

公司的法定公积金不足以弥补以前年度亏损的，在依照前款规定提取法定公积金之前，应当先用当年利润弥补亏损。

公司从税后利润中提取法定公积金后，经股东会或者股东大会决议，还可以从税后利润中提取任意公积金。

公司弥补亏损和提取公积金后所余税后利润，有限责任公司依照本法第三十五条的规定分配；股份有限公司按照股东持有的股份比例分配，但股份有限公司章程规定不按持股比例分配的除外。

股东会、股东大会或者董事会违反前款规定，在公司弥补亏损和提取法定公积金之前向股东分配利润的，股东必须将违反规定分配的利润退还公司。

公司持有的本公司股份不得分配利润。

第一百六十八条 股份有限公司以超过股票票面金额的发行价格发行股份所得的溢价款以及国务院财政部门规定列入资本公积金的其他收入，应当列为公司资本公积金。

第一百六十九条 公司的公积金用于弥补公司的亏损、扩大公司生产经营或者转为增加公司资本。但是，资本公积金不得用于弥补公司的亏损。

法定公积金转为资本时，所留存的该项公积金不得少于转增前公司注册资本的百分之二十五。

第一百七十条 公司聘用、解聘承办公司审计业务的会计师事务所，依照公司章程的规定，由股东会、股东大会或者董事会决定。

公司股东会、股东大会或者董事会就解聘会计师事务所进行表决时，应当允许会计师事务所陈述意见。

第一百七十一条 公司应当向聘用的会计师事务所提供真实、完整的会计凭证、会计账簿、财务会计报告及其他会计资料，不得拒绝、隐匿、谎报。

第一百七十二条 公司除法定的会计账簿外，不得另立会计账簿。

对公司资产，不得以任何个人名义开立账户存储。

第九章　公司合并、分立、增资、减资

第一百七十三条　公司合并可以采取吸收合并或者新设合并。

一个公司吸收其他公司为吸收合并，被吸收的公司解散。两个以上公司合并设立一个新的公司为新设合并，合并各方解散。

第一百七十四条　公司合并，应当由合并各方签订合并协议，并编制资产负债表及财产清单。公司应当自作出合并决议之日起十日内通知债权人，并于三十日内在报纸上公告。债权人自接到通知书之日起三十日内，未接到通知书的自公告之日起四十五日内，可以要求公司清偿债务或者提供相应的担保。

第一百七十五条　公司合并时，合并各方的债权、债务，应当由合并后存续的公司或者新设的公司承继。

第一百七十六条　公司分立，其财产作相应的分割。

公司分立，应当编制资产负债表及财产清单。公司应当自作出分立决议之日起十日内通知债权人，并于三十日内在报纸上公告。

第一百七十七条　公司分立前的债务由分立后的公司承担连带责任。但是，公司在分立前与债权人就债务清偿达成的书面协议另有约定的除外。

第一百七十八条　公司需要减少注册资本时，必须编制资产负债表及财产清单。

公司应当自作出减少注册资本决议之日起十日内通知债权人，并于三十日内在报纸上公告。债权人自接到通知书之日起三十日内，未接到通知书的自公告之日起四十五日内，有权要求公司清偿债务或者提供相应的担保。

公司减资后的注册资本不得低于法定的最低限额。

第一百七十九条　有限责任公司增加注册资本时，股东认缴新增资本的出资，依照本法设立有限责任公司缴纳出资的有关规定执行。

股份有限公司为增加注册资本发行新股时，股东认购新股，依照本法设立股份有限公司缴纳股款的有关规定执行。

第一百八十条　公司合并或者分立，登记事项发生变更的，应当依法向公司登记机关办理变更登记；公司解散的，应当依法办理公司注销登记；设立新公司的，应当依法办理公司设立登记。

公司增加或者减少注册资本，应当依法向公司登记机关办理变更登记。

第十章　公司解散和清算

第一百八十一条　公司因下列原因解散：

（一）公司章程规定的营业期限届满或者公司章程规定的其他解散事由出现；

（二）股东会或者股东大会决议解散；

（三）因公司合并或者分立需要解散；

（四）依法被吊销营业执照、责令关闭或者被撤销；

（五）人民法院依照本法第一百八十三条的规定予以解散。

第一百八十二条　公司有本法第一百八十一条第（一）项情形的，可以通过修改公司章程而存续。

依照前款规定修改公司章程，有限责任公司须经持有三分之二以上表决权的股东通过，股份有限公司须经出席股东大会会议的股东所持表决权的三分之二以上通过。

第一百八十三条 公司经营管理发生严重困难，继续存续会使股东利益受到重大损失，通过其他途径不能解决的，持有公司全部股东表决权百分之十以上的股东，可以请求人民法院解散公司。

第一百八十四条 公司因本法第一百八十一条第（一）项、第（二）项、第（四）项、第（五）项规定而解散的，应当在解散事由出现之日起十五日内成立清算组，开始清算。有限责任公司的清算组由股东组成，股份有限公司的清算组由董事或者股东大会确定的人员组成。逾期不成立清算组进行清算的，债权人可以申请人民法院指定有关人员组成清算组进行清算。人民法院应当受理该申请，并及时组织清算组进行清算。

第一百八十五条 清算组在清算期间行使下列职权：

（一）清理公司财产，分别编制资产负债表和财产清单；

（二）通知、公告债权人；

（三）处理与清算有关的公司未了结的业务；

（四）清缴所欠税款以及清算过程中产生的税款；

（五）清理债权、债务；

（六）处理公司清偿债务后的剩余财产；

（七）代表公司参与民事诉讼活动。

第一百八十六条 清算组应当自成立之日起十日内通知债权人，并于六十日内在报纸上公告。债权人应当自接到通知书之日起三十日内，未接到通知书的自公告之日起四十五日内，向清算组申报其债权。

债权人申报债权，应当说明债权的有关事项，并提供证明材料。清算组应当对债权进行登记。

在申报债权期间，清算组不得对债权人进行清偿。

第一百八十七条 清算组在清理公司财产、编制资产负债表和财产清单后，应当制定清算方案，并报股东会、股东大会或者人民法院确认。

公司财产在分别支付清算费用、职工的工资、社会保险费用和法定补偿金，缴纳所欠税款，清偿公司债务后的剩余财产，有限责任公司按照股东的出资比例分配，股份有限公司按照股东持有的股份比例分配。

清算期间，公司存续，但不得开展与清算无关的经营活动。公司财产在未依照前款规定清偿前，不得分配给股东。

第一百八十八条 清算组在清理公司财产、编制资产负债表和财产清单后，发现公司财产不足清偿债务的，应当依法向人民法院申请宣告破产。

公司经人民法院裁定宣告破产后，清算组应当将清算事务移交给人民法院。

第一百八十九条 公司清算结束后，清算组应当制作清算报告，报股东会、股东大会或者人民法院确认，并报送公司登记机关，申请注销公司登记，公告公司终止。

第一百九十条 清算组成员应当忠于职守，依法履行清算义务。

清算组成员不得利用职权收受贿赂或者其他非法收入，不得侵占公司财产。

清算组成员因故意或者重大过失给公司或者债权人造成损失的，应当承担赔偿责任。

第一百九十一条 公司被依法宣告破产的，依照有关企业破产的法律实施破产清算。

第十一章　外国公司的分支机构

第一百九十二条　本法所称外国公司是指依照外国法律在中国境外设立的公司。

第一百九十三条　外国公司在中国境内设立分支机构，必须向中国主管机关提出申请，并提交其公司章程、所属国的公司登记证书等有关文件，经批准后，向公司登记机关依法办理登记，领取营业执照。

外国公司分支机构的审批办法由国务院另行规定。

第一百九十四条　外国公司在中国境内设立分支机构，必须在中国境内指定负责该分支机构的代表人或者代理人，并向该分支机构拨付与其所从事的经营活动相适应的资金。

对外国公司分支机构的经营资金需要规定最低限额的，由国务院另行规定。

第一百九十五条　外国公司的分支机构应当在其名称中标明该外国公司的国籍及责任形式。

外国公司的分支机构应当在本机构中置备该外国公司章程。

第一百九十六条　外国公司在中国境内设立的分支机构不具有中国法人资格。

外国公司对其分支机构在中国境内进行经营活动承担民事责任。

第一百九十七条　经批准设立的外国公司分支机构，在中国境内从事业务活动，必须遵守中国的法律，不得损害中国的社会公共利益，其合法权益受中国法律保护。

第一百九十八条　外国公司撤销其在中国境内的分支机构时，必须依法清偿债务，依照本法有关公司清算程序的规定进行清算。未清偿债务之前，不得将其分支机构的财产移至中国境外。

第十二章　法律责任

第一百九十九条　违反本法规定，虚报注册资本、提交虚假材料或者采取其他欺诈手段隐瞒重要事实取得公司登记的，由公司登记机关责令改正，对虚报注册资本的公司，处以虚报注册资本金额百分之五以上百分之十五以下的罚款；对提交虚假材料或者采取其他欺诈手段隐瞒重要事实的公司，处以五万元以上五十万元以下的罚款；情节严重的，撤销公司登记或者吊销营业执照。

第二百条　公司的发起人、股东虚假出资，未交付或者未按期交付作为出资的货币或者非货币财产的，由公司登记机关责令改正，处以虚假出资金额百分之五以上百分之十五以下的罚款。

第二百零一条　公司的发起人、股东在公司成立后，抽逃其出资的，由公司登记机关责令改正，处以所抽逃出资金额百分之五以上百分之十五以下的罚款。

第二百零二条　公司违反本法规定，在法定的会计账簿以外另立会计账簿的，由县级以上人民政府财政部门责令改正，处以五万元以上五十万元以下的罚款。

第二百零三条　公司在依法向有关主管部门提供的财务会计报告等材料上作虚假记载或者隐瞒重要事实的，由有关主管部门对直接负责的主管人员和其他直接责任人员处以三万元以上三十万元以下的罚款。

第二百零四条　公司不依照本法规定提取法定公积金的，由县级以上人民政府财政部门责令如数补足应当提取的金额，可以对公司处以二十万元以下的罚款。

第二百零五条　公司在合并、分立、减少注册资本或者进行清算时，不依照本法规定通知或者公告债权人的，由公司登记机关责令改正，对公司处以一万元以上十万元以下的罚款。

公司在进行清算时，隐匿财产，对资产负债表或者财产清单作虚假记载或者在未清偿债务前分配公司财产的，由公司登记机关责令改正，对公司处以隐匿财产或者未清偿债务前分配公司财产金额百分之五以上百分之十以下的罚款；对直接负责的主管人员和其他直接责任人员处以一万元以上十万元以下的罚款。

第二百零六条 公司在清算期间开展与清算无关的经营活动的，由公司登记机关予以警告，没收违法所得。

第二百零七条 清算组不依照本法规定向公司登记机关报送清算报告，或者报送清算报告隐瞒重要事实或者有重大遗漏的，由公司登记机关责令改正。

清算组成员利用职权徇私舞弊、谋取非法收入或者侵占公司财产的，由公司登记机关责令退还公司财产，没收违法所得，并可以处以违法所得一倍以上五倍以下的罚款。

第二百零八条 承担资产评估、验资或者验证的机构提供虚假材料的，由公司登记机关没收违法所得，处以违法所得一倍以上五倍以下的罚款，并可以由有关主管部门依法责令该机构停业、吊销直接责任人员的资格证书，吊销营业执照。

承担资产评估、验资或者验证的机构因过失提供有重大遗漏的报告的，由公司登记机关责令改正，情节较重的，处以所得收入一倍以上五倍以下的罚款，并可以由有关主管部门依法责令该机构停业、吊销直接责任人员的资格证书，吊销营业执照。

承担资产评估、验资或者验证的机构因其出具的评估结果、验资或者验证证明不实，给公司债权人造成损失的，除能够证明自己没有过错的外，在其评估或者证明不实的金额范围内承担赔偿责任。

第二百零九条 公司登记机关对不符合本法规定条件的登记申请予以登记，或者对符合本法规定条件的登记申请不予登记的，对直接负责的主管人员和其他直接责任人员，依法给予行政处分。

第二百一十条 公司登记机关的上级部门强令公司登记机关对不符合本法规定条件的登记申请予以登记，或者对符合本法规定条件的登记申请不予登记的，或者对违法登记进行包庇的，对直接负责的主管人员和其他直接责任人员依法给予行政处分。

第二百一十一条 未依法登记为有限责任公司或者股份有限公司，而冒用有限责任公司或者股份有限公司名义的，或者未依法登记为有限责任公司或者股份有限公司的分公司，而冒用有限责任公司或者股份有限公司的分公司名义的，由公司登记机关责令改正或者予以取缔，可以并处十万元以下的罚款。

第二百一十二条 公司成立后无正当理由超过六个月未开业的，或者开业后自行停业连续六个月以上的，可以由公司登记机关吊销营业执照。

公司登记事项发生变更时，未依照本法规定办理有关变更登记的，由公司登记机关责令限期登记；逾期不登记的，处以一万元以上十万元以下的罚款。

第二百一十三条 外国公司违反本法规定，擅自在中国境内设立分支机构的，由公司登记机关责令改正或者关闭，可以并处五万元以上二十万元以下的罚款。

第二百一十四条 利用公司名义从事危害国家安全、社会公共利益的严重违法行为的，吊销营业执照。

第二百一十五条 公司违反本法规定，应当承担民事赔偿责任和缴纳罚款、罚金的，其财产不足以支付时，先承担民事赔偿责任。

第二百一十六条 违反本法规定，构成犯罪的，依法追究刑事责任。

第十三章　附　则

第二百一十七条　本法下列用语的含义：

（一）高级管理人员，是指公司的经理、副经理、财务负责人，上市公司董事会秘书和公司章程规定的其他人员。

（二）控股股东，是指其出资额占有限责任公司资本总额百分之五十以上或者其持有的股份占股份有限公司股本总额百分之五十以上的股东；出资额或者持有股份的比例虽然不足百分之五十，但依其出资额或者持有的股份所享有的表决权已足以对股东会、股东大会的决议产生重大影响的股东。

（三）实际控制人，是指虽不是公司的股东，但通过投资关系、协议或者其他安排，能够实际支配公司行为的人。

（四）关联关系，是指公司控股股东、实际控制人、董事、监事、高级管理人员与其直接或者间接控制的企业之间的关系，以及可能导致公司利益转移的其他关系。但是，国家控股的企业之间不仅因为同受国家控股而具有关联关系。

第二百一十八条　外商投资的有限责任公司和股份有限公司适用本法；有关外商投资的法律另有规定的，适用其规定。

第二百一十九条　本法自2006年1月1日起施行。

中华人民共和国刑法修正案（六）

（2006年6月29日第十届全国人民代表大会常务委员会第二十二次会议通过
2006年6月29日中华人民共和国主席令第五十一号公布实施）

一、将刑法第一百三十四条修改为："在生产、作业中违反有关安全管理的规定，因而发生重大伤亡事故或者造成其他严重后果的，处三年以下有期徒刑或者拘役；情节特别恶劣的，处三年以上七年以下有期徒刑。

"强令他人违章冒险作业，因而发生重大伤亡事故或者造成其他严重后果的，处五年以下有期徒刑或者拘役；情节特别恶劣的，处五年以上有期徒刑。"

二、将刑法第一百三十五条修改为："安全生产设施或者安全生产条件不符合国家规定，因而发生重大伤亡事故或者造成其他严重后果的，对直接负责的主管人员和其他直接责任人员，处三年以下有期徒刑或者拘役；情节特别恶劣的，处三年以上七年以下有期徒刑。"

三、在刑法第一百三十五条后增加一条，作为第一百三十五条之一："举办大型群众性活动违反安全管理规定，因而发生重大伤亡事故或者造成其他严重后果的，对直接负责的主管人员和其他直接责任人员，处三年以下有期徒刑或者拘役；情节特别恶劣的，处三年以上七年以下有期徒刑。"

四、在刑法第一百三十九条后增加一条，作为第一百三十九条之一："在安全事故发生后，负有报告职责的人员不报或者谎报事故情况，贻误事故抢救，情节严重的，处三年以下有期徒刑或者拘役；情节特别严重的，处三年以上七年以下有期徒刑。"

五、将刑法第一百六十一条修改为："依法负有信息披露义务的公司、企业向股东和社会公众提供虚假的或者隐瞒重要事实的财务会计报告，或者对依法应当披露的其他重要信息不按照规定披露，严重损害股东或者其他人利益，或者有其他严重情节的，对其直接负责的主管人员和其他直接责任人员，处三年以下有期徒刑或者拘役，并处或者单处二万元以上二十万元以下罚金。"

六、在刑法第一百六十二条之一后增加一条，作为第一百六十二条之二："公司、企业通过隐匿财产、承担虚构的债务或者以其他方法转移、处分财产，实施虚假破产，严重损害债权人或者其他人利益的，对其直接负责的主管人员和其他直接责任人员，处五年以下有期徒刑或者拘役，并处或者单处二万元以上二十万元以下罚金。"

七、将刑法第一百六十三条修改为："公司、企业或者其他单位的工作人员利用职务上的便利，索取他人财物或者非法收受他人财物，为他人谋取利益，数额较大的，处五年以下有期徒刑或者拘役；数额巨大的，处五年以上有期徒刑，可以并处没收财产。"

公司、企业或者其他单位的工作人员在经济往来中，利用职务上的便利，违反国家规定，收受各种名义的回扣、手续费，归个人所有的，依照前款的规定处罚。"

国有公司、企业或者其他国有单位中从事公务的人员和国有公司、企业或者其他国有单位委派到非国有公司、企业以及其他单位从事公务的人员有前两款行为的，依照本法第三百八十五条、第三百八十六条的规定定罪处罚。"

八、将刑法第一百六十四条第一款修改为："为谋取不正当利益，给予公司、企业或者其他单位的工作人员以财物，数额较大的，处三年以下有期徒刑或者拘役；数额巨大的，处三年以上十年以下有期徒刑，并处罚金。"

九、在刑法第一百六十九条后增加一条，作为第一百六十九条之一："上市公司的董事、监事、高级管理人员违背对公司的忠实义务，利用职务便利，操纵上市公司从事下列行为之一，致使上市公司利益遭受重大损失的，处三年以下有期徒刑或者拘役，并处或者单处罚金；致使上市公司利益遭受特别重大损失的，处三年以上七年以下有期徒刑，并处罚金：

（一）无偿向其他单位或者个人提供资金、商品、服务或者其他资产的；

（二）以明显不公平的条件，提供或者接受资金、商品、服务或者其他资产的；

（三）向明显不具有清偿能力的单位或者个人提供资金、商品、服务或者其他资产的；

（四）为明显不具有清偿能力的单位或者个人提供担保，或者无正当理由为其他单位或者个人提供担保的；

（五）无正当理由放弃债权、承担债务的；

（六）采用其他方式损害上市公司利益的。

上市公司的控股股东或者实际控制人，指使上市公司董事、监事、高级管理人员实施前款行为的，依照前款的规定处罚。

犯前款罪的上市公司的控股股东或者实际控制人是单位的，对单位判处罚金，并对其直接负责的主管人员和其他直接责任人员，依照第一款的规定处罚。"

十、在刑法第一百七十五条后增加一条，作为第一百七十五条之一："以欺骗手段取得银行或者其他金融机构贷款、票据承兑、信用证、保函等，给银行或者其他金融机构造成重大损失或者有其他严重情节的，处三年以下有期徒刑或者拘役，并处或者单处罚金；给银行或者其他金融机构造成特别重大损失或者有其他特别严重情节的，处三年以上七年以下有期徒刑，并处罚金。

单位犯前款罪的，对单位判处罚金，并对其直接负责的主管人员和其他直接责任人员，依照前款的规定处罚。"

十一、将刑法第一百八十二条修改为："有下列情形之一，操纵证券、期货市场，情节严重的，处五年以下有期徒刑或者拘役，并处或者单处罚金；情节特别严重的，处五年以上十年以下有期徒刑，并处罚金：

（一）单独或者合谋，集中资金优势、持股或者持仓优势或者利用信息优势联合或者连续买卖，操纵证券、期货交易价格或者证券、期货交易量的；

（二）与他人串通，以事先约定的时间、价格和方式相互进行证券、期货交易，影响证券、期货交易价格或者证券、期货交易量的；

（三）在自己实际控制的账户之间进行证券交易，或者以自己为交易对象，自买自卖期货合约，影响证券、期货交易价格或者证券、期货交易量的；

（四）以其他方法操纵证券、期货市场的。

单位犯前款罪的，对单位判处罚金，并对其直接负责的主管人员和其他直接责任人员，依照前款的规定处罚。"

十二、在刑法第一百八十五条后增加一条，作为第一百八十五条之一："商业银行、证券交易所、期货交易所、证券公司、期货经纪公司、保险公司或者其他金融机构，违背受托义务，擅自运用客户资金或者其他委托、信托的财产，情节严重的，对单位判处罚金，并对其直接负责的主管人员和其他直接责任人员，处三年以下有期徒刑或者拘役，并处三万元以上三十万元以下罚金；情节特别严重的，处三年以上十年以下有期徒刑，并处五万元以上五十万元以下罚金。

社会保障基金管理机构、住房公积金管理机构等公众资金管理机构，以及保险公司、保险资产管理公司、证券投资基金管理公司，违反国家规定运用资金的，对其直接负责的主管人员和其他直接责任人员，依照前款的规定处罚。”

十三、将刑法第一百八十六条第一款、第二款修改为：“银行或者其他金融机构的工作人员违反国家规定发放贷款，数额巨大或者造成重大损失的，处五年以下有期徒刑或者拘役，并处一万元以上十万元以下罚金；数额特别巨大或者造成特别重大损失的，处五年以上有期徒刑，并处二万元以上二十万元以下罚金。

银行或者其他金融机构的工作人员违反国家规定，向关系人发放贷款的，依照前款的规定从重处罚。”

十四、将刑法第一百八十七条第一款修改为：“银行或者其他金融机构的工作人员吸收客户资金不入账，数额巨大或者造成重大损失的，处五年以下有期徒刑或者拘役，并处二万元以上二十万元以下罚金；数额特别巨大或者造成特别重大损失的，处五年以上有期徒刑，并处五万元以上五十万元以下罚金。”

十五、将刑法第一百八十八条第一款修改为：“银行或者其他金融机构的工作人员违反规定，为他人出具信用证或者其他保函、票据、存单、资信证明，情节严重的，处五年以下有期徒刑或者拘役；情节特别严重的，处五年以上有期徒刑。”

十六、将刑法第一百九十一条第一款修改为：“明知是毒品犯罪、黑社会性质的组织犯罪、恐怖活动犯罪、走私犯罪、贪污贿赂犯罪、破坏金融管理秩序犯罪、金融诈骗犯罪的所得及其产生的收益，为掩饰、隐瞒其来源和性质，有下列行为之一的，没收实施以上犯罪的所得及其产生的收益，处五年以下有期徒刑或者拘役，并处或者单处洗钱数额百分之五以上百分之二十以下罚金；情节严重的，处五年以上十年以下有期徒刑，并处洗钱数额百分之五以上百分之二十以下罚金：

（一）提供资金账户的；

（二）协助将财产转换为现金、金融票据、有价证券的；

（三）通过转账或者其他结算方式协助资金转移的；

（四）协助将资金汇往境外的；

（五）以其他方法掩饰、隐瞒犯罪所得及其收益的来源和性质的。”

十七、在刑法第二百六十二条后增加一条，作为第二百六十二条之一：“以暴力、胁迫手段组织残疾人或者不满十四周岁的未成年人乞讨的，处三年以下有期徒刑或者拘役，并处罚金；情节严重的，处三年以上七年以下有期徒刑，并处罚金。”

十八、将刑法第三百零三条修改为：“以营利为目的，聚众赌博或者以赌博为业的，处三年以下有期徒刑、拘役或者管制，并处罚金。

开设赌场的，处三年以下有期徒刑、拘役或者管制，并处罚金；情节严重的，处三年以上十年以下有期徒刑，并处罚金。”

十九、将刑法第三百一十二条修改为：“明知是犯罪所得及其产生的收益而予以窝藏、转移、收购、代为销售或者以其他方法掩饰、隐瞒的，处三年以下有期徒刑、拘役或者管制，并处或者单处罚金；情节严重的，处三年以上七年以下有期徒刑，并处罚金。”

二十、在刑法第三百九十九条后增加一条，作为第三百九十九条之一：“依法承担仲裁职责的人员，在仲裁活动中故意违背事实和法律作枉法裁决，情节严重的，处三年以下有期徒刑或者拘役；情节特别严重的，处三年以上七年以下有期徒刑。”

二十一、本修正案自公布之日起施行。

国务院行政法规及文件

劳动保障监察条例

国务院令第 423 号

颁布日期：20041101　实施日期：20041201　颁布单位：国务院

经 2004 年 10 月 26 日国务院第 68 次常务会议通过，现予公布，自 2004 年 12 月 1 日起施行。

二〇〇四年十一月一日

第一章　总　则

第一条　为了贯彻实施劳动和社会保障（以下称劳动保障）法律、法规和规章，规范劳动保障监察工作，维护劳动者的合法权益，根据劳动法和有关法律，制定本条例。

第二条　对企业和个体工商户（以下称用人单位）进行劳动保障监察，适用本条例。

对职业介绍机构、职业技能培训机构和职业技能考核鉴定机构进行劳动保障监察，依照本条例执行。

第三条　国务院劳动保障行政部门主管全国的劳动保障监察工作。县级以上地方各级人民政府劳动保障行政部门主管本行政区域内的劳动保障监察工作。

县级以上各级人民政府有关部门根据各自职责，支持、协助劳动保障行政部门的劳动保障监察工作。

第四条　县级、设区的市级人民政府劳动保障行政部门可以委托符合监察执法条件的组织实施劳动保障监察。

劳动保障行政部门和受委托实施劳动保障监察的组织中的劳动保障监察员应当经过相应的考核或者考试录用。

劳动保障监察证件由国务院劳动保障行政部门监制。

第五条　县级以上地方各级人民政府应当加强劳动保障监察工作。劳动保障监察所需经费列入本级财政预算。

第六条　用人单位应当遵守劳动保障法律、法规和规章，接受并配合劳动保障监察。

第七条　各级工会依法维护劳动者的合法权益，对用人单位遵守劳动保障法律、法规和规章的情况进行监督。

劳动保障行政部门在劳动保障监察工作中应当注意听取工会组织的意见和建议。

第八条　劳动保障监察遵循公正、公开、高效、便民的原则。

实施劳动保障监察，坚持教育与处罚相结合，接受社会监督。

第九条　任何组织或者个人对违反劳动保障法律、法规或者规章的行为，有权向劳动保障行政部门举报。

劳动者认为用人单位侵犯其劳动保障合法权益的，有权向劳动保障行政部门投诉。

劳动保障行政部门应当为举报人保密；对举报属实，为查处重大违反劳动保障法律、法规或者规章的行为提供主要线索和证据的举报人，给予奖励。

第二章 劳动保障监察职责

第十条 劳动保障行政部门实施劳动保障监察，履行下列职责：

（一）宣传劳动保障法律、法规和规章，督促用人单位贯彻执行；

（二）检查用人单位遵守劳动保障法律、法规和规章的情况；

（三）受理对违反劳动保障法律、法规或者规章的行为的举报、投诉；

（四）依法纠正和查处违反劳动保障法律、法规或者规章的行为。

第十一条 劳动保障行政部门对下列事项实施劳动保障监察：

（一）用人单位制定内部劳动保障规章制度的情况；

（二）用人单位与劳动者订立劳动合同的情况；

（三）用人单位遵守禁止使用童工规定的情况；

（四）用人单位遵守女职工和未成年工特殊劳动保护规定的情况；

（五）用人单位遵守工作时间和休息休假规定的情况；

（六）用人单位支付劳动者工资和执行最低工资标准的情况；

（七）用人单位参加各项社会保险和缴纳社会保险费的情况；

（八）职业介绍机构、职业技能培训机构和职业技能考核鉴定机构遵守国家有关职业介绍、职业技能培训和职业技能考核鉴定的规定的情况；

（九）法律、法规规定的其他劳动保障监察事项。

第十二条 劳动保障监察员依法履行劳动保障监察职责，受法律保护。

劳动保障监察员应当忠于职守，秉公执法，勤政廉洁，保守秘密。

任何组织或者个人对劳动保障监察员的违法违纪行为，有权向劳动保障行政部门或者有关机关检举、控告。

第三章 劳动保障监察的实施

第十三条 对用人单位的劳动保障监察，由用人单位用工所在地的县级或者设区的市级劳动保障行政部门管辖。

上级劳动保障行政部门根据工作需要，可以调查处理下级劳动保障行政部门管辖的案件。劳动保障行政部门对劳动保障监察管辖发生争议的，报请共同的上一级劳动保障行政部门指定管辖。

省、自治区、直辖市人民政府可以对劳动保障监察的管辖制定具体办法。

第十四条 劳动保障监察以日常巡视检查、审查用人单位按照要求报送的书面材料以及接受举报投诉等形式进行。

劳动保障行政部门认为用人单位有违反劳动保障法律、法规或者规章的行为，需要进行调查处理的，应当及时立案。

劳动保障行政部门或者受委托实施劳动保障监察的组织应当设立举报、投诉信箱和电话。

对因违反劳动保障法律、法规或者规章的行为引起的群体性事件，劳动保障行政部门应当根据应急预案，迅速会同有关部门处理。

第十五条 劳动保障行政部门实施劳动保障监察，有权采取下列调查、检查措施：

（一）进入用人单位的劳动场所进行检查；

（二）就调查、检查事项询问有关人员；

（三）要求用人单位提供与调查、检查事项相关的文件资料，并作出解释和说明，必要时可以发出调查询问书；

（四）采取记录、录音、录像、照相或者复制等方式收集有关情况和资料；

（五）委托会计师事务所对用人单位工资支付、缴纳社会保险费的情况进行审计；

（六）法律、法规规定可以由劳动保障行政部门采取的其他调查、检查措施。

劳动保障行政部门对事实清楚、证据确凿、可以当场处理的违反劳动保障法律、法规或者规章的行为有权当场予以纠正。

第十六条 劳动保障监察员进行调查、检查，不得少于2人，并应当佩戴劳动保障监察标志、出示劳动保障监察证件。

劳动保障监察员办理的劳动保障监察事项与本人或者其近亲属有直接利害关系的，应当回避。

第十七条 劳动保障行政部门对违反劳动保障法律、法规或者规章的行为的调查，应当自立案之日起60个工作日内完成；对情况复杂的，经劳动保障行政部门负责人批准，可以延长30个工作日。

第十八条 劳动保障行政部门对违反劳动保障法律、法规或者规章的行为，根据调查、检查的结果，作出以下处理：

（一）对依法应当受到行政处罚的，依法作出行政处罚决定；

（二）对应当改正未改正的，依法责令改正或者作出相应的行政处理决定；

（三）对情节轻微且已改正的，撤销立案。

发现违法案件不属于劳动保障监察事项的，应当及时移送有关部门处理；涉嫌犯罪的，应当依法移送司法机关。

第十九条 劳动保障行政部门对违反劳动保障法律、法规或者规章的行为作出行政处罚或者行政处理决定前，应当听取用人单位的陈述、申辩；作出行政处罚或者行政处理决定，应当告知用人单位依法享有申请行政复议或者提起行政诉讼的权利。

第二十条 违反劳动保障法律、法规或者规章的行为在2年内未被劳动保障行政部门发现，也未被举报、投诉的，劳动保障行政部门不再查处。

前款规定的期限，自违反劳动保障法律、法规或者规章的行为发生之日起计算；违反劳动保障法律、法规或者规章的行为有连续或者继续状态的，自行为终了之日起计算。

第二十一条 用人单位违反劳动保障法律、法规或者规章，对劳动者造成损害的，依法承担赔偿责任。劳动者与用人单位就赔偿发生争议的，依照国家有关劳动争议处理的规定处理。

对应当通过劳动争议处理程序解决的事项或者已经按照劳动争议处理程序申请调解、仲裁或者已经提起诉讼的事项，劳动保障行政部门应当告知投诉人依照劳动争议处理或者诉讼的程序办理。

第二十二条 劳动保障行政部门应当建立用人单位劳动保障守法诚信档案。用人单位有重大违反劳动保障法律、法规或者规章的行为的，由有关的劳动保障行政部门向社会公布。

第四章 法律责任

第二十三条 用人单位有下列行为之一的，由劳动保障行政部门责令改正，按照受侵害的劳动者每人1000元以上5000元以下的标准计算，处以罚款：

（一）安排女职工从事矿山井下劳动、国家规定的第四级体力劳动强度的劳动或者其他禁忌从事的劳动的；

（二）安排女职工在经期从事高处、低温、冷水作业或者国家规定的第三级体力劳动强度的劳动的；

（三）安排女职工在怀孕期间从事国家规定的第三级体力劳动强度的劳动或者孕期禁忌从事的劳动的；

（四）安排怀孕7个月以上的女职工夜班劳动或者延长其工作时间的；

（五）女职工生育享受产假少于90天的；

（六）安排女职工在哺乳未满1周岁的婴儿期间从事国家规定的第三级体力劳动强度的劳动或者哺乳期禁忌从事的其他劳动，以及延长其工作时间或者安排其夜班劳动的；

（七）安排未成年工从事矿山井下、有毒有害、国家规定的第四级体力劳动强度的劳动或者其他禁忌从事的劳动的；

（八）未对未成年工定期进行健康检查的。

第二十四条 用人单位与劳动者建立劳动关系不依法订立劳动合同的，由劳动保障行政部门责令改正。

第二十五条 用人单位违反劳动保障法律、法规或者规章延长劳动者工作时间的，由劳动保障行政部门给予警告，责令限期改正，并可以按照受侵害的劳动者每人100元以上500元以下的标准计算，处以罚款。

第二十六条 用人单位有下列行为之一的，由劳动保障行政部门分别责令限期支付劳动者的工资报酬、劳动者工资低于当地最低工资标准的差额或者解除劳动合同的经济补偿；逾期不支付的，责令用人单位按照应付金额50%以上1倍以下的标准计算，向劳动者加付赔偿金：

（一）克扣或者无故拖欠劳动者工资报酬的；

（二）支付劳动者的工资低于当地最低工资标准的；

（三）解除劳动合同未依法给予劳动者经济补偿的。

第二十七条 用人单位向社会保险经办机构申报应缴纳的社会保险费数额时，瞒报工资总额或者职工人数的，由劳动保障行政部门责令改正，并处瞒报工资数额1倍以上3倍以下的罚款。

骗取社会保险待遇或者骗取社会保险基金支出的，由劳动保障行政部门责令退还，并处骗取金额1倍以上3倍以下的罚款；构成犯罪的，依法追究刑事责任。

第二十八条 职业介绍机构、职业技能培训机构或者职业技能考核鉴定机构违反国家有关职业介绍、职业技能培训或者职业技能考核鉴定的规定的，由劳动保障行政部门责令改正，没收违法所得，并处1万元以上5万元以下的罚款；情节严重的，吊销许可证。

未经劳动保障行政部门许可，从事职业介绍、职业技能培训或者职业技能考核鉴定的组织或者个人，由劳动保障行政部门、工商行政管理部门依照国家有关无照经营查处取缔的规定查处取缔。

第二十九条 用人单位违反《中华人民共和国工会法》，有下列行为之一的，由劳动保障行政部门责令改正：

（一）阻挠劳动者依法参加和组织工会，或者阻挠上级工会帮助、指导劳动者筹建工会的；

（二）无正当理由调动依法履行职责的工会工作人员的工作岗位，进行打击报复的；

（三）劳动者因参加工会活动而被解除劳动合同的；

（四）工会工作人员因依法履行职责被解除劳动合同的。

第三十条 有下列行为之一的，由劳动保障行政部门责令改正；对有第（一）项、第（二）项或者第（三）项规定的行为的，处2000元以上2万元以下的罚款：

（一）无理抗拒、阻挠劳动保障行政部门依照本条例的规定实施劳动保障监察的；

（二）不按照劳动保障行政部门的要求报送书面材料，隐瞒事实真相，出具伪证或者隐匿、毁灭证据的；

（三）经劳动保障行政部门责令改正拒不改正，或者拒不履行劳动保障行政部门的行政处理决定的；

（四）打击报复举报人、投诉人的。

违反前款规定，构成违反治安管理行为的，由公安机关依法给予治安管理处罚；构成犯罪的，依法追究刑事责任。

第三十一条 劳动保障监察员滥用职权、玩忽职守、徇私舞弊或者泄露在履行职责过程中知悉的商业秘密的，依法给予行政处分；构成犯罪的，依法追究刑事责任。

劳动保障行政部门和劳动保障监察员违法行使职权，侵犯用人单位或者劳动者的合法权益的，依法承担赔偿责任。

第三十二条 属于本条例规定的劳动保障监察事项，法律、其他行政法规对处罚另有规定的，从其规定。

第五章 附 则

第三十三条 对无营业执照或者已被依法吊销营业执照，有劳动用工行为的，由劳动保障行政部门依照本条例实施劳动保障监察，并及时通报工商行政管理部门予以查处取缔。

第三十四条 国家机关、事业单位、社会团体执行劳动保障法律、法规和规章的情况，由劳动保障行政部门根据其职责，依照本条例实施劳动保障监察。

第三十五条 劳动安全卫生的监督检查，由卫生部门、安全生产监督管理部门、特种设备安全监督管理部门等有关部门依照有关法律、行政法规的规定执行。

第三十六条 本条例自2004年12月1日起施行。

国务院关于非公有资本进入文化产业的若干决定

国发［2005］10号

颁布日期：20050413　实施日期：20050413　颁布单位：国务院

为大力发展社会主义先进文化，充分调动全社会参与文化建设的积极性，进一步引导和规范非公有资本进入文化产业，逐步形成以公有制为主体、多种所有制经济共同发展的文化产业格局，提高我国文化产业的整体实力和竞争力，现就有关问题作出如下决定：

（一）鼓励和支持非公有资本进入以下领域：文艺表演团体、演出场所、博物馆和展览馆、互联网上网服务营业场所、艺术教育与培训、文化艺术中介、旅游文化服务、文化娱乐、艺术品经营、动漫和网络游戏、广告、电影电视剧制作发行、广播影视技术开发运用、电影院和电影院线、农村电影放映、书报刊分销、音像制品分销、包装装潢印刷品印刷等。

（二）鼓励和支持非公有资本从事文化产品和文化服务出口业务。

（三）鼓励和支持非公有资本参与文艺表演团体、演出场所等国有文化单位的公司制改建，非公有资本可以控股。

（四）允许非公有资本进入出版物印刷、可录类光盘生产、只读类光盘复制等文化行业和领域。

（五）非公有资本可以投资参股下列领域国有文化企业：出版物印刷、发行，新闻出版单位的广告、发行，广播电台和电视台的音乐、科技、体育、娱乐方面的节目制作，电影制作发行放映。上述文化企业国有资本必须控股51%以上。

（六）非公有资本可以建设和经营有线电视接入网，参与有线电视接收端数字化改造，从事上述业务的文化企业国有资本必须控股51%以上。非公有资本可以控股从事有线电视接入网社区部分业务的企业。

（七）非公有资本可以开办户外、楼宇内、交通工具内、店堂等显示屏广告业务，可以在符合条件的宾馆饭店内提供广播电视视频节目点播服务。有关部门要严格资质认定，明确经营范围，加强日常监管。

（八）非公有资本进入文化产业按现行有关规定管理，其中第五条、第六条、第七条规定的事项还须经有关行政主管部门批准。有关投资项目的审批或核准，按照《国务院关于投资体制改革的决定》（国发［2004］20号）的规定办理。要严格审批程序，完善审批办法，规范文化产业发展，保护企业合法权益，取缔违法违规经营。非公有制文化企业在项目审批、资质认定、融资等方面与国有文化企业享受同等待遇。

（九）非公有资本不得投资设立和经营通讯社、报刊社、出版社、广播电台（站）、电视台（站）、广播电视发射台（站）、转播台（站）、广播电视卫星、卫星上行站和收转站、微波站、监测台（站）、有线电视传输骨干网等；不得利用信息网络开展视听节目服务以及新闻网站等业务；不得经营报刊版面、广播电视频率频道和时段栏目；不得从事书报刊、影视片、音像制品成品等文化产品进口业务；不得进入国有文物博物馆。

（十）文化部、广电总局、新闻出版总署根据本决定，制定具体实施办法，明确国家鼓励、允许、限制和禁止投资的产业目录，引导非公有制文化企业持续快速健康发展。

各地区、各部门要依法清理和修订与本决定相抵触的规定。外资进入文化产业依照有关法律法规的规定执行。

国务院关于促进流通业发展的若干意见

国发［2005］19号

颁布日期：20050609　实施日期：20050609　颁布单位：国务院

各省、自治区、直辖市人民政府，国务院各部委、各直属机构：

随着改革开放不断深入和社会主义市场经济体制的完善，我国流通业在促进生产、引导消费、推动经济结构调整和经济增长方式转变等方面的作用日益突出。当前，我国商品市场供求总格局已发生根本性变化，面临的国际化竞争更趋激烈，但流通领域仍存在流通企业规模偏小，组织化程度低，现代化水平不高，市场体系不够完善等问题，迫切需要我们在流通领域树立和落实科学发展观，建设大市场，发展大贸易，搞活大流通，加快推进内外贸一体化和贸工农一体化，促进经济结构调整和经济增长方式转变，为促进城乡协调发展和国民经济持续快速健康发展作出新贡献。为此，特提出以下意见：

一、加大改革力度，提高流通企业竞争能力

（一）大力推进国有流通企业改组改制。积极推进国有流通企业改革，建立现代企业制度。各级人民政府要因地制宜，采取多种方式支持国有流通企业改组改制，增强国有流通企业活力，提高盈利能力；对资不抵债、长期亏损、扭亏无望的国有流通企业，依法实施租赁、出售、债务重组和关闭破产；支持企业进行跨行业、跨地区、跨所有制的资产重组，鼓励各种资本参与流通企业改组改造；在深化流通企业改革过程中，注意保全银行信贷资产，防止逃废银行债务。

（二）妥善处理国有流通企业历史包袱。允许国有流通企业通过将其使用的、已划拨的土地在补办出让手续、补交土地出让金后纳入企业总资产冲抵企业债务；经财政、国有资产管理部门同意，按照国家有关规定，国有流通企业可以通过出售所持国有产权抵偿历史债务。

（三）妥善安置职工，降低国有流通企业改革成本。国有流通企业享受原国家经贸委等八部门《关于国有大中型企业主辅分离辅业改制分流安置富余人员的实施办法》（国经贸企改［2002］859号）的政策措施；对流通企业依法出售自有产权的营业或办公用房收入以及处置企业使用划拨土地的收入，可优先留给企业用于缴纳社会保险费和安置职工；对向企业经营者或职工定向出售的国有中小流通企业资产，应规范"招拍挂"程序，在履行决策、资产清查、财务审计和资产评估审核程序后，要维护企业职工权益，在同等价格条件下，优先卖给本企业职工，卖给其他单位和个人的，要切实妥善安排好原企业的职工；纳税确有困难的流通企业，可按现行规定申请减免生产性用房的房产税和城镇土地使用税。

（四）加快培育大型流通企业集团。要按照市场经济规律和世贸组织规则，积极培育一批有著名品牌和自主知识产权、主业突出、核心竞争力强、具有国际竞争力的大型流通企业；鼓励具有竞争优势的流通企业通过参股、控股、承包、兼并、收购、托管和特许经营等方式，实现规模扩张，引导支持流通企业做强做大。

国务院各有关部门和有关金融机构要扶持流通企业做强做大，在安排中央外贸发展基金和国债资金、设立财务公司、发行股票和债券、提供金融服务等方面予以支持。重点培育的大型流通企业可直接向商务部申请进出口配额、许可证、国营贸易经营权和相关资质等。

地方各级人民政府要结合实际，采取具体措施，支持国家和地方重点培育大型流通企业的发展。

（五）进一步放开搞活中小流通企业。商务部、发展改革委、财政部、科技部等有关部门要按照资金使用方向和程序，在安排中央外贸发展基金、中小企业发展专项资金、中小企业科技创新资金等方面支持中小流通企业发展。鼓励有条件的流通企业到境外开展流通业务。

地方各级人民政府要采取切实有效的措施支持中小流通企业发展，在市场准入、信用担保、金融服务、物流服务、人才培训、信息服务等方面进行扶持。

（六）努力创造流通企业公平竞争的环境。加快电价改革步伐，积极推动工商企业同网同价；引导和规范零售企业的促销和进货交易等行为，依法打击商业欺诈，整顿规范流通秩序；有序推进流通业对外开放，鼓励流通企业实行内外贸一体化经营，为内外资流通企业公平竞争创造良好的环境。

二、加快创新步伐，提高流通现代化水平

（七）切实推进连锁经营快速发展。国务院各部门和地方各级人民政府要进一步研究制订并完善实施办法，切实把《国务院办公厅转发国务院体改办国家经贸委关于促进连锁经营发展若干意见的通知》（国办发［2002］49号）的各项政策措施落到实处。

（八）推动流通企业进行流通方式和技术创新。充分运用财政和金融手段支持流通企业进行结构调整，重点支持现代流通方式的推广和运用。地方各级人民政府要在财政补贴、土地使用等方面，鼓励连锁经营企业发展，尤其是到城市社区、农村建立营销网络；鼓励发展循环经济，从财政等方面支持优势再生资源回收企业通过连锁经营等方式拓展回收网络；加大利用信息技术改造流通业传统作业方式的力度，采用现代物流的管理模式，提高管理效率，降低成本，鼓励各类流通企业发展电子商务。

（九）鼓励发展物流配送中心。企业利用原使用的国有划拨土地使用权引进资金和设备建设物流配送中心，可在依法办理经营性用地出让手续、按市场价格补缴土地使用权出让金后，将土地使用权作为法人资产出资。根据城市规划需要对旧仓库等设施进行拆迁易地改造且新建物流配送中心的，城市政府在拆迁或收回企业土地使用权和建筑物时，应依法进行合理补偿，并在城市物流规划用地上给予相应安排。对农产品仓储设施建设用地按仓储用地对待。

三、加强流通基础设施建设，建立健全流通领域公共信息服务体系

（十）加大流通基础设施建设投入力度。积极运用财政贴息等政策措施，加大对农产品批发市场、物流配送中心等流通基础设施建设的投入力度；加强食品安全，支持“三绿工程”发展，建立、完善流通环节食品检疫检测体系，实行无害化处理制度，所发生费用由财政负担的相应列入各级财政预算。

（十一）建立健全流通领域公共信息服务体系。中央财政从2005年起每年拿出一定资金支持全国流通领域公共信息服务系统建设，从中央外贸发展基金中安排一定资金支持全国市场信息服务体系建设。地方各级财政要加大资金投入，支持当地商品信息服务系统的建设和运行维护。商务主管部门要制订流通领域公共信息服务体系建设规划，加强管理。

四、建立调控和应急机制，确保国内市场稳定有序

（十二）建立和完善重要商品储备制度。要进一步完善糖、肉、边销茶等生活必需品和茧丝绸等重要商品的中央储备制度，妥善处理储备商品历史遗留问题。中央储备商品储备费用按有关规定执行。地方各级人民政府也要结合实际建立地方生活必需品储备制度，所需储备费用由地方政府确定。

（十三）建立应急调控快速反应机制。中央应急调控发生的费用由商务部商财政部根据国家有关突发事件应急保障的规定，保障组织应急物资供应所需的合理费用；地方应急调控发生的费用，由地方商务主管部门商地方财政部门根据当地人民政府有关规定处理。

五、支持商业服务业发展，方便人民群众生活

（十四）支持生活保障性服务业发展。支持发展社区商业网点，逐步形成门类齐全、便民利民的城市社区服务网络。重点支持与人民群众生活息息相关的便利店和便民早餐网点、清真餐饮网点、废旧物资回收网点建设。在城市开发建设的新居住区内，规划确定的商业网点用房、用地，以及作为小区公益性资产的便民网点，不得挪作他用。各地也要从改善农民生产生活条件、方便农民消费需求出发，发展综合性的农村社区商业服务网点。

地方各级人民政府要采取各种措施解决低收入群体的洗浴问题，优先保证便民浴池用水，并实行优惠政策；对吸纳下岗失业人员的服务型企业和自谋职业从事服务业的下岗失业人员，要按规定切实落实好有关再就业优惠政策；鼓励经济型连锁饭店进行卫生、安全设施改造；鼓励和支持新兴服务业发展。

六、积极培育统一大市场，扩大国内消费需求

（十五）打破地区封锁，加快建设全国统一大市场。切实清除制约全国统一市场形成、实行地区封锁的有关规定，取消各种不合法收费，推进全国高效率鲜活农产品流通“绿色通道”建设，并加大执法和舆论宣传力度。

（十六）加大知识产权保护力度，实施品牌战略。鼓励流通企业创立和维护商标信誉，培育企业品牌。加大对侵权行为的打击力度，重视和加强对知名流通企业、全国性和地方性商业老字号的“著名商标”和“驰名商标”的认定和保护工作。

（十七）建立和完善农村流通体系。加大农村市场建设的力度，完善农村流通基础设施，促进农村市场的形成，有条件的地区要在财政预算中安排一定数量的资金给予支持。鼓励优势流通企业用连锁经营方式完善农村流通网络，采取多种方式开拓农村市场，引导农村消费。开展农产品连锁经营试点，对增值税一般纳税人购进免税农产品按13%的扣除率计算进项税抵扣；对试点企业从农业生产单位购进农产品的，鼓励其取得农业生产单位开具的普通发票，作为进项税额抵扣凭证；对试点企业建设冷藏、低温仓储、运输为主的农产品冷链系统的，可以实行加速折旧。

（十八）规范和发展消费信贷。努力扩大消费需求，优化消费结构，完善消费手段，扩大消费信贷品种、范围和规模。打破垄断，鼓励竞争，支持商业银行与流通企业在充分协商的基础上推广银行卡。大力推进商业信用体系建设。

七、完善政策法规，为流通业发展提供有力保障

（十九）加快制订我国流通领域的法律法规。要从建立和完善统一开放、竞争有序的现代市场体系出发，按照依法行政和实现对全社会流通统一管理的要求，借鉴发达国家流通立法经验，结合我国丰富的流通实践，加快修订和研究制订规范商品流通活动、流通主体、市场行为、市场调控和管理等方面的法律法规和行政规章。

（二十）加强队伍建设，理顺和强化流通行业管理。各级人民政府要按照中央提出的“加强内贸”的要求，切实加强领导，充分发挥国内流通行业主管部门的职能作用；加强队伍建设，吸引优秀人才参与国内流通业的管理；加强人员培训，建立多层次人才培训体系，鼓励大专院校、研究院所设置专业课程培训高级流通业管理人才，鼓励中介组织开展职业培训，提高流通从业人员素质。

（二十一）充分调动各方面的积极性，促进流通业发展。国务院有关部门、地方各级人民政府要积极研究制定促进流通业发展的政策措施，地方政府可根据当地财力和流通业发展实际，建立促进流通业发展的相应机制；加强流通理论研究，做好大型流通设施建设规划，加快流通业标准化建设步伐。充分发挥流通行业中介组织作用，规范行业协会行为，创造良好的流通业发展环境。

国务院

二〇〇五年六月九日

国务院关于完善企业职工基本养老保险制度的决定

国发［2005］38 号

颁布日期：20051203　*实施日期*：20051203　*颁布单位*：国务院

各省、自治区、直辖市人民政府，国务院各部委、各直属机构：

近年来，各地区和有关部门按照党中央、国务院关于完善企业职工基本养老保险制度的部署和要求，以确保企业离退休人员基本养老金按时足额发放为中心，努力扩大基本养老保险覆盖范围，切实加强基本养老保险基金征缴，积极推进企业退休人员社会化管理服务，各项工作取得明显成效，为促进改革、发展和维护社会稳定发挥了重要作用。但是，随着人口老龄化、就业方式多样化和城市化的发展，现行企业职工基本养老保险制度还存在个人账户没有做实、计发办法不尽合理、覆盖范围不够广泛等不适应的问题，需要加以改革和完善。为此，在充分调查研究和总结东北三省完善城镇社会保障体系试点经验的基础上，国务院对完善企业职工基本养老保险制度作出如下决定：

一、完善企业职工基本养老保险制度的指导思想和主要任务

以邓小平理论和“三个代表”重要思想为指导，认真贯彻党的十六大和十六届三中、四中、五中全会精神，按照落实科学发展观和构建社会主义和谐社会的要求，统筹考虑当前和长远的关系，坚持覆盖广泛、水平适当、结构合理、基金平衡的原则，完善政策，健全机制，加强管理，建立起适合我国国情，实现可持续发展的基本养老保险制度。主要任务是：确保基本养老金按时足额发放，保障离退休人员基本生活；逐步做实个人账户，完善社会统筹与个人账户相结合的基本制度；统一城镇个体工商户和灵活就业人员参保缴费政策，扩大覆盖范围；改革基本养老金计发办法，建立参保缴费的激励约束机制；根据经济发展水平和各方面承受能力，合理确定基本养老金水平；建立多层次养老保险体系，划清中央与地方、政府与企业及个人的责任；加强基本养老保险基金征缴和监管，完善多渠道筹资机制；进一步做好退休人员社会化管理工作，提高服务水平。

二、确保基本养老金按时足额发放

要继续把确保企业离退休人员基本养老金按时足额发放作为首要任务，进一步完善各项政策和工作机制，确保离退休人员基本养老金按时足额发放，不得发生新的基本养老金拖欠，切实保障离退休人员的合法权益。对过去拖欠的基本养老金，各地要根据《中共中央办公厅 国务院办公厅关于进一步做好补发拖欠基本养老金和企业调整工资工作的通知》要求，认真加以解决。

三、扩大基本养老保险覆盖范围

城镇各类企业职工、个体工商户和灵活就业人员都要参加企业职工基本养老保险。当前及今后一个时期，要以非公有制企业、城镇个体工商户和灵活就业人员参保工作为重点，扩大基本养老保险覆盖范围。要进一步落实国家有关社会保险补贴政策，帮助就业困难人员参保缴费。城镇个体工商户和灵活就业人员参加基本养老保险的缴费基数为当地上年度在岗职工平均工资，缴费比例为20%，其中8%记入个人账户，退休后按企业职工基本养老金计发办法计发基本养老

金。

四、逐步做实个人账户

做实个人账户，积累基本养老保险基金，是应对人口老龄化的重要举措，也是实现企业职工基本养老保险制度可持续发展的重要保证。要继续抓好东北三省做实个人账户试点工作，抓紧研究制订其他地区扩大做实个人账户试点的具体方案，报国务院批准后实施。国家制定个人账户基金管理和投资运营办法，实现保值增值。

五、加强基本养老保险基金征缴与监管

要全面落实《社会保险费征缴暂行条例》的各项规定，严格执行社会保险登记和缴费申报制度，强化社会保险稽核和劳动保障监察执法工作，努力提高征缴率。凡是参加企业职工基本养老保险的单位和个人，都必须按时足额缴纳基本养老保险费；对拒缴、瞒报少缴基本养老保险费的，要依法处理；对欠缴基本养老保险费的，要采取各种措施，加大追缴力度，确保基本养老保险基金应收尽收。各地要按照建立公共财政的要求，积极调整财政支出结构，加大对社会保障的资金投入。

基本养老保险基金要纳入财政专户，实行收支两条线管理，严禁挤占挪用。要制定和完善社会保险基金监督管理的法律法规，实现依法监督。各省、自治区、直辖市人民政府要完善工作机制，保证基金监管制度的顺利实施。要继续发挥审计监督、社会监督和舆论监督的作用，共同维护基金安全。

六、改革基本养老金计发办法

为与做实个人账户相衔接，从2006年1月1日起，个人账户的规模统一由本人缴费工资的11%调整为8%，全部由个人缴费形成，单位缴费不再划入个人账户。同时，进一步完善鼓励职工参保缴费的激励约束机制，相应调整基本养老金计发办法。

《国务院关于建立统一的企业职工基本养老保险制度的决定》（国发［1997］26号）实施后参加工作、缴费年限（含视同缴费年限，下同）累计满15年的人员，退休后按月发给基本养老金。基本养老金由基础养老金和个人账户养老金组成。退休时的基础养老金月标准以当地上年度在岗职工月平均工资和本人指数化月平均缴费工资的平均值为基数，缴费每满1年发给1%。个人账户养老金月标准为个人账户储存额除以计发月数，计发月数根据职工退休时城镇人口平均预期寿命、本人退休年龄、利息等因素确定。

国发［1997］26号文件实施前参加工作，本决定实施后退休且缴费年限累计满15年的人员，在发给基础养老金和个人账户养老金的基础上，再发给过渡性养老金。各省、自治区、直辖市人民政府要按照待遇水平合理衔接、新老政策平稳过渡的原则，在认真测算的基础上，制订具体的过渡办法，并报劳动保障部、财政部备案。

本决定实施后到达退休年龄但缴费年限累计不满15年的人员，不发给基础养老金；个人账户储存额一次性支付给本人，终止基本养老保险关系。

本决定实施前已经离退休的人员，仍按国家原来的规定发给基本养老金，同时执行基本养老金调整办法。

七、建立基本养老金正常调整机制

根据职工工资和物价变动等情况，国务院适时调整企业退休人员基本养老金水平，调整幅度为省、自治区、直辖市当地企业在岗职工平均工资年增长率的一定比例。各地根据本地实际情况提出具体调整方案，报劳动保障部、财政部审批后实施。

八、加快提高统筹层次

进一步加强省级基金预算管理，明确省、市、县各级人民政府的责任，建立健全省级基金调剂制度，加大基金调剂力度。在完善市级统筹的基础上，尽快提高统筹层次，实现省级统筹，

为构建全国统一的劳动力市场和促进人员合理流动创造条件。

九、发展企业年金

为建立多层次的养老保险体系，增强企业的人才竞争能力，更好地保障企业职工退休后的生活，具备条件的企业可为职工建立企业年金。企业年金基金实行完全积累，采取市场化的方式进行管理和运营。要切实做好企业年金基金监管工作，实现规范运作，切实维护企业和职工的利益。

十、做好退休人员社会化管理服务工作

要按照建立独立于企业事业单位之外社会保障体系的要求，继续做好企业退休人员社会化管理工作。要加强街道、社区劳动保障工作平台建设，加快公共老年服务设施和服务网络建设，条件具备的地方，可开展老年护理服务，兴建退休人员公寓，为退休人员提供更多更好的服务，不断提高退休人员的生活质量。

十一、不断提高社会保险管理服务水平

要高度重视社会保险经办能力建设，加快社会保障信息服务网络建设步伐，建立高效运转的经办管理服务体系，把社会保险的政策落到实处。各级社会保险经办机构要完善管理制度，制订技术标准，规范业务流程，实现规范化、信息化和专业化管理。同时，要加强人员培训，提高政治和业务素质，不断提高工作效率和服务质量。

完善企业职工基本养老保险制度是构建社会主义和谐社会的重要内容，事关改革发展稳定的大局。各地区和有关部门要高度重视，加强领导，精心组织实施，研究制订具体的实施意见和办法，并报劳动保障部备案。劳动保障部要会同有关部门加强指导和监督检查，及时研究解决工作中遇到的问题，确保本决定的贯彻实施。

本决定自发布之日起实施，已有规定与本决定不一致的，按本决定执行。

国务院

二〇〇五年十二月三日

中华人民共和国公司登记管理条例

（1994年6月24日中华人民共和国国务院令第156号发布，根据2005年12月18日《国务院关于修改〈中华人民共和国公司登记管理条例〉的决定》修订）

第一章　总　则

第一条　为了确认公司的企业法人资格，规范公司登记行为，依据《中华人民共和国公司法》（以下简称《公司法》），制定本条例。

第二条　有限责任公司和股份有限公司（以下统称公司）设立、变更、终止，应当依照本条例办理公司登记。

申请办理公司登记，申请人应当对申请文件、材料的真实性负责。

第三条　公司经公司登记机关依法登记，领取《企业法人营业执照》，方取得企业法人资格。

自本条例施行之日起设立公司，未经公司登记机关登记的，不得以公司名义从事经营活动。

第四条　工商行政管理机关是公司登记机关。

下级公司登记机关在上级公司登记机关的领导下开展公司登记工作。

公司登记机关依法履行职责，不受非法干预。

第五条　国家工商行政管理总局主管全国的公司登记工作。

第二章　登记管辖

第六条　国家工商行政管理总局负责下列公司的登记：

（一）国务院国有资产监督管理机构履行出资人职责的公司以及该公司投资设立并持有50%以上股份的公司；

（二）外商投资的公司；

（三）依照法律、行政法规或者国务院决定的规定，应当由国家工商行政管理总局登记的公司；

（四）国家工商行政管理总局规定应当由其登记的其他公司。

第七条　省、自治区、直辖市工商行政管理局负责本辖区内下列公司的登记：

（一）省、自治区、直辖市人民政府国有资产监督管理机构履行出资人职责的公司以及该公司投资设立并持有50%以上股份的公司；

（二）省、自治区、直辖市工商行政管理局规定由其登记的自然人投资设立的公司；

（三）依照法律、行政法规或者国务院决定的规定，应当由省、自治区、直辖市工商行政管理局登记的公司；

（四）国家工商行政管理总局授权登记的其他公司。

第八条　设区的市（地区）工商行政管理局、县工商行政管理局，以及直辖市的工商行政管理分局、设区的市工商行政管理局的区分局，负责本辖区内下列公司的登记：

（一）本条例第六条和第七条所列公司以外的其他公司；

（二）国家工商行政管理总局和省、自治区、直辖市工商行政管理局授权登记的公司。

前款规定的具体登记管辖由省、自治区、直辖市工商行政管理局规定。但是，其中的股份有限公司由设区的市（地区）工商行政管理局负责登记。

第三章　登记事项

第九条　公司的登记事项包括：

（一）名称；

（二）住所；

（三）法定代表人姓名；

（四）注册资本；

（五）实收资本；

（六）公司类型；

（七）经营范围；

（八）营业期限；

（九）有限责任公司股东或者股份有限公司发起人的姓名或者名称，以及认缴和实缴的出资额、出资时间、出资方式。

第十条　公司的登记事项应当符合法律、行政法规的规定。不符合法律、行政法规规定的，公司登记机关不予登记。

第十一条　公司名称应当符合国家有关规定。公司只能使用一个名称。经公司登记机关核准登记的公司名称受法律保护。

第十二条　公司的住所是公司主要办事机构所在地。经公司登记机关登记的公司的住所只能有一个。公司的住所应当在其公司登记机关辖区内。

第十三条　公司的注册资本和实收资本应当以人民币表示，法律、行政法规另有规定的除外。

第十四条　股东的出资方式应当符合《公司法》第二十七条的规定。股东以货币、实物、知识产权、土地使用权以外的其他财产出资的，其登记办法由国家工商行政管理总局会同国务院有关部门规定。

股东不得以劳务、信用、自然人姓名、商誉、特许经营权或者设定担保的财产等作价出资。

第十五条　公司的经营范围由公司章程规定，并依法登记。

公司的经营范围用语应当参照国民经济行业分类标准。

第十六条　公司类型包括有限责任公司和股份有限公司。

一人有限责任公司应当在公司登记中注明自然人独资或者法人独资，并在公司营业执照中载明。

第四章　设立登记

第十七条　设立公司应当申请名称预先核准。

法律、行政法规或者国务院决定规定设立公司必须报经批准，或者公司经营范围中属于法律、行政法规或者国务院决定规定在登记前须经批准的项目的，应当在报送批准前办理公司名称预先核准，并以公司登记机关核准的公司名称报送批准。

第十八条 设立有限责任公司，应当由全体股东指定的代表或者共同委托的代理人向公司登记机关申请名称预先核准；设立股份有限公司，应当由全体发起人指定的代表或者共同委托的代理人向公司登记机关申请名称预先核准。

申请名称预先核准，应当提交下列文件：

（一）有限责任公司的全体股东或者股份有限公司的全体发起人签署的公司名称预先核准申请书；

（二）全体股东或者发起人指定代表或者共同委托代理人的证明；

（三）国家工商行政管理总局规定要求提交的其他文件。

第十九条 预先核准的公司名称保留期为 6 个月。预先核准的公司名称在保留期内，不得用于从事经营活动，不得转让。

第二十条 设立有限责任公司，应当由全体股东指定的代表或者共同委托的代理人向公司登记机关申请设立登记。设立国有独资公司，应当由国务院或者地方人民政府授权的本级人民政府国有资产监督管理机构作为申请人，申请设立登记。法律、行政法规或者国务院决定规定设立有限责任公司必须报经批准的，应当自批准之日起 90 日内向公司登记机关申请设立登记；逾期申请设立登记的，申请人应当报批准机关确认原批准文件的效力或者另行报批。

申请设立有限责任公司，应当向公司登记机关提交下列文件：

（一）公司法定代表人签署的设立登记申请书；

（二）全体股东指定代表或者共同委托代理人的证明；

（三）公司章程；

（四）依法设立的验资机构出具的验资证明，法律、行政法规另有规定的除外；

（五）股东首次出资是非货币财产的，应当在公司设立登记时提交已办理其财产权转移手续的证明文件；

（六）股东的主体资格证明或者自然人身份证明；

（七）载明公司董事、监事、经理的姓名、住所的文件以及有关委派、选举或者聘用的证明；

（八）公司法定代表人任职文件和身份证明；

（九）企业名称预先核准通知书；

（十）公司住所证明；

（十一）国家工商行政管理总局规定要求提交的其他文件。

外商投资的有限责任公司的股东首次出资额应当符合法律、行政法规的规定，其余部分应当自公司成立之日起 2 年内缴足，其中，投资公司可以在 5 年内缴足。

法律、行政法规或者国务院决定规定设立有限责任公司必须报经批准的，还应当提交有关批准文件。

第二十一条 设立股份有限公司，应当由董事会向公司登记机关申请设立登记。以募集方式设立股份有限公司的，应当于创立大会结束后 30 日内向公司登记机关申请设立登记。

申请设立股份有限公司，应当向公司登记机关提交下列文件：

（一）公司法定代表人签署的设立登记申请书；

（二）董事会指定代表或者共同委托代理人的证明；

（三）公司章程；

（四）依法设立的验资机构出具的验资证明；

（五）发起人首次出资是非货币财产的，应当在公司设立登记时提交已办理其财产权转移手续的证明文件；

（六）发起人的主体资格证明或者自然人身份证明；

（七）载明公司董事、监事、经理姓名、住所的文件以及有关委派、选举或者聘用的证明；

（八）公司法定代表人任职文件和身份证明；

（九）企业名称预先核准通知书；

（十）公司住所证明；

（十一）国家工商行政管理总局规定要求提交的其他文件。

以募集方式设立股份有限公司的，还应当提交创立大会的会议记录；以募集方式设立股份有限公司公开发行股票的，还应当提交国务院证券监督管理机构的核准文件。

法律、行政法规或者国务院决定规定设立股份有限公司必须报经批准的，还应当提交有关批准文件。

第二十二条 公司申请登记的经营范围中属于法律、行政法规或者国务院决定规定在登记前须经批准的项目的，应当在申请登记前报经国家有关部门批准，并向公司登记机关提交有关批准文件。

第二十三条 公司章程有违反法律、行政法规的内容的，公司登记机关有权要求公司作相应修改。

第二十四条 公司住所证明是指能够证明公司对其住所享有使用权的文件。

第二十五条 依法设立的公司，由公司登记机关发给《企业法人营业执照》。公司营业执照签发日期为公司成立日期。公司凭公司登记机关核发的《企业法人营业执照》刻制印章，开立银行账户，申请纳税登记。

第五章　变更登记

第二十六条 公司变更登记事项，应当向原公司登记机关申请变更登记。

未经变更登记，公司不得擅自改变登记事项。

第二十七条 公司申请变更登记，应当向公司登记机关提交下列文件：

（一）公司法定代表人签署的变更登记申请书；

（二）依照《公司法》作出的变更决议或者决定；

（三）国家工商行政管理总局规定要求提交的其他文件。

公司变更登记事项涉及修改公司章程的，应当提交由公司法定代表人签署的修改后的公司章程或者公司章程修正案。

变更登记事项依照法律、行政法规或者国务院决定规定在登记前须经批准的，还应当向公司登记机关提交有关批准文件。

第二十八条 公司变更名称的，应当自变更决议或者决定作出之日起30日内申请变更登记。

第二十九条 公司变更住所的，应当在迁入新住所前申请变更登记，并提交新住所使用证明。

公司变更住所跨公司登记机关辖区的，应当在迁入新住所前向迁入地公司登记机关申请变更登记；迁入地公司登记机关受理的，由原公司登记机关将公司登记档案移送迁入地公司登记机关。

第三十条 公司变更法定代表人的，应当自变更决议或者决定作出之日起30日内申请变更登记。

第三十一条 公司变更注册资本的，应当提交依法设立的验资机构出具的验资证明。

公司增加注册资本的，有限责任公司股东认缴新增资本的出资和股份有限公司的股东认购新股，应当分别依照《公司法》设立有限责任公司缴纳出资和设立股份有限公司缴纳股款的有关规定执行。股份有限公司以公开发行新股方式或者上市公司以非公开发行新股方式增加注册资本的，还应当提交国务院证券监督管理机构的核准文件。

公司法定公积金转增为注册资本的，验资证明应当载明留存的该项公积金不少于转增前公司注册资本的25%。

公司减少注册资本的，应当自公告之日起45日后申请变更登记，并应当提交公司在报纸上登载公司减少注册资本公告的有关证明和公司债务清偿或者债务担保情况的说明。

公司减资后的注册资本不得低于法定的最低限额。

第三十二条 公司变更实收资本的，应当提交依法设立的验资机构出具的验资证明，并应当按照公司章程载明的出资时间、出资方式缴纳出资。公司应当自足额缴纳出资或者股款之日起30日内申请变更登记。

第三十三条 公司变更经营范围的，应当自变更决议或者决定作出之日起30日内申请变更登记；变更经营范围涉及法律、行政法规或者国务院决定规定在登记前须经批准的项目的，应当自国家有关部门批准之日起30日内申请变更登记。

公司的经营范围中属于法律、行政法规或者国务院决定规定须经批准的项目被吊销、撤销许可证或者其他批准文件，或者许可证、其他批准文件有效期届满的，应当自吊销、撤销许可证、其他批准文件或者许可证、其他批准文件有效期届满之日起30日内申请变更登记或者依照本条例第六章的规定办理注销登记。

第三十四条 公司变更类型的，应当按照拟变更的公司类型的设立条件，在规定的期限内向公司登记机关申请变更登记，并提交有关文件。

第三十五条 有限责任公司股东转让股权的，应当自转让股权之日起30日内申请变更登记，并应当提交新股东的主体资格证明或者自然人身份证明。

有限责任公司的自然人股东死亡后，其合法继承人继承股东资格的，公司应当依照前款规定申请变更登记。

有限责任公司的股东或者股份有限公司的发起人改变姓名或者名称的，应当自改变姓名或者名称之日起30日内申请变更登记。

第三十六条 公司登记事项变更涉及分公司登记事项变更的，应当自公司变更登记之日起30日内申请分公司变更登记。

第三十七条 公司章程修改未涉及登记事项的，公司应当将修改后的公司章程或者公司章程修正案送原公司登记机关备案。

第三十八条 公司董事、监事、经理发生变动的，应当向原公司登记机关备案。

第三十九条 因合并、分立而存续的公司，其登记事项发生变化的，应当申请变更登记；因合并、分立而解散的公司，应当申请注销登记；因合并、分立而新设立的公司，应当申请设立登记。

公司合并、分立的，应当自公告之日起45日后申请登记，提交合并协议和合并、分立决议或者决定以及公司在报纸上登载公司合并、分立公告的有关证明和债务清偿或者债务担保情况的说明。法律、行政法规或者国务院决定规定公司合并、分立必须报经批准的，还应当提交有关批准文件。

第四十条 变更登记事项涉及《企业法人营业执照》载明事项的，公司登记机关应当换发营业执照。

第四十一条 公司依照《公司法》第二十二条规定向公司登记机关申请撤销变更登记的，应当提交下列文件：

（一）公司法定代表人签署的申请书；

（二）人民法院的裁判文书。

第六章 注销登记

第四十二条 公司解散，依法应当清算的，清算组应当自成立之日起 10 日内将清算组成员、清算组负责人名单向公司登记机关备案。

第四十三条 有下列情形之一的，公司清算组应当自公司清算结束之日起 30 日内向原公司登记机关申请注销登记：

（一）公司被依法宣告破产；

（二）公司章程规定的营业期限届满或者公司章程规定的其他解散事由出现，但公司通过修改公司章程而存续的除外；

（三）股东会、股东大会决议解散或者一人有限责任公司的股东、外商投资的公司董事会决议解散；

（四）依法被吊销营业执照、责令关闭或者被撤销；

（五）人民法院依法予以解散；

（六）法律、行政法规规定的其他解散情形。

第四十四条 公司申请注销登记，应当提交下列文件：

（一）公司清算组负责人签署的注销登记申请书；

（二）人民法院的破产裁定、解散裁判文书，公司依照《公司法》作出的决议或者决定，行政机关责令关闭或者公司被撤销的文件；

（三）股东会、股东大会、一人有限责任公司的股东、外商投资的公司董事会或者人民法院、公司批准机关备案、确认的清算报告；

（四）《企业法人营业执照》；

（五）法律、行政法规规定应当提交的其他文件。

国有独资公司申请注销登记，还应当提交国有资产监督管理机构的决定，其中，国务院确定的重要的国有独资公司，还应当提交本级人民政府的批准文件。

有分公司的公司申请注销登记，还应当提交分公司的注销登记证明。

第四十五条 经公司登记机关注销登记，公司终止。

第七章 分公司的登记

第四十六条 分公司是指公司在其住所以外设立的从事经营活动的机构。分公司不具有企业法人资格。

第四十七条 分公司的登记事项包括：名称、营业场所、负责人、经营范围。

分公司的名称应当符合国家有关规定。

分公司的经营范围不得超出公司的经营范围。

第四十八条 公司设立分公司的，应当自决定作出之日起 30 日内向分公司所在地的公司登记机关申请登记；法律、行政法规或者国务院决定规定必须报经有关部门批准的，应当自批准之日起 30 日内向公司登记机关申请登记。

设立分公司，应当向公司登记机关提交下列文件：

（一）公司法定代表人签署的设立分公司的登记申请书；

（二）公司章程以及加盖公司印章的《企业法人营业执照》复印件；

（三）营业场所使用证明；

（四）分公司负责人任职文件和身份证明；

（五）国家工商行政管理总局规定要求提交的其他文件。

法律、行政法规或者国务院决定规定设立分公司必须报经批准，或者分公司经营范围中属于法律、行政法规或者国务院决定规定在登记前须经批准的项目的，还应当提交有关批准文件。

分公司的公司登记机关准予登记的，发给《营业执照》。公司应当自分公司登记之日起30日内，持分公司的《营业执照》到公司登记机关办理备案。

第四十九条 分公司变更登记事项的，应当向公司登记机关申请变更登记。

申请变更登记，应当提交公司法定代表人签署的变更登记申请书。变更名称、经营范围的，应当提交加盖公司印章的《企业法人营业执照》复印件，分公司经营范围中属于法律、行政法规或者国务院决定规定在登记前须经批准的项目的，还应当提交有关批准文件。变更营业场所的，应当提交新的营业场所使用证明。变更负责人的，应当提交公司的任免文件以及其身份证明。

公司登记机关准予变更登记的，换发《营业执照》。

第五十条 分公司被公司撤销、依法责令关闭、吊销营业执照的，公司应当自决定作出之日起30日内向该分公司的公司登记机关申请注销登记。申请注销登记应当提交公司法定代表人签署的注销登记申请书和分公司的《营业执照》。公司登记机关准予注销登记后，应当收缴分公司的《营业执照》。

第八章　登记程序

第五十一条 申请公司、分公司登记，申请人可以到公司登记机关提交申请，也可以通过信函、电报、电传、传真、电子数据交换和电子邮件等方式提出申请。

通过电报、电传、传真、电子数据交换和电子邮件等方式提出申请的，应当提供申请人的联系方式以及通讯地址。

第五十二条 公司登记机关应当根据下列情况分别作出是否受理的决定：

（一）申请文件、材料齐全，符合法定形式的，或者申请人按照公司登记机关的要求提交全部补正申请文件、材料的，应当决定予以受理。

（二）申请文件、材料齐全，符合法定形式，但公司登记机关认为申请文件、材料需要核实的，应当决定予以受理，同时书面告知申请人需要核实的事项、理由以及时间。

（三）申请文件、材料存在可以当场更正的错误的，应当允许申请人当场予以更正，由申请人在更正处签名或者盖章，注明更正日期；经确认申请文件、材料齐全，符合法定形式的，应当决定予以受理。

（四）申请文件、材料不齐全或者不符合法定形式的，应当当场或者在5日内一次告知申请人需要补正的全部内容；当场告知时，应当将申请文件、材料退回申请人；属于5日内告知的，应当收取申请文件、材料并出具收到申请文件、材料的凭据，逾期不告知的，自收到申请文件、材料之日起即为受理。

（五）不属于公司登记范畴或者不属于本机关登记管辖范围的事项，应当即时决定不予受理，并告知申请人向有关行政机关申请。

公司登记机关对通过信函、电报、电传、传真、电子数据交换和电子邮件等方式提出申请的，应当自收到申请文件、材料之日起5日内作出是否受理的决定。

第五十三条 除依照本条例第五十四条第一款第（一）项作出准予登记决定的外，公司登记机关决定予以受理的，应当出具《受理通知书》；决定不予受理的，应当出具《不予受理通知书》，说明不予受理的理由，并告知申请人享有依法申请行政复议或者提起行政诉讼的权利。

第五十四条 公司登记机关对决定予以受理的登记申请，应当分别情况在规定的期限内作出是否准予登记的决定：

（一）对申请人到公司登记机关提出的申请予以受理的，应当当场作出准予登记的决定。

（二）对申请人通过信函方式提交的申请予以受理的，应当自受理之日起15日内作出准予登记的决定。

（三）通过电报、电传、传真、电子数据交换和电子邮件等方式提交申请的，申请人应当自收到《受理通知书》之日起15日内，提交与电报、电传、传真、电子数据交换和电子邮件等内容一致并符合法定形式的申请文件、材料原件；申请人到公司登记机关提交申请文件、材料原件的，应当当场作出准予登记的决定；申请人通过信函方式提交申请文件、材料原件的，应当自受理之日起15日内作出准予登记的决定。

（四）公司登记机关自发出《受理通知书》之日起60日内，未收到申请文件、材料原件，或者申请文件、材料原件与公司登记机关所受理的申请文件、材料不一致的，应当作出不予登记的决定。

公司登记机关需要对申请文件、材料核实的，应当自受理之日起15日内作出是否准予登记的决定。

第五十五条 公司登记机关作出准予公司名称预先核准决定的，应当出具《企业名称预先核准通知书》；作出准予公司设立登记决定的，应当出具《准予设立登记通知书》，告知申请人自决定之日起10日内，领取营业执照；作出准予公司变更登记决定的，应当出具《准予变更登记通知书》，告知申请人自决定之日起10日内，换发营业执照；作出准予公司注销登记决定的，应当出具《准予注销登记通知书》，收缴营业执照。

公司登记机关作出不予名称预先核准、不予登记决定的，应当出具《企业名称驳回通知书》、《登记驳回通知书》，说明不予核准、登记的理由，并告知申请人享有依法申请行政复议或者提起行政诉讼的权利。

第五十六条 公司办理设立登记、变更登记，应当按照规定向公司登记机关缴纳登记费。

领取《企业法人营业执照》的，设立登记费按注册资本总额的0.8‰缴纳；注册资本超过1000万元的，超过部分按0.4‰缴纳；注册资本超过1亿元的，超过部分不再缴纳。

领取《营业执照》的，设立登记费为300元。

变更登记事项的，变更登记费为100元。

第五十七条 公司登记机关应当将登记的公司登记事项记载于公司登记簿上，供社会公众查阅、复制。

第五十八条 吊销《企业法人营业执照》和《营业执照》的公告由公司登记机关发布。

第九章　年度检验

第五十九条 每年3月1日至6月30日，公司登记机关对公司进行年度检验。

第六十条 公司应当按照公司登记机关的要求，在规定的时间内接受年度检验，并提交年度检验报告书、年度资产负债表和损益表、《企业法人营业执照》副本。

设立分公司的公司在其提交的年度检验材料中，应当明确反映分公司的有关情况，并提交《营业执照》的复印件。

第六十一条 公司登记机关应当根据公司提交的年度检验材料，对与公司登记事项有关的情况进行审查。

第六十二条 公司应当向公司登记机关缴纳年度检验费。年度检验费为50元。

第十章 证照和档案管理

第六十三条 《企业法人营业执照》、《营业执照》分为正本和副本，正本和副本具有同等法律效力。

《企业法人营业执照》正本或者《营业执照》正本应当置于公司住所或者分公司营业场所的醒目位置。

公司可以根据业务需要向公司登记机关申请核发营业执照若干副本。

第六十四条 任何单位和个人不得伪造、涂改、出租、出借、转让营业执照。

营业执照遗失或者毁坏的，公司应当在公司登记机关指定的报刊上声明作废，申请补领。

公司登记机关依法作出变更登记、注销登记、撤销变更登记决定，公司拒不缴回或者无法缴回营业执照的，由公司登记机关公告营业执照作废。

第六十五条 公司登记机关对需要认定的营业执照，可以临时扣留，扣留期限不得超过10天。

第六十六条 借阅、抄录、携带、复制公司登记档案资料的，应当按照规定的权限和程序办理。

任何单位和个人不得修改、涂抹、标注、损毁公司登记档案资料。

第六十七条 营业执照正本、副本样式以及公司登记的有关重要文书格式或者表式，由国家工商行政管理总局统一制定。

第十一章 法律责任

第六十八条 虚报注册资本，取得公司登记的，由公司登记机关责令改正，处以虚报注册资本金额5%以上15%以下的罚款；情节严重的，撤销公司登记或者吊销营业执照。

第六十九条 提交虚假材料或者采取其他欺诈手段隐瞒重要事实，取得公司登记的，由公司登记机关责令改正，处以5万元以上50万元以下的罚款；情节严重的，撤销公司登记或者吊销营业执照。

第七十条 公司的发起人、股东虚假出资，未交付或者未按期交付作为出资的货币或者非货币财产的，由公司登记机关责令改正，处以虚假出资金额5%以上15%以下的罚款。

第七十一条 公司的发起人、股东在公司成立后，抽逃出资的，由公司登记机关责令改正，处以所抽逃出资金额5%以上15%以下的罚款。

第七十二条 公司成立后无正当理由超过6个月未开业的，或者开业后自行停业连续6个月以上的，可以由公司登记机关吊销营业执照。

第七十三条 公司登记事项发生变更时，未依照本条例规定办理有关变更登记的，由公司登记机关责令限期登记；逾期不登记的，处以1万元以上10万元以下的罚款。其中，变更经营范围涉及法律、行政法规或者国务院决定规定须经批准的项目而未取得批准，擅自从事相关经营活动，情节严重的，吊销营业执照。

公司未依照本条例规定办理有关备案的，由公司登记机关责令限期办理；逾期未办理的，处以3万元以下的罚款。

第七十四条 公司在合并、分立、减少注册资本或者进行清算时，不按照规定通知或者公告债权人的，由公司登记机关责令改正，处以1万元以上10万元以下的罚款。

公司在进行清算时，隐匿财产，对资产负债表或者财产清单作虚假记载或者在未清偿债务前分配公司财产的，由公司登记机关责令改正，对公司处以隐匿财产或者未清偿债务前分配公司财产金额5%以上10%以下的罚款；对直接负责的主管人员和其他直接责任人员处以1万元以上10万元以下的罚款。

公司在清算期间开展与清算无关的经营活动的，由公司登记机关予以警告，没收违法所得。

第七十五条 清算组不按照规定向公司登记机关报送清算报告，或者报送清算报告隐瞒重要事实或者有重大遗漏的，由公司登记机关责令改正。

清算组成员利用职权徇私舞弊、谋取非法收入或者侵占公司财产的，由公司登记机关责令退还公司财产，没收违法所得，并可以处以违法所得1倍以上5倍以下的罚款。

第七十六条 公司不按照规定接受年度检验的，由公司登记机关处以1万元以上10万元以下的罚款，并限期接受年度检验；逾期仍不接受年度检验的，吊销营业执照。年度检验中隐瞒真实情况、弄虚作假的，由公司登记机关处以1万元以上5万元以下的罚款，并限期改正；情节严重的，吊销营业执照。

第七十七条 伪造、涂改、出租、出借、转让营业执照的，由公司登记机关处以1万元以上10万元以下的罚款；情节严重的，吊销营业执照。

第七十八条 未将营业执照置于住所或者营业场所醒目位置的，由公司登记机关责令改正；拒不改正的，处以1000元以上5000元以下的罚款。

第七十九条 承担资产评估、验资或者验证的机构提供虚假材料的，由公司登记机关没收违法所得，处以违法所得1倍以上5倍以下的罚款，并可以由有关主管部门依法责令该机构停业、吊销直接责任人员的资格证书，吊销营业执照。

承担资产评估、验资或者验证的机构因过失提供有重大遗漏的报告的，由公司登记机关责令改正，情节较重的，处以所得收入1倍以上5倍以下的罚款，并可以由有关主管部门依法责令该机构停业、吊销直接责任人员的资格证书，吊销营业执照。

第八十条 未依法登记为有限责任公司或者股份有限公司，而冒用有限责任公司或者股份有限公司名义的，或者未依法登记为有限责任公司或者股份有限公司的分公司，而冒用有限责任公司或者股份有限公司的分公司名义的，由公司登记机关责令改正或者予以取缔，可以并处10万元以下的罚款。

第八十一条 公司登记机关对不符合规定条件的公司登记申请予以登记，或者对符合规定条件的登记申请不予登记的，对直接负责的主管人员和其他直接责任人员，依法给予行政处分。

第八十二条 公司登记机关的上级部门强令公司登记机关对不符合规定条件的登记申请予以登记，或者对符合规定条件的登记申请不予登记的，或者对违法登记进行包庇的，对直接负责的主管人员和其他直接责任人员依法给予行政处分。

第八十三条 外国公司违反《公司法》规定，擅自在中国境内设立分支机构的，由公司登记机关责令改正或者关闭，可以并处5万元以上20万元以下的罚款。

第八十四条 利用公司名义从事危害国家安全、社会公共利益的严重违法行为的，吊销营业执照。

第八十五条 分公司有本章规定的违法行为的，适用本章规定。

第八十六条 违反本条例规定，构成犯罪的，依法追究刑事责任。

第十二章　附　则

第八十七条　外商投资的公司的登记适用本条例。有关外商投资企业的法律对其登记另有规定的，适用其规定。

第八十八条　法律、行政法规或者国务院决定规定设立公司必须报经批准，或者公司经营范围中属于法律、行政法规或者国务院决定规定在登记前须经批准的项目的，由国家工商行政管理总局依照法律、行政法规或者国务院决定规定编制企业登记前置行政许可目录并公布。

第八十九条　本条例自1994年7月1日起施行。

国务院办公厅转发国资委
关于进一步规范国有企业改制工作实施意见的通知

国办发［2005］60 号

颁布日期：20051219　实施日期：20051219　颁布单位：国务院办公厅

各省、自治区、直辖市人民政府，国务院各部委、各直属机构：

国资委《关于进一步规范国有企业改制工作的实施意见》已经国务院同意，现转发给你们，请认真贯彻执行。

二〇〇五年十二月十九日

国务院国有资产监督管理委员会
关于进一步规范国有企业改制工作的实施意见

《国务院办公厅转发国务院国有资产监督管理委员会关于规范国有企业改制工作意见的通知》（国办发［2003］96 号）印发以来，各地区、各有关部门加强组织领导，认真贯彻落实，规范国有企业改制工作取得了重大进展。但在实际工作中还存在改制方案不完善、审批不严格，清产核资、财务审计、资产评估和产权转让不规范，对维护职工合法权益重视不够等问题。为确保国有企业改制工作健康发展，防止国有资产流失，维护职工合法权益，现就进一步规范国有企业改制工作提出以下意见：

一、严格制订和审批企业改制方案

（一）认真制订企业改制方案。改制方案的主要内容应包括：改制的目的及必要性，改制后企业的资产、业务、股权设置和产品开发、技术改造等；改制的具体形式；改制后形成的法人治理结构；企业的债权、债务落实情况；职工安置方案；改制的操作程序，财务审计、资产评估等中介机构和产权交易市场的选择等。

（二）改制方案必须明确保全金融债权，依法落实金融债务，并征得金融机构债权人的同意。审批改制方案的单位（包括各级人民政府、各级国有资产监督管理机构及其所出资企业、各级国有资产监督管理机构以外有权审批改制方案的部门及其授权单位，下同）应认真审查，严格防止企业利用改制逃废金融债务，对未依法保全金融债权、落实金融债务的改制方案不予批准。

（三）企业改制中涉及企业国有产权转让的，应严格按照国家有关法律法规以及《企业国有产权转让管理暂行办法》（国资委、财政部令第 3 号）、《关于印发〈企业国有产权向管理层转让暂行规定〉的通知》（国资发产权［2005］78 号）及相关配套文件的规定执行。拟通过增资扩股实施改制的企业，应当通过产权交易市场、媒体或网络等公开企业改制有关情况、投资者条件等信息，择优选择投资者；情况特殊的，经国有资产监督管理机构批准，可通过向多个具备相关资质条件的潜在投资者提供信息等方式，选定投资者。企业改制涉及公开上市发行股票的，按照《中华人民共和国证券法》等有关法律法规执行。

（四）企业改制必须对改制方案出具法律意见书。法律意见书由审批改制方案的单位的法律顾问或该单位决定聘请的律师事务所出具，拟改制为国有控股企业且职工（包括管理层）不持有本企业股权的，可由审批改制方案的单位授权该企业法律顾问出具。

（五）国有企业改制方案需按照《企业国有资产监督管理暂行条例》（国务院令第378号）和国务院国有资产监督管理委员会的有关规定履行决定或批准程序，否则不得实施改制。国有企业改制涉及财政、劳动保障等事项的，须预先报经同级人民政府有关部门审核，批准后报国有资产监督管理机构协调审批；涉及政府社会公共管理审批事项的，依照国家有关法律法规，报经政府有关部门审批；国有资产监督管理机构所出资企业改制为非国有企业（国有股不控股及不参股的企业），改制方案须报同级人民政府批准。

（六）审批改制方案的单位必须按照权利、义务、责任相统一的原则，建立有关审批的程序、权限、责任等制度。

（七）审批改制方案的单位必须就改制方案的审批及清产核资、财务审计、资产评估、进场交易、定价、转让价款、落实债权、职工安置方案等重要资料建立档案管理制度，改制企业的国有产权持有单位要妥善保管相关资料。

二、认真做好清产核资工作

（一）企业改制要按照有关规定进行清产核资。要切实对企业资产进行全面清理、核对和查实，盘点实物、核实账目，核查负债和所有者权益，做好各类应收及预付账款、各项对外投资、账外资产的清查，做好有关抵押、担保等事项的清理工作，按照国家规定调整有关账务。

（二）清产核资结果经国有产权持有单位审核认定，并经国有资产监督管理机构确认后，自清产核资基准日起2年内有效，在有效期内企业实施改制不再另行组织清产核资。

（三）企业实施改制仅涉及引入非国有投资者少量投资，且企业已按照国家有关规定规范进行会计核算的，经本级国有资产监督管理机构批准，可不进行清产核资。

三、加强对改制企业的财务审计和资产评估

（一）企业实施改制必须由审批改制方案的单位确定的中介机构进行财务审计和资产评估。确定中介机构必须考察和了解其资质、信誉及能力；不得聘请改制前两年内在企业财务审计中有违法、违规记录的会计师事务所和注册会计师；不得聘请参与该企业上一次资产评估的中介机构和注册资产评估师；不得聘请同一中介机构开展财务审计与资产评估。

（二）财务审计应依据《中国注册会计师独立审计准则》等有关规定实施。其中，依据国家有关规定计提的各项资产减值准备，必须由会计师事务所逐笔逐项审核并出具专项意见，与审计报告一并提交国有产权持有单位作为改制方案依据，其中不合理的减值准备应予调整。国有独资企业实施改制，计提各项资产减值准备和已核销的各项资产损失凡影响国有产权转让价或折股价的，该计提减值准备的资产和已核销的各项资产损失必须交由改制企业的国有产权持有单位负责处理，国有产权持有单位应采取清理追缴等监管措施，落实监管责任，最大程度地减少损失。国有控股企业实施改制，计提各项减值准备的资产和已核销的各项资产损失由国有产权持有单位与其他股东协商处理。

（三）国有独资企业实施改制，自企业资产评估基准日到企业改制后进行工商变更登记期间，因企业盈利而增加的净资产，应上交国有产权持有单位，或经国有产权持有单位同意，作为改制企业国有权益；因企业亏损而减少的净资产，应由国有产权持有单位补足，或者由改制企业用以后年度国有股份应得的股利补足。国有控股企业实施改制，自企业资产评估基准日到改制后工商变更登记期间的净资产变化，应由改制前企业的各产权持有单位协商处理。

（四）改制为非国有的企业，必须在改制前由国有产权持有单位组织进行法定代表人离任审计，不得以财务审计代替离任审计。离任审计应依照国家有关法律法规和《中央企业经济责任审计管理暂行办法》（国资委令第7号）及相关配套规定执行。财务审计和离任审计工作应由两家会计师事务所分别承担，分别出具审计报告。

（五）企业改制涉及土地使用权的，必须经土地确权登记并明确土地使用权的处置方式。进入企业改制资产范围的土地使用权必须经具备土地估价资格的中介机构进行评估，并按国家有关规定备案。涉及国有划拨土地使用权的，必须按照国家土地管理有关规定办理土地使用权处置审批手续。

（六）企业改制涉及探矿权、采矿权有关事项的，依照国家有关法律以及《探矿权、采矿权转让管理办法》（国务院令第242号）、国土资源部《关于印发〈探矿权采矿权招标拍卖挂牌管理办法（试行）〉的通知》（国土资发［2003］197号）、财政部、国土资源部《关于印发〈探矿权采矿权价款转增国家资本管理办法〉的通知》（财建［2004］262号）等有关规定执行。企业改制必须由国土资源主管部门明确探矿权、采矿权的处置方式，但不得单独转让探矿权、采矿权，涉及由国家出资形成的探矿权、采矿权的，应当按照国家有关规定办理处置审批手续。进入企业改制资产范围的探矿权、采矿权，必须经具有矿业权评估资格的中介机构进行评估作价（采矿权评估结果报国土资源主管部门确认）并纳入企业整体资产中，由审批改制方案的单位商国土资源主管部门审批后处置。

（七）没有进入企业改制资产范围的实物资产和专利权、非专利技术、商标权、土地使用权、探矿权、采矿权、特许经营权等资产，改制后的企业不得无偿使用；若需使用的，有偿使用费或租赁费计算标准应参考资产评估价或同类资产的市场价确定。

（八）非国有投资者以实物资产和专利权、非专利技术、商标权、土地使用权、探矿权、采矿权、特许经营权等资产评估作价参与企业改制，由国有产权持有单位和非国有投资者共同认可的中介机构，对双方进入改制企业的资产按同一基准日进行评估；若一方资产已经评估，可由另一方对资产评估结果进行复核。

（九）在清产核资、财务审计、离任审计、资产评估、落实债务、产权交易等过程中发现造成国有资产流失、逃废金融债务等违法违纪问题的，必须暂停改制并追查有关人员的责任。

四、切实维护职工的合法权益

（一）改制方案必须提交企业职工代表大会或职工大会审议，并按照有关规定和程序及时向广大职工群众公布。应当向广大职工群众讲清楚国家关于国有企业改革的方针政策和改制的规定，讲清楚改制的必要性、紧迫性以及企业的发展思路。在改制方案制订过程中要充分听取职工群众意见，深入细致地做好思想工作，争取广大职工群众对改制的理解和支持。

（二）国有企业实施改制前，原企业应当与投资者就职工安置费用、劳动关系接续等问题明确相关责任，并制订职工安置方案。职工安置方案必须经职工代表大会或职工大会审议通过，企业方可实施改制。职工安置方案必须及时向广大职工群众公布，其主要内容包括：企业的人员状况及分流安置意见；职工劳动合同的变更、解除及重新签订办法；解除劳动合同职工的经济补偿金支付办法；社会保险关系接续；拖欠职工的工资等债务和企业欠缴的社会保险费处理办法等。

（三）企业实施改制时必须向职工群众公布企业总资产、总负债、净资产、净利润等主要财务指标的财务审计、资产评估结果，接受职工群众的民主监督。

（四）改制为国有控股企业的，改制后企业继续履行改制前企业与留用的职工签订的劳动合同；留用的职工在改制前企业的工作年限应合并计算为在改制后企业的工作年限；原企业不得向继续留用的职工支付经济补偿金。改制为非国有企业的，要严格按照有关法律法规和政策处理好改制企业与职工的劳动关系。对企业改制时解除劳动合同且不再继续留用的职工，要支付经济补偿金。企业国有产权持有单位不得强迫职工将经济补偿金等费用用于对改制后企业的投资或借给改制后企业（包括改制企业的投资者）使用。

（五）企业改制时，对经确认的拖欠职工的工资、集资款、医疗费和挪用的职工住房公积金以及企业欠缴社会保险费，原则上要一次性付清。改制后的企业要按照有关规定，及时为职工接续养老、失业、医疗、工伤、生育等各项社会保险关系，并按时为职工足额交纳各种社会保险费。

五、严格控制企业管理层通过增资扩股持股

（一）本意见所称"管理层"是指国有及国有控股企业的负责人以及领导班子的其他成员；本意见所称"管理层通过增资扩股持股"，不包括对管理层实施的奖励股权或股票期权。

（二）国有及国有控股大型企业实施改制，应严格控制管理层通过增资扩股以各种方式直接或间接持有本企业的股权。为探索实施激励与约束机制，经国有资产监督管理机构批准，凡通过公开招聘、企业内部竞争上岗等方式竞聘上岗或对企业发展作出重大贡献的管理层成员，可通过增资扩股持有本企业股权，但管理层的持股总量不得达到控股或相对控股数量。国有及国有控股企业的划型标准按照统计局《关于印发〈统计上大中小型企业划分办法（暂行）〉的通知》（国统字［2003］17号）和原国家经贸委、原国家计委、财政部、统计局《关于印发中小企业标准暂行规定的通知》（国经贸中小企［2003］143号）规定的分类标准执行。

（三）管理层成员拟通过增资扩股持有企业股权的，不得参与制订改制方案、确定国有产权折股价、选择中介机构，以及清产核资、财务审计、离任审计、资产评估中的重大事项。管理层持股必须提供资金来源合法的相关证明，必须执行《贷款通则》的有关规定，不得向包括本企业在内的国有及国有控股企业借款，不得以国有产权或资产作为标的物通过抵押、质押、贴现等方式筹集资金，也不得采取信托或委托等方式间接持有企业股权。

（四）存在下列情况之一的管理层成员，不得通过增资扩股持有改制企业的股权：1. 经审计认定对改制企业经营业绩下降负有直接责任的；2. 故意转移、隐匿资产，或者在改制过程中通过关联交易影响企业净资产的；3. 向中介机构提供虚假资料，导致审计、评估结果失真，或者与有关方面串通，压低资产评估值以及国有产权折股价的；4. 违反有关规定，参与制订改制方案、确定国有产权折股价、选择中介机构，以及清产核资、财务审计、离任审计、资产评估中重大事项的；5. 无法提供持股资金来源合法相关证明的。

（五）涉及管理层通过增资扩股持股的改制方案，必须对管理层成员不再持有企业股权的有关事项作出具体规定。

（六）管理层通过增资扩股持有企业股权后涉及该企业所持上市公司国有股性质变更的，按国家有关规定办理。

六、加强对改制工作的领导和管理

（一）除国有大中型企业实施主辅分离、辅业改制，通过境内外首次公开发行股票并上市改制为国有控股企业，以及国有控股的上市公司增资扩股和收购资产按国家其他规定执行外，凡符合以下情况之一的，须执行国办发［2003］96号文件和本意见的各项规定：

1. 国有及国有控股企业（包括其全资、控股子企业，下同）增量引入非国有投资，或者国有及国有控股企业的国有产权持有单位向非国有投资者转让该企业国有产权的。

2. 国有及国有控股企业以其非货币资产出资与非国有投资者共同投资设立新公司，并因此安排原企业部分职工在新公司就业的。

国有及国有控股企业以现金出资与非国有投资者共同投资设立新公司，并因此安排原企业部分职工在新公司就业的，执行国办发［2003］96号文件和本意见除清产核资、财务审计、资

产评估、定价程序以外的其他各项规定。

3. 各级国有资产监督管理机构作出其他有关规定的。对由国有资产监督管理机构以外的其他部门履行出资人职责的企业，由相关部门规定。

（二）国有产权持有单位应与非国有投资者协商签订合同、协议，维护职工合法权益，防止国有资产流失，确保进入改制后企业的国有资产保值增值。对需要在改制后履行的合同、协议，国有产权持有单位应负责跟踪、监督、检查，确保各项条款执行到位。改制后的国有控股企业应当建立现代企业制度，完善法人治理结构，制订明确的企业发展思路和转换机制方案，加快技术进步，加强内部管理，提高市场竞争力。企业在改制过程中要重视企业工会组织的建设，充分发挥工会组织的作用。

（三）地方各级人民政府及其国有资产监督管理机构、国有及国有控股企业，要全面理解和正确贯彻落实党中央、国务院关于国有企业改革的方针、政策和措施。切实加强对国有企业改制工作的组织领导，严格执行有关改制的各项规定，认真履行改制的各项工作程序，有效防止国有资产流失。加强对改制企业落实职工安置方案的监督检查，切实维护职工的合法权益。地方政府及有关部门要关心改制后企业的改革和发展，督促落实改制措施，帮助解决遇到的困难和问题，为改制企业发展创造良好的环境和条件。地方各级人民政府要充分考虑企业、职工和社会的承受能力，妥善处理好原地方政策与现有政策的衔接，防止引发新的矛盾。各级国有资产监督管理机构要加强对国办发［2003］96 号文件、本意见和国资委、财政部令第 3 号等有关规定贯彻执行情况的监督检查，及时总结经验，发现和纠正改制工作中存在的问题，促进国有企业改制工作健康、有序、规范发展。

中共中央、国务院
关于实施科技规划纲要增强自主创新能力的决定

中发［2006］4号

颁布日期：20060126　实施日期：20060126　颁布单位：中共中央、国务院

为抓住和用好本世纪头20年发展的重要战略机遇期，坚持以邓小平理论和“三个代表”重要思想为指导，贯彻党的十六大和十六届三中、四中、五中全会精神，全面落实科学发展观，组织实施《国家中长期科学和技术发展规划纲要（2006～2020年）》（以下简称《规划纲要》），增强自主创新能力，努力建设创新型国家，特作如下决定。

一、实施《规划纲要》，努力建设创新型国家

科学技术是第一生产力，是推动人类文明进步的革命力量。进入21世纪，科学技术发展日新月异，科技进步和创新愈益成为增强国家综合实力的主要途径和方式，依靠科学技术实现资源的可持续利用、促进人与自然的和谐发展愈益成为各国共同面对的战略选择，科学技术作为核心竞争力愈益成为国家间竞争的焦点。我国已进入必须更多依靠科技进步和创新推动经济社会发展的历史阶段。科学技术作为解决当前和未来发展重大问题的根本手段，作为发展先进生产力、发展先进文化和实现最广大人民群众根本利益的内在动力，其重要性和紧迫性愈益凸显。按照党的十六大要求，国务院在充分调查研究的基础上组织制定了《规划纲要》。这一纲要立足国情、面向世界，以增强自主创新能力为主线，以建设创新型国家为奋斗目标，对我国未来15年科学和技术发展作出了全面规划与部署，是新时期指导我国科学和技术发展的纲领性文件。

中央确定，全面实施《规划纲要》，经过15年努力，到2020年使我国进入创新型国家行列。建设创新型国家，核心就是把增强自主创新能力作为发展科学技术的战略基点，走出中国特色自主创新道路，推动科学技术的跨越式发展；就是把增强自主创新能力作为调整产业结构、转变增长方式的中心环节，建设资源节约型、环境友好型社会，推动国民经济又快又好发展；就是把增强自主创新能力作为国家战略，贯穿到现代化建设各个方面，激发全民族创新精神，培养高水平创新人才，形成有利于自主创新的体制机制，大力推进理论创新、制度创新、科技创新，不断巩固和发展中国特色社会主义伟大事业。

实施《规划纲要》，建设创新型国家，是全面落实科学发展观、开创社会主义现代化建设新局面的重大战略举措。这必将有利于提升我国自主创新能力和增强国家核心竞争力，改变关键技术依赖于人、受制于人的局面；必将有利于转变发展观念、创新发展模式、提高发展质量，加快推进新型工业化的步伐；必将有利于弘扬以爱国主义为核心的民族精神和以改革创新为核心的时代精神，大大增强民族自信心和凝聚力，促进全面建设小康社会宏伟目标的实现和中华民族的伟大复兴。全党同志特别是各级领导干部务必深刻认识建设创新型国家的极端重要性和紧迫性，切实把完成这项任务作为关系全局的大事抓紧抓好。

二、坚持自主创新，全面提升国家竞争力

新时期我国科学技术发展的指导方针是：自主创新、重点跨越、支撑发展、引领未来。这

一方针，是我国半个多世纪科技事业发展实践经验的概括总结，是面向未来、实现中华民族伟大复兴的重要抉择，必须贯穿于我国科技事业发展的全过程。

从现在起到2020年，我国科学和技术发展要以提升国家竞争力为核心，实现以下重要目标：一是掌握一批事关国家竞争力的装备制造业和信息产业核心技术，使制造业和信息产业技术水平进入世界先进行列。二是农业科技整体实力进入世界前列，促进农业综合生产能力的提高，有效保障国家食物安全。三是能源开发、节能技术和清洁能源技术取得突破，促进能源结构优化，主要工业产品单位能耗指标达到或接近世界先进水平。四是在重点行业和重点城市建立循环经济的技术发展模式，节约资源、保护环境，为建设资源节约型、环境友好型社会提供科技支持。五是重大疾病防治水平显著提高，新药创制和关键医疗器械研制取得突破，全面提升产业发展的技术能力。六是国防科技基本满足现代武器装备自主研制和信息化建设的需要，为维护国家安全提供保障。七是涌现出一批具有世界水平的科学家和研究团队，在科学发展的主流方向上取得一批具有重大影响的创新成果，信息、生物、材料和航天等领域的前沿技术达到世界先进水平。八是建成若干世界一流的科研院所和大学以及具有国际竞争力的企业研究开发机构，形成比较完善的中国特色国家创新体系。

"十一五"期间，必须把增强自主创新能力放在更加突出的位置。一要把解决经济社会发展的瓶颈制约放在优先位置，力争在能源、资源、环境、农业、信息等关键领域取得重大技术突破。二要积极发展对经济增长有重大带动作用、具有自主知识产权的核心技术和关键技术，协力攻关，形成一批市场占有率高的产品和国际知名品牌，提高重大技术装备国产化水平，推动高技术产业加快从加工装配为主向自主研发制造延伸。三要加强基础研究和前沿技术研究，在信息、生命、空间、海洋、纳米、新材料等战略领域超前部署，加大投入力度，增强科技和经济持续发展的后劲。四要加强重大科技基础设施和条件平台建设，实施若干重大科学工程，支撑科学技术创新。五要按照有所为有所不为的原则，集中优势力量，启动一批重大专项，力争取得重要突破，提高国家核心竞争力。

三、创新体制机制，走中国特色自主创新道路

实施《规划纲要》，体制机制是关键。必须深化科技体制改革和经济体制改革，进一步消除制约科技进步和创新的体制性、机制性障碍，有效整合全社会科技资源，推动经济与科技的紧密结合，形成技术创新、知识创新、国防科技创新、区域创新、科技中介服务等相互促进、充满活力的国家创新体系。要继续推进科技体制改革，充分发挥政府的主导作用，充分发挥市场在科技资源配置中的基础性作用，充分发挥企业在技术创新中的主体作用，充分发挥国家科研机构的骨干和引领作用，充分发挥大学的基础和生力军作用，在实践中走出中国特色自主创新道路。

增强自主创新能力，关键是强化企业在技术创新中的主体地位，建立以企业为主体、市场为导向、产学研相结合的技术创新体系。采取更加有力的措施，营造更加良好的环境，使企业真正成为研究开发投入的主体、技术创新活动的主体和创新成果应用的主体。鼓励国有大型企业加快研究开发机构建设和加大研究开发投入，努力形成一批集研究开发、设计、制造于一体，具有国际竞争力的大型骨干企业。重视和发挥民营科技企业在自主创新、发展高新技术产业中的生力军作用，创造公平竞争的环境，支持其做大做强并参与国际竞争。支持有条件的企业承担国家研究开发任务，主持或参与重大科技攻关。加强创新创业服务体系建设，为中小企业特别是科技型中小企业的技术创新提供良好条件。大力推进产学研相结合，鼓励和支持企业同科研院所、高等院校联合建立研究开发机构、产业技术联盟等技术创新组织。

深化科研体制改革，形成开放、流动、竞争、协作的知识创新体系。进一步深化应用开发类科研机构企业化转制改革，鼓励和支持其在行业共性关键技术研究开发与推广应用中发挥骨

干作用。继续推进社会公益类科研机构分类改革。稳定支持从事基础研究、前沿高技术研究和社会公益研究的科研机构，建立健全现代科研院所制度。充分发挥高等院校学科综合、人才荟萃、教学科研紧密结合等优势，建设一批高水平的研究型大学。根据国家重大需求，填补研究领域空白，建设一批高水平的国家研究基地。

深化国防科研体制改革，建设军民结合、寓军于民的国防科技创新体系。统筹军民科技计划和军民两用科技发展，建立健全科技资源共享、军民互动合作的协调机制，实现从基础研究、应用研究开发、产品设计制造到技术和产品采购的有机结合。

建设各具特色和优势的区域创新体系，促进中央与地方科技力量的有机结合，促进区域内科技资源的合理配置和高效利用。东部地区要努力提高自主创新能力。支持中西部地区加强科技发展能力建设。推进国家高新技术产业开发区以增强自主创新能力为核心的"二次创业"。

建设社会化、网络化的科技中介服务体系，加强先进适用技术推广应用。加快农业技术推广体系改革与创新，完善社会化服务机制，鼓励各类农科教机构和社会力量参与多元化的农业技术推广服务，促进各类先进适用技术在农村推广应用，为社会主义新农村建设提供支撑。

四、制定配套政策，激励自主创新

为确保《规划纲要》顺利实施，必须从财税、金融、政府采购、知识产权保护、人才队伍建设等方面制定一系列政策措施，加强经济政策和科技政策的相互协调，形成激励自主创新的政策体系。

（一）加大财政科技投入力度，确保财政科技投入增幅明显高于财政经常性收入增幅。形成多元化、多渠道、高效率的科技投入体系，使全社会研究开发投入占国内生产总值的比例逐年提高。

（二）推进增值税转型改革，统一各类企业税收制度，加大对企业研究开发投入的税收激励。

（三）改善对高新技术企业的信贷服务和融资环境，加大对高新技术产业化的金融支持，发展支持高新技术产业的创业投资和资本市场。

（四）实施扶持自主创新的政府采购政策，建立财政性资金采购自主创新产品制度，制定将国家重大建设项目纳入政府采购主体范围的办法，对具有自主知识产权的重要高新技术装备与产品实施政府首购政策和订购制度。

（五）在继续引进先进技术的同时，高度重视和切实加强对引进技术的消化、吸收与再创新。建立统筹协调机制，对引进技术的消化、吸收与再创新给予政策支持。依托国家和地方重点工程建设项目，积极推进重大装备的自主研究开发与制造。定期发布禁止和限制引进的重大技术装备和重大产业技术目录，防止盲目重复引进。

（六）建设严格保护知识产权的法治环境。健全法律制度，依法严厉打击各种侵犯知识产权的行为，为知识产权的产生与转移提供切实有效的法律保障。重视自主知识产权的应用和保护，支持以我为主形成重大技术标准。

（七）健全人才激励机制，结合国家重大科技工程和重点任务的实施，大胆启用青年人才，培养高水平的创新人才。积极引进海外高层次人才。

（八）深化教育改革，加快教育发展，推进素质教育和创新教育，为建设创新型国家培养结构合理、素质优良的各级各类人才。

（九）加强科技创新基地与平台建设，建立科技资源的共享机制。

（十）充分利用对外开放的有利条件，在更宽领域、更深层次上开展国际科技合作与交流，在高起点上推进自主创新。

五、动员全党全社会力量，为建设创新型国家而奋斗

增强自主创新能力，建设创新型国家，是一项极其广泛而深刻的社会变革，是我们党在新的历史条件下提高执政能力的必然要求。各级领导干部务必站在时代的前列，解放思想、实事求是、与时俱进，全面落实科学发展观，深化改革、扩大开放，大力实施科教兴国战略和人才强国战略，出色完成建设创新型国家的各项任务。

各级党委和政府必须充分认识自主创新的长期性、复杂性和艰巨性，切实加强对科技工作的领导，切实把提高自主创新能力作为一件大事来抓，努力为自主创新创造良好的法治环境、政策环境、市场环境和舆论环境。各级党政主要负责同志要高度重视科技工作，并把提高自主创新能力的成效作为落实科学发展观和正确政绩观的重要内容。中央各有关部门和各级管理部门要紧密配合，加强对《规划纲要》落实工作的具体指导，加强统筹协调，强化政策支持，及时研究、解决重大专项和其他重点任务实施过程中遇到的困难和问题。要抓紧制定配套政策的实施细则。各地区各部门要依据《规划纲要》，抓紧制定并认真实施切合本地区本部门实际的科技发展规划。要在全社会广为传播科学知识、科学方法、科学思想、科学精神，提高全民族的科学文化素质。大力发展创新文化，努力培养创新精神。鼓励各行各业广泛开展群众性的小发明、小革新。大力宣传献身科技事业并作出重大贡献的科学家、工程师和其他科技人员。倡导学术平等和自由探索，遏制学术不端行为，大力营造勇于创新、尊重创新和激励创新的文化氛围。大力繁荣发展哲学社会科学，促进哲学社会科学与自然科学相互渗透，为建设创新型国家提供更好的理论指导。

建设创新型国家，是全党全社会的共同事业。新中国成立以来，经过几代人艰苦卓绝的不懈努力，我国科学技术发展取得了举世瞩目的伟大成就。比较完整的学科体系，丰富的科技人力资源，持续增长的国内市场需求，集中力量办大事的制度优势，博大精深的优秀传统文化，都为建设创新型国家奠定了坚实的基础。广大科技工作者行动起来，广大企业、科研院所和高等院校行动起来，社会各界行动起来，高举邓小平理论和“三个代表”重要思想伟大旗帜，在以胡锦涛同志为总书记的党中央领导下，继承和发扬“两弹一星”精神和载人航天精神，统一思想、坚定信心、奋发努力、扎实苦干，坚持走中国特色自主创新道路，以只争朝夕的精神为建设创新型国家而努力奋斗。

娱乐场所管理条例

国务院令第 458 号

颁布日期：20060129　实施日期：20060301　颁布单位：国务院

2006 年 1 月 18 日国务院第 122 次常务会议通过，现予公布，自 2006 年 3 月 1 日起施行。

国务院

二○○六年一月二十九日

第一章　总　则

第一条　为了加强对娱乐场所的管理，保障娱乐场所的健康发展，制定本条例。

第二条　本条例所称娱乐场所，是指以营利为目的，并向公众开放、消费者自娱自乐的歌舞、游艺等场所。

第三条　县级以上人民政府文化主管部门负责对娱乐场所日常经营活动的监督管理；县级以上公安部门负责对娱乐场所消防、治安状况的监督管理。

第四条　国家机关及其工作人员不得开办娱乐场所，不得参与或者变相参与娱乐场所的经营活动。

与文化主管部门、公安部门的工作人员有夫妻关系、直系血亲关系、三代以内旁系血亲关系以及近姻亲关系的亲属，不得开办娱乐场所，不得参与或者变相参与娱乐场所的经营活动。

第二章　设　立

第五条　有下列情形之一的人员，不得开办娱乐场所或者在娱乐场所内从业：

（一）曾犯有组织、强迫、引诱、容留、介绍卖淫罪，制作、贩卖、传播淫秽物品罪，走私、贩卖、运输、制造毒品罪，强奸罪，强制猥亵、侮辱妇女罪，赌博罪，洗钱罪，组织、领导、参加黑社会性质组织罪的；

（二）因犯罪曾被剥夺政治权利的；

（三）因吸食、注射毒品曾被强制戒毒的；

（四）因卖淫、嫖娼曾被处以行政拘留的。

第六条　外国投资者可以与中国投资者依法设立中外合资经营、中外合作经营的娱乐场所，不得设立外商独资经营的娱乐场所。

第七条　娱乐场所不得设在下列地点：

（一）居民楼、博物馆、图书馆和被核定为文物保护单位的建筑物内；

（二）居民住宅区和学校、医院、机关周围；

（三）车站、机场等人群密集的场所；

（四）建筑物地下一层以下；

（五）与危险化学品仓库毗连的区域。

娱乐场所的边界噪声，应当符合国家规定的环境噪声标准。

第八条 娱乐场所的使用面积，不得低于国务院文化主管部门规定的最低标准；设立含有电子游戏机的游艺娱乐场所，应当符合国务院文化主管部门关于总量和布局的要求。

第九条 设立娱乐场所，应当向所在地县级人民政府文化主管部门提出申请；设立中外合资经营、中外合作经营的娱乐场所，应当向所在地省、自治区、直辖市人民政府文化主管部门提出申请。

申请设立娱乐场所，应当提交投资人员、拟任的法定代表人和其他负责人没有本条例第五条规定情形的书面声明。申请人应当对书面声明内容的真实性负责。

受理申请的文化主管部门应当就书面声明向公安部门或者其他有关单位核查，公安部门或者其他有关单位应当予以配合；经核查属实的，文化主管部门应当依据本条例第七条、第八条的规定进行实地检查，作出决定。予以批准的，颁发娱乐经营许可证，并根据国务院文化主管部门的规定核定娱乐场所容纳的消费者数量；不予批准的，应当书面通知申请人并说明理由。

有关法律、行政法规规定需要办理消防、卫生、环境保护等审批手续的，从其规定。

第十条 文化主管部门审批娱乐场所应当举行听证。有关听证的程序，依照《中华人民共和国行政许可法》的规定执行。

第十一条 申请人取得娱乐经营许可证和有关消防、卫生、环境保护的批准文件后，方可到工商行政管理部门依法办理登记手续，领取营业执照。

娱乐场所取得营业执照后，应当在15日内向所在地县级公安部门备案。

第十二条 娱乐场所改建、扩建营业场所或者变更场地、主要设施设备、投资人员，或者变更娱乐经营许可证载明的事项的，应当向原发证机关申请重新核发娱乐经营许可证，并向公安部门备案；需要办理变更登记的，应当依法向工商行政管理部门办理变更登记。

第三章 经 营

第十三条 国家倡导弘扬民族优秀文化，禁止娱乐场所内的娱乐活动含有下列内容：

（一）违反宪法确定的基本原则的；

（二）危害国家统一、主权或者领土完整的；

（三）危害国家安全，或者损害国家荣誉、利益的；

（四）煽动民族仇恨、民族歧视，伤害民族感情或者侵害民族风俗、习惯，破坏民族团结的；

（五）违反国家宗教政策，宣扬邪教、迷信的；

（六）宣扬淫秽、赌博、暴力以及与毒品有关的违法犯罪活动，或者教唆犯罪的；

（七）违背社会公德或者民族优秀文化传统的；

（八）侮辱、诽谤他人，侵害他人合法权益的；

（九）法律、行政法规禁止的其他内容。

第十四条 娱乐场所及其从业人员不得实施下列行为，不得为进入娱乐场所的人员实施下列行为提供条件：

（一）贩卖、提供毒品，或者组织、强迫、教唆、引诱、欺骗、容留他人吸食、注射毒品；

（二）组织、强迫、引诱、容留、介绍他人卖淫、嫖娼；

（三）制作、贩卖、传播淫秽物品；

（四）提供或者从事以营利为目的的陪侍；

（五）赌博；

（六）从事邪教、迷信活动；

（七）其他违法犯罪行为。

娱乐场所的从业人员不得吸食、注射毒品，不得卖淫、嫖娼；娱乐场所及其从业人员不得为进入娱乐场所的人员实施上述行为提供条件。

第十五条 歌舞娱乐场所应当按照国务院公安部门的规定在营业场所的出入口、主要通道安装闭路电视监控设备，并应当保证闭路电视监控设备在营业期间正常运行，不得中断。

歌舞娱乐场所应当将闭路电视监控录像资料留存30日备查，不得删改或者挪作他用。

第十六条 歌舞娱乐场所的包厢、包间内不得设置隔断，并应当安装展现室内整体环境的透明门窗。包厢、包间的门不得有内锁装置。

第十七条 营业期间，歌舞娱乐场所内亮度不得低于国家规定的标准。

第十八条 娱乐场所使用的音像制品或者电子游戏应当是依法出版、生产或者进口的产品。

歌舞娱乐场所播放的曲目和屏幕画面以及游艺娱乐场所的电子游戏机内的游戏项目，不得含有本条例第十三条禁止的内容；歌舞娱乐场所使用的歌曲点播系统不得与境外的曲库联接。

第十九条 游艺娱乐场所不得设置具有赌博功能的电子游戏机机型、机种、电路板等游戏设施设备，不得以现金或者有价证券作为奖品，不得回购奖品。

第二十条 娱乐场所的法定代表人或者主要负责人应当对娱乐场所的消防安全和其他安全负责。

娱乐场所应当确保其建筑、设施符合国家安全标准和消防技术规范，定期检查消防设施状况，并及时维护、更新。

娱乐场所应当制定安全工作方案和应急疏散预案。

第二十一条 营业期间，娱乐场所应当保证疏散通道和安全出口畅通，不得封堵、锁闭疏散通道和安全出口，不得在疏散通道和安全出口设置栅栏等影响疏散的障碍物。

娱乐场所应当在疏散通道和安全出口设置明显指示标志，不得遮挡、覆盖指示标志。

第二十二条 任何人不得非法携带枪支、弹药、管制器具或者携带爆炸性、易燃性、毒害性、放射性、腐蚀性等危险物品和传染病病原体进入娱乐场所。

迪斯科舞厅应当配备安全检查设备，对进入营业场所的人员进行安全检查。

第二十三条 歌舞娱乐场所不得接纳未成年人。除国家法定节假日外，游艺娱乐场所设置的电子游戏机不得向未成年人提供。

第二十四条 娱乐场所不得招用未成年人；招用外国人的，应当按照国家有关规定为其办理外国人就业许可证。

第二十五条 娱乐场所应当与从业人员签订文明服务责任书，并建立从业人员名簿；从业人员名簿应当包括从业人员的真实姓名、居民身份证复印件、外国人就业许可证复印件等内容。

娱乐场所应当建立营业日志，记载营业期间从业人员的工作职责、工作时间、工作地点；营业日志不得删改，并应当留存60日备查。

第二十六条 娱乐场所应当与保安服务企业签订保安服务合同，配备专业保安人员；不得聘用其他人员从事保安工作。

第二十七条 营业期间，娱乐场所的从业人员应当统一着工作服，佩戴工作标志并携带居民身份证或者外国人就业许可证。

从业人员应当遵守职业道德和卫生规范，诚实守信，礼貌待人，不得侵害消费者的人身和财产权利。

第二十八条 每日凌晨2时至上午8时，娱乐场所不得营业。

第二十九条 娱乐场所提供娱乐服务项目和出售商品，应当明码标价，并向消费者出示价目表；不得强迫、欺骗消费者接受服务、购买商品。

第三十条 娱乐场所应当在营业场所的大厅、包厢、包间内的显著位置悬挂含有禁毒、禁赌、禁止卖淫嫖娼等内容的警示标志、未成年人禁入或者限入标志。标志应当注明公安部门、文化主管部门的举报电话。

第三十一条 娱乐场所应当建立巡查制度，发现娱乐场所内有违法犯罪活动的，应当立即向所在地县级公安部门、县级人民政府文化主管部门报告。

第四章 监督管理

第三十二条 文化主管部门、公安部门和其他有关部门的工作人员依法履行监督检查职责时，有权进入娱乐场所。娱乐场所应当予以配合，不得拒绝、阻挠。

文化主管部门、公安部门和其他有关部门的工作人员依法履行监督检查职责时，需要查阅闭路电视监控录像资料、从业人员名簿、营业日志等资料的，娱乐场所应当及时提供。

第三十三条 文化主管部门、公安部门和其他有关部门应当记录监督检查的情况和处理结果。监督检查记录由监督检查人员签字归档。公众有权查阅监督检查记录。

第三十四条 文化主管部门、公安部门和其他有关部门应当建立娱乐场所违法行为警示记录系统；对列入警示记录的娱乐场所，应当及时向社会公布，并加大监督检查力度。

第三十五条 文化主管部门、公安部门和其他有关部门应当建立相互间的信息通报制度，及时通报监督检查情况和处理结果。

第三十六条 任何单位或者个人发现娱乐场所内有违反本条例行为的，有权向文化主管部门、公安部门等有关部门举报。

文化主管部门、公安部门等有关部门接到举报，应当记录，并及时依法调查、处理；对不属于本部门职责范围的，应当及时移送有关部门。

第三十七条 上级人民政府文化主管部门、公安部门在必要时，可以依照本条例的规定调查、处理由下级人民政府文化主管部门、公安部门调查、处理的案件。

下级人民政府文化主管部门、公安部门认为案件重大、复杂的，可以请求移送上级人民政府文化主管部门、公安部门调查、处理。

第三十八条 文化主管部门、公安部门和其他有关部门及其工作人员违反本条例规定的，任何单位或者个人可以向依法有权处理的本级或者上一级机关举报。接到举报的机关应当依法及时调查、处理。

第三十九条 娱乐场所行业协会应当依照章程的规定，制定行业自律规范，加强对会员经营活动的指导、监督。

第五章 法律责任

第四十条 违反本条例规定，擅自从事娱乐场所经营活动的，由工商行政管理部门、文化主管部门依法予以取缔；公安部门在查处治安、刑事案件时，发现擅自从事娱乐场所经营活动的，应当依法予以取缔。

第四十一条 违反本条例规定，以欺骗等不正当手段取得娱乐经营许可证的，由原发证机关撤销娱乐经营许可证。

第四十二条 娱乐场所实施本条例第十四条禁止行为的，由县级公安部门没收违法所得和非法财物，责令停业整顿3个月至6个月；情节严重的，由原发证机关吊销娱乐经营许可证，对直接负责的主管人员和其他直接责任人员处1万元以上2万元以下的罚款。

第四十三条 娱乐场所违反本条例规定，有下列情形之一的，由县级公安部门责令改正，给予警告；情节严重的，责令停业整顿1个月至3个月：

（一）照明设施、包厢、包间的设置以及门窗的使用不符合本条例规定的；

（二）未按照本条例规定安装闭路电视监控设备或者中断使用的；

（三）未按照本条例规定留存监控录像资料或者删改监控录像资料的；

（四）未按照本条例规定配备安全检查设备或者未对进入营业场所的人员进行安全检查的；

（五）未按照本条例规定配备保安人员的。

第四十四条 娱乐场所违反本条例规定，有下列情形之一的，由县级公安部门没收违法所得和非法财物，并处违法所得2倍以上5倍以下的罚款；没有违法所得或者违法所得不足1万元的，并处2万元以上5万元以下的罚款；情节严重的，责令停业整顿1个月至3个月：

（一）设置具有赌博功能的电子游戏机机型、机种、电路板等游戏设施设备的；

（二）以现金、有价证券作为奖品，或者回购奖品的。

第四十五条 娱乐场所指使、纵容从业人员侵害消费者人身权利的，应当依法承担民事责任，并由县级公安部门责令停业整顿1个月至3个月；造成严重后果的，由原发证机关吊销娱乐经营许可证。

第四十六条 娱乐场所取得营业执照后，未按照本条例规定向公安部门备案的，由县级公安部门责令改正，给予警告。

第四十七条 违反本条例规定，有下列情形之一的，由县级人民政府文化主管部门没收违法所得和非法财物，并处违法所得1倍以上3倍以下的罚款；没有违法所得或者违法所得不足1万元的，并处1万元以上3万元以下的罚款；情节严重的，责令停业整顿1个月至6个月：

（一）歌舞娱乐场所的歌曲点播系统与境外的曲库联接的；

（二）歌舞娱乐场所播放的曲目、屏幕画面或者游艺娱乐场所电子游戏机内的游戏项目含有本条例第十三条禁止内容的；

（三）歌舞娱乐场所接纳未成年人的；

（四）游艺娱乐场所设置的电子游戏机在国家法定节假日外向未成年人提供的；

（五）娱乐场所容纳的消费者超过核定人数的。

第四十八条 娱乐场所违反本条例规定，有下列情形之一的，由县级人民政府文化主管部门责令改正，给予警告；情节严重的，责令停业整顿1个月至3个月：

（一）变更有关事项，未按照本条例规定申请重新核发娱乐经营许可证的；

（二）在本条例规定的禁止营业时间内营业的；

（三）从业人员在营业期间未统一着装并佩带工作标志的。

第四十九条 娱乐场所未按照本条例规定建立从业人员名簿、营业日志，或者发现违法犯罪行为未按照本条例规定报告的，由县级人民政府文化主管部门、县级公安部门依据法定职权责令改正，给予警告；情节严重的，责令停业整顿1个月至3个月。

第五十条 娱乐场所未按照本条例规定悬挂警示标志、未成年人禁入或者限入标志的，由县级人民政府文化主管部门、县级公安部门依据法定职权责令改正，给予警告。

第五十一条 娱乐场所招用未成年人的，由劳动保障行政部门责令改正，并按照每招用一名未成年人每月处5000元罚款的标准给予处罚。

第五十二条 因擅自从事娱乐场所经营活动被依法取缔的，其投资人员和负责人终身不得投资开办娱乐场所或者担任娱乐场所的法定代表人、负责人。

娱乐场所因违反本条例规定，被吊销或者撤销娱乐经营许可证的，自被吊销或者撤销之日起，其法定代表人、负责人5年内不得担任娱乐场所的法定代表人、负责人。

娱乐场所因违反本条例规定，2年内被处以3次警告或者罚款又有违反本条例的行为应受行政处罚的，由县级人民政府文化主管部门、县级公安部门依据法定职权责令停业整顿3个月至6个月；2年内被2次责令停业整顿又有违反本条例的行为应受行政处罚的，由原发证机关吊销娱乐经营许可证。

第五十三条 娱乐场所违反有关治安管理或者消防管理法律、行政法规规定的，由公安部门依法予以处罚；构成犯罪的，依法追究刑事责任。

娱乐场所违反有关卫生、环境保护、价格、劳动等法律、行政法规规定的，由有关部门依法予以处罚；构成犯罪的，依法追究刑事责任。

娱乐场所及其从业人员与消费者发生争议的，应当依照消费者权益保护的法律规定解决；造成消费者人身、财产损害的，由娱乐场所依法予以赔偿。

第五十四条 娱乐场所违反本条例规定被吊销或者撤销娱乐经营许可证的，应当依法到工商行政管理部门办理变更登记或者注销登记；逾期不办理的，吊销营业执照。

第五十五条 国家机关及其工作人员开办娱乐场所，参与或者变相参与娱乐场所经营活动的，对直接负责的主管人员和其他直接责任人员依法给予撤职或者开除的行政处分。

文化主管部门、公安部门的工作人员明知其亲属开办娱乐场所或者发现其亲属参与、变相参与娱乐场所的经营活动，不予制止或者制止不力的，依法给予行政处分；情节严重的，依法给予撤职或者开除的行政处分。

第五十六条 文化主管部门、公安部门、工商行政管理部门和其他有关部门的工作人员有下列行为之一的，对直接负责的主管人员和其他直接责任人员依法给予行政处分；构成犯罪的，依法追究刑事责任：

（一）向不符合法定设立条件的单位颁发许可证、批准文件、营业执照的；

（二）不履行监督管理职责，或者发现擅自从事娱乐场所经营活动不依法取缔，或者发现违法行为不依法查处的；

（三）接到对违法行为的举报、通报后不依法查处的；

（四）利用职务之便，索取、收受他人财物或者谋取其他利益的；

（五）利用职务之便，参与、包庇违法行为，或者向有关单位、个人通风报信的；

（六）有其他滥用职权、玩忽职守、徇私舞弊行为的。

第六章 附 则

第五十七条 本条例所称从业人员，包括娱乐场所的管理人员、服务人员、保安人员和在娱乐场所工作的其他人员。

第五十八条 本条例自2006年3月1日起施行。1999年3月26日国务院发布的《娱乐场所管理条例》同时废止。

价格违法行为行政处罚规定

（1999年7月10日国务院批准，1999年8月1日国家发展计划委员会发布。根据2006年2月21日《国务院关于修改〈价格违法行为行政处罚规定〉的决定》修订）

第一条 为了依法惩处价格违法行为，保护消费者和经营者的合法权益，根据《中华人民共和国价格法》（以下简称价格法）的有关规定，制定本规定。

第二条 县级以上各级人民政府价格主管部门依法对价格活动进行监督检查，并决定对价格违法行为的行政处罚。

第三条 价格违法行为的行政处罚由价格违法行为发生地的地方人民政府价格主管部门决定；国务院价格主管部门规定由其上级价格主管部门决定的，从其规定。

第四条 经营者违反价格法第十四条的规定，有下列行为之一的，责令改正，没收违法所得，可以并处违法所得5倍以下的罚款；没有违法所得的，给予警告，可以并处3万元以上30万元以下的罚款；情节严重的，责令停业整顿，或者由工商行政管理机关吊销营业执照：

（一）相互串通，操纵市场价格，损害其他经营者或者消费者的合法权益的；

（二）除依法降价处理鲜活商品、季节性商品、积压商品等商品外，为了排挤竞争对手或者独占市场，以低于成本的价格倾销，扰乱正常的生产经营秩序，损害国家利益或者其他经营者的合法权益的；

（三）提供相同商品或者服务，对具有同等交易条件的其他经营者实行价格歧视的。

第五条 经营者违反价格法第十四条的规定，捏造、散布涨价信息，哄抬价格，推动商品价格过高上涨的，或者利用虚假的或者使人误解的价格手段，诱骗消费者或者其他经营者与其进行交易的，责令改正，没收违法所得，可以并处违法所得5倍以下的罚款；没有违法所得的，给予警告，可以并处2万元以上20万元以下的罚款；情节严重的，责令停业整顿，或者由工商行政管理机关吊销营业执照。

第六条 经营者违反价格法第十四条的规定，采取抬高等级或者压低等级等手段销售、收购商品或者提供服务，变相提高或者压低价格的，责令改正，没收违法所得，可以并处违法所得5倍以下的罚款；没有违法所得的，给予警告，可以并处1万元以上10万元以下的罚款；情节严重的，责令停业整顿，或者由工商行政管理机关吊销营业执照。

第七条 经营者不执行政府指导价、政府定价，有下列行为之一的，责令改正，没收违法所得，可以并处违法所得5倍以下的罚款；没有违法所得的，可以处2万元以上20万元以下的罚款；情节严重的，责令停业整顿：

（一）超出政府指导价浮动幅度制定价格的；

（二）高于或者低于政府定价制定价格的；

（三）擅自制定属于政府指导价、政府定价范围内的商品或者服务价格的；

（四）提前或者推迟执行政府指导价、政府定价的；

（五）自立收费项目或者自定标准收费的；

（六）采取分解收费项目、重复收费、扩大收费范围等方式变相提高收费标准的；

（七）对政府明令取消的收费项目继续收费的；
（八）违反规定以保证金、抵押金等形式变相收费的；
（九）强制或者变相强制服务并收费的；
（十）不按照规定提供服务而收取费用的；
（十一）不执行政府指导价、政府定价的其他行为。

第八条 经营者不执行法定的价格干预措施、紧急措施，有下列行为之一的，责令改正，没收违法所得，可以并处违法所得5倍以下的罚款；没有违法所得的，可以处4万元以上40万元以下的罚款；情节严重的，责令停业整顿：
（一）不执行提价申报或者调价备案制度的；
（二）超过规定的差价率、利润率幅度的；
（三）不执行规定的限价、最低保护价的；
（四）不执行集中定价权限措施的；
（五）不执行冻结价格措施的；
（六）不执行法定的价格干预措施、紧急措施的其他行为。

第九条 本规定第四条至第八条规定中经营者为个人的，对其没有违法所得的价格违法行为，可以处5万元以下的罚款。

第十条 经营者违反法律、法规的规定牟取暴利的，责令改正，没收违法所得，可以并处违法所得5倍以下的罚款；情节严重的，责令停业整顿，或者由工商行政管理机关吊销营业执照。

第十一条 经营者违反明码标价规定，有下列行为之一的，责令改正，没收违法所得，可以并处5000元以下的罚款：
（一）不标明价格的；
（二）不按照规定的内容和方式明码标价的；
（三）在标价之外加价出售商品或者收取未标明的费用的；
（四）违反明码标价规定的其他行为。

第十二条 拒绝提供价格监督检查所需资料或者提供虚假资料的，责令改正，给予警告；逾期不改正的，可以处5万元以下的罚款，对直接负责的主管人员和其他直接责任人员给予纪律处分。

第十三条 政府价格主管部门进行价格监督检查时，发现经营者的违法行为同时具有下列三种情形的，可以依照价格法第三十四条第（三）项的规定责令其暂停相关营业：
（一）违法行为情节复杂或者情节严重，经查明后可能给予较重处罚的；
（二）不暂停相关营业，违法行为将继续的；
（三）不暂停相关营业，可能影响违法事实的认定，采取其他措施又不足以保证查明的。

政府价格主管部门进行价格监督检查时，执法人员不得少于两人，并应当向经营者或者有关人员出示证件。

第十四条 本规定第四条至第十一条规定中的违法所得，属于价格法第四十一条规定的消费者或者其他经营者多付价款的，责令经营者限期退还。难以查找多付价款的消费者或者其他经营者的，责令公告查找。

经营者拒不按照前款规定退还消费者或者其他经营者多付的价款，以及期限届满没有退还消费者或者其他经营者多付的价款，由政府价格主管部门予以没收，消费者或者其他经营者要求退还时，由经营者依法承担民事责任。

第十五条 经营者有行政处罚法第二十七条所列情形的，应当依法从轻或者减轻处罚。

经营者有下列情形之一的，应当从重处罚：

（一）价格违法行为严重或者社会影响较大的；

（二）屡查屡犯的；

（三）伪造、涂改或者转移、销毁证据的；

（四）转移与价格违法行为有关的资金或者商品的；

（五）经营者拒不按照本规定第十四条第一款规定退还消费者或者其他经营者多付价款的；

（六）应予从重处罚的其他价格违法行为。

第十六条 经营者对政府价格主管部门作出的处罚决定不服的，应当先依法申请行政复议；对行政复议决定不服的，可以依法向人民法院提起诉讼。

第十七条 逾期不缴纳罚款的，每日按罚款数额的3%加处罚款；逾期不缴纳违法所得的，每日按违法所得数额的2‰加处罚款。

第十八条 任何单位和个人有本规定所列价格违法行为，情节严重，拒不改正的，政府价格主管部门除依照本规定给予处罚外，可以在其营业场地公告其价格违法行为，直至改正。

第十九条 价格执法人员泄露国家秘密、经营者的商业秘密或者滥用职权、玩忽职守、徇私舞弊，构成犯罪的，依法追究刑事责任；尚不构成犯罪的，依法给予行政处分。

第二十条 本规定自发布之日起施行。

国务院关于加快推进产能过剩行业结构调整的通知

国发［2006］11号

颁布日期：20060312　实施日期：20060312　颁布单位：国务院

各省、自治区、直辖市人民政府，国务院各部委、各直属机构：

推进经济结构战略性调整，提升产业国际竞争力，是“十一五”时期重大而艰巨的任务。当前，部分行业盲目投资、低水平扩张导致生产能力过剩，已经成为经济运行的一个突出问题，如果不抓紧解决，将会进一步加剧产业结构不合理的矛盾，影响经济持续快速协调健康发展。为加快推进产能过剩行业的结构调整，现就有关问题通知如下：

一、加快推进产能过剩行业结构调整的重要性和紧迫性

近年来，随着消费结构不断升级和工业化、城镇化进程加快，带动了钢铁、水泥、电解铝、汽车等行业的快速增长。但由于经济增长方式粗放，体制机制不完善，这些行业在快速发展中出现了盲目投资、低水平扩张等问题。2004 年，国家及时采取一系列宏观调控措施，初步遏制了部分行业盲目扩张的势头，投资增幅回落，企业兼并重组、关闭破产、淘汰落后生产能力等取得了一定成效。

但从总体上看，过度投资导致部分行业产能过剩的问题仍然没有得到根本解决。钢铁、电解铝、电石、铁合金、焦炭、汽车等行业产能已经出现明显过剩；水泥、煤炭、电力、纺织等行业目前虽然产需基本平衡，但在建规模很大，也潜在着产能过剩问题。在这种情况下，一些地方和企业仍在这些领域继续上新的项目，生产能力大于需求的矛盾将进一步加剧。还应看到，这些行业不但总量上过剩，在企业组织结构、行业技术结构、产品结构上的不合理问题也很严重。目前，部分行业产能过剩的不良后果已经显现，产品价格下跌，库存上升，企业利润增幅下降，亏损增加。如果任其发展下去，资源环境约束的矛盾就会更加突出，结构不协调的问题就会更加严重，企业关闭破产和职工失业就会显著增加，必须下决心抓紧解决。要充分认识到，加快产能过剩行业的结构调整，既是巩固和发展宏观调控成果的客观需要，也是宏观调控的一项重要而艰巨的任务；既是把经济社会发展切实转入科学发展轨道的迫切需要，也是继续保持当前经济平稳较快增长好势头的重要举措。

部分行业产能过剩，给经济和社会发展带来了负面影响，但同时也为推动结构调整提供了机遇。在供给能力超过市场需求的情况下，市场竞争加剧，企业才有调整结构的意愿和压力，也有条件淘汰一部分落后的生产能力。国家在宏观调控的过程中，已经积累了产业政策与其他经济政策协调配合的经验，形成了相对完善的市场准入标准体系，为推进产业结构调整、淘汰落后生产能力提供了一定的制度规范和手段。各地区、各有关部门要进一步树立和落实科学发展观，加深对统筹协调发展、转变经济增长方式必要性和紧迫性的认识，增强预见性，避免盲目性，提高主动性和自觉性，因势利导，化害为利，加快推进产能过剩行业结构调整。

二、推进产能过剩行业结构调整的总体要求和原则

加快推进产能过剩行业结构调整的总体要求是：坚持以科学发展观为指导，依靠市场，因

势利导，控制增能，优化结构，区别对待，扶优汰劣，力争今年迈出实质性步伐，经过几年努力取得明显成效。在具体工作中要注意把握好以下原则：

（一）充分发挥市场配置资源的基础性作用。坚持以市场为导向，利用市场约束和资源约束增强的“倒逼”机制，促进总量平衡和结构优化。调整和理顺资源产品价格关系，更好地发挥价格杠杆的调节作用，推动企业自主创新、主动调整结构。

（二）综合运用经济、法律手段和必要的行政手段。加强产业政策引导、信贷政策支持、财税政策调节，推动行业结构调整。提高并严格执行环保、安全、技术、土地和资源综合利用等市场准入标准，引导市场投资方向。完善并严格执行相关法律法规，规范企业和政府行为。

（三）坚持区别对待，促进扶优汰劣。根据不同行业、不同地区、不同企业的具体情况，分类指导、有保有压。坚持扶优与汰劣结合，升级改造与淘汰落后结合，兼并重组与关闭破产结合。合理利用和消化一些已经形成的生产能力，进一步优化企业结构和布局。

（四）健全持续推进结构调整的制度保障。把解决当前问题和长远问题结合起来，加快推进改革，消除制约结构调整的体制性、机制性障碍，有序推进产能过剩行业的结构调整，促进经济持续快速健康发展。

三、推进产能过剩行业结构调整的重点措施

推进产能过剩行业结构调整，关键是要发挥市场配置资源的基础性作用，充分利用市场的力量推动竞争，促进优胜劣汰。各级政府在结构调整中的作用，一方面是通过深化改革，规范市场秩序，为发挥市场机制作用创造条件；另一方面是综合运用经济、法律和必要的行政手段，加强引导，积极推动。2006年，要通过重组、改造、淘汰等方法，推动产能过剩行业加快结构调整步伐。

（一）切实防止固定资产投资反弹。这是顺利推进产能过剩行业结构调整的重要前提。一旦投资重新膨胀，落后产能将死灰复燃，总量过剩和结构不合理矛盾不但不能解决，而且会越来越突出。要继续贯彻中央关于宏观调控的政策，严把土地、信贷两个闸门，严格控制固定资产投资规模，为推进产能过剩行业结构调整创造必要的前提条件和良好的环境。

（二）严格控制新上项目。根据有关法律法规，制定更加严格的环境、安全、能耗、水耗、资源综合利用和质量、技术、规模等标准，提高准入门槛。对在建和拟建项目区别情况，继续进行清理整顿；对不符合国家有关规划、产业政策、供地政策、环境保护、安全生产等市场准入条件的项目，依法停止建设；对拒不执行的，要采取经济、法律和必要的行政手段，并追究有关人员责任。原则上不批准建设新的钢厂，对个别结合搬迁、淘汰落后生产能力的钢厂项目，要从严审批。提高煤炭开采的井型标准，明确必须达到的回采率和安全生产条件。所有新建汽车整车生产企业和现有企业跨产品类别的生产投资项目，除满足产业政策要求外，还要满足自主品牌、自主开发产品的条件；现有企业异地建厂，还必须满足产销量达到批准产能80%以上的要求。提高利用外资质量，禁止技术和安全水平低、能耗物耗高、污染严重的外资项目进入。

（三）淘汰落后生产能力。依法关闭一批破坏资源、污染环境和不具备安全生产条件的小企业，分期分批淘汰一批落后生产能力，对淘汰的生产设备进行废毁处理。逐步淘汰立窑等落后的水泥生产能力；关闭淘汰敞开式和生产能力低于1万吨的小电石炉；尽快淘汰5000千伏安以下铁合金矿热炉（特种铁合金除外）、100立方米以下铁合金高炉；淘汰300立方米以下炼铁高炉和20吨以下炼钢转炉、电炉；彻底淘汰土焦和改良焦设施；逐步关停小油机和5万千瓦及以下凝汽式燃煤小机组；淘汰达不到产业政策规定规模和安全标准的小煤矿。

（四）推进技术改造。支持符合产业政策和技术水平高、对产业升级有重大作用的大型企业技术改造项目。围绕提升技术水平、改善品种、保护环境、保障安全、降低消耗、综合利用等，

对传统产业实施改造提高。推进火电机组以大代小、上煤压油等工程。支持汽车生产企业加强研发体系建设，在消化引进技术的基础上，开发具有自主知识产权的技术。支持纺织关键技术、成套设备的研发和产业集群公共创新平台、服装自主品牌的建设。支持大型钢铁集团的重大技改和新产品项目，加快开发取向冷轧硅钢片技术，提升汽车板生产水平，推进大型冷、热连轧机组国产化。支持高产高效煤炭矿井建设和煤矿安全技术改造。

（五）促进兼并重组。按照市场原则，鼓励有实力的大型企业集团，以资产、资源、品牌和市场为纽带实施跨地区、跨行业的兼并重组，促进产业的集中化、大型化、基地化。推动优势大型钢铁企业与区域内其他钢铁企业的联合重组，形成若干年产3000万吨以上的钢铁企业集团。鼓励大型水泥企业集团对中小水泥厂实施兼并、重组、联合，增强在区域市场上的影响力。突破现有焦化企业的生产经营格局，实施与钢铁企业、化工企业的兼并联合，向生产与使用一体化、经营规模化、产品多样化、资源利用综合化方向发展。支持大型煤炭企业收购、兼并、重组和改造一批小煤矿，实现资源整合，提高回采率和安全生产水平。

（六）加强信贷、土地、建设、环保、安全等政策与产业政策的协调配合。认真贯彻落实《国务院关于发布实施〈促进产业结构调整暂行规定〉的决定》（国发［2005］40号），抓紧细化各项政策措施。对已经出台的钢铁、电解铝、煤炭、汽车等行业发展规划和产业政策，要强化落实，加强检查，在实践中不断完善。对尚未出台的行业发展规划和产业政策，要抓紧制定和完善，尽快出台。金融机构和国土资源、环保、安全监管等部门要严格依据国家宏观调控和产业政策的要求，优化信贷和土地供应结构，支持符合国家产业政策、市场准入条件的项目和企业的土地、信贷供应，同时要防止信贷投放大起大落，积极支持市场前景好、有效益、有助于形成规模经济的兼并重组；对不符合国家产业政策、供地政策、市场准入条件、国家明令淘汰的项目和企业，不得提供贷款和土地，城市规划、建设、环保和安全监管部门不得办理相关手续。坚决制止用压低土地价格、降低环保和安全标准等办法招商引资、盲目上项目。完善限制高耗能、高污染、资源性产品出口的政策措施。

（七）深化行政管理和投资体制、价格形成和市场退出机制等方面的改革。按照建设社会主义市场经济体制的要求，继续推进行政管理体制和投资体制改革，切实实行政企分开，完善和严格执行企业投资的核准和备案制度，真正做到投资由企业自主决策、自担风险，银行独立审贷；积极稳妥地推进资源性产品价格改革，健全反映市场供求状况、资源稀缺程度的价格形成机制，建立和完善生态补偿责任机制；建立健全落后企业退出机制，在人员安置、土地使用、资产处置以及保障职工权益等方面，制定出台有利于促进企业兼并重组和退出市场，有利于维护职工合法权益的改革政策；加快建立健全维护市场公平竞争的法律法规体系，打破地区封锁和地方保护。

（八）健全行业信息发布制度。有关部门要完善统计、监测制度，做好对产能过剩行业运行动态的跟踪分析。要尽快建立判断产能过剩衡量指标和数据采集系统，并有计划、分步骤建立定期向社会披露相关信息的制度，引导市场投资预期。加强对行业发展的信息引导，发挥行业协会的作用，搞好市场调研，适时发布产品供求、现有产能、在建规模、发展趋势、原材料供应、价格变化等方面的信息。同时，还要密切关注其他行业生产、投资和市场供求形势的发展变化，及时发现和解决带有苗头性、倾向性的问题，防止其他行业出现产能严重过剩。

加快推进产能过剩行业结构调整，涉及面广，政策性强，任务艰巨而复杂，各地区、各有关部门要增强全局观念，加强组织领导，密切协调配合，积极有序地做好工作。要正确处理改革发展稳定的关系，从本地区、本单位实际情况出发，完善配套措施，认真解决企业兼并、破产、重组中出现的困难和问题，做好人员安置和资产保全等工作，尽量减少损失，避免社会震动。各地区、各有关部门要及时将贯彻落实本通知的情况上报国务院。国家发展改革委要会同有关部门抓紧制定具体的政策措施，做好组织实施工作。

国务院

二〇〇六年三月十二日

司法解释

最高人民法院关于人民法院民事执行中查封、扣押、冻结财产的规定

法释［2004］15号

颁布日期：20041104　实施日期：20050101　颁布单位：最高人民法院

已于2004年10月26日由最高人民法院审判委员会第1330次会议通过，现予公布，自2004年1月1日起施行。

二〇〇四年十一月四日

为了进一步规范民事执行中的查封、扣押、冻结措施，维护当事人的合法权益，根据《中华人民共和国民事诉讼法》等法律的规定，结合人民法院民事执行工作的实践经验，制定本规定。

第一条 人民法院查封、扣押、冻结被执行人的动产、不动产及其他财产权，应当作出裁定，并送达被执行人和申请执行人。

采取查封、扣押、冻结措施需要有关单位或者个人协助的，人民法院应当制作协助执行通知书，连同裁定书副本一并送达协助执行人。查封、扣押、冻结裁定书和协助执行通知书送达时发生法律效力。

第二条 人民法院可以查封、扣押、冻结被执行人占有的动产、登记在被执行人名下的不动产、特定动产及其他财产权。

未登记的建筑物和土地使用权，依据土地使用权的审批文件和其他相关证据确定权属。

对于第三人占有的动产或者登记在第三人名下的不动产、特定动产及其他财产权，第三人书面确认该财产属于被执行人的，人民法院可以查封、扣押、冻结。

第三条 作为执行依据的法律文书生效后至申请执行前，债权人可以向有执行管辖权的人民法院申请保全债务人的财产。人民法院可以参照民事诉讼法第九十二条的规定作出保全裁定，保全裁定应当立即执行。

第四条 诉讼前、诉讼中及仲裁中采取财产保全措施的，进入执行程序后，自动转为执行中的查封、扣押、冻结措施，并适用本规定第二十九条关于查封、扣押、冻结期限的规定。

第五条 人民法院对被执行人下列的财产不得查封、扣押、冻结：

（一）被执行人及其所扶养家属生活所必需的衣服、家具、炊具、餐具及其他家庭生活必需的物品；

（二）被执行人及其所扶养家属所必需的生活费用。当地有最低生活保障标准的，必需的生活费用依照该标准确定；

（三）被执行人及其所扶养家属完成义务教育所必需的物品；

（四）未公开的发明或者未发表的著作；

（五）被执行人及其所扶养家属用于身体缺陷所必需的辅助工具、医疗物品；

（六）被执行人所得的勋章及其他荣誉表彰的物品；

（七）根据《中华人民共和国缔结条约程序法》，以中华人民共和国、中华人民共和国政府或者中华人民共和国政府部门名义同外国、国际组织缔结的条约、协定和其他具有条约、协定性质的文件中规定免于查封、扣押、冻结的财产；

（八）法律或者司法解释规定的其他不得查封、扣押、冻结的财产。

第六条 对被执行人及其所扶养家属生活所必需的居住房屋，人民法院可以查封，但不得拍卖、变卖或者抵债。

第七条 对于超过被执行人及其所扶养家属生活所必需的房屋和生活用品，人民法院根据申请执行人的申请，在保障被执行人及其所扶养家属最低生活标准所必需的居住房屋和普通生活必需品后，可予以执行。

第八条 查封、扣押动产的，人民法院可以直接控制该项财产。人民法院将查封、扣押的动产交付其他人控制的，应当在该动产上加贴封条或者采取其他足以公示查封、扣押的适当方式。

第九条 查封不动产的，人民法院应当张贴封条或者公告，并可以提取保存有关财产权证照。

查封、扣押、冻结已登记的不动产、特定动产及其他财产权，应当通知有关登记机关办理登记手续。未办理登记手续的，不得对抗其他已经办理了登记手续的查封、扣押、冻结行为。

第十条 查封尚未进行权属登记的建筑物时，人民法院应当通知其管理人或者该建筑物的实际占有人，并在显著位置张贴公告。

第十一条 扣押尚未进行权属登记的机动车辆时，人民法院应当在扣押清单上记载该机动车辆的发动机编号。该车辆在扣押期间权利人要求办理权属登记手续的，人民法院应当准许并及时办理相应的扣押登记手续。

第十二条 查封、扣押的财产不宜由人民法院保管的，人民法院可以指定被执行人负责保管；不宜由被执行人保管的，可以委托第三人或者申请执行人保管。

由人民法院指定被执行人保管的财产，如果继续使用对该财产的价值无重大影响，可以允许被执行人继续使用；由人民法院保管或者委托第三人、申请执行人保管的，保管人不得使用。

第十三条 查封、扣押、冻结担保物权人占有的担保财产，一般应当指定该担保物权人作为保管人；该财产由人民法院保管的，质权、留置权不因转移占有而消灭。

第十四条 对被执行人与其他人共有的财产，人民法院可以查封、扣押、冻结，并及时通知共有人。

共有人协议分割共有财产，并经债权人认可的，人民法院可以认定有效。查封、扣押、冻结的效力及于协议分割后被执行人享有份额内的财产；对其他共有人享有份额内的财产的查封、扣押、冻结，人民法院应当裁定予以解除。

共有人提起析产诉讼或者申请执行人代位提起析产诉讼的，人民法院应当准许。诉讼期间中止对该财产的执行。

第十五条 对第三人为被执行人的利益占有的被执行人的财产，人民法院可以查封、扣押、冻结；该财产被指定给第三人继续保管的，第三人不得将其交付给被执行人。

对第三人为自己的利益依法占有的被执行人的财产，人民法院可以查封、扣押、冻结，第三人可以继续占有和使用该财产，但不得将其交付给被执行人。

第三人无偿借用被执行人的财产的，不受前款规定的限制。

第十六条　被执行人将其财产出卖给第三人，第三人已经支付部分价款并实际占有该财产，但根据合同约定被执行人保留所有权的，人民法院可以查封、扣押、冻结；第三人要求继续履行合同的，应当由第三人在合理期限内向人民法院交付全部余款后，裁定解除查封、扣押、冻结。

第十七条　被执行人将其所有的需要办理过户登记的财产出卖给第三人，第三人已经支付部分或者全部价款并实际占有该财产，但尚未办理产权过户登记手续的，人民法院可以查封、扣押、冻结；第三人已经支付全部价款并实际占有，但未办理过户登记手续的，如果第三人对此没有过错，人民法院不得查封、扣押、冻结。

第十八条　被执行人购买第三人的财产，已经支付部分价款并实际占有该财产，但第三人依合同约定保留所有权，申请执行人已向第三人支付剩余价款或者第三人书面同意剩余价款从该财产变价款中优先支付的，人民法院可以查封、扣押、冻结。

第三人依法解除合同的，人民法院应当准许，已经采取的查封、扣押、冻结措施应当解除，但人民法院可以依据申请执行人的申请，执行被执行人因支付价款而形成的对该第三人的债权。

第十九条　被执行人购买需要办理过户登记的第三人的财产，已经支付部分或者全部价款并实际占有该财产，虽未办理产权过户登记手续，但申请执行人已向第三人支付剩余价款或者第三人同意剩余价款从该财产变价款中优先支付的，人民法院可以查封、扣押、冻结。

第二十条　查封、扣押、冻结被执行人的财产时，执行人员应当制作笔录，载明下列内容：

（一）执行措施开始及完成的时间；

（二）财产的所在地、种类、数量；

（三）财产的保管人；

（四）其他应当记明的事项。

执行人员及保管人应当在笔录上签名，有民事诉讼法第二百二十四条规定的人员到场的，到场人员也应当在笔录上签名。

第二十一条　查封、扣押、冻结被执行人的财产，以其价额足以清偿法律文书确定的债权额及执行费用为限，不得明显超标的额查封、扣押、冻结。

发现超标的额查封、扣押、冻结的，人民法院应当根据被执行人的申请或者依职权，及时解除对超标的额部分财产的查封、扣押、冻结，但该财产为不可分物且被执行人无其他可供执行的财产或者其他财产不足以清偿债务的除外。

第二十二条　查封、扣押的效力及于查封、扣押物的从物和天然孳息。

第二十三条　查封地上建筑物的效力及于该地上建筑物使用范围内的土地使用权，查封土地使用权的效力及于地上建筑物，但土地使用权与地上建筑物的所有权分属被执行人与他人的除外。

地上建筑物和土地使用权的登记机关不是同一机关的，应当分别办理查封登记。

第二十四条　查封、扣押、冻结的财产灭失或者毁损的，查封、扣押、冻结的效力及于该财产的替代物、赔偿款。人民法院应当及时作出查封、扣押、冻结该替代物、赔偿款的裁定。

第二十五条　查封、扣押、冻结协助执行通知书在送达登记机关时，登记机关已经受理被执行人转让不动产、特定动产及其他财产的过户登记申请，尚未核准登记的，应当协助人民法院执行。人民法院不得对登记机关已经核准登记的被执行人已转让的财产实施查封、扣押、冻结措施。

查封、扣押、冻结协助执行通知书在送达登记机关时，其他人民法院已向该登记机关送达了过户登记协助执行通知书的，应当优先办理过户登记。

第二十六条　被执行人就已经查封、扣押、冻结的财产所作的移转、设定权利负担或者其他有碍执行的行为，不得对抗申请执行人。

第三人未经人民法院准许占有查封、扣押、冻结的财产或者实施其他有碍执行的行为的，人民法院可以依据申请执行人的申请或者依职权解除其占有或者排除其妨害。

人民法院的查封、扣押、冻结没有公示的，其效力不得对抗善意第三人。

第二十七条　人民法院查封、扣押被执行人设定最高额抵押权的抵押物的，应当通知抵押权人。抵押权人受抵押担保的债权数额自收到人民法院通知时起不再增加。

人民法院虽然没有通知抵押权人，但有证据证明抵押权人知道查封、扣押事实的，受抵押担保的债权数额从其知道该事实时起不再增加。

第二十八条　对已被人民法院查封、扣押、冻结的财产，其他人民法院可以进行轮候查封、扣押、冻结。查封、扣押、冻结解除的，登记在先的轮候查封、扣押、冻结即自动生效。

其他人民法院对已登记的财产进行轮候查封、扣押、冻结的，应当通知有关登记机关协助进行轮候登记，实施查封、扣押、冻结的人民法院应当允许其他人民法院查阅有关文书和记录。

其他人民法院对没有登记的财产进行轮候查封、扣押、冻结的，应当制作笔录，并经实施查封、扣押、冻结的人民法院执行人员及被执行人签字，或者书面通知实施查封、扣押、冻结的人民法院。

第二十九条　人民法院冻结被执行人的银行存款及其他资金的期限不得超过六个月，查封、扣押动产的期限不得超过一年，查封不动产、冻结其他财产权的期限不得超过二年。法律、司法解释另有规定的除外。

申请执行人申请延长期限的，人民法院应当在查封、扣押、冻结期限届满前办理续行查封、扣押、冻结手续，续行期限不得超过前款规定期限的二分之一。

第三十条　查封、扣押、冻结期限届满，人民法院未办理延期手续的，查封、扣押、冻结的效力消灭。

查封、扣押、冻结的财产已经被执行拍卖、变卖或者抵债的，查封、扣押、冻结的效力消灭。

第三十一条　有下列情形之一的，人民法院应当作出解除查封、扣押、冻结裁定，并送达申请执行人、被执行人或者案外人：

（一）查封、扣押、冻结案外人财产的；

（二）申请执行人撤回执行申请或者放弃债权的；

（三）查封、扣押、冻结的财产流拍或者变卖不成，申请执行人和其他执行债权人又不同意接受抵债的；

（四）债务已经清偿的；

（五）被执行人提供担保且申请执行人同意解除查封、扣押、冻结的；

（六）人民法院认为应当解除查封、扣押、冻结的其他情形。

解除以登记方式实施的查封、扣押、冻结的，应当向登记机关发出协助执行通知书。

第三十二条　财产保全裁定和先予执行裁定的执行适用本规定。

第三十三条　本规定自2005年1月1日起施行。施行前本院公布的司法解释与本规定不一致的，以本规定为准。

最高人民法院、最高人民检察院关于办理侵犯知识产权刑事案件具体应用法律若干问题的解释

法释［2004］19号

颁布日期：20041208　实施日期：20041222　颁布单位：最高人民法院、最高人民检察院

2004年11月2日由最高人民法院审判委员会第1331次会议、2004年11月11日由最高人民检察院第十届检察委员会第28次会议通过，现予公布，自2004年12月22日起施行。

二〇〇四年十二月八日

为依法惩治侵犯知识产权犯罪活动，维护社会主义市场经济秩序，根据刑法有关规定，现就办理侵犯知识产权刑事案件具体应用法律的若干问题解释如下：

第一条　未经注册商标所有人许可，在同一种商品上使用与其注册商标相同的商标，具有下列情形之一的，属于刑法第二百一十三条规定的“情节严重”，应当以假冒注册商标罪判处三年以下有期徒刑或者拘役，并处或者单处罚金：

（一）非法经营数额在五万元以上或者违法所得数额在三万元以上的；

（二）假冒两种以上注册商标，非法经营数额在三万元以上或者违法所得数额在二万元以上的；

（三）其他情节严重的情形。

具有下列情形之一的，属于刑法第二百一十三条规定的“情节特别严重”，应当以假冒注册商标罪判处三年以上七年以下有期徒刑，并处罚金：

（一）非法经营数额在二十五万元以上或者违法所得数额在十五万元以上的；

（二）假冒两种以上注册商标，非法经营数额在十五万元以上或者违法所得数额在十万元以上的；

（三）其他情节特别严重的情形。

第二条　销售明知是假冒注册商标的商品，销售金额在五万元以上的，属于刑法第二百一十四条规定的“数额较大”，应当以销售假冒注册商标的商品罪判处三年以下有期徒刑或者拘役，并处或者单处罚金。

销售金额在二十五万元以上的，属于刑法第二百一十四条规定的“数额巨大”，应当以销售假冒注册商标的商品罪判处三年以上七年以下有期徒刑，并处罚金。

第三条　伪造、擅自制造他人注册商标标识或者销售伪造、擅自制造的注册商标标识，具有下列情形之一的，属于刑法第二百一十五条规定的“情节严重”，应当以非法制造、销售非法制造的注册商标标识罪判处三年以下有期徒刑、拘役或者管制，并处或者单处罚金：

（一）伪造、擅自制造或者销售伪造、擅自制造的注册商标标识数量在二万件以上，或者非

法经营数额在五万元以上，或者违法所得数额在三万元以上的；

（二）伪造、擅自制造或者销售伪造、擅自制造两种以上注册商标标识数量在一万件以上，或者非法经营数额在三万元以上，或者违法所得数额在二万元以上的；

（三）其他情节严重的情形。

具有下列情形之一的，属于刑法第二百一十五条规定的“情节特别严重”，应当以非法制造、销售非法制造的注册商标标识罪判处三年以上七年以下有期徒刑，并处罚金：

（一）伪造、擅自制造或者销售伪造、擅自制造的注册商标标识数量在十万件以上，或者非法经营数额在二十五万元以上，或者违法所得数额在十五万元以上的；

（二）伪造、擅自制造或者销售伪造、擅自制造两种以上注册商标标识数量在五万件以上，或者非法经营数额在十五万元以上，或者违法所得数额在十万元以上的；

（三）其他情节特别严重的情形。

第四条 假冒他人专利，具有下列情形之一的，属于刑法第二百一十六条规定的“情节严重”，应当以假冒专利罪判处三年以下有期徒刑或者拘役，并处或者单处罚金：

（一）非法经营数额在二十万元以上或者违法所得数额在十万元以上的；

（二）给专利权人造成直接经济损失五十万元以上的；

（三）假冒两项以上他人专利，非法经营数额在十万元以上或者违法所得数额在五万元以上的；

（四）其他情节严重的情形。

第五条 以营利为目的，实施刑法第二百一十七条所列侵犯著作权行为之一，违法所得数额在三万元以上的，属于“违法所得数额较大”；具有下列情形之一的，属于“有其他严重情节”，应当以侵犯著作权罪判处三年以下有期徒刑或者拘役，并处或者单处罚金：

（一）非法经营数额在五万元以上的；

（二）未经著作权人许可，复制发行其文字作品、音乐、电影、电视、录像作品、计算机软件及其他作品，复制品数量合计在一千张（份）以上的；

（三）其他严重情节的情形。

以营利为目的，实施刑法第二百一十七条所列侵犯著作权行为之一，违法所得数额在十五万元以上的，属于“违法所得数额巨大”；具有下列情形之一的，属于“有其他特别严重情节”，应当以侵犯著作权罪判处三年以上七年以下有期徒刑，并处罚金：

（一）非法经营数额在二十五万元以上的；

（二）未经著作权人许可，复制发行其文字作品、音乐、电影、电视、录像作品、计算机软件及其他作品，复制品数量合计在五千张（份）以上的；

（三）其他特别严重情节的情形。

第六条 以营利为目的，实施刑法第二百一十八条规定的行为，违法所得数额在十万元以上的，属于“违法所得数额巨大”，应当以销售侵权复制品罪判处三年以下有期徒刑或者拘役，并处或者单处罚金。

第七条 实施刑法第二百一十九条规定的行为之一，给商业秘密的权利人造成损失数额在五十万元以上的，属于“给商业秘密的权利人造成重大损失”，应当以侵犯商业秘密罪判处三年以下有期徒刑或者拘役，并处或者单处罚金。

给商业秘密的权利人造成损失数额在二百五十万元以上的，属于刑法第二百一十九条规定的“造成特别严重后果”，应当以侵犯商业秘密罪判处三年以上七年以下有期徒刑，并处罚金。

第八条 刑法第二百一十三条规定的“相同的商标”，是指与被假冒的注册商标完全相同，或者与被假冒的注册商标在视觉上基本无差别、足以对公众产生误导的商标。

刑法第二百一十三条规定的“使用”，是指将注册商标或者假冒的注册商标用于商品、商品包装或者容器以及产品说明书、商品交易文书，或者将注册商标或者假冒的注册商标用于广告宣传、展览以及其他商业活动等行为。

第九条 刑法第二百一十四条规定的“销售金额”，是指销售假冒注册商标的商品后所得和应得的全部违法收入。

具有下列情形之一的，应当认定为属于刑法第二百一十四条规定的“明知”：

（一）知道自己销售的商品上的注册商标被涂改、调换或者覆盖的；

（二）因销售假冒注册商标的商品受到过行政处罚或者承担过民事责任、又销售同一种假冒注册商标的商品的；

（三）伪造、涂改商标注册人授权文件或者知道该文件被伪造、涂改的；

（四）其他知道或者应当知道是假冒注册商标的商品的情形。

第十条 实施下列行为之一的，属于刑法第二百一十六条规定的“假冒他人专利”的行为：

（一）未经许可，在其制造或者销售的产品、产品的包装上标注他人专利号的；

（二）未经许可，在广告或者其他宣传材料中使用他人的专利号，使人将所涉及的技术误认为是他人专利技术的；

（三）未经许可，在合同中使用他人的专利号，使人将合同涉及的技术误认为是他人专利技术的；

（四）伪造或者变造他人的专利证书、专利文件或者专利申请文件的。

第十一条 以刊登收费广告等方式直接或者间接收取费用的情形，属于刑法第二百一十七条规定的“以营利为目的”。

刑法第二百一十七条规定的“未经著作权人许可”，是指没有得到著作权人授权或者伪造、涂改著作权人授权许可文件或者超出授权许可范围的情形。

通过信息网络向公众传播他人文字作品、音乐、电影、电视、录像作品、计算机软件及其他作品的行为，应当视为刑法第二百一十七条规定的“复制发行”。

第十二条 本解释所称“非法经营数额”，是指行为人在实施侵犯知识产权行为过程中，制造、储存、运输、销售侵权产品的价值。已销售的侵权产品的价值，按照实际销售的价格计算。制造、储存、运输和未销售的侵权产品的价值，按照标价或者已经查清的侵权产品的实际销售平均价格计算。侵权产品没有标价或者无法查清其实际销售价格的，按照被侵权产品的市场中间价格计算。

多次实施侵犯知识产权行为，未经行政处理或者刑事处罚的，非法经营数额、违法所得数额或者销售金额累计计算。

本解释第三条所规定的“件”，是指标有完整商标图样的一份标识。

第十三条 实施刑法第二百一十三条规定的假冒注册商标犯罪，又销售该假冒注册商标的商品，构成犯罪的，应当依照刑法第二百一十三条的规定，以假冒注册商标罪定罪处罚。

实施刑法第二百一十三条规定的假冒注册商标犯罪，又销售明知是他人的假冒注册商标的商品，构成犯罪的，应当实行数罪并罚。

第十四条 实施刑法第二百一十七条规定的侵犯著作权犯罪，又销售该侵权复制品，构成犯罪的，应当依照刑法第二百一十七条的规定，以侵犯著作权罪定罪处罚。

实施刑法第二百一十七条规定的侵犯著作权犯罪，又销售明知是他人的侵权复制品，构成犯罪的，应当实行数罪并罚。

第十五条 单位实施刑法第二百一十三条至第二百一十九条规定的行为，按照本解释规定的相应个人犯罪的定罪量刑标准的三倍定罪量刑。

第十六条 明知他人实施侵犯知识产权犯罪，而为其提供贷款、资金、账号、发票、证明、许可证件，或者提供生产、经营场所或者运输、储存、代理进出口等便利条件、帮助的，以侵犯知识产权犯罪的共犯论处。

第十七条 以前发布的有关侵犯知识产权犯罪的司法解释，与本解释相抵触的，自本解释施行后不再适用。

最高人民法院关于审理信用证纠纷案件若干问题的规定

法释［2005］13号

颁布日期：20051114　实施日期：20060101　颁布单位：最高人民法院

2005年10月24日由最高人民法院审判委员会第1368次会议通过，现予公布，自2006年1月1日起施行。

最高人民法院

二〇〇五年十一月十四日

根据《中华人民共和国民法通则》、《中华人民共和国合同法》、《中华人民共和国担保法》、《中华人民共和国民事诉讼法》等法律，参照国际商会《跟单信用证统一惯例》等相关国际惯例，结合审判实践，就审理信用证纠纷案件的有关问题，制定本规定。

第一条　本规定所指的信用证纠纷案件，是指在信用证开立、通知、修改、撤销、保兑、议付、偿付等环节产生的纠纷。

第二条　人民法院审理信用证纠纷案件时，当事人约定适用相关国际惯例或者其他规定的，从其约定；当事人没有约定的，适用国际商会《跟单信用证统一惯例》或者其他相关国际惯例。

第三条　开证申请人与开证行之间因申请开立信用证而产生的欠款纠纷、委托人和受托人之间因委托开立信用证产生的纠纷、担保人为申请开立信用证或者委托开立信用证提供担保而产生的纠纷以及信用证项下融资产生的纠纷，适用本规定。

第四条　因申请开立信用证而产生的欠款纠纷、委托开立信用证纠纷和因此产生的担保纠纷以及信用证项下融资产生的纠纷应当适用中华人民共和国相关法律。涉外合同当事人对法律适用另有约定的除外。

第五条　开证行在作出付款、承兑或者履行信用证项下其他义务的承诺后，只要单据与信用证条款、单据与单据之间在表面上相符，开证行应当履行在信用证规定的期限内付款的义务。当事人以开证申请人与受益人之间的基础交易提出抗辩的，人民法院不予支持。具有本规定第八条的情形除外。

第六条　人民法院在审理信用证纠纷案件中涉及单证审查的，应当根据当事人约定适用的相关国际惯例或者其他规定进行；当事人没有约定的，应当按照国际商会《跟单信用证统一惯例》以及国际商会确定的相关标准，认定单据与信用证条款、单据与单据之间是否在表面上相符。

信用证项下单据与信用证条款之间、单据与单据之间在表面上不完全一致，但并不导致相互之间产生歧义的，不应认定为不符点。

第七条　开证行有独立审查单据的权利和义务，有权自行作出单据与信用证条款、单据与单据之间是否在表面上相符的决定，并自行决定接受或者拒绝接受单据与信用证条款、单据与单据之间的不符点。

开证行发现信用证项下存在不符点后，可以自行决定是否联系开证申请人接受不符点。开证申请人决定是否接受不符点，并不影响开证行最终决定是否接受不符点。开证行和开证申请人另有约定的除外。

开证行向受益人明确表示接受不符点的，应当承担付款责任。

开证行拒绝接受不符点时，受益人以开证申请人已接受不符点为由要求开证行承担信用证项下付款责任的，人民法院不予支持。

第八条　凡有下列情形之一的，应当认定存在信用证欺诈：

（一）受益人伪造单据或者提交记载内容虚假的单据；

（二）受益人恶意不交付货物或者交付的货物无价值；

（三）受益人和开证申请人或者其他第三方串通提交假单据，而没有真实的基础交易；

（四）其他进行信用证欺诈的情形。

第九条　开证申请人、开证行或者其他利害关系人发现有本规定第八条的情形，并认为将会给其造成难以弥补的损害时，可以向有管辖权的人民法院申请中止支付信用证项下的款项。

第十条　人民法院认定存在信用证欺诈的，应当裁定中止支付或者判决终止支付信用证项下款项，但有下列情形之一的除外：

（一）开证行的指定人、授权人已按照开证行的指令善意地进行了付款；

（二）开证行或者其指定人、授权人已对信用证项下票据善意地作出了承兑；

（三）保兑行善意地履行了付款义务；

（四）议付行善意地进行了议付。

第十一条　当事人在起诉前申请中止支付信用证项下款项符合下列条件的，人民法院应予受理：

（一）受理申请的人民法院对该信用证纠纷案件享有管辖权；

（二）申请人提供的证据材料证明存在本规定第八条的情形；

（三）如不采取中止支付信用证项下款项的措施，将会使申请人的合法权益受到难以弥补的损害；

（四）申请人提供了可靠、充分的担保；

（五）不存在本规定第十条的情形。

当事人在诉讼中申请中止支付信用证项下款项的，应当符合前款第（二）、（三）、（四）、（五）项规定的条件。

第十二条　人民法院接受中止支付信用证项下款项申请后，必须在四十八小时内作出裁定；裁定中止支付的，应当立即开始执行。

人民法院作出中止支付信用证项下款项的裁定，应当列明申请人、被申请人和第三人。

第十三条　当事人对人民法院作出中止支付信用证项下款项的裁定有异议的，可以在裁定书送达之日起十日内向上一级人民法院申请复议。上一级人民法院应当自收到复议申请之日起十日内作出裁定。

复议期间，不停止原裁定的执行。

第十四条　人民法院在审理信用证欺诈案件过程中，必要时可以将信用证纠纷与基础交易纠纷一并审理。

当事人以基础交易欺诈为由起诉的，可以将与案件有关的开证行、议付行或者其他信用证法律关系的利害关系人列为第三人；第三人可以申请参加诉讼，人民法院也可以通知第三人参加诉讼。

第十五条 人民法院通过实体审理，认定构成信用证欺诈并且不存在本规定第十条的情形的，应当判决终止支付信用证项下的款项。

第十六条 保证人以开证行或者开证申请人接受不符点未征得其同意为由请求免除保证责任的，人民法院不予支持。保证合同另有约定的除外。

第十七条 开证申请人与开证行对信用证进行修改未征得保证人同意的，保证人只在原保证合同约定的或者法律规定的期间和范围内承担保证责任。保证合同另有约定的除外。

第十八条 本规定自二〇〇六年一月一日起施行。

最高人民法院关于人民法院执行设定抵押的房屋的规定

法释［2005］14号

颁布日期：20051214　实施日期：20051221　颁布单位：最高人民法院

2005年11月14日由最高人民法院审判委员会第1371次会议通过，现予公布，自2005年12月21日起施行。

最高人民法院

二〇〇五年十二月十四日

根据《中华人民共和国民事诉讼法》等法律的规定，结合人民法院民事执行工作的实践，对人民法院根据抵押权人的申请，执行设定抵押的房屋的问题规定如下：

第一条　对于被执行人所有的已经依法设定抵押的房屋，人民法院可以查封，并可以根据抵押权人的申请，依法拍卖、变卖或者抵债。

第二条　人民法院对已经依法设定抵押的被执行人及其所扶养家属居住的房屋，在裁定拍卖、变卖或者抵债后，应当给予被执行人六个月的宽限期。在此期限内，被执行人应当主动腾空房屋，人民法院不得强制被执行人及其所扶养家属迁出该房屋。

第三条　上述宽限期届满后，被执行人仍未迁出的，人民法院可以作出强制迁出裁定，并按照民事诉讼法第二百二十九条的规定执行。

强制迁出时，被执行人无法自行解决居住问题的，经人民法院审查属实，可以由申请执行人为被执行人及其所扶养家属提供临时住房。

第四条　申请执行人提供的临时住房，其房屋品质、地段可以不同于被执行人原住房，面积参照建设部、财政部、民政部、国土资源部和国家税务总局联合发布的《城镇最低收入家属廉租住房管理办法》所规定的人均廉租住房面积标准确定。

第五条　申请执行人提供的临时住房，应当计收租金。租金标准由申请执行人和被执行人双方协商确定；协商不成的，由人民法院参照当地同类房屋租金标准确定，当地无同类房屋租金标准可以参照的，参照当地房屋租赁市场平均租金标准确定。

已经产生的租金，可以从房屋拍卖或者变卖价款中优先扣除。

第六条　被执行人属于低保对象且无法自行解决居住问题的，人民法院不应强制迁出。

第七条　本规定自公布之日起施行。施行前本院已公布的司法解释与本规定不一致的，以本规定为准。

最高人民法院关于适用《中华人民共和国公司法》若干问题的规定（一）

法释［2006］3号

颁布日期：20060428　实施日期：20060509　颁布单位：最高人民法院

2006年3月27日由最高人民法院审判委员会第1382次会议通过，现予公布，自2006年5月9日起施行。

最高人民法院

二○○六年四月二十八日

为正确适用2005年10月27日十届全国人大常委会第十八次会议修订的《中华人民共和国公司法》，对人民法院在审理相关的民事纠纷案件中，具体适用公司法的有关问题规定如下：

第一条　公司法实施后，人民法院尚未审结的和新受理的民事案件，其民事行为或事件发生在公司法实施以前的，适用当时的法律法规和司法解释。

第二条　因公司法实施前有关民事行为或者事件发生纠纷起诉到人民法院的，如当时的法律法规和司法解释没有明确规定时，可参照适用公司法的有关规定。

第三条　原告以公司法第二十二条第二款、第七十五条第二款规定事由，向人民法院提起诉讼时，超过公司法规定期限的，人民法院不予受理。

第四条　公司法第一百五十二条规定的180日以上连续持股期间，应为股东向人民法院提起诉讼时，已期满的持股时间；规定的合计持有公司百分之一以上股份，是指两个以上股东持股份额的合计。

第五条　人民法院对公司法实施前已经终审的案件依法进行再审时，不适用公司法的规定。

第六条　本规定自公布之日起实施。

部门规章及文件

企业投资项目核准暂行办法

国家发展和改革委员会令第19号

颁布日期：20040915　实施日期：20040915　颁布单位：国家发展和改革委员会

依据《中华人民共和国行政许可法》和《国务院关于投资体制改革的决定》，为了规范政府对企业投资项目的核准活动，特制定《企业投资项目核准暂行办法》，现予发布施行。

二〇〇四年九月十五日

第一章　总　则

第一条　为适应完善社会主义市场经济体制的需要，进一步推动我国企业投资项目管理制度的改革，根据《中华人民共和国行政许可法》和《国务院关于投资体制改革的决定》，制定本办法。

第二条　国家制订和颁布《政府核准的投资项目目录》（以下简称《目录》），明确实行核准制的投资项目范围，划分各项目核准机关的核准权限，并根据经济运行情况和宏观调控需要适时调整。

前款所称项目核准机关，是指《目录》中规定具有企业投资项目核准权限的行政机关。其中，国务院投资主管部门是指国家发展和改革委员会；地方政府投资主管部门，是指地方政府发展改革委（计委）和地方政府规定具有投资管理职能的经贸委（经委）。

第三条　企业投资建设实行核准制的项目，应按国家有关要求编制项目申请报告，报送项目核准机关。项目核准机关应依法进行核准，并加强监督管理。

第四条　外商投资项目和境外投资项目的核准办法另行制定，其他各类企业在中国境内投资建设的项目按本办法执行。

第二章　项目申请报告的内容及编制

第五条　项目申报单位应向项目核准机关提交项目申请报告一式5份。项目申请报告应由具备相应工程咨询资格的机构编制，其中由国务院投资主管部门核准的项目，其项目申请报告应由具备甲级工程咨询资格的机构编制。

第六条　项目申请报告应主要包括以下内容：

（一）项目申报单位情况；

（二）拟建项目情况；

（三）建设用地与相关规划；

（四）资源利用和能源耗用分析；

（五）生态环境影响分析；

（六）经济和社会效果分析。

第七条 国家发展改革委将根据实际需要，编制并颁发主要行业的项目申请报告示范文本，指导企业的项目申报工作。

第八条 项目申报单位在向项目核准机关报送申请报告时，需根据国家法律法规的规定附送以下文件：

（一）城市规划行政主管部门出具的城市规划意见；

（二）国土资源行政主管部门出具的项目用地预审意见；

（三）环境保护行政主管部门出具的环境影响评价文件的审批意见；

（四）根据有关法律法规应提交的其他文件。

第九条 项目申报单位应对所有申报材料内容的真实性负责。

第三章 核准程序

第十条 企业投资建设应由地方政府投资主管部门核准的项目，须按照地方政府的有关规定，向相应的项目核准机关提交项目申请报告。

国务院有关行业主管部门隶属单位投资建设应由国务院有关行业主管部门核准的项目，可直接向国务院有关行业主管部门提交项目申请报告，并附上项目所在地省级政府投资主管部门的意见。

计划单列企业集团和中央管理企业投资建设应由国务院投资主管部门核准的项目，可直接向国务院投资主管部门提交项目申请报告，并附上项目所在地省级政府投资主管部门的意见；其它企业投资建设应由国务院投资主管部门核准的项目，应经项目所在地省级政府投资主管部门初审并提出意见，向国务院投资主管部门报送项目申请报告（省级政府规定具有投资管理职能的经贸委、经委应与发展改革委联合报送）。

企业投资建设应由国务院核准的项目，应经国务院投资主管部门提出审核意见，向国务院报送项目申请报告。

第十一条 项目核准机关如认为申报材料不齐全或者不符合有关要求，应在收到项目申请报告后5个工作日内一次告知项目申报单位，要求项目申报单位澄清、补充相关情况和文件，或对相关内容进行调整。

项目申报单位按要求上报材料齐全后，项目核准机关应正式受理，并向项目申报单位出具受理通知书。

第十二条 项目核准机关在受理核准申请后，如有必要，应在4个工作日内委托有资格的咨询机构进行评估。

接受委托的咨询机构应在项目核准机关规定的时间内提出评估报告，并对评估结论承担责任。咨询机构在进行评估时，可要求项目申报单位就有关问题进行说明。

第十三条 项目核准机关在进行核准审查时，如涉及其他行业主管部门的职能，应征求相关部门的意见。相关部门应在收到征求意见函（附项目申请报告）后7个工作日内，向项目核准机关提出书面审核意见；逾期没有反馈书面审核意见的，视为同意。

第十四条 对于可能会对公众利益造成重大影响的项目，项目核准机关在进行核准审查时应采取适当方式征求公众意见。对于特别重大的项目，可以实行专家评议制度。

第十五条 项目核准机关应在受理项目申请报告后20个工作日内，做出对项目申请报告是否核准的决定并向社会公布，或向上级项目核准机关提出审核意见。由于特殊原因确实难以在

20个工作日内做出核准决定的，经本机关负责人批准，可以延长10个工作日，并应及时书面通知项目申报单位，说明延期理由。

项目核准机关委托咨询评估、征求公众意见和进行专家评议的，所需时间不计算在前款规定的期限内。

第十六条 对同意核准的项目，项目核准机关应向项目申报单位出具项目核准文件，同时抄送相关部门和下级项目核准机关；对不同意核准的项目，应向项目申报单位出具不予核准决定书，说明不予核准的理由，并抄送相关部门和下级项目核准机关。经国务院核准同意的项目，由国务院投资主管部门出具项目核准文件。

第十七条 项目申报单位对项目核准机关的核准决定有异议的，可依法提出行政复议或行政诉讼。

第四章 核准内容及效力

第十八条 项目核准机关主要根据以下条件对项目进行审查：

（一）符合国家法律法规；

（二）符合国民经济和社会发展规划、行业规划、产业政策、行业准入标准和土地利用总体规划；

（三）符合国家宏观调控政策；

（四）地区布局合理；

（五）主要产品未对国内市场形成垄断；

（六）未影响我国经济安全；

（七）合理开发并有效利用了资源；

（八）生态环境和自然文化遗产得到有效保护；

（九）未对公众利益，特别是项目建设地的公众利益产生重大不利影响。

第十九条 项目申报单位依据项目核准文件，依法办理土地使用、资源利用、城市规划、安全生产、设备进口和减免税确认等手续。

第二十条 项目核准文件有效期2年，自发布之日起计算。项目在核准文件有效期内未开工建设的，项目单位应在核准文件有效期届满30日前向原项目核准机关申请延期，原项目核准机关应在核准文件有效期届满前作出是否准予延期的决定。项目在核准文件有效期内未开工建设也未向原项目核准机关申请延期的，原项目核准文件自动失效。

第二十一条 已经核准的项目，如需对项目核准文件所规定的内容进行调整，项目单位应及时以书面形式向原项目核准机关报告。原项目核准机关应根据项目调整的具体情况，出具书面确认意见或要求其重新办理核准手续。

第二十二条 对应报项目核准机关核准而未申报的项目，或者虽然申报但未经核准的项目，国土资源、环境保护、城市规划、质量监督、证券监管、外汇管理、安全生产监管、水资源管理、海关等部门不得办理相关手续，金融机构不得发放贷款。

第五章 法律责任

第二十三条 项目核准机关及其工作人员，应严格执行国家法律法规和本办法的有关规定，不得变相增减核准事项，不得拖延核准时限。

第二十四条 项目核准机关的工作人员，在项目核准过程中滥用职权、玩忽职守、徇私舞弊、索贿受贿的，依法给予行政处分；构成犯罪的，依法追究刑事责任。

第二十五条　咨询评估机构及其人员，在评估过程中违反职业道德、造成重大损失和恶劣影响的，应依法追究相应责任。

第二十六条　项目申请单位以拆分项目、提供虚假材料等不正当手段取得项目核准文件的，项目核准机关应依法撤销对该项目的核准。

第二十七条　项目核准机关要会同城市规划、国土资源、环境保护、银行监管、安全生产等部门，加强对企业投资项目的监管。对于应报政府核准而未申报的项目、虽然申报但未经核准擅自开工建设的项目，以及未按项目核准文件的要求进行建设的项目，一经发现，相应的项目核准机关应立即责令其停止建设，并依法追究有关责任人的法律和行政责任。

第六章　附　则

第二十八条　省级政府投资主管部门和具有核准权限的国务院有关行业主管部门，可按照《中华人民共和国行政许可法》、《国务院关于投资体制改革的决定》以及本办法的精神和要求，制订具体实施办法。

第二十九条　事业单位、社会团体等非企业单位投资建设《政府核准的投资项目目录》内的项目，按照本办法进行核准。

第三十条　本办法由国家发展和改革委员会负责解释。

第三十一条　本办法自发布之日起施行。此前发布的有关企业投资项目审批管理的规定，凡与本办法有抵触的，均按本办法执行。

财政部关于印发《中央补助地方中小企业平台式服务体系建设专项资金使用管理办法》的通知

财建［2004］317号

颁布日期：20040924 实施日期：20040924 颁布单位：财政部

各省、自治区、直辖市、计划单列市财政厅（局）：

根据《中华人民共和国中小企业促进法》，为了规范中央补助地方中小企业平台式服务体系建设专项资金的管理，我们制定了《中央补助地方中小企业平台式服务体系建设专项资金使用管理办法》。现予印发，请遵照执行。

二〇〇四年九月二十四日

中央补助地方中小企业平台式服务体系建设专项资金使用管理办法

第一条 根据《中华人民共和国中小企业促进法》，为了进一步促进中小企业的发展，加强中小企业服务体系建设，规范中央补助地方中小企业平台式服务体系建设专项资金的使用管理，制定本办法。

第二条 本办法所称中央补助地方中小企业平台式服务体系建设专项资金（以下简称"中小企业服务体系建设补助资金"），是指中央财政预算安排的，专项用于补助地方中小企业平台式服务体系建设的资金。

本办法所称中小企业平台式服务体系是指各类社会服务机构为中小企业发展构建的具有平台式公共服务功能的服务体系。

本办法所称中小企业是指符合原国家经贸委、原国家计委、财政部、国家统计局2003年制定的《中小企业标准暂行规定》（国经贸中小企［2003］143号）中界定的中小企业。

第三条 中小企业服务体系建设补助资金的管理应遵循规范、安全、有效的原则，有利于改善中小企业经营环境，促进中小企业健康发展，扩大城乡就业。

第四条 中小企业服务体系建设补助资金用于中小企业公共服务平台建设，具体开支范围包括：

1. 必要的设备购置支出。
2. 软件开发或购置支出。
3. 为拓展服务范围对现有场地进行必要改造的支出。
4. 购买行业先进、共性、适用技术成果的支出。
5. 信息采集支出。

6. 经财政部批准的其他支出。

第五条 中小企业服务体系建设补助资金采取拨款补助的方式，补助对象为中小企业服务机构。申请中小企业服务体系建设补助资金的中小企业服务机构应具备以下条件：

1. 具有法人资格，拥有为中小企业服务相应业务的资格。

2. 具有从事中小企业服务业务的专业人员，具备为中小企业提供社会服务的业务能力及必要的服务设施。

3. 有为中小企业提供社会服务的工作场所。

4. 有完整的服务规程和健全的财务管理制度。

5. 其他应符合的条件。

第六条 中小企业服务体系建设补助资金的申报与审批下达程序是：

1. 财政部印发年度资金申报通知。

2. 省级财政部门按项目组织申报材料，并在规定的时间内报送财政部。申报材料包括正式申请文件和项目的实施方案。

3. 财政部在对地方申报补助资金项目进行评审的基础上，根据国家有关法律法规及预算管理的规定，编制下达中小企业服务体系建设补助资金计划，并按有关规定及时拨付资金。

第七条 接受中小企业服务体系建设补助资金的中小企业服务机构应承担向中小企业提供技术、人才、信息、管理等平台服务的义务，并定期将提供平台服务的有关情况报地方财政部门备案。

第八条 地方财政部门具体负责中小企业服务体系建设补助资金及项目的管理并跟踪问效；财政部不定期组织有关机构进行专项检查。

第九条 中小企业服务体系建设补助资金必须专款专用，严禁截留、挤占、挪用。对截留、挤占、挪用及弄虚作假等违反财经纪律的行为，除按国家有关规定对资助单位和有关责任人给予行政和经济处罚外，还将进行以下处理：将已经拨付的中小企业服务体系建设补助资金全额收回上缴财政部；三年内不得申报中小企业服务体系建设补助资金。

第十条 本办法自发布之日起施行。

关于印发《推广非公有制企业安全监管试点经验实施方案》的通知

安监管司办字［2004］93号

颁布日期：20041010　实施日期：20041010　颁布单位：国家安全生产监督管理局

各省、自治区、直辖市、计划单列市及新疆生产建设兵团安全生产监督管理部门：

为了深入贯彻落实《国务院关于进一步加强安全生产工作的决定》和国务院领导同志关于强化非公有制企业安全监管工作的指示精神，在全国范围内推广广东佛山非公有制企业安全监管试点经验，进一步探索适应我国非公有制企业特点的安全监管工作体制和机制，现将《推广非公有制企业安全监管试点经验实施方案》印发给你们，请遵照执行。

二〇〇四年十月十日

推广非公有制企业安全监管试点经验实施方案

一、目的与意义

非公有制企业是社会主义市场经济的重要组成部分，改革开放以来，非公有制企业为国民经济持续快速发展和社会稳定做出了巨大贡献，但也存在着一些不容忽视的问题，突出的就是安全状况不好，伤亡事故多发，职业危害严重，给人民群众生命财产造成严重损失。非公有制企业安全状况不好的原因主要表现在四个方面：一是生产力发展水平低。不少非公有制企业生产规模小，生产工艺、技术装备落后，缺乏技术创新、技术改造能力，安全保障程度低。二是企业安全管理落后。多数非公有制企业目前仍然依靠业主个人管理或"家族式"管理模式，没有建立科学决策和科学管理机制，存在着安全生产工作"无人管"、"不会管"、"管不好"等问题。三是从业人员安全素质较差。违章现象屡禁不止，直接威胁着企业的生产安全。四是业主安全意识淡薄，普遍存在重生产轻安全的现象，不认真履行《安全生产法》所规定的各项职责，致使企业隐患丛生，事故不断。非公有制企业的安全生产问题，已经成为当前安全生产工作领域的突出矛盾，成为全社会关注的热点。不仅制约着全国安全生产状况的稳定好转，也严重地阻碍着非公有制经济自身的健康发展；不仅是一个经济问题，也是一个严重的社会问题。

为深入研究和分析非公有制企业安全生产工作的规律特点，探讨加强安全监管的有效途径，2003年3月，国家安全生产监督管理局（以下简称国家局）在广东省政府的支持配合下，在广东组织开展了非公有制企业安全监管工作试点。2004年4月，国家局在广东佛山召开非公有制企业安全监管现场会，认真总结了佛山非公有制企业安全监管试点六点经验，提出了下一步应重点做好的六项工作，受到国务院领导同志的肯定。为认真贯彻落实国务院领导同志的指示精神，巩固非公有制企业安全监管试点的成果，在全国范围内进一步推广非公有制企业安全监管试点经验，对于进一步探索适应我国非公有制企业特点的安全监管工作体制和机制，意义十分深远。

二、指导思想

推广工作的指导思想是：以“三个代表”为指针，深入贯彻落实国务院《决定》和全国安全生产工作会议精神，牢固树立“以人为本”的科学发展观，强化法律约束和政策引导，坚持服务宗旨，“寓监管于服务之中”，推动监管理念、监管体制和方法手段的创新，开创非公有制企业安全监管工作的新局面，建立安全生产的长效机制。

三、工作目标和主要内容

（一）推广工作目标

通过健全监管体系，完善政策法规，创新监管手段以及开展群众性安全文化建设等一系列措施，初步建立政府有效监管、企业自我约束、社会广泛支持的非公有制企业安全生产工作格局，形成以发展为目的、以企业为主体、以规范为重点、以科技为先导、以执法为保障的非公有制企业安全监管长效机制，从根本上扭转非公有制企业事故多发状况。

（二）推广工作方式

本次经验推广工作采取“典型示范，突出重点，以点带面，点面结合”的工作方式。

（三）推广经验地区

在继续抓好广东非公有制企业安全监管试点工作的基础上，根据全国各地非公有制企业安全监管工作现有的基础，在广东省各市全面推广佛山市的经验，同时选定河北、辽宁、黑龙江、上海、江苏、浙江、山东、四川、重庆、河南、湖南等省（市）作为经验推广地区。

选择这些省（市）作为非公有制企业安全监管经验推广地区，主要基于两方面的考虑：一方面，这些地区非公有制企业数量多，安全监管任务重；另一方面，这些省（市）的安全生产监督管理部门对推广广东佛山经验已经有了初步安排，而且多年来在非公有制企业安全监管方面作了一些探索，有一定的基础。如上海市制定了一整套加强非公有制企业安全监管的工作方案，拟采取摸底建档、责任承诺、建立信用体系、安全巡查、构建网格化监管体系等措施；四川开展建设安全示范乡工程；湖南提出要在长沙附近的浏阳等地以烟花爆竹为重点加强监管；辽宁选定营口、大连等市试点；黑龙江拟在哈尔滨、大庆市推广广东经验。

（四）推广工作内容

本次经验推广明确以下六项重点工作：

一是抓好典型经验，发挥典型经验引导作用。以广东佛山经验为基础，各省（市）选择具有一定代表性的非公有制企业，培养安全生产样板企业，用典型经验指导各地的推广工作。

二是加强法律约束和政策引导。全面贯彻《安全生产法》，加强非公有制企业安全生产法制建设，落实企业安全保障各项制度，认真实施安全生产许可制度，从各地实际出发，将国务院《决定》明确的提取安全费用、提高企业事故赔偿标准和风险抵押金等三项经济政策进一步具体化，制定切实有效的地方性经济政策。

三是加强非公有制企业“双基”工作，落实企业主体责任。在非公有制企业广泛开展安全质量标准化活动，规范各环节和各岗位的安全行为，提高安全生产管理水平，加强作业场所安全生产监督检查，促进企业从防范伤亡事故向全面做好安全生产工作转变。

四是建立和完善安全生产服务体系。切实做好政策咨询、技术指导、培训教育、隐患整改等服务工作。加强安全生产支撑体系建设，发挥社团组织和中介机构在安全服务中的作用。加快应急救援体系建设，利用现有资源建立区域性和地方性应急救援组织，为非公有制企业提供事故应急救援服务。

五是建立非公有制企业安全生产信息体系。分级建立包括企业安全评价等级、安全基本条件、职业危害程度等在内的信息库，形成资料齐全、查询便利的信息系统。使各级安全监管部门对辖区内非公有制企业安全状况胸中有数，提高监管效率。

六是加强监管体系建设，加大监督执法力度。争取各级地方政府支持，充实监管力量，建立和健全监管机构，切实解决监管力量“层层衰减”问题，提高监管人员的整体素质和服务意识，加大对违法行为的经济处罚力度，对严重忽视安全生产，造成事故、构成犯罪的非法业主依法进行打击。

以上六点是国家局在总结广东经验的基础上提出的总体安排。各地要紧密结合当地的实际情况，牢牢抓住广东非公有制企业安全监管经验的本质和内涵，在工作方式、工作方法等方面进行创新和突破。

（五）推广工作成果

以推广非公有制企业安全监管经验为基础，推动各地建立完善安全监管体系，初步建立起切合本地区实际的安全监管长效机制，全面推进安全监管工作。主要成果表现为以下几点：

1. 通过推广工作，进一步完善、丰富、提升广东佛山经验，在此基础上，制定加强非公有制企业安全生产监督管理的有关规定；

2. 通过推广工作，推动安全费用提取政策、工伤保险政策、伤亡事故赔偿标准等有关经济政策的出台；

3. 推动各地根据实际情况建立健全安全生产中介机构服务体系和注册安全工程师制度；

4. 推动各地安全生产监管机构的建设，在推广地区建立起监管网络；

5. 推广地区的企业安全质量标准化工作全面展开；

6. 在推广地区建立起适应非公有制企业特点的培训体系，实施企业从业人员的全员培训；

7. 推动推广地区的企业科技进步，加强管理，提高装备水平；

8. 推动推广地区非公有制企业的从业者提高职业健康和劳动防护水平，促进企业加强和改进职业危害和劳动防护措施。

四、推广工作要求与措施

为确保推广工作取得成效，各地要认真做好以下工作：

一是要加强领导，明确职责。各级地方政府要加强对本地区试点和经验推广工作的领导，成立领导小组和工作机构，把非公有制企业安全监管试点和经验推广作为重要工作来抓；各部门要在当地政府统一领导下，各司其职、各负其责、相互协调、密切配合，及时掌握工作动态，加强宏观指导。

二是要精心安排，积极推进。各地要认真学习广东佛山非公有制企业安全监管试点工作经验，结合本地区非公有制企业安全监管状况，制定切实可行的工作方案，落实工作目标、组织机构、工作重点、实施步骤、时间进度等，确保试点经验推广工作循序渐进地开展。

三是选定重点，带动一般。要根据本地区非公有制企业分布和安全生产工作的实际，既要注意选定有代表性的地区和企业进行试点，又要注意选择矿山、危险化学品、烟花爆竹、建筑、道路交通等事故高发行业的企业作为重点试点单位，将经验推广工作与正在开展的安全生产专项整治结合起来。

四是抓住典型，引导推广。各地要在认真借鉴和推广广东典型经验的基础上，注意发现本地区非公有制企业安全监管试点工作中成功的典型经验，认真总结，并在其他有条件的地区进行推广。

五是加强宣传，正确导向。要坚持正确的舆论导向，充分发挥各种媒体的作用，加大对非公有制企业安全监管先进典型和经验的宣传力度。对一些工作差的地区和单位要予以曝光。中国安全生产报要对非公有制企业安全监管经验推广工作予以重点报道。

六是密切协作，加强联系。在推广工作期间，有关省（市）安全监管部门要落实职责，指定专人负责联系工作，定期向国家局通报推广工作进展，及时了解其他经验推广单位工作情况，交流各自的做法和经验，做到相互借鉴，共同提高。

五、时间安排

非公有制企业安全监管经验推广工作要力争在1年内取得阶段性成果。具体分四个阶段进行：

（一）2004年10月－11月，进行组织准备和宣传动员。各有关省（市）建立推广工作机构，制定推广工作实施方案，选定试点地区和企业，进行非公有制企业安全监管试点经验推广工作的宣传动员，提高对推广工作重要性的认识。拟在近期召开一次推广座谈会，听取广东等有关省（市）推广工作的安排和部署，研究确定国家局的推广方案。

（二）2004年11月－2005年9月，推广工作实施阶段。各省（市）按照实施方案确立的各项工作内容和要求进行推广。

（三）2005年9月－10月，各地经验总结阶段。各地对推广工作进行认真总结，提炼经验，找出问题，并对下一步工作提出建议。

（四）2005年11月－12月，国家局总结和推广。由国家局组织力量对推广经验进行认真总结，出台有关政策规定和措施，提出进一步推广的意见。召开一次总结表彰大会，表彰在经验推广工作中取得突出成绩的省（市）安全监管部门和企业。在部分省（市）推广的基础上，进一步提升、完善、丰富非公有制企业安全生产监督管理的经验，提出在全国推广的要求和部署。

六、工作组织

非公有制企业安全监管试点经验推广工作由国家局协调司牵头，负责组织、指导、协调，有关司（室）予以配合。

国家安全监管局确定由国家安全生产监察专员对口联系经验推广省（市），加强对推广工作的指导。具体分工是：孟昭聚同志联系黑龙江省，章苏东同志联系上海市，杨又明同志联系浙江省，韦国海同志联系山东省、江苏省，杨江有同志联系四川省，陈茂生同志联系辽宁省，赵红同志联系河北省，杨国顺同志联系重庆市，李世钧同志联系河南省，贺黎光同志联系广东省、湖南省。

各省（市）要按照国家局的总体部署，结合各地的实际，制定具体的实施方案，报国家局协调司。为及时掌握工作情况，各省（市）每季度要将经验推广工作动态报送国家局协调司。

财政部、国家发展改革委关于印发《中小企业发展专项资金管理暂行办法》的通知

财企［2004］185号

颁布日期：20041014　实施日期：20041014　颁布单位：财政部、国家发展改革委

各省、自治区、直辖市、计划单列市财政厅（局）、发改委（计委）、经委（经贸委）、中小企业局（厅、办），新疆生产建设兵团财务局：

为了促进中小企业发展，规范中小企业发展专项资金的管理行为，我们制定了《中小企业发展专项资金管理暂行办法》。现印发给你们，请遵照执行。执行中有何问题，请及时向我们反映。

二〇〇四年十月十四日

中小企业发展专项资金管理暂行办法

第一章　总　则

第一条　为了促进中小企业发展，规范中小企业发展专项资金的管理，根据《中华人民共和国预算法》和财政预算管理的有关规定，制定本办法。

第二条　中小企业发展专项资金（以下简称专项资金）是根据《中华人民共和国中小企业促进法》，由中央财政预算安排主要用于支持中小企业专业化发展、与大企业协作配套、技术创新、新产品开发、新技术推广等方面的专项资金（不含科技型中小企业技术创新基金）。

第三条　中小企业的划分标准，按照原国家经贸委、原国家发展计划委员会、财政部、国家统计局联合下发的《中小企业标准暂行规定》（国经贸中小企〔2003〕143号）执行。

第四条　专项资金的管理和使用应当符合国家宏观经济政策、产业政策和区域发展政策，坚持公开、公正、公平的原则，确保专项资金的规范、安全和高效使用。

第五条　财政部负责专项资金的预算管理、项目资金分配和资金拨付，并对资金的使用情况进行监督检查。

国家发展和改革委员会负责确定专项资金的年度支持方向和支持重点，会同财政部对申报的项目进行审核，并对项目实施情况进行监督检查。

第二章　支持方式及额度

第六条　专项资金的支持方式采用无偿资助或贷款贴息方式。企业以自有资金为主投资的项目，一般采取无偿资助方式。企业以银行贷款为主投资的项目，一般采取贷款贴息方式。

申请专项资金的项目可选择其中一种支持方式，不得同时以两种方式申请专项资金。

第七条　专项资金无偿资助的额度，每个项目一般控制在200万元以内。无偿资助的额度不超过企业自有资金的投入额度。

专项资金贷款贴息的额度，根据项目贷款额度及人民银行公布的同期贷款利率确定。每个项目的贴息期限一般不超过2年，贴息额度最多不超过150万元。

第八条　已通过其他渠道获取财政资金支持的项目，专项资金不再予以支持。

第三章　项目资金的申请

第九条　申请专项资金的中小企业必须同时具备下列资格条件：

（一）企业法人治理结构规范；

（二）财务管理制度健全；

（三）经济效益良好；

（四）会计信用和纳税信用良好。

第十条　申请专项资金的中小企业应同时提供下列资料：

（一）企业法人执照副本及章程（复印件）；

（二）企业生产经营情况。包括经营范围、主要产品、生产技术、职工人数等；

（三）经会计师事务所审计的上一年度会计报表和审计报告（复印件）；

（四）项目可行性研究报告（复印件）；

（五）环保部门出具的环保评价意见；

（六）其他需提供的资料。

第十一条　申请无偿资助方式支持的，除提供第十条所要求的资料外，还需提供已落实或已投入项目建设的自有资金有效凭证（复印件）。

申请贷款贴息方式支持的，除提供第十条所要求的资料外，还需提供项目贷款合同（复印件）。

第四章　项目资金的申报、审核及审批

第十二条　各省、自治区、直辖市及计划单列市财政部门和同级中小企业管理部门（简称省级财政部门和省级中小企业管理部门，下同）负责本地区项目资金的申请审核工作。

第十三条　省级中小企业管理部门应会同同级财政部门在本地区范围内公开组织项目资金的申请工作，并对申请企业的资格条件及相关资料进行审核。

第十四条　省级中小企业管理部门应会同同级财政部门建立专家评审制度，组织相关技术、财务、市场等方面的专家，依据本办法第三章的规定和当年度专项资金的支持方向和支持重点，对申请项目进行评审。

第十五条　省级财政部门应会同同级中小企业管理部门依据专家评审意见确定申报的项目，并在规定的时间内，将《中小企业发展专项资金申请书》、专家评审意见底稿和项目资金申请报

告报送财政部、国家发展和改革委员会。

申报专项资金的项目应按照项目的重要性排列顺序。

第十六条 国家发展和改革委员会会同财政部对各地上报的申请报告及项目情况进行审核，并提出项目计划。

第十七条 财政部根据审核后的项目计划，确定项目资金支持方式，审定资金使用计划，将项目支出预算指标下达到省级财政部门，并根据预算规定及时拨付专项资金。

第十八条 企业收到的无偿资助项目专项资金，计入资本公积，由全体股东共享。收到的项目银行贷款财政贴息资金，冲减财务费用。

第五章 监督检查

第十九条 省级财政部门负责对专项资金的使用情况进行管理和监督；省级中小企业管理部门负责对项目实施情况进行管理和监督。财政部驻各地财政监察专员办事处，对专项资金的拨付使用情况及项目实施情况进行不定期的监督检查。

第二十条 项目单位应在项目建成后1个月内向省级财政部门和同级中小企业管理部门报送项目建设情况及专项资金的使用情况；省级财政部门应会同同级中小企业管理部门于项目建成后2个月内向财政部、国家发展和改革委员会报送项目完成情况及专项资金使用情况的总结报告。

第二十一条 对弄虚作假骗取专项资金、不按规定用途使用专项资金的项目，财政部将收回全部资金。项目因故中止（不可抗力因素除外），财政部将收回全部专项资金。

第二十二条 省级财政部门应会同同级中小企业管理部门每年对本地区中小企业使用专项资金的总体情况和项目建设情况进行总结，并于年度终了1个月内上报财政部、国家发展和改革委员会。

第六章 附 则

第二十三条 省级财政部门和中小企业管理部门可根据本地实际情况，比照本办法制定具体的实施办法。

第二十四条 本办法由财政部会同国家发展和改革委员会负责解释。

第二十五条 本办法自发布之日起施行。

关于印发《高新技术创业服务中心管理办法》的通知

国科发火字［2005］15号

颁布日期：20050113　实施日期：20050113　颁布单位：科学技术部

各省、自治区、直辖市、计划单列市、副省级城市科技厅（委、局），新疆生产建设兵团科技局，各国家高新技术产业开发区管委会：

为进一步贯彻落实《中华人民共和国中小企业促进法》，加强对全国高新技术创业服务中心的规范化管理，我部在广泛征求意见的基础上制定了《高新技术创业服务中心管理办法》（见附件），现将该办法印发给你们，请结合实际，认真遵照执行。

二〇〇五年一月十三日

高新技术创业服务中心管理办法

第一章　总　则

第一条　为加快科技成果转化，发展高新技术产业，培育中小科技企业，规范我国高新技术创业服务中心的管理，促进高新技术创业服务中心的健康发展，根据《中华人民共和国科技进步法》和《中华人民共和国中小企业促进法》，制定本办法。

第二条　高新技术创业服务中心（也称科技企业孵化器，以下简称创业中心）是以促进科技成果转化、培养高新技术企业和企业家为宗旨的科技创业服务机构。创业中心是国家创新体系的重要组成部分，是区域创新体系的重要核心内容。

第三条　国家和地方各级科技行政主管部门负责对全国及所在地区的创业中心进行宏观管理和业务指导。

第二章　主要功能与目标

第四条　创业中心的主要功能是以科技型中小企业为服务对象，为入孵企业提供研发、中试生产、经营的场地和办公方面的共享设施，提供政策、管理、法律、财务、融资、市场推广和培训等方面的服务，以降低企业的创业风险和创业成本，提高企业的成活率和成功率，为社会培养成功的科技企业和企业家。

第五条　创业中心要建立适应社会主义市场经济的运行机制，通过各种途径和手段完善服务功能。在提供高品质服务的同时，逐步实现自收自支、自主经营、自我约束、自我发展的良性循环，同时要充分利用当地科研院所、高等院校、企业和企业服务机构的研究、试验、测试、生产等条件，扩大自身的服务功能，提高孵化服务水平。

第六条 为提高创业中心的服务水平与质量，国家鼓励建立专业技术型创业中心。专业技术型创业中心是指围绕某一特定技术领域，在孵化对象、孵化条件、服务内容和管理团队上实现专业化，培育和发展某一特定技术领域的高新技术企业的一种创业中心形式。

第三章 国家高新技术创业服务中心的认定与管理

第七条 地级以上（含地级）城市建立的创业中心，经所在地省、自治区、直辖市、计划单列市科技行政主管部门备案，可依照本办法申请认定。

第八条 科学技术部负责国家高新技术创业服务中心的认定和管理工作，科学技术部火炬高技术产业开发中心具体办理有关事宜。

第九条 申报国家高新技术创业服务中心，应当具备下列条件：

1. 发展方向明确，符合本办法第二条所规定的条件；

2. 领导班子得力，机构设置合理，管理人员中具有大专以上学历的占70%以上；

3. 可自主支配场地面积在10 000平方米以上（如是专业技术型创业中心，则可自主支配场地面积5 000平方米以上），其中孵化企业使用的场地占2/3以上；

4. 服务设施齐备，服务功能强，可为企业提供商务、资金、信息、咨询、市场、培训、技术开发与交流、国际合作等多方面的服务；

5. 管理规范，具有严格的财务管理制度，自身及在孵企业的统计数据齐全，并至少连续2年按科学技术部要求上报相关统计数据；

6. 在创业中心自主支配场地内的在孵企业达80家以上（如是专业技术型创业中心，则在孵企业应达50家以上）；

7. 累计毕业企业在25家以上，年度毕业企业数与在孵企业数之比在5%以上，毕业企业及在孵企业为社会提供1 000个以上的就业机会（如是专业技术型创业中心，则年度毕业企业数与在孵企业数之比在3%以上，毕业企业及在孵企业为社会提供500个以上的就业机会）；

8. 创业中心自身拥有300万元以上的种子资金或孵化资金，并与创业投资、担保机构等建立了正常的业务联系；

9. 实际运营时间在3年以上，经营状况良好；

10. 专业技术型创业中心自身应具备专业技术平台或专业化的中试基地，并具备专业化的技术咨询和专业化的管理培训能力。

第十条 进入国家高新技术创业服务中心的孵化企业应当具备以下条件：

1. 企业注册地及办公场所必须在创业中心的孵化场地内；

2. 属新注册企业或申请进入创业中心前企业成立时间不到2年；

3. 企业在创业中心孵化的时间一般不超过3年；

4. 企业注册资金一般不得超过200万元；

5. 属迁入企业的，上年营业收入一般不得超过200万元；

6. 企业租用创业中心孵化场地面积低于1 000平方米；

7. 企业从事研究、开发、生产的项目或产品应属于科学技术部等部门颁布的《中国高新技术产品目录》范围；

8. 企业的负责人是熟悉本企业产品研究、开发的科技人员。

第十一条 国家高新技术创业服务中心的毕业企业应当具备以下条件之中至少两条：

1. 经省、自治区、直辖市、计划单列市科委认定为高新技术企业；

2. 有2年以上的运营期，经营状况良好，主导产品有一定的生产规模，年技工贸总收入达500万元以上，且有100万元以上的固定资产和自有资金；

3. 企业建立了现代企业制度和健全的财务制度。

第十二条 申报国家高新技术创业服务中心，应首先向所在地省、自治区、直辖市、计划单列市科技行政主管部门提出申请，经审核后，由省、市科技行政主管部门上报科学技术部。科学技术部组织专家评审，并依据评审意见进行认定。对符合本办法第九条、第十条和第十一条的高新技术创业服务中心颁发“国家高新技术创业服务中心”标牌，并予以公布。被认定为国家高新技术创业服务中心的单位与其主管部门的隶属关系不变。

第十三条 科学技术部将定期对国家高新技术创业服务中心进行考核，对连续2年达不到条件的高新技术创业服务中心，将取消其国家高新技术创业服务中心的资格。

第四章 扶持与促进措施

第十四条 根据《中华人民共和国中小企业促进法》，各地政府及其相关部门应在规划、用地、财政、税收等方面为创业中心提供政策支持。

第十五条 科学技术部将全国创业中心工作纳入国家科技计划产业化环境建设专项内容，每年安排相应的财政拨款。各级地方科技行政主管部门和高新区管理机构要将创业中心工作纳入当地的科技发展计划，为创业中心的建设和发展提供必要的经费支持。

第十六条 国家支持和鼓励各级地方政府建立社会公益性创业中心，引导和带动地方创新体系建设。国家鼓励各类非政府组织、企业以及个人创办多种形式的创业中心，包括综合技术型创业中心、专业技术型创业中心、留学人员创业园、大学孵化器、软件园、国有企业孵化器等。

第十七条 科学技术部和各级科技行政主管部门将不定期对创业中心的工作进行考评，并对在创业中心工作中做出突出贡献的单位和个人给予表彰。

第五章 附 则

第十八条 省级科技行政主管部门可参照本办法第三章的规定制定省级高新技术创业服务中心认定与管理办法。

第十九条 本办法由科学技术部负责解释。

第二十条 本办法自发布之日起施行。

国家工商总局关于发挥工商行政管理职能作用促进个体私营等非公有制经济发展的通知

（工商个字［2005］第39号）

颁布日期：20050321　实施日期：20050321　颁布单位：工商行政管理总局

为了认真落实《国务院关于鼓励支持和引导个体私营等非公有制经济发展的若干意见》（国发［2005］3号），深入贯彻以公有制为主体、多种所有制经济共同发展的基本经济制度，进一步发挥个体、私营企业在繁荣城乡市场、扩大社会就业、改善群众生活和促进经济发展等方面的重要作用，现就发挥工商行政管理职能作用，促进个体私营等非公有制经济发展的有关工作通知如下：

一、进一步提高思想认识，用科学发展观统领和指导促进个体私营经济发展工作

（一）坚持科学发展观，是我们党以邓小平理论和“三个代表”重要思想为指导，从新世纪、新阶段党和国家经济社会发展全局出发提出的重要指导思想。各级工商行政管理机关要深刻理解促进个体私营等非公有制经济发展的重大意义，坚持“两个毫不动摇”的基本方针，始终用科学发展观统领和指导工作，从全局和战略的高度充分认识鼓励、支持和引导个体私营等非公有制经济发展的重要性和紧迫性，增强贯彻党中央有关发展个体私营等非公有制经济的一系列方针政策和国务院若干意见的自觉性，不断提高为个体私营企业服务的能力和水平。

（二）认真学习贯彻胡锦涛总书记在中央党校研讨班开班式上的重要讲话精神，在促进个体私营等非公有制经济发展工作中不断提高构建社会主义和谐社会的意识和能力。在工商部门对个体私营企业的支持服务和规范管理过程中，涉及到引导个体私营企业贯彻国家宏观调控、环境保护政策，以及调整经济结构、转变经济增长方式和个体私营企业权益保护等一系列问题，这些都是落实科学发展观和构建和谐社会的重要任务。各级工商行政管理机关要按照建设民主法治、公平正义、诚信友爱、充满活力、安定有序、人与自然和谐相处的社会主义和谐社会的要求，在思想和工作上始终把构建和谐社会贯穿于促进个体、私营等非公有制经济发展的全过程，做到认识上提高、工作上落实。

二、改革市场主体登记管理制度，放宽市场准入，鼓励公平竞争

（三）认真贯彻《行政许可法》，进一步清理、修订和废止限制个体私营等非公有制经济发展的部门规章和规范性文件，以改革创新的精神，抓紧制定相关配套办法和实施细则。积极配合国家立法机关加快立法立规工作，积极参与修改和完善《公司法》、《合伙企业法》、《反不正当竞争法》等法律及有关行政法规，改革和完善市场主体登记管理制度，确立平等的市场主体地位，鼓励、支持和引导各种所有制市场主体公平竞争，为个体私营等非公有制经济健康发展创造良好的法治环境和宽松的政策环境。

（四）鼓励、支持符合法律法规规定条件的各类人员自主创业，兴办个体工商户、个人独资企业、合伙企业、私营有限责任公司和股份有限公司。在市场准入和市场主体设立方面，除法律、行政法规和国务院决定规定的外，不得随意增加登记前置许可项目。根据修改后的有关法律法规规定，降低公司注册资本的最低限额，允许注册资本分期到位。在组织形式、经营范围及经营方式等方面，除法律法规禁止的以外，允许个体私营企业自主选择。鼓励、支持有条件的私营企业参与法律法规未禁止的电力、电信、铁路、民航、石油、公用事业、基础设施等垄断行业、领域的投资与经营，工商行政管理机关依法及时予以登记。

（五）创新登记管理机制，大力推行个体工商户分层分类登记管理改革。适应新形势下个体工商户的市场准入，创新登记管理机制，建立对个体工商户的委托登记、委托备案和委托验照的制度，由县级工商局委托工商所实施登记、备案和年度验照工作。充分发挥基层工商所点多面广的优势，方便群众就近申办登记个体工商户，提高办事效率。对农村流动商贩实行备案制，免于工商登记，对农民进入集贸市场销售自产农副产品的，可不予登记。要结合个体工商户和私营企业信用分类管理和经济户口管理，逐步建立健全一套适合我国现阶段个体私营经济发展需要的登记监管机制，促进个体私营经济健康有序发展。

（六）切实为港澳居民在内地申办个体工商户提供登记服务。认真落实《内地与香港关于建立更紧密经贸关系的安排》、《内地与澳门关于建立更紧密经贸关系的安排》补充协议的有关规定，允许香港、澳门永久性居民中的中国公民依照内地有关法律法规和行政规章，在内地各省、自治区、直辖市设立个体工商户，无需经过外资审批。要认真执行有关法律法规以及相关登记管理办法，改进工作作风，为港澳居民申办个体工商户排忧解难，提供良好的服务，积极支持港澳居民在内地发展个体经济。

三、积极推动农村个体私营企业发展，提高农业综合生产能力，促进农民增收和农村劳动力转移

（七）各级工商行政管理机关要把贯彻《国务院关于鼓励支持和引导个体私营等非公有制经济发展的若干意见》与落实《中共中央国务院关于进一步加强农村工作提高农业综合生产能力若干政策的意见》（中发［2005］1号）精神有机结合起来，采取多种形式，积极宣传党和国家支持“三农”工作、鼓励农村个体私营经济发展的有关方针、政策，把支持和引导农村个体私营经济发展同推进农村经济结构调整和农业产业化经营相结合，并与促进农业增效、农民增收、农村发展、农村劳动力转移和维护农村社会稳定相结合，相互促进，共同发展。

（八）根据农村经济结构调整和农业产业化经营的要求，突出重点行业和领域，积极支持、引导农村个体私营企业向农产品加工业、种养业以及为农业生产服务的行业拓展；引导农村个体私营专业户、专业村、专业乡的发展；引导农村个体私营企业从事食品加工业特别是以粮食、重要农产品为主要原料的加工业；引导支持农民承包开发荒山、荒地、荒滩和退耕还林、还草，从事特色经济作物的种植业和优良品种畜、禽、鱼类的养殖业，促进农村发展特色产业。

（九）围绕培育、繁荣和规范农村市场，积极鼓励、支持农村个体私营企业参与农副产品批发市场和集贸市场的经营，发展农产品拍卖、网上交易等方式，扩大交易功能；积极拓宽农资商品经营，支持、引导发展各类农业经纪人，扩大农副产品流通，活跃农村经济，促进农民增收。要鼓励、引导农村个体私营企业注册、使用商标和地理标志，实施品牌战略，利用知识产权扩大经营规模，提高农副产品市场竞争能力，促其增加经济效益。支持农村大型私营企业实行多种经营形式的优化组合，组建发展企业集团，形成产供销、工商贸一体化的产业经营格局。

（十）各级工商行政管理机关要结合本地实际，积极探索农民专业合作经济组织的登记管理。各类从事生产经营活动的农民专业合作经济组织均可以申请工商登记，取得市场主体资格。对农民个人申办的专业合作经济组织，符合个人合伙设立条件的，按个体工商户登记；符合合伙企业设立条件的，按合伙企业登记；符合有限公司设立条件的，按有限公司登记。对其他投资者根据农业产业化和多种经营的需要申办的专业合作经济组织，要根据投资人身份和出资财产的性质，本着谁出资谁所有的原则，依照现行登记法规核定企业类型。

四、按照统筹城乡发展的要求，积极支持和引导个体私营企业促进区域经济协调发展

（十一）继续坚持把支持、引导个体私营企业发展同西部大开发、中部崛起、东部加快发展有机结合起来，引导个体私营企业参与“中国中小企业博览会（广东）”、“中国东西部合作与投资贸易洽谈会（陕西）”、“中国兰州投资贸易洽谈会”以及“中国青海结构调整暨投资贸易洽谈会”等，为东、中、西部地区之间的经济技术合作与交流牵线搭桥，结合工商行政管理职能，支持区域经济调整优化结构，改进经济增长方式，扩大对外开放，发挥地区的比较优势，为促进区域经济全面、持续、协调发展服务。

（十二）继续坚持把支持、引导个体私营企业发展同支持国有企业改革、振兴东北等老工业基地紧密结合，引导、支持有条件的个体私营企业参与国有企业改革改组改造，与国有企业相互参股、融资，发展新型的混合所有制企业；引导、支持个体私营企业托管、承包、租赁或收购国有亏损的中小企业，参与老工业技术改造，发展环保型、生态型和外向型产业；引导、支持大型私营企业努力提高具有自主知识产权的科技创新能力，充分利用科研机构的研究成果，以市场为导向，大力发展以高科技产业为主体的新兴产业，实施技术创新和品牌战略，引导企业增加注册商标，争创驰名商标，扩大自主知识产权，促进私营企业改进经济增长方式，调整结构，提高经济效益。同时，要引导发挥个体私营企业作用，大力支持东北老工业基地的建设，改造提升传统工业，促进资源型城市经济转型。

五、鼓励、支持和引导个体私营企业大力发展第三产业

（十三）第三产业的加快发展是生产力提高和社会进步的必然要求，是现代社会经济发达的重要标志，是缓解日益严峻的就业压力的重要途径。各级工商行政管理机关要鼓励、支持和引导个体私营企业大力发展第三产业，促进优化产业结构和国民经济持续健康发展。

（十四）鼓励、支持个体私营企业从事商业批发与零售业，发展电子商务、物流配送和连锁经营等现代流通方式；鼓励、支持个体私营企业从事货物进出口、技术进出口等对外贸易经营；支持、引导个体私营企业从事交通运输、仓储业，为活跃市场流通、繁荣城乡经济服务；支持、引导个体私营企业参与开发具有历史文化内涵和富有现代休闲品位的旅游景点，发展观光、生态、度假、商贸等专项旅游；支持、引导个体私营企业发展房地产、居民服务业、餐饮业和文化卫生事业，为改善和提高人民生活质量服务；支持、引导个体私营企业发展科技、法律、会计、审计等咨询业以及信息业、各类技术服务业，发挥经济类中介组织服务市场经济的积极作用。

六、积极引导下岗失业人员和大学毕业生从事个体私营经济，促进就业和再就业工作，为维护社会稳定服务

（十五）各级工商行政管理机关要继续深入贯彻落实党的十六大“就业是民生之本”的精神，采取多种形式，积极鼓励、扶持下岗失业人员、高校毕业生、归国留学生、退役士兵、残疾人员及其他新增待业人员兴办个体工商户、私营企业，引导个体私营企业吸纳更多的下岗失业人员和大中专毕业生及新增待业人员就业和再就业，充分发挥个体私营经济在扩大社会就业方面的重要作用。

（十六）基层工商行政管理机关要设立专门窗口，为下岗失业人员及新增待业人员申办个体或企业登记免费提供开业指导，以及相关政策、法规和信息的咨询服务；要设立“绿色通道”，符合条件的及时依法核准登记；对下岗失业等人员从事临时性经营、季节性经营的，可以核发临时营业执照。继续严格执行党中央、国务院有关促进就业和再就业的优惠政策，对下岗失业人员凭《再就业优惠证》从事个体经营的，自发照之日起3年内免收个体工商户注册登记费、个体工商户管理费、集贸市场管理费、经济合同示范文本工本费；对初创的小企业，酌情减免登记注册费用，扶持下岗失业等人员自谋职业、自主创业，为维护社会稳定做出新贡献。

七、加强监管执法和规范管理，促进个体私营企业健康发展

（十七）各级工商行政管理机关要以打击制售假冒伪劣商品违法行为、查处不正当竞争行为和保护知识产权为重点，开展专项执法行动。要加强对垄断性行业限制竞争行为的监管，依法查处虚假宣传、虚假广告、商业欺诈和商业贿赂等违法行为；要积极保护个体私营企业的商标专用权，及时查处有关商标假冒侵权案件，为个体私营经济发展营造公平竞争的市场环境。

（十八）各级工商行政管理机关要通过企业年检、个体工商户验照和市场巡查等监管方式，规范个体私营企业的经营行为，促其诚信经商，守法经营，文明服务。要进一步加强对个体私营企业从事的重点行业和领域的市场监管，特别要抓好食品、药品、保健品等涉及群众人身健康和生命安全的行业，对旅游、娱乐、餐饮、洗浴、美容、摄影、修理等涉及群众生活的一些行业，对会计、审计、劳务、留学、婚介等中介组织行业也要进行重点监管，严厉查处制假售假、以次充好、合同欺诈等违法行为；要加大对无照经营的查处取缔力度，促进个体私营经济健康有序发展。

八、进一步改进工作作风，优质高效服务，依法保护个体私营企业的合法权益

（十九）正确认识和处理监管与服务的关系，寓监管于服务之中，积极做好服务工作。要向个体私营企业申办者宣传有关政策法规，主动提供咨询服务，为其排忧解难；要简化登记程序，减少审批环节，实行政务公开和首办责任制、限时办结制，做到制度公开化、表格标准化、用语规范化，提供申请、受理、审批一站式服务，符合条件的及时核准登记；本着提高效率、方便企业的原则，改革和完善私营企业年检和个体工商户验照制度，简化年检、验照的内容和程序；有条件的地方要实行滚动式的年检和验照，对边远和比较集中地区的个体工商户实行现场验照，对诚信守法的个体私营企业实行免检，为个体私营企业提供方便条件，切实做好支持服务工作。

（二十）各级工商行政管理机关要坚决贯彻执行《宪法》修正案“国家保护个体经济、私营经济等非公有制经济的合法的权利和利益”、“公民的合法的私有财产不受侵犯”的规定，建立、完善公开办事制度和监督举报制度，坚决执行“六项禁令”，严禁各种形式的超标准乱收费和“搭车”收费，严禁违反国家法律法规规定的乱罚款，严禁向个体私营企业摊派征订各种杂志、报刊，坚决纠正损害群众利益的不正之风，通过依法行政、严格执法，切实保护个体私营企业的合法权益。

（二十一）各级工商行政管理机关要继续加强对个体劳动者协会、私营企业协会的指导工作，使其真正成为党和政府联系个体劳动者及私营企业的桥梁和纽带。各级个体劳动者协会、私营企业协会要以发展为主题，通过发挥自我教育、自我管理、自我服务等措施，帮助个体私营企业解决生产经营中涉及的土地、水电、融资、税收等实际困难；要以会员为本，通过反映诉求和有关方面的支持，帮助个体私营企业解决小孩入托、子女上学、医疗保险等生活方面的实际问题；要加强行业自律，采取多种形式，加强思想教育、法制教育和职业道德教育，引导个体劳动者和私营企业经营者做到爱国、敬业、诚信、守法；要鼓励、引导个体私营企业积极参与扶贫开发、社会救济等社会公益事业，为构建和谐社会做出应有的贡献。

中国出口信用保险公司关于贯彻落实《国务院关于鼓励支持和引导个体私营等非公有制经济发展的若干意见》的指导意见

（信保业字［2005］144号）

2005年2月24日，国务院发布了《国务院关于鼓励支持和引导个体私营等非公有制经济发展的若干意见》（国发［2005］3号）。3号文件在论述“金融服务创新”时明确要求：“改进保险机构服务方式和手段，开展面向非公有制企业的产品和服务创新”；在有关“支持企业开拓国内外市场”时又规定：要“鼓励和支持非公有制企业扩大出口和‘走出去’，到境外投资兴业，在对外投资、进出口信贷、出口信用保险等方面与其他企业享受同等待遇”；要“发挥行业协会、商会等中介组织作用，利用好国家中小企业国际市场开拓资金，支持非公有制企业开拓国际市场”。

中国信保运营三年来，非常重视鼓励和帮助广大个体、私营出口企业了解和使用出口信用保险这一政策性金融工具。目前，个体、私营出口企业在我公司的客户群中所占比例已超过三分之一。然而，同国家的要求和企业的需求相比，我们还需要做出更大的努力。为全面贯彻落实3号文件，结合我公司的实际情况，现提出以下指导意见：

（一）积极鼓励个体、私营等非公有制企业利用出口信用保险扩大外贸出口。各单位要认真学习3号文件，深刻领会文件精神，认真研究如何利用出口信用保险支持个体、私营出口企业发展的具体措施。各单位要抓住3号文件发布实施的有利时机，在各级发改委、经贸委、商务厅和中小企业管理局等政府主管部门的指导下，加强对个体、私营出口企业的业务宣传，提高其利用出口信用保险扩大出口的能力。各单位要主动开展针对个体、私营出口企业的需求调查，满足其特定要求。

（二）积极研究有效措施，帮助个体、私营出口企业利用信用保险获得融资便利。组织专门力量，开发“信用保险加融资担保”的组合产品，同时，探索将出口信用保险与有关扶持资金、融资担保基金、信贷支持措施组合运用的新模式。各分支机构要主动配合地方政府落实针对个体、私营企业的各项金融支持政策和出口扶持政策，发挥协同作用，为解决个体、私营企业“融资难”问题做出我们的贡献。

（三）积极创新，开发适合中小企业的保险产品和承保模式。针对个体私营出口企业的特点，加快“中小企业保单”及相应简易承保模式的研究和开发，降低中小企业的“投保门槛”，简化流程，减少成本；同时，要研究对具有自主知识产权、自主品牌和高科技含量的个体、私营企业的特殊支持措施。

（四）积极与各类个体、私营企业商会、协会或行业组织建立联系，充分发挥这些组织的集合作用，为个体、私营出口企业提供海外资信调查、风险管理咨询、应收账管理及坏账追偿等服务，帮助其建立和完善风险控制机制。同时积极探索由企业商会、协会或行业组织牵头的

"团体"投保模式，扩大对个体、私营出口企业的支持覆盖面。

（五）积极支持有条件的个体、私营企业"走出去"。在支持国家重点项目的同时，为有潜力的个体、私营企业提供中长期信用保险、海外投资保险、融资担保和短期信用保险的组合等综合服务，支持其建立境外加工制造或分销基地，支持其参与海外工程承包项目，支持其开发国际森林、水产、农牧或矿产资源。

国务院3号文件的发布和实施，将推动非公有制经济跨入健康持续发展的新阶段，公司各部门和每一位员工都应充分意识到我们的责任，为支持个体私营企业和中小企业的发展而锐意创新，积极开拓，努力做出更大贡献。

国务院减轻企业负担部际联席会议关于治理向个体私营等非公有制企业乱收费、乱罚款和各种摊派等问题的通知

（国减负［2005］2号）

近年来，各地区、各部门认真贯彻《中共中央、国务院关于治理向企业乱收费乱罚款和各种摊派等问题的决定》（中发［1997］14号，以下简称中央《决定》），开展企业治乱减负工作，取得了明显的成效，得到广大企业的认可。在个体私营等非公有制企业治乱减负方面也做了不少工作，但是，向个体私营等非公有制企业乱收费、乱罚款和各种摊派现象仍时有发生。乱评比、乱排序、乱办班、乱拉赞助；强制企业接受指定服务，强行收费；强制企业参加协会、学会、研究会；强行向企业拉广告，强制企业订购书报刊物、音像制品等问题仍普遍存在，名目繁多，屡禁不止，已成为影响个体私营等非公有制企业发展的突出问题，社会各方面反映强烈，必须采取有力措施加以解决。为贯彻落实《国务院关于鼓励支持和引导个体私营等非公有制经济发展的若干意见》（国发［2005］3号）精神，规范向个体私营等非公有制企业的收费行为，切实减轻企业负担，国务院减轻企业负担部际联席会议决定，对向个体私营等非公有制企业乱收费、乱罚款和各种摊派等行为进行重点治理。现将有关事项通知如下：

（一）治理原则。以邓小平理论和“三个代表”重要思想为指导，全面落实科学发展观，认真贯彻中央确定的方针政策，鼓励、支持和引导非公有制企业发展。一是要清除影响非公有制企业发展的体制性障碍，确立平等的市场主体地位，实现公平待遇、公平竞争；二是依法保护非公有制企业和职工的合法权益，促进构建社会主义和谐社会；三是进一步加强和改进政府监督管理和服务，为非公有制企业创造良好环境；四是进一步引导非公有制企业依法经营、诚实守信、健全管理，不断提高自身素质，促进非公有制企业持续健康发展。

（二）全面落实已经公布取消的收费项目。中央《决定》下发以来，各级人民政府和国务院有关部门已公布取消的涉及企业的行政事业性收费、政府性基金、政府性集资、罚款等项目，适用于非公有制企业，各地必须坚决贯彻执行，不得变换名目向非公有制企业收取。向非公有制企业收取行政事业性收费，必须按照财政部、国家发展改革委和各省、自治区、直辖市人民政府发布的涉企收费项目目录规定执行，收取政府性基金必须按照财政部发布的涉企基金项目目录规定执行，目录以外收取的，企业有权拒缴。

（三）全面清理涉及非公有制企业收费项目。各地区、各部门要按照《行政许可法》和中央《决定》的规定，对涉及个体私营等非公有制企业的收费进行清理，不符合规定的行政事业性收费、政府性基金、政府性集资、罚款项目和各种摊派，均一律取消。对非公有制企业与公有制企业实行统一政策，取消专门针对个体工商户、私营企业等非公有制企业行政事业性收费、政府性基金、政府性集资、罚款项目和各种摊派等歧视性收费规定。

（四）建立健全审批、收缴和使用管理制度。今后，所有新增加涉及非公有制企业的行政事业性收费、政府性基金、政府性集资、罚款项目，必须按中央《决定》规定的审批管理制度执行。所有上述收费要缴入国库或财政专户，纳入部门预算编制范围，实行“收支两条线”管理。向非公有制企业收取行政事业性费用，必须凭价格主管部门颁发的《收费许可证》和财政部、省、自治区、直辖市人民政府财政部门统一制发的行政事业性收费票据，否则，企业应拒绝交费。实行“企业交费登记卡”制度，规范收费行为。

（五）放宽非公有制企业市场准入。根据国务院有关规定，对初创小企业减免登记注册费。对不执行国家关于对个体私营等非公有制企业优惠政策，应立即予以纠正。取消针对非公有制企业在市场准入、土地使用、进出口贸易、金融信贷等方面的歧视性政策。

（六）禁止向个体私营等非公有制企业乱检查、乱评比、乱培训、乱拉赞助。对非公有制企业进行经济检查，必须依照法律法规规定进行，严格遵守国务院批准的《控制向企业经济检查的规定》（国经贸监督［1999］706号）。要按照《中共中央办公厅、国务院办公厅关于严格控制评比活动有关问题的通知》（厅字［1996］10号）和国务院六部委《关于整顿营销信息发布秩序坚决制止乱排序、乱评比行为的通知》（国经贸贸易［1999］757号）等文件规定，坚决纠正以各种名义举办的对非公有制企业的评比或变相评比活动（包括对企业、企业经营管理者、企业产品、企业经营效益等进行的评比、排序、评选、评估、评奖、评优、展评、信息发布等活动）。今后，除法律法规规定或国务院批准外，不得举办全国性或行业性的对非公有制企业的各种评比活动。任何行政机关和单位都不得在法律法规规定之外要求非公有制企业参加强制性的收费培训，凡是行政机关和单位要求非公有制企业进行的强制性的培训，组织者不得向企业收取任何费用。

（七）整顿规范中介服务机构向非公有制企业的收费。中介机构接受行政机关委托对非公有制企业进行检验、审查审核、咨询、评估等，其费用由委托单位支付，不得向企业收取任何费用。中介机构提供服务时，要按照“自愿有偿”原则和有关规定收取费用，禁止中介服务机构利用政府部门的职权，向非公有制企业强制服务和强制收费。规范服务性收费，严肃查纠只收费不服务、多收费少服务等行为。

严禁任何协会、学会、研究会等借企业年审之机或以各种名义强制企业入会，收取会费；严禁强制企业订购书报刊物、音像制品等；严禁借企业转制登记之机，任意改变企业类型并收取管理费；严禁机关、事业单位及其工作人员以任何理由到非公有制企业报销各种费用。

（八）政府部门和有关单位不得强制非公有制企业代收各种费用，需要委托非公有制企业收取相关费用，应在协商的基础上签订委托合同，并切实履行合同的规定。街道办事处、居民委员会、村民委员会等基层组织不得向所在区域的非公有制企业以各种名义进行摊派。

（九）加强监督检查，加大执法力度。凡涉及个体私营等非公有制企业的政府法规、部门规章和作为行政管理依据的规范性文件，都应当通过新闻媒体、政府网站等形式向社会公开，便于群众了解，加强群众监督。各级企业负担监督管理部门要建立举报制度，设立联系点，公布举报电话。任何单位和个人都有权举报向非公有制企业的乱收费、乱罚款和各种摊派等增加企业负担的行为。有关部门受理举报后，要认真进行调查处理，对于造成恶劣影响和严重后果的重大案件，要按照有关规定，追究责任，根据情节轻重给予相应党纪政纪处分，构成犯罪的要移交司法机关依法处理。对于顶风作案和打击报复举报人或刁难企业的，要严肃处理，决不姑息。要充分发挥新闻舆论的监督作用，对于情节恶劣的典型案件，予以曝光。

（十）加强领导，建立责任制。治理向个体私营等非公有制企业乱收费、乱罚款和各种摊派，减轻非公有制企业负担工作，涉及面广，政策性强，情况复杂，难度很大。各地区、各有关部门要从政治和全局的高度，认真贯彻落实党的十六大精神和党中央、国务院的有关政策规定，充分认识抓好这项工作对于鼓励、支持和引导非公有制经济发展，加强廉政建设，保持社会稳定的重大意义。要实行统一领导，分级负责，采取自查自纠与监督检查相结合的方式进行。要切实加强领导，指定一位领导同志负责，责任到人，及时解决存在的问题。要把党中央、国务院关于减轻非公有制企业负担的部署和要求真正落到实处，为非公有制企业改革和发展创造良好环境。

财政部、海关总署、国家税务总局关于文化体制改革试点中支持文化产业发展若干税收政策问题的通知

财税［2005］2号

颁布日期：20050329　实施日期：20040101　颁布单位：财政部、海关总署、国家税务总局

各省、自治区、直辖市财政厅（局）、国家税务局、地方税务局，新疆生产建设兵团财务局，广东分署，天津、上海特派办，各直属海关：

为了贯彻落实《国务院办公厅关于印发文化体制改革试点中支持文化产业发展和经营性文化事业单位转制为企业的两个规定的通知》，推动文化体制改革试点工作，促进文化产业发展，现将文化体制改革试点中支持文化产业发展的税收政策问题通知如下：

一、对政府鼓励的新办文化企业，自工商注册登记之日起，免征3年企业所得税。

新办文化企业，是指2004年1月1日以后登记注册，从无到有设立的文化企业。原有文化企业分立、改组、转产、合并、更名等形成的文化企业，都不能视为新办文化企业。

政府鼓励的文化企业范围见附件。

二、试点文化集团的核心企业对其成员企业100%投资控股的，经国家税务总局批准后可合并缴纳企业所得税。

三、文化产品出口按照国家现行税法规定享受出口退（免）税政策。

四、对在境外提供文化劳务取得的境外收入不征营业税，免征企业所得税。

五、对生产重点文化产品进口所需要的自用设备及配套件、备件等，按现行税收政策的有关规定，免征进口关税和进口环节增值税。

六、对因自然灾害等不可抗力或承担国家指定任务而造成亏损的文化单位，经批准，免征经营用土地和房产的城镇土地使用税和房产税。

七、对从事数字广播影视、数据库、电子出版物等研发、生产、传播的文化企业，凡符合国家现行高新技术企业税收优惠政策规定的，可统一享受相应的税收优惠政策。

八、对国务院批准成立的电影制片厂或经国务院广播影视行政主管部门批准成立的电影集团及其成员企业销售的电影拷贝收入免征增值税。

九、对电影发行企业向电影放映单位收取的电影发行收入免征营业税。

十、本通知所称文化产业是指新闻出版业、广播影视业和文化艺术业，文化单位是指从事新闻出版、广播影视和文化艺术的企事业单位。

本通知适用于文化体制改革试点地区的所有文化单位和不在试点地区的试点单位。

试点地区包括北京市、上海市、重庆市、广东省、浙江省、深圳市、沈阳市、西安市、丽江市。

不在试点地区的试点单位名单由中央文化体制改革试点工作领导小组办公室提供，财政部、国家税务总局分批发布。

本通知执行期限为2004年1月1日至2008年12月31日。

附件：政府鼓励的文化企业范围

二〇〇五年三月二十九日

附件

政府鼓励的文化企业范围

1. 文艺表演团体；

2. 文化、艺术、演出经纪企业；

3. 从事新闻出版、广播影视和文化艺术展览的企业；

4. 从事演出活动的剧场（院）、音乐厅等专业演出场所；

5. 经国家文化行政主管部门许可设立的文物商店；

6. 从事动画、漫画创作、出版和生产以及动画片制作、发行的企业；

7. 从事广播电视（含付费和数字广播电视）节目制作、发行的企业，从事广播影视节目及电影出口贸易的企业；

8. 从事电影（含数字电影）制作、洗印、发行、放映的企业；

9. 从事付费广播电视频道经营、节目集成播出推广以及接入服务推广的企业；

10. 从事广播电影电视有线、无线、卫星传输的企业；

11. 从事移动电视、手机电视、网络电视、视频点播等视听节目业务的企业；

12. 从事与文化艺术、广播影视、出版物相关的知识产权自主开发和转让的企业；从事著作权代理、贸易的企业；

13. 经国家行政主管部门许可从事网络图书、网络报纸、网络期刊、网络音像制品、网络电子出版物、网络游戏软件、网络美术作品、网络视听产品开发和运营的企业；以互联网为手段的出版物销售企业。

14. 从事出版物、影视、剧目作品、音乐、美术作品及其他文化资源数字化加工的企业；

15. 图书、报纸、期刊、音像制品、电子出版物出版企业；

16. 出版物物流配送企业，经国家行政主管部门许可设立的全国或区域出版物发行连锁经营企业、出版物进出口贸易企业、建立在县及县以下以零售为主的出版物发行企业；

17. 经新闻出版行政主管部门许可设立的只读类光盘复制企业、可录类光盘生产企业；

18. 采用数字化印刷技术、电脑直接制版技术（CTP）、高速全自动多色印刷机、高速书刊装订联动线等高新技术和装备的图书、报纸、期刊、音像制品、电子出版物印刷企业。

抵税财物拍卖、变卖试行办法

国家税务总局令第12号

颁布日期：20050524　实施日期：20050701　颁布单位：国家税务总局

第一章　总　则

第一条　为规范税收强制执行中抵税财物的拍卖、变卖行为，保障国家税收收入，保护纳税人合法权益，根据《中华人民共和国税收征收管理法》及其实施细则和有关法律法规规定，制定本办法。

第二条　税务机关拍卖、变卖抵税财物，以拍卖、变卖所得抵缴税款、滞纳金的行为，适用本办法。

拍卖是指税务机关将抵税财物依法委托拍卖机构，以公开竞价的形式，将特定财物转让给最高应价者的买卖方式。

变卖是指税务机关将抵税财物委托商业企业代为销售、责令纳税人限期处理或由税务机关变价处理的买卖方式。

抵税财物，是指被税务机关依法实施税收强制执行而扣押、查封或者按照规定应强制执行的已设置纳税担保物权的商品、货物、其他财产或者财产权利。

被执行人是指从事生产经营的纳税人、扣缴义务人或者纳税担保人等税务行政相对人。

第三条　拍卖或者变卖抵税财物应依法进行，并遵循公开、公正、公平、效率的原则。

第四条　有下列情形之一的，税务机关依法进行拍卖、变卖：

（一）采取税收保全措施后，限期期满仍未缴纳税款的；

（二）设置纳税担保后，限期期满仍未缴纳所担保的税款的；

（三）逾期不按规定履行税务处理决定的；

（四）逾期不按规定履行复议决定的；

（五）逾期不按规定履行税务行政处罚决定的；

（六）其他经责令限期缴纳，逾期仍未缴纳税款的；

对前款（三）至（六）项情形进行强制执行时，在拍卖、变卖之前（或同时）进行扣押、查封，办理扣押、查封手续。

第五条　税务机关按照拍卖优先的原则确定抵税财物拍卖、变卖的顺序：

（一）委托依法成立的拍卖机构拍卖；

（二）无法委托拍卖或者不适于拍卖的，可以委托当地商业企业代为销售，或者责令被执行人限期处理；

（三）无法委托商业企业销售，被执行人也无法处理的，由税务机关变价处理。

国家禁止自由买卖的商品、货物、其他财产，应当交由有关单位按照国家规定的价格收购。

第六条　税务机关拍卖变卖抵税财物时按下列程序进行：

（一）制作拍卖（变卖）抵税财物决定书，经县以上税务局（分局）局长批准后，对被执行人下达拍卖（变卖）抵税财物决定书。

依照法律法规规定需要经过审批才能转让的物品或财产权利，在拍卖、变卖前，应当依法办理审批手续。

（二）查实需要拍卖或者变卖的商品、货物或者其他财产。在拍卖或者变卖前，应当审查所扣押商品、货物、财产专用收据和所查封商品、货物、财产清单，查实被执行人与抵税财物的权利关系，核对盘点需要拍卖或者变卖的商品、货物或者其他财产是否与收据或清单一致。

（三）按照本办法规定的顺序和程序，委托拍卖、变卖，填写拍卖（变卖）财产清单，与拍卖机构签订委托拍卖合同，与受委托的商业企业签订委托变卖合同，对被执行人下达税务事项通知书，并按规定结算价款。

（四）以拍卖、变卖所得支付应由被执行人依法承担的扣押、查封、保管以及拍卖、变卖过程中的费用。

（五）拍卖、变卖所得支付有关费用后抵缴未缴的税款、滞纳金，并按规定抵缴罚款。

（六）拍卖、变卖所得支付扣押、查封、保管、拍卖、变卖等费用并抵缴税款、滞纳金后，剩余部分应当在3个工作日内退还被执行人。

（七）税务机关应当通知被执行人将拍卖、变卖全部收入计入当期销售收入额并在当期申报缴纳各种应纳税款。

拍卖、变卖所得不足抵缴税款、滞纳金的，税务机关应当继续追缴。

第七条 拍卖、变卖抵税财物，由县以上税务局（分局）组织进行。变卖鲜活、易腐烂变质或者易失效的商品、货物时，经县以上税务局（分局）局长批准，可由县以下税务机关进行。

第八条 拍卖、变卖抵税财物进行时，应当通知被执行人到场；被执行人未到场的，不影响执行。

第九条 税务机关及其工作人员不得参与被拍卖或者变卖商品、货物或者其他财产的竞买或收购，也不得委托他人为其竞买或收购。

第二章 拍 卖

第十条 拍卖由财产所在地的省、自治区、直辖市的人民政府和设区的市的人民政府指定的拍卖机构进行拍卖。

第十一条 抵税财物除有市场价或其价格依照通常方法可以确定的外，应当委托依法设立并具有相应资质的评估鉴定机构进行质量鉴定和价格评估，并将鉴定、评估结果通知被执行人。

拍卖抵税财物应当确定保留价，由税务机关与被执行人协商确定，协商不成的，由税务机关参照市场价、出厂价或者评估价确定。

第十二条 委托拍卖的文物，在拍卖前，应当经文物行政管理部门依法鉴定、许可。

第十三条 被执行人应当向税务机关说明商品、货物或其他财产的瑕疵，税务机关应当向拍卖机构说明拍卖标的的来源和了解到的瑕疵。

第十四条 拍卖机构接受委托后，未经委托拍卖的税务机关同意，不得委托其他拍卖机构拍卖。

第十五条 税务机关应当在作出拍卖决定后10日内委托拍卖。

第十六条 税务机关应当向拍卖机构提供下列材料：

（一）税务机关单位证明及委托拍卖的授权委托书；

（二）拍卖（变卖）抵税财物决定书；

（三）拍卖（变卖）财产清单；

（四）抵税财物质量鉴定与价格评估结果；

（五）与拍卖活动有关的其他资料。

第十七条 税务机关应当与拍卖机构签订书面委托拍卖合同。委托拍卖合同应载明以下内容：

（一）税务机关及拍卖机构的名称、住所、法定代表人姓名；

（二）拍卖标的的名称、规格、数量、质量、存放地或者坐落地、新旧程度或者使用年限等；

（三）拍卖的时间、地点，拍卖标的交付或转移的时间、方式，拍卖公告的方式及其费用的承担；

（四）拍卖价款结算方式及价款给付期限；

（五）佣金标准及其支付的方式、期限；

（六）违约责任；

（七）双方约定的其他事项。

第十八条 拍卖一次流拍后，税务机关经与被执行人协商同意，可以将抵税财物进行变卖；被执行人不同意变卖的，应当进行第二次拍卖。不动产和文物应当进行第二次拍卖。

第二次拍卖仍然流拍的，税务机关应当将抵税财物进行变卖，以抵缴税款、滞纳金或罚款。

经过流拍再次拍卖的，保留价应当不低于前次拍卖保留价的2/3。

第十九条 税务机关可以自行办理委托拍卖手续，也可以由其上级税务机关代为办理拍卖手续。

第三章 变 卖

第二十条 下列抵税财物为无法委托拍卖或者不适于拍卖，可以交由当地商业企业代为销售或责令被执行人限期处理，进行变卖：

（一）鲜活、易腐烂变质或者易失效的商品、货物；

（二）经拍卖程序一次或二次流拍的抵税财物；

（三）拍卖机构不接受拍卖的抵税财物。

第二十一条 变卖抵税财物的价格，应当参照同类商品的市场价、出厂价遵循公平、合理、合法的原则确定。税务机关应当与被执行人协商是否需要请评估机构进行价格评估，被执行人认为需要的，税务机关应当委托评估机构进行评估，按照评估价确定变卖价格。

对有政府定价的商品、货物或者其他财产，由政府价格主管部门，按照定价权限和范围确定价格。对实行政府指导价的商品、货物或者其他财产，按照定价权限和范围规定的基准价及其浮动幅度确定。

经拍卖流拍的抵税财物，其变卖价格应当不低于最后一次拍卖保留价的2/3。

第二十二条 委托商业企业变卖的，受委托的商业企业要经县以上税务机关确认，并与商业企业签订委托变卖合同，按本办法第二十一条规定的核价方式约定变卖价格。委托变卖合同应载明下列内容：

（一）税务机关及商业企业的名称、地址、法定代表人姓名；

（二）变卖商品、货物或其他财产的名称、规格、数量、质量、存放地或坐落地、新旧程度或使用年限等；

（三）变卖商品、货物或其他财产的时间、地点及其费用的承担；

（四）变卖价款结算方式及价款给付期限；

（五）违约责任；

（六）双方约定的其他事项。

第二十三条 抵税财物委托商业企业代为销售15日后，无法实现销售的，税务机关应当第二次核定价格，由商业企业继续销售，第二次核定的价格应当不低于首次核定价格的2/3。

第二十四条 无法委托商业企业销售，被执行人也无法处理的，税务机关应当进行变价处理。

有下列情形之一的，属于无法委托商业企业代为销售：

（一）税务机关与两家（含两家）以上商业企业联系协商，不能达成委托销售的；

（二）经税务机关在新闻媒体上征求代售单位，自征求公告发出之日起10日内无应征单位或个人，或应征之后未达成代售协议的。

（三）已达成代售协议的商业企业在经第二次核定价格15日内仍无法售出税务机关委托代售的商品、货物或其他财产的。

被执行人无法处理，包括拒绝处理、逾期不处理等情形。

第二十五条 税务机关变价处理时，按照本办法第二十一条规定的原则以不低于前两种变卖方式定价的2/3确定价格。

税务机关实施变卖前，应当在办税服务厅、税务机关网站或当地新闻媒体上公告，说明变卖财物的名称、规格、数量、质量、新旧程度或使用年限、变卖价格、变卖时间等事项；登出公告10日后实施变卖。

税务机关实施变卖10日后仍没有实现变卖的，税务机关可以重新核定价格，再次发布变卖公告，组织变卖。再次核定的价格不得低于首次定价的2/3。

经过二次定价变卖仍未实现变卖的，以市场可接受的价格进行变卖。

第四章　税款的实现和费用的支付

第二十六条 以拍卖、变卖收入抵缴未缴的税款、滞纳金和支付相关费用时按照下列顺序进行：

（一）拍卖、变卖费用。由被执行人承担拍卖变卖所发生的费用，包括扣押、查封活动中和拍卖或者变卖活动中发生的依法应由被执行人承担的费用，具体为：保管费、仓储费、运杂费、评估费、鉴定费、拍卖公告费、支付给变卖企业的手续费以及其他依法应由被执行人承担的费用。

拍卖物品的买受人未按照约定领受拍卖物品的，由买受人支付自应领受拍卖财物之日起的保管费用。

（二）未缴的税款、滞纳金。

（三）罚款。下列情况可以用拍卖、变卖收入抵缴罚款：

1. 被执行人主动用拍卖、变卖收入抵缴罚款的；

2. 对价值超过应纳税额且不可分割的商品、货物或者其他财产进行整体扣押、查封、拍卖，以拍卖收入抵缴未缴的税款、滞纳金时，连同罚款一并抵缴；

3. 从事生产经营的被执行人对税务机关的处罚决定逾期不申请行政复议也不向人民法院起诉、又不履行的，作出处罚决定的税务机关可以强制执行，抵缴罚款。

第二十七条 拍卖或者变卖实现后，税务机关在结算并收取价款后3个工作日内，办理税款、滞纳金或者罚款的入库手续。

第二十八条 拍卖或者变卖收入抵缴税款、滞纳金、罚款后有余额的，税务机关应当自办理入库手续之日起3个工作日内退还被执行人，并通知被执行人将拍卖、变卖全部收入计入当期销售收入额并在当期申报缴纳各种税款。

第二十九条 拍卖变卖结束后，税务机关制作拍卖、变卖结果通知书、拍卖、变卖扣押、查封的商品、货物、财产清单一式两份，一份税务机关留存，一份交被执行人。

第三十条 被执行人在拍卖、变卖成交前缴清了税款、滞纳金的，税务机关应当终止拍卖或者变卖活动，税务机关将商品、货物或其他财产退还被执行人，扣押、查封、保管以及拍卖或者变卖已经产生的费用由被执行人承担。

被执行人拒不承担上述相关费用的，继续进行拍卖或者变卖，以拍卖、变卖收入扣除被执行人应承担的扣押、查封、保管、拍卖或者变卖费用后，剩余部分税务机关在3个工作日内返还被执行人。

第三十一条 对抵税财物经鉴定、评估为不能或不适于进行拍卖、变卖的，税务机关应当终止拍卖、变卖，并将抵税财物返还被执行人。

对抵税财物经拍卖、变卖程序而无法完成拍卖、变卖实现变价抵税的，税务机关应当将抵税财物返还被执行人。

抵税财物无法或不能返还被执行人的，税务机关应当经专门鉴定机构或公证部门鉴定或公证，报废抵税财物。

被执行人应缴纳的税款、滞纳金和应支付的费用，由税务机关采取其他措施继续追缴。

第五章 法律责任

第三十二条 拍卖、变卖过程中，严禁向被执行人摊派、索取任何不合法费用。税务人员在拍卖、变卖过程中，向被执行人摊派、索取不合法费用的，依法给予行政处分；税务机关及其工作人员参与被拍卖或者变卖商品、货物或者其他财产的竞买或收购，或者委托他人竞买或收购，依法给予行政处分。

第三十三条 税务人员有不依法对抵税财物进行拍卖或者变卖，或者擅自将应该拍卖的改为变卖的，在变卖过程中擅自将应该委托商业企业变卖、责令被执行人自行处理的由税务机关直接变价处理的行为，依法给予行政处分；给被执行人造成损失的，由批准拍卖或者变卖的税务机关赔偿其直接损失。

税务机关可向直接责任人追偿部分或全部直接损失。对有故意或重大过失的责任人员依法给予行政处分。

第三十四条 因税务机关违法对扣押、查封的商品、货物、或者其他财产造成损失的，由造成损失的税务机关负责赔偿直接损失，并可向直接责任人追偿部分或全部直接损失。

第三十五条 受税务机关委托的拍卖机构或商业企业违反拍卖合同或变卖合同的约定进行拍卖或变卖的，依照合同的约定承担违约责任；合同无约定的，依照法律的规定承担违约责任；其行为构成违法的，依法承担法律责任。

第三十六条 抵税财物在被查封、扣押前，已经设置担保物权而被执行人隐瞒的，或者有瑕疵、质量问题而被执行人隐瞒的，由被执行人承担扣押、查封、拍卖、变卖活动产生的费用，并依法承担法律责任。

第六章 附 则

第三十七条 税务机关追缴从事生产经营的纳税人骗取国家出口退税的，适用本办法规定。

第三十八条 税收强制执行拍卖、变卖文书由国家税务总局统一制定。

第三十九条 本办法自2005年7月1日起施行。

国防科工委关于武器装备科研生产许可实施办法

（国防科工委第15号令）

第一章 总 则

第一条 为了加强武器装备科研生产许可管理，维护武器装备科研生产市场秩序，根据《中华人民共和国行政许可法》和《国务院对确需保留的行政审批项目设定行政许可的决定》（国务院令第412号），制定本办法。

第二条 武器装备科研生产实行许可制度。未取得武器装备科研生产许可证（以下简称许可证）的，不得从事武器装备科研生产。

本办法所称武器装备科研生产是指武器装备的总体、系统、专用配套产品的科研生产活动。

第三条 武器装备科研生产许可实行分类管理。

第一类：武器装备的总体、关键分系统、核心配套产品科研生产许可。

第二类：武器装备的一般分系统及其他专用配套产品科研生产许可。

国防科工委依据国家有关规定对第一类许可实行数量限制。

第四条 国防科工委负责全国武器装备科研生产许可的管理工作，履行下列职责：

（一）制定武器装备科研生产许可工作的政策、规章；

（二）编制并发布《武器装备科研生产许可工作指南》和《武器装备科研生产许可专业（产品）目录》；

（三）受理第一类许可的申请，审查、颁发许可证，办理许可证的变更、延续及注销手续；

（四）监督检查许可证的审查、颁发以及使用情况。

国防科工委设立武器装备科研生产许可证管理办公室，负责日常工作。

第五条 各省、自治区、直辖市人民政府国防科学技术工业管理部门（以下简称地方国防科技工业管理部门）受国防科工委委托，履行下列职责：

（一）受理本地区第二类许可的申请；

（二）组织本地区第二类许可申请事项的现场审查，并提出审查意见；

（三）协助国防科工委组织本地区第一类许可申请事项的现场审查；

（四）监督检查本地区武器装备科研生产单位许可证的使用情况。

第二章 申请与受理

第六条 申请武器装备科研生产许可的，应当具备以下条件：

（一）法人资格；

（二）与申请从事的武器装备科研生产许可专业（产品）相适应的技术力量、设备、设施条件和经济实力；

（三）相应等级的武器装备科研生产保密资格认证；

（四）健全的组织机构和完善的管理制度；

（五）完善的质量管理体系；

（六）健全的安全生产管理体系和相应的安全生产条件；

申请从事武器装备总体和系统科研生产的，还应当具有相应的工程组织、协调能力。

第七条 申请武器装备科研生产许可的，应当填写《武器装备科研生产许可证申请书》一式五份及电子版文件，同时提交以下文件、材料一式二份：

（一）企业营业执照或事业单位法人证书；

（二）质量管理体系认证证书；

（三）保密资格证书；

（四）消防达标文件；

（五）安全生产达标文件或者安全生产评价报告；

（六）环保验收达标文件；

（七）国防科工委认为需要提交的符合本办法第六条规定条件的其他文件、材料。

第八条 申请武器装备科研生产许可的，应当遵照《武器装备科研生产许可工作指南》的要求，并按照下列规定提出申请：

（一）申请第一类许可的，向国防科工委提出；

（二）申请第二类许可的，向所在地地方国防科技工业管理部门提出；

（三）同时申请第一类、第二类许可的，向国防科工委提出。

第九条 收到许可证申请的管理部门应当自收到申请之日起5日内作出是否受理的决定。不予受理的，应当书面说明理由。

第三章 审查与批准

第十条 地方国防科技工业管理部门应当自受理申请之日起10日内审查完毕，提出审查意见，报送国防科工委。

第十一条 国防科工委应当自受理申请之日起20日内审查完毕，作出许可或者不予许可的决定。作出许可决定的，向申请人颁发许可证；作出不予许可决定的，应当书面通知申请人并说明理由。

20日内不能作出决定的，经国防科工委负责人批准，可以延长10日，但应当将延长期限的理由告知申请人。

第十二条 许可证审查部门可以组织专家对武器装备科研生产许可申请事项进行现场审查，也可以根据实际情况进行书面审查。

现场审查应当在60日内完成，所需时间不计算在本章规定的审查期限内。

现场审查规则和专家管理办法另行制定。

第十三条 对第一类许可事项有多个申请人提出相同申请的，国防科工委对其中部分申请人作出准予行政许可决定前，应当告知其他申请人，并听取其意见。

第十四条 许可证主要包括以下内容：

（一）法人名称；

（二）注册地址；

（三）法定代表人；

（四）武器装备科研生产的专业（产品）类别；

（五）许可证编号；

（六）有效期限和发证时间。

第十五条 许可证的有效期限为5年。持证人在许可证有效期限内，其法人名称、注册地址及法定代表人发生变更的，应当及时向原许可证审查部门申请换发许可证。

许可证审查部门依照法定条件和程序进行核实，情况属实的，由国防科工委在受理申请之日起20日内换发许可证。

第十六条 持证人在许可证有效期限内，申请变更被许可的武器装备科研生产专业（产品）类别的，应当按照本办法规定重新提出申请。

第十七条 持证人提出延续许可证有效期的，应当在许可证有效期届满6个月前，向原许可证审查部门提出申请。

国防科工委应当在该行政许可有效期届满前作出是否准予延续的决定。作出准予延续决定的，应当换发许可证；作出不予延续决定的，应当书面说明理由。

第十八条 许可证由国防科工委统一印制。

第四章 监督和管理

第十九条 持证人应当履行下列义务：

（一）遵守国家法律、法规和本办法的规定；

（二）在许可证确定的范围内从事武器装备科研生产；

（三）按国家要求承担武器装备科研生产任务，接受国家武器装备科研生产订货，按期提供符合质量标准的武器装备；

（四）在武器装备出厂证书、标牌及外包装上印制许可证编号；

（五）建立年度自检制度，并接受许可证管理部门的监督检查；

（六）保守国家秘密。

第二十条 国防科工委、地方国防科技工业管理部门应当对持证人从事武器装备科研生产活动的情况进行监督检查，及时纠正违法行为。

国防科工委应当对地方国防科技工业管理部门依法履行许可证受理、审查职责等情况，实施监督检查。

第二十一条 有下列情形之一的，国防科工委可以依法作出撤销行政许可的决定：

（一）许可证审查机关工作人员滥用职权、玩忽职守作出准予行政许可决定的；

（二）超越法定职权作出准予行政许可决定的；

（三）违反法定程序作出准予行政许可决定的；

（四）对不具备申请资格或者不符合法定条件的申请人准予行政许可的；

（五）被许可人以欺骗、贿赂等不正当手段取得许可证的；

（六）依法可以撤销的其他情形。

第二十二条 持证人有下列情形之一的，国防科工委应当依法办理注销手续，并向有关部门公告：

（一）许可证有效期届满未延续的；

（二）许可证依法被终止、撤销的；

（三）依法应当注销的其他情形。

第二十三条 国防科工委应当建立许可证档案管理制度和许可证数据库，编制并发布《武器装备科研生产许可证名录》，及时将许可证的变更、延续、注销等情况通知相关部门。

第五章　法律责任

第二十四条　违反本办法规定伪造、冒用他人许可证，或者超出许可证确定的范围从事武器装备科研生产活动的，处以1万元以上3万元以下罚款。

第二十五条　违反本办法规定涂改、倒卖、出租、出借或者以其他形式非法转让许可证的，责令限期改正，可以并处1万元以上3万元以下罚款。

第二十六条　申请人隐瞒有关情况或者提供虚假材料申请许可证的，予以警告；申请人在一年内不得再次提出许可证申请。

第二十七条　许可证审查机关工作人员违反本办法的规定，有玩忽职守、徇私舞弊等行为，给申请人和国家利益造成损失的，视情节轻重，依法给予行政处分。

第六章　附　则

第二十八条　本办法有关期限的规定以工作日计算，不含法定节假日。

第二十九条　本办法由国防科工委负责解释。

第三十条　本办法自2005年6月15日起施行。国防科工委1999年9月9日颁布的《武器装备科研生产许可证管理暂行办法》和2002年12月5日颁布的《武器装备科研生产许可证管理暂行办法实施细则》同时废止。

国家发展改革委关于贯彻落实《国务院关于鼓励支持和引导个体私营等非公有制经济发展的若干意见》重要举措分工方案

（发改企业［2005］966号）

一、重要举措项目及分工

（一）放宽非公有制经济市场准入

1. 提出清理和修订限制非公有资本市场准入以及非公有制经济发展的法规、规章和其他规范性文件的实施办法，力争在2006年底完成清理和修订工作。（国务院法制办、发展改革委牵头）

2. 研究制定电力、电信、铁路、民航、石油等垄断行业和领域引入市场竞争机制，允许非公有资本平等进入的政策规定。（发展改革委、电监会、信息产业部、铁道部、民航总局按职能分别牵头，国土资源部、国务院研究室等参加）

3. 研究制定具备资质的非公有制企业平等取得探矿权、采矿权，鼓励非公有资本进行商业性矿产资源的勘查开发的政策规定。（国土资源部牵头，发展改革委、国务院研究室等参加）

4. 加快制定完善政府特许经营制度，规范招投标行为，研究制定鼓励非公有资本参与市政公用事业和基础设施领域的投资、建设和运营以及产权制度改革的政策意见。（建设部、交通部牵头，发展改革委、国务院研究室等参加）

5. 鼓励非公有资本投资教育、科研、医疗、文化、体育和社会服务等社会事业的非营利性领域和营利性领域的政策意见。（教育部、科技部、卫生部、中医药局、中宣部、文化部、新闻出版总署、广电总局、体育总局、发展改革委按职能分别牵头；国土资源部、国资委、财政部、税务总局、国防科工委、知识产权局、国务院研究室等参加）

6. 研究制定允许非公有资本进入各类金融机构和金融中介服务机构的政策规定。（银监会、保监会、证监会、人民银行按职能分别牵头）

7. 研究鼓励非公有资本参与军工科研生产任务竞争以及军工企业改制改组的政策意见。（国防科工委牵头，国资委、发展改革委、科技部、信息产业部、国务院研究室等参加）

8. 制定鼓励非公有制经济参与国有经济结构调整和国有企业重组的政策措施。（国资委牵头，发展改革委、财政部、科技部、人民银行、银监会、税务总局、国务院研究室等参加）

9. 鼓励非公有制经济参与西部大开发、东北地区等老工业基地振兴和中部崛起的政策意见。（西部开发办、振兴东北办、发展改革委牵头，财政部、人民银行、银监会、税务总局、国务院研究室等参加）

（二）加大对非公有制经济的财税金融支持

10. 各级财政逐步加大对中小企业发展专项资金的支持；按照《中小企业促进法》要求，加快设立国家中小企业发展基金。（财政部牵头，发展改革委等参加）

11. 研究完善有关税收扶持政策。（财政部、税务总局牵头，发展改革委、科技部、劳动保障部、民政部等参加）

12. 从非公有制经济特点出发，改进对商业银行信贷考核和奖惩管理方式，提高对非公有制企业的贷款比重；开展金融产品创新，完善对非公有制经济和中小企业的金融服务。（人民银行、银监会、保监会、证监会、中国出口信用保险公司按职能分别牵头，发展改革委等参加）

13. 研究制定政策性银行开展以中小企业为主要服务对象的转贷款、担保贷款的实施办法。（银监会牵头，人民银行、发展改革委、国家开发银行等参加）

14. 加快制度创新，完善中小企业板块、推进创业板市场，健全证券公司股份转让系统的功能，鼓励有条件的非公有制企业到境外上市，拓展非公有制经济直接融资渠道。（证监会牵头，发展改革委、商务部、科技部、国家外汇管理局等参加）

15. 允许符合条件的非公有制企业依照国家有关规定发行企业债券，支持建立创业投资机制和发展中小投资公司。（发展改革委牵头，法制办、财政部、证监会、国家开发银行等参加）

16. 支持非公有制企业依照有关规定吸引国际金融组织投资。（财政部牵头，发展改革委、外汇管理局、海关总署、证监会、银监会、人民银行、商务部等参加）

17. 建立和完善中小企业信用担保的行业准入、风险控制和补偿机制，通过财税政策鼓励有条件的地区建立中小企业担保基金和区域性中小企业信用再担保机构，加强对信用担保机构的监管，建立健全担保业自律性组织。（发展改革委牵头，财政部、民政部、税务总局、银监会等参加）

（三）完善对非公有制经济的社会服务

18. 组织社会资源，加快中小企业服务体系建设。（发展改革委牵头，财政部、科技部、民政部、人事部等参加）

19. 研究制定按照市场化原则，规范和发展各类行业协会、商会等自律性组织的政策意见。（民政部牵头，发展改革委、商务部、国资委、工商总局、中央统战部、全国工商联等参加）

20. 研究制定鼓励创办小企业的政策措施，健全创业服务体系。（发展改革委、劳动保障部牵头，科技部、财政部、税务总局、工商总局、知识产权局等参加）

21. 加大面向非公有制企业经营管理人员、职工的培训力度，建立职业经理人测评与推荐制度，加强非公有制企业人才队伍建设。（发展改革委牵头，中组部、人事部、教育部、劳动保障部、农业部等参加）

22. 支持建立适应非公有制中小企业特点的信息和共性技术支持服务平台，推进非公有制企业信息化，加强科技创新服务。（发展改革委牵头，科技部、信息产业部、财政部、知识产权局等参加）

23. 研究非公有制企业知识产权战略，加强非公有制企业知识产权能力建设。（知识产权局牵头，发展改革委、工商总局、版权局、商务部、科技部、财政部、税务总局、信息产业部等参加）

24. 支持中小企业“走出去”，开拓国内外市场，加大政府采购比重。（发展改革委牵头，外交部、财政部、外汇管理局、海关总署、知识产权局、国土资源部、质检总局等参加）

25. 鼓励国内非公有制企业引进外资，开展多种形式的经济技术合作。（商务部牵头，发改委、外交部、财政部、外汇管理局、知识产权局、国土资源部等参加）

26. 建立适合非公有制中小企业特点的信用征集体系、评级发布制度以及失信惩戒机制，研究制定中小企业信用制度管理办法。（人民银行牵头，发展改革委、商务部、工商总局等参加）

（四）维护非公有制企业和职工的合法权益

27. 进一步完善有关非公有制企业私有产权保护的法律。（国务院法制办牵头，发展改革委、

工商总局、国务院研究室等参加）

28. 建立和完善非公有制企业的劳动关系协调机制，依法规范工资分配制度，健全劳动争议处理制度。（劳动保障部牵头，全国总工会、中国企业联合会、安全监管总局、司法部、全国工商联、发展改革委等参加）

29. 建立健全非公有制企业工会组织。（全国总工会牵头，劳动保障部、全国工商联、发展改革委等参加）

（五）引导非公有制企业提高自身素质

30. 研究改进和完善个体工商户、中小企业的会计、税收、统计、档案等管理制度，探索建立有利于个体工商户、中小企业发展的组织制度和管理规范。（工商总局、财政部、税务总局、统计局、国家档案局、发展改革委按职能分别牵头）

31. 研究制定促进以中小企业集聚为特征的产业集群健康发展的指导性意见。（发展改革委牵头、科技部、教育部、文化部、广电总局、商务部、信息产业部等参加）

（六）改进政府对非公有制企业的监管

32. 根据非公有制经济生产经营特点，改进监管办法，规范监管行为，提高监管水平。（安全监管总局、工商总局、税务总局、环保总局、质检总局、食品药品监管局、劳动保障部和发展改革委按职能分别牵头）

33. 开展非公有制企业的“三乱”治理。（国务院减负办牵头，发展改革委、财政部、监察部、中纪委、公安部等参加）

（七）加强对发展非公有制经济的指导和政策协调

34. 建立促进非公有制经济发展的工作协调机制和部门联席会议制度。（发展改革委、中央编办牵头，全国工商联等参加）

35. 研究充分发挥各级工商联在政府管理非公有制经济方面的助手作用。（中央统战部牵头，全国工商联、发展改革委、民政部、中央编办等参加）

36. 建立适合非公有制中小企业特点的统计制度和监测体系。（统计局牵头，发展改革委等参加）

37. 营造有利于非公有制经济发展的舆论环境。（中宣部牵头，统战部、工商联、发展改革委等参加）

二、实施分工项目的基本要求

1. 分工项目中凡属建章立制的，有关部门要抓紧相关制度的建立和完善、有关政策和法规的起草工作；凡属改革举措的，要抓紧制定贯彻落实的具体方案，并组织实施；凡属提出原则性要求的，要尽快组织专门力量调查研究，在此基础上提出加强和改进相关工作的意见。要以切实解决实际问题为原则，分清轻重缓急，贯彻落实的形式不强求统一，不要求“齐步走”，成熟一个出台一个。

2. 分工项目均要制定进度安排，明确项目责任人，牵头单位应在年中和年末报告进展情况。贯彻实施分工项目要注意同推动当前工作紧密结合，及时了解和解决实施过程中的新情况、新问题，促进分工项目的贯彻落实。

3. 对于涉及多个部门的项目，分别牵头的部门要主动请相关单位共同参与并听取意见，发展改革委要搞好协调、跟踪和反馈。

国家质量监督检验检疫总局关于鼓励支持和引导个体私营等非公有制企业实施以质取胜战略的意见

（国质检质［2005］191号）

为认真贯彻落实《国务院关于鼓励支持和引导个体私营等非公有制经济发展的若干意见》，充分发挥质检部门的职能作用，鼓励支持非公有制企业实施以质取胜战略，提高非公有制企业的质量管理和产品质量水平，促进非公有制经济发展，提出如下意见：

一、牢固树立支持非公有制经济发展的思想，充分认识推动非公有制企业实施以质取胜战略的重要性

（一）非公有制经济是社会主义市场经济的重要组成部分和促进社会生产力发展的重要力量，鼓励、支持和引导非公有制企业实施以质取胜战略，既是质检系统贯彻“三个代表”重要思想，落实科学发展观的重要举措，也是促进非公有经济健康快速持续发展的重要举措。各级质检部门要充分认识发展非公有制经济的重要性，充分发挥质检部门的职能作用，把支持非公有制经济发展工作抓紧抓好，全面提高非公有制中企业的质量竞争力。

二、引导企业自律，建立质量保证机制，帮助非公有制企业加强质量技术基础工作

（二）夯实企业质量管理基础。从非公有制企业的实际情况出发，指导帮助建立健全内部质量保证体系，督促企业完善自律机制。积极推动非公有制企业建立质量档案，帮助企业拣出制约提高质量的关键因素，提出有针对性的质量改进措施，分类指导企业加强质量管理，组织质量攻关，提高产品质量水平。

（三）指导和帮助企业做好产品质量和管理体系认证工作。积极鼓励非公有制企业申请产品质量和管理体系认证，认真做好认证的咨询、审核、检验等工作。进一步规范认证机构，培育健康有序的认证市场，加大监管力度，提高认证的有效性。指导非公有制企业通过产品质量和管理体系认证，提高产品质量、企业管理水平和整体素质。

（四）加强企业标准化工作。对基础薄弱的中小企业，要积极提供标准化服务，引导企业严格按标准组织生产；对标准化工作基础较好的企业，要引导企业建立和完善企业标准体系，实现生产经营全过程标准化管理，争创“标准化良好行为企业”。鼓励非公有制企业采用国际标准和国外先进标准并使用采标标志。支持技术力量雄厚的非公有制企业参与国家标准、国际标准的制定，提高自主创新和核心技术，拥有自主知识产权的能力。

（五）帮助企业加强计量检测基础工作。贯彻实施《中小企业计量检测保证规范》，帮助中小企业建立健全计量检测手段和计量管理制度，提高计量管理水平；在定量包装商品生产企业中继续开展计量保证能力评价，进一步推进C标志工作；计量技术机构要主动上门开展各种计量校准检测，在能源与原材料检测、质量管理、工艺过程控制、安全与环境监测、成本核算等方面为非公有制企业提供准确可靠的计量保证。

（六）大力普及质量管理知识。在非公有制企业中大力普及质量管理知识和有关法律、法规知识，提高经营者和全体员工的质量意识，使广大非公有制企业牢固树立“质量第一”的思想。

积极推广适应不同类型企业的质量管理理论和方法；组织“质量专家企业行”活动，深入企业，开展质量管理现场咨询和诊断，帮助他们获得质量专业职业资格，为提高产品质量水平打好人才基础。

三、建立质量导向机制，改进服务和监管方式，为企业创造良好发展环境

（七）鼓励和支持有条件的企业做强做大。针对各地产业基础和优势，采取各种扶持政策，培育一批经济实力强、质量技术水平高、地区经济特色突出的骨干企业。对具备一定条件的非公有制企业，要在加强监督检查帮助其不断提高产品质量的基础上，将符合国家免检规定的产品推荐为免检产品。选择一批具有比较优势的非公有制企业产品纳入各地名牌发展规划，支持和帮助其争创名牌产品。注重发挥骨干企业的品牌效益，构筑名牌群体优势，推动企业以名牌产品为龙头带动一批中小企业上台阶，促进中小企业向“专、精、特、新”方向发展。

（八）为非公有制企业创造公平竞争的市场环境。各级质检部门要认真清理已出台的文件和规定，坚决消除限制、歧视非公有制企业发展的政策、体制障碍。在申办生产许可证、CCC 认证、仪器质量安全市场准入、特种设备行政许可、原产地域保护、管理体系认证和申请使用采标标志等方面，坚持对非公有制企业和其他所有制类型的企业一视同仁。加大对生产名优产品的非公有制企业保护力度，主动将其列入打假保名优范围，有效维护企业合法权益。加强非公有制企业质量申诉受理工作，对异地质量申诉问题，必须认真负责予以处理，积极为企业排忧解难。

（九）加大非公有制企业减负工作力度。全面清理涉及非公有制企业的收费项目，严格执行涉及非公有制企业收费的审批、收缴和使用管理制度，已公布取消的收费项目必须坚决取消。严禁向非公有制企业乱检查、乱评比、乱培训、乱发证、乱拉赞助，严禁机关、事业单位及其工作人员以任何理由到非公有制企业报销各种费用，同时要采取措施整顿规范学会协会和中介服务机构的收费。

（十）提高产品质量监督检查的有效性。针对非公有制企业实际情况，在产品质量监督检查中，实行抓小稳大，区别对待，分类监管，突出重点产品、重点企业、重点项目和重点区域。对质量管理体系比较健全，产品质量长期稳定的非公有制企业要加大帮扶力度，减少监督抽查频次。对生产条件差、产品质量不稳定的小企业和个体工商户要加强监管。同时，加强质量监督检查后处理工作，对产品质量不合格的企业要帮助分析产生问题的原因，落实各项整改措施，提高产品质量。

四、建立市场准入机制，加强对突出质量问题的治理，确保产品质量安全

（十一）严格市场准入制度。加大对生产涉及人体健康人身财产安全产品企业的监管力度，凡是实行生产许可证、特种设备行政许可、强制性产品认证等市场准入管理的产品，必须严格检验，严格审查。对生产条件差、工艺落后、难以保证产品质量的，要积极帮助其改进工艺和生产条件，争取达到发证要求。对整改后仍达不到要求的，坚决不予发证。同时，严格发证后的监管，加强特种设备监督检验，严厉查处生产销售无证产品及有证企业生产不合格产品等违法行为。加大对生产涉及强制性标准产品企业的监督检查的力度，坚决淘汰不具备基本生产条件、不能保证产品质量的企业。密切跟踪新建企业信息，提前介入，切实改变“先建设，后规范”的做法。加大对国家明令淘汰产品的执法力度，保证国家宏观调控措施的落实。

（十二）深入开展区域性和行业性产品质量的帮扶整治。对非公有制中小企业比较集中、产品质量问题较多的区域和行业进行集中帮扶整治，促进质量水平的提高。对新出现的区域性和行业性质量问题，要本着“帮扶、规范、提高”的原则，加大工作力度，防止蔓延泛滥。要加强制度建设，落实质量工作责任制，巩固帮扶整治工作成果，建立区域性产品质量长效保证机制。

（十三）加大打假工作力度。把打击制假售假违法活动与提高产品质量，维护非公有制企业良好形象联系起来，动员广大企业自觉抵制假冒伪劣产品。各地要针对本地区制假售假违法活动的特点，坚持重点突破与全面铺开相结合，分工负责与联合行动相结合，加大从源头上打假治劣的力度。通过完善举报奖励制度，扩大打假案源。要运用舆论宣传手段，曝光典型案件，提高执法打假的威慑力和有效性。要建立预警监控及快速反应机制，对区域性的假冒伪劣产品问题做到早发现、早打击、早控制。

五、完善管理制度和监管方式，为非公有制企业扩大出口服务

（十四）加快"大通关"建设。加快建设电子检验检疫，进一步推广电子报检、口岸快速查验和电子审单快速核放，提高检验检疫通关效率。对生产规模大、进出口商品多、信誉良好的非公有制企业，实行电子监管，实现提速、减负、超产奖及严密监管。对符合条件的非公有制企业出口产品，实行"绿色通道"，产地检验合格后，口岸不再查验，直接放行，减少企业货物口岸滞留时间，降低进出口成本。

（十五）大力推行分类管理。积极开展检验检疫风险评估，对质量管理水平高，出口产品质量稳定的非公有制企业，在有效监管的基础上，降低抽查比例，提高通关效率。对符合条件的非公有制企业，实行出口商品免验。积极改革检验模式，根据产品特点，实行批批检验、型式试验、抽批检验、过程监管、合格保证等多种检验监管模式。对生产假冒伪劣产品和违反检验检疫有关法律、法规的企业要加大监管和行政处罚力度。对敏感行业和容易或已经出现安全、卫生、质量问题的企业要进一步加强监管，保证国家安全和出口产品信誉。

（十六）加强技术性贸易措施体系建设。及时了解、通报国外技术法规、标准、食品安全和动植物及其产品检验检疫、认证等方面的信息，指导非公有制企业规范运作、合格生产。加强与国外有关机构交涉，打破技术性贸易壁垒，帮助非公有制企业产品打入国际市场。指导帮助规模较大、质量体系健全的出口食品、动植物和动植物产品的非公有制企业争取国外注册，提高其出口竞争力。积极开展地理标志保护产品注册，保护非公有制企业的传统和特色产品。

六、建设健全技术保障机制，全面提升对非公有制企业的技术服务能力和监管水平

（十七）建立健全产品质量检测网络。积极推进技术机构联合重组，优化检测布局，增强技术机构社会化服务能力。重点选择一批非公有制企业相对集聚、经济规模大、行业特色明显、市场占有率高的区域建立国家级或省级检测中心和实验室。在块状经济比较明显的地区，鼓励技术机构进区进园，设立专业性检测机构，就地开展技术服务。

（十八）推动公共检测站建设。鼓励技术机构采取产权联合、股份合作、设备租赁等各种合作方式，充分利用社会资金、设备、人才、技术等资源，建立公共检测站，积极为企业服务。鼓励非公有企业联建实验室，提高中小企业自我检测和产品研发能力。积极开展检测人员培训，帮助中小企业提高检验检测水平。

（十九）进一步强化质检系统服务功能。充分发挥质检系统人才、技术和信息优势，加强技术信息服务体系建设，积极面向企业开展技术支持、认证认可、信息服务、管理咨询、人才培训等服务，督促、引导企业从源头上抓产品质量。充分利用社会力量，通过资源整合，完善标准和技术贸易措施咨询服务体系，为企业提高产品质量和跨越技术壁垒服务。要充分发挥各方面专家作用，帮助企业开展技术攻关和人员培训，切实为企业解决实际问题。

七、积极探索建立社会监督机制，努力形成"企业自律、政府监管、市场引导"的质量工作格局

（二十）积极发挥各类协会在质量工作中的作用。支持指导非公有制企业本着自愿的原则，加入或组建各种专业性协会，实行自我管理、自我服务、自我教育和自我约束。结合行政许可法的实施，进一步将一些事务性、技术性、实施性的和适合由中介机构进行自主管理的职能放给各类专业协会，完善其功能，增强自律能力。进一步发挥协会组织在信息交流、人才培训、质量改进、技术互助、品牌和行业形象培育等方面的积极作用。

（二十一）充分发挥舆论宣传对提高产品质量的监督导向作用。进一步加大对质量工作的宣传，大力营造“质量兴市、名牌兴企”的氛围，引导非公有制企业重视质量，支持质量工作。大力宣传优质产品、宣传讲诚信和为质量振兴作出贡献的非公有制企业及先进个人，积极介绍有关质量知识、质量管理先进经验，推动非公有制企业不断提高产品质量。

关于加快建筑业改革与发展的若干意见

建质［2005］119号

颁布日期：20050712　实施日期：20050712　颁布单位：建设部、国家发展和改革委员会、财政部、劳动和社会保障部、商务部、国务院国有资产监督管理委员会

各省、自治区、直辖市建设厅（建委），发展改革委、财政厅（局）、劳动保障厅（局）、商务主管部门，新疆生产建设兵团建设局，国务院有关部门，有关中央企业：

建筑业是国民经济的支柱产业，就业容量大，产业关联度高，全社会50%以上固定资产投资要通过建筑业才能形成新的生产能力或使用价值，建筑业增加值约占国内生产总值的7%。建筑业的技术进步和节地节能节水节材水平，在很大程度上影响并决定着我国经济增长方式的转变和未来国民经济整体发展的速度与质量。建筑业接纳了农村近1/3的富余劳动力就业，在解决“三农”问题上发挥着重要的作用。

但是，当前我国建筑业和工程建设管理体制还存在不少问题：现代市场体系发育不成熟，国有建筑业企业改革不到位，建筑业资源、能源耗费大，技术进步缓慢，国际竞争力不强，工程咨询服务体系不发达，政府投资项目建设的市场化程度不高，政府工程建设监管体制有待于进一步完善等。为了加快我国建筑业的改革与发展，提出如下意见。

一、加快我国建筑业改革与发展的指导思想和目标

加快建筑业改革与发展的指导思想是：按照完善社会主义市场经济体制、落实科学发展观和构建和谐社会的要求，在政府宏观指导下充分发挥市场配置资源的基础性作用，通过有序竞争促进企业加快体制机制改革和技术进步；提高政府监管能力，着力解决制约建筑业改革与发展的关键问题，妥善处理改革进程中的各种利益关系，维护社会稳定，促进我国建筑业全面、协调、可持续发展。

加快建筑业改革与发展的目标是：适应扩大对外开放的要求，按照我国入世承诺，建立健全现代市场体系，创造公平竞争、规范有序的建筑市场环境；加快国有建筑业企业制度创新，增强企业活力和市场竞争力，培育具有国际竞争力的大型企业集团；大力推进建筑业技术进步，走新型工业化道路，提高建筑业节地节能节水节材水平；完善工程建设标准体系，建立市场形成造价机制；改革建设项目组织实施方式，提高政府投资项目建设的市场化程度，提高固定资产投资的综合效益；进一步转变政府职能，完善工程建设质量、安全监管机制，更好地发挥建筑业在国民经济发展中的支柱产业作用。

二、加快企业产权制度改革，实现体制机制创新

建立现代产权制度。建立现代产权制度是完善基本经济制度的内在要求，是构建现代企业制度的基础。国有建筑业企业产权制度改革应通过引进战略合作伙伴、规范上市、中外合资、互相参股等途径改制为投资主体多元化的股份制企业，发展混合所有制经济。大型建筑业企业要以产权制度和现代企业制度改革为契机，按照区域性或专业化原则，归并重组子公司，理顺各级公司之间的产权纽带关系，实现资源优化配置，充分发挥集团公司的整体优势。

继续转换企业经营机制。建筑业企业要研究制定企业发展目标和战略，突出主业，强化管

理，切实提高企业核心竞争力和运营效率。要继续深化劳动人事制度改革，建立市场化的选人用人机制。要按照国家有关规定参加社会保险，履行缴费义务。要完善企业激励约束机制，探索多种有效分配方式，对工程设计咨询类企业，可以根据国家有关规定积极探索实行股权激励机制。要逐步分离企业办社会职能，实施主辅分离和辅业改制，妥善分流安置富余人员。

深化企业改革的政策与措施。国务院有关部门、地方人民政府已出台的国有工业企业改革政策适用于国有建筑业企业的改革。各省、自治区、直辖市人民政府可以根据本地区实际情况，制定支持国有建筑业企业改革的政策和措施。各级建设行政主管部门要会同国有资产管理部门，支持国有建筑业企业依法改制，积极协调解决改制中的困难和问题。国有建筑业企业要依据国家法律法规和相关政策进行改革，处置国有资产应做到公平、公开、合法，避免国有资产流失。

三、优化产业结构，适应市场发展需求

加快建筑业产业结构调整。建筑业企业要以市场为导向，结合自身优势，加快经营结构调整，或者拓宽服务领域做强做大，或者突出主业做精做专形成特色，逐步形成由总承包、专业承包和劳务分包等企业组成的承包商体系；形成由勘察、设计、监理等企业组成的工程咨询服务体系；形成大、中、小企业，综合型与专业型企业互相依存、协调发展的产业结构，满足投资主体多元化和建设项目组织实施方式多样化的需求。

大力推行工程总承包建设方式。以工艺为主导的专业工程、大型公共建筑和基础设施等建设项目，要大力推行工程总承包建设方式。大型设计、施工企业要通过兼并重组等多种形式，拓展企业功能，完善项目管理体制，发展成为具有设计、采购、施工管理、试车考核等工程建设全过程服务能力的综合型工程公司。鼓励具有勘察、设计、施工总承包等资质的企业，在其资质等级许可的工程项目范围内开展工程总承包业务。工程总承包企业可以依照合同约定或经建设单位认可自主选择施工等分包商，并按照合同约定对工程质量、安全、进度、造价负总责。

积极发展工程咨询服务体系。培育发展为投资者提供技术性、管理性服务的工程咨询服务体系，是提高我国建筑业整体素质和建设项目投资效益的重要措施。要改进现行工程勘察、设计、咨询、监理、招标代理、造价咨询等企业资质管理办法和资质标准，支持有能力的企业拓宽服务领域。要统筹规划，建立健全工程建设领域专业人士注册执业制度，提高注册执业人员的素质。要坚持建设项目可行性研究报告的客观性和公正性，为投资决策提供科学依据。提倡对重要建设项目开展第三方设计咨询，切实优化建设方案。鼓励具有工程勘察、设计、施工、监理、造价咨询、招标代理等资质的企业，在其资质等级许可的工程项目范围内开展项目管理业务，提高建设项目管理的专业化和科学化水平。

加快建筑设计企业结构调整。努力建设一批设计理论和设计技术达到国际一流水准的大型综合性建筑设计企业，面向大型公共建筑，强化方案设计和扩大初步设计能力，拓展建设项目前期咨询和后期项目管理功能，逐步将施工图设计分离出去。鼓励部分建筑设计企业与大型施工企业重组，发挥设计施工一体化优势，促进设计与施工技术的结合与发展。大力发展由注册建筑师或注册工程师牵头的专业设计事务所，促进建筑个性化创造的发展，繁荣设计创作，提高技术水平和服务质量。建筑设计事务所依照合同约定或经建设单位认可自主选择结构设计和其他专业设计分包人，并对建设项目设计的合理性和完整性负责。

四、发展壮大优势企业，积极参与国际竞争

重组整合具有国际竞争力的大型建筑企业集团。按照市场需求、优势互补、企业自愿、政府引导的原则，鼓励具有较强海外竞争力和综合实力的大型建筑业企业为“龙头”，联合、兼并科研、设计、施工等企业，实行跨专业、跨地区重组，形成一批资金雄厚、人才密集、技术先

进，具有科研、设计、采购、施工管理和融资等能力的大型建筑企业集团。建筑企业集团要加强战略管理，广纳适应国际化经营的优秀管理人才，提高在世界范围组合生产要素的能力，发展核心和优势技术，健全重点国家和地区的营销网络，尽快使本企业的经营规模、技术质量安全管理水平和净资产收益率等达到国际同行先进水平。

鼓励企业参与国际竞争。建筑业企业应发挥自身技术和管理优势，进一步加大开拓国际市场的力度。政府有关部门要加快建立健全对外承包工程法规，不断完善监管手段和措施，并采取各种经济手段支持对外承包工程的发展。

五、加强技术创新，转变经济增长方式

建筑业技术进步要以标准化、工业化和信息化为基础，以科学组织管理为手段，以建设项目为载体，不断提高建筑业技术水平、管理水平和生产能力。要大力发展节能节地节水节材建筑，严格采用环保和节能建筑材料，禁止使用淘汰产品，大力发展建筑标准件，加大建筑部品部件工业化生产比重，提高施工机械化生产水平，走新型工业化道路，促进建筑业经济增长方式的根本性转变。

大型建筑业企业是建筑业技术创新的主力，要建立企业技术中心，加大科技投入，重视人才培养，加强企业标准建设，加强工艺和工程技术研发，重视引进技术消化、吸收与创新，重视工法的总结和提高，发展具有自主知识产权的专利和专有技术。努力提高建筑业信息技术应用的广度和深度，进一步提高计算机辅助设计水平，普及计算机在项目管理、施工技术和企业管理中的应用。设计人员要贯彻节约资源和保护环境原则，精心优化设计方案，确保生产性建设项目的生产工艺、主要设备和主体工程先进、适用、可靠，确保民用建设项目适用、经济，在可能条件下注意美观。要大力表彰优秀设计、优质工程和有突出贡献的技术带头人。勘察、设计和施工企业要积极采用新技术、新工艺、新设备、新材料，因技术创新而节约投资或提高效益的，建设单位应当给予相应的物质奖励。

六、大力发展劳务分包企业，抓好农民工培训教育

大力发展劳务企业。政府主管部门要制定扶持政策，鼓励农民工组建劳务分包企业，鼓励地方设立劳务服务中心，有组织地输出农民工，规范建筑施工用工行为。要加强对建筑施工现场环境与卫生状况的监管，鼓励施工企业进行健康、安全、环境认证，改善工地生产和生活条件。施工企业要依法与农民工签订劳动合同，要足额发放农民工工资，严禁以任何理由拖欠农民工工资。施工企业要高度重视安全生产，要为形成劳动关系的农民工及时办理参加工伤保险手续，并按照有关规定为施工现场从事危险作业的农民工办理意外伤害保险，作为工伤保险的重要补充。有条件的地区可探索适合农民工特点的参加医疗保险的办法。建筑农民工集中输出地政府应组建劳务基地，积极开展订单培训和定向输出。农民工集中输入地政府应建立建筑业劳务用工管理服务信息系统，统筹做好就业指导、技能培训和权益保护工作，为农民工提供法律咨询和帮助。政府主管部门要完善法规制度并加强监管，依法查处侵害农民工权益的行为。

重视农民工的培训和教育。提高农民工生产操作技能是保证工程质量和安全生产的根本措施。农民工输出地政府要按照国务院办公厅转发的《2003－2010年全国农民工培训规划》，将拟进入建筑业的农村劳动力纳入“农村劳动力转移培训阳光工程”，加强组织协调，落实资金、师资和培训基地，因地制宜搞好农民工培训。严禁未经必要的操作技能和安全生产知识培训的农民工上岗。

七、完善工程建设标准体系，建立市场形成造价机制

继续深化工程建设标准体制改革。逐步推进建设标准强制性条文向技术法规发展，加快实现技术立法。进一步完善技术法规与技术标准立项、编制、批准、实施等管理体制，充分调动

社会力量，加大资金投入，吸纳成熟适用的科技成果，加快工程建设标准的制定或修订。加快标准的信息化建设，建立健全结构合理、覆盖范围广、先进适用的工程建设标准体系。充分借鉴国际先进标准，积极参与国际标准化工作，全面提高我国工程建设领域标准化水平，加快与国际工程建设标准接轨的步伐。

建立市场形成工程造价机制。进一步完善工程量清单计价办法的配套措施。按照投资体制和建筑业改革与发展的要求，构建适应市场经济体制的工程造价管理体系。建立工程造价信息系统，加大对建筑市场计价行为的引导力度，及时发布反映社会平均水平的消耗量标准和价格信息。加强建设工程价款结算制度的监督检查。

八、改革政府投资工程建设方式，提高建设项目投资效益

改革政府投资工程建设方式。改革的核心是建立权责明确、制约有效，专业化、社会化、市场化的建设项目组织实施方式。非经营性政府投资工程应当通过招标选择具有项目管理能力的企业负责组织实施，竣工验收后移交使用单位。经营性政府投资工程要进一步健全项目法人责任制，积极采取工程总承包或工程项目管理等方式组织项目建设。建设单位、项目法人和各类建筑业企业，按照合同约定对工程质量、工期和造价承担相应的责任。有条件的省市也可以成立由专业技术人员组成的专门机构，负责政府投资工程项目的建设。

政府投资工程必须严格遵守建设程序，依法进行建设，实行公开招标和工程量清单计价办法，在通过技术和商务标评审的基础上，实行合理低价中标。要加强对政府投资工程的风险管理。有条件的省、自治区、直辖市对政府投资工程可以实行国库集中支付。各有关部门要加强对政府投资工程质量、安全监督，并建立健全稽查、审计、后评估和责任追究制度。

九、创新政府监管体制，维护良好的市场环境

努力转变政府职能。各级建设行政主管部门要转变观念，强化服务意识，健全行政审批责任追究制度。要加强建筑业发展规划和产业政策研究，加强法规制度建设，建立健全与市场经济相适应的工程建设管理体制。按照精简、统一、效能的原则，对工程质量、安全、市场管理资源进行整合，实现工程建设领域“一站式”服务和集中统一执法。

改进企业资质和个人资格管理制度。严格按照我国入世的有关承诺进一步完善外商投资企业资质管理制度，并依循市场规则，加快企业资质管理制度改革，调整资质标准，简化审批程序，支持企业开拓市场。进一步完善专业人士注册执业制度，工程技术人员可以通过考试同时获得多个相关行业（专业）的注册资格，具有多个注册资格的工程技术人员，应当在一个建筑业企业注册执业。有关部门要依法加强对建筑业企业和注册执业人员市场准入和市场行为的监管。

建立现代市场体系。彻底打破行业垄断和地区封锁，维护全国统一、开放、竞争、有序的建筑市场环境。进一步完善招标投标制度，调整强制性招标的范围，逐步实现非政府投资项目在不影响公共安全和公众利益的前提下，业主自主决定是否招标。有形建筑市场应当健全计算机管理系统，拓展服务功能。建立和完善工程风险管理制度，逐步推广投标担保、工程支付担保和履约担保制度，推行建筑工程险、安装工程险和工程质量保险制度，推行工程设计、工程监理及其他工程咨询机构职业责任保险制度等，用经济手段规范市场主体行为。建立全国联网的工程建设信用体系，向社会公布各类建筑业企业、中介机构和各类注册执业人员的业绩，以及违法违规行为，实施信用监督和失信惩戒制度，促进建筑市场秩序的根本好转。

培育发展行业协会和社会中介机构。进一步加强行业协会建设，使协会成为独立、公正、自主运作的行业自律组织。各级协会应当建立完善行业自律机制，为会员提供服务，反映会员诉求，规范会员行为，切实维护会员利益。培育和规范工程质量检测、建筑司法鉴定、保险代理、信息咨询、法律顾问等中介服务机构，发挥中介服务功能，为参与工程建设活动的各类市场主体提供协调、沟通、评价、监督等服务。各级建设行政主管部门要大力支持行业协会工作，重视其他中介组织的作用，建立健全行政执法、行业自律和中介服务相结合的建筑市场监管和建设事业服务体系。

各省、自治区、直辖市和国务院有关部门，要结合本地区、本部门的实际情况，制定建筑业改革发展规划，加强指导与协调，促进我国建筑业和建设事业持续健康发展。

建设部

国家发展和改革委员会

财政部

劳动和社会保障部

商务部

国务院国有资产监督管理委员会

二〇〇五年七月十二日

国内投资民用航空业规定（试行）

（中国民用航空总局第148号令）

第一章　总　则

第一条　为规范国内投资主体投资民用航空业，根据公司法、民用航空法及国家其他法律，制定本规定。

第二条　鼓励、支持国内投资主体投资民用航空业，促进民用航空业快速健康发展。

国内投资主体投资民用航空业，应当有利于巩固和发展公有制经济，有利于鼓励、支持和引导非公有制经济发展，有利于坚持和完善公有制经济为主体、多种所有制经济共同发展的基本经济制度。

国内投资主体投资民用航空业，应当有利于促进公平、有序竞争，防止垄断和不正当竞争。

第三条　国内投资主体投资民用航空业适用本规定。

本规定所称国内投资主体包括国有投资主体和非国有投资主体。

国有投资主体是指各级政府及其授权国有资产投资机构、国有或者国有控股企业、其他国有经济组织。

非国有投资主体是指集体企业、私营企业、其他非国有经济组织和个人。

本规定所称民用航空业包括以下领域：

（一）公共航空运输；

（二）通用航空；

（三）民用机场，包括民用运输机场和通用航空机场；

（四）空中交通管理系统；

（五）民用航空活动相关项目，包括航空燃油销售储运加注、飞机维修、货运仓储、地面服务、航空食品生产销售、停车场、客货销售代理、计算机订座系统服务、航空结算及其他相关项目。

第四条　中国民用航空总局（以下简称民航总局）及地区管理局依照民用航空法、有关行政法规、规章和本规定，对国内投资主体投资民用航空业事项实施许可和监督管理。

民用航空业在放宽投资准入的同时，对各类民用航空企业的管理政策实行同等待遇。

第二章　投资准入

第五条　国有投资主体和非国有投资主体可以单独或者联合投资民用航空业。但本规定有明确限制的，应当符合其要求。

第六条　本规定附件一所列的公共航空运输企业应当保持国有或者国有控股。

第七条　民用运输机场是自然垄断部门，鼓励各国内投资主体多元投资，非国有投资主体可以参股。但是本规定附件二所列的民用运输机场应当保持国有或者国有控股。

第八条　民用机场、航空燃油销售储运加注企业、计算机订座系统服务企业及其关联企业，不得投资公共航空运输企业。但是投资全货运航空公司的除外。

前款所述企业及其关联企业投资全货运航空公司，投资比例不得超过25%，并且不得相对控股。

前两款所述关联企业不包括公共航空运输企业。

第九条　一家公共航空运输企业及其关联企业投资本规定附件三所列的民用运输机场或其共享航站楼，投资比例不得超过25%，并且不得相对控股。

公共航空运输企业在有共享航站楼和停机坪的机场可以在符合机场总体规划的前提下投资建设或租用专用航站楼和停机坪。

第十条　本规定附件三所列的民用运输机场投资本机场范围内的航空燃油销售、储运、加注企业及其设施，投资比例不得超过25%，并且不得相对控股。

在本规定附件三所列机场中，一个机场只有一家航空燃油销售、储运、加注企业时，一家公共航空运输企业及其关联企业投资该航空燃油销售、储运、加注企业及其设施，投资比例不得超过25%，并且不得相对控股。一个机场已有一家航油销售、储运、加注企业时，公共航空运输企业及其关联企业投资建立或参股另外的航油企业不受投资比例限制。

前二款所述机场航油储运、加注设施，是指航油专用卸油站、场外场内航油专用储油库、场外航油专用输油管线、机坪航油管线、航油运输车、加注车、机坪加油系统及航空加油站等。

第十一条　空中交通管理系统主要由中央政府投资。空中交通管理部门不得投资空中交通管理系统之外的其他领域。

第三章　管理人员

第十二条　有下列情形之一的，不得担任民用航空企业和民用机场的董事、监事、高级经营管理人员：

（一）因犯有贪污、贿赂、侵占财产、挪用财产罪或者破坏社会经济秩序罪，被判处刑罚，执行期满未逾五年，或者因犯罪被剥夺政治权利，执行期满未逾五年；

（二）担任因经营不善而破产清算的企业的董事、监事或者经理，并对企业的破产负有个人责任的，自该企业破产清算完结之日起未逾三年；

（三）担任因违法被吊销营业执照的企业的法定代表人，并负有个人责任的，自该企业被吊销营业执照之日起未逾三年；

（四）个人所负数额较大的债务到期未清偿。

违反前款规定选举、委派董事、监事或者聘任高级经营管理人员，该选举、委派或者聘任无效。

第十三条　公共航空运输企业的董事、高级经营管理人员不得在民用运输机场兼任高级经营管理人员，民用运输机场的董事、高级经营管理人员不得在公共航空运输企业兼任高级经营管理人员。

违反前款规定聘任高级经营管理人员，该聘任无效。

第四章　许可与监管

第十四条　国内投资主体投资设立公共航空运输企业、民用运输机场及其他需要许可的民航企业，应当按照有关法律、行政法规和民用航空规章，向民航总局或者地区管理局申请取得相应的许可。

第十五条 公共航空运输企业、民用运输机场和其他需要许可的民航企业联合、兼并、改制、增资扩股、变更股权等事项应当按照有关法律、行政法规和民用航空规章，向民航总局或者地区管理局申请取得相应的许可，并办理相关变更手续。

第十六条 国内投资主体申请投资公共航空运输企业、民用运输机场和其他需要许可的民航企业，公共航空运输企业、民用机场和民航其他企业申请联合、兼并、改制、增资扩股、变更股权，除向民航总局或地区管理局提交国家法律、行政法规、民用航空规章规定的各项文件外，还应当向民航总局或地区管理局提交下列文件：

（一）投资主体的所有制性质和投资比例的证明文件；

（二）符合本规定第十二条和第十三条人员要求的证明文件。

非国有投资主体作为主要投资方申请投资民用运输机场，还应当提交机场所在地方人民政府与其签订的合同。除非法律、法规另有规定，合同应当包括以下内容：

（一）经营期限；

（二）经营期限内投资方持续投资从事设施设备更新改造的义务；

（三）经营期满后合同终止或者延期的相关条件和规定。

申请人提交的文件应当真实有效。

第十七条 公共航空运输企业、民用运输机场和其他需要许可的民航企业应当在每年一月份向民航总局或地区管理局提交记载以下内容的文件：

（一）股权清单；

（二）持有股权不少于5%的股东的名单及其持股比例；

（三）董事、监事、高级经营管理人员变动情况，新任董事、监事、高级经营管理人员的姓名和履历。

在民航总局或地区管理局认为需要的其他时候，公共航空运输企业、民用运输机场和其他需要许可的民航企业应当提交前款所述的文件。

第十八条 公共航空运输企业、民用运输机场和其他需要许可的民航企业作出下列决定，应当按照行政许可法第六十七条规定，报请民航总局或者地区管理局批准：

（一）停业或者歇业；

（二）解散或者关闭；

（三）其他涉及国家安全和重大公共利益的事项。

民用运输机场报请批准时应当同时提交所在地方人民政府的书面意见。

空中交通管理设施建设必须符合国家的统一规划、标准。投入使用后，发生转让、抵押、拆除、转移和其他停止使用情形前，应当按照有关规定报请民航总局或地区管理局批准。

前述三种情形对国家安全和公共利益造成不利影响的，民航总局或地区管理局不予批准。

第十九条 民用运输机场应当向使用机场的公共航空运输企业提供公平、公正的服务。

投资民用运输机场的公共航空运输企业不得利用其出资人权利操纵控制机场损害其他使用该机场的公共航空运输企业的权利。

公共航空运输企业在民用运输机场的平等权利受到损害时，可以向民航总局或地区管理局提出申诉。

第二十条 民用航空燃油企业应当向所有用油单位提供公平、公正的服务。

投资航空燃油销售、储运、加注企业的机场不得利用其出资人地位操纵控制航空燃油销售、储运、加注企业损害公共航空运输企业的权利。

投资航空燃油销售、储运、加注企业的公共航空运输企业不得利用其出资人地位操纵控制航空燃油销售、储运、加注企业损害其他公共航空运输企业的权利。

第二十一条 民航总局、民航地区管理局及其派出机构对可能违反本规定的行为实施调查，被调查人、利害关系人和证明人应当接受调查并如实提供证据、说明情况。

第五章 法律责任

第二十二条 民用机场、航空燃油企业、计算机订座系统服务企业违反本规定第八条，违法投资公共航空运输企业，公共航空运输企业违反本规定第九条，违法投资民用运输机场，民用运输机场、公共航空运输企业违反本规定第十条，违法投资民用航空燃油企业，民航总局或地区管理局责令其限期改正，逾期不予改正的，没收其违法所得，并可处以其违法所得一倍至三倍的罚款。

第二十三条 空中交通管理部门违反本规定第十一条，违法投资空中交通管理系统之外的其他民用航空业领域，由民航总局或地区管理局责令其限期改正；逾期不予改正的，对责任人给予行政处分。

第二十四条 国内投资主体违反本规定第十四条，未经许可设立公共航空运输企业、民用运输机场或其他需要许可的民航企业，民航总局或地区管理局责令其停止经营活动，情节严重的，没收其违法所得，并可处以非法所得一倍以上三倍以下的罚款。

公共航空运输企业、民用运输机场和其他需要许可的民航企业违反本规定第十五条，未经批准擅自联合、兼并、改制、增资扩股、变更股权，民航总局或地区管理局责令其限期改正；对逾期不予改正的，中止该项目取得的相应许可，直至撤销该许可。

第二十五条 申请人违反本规定第十六条第三款，隐瞒有关情况或者提供虚假材料申请许可的，民航总局或地区管理局不予受理并给予警告，申请人一年内不得再次申请许可。

申请人以欺骗、贿赂等不正当手段取得批准或者许可的，由民航总局或地区管理局撤销批准或者许可，申请人在三年内不得再次申请许可。

第二十六条 公共航空运输企业、民用运输机场或其他需要许可的民航企业违反本规定第十七条，未按期提交相应文件，或者提供虚假文件，由民航总局或地区管理局责令改正，给予警告；逾期不改正的，处以一万元以上三万元以下的罚款。

第二十七条 公共航空运输企业、民用运输机场或其他需要许可的民航企业违反本规定第十八条，擅自停止运营和服务，由民航总局或地区管理局责令其立即改正。

空中交通管理设施投入使用后，违反本规定第十八条，擅自转让、抵押、拆除、转移和发生其他停止使用情形，由民航总局或地区管理局责令相关单位立即改正。

第二十八条 民用运输机场违反本规定第十九条第一款规定，未向使用机场的公共航空运输企业提供公平、公正的服务，民航总局或地区管理局责令其限期改正，并可给予警告或者三万元以下罚款的处罚。情节较重或者逾期不予改正的，中止其相关业务的经营活动。

投资民用运输机场的公共航空运输企业违反本规定第十九条第二款规定，损害其他公共航空运输企业的权利，民航总局或地区管理局责令其限期改正，并可给予警告或者三万元以下罚款的处罚。情节较重且逾期不予改正的，民航总局或地区管理局不再受理其从该机场始发的航线、航班申请。

投资航空燃油销售、储运、加注企业的民用运输机场和公共航空运输企业违反本规定第二十条第二款、第三款规定，损害相关公共航空运输企业的权利，民航总局或地区管理局责令其限期改正，并可给予警告或者三万元以下罚款的处罚。

第二十九条 被调查人违反第二十一条规定，拒绝接受调查或者提供虚假情况，由民航总局或地区管理局给予警告或者处以一万元以下的罚款。

第三十条 民航总局和地区管理局工作人员违反本规定给以许可和滥用职权、玩忽职守的，由其所属机关给予行政处分。情节严重，构成犯罪的，依法追究刑事责任。

第六章 附 则

第三十一条 国内投资主体投资民用航空业，另有法律、行政法规和规章要求取得其他许可的，应当按照规定向相关主管部门申请取得相应的许可。

第三十二条 本规定所称控股是指在企业的全部资本中所占比例大于50%。

本规定所称相对控股是指在企业的全部资本中所占的比例不大于50%，但相对大于企业其他投资主体在企业全部资本中所占比例。

第三十三条 本规定所称关联企业是指企业与另一公司、企业和其他经济组织（以下简称另一企业）有下列之一的关系：

（一）相互间直接及间接相对控股，或者持有其中一方的股份总和达到25%以上（含25%）的；

（二）直接或间接同为第三者相对控股，或者持有股份达到25%以上（含25%）的；

（三）企业与另一企业之间借贷资金占企业自有资金50%或者以上；

（四）企业的董事或者高级管理人员一半以上或有一名常务董事是由另一企业所委派的；

（五）企业的生产经营活动必须由另一企业提供特许权利，包括工业产权、专有技术等才能正常进行的；

（六）企业生产经营购进生产资料，包括价格及交易条件等是由另一企业所控制的；

（七）企业生产的产品或者提供的服务的销售，包括价格及交易条件等是由另一企业所控制的；

（八）对企业生产经营、交易具有实际控制的其他利益上相关联的关系，包括家族、亲属关系等。

第三十四条 投资军民合用机场民用部分，比照适用本规定。

第三十五条 本规定附件由民航总局根据实际情况修订并公布。

第三十六条 本规定施行前国内投资主体投资民用航空业，不符合本规定要求的，应当在本规定施行一年内达到本规定要求。逾期达不到本规定要求的，按照本规定第五章相关条款处理。

第三十七条 本规定自2005年8月15日起施行。民航总局1993年6月24日发布的《关于转发国内投资经营民用航空企业有关政策的函》（民航局函［1993］1023号），民航总局1998年5月22日发布的《国内航空运输企业投资民用机场暂行管理办法》（民航体发［1998］101号）同时废止。

附件一

应当保持国有或者国有控股的公共航空运输企业

中国国际航空股份有限公司；
中国东方航空股份有限公司；
中国南方航空股份有限公司。

附件二

应当保持国有或者国有控股的民用运输机场

各省、自治区、直辖市政府所在地机场；

深圳、厦门、大连、桂林、汕头、青岛、珠海、温州、宁波等九个城市的机场。

附件三

限制公共航空运输企业及其关联企业投资的民用运输机场和限制民用运输机场、公共航空运输企业投资民用航空燃油企业的民用运输机场

各省、自治区、直辖市政府所在地机场；

深圳、厦门、大连、桂林、汕头、青岛、珠海、温州、宁波、三亚、张家界、西双版纳、晋江、烟台、九寨沟、丽江等十六个城市的机场。

铁道部关于鼓励支持和引导非公有制经济参与铁路建设经营的实施意见

（铁政法［2005］123号）

2005年2月，国务院下发了《关于鼓励支持和引导个体私营等非公有制经济发展的若干意见》（国发［2005］3号，以下简称《意见》），明确提出了今后一个时期鼓励、支持和引导非公有制经济发展的总体要求，并针对非公有制经济发展中存在的突出问题，提出了一系列促进非公有制经济发展的政策措施。这是坚持两个"毫不动摇"的基本方针、完善社会主义市场经济体制、优化经济结构、促进社会生产力发展的重要举措，对于全面建设小康社会和加快社会主义现代化进程具有重大的战略意义。为贯彻落实国务院《意见》，鼓励、支持和引导非公有制经济参与铁路建设经营，促进铁路跨越式发展，现提出如下实施意见：

一、充分认识非公有制经济参与铁路建设经营的重要意义

改革开放以来，我国个体私营等非公有制经济不断发展壮大，已经成为社会主义市场经济的重要组成部分和促进社会生产力发展的重要力量。当前，铁路正处于全面深入推进跨越式发展的关键时期。实施《中长期铁路网规划》，加快铁路建设和铁路技术装备的现代化，推进投融资体制改革和企业股份制改革，必须调动各方面积极性，形成以公有制为主体、多种所有制经济相互促进、共同发展的多赢局面。放宽非公有制经济市场准入，鼓励、支持和引导非公有制经济参与铁路建设经营，是构建铁路多元投资主体，多渠道筹集铁路建设资金的迫切需要；是快速扩充铁路运输能力，快速提升铁路技术装备水平，消除铁路运输瓶颈制约的迫切需要；是优化铁路国有经济布局结构，盘活存量，扩大增量，促进铁路经济增长方式转变的迫切需要；是推进铁路股份制改革，实现铁路体制、机制与管理创新的迫切需要。当前，鼓励、支持和引导非公有制经济参与铁路建设经营，条件有利，机遇难得。国务院《意见》明确提出：凡法律法规未禁止的行业和领域，都允许非公有资本进入。要贯彻平等准入、公平待遇原则。允许外资进入的行业和领域，也允许国内非公有资本进入，并放宽股权比例限制等方面的条件。特别强调：允许非公有资本进入垄断行业和领域。在电力、电信、铁路、民航、石油等行业和领域，进一步引入市场竞争机制。对其中的自然垄断业务，积极推进投资主体多元化，非公有资本可以参股等方式进入；对其他业务，非公有资本可以独资、合资、合作、项目融资等方式进入。铁路面对着我国对内对外全方位开放的大环境，必须从全面落实科学发展观、完善我国社会主义市场经济体制的高度，充分认识促进非公有制经济发展的重大意义，认真贯彻中央确定的方针政策，进一步解放思想，深化改革，紧密结合铁路跨越式发展的实际，贯彻落实国务院《意见》，努力为非公有资本进入铁路消除体制障碍，创造良好环境。

二、放宽市场准入，鼓励各类非公有资本进入铁路行业

按照平等准入、公平待遇原则，凡是允许外资进入的铁路建设、运输经营及运输装备制造领域，也允许国内非公有资本进入，并适当放宽限制条件。根据2004年国家修订发布的《外商投资产业指导目录》及我国加入世贸组织的承诺，并考虑维护路网完整和保持运输集中统一指挥的需要，铁路对国内非公有资本开放的领域如下：

1. 铁路建设领域。鼓励非公有资本以投资参股、项目融资以及合作、联营等方式，参与铁路干线、铁路支线、地方铁路及其桥梁、隧道、轮渡设施的建设和既有线改造。

2. 铁路客货运输领域

铁路货运。允许非公有资本以合资、合作、联营及投资参股等方式，参与铁路货物运输经营。在条件具备的情况下，允许设立非公有资本控股或独资的铁路货运企业。

铁路客运。允许非公有资本以合资、合作、联营及投资参股等方式，参与铁路旅客运输经营。其中，合资组建铁路客运公司，需由国有资本控股。

允许非公有制企业以包租的方式，经营铁路旅客列车行李车、行包专列、行邮专列。

3. 铁路运输装备制造领域。鼓励非公有资本投资参与铁路机车车辆及主要部件设计与制造，铁路线路、桥梁设备设计与制造，高速铁路有关技术与设备制造，通信信号和运输安全监测设备制造，电气化铁路设备和器材制造。

非公有资本进入铁路运输装备制造领域，可以采取合资、独资、合作、联营等多种方式，没有股权比例限制。

4. 多元经营领域。在铁路主辅分离、辅业改制的改革中，鼓励和支持个体私营等非公有资本进入铁路辅业领域，参与多元经营企业重组改制。允许非公有资本控股或独资。

三、加大改革力度，为非公有制经济参与铁路建设经营创造良好环境

鼓励、支持和引导非公有制经济参与铁路建设经营，必须加快推进铁路投融资体制改革，为非公有资本进入铁路提供有力的政策法规保障。结合铁路跨越式发展实际，当前要着力在以下几个方面加大改革和政策支持力度：

1. 研究探索合资铁路经营机制和经营政策，积极扩大合资建路规模。充分利用铁路客运专线、煤运通道、集装箱站场等重点建设项目投资风险低、经营前景好、收益比较稳定的优势，积极吸引各类非公有资本投资参与建设经营，扩大合资建路规模。要研究借鉴特许经营、委托经营以及BT（建设—移交）、BOT（建设—经营—移交）、PPP（公共部门与私人企业合作）等多种公共基础设施投资建设经营模式，探索适合我国铁路特点的合资铁路经营机制，并在有关投资补偿、融资渠道、财税政策、运价机制等方面，积极争取国家政策支持，鼓励和引导非公有资本投入铁路基础设施建设，保障投资者的合法权益。

2. 建立市场化融资机制，为非公有资本进入铁路构建有效的融资平台。充分发挥中国铁路建设投资公司的投资杠杆作用，吸引个体、民营等非公有资本对铁路建设项目参股；积极争取国家对西部铁路等公益性铁路建设项目给予低息或贴息贷款政策，降低融资成本；有条件的合资铁路建设项目，也可以探索发行企业债券、可转换债券、设备融资租赁等多样化融资方式。

3. 鼓励非公有制经济参与国铁企业重组改制，大力发展混合所有制经济。对于有一定规模、盈利能力较强的既有国铁运输企业优良资产进行重组，吸引各类非公有制企业投资参股，组建混合所有制的股份公司；鼓励非公有制企业通过并购和控股、参股等多种形式，参与铁路辅业改制。

4. 贯彻平等准入、公平待遇原则，为非公有制经济参与铁路运输经营创造平等的政策环境。在维护路网完整、保持运输集中统一指挥、提高运输效率的前提下，对各类所有制形式的铁路运输企业实行无歧视的运输政策，在运输资源配置、付费标准、财务结算、公益性运输负担以及运输安全监管等方面建立健全监督管理制度，做到公开、公平、公正。

5. 全面开放铁路建设市场，引入市场化的建设管理机制。鼓励具备相应资质条件的非公有制企业积极参与铁路建设工程招投标。所有铁路建设项目，都要积极引入市场机制，推进项目法人责任制、资本金制、招标投标制、工程监理制和合同管理制，并引进国内外先进、科学的项目管理模式，严格控制投资概算，规范项目管理行为，确保工程质量和建设工期。

6. 改进政府投资调控方式，促进非公有制经济持续健康发展。认真贯彻落实《国务院关于投资体制改革的决定》，改革铁路投资项目审批制度，规范政府投资行为，依法保障投资者的合法权益；政府通过对项目注入资本金等多种方式，鼓励、支持和引导非公有资本投资铁路；建立铁路建设投资信息平台，定期开展项目推介、招商洽谈会等，通过为投资者提供全方位咨询和中介服务，实现资金与项目的对接、政府与投资者之间的沟通；完善铁道部相关行政许可工作机制和管理制度，规范铁路市场准入许可，做到依法行政。

7. 建立健全相关法律法规体系。结合铁路投融资体制改革进程，不断细化完善相关政策，研究制定《铁路旅客运输管理条例》、《铁路货物运输管理条例》和《铁路建设管理条例》，尽快明确非公有资本进入铁路行业的准入条件和办理程序，通过行政立法，把国家关于支持铁路发展、放宽市场准入、促进铁路投资主体多元化以及鼓励、支持和引导非公有制经济发展的方针政策制度化、法制化，使之成为各方面必须遵循的行为准则，为实现铁路跨越式发展提供有力的法制保障。放宽铁路市场准入，鼓励、支持和引导非公有制经济参与铁路建设经营，涉及铁路投资建设经营的各个领域，涉及方方面面的政策。从转变思想观念、制定政策措施到具体贯彻落实，还有许多工作需要在实践中进一步探索创新。全路各级领导要带头解放思想，坚决贯彻落实国务院的这一重大改革举措，结合铁路跨越式发展的实际，认真研究鼓励、支持和引导非公有制经济发展的具体措施及配套办法，解决阻碍非公有制经济参与铁路建设经营的实际问题，确保党和国家的方针政策落到实处。

银行开展小企业贷款业务指导意见

（银监发［2005］54号）

第一条 为促进和指导各银行不断改善对小企业的金融服务，逐步调整和优化信贷资产结构，根据《中华人民共和国商业银行法》、《中华人民共和国银行业监督管理法》以及《国务院关于鼓励支持和引导个体私营等非公有制经济发展的若干意见》（国发［2005］3号）等法规和有关规定，制定本指导意见。

第二条 本指导意见中的小企业泛指各类所有制和组织形式的小型企业及个体经营户。小型企业的划分标准参照《中小企业标准暂行规定》（国经贸中小企［2003］143号）、《统计上大中小型企业划分办法（暂行）》（国统字［2003］17号）和《部分非工企业大中小型划分补充标准（草案）》（国资厅评价函［2003］327号）的规定。

本指导意见中的贷款泛指各类贷款、贸易融资、贴现、保理、贷款承诺、保证、信用证、票据承兑等表内外授信和融资业务。

本指导意见中的银行包括政策性银行、商业银行和农村合作银行。城市信用社开展小企业贷款业务可参照本指导意见。

第三条 商业银行开展小企业贷款应遵循自主经营、自负盈亏、自担风险和市场运作的原则，应以实现小企业贷款业务的商业性可持续发展为目标。

第四条 政策性银行因受机构网络限制，可依托中小商业银行和担保机构，开展以小企业为服务对象的转贷款、担保贷款业务。政策性银行开展此项业务应遵循市场原则和有效控制风险原则，着重从资金和技术两个方面支持中小商业银行改善面向小企业的金融服务，贷款风险由具体参贷银行自负。

第五条 各银行应有专门部门负责小企业贷款工作，对小企业贷款业务加强专项指导和分账考核。

开展小企业贷款的基层行应设立独立的小企业贷款科室或小组，并运用管理会计和内部核算，单独考核小企业贷款业务的成本和收益。

银行开展小企业贷款业务实行客户经理制，在具体管理中，实行“四只眼睛”原则，每两位客户经理共管一批客户。

第六条 银行应根据小企业贷款业务的特点，积极开展制度创新，建立符合小企业贷款业务特点的信用评级、业务流程、风险控制、人力资源管理和内部控制等制度。

第七条 银行应针对小企业业务特点，重新构建激励约束机制，制定专门的业绩考核和奖惩机制，建立与小企业贷款业务相适应的信贷文化。

在收入分配上应强调小企业信贷人员收入与其业务量、效益和贷款质量等综合绩效指标挂钩，上不封顶。信贷员绩效指标应包括当月发放贷款的笔数与金额；当月新发展的客户数和新客户贷款金额；逾期率和损失率；贷款余额和发放笔数等内容。贷款质量和当月新发放贷款应占主要比重。

第八条 银行应对小企业市场进行必要的细分，制定符合小企业客户特点的市场策略，积极开展产品创新，推出符合小企业不同需求的贷款产品和金融服务，包括固定资产贷款和周转资金贷款。

固定资产贷款包括购建厂房贷款和购买设备贷款。对购建厂房贷款可根据小企业具体情况酌情给予一定的宽限期（期内只还息不还本）支持。周转资金贷款包括信用证外销贷款、购买原材料贷款和一般营运周转贷款。信用证外销贷款依据不可撤销信用证办理，贷款支持度视风险程度而定，最高可支持到信用证金额的80%；购买原材料贷款依据出口远期信用证或银行承兑保证办理，贷款支持度视风险程度而定，最高可支持到信用证或银行承兑金额的80%；一般营运周转贷款的贷款金额原则上可支持到企业最近一年报税营业额的20%。周转资金贷款期限最长为360天，期满须清本清息。

小企业贷款产品应体现起点金额、利率浮动水平、担保要求、贷款期限和还款方式等方面的差异，以供小企业根据各自情况进行选择。

第九条 银行应尽量实现贷款产品和运作流程的标准化，简化贷款手续，减少审批环节，缩短审批时间，以提高效率，降低成本，改善服务。

第十条 银行审核小企业贷款申请，可根据小企业的实际情况，不单纯依赖正式的财务报表、商业计划或各类书面文件。但须注重现场调查，注意收集非财务信息和软信息。应深入小企业生产、经营和销售现场，通过实地调查和与借款企业管理人员交流等方式，了解借款人经营动态和资信情况。应从多方面、多渠道收集有关借款企业及其经营者家庭收支和信用情况的第一手信息，尽量减少借贷双方的信息不对称。

第十一条 信贷人员对借款人信息进行汇总和分析后，应编制反映借款企业关键财务信息的财务简表，并着重对借款企业的借款原因、现金流量、还款能力和经营者个人信用情况作出专业的分析和判断。必要时，应把借款企业与企业经营者家庭合并为一个社会经济单位进行信用分析，全面分析其还款能力和信用情况。

信贷人员经调查分析后，向审核部门或有权审批人提交书面的贷款建议。

第十二条 信贷人员应对贷款建议中所含信息的真实性、全面性和可靠性负责。如有失职行为，应按有关规定处理。

信贷人员必须在贷款建议中披露贷款申请人是否为自己的关系人。

信贷人员的贷款建议除对借款人借款原因、还款能力和经营者个人信用情况及还款可能性进行分析外，还应在贷款金额、担保条件、贷款利率、期限和还款方式等方面提出建议。

第十三条 贷款应主要以借款人经营活动所形成的现金流量和个人信用为基础，并可以其已有可抵押资产和未来融资项下形成的资产和权益进行抵、质押；只有在确认第一还款来源不足时，方可要求借款人提供有效担保。

第十四条 银行在法律法规允许的范围内，应探索在动产和权利上设置抵押或质押，灵活采用担保方式，增加担保物品种，在方便小企业取得贷款的同时，增强对借款人的还款约束，提高贷款偿还的可靠性。

第十五条 银行应充分利用贷款利率放开的市场环境，在小企业贷款上必须引入贷款利率的风险定价机制。

可在法规和政策允许的范围内，根据风险水平、筹资成本、管理成本、贷款目标收益、资本回报要求以及当地市场利率水平等因素自主确定贷款利率，对不同借款人实行差别利率，并在风险发生变化时，随时自主调整。

第十六条 贷款期限和偿还方式应符合小企业借款人现金流量的特点。视需要，可采取分期定额、分期利随本清、灵活地附加必要宽限期（期内只付息不还本）等还款方式，灵活地满足小企业借款人需求。同时加强还款约束和贷后监督，降低信贷风险。

第十七条 银行应在控制风险的前提下合理下放对小企业贷款的审批权限，优化简化审批流程，提高贷款审批效率，为小企业客户提供快捷的服务。

第十八条 银行应采取符合小企业贷款流程特点的信贷风险控制措施。除适当的审贷分离及严密的贷前调查和贷后监督以外，应通过强化激励和约束机制，充分调动信贷人员的积极性，确保作为贷款决策基础的借款人信息及贷款建议真实、可靠。

第十九条 信贷人员应承担贷后监督的主要责任，应加强贷后跟踪，与借款企业保持密切的工作联系，随时掌握借款企业的动态。对于可能影响借款企业还款能力的重大事件，应及时书面据实报告并采取必要措施。

到期未偿还贷款的催收工作应由信贷人员负责。但在需要运用法律手段进行催收时，可由有关部门或人员接管。

第二十条 经营正常、按期还本付息的小企业如需办理贷款展期或重组，应事先提出申请。信贷人员须对此申请进行评估后，提出书面建议报有关部门审核，批准后方得办理。

信贷人员建议缩减额度或不予展期的小企业贷款，应书面据实报告，经有关部门审核后，以专案方式办理，加强风险管理，但必须在两周内向借款企业告知审核结果和相应要求。

第二十一条 银行应对借款人还款行为提供足够激励和约束，强化客户信用观念。借款人还款记录良好，可在贷款金额、期限、利率和担保条件上给予优惠；还款情况不好，除据合同规定停止放款、加紧催收欠款以及加收高额罚息外，还应对其采取社会曝光和业界信用警示通报等措施。

第二十二条 银行应建立适应小企业贷款业务需求的统计制度和信息管理系统。信息管理系统应记录和汇总以往所有贷款申请情况和相应的贷款偿还情况；应使信贷人员能及时监测贷款逾期情况，包括逾期借款类别（分固定资产和周转金两种）、逾期天数、逾期贷款还款情况及贷款余额；应使信贷人员了解正常还款客户的情况。

第二十三条 小企业信贷人员应具备良好品德操守，无不良记录。

银行应对小企业贷款相关人员事先进行严格和专门的培训，使之掌握小企业贷款理念、方法和特点，并通过经常的训练，使之具备一定的专业技能和行业知识，善于总结工作经验，确保有关政策和程序得到有效执行。

第二十四条 银行应建立小企业贷款工作的尽职调查制度及相应的问责与免责制度，对小企业贷款业务的各项活动进行合规性检查和稽核，并根据实际情况和有关规定追究或免除有关责任人的相应责任。

第二十五条 各银行可根据本指导意见，并结合本行实际，制定具体的实施办法和工作规程。

第二十六条 贷款损失准备金的提取和呆账核销应依据《金融企业呆账准备提取管理办法》（财金［2005］49号）、《金融企业呆账核销管理办法》（财金［2005］50号）和人民银行《银行贷款损失准备计提指引》（银发［2002］98号）执行。

银监会将抓紧商有关部门，制订小企业贷款在贷款风险分类、损失准备金计提、损失类贷款核销及资本充足率计算等方面的差别政策，为银行开展小企业贷款业务创造良好的监管环境；同时加强对银行贷款集中度的考核，引导和督促中小商业银行调整经营策略和资产结构，积极面向小企业贷款市场；另外，将充分调动和利用国内外各种资源，为各银行改善面对小企业的金融服务提供必要的技术支持和培训服务。

第二十七条 银行应按要求向银行业监管机构报送小企业贷款有关信息，包括小企业贷款金额、逾期率、损失率和贷款展期或重组率等。

第二十八条 本指导意见由中国银行业监督管理委员会负责解释。

第二十九条 本指导意见自发布之日起施行。

劳动和社会保障部、中华全国总工会、中国企业联合会、中国企业家协会关于进一步加强劳动争议调解工作的通知

劳社部函［2005］180号　颁布日期：20050804　实施日期：20050804

颁布单位：劳动和社会保障部、中华全国总工会、中国企业联合会、中国企业家协会

各省、自治区、直辖市劳动和社会保障厅（局），总工会，企业联合会/企业家协会：

多年来，在各级党委、政府的领导下，各地劳动争议调解工作在和谐劳动关系、促进企业发展等方面发挥了重要作用。但由于近年国有企业改制重组、关闭破产，以及大量非公有制企业工会组建滞后等因素的影响，一些地区的企业劳动争议调解组织出现萎缩，劳动争议调解工作有所弱化。为适应市场经济条件下协调劳动关系的迫切需要，最大限度地把劳动争议解决在基层，化解在萌芽状态，切实维护劳动争议当事人合法权益，保持社会稳定，现就进一步加强劳动争议调解工作提出如下意见：

一、高度重视新形势下的劳动争议调解工作

党的十六届四中全会强调，要建立健全社会利益协调机制，综合运用政策、法律、经济、行政等手段和教育、协商、调解等方法，依法及时合理地处理群众反映的问题，妥善协调各方利益关系，正确处理人民内部矛盾。劳动争议是社会利益矛盾的突出表现，调解是及时化解劳动争议的重要手段。当前我国企业改革和经济结构战略性调整步伐加快，劳动关系日趋复杂，劳动争议不断增多，切实加强劳动争议调解工作，对于有效维护劳动争议当事人双方合法权益，促进劳动关系的和谐稳定，推动经济和社会协调发展以及构建社会主义和谐社会具有十分重要的作用。各级劳动保障部门、工会组织、企业联合会、企业家协会要按照十六届四中全会决定的要求，认真贯彻邓小平理论和“三个代表”重要思想，坚持以人为本的科学发展观，从构建社会主义和谐社会的高度出发，充分认识新形势下进一步加强劳动争议调解工作的重要性与紧迫性，把这项工作摆到重要议事日程，增强使命感和责任感，忠实履行职责，努力构建多层次、广覆盖的劳动争议调解网络，推动劳动争议调解工作取得新进展。

二、进一步发挥企业劳动争议调解委员会的作用

企业劳动争议调解委员会是法律规定建立在企业内部的从事劳动争议调解工作的专门组织，在宣传劳动保障法律法规，预防化解劳动争议，督促劳动争议双方当事人履行调解协议，促进企业劳动关系和谐稳定方面发挥着重要作用。各地要针对目前存在的企业劳动争议调解委员会数量下滑、作用弱化等突出问题，研究采取有力措施，指导、督促企业和实行企业化管理的事业单位依法建立健全劳动争议调解委员会，配齐调解人员，落实工作职责，完善工作制度。规模较大、人数较多的企业，要配备专职调解人员。要督促企业依法落实调解委员会的办公经费和办公条件，支持调解人员依法开展调解活动，充分发挥调解委员会预防和化解劳动争议的作用。

三、积极推进区域性、行业性劳动争议调解组织建设

建立由协调劳动关系三方或多方组成的区域性、行业性劳动争议调解组织，是近年来部分地区在开展劳动争议处理工作中的制度创新。实践证明，开展区域性、行业性劳动争议调解顺应了劳动争议调解工作的发展需要，有利于扩大调解工作的覆盖面，增强调解工作的权威性和实效性；有利于强化劳动争议调解工作的指导，及时化解未建立劳动争议调解委员会企业的劳动争议以及跨区域、跨行业的劳动争议；各地要从实际出发，在当地党委政府的领导下，将劳动争议调解纳入“保一方平安，促一方稳定”的维稳大调解格局，积极推动在小型非公有制企业和外商投资企业比较集中的乡（镇）、街道、社区，建立区域性、行业性劳动争议调解组织，配备专门人员，开展调解工作。在非国有经济占比重较大的县（市），也可以探索建立区域性、行业性劳动争议调解组织。要研究完善区域性、行业性劳动争议调解组织的制度建设和机制建设，加强与劳动争议仲裁机构和人民调解组织的协调配合，逐步形成企业调解、区域性（行业性）调解、人民调解和仲裁调解相结合的劳动争议调解体系，有效发挥劳动争议调解工作“第一道防线”的作用。

四、大力加强劳动争议预防和预警工作

“调防结合，以防为主”是劳动争议调解的基本原则。建立劳动争议预警机制，加强劳动争议预防，是协调劳动关系、化解争议苗头，防止发生群体性突发事件的重要措施。预防劳动争议，首要任务是指导企业树立以人为本的管理理念，建立健全劳动合同制度和平等协商集体合同制度，建立和完善职工代表大会制度，形成理念科学、管理规范、民主参与、运转高效的劳动管理架构，保证广大职工对于涉及自身利益的重大问题的知情权、参与权和监督权得到切实落实。当前要把企业改制重组、关闭破产等影响劳动关系重大变化的问题作为预防工作的重点，指导企业劳动争议调解委员会参与重大改革方案的制定，协助做好人员安置等工作，依法维护职工的切身利益，确保改革的顺利进行。要把劳动保障法律法规的宣传教育作为劳动争议预防工作的重要内容，扎实开展对职工和企业经营管理人员的劳动保障法律法规培训工作，通过多头并举、源头入手，有效预防劳动争议的发生。

要高度重视劳动争议预警体系建设。充分整合资源，形成有效联动，切实发挥各级劳动争议调解组织的预防功能，通过建立企业劳动争议信息员制度、地方协调劳动关系三方成员信息通报协调制度等，推动建立三方共同负责的自下而上的劳动争议预警机制，通过预测、预报和预防等措施，有效排查劳动争议隐患，及时化解纠纷苗头。对可能引发群体性突发事件的重大问题，要在第一时间将情况上报有关部门，积极采取应对措施，最大限度减少社会振荡。

五、切实加强劳动争议调解工作规范化建设和机制创新

加强规范化建设，是提升劳动争议调解工作整体水平的必然要求。各级劳动保障部门、工会组织和企业联合会、企业家协会要紧密结合实际，加强调查研究，逐步建立、健全调解工作相关制度。要健全工作考核标准及办法，研究建立调解员持证上岗、专业培训考核、调解责任、统计分析、信息通报、文书和档案管理等制度，推动劳动争议调解工作规范、有序地进行。

坚持与时俱进，加强机制创新。要适应劳动争议处理体制改革的需要，积极研究劳动争议调解工作的改革思路，包括劳动争议调解工作组织体系、调解程序、基本制度、调解效力等。要研究解决区域性、行业性劳动争议调解组织的法律地位、工作程序和制度、劳动争议调解协议书的法律效力等实际问题，探索劳动争议调解和劳动争议仲裁的有效衔接；要研究建立劳动争议调解员社会考核录用制度，建设专业化调解队伍；要逐步整合区域和行业层面的劳动争议调解与集体协商机制功能，建立符合市场经济要求的劳动争议处理新机制。

六、加强领导，统筹协调，推进劳动争议调解工作深入发展

各级劳动保障部门、工会组织和企业联合会、企业家协会要密切配合，明确分工，建立责

任制，把劳动争议调解工作列入劳动关系三方协调组织的重要议程，切实加强对劳动争议调解工作的领导。三方协调组织可设立劳动争议处理专门委员会，具体负责包括劳动争议调解在内的劳动争议处理工作重大事项。要在调查摸清现状和底数的基础上，制定本地区劳动争议调解工作阶段性发展规划，并认真组织落实，推动劳动争议调解工作深入发展。要加强对调解工作人员的培训工作，制定可行的培训计划，力争在两至三年内对在岗调解工作人员进行普遍轮训，切实提高调解人员的政治业务素质和实际工作能力。要与立法等机关加强协调，推动相关地方立法和政策制定，为劳动争议调解工作有效开展提供法律和政策支持。要及时总结、推广实践中的典型经验，扩大宣传，表彰先进，加强对劳动争议调解工作的指导。从强化组织建设、创新机制、加强制度建设、促进作用发挥等方面入手，整体推进劳动争议调解工作，切实维护劳动关系和谐稳定，为构建社会主义和谐社会做出贡献。

企业财产损失所得税前扣除管理办法

国家税务总局令第13号

颁布日期：20050809 实施日期：20050901 颁布单位：国家税务总局

经2005年6月3日第4次局务会议审议通过，现予发布，自2005年9月1日起施行。

国家税务总局

二〇〇五年八月九日

第一章　总　则

第一条　为进一步规范和完善企业财产损失所得税前扣除的管理，促进企业所得税管理的精细化，根据《中华人民共和国税收征收管理法》及其实施细则、《中华人民共和国企业所得税暂行条例》及其实施细则的有关规定，制定本办法。

第二条　本办法所称财产是指企业拥有或者控制的、用于经营管理活动且与取得应纳税所得有关的资产，包括现金、银行存款、应收及预付款项（包括应收票据）、存货、投资（包括委托贷款、委托理财）、固定资产、无形资产（不包括商誉）和其他资产。

第三条　企业的各项财产损失，按财产的性质分为货币资金损失、坏账损失、存货损失、投资转让或清算损失、固定资产损失、在建工程和工程物资损失、无形资产损失和其他资产损失；按申报扣除程序分为自行申报扣除财产损失和经审批扣除财产损失；按损失原因分为正常损失（包括正常转让、报废、清理等）、非正常损失（包括因战争、自然灾害等不可抗力造成损失，因人为管理责任毁损、被盗造成损失，政策因素造成损失等）、发生改组等评估损失和永久实质性损害。

第四条　企业的各项财产损失，应在损失发生当年申报扣除，不得提前或延后。非因计算错误或其他客观原因，企业未及时申报的财产损失，逾期不得扣除。按本办法规定须经有关税务机关审批的，应按规定时间和程序及时申报。因税务机关的原因导致财产损失未能按期扣除的，经税务机关批准后，应调整该财产损失发生年度的纳税申报表，重新计算应纳所得税额。调整后的应纳所得税额如小于调整前的应纳所得税额，应将财产损失发生年度多缴的税款按照有关规定予以退税、抵缴欠税或下期应缴税款，不得改变财产损失所属纳税年度。

第五条　企业已申报扣除的财产损失又获得价值恢复或补偿，应在价值恢复或实际取得补偿年度并入应纳税所得。因债权人原因确实无法支付的应付账款，包括超过三年以上未支付的应付账款，如果债权人已按本办法规定确认损失并在税前扣除的，应并入当期应纳税所得依法缴纳企业所得税。

第二章　税前扣除财产损失的审批

第六条　企业在经营管理活动中因销售、转让、变卖资产发生的财产损失，各项存货发生的正常损耗以及固定资产达到或超过使用年限而正常报废清理发生的财产损失，应在有关财产损失实际发生当期申报扣除。

第七条　企业因下列原因发生的财产损失，须经税务机关审批才能在申报企业所得税时扣除：

（1）因自然灾害、战争等政治事件等不可抗力或者人为管理责任，导致现金、银行存款、存货、短期投资、固定资产的损失；

（2）应收、预付账款发生的坏账损失；

（3）金融企业的呆账损失；

（4）存货、固定资产、无形资产、长期投资因发生永久或实质性损害而确认的财产损失；

（5）因被投资方解散、清算等发生的投资损失；

（6）按规定可以税前扣除的各项资产评估损失；

（7）因政府规划搬迁、征用等发生的财产损失；

（8）国家规定允许从事信贷业务之外的企业间的直接借款损失。

第八条　企业财产损失税前扣除审批是对纳税人按规定提供的申报资料与法定条件的相关性进行的符合性审查。负责审批的税务机关需要对申报材料的内容进行核实的，应当指派两名以上工作人员进行核查。因财产损失数额较大、外部合法证据不充分等原因，实地核查工作量大、耗时长的，可委托企业所在地县（区）级税务机关具体组织实施。税务机关可对经批准税前扣除的财产损失的真实性进行检查。

第九条　企业的财产损失税前扣除，原则上由企业所在地县（区）级主管税务机关负责。省、自治区、直辖市和计划单列市税务机关（以下简称省级税务机关）可以根据财产损失金额的大小适当划分审批权限。因政府规划搬迁、征用等发生的财产损失由该级政府所在地税务机关的上一级税务机关审批。

第十条　企业财产损失税前扣除不得实行层层审批，企业可向所在地县（区）级主管税务机关申请，也可直接向省级税务机关规定的负责审批的税务机关申请。

第十一条　各级税务机关对企业税前扣除的财产损失申请的受理和审批，除听证和公示外，应比照《国家税务总局关于实施税务行政许可若干问题的通知》（国税发［2004］73号）有关规定执行。

第十二条　县（区）级税务机关负责审批的，必须自受理之日起二十个工作日做出审批决定；市（地）级税务机关负责审批的，必须自受理之日起三十个工作日内做出审批决定；省级税务机关负责审批的，必须自受理之日起六十个工作日内做出审批决定。因情况复杂需要核实，在规定期限内不能做出决定的，经本级税务机关负责人批准，可以延长十天，并将延长期限的理由告知纳税人。

第十三条　企业发生的各项需审批的财产损失应在纳税年度终了后15日内集中一次报税务机关审批。企业发生自然灾害、永久或实质性损害需要现场取证的，应在证据保留期间及时申报审批，也可在年度终了后集中申报审批，但必须出据中介机构、国家及授权专业技术鉴定部门等的鉴定材料。

第十四条　企业税前扣除财产损失的审批采取谁审批、谁负责的制度，各级税务机关应将财产损失审批纳入岗位责任制考核体系，根据本办法的要求，规范程序，明确责任，建立健全监督制约机制和责任追究制度。

第三章　财产损失认定的证据

第十五条　企业申报扣除各项资产损失时，均应提供能够证明资产损失确属已实际发生的合法证据，包括：具有法律效力的外部证据、具有法定资质的中介机构的经济鉴证证明和特定事项的企业内部证据。

第十六条　具有法律效力的外部证据，是指司法机关、公安机关、行政机关、专业技术鉴定部门等依法出具的与本企业资产损失相关的具有法律效力的书面文件，主要包括：

（一）司法机关的判决或者裁定；

（二）公安机关的立案结案证明、回复；

（三）工商部门出具的注销、吊销及停业证明；

（四）企业的破产清算公告或清偿文件；

（五）政府部门的公文及明令禁止的文件；

（六）国家及授权专业技术鉴定部门的鉴定报告；

（七）保险公司对投保资产出具的出险调查单，理赔计算单等；

（八）符合法律条件的其他证据。

第十七条　中介机构的经济鉴证证明，是指税务师事务所等具有法定资质的社会中介机构按照独立、客观、公正原则，在充分调查研究、论证和计算基础上，进行职业推断和客观评判，对企业某项经济事项发表的专项经济鉴证证明或鉴定意见书。

第十八条　企业会计核算制度健全，内部控制制度完善的，可以特定事项的内部证据作为资产损失的认定证据。特定事项的企业内部证据，是指本企业对各项资产发生毁损、报废、盘亏等内部证明或承担责任的申明，主要包括：

（一）会计核算有关资料和原始凭证；

（二）资产盘点表；

（三）相关经济行为的业务合同；

（四）企业内部技术鉴定部门的鉴定文件或资料（数额较大、影响较大的资产损失项目，应聘请行业内专家参加鉴定和论证）；

（五）企业内部核批文件及有关情况说明；

（六）由于经营管理责任造成的损失，要有对责任人的责任认定及赔偿情况说明；

（七）法定代表人、企业负责人和企业财务负责人对特定事项真实性承担税收法律责任的申明。

第四章　货币资产损失的认定

第十九条　企业清查出的现金短缺，将现金短缺数额扣除责任人赔偿后的余额，确认为损失。现金损失确认应提供以下证据：

（一）现金保管人确认的现金盘点表（包括倒推至基准日的记录）；

（二）现金保管人对于短款的说明及相关核准文件；

（三）由于管理责任造成的，应当有对责任认定及赔偿情况的说明；

（四）涉及刑事犯罪的应当提供有关司法涉案材料。

第二十条　企业应收、预付账款发生的坏账损失申请税前扣除必须符合下列条件之一：

（一）债务人被依法宣告破产、撤销（包括被政府责令关闭）、吊销工商营业执照、死亡、失踪，其剩余财产或遗产确实不足清偿；

（二）债务人逾期三年以上未清偿且有确凿证明表明已无力清偿债务；

（三）符合条件的债务重组形成的坏账；

（四）因自然灾害、战争及国际政治事件等不可抗力因素影响，确实无法收回的应收款项。

第二十一条 本办法第二十条所述情形中债务人已经清算的，应当扣除债务人清算财产实际清偿的部分后，对不能收回的款项，认定为损失。

对尚未清算的，由中介机构进行职业推断和客观评判后出具经济鉴证证明，对确实不能收回的部分认定为损失。

债务人已失踪、死亡的应收账款，在取得公安机关已失踪、死亡的证明后，确定其遗产不足清偿部分或无法找到承债人追偿债务的，由中介机构进行职业推断和客观评判后出具经济鉴证证明，对确实不能收回的部分，认定为损失。

因自然灾害、战争及国际政治事件等不可抗力因素影响，对确实无法收回的应收款项，由企业作出专项说明，经中介机构进行职业推断和客观评判后出具经济鉴证证明，或者取得中国驻外使（领）馆出具的有关证明后，对确实不能收回的部分，认定为损失。

逾期不能收回的应收款项，有败诉的法院判决书、裁决书，或者胜诉但无法执行或债务人无偿债能力被法院裁定终（中）止执行的，依据法院判决、裁定或终（中）止执行的法律文书，认定为损失。

在逾期不能收回的应收款项中，单笔数额较小、不足以弥补清收成本的，由企业作出专项说明，经中介机构进行职业推断和客观评判后出具经济鉴证证明，对确实不能收回的部分，认定为损失。

逾期三年以上的应收款项，企业有依法催收磋商记录，确认债务人已资不抵债、连续三年亏损或连续停止经营三年以上的，并能认定三年内没有任何业务往来，中介机构进行职业推断和客观评判后出具经济鉴证证明，认定为损失。

逾期三年以上的应收款项，债务人在境外及港、澳、台地区的，经依法催收仍不能收回的，在取得境外中介机构出具的有关证明，或者取得中国驻外使（领）馆出具的有关证明后，认定为损失。

第二十二条 企业应收、预付账款发生上述情况申请坏账损失税前扣除应提供下列依据：

（一）法院的破产公告和破产清算的清偿文件；

（二）工商部门的注销、吊销证明；

（三）政府部门有关撤销、责令关闭等的行政决定文件；

（四）公安等有关部门的死亡、失踪证明；

（五）逾期三年以上及已无力清偿债务的确凿证明；

（六）债权人债务重组协议、法院判决、国有企业债转股批准文件；

（七）与关联方的往来账款必须有法院判决或所在地主管税务机关证明。

第五章 非货币性资产损失的认定

第二十三条 企业存货发生的损失包括有关商品、产成品、半成品、在产品以及各类材料、燃料、包装物、低值易耗品等发生的盘亏、变质、淘汰、毁损、报废、被盗等造成的净损失。

第二十四条 对盘亏的存货，扣除责任人赔偿后的余额部分，依据下列证据认定损失：

（一）存货盘点表；

（二）中介机构的经济鉴证证明；

（三）存货保管人对于盘亏的情况说明；

（四）盘亏存货的价值确定依据（包括相关入库手续、相同相近存货采购发票价格或其他确定依据）；

（五）企业内部有关责任认定、责任人赔偿说明和内部核批文件。

第二十五条 对报废、毁损的存货，其账面价值扣除残值及保险赔偿或责任赔偿后的余额部分，依据下列证据认定损失：

（一）单项或批量金额较小的存货由企业内部有关技术部门出具技术鉴定证明；

（二）单项或批量金额较大的存货，应取得国家有关技术部门或具有技术鉴定资格的中介机构出具的技术鉴定证明；

（三）涉及保险索赔的，应当有保险公司理赔情况说明；

（四）企业内部关于存货报废、毁损情况说明及审批文件；

（五）残值情况说明；

（六）企业内部有关责任认定、责任赔偿说明和内部核批文件。

第二十六条 对被盗的存货，其账面价值扣除保险理赔以及责任赔偿后的余额部分，依据下列证据认定损失：

（一）向公安机关的报案记录，公安机关立案、破案和结案的证明材料；

（二）涉及责任人的责任认定及赔偿情况说明；

（三）涉及保险索赔的，应当有保险公司理赔情况说明。

第二十七条 固定资产损失包括企业房屋建筑物、机器设备、运输设备、工具器具等发生盘亏、淘汰、毁损、报废、丢失、被盗等造成的净损失。

第二十八条 对盘亏的固定资产，其账面净值扣除责任人赔偿后的余额部分，依据下列证据确认损失：

（一）固定资产盘点表；

（二）盘亏情况说明，单项或批量金额较大的固定资产盘亏，企业应逐项作出专项说明，由中介机构进行职业推断和客观评判后出具经济鉴证证明；

（三）企业内部有关责任认定和内部核准文件等。

第二十九条 对报废、毁损的固定资产，其账面净值扣除残值、保险赔偿和责任人赔偿后的余额部分，依据下列证据认定损失：

（一）企业内部有关部门出具的鉴定证明；

（二）单项或批量金额较大的固定资产报废、毁损，企业应逐项作出专项说明，并委托有技术鉴定资格的机构进行鉴定，出具鉴定说明；

（三）不可抗力原因（自然灾害、意外事故、战争等）造成固定资产毁损、报废的，应当有相关职能部门出具的鉴定报告，如消防部门出具受灾证明，公安部门出具的事故现场处理报告、车辆报损证明，房管部门的房屋拆除证明，锅炉、电梯等安检部门的检验报告等；

（四）企业固定资产报废、毁损情况说明及内部核批文件；

（五）涉及保险索赔的，应当有保险公司理赔情况说明。

第三十条 对被盗的固定资产，其账面净值扣除保险理赔以及责任赔偿后的余额部分，依据下列证据认定损失：

（一）向公安机关的报案记录，公安机关立案、破案和结案的证明材料；

（二）涉及责任人的责任认定及赔偿情况说明；

（三）涉及保险索赔的，应当有保险公司理赔情况说明。

第三十一条 在建工程和工程物资损失包括企业已经发生的因停建、废弃和报废、拆除在建工程项目以及因此而引起的相应工程物资报废或削价处理等发生的损失。

第三十二条 因停建、废弃和报废、拆除的在建工程，其账面价值扣除残值后的余额部分，依据下列证据认定损失：

（一）国家明令停建项目的文件；

（二）有关政府部门出具的工程停建、拆除文件；

（三）企业对报废、废弃的在建工程项目出具的鉴定意见和原因说明及核批文件，单项数额较大的在建工程项目报废，应当有行业专家参与的技术鉴定意见；

（四）工程项目实际投资额的确定依据。

第三十三条 由于自然灾害和意外事故毁损的在建工程，其账面价值扣除残值、保险赔偿及责任赔偿后的余额部分，依据下列证据认定损失：

（一）有关自然灾害或者意外事故证明；

（二）涉及保险索赔的，应当有保险理赔说明；

（三）企业内部有关责任认定、责任人赔偿说明和核准文件。

第三十四条 工程物资发生损失的，比照本办法存货损失的规定进行认定。

第六章 资产永久或实质性损害的认定

第三十五条 存货出现以下一项或若干项情形时，应当确认为发生永久或实质性损害：

（一）已霉烂变质；

（二）已过期且无转让价值；

（三）经营中已不再需要，并且已无使用价值和转让价值；

（四）其他足以证明已无使用价值和转让价值。

第三十六条 固定资产出现下列情形之一时，应当确认为发生永久或实质性损害：

（一）长期闲置不用，且已无转让价值；

（二）由于技术进步原因，已经不可使用；

（三）已遭毁损，不再具有使用价值和转让价值；

（四）因本身原因，使用后导致企业产生大量不合格品；

（五）其他实质上已经不能再给企业带来经济利益。

第三十七条 无形资产出现以下一项或若干项情形时，应当确认为发生永久或实质性损害：

（一）已被其他新技术所替代，且已无使用价值和转让价值；

（二）已超过法律保护期限，且已不能为企业带来经济利益；

（三）其他足以证明已经丧失使用价值和转让价值。

第三十八条 投资出现以下一项或若干项情形时，应当确认为发生永久或实质性损害：

（一）被投资方已依法宣告破产、撤销、关闭或被注销、吊销工商营业执照；

（二）被投资方财务状况严重恶化，累计发生巨额亏损，已连续停止经营三年以上，且无重新恢复经营的改组计划等；

（三）被投资方财务状况严重恶化，累计发生巨额亏损，被投资方的股票从证券交易市场摘牌，停止交易一年或一年以上。

（四）被投资方财务状况严重恶化，累计发生巨额亏损，已进行清算。

第三十九条 企业的存货、固定资产、无形资产和投资当有确凿证据表明已形成财产损失或者已发生永久或实质性损害时，应扣除变价收入、可收回金额以及责任和保险赔款后，再确认发生的财产损失。

可收回金额可以由中介机构评估确定。未经中介机构评估的，固定资产和长期投资的可收回金额一律暂定为账面余额的5%；存货为账面价值的1%。已按永久或实质性损害确认财产损失的各项资产必须保留会计记录，各项资产实际清理报废时，应根据实际清理报废情况和已预计的可收回金额确认损益。

第四十条 企业的存货、固定资产、无形资产和投资因发生永久或实质性损害情形，应依据下列证据认定财产损失：

（一）资产被淘汰、变质的经济、技术等原因的说明；

（二）企业法定代表人、主要负责人和财务负责人签章证实有关资产已霉烂变质、已无使用价值或转让价值、已毁损等的书面申明；

（三）中介机构或有关技术部门的品质鉴定报告；

（四）无形资产的法律保护期限文件；

（五）有关被投资方破产公告、破产清偿文件；工商部门注销、吊销文件；政府有关部门的行政决定文件；终止经营、停止交易的法律或其他证明文件；

（六）有关资产的成本和价值回收情况说明；

（七）被投资方清算剩余财产分配情况的证明。

第四十一条 企业委托金融机构向其他单位贷款，被贷款单位不能按期偿还的，比照本办法投资转让处置损失进行处理。

第七章 资产评估损失的认定

第四十二条 企业各项资产因评估确认的损失申请税前扣除，必须符合以下条件：

（一）国家统一组织的企业清产核资中发生的资产评估损失；

（二）企业按规定应纳税的各种类型改组中发生的评估损失；

（三）企业免税改组业务，对各类资产评估净增值或损失已进行纳税调整的。

第四十三条 企业的各项资产应依据下列证据确认资产评估损失：

（一）国家统一组织清产核资的文件（不包括国有资产日常管理中经常化、制度化资产清查）；

（二）中介机构资产评估资料；

（三）政府部门资产评估确认文书；

（四）应税改组业务已纳税证明资料；

（五）免税改组业务涉及资产评估增值或损失已纳税调整证明资料。

第八章 其他特殊财产损失的认定

第四十四条 因政府规划搬迁、征用等发生的财产损失申请税前扣除，必须符合下列条件：

（一）有明确的法律、政策依据；

（二）不属于政府摊派。

第四十五条 企业因政府规划搬迁、征用，依据下列证据认定财产损失：

（一）政府有关部门的行政决定文件及法律政策依据；

（二）专业技术部门或中介机构鉴定证明；

（三）企业资产的账面价值确定依据.

第四十六条 除国家规定可以从事信贷业务的金融保险机构（包括经批准成立的企业集团内部财务公司）外，企业之间原则上不得直接从事信贷业务。企业之间除因销售商品等发生的商业信用外，其他的资金拆借发生的损失除经国务院批准外，一律不得在税前扣除。

第四十七条 企业对外提供与本身应纳税收入有关的担保，因被担保人不能按期偿还债务而承担连带还款责任，经清查和追索，被担保人无偿还能力，对无法追回的，比照本办法坏账损失进行管理。企业为其他独立纳税人提供的与本身应纳税收入无关的贷款担保等，因被担保方还不清贷款而由该担保人承担的本息等，不得申报扣除。

第四十八条 企业由于未能按期赎回抵押资产，使抵押资产被拍卖或变卖，其账面净值大于变卖价值的差额部分，依据拍卖或变卖证明，认定为财产损失。

第九章 责 任

第四十九条 税务机关应按本办法规定的时间和程序，本着公正透明、廉洁高效和方便纳税人的原则，及时受理和审批纳税人申报的财产损失审批事项。非因客观原因未能及时受理或审批的，或者未按规定程序进行审批和核实造成审批错误的，应按《中华人民共和国税收征收管理法》和税收执法责任制的有关规定追究责任。

第五十条 税务机关对企业申请税前扣除的财产损失的审批不改变企业的申报责任，企业采用伪造、变造有关资料证明等手段多列多报财产损失，或本办法规定需要审批而未审批直接税前扣除财产损失造成少缴税款的，税务机关根据《中华人民共和国税收征收管理法》的有关规定进行处理。

因税务机关责任审批或核实错误，造成企业未缴或少缴税款，按《中华人民共和国税收征收管理法》第52条规定执行。

第五十一条 税务机关对企业自行申报扣除和经审批扣除的财产损失进行纳税检查时，根据实质重于形式原则对有关证据的真实性、合法性和合理性进行审查，对有确凿证据证明由于不真实、不合法或不合理的证据或估计而造成的税前扣除应依法进行纳税调整，并区分情况分清责任，按规定对纳税人和有关责任人依法进行处罚。有关技术鉴定部门或中介机构为纳税人提供虚假证明，导致未缴、少缴税款的，按《中华人民共和国税收征收管理法》及其实施细则的规定处理。

第十章 附 则

第五十二条 各省、自治区、直辖市和计划单列市国家税务局、地方税务局可根据本办法制定具体实施办法。

第五十三条 本办法自2005年9月1日起执行，国家税务总局1997年12月16日印发的《企业财产损失税前扣除管理办法》（国税发［1997］190号）同时废止。

商务部、中国出口信用保险公司关于实行出口信用保险专项优惠措施支持个体私营等非公有制企业开拓国际市场的通知

（商规发［2005］389号）

为贯彻落实《国务院关于鼓励支持和引导个体私营等非公有制经济发展的若干意见》（国发［2005］3号），进一步完善个体、私营等非公有制企业（以下简称非公有制企业）出口配套政策，健全非公有制企业出口促进体系，推动非公有制企业积极“走出去”开拓国际市场，商务部、中国出口信用保险公司（以下简称中国信保）决定对非公有制企业实行专项优惠支持措施。现就有关事宜通知如下：

一、各级商务主管部门和中国信保各营业机构要建立有效的工作协调机制，帮助非公有制企业积极利用出口信用保险开拓国际市场，提高风险管理能力，提高国际化经营的效益。

二、商务部、中国信保共同为非公有制企业提供出口贸易风险管理培训，帮助非公有制企业建立健全出口贸易风险管理机制，规避贸易风险，实现稳健经营。

三、中国信保各营业机构要与当地商务主管部门密切配合，向非公有制出口企业宣传出口信用保险的政策性功能，及时了解企业需求，制定专项服务计划，实施有针对性的支持，并向当地商务主管部门及时通报有关情况。

四、对大型非公有制出口企业提供个性化便利服务，中国信保及各营业机构要根据企业需求为企业量身定做出口信用保险服务方案。

五、对中小型非公有制出口企业简化投保程序，提供便捷服务。中国信保短期出口信用保险业务的“中小企业综合保险”在试用期向中小型非公有制企业全面开放。

六、积极协助非公有制企业解决融资问题，为非公有制出口企业提供出口信用保险项下的贸易融资便利和担保服务。

七、中国信保为投保的非公有制企业开通“信保通”网上业务操作系统，便利企业减少人工成本，提高工作效率。

八、中国信保为非公有制企业“走出去”提供全方位的出口信用管理优惠服务，包括短期出口信用保险、中长期出口信用保险、海外投资保险、国内贸易信用保险、海外商账追收等产品组合服务。

请各地区、各单位认真贯彻落实本通知精神，执行中如有问题，请向商务部（规划财务司）和中国信保（业务发展部）反映。

特此通知。

国家统计局关于统计上对公有和非公有控股经济的分类办法

（国统字［2005］79号）

第一条 为了全面反映我国公有经济和非公有经济的控股情况，完善1998年国家统计局关于控股情况的有关规定，制定本办法。

第二条 本办法以法人企业作为分类对象，根据企业实收资本中某种经济成分的出资人实际出资情况进行分类，并按出资人对企业的控股程度，分为绝对控股和相对控股。

第三条 控股经济分类与代码

100 公有控股经济
110 国有控股
111 国有绝对控股
112 国有相对控股
120 集体控股
121 集体绝对控股
122 集体相对控股
200 非公有控股经济
210 私人控股
211 私人绝对控股
212 私人相对控股
220 港澳台商控股
221 港澳台商绝对控股
222 港澳台商相对控股
230 外商控股
231 外商绝对控股
232 外商相对控股

第四条 绝对控股是指在企业的全部实收资本中，某种经济成分的出资人拥有的实收资本（股本）所占企业的全部实收资本（股本）的比例大于50%。

投资双方各占50%，且未明确由谁绝对控股的企业，若其中一方为国有或集体的，一律按公有绝对控股经济处理；若投资双方分别为国有、集体的，则按国有绝对控股处理。

第五条 相对控股是指在企业的全部实收资本中，某经济成分的出资人拥有的实收资本（股本）所占的比例虽未大于50%，但根据协议规定拥有企业的实际控制权（协议控股）；或者相对大于其他任何一种经济成分的出资人所占比例（相对控股）。

第六条 本办法由国家统计局负责解释。

第七条 本办法自发布之日起施行。1998年9月2日国家统计局印发的《关于统计上划分经济成分的规定》中的附件三《关于统计上国有经济控股情况的分类办法》同时废止。

商务部关于促进中小流通企业改革和发展的指导意见

（商改发［2005］483号）

为贯彻落实《国务院关于促进流通业发展的若干意见》（国发［2005］19号）和《国务院关于鼓励支持和引导个体私营等非公有制经济发展的若干意见》（国发［2005］3号）精神，引导中小流通企业（包括商品批发、零售、外贸、餐饮业、住宿业和其他居民服务业的中小企业）加快改革发展步伐，促进中小流通企业健康发展，提出以下意见。

一、指导思想和发展目标

中小流通企业是流通业的主体，约占全国流通企业总数的99%以上，实现的销售额约占全社会消费品零售总额的90%以上，并提供了大量就业机会。近年来，随着国有经济布局调整步伐加快，中小流通企业在促进国民经济稳定增长、拉动民间投资、方便群众生活、缓解就业压力、促进市场繁荣、保持社会稳定等方面发挥着越来越重要的作用。但是，长期以来，中小流通企业缺乏必要的政策支持和引导，在发展中存在许多困难和问题，制约了其健康发展。

指导思想：以“三个代表”重要思想为指导，全面贯彻党的十六大、十六届三中全会和国务院召开的全国流通工作会议精神，树立科学发展观，促进大、中、小型流通企业的协调发展，充分发挥中小流通企业在增加就业、解决“三农”问题、促进国民经济持续协调发展等方面的重要作用，积极推进中小流通企业改革，推动中小流通企业运用信息技术和现代营销技术，大力发展现代流通方式，不断提高经营管理和现代化水平，加大扶持力度，采取有力措施切实解决制约中小流通企业发展的主要问题，改善经营环境，促进中小流通企业健康发展。

发展目标：到2010年，中型流通企业基本建立现代企业制度，小型流通企业健全经营管理制度，经营行为更加规范，经营管理水平显著提高，抵抗风险的能力明显增强，流通基础设施和应用现代信息技术水平显著改善。中小流通企业的数量进一步增加。中小流通企业销售收入年均增长速度争取达到9%，适当快于国民经济的增长速度，培育一批中小企业的知名品牌。按照各相关行业标准，实现规范经营。吸纳就业人员的能力进一步增强，新增就业人数位居各行业前列。

二、深化改革，增强中小流通企业活力

各级商务主管部门要结合当地实际情况，深化中小国有流通企业改革，进一步增强企业活力。推进企业产权制度改革，建立归属清晰、权责明确、保护严格、流转顺畅的现代产权制度。引导企业采取联合、收购、兼并、租赁、承包经营、出售等多种形式进行产权制度和经营机制改革，加快国有中小流通企业改制。在中型流通企业中大力推行股份制改革，鼓励和支持民间资本、外资等非公有资本参与国有中小流通企业改革，实现投资主体多元化。大力发展国有资本、集体资本和非公有资本参股的混合所有制中小流通企业。

推动中型流通企业深化企业制度改革，健全企业法人治理结构，按照现代企业制度要求，转换经营机制，完善企业经营、用工、人事和收入分配等制度，调动企业职工的积极性。引导中小流通企业重视基础管理工作，进一步加强企业管理，依法建立商品经营管理、财务管理、合同管理、人力资源管理、安全管理等企业内部管理制度，完善企业内部管理规范和标准。

鼓励优势企业兼并、重组、托管困难企业，对长期亏损、资不抵债、扭亏无望的企业依法实施破产。要加强对中小流通企业改革的引导与规范。在企业改制过程中规范操作，防止国有资产流失，防止逃废、悬空银行债务。要正确处理改革、发展、稳定的关系，维护职工正当权益，保持社会稳定。

各地商务主管部门要积极协调当地有关部门出台鼓励创业、支持中小流通企业经营创新、技术创新和开拓市场的税收政策和金融支持政策，降低中小流通企业的改革、改制成本。鼓励有条件的地方通过国有企业资产经营收益、商业用地变现、流通企业国有资本减持、转让以及财政拨付等方式筹措资金，建立国有中小流通企业改革的专项资金，用于无力支付改制费用企业的改制费用以及破产企业资产变现后不足支付职工社会保险、经济补偿等方面费用。要积极协调，争取地方房产管理部门的支持，解决国有中小流通企业长期使用的商业用房产权归属问题。要认真落实国家关于企业吸纳下岗职工就业和国有企业下岗职工创办中小企业的优惠政策。

三、大力发展现代流通方式，提高中小流通企业现代化水平

积极推进连锁经营、特许经营、物流配送、代理制、多式联运、电子商务等组织形式和服务方式的发展，中小流通企业可以根据自身特点，着重发展特许加盟和中小企业间的自由连锁，进一步提高中小企业的组织化程度。鼓励用现代流通方式改造传统流通业态，鼓励中小流通企业发展联合采购，努力提高服务质量和规模经营效益。

推动中小流通企业实施品牌战略。大力发展特色化、专业化、品牌化经营，培育一批中小企业的知名品牌，弘扬和发展中华老字号。引导企业实行错位经营，转变经营方式上陈旧雷同、缺乏服务品牌和以“价格战”等低层次竞争手段为主的状况。积极倡导通过联合、合作、特许经营和自由连锁等方式，依托有竞争力的企业，形成一批拥有著名服务品牌、多元投资主体的优势中小流通企业。

各地商务主管部门要积极协调当地有关部门，认真贯彻落实《国务院办公厅转发国务院体改办国家经贸委关于促进连锁经营发展若干意见的通知》（国办发［2002］49号）中提出的各项支持政策，在简化行政审批手续、实行统一纳税、减少重复检查等方面切实为中小流通企业发展创造良好外部环境。

引导中小企业采用适合自身发展水平和实际需要的信息技术，在有条件的地区进行中小流通企业电子商务试点。

四、支持创办中小流通企业，放宽市场准入限制

坚持发展流通领域大公司、大集团与扶持中小流通企业并举。鼓励创办中小流通企业，积极开发新的工作岗位。在市场准入、专营商品和服务的指定经营、土地使用等方面，应给予中小流通企业更多的支持，除国家法规有特殊规定外，各地给予外资企业和大企业的优惠政策，应同样适用中小流通企业。应从鼓励开办、方便注册的角度出发，简化中小流通企业设立审批程序，除法律、行政法规有特殊规定外，不得设置前置审批。

创造公平竞争的外部环境。认真清理各种不利于中小流通企业发展的行政法规和政策规定，研究制定符合世贸组织规则又有利于中小流通企业发展的政策措施。进一步整顿和规范市场秩序，严肃查处不正当竞争行为，坚决取消地方保护主义措施，创造有利于中小流通企业与大企业公平竞争的市场环境。要切实减轻中小流通企业负担，对已取消的收费项目要进行监督检查，对巧立名目、变相增加中小流通企业负担的，要坚决予以查处。

支持开展内外贸一体化经营，加快内外贸企业的融合，打破大宗商品内外贸分割的经营管理体制。鼓励中小流通企业根据企业实际开展进出口业务和国内经营，促进内外贸企业合作，结成战略合作伙伴，发挥各自优势，共同开拓国内外市场。对符合《中小企业国际市场开拓资金管理（试行）办法》和《中小企业国际市场开拓资金管理办法实施细则》规定的，要按有关

规定给予资金支持。促进中小流通企业引进国外先进经验和经营管理技术，鼓励有条件的中小流通企业实施“走出去”战略，尤其是与优势工业企业联手开拓国际市场，积极扩大进出口贸易和对外服务。在对外投资、进出口信贷、出口信用保险等方面中小流通企业应与其他企业享受同等待遇。

五、完善中小流通企业融资体系，切实解决融资难问题

积极争取地方有关部门设立的中小企业发展专项资金，支持中小流通企业的发展。鼓励有条件的地区设立支持中小流通企业的发展基金，或在政府统一支持的中小企业发展基金中安排一定规模的资金，重点用于扶持中小流通企业的创立、扩大经营服务规模、人员培训、信用担保及服务体系建设等方面。各地商务主管部门应积极协调各商业银行，推动其按照《中国人民银行关于进一步加强对有市场、有效益、有信用中小企业信贷支持的指导意见》（银发［2002］224号）精神，加大对中小流通企业的信贷支持，完善对中小流通企业的金融服务，扩大授信额度，开发新的信贷服务项目；鼓励各类信用担保机构积极开展中小流通企业的担保业务；要制定相应政策，鼓励、引导社会各方面资金投入中小流通企业的改造和发展。

拓宽融资渠道，支持符合条件的中小流通企业利用股票上市、资产重组、股权置换等多种方式筹措资金。鼓励上市公司和外商参股、整合中小流通企业，引导、推动并规范中小流通企业通过合资、合作、产权出让等方式利用外资进行改组改造。符合条件的中小流通企业可依照国家有关规定申请发行企业债券。

六、切实将中小流通企业发展纳入当地经济发展规划，在用地、用电等方面给予积极支持

各地商务主管部门要结合城市发展和城区改造以及新建居民区的开发，合理规划大中小商业网点布局，促进大型商店与中小店铺的协调发展。要合理安排中小流通企业的用地，为中小流通企业提供生存发展空间。大中城市根据城市总体规划，迁出或关闭的市区污染大、占地多等不适应城市功能定位的工业企业所退出的土地，商务主管部门要协调城市规划部门，支持符合规划的中小流通企业使用。逐步解决流通企业用电价格高于工业企业的不合理现象。

加大对中西部和东北地区中小流通企业发展的扶持力度。西部地区和东北地区地方商务主管部门要积极争取和用好西部大开发和振兴东北老工业基地的各项政策，包括在财政、税收和土地使用等方面的政策。鼓励和吸引国内各类投资者以及外商到中西部和东北地区投资创办中小流通企业。

加快农村地区中小流通企业发展步伐，要积极鼓励创办为农民、农村、农业服务的中小流通企业。要注意适应当地市场需求，因地制宜地发展有优势的中小流通企业，大力吸纳农村富余劳动力参与流通业。鼓励优势流通企业改造现有农村流通网点，注重改善当地流通和服务的条件，提高农村商品流通水平。鼓励中小流通企业成为“贸工农、产供销”一体化龙头企业，参与农产品流通。

七、积极支持中小流通企业进行科技创新和技术改造

积极倡导采用现代化科技管理技术，提高中小流通企业运用现代科技成果的能力。支持中小流通企业开展技术改造，改变店容店貌，积极应用计算机管理等现代化手段，在零售企业和门店经营中推广使用时点销售系统（POS），逐步建立和完善信息管理系统（MIS），积极创造条件，提高中小流通企业的信息化水平。

认真落实好国家有关支持企业技术改造的政策，对符合国家产业政策的技术改造项目，可列入国债资金项目计划给予贴息支持。各地商务主管部门要争取当地有关部门加大对中小流通企业技术改造的支持力度，对中小流通企业的技改投资、购置设备等给予一定的扶持政策。对中小流通企业科技创新按有关支持政策给予有效扶持。

充分运用财政和金融手段支持流通企业进行结构调整，重点支持现代流通方式的推广和运用。地方各级人民政府要在财政补贴、土地使用等方面，鼓励连锁经营企业发展，尤其是到城市社区、农村建立营销网络；引导企业加大利用信息技术改造传统作业方式的力度，采用现代管理技术，提高管理效率，降低成本；鼓励各类流通企业发展电子商务。

八、健全中小流通企业服务体系，提供人才培训、信息服务

鼓励具备条件的地区建立面向广大中小流通企业的公共信息服务平台，为中小流通企业在政策、技术、市场、人才信息等方面提供服务。

加强人才培训。整合社会资源，创新培训方式，形成政府引导、社会支持和企业自主相结合的培训机制，开展面向中小流通企业的投资咨询和职业技能等方面的培训。积极探索面向流通行业的职业教育体系建设，加快培养中小流通企业所需各类人才，加强岗位职业培训，提高从业人员的职业道德、信誉意识、竞争意识、服务意识和业务水平。

要积极发挥行业协会的作用，推动中小企业行业协会等中介机构的发展，发挥其在服务企业、行业自律、加强企业与政府沟通等方面的作用。鼓励社会各类中介服务组织增强服务意识，为中小企业提供创业辅导、企业诊断、市场营销、投资融资、贷款担保、产权交易、技术支持、人员培训、对外合作、展览展销、法律咨询等服务。

九、加强组织领导，扎扎实实做好工作

各地商务主管部门要进一步转变观念，统一思想，充分认识新阶段、新形势、新体制下加快发展中小流通企业的重要意义，真正把促进中小流通企业的发展放到重要位置。要学习借鉴发达国家政府十分重视扶持中小企业发展的经验，做好对中小流通企业的扶持、引导、服务工作，努力为中小流通企业的发展创造良好环境。同时，要进一步研究探索并逐步建立中小流通企业相关统计制度。

要转变职能，结合地方机构改革，将扶持中小流通企业发展作为商务主管部门的职责和重点工作。要牢固树立为中小流通企业服务的意识，针对他们在发展中遇到的困难和问题，研究具体措施予以解决。要加强舆论宣传，充分利用新闻媒体，营造中小企业发展的良好舆论氛围。

各级商务主管部门要在当地党委、政府的领导和支持下，加强与发展改革委、财政、金融、税收、工商等有关部门的沟通与协调，积极争取各方面的理解与支持，会同有关部门，研究提出本地区贯彻实施《中小企业促进法》和本意见的工作计划和实施方案，制定和实施促进中小流通企业发展的具体政策措施，明确工作重点，因地制宜，切实做好协调、指导和服务工作。

国家外汇管理局关于境内居民通过境外特殊目的公司融资及返程投资外汇管理有关问题的通知

（汇发［2005］75号）

为鼓励、支持和引导非公有制经济发展，进一步完善创业投资政策支持体系，规范境内居民通过境外特殊目的公司从事投融资活动所涉及的跨境资本交易，根据《中华人民共和国外汇管理条例》、《境外投资外汇管理办法》、《外国投资者并购境内企业暂行规定》，现就境内居民通过境外特殊目的公司开展股权融资及返程投资涉及外汇管理的有关问题通知如下：

一、本通知所称"特殊目的公司"，是指境内居民法人或境内居民自然人以其持有的境内企业资产或权益在境外进行股权融资（包括可转换债融资）为目的而直接设立或间接控制的境外企业。

本通知所称"返程投资"，是指境内居民通过特殊目的公司对境内开展的直接投资活动，包括但不限于以下方式：购买或置换境内企业中方股权、在境内设立外商投资企业及通过该企业购买或协议控制境内资产、协议购买境内资产及以该项资产投资设立外商投资企业、向境内企业增资。

本通知所称"境内居民法人"，是指在中国境内依法设立的企业事业法人以及其他经济组织；"境内居民自然人"是指持有中华人民共和国居民身份证或护照等合法身份证件的自然人，或者虽无中国境内合法身份但因经济利益关系在中国境内习惯性居住的自然人。

本通知所称"控制"，是指境内居民通过收购、信托、代持、投票权、回购、可转换债券等方式取得特殊目的公司或境内企业的经营权、收益权或者决策权。

二、境内居民设立或控制境外特殊目的公司之前，应持以下材料向所在地外汇分局、外汇管理部（以下简称"外汇局"）申请办理境外投资外汇登记手续：

（一）书面申请（应详细说明境内企业基本情况、境外特殊目的公司的股权结构以及境外融资安排）；

（二）境内居民法人的境内登记注册文件，境内居民自然人需提供身份证明；

（三）境外融资商业计划书；

（四）境内居民法人的外汇资金（资产）来源核准批复和境外投资主管部门的批准文件；

（五）境内居民法人填写的《境外投资外汇登记证》，境内居民自然人填写的《境内居民个人境外投资外汇登记表》（附表）；

（六）其他真实性证明材料。

外汇局对上述材料审核无误后，应在《境外投资外汇登记证》或《境内居民个人境外投资外汇登记表》上加盖资本项目外汇业务专用章。

三、境内居民将其拥有的境内企业的资产或股权注入特殊目的公司，或在向特殊目的公司注入资产或股权后进行境外股权融资，应就其持有特殊目的公司的净资产权益及其变动状况办理境外投资外汇登记变更手续，办理时应提供以下材料：

（一）书面申请（详细说明境内企业与特殊目的公司的股东与股权变更过程、境内企业与特殊目的公司资产或股权的定价方式）；

（二）境内居民法人填写的《境外投资外汇登记证》，境内居民自然人填写的《境内居民个人境外投资外汇登记表》；

（三）外商投资主管部门对返程投资的核准、备案文件；

（四）涉及国有资产的，须提供国有资产管理部门对境内企业资产或股权价值的确认文件；

（五）特殊目的公司的境外注册、登记、营业执照等证明文件；

（六）其他真实性证明材料。

四、特殊目的公司完成境外融资后，境内居民可以根据商业计划书或招股说明书载明的资金使用计划，将应在境内安排使用的资金调回境内。

五、特殊目的公司使用境外融资所得资金返程投资或向境内企业提供股东贷款及其他债务资金，相关境内企业应按照现行利用外资、外债管理法律、法规办理有关外汇管理手续。外汇局为相关境内企业办理外商投资企业设立登记及变更登记、外债登记，或者为特殊目的公司办理转股收汇外资外汇登记时，应审核《境外投资外汇登记证》或《境内居民个人境外投资外汇登记表》。

六、境内居民按规定办理境外投资外汇登记及变更手续后，可向特殊目的公司支付利润、红利、清算、转股、减资等款项。

境内居民从特殊目的公司获得的利润、红利及资本变动外汇收入应于获得之日起180日内调回境内，利润或红利可以进入经常项目外汇账户或者结汇，资本变动外汇收入经外汇局核准，可以开立资本项目专用账户保留，也可经外汇局核准后结汇。

七、特殊目的公司发生增资或减资、股权转让或置换、合并或分立、长期股权或债权投资、对外担保等重大资本变更事项且不涉及返程投资的，境内居民应于重大事项发生之日起30日内向外汇局申请办理境外投资外汇登记变更或备案手续。

八、本通知实施前，境内居民已在境外设立或控制特殊目的公司并已完成返程投资，但未按规定办理境外投资外汇登记的，应按照本通知规定于2006年3月31日前到所在地外汇局补办境外投资外汇登记。境内居民补办境外投资外汇登记后，外汇局可为相关境内企业办理外资、外债外汇登记手续。

九、境内创业投资企业可参照本通知在境外设立特殊目的公司并从事创业投资活动。

十、上述同一管理事项涉及多个境内居民的，相关境内居民应出具委托书并委托其中1至2个境内居民办理相关外汇管理手续。

十一、本通知未尽事宜，按照现行外商投资和境外投资相关外汇管理法规办理。

十二、境内居民违反本规定构成逃汇及其他外汇管理违规行为的，外汇局应按照《中华人民共和国外汇管理条例》及有关规定进行处罚。

十三、本通知自2005年11月1日起实施。《关于完善外资并购外汇管理有关问题的通知》（汇发［2005］11号）和《关于境内居民个人境外投资登记和外资并购外汇登记有关问题的通知》（汇发［2005］29号）同时停止执行。

特此通知。

附表：境内居民个人境外投资外汇登记表

境内居民个人境外投资外汇登记表

居民（委托人）姓名：				常住地：			
居民身份证号码或护照号码：							
代理人姓名及身份证号码或护照号码：							
境外企业名称	注册地	注册日期	上市地	上市日期	净资产	总资产	持股比例
合并报表金额	———	———	———	——			———
所持股份账面总价值：				市场总价值：			
返程投资的境内企业名称				外商投资企业批准证书编号			
备案记录							
本人声明：以上资料真实完整地反映了本人（或本人及本人所代理的所有境内居民个人）的境外持股状况，如存在虚假陈述、骗取外汇登记的行为，本人愿意承担由此而导致的法律责任。本人保证按照有关规定完整、真实地办理外汇登记及变更手续，并将通过特殊目的公司获得的境外融资资金及境外分红、资本变动外汇收入调回境内，如有违反，本人愿承担由此导致的法律责任。							

本人（委托人）签名：________　经办人：________　审核人：________　国家外汇管理局________分局（外汇管理部）

填表说明：

1. 本表由直接或间接持有境外企业股权的境内居民个人向特殊目的公司返程投资的境内企业所在地外汇局提交。依本通知规定补办境外投资外汇登记的特殊目的公司应在本通知下发前已经完成返程投资并取得外商投资企业批准证书。

2. "常住地"指本人在境内工作、生活经常居住地；中国籍人士填写居民身份证号码、外籍人士填写护照号码；"境外企业"包括本人直接持股的以及因境外再投资、信托、换股等方式而间接持股的所有在境外（包括台湾、香港、澳门地区）注册的企业；如境外企业未上市，"上市地""上市日期"不必填写。

3. "净资产"、"总资产"按账面价值填写，例如：某境外公司注册资本5000美元，一投资公司参股20%，出资3000万美元，无负债，则该公司净资产和总资产均为1.5亿美元，如投资公司购买该境外公司发行的可转换债3000万美元，则该公司净资产为5000美元，总资产为3000.50万美元，合并报表金额应依据国际通行会计原则和处理方法计算。

4. "持股比例"为境内居民个人对该企业总的直接与间接持股比例，间接"持股比例"按照直接持股（或持有信托资产）比例乘以所直接持股企业对另一企业持股比例的方法计算，“市场总价值”按上月末各项股权资产的市场价值计算。

5. 上述登记事项涉及多个境内居民自然人的，相关境内居民自然人应出具委托书并委托其中1至2个境内居民自然人办理相关外汇管理手续，该居民在办理登记时，应向外汇局出具授权委托书，并在本表后附表说明所代理的各境内居民姓名、常住地及其对境外特殊目的公司及上市公司的持股比例。本表填列内容应由境内居民个人亲自签名确认。

6. 本表有关金额栏目以美元填列，精确到小数点后两位数。

7. 本表一式两份，外汇局和登记申请人各留存一份，同时外汇局复印一份以信函方式通知当地外商投资主管部门。

国家发展改革委办公厅关于健全非公有制经济和中小企业统计监测体系做好企业生产经营分析工作的通知

（发改办企业［2005］2177 号）

各省、自治区、直辖市及计划单列市、新疆生产建设兵团中小企业管理部门：

为贯彻落实《中华人民共和国中小企业促进法》、《关于鼓励支持和引导个体私营等非公有制经济发展的若干意见》（国发［2005］3 号，以下简称《若干意见》）精神，做好非公有制经济和中小企业统计监测与生产经营分析工作，现将有关问题通知如下：

一、充分认识健全非公有制经济和中小企业统计监测制度与做好企业生产经营分析工作的重要性

由于统计范围不明确，统计口径不统一，体系不健全，现行统计数据难以全面准确反映非公有制经济和中小企业发展状况。《若干意见》明确提出，要将非公有制经济发展纳入国民经济和社会发展规划，加强对非公有制经济发展动态的监测和分析。统计部门要改进和完善现行统计制度，及时准确反映非公有制经济发展状况。健全非公有制经济和中小企业统计监测制度，做好企业生产经营分析工作，是贯彻落实《若干意见》的一项重要任务。

说清情况、摸清家底、掌握动态是中小企业管理部门做好各项工作的基础和前提。各级中小企业管理机构作为综合协调、指导服务非公有制经济和中小企业的职能部门，应当掌握和了解服务与促进对象的基本情况、生产经营中存在的突出困难和问题，提出有针对性的对策措施，履行好基本职责。没有统计监测和分析工作，不可能给政府当好参谋；没有统计监测和分析工作，不可能指导服务好非公有制经济和中小企业的发展；没有统计监测和分析工作，不可能履行好职能部门的职责。

二、当前健全非公有制经济和中小企业统计监测制度与做好企业生产经营分析工作的基本思路

（一）健全工作机构并加强基础工作。非公有制经济和中小企业的统计分析工作是一项专业性、系统性和连续性较强的工作。各地要落实分管领导负责此项工作，明确专门处室、专职人员和具体联系人。各地要研究如何从制度建设入手，健全信息沟通渠道，培养专业分析人员，做好统计监测和生产经营分析的基础工作。各级中小企业部门要安排专门资金，用于支持统计数据的收集、处理和分析。

（二）整合各方面信息资源。中小企业管理部门要加强与统计部门、工商管理、海关、税务等部门和单位的沟通和联系，主动争取获得相关部门的支持，充分利用多种统计信息渠道为非公有制经济和中小企业统计与生产经营分析服务；要利用包括行业协会、科研院所等在内的各种社会资源，积极获取重点行业、重点领域、重点企业的相关统计资料与数据。

（三）加强对规模以下企业监测。要从完善统计制度入手，建立和完善以新的企业划型标准为依据、以规模以下企业为重点、以抽样调查为基础的统计指标和监测体系，及时、准确反映规模以下小企业发展状况，为政府决策提供科学依据。要紧紧依靠各级统计局力量，加强对小企业的动态监测。

（四）加强对统计信息的研究分析。各地要积极采取重点调查、专题研究和统计成果等多种形式拓展工作，注重加强统计分析工作的事前调查、事中研究和事后形成成果。要积极探索建立适合非公有制经济和中小企业特点的统计指标，完善统计结果的发布制度。及时跟踪非公有制经济和中小企业动态发展中的前瞻性、倾向性问题，对其中涉及的重大问题进行专题研究，并将统计分析的研究成果汇集报送有关决策部门参考。

（五）积极开展试点和探索。对于非公有制经济和中小企业而言，建立常规的全面报表制度，难度很大。选择若干省市、地区作为开展非公有制经济和中小企业统计监测分析工作的试点单位，在统计口径、指标设置、报送方式、数据处理、信息发布等方面进行积极探索，积累经验。

三、关于报送非公有制经济和中小企业的统计及分析资料的具体要求

（一）请每个省市和重点城市（名单附后）按月、季、年度报送统计资料和相关分析材料。

（二）请每个省市每季报送一篇调研报告，反映中小企业和非公有制经济运行中的倾向性、前瞻性问题。

（三）愿意作为非公有制经济和中小企业统计监测分析工作的试点单位的省市和重点城市，尽快上报试点方案（截止 11 月 31 日前）。

文化部、财政部、人事部、国家税务总局关于鼓励发展民营文艺表演团体的意见

（文市发［2005］31号）

党的十六大以来，文化体制改革逐步深化，民营文艺表演团体发展迅速。为更好地支持民营文艺表演团体发展，进一步调动社会力量和民间文艺工作者参与文化建设的积极性，提出以下意见：

（一）积极支持民营文艺表演团体的发展。民营文艺表演团体是我国社会主义文化事业的重要组成部分，是社会主义精神文明建设的重要力量。民营文艺表演团体来自于民间、成长于民间、服务于民间，对发展社会主义先进文化、繁荣基层文化市场、丰富城乡文化生活、满足人民群众精神文化需求，具有重要意义。各级文化、财政、人事和税务部门要提高对支持民营文艺表演团体发展重要性的认识。要根据表演门类、艺术水准、经营模式和布局结构，因地制宜，分类指导，制定符合本地民营文艺表演团体发展的目标、措施和相关政策，努力挖掘民族传统和地域特色演艺资源，支持、鼓励和引导民营文艺表演团体健康发展。

（二）放宽民营文艺表演团体的市场准入。认真执行《国务院关于非公有资本进入文化产业的若干决定》，鼓励社会资本以个体、独资、合伙、股份等形式投资兴办民营文艺表演团体，扶持农民和民间艺人自筹资金组建民营文艺表演团体。取消对民营文艺表演团体注册资本限额的特殊规定和个体演员证，允许成立个人独资、合伙的民营文艺表演团体。允许民营文艺表演团体以合资、合作、并购等形式，参与市、县国有文艺院团转企改制。允许国有文艺院团演职人员经单位批准离职自主创办民营文艺表演团体。对符合设立条件的民营文艺表演团体，县级文化和工商部门要按照《营业性演出管理条例》和企业登记法律法规规定的时限，及时发放营业性演出许可证和营业执照。

（三）简化民营文艺表演团体的演出审批手续。民营文艺表演团体从事演出活动，在申报、审批等方面与国有文艺院团享受同等权利和义务。演出所在地县级文化部门可直接受理民营文艺表演团体的演出申请，应在规定时限内做出答复，符合条件的，发放批准文件。对外埠民营文艺表演团体，不得指定承办单位。有关部门要维护民营文艺表演团体演出的合法权益，在审批监管中不得收取法律法规规定以外的任何费用。

（四）加强对民营文艺表演团体创作演出的指导和支持。要加强对民营文艺表演团体创作演出剧（节）目的指导，使之符合社会主义精神文明的要求。对于适合在基层特别是农村演出的优秀剧本，可由政府出资购买版权，免费提供给包括民营文艺表演团体在内的县以下基层文艺团体移植、改编和演出，同时鼓励著作权人许可这些表演团体无偿使用其创作的优秀剧（节）目在农村演出。支持民营文艺表演团体演出非物质文化遗产保护成果中的民间音乐、歌舞、戏曲、说唱等项目。在全国性文艺评奖、文艺调演和表彰活动中，对民营文艺表演团体的原创剧（节）目，应与国有文艺表演院团同等待遇。鼓励社会资本向民营文艺表演团体面向基层、面向农村的公益性演出提供捐赠，捐赠部分可按照国家税收法规的有关规定予以税前扣除。

（五）鼓励和支持民营文艺表演团体参加对外文化交流。鼓励民营文艺表演团体参加政府对外文化交流项目的招投标活动，支持有条件的民营文艺表演团体参加国际民间文化交流活动。鼓励有比较优势的民营文艺表演团体到国外演出、投资、注册公司，在信息咨询、宣传推广、营销人员培训等方面，与国有文艺院团同等待遇；经批准的重大演出项目，可给予一定的资金补助。有关部门要在项目审批、人员出入境及物品通关方面，提供便捷高效的服务。对积极开拓国外市场的民营文艺表演团体，凡符合条件的，可根据其资质和市场前景，给予中小企业国际市场开拓资金支持。允许民营文艺表演团体依法邀请国外文艺表演团体或个人参加本团的对外演出活动。

（六）加强民营文艺表演团体人才培养。文化部和省级文化厅（局）可委托有关艺术院校，为民营文艺表演团体经营管理人员的培训提供方便。鼓励艺术院校毕业生到民营表演团体就业。鼓励专业文化工作者深入民营文艺表演团体开展业务辅导。鼓励兴办民办艺术学校。民营文艺表演团体演员及相关技术人员在专业技术职称评定中，与国有文艺院团演员及专业技术人员实行同一标准。

（七）完善对民营文艺表演团体的管理。加强对民营文艺表演团体的引导和规范，完善规章制度，健全工作机制。加强对民营文艺表演团体演职人员的职业道德教育和法制培训，增强法制意识，倡导诚实文明经营。严厉打击违法违规演出活动，取缔无证经营行为。严格内容审查，强化现场监管，抵制低俗之风，对危害社会公德和民族优秀文化传统、宣扬淫秽色情和邪教迷信、利用人体缺陷或以展示人体变异等方式招徕观众的表演等，要坚决予以制止。要帮助民营文艺表演团体建立会计核算制度和劳动合同关系，按规定参加社会保险，规范经营行为。加强演出行业协会建设，制定行业规范，鼓励民营文艺表演团体及其经纪人和骨干演员加入行业协会，促进行业自律。

（八）努力形成有利于民营文艺表演团体健康发展的社会舆论氛围。文化部门和新闻单位要加强对民营文艺表演团体的宣传报道，及时准确地发布有关信息，宣传民营文艺表演团体的优秀剧（节）目、优秀演员，提升行业形象。组织文艺评论家关注民营文艺表演团体的作品，在媒体上进行宣传评介，选择其中一定数量的优秀剧（节）目在电台、电视台播放。组织民营文艺表演团体参加汇演、调演，并通过各类艺术节推介优秀剧（节）目。对优秀民营文艺表演团体和演员给予表彰。

公司注册资本登记管理规定

国家工商行政管理总局令第22号

颁布日期：20051227 实施日期：20060101　颁布单位：国家工商行政管理总局

经中华人民共和国国家工商行政管理总局局务会议决定修改，现予以公布，自2006年1月1日起实施。

国家工商行政管理总局

二〇〇五年十二月二十七日

第一条　为了加强对公司注册资本及实收资本的登记管理，规范公司登记行为，根据《中华人民共和国公司法》（以下简称《公司法》）、《中华人民共和国公司登记管理条例》（以下简称《公司登记管理条例》）等有关规定，制定本规定。

第二条　有限责任公司的注册资本为在公司登记机关依法登记的全体股东认缴的出资额。

股份有限公司采取发起设立方式设立的，注册资本为在公司登记机关依法登记的全体发起人认购的股本总额。

股份有限公司采取募集设立方式设立的，注册资本为在公司登记机关依法登记的实收股本总额。

第三条　公司的实收资本是全体股东或者发起人实际交付并经公司登记机关依法登记的出资额或者股本总额。

第四条　公司登记机关依据法律、行政法规和国家有关规定登记公司的注册资本及实收资本，对符合规定的，予以登记；对不符合规定的，不予登记。

第五条　公司注册资本及实收资本数额、股东或者发起人的出资时间及出资方式，应当符合法律、行政法规的有关规定。

第六条　公司设立时股东或者发起人的首次出资、公司变更注册资本及实收资本，必须经依法设立的验资机构验资并出具验资证明。

第七条　作为股东或者发起人出资的非货币财产，应当由具有评估资格的资产评估机构评估作价后，由验资机构进行验资。

第八条　股东或者发起人可以用货币出资，也可以用实物、知识产权、土地使用权等可以用货币估价并可以依法转让的非货币财产作价出资。

股东或者发起人以货币、实物、知识产权、土地使用权以外的其他财产出资的，应当符合国家工商行政管理总局会同国务院有关部门制定的有关规定。

股东或者发起人不得以劳务、信用、自然人姓名、商誉、特许经营权或者设定担保的财产等作价出资。

第九条　股东或者发起人必须以自己的名义出资。

第十条 有限责任公司注册资本的最低限额为人民币三万元，一人有限责任公司的注册资本最低限额为人民币十万元，股份有限公司注册资本的最低限额为人民币五百万元。法律、行政法规对有限责任公司、股份有限公司注册资本的最低限额有较高规定的，从其规定。

公司全体股东或者发起人的货币出资金额不得低于公司注册资本的百分之三十。

募集设立的股份有限公司发起人认购的股份不得少于公司股份总数的百分之三十五；但是，法律、行政法规另有规定的，从其规定。

第十一条 有限责任公司全体股东的首次出资额不得低于公司注册资本的百分之二十，也不得低于法定的注册资本最低限额，其余部分由股东自公司成立之日起两年内缴足；其中，投资公司可以在五年内缴足。

发起设立的股份有限公司全体发起人的首次出资额不得低于公司注册资本的百分之二十，其余部分由发起人自公司成立之日起两年内缴足；其中，投资公司可以在五年内缴足。

第十二条 股东或者发起人应当按期足额缴纳公司章程中规定的各自所认缴的出资额或者所认购的股份。以货币出资的，应当将货币出资足额存入公司在银行开设的账户；以非货币财产出资的，应当依法办理其财产权的转移手续。

公司设立登记时，股东或者发起人的首次出资是非货币财产的，应当提交已办理财产权转移手续的证明文件。

公司成立后，股东或者发起人按照公司章程规定的出资时间缴纳出资，属于非货币财产的，应当在依法办理财产权转移手续后，申请办理公司实收资本的变更登记。

第十三条 设立公司的验资证明应当载明以下内容：

（一）公司名称；

（二）公司类型；

（三）股东或者发起人的名称或者姓名；

（四）公司注册资本额、股东或者发起人的认缴或者认购额、出资时间、出资方式；以募集方式设立的股份有限公司应当载明发起人认购的股份和该股份占公司股份总数的比例；

（五）公司实收资本额、实收资本占注册资本的比例、股东或者发起人实际缴纳出资额、出资时间、出资方式。以货币出资的说明股东或者发起人出资时间、出资额、公司的开户银行、户名及账号；以非货币出资的须说明其评估情况和评估结果，以及非货币出资权属转移情况；

（六）全部货币出资所占注册资本的比例；

（七）其他事项。

第十四条 公司增加注册资本的，有限责任公司股东认缴新增资本的出资和股份有限公司的股东认购新股，应当分别依照《公司法》设立有限责任公司和股份有限公司缴纳出资和缴纳股款的有关规定执行。股份有限公司以公开发行新股方式或者上市公司以非公开发行新股方式增加注册资本的，还应当提交国务院证券监督管理机构的核准文件。

第十五条 公司减少注册资本，应当符合《公司法》规定的程序，减少后的注册资本及实收资本数额应当达到法律、行政法规规定的公司注册资本的最低限额并经验资机构验资。

公司全体股东或者发起人足额缴纳出资和缴纳股款后，公司申请减少注册资本，应当同时办理减少实收资本变更登记。

第十六条 有限责任公司依据《公司法》第七十五条的规定收购其股东的股权的，应当依法申请减少注册资本及相应的实收资本的变更登记。

第十七条 非公司企业按《公司法》改制为公司、有限责任公司变更为股份有限公司时，折合的实收股本总额不得高于公司净资产额。有限责任公司变更为股份有限公司，为增加资本公开发行股份时，应当依法办理。

原非公司企业、有限责任公司的净资产应当由具有评估资格的资产评估机构评估作价，并由验资机构进行验资。

第十八条 公司注册资本、股东出资数额或者发起人的认购额、出资或者认购的时间及方式由公司章程规定。公司注册资本及实收资本数额、股东出资数额或者发起人的认购额、出资或者认购的时间及方式发生变化，应当修改公司章程并向公司登记机关依法申请办理变更登记。

第十九条 变更注册资本、实收资本的验资证明应当载明以下内容：

（一）公司名称；

（二）公司类型；

（三）变更前后股东或者发起人的名称或者姓名、出资额和出资方式、出资时间。

（四）变更前后的注册资本及实收资本数额；

（五）增加注册资本的实际缴纳情况。以货币出资的，应当说明股东或者发起人的出资额、出资时间、开户银行、入资户名及账号；以实物、知识产权、土地使用权及其他可以用货币估价并可以依法转让的非货币财产作价出资的，应当说明股东办理财产权转移手续的情况、评估情况；以资本公积、盈余公积和未分配利润转增注册资本及实收资本的，应当说明转增数额、公司实施转增的基准日期、财务报表的调整情况、留存的该项公积金不少于转增前公司注册资本的百分之二十五、转增前后财务报表相关科目的实际情况、转增后股东的出资额；

（六）减少注册资本及实收资本的，应当说明公司履行《公司法》规定程序情况和股东或者发起人对公司债务清偿或者债务担保情况。

第二十条 公司成立后，股东或者发起人作为出资的实物、知识产权、土地使用权及其他非货币财产的实际价额显著低于公司章程规定数额的，应当由交付该出资的股东或者发起人补交其差额。原出资中的实物、知识产权、土地使用权及其他非货币财产应当重新进行评估作价。公司实收资本应当进行重新验证并由验资机构出具验资证明。

第二十一条 公司成立后，公司登记机关发现公司涉嫌实收资本不实的，可以要求公司到指定的验资机构进行验证，并要求其在规定期限内提交验资证明。

第二十二条 虚报注册资本，取得公司登记的，由公司登记机关依照《公司登记管理条例》第六十八条予以处罚。

第二十三条 公司的股东或者发起人虚假出资，未交付或者未按期交付作为出资的货币或者非货币财产的，由公司登记机关依照《公司登记管理条例》第七十条予以处罚。公司的股东或者发起人拒不改正的，公司登记机关责令公司限期办理注册资本、出资期限变更登记，逾期不办理的，按照《公司登记管理条例》第七十三条处罚。公司成立两年后，其中，投资公司成立五年后，公司股东或者发起人仍未交付或者未足额交付出资，且公司未办理变更登记的，按照《公司登记管理条例》第六十八条处罚。

第二十四条 股东或者发起人在公司成立后抽逃其出资的，由公司登记机关依照《公司登记管理条例》第七十一条予以处罚。

第二十五条 公司注册资本及实收资本发生变动，公司未及时办理变更登记的，由公司登记机关依照《公司登记管理条例》第七十三条予以处罚。

第二十六条 验资机构、资产评估机构出具虚假证明文件的，公司登记机关应当依照《公司登记管理条例》第七十九条予以处罚。

第二十七条 撤销变更登记涉及公司注册资本及股东或者发起人出资额和出资方式变动的，恢复公司该次登记前的登记状态。

第二十八条 外商投资企业注册资本及实收资本的登记管理适用本规定，法律另有规定的除外。

第二十九条 本规定自2006年1月1日起施行。2004年6月14日国家工商行政管理总局发布的《公司注册资本登记管理规定》同时废止。

国务院法制办、国家发改委
关于开展清理限制非公有制经济发展规定工作的通知

（国法〔2006〕12号）

各省、自治区、直辖市人民政府，国务院各部委、各直属机构及有关单位：

为了贯彻落实党的十六大和十六届三中、四中、五中全会精神，根据《国务院关于鼓励支持和引导个体私营等非公有制经济发展的若干意见》（国发〔2005〕3号，以下简称《若干意见》）的要求，经国务院同意，现就清理限制非公有制经济发展规定的有关问题通知如下：

一、清理范围及重点

县级（含县级，下同）以上地方各级人民政府及其所属部门，国务院各部委、各直属机构及有关单位制定的规章、规范性文件以及其他文件，均应纳入清理范围。

清理的重点是：现行规章、规范性文件以及其他文件中市场准入、财税金融支持、社会服务、权益保护和政府监管等方面与《若干意见》不一致的规定。

二、清理原则

（一）纳入此次清理范围的规章、规范性文件以及其他文件按照下列原则处理：主要内容与《若干意见》不一致的，应当明令废止；个别条款与《若干意见》不一致的，应当予以修改。

（二）县级以上地方各级人民政府及其所属部门，国务院各部委、各直属机构及有关单位制定的规章、规范性文件以及其他文件的修改或者废止，由制定机关按照法定权限和程序作出决定。

（三）在清理工作中发现有关规定存在限制非公有制经济发展问题，但不在处理权限范围内的，按照规定程序报送有关机关处理。

三、清理工作的组织实施

县级以上地方各级人民政府、国务院各有关部门，要负责统一组织、协调、指导本地区、本部门的清理工作。县级以上地方各级人民政府及其所属部门，国务院各有关部门应当确定清理工作责任人。国务院各部委、各直属机构应当按照规定督促检查下级部门的清理工作。各级地方人民政府应当督促检查所属有关部门和下级人民政府的清理工作。国务院法制办、国家发展改革委根据各地清理工作的进展情况，适时组成联合督查组，对清理工作进行督促和检查。

各省、自治区、直辖市人民政府，国务院各有关部门要加大对清理工作的宣传力度，及时通报清理进展情况。清理工作要发挥公众监督和舆论监督的重要作用。各级中小企业管理部门应当设立联系电话和联系电子邮箱，公民、法人和其他组织可以向各级中小企业管理部门提出具体意见和建议。

四、清理工作要求

清理工作是贯彻《若干意见》的一项重要举措。做好清理工作，对于行政机关依法行政、维护社会主义法制的统一性和严肃性具有重要意义。各地区、各部门要从大局出发，充分认识清理工作的重要性，加强领导，认真部署，精心组织，确保清理工作顺利进行。

国务院法制办、国家发改委关于开展清理限制非公有制经济发展规定工作的通知

（国法［2006］12号）

各省、自治区、直辖市人民政府，国务院各部委、各直属机构及有关单位：

为了贯彻落实党的十六大和十六届三中、四中、五中全会精神，根据《国务院关于鼓励支持和引导个体私营等非公有制经济发展的若干意见》（国发［2005］3号，以下简称《若干意见》）的要求，经国务院同意，现就清理限制非公有制经济发展规定的有关问题通知如下：

一、清理范围及重点

县级（含县级，下同）以上地方各级人民政府及其所属部门，国务院各部委、各直属机构及有关单位制定的规章、规范性文件以及其他文件，均应纳入清理范围。

清理的重点是：现行规章、规范性文件以及其他文件在市场准入、财税金融支持、社会服务、权益保护和政府监管等方面与《若干意见》不一致的规定。

二、清理原则

（一）纳入此次清理范围的规章、规范性文件以及其他文件按以下原则处理：主要内容与《若干意见》不一致的，应当明令废止；个别条款与《若干意见》不一致的，应当予以修改。

（二）县级以上地方各级人民政府及其所属部门、国务院各部委、各直属机构及有关单位制定的规章、规范性文件以及其他文件的修改或者废止，由制定机关按照法定权限和程序作出决定。

（三）在清理工作中发现有关规定存在限制非公有制经济发展情形，但不在处理权限范围内的，按照规定程序报送有关机关处理。

三、清理工作的组织实施

县级以上地方各级人民政府、国务院各有关部门应当负责统一组织、协调、指导本地区、本部门的清理工作。县级以上地方各级人民政府及其所属部门、国务院各有关部门应当确定清理工作责任人。国务院各部委、各直属机构应当督促检查下级部门的清理工作；各级地方人民政府应当督促检查所属有关部门和下级人民政府的清理工作。国务院法制办、国家发展改革委根据各地清理工作的进展情况，适时成立联合督查组，对清理工作进行督促和检查。

各省、自治区、直辖市人民政府，国务院各有关部门要加大对清理工作的宣传力度，及时通报清理进展情况。清理工作要发挥公众监督和舆论监督的重要作用。各级中小企业管理部门应当设立联系电话和联系电子邮箱，公民、法人和其他组织可以向各级中小企业管理部门提出具体意见和建议。

四、清理工作要求

清理工作是贯彻《若干意见》的一项重要举措。做好清理工作，对于行政机关依法行政，维护社会主义法制的统一性和严肃性具有重要意义。各地区、各部门要从大局出发，充分认识清理工作的重要性，加强领导，认真部署，精心组织，确保清理工作顺利进行。

县级以上地方各级人民政府、国务院各有关部门要按照本通知要求，于2006年年底前完成清理工作。各级地方人民政府要将本级人民政府及其所属部门的清理情况，报送上级人民政府。各省、自治区、直辖市人民政府，国务院各有关部门要汇总本地区、本部门的清理结果，于2006年11月底前将清理工作总结、《清理情况表》（附后）送国务院法制办公室、国家发展改革委。清理工作完成后，各省、自治区、直辖市人民政府，国务院各有关部门要向社会公布清理结果。

附件：清理情况表

二〇〇五年十二月二十九日

附件：清理情况表

（一）审核清理法规、规章、文件统计表

序号	单位名称	共审核件数	保留件数	已修改件数	已废止件数
总　计					

（二）已修改和已废止法规、规章、文件目录

已修改法规、规章、文件目录				
序号	名称、文号	发布机关及日期	重新发布的法、规章、文件名称、文号、日期	修改理由
已废止法规、规章、文件目录				
序号	名称、文号	发布机关及日期	废止日期	废止理由

（三）拟修改和拟废止法规、规章、文件目录

拟修改法规、规章、文件目录				
序号	名称、文号	发布机关及日期	拟修改时间	拟修改理由
拟废止法规、规章、文件目录				
序号	名称、文号	发布机关及日期	拟废止日期	拟废止理由

中国人民银行、财政部、劳动和社会保障部关于改进和完善小额担保贷款政策的通知

银发［2006］5号

颁布日期：20060112　实施日期：20060112　颁布单位：中国人民银行、财政部、劳动和社会保障部

中国人民银行上海总部，各分行、营业管理部、各省会（首府）城市中心支行，大连、青岛、宁波、厦门、深圳市中心支行，各省、自治区、直辖市、计划单列市财政厅（局）、劳动和社会保障厅（局），财政部驻各省、自治区、直辖市、计划单列市财政监察专员办事处，各国有商业银行、股份制商业银行：

为贯彻落实《国务院关于进一步加强就业再就业工作的通知》（国发［2005］36号）精神，逐步建立和完善下岗失业人员小额担保贷款（以下简称小额担保贷款）工作的长效机制，经国务院同意，现就有关事项通知如下：

一、进一步完善小额担保贷款的管理办法。

（一）扩大贷款对象范围。持有劳动保障部门核发的《再就业优惠证》的国有企业下岗失业人员、国有企业关闭破产需要安置的人员、国有企业所办集体企业下岗职工，享受城市居民最低生活保障且失业1年以上的城镇其他登记失业人员，持有军人退出现役的有效证件的城镇复员转业退役军人以及持当地劳动保障部门核发的失业登记证明的其他城镇登记失业人员，如从事个体经营自筹资金不足，均可根据《下岗失业人员小额担保贷款管理办法》（银发［2002］394号），向银行申请小额担保贷款。

（二）完善财政贴息管理。对持《再就业优惠证》及军人退出现役有效证件的人员申请小额担保贷款并从事微利项目的，由中央财政据实全额贴息（展期不贴息）。对持当地劳动保障部门核发的失业登记证明的其他城镇登记失业人员申请小额担保贷款并从事微利项目的，由财政给予50%的贴息（中央财政和地方财政各承担25%）。各省、自治区、直辖市、计划单列市人民政府结合实际确定微利项目的范围，并于2006年2月10日前报财政部、劳动和社会保障部、中国人民银行备案。

（三）探索贷款管理模式创新。在有条件的地方进一步探索完善小额担保贷款的管理模式，研究通过公开招标方式选定经办银行的新模式。

二、进一步发挥劳动密集型小企业带动个人就业的倍增效应，推进创业培训与小额担保贷款联动机制。

（一）对符合贷款条件的劳动密集型小企业在新增加的岗位中当年新招用持《再就业优惠证》人员达到企业现有在职职工总数30%以上，并与其签订1年以上期限劳动合同的，根据该企业实际招用人数，合理确定其贷款额度，最高不超过人民币100万元。财政贴息、经办银行的手续费补助、呆坏账损失补助等按照现行规定执行。

（二）推行创业培训与开业指导、项目开发、小额担保贷款、税费减免、跟踪扶持等“一条龙”服务的工作模式。建立创业项目资源库，积极开发投资少、见效快、风险小等适合下岗失

业人员创业的项目。对参加创业培训、完成创业计划书并经过专家论证通过的人员，在申请小额担保贷款时可进一步降低反担保门槛。对经创业培训后获得小额担保贷款的人员，各地劳动保障部门要指定专人负责，定期了解其经营状况，提供咨询服务，帮助解决出现的问题。

三、加快信用社区建设，利用社区劳动保障工作平台为小额担保贷款营造良好的金融生态环境。

（一）信用社区应符合以下基本条件：社区劳动保障工作平台建设已实现机构、人员、经费、场地、制度和工作“六到位”；社区各种台账齐全、数据准确并建立个人信用档案；社区劳动保障工作人员熟知政策并能开展咨询服务工作；社区与借款人签订《借款承诺书》；社区建立跟踪服务卡，并能积极参与欠款追索工作；社区单独或联合开展创业培训并有一定成效；社区内已发放的小额担保贷款回收率达到90%以上。具体信用社区的标准确定及认定办法由各省、自治区、直辖市、计划单列市制订。

（二）鼓励有条件的地方开展信用社区贷款考核奖励试点。将试点信用社区当年小额担保贷款回收率（即当年实际到期贷款回收额/当年应到期贷款总额×100%）作为考核依据，对小额担保贷款回收率达到90%以上的信用社区，可按社区内当年实际发放贷款金额或当年实际回收贷款金额的一定比例予以补贴和奖励，用于经办银行的手续费补贴和信用社区的工作奖励。信用社区考核奖励具体办法和补贴、奖励资金由各省、自治区、直辖市、计划单列市确定。

四、引导和鼓励高校毕业生面向基层就业，对自愿到西部地区及县级以下的基层创业的高校毕业生，其自筹资金不足时，也可向当地经办银行申请小额担保贷款。对从事微利项目的，贷款利息由财政承担50%（中央财政和地方财政各承担25%），展期不贴息。

五、小额担保贷款和劳动密集型小企业贷款的有关财政贴息资金的管理办法按财政部、人民银行、劳动和社会保障部已经下发的有关文件执行。省级财政部门应在上一年年底前做出贴息资金预算并报财政部。财政部在每年年初向各省、自治区、直辖市、计划单列市预拨贴息资金，各城市财政部门按季向省级财政部门申请贴息资金。各级财政部门应进一步提高工作效率、完善贴息审核办法，以保证贴息资金及时划拨到位。

六、相关金融机构应建立区别于其他商业性贷款考核制度的小额担保贷款单独考核制度。在操作规范、勤勉尽责的前提下，经办银行的小额担保贷款质量考评情况可不纳入商业银行不良贷款考核体系，不影响经办银行和信贷人员的年终评比、奖励和晋级。

七、除上述内容外，《中国人民银行、财政部、国家经贸委 劳动和社会保障部关于印发〈下岗失业人员小额担保贷款管理办法〉的通知》（银发［2002］394号）、《中国人民银行、财政部 劳动和社会保障部关于〈下岗失业人员小额担保贷款管理办法〉有关问题的补充通知》（银发［2003］134号）及《中国人民银行财政部、劳动和社会保障部关于进一步推动下岗失业人员小额担保贷款工作的通知》（银发［2004］51号）的规定继续执行。

八、人民银行各分支机构，各级财政、劳动保障部门要根据各自职责加强对下岗失业人员小额担保贷款工作的监督管理，切实做好政策解释宣传和贯彻落实工作。充分发挥地方就业工作联席会议制度作用，根据当地实际情况制定相应细则，积极探索小额担保贷款管理的新模式。对政策执行过程中遇到的新情况、新问题要及时报告。

中国人民银行
财政部
劳动和社会保障部
二〇〇六年一月十二日

国家税务总局关于个人独资企业变更为个体经营户是否享受个人所得税再就业优惠政策的批复

国税函［2006］39号　颁布日期：20060113　实施日期：20060113　颁布单位：国家税务总局

安徽省地方税务局：

你局《关于芜湖市金百川宾馆能否享受再就业个人所得税税收优惠的请示》（皖地税［2005］160号）收悉。经研究，批复如下：

一、根据《国家税务总局关于下岗失业人员从事个体经营有关税收政策问题的通知》（国税发［2004］93号）的规定，个体经营是指《中共中央国务院关于进一步做好下岗失业人员再就业工作的通知》（中发［2002］12号）下发后，即2002年9月30日以后从无到有建立起来的新办个体经营户。由个人独资企业变更为个体经营户，不符合上述文件精神，不得享受个人所得税再就业优惠政策。

二、自2006年1月1日起，个体经营户可按照《国务院关于进一步加强就业再就业工作的通知》（国发［2005］36号）规定，申请享受个人所得税再就业优惠政策。

国家税务总局

二〇〇六年一月十三日

关于印发《科技型中小企业贷款平台建设指引》的通知

国科办财字［2006］21 号

颁布日期：20060327　实施日期：20060327　颁布单位：科学技术部办公厅、国家开发银行办公厅

各省、自治区、直辖市、计划单列市科技厅（委、局）、各国家高新技术产业开发区管委会，国家开发银行总行营业部、各分行、代表处：

根据《国家开发银行、科学技术部关于推动科技型中小企业融资工作有关问题的通知》（开行发［2005］117 号）的精神，为进一步推动科技型中小企业贷款平台的建设，逐步建立在政府引导下的，有利于科技型中小企业自主创新的金融环境，在总结前一段开展中小企业贷款试点经验的基础上，科技部、国家开发银行联合制定了《科技型中小企业贷款平台建设指引》，现印发给你们，请遵照执行。

请各地方科技主管部门、国家高新区进一步加强与国家开发银行分行的合作，按照《科技型中小企业贷款平台建设指引》的要求，共同推动本地区科技型中小企业贷款工作。

科学技术部办公厅

国家开发银行办公厅

二〇〇六年三月二十七日

科技型中小企业贷款平台建设指引

为落实科学技术部（以下简称科技部）与国家开发银行（以下简称开发银行）共同发布的《关于推动科技型中小企业融资工作有关问题的通知》（开行发［2005］117号）的要求，发挥科技主管部门的组织协调优势和国家开发性金融机构的融资优势，全面推动科技型中小企业贷款平台的建设，逐步建立在政府引导下的，有利于科技型中小企业自主创新的科技投融资体系，特制订本《指引》。

一、贷款平台职能与任务

科技型中小企业贷款平台是在科技部、开发银行培育和指导下，按开发银行的要求承担或协助客户开发、评审和贷后管理的职能。主要为本地区科技型中小企业申请开发银行中小企业贷款提供服务，并促进本地区企业信用体系建设。

二、贷款平台的种类

贷款平台在开展科技型中小企业贷款工作中可根据自身条件采取以下具体方式：

（一）管理平台

贷款平台负责客户开发、项目管理、初评等工作。开发银行直接与中小企业签订借款合同，中小企业直接对开发银行承担还款责任。

（二）统贷平台

有借款资格和承贷能力的企事业法人（统借统还借款人，以下简称“指定借款人”），愿意承担贷款责任，有防范风险、偿还贷款的能力，可申请开发银行贷款，以委托贷款等合法有效的资产运作方式，向中小企业提供资金支持。采取统贷方式的，管理平台的职能由指定借款人承担。

（三）其他模式平台

平台依托单位可在政府指导下，与本地区开发银行分行共同探讨建立符合国家政策、有利于本地区科技型中小企业自主创新的多种运作模式。

三、贷款平台支撑条件

科技型中小企业贷款平台的建设必须是符合国家高新技术产业发展方向和开发银行业务要求的，依托地方科技主管部门、高新区管委会所属的高新技术创业服务中心（科技企业孵化器）、生产力促进中心、特色产业基地、软件园、中小企业担保公司、科技风险投资公司等科技中介机构建立，为科技型中小企业提供贷款服务的专业中介服务机构。

（一）平台设立条件

1. 基础条件

独立法人；

科技型中小企业贷款平台应具有固定的办公场所、必要的办公条件和信息网络设施；

有与所从事的科技型中小企业贷款工作相适应的专业人员；

有开展科技型中小企业贷款服务的资金实力；采取统贷方式的贷款平台，同时应具备相应的偿还贷款能力。

2. 专业能力

对中小企业贷款有效需求信息的掌握能力；

与政府及其他职能部门的协调能力；

有组织贷款项目评审的能力；

开发评审阶段对贷款风险的识别和控制能力；

具有较为先进的信用征集和信用评价能力；

具有一定的跟踪管理和服务能力。

3. 制度建设

贷款平台制订并严格遵守从项目开发、受理、信用评价、初审、尽职调查、担保、项目评议、项目报批、贷款手续办理及贷后管理等环节的工作流程；

贷款平台应分别制订贷款项目开发、受理、信用评价、初审、尽职调查、担保、项目评议、项目报批、贷款手续办理、贷后管理及专管机构人员管理、评议机构人员管理的规章制度和工作细则，并保证严格遵照执行。

（二）平台地方政策条件和管理

地方科技主管部门、高新区管委会应按照《国家中长期科学和技术发展规划纲要》及相关配套政策的要求，加强对科技型中小企业贷款平台的支持，同时要积极争取地方政府在财税、金融和政府采购等方面的配套政策支持，不断优化创新环境。贷款平台也应积极开拓、整合科技和社会资源，使平台的外部环境具备以下条件：

1. 地方科技主管部门、高新区管委会主要领导牵头成立科技金融领导协调机构，要将贷款平台建设纳入地方科技投融资体系中统筹考虑和规划。

2. 地方科技主管部门、高新区管委会要对贷款平台建设给予财政投入，并对平台贷款项目给予一定的贴息支持。

3. 地方科技主管部门、高新区管委会应倡导依托贷款平台建立科技型中小企业信用促进机构，凡申请开发银行贷款的企业应加入信用促进机构，贷款平台要建立科技型中小企业信用征集系统和信用评价系统。

4. 地方科技主管部门、高新区管委会要把科技型中小企业贷款平台建设和管理工作纳入目标责任管理和业绩考核管理。

5. 贷款平台应积极引入社会担保公司参与贷款平台工作，引导担保公司参与科技型中小企业贷款担保业务，分散信贷风险。

6. 地方科技主管部门、高新区管委会为贷款平台提供一定量的贷款风险准备金，并将该款项存入贷款平台在开发银行当地分行开立的风险准备金专用账户。

7. 不管采取何种平台方式，原则上地方科技主管部门、高新区管委会应与开发银行建立贷款风险分担机制，对贷款平台内的贷款总体风险承担一定经济责任，风险分担的比例与方式，由开发银行与地方科技主管部门、高新区管委会具体商定。

8. 对于统贷统还平台，地方科技主管部门、高新区管委会应会同开发银行与当地商业银行签订代理金融合作协议，委托地方商业银行办理转贷业务。

（三）贷款平台部门政策和管理

1. 在科技部与开发银行业务合作委员会下，设立科技型中小企业贷款专项工作组，由双方有关司、局、中心组成。

2. 科技部积极支持和鼓励地方科技主管部门、高新区管委会结合本地实际情况，建立多种形式的科技型中小企业贷款平台，并通过国家科技计划支持平台建设。

3. 开发银行将面向科技型中小企业和创业投资公司的政策性贷款业务作为支持国家自主创新战略实施的重要金融措施，继续扩大贷款总量，完善信贷管理模式，鼓励地方分行加强与地方科技主管部门、高新区管委会的合作，支持平台工作。

4. “十一五”期间科技部、开发银行将重点培育100个科技型中小企业贷款示范服务机构。科技部会同开发银行建立平台统计考核机制和奖惩激励机制，对科技型中小企业和创业投资公司的贷款情况建立年度统计制度，并定期公布；共同支持和指导地方科技部门、高新区管委会对贷款平台进行考核，对通过考核合格的平台将认定为“科技部、国家开发银行科技型中小企业贷款示范服务机构”。同时科技部将通过国家科技计划在人员培训、信用体系建设、信息化建设等方面给予重点资助，创新基金管理中心将对符合创新基金年度支持方向的贷款平台项目优先给予贷款贴息等支持；开发银行对于服务机构将在平台能力建设和工作委托等方面优先给予支持。

四、贷款平台备案

贷款平台依托单位具备本《指引》第三部分所明确的条件，经地方科技主管部门、高新区管委会与开发银行分行协商一致后，可填报科技型中小企业贷款平台备案表（见附表）和建设方案，各两份报科技部火炬中心和开发银行评审三局备案。

本《指引》由科技部火炬中心、开发银行评审三局解释。

附表：科技型中小企业贷款平台

备　案　表

申请单位：　　　　　　　　　　（单位公章）

推荐部门：　　　　　　　　　　（单位公章）

备案日期　　　　年　　月　　日

填　报　说　明

一、备案表各项内容应实事求是，文字表述明确。第一次出现的缩略词，须注明全称。

二、备案表文本采用A4幅面纸，（双面印刷，简装），可以自行以同样幅面纸复制，填写内容需打印填入，对于篇幅不够的栏目可自行加页；备案表加盖本单位和推荐部门公章，各两份由推荐部门统一报送科技部火炬中心和国家开发银行评审三局。未通过推荐部门上报的备案表，将不予受理。

三、推荐部门是指省、自治区、直辖市、计划单列市的科技主管部门以及国家高新区管委会。

四、采取统贷方式的平台单位必须具备独立法人资格，各级政府行政机构不得作为统贷平台。

五、承诺为平台提供配套经费和其他支撑条件的地方科技主管部门、国家高新区管委会及有关单位，应提供加盖公章的有关承诺证明，并作为本备案表的附件。同时，申请单位提交的其他有关证明也应作为附件一并附在本备案表后。

受理备案地址：

科技部、国家开发银行科技型中小企业贷款专项工作组

通信地址：北京市三里河路54号360室，科技部火炬中心产业发展处（邮政编码100045）

电　　话：010－68511564、68582502

一、依托单位基本情况

单位名称

通讯地址　　　　　　　　　　邮政编码

单位性质

开户银行　　　　　　　　　　信用等级

注册资金　　　　　　　　　　是否上市 是□　　否□

主要股东、股权比例及出资形式　　（企业法人单位填写此栏）

法人代表　姓名　性别　出生年月　任现职时间　学历　电话
联 系 人　电话　传真
电子信箱
推荐部门
区域位置　☐在国家级高新区内　☐在省级高新区（开发区）内　☐不在高新区内
区域特色产业情况
区域内优惠政策和措施
区域特色高技术产业发展支撑条件
二、申请单位意见
（盖章）　年　月　日
三、参与担保机构意见
（盖章）　年　月　日
四、推荐部门意见
1. 申请材料的真实性、可靠性
2. 地方匹配经费情况及保障措施
3. 地方推进平台建设的组织措施
4. 国家开发银行地方分行意见
（盖章）　年　月　日
5. 推荐单位意见
（盖章）　年　月　日

科技型中小企业贷款平台建设方案提纲

一、成立平台理由

包括目的、意义、必要性和可行性，在哪些方面、何种程度上有助于进一步推动所在地方高新技术产业的发展、培育地方经济增长点、增强自主创新能力以及优化投融资环境等（限四号字一页以内）。

二、平台依托单位及主要成员简况

平台依托单位现有工作基础、人员队伍状况、负责人及主要成员资历情况（工作经历，学历专业职称，开展过的科技产业化工作情况等），基础设施及设备状况、经济状况、组织管理状况等（限四号字一页以内）。

三、合作担保机构的基本情况

1. 担保机构简介

包括担保机构名称、成立时间、经营范围、主营业务及行业地位、股本构成及变化情况等内容。

2. 担保记录及在保情况介绍。

3. 担保机构财务会计信息。

四、保证措施和支撑条件

地方科技主管部门、高新区管委会成立科技金融领导协调机构的相关文件；出资建立贷款风险准备金承诺、对指定借款人、用款企业、贷款平台和专业担保机构的政策支持和资金支持措施或承诺（如股本注入、风险补偿、贷款贴息、税收优惠等）；贷款平台与开发银行分行达成的协议；贷款平台与担保机构的合作协议；贷款平台与委托金融机构的合作协议；贷款平台的风险分担方案。

申报材料除《指引》第三部分规定的工作流程和规章制度或工作细则外还应有评议委员会

工作细则；专管机构人员管理、评议机构人员管理的规章制度工作细则；信用促进机构章程和信用体系建设方案、职责履行情况说明。

五、其他需要说明的问题。

关于调整个体工商户业主、个人独资企业和合伙企业投资者个人所得税费用扣除标准的通知

财税［2006］44号

颁布日期：20060410　实施日期：20060101　颁布单位：财政部、国家税务总局

各省、自治区、直辖市、计划单列市财政厅（局）、地方税务局，新疆生产建设兵团财务局：

根据现行个人所得税法及其实施条例和相关政策规定，现对个体工商户业主、个人独资企业和合伙企业投资者个人所得税费用扣除标准问题通知如下：

一、对个体工商户业主、个人独资企业和合伙企业投资者的生产经营所得依法计征个人所得税时，个体工商户业主、个人独资企业和合伙企业投资者本人的费用扣除标准统一确定为19200元/年（1600元/月）。

二、《国家税务总局关于印发〈个体工商户个人所得税计税办法（试行）〉的通知》（国税发［1997］43号）第十三条第一款修改为："个体户业主的费用扣除标准为19200元/年（1600元/月）；从业人员的工资扣除标准，由各省、自治区、直辖市地方税务局根据当地实际情况确定，并报国家税务总局备案。"

三、财政部 国家税务总局《关于印发〈关于个人独资企业和合伙企业投资者征收个人所得税的规定〉的通知》（财税［2000］91号）附件1第六条（一）修改为："投资者的费用扣除标准为19200元/年（1600元/月）。投资者的工资不得在税前扣除。"

本通知自2006年1月1日起执行。

国家税务总局

二〇〇六年四月十日

关于继续开放铁路建设市场的通知

建市［2006］87号

颁布日期：20060414　实施日期：20060414　颁布单位：建设部、铁道部

各省、自治区建设厅，直辖市建委，北京市规划委员会，江苏省、山东省建管局，国务院有关部门建设司（局），新疆生产建设兵团建设局，总后基建营房部工程管理局，各铁路局，国资委管理的有关企业，中铁建设投资公司、中铁集装箱公司，各铁路公司：

建立统一、开放、竞争、有序的建筑市场体系，是完善社会主义市场经济体制的重要任务。铁路建设市场的开放，有利于全国统一市场的形成，有利于完善建筑业企业资质管理体系，有利于提高企业的竞争力。为加快实现符合建筑市场经济发展要求的资质改革目标，适应铁路建设需求，建设部和铁道部决定，继续开放铁路建设市场，现将有关事宜通知如下：

一、铁路建设市场开放的范围

在2004年12月下发的《关于进一步开放铁路建设市场的通知》（建市［2004］234号）基础上，对铁路建设市场的设计、施工、监理业务范围继续开放。

1. 设计。同时具有甲级公路（公路、特大桥梁、特大隧道）和城市轨道交通设计资质的设计院，可以从事时速200km以下普通铁路设计工作；具有城市轨道交通设计资质的设计院，可以从事时速160km以下普通铁路设计工作；具有甲级水运（港口工程）设计资质的设计院，可以从事铁路集装箱结点站设计工作；具有甲级电子通信广电（通信工程类）设计资质的设计院，可以从事铁路通信设计工作。

2. 施工。具有公路、港口与航道、水利水电、矿山、市政公用工程施工总承包特级资质的企业，比照铁路施工总承包特级资质承担铁路工程施工，可以参加铁路工程总承包或施工总承包投标；具有房屋建筑工程施工总承包特级资质的企业，仍然可以参加铁路大型站房工程投标。

3. 监理。具有甲级电力（输变电工程）监理资质的企业，可以从事铁路电力专业监理工作；具有甲级通信工程监理资质的企业，可以从事铁路通信专业监理工作；具有甲级房屋建筑工程监理资质的企业，仍然可以从事铁路大型旅客站房和房建专业监理工作。

二、有关事项

1. 本次准许进入铁路建设市场的设计、施工、监理企业，按照上述可以从事的业务范围，比照铁路同等级别资质参与投标。

2. 具备上述条件的企业，要研究熟悉铁路建设市场规则和管理制度，加强对铁道行业标准及规范的学习。

3. 本通知自下发之日起执行。

建设部

铁道部

二〇〇六年四月十四日

关于做好中小企业国际市场开拓资金工作的通知

颁布日期：20060519　实施日期：20060519　颁布单位：商务部、财政部

各省、自治区、直辖市、计划单列市及新疆生产建设兵团商务主管部门、财政厅（局），各中央管理企业：

根据《中小企业国际市场开拓资金管理（试行）办法》（财企［2000］467号，以下简称管理办法）和《中小企业国际市场开拓资金管理办法实施细则（暂行）》（外经贸计财发［2001］270号，以下简称实施细则）的有关规定，为做好2006年度中小企业国际市场开拓资金管理工作，现将有关事项通知如下：

一、为简化手续，方便企业，强化管理，加大对中小企业支持力度，商务部、财政部决定进一步改进和完善中小企业国际市场开拓资金的管理。

（一）加大对中小企业的支持力度。中部地区和东北地区老工业基地的中小企业，资金支持比例由50%提高到70%。提高中小企业参加境外市场考察的支持标准，由1人次/企业提高到2人次/企业，补助标准按国家规定执行。

（二）调整团体项目的支持条件和标准。境外展览会和企业培训团体项目调整为参加活动的企业应全部符合中小企业申请条件。同时，境外展览会由按比例支持调整为定额支持；企业培训的资助条件，调整为不低于50家企业参与且时间在一天以上，中、西部及东北地区最高支持3万元，其他地区最高支持2万元。

（三）限定申报项目和支持金额。自2006年起，中部、西部和东北地区等老工业基地的中小企业，累计支持金额不超过70万元，其他地区的中小企业，累计支持金额不超过50万元。单个项目支出金额在1万元（不含）以下的不予以支持。

二、根据2006年度分配地方使用的中小企业国际市场开拓资金额度，现安排 省（自治区、直辖市、计划单列市及新疆生产建设兵团，下同）2006年度中小企业国际市场开拓资金使用额度 万元，请按此额度并结合以前年度结转编制2006年度项目资金计划并组织实施。各地在编制项目资金计划时，要认真贯彻落实国务院《关于鼓励支持和引导个体私营等非公有制经济发展的若干意见》，体现转变外贸增长方式，优化出口商品结构和本通知规定的要求，支持具有自主知识产权、自主品牌、高附加值的产品出口。

请各省市于2006年8月31日前报商务部（财务司）、财政部（企业司）备案，抄送中小企业国际市场开拓资金管理办公室。各中央管理企业和项目组织单位报送时间，另行在中小企业国际市场开拓资金网站发布。

三、各省市和中央管理企业要认真做好2005年度中小企业国际市场开拓资金（含预算专款）管理使用情况的总结工作，总结报告于2006年8月31日前报商务部、财政部，抄送中小企业国际市场开拓资金管理办公室，同时将2005年分项目、分企业资金拨付情况（报表和软盘，格式见附件）报中小企业国际市场开拓资金管理办公室。

四、为加强对中小企业国际市场开拓资金管理，提高工作效率与质量，自2006年起，全国统一启用“中小企业国际市场开拓资金网络管理系统”（网址 www. smeimdf. org），企业申报、项

目审核、公示与批复等一律使用该网络管理系统。全国统一组织的培训工作另行通知。

五、各地商务和财政主管部门、各中央管理企业要认真按照本通知精神，做好2006年各项工作，组织好培训、计划申报、项目审核与批复、资金拨付等工作，加大对本地区资金使用情况和效果的追踪与宣传，完善各地出台的相关规定和办法，对具体工作中发现的问题及建议，请及时报商务部（财务司）和财政部（企业司）。特此通知。

商务部

财政部

二○○六年五月十九日

地方政策法规

北京市支持中小企业发展专项资金管理暂行办法

京财经一［2005］412号

颁布日期：20050512　实施日期：20050512　颁布单位：北京市工业促进局

第一章　总　则

第一条　为促进我市中小企业发展，改善中小企业外部经营环境，规范中小企业发展专项资金管理，根据《中华人民共和国预算法》、《中华人民共和国中小企业促进法》和财政预算管理的有关规定，制定本办法。

第二条　北京市支持中小企业发展专项资金（以下简称专项资金）由北京市财政局在本级预算中安排。中央财政安排专用于支持我市中小企业发展的相关资金纳入专项资金管理。

各区县财政部门应建立本区县支持中小企业发展的专项资金，在同级预算中安排。

第三条　本办法所称中小企业，是指在本市行政区域内依法设立，具有法人资格，有利于满足社会需要，增加就业，符合国家产业政策，生产经营规模属于中小型的各种所有制和各种形式的企业。

第四条　中小企业的划分标准，按照原国家经贸委、原国家发展计划委员会、财政部、国家统计局联合下发的《中小企业标准暂行规定》（国经贸中小企［2003］143号）执行。

第五条　专项资金的使用应符合市政府确定的产业和区域发展政策及我市经济发展总体规划，坚持公开、公正、公平的原则，确保专项资金的规范、安全和高效使用。

第六条　专项资金由北京市财政局会同本市中小企业主管部门及相关行业管理部门，按照职责明确、管理科学、分工合作、强化监督的运作机制共同管理。

第七条　专项资金的管理使用应起到鼓励和引导各级政府、金融机构、社会资本等多方面资金，共同支持中小企业发展的作用。

第二章　资金的使用范围

第八条　专项资金使用范围，主要包括以下项目：

（一）中小企业信用担保体系建设项目，支持对象为以中小企业融资担保为主业的信用担保机构，主要包括：

1. 对中小企业担保机构弥补代偿损失；

2. 支持中小企业再担保事业发展；

3. 完善我市中小企业信用担保体系的其他事项。

（二）中小企业服务体系建设项目，指为支持中小企业发展构建的具有平台式公共服务职能的服务机构的项目，主要包括：

1. 为中小企业提供创业辅导、管理、信息、咨询等服务的综合性项目；

2. 为中小企业提供共性技术及专业化服务的项目；

3. 中小企业公共服务平台改造、扩建项目；

4. 促进中小企业公共服务体系建设的其他项目。

（三）扶持中小企业发展项目的范围，主要包括：

1. 拥有自主知识产权的技术创新项目；

2. 利用先进适用技术改造传统产业项目；

3. 新技术推广、新产品开发、产业技术成果转化项目；

4. 为大企业协作配套、专业化发展项目；

5. 开拓国际市场项目；

6. 开展特色经营和业态创新、采用新的经营方式和管理技术提升管理水平的项目；

7. 采用现代流通方式整合社会资源，发展符合政府引导方向的便民服务类项目；

8. 推进绿色经营和绿色消费，符合发展循环经济的项目；

9. 市政府要求扶持的其他项目。

（四）中小企业清洁生产项目，主要包括：

1. 实施中小企业清洁生产改造项目；

2. 组织开展中小企业清洁生产审核项目；

3. 中小企业清洁生产技术、信息和服务平台项目；

4. 推进我市中小企业清洁生产工作的其他事项。

（五）市政府要求扶持中小企业发展的其他事项。

第九条 专项资金重点支持为中小企业发展提供信用担保、公共服务平台建设项目，以及中小型高新技术企业具有自主知识产权的技术创新和产业技术成果转化项目。

第三章 资金支持方式

第十条 专项资金具体扶持方式，主要有银行贷款贴息、财政拨款补助和引导性委托入股方式：

银行贷款贴息，主要用于企业技术改造，以及形成较大产业化规模效益的科技成果转化项目。

财政拨款补助，主要用于企业技术研究开发成果转化、新产品研制、公共技术、服务平台建设、企业技术中心、孵化器建设等项目。

引导性委托入股，主要用于符合重点发展的产业方向，能较快形成产业规模和经济效益的产业化开发项目。

第十一条 已享受市政府其他专项资金支持的项目，专项资金在同一年度内不再予以支持。

第十二条 专项资金支持标准为：

财政拨款补助额度，原则上不超过该企业的注册资本金额，最高补助金额不超过200万元。

银行贷款贴息额度，根据项目贷款额度及人民银行公布的同期贷款利率确定，项目贷款利率低于人民银行公布的同期贷款利率的，按实际利率给予补助。每个项目每年最高贴息额度不超过300万元，重点扶持项目每年贴息额度不超过500万元，项目贴息期限不超过2年。

引导性委托入股额度原则上不超过500万元。

第十三条 市政府要求支持的重点项目，支持方式、支持额度可不受上述规定限制。

第十四条 对区县组织申报的中小企业发展项目，区县财政部门按照一定比例配套安排项目扶持资金的，市级专项资金优先扶持。

第四章 资金管理

第十五条 专项资金的支持方向和扶持重点，根据本市中小企业主管部门研究制定的中小企业发展规划、产业政策、发展指导目录确定的原则安排。

第十六条 采取多种方式面向全社会公开征集项目。凡符合条件的企业或中介机构，均可申请使用本专项资金。

区属企业可通过区（县）相关行业管理部门、区（县）财政部门申报项目，市属企业及其他企业可通过相关行业管理部门申报项目。

凡申报使用本专项资金的项目单位，应按照《北京市市级项目支出预算管理办法》、《市对区县专项补助管理暂行办法》要求，填报项目预算申报书。

第十七条 本市相关行业管理部门负责做好本系统的项目申报组织工作，负责对已扶持项目的监督、管理。会同北京市财政局，对本系统申报项目进行评审、论证。

第十八条 北京市财政局负责制发年度组织项目申报的通知，安排专项资金年度预算，确定年度专项资金支出结构，下达项目资金指标，办理专项资金拨付。会同本市相关行业管理部门确定需专家评审的重点项目，组织专家对项目进行评审。

第十九条 项目实施单位收到财政资金按现行财务制度规定进行账务处理。

第二十条 专项资金管理工作中发生的费用包括：项目申报组织、项目评审及跟踪管理等费用支出，可在专项资金中列支，但每年不超过当年专项资金总额的2%。

第五章 监督检查

第二十一条 北京市财政局负责对专项资金的使用情况进行管理和监督，北京市财政局可委托同级审计部门或中介机构对专项资金扶持项目的资金使用情况进行审计。相关行业管理部门负责对项目实施情况进行管理和监督。

第二十二条 项目实施单位在收到财政拨款后，项目建设期每半年向北京市财政局和相关行业管理部门报送专项资金使用情况及项目建设情况；项目完成后，项目实施单位应在3个月内向北京市财政局及相关行业管理部门报送项目竣工报告和财务决算报告。

第二十三条 北京市财政局会同组织申报的相关行业管理部门，做好扶持项目的绩效考评工作。

第二十四条 专项资金管理使用中出现违反规定使用专项资金的，根据《财政违法行为处罚处分条例》等国家相关法律、法规，进行处罚、处分。

第六章 附 则

第二十五条 区县财政部门可参照本办法制定本区县支持中小企业发展专项资金管理暂行办法。

第二十六条 专项资金管理使用中的具体实施细则另行制发。

第二十七条 本办法由北京市财政局负责解释。

第二十八条 本办法自发布之日起施行。

天津市财政局印发《关于建立我市中小企业贷款担保体系的指导意见》的通知

津财企一［2004］69号

颁布日期：20041215　实施日期：20041215　颁布单位：天津市财政局

各区县财政局，各银行贷款担保机构：

为了加快我市中小企业贷款担保体系建设，积极稳妥地推动中小企业贷款担保工作，充分发挥担保业务在促进中小企业发展中的作用，根据国家有关规定及市政府《关于促进个体私营经济和中小企业发展的意见》（津政发［2004］91号），我们拟定了《关于建立我市中小企业贷款担保体系的指导意见》，现印发给你们，请遵照执行。

二〇〇四年十二月十五日

关于建立我市中小企业贷款担保体系的指导意见

第一章　总　则

第一条　为加快建立我市中小企业贷款担保体系，积极稳妥地推动中小企业贷款担保工作，规范和加强担保机构管理，防范和控制风险，更好地发挥担保业务在中小企业发展中的促进作用，依据国家和我市有关规定，制定本指导意见。

第二条　中小企业贷款担保，是指经政府有关部门审核批准设立并依法登记注册的中小企业贷款担保专门机构，与银行等金融机构（债权人）约定，当被担保人不履行或不能履行合同约定债务时，担保机构承担约定的责任或履行债务的行为。中小企业贷款担保属《担保法》规定的保证行为，各类中小企业贷款担保机构均属非金融机构，不得从事存、贷款金融业务及财政信用业务。中小企业贷款担保机构依合同约定，承担一般保证责任或连带保证责任。

第三条　担保机构需依照法律及有关规定办理注册，应自主经营，独立核算，依照规定程序对担保项目自主进行评估和作出决策。担保机构有权不接受各级行政管理机关为具体项目提供担保的指令。

第四条　中小企业贷款担保体系建设，坚持支持发展与防范风险相结合的原则；坚持政府主办与社会主办相结合的原则；坚持开展担保与提高信用相结合的原则。中小企业贷款担保工作，要依法经营，规范操作，政策支持，稳步推进。

第五条　中小企业贷款担保机构的资金来源由市级财政预算编列的资金；市政府划拨的土地使用权和其他经营性及非经营性国有不动产；区县政府出资和划拨的土地使用权等；社会募集的资金；会费（风险保证金）或认股；国内外捐赠；其他来源。

第六条 中小企业贷款担保机构的服务对象为符合国家产业政策，有产品、有市场、有发展前景、有利于技术进步与创新的技术密集型和扩大劳动密集型的各类中小企业。

第七条 中小企业贷款担保机构的业务范围主要是：对中小企业向金融机构贷款、票据贴现、融资租赁等融资方式提供担保。

第八条 中小企业贷款担保机构应与金融机构（包括国有商业银行、股份制银行、农村信用社、外资银行以及经批准可以经营人民币存贷款业务的非银行金融机构）建立协作关系，并签订协作合同。担保机构应与金融机构密切协作，及时交换和通报贷款企业有关信息，加强对贷款企业的监督，共同维护双方的权益。

第九条 中小企业贷款担保机构货币形态的担保资金，要存入协作双方合同约定的银行。

第十条 开展市中小企业信用担保基金的再担保业务。对区、县政府组建的中小企业贷款担保机构承办的担保业务，实行再担保。

第二章 贷款管理和不良贷款代位清偿

第十一条 申请贷款担保企业的基本条件

（一）在工商行政管理部门依法登记注册，具有独立法人地位；

（二）担保项目符合金融机构贷款条件，已落实贷款金融机构；

（三）能提供有效的反担保；

（四）诚实守信，在金融机构没有不良记录。

第十二条 担保程序

（一）担保申请。借款企业向与担保机构有协作关系的金融机构提出贷款申请，经金融机构初步审核同意后，借款企业向担保机构提出担保申请。

（二）进行资信评估与担保审核。担保机构对借款企业进行资信调查、项目评估和反担保措施审核，根据综合评定结果，作出是否提供担保的决定。

（三）签订担保合同。金融机构同意发放贷款且担保机构同意提供担保的，借款企业与金融机构签订借款合同，作为主合同。同时，担保机构与金融机构签订担保合同，根据需要签订反担保合同及抵（质）押合同。

（四）支付担保费。担保机构承担的担保项目依照有偿原则，按标准收取被担保企业费用。政府出资组建的中小企业贷款担保机构的收费标准，一般控制在中国人民银行同期贷款利率的50%以内；商业性担保机构从事担保业务的收费标准，经市物价部门审批，可以在上述标准基础上适当浮动。

（五）发放贷款。担保合同签订后，担保机构正式履行保证责任。金融机构应及时发放贷款，并以书面形式通知担保机构。

（六）跟踪检查。在担保期间，担保机构有权力对被担保企业实施跟踪检查，被担保企业有义务予以积极配合。

第十三条 贷款管理

金融机构按《借款合同》发放贷款后，应当对借款企业执行借款合同情况进行追踪调查和检查。金融机构对逾期贷款要及时发出催收通知单，并通知贷款担保机构。

第十四条 贷款风险控制 担保机构应与金融机构，分析产生不良贷款的原因，制定贷款风险控制措施，积极回收逾期贷款。

第十五条 不良贷款代位清偿

贷款到期后，企业不能按期偿还债务时，经金融机构与担保机构协商，可以给予展期处理。贷款不予展期或贷款展期后仍不能收回的，由金融机构与担保机构共同提出《履行担保责任通知书》，担保机构应按照担保合同的约定，承担相应的代偿责任。担保项目发生代偿后，担保机构应积极采取措施进行追偿，当担保代偿率达到20%时，担保机构应暂停办理新的贷款担保业务。

担保代偿率是指赔付银行贷款额占担保贷款责任余额的比率。

金融机构与担保机构应针对产生不良贷款的原因，制定和采取有效措施，避免由于相同或类似原因出现新的不良贷款。

第十六条 债权追偿

担保机构承担逾期贷款余额的代位清偿责任后，由担保人代位为债权人，根据与被担保企业签订的反担保合同及抵（质）押合同，应依法对被担保企业行使追偿权。追偿措施包括：担保机构督促借款企业制订还款计划，尽快收回贷款；依法处置贷款抵（质）押物；依法向第三担保者追偿；依法提起诉讼。

第十七条 中小企业贷款担保机构与金融机构要按照“利益共享、风险共担”的原则，依法开展贷款担保业务。签订的协作合同应明确保证形式、贷款利率、担保资金额度、担保责任余额的放大倍数、责任分配比例、担保期限等内容，担保机构对某个企业提供的担保责任余额最高不得超过担保机构自身实收资本的10%；担保机构担保责任余额一般不超过自身实收资本的5倍，最高不得超过10倍。具体倍数由担保机构和协作金融机构协商。按照分担风险的原则，担保机构可以对贷款进行部分担保，担保风险分担比例由担保机构与协作金融机构协商。担保项目发生代偿时，担保项目的净损失由担保机构与金融机构按风险分担比例共同承担。

第三章 政府担保机构再担保

第十八条 市中小企业信用担保基金管理中心以市中小企业信用担保基金为我市政府出资组建的中小企业贷款担保机构提供再担保。

（一）担保机构申请再担保的条件

1. 申请再担保的担保机构注册资本必须达到1 000万元以上。

2. 申请再担保的担保机构具有完善的法人治理结构，具有比较完善的风险控制机制，并按国家有关规定足额提取未到期责任准备金和风险准备金。

3. 申请再担保的担保项目须符合国家产业政策，有较好的经济效益和社会效益，每笔担保项目的担保责任余额不超过500万元。

（二）担保机构申请再担保的程序

1. 申请办理再担保的担保机构，应在担保项目合同签订后的15日内，向再担保机构提出再担保申请。

2. 再担保机构应对担保机构的资信等条件，以及再担保项目进行审核。

3. 再担保机构一般应在收到担保机构申请后15日内作出是否可以再担保的回复。

4. 对于可以进行再担保的项目，由再担保机构与担保机构签订再担保合同。

（三）再担保机构与担保机构的权利与义务

1. 再担保机构与担保机构按照“利益共享、风险共担”的原则，享有相应的权利，承担相应的义务。

2. 再担保按照有偿原则，再担保机构一般应按该项担保业务收费的30%向担保机构收取再担保费用。特殊项目可由双方协商确定。

3. 再担保机构与担保机构应共同对担保项目进行管理并实施跟踪检查。

4. 再担保项目发生代偿时，担保机构应向再担保机构提出代偿申请，经再担保机构审核后，对于发生的再担保项目净损失，由担保机构与再担保机构按再担保收费比例共同承担。

5. 再担保项目发生代偿后，再担保机构与担保机构共同对债务人实施追偿，相关费用按约定比例承担，追回的债权按约定比例分配。

第十九条 中小企业贷款担保、再担保机构应建立完善的法人治理结构和内部控制制度。建立严格的担保项目评估制度，配备或聘请经济、法律、技术等方面的相关专业人才，依照规定程序对担保项目进行评估和作出决策，提高评估能力，加强对担保项目的评估审查；严格执行科学的决策程序，切实防止盲目决策；积极地采取反担保措施；加强对担保项目的跟踪检查，完善对被担保企业的事前评估、事中监控、事后追偿与处置制度。

第二十条 中小企业贷款担保、再担保机构应不断扩充资本金规模，增强抵御担保风险的能力。担保机构应按当年担保费的50%提取未到期责任准备金；按不超过当年年末担保责任余额1%的比例以及所得税税后利润的一定比例提取风险准备金，用于担保赔付。风险准备金累计达到担保责任余额的10%后，实行差额提取。

第四章 政策扶持

第二十一条 政策支持

（一）充分发挥市中小企业信用担保基金管理中心作用，市财政在五年内每年从预算中安排部分资金扩充市中小企业信用担保基金规模，适当降低担保条件，扩大贷款担保范围。

（二）加强区、县政府中小企业贷款担保机构建设，鼓励区、县政府设立中小企业贷款担保机构，充实中小企业贷款担保机构资本金，扩大贷款担保规模。

（三）鼓励社会开办中小企业贷款担保业务。对新开办的担保机构业务收入三年内免征营业税，从其获利年度起三年内由同级财政返还已交所得税地方留成部分。

（四）建立完善我市中小企业贷款担保信息平台。市中小企业贷款担保机构和市政府有关部门以及区、县政府组建的担保机构要建立企业信用档案，并逐步实现与市信用体系联网共享。对信用等级高的中小企业，按照手续从简、费用从低的原则办理贷款担保业务。

（五）政府有关部门要对借款企业、担保机构办理土地使用权、房产、设备等抵押手续提供支持。

第五章 附 则

第二十二条 中小企业贷款担保机构应建立、健全内部财务会计报告制度和担保业务统计报告制度，并按季、年报送主管财政机关。财务会计报告包括会计报表、会计报表附注和财务情况说明书。会计报表包括资产负债表、利润表、现金流量表及相关附表。担保业务统计报告要如实反映担保业务形成的或有负债情况，应包括每笔在保业务的贷款金额、担保责任余额、期限和剩余年限、利率、担保费率、贷款本息偿还情况、代偿情况、被担保企业所属行业、所在地等内容。

第二十三条 中小企业贷款担保机构的管理监督部门应加大对中小企业贷款担保机构的监督检查力度，市财政部门应加强对政府出资的中小企业贷款担保机构财政风险补偿资金使用情况的追踪问效和监督审核。中小企业贷款担保机构行业管理部门和金融监管部门要定期对担保业务的规范性进行检查，发现问题及时处理，遇有重大问题，及时上报市政府。

第二十四条 本办法由市财政局解释。

第二十五条 本办法自发布之日起实施。

天津市实施《中华人民共和国中小企业促进法》办法

天津市人民代表大会常务委员会公告第60号

（2005年9月8日天津市第十四届人民代表大会常务委员会第二十二次会议通过）

颁布日期：20050908　实施日期：20051101　颁布单位：天津市人大常委会

由天津市第十四届人民代表大会常务委员会第二十二次会议于2005年9月8日通过，现予公布，自2005年11月1日起施行。

天津市人民代表大会常务委员会

2005年9月8日

第一条　为了改善本市中小企业经营环境，促进中小企业快速、健康发展，依据《中华人民共和国中小企业促进法》，结合本市实际，制定本办法。

第二条　本市鼓励依法设立各种所有制、各种形式的中小企业，并为其发展创造良好的经营环境。

第三条　市人民政府应当加强对本市中小企业发展促进工作的领导，将中小企业发展纳入本市国民经济和社会发展规划，并制定相应的促进政策。

区、县人民政府负责本行政区域内中小企业发展促进工作，监督、指导和协调有关部门为中小企业发展提供服务。

第四条　市人民政府中小企业的工作机构负责本办法的组织实施，并履行下列职责：

（一）组织实施国家和本市制定的中小企业政策和规划；

（二）对促进本市中小企业发展工作进行综合协调；

（三）组织有关部门制定中小企业发展产业指导目录；

（四）负责组织有关部门对鼓励型小企业的认定工作；

（五）负责中小企业发展专项资金的使用管理；

（六）市人民政府赋予的其他职责。

工业、商务、建设、科技、财政、税务、工商、规划、土地、劳动社会保障等有关行政部门，在各自职责范围内对促进本市中小企业发展工作进行指导和服务。

第五条　市人民政府统计部门应当制定符合中小企业特点的统计指标和统计方法。市和区、县人民政府有关部门应当加强对中小企业统计指标的采集和动态监测，全面准确反映本市中小企业发展情况，为政府决策和管理提供服务。

第六条　中小企业享有自主经营权，任何单位和个人不得干预中小企业依法从事生产经营活动。

第七条　各级人民政府及其所属部门应当保护中小企业的合法财产，维护其合法权益，任何单位和个人不得侵犯。

因城市基础设施建设需要搬迁中小企业的，应当按照国家和本市有关规定参考市场价格，对其生产、经营场所给予合理足额补偿和妥善安置。

第八条 市人民政府应当每年在地方一般预算财政收入中安排一定比例的资金，作为中小企业发展专项资金，并根据本市财政收入增长情况适当增长。

区、县人民政府应当根据实际情况，安排本地区中小企业发展专项资金。

中小企业发展专项资金用于扶持中小企业的发展，专款专用。具体管理办法由同级人民政府另行规定。

第九条 本市按照国家规定设立中小企业发展基金，用于促进中小企业发展的下列事项：

（一）创业辅导和服务；

（二）支持建立中小企业信用担保体系；

（三）支持技术创新；

（四）鼓励专业化发展以及与大企业的协作配套；

（五）支持中小企业服务机构开展人员培训、信息咨询；

（六）支持中小企业开拓国际市场；

（七）支持中小企业实施清洁生产；

（八）其他扶持中小企业发展的事项。

第十条 注册成立公司制中小企业的，注册资本可以分期注入；注册资本中可以包括智力成果、人力资本等无形资产。

智力成果、人力资本等无形资产可以参与分配，具体办法由企业依法自主决定。

第十一条 外地人员来津投资创办符合本市产业指导目录的中小企业，其本人、配偶及未成年子女可以享受在本市落户的优惠政策。具体办法由市人民政府另行规定。

第十二条 失业人员在领取失业保险金期间创办小企业的，可以一次性领取剩余享受期内的失业保险金，作为生产扶持资金，领取期限最长不得超过十二个月。符合再就业资金资助条件的，还可以领取再就业补助金。

第十三条 鼓励机关事业单位工作人员辞职领办、创办中小企业或者到中小企业工作，但法律、法规、规章和政纪有特别规定的，从其规定。具体办法由市人民政府另行规定。

第十四条 对下列鼓励型小企业，应当按照国家和本市的有关规定给予财税、融资、担保、信息、技术服务、市场准入和退出等方面的优惠。国家和本市没有具体规定的，由有关部门按照本办法具体要求制定，报市人民政府批准后实施：

（一）科技型企业；

（二）下岗、失业人员和失地农民创办或者吸收下岗、失业人员和失地农民就业达到一定比例的都市工业型和社区服务型企业；

（三）农产品加工等都市服务型企业。

鼓励型小企业的确定标准，由市人民政府另行制定。

第十五条 对鼓励型小企业，设立时基本符合条件但注册资金尚有欠缺的，在企业创办人作出书面承诺后，工商行政管理部门可以颁发有效期为一年的营业执照。

有效期满，企业注册资金未达到法定要求的，应当申请注销。

第十六条 鼓励型小企业在创办期和创业辅导期需要贷款的，政府出资的中小企业信用担保机构应当按照规定优先提供担保。

第十七条 鼓励型小企业用于生产经营的机器、厂房、设备等固定资产，可以加速折旧，以原有固定资产折旧率为基数提高百分之二十至百分之三十。

第十八条 小企业符合下列条件的，可以参照市场劳动力价格和当年政府发布的工资增长指导线，自主决定工资水平，不实行计税工资制：

（一）经营管理规章制度完善；

（二）已建立工资集体协商制度；

（三）企业盈利并利润增长。

第十九条 中小企业吸收下岗、失业人员超过职工总数百分之六十的，经依法认定为劳动服务型企业，税务部门应当依照国家有关规定在三年内免征企业所得税；免税期满后，当年安置下岗、失业人员占企业原从业人员总数百分之三十以上的，在两年内减半征收企业所得税。

第二十条 政府及有关部门应当鼓励和支持中小企业进行资产重组，优化资源配置，促进中小企业健康发展。

第二十一条 中小企业在一定区域内发展以产品为纽带、具有区域经济特点的企业集群的，市或者企业所在区、县人民政府有关部门应当在规划、用地、工商、财税等方面给予支持，提供发展条件。

第二十二条 市和区、县人民政府对中小企业有下列情形之一的，给予贷款贴息支持：

（一）有自主知识产权、其产品有一定市场占有率的项目；

（二）有与大企业形成稳定配套协作关系、实现专业化发展和配套协作好的项目。

第二十三条 中小企业在科技成果引进、转化和产业化过程中，技术开发费按照实际发生额计入管理费用，不受比例限制。

第二十四条 中小企业研究开发新产品、新技术、新工艺所发生的各项费用，比上一年度实际发生额增长幅度超过规定比例的，除按照规定据实列支外，可以再按照实际发生额的一定比例抵扣当年应纳税所得额。

对促进科技进步、环境保护和国家鼓励投资项目的关键设备，以及常年处于震动、超强度使用或者受酸、碱等强烈腐蚀的机器设备，可以加速设备折旧。

第二十五条 政府及有关部门应当鼓励和扶持建立科技企业孵化基地、技术服务机构和生产力促进中心，为中小企业提供技术信息、技术开发、技术咨询培训和技术转让服务。

第二十六条 政府及有关部门应当为中小企业赴境外考察、到境外投资办厂、参加采购会和业务分包会等创造条件，提供支持。

第二十七条 政府及有关部门应当组织中小企业参加政府采购投标等活动，在每年政府采购计划中应当安排一定比例面向中小企业的订货合同和服务协议。

第二十八条 政府及有关部门应当加强与金融机构的沟通，制定政策支持银行等机构调整信贷业务，改善对中小企业的金融服务。

第二十九条 政府鼓励和支持商业银行调整信贷结构，开发适应中小企业发展的金融产品，改进发放贷款的审核标准和办法，放宽对中小企业的融资入门条件，支持社会中介机构参与贷款审查。

第三十条 政府鼓励和支持担保机构为中小企业发展提供担保，运用税收优惠政策和财政资金鼓励社会资金进入担保行业，支持各类担保机构为中小企业提供信用担保。

第三十一条 本市提倡中小企业共同出资设立担保资金，开展多种形式的互助性融资担保。

第三十二条 中小企业有权处分的土地使用权、房屋和生产设备、车辆等固定资产以及登记的无形资产，可以与担保机构依法设定抵押，有关部门应当予以办理财产他项权登记。

第三十三条 政府及有关部门应当按照国家有关规定，扶持中小企业上市融资，鼓励中小企业进行产权交易，完善中小企业退出机制。

第三十四条 政府及有关部门应当建立以企业、经营者、中介机构为主体，以信用登记、信用评估、风险预警、风险管理、风险分散等为主要环节，服务于企业经济活动的信用制度。

实行企业信用评价制度。由资信评估机构对小企业进行信用评级，帮助小企业提高信用透明度和知名度。小企业信用度高的，可以优先获得贷款支持。

第三十五条 政府及有关部门应当按照电子政务发展要求，加强政务网站、基础数据库和业务应用系统建设，实现政务信息公开，及时向社会公布政策法规等各类信息，设立网上公众留言等交互平台，为中小企业提供服务，支持中小企业信息化建设。

第三十六条 政府及有关部门应当运用税收优惠政策和财政资金，扶持建立中小企业服务机构，与现有的行业性服务机构、社会性服务机构以及社会团体、中介机构相联系，形成多主体、多层次、全方位的中小企业社会化服务体系。

第三十七条 政府及有关部门应当通过项目承接等方式，指导和协调中小企业服务机构、行业协会、中介机构、大专院校等，为中小企业培训经营管理和生产、技术人员，利用计算机网络等先进技术手段，为中小企业提供信息服务，提高中小企业营销、管理和技术水平。

第三十八条 政府及有关部门应当支持中小企业服务机构、行业协会和各类中介机构为中小企业提供创业辅导、企业诊断、信息咨询、市场营销、投资融资、贷款担保、产权交易、技术支持、人才引进、人员培训、对外合作、展览展销和法律咨询等服务。

经市中小企业工作机构推荐的社会中介机构，向成立经营不足两年的中小企业提供财务会计、资产评估和审计等服务的，服务费用按现行标准减半收取。因减半收取造成的成本损失由市中小企业工作机构按照本市有关规定予以补助。

第三十九条 行业协会和中介机构对中小企业需要的内外贸易培训服务、技术交流和职称评定等有关事项，可以予以协调或者代为办理。

第四十条 政府及有关部门应当支持中小企业发起成立行业协会，自理会务、自律管理，不断提高中小企业行业协会的维权能力、市场引导能力和提供信息服务能力等。

第四十一条 任何单位和个人不得在国家和本市规定的收费项目、标准和范围以外，对中小企业增设收费项目、提高收费标准、扩大收费范围或者改变计费方式。

行政机关不得将其应当依法履行的管理事项，通过行业协会或者中介机构变相收费。

第四十二条 国家机关及其工作人员违反本办法，侵犯中小企业合法权益的，由其所在单位或者上级主管部门、监察机关责令改正；情节严重的，对直接负责的主管人员和其他直接责任人员给予行政处分；造成损失的，依法承担赔偿责任；构成犯罪的，依法追究刑事责任。

第四十三条 中小企业应当加强内部管理，建立健全财务制度，守法经营、依法纳税、诚实守信、公平竞争，遵守法律、法规和规章，不得损害社会公共利益。

第四十四条 中小企业应当依法与职工签订集体合同和劳动合同，按时足额支付职工工资，依法办理和缴纳各项社会保险，保证生产环境的安全和卫生，保障职工享有的休息、休假、女工特殊保护等权益。

第四十五条 本办法规定的财税优惠政策以及劳动就业社会保障优惠政策，自企业依法参加社会保险时执行。

未依法参加社会保险或者拒不缴纳有关社会保险费用的，不得享受本办法规定的优惠政策。

第四十六条 本办法自2005年11月1日起施行。

河北省人民政府办公厅转发省工商局关于改革市场准入制度优化个体私营经济发展环境实施意见的通知

办字［2004］167号

颁布日期：20040730　实施日期：20040730　颁布单位：河北省人民政府办公厅

各设区市人民政府，各县（市、区）人民政府，省政府各部门：

省工商局《关于改革市场准入制度优化个体私营经济发展环境的实施意见》已经省政府同意，现转发给你们，请认真贯彻执行。

二〇〇四年七月三十日

关于改革市场准入制度优化个体私营经济发展环境的实施意见

（河北省工商行政管理局 二〇〇四年六月十七日）

为认真贯彻落实《中共河北省委河北省人民政府关于进一步优化发展环境的若干规定》，促进我省个体私营经济加快发展，现就改革市场准入制度，优化个体私营经济发展环境提出如下意见：

一、改革私营企业名称核准制度，放宽冠用省名条件

（一）简化私营企业名称核准手续。申请人申请企业名称预先核准时，可凭有效证件（身份证或营业执照）和《企业名称预先核准申请表》，直接向有管辖权的工商行政管理机关申请，不再提交其他证件和资料。

（二）减少私营企业名称核准环节。名称核准实行即时办理制度。企业申请名称预先核准，由负责受理的工作人员直接核准，不再层层报批；只要提交的申请材料齐全，符合法律、法规规定，受理人员应即时办理名称核准手续。

（三）开放私营企业名称查询。各级工商行政管理机关要将企业名称的信息资源向社会无偿开放，并积极创造条件，逐步开通利用互联网、固定电话和传真等方式进行企业名称是否重名的查询，为企业申办营业执照开辟一条“高速路”。

（四）降低私营企业冠用“河北”名称的注册资本条件。私营企业申请冠用“河北”名称，有限公司的注册资本由原来的300万元降低为100万元，其中在农村开办的由原来的300万元降低为50万元；科技型、服务型、出口型企业由原来的300万元降低为50万元，其中在农村开办的由原来的300万元降低为30万元；国家和省的重点建设项目企业，持有驰名商标、著名商标、国家及省级名牌产品的企业，可不受注册资本的数额限制。个人独资企业和合伙企业连续经营两年以上、实有资产达到规定数额的，也可以申请冠用“河北”名称。

（五）放宽私营企业名称的行业限制。企业申请名称中使用“实业”字样表述行业特点的，

注册资本由1亿元以上降低为3 000万元以上；由跨5个行业降低为跨2个行业。允许企业名称在行业特点后使用“发展”字样，如科技发展有限公司等。

二、改革私营企业注册资本缴付方式，放宽注册资本限制

（六）私营有限公司的注册资本可以分期缴付。为扶持中小私营企业发展，解决创业资金不足的问题，开办有限公司注册资本不超过300万元一次缴付有困难的，经投资者申请，法定注册资本最低限额以上部分允许分期注入。自公司成立之日起，一年内缴付未缴部分的50%以上，两年内全部缴清。投资人以全部出资额对企业承担责任。注册资本全部缴清后，方可办理分公司登记注册和登记注册为其他企业的投资人。

（七）申请注册资本分期缴付的私营企业，法律、法规规定需要办理前置许可的，办理登记注册时应按前置许可规定的最低资本数额缴付首期注入资本。

（八）工商行政管理机关根据企业申请注册资本分期缴付的期限，颁发《企业法人营业执照》，并在《企业法人营业执照》中注明企业缴付注册资本的实际数额。注册资本缴清后，工商行政管理机关按照公司章程中规定的经营期限换发《企业法人营业执照》。投资人未按规定的期限缴付注册资本的，工商行政管理机关告知其办理注册资本变更手续。

（九）鼓励科技型私营企业发展。申请设立从事科研、咨询、服务及开发的科技型私营有限公司，注册资本的最低限额可适当降低，但不得低于3万元。

（十）放宽高新技术的出资比例。投资人以经省以上科学技术行政主管部门认定的高新技术成果作价出资的，占企业注册资本的比例可以由投资各方协商约定。

（十一）支持规模型私营企业发展。有限公司的注册资本达到1 000万元以上的，可在省、设区市、县（市）之间自由选择注册登记机关和名称中的行政区划。国家另有规定的除外。

（十二）降低农村私营企业集团的设立条件。在农村和小城镇投资组建的企业集团，母公司的注册资本由原来的5 000万元降低为1 000万元，控股子公司由原来的5个降低为2个，母公司和子公司注册资本的总额由原来的1亿元降低为2 000万元。

三、改革私营企业经营范围核定方式，放宽私营企业、个体工商户经营范围

（十三）改革私营企业经营范围核定方式。对不涉及前置许可的经营项目，在经营范围核准时，根据企业申请，可核定为“法律、法规禁止的，不得经营；应经审批的，未获批准前不得经营；法律、法规未规定审批的，可自主选择经营项目，开展经营活动”。

（十四）除法律、法规明确禁止、限制进入的行业和领域外，私营企业和个体工商户都允许进入；凡是国有企业和外资企业能够进入的领域，私营企业和个体工商户都允许进入。

（十五）进一步清理前置许可。除法律、行政法规设立的前置性行政许可外，其他行政许可项目一律不作为工商行政管理机关登记注册的前置条件，可以由私营企业、个体工商户直接向工商行政管理机关申请办理登记注册。

（十六）大力支持鼓励各种新兴行业发展。取消对担保、安全评估、质量认证、商标代理、社区居民服务等新兴行业的审批限制，允许自然人自主申请，只要符合法律、法规规定的条件，工商行政管理机关即可办理登记注册。

（十七）大力支持私营企业开展筹建活动。对申请设立筹建的私营企业，工商行政管理机关可以核发有效期一年的营业执照，以方便企业在筹建期间开设银行账号、签订购物合同、采购企业筹建所需的材料和设备。经营范围核定为“企业筹建，不得从事生产经营活动”。

四、改革私营企业、个体工商户登记程序，简化审批环节

（十八）改革私营企业和个体工商户登记注册审核程序。申请设立私营企业和个体工商户的审核程序，由过去的受理、审查、核准三个环节，简化为“一审一核”两个环节。

（十九）自然人申请设立私营企业或者个体工商户，除法律、行政法规规定应当提交的文件、证件外，不再提交其他文件、证件，如职业状况证明、暂住证明、外来人员就业证等。

（二十）简化私营企业分支机构设立程序。私营企业申请在异地设立分支机构，可以凭《营业执照》直接向分支机构所在地的工商行政管理机关办理登记注册，不再提交原登记注册机关的核转手续。

（二十一）登记注册实行时限制。对私营企业的登记注册，自受理之日起由法定的30天办结缩短为5个工作日办结；对个体工商户的登记注册，自受理之日起由法定的30天办结缩短为2个工作日办结；名称核准的时限由法定的10天改为即时办理。

（二十二）转变工作作风。为方便申请人办理登记注册，工商行政管理机关一律实行一个窗口集中办公，咨询、受理、审核、发照、收费一条龙服务，咨询解答一次讲清、材料不齐一次告知、材料齐全一次办结。

五、改革私营企业、个体工商户经营场所审核制度，放宽经营场所限制

（二十三）改革私营企业、个体工商户经营场所调查制度。私营企业、个体工商户申请开业或变更经营场所登记注册时，工商行政管理机关不再对其申请登记注册的经营场所进行实地调查核实，待登记注册后，结合对登记事项的回访，一并进行调查核实。

（二十四）放宽对经营场所权属证明的限制。私营企业、个体工商户申请登记注册时，经营场所确实没有房产管理部门、土地管理部门权属证明的，当地政府或其派出机构出具的同意使用该场所从事经营的证明、商品房买卖合同和发票可以作为私营企业、个体工商户经营场所的证明。

六、改革私营企业年检方式，简化年检手续

（二十五）改革私营企业年检制度。积极探索私营企业年检的新形式，逐步推行上门年检、巡回年检、预约年检、网上年检，以方便企业，提高年检工作效率。

（二十六）简化私营企业年检材料，扩大免审范围。私营有限公司办理年检，不再提交会计年度审计报告（股份有限公司和工商行政管理机关认为有必要提交会计年度审计报告的企业除外）。对信誉好、知名度高或当年第4季度新设立的企业，可不再进行相关资料的审查，直接通过年检（涉及前置许可的行业除外）。

七、改革个体工商户登记注册制度，下放登记注册管辖权

（二十七）下放个体工商户登记注册管辖权。为方便自然人就地申请办理个体工商户登记注册，县（市、区）工商行政管理机关可以委托工商所进行登记注册，并核发盖有县（市、区）工商行政管理机关印章的个体工商户营业执照。

（二十八）简化个体工商户登记注册手续。自然人申请办理不需要进行前置许可的个体工商户登记注册，只需提交开业登记申请书、居民身份证复印件和经营场所证明，不再提交其他证件和资料。

八、改革日常监管方式，引导私营企业、个体工商户自觉守法

（二十九）工商行政管理机关在日常监管中，应当坚持以教育引导为主、处罚和教育相结合的原则。对违法行为轻微并及时纠正，没有造成危害后果的，可以不予行政处罚；对主动消除或者减轻违法行为危害后果，以及有其他依法从轻或者减轻行政处罚情节的，可以依法从轻或者减轻行政处罚。

（三十）对有下列情形之一的，可依法不予行政处罚：1. 企业在规定的时限内，因特殊原因没有按时报送年检材料，事后及时补办并经工商行政管理机关审查批准的；2. 公司未按规定放置营业执照，经警示后及时改正的；3. 因发生不可抗力或者确有其他免责理由，在公司成立后超过6个月未开业的或者开业后自行停业连续6个月以上的；4. 企业为方便服务对象在异地设立的中转、仓储、分流（易燃、易爆及化学危险品除外）或者无偿咨询服务点，且不开展经营

活动的。

九、改革收费办法，减免有关费用

（三十一）为鼓励农民从事个体经营活动，增加农民收入，允许在农村从事无需按国家规定进行前置许可的零售活动的流动小商小贩自由经营，免予登记注册，并免收个体工商户管理费、集贸市场管理费、合同示范文本工本费。

（三十二）农民在集贸市场上销售自己生产的农副产品，免予工商登记注册，并免收集贸市场管理费和个体工商户管理费。

（三十三）国家级、省级贫困县的农民申请开办个体工商户试营业的，可先核发有效期3个月的临时营业执照，在试营业期间免收个体工商户管理费。

（三十四）对从事种植业、养殖业的个体工商户允许自愿登记注册，并免收相关登记注册费和个体工商户管理费。

（三十五）国有企业下岗职工、城镇退役士兵、应届高校毕业生自主择业从事个体经营活动的，凭合法的有效证件，自领取营业执照之日起3年内免收个体工商户登记费（包括开业登记、变更登记、补换营业执照）、个体工商户管理费、集贸市场管理费、合同示范文本工本费。

吉林省地方税务局、吉林省国家税务局关于印发加快民营经济发展若干税收扶持政策的通知

颁布日期：20050221　实施日期：2005022　颁布单位：吉林省地方税务局、吉林省国家税务局

各市州、县（市、区）地方税务局、国家税务局，省地方税务局直属征收分局：

为认真贯彻落实省委、省政府《关于进一步加快民营经济发展的决定》精神，运用税收杠杆积极促进我省民营经济的发展，现将《加快民营经济发展若干税收扶持政策》印发给你们，请各地认真贯彻落实。

一、进一步提高对促进民营经济发展的认识

今年是我省改革发展由“快走”到“快跑”的关键一年。国企改制、项目建设、招商引资、全民创业、环境整治等五项重点工作都将全面推进，振兴我省老工业基地“二次创业”也将进入新的发展阶段。为适应加快民营经济发展新形势新任务，各级地税机关必须牢固树立亲商、富商、安商、扶商观念，从履行税务机关依法服务职责，强化政府部门公共管理职能的高度，增强税收服务的责任感、使命感和紧迫感。各级税务机关和全体税务干部都要为民营经济发展献计出力，把税收服务不折不扣地落实到税收工作的各个方面，为加快发展积极创造良好条件。

二、全面落实各项促进民营经济发展的扶持政策

各级税务机关要加大税收优惠政策的宣传力度，采取一切必要措施，把各项税收优惠政策逐户逐项落实。要围绕我省经济发展战略目标，针对存在的问题，深入开展政策调研。在如何充分运用税收政策，壮大和培植税源，提高税收调控能力等方面，为各级政府出主意、当参谋。对需要大力扶持的民营企业和重点项目，在落实优惠政策方面，要做到提前介入、全程参与、跟踪问效。

三、建立完善便捷高效的服务体系

要进一步巩固和完善国、地税联合办税工作机制。全面实行办税窗口规范化服务，以实行“一窗式管理、一站式服务”为重点，进一步健全服务制度，完善服务措施，改进服务作风，真正实现纳税人“进一个门、办全部事”。简化办税程序，对符合条件的定期定额民营企业实行简易申报、适当简并征期申报纳税方式。提高涉税审批效率，完善机制，减少环节，加强沟通，努力营造“税务机关诚信征税、纳税人诚信纳税”的良好氛围。逐步实现税收宣传的平台化、载体化和国地税一体化。利用12366服务平台和外部网站为纳税人提供政策咨询、法律服务。同时要依托各类媒体，开展长期性的税法宣传和政策发布，切实维护纳税人的知情权、参与权和监督权，鼓励诚信纳税，提高纳税人自觉依法纳税意识。

加快民营经济发展若干税收扶持政策

按照中共吉林省委、吉林省人民政府《关于进一步加快民营经济发展的决定》要求，为了实现全省民营经济的快速发展，促进全民创业，推动吉林老工业基地振兴，根据国家有关税收法律法规，借鉴外省经验，结合我省实际，特制定加快我省民营经济发展税收扶持政策。

一、鼓励全民创业，培育个体工商户和中小民营企业群体

1. 提高增值税起征点。各市、州国家税务局在征得当地政府同意的情况下，在国家规定的幅度内（即：销售货物的起征点幅度为2 000～5 000元；销售应税劳务起征点幅度为1 500～3 000元；按次纳税的起征点幅度为150～200元）调整起征点。对于销售农产品及以销售农产品为主的个体工商户，起征点提高为月销售额5 000元，按次纳税的，起征点提高为每次销售额200元。

2. 提高营业税起征点。按期纳税的，起征点提高到2 000元；按次纳税的，起征点提高到100元。

3. 提高个体工商户从业人员工资扣除标准。个体工商户从业人员工资扣除标准提高到1 200元，每人每月实际发放工资不足1 200元的据实扣除。

4. 提高企业所得税计税工资扣除标准。企业所得税计税工资标准提高到1 200元，每人每月实际发放工资不足1 200元的据实扣除。

5. 缩短折旧和摊销年限。民营工业企业的固定资产（房屋、建筑物除外），可在现行规定折旧年限的基础上，按不高于40%的比例缩短折旧年限；民营工业企业受让或投资的无形资产，可在现行规定摊销年限的基础上，按不高于40%的比例缩短摊销年限。但协议或合同约定有使用年限的无形资产，应按协议或合同约定的使用年限进行摊销。

6. 鼓励农民创业经营。对农民进入各类市场销售自产农产品，不征收增值税、个人所得税；对农民从事种植业、养殖业、饲养业、捕捞业取得的所得，只要经营项目属于原农业税或农业特产税范围，取得的收入暂不征收个人所得税；对农民从事农业机械化作业、排灌、植保、家畜和疾病防治项目以及相关技术培训的收入免征营业税。

7. 鼓励弱势群体自谋职业，自主经营。对下岗失业人员和城镇退役士兵从事个体经营（除建筑业、娱乐业、广告业、桑拿、按摩、网吧、氧吧外），3年内免征营业税、城市维护建设税、教育费附加和个人所得税。对从事个体经营的军队转业干部或随军家属，3年内免征营业税和个人所得税。

8. 鼓励民营企业吸纳弱势群体，从事生产经营。新办的城镇劳动就业服务企业，当年安置待业人员超过企业从业人员总数60%的，可免征所得税三年。劳动就业服务企业免税期满后，当年新安置待业人员占企业原从业人员总数30%以上的，可减半征收企业所得税两年；对新办的服务型企业（除广告业、桑拿、按摩、网吧、氧吧外，下同）当年新招用下岗失业人员或城镇退役士兵达到职工总数30%以上，并与其签订1年以上期限劳动合同的，3年内免征营业税、城市维护建设税、教育费附加和企业所得税；对新开办的企业，凡安置自主择业的军队转业干部或者随军家属占企业总人数60%以上的，3年内免征营业税和企业所得税；对现有的服务型和商业零售企业，新增加的岗位，当年新招用下岗失业人员和退役士兵达到职工总数30%以上，并与其签订1年以上期限劳动合同，3年内对应缴纳的企业所得税额减征30%；劳动就业服务企业中的加工型企业，凡安置下岗失业人员，并经劳动保障部门认定，税务机关审核，每吸纳1

名下岗失业人员，每年可享受企业所得税2 000元定额税收扣减优惠。当年不足扣减的，可结转至下一年度继续扣减，但结转期不能超过两年。

9. 鼓励民营企业参与国有企业主辅分离。对利用国有大中型企业的非主业资产、闲置资产和关闭破产企业的有效资产，为分流安置企业富余人员和关闭破产企业职工，创办面向市场、独立核算、自负盈亏的法人民营经济实体的（除国家规定不予免税的行业外），3年内免征企业所得税。

10. 鼓励发展为中小民营企业服务的信用担保和再担保机构。凡纳入全国中小企业信用担保体系，并按地市级以上人民政府规定标准收取担保收入信用担保和再担保机构，3年内免征营业税。

11. 在国家确定的革命根据地、少数民族地区、边远地区、贫困地区新办的企业，可减征或者免征所得税3年。对设立在延边州的凡属符合国家鼓励类产业的民营企业，在2001年至2010年期间，减按15%的税率征收企业所得税。

12. 民营企业利用废水、废气、废渣等废弃物为主要原料进行生产的，在5年内减征或者免征企业所得税。

二、鼓励民营经济兴办第三产业

13. 对新办的独立核算的从事科技、法律、会计、审计、税务以及其他咨询业，信息业的企业或经营单位，自开办之日起免征两年企业所得税。

14. 对新办的独立核算的从事交通运输业、邮电通讯业的企业或经营单位，第一年免征企业所得税，第二年减半征收企业所得税。

15. 对新办的独立核算的从事公用事业、商业、物资业、对外贸易、旅游业、仓储业、居民服务业、饮食业、教育文化事业、卫生事业的企业或经营单位，第一年免征企业所得税。

16. 对新办的个人独资和合伙企业，从事上述第三产业的，比照企业所得税减免期限减免个人所得税。

17. 民营企业向从事学历教育学校提供教育劳务取得的收入，免征营业税。

18. 民营企业从事托儿所、幼儿园、养老院、残疾人福利机构提供的育养服务、婚姻介绍、殡葬服务免征营业税。

19. 民营企业投资创办营利性医疗机构，按国家规定的价格取得的医疗服务收入，直接用于改善医疗卫生条件的，3年内免征营业税、房产税、城镇土地使用税、车船使用税、城市维护建设税和教育费附加。投资创办非营利性医疗机构的，免征各项税收（不包含个人所得税）。

三、鼓励民营经济发展高新技术

20. 国务院批准的高新技术产业开发区内的高新技术企业，减按15%的税率征收企业所得税，经过批准，可享受东北老工业基地扩大增值税抵扣范围优惠政策。

21. 增值税一般纳税人销售其自行开发生产的经认定的软件产品，对其增值税实际税负超过3%的部分实行即征即退政策，所退税款不征收企业所得税。

22. 对新办的经认定为软件生产企业的，自开始获利年度起，企业所得税享受“两免三减半”；软件生产企业的工资和培训费用，可按实际发生额在计算应纳税所得额时扣除；软件企业，自登记成立之日起五个纳税年度内，广告支出可据实扣除，超过五年以上的，按收入8%的比例内扣除。

23. 民营企业进行技术转让，以及在技术转让过程中发生的与技术转让有关的技术咨询、技术服务、技术培训的所得，免征营业税，年净收入在30万元以下的，暂免征收企业所得税。

24. 凡投资符合国家产业政策的技术改造项目的民营企业，其项目所需国产设备投资的40%可从企业技术改造项目设备购置当年比前一年新增的企业所得税中抵免。如果当年新增的企业所得税税额不足抵免时，未予抵免的投资额，可用以后年度企业比设备购置前一年新增的企业所得税税额延续抵免，但抵免的期限最长得超过五年。

25. 民营工业企业研究开发新产品、新技术、新工艺所实际发生的费用比上一年实际发生额增长幅度在10%以上的，除按规定据实列支外，可再按当年实际发生额的50%抵扣企业当年应纳税所得额。

26. 购进软件，凡购置成本达到固定资产标准或构成无形资产，折旧或摊销年限最短可缩短为2年。

27. 对纳入国家农业产业化重点龙头企业的民营企业，从事种植、养殖业和农林产品初加工所得，暂免征收企业所得税。

四、支持民营经济引进外国资本与技术

28. 鼓励支持民营企业通过合资，引进国外的资金、技术。凡引进外资设立合资企业，其外国投资者股权比例超过25%的，可以按照外商投资企业所适用的税收法律、法规缴纳各项税收，并从优、从快享受外商投资企业的各项所得税税收优惠政策；对其外国投资者从外商投资企业取得的税后利润，免征预提所得税；对从国外引进技术，凡技术先进、条件优惠的，报经有权税务机关批准，予以免征预提所得税。

29. 引进外资设立合营企业，其外国合营者以提供专有技术作价的款额作为股本投资，不另收取专有技术使用费，不征收预提所得税。

30. 引进外资设立合资企业，承接来料加工业务的，可凭税务部门出具的“来料加工免税证明”，免征委托加工工缴费的增值税和消费税。

31. 我省民营企业引进外资设立的国家鼓励类合资企业，可享受中西部和西部（仅限延边地区）大开发所得税优惠政策。

32. 外国企业各外籍个人向我国境内民营企业转让技术取得的收入，免征营业税。

五、鼓励民营企业开拓国际市场，开展跨国经营

33. 为支持民营企业“走出去”进行境外投资，积极提供免费税收咨询与辅导，使其全面了解和掌握投资所在国相关税收法律、法规和税收制度，在注册地、公司设立方式、结算方式等方面提供符合国际惯例的国际税收筹划，帮助民营经济降低境外的税负，增强国际市场竞争力。

34. 加强国际税收业务和税收协定的宣传辅导，提供居民身份认定、限制税率认定、常设机构判定、税收管辖权判定和境外所得税收抵免等税收协定知识和国际税收业务咨询，充分利用国与国之间的税收协调、磋商渠道，有效解决有关税收争议或纠纷，切实维护民营企业在投资所在国的税收权益。

35. 对民营经济开展跨国经营、研发、设计等发生在境外缴纳的企业所得税，按规定从优予以国内税收抵免。

六、提高对民营经济的服务水平

36. 凡下岗失业人员从事个体经营的，除国家限制的行业（包括建筑业、娱乐业以及广告业、桑拿、按摩、网吧、氧吧等）外，自工商部门批准其经营之日起3年内可免收税务登记证工本费。

37. 对中小民营企业，根据其纳税信誉等级进行分类管理，对A类企业除专项、专案检查和举报、协查检查外，两年内免于检查；对民营企业在税收行政处罚上实行教育为主，除严重的偷骗税外，按照法律规定的最低标准处罚；对税务登记证验证、各项税收年检等，主管税务机关收到纳税人相关资料后，当场为其办理相关手续；放宽发票领购限量，根据企业所需供应发票；在符合出口货物退（免）税规定的前提下，简化出口退（免）税申报手续；将规模大、信誉好的生产型民营企业列入B类以上管理，加快办理出口退税登记和退税审核进度，加快企业

资金运转。

38. 试行税务登记管理、金税工程抄报税、一般纳税人正式认定、催报、催缴等预先告知和提醒制度，帮助纳税人提高税法遵从度，减少税收违法风险。

39. 完善纳税申报和税收政策咨询服务体系，充分发挥地税网站作用，广泛开展网上申报，及时便捷提供政策信息和税法公告，在网页上开设专门咨询和投诉举报信箱，认真听取民营企业建议和意见，改进税收服务。

七、简化和规范税务行政审批手续

40. 取消对民营企业的18项税务行政审批项目。取消对纳税人计税工资扣除标准限额调整的审批、对纳税人上缴的各类基金税前扣除的审核、对纳税人按规定支出的业务招待费税前扣除的核准、对社会力量向科研机构和高等学校资助研究开发经费税前扣除的审核、对内资企业调整固定资产残值比例的备案、企业税前弥补亏损核准、加速折旧审批、成本计算方法、间接成本分配方法、存货计价方法审批、提取坏帐准备金审批、技术开发费加计扣除、高新技术产业开发区内的高新技术企业减免税审核、企业所得税预缴期限核定、软件企业认定和年审、集成电路设计企业及产品认定、工效挂钩企业计税工资核准、部分行业企业广告费税前扣除标准审批、货运业自开票纳税人和代开票纳税人营业税减免认定、技术转让、技术开发业务免征营业税等审批项目。

2005年2月21日

江苏省人事厅关于加强为民营经济组织提供人事人才工作服务的意见

苏人发［2004］35号

颁布日期：20041216　实施日期：20041216　颁布单位：江苏省人事厅

各市人事局，有关单位，厅各处室、直属单位：

为认真贯彻落实省委、省政府《关于进一步加快民营经济发展的若干意见》（苏发［2004］7号）文件精神，促进我省民营经济健康快速发展，现就加强为民营经济组织人事人才工作服务提出如下意见：

一、强化为民营经济组织人事人才工作的服务意识

1. 重视为民营经济组织人事人才服务工作。加快发展民营经济，是我省加快富民强省，实现“两个率先”的重大战略举措。各地政府人事部门要高度重视民营经济组织的人才工作，转变思想观念，认真履行职责，加强调查研究，结合各地实际，提出具体的措施与办法，切实为民营经济发展提供优质的人事人才服务。

2. 把民营经济组织人才纳入我省人才服务体系。消除体制和制度性障碍，加强为民营经济组织人事人才服务工作。凡经工商行政管理部门注册登记的非公有制企业、外商投资企业，以及经社团管理部门注册登记的非公有制社会组织均列入人事人才服务范围。

3. 加强对民营经济组织人才需求的预测与规划。根据民营经济组织发展的趋势，按照人事人才工作“十一五”规划，将民营经济组织人才队伍建设纳入全省人才资源开发的总体框架，做好人才需求的预测工作，根据民营经济组织的特点，编制相应的人才资源开发规划，研究提出具体的目标任务与对策措施。

二、创造为民营经济组织人才发挥作用的政策环境

4. 消除公有制经济与非公有制经济之间在用人上的政策差异。进一步打破人才的户籍、身份、国籍、档案关系等限制，在享有“同等待遇”的同时，根据民营经济组织的特点，制定相应政策措施，强化服务功能，简化办事程序，优化服务的政务环境，提高服务质量，创造为民营经济组织人才发挥作用的政策环境。

5. 建立有利于民营经济组织人才成长的专家选拔制度。将民营经济组织中的各类人才纳入政府特殊津贴、有突出贡献的中青年专家和“六大人才高峰”等选拔培养范围，畅通申报渠道，加大推荐、评选力度。重视民营经济组织中青年专家和拔尖人才的选拔和培养，使其成为高层次人才的重要聚集地之一。

6. 建立健全符合民营经济组织特点的职称评聘制度。要将民营经济组织的职称评聘工作纳入各级政府人事部门职称工作的统一安排，与国有、集体企业一视同仁。各地政府人事部门采取有效措施，设立服务窗口，积极为民营经济组织中的专业技术人才职称考评提供服务。对具备条件的民营经济组织，可以建立相应的专业技术资格评审组织。建立职业经理人职业能力认证制度，积极为民营经济组织培养、选拔优秀的职业经理人才，促进民营经济组织经营管理人

才的职业化，建立一支素质优良的民营企业职业经理人队伍。

三、开辟为民营经济组织引进人才的绿色通道

7. 完善人才引进的办理程序。对民营经济组织引进的紧缺、急需人才和特殊人才，取消引进审批制，实行准入制、备案制。完善“一站式”服务和办事限时制度，为民营经济组织及时办理人才引进手续。

8. 积极引导大中专毕业生到民营经济组织就业。为高校毕业生到民营经济组织就业创业举办专场招聘活动和就业指导服务。各级人才交流服务机构要为到民营经济组织就业创业的大中专毕业生提供养老、医疗等社会保障服务和优质、高效、便捷、完善的人事代理服务，逐步使民营经济组织成为大中专毕业生就业的主渠道。

9. 引导和鼓励各类人才到民营经济组织的“柔性流动”。各级政府人事部门要主动为各类人才到民营经济组织从事技术开发、技术成果转让、信息咨询、技术服务和提供劳务等兼职工作牵线搭桥，为他们创造宽松的环境，保障他们获取合理合法的兼职报酬。制定对人才拥有单位在人才柔性流动中亦能增加单位无形资产和有形资产的制度，调动人才拥有主体的积极性及维护其合法权益。

10. 协助民营经济组织拓宽引进国外智力资源渠道。将民营经济组织引进国外智力项目列入省引智计划，积极组织民营经济组织参加国际行业学术讲座、国际项目研讨会、国际人才交流会等各种国际人才交流活动，不定期组织民营经济组织赴国（境）外招聘海外人才，有针对性地聘请外国专家为民营经济组织提供智力支持。加强对民营经济组织中的外国专家管理，为民营企业聘请外国专家提供必要的服务。

四、加大为民营经济组织培养人才工作的投入力度

11. 加大民营经济组织以能力建设为核心的人才培养力度。落实民营经济组织高层次经营管理人才百人培训计划。重点培养高层次的专业技术人才，大力培养科技实用型人才。拓展人事教育培训领域，把民营经济组织管理人员和专业技术人员的继续教育纳入各级政府人事部门的继续教育规划，为民营经济组织开放培训教育资源，提供培训教育信息。积极组织民营经济组织管理和技术人员出国（境）培训，鼓励和倡导各种形式职业经营管理人才培训，促进高等院校等教育培训机构与民营经济组织的沟通与合作。帮助民营经济组织建立培训制度，增强培训功能，提升人才的培养和人才开发的能力。

12. 加强民营经济组织人才载体建设。加大支持民营经济组织创办博士后科研工作站、工程技术研究中心、重点实验室、企业技术中心力度。鼓励民营经济组进驻软件园、留学生创业园，创办高新技术企业。鼓励高等院校、科研机构在民营经济组织设立专业工作室、研发基地，实验基地、科技示范区。民营经济组织也可以在高等院校设立技术开发中心，就地聘用专业技术人才集中攻关，解决民营经济组织发展中所遇到的各种技术难题。

13. 提高民营经济组织人力资源管理水平。各级政府人事部门会同有关高等院校定期举办民营经济组织人力资源管理经理高级研修班，开展民营经济组织人力资源管理业务知识培训。组建民营经济组织人力资源管理经理俱乐部，定期举办业务沙龙，组织出国（境）考察学习，进一步提升民营经济组织人力资源管理人员的能力和水平。

五、丰富为民营经济组织人事人才工作的服务手段

14. 建立民营经济组织信息化服务平台。在“江苏人事网”、“江苏人事人才公共服务网”上开通民营经济组织服务区，提高为民营经济组织信息化服务的水平。设立民营经济组织人才求助专线。建立民营经济组织引进智力和科技成果的信息化桥梁。利用信息化培训手段为民营经济组织培养人才提供新的培训方式。建立全省民营经济组织人才供求信息、人才薪酬信息定期发布制度，调控、引导民营经济组织人才的合理有序流动，保护民营经济组织人才的合法权

益。推行流动人员人事档案管理电子化，不断完善业务受理、人事档案远程查询等网上服务功能。

15. 建立民营经济组织人才资源配置的市场平台。利用现有省、市、县三级人才市场网络的资源优势，为民营经济组织人才资源的市场配置设立专用网络窗口和信息互通渠道。各级政府人才流动服务机构根据民营经济组织的人才需求情况，定期组织以民营经济组织为主体的人才招聘活动，举办具有特色的人才专场招聘会。

16. 构筑民营经济组织人才学术平台。认真研究、准确把握和充分尊重各类人才成长的客观规律，了解人才在成长过程中的需求，为人才精心打造畅通的信息平台、便利的学习平台、和谐的交流平台，提供进入平台的便利，创造出良好的学术环境。通过平台服务，为人才提供更多发展机遇和更大发展空间。

17. 完善民营经济组织人事代理制度。建立健全全省人事代理服务体系，进一步扩大人事代理范围，增加服务内容，完善服务功能。各级政府人事部门所属人才服务机构在做好档案和党团组织关系管理、职称评审、档案工资调整、户口代理、出国政审、养老保险金缴纳等服务的同时，进一步协助民营经济组织制定人才发展规划，提供人才招聘、人才推荐、业绩档案建立以及人事策划、人才测评、职业生涯设计等多种人事人才业务配套服务，推行雇员制、租赁制、兼职制，提高民营经济组织人才使用效益。

18. 建立民营经济组织重点联系制度。为畅通政府人事部门与民营经济组织的信息渠道，省人事厅根据民营经济组织的行业特点、产业布局、现有规模、发展趋势以及人才工作情况，首批选择50家民营经济组织作为重点联系对象。建立定期走访制度，畅通政策传递渠道，配送人才资源信息。定期召开重点联系民营经济组织联席会议，认真听取他们的意见和建议。各地政府人事部门也应根据本地的具体情况，确定有关民营经济组织作为重点联系对象，建立重点联系制度。

六、完善为民营经济组织人事人才工作的保障机制

19. 做好为民营经济组织的人事争议仲裁工作。针对民营经济组织人才流动频繁、保障措施不力、争议案件相对集中的特点，各级人事争议仲裁机构要依法及时处理民营经济组织与职工个人因签订的聘用合同而产生的人事争议，切实维护民营经济组织和人才双方的合法权益。

20. 建立为民营经济组织设立的诚信鉴证体系。推行诚信承诺制，为民营经济组织招聘的人才进行评估和诚信认定，为民营经济组织使用人才提供诚信保障。

21. 规范民营经济组织用人制度。各级政府人事部门要加强对民营经济组织人才工作的指导服务，推动民营经济组织中现代企业人力资源管理制度的建设。不断规范用人制度，建立规范的用人合同，明确双方的权利和义务，切实维护双方的合法权益。

2004 年 12 月 16 日

江苏省中小企业促进条例

江苏省第十届人民代表大会常务委员会公告第106号

颁布日期：20051201　实施日期：20060301　颁布单位：江苏省人大常委会

由江苏省第十届人民代表大会常务委员会第十九次会议于2005年12月1日通过，现予公布，自2006年3月1日起施行。

2005年12月1日

第一章　总　则

第一条　为了促进中小企业发展，维护中小企业合法权益，根据《中华人民共和国中小企业促进法》和有关法律、行政法规，结合本省实际，制定本条例。

第二条　本条例所称中小企业，是指在本省行政区域内依法设立，并符合国家中小企业标准的各类企业。

第三条　省人民政府负责制定本省行政区域内中小企业政策，对中小企业发展进行统筹规划。

设区的市、县（市、区）人民政府应当把中小企业发展纳入国民经济和社会发展总体规划，制定促进本地区中小企业发展的具体措施。

第四条　县级以上地方人民政府中小企业行政管理部门负责本行政区域内中小企业的综合协调和指导服务工作，督促发展中小企业各项政策措施的落实；政府其他有关部门在各自的职责范围内对中小企业进行指导和服务，落实有关政策措施。

省中小企业行政管理部门负责组织实施国家和省中小企业政策和规划，并根据国家产业政策和中小企业发展产业指导目录，结合本省企业的区域发展状况，定期公布扶持重点，引导和鼓励中小企业发展。

第五条　中小企业享有法律、法规规定的各项权利，任何单位和个人不得侵犯中小企业的合法权益。

中小企业应当履行法律、法规规定的相关义务，依法经营管理，不得损害社会公共利益和职工合法权益。

第二章　创业扶持

第六条　县级以上地方人民政府应当加大创业扶持力度，鼓励群众自主创业。建立完善鼓励创业的政策支持体系，积极开展创业服务，减少创业限制，改善创业环境，降低创业成本。

第七条　县级以上地方人民政府及其有关部门应当采取措施，支持创办各类中小企业，定期发布有关创业信息，提供创业政策指导和服务。

第八条 放宽中小企业准入领域，法律、行政法规未明令禁止和我国政府承诺对外开放的领域，中小企业均可以平等进入。

第九条 县级以上地方人民政府应当在城乡建设规划中安排必要的场地和设施，为创办中小企业提供条件。

县级以上地方人民政府应当引导创业者和中小企业进入各类开发区（园区）及其建立的产业化基地、科技企业孵化基地和技术创新基地创业和发展。

县级以上地方人民政府可以采用多种方式利用原有存量建设用地、闲置厂房和因资金困难等原因中止建设的建筑物等，改造建设创业基地，为创业者创业和中小企业提供生产、经营场所。

鼓励社会各类资本利用现有开发区（园区）资源，投资建设中小企业创业区。鼓励建造多层标准厂房。

第十条 中小企业可以依法通过招标、拍卖、挂牌或者协议的方式，取得国有土地使用权；通过与农村集体经济组织共同设立企业，由农村集体经济组织以土地使用权入股、联营，取得集体非农业建设用地使用权。中小企业依法取得的国有土地使用权，可以依法转让、出租、抵押；依法取得的集体非农业建设用地使用权，可以依据省人民政府的规定，以租赁、联营、作价入股等方式进行流转。

使用存量建设用地和多层标准厂房的中小企业，享受国家和省规定的优惠政策。

第十一条 失业人员、大中专毕业生、事业单位人员和转业、退伍军人创办中小企业的，有关部门应当予以扶持。

对机关和事业单位工作人员辞职创办中小企业的，应当给予合理经济补偿，其中工龄达到二十年的，经批准可以参照提前退休的工资标准给予一次性补偿。

高等院校以及其他单位科技专业技术人员和管理人员创办科技型中小企业的，可以保留公职二年，工龄连续计算。

第十二条 有关部门应当为中小企业在员工户籍、档案管理、社会保险等方面提供政策咨询和相关服务。

第十三条 对于失业人员、大中专毕业生创立的中小企业、当年吸纳下岗失业人员或者安置残疾人员达到国家规定比例的中小企业、符合国家支持和鼓励发展政策的高新技术中小企业，经主管税务机关或者有关主管机关审查批准，减征、免征所得税、营业税等有关税、费。

第十四条 鼓励以知识产权等无形资产作价出资创办中小企业。

以无形资产出资创办中小企业的，出资额占企业注册资本比例可以由投资各方协商约定。创办有限责任公司和股份有限公司的，按照《中华人民共和国公司法》和国家有关规定执行。

第三章 创新推动

第十五条 县级以上地方人民政府及其有关部门用于技术进步的专项资金，应当对中小企业技术创新予以支持。

第十六条 县级以上地方人民政府的技术进步专项资金应当安排一定比例支持中小企业信息化建设，引导中小企业运用现代化信息技术改造业务流程，改善经营管理，推动企业信息化水平的提高。

第十七条 中小企业建立的工程技术研究中心、技术研发中心、公共技术服务平台，区域性、行业性的技术中心、技术交流站和技术服务机构，可以享受国家和省规定的扶持政策。

第十八条 各类开发区（园区）建立的中小企业技术创新基地、产业化基地和科技企业孵化基地，可以享受政策和资金支持。

第十九条 中小企业申报国内外专利的，政府及其有关部门应当给予辅导并可以给予资金支持。

第二十条 中小企业在科技成果引进、转化及生产过程中，技术开发费用按照实际发生额计入管理费用，不受比例限制。

第二十一条 中小企业用于研究开发新产品、新技术、新工艺的费用，可以按照实际发生额计入成本在税前扣除；其中工业企业发生的该项费用比上年实际增长百分之十以上的，可以再按技术开发费用实际发生额的百分之五十抵扣当年度的应纳税所得额。

中小企业投资开发的项目，属于国家重点鼓励发展的产业、产品和技术目录的，在投资总额内进口的自用设备，按照国家规定免征关税和进口环节增值税。

中小企业技术改造投资符合国家产业政策的，可以按照国家规定以国产设备投资抵免企业所得税。

中小企业生产和销售新产品、高新技术产品或者转让技术符合国家有关规定的，可以依法享受国家规定的税收优惠政策。

第二十二条 中小企业技术创新项目以及为大企业产品配套的技术改造项目，可以享受国家和省贷款贴息优惠。

第二十三条 鼓励有专长的离退休人员为中小企业提供技术服务。

科技型中小企业支付给引进的从事技术开发的科技人员的报酬，可以按实列作技术开发费用。

第二十四条 支持中小企业创立企业品牌，维护商标信誉，通过科技创新与开发形成自主知识产权。

工商、专利等有关部门和司法机关应当宣传知识产权保护法律、法规，加大对中小企业知识产权保护力度，维护中小企业合法权益。

第四章 市场开拓

第二十五条 中小企业改造、重组企业物流源，投资建立区域性商品交流中心和行业性产品购销中心，新办独立核算的物流企业，可以按照规定享受减免所得税、国债贴息、绿色通关等政策支持。

第二十六条 中小企业与大企业建立以市场配置资源为基础的、稳定的原材料供应、生产、销售、技术开发和技术改造等协作关系的，其项目可以享受贴息支持。

第二十七条 政府采购应当安排一定的比例，向中小企业购买产品或者服务。具体比例由县级以上地方人民政府根据实际情况确定。

第二十八条 中小企业开展自营进出口业务，政府有关部门和机构应当提供指导和服务。出口高新技术产品的中小企业可以享受国家和省有关优惠政策。

第二十九条 鼓励中小企业到境外投资，扩大生产规模。允许境外带料加工装配企业按照国家规定将获利后五年内的所获利润充实资本金。

第三十条 支持中小企业取得质量管理体系认证、环境管理体系认证和产品认证等国际标准认证。对取得认证的企业，给予便捷通关待遇。

第三十一条 支持中小企业积极开拓国际市场，到境外投资，开展加工贸易、服务贸易、劳务合作和国际科技经贸活动。

中小企业制造高附加值产品或者提供高附加值服务、开拓外销市场的，外经贸、科技等政府有关部门应当给予技术和营销指导，协助中小企业参加国外展览，了解国际市场，办理联合广告、注册商标、申请专利和在国外设置发货仓库。

支持中小企业建立网站，开展网上交易活动，促进产品市场化、国际化。

第五章　资金支持

第三十二条　省人民政府应当在省级财政预算中安排省中小企业发展专项资金。

设区的市、县（市、区）人民政府应当根据本地实际情况，在本级财政预算中安排中小企业发展专项资金，为中小企业提供财政支持。

第三十三条　省中小企业发展专项资金主要用于下列扶持中小企业的事项：

（一）创业辅导和服务；

（二）支持信用担保体系建设；

（三）支持技术创新、技术进步和信息化建设；

（四）支持中小企业服务机构开展培训和咨询；

（五）支持专业化发展、产业集聚、清洁生产、与大企业的协作；

（六）和国家扶持资金的配套；

（七）支持国际市场开拓和国际合作交流；

（八）引导民间资本和境外资本参与中小企业风险投资。

省中小企业发展专项资金的具体管理使用办法，由省财政部门会同省中小企业管理部门另行制定。

设区的市、县（市、区）的中小企业发展专项资金的扶持事项及管理使用办法由本级财政部门会同中小企业管理部门制定。

第三十四条　省级财政用于扶持企业发展的其他各项资金，省人民政府财政部门应当确定并逐步提高扶持中小企业发展的比例。

第三十五条　金融机构应当根据国家信贷政策，调整信贷结构，创新信贷方式，改善中小企业的融资环境，完善对中小企业的授信制度，并为中小企业提供信贷、结算、财务咨询、投资管理等方面的服务。

金融机构应当提高对中小企业的贷款比例，对中小企业符合国家产业政策、有市场发展前景、技术含量高、经济效益好的高新技术成果转化和技术改造项目以及火炬计划项目，应当优先提供信贷支持。

鼓励有条件的地方采用多种形式依法组建面向中小企业的财务公司、民资银行等地方金融机构，为中小企业提供金融服务。

第三十六条　县级以上地方人民政府应当安排中小企业信用担保专项资金用于担保机构的建立、风险补偿和补贴。

第三十七条　县级以上地方人民政府以及有关部门应当推进和组织建立中小企业的信用担保体系，落实信用担保机构准入制度以及国家与省有关信用担保的优惠和扶持政策，完善信用评估和风险控制制度，加强对信用担保机构的监管。

鼓励民间资本和境外资本投资设立商业性信用担保机构和企业间互助性担保机构。

第三十八条　鼓励金融机构、信用担保机构和中小企业的合作，采用流动资金贷款担保、技术改造贷款担保、存兑汇票业务担保、招标保函担保以及下岗再就业担保等方式，扩大中小企业信用担保范围。

第三十九条 完善风险投资机制，发展各类风险投资基金，通过吸纳民间资本和境外资本，为中小企业提高技术创新能力、促进科技成果产业化提供资金支持。

第六章 服务指导

第四十条 省中小企业行政管理部门会同省统计部门建立健全中小企业统计监测体系，制定中小企业统计制度，反映中小企业发展运行状况。

第四十一条 县级以上地方人民政府应当建立健全中小企业服务体系，并引导和协调各类社会中介机构为中小企业提供服务。

政府资助建立的中小企业服务机构向中小企业提供服务的，应当免费或者降低收费标准。

第四十二条 推进省中小企业信用制度建设，推动建立中小企业、经营者、中介机构的信用信息征集与评价体系，推动以中介机构为运营主体的信用记录、信用采集、信用评估、信用公示、信用担保、信用风险防范、失信追究的社会化信用服务体系建设。

第四十三条 发展和规范各类行业协会、商会等行业自律性组织，支持其按照章程独立开展工作。

行业自律性组织应当维护中小企业的合法权益，向政府及有关部门反映中小企业的建议和要求。

鼓励行业协会、商会和各类社会中介机构为中小企业提供创业辅导、信息咨询、市场营销、投资融资、产权交易、技术支持、产品开发、人才引进、人员培训、对外合作和法律咨询等服务。

第四十四条 鼓励科研机构、大专院校发展面向中小企业的科技服务产业，从事技术中介、咨询、推广等服务活动，培训中小企业经营管理、市场营销、专业技术等方面的人员。

第四十五条 鼓励建立区域性的中小企业经理人才测评与推荐中心，促进中小企业职业经营者市场的发展。

第四十六条 支持中小企业充分利用世界贸易组织规则所允许的贸易救济措施，积极运用反倾销、反补贴、保障措施等合法手段，维护企业利益，保护产业安全。

第七章 权益保护

第四十七条 中小企业出资人的合法权益受法律保护，任何单位和个人不得非法改变企业的产权关系，不得非法占有或者无偿使用企业财产。

第四十八条 中小企业依法享有生产和经营自主权，任何单位和个人不得干涉和侵犯。

中小企业依法享有劳动用工权，在法律、法规规定的范围内，可以自主决定用工条件、形式、数量、期限和工资数额以及订立、变更、解除和终止劳动合同。

第四十九条 依法保护中小企业参与市场公平竞争的权利，任何单位和个人不得歧视，不得附加任何不平等的交易条件。

第五十条 中小企业因配合环境保护、城市规划、道路建设或者其他市政建设项目，经营活动受到影响或者需要拆迁的，政府及其有关部门应当协助解决资金、建设用地等问题，并依法给予补偿。

中小企业因自然灾害遭受重大损失时，政府以及有关部门应当给予适当救助。

第五十一条 规范行政许可行为，公开办事指南、许可条件和相关制度，除法律、行政法规规定外，一律不得对中小企业的设立设置前置性许可。

第五十二条 规范检查和检验行为，执行法定程序，除法律、法规规定外，不得对中小企业及其产品进行检查、检验。

政府及其有关部门依法进行的检查、检验，不得妨碍企业正常的生产经营活动。

第五十三条 规范行政收费行为，公示收费项目、标准、范围和依据。对于收费项目、标准、范围和依据发生变更的，应当在实施之日十日前公布。行政收费应当使用省级以上财政部门统一印制的财政收据。

任何机关或者单位不得在法律、法规和国务院财政、价格主管部门以及省人民政府规定的收费项目和收费标准之外，向中小企业收取费用。

对于违反前款规定收取行政事业性收费、检验和检测费等费用的，中小企业有权拒绝，已收取的应当立即返还，并支付自收取之日起至返还之日止的利息。

有关机关在行使审批权和登记权时，除依照法律、法规收取审批、登记环节的费用外，不得收取其他费用。

第五十四条 任何单位和个人不得以任何理由强制中小企业提供各种赞助或者接受有偿服务。

政府部门不得将行政职权转移到中介机构，不得为中小企业指定中介机构提供各种有偿代理和咨询服务，不得强制中小企业加入各种协会，不得向中小企业摊派订购报刊杂志。

第五十五条 任何机关和单位不得强制或者变相强制中小企业参加各类培训、达标、评比、鉴定、考核等活动。法律、法规另有规定的除外。

第五十六条 县级以上地方人民政府及其有关部门应当实行政务公开，为中小企业提供工商、财税、融资、劳动用工、社会保障等方面的政策咨询和服务，受理中小企业的投诉和举报。

政府及其有关部门对受理的投诉和举报，应当在三个工作日内作出自办、会办、转办或者督办的处理决定。自办的应当在十个工作日内办结。会办、转办和督办的，有关部门应当自会办之日或者接到转办、督办通知之日起二十个工作日内办结。投诉人要求答复的，承办单位应当在办结后及时给予答复。

因特殊原因不能按期办结的，经行政管理部门负责人批准，可以适当延长办理期限，但延长时间最长不得超过十个工作日，并告知投诉人。

第五十七条 政府及有关部门有下列行为之一的，由其上级行政机关或者监察机关责令改正，对直接负责的主管人员和其他直接责任人员依法给予行政处分：

（一）违法改变中小企业产权关系的；

（二）违法占有或者无偿使用中小企业财产的；

（三）违法撤换中小企业法定代表人的；

（四）违法向中小企业收费、摊派、检查或者进行行政处罚的；

（五）强制中小企业加入各种协会的；

（六）违法举办评比活动的；

（七）截留、挪用中小企业发展资金和其他专项资金的；

（八）对中小企业投诉事项推诿不办、查处不力或者违法处理的。

因前款行为给中小企业造成经济损失的，应当依法予以赔偿；构成犯罪的，依法追究刑事责任。

第八章　附　则

第五十八条　本条例自2006年3月1日起施行。

中共浙江省委办公厅、浙江省人民政府办公厅关于加强非公有制经济组织人才队伍建设的若干意见

浙委办［2004］75号

颁布日期：20041228　实施日期：20041228　颁布单位：中共浙江省委办公厅、浙江省人民政府办公厅

一、切实加强对非公有制经济组织人才队伍建设的领导

非公有制经济是促进我省经济社会发展的重要力量，非公有制经济组织人才是我省人才队伍的重要组成部分，非公有制经济组织的人才工作是整个人才工作一个新的重要领域。做好非公有制经济组织的人才工作，建设一支与非公有制经济发展相适应、结构合理的人才队伍，对推动我省经济新一轮跨越式发展，加快全面建设小康社会，提前基本实现现代化，具有十分重要的意义。各级党委政府要坚持党管人才原则，认真贯彻尊重劳动、尊重知识、尊重人才、尊重创造的方针，按照省委省政府关于实施人才强省战略的总体部署和要求，把非公有制经济组织人才队伍建设作为人才工作的一项重要任务，切实加强领导。要进一步解放思想，转变观念，从完善政策入手，深化体制改革，加快机制创新，打破体制壁垒，真正做到在政治上一视同仁，在政策上同等对待，积极创造有利于非公有制经济组织人才成长的环境和条件。各级党委组织部门要发挥牵头抓总作用，各有关部门要认真履行职责，密切配合，切实加强非公有制经济组织的人才工作。

二、把非公有制经济组织人才纳入整个人才发展规划

各地在制定人才总体规划时，要结合本地的产业特点，根据非公有制经济组织对人才的需求，从提高非公有制经济组织竞争力出发，围绕人才的培养、吸引、使用等环节，切实把非公有制经济组织人才纳入整体人才工作规划范围，明确工作目标和要求。加强对非公有制经济组织人才的统计调查，及时掌握非公有制经济组织人才资源发展变化状况和趋势，研究落实加强非公有制经济组织人才队伍建设的措施。

三、畅通非公有制经济组织吸引人才的绿色通道

进一步破除体制性障碍，为非公有制经济组织人才流动提供便利条件。各地出台的包括落户、住房、子女入学等人才引进政策，要对非公有制经济组织人才同等对待。加强对非公有制经济组织引进人才的指导，积极为非公有制经济组织引进人才创造条件，提供服务。对非公有制经济组织引进紧缺急需人才时遇到的问题，各地有关部门应采取一事一议、特事特办、急事急办的办法，及时帮助解决。

四、加强非公有制经济组织各类人才的培训

建立政府引导、企业主导、社会参与的培训机制，加大对非公有制经济组织人才培训的投入。政府的人才培训资金、国内外人才培训项目等培训资源，非公有制经济组织人才要同等享受。进一步发挥非公有制经济组织在人才培训中的主体作用，建立“谁培训，谁受益”的培训机制，鼓励和帮助非公有制经济组织积极开展自主培训。支持、鼓励各种社会力量参与非公有制经济组织人才的培训，并在政策上给予必要的倾斜。

建立培训工作宏观调控机制，整合培训资源和工作力量。省直各有关部门要根据各自职能和市场导向，制定培训工作规划和年度实施计划，经省委组织部统一协调后组织实施。要分层分类抓好非公有制经济组织经营管理人才的培训，做到有计划、有分工、有重点，避免多头培训、重复培训。党校、行政学院、社会主义学院、高等院校要积极配合有关部门做好非公有制经济组织经营管理人才的培训工作。

五、为非公有制经济组织人才创造良好的科研条件

政府各类科研资助、基金和项目，都要向非公有制经济组织开放。鼓励有条件的非公有制经济组织建立研发机构、博士后科研工作站。引导国有大型企业、国家和省重点实验室、高等院校到非公有制经济相对发达地区，建立一批公共实验室、行业技术中心、区域技术中心，为非公有制经济组织创造科技资源共享的条件。各级科协要采取多种形式，积极为非公有制经济组织提供科技服务，鼓励、帮助和指导有条件的非公有制经济组织建立科协或学会等组织，推动非公有制经济组织的科技进步。

六、改进非公有制经济组织专业技术资格评审工作

畅通非公有制经济组织评审专业技术职务任职资格的渠道，支持非公有制经济组织人才本人直接或通过所在单位、人才服务机构申报专业技术职务任职资格评审。不唯学历、不唯资历，注重工作业绩和科研能力，鼓励贡献突出、具有较高专业技术水平的优秀企业家和高级管理人员申报各级各类专业技术职务。凡国家规定的关于专业技术职务评审的各项优惠政策，非公有制经济组织人才要同等享受。

七、发挥人才中介机构对非公有制经济组织的服务作用

政府部门所属人才交流服务机构，要根据非公有制经济组织对人才的需要，积极开展非公有制经济组织人才信息的收集、发布、建档工作，努力拓展人才人事代理、职业生涯设计、人才租赁等衍生服务项目，组织举办非公有制经济组织专场人才招聘会等招聘活动，鼓励和支持社会各类人才特别是大中专毕业生到非公有制经济组织创业，为非公有制经济组织的招才引智提供服务。其他各类人才中介机构要积极为非公有制经济组织提供人才信息咨询、人才招聘等相关人才中介服务。

八、全面落实非公有制经济组织人才的社会保障政策

严格执行《浙江省职工基本养老保险条例》，坚持做到在聘用人才的同时，落实好人才的社会保险，解决非公有制经济组织人才的后顾之忧。各级政府要加强对非公有制经济组织投保情况的督促检查，确保国家和省政府规定的各项保险政策落实到位。

党政机关、事业单位工作人员辞职到非公有制经济组织工作，要按有关规定建立各项社会保险，应补足的各项社会保险费，原则上由接收单位负责，各地可根据实际情况作出具体规定。事业单位和国有企业工作人员流动到非公有制经济组织工作，要按规定接转各项社会保险，非公有制经济组织要主动做好社会保险费用的续缴工作，确保社保关系不因人才流动而断档。

做好非公有制经济组织从业人员被招收录用到国家机关事业单位后的工龄计算衔接工作。凡与非公有制经济组织签订了经县以上政府人事或劳动和社会保障部门鉴证（备案）的聘用或劳动合同，在同一非公有制经济组织连续从业满一年，并按有关规定按时足额缴纳了社会保险费的非公有制经济组织从业人员，被招收录用到国家机关、事业单位工作时，其在非公有制经济组织从业的时间可计算为连续工龄。

九、努力提高非公有制经济组织人才的政治和社会地位

各级党委、政府要关心非公有制经济组织人才在政治上的进步，积极培养和发展非公有制经济组织中符合入党条件的优秀分子入党，培养和选拔德才兼备、综合素质较好的优秀人才到党政机关担任领导职务。评选浙江省突出贡献人才奖、评选浙江省特级专家、推选享受国务院特殊津贴专家人选、选拔“新世纪151人才工程”人选，以及其他各类政府奖励表彰、先进评选等，对非公有制经济组织人才要一视同仁。各级党政领导干部要联系一批优秀民营企业家和非公有制经济组织的高层次专业技术人才，各级党委组织部门要重点掌握一批民营企业家和非公有制经济组织高层次人才名单，为他们创业和成长提供服务。

十、努力营造非公有制经济组织人才队伍建设良好的社会舆论环境

充分利用广播、电视、报纸、网络等媒体，广泛宣传非公有制经济在国民经济发展中的地位和作用，大力宣传非公有制经济组织人才对推动我省经济社会发展的贡献和作用，大力宣传非公有制经济组织人才的先进典型。通过强有力的宣传，充分调动各方面人才到非公有制经济组织创业的积极性，努力营造有利于非公有制经济组织人才成长的社会环境。

关于加强引进国外智力为民营经济发展服务工作的意见

皖人发［2004］86号

颁布日期：20041227　实施日期：20041227　颁布单位：安徽省人事厅

各市、县（市、区）人事局、工商业联合会，省直有关单位：

为贯彻落实省委、省政府《关于贯彻〈中共中央、国务院关于进一步加强人才工作的决定〉的实施意见》（皖发［2004］14号）和《关于加快民营经济发展的决定》（皖发［2003］13号）精神，深入实施人才强省战略和“861”行动计划，通过引进国外智力，促进我省民营经济提升技术、管理水平，增强科技攻关、新产品开发、市场竞争和可持续发展能力，现提出如下意见。

一、充分重视引进国外智力为民营经济发展服务工作。近年来，我省民营经济步入快速发展阶段，实力逐步增强，规模逐步扩大，已成为全省经济的重要增长点。加入WTO以后，民营经济既面临前所未有的发展机遇，也面临新的严峻挑战。新形势下，大力推进民营经济人才工作，已成为加快民营经济发展的必然要求。引进国外人才智力，是人才资源开发与利用的重要内容，是提升企业核心竞争力的有效措施，是促进民营经济参与国际交流与合作的重要渠道，是一条投入少见效快收益高的发展路子。各类民营企业应充分认识引进国外智力工作的重要性，根据经营管理、生产技术和产品研发等方面实际需要，积极主动开展引进国外智力工作。各级工商业联合会要发挥职能优势，及时收集、汇总、沟通民营企业引智需求，积极引导和组织民营企业做好引进国外智力工作。各级人事（引智）部门要在利用国外智力资源、引进海外人才、培养国内人才和引智成果推广等方面，对民营企业包括其他各类民营经济组织实行一视同仁、积极扶持的政策，加强综合管理，提供热情服务。

二、积极为民营企业引进急需紧缺的国外人才、技术和项目。民营企业可按《安徽省引进国外技术、管理专家项目管理暂行办法》（皖外专［2002］29号）的要求，申报引进国外技术、管理人才项目计划和经费预算，按属地管理原则和网上操作程序，经当地工商业联合会和人事（引智）部门同意，由省外国专家局审核立项，并按“突出重点、优先急需、扶优扶强”的原则，择优遴选重点项目报国家外国专家局申请重点扶持。根据民营企业的需求，省外国专家局可专门组织民营企业高层次人员到国外引进急需人才、技术和项目，包括海外留学人员和华人华侨中的专门人才；帮助其与国外有关企业建立合作关系，开展经济、技术、产品和人才等方面的合作与交流。

三、畅通民营企业专业技术人员和管理人员出国（境）培训渠道。民营企业可按照国家外国专家局的要求，于每年10月份申报下年度出国（境）培训项目计划，按属地管理原则由当地工商业联合会和人事（引智）部门同意，省外国专家局会有关部门审核后报省政府和国家外国专家局审批，符合国家支持方向的项目，择优报国家外国专家局申请经费资助。民营企业人员持因私护照赴国（境）外学习培训的，省（市）外国专家局（引智办）予以提供国（境）外培训渠道等信息服务。省外国专家局、省工商业联合会积极开辟国外就业市场和培训渠道，帮助民营企业将有关人员送到国外边工作、边学习，提高技术或管理水平。

四、帮助民营企业推广引进国外智力成果。民营企业可按《安徽省引智成果示范推广基地与推广项目管理暂行办法》（皖外专［2003］6号）的要求，申报引智成果示范推广项目与示范基地（单位）。省外国专家局、省工商业联合会积极宣传民营企业引智成果，创新引智成果推广方式，大力推进以引智育成果，以成果招商引资，促进引智成果的消化、吸收、开发与推广。帮助推荐合作伙伴，促进民营企业开展对外贸易和经济技术合作，扩大国内外市场。

五、支持民营企业开辟国外市场。针对我国加入 WTO 后的形势，帮助民营企业做好各项应对工作，推动有条件的企业“走出去”，参与国际市场竞争。省外国专家局根据需求，聘请外国专家到民营企业讲授国外商品准入等有关政策，促进企业了解国外市场；组织企业经营管理人员考察国外市场；帮助企业建立信息网络系统，利用现代信息手段建立民营企业引智工作者协作网。民营企业可使用省、市外国专家局（引智办）建立的外国专家库、引进国外智力成果库、翻译人才库、境外培训渠道库中的信息，通过省外国专家局向省引智工作专家咨询委员会成员进行咨询。

六、大力开展民营企业引智宣传表彰工作。发动和利用各类新闻媒体、有关网站等大力宣传引进国外智力的意义、作用、政策、方式、途径以及引智成果等，引导民营企业转变传统管理理念，走人才兴企之路。对促进民营企业发展作出突出贡献的外国专家，推荐其申报省政府“黄山友谊奖”和国家“友谊奖”。对民营企业引进国外智力做出突出贡献的单位和个人，有关部门应予以宣传和表彰。

七、加强合作，不断把民营企业引进国外智力工作推向前进。各级人事（引智）部门和工商业联合会建立紧密的工作联系制度，双方分别确定分管领导、工作机构和具体工作人员，根据工作需要不定期举行工作商谈，对民营企业引进国外智力工作中的问题进行专题研究；互相派员参加对方召开的相关会议，了解掌握有关政策和信息；双方采用多种形式了解民营企业引进国外人才智力的需求，研究以市场为导向的引智服务新途径、新措施，共同建立包括信息体系、技术支持体系、国内外人才市场开发体系在内的引智服务体系，构建企业自主引智、市场调节引智、政府促进引智的工作机制；总结引智工作的成功模式、经验和做法并进行推广，共同把民营企业引进国外智力工作做深做细做扎实。

二○○四年十二月二十七日

湖北省实施《中华人民共和国中小企业促进法》办法

湖北省人民代表大会常务委员会公告第51号

颁布日期：20050930　实施日期：20051201　颁布单位：湖北省人大常委会

由湖北省第十届人民代表大会常务委员会第十七次会议于2005年9月30日通过，现予公布，自2005年12月1日起施行。

湖北省人民代表大会常务委员会

2005年9月30日

第一条　为了实施《中华人民共和国中小企业促进法》，结合本省实际，制定本办法。

第二条　省人民政府应当按照科学发展观要求和国家中小企业发展方针，制定本行政区域内促进中小企业发展的政策，将中小企业发展纳入国民经济和社会发展规划，为中小企业的创立和发展创造良好环境。

市、州、县（区）人民政府结合本地实际，完善和落实具体措施，支持和促进中小企业的发展。

第三条　县级以上人民政府负责中小企业工作的部门组织实施有关中小企业的法律法规、政策和规划，对中小企业工作进行综合协调、指导和服务。

县级以上人民政府有关部门按照各自的职责对本行政区域内的中小企业工作进行指导和服务。

第四条　县级以上人民政府应当强化服务意识、改进服务方式、创新服务手段，通过公共网络信息平台，及时向社会公布有关中小企业产业政策、发展规划、投资重点和市场需求等方面的信息，建立、完善促进中小企业发展的工作协调机制。

第五条　中小企业应当遵守国家产业政策，保护环境，节约资源和能源，依法经营和纳税，诚实守信，不得损害国家利益、社会公共利益和侵犯职工合法权益。

中小企业应当建立健全各项管理制度，提高企业管理水平，增强自我发展能力，逐步建立现代企业制度，完善法人治理结构。

第六条　县级以上财政预算应当依法设立中小企业科目，安排扶持中小企业发展专项资金。省级扶持中小企业发展专项资金按照财政预算收入状况予以安排，并逐年增加。

第七条　扶持中小企业发展专项资金用于促进中小企业服务体系建设、技术创新，补充中小企业发展基金和扶持中小企业发展的其他事项。

扶持中小企业发展专项资金由负责中小企业工作的部门提出使用计划并指导实施，财政部门监督专项资金的使用情况。

第八条　设立省中小企业发展基金。基金由省级财政预算安排的扶持中小企业发展专项资金、基金收益、捐赠和其他资金组成。

省中小企业发展基金的使用管理办法，由省人民政府制定。

第九条 省设立的科技型中小企业技术创新基金和中小企业国际市场开拓资金，应当按照规定用途全部用于支持科技型中小企业技术创新和中小企业开拓国际市场。省有关部门应当定期对上述基金、资金使用情况进行专项审计和监督检查。

中小企业出口创汇较多的大中城市，可以设立中小企业国际市场开拓资金，支持当地中小企业开拓国际市场。

各级财政预算安排的科技三项经费，应当安排一定比例的资金用于支持中小企业技术创新。

对符合国家产业政策的农副产品加工中小企业，应当给予农业产业化专项资金的扶持。

第十条 金融机构应当在国家产业政策和信贷政策的指导下，对中小企业加大信贷支持力度，拓宽融资渠道，创新金融服务方式，提高金融服务质量。

鼓励商业银行和城乡信用社根据国家金融政策引进民间资本和外资，增强资本实力，增加对中小企业的信贷支持。支持发展面向中小企业的区域性中小银行和合作金融组织。

第十一条 鼓励政策性银行依托地方性商业银行等中小金融机构和担保机构，开展对中小企业的转贷款、担保贷款等业务。

第十二条 鼓励典当业和融资租赁业发展，为中小企业提供短期和中长期融资。支持具备条件的中小企业依法开展股权融资、项目融资以及法律、法规未禁止的其他方式的直接融资。

第十三条 县级以上人民政府应当根据国家信用担保行业准入条件，安排一定资金推进中小企业信用担保体系建设，推动对中小企业的信用担保，为中小企业融资创造条件。

县级以上人民政府出资的中小企业信用担保机构，应当实行政企分开和市场化运作。鼓励行业协会等社会团体和企业出资组建信用担保机构；鼓励中小企业组建互助担保机构，开展互助担保。

省人民政府出资的省中小企业信用再担保机构，主要以市、州、县（区）中小企业信用担保机构为服务对象。

第十四条 鼓励各类担保机构为中小企业提供信用担保，对不以盈利为主要目的的中小企业信用担保和再担保机构从事担保业务的收入，按照国家规定落实税收减免政策。

对符合条件、已经办理信用担保的中小企业，金融机构应当优先给予贷款。

第十五条 县级以上人民政府应当将中小企业建设用地纳入城镇建设和土地利用总体规划以及土地利用年度计划，予以合理安排。中小企业占用耕地，按照占补平衡的原则，能够开垦出与所占用耕地的数量和质量相当的耕地的，经国土资源部门验收合格后，不再缴纳耕地开垦费。

第十六条 经济技术开发区、高新技术开发区、工业园区应当创造良好创业环境，提供优质服务，吸引中小企业向园区集聚，形成主业突出、产业集聚、分工配套、各具特色的产业集群。

第十七条 县级以上人民政府应当引导和支持中小企业创业基地建设。对国家和省扶持的创业基地，所在地政府应当积极安排配套资金。

第十八条 鼓励大型企业以资金、技术、实物等各种形式创办中小企业，开发上下游产品，完善产业链。

国家机关及事业单位离岗分流人员、失业人员、大中专毕业生、退役军人、留学归国人员、科研人员等创办中小企业，有关部门应当积极创造条件，进行创业辅导和培训，税费减免等各项政策按照有关规定执行。

财政部门对承担中小企业职业技能培训的有关高校、技工学校和培训机构给予一定补贴。

第十九条 县级以上人民政府及有关部门应当对中小企业的创办、发展予以帮助和扶持，及时为创业人员提供工商、财税、融资、劳动用工、社会保障、环境资源等方面的服务。

第二十条 鼓励和支持非公有制企业进入垄断行业、基础设施、公用事业、社会事业、金融服务业、国防科技工业以及法律法规未禁入的其他行业和领域，并与其他所有制企业享受同等待遇。

第二十一条 对初创小企业，可以按照行业特点降低注册资本限额，允许注册资金分期到位，减免登记注册费用。法律、法规另有规定的除外。

第二十二条 各级税务部门应当落实国家扶持中小企业发展的税收优惠政策，指导和帮助符合条件的企业申办减免税手续。

第二十三条 鼓励和扶持中小企业争创名牌，对获得国家名牌产品、驰名商标、名牌出口商品、免检产品、原产地域保护产品的企业由省人民政府给予奖励；企业可以从成本中列支一定数额的资金，用于奖励创品牌的有功人员。

第二十四条 鼓励和支持中小企业加快技术进步，经认定的高新技术企业及高新技术产品，享受国家和省的有关优惠政策。

各级人民政府应当引导和支持中小企业与高等院校、科研机构建立产学研协作关系，推进联合开发和技术攻关；鼓励和支持有条件的中小企业建立研究开发机构，提高企业自主开发能力，推动技术创新。

中小企业用于研究开发新产品、新技术、新工艺的各项费用不受比例限制，计入成本。

第二十五条 鼓励和支持技术要素参与股权投资和收益分配；除法律、法规另有规定外，经投资各方约定，技术入股可以不受比例限制。

高新技术成果完成人和从事高新技术成果产业化的科技人员、管理人员获得的奖金和股权收益，再投入高新技术成果产业化项目的，享受有关税收优惠政策。

第二十六条 政府采购部门应当公开发布采购信息，为中小企业获得采购合同提供指导和服务，在同等条件下向中小企业优先安排政府采购。

第二十七条 鼓励和支持中小企业开展自营进出口业务，对进出口经营资格实行备案登记制，简化相关手续。

各级人民政府及有关部门应当为中小企业开展对外考察、招商、商品展销等经济活动提供便利。

第二十八条 鼓励有条件的中小企业到境外设立贸易机构、兴办实业、开展带料加工装配业务。对企业作为实物投资的出境设备、器材、原材料及散件，凭有关凭证享受国家出口退税和资金、外汇管理等支持政策。

第二十九条 县级以上人民政府及有关部门应当加强中小企业服务体系建设，支持设立中小企业综合服务机构和社会中介服务机构，整合服务资源，规范服务行为，为中小企业的创立发展、技术创新提供优质服务。

中小企业综合服务机构联系、引导社会中介服务机构，建立健全面向中小企业的服务系统。社会中介服务机构为中小企业提供创业辅导、企业诊断、信息咨询、市场营销、投资融资、贷款担保、产权交易、技术支持、人才引进、人员培训、对外合作、展览展销和法律咨询等服务。

中小企业有权自主选择社会中介服务机构为其提供服务。

第三十条 负责中小企业工作的部门应当指导和协助中小企业建立自我约束、自我服务的自律性组织，支持其维护中小企业的合法权益，为中小企业开拓市场、提高经营管理能力提供服务。

第三十一条 县级以上人民政府及有关部门应当推进建立适合中小企业特点的信用征集、评级发布、失信惩戒等信用制度。建立和完善中小企业信用档案数据库，实现中小企业信用信息共享。

第三十二条 中小企业应当依法同职工签订劳动合同，按时足额支付职工工资，保障职工享有休息休假、劳动安全卫生、女工特殊保护等权益，为职工办理养老、失业、医疗、工伤、生育等社会保险。

第三十三条 任何单位和个人不得侵犯中小企业的财产权、自主经营权及其他合法权益，不得对中小企业实施下列行为：

（一）侵占、毁损或者非法查封、扣押、冻结其合法财产；

（二）违法收取行政事业性费用，摊派各种费用、劳务；

（三）违反法律、法规实施罚款、没收财物、责令停产停业等行政处罚；

（四）违反法律、法规实施检查、年检、年度复核及审验；

（五）非法强制中小企业参加各类评比、达标、培训，并收取费用；

（六）其他侵犯中小企业合法权益的行为。

第三十四条 各级人民政府及有关部门应当建立和完善受理中小企业对违法行为的举报、投诉机制，公布受理程序和方式，依法查处侵犯中小企业合法权益的违法行为。

第三十五条 国家机关及其工作人员违反本办法第三十三条规定或者在中小企业管理工作中玩忽职守、滥用职权、徇私舞弊的，由其所在单位或者上级主管部门、监察机关责令改正；情节严重的，对直接负责的主管人员和其他直接责任人员给予行政处分；对中小企业合法权益造成损害的，依法承担赔偿责任；构成犯罪的，依法追究刑事责任。

第三十六条 本办法自2005年12月1日起施行。

关于加快广东省中小企业信用担保体系建设的意见

粤府办［2004］76号

颁布日期：20040727　实施日期：20040727　颁布单位：广东省人民政府办公厅

各地级以上市人民政府，各县（市、区）人民政府，省政府各部门、各直属机构：

为贯彻《中华人民共和国中小企业促进法》和《中共广东省委、广东省人民政府关于加快民营经济发展的决定》（粤发［2003］4号），切实解决中小企业融资担保困难问题，经省人民政府同意，现就进一步加快我省中小企业信用担保体系建设，提出如下意见：

一、中小企业信用担保体系建设的指导思想和原则

我省中小企业信用担保体系建设的指导思想应坚持以促进中小企业发展为宗旨，以缓解中小企业融资难为核心，坚持以市场运作为主，政府积极引导，加快发展和规范管理并重的方针，大力推动中小企业担保机构发展成为信用记录、信用评价、信用担保相结合的社会化信用机构，促进中小企业信用担保体系逐步成为以中小企业为主要服务对象的社会化信用体系。

中小企业信用担保体系建设的原则，一是政府指导扶持和市场化运作相结合；促进发展和防范风险相结合；开展信用担保和提高企业信用相结合；适度竞争和行业自律相结合；二是坚持法制化、市场化、规模化、规范化的发展方向，力争中小企业信用担保体系实现可持续发展。

二、中小企业信用担保体系建设的主要内容

（一）中小企业信用担保体系由政府全资担保机构、政府参股担保机构、互助性担保机构、商业性担保机构和再担保机构组成。政府全资或参股的担保机构是政府财政出资，不以盈利为主要目的的担保机构；互助性担保机构是会员企业出资，以会员企业为服务对象的会员制担保机构；商业性担保机构是民间投资组建，以盈利为主要目的的专业担保机构；再担保机构是为政府出资担保机构、互助性担保机构和商业性担保机构提供再担保服务的担保机构。

（二）中小企业信用担保机构可由企业、社团、自然人等出资设立。已经设立的由地方政府或政府部门出资为主的担保机构规范为独立法人后继续运作，地方财政以实际出资额为限承担相应民事责任。

（三）中小企业信用担保机构的组织形式可以是企业法人、事业法人、社团法人。担保机构按《公司法》、《社团登记管理条例》等有关法律、法规办理注册登记手续。

（四）积极鼓励民间力量兴办中小企业信用担保机构，扩大担保资金来源，利用民营企业机制上的灵活性，提高担保行业的竞争力，促进中小企业信用担保行业的规范、健康、可持续发展。

（五）鼓励和指导担保机构自愿成立行业协会，加强行业协作和自律。协会根据国家有关担保体系建设的法律、法规和政策规定，制定行业准则和业务规范，组织业务培训和信息交流；指导担保机构开展业务工作。通过规范业务操作和行业协作，树立中小企业信用担保行业良好的社会形象和社会公信力。

三、加强对中小企业信用担保机构的管理

（一）中小企业信用担保机构要依照《担保法》、《公司法》等有关法律法规的规定，明确

股东责任，建立健全现代企业制度，完善法人治理结构，遵循市场经济规律，自主经营，自负盈亏。

（二）中小企业信用担保机构要建立审保分离、分级审批、追究责任等内控制度，防止内部道德风险；要建立健全法律合同关系，把担保当事人关系建立在法律关系的基础上，控制法律风险；要根据客户的资源条件，依法设计灵活多样、操作性强的担保方案，控制信用风险。

（三）中小企业信用担保机构要坚持风险分散原则，防止风险集中在少数行业和个别客户上；要按照利益共享、风险共担的原则，与贷款金融机构建立业务合作关系，对贷款实行比例担保。担保机构不得向社会集资、不得向社会直接发放贷款。

（四）中小企业信用担保机构必须严格按照财政部门有关规定，健全各项财务管理措施，规范操作程序，强化资金管理，有效防范控制担保风险，确保持续健康发展。具体财务管理办法，由省财政厅根据财政部规定另行制定。

（五）中小企业信用担保机构在办理工商登记或者变更登记后一个月内（现有担保机构在本意见公布后一个月内），应到所在地中小企业主管部门、财政部门、地方金融服务部门和人民银行分支机构登记备案，并按有关规定按时报送机构情况表、业务统计表、资产负债表、损益表、现金流量表以及其他会计报表和资料。

（六）各级中小企业主管部门以及财政、工商、金融监管等部门要切实履行各自职责，加强管理，完善措施，共同做好担保风险的事前防范、事中监控和事后化解工作，促进中小企业信用担保机构规范发展。

四、加大对中小企业信用担保机构的扶持

（一）从2004年至2007年省财政扶持中小企业发展专项资金中安排一定数额资金，专项扶持中小企业信用担保体系建设，并按照公平、公正、公开的原则，重点用于补助已经为中小企业提供贷款担保的担保机构风险准备金，或用于支持设立再担保机构和开展再担保业务发生的损失补偿。根据本地经济发展状况和财政承受能力，各级地方政府可设立专项资金或安排其他有关资金，用于扶持中小企业信用担保体系建设以及补助中小企业信用担保机构担保风险准备金。

（二）省重点扶持一批担保机构示范单位，对担保覆盖面广、社会贡献大、风险防范效果好的中小企业信用担保机构给予奖励，并在媒体上公布，提高其知名度，按程序推荐列入全国试点范围。省中小企业担保机构示范单位确认办法由省中小企业局会省财政厅、国税局、地税局、金融办、工商局和人行广州分行制定。

（三）凡经批准纳入全国试点范围的中小企业担保机构、再担保机构，按规定标准收取的担保业务收入，三年内免征营业税。

（四）营造有利于中小企业担保机构开展业务的政务环境。中小企业担保机构在开展业务过程中，工商行政管理部门应给予办理查询被担保企业档案资料中依法可公开的相关资料，如企业设备和其他动产抵押登记、有限责任公司股份质押备案登记等；国土和房管部门应给予办理土地、在建工程和房产抵押登记等；公安车管部门应给予办理车辆登记；税务部门应给予查询被担保企业纳税情况；各金融机构应按照人民银行有关规定优先安排中小企业担保机构查询被担保企业贷款情况。

五、加强对中小企业信用担保体系建设的领导

（一）建设中小企业信用担保体系是一项长期而艰巨的任务，各级政府及有关部门要充分认识信用担保体系对中小企业发展的重要意义，统一思想，加强领导，采取措施，积极解决中小企业信用担保体系建设中出现的矛盾和问题。

（二）全省中小企业信用担保体系建设工作由省中小企业局负责牵头，财政、税务、工商、

民政、国土、司法、公安、金融等部门各司其职，积极配合。其中，省中小企业局负责协调、指导我省中小企业信用担保体系的建设，推荐担保机构参加全国试点工作，会同省金融办、省财政厅、省民政厅、省工商局、人行广州分行等部门共同做好担保机构运作的监督管理；公安、司法、国土、工商等部门，负责办理担保机构的担保合同、反担保合同、抵押和质押等有关公证、登记工作；人行广州分行负责监督金融机构进一步建立和完善中小企业信贷管理体制，并根据中小企业经营特点，结合中小企业信用担保体系，建立健全中小企业信贷评估、审批和风险控制制度，以改善对中小企业的金融服务。

（三）各有关金融机构应认真执行中国人民银行银发（1999）379号文关于“要配合担保机构合理确定担保基金的担保倍数，对经社会担保机构承诺担保的中小企业发放贷款，可适当简化审贷手续，贷款利率不得上浮”的规定，按照“利益共享，风险共担”的原则，与中小企业信用担保机构建立合作关系，通过签订协议明确各自责任，共同促进中小企业的健康持续发展。

以前所发文件与本通知相抵触的，以本通知为准。

广东省人民政府办公厅

二〇〇四年七月二十七日

广西壮族自治区党委办公厅、自治区人民政府办公厅关于印发《关于加强非公有制经济组织和社会组织人才工作的若干规定（试行）》的通知

桂办发［2005］2 号

颁布日期:20050123　实施日期:20050123　颁布单位:广西壮族自治区党委办公厅、自治区人民政府办公厅

各市、县党委和人民政府，自治区党委和自治区级国家机关各部委办厅局，各人民团体，各大专院校：

《关于加强非公有制经济组织和社会组织人才工作的若干规定（试行）》已经自治区党委、自治区人民政府批准，现印发给你们，请结合实际，认真贯彻执行。

二〇〇五年一月二十三日

关于加强非公有制经济组织和社会组织人才工作的若干规定（试行）

为充分发挥非公有制经济组织和社会组织人才在实施人才强桂战略、促进我区经济社会发展中的重要作用，加快实现富民兴桂新跨越、全面建设小康社会目标，现就加强我区非公有制经济组织和社会组织人才工作作出如下规定。

第一条　本规定所称非公有制经济组织和社会组织人才，是指私营企业、个体工商户、中介组织、外资企业、外资控股企业等经济组织和社会组织以及自由职业者中具有一定的知识或技能，能够进行创造性劳动，为社会主义物质文明、政治文明、精神文明建设作出积极贡献的人员。

第二条　非公有制经济组织和社会组织充分享有用人自主权，可根据自身需要从区内外引进、聘用各类经营管理人才、专业技术人才和技能型人才。所引进的人才属高层次人才的，享受自治区人才引进优惠政策；符合自治区规定的奖励条件的，按规定给予奖励。

第三条　鼓励、支持有条件的非公有制经济组织和社会组织申报参与我区人才小高地建设，引进和集聚一批国内外有一定影响力的高素质人才。

第四条　鼓励具备条件的大型非公有制企业成立高新技术成果转化基地，吸引和推动高等院校、科研院所向基地输送科研人员和科研成果，加速成果的产业化，提高企业的科技素质，增强企业竞争力。

第五条　积极扶持具备条件的非公有制企业设立博士后科研工作站，吸引区内外高校的博士进站工作，实现人才与项目对接，提高企业的技术创新能力。

第六条 各级党委、政府及有关部门要组织、协助非公有制经济组织和社会组织开展并参加各种人才交流及招聘活动，物色、引进所需人才，并提供政策法律咨询服务，指导、帮助非公有制经济组织和社会组织做好人才引进工作。

第七条 把非公有制经济组织和社会组织人才教育培训纳入各地人才教育培训总体规划，针对非公有制经济组织和社会组织人才的特点及知识需求，举办各种培训班、研讨班，有计划有步骤地进行培训，提高非公有制经济组织和社会组织人才的综合素质。

第八条 向非公有制经济组织和社会组织人才开放教育培训资源。我区各高等院校、中等职业学校和各级行政学院、社会主义学院等教育培训资源均应向非公有制经济组织和社会组织人才开放。

第九条 有计划地选送非公有制经济组织和社会组织优秀人才到区内大中型国有企业和我国东部地区考察学习，支持和鼓励有条件的非公有制经济组织和社会组织选派优秀人才到国外、境外对口考察学习，为他们增长见识和才干创造良好条件。

第十条 鼓励、支持社会力量依法创办人才培训民间机构，开展人才培训业务，拓宽非公有制经济组织和社会组织人才培训渠道。

第十一条 建立多元化的非公有制经济组织和社会组织人才培养投入体系。采取非公有制经济组织和社会组织自主出资、政府资助、社会捐助等多种途径筹措资金，为非公有制经济组织和社会组织人才培养提供经费保障。在自治区财政划拨自治区人才发展资金中，要有非公有制经济组织和社会组织人才培养的专项列支。

第十二条 做好非公有制经济组织和社会组织人才的评选、表彰和奖励工作。对做出突出贡献的非公有制经济和社会组织人才给予物质奖励和精神鼓励。非公有制经济组织和社会组织优秀人才，符合条件的，可以参加享受国务院特殊津贴专家、国家、自治区有突出贡献科技人员称号或国家、自治区学术技术带头人的申报和评选活动；可以申报各类科研项目、科技成果奖，评上和获奖者，用人单位应根据国家和自治区有关规定落实相应的待遇。

第十三条 将非公有制经济组织和社会组织的专业技术人员和管理人员纳入全区专业技术资格经常化评审范围，与国有企事业单位同类人员平等对待。对做出突出贡献的人员，可破格晋升专业技术资格。非公有制经济组织和社会组织人员的专业技术职务的聘任由所在单位自主确定。

专业技术人员在非公有制经济组织和社会组织中从事专业技术工作的经历，可累积计算为评审相应职称的规定任职年限。非公有制经济组织和社会组织中具备专业技术资格评审委员会委员条件的专业技术人员，可纳入各级职称评审委员会的遴选范围。对具备条件的非公有制经济组织和社会组织，经人事职改部门批准可组建相应系列的各级专业技术资格评审委员会。

各级政府人事部门所属人才交流服务机构或企业所在地人事职改部门、劳动保障部门以及统战部、工商局、经委、工商联、个体私营企业协会等部门，要为非公有制经济组织和社会组织人员申评专业技术资格提供服务。

第十四条 发挥人才市场在非公有制经济组织和社会组织人才资源配置方面的基础性作用。加强人才市场建设，完善市场功能，为非公有制经济组织和社会组织择才以及各类人才择业搭建平台。加强基础性人才市场建设，发展专业性人才市场，鼓励支持各种所有制形式的人才中介机构有序发展。推进经营管理者职业化和市场化。建立人才诚信档案和业绩档案。加大人才信息资源数据库建设力度，建立人才信息发布机制，促进人才信息资源社会共享。大力推行人事代理制度，人才市场要积极拓展服务范围，积极开展人才推荐，提供包括人事政策咨询、人事档案管理、人才培训、代招代聘等人事代理服务，并为非公有制经济组织和社会组织选择人才和人才择业提供便捷的"一站式"服务。积极开展人才规划、人才派遣、人才测评、人事诊断、人才租赁等服务项目，创新服务内容，满足非公有制经济发展对人才服务日益增长的需要。

非公有制经济组织和社会组织人才的人事档案，由个人或单位申请委托，可按国家有关政策由各级政府人事部门所属人才交流服务机构管理。

第十五条 建立和完善人才测评体系。建立以能力和业绩为导向、科学的社会化的人才评价机制，构建由品德、知识、能力和业绩四要素组成，业内认可和社会承认的人才评价指标体系，根据非公有制经济组织和人才的要求，组织有关方面专家学者，对个体人才各方面素质进行全面、系统测评，依据测评数据进行科学分类、分档次，为非有公制经济组织和社会组织择才以及人才择业提供参考。

第十六条 积极做好非公有制经济组织和社会组织人才参加社会保险工作。按照国家和自治区的有关规定，将城镇非公有制经济组织和城镇社会组织人才纳入社会保险。对脱离非公有制经济组织和社会组织实行档案托管的人员，按照灵活就业人员办法接续社会保险关系。各级社会保险经办机构要按照规定做好流动人员社会保险关系的转移和接续。

第十七条 对在非公有制经济组织和社会组织工作的专业技术人员、管理人才和技能型人才，在劳动关系、子女入学等方面与公有制单位人才享受同等待遇。各地可根据实际，为非公有制经济组织和社会组织人才解决户口、住房、子女入学等问题创造条件。

第十八条 规范非公有制经济组织和社会组织人才流动。各级政府要把人才流动纳入法制化轨道，建立健全合法、有序的人才流动机制，依法保护人才的合法权利。

第十九条 鼓励大中专毕业生、硕士研究生、博士研究生和军队转业干部到非公有制经济组织和社会组织就业或自主创业，按规定享受有关优惠政策，其人事档案、人事关系可委托县（市、区）以上政府人事部门所属人才交流服务机构管理。

第二十条 国有企事业单位专业技术人员，在完成本职工作，不侵害所在单位技术秘密、商业秘密、知识产权、经济利益的前提下，可以在国家规定的范围内到非公有制经济组织和社会组织兼职，实行兼职兼薪。对违反合同和因人才流动而泄漏技术和商业秘密、侵犯知识产权的单位和个人，要依法处理。

第二十一条 鼓励、支持留学回国人员到非公有制经济组织和社会组织任职或自主创业。在非公有制经济组织和社会组织工作的留学回国人员，可由各级政府人事部门所属的人才交流服务机构实行人事代理，并可充分享受有关优惠政策；其创办的非公有制经济组织和社会组织申报国家项目资助经费享有与国有企事业单位同等待遇。非公有制经济组织和社会组织留学回国人员申报自治区科研资助项目享受与国有企事业单位人员同等待遇。

第二十二条 鼓励党政机关、科研院所、国有企事业单位人才向非公有制经济组织和社会组织有序流动。实行人员聘用制的事业单位，受聘人员辞职或到期不再应聘的，按原签订聘用合同的规定办理。机关工作人员提前退休从事非公有制经济组织和社会组织工作的，按有关政策规定办理。

第二十三条 维护非公有制经济组织和社会组织人才的合法权益。任何单位和个人不得以任何形式损害非公有制经济组织和社会组织人才的合法财产、合法收益、社会保障、政治权利等合法权益。各级纪检监察机关要加强监督检查，严肃查处损害非公有制经济组织和社会组织人才合法权益的违纪行为。各级检察、法院等司法部门要依法为非公有制经济组织和社会组织人才提供良好的法治环境。

第二十四条 努力营造非公有制经济组织和社会组织人才工作的良好社会氛围和政策环境。充分利用新闻媒体大力宣传加强非公有制经济组织和社会组织人才工作的重要意义，宣传非公有制经济组织和社会组织优秀人才的先进事迹和宣传各地非公有制经济组织和社会组织人才工作的先进经验，为非公有制经济组织和社会组织人才进步成长创造良好的社会环境。消除体制和政策障碍，对非公有制经济组织和社会组织人才做到在政治上一视同仁，在政策上同等待遇，在改善创业环境和工作生活条件上积极提供服务。

第二十五条 加强非公有制经济组织和社会组织人才的思想政治工作。各级党委要加大非公有制经济组织和社会组织的党建工作力度，帮助建立健全工会、共青团、妇联等群团组织，开展非公有制经济组织和社会组织人员的思想政治工作。各级统战部、工商联、个体私营企业协会要通过各种活动和组织开展学习培训等方式，有针对性地做好非公有制经济组织和社会组织人才的思想政治工作，引导他们坚持中国共产党领导、坚定走中国特色社会主义道路，做到爱国、敬业、诚信、守法，为我区的改革、发展、稳定贡献力量。对其中的优秀分子，要宣传、表彰，符合条件的要作适当政治安排，让他们更好地发挥参政议政作用。

第二十六条 加强对非公有制经济组织和社会组织人才工作的领导。各级党委、政府要充分认识做好非公有制经济组织和社会组织人才工作的重要作用，按照“尊重劳动、尊重知识、尊重人才、尊重创造”的方针，打破体制、系统、身份等界限，把非公有制经济组织和社会组织人才工作真正纳入视野，统筹规划和运作。要采取有力措施，落实非公有制经济组织和社会组织人才的有关政策和待遇，疏通聚集人才的渠道，确保人才引得进、留得住、用得好。

非公有制经济组织和社会组织人才工作要在各级党委统一领导下，由统战部门牵头负责，经委、民政、科技、人事、劳动保障、工商、工商联等部门各司其职、密切配合，各非公有制经济组织和社会组织广泛参与。

第二十七条 本《规定》从颁布之日起实行。

四川省人民政府办公厅转发省工商局关于放宽市场准入进一步促进经济发展的意见的通知

川办函［2005］48号

颁布日期：20050324　实施日期：20050324　颁布单位：四川省人民政府办公厅

省工商局《关于放宽市场准入，进一步促进经济发展的意见》已经省政府同意，现转发你们，请认真贯彻执行。

二○○五年二月二十四日

关于放宽市场准入进一步促进经济发展的意见

省工商局：

根据《中共四川省委四川省人民政府关于进一步加快民营经济发展的决定》（川委发［2003］14号）和《中共四川省委四川省人民政府关于走新型工业化道路加快工业发展的意见》（川委发［2004］14号），按照《行政许可法》的要求，为进一步深化改革、转变职能、优化服务，现就放宽市场准入，促进经济发展提出以下意见。

一、精减前置审批项目，简化前置审批手续

除法律、法规、国务院的决定规定的行政许可项目外，其他审批项目不得作为企业注册登记前置审批项目，各地在市场准入方面与此不相符合的做法、措施应一律取消。

继续推进企业注册登记审批项目的“互联审批”制度。实施注册登记“一审一核”制。积极创造条件，逐步推行网上审批、网上登记、网上年检，各有关部门应积极配合，简化办事程序，提高办事效率。

二、试行企业法人资格和经营资格相分离的登记制度

凡符合企业法人条件的生产型企业，经营项目需前置审批而暂未取得批准文件的，经企业申请，可核发企业法人营业执照，经营范围可核“筹办”。待企业完备前置审批手续，核定经营范围后，方能对外开展经营活动。

企业法人因重组改制或经营不善丧失经营能力而停止经营，企业要求保留企业法人资格的，可将其经营范围予以核消，改核“仅供清理本企业债权债务使用”。

三、允许以技术等无形资产作为资本投入办企业

技术或专利所有权人用以法律形式取得产权的高新技术成果或专利、专有技术，投资兴办各种类型企业的，经专门的科技评估机构评估和省科技主管部门认定；企业驰名商标、著名商标经有资格评估机构评估后，都可以作为企业注册的出资形式。但在注册资本中的比例货币出资不得低于30%。

四、放宽企业对外投资比例

不论公司还是非公司制企业对外投资比例，除企业章程另有规定外，累计投资额可以达到70%。

五、降低公司设立注册资本金的最低限额

有限责任公司设立时最低注册资本金为3万元，可一次缴清公司章程规定的全额出资，也可以在两年内缴清，但首期出资不得低于注册资本的20%和最低限额。

六、鼓励投资主体多元化，扩大出资者范围

凡是法律不禁止的企业法人、社会团体、事业单位、民办非企业单位以及不具备法人资格的个人独资企业、合伙企业、个体工商户、自然人（除法律、法规、规章和政纪限制的外）均可成为公司股东或联营企业、外商投资企业的出资人。鼓励企业内部职工投资入股。对职工人数超过股东法定人数的，允许依托工会设立职工持股会，以职工持股会的名义投资入股。

七、简化部分登记文件

股东身份证明：除法律、法规、规章和政纪限制的人员外，凡具有完全民事行为能力的自然人均可凭国内居民身份证申办企业，不受户籍所在地的限制。留学归国创业人员可凭有效中国护照申请登记。法定代表人不需提交注册地暂住证明。

任职文件：企业最高权力机构决议中已明确法定代表人、董事、监事、经理等高层管理人员任职事项的，可不再提交任职书。

住所（经营场所）文件：申请人员只需提交场所租约或产权证明文件即予认可。凡利用自有房屋作为经营场所开办个体工商户和私营企业，但因历史原因无法提供合法房地产证明的，可凭村（居）委会等机构出具的能够证明申请人拥有该房屋使用权的证明文件进行登记。

八、简化登记程序，支持企业改革改制，鼓励多种经济成份的市场主体参与企业改制

对企业改变组织形式、经济性质或合并、分立、整体转让的，除法律、法规明文规定应按设立登记程序办理的外，可按变更登记程序办理。

企业股权转让办理工商登记的，除国家法律、法规规定外，可免予提交验资证明；涉及国有股权转让的，可凭国有资产管理部门的股权转让批复文件办理工商变更登记。

国有企业因管理体制、组织形式调整、改变行政隶属关系，组建国有控股公司、投资公司或企业集团的，允许以股权划转的形式出资，经有关权限部门或投资主体同意后办理股东变更登记。

支持企业债权转股权。经债权债务人双方协商同意，改制企业可以按照法律程序将债权转为股权，原债权人转为股东。金融债权转为股权的，按国家有关规定办理。

支持改制企业明晰产权关系。企业在改制中可按合法产权界定单位的产权界定意见书办理改制登记。对企业解除挂靠关系的，可由实际出资人出证，经原挂靠单位及其主管部门确认，重新认定所有权人并办理相应的工商登记手续。

企业改制时增加注册资本金的，仅对增加部分按规定标准收取登记费。未增加注册资本金的，按变更登记办理。

国有、集体企业整体改制为公司制企业的，允许沿用原企业名称，并加“有限公司”或“股份有限公司”组织形式。对改制后变更名称的，3年内允许在产品宣传和包装上对原企业名称进行说明性的加注并报登记机关备案。

企业在改制前经营范围中已取得专项审批许可证的项目，除国家法律、法规规定外，有效期内申请工商登记经原许可机关确认可不再重新办理审批手续。

九、鼓励发展电子商务、物流配送和连锁经营等现代流通方式

只要有总店、配送中心和3个以上门店，名称中可标明“连锁经营”。需前置审批的经营项

目或商品，总店已取得行政许可的，其连锁店可凭总店的批准文件申请经营。法律、法规另有规定的除外。

对适应经济发展需要而出现的中小企业信用担保业，在注册资本金足额到位的情况下，应大力支持和发展。对于社区居民服务业等新兴行业，凡法律、法规没有禁止，且有利于方便群众生活，有利于经济发展、增加就业的，应予积极支持，摸索经验、逐步规范。

十、大力促进非公有制企业的发展

对创办民营科技型、农产品加工型企业以及下岗失业人员、应届高校毕业生创办非公司制企业，其出资额和出资方式，经营方式、雇工人数等条件尚有欠缺，但在 1 年内能够完善的，可申请核发有效期 1 年的营业执照。

十一、鼓励企业实施商标品牌战略

鼓励有条件的企业争创中国驰名商标，加大省著名商标的认定和保护力度。省外著名商标企业来我省投资超过 500 万元，可享受我省著名商标保护待遇。

积极推动各地农产品商标注册工作，特别要推动与广大农民增收关系密切的地理标志证明商标和集体商标的注册工作。

十二、科学规划，加大投入，大力推进“金信”工程建设，为企业的发展创造高效、便捷的服务平台

加强全省工商系统网络化建设，尽快开发一套适合我省实际的软件系统，加快相关数据库的建设工作，积极推进以经济户口为基础的企业信用征信体系建设，依托和改造现有工商红盾网站，搭建高效、便捷的服务平台，为企业服好务。

企业家论坛

中华全国工商业联合会石材业商会

一、2006年主要工作情况及2007年工作要点

在全国工商联的关怀与支持下，商会工作得到广大会员的支持与合作，全体工作人员努力工作克服困难，推进商会工作不断巩固发展。主要作了以下工作：

1. 把推进我国西部石材资源的开发建设，落实党的西部大开发的方针列入商会工作的重要内容。今年7月我会与云南省工商联、云南省石材商会、云南省国土资源厅、云南省红河州人民政府，联合在红河州地区召开了中国西部第二届石材资源开发与投资招商会议。全国工商联直属会员商会会长瞿怀明、全国工商联会员部副部长赵岳仑、国土资源部开发司、国家人事部、云南省有关领导、各地方有关石材企业、行业组织代表，以及巴基斯坦、斯里兰卡、意大利、也门驻华使馆的官员、中央电视台、云南电视台、中国建材报、中国房地产报、中华建筑报、中国建设报、中国石材商报总计300余人参加大会。会上还举办了石材发展高层论坛和石材产品展示交流活动。

2. 积极开展国内外石材展览活动，为企业开拓国内外市场。应中国贸促会供销分会、哈萨克斯坦工业部的邀请，我会以支持单位的身份，组织石材企业参加了“2006中国—哈萨克斯坦建筑材料展览会”。同哈方政府有关领导和相关单位组织进行了业务交流，与中哈商会建立了往来关系，从而为开展中西亚地区的石材产业活动与交易创造了有利的条件。同时常务副会长张文波应邀在展会期间举办的“中哈建材贸易合作与发展高层论坛”会议上，作了题为“中国石材与国际贸易”的大会发言；协助国家商务部组织石材和建材企业参加了“2006中国—乌克兰投资贸易展览会”；参加主办了今年11月24日在南宁市举办的“首届东南亚民营企业博览会”、“东南亚进出口贸易峰会”。会长、常务副会长先后分别赴美国、朝鲜、韩国进行了石材专业考察工作。同意大利、巴基斯坦、苏丹等国家社会团体进行交流和洽谈活动。

3. 支持区域性石材展销与专业活动。2006年，应北京市建委和北京市建设工程物流协会的邀请，协助举办了“北京2006建筑装饰材料展览会”；应河北省曲阳县政府和曲阳石雕办公室邀请，协助举办了“2006中国(河北)石雕艺术展览会”；应山东省济宁市嘉祥县政府和县石雕协会邀请，协助举办了“2006中国嘉祥石雕节”；分别参加了展会期间举办的各类专业论坛活动，同各地政府领导同志和企业家就石材工业今后发展问题交换了意见，沟通和密切了商会同基层有关方面的关系。

4. 协助政府部门开展工作。受国家商务部的委托，我会承办了商务部“2006中国品牌报告”——石材企业分册的组织编辑工作，综合反映了我国石材业品牌发展的基本情况。共有3500字，40余幅石材专业图片和相关资料。扩大了石材对外宣传力度和渠道。同时积极参加主管部门举办的相关活动。今年以来先后参加了“全国工商联行业商会秘书长培训班”、“汕头论坛”、“山东东营经济合作论坛”、“澳门投资贸易大会”等。

5. 促进石材超级市场的建设。一是，组建了天津东丽区“国际建筑材料物流中心”开发筹备办公室，由全国工商联石材业商会金键会长任筹备办主任，加强了工作力度，进行多次研讨交流活动；二是，对辽宁省沈阳、吉林省长春、黑龙江省哈尔滨、江苏省南京、河南等地石材市场发展现状和今后的发展方向进行了调查研究，推动石材超市提升档次，适应石材发展形势的需要。同时组织企业筹备了河北“曲阳华夏石雕交易市场”。商会主要领导先后赴内蒙古、河北省、山西省、云南

省、河南省等地区进行石材资源开发与市场发展状况进行调查研究，同地方有关方面共商发展规划与措施。

6. 不断加强商会各项制度建设，促进石材业商会巩固发展。今年一月份以来把加强商会的制度建设放在主要工作日程。一是根据全国工商联要求，并指定审计事务所，完成了2005年财务审计工作；二是制定了以下工作制度：依据2005年12月28日北京召开的一届二次会长（扩大）办公会议精神，在会长领导下，由常务副会长主持领导日常工作的管理体制。首先制订了商会"人事管理制度"、"财务管理制度"、"公文管理制度"、"印章管理制度"、"纪律管理制度"。使商会逐步向制度化规范化方向发展。关于理事会管理制度、常务理事管理制度、秘书处工作管理制度等将有计划的逐步制定和不断完善。

同时把推动各级地方性石材业商会组织建设列入我会工作内容，利用会议、相关新闻媒体扩大宣传，加强人们对商会建设重要性的认识，了解组建商会的主要程序、性质和任务，继云南省石材商会、云南省红河州石材商会、新疆哈密石材业商会、北京市石材业商会之后，今年以来又先后成立了天津市石材商会、上海市石材商会、沈阳市石材商会、内蒙古石材商会；福建省、河北省、河南省、江苏省、浙江省也先后成立了石材商会筹备组织机构。

经全国工商联批准，新增补全国工商联石材业商会副会长人选（按姓氏笔划排列）：王金转、孙晓强、吕安民、刘忠楠、曲华民、林松江、韩志祥、甄彦苍。

7. 11月10日在福建省召开全国工商联石材业商会一届三次会长办公会议，总结工作，审议财务，研究相关事项，确定免去秘书长职务。同上海市石材产业商会、上海石材工业协会、上海市浦东区贸促会合作开展了"2006年度中国石材行业风云榜调查评选活动"，得到国内外相关行业组织新闻媒体的积极支持。

二、2007年主要工作及活动

2007年是我国实施"十一五"规划的第二年，搞好2007年工作，对石材业商会，对石材行业发展具有重要意义。要继续学习贯彻党和国家的方针政策，结合本会和行业实际，把本会工作纳入学习贯彻党和国家的方针政策的轨道上来。2007年本会工作要点：

1. 搞好2006年度石材业风云榜先进石材企业和先进人物的评选活动。做好颁奖大会及新闻媒体宣传工作等相关准备工作。

2. 参加2007杭州西湖博览会，同时与浙江省石材协会等单位联合举办2007年10月中国杭州第三届国际石材展览会，国际石材高峰论坛，石材应用与生产合作研讨会，促进重点石材企业与国家重点建设用户的信任及合作关系。

3. 拟在内蒙古地区筹备召开第三届中国西部石材资源开发与投资招商大会，分别在河南、湖北召开中部石材业发展高层研讨会及相应的石材展示会。

4. 拟组织石材企业参加厦门9月8日贸易洽谈会，设石材展区，期间召开石材进出口贸易相关政策研讨会。

5. 与有关部门和行业组织合作促进边贸石材基地建设，拟针对中西亚地区建立乌鲁木齐石材国际贸易基地，针对俄罗斯、蒙古地区建立满洲里石材边贸基地。针对东盟自由贸易区在广西南宁建立东南亚石材贸易基地。同时开展石材超市的业务交流及发展建设的协调组织工作。继续开展天津市东丽区建材物流中心用地等方面筹建工作。

6. 开展中韩石材贸易合作，与韩方合作组织建立全罗道木浦国际石材物流中心（中国石材城），促进中韩行业组织交流互访，建立相对稳定的往来关系，举办中韩国际石材展览会等活动。

7. 组织参加分别由中国贸促会、国家商务部批准举办的"2007中国哈萨克斯坦亚洲商品展览会”,“2007 年中国哈萨克斯坦投资与贸易展览会”,“波兰中国装饰用品展览会”。

8. 参加石材幕墙施工及验收标准等标准的修订制订工作,以及相关石材标准的修订等工作。

9. 着手组建石材生产与应用方面的专业研究与培训机构,开展石材矿山建设、综合利用调查研究科研立项及相关政策性提案工作,制定石材科技发展与人才培训计划和措施,争取政府部门及国内外石材企业的支持。

10. 继续加强组织建设,进一步规范完善内部管理制度和机构建设,建立相对稳定的商会宣传渠道,制订理事会、常务理事会、会长办公会议制度,使商会工作加快走上规模化、制度化、法制化轨道。继续编辑出版中国石材品牌与国际石材产业相关的专业书刊,完善、丰富和发挥商会石材网的作用,扩大为会员的服务。下半年筹备召开一届二次理事会、常务理事会及会长办公会议及时总结工作,调整增补领导成员、理事、常务理事,制订近远期工作计划。

三、在第二届中国西部石材资源开发与投资招商大会上的报告

（张文波）

这次大会,是自 2005 年新疆哈密地区举办的“首届西部石材资源开发与技术合作会议”之后召开的第二次全国性西部石材资源开发与技术合作方面的会议。开好这次大会对于推动西部石材资源的合理开发利用;促进西部与东部沿海地区的区域合作;扩大西部石材企业与国际间的交流与合作,具有十分重要的意义。同时,对于推动全国石材资源的合理开发利用;确保我国石材工业生产与资源开发建设协调发展;为保证我国石材业的可持续性发展,也具有同样重要的意义和积极的影响。

本次会议是一次全国性的石材专业峰会。全国工商联、国土资源部、相关省、市、区国土资源厅、中国建材流通协会、中国矿业联合会等行业组织,著名专家学者、企业家、国际友好人士,总计 200 多人出席会议。这充分体现了各级领导部门、相关专家、企业家、国内外友好人士对我国西部石材资源开发建设,对中国石材工业发展的关心、支持和爱护。也是对全国工商联石材业商会工作的支持和帮助。为此,我代表全国工商联石材业商会全体会员及全体工作人员,对出席会议的各位代表表示衷心的感谢和热烈的欢迎!

借本次大会之机,我想讲以下三个问题,供同志们参考。**一是中国石材工业的现状;二是中国石材工业的主要问题与发展前景;三是中国石材“十一五”奋斗目标与主要工作。**

1. 中国石材工业的现状

党的改革开放政策有力地推动了全国石材工业迅猛发展,石材工业由 20 世纪 80 年代初的单一的“三石”(大理石、花岗石、水磨石)产品,发展成为现在的包括大理石、花岗岩、人工合成石材、石雕艺术品、石材机械、石材养护、金刚石机具、矿山开采、石材国际贸易等近三十多个种类的综合性石材产业,为我国石材工业今后更高阶段的发展创造了重要条件,打下了坚实的基础。其主要标志如下:

(1)石材产量和规模迅速增长。据统计:全国石材产量 1980 年改革开放初期为 203 万平方米,居世界第二十七位。到 2005 年全国石材产量达到 2.5 亿平方米,连续 8 年居世界第一石材大国。

(2)积极发展外向型石材产业,成效显著。1980 年全国石材进出口贸易总额为 926 万美元,占世界石材贸易总额不足 1%。到 2005 年全国石材进出口贸易总额达到 32 亿美元,其中出口总额为 24 亿美元,我国已经成为世界石材贸易大国。

(3)石材资源开发建设规模不断扩大,20 世纪 80 年代以来,我国石材界认真学习贯彻党和国家关于加强资源开发、资源保护方面的各项规定和法规,普遍增强了对合理开发利用石材资源的

认识,促进了石材矿山建设的科技进步与发展。形成了以福建、山东、广东、河北、内蒙、四川、河南、新疆、云南等地区为代表的石材荒料开采与生产基地,这些地区约占全国石材生产总量的80%。

(4)我国石材生产技术装备制造与配套供应可基本满足国内石材生产的需求,全国约二十多家石材机械制造企业,上百余台(套)设备被誉为"信得过"石材机械产品。石材机械设备精度、使用效果、安全系数等性能均达到或接近国际先进水平。我国石材机械类出口也不断增长,成为石材工业出口贸易中新的增长点,基本改变了长期以来发展石材所需技术装备靠进口的局面。

(5)随着石材生产与应用规模的不断扩大,以及国际交流与贸易活动的不断增加,中国石材超市建设也取得了显著成就,成为我国石材工业特色之一。石材超市已成为展示我国石材整体水平、推动石材进出口贸易、规范行业管理、传播石材信息、开展行业活动的重要平台。福建闽南第一建材市场、浙江石材市场、杭州下沙石材市场、山东莱州石材城、河北曲阳国际石雕城、北京西联国际石材市场、北京石材大世界、上海同福和恒东石材市场等石材市场都逐步进入规范化、高档次、多功能的发展阶段。我国新疆哈密、内蒙赤峰、云南昆明、四川成都等西部地区石材市场建设也迅速发展,全国大中城市都建立了规模不同的石材市场。

(6)改革开放以来,我国石材业利用外资也取得了可喜的成果,各类外资企业成为全国石材企业中的重要组成部分,在促进石材科技进步、扩大对外交流等方面发挥着重要作用。

2. 中国石材业的问题与发展前景

主要问题:全国石材行业的整体水平与国外先进石材生产国相比仍有较大差距。全国石材行业的小、土、散状况仍然是全行业面临的主要问题,是制约石材行业高水平发展的重要原因。据有关资料分析,中国石材企业具有国际水平和国内先进水平的企业约占30%,约有70%的石材企业处于小、土、散的行业状况。从普遍意义上讲,石材业科技含量低,矿山开采与加工普遍停留在粗放型阶段,甚至仍存在野蛮型的生产方式。其特征是:生产方式落后、浪费资源、破坏耕地、污染环境、效益低下。

由此可见,改变我国石材行业小、土、散的状况是全国石材行业长期而艰巨的任务。在一定意义上,改变石材矿山的落后开采状况,加快矿山现代化建设,任务更为艰巨和紧迫。制定各类工作计划、奋斗目标必须从有利于改变我国石材行业小、土、散的状况入手。这不仅是石材工业发展亟待解决的问题,也是我们每一个从事石材业的人士所要共同努力奋斗的目标。

无石材专业人才培养渠道,石材专业技术与专业管理人才薄弱,也是制约石材业高水平发展重要因素。

发展前景:关于我国石材工业发展前景。从国内外石材发展形势看,石材仍然是21世纪中国乃至世界各国争相发展和不断扩大应用的热门产业,有着广阔的国内外发展空间。具有许多促进石材工业高水平更大发展的基础和条件。从中国来看,一是石材资源丰富品种多样,遍布全国各个地区,为我国石材工业的持续发展提供了物质条件。同国际石材发达国家相比,我国石材资源优势十分明显,全国各省、市、地区都有石材可利用资源,而且品种多样化;二是我国是石材资源大国,又是生产大国,同时也是石材消费大国,国内年石材消费量也居世界首位,是拉动中国石材不断发展的重要因素,特别是我国北京申办奥运会和上海申办世博会成功,全国建设小康社会,国家制订的拉动内需积极的财政政策,各项新建项目和改造项目,小城镇建设都为石材工业发展提供了巨大的市场空间。加入 WTO 为我国石材工业进入国际市场创造了更加有利的条件,改变了一些发达国家长期以来把中国作为非市场经济国家的歧视政策,有利于发挥中国石材参与国际竞争的优势条件;三是从国际市场看,20 多年来石材增长速度一直高于世界经济增长速度,世界石材已连续 20 多年年增长达到8%左右,"十一五"期间以及今后 20 年世界相关专家与媒体对石材发展预测,石材仍会高于世界经济平均增速,年增长率约10%。今后我国石材工业外向型产业模式会进一步提高和完善，石材进出口贸易会更加活跃，石材国际化、社会化、现代化水平也会大有提高，业内国内外人士预言，到2020年或更长一点时间，中国将成为世界石材生产与贸易中心；四是我国石材工业经历了长期的艰苦的发展阶段以后，锻炼形成了一批具有国际水平的石材企业和企业家以及专业职工队伍，成为我国石材工业中的宝贵财富。参与国内外石材竞争，抗风险能力不断增强，各级石材行业组织也不断壮大，综合服务能力不断加强。

情况表明，中国石材工业虽然取得了显著成就，但存在的新老问题也是明显的，今后的任务是长期的、艰巨的。

作为全国性石材行业商会，我们在今后的工作中，必须结合石材业实际状况，继续认真学习贯彻党的方针政策，增强商会的综合服务功能。以科技为先导，加速石材行业国际化进程，推动石材行业的现代化建设，坚持——生产上技术、产品上质量、品种上档次、管理上水平的工作方针，为全面建设小康社会，开创中国石材工业发展的新局面贡献力量！

3. 奋斗目标与工作任务

我国石材工业"十一五"的主要任务是：改变石材行业落后的经济增长方式；积极推动石材外向型产业进程；加快石材工业由粗放型向质量效益型转化；加快改变小、土、散石材行业状况。保持石材产量增长基本稳定。

"十一五"具体奋斗目标是：由现在的2.5亿平方米到2010年达到3.1亿平方米。年平均增长1200万平方米，比"九五"、"十五"产量增速减少约10%；石材出口贸易额达到26亿美元，平均每年增长400万美元，进口石材达到9亿美元，平均每年增长100万美元，进出口贸易总额达到35亿美元，继续保持石材进出口大国地位；我国石材小、土、散的行业状况进一步改观，全国先进型石材企业达到40%；石材技术装备基本实现国产化，成为出口创汇的重要组成部分。到2020年我国可基本建成现代化石材工业强国，届时，将形成石材专业人才培训，石材科研与应用施工，参与国际竞争和管理现代化的完整的石材工业体系。石材工业生产总值比"十一五"翻一番，达到3000亿元人民币。进出口贸易总额超过40亿美元，其中出口达到30亿美元，每年增长0.8亿美元，年进口石材达到10亿美元，年平均增长200万美元。石材技术装备、产品结构、矿山开采等基本进入国际先进水平。我国石材长期存在的小、土、散状况基本改观，使我国处于世界石材加工与贸易的中心地位。

主要工作任务：

（1）继续开展石材国际交往与促进石材国际进程活动，加快石材工业向外向型产业发展的进程，组织参加国际石材贸易，技术交流暨展览活动。有计划地开展国际行业组织的互访和业务合作，建立相对稳定的国际石材市场和相互有利的贸易合作关系；

（2）加强石材矿山建设。合理开发利用石材资源，实施可持续发展战略，坚决制止乱开乱采的行为，改变以破坏和浪费石材资源换取眼前经济利益的矿山开采状况。依据国家相关矿产资源开发与管理法律规定，结合石材行业现状，制定石材资源保护与管理开发利用措施及规范开采标准。大力促进石材矿山的现代化、规模化建设，进一步改变荒料严重紧缺状况。我们已经充分认识到，改变我国石材"小、土、散"的行业状况，在一定意义上，取决于我国石材矿山建设的现代化与规模化。石矿资源是发展石材工业的基本物质条件，也是不能再生的资源，必须把合理开发利用石材资源放在商会工作和相关单位工作的重要位置，切实加强管理与规范建设；

（3）积极推动建立环保优化型石材产业的工作，确保石材安全使用，保护消费者利益，把石材工业发展纳入环保型可持续发展的轨道。同时加强石材综合利用，发展人工合成石材等新型石材种类，协助政府制定石材环境优化标准；

（4）根据现代社会人们对石材消费的需求，既要不断加强对石材生产新技术，石材新的应用领域等方面的研究，及时调整产品结构，改进生产方式，扩大石材应用市场。又要加强各类石材异型产品，石材艺术品，厚度3.5 ㎜、5 ㎜、8 ㎜超薄型石材复合装饰板材的研究与推广。加强石材防护化工产品，石材技术装备等方面的科研及技术设备的推广工作。不断增强石材技术装备和石材产品的科技含量；

(5)推进石材市场建设，发挥石材市场在规范石材价格，促进企业合作，开展国际与国内石材交流，办理培训活动等方面的积极作用。建立临时性展销活动与石材市场为中心常年稳定的石材交易活动双轨流通体制；

(6)发挥各级石材行业组织的作用，及时调整、完善，增强为行业为政府服务机构；加强行业组织间的沟通与合作；同时积极支持有条件的地区组建石材业商会组织。逐步增设与完善石材矿山、石材机具、石材护理，人造石材、石材流通、国际联络、石材科技、专业培训等办事机构，提高行业组织综合服务能力；

(7)积极支持和推动西部发展石材工业，将其列入石材业商会的经常性的重要工作内容。一是与相关政府部门合作，举办全国性或区域性石材专业活动；二是加强西部石材宣传活动，利用各类展会、研讨会、媒体等形式有计划的针对西部石材举办国际与东西部石材合作交流活动；三是协助开展招商引资等服务活动。

石材资源开发是世界性资源大战，我们必须认清形势作好石材资源开发与保护工作。应当指出，我国石材发展潜力巨大，国内外走势看好。但我国今后发展石材的资源优势在西部。能不能加快西部石材资源的合理开发利用，是关系到我国石材工业全局，关系到我国石材工业的可持续性发展的大事。在一定意义上讲，关心和支持西部石材资源开发、关心和支持西部石材工业建设就是关心和支持全国石材工业的发展。

“德育为本，育人为先，面向世界，开拓创新”

——记北京经济技术开发区实验学校

李玉江

学校是于1998年成立的，2001年迁至北京市经济技术开发区，更名为北京经济技术开发区实验学校。几年前这里还是一片农田果林，现在这里成为一所拥有从小学、初中至高中及国际部的国际化学校。目前学校共有33个班1100余名学生，校园占地106亩，建筑面积5万多平方米，已经成为初具规模的一所现代化的民办学校。

早在建校之初，学校针对民办校的特点提出的“德育为本，育人为先”的办学指导思想，并根据实践创立了“四科育人”的办学理念。

“德育为本，育人为先”，即在全校教育教学工作中，突出德育工作的主导作用，防止单纯追求眼前的升学率，以指导学生们设计自己人生道路为使命，把育人放在优先的位置上，使学生具有良好的道德素质和全面的知识。

“四科育人”即：“科研兴教”，就是要把学校的整体工作纳入到科研轨道上来，将科研贯穿于学校的决策、教育、教学过程中；“科研兴师”就是通过组织教师参加科研，走学习、实践、科研三结合之路，从而强化教师队伍，使教师成为教育界的科学工作者；“科研育子”，就是指导家长以子女成长中的问题为研究课题，探索教育子女成长规律，家与子女共成长；“科研成才”就是要求每一个学生把自己列为研究对象进行研究，做自我健康成长的主人。

学校领导提出“四科育人”的理念后，立即组织了以下课题的研究：《整体构建学校德育体系深化研究和推广实验》（“十五”国家级重点课题）、《提高中学生学习质量整体改革国家行动计划》（简称JIP）、《着眼人格素质，实施尊重教育》（国家级重点课题）、《跟踪指导家庭教育研究实验》（教育部重点课题）、《学生心理健康研究》（学校课题）、《双语教学的改革与实验》（学校课题）。

为推进“四科育人”办学理念的实施，学校成立了以特级教师为专职所长的学校教育科学研究所，在校长为组长的教科研领导小组的指导下，制定了《北京经济技术开发区实验学校教科研“十五”计划》，在领导干部亲自参加教科研的带动下，已有70%的教师参加了各级课题研究，并已撰写了多篇研究论文，其中已有40余篇获国家、市、区科研论文一、二、三等奖，学校连续两年获国家级重点课题《整体构建学校德育体系深化研究与推广实验》的全国先进实验校，学校被批准为“JIP”实验校、“尊重基础道德”会员校。2002年底学校被北京市东城区教科研规划办授予“教育科研特色校”称号，学校的《“四科育人”办学思想的思考与实践》的经验被刊登在《北京教育研究》上。

学校向教师提出：“科研兴师，推广一、三、七模式”。“一”是指实验学校教师必须明确树立一个成长目标，即做研究型教师，做一名教育科学工作者；“三”是实现学习、实践、科研三个教师成长要素的优化结合，克服以干代学、以干代研的偏差；“七”是指将德育常规工作的七个环节与德育科研的七个环节一一对应结合，提高实验教师常规工作的科研含量，让他们在研究环境中进行德育工作。经过4年多的课题研究，一批教师踏入了德育科研的领域，王竹品、关佩珍、胡爱江、江培英老师就是其中的代表。

学校着手于整体构建家校合作的育人体系。学校向全体家长提出“科研育子”的要求，号召家长也参加到“整体构建学校德育体系的深化研究和推广实验”课题中来，以学生成长中的问题为研究课题，在研究中与孩子们共同成长。为此，学校正式成立了“科研育子家长学校”，在成立大会上介绍了关于“当代家长”系列的实验，当场几十位家长购买了《当代家长》系列丛书。

为了使学校对家庭教育指导科学化、系列化，学校着手编写“跟踪指导家庭教育纲要”，目前中小学各部分已基本完成。“跟踪指导家庭教育纲要”共有三部分组成：本年级学生生理、心理、学习的特点和家庭教育的特点；家庭教育的目标、内容；家庭教育的途径、方法和家校合作方式等。

在整体构建家校合作的育人体系中，学校总结了“三心相印，科研成才”这种家校合作的有效方式。“三心相印”是指学生、家长、老师三方面的沟通，并达到统一、增进教育效率与效果，以便解决当前“三心相离”、“三心相距”的不利情况。在每次以“三心相印，科研成才”为思路的家校活动中，学生、家长、教师均全员参加，共同商讨学生成长主题，确立成长目标，排除成长中的障碍。目前“三心相印，科研成才”已成为学校家长会一种创新的形式。

学校还组织部分家长参加了“科研育子”的课题研究。目前每年都有许多位家长写出研究成果，发表在《四科育人》作品集上，有的发表在公开出版物上。

学校向学生提出了“做研究自我成长的主人”的号召。全校学生每人都持有：《德育》读本——作为精神食粮；《成长册》——作为目标；《做研究中学生活的主人》——作为榜样；《学生手册》——作为行为规范。此外每一位同学有一本由校长题词“做研究自我成长主人”的《成长本》，由学生记录成长过程的足迹、体验、感悟。这样就初步构建了以学生为主体的德育体系，使学生在原有基础上均有了很大进步。

学校还对学生提出了做具有良好道德习惯、生活习惯、学习习惯的好少年的要求。在实践中摒弃了“灌输式”、“讲述式”、“填鸭式”的教育方法，采取了互动实践式的新型方法。例如把中学部的“春游”安排为道德实践活动，组织学生们走进河南贫困地区，与当地的学生进行“手拉手”联谊支援活动；也曾组织小学高年级学生在夏令营活动期间走进贵州深山的苗寨，感悟那里贫困艰苦的生活环境和学习条件。此类实践活动，使得学生们思想道德上获得了提高。

学校也将德育教育延伸到各种校内活动中，自开展跆拳道活动以来，学生以德明志、以德健身，取得了优异的成绩，近两年共有 50 多名学生获得国家二级运动员证书，5 名学生获国家一级运动员证书。连续 3 年获北京市“跆协杯”跆拳道青少年比赛团体冠军称号。小学部自编自导自演的话剧《空竹对子》，在北京市文艺汇演中获得一等奖并准备参加全国范围的比赛。这些成绩的取得都是学校坚持以德为本办学理念的成果。

良好习惯的养成不可能仅仅靠说教来实现，而要以学生自身为中心、以实践为中心、以活动为中心，只有这样才能促使学生三大良好习惯的形成。

北京经济技术开发区实验学校将一如既往地投入到教育改革提高教育质量的事业中，为创建和谐社会做出贡献。

中华全国工商业

中华全国工商业联合会冶金业商会(简称全国工商联冶金业商会)成立于2006年6月，现有会员单位64家。全国工商联冶金业商会是全国工商联领导下非营利性的冶金产业及相关行业的会员组织。本商会接受中华全国工商业联合会的业务指导和监督管理。

全国工商联冶金业商会是由经营和生产本行业产品为主的企业单位；本行业的社会团体；本行业的经营者、投资者、技术人才；经济、理论、法律工作者以及相关人士；港、澳特别行政区、台湾地区以及海外侨胞从事本行业的人士自愿参加的自律组织。

本商会的宗旨是：认真贯彻执行党的方针、政策，引导和教育会员爱国、敬业、执法，规范企业的行为，反映民营企业的声音和要求，维护企业的合法权益，为我国冶金行业的规范和发展做出贡献。

本商会的主要任务是：

（一）向会员宣传、贯彻党和国家的方针、政策，引导会员遵守国家法律法规，规范企业行为，促进行业自律；

（二）组织会员学习党和国家的方针、政策，积极参政议政；

（三）为会员提供经济、技术、信息、生产、管理、融资、法律法规等咨询服务；

（四）组织会员参观、考察或举办各类展销会、交易会等活动，增进会员与行业间的交流与合作；

（五）广泛联系国际与香港、澳门特别行政区、台湾地区的商会、同业公会等组织和机构，组织会员开展交流、互访、考察等活动，促进会员的国际经贸交流与合作；

（六）维护会员合法权益，反映会员的困难、意见和要求，帮助会员排忧解难；

（七）教育会员热心社会公益事业，做好“双思”和“三个结合”；

（八）组织会员参加工商联开展的各项活动；

（九）承办政府及全国工商联委托交办的事项。

向会员宣传、贯彻并组织学习党和国家的方针、政策，积极参政议政，引导会员遵守国家法律法规，规范企业行为，促进行业自律；承办政府及全国工商联委托交办的事项；为会员提供经济、技术、信息、生产、管理、融资、法律法规等咨询服务，并且组织会员参加工商联开展的各项活动以及参观、考察或举办各类展销会、交易会等活动，增进会员与行业间的交流与合作；除此之外还广泛联系国际与香港、澳门特别行政区、台湾地区的商会、同业公会等组织和机构，组织会员开展交流、互访、考察等活动，促进会员的国际经贸交流与合作。本商会立志于维护会员合法权益，反映会员的困难、意见和要求，帮助会员排忧解难。

商会地址：北京市朝阳区惠新西街16号3单元501室
联系电话：010-64952497
传　　真：010-64919140
商会网址：www.cnyjsh.com
邮　　编：100029
E-mail:yejinshanghui@126.com

联合会冶金业商会

中华全国工商业联合会

冶金业商会会长单位：

江苏沙钢集团有限公司

冶金业商会副会长单位：

北京鑫恒集团
北京京奥港集团
德龙钢铁有限公司
番禺珠江钢管公司
抚顺罕王实业集团公司
邯郸纵横钢铁集团有限公司
河北津西钢铁股份有限公司
江苏永钢集团有限公司
美锦能源集团
萍乡钢铁有限责任公司
山西安泰集团股份有限公司
山西海鑫钢铁集团公司
上海奥盛投资控股（集团）公司
上海复星高科技（集团）有限公司
舜业集团
唐山国丰钢铁有限公司
浙江建龙控股集团有限公司
中达国际经贸集团有限责任公司
中天钢铁集团有限公司

中华全国工商业联合会
五金机电商会

图为第五届中国国际五金展览会一角

图为全国五金机电企业经营管理经验交流会现场

图为首届方达国际五金奖获奖人领取奖杯

中华全国工商业联合会五金机电商会于1999年10月19日成立，迄今已经第三届，是中华全国工商业联合会的直属行业商会。是中国五金机电企业联系政府的桥梁与纽带。商会以“会员办会、服务立会、诚信兴会”为宗旨，以推动行业发展为己任，为会员广交朋友、广获信息、广拓渠道、广播信誉、广聚财源为目的。目前，已经拥有直属企业会员300多个，各地会员近4 000个，遍及海内外。

商会从2002年起每年组织会员进行厂商之间的双向考评，评选“诚信制造商”和“诚信经销商”，推进了行业自律；商会每年在成都举办“中国西部国际五金机电博览会”，已经成为国内最重要的五金展览会之一；商会与中国五金制品协会每年在上海共同主办“中国国际五金展览会”，已经成为世界第二大五金专业展。

为推动五金机电科技进步，商会与广东方达集团共同设立“方达国际五金奖”，该奖是经国家科技部批准的国际性五金科技奖项，也是全世界迄今为止惟一一个针对五金行业设立的奖项，被国际五金联合会主席奥列维·布隆迪先生誉为世界五金行业的“诺贝尔奖”，得到社会广泛认可。

商会与亚洲、欧洲、北美等众多的国家和地区的五金机电商（协）会或相关组织已经建立了广泛的联系，并组团参加国际相关展览会。商会将在以朱文江为会长的第三届集体领导的带领下，以“服务、发展、提升、和谐”的办会理念，积极引导会员开展各类活动，共同促进五金机电业的繁荣，不断加强与国际相关组织的交流与合作，为使中国向五金机电强国的目标迈进而努力。

联系方式

电话：（010）85110308，（010）65911624
传真：（010）85110309，（010）65913310
地址：北京朝阳区延静里中街3号院5号楼
凯泰大厦507、508室
http://www.chmecc.org

图为第二届西部国际五金机电博览会现场

北京经济技术开发区实验学校

——德育为本，育人为先，面向世界，开拓创新

校长：李玉江

北京经济技术开发区实验学校坐落在交通发达、景色秀丽、世界级大企业云集的国家级开发区——北京经济技术开发区内。学校接受北京市东城区教委的直接领导，由北京二中和史家胡同小学联办，是一所集小学部、初中部、高中部、国际部于一体的全日制寄宿走读学校。

学校实行董事会领导下的校长负责制，办学理念先进，治学严谨，师资力量强大，校舍条件过硬，全面育人，发展特色，被北京市体育局、北京市教委批准为“跆拳道特色学校”，被中国跆拳道协会命名为“国家队跆拳道后备人才基地”。先后有50多名学生荣获“国家二级运动员证书”，5名学生荣获“国家一级运动员证书”，2004年、2005年、2006年连获北京市青少年跆拳道比赛团体冠军。

学校坚持“科研兴校、科研兴师、科研育子、科研成才”办学道路，曾获得《东城区“十五”教育科学研究特色学校》，国家级重点课题《整体构建学校德育体系深化研究与推广实验》全国先进实验校，《尊重基础道德研究》全国先进实验校，联合国教科文组织亚太地区《JIP》课题全国先进实验校，北京市民办学校表彰校等荣誉称号。2004年李玉江校长荣获北京市德育先进工作者。

学校按照邓小平“教育要三个面向”的指示，不断探索国际化办学之路，广泛开展国际间交流与合作，聘请一批外籍资深教师任教，目前已与日本、加拿大、美国、德国、韩国、澳大利亚等国家的大、中学校建立了友好合作关系。1999年学校与加拿大马尼托巴省教育部合作成立了“阳光情学校”，由中、加校长共同管理。学生入学后同时拥有中、加双重学籍，开设两国的高中课程，毕业时可获得中国和加拿大两国政府教育机构颁发的高中毕业证书。学生可免托福、免雅思考试、免预科直接升入加拿大马尼托巴省的3所公立大学（马尼托巴大学、温尼伯大学、布莱顿大学），现已有5届毕业生，200余人毕业。

学校为学生成人、成才搭建了广阔的国际化舞台。

2005届毕业典礼

外教上课

中日音乐友好交流

跆拳道队员获奖

澳洲蒙特甘比中学
来校交流访问

中德学生交流欢迎会

地址：北京经济技术开发区（亦庄）天宝北街甲2号
邮编：100176
电话：010-67878697　67872805
传真：010-67875456

共创金碧
恒大地产集团
HENG DA REAL ESTATE GROUP
中国企业500强　中国房地产企业10强
■中国最受尊重企业 ■中国最佳企业公民 ■中国最具社会责任感房地产企业
地址：广州市农林下路83号广发银行大厦35楼　邮编：510080　电话：020-87310666　传真：020-87310648
http://www.gzhengda.com.cn

北京康得投资（集团）有限公司

集团董事长：钟玉

北京康得投资（集团）有限公司是1988年首批在北京中关村新技术产业开发实验区成立的民营企业之一，是一家以高科技产业为龙头，集技、工、贸为一体的集团性民营企业。康得集团始终以环保产业为发展方向，主营业务涉及新型印刷材料生产及预涂膜技术的研究应用、高压变频技术的研究及高压变频产品的生产制造、工业清洁设备与快装脚手架制造、污水处理与中水回用、粉尘与废气治理、电力优化运行与状态检测软件开发应用等。

历经十多年的风雨锤炼，康得集团已形成雄厚的产业基础。康得集团在整合各相关产业部门的基础之上，组建了北京康得投资（集团）有限公司，是中国知名的新技术、新材料应用推广投资控股管理公司。

康得集团在北京上地信息产业基地建有康得大厦，在北京昌平科技园区建有康得工业园，在张家港保税区建有北京康得菲尔预涂膜华东基地。康得集团是北京市政府重点扶持的50家民营企业之一，是首批通过北京市重点扶持8家环保企业之一，是全国工商联直属商会的中国民营企业200强。

康得集团下属核心企业之一“北京康得环保科技股份有限公司”，涉足电力领域十多年，同中国300多家大型电力企业有着广泛而深入的合作，在电力行业享有很高的知名度。另一家核心企业“北京康得新印刷器材有限公司”主要从事预涂膜的生产、销售以及覆膜技术和工艺的研发。该项技术已被国家经贸委列为2000年国家级重点技术创新项目。康得菲尔预涂膜华东基地目前已是亚洲最大的预涂膜生产基地，并终将成为全球最大的预涂膜制造基地。

重任在肩，面向未来。北京康得投资（集团）有限公司将依托人才与科研优势，坚持以高科技产业为先导，发挥管理与创新优势，为振兴中国民族经济做出贡献。

康得大厦

北京中马电缆桥架制造有限公司

公司总经理：周兴国

周兴国在清华大学管理学院

北京中马电缆桥架制造有限公司是一家专业生产制造各种类型电控配电用的电缆桥架的公司，成立于2002年3月，占地面积1.8万平方米。

公司电缆桥架产品系列有：常规槽式桥架、托盘式桥架、梯级式桥架、组合式桥架、大跨距系列桥架、新型免螺栓桥架。

中马首创开发出的高科技换代产品——ZOMA牌无螺栓连接设计的新型梯节电缆桥架，是一种轻型的模块化产品，是对桥架进行了科学的结构设计并辅以全自动连续化生产线作业，理论上可实现不限长生产，交货时间更短，工程安装可实现简易化、任意化，可节约80%的安装时间，是老式桥架的换代产品。新型桥架具有高承载力、电力连接性、抗腐蚀性，以及安装简便的特性，具有广阔的市场空间。新型无螺栓电缆桥架是2008年重点工程、星级宾馆、高楼大厦等场馆建设的首选新产品。

这项新产品的成功研制，不仅可替代进口，为国家节省大量的外汇，更为民族工业注入了新的生机与活力。公司已通过ISO9001国际质量体系认证，获准为12365理事单位、中国电器工业协会会员，并荣列“中国电缆桥架质量放心用户满意十佳诚信企业”、“全国质量服务消费者满意企业”、“中国企业信誉AAA级单位”等多项殊荣。2003年10月被中国建设标准化协会评为工程建设推荐产品，是国内惟一获得在俄罗斯、蒙古国销售的定点单位。ZOMA（中马）牌电缆桥架还用于航天部的重点建设项目——火箭、卫星推进剂库房，并获得了中国人民解放军63600部队装备部颁发的荣誉证书。

中马公司在短短的时间内取得了长足的进步，在立足本企业主打产品的同时在各个领域都有着广泛的交流与合作，中马公司的发展得到社会各界的广泛认可和关注。首都建设报、人民政协报等各大报刊均以大量篇幅多次介绍中马公司的成长历程，在不足两年的时间里就在同行业独树一帜，独领风骚。中马公司视产品质量为企业生命，以顾客的需求为己任，全方位解决用户在安装使用上的各种难题，受到顾客的一致认可和青睐。

知识创造财富，商贾孕育英雄。中马公司本着以顾客为中心，立足诚信，不断创新的经营理念永续经营，飞腾的中马正如一轮破云而出的红日，显示出勃勃生机，中马愿与您携手共创美好未来！

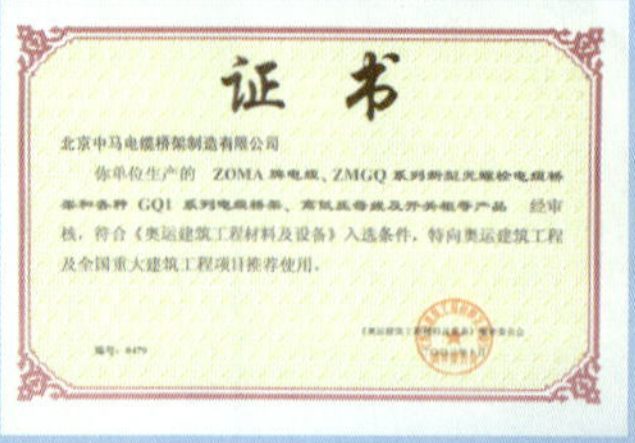

北京中马电缆桥架制造有限公司
电话：010 87301966　传真：010 87305298

成都分公司负责人：周朝兴
电话：028 87079618　传真：028 87079598

北京康贝尔食品有限责任公司

Beijing Kang beier Food co.,Ltd

北京康贝尔食品有限责任公司，原北京京源马大姐食品有限公司，创建于1991年，公司集科研、开发、制造、销售为一体，至今已成为中国糖果、巧克力行业最大的专业厂商之一，成为北方糖果最杰出的代表，公司拥有4个大型工厂，1200余名企业员工，占地总面积近20万平方米。

公司的核心品牌“马大姐”2003年被中国中轻质量保障中心授予“中国知名品牌”的荣誉称号。旗下拥有“甜蜜时光”、“塞芙利”、“小贝尔”、“一品之果”等众多品牌，形成包括酥糖、硬糖、巧克力、奶糖、软糖、果冻等几大产品体系600多个花色品种。同时公司已成功推出了“糯香果”、“小丸煎饼”等多种休闲食品，产品不仅畅销全国30个省、市、自治区，同时已远销美国、加拿大、澳大利亚、日本、东南亚等国家和地区。

目前，公司已通过了出入境检验检疫局卫生注册和FDA注册，拥有自营进出口权。公司严格执行ISO9000质量管理体系，紧跟市场、严把质量关，以为消费者提供优质、放心食品为己任。

为满足市场需求、保持企业的生命力，公司在谋求自身发展的过程中，逐步完善企业发展的硬件基础，不断引进国内外先进的生产设备。同时与中国食品研究所等科研单位进行技术合作，不断有新技术、新原料应用于糖果食品，不但把中国的传统工艺发扬光大，而且极大地丰富了糖果的产品线，力求带给消费者全新的味觉享受。

展望未来，北京康贝尔食品有限责任公司会继续秉承“厚德创业，以人为本”的文化理念，坚持“质量第一，顾客至上，市场第一，信誉至上”的宗旨，不断推进全球化浪潮，同各界朋友携手共进，共同打造我们的“甜蜜事业”！

康贝尔公司的核心理念：厚德创业，以人为本。

康贝尔公司的公司愿景：温馨甜蜜，幸福一生。

康贝尔公司的企业精神：永攀高峰，自强不息。

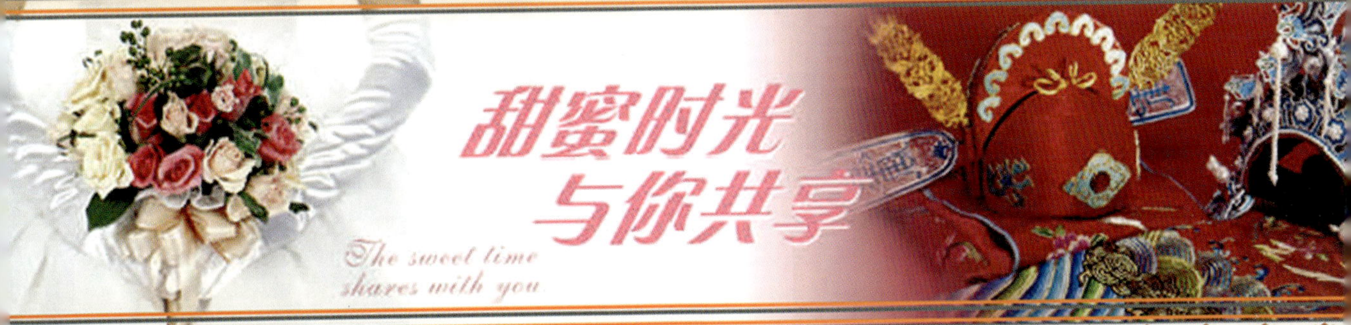

纵 横
ZONGHENG

孙纪木 公司董事长、党委书记

纵横精神

求真务实　　做大做强

指标争先　　敬业奉献

公司理念

科学 高效 人性 传承 共赢

邯郸纵横钢铁集团有限公司属中外合资企业，始建于2003年。公司位于邯郸市西郊户村工业开发区，是一家集烧结、炼铁、炼钢、轧钢、制氧于一体的综合性钢铁联合企业，总投资50亿元人民币，占地1500余亩，现有职工4000余人，年产铁、钢、材各260万吨以上，是河北省“十一五”期间重点扶持发展的八大钢铁企业集团之一，也是目前全国最大的热轧中宽带钢生产基地。

公司装备先进，布局合理，物流便捷。主要装备：3座$100m^2$烧结机、2座$10m^2$竖炉、4座$450m^3$高炉、2座80T转炉（配套LF精炼）、3台直弧板坯连铸机、2条850mm中宽带钢生产线、3座$10000m^3/h$制氧机。主导产品为中宽带钢，可广泛用于汽车、轮船、家电、机械加工、集装箱、高速护栏、大口径螺旋焊管等的制造，以及用作钢结构、冷轧料等。

两年多来，公司通过全面深化企业管理，已建立了以人力资本增值为中心的人力资源管理体系，以知识共享为中心的信息管理体系，以成本控制为中心的财务管理体系，以销定产的销售管理体系，以点检预防为中心的设备管理体系，以技术引进、开发为中心的技术管理体系，以清洁生产为中心的环保管理体系，并通过了ISO9001国际质量体系认证，各项经济指标也已达到同行先进水平。2005年，实现销售收入52.4亿元，利税3.36亿元，向国家上缴税金1.3亿元，为邯郸市“民营企业纳税大户”，位居河北省百强企业第27位，中国制造业500强第303位。

为实现“把纵钢产品做深、做精，把纵钢集团做强、做长，并努力打造成为全国一流民营钢铁企业”的宏伟战略目标。下一步，纵横将在企业现有规模的基础上，按照国家和省钢铁工业结构调整方案，瞄准带钢市场细分空间，积极提升产品档次、优化产品结构，以不断提高集团公司综合竞争力。

中陆物流配送有限公司

ZHONGLU LOGISTICS DISTRIBUTTION CO.,LTD

全国政协委员
中陆集团总裁　王超斌

王超斌，全国九、十界政协委员，河南省工商联副会长，河南台兴房产有限公司董事长、河南中陆物流配送有限公司董事长。

1990年他投资创办“河南台兴房产有限公司”，是中国内陆第一家外商投资的房地产企业，营业执照为0001号，填补了我们国家第三产业引进外资的一项空白。他兴建的“台胞住宅小区”是全国第一家涉外小区，收到了巨大的社会效益和经济效益。

1992年他被评为“十大新闻人物”之一。1996年他创办的“河南郑兴汽车交易有限公司”，覆盖了郑州市及所辖六县50%的汽车交易业务；1997年兴建的16万平方米的中陆洗化城，鞋城，汇集了全国各地的知名品牌；11万的中陆广场是它的核心造筑，2005年9月8日克林顿来参观时说这是一座非常具有国际标准现代化的物流配送中心。

2002年王超斌被评为“河南十大财富人物”之一，并被中国民政部，人民日报评为“中国时代人物”。同年河南台兴房产有限公司被评为“河南企业50强之一”。2006年，他旗下的河南台兴房产有限公司和中陆物流配送有限公司等资产评估升值基本在58亿人民币，且无银行贷款。2004年，他排名中国新财富劳斯莱斯500富人榜第78名。2004年~2006年连续三年福布斯榜上有名。2006年中国新财富劳斯莱斯500富人榜第196名。

中陆：

统一采购，会员推销，仓储自选，网上购物。
食品、酒、医药医疗器械、洗涤化妆品、小商品、办公用品、玩具、服装服饰及童装品牌折扣、批发和零售。

王翔，1949年6月生，江西彭泽人，汉族，民革党员。现任全国政协委员、全国工商联执委、江西省政协常委、江西省工商联（总商会）副会长、九江市工商联（总商会）会长、江西民生集团有限公司董事长，高级经济师。

王翔拥护改革开放政策并全力贯彻，坚持发展民营经济，早在20世纪70年代末，他就开始了创业，白手起家，艰苦奋斗，沐浴着改革春风，王翔历经油漆匠、个体户、社区生产组织等历程。1985年创办江西民生集团有限公司，王翔成为我国改革开放以来的第一代民营企业家。

“参政参在点子上，议政议在大局中”，王翔的建言献策，多年来受到中央、地方各大媒体和各大网站以及海外媒体（如美国美联社、英国路透社、日本共同社、香港各大媒体等）的广泛关注和报道，人称“提案大王”。

因业绩显著，王翔多次出席国家、省、市的表彰会，受到党和国家领导人的接见，获各级优秀民营企业家、光彩之星、优秀房地产企业家等称号。自1985年起，每次均出席十年一次的各民主党派中央、全国工商联为全面建设小康社会做贡献表彰大会，被媒体誉为从红土地走出的井冈之子。

“广厦千间夜眠六尺，良田万顷日食一升”，这是王翔在形容一个人的日常消费时，经常说的一句话，一个人的消费是有限的，要把不断创造的财富贡献给社会，帮助那些需要帮助的人。热心社会公益事业是王翔另一大闪光点，他爱心捐赠的领域主要是教育、修桥筑路、尊老敬老等方面。如全国首例设立挽救失足青少年教育基金，设立光彩奖学助教基金，在贫困地区捐建光彩希望小学等等。多年来，共捐献款项和物资近2 000万元。

集团有限公司董事长：王翔

民生集团是当地的“纳税大户”。随着企业的做大做强也在愈来愈大，从20世纪80年代年数百万元，90年代年超千万元，在当地民企中名列前茅。进入新世纪，更上新台阶，实现了新的飞跃！历年被当地税务部门评为“先进纳税人”、“纳税先进单位”。2006年，江西省地方税务局授予民生集团A级纳税信用企业。

民生集团具有强烈的社会责任意识，秉承创造财富贡献社会的宗旨，多年来，在支教扶贫等公益事业上，累计捐款近2 000万元。董事长王翔连续被评为江西省“十大爱心人士”，全国“首届百名中华慈善人物”，是福布斯和官方民政部公益时报“中国慈善排行榜”的上榜慈善家。

枝繁叶茂的民生集团，朝气蓬勃，充满生机，在不断发展中，她将“强基础，创基业，打造百年老店，与时代共繁荣”！

江西民生集团有限公司

强基础 创基业 打造百年老店 与时代共繁荣

江西民生集团有限公司系王翔董事长于1985年1月创办的江西省第一家有着20多年历史的民营企业。经过20多年的奋斗，企业规模不断扩大，从商业流通领域起步，向高新技术、房地产、建筑、旅游、矿业开发等行业发展并投资建设大型城市基础设施。

早在1995年，江西民生集团有限公司便被中国企业评价协会评定为全国最大500家私营企业之一，2005年荣膺“中国服务业企业500强”和首届“中国房地产企业200强”称号。2006年再次被评为“中国服务业企业500强”和“中国房地产企业100强”。

民生集团建立了以“创造财富、贡献社会”，“阳光下的利润，温馨的劳资关系”，“诚信、创新、高效、一流”为宗旨的企业文化，多次荣获国家、省、市先进民营企业、优秀民营科技企业、优秀儒商企业、特级诚信企业、纳税大户等称号。

▲**2005年荣获“江西十大爱心”人物**

依据深化投资体制改革精神，民生集团勇立潮头，开创了民营企业成功投资建设大型基础性项目之先河。如江泽民题写站名的九江新火车站及内外广场，投入使用后成为当地经济发展的重要增长区，九江市对外开放的门户，是镶嵌在京九铁路上的一颗璀璨明珠。重点工程九江龙开河治理开发项目，投入使用后大大提高了当地城区防洪能力，在城区防洪中发挥了显著作用。项目中的九龙大道，是城区新兴商业街，增加了城市经济总量，提升了城市品位。

按照“立足江西，走向全国”的发展战略，民生集团在二次创业中有着闪光的新举措。

在许多城市成功投资建设了多个大型项目，如全国光彩事业重点项目总投资10亿元的安徽宿州光彩城大市场，辐射皖、苏、鲁、豫四省，成为当地新的经济增长点，提供了大量的就业岗位。

总投资30亿元的安徽省淮南市广场北路综合开发建设项目，是淮南重点工程，将为提高城市品位，加强基础设施，改善民居条件做出积极贡献。投资开发的民生·淮河新城，荣获“中国百佳经典楼盘绿色、人文、和谐、设计经典楼盘范例奖”。

民生集团挺进素有“豫州之腹地，天下之最中”美誉的河南驻马店市，开工建设5条城市道路，为完善驻马店市路网体系，优化城市形象，促进经济发展做出积极贡献。

在湖北、贵州等地均有总投资数亿元的基础设施建设和房地产开发项目。

民生集团坚持科学发展观，组织专家人员，走强强联合之路，运用高新技术，开发生产集约型、环境友好型的矿业经济。属下的横峰钨锡矿、修水钒矿、于都牛形坝铅锌矿储量大、品位高、采选成果好，金属量近100亿元，为延伸产业链，实施矿业经济的可持续发展创造了优良条件。

目前，民生集团又在贵州普安县进行矿业开发，将对西部老区经济的发展起到积极作用。

依据“一业为主，适度多元”的经营策略，民生集团还拥有化工、食品加工、旅游、商务大酒店、写字楼等行业。

广厦控股创业投资有限公司

广厦控股创业投资有限公司是在改革开放中发展起来的大型现代企业集团，以建筑和房产为主业，涉及金融、能源、物流、旅游、水电、教育、医疗、文化、传媒等领域。广厦集团下辖的浙江广厦股份有限公司是建设部推荐的全国建筑业首家上市公司，1997年4月15日在上证所挂牌上市。

广厦集团现有成员企业100多家，员工6万余人。2005年企业总资产167亿元，利税18.21亿元，营销总额256亿元，连续三年荣居浙江榜首，是浙江省人民政府重点培育的26家大型企业之一。据国家统计局2005年公布的全国企业500强排名，广厦名列99强。2005年，全国工商联也对上规模的民营会员企业作过调研，广厦名列全国第6位。自1997年以来，共获国家建筑工程最高奖——鲁班奖23项。

广厦建设集团公司是建设部首批49家大型企业集团试点单位，具有国家建筑业特级总承包资质，按照“大建设、大基地、大项目、大品牌”的经营理念，已形成以广厦一建、广厦二建、广厦三建、重庆第一建筑工程公司、杭州建工集团、北京第二建筑工程公司、北京中地建设公司、陕西路桥建设集团、湖北第六建筑工程公司为骨干的优势建筑企业群体。公司年施工能力1500万平方米以上。市场遍及全国28个省、市、自治区和特别行政区。有五家成员企业具有外经权。在阿尔及利亚、约旦、科威特、纳米比亚、马达加斯加、新加坡、美国和俄罗斯等海外10多个国家和地区，建有分支机构和业务基地。自1997年以来，创“钱江杯”、“白玉兰杯”、“长城杯”、“巴渝杯”等各类优质工程350余项，一项获国家优质工程，其中获国家建筑工程最高奖——鲁班奖16项。

广厦房产集团公司本着“以人为本、引导需求”的市场战略定位，目前已在浙江、北京、上海、重庆、南京、合肥、西安等地完成了房地产市场布局。房地产开发中融入“企业经营城市”的理念，在杭州“天都城”开企业打造卫星城之先河——企业以市场手段积极参与城市基础设施建设和商品房开发，在当地政府确定的区域内，统一规划，整体设计，分步实施建设。

近年来，广厦集团实施“跳出建筑做建筑”、“以资本换身份，以兼并拓市场”的战略，积极参与国有企业改制。自1998年以来，先后控股重组了重庆第一建筑工程公司、南京中南国际公司、北京中地建设公司、杭州建工集团、北京第二建筑工程公司、湖北第六建筑工程公司、陕西路桥建设公司、上海耿耿家政服务公司以及杭州华侨饭店、金华广福医院等10多家大中型国有企业。在重组过程中，广厦坚持“只换思想不换人，不换思想就换人”的理念，对控股的企业，广厦一般只派去2个人：董事长和财务总监；强调输入两样东西：机制和理念。广厦集团参与国有企业的改制，重组兼并一家，成功一家，全部平稳过渡，达到了多赢效果：发展了企业，回报了股东，满意了政府，富裕了职工，扩大了就业。《重庆日报》称：广厦与重庆一建的联合重组是“公有制实现形式的范例”。

树高千丈不忘根的恩情。广厦集团以回报社会为天职，积极从事社会公益事业，造公园、办大学、建医院，设立见义勇为基金、投资希望小学，捐助、投资社会公益事业累计已达10亿元以上，仅最近两年向各级慈善机构捐资总额就达4 200多万元。2003年，广厦集团董事局主席楼忠福被中国红十字总会、中华慈善总会等7家单位评为“全国首届十大社会公益之星”。

广厦集团一向重视企业文化和精神文明建设。广厦集团党委坚持“民营企业不讲政治，就是对改革开放不负责任，也是与自己的资产过不去”，坚持“有作为才有地位”，紧紧围绕企业的中心工作，在“中心”中显示“核心”，保证有位而不越位，积极参与而不干预，全面渗入而不代替，搞“大合唱”而不唱“独角戏”。通过这种定位，使党组织在民营企业中始终成为贯彻、执行党的理论、路线、方针、政策的保证和联系广大职工群众的桥梁和纽带，成为贯彻“三个代表”重要思想的组织者、推动者和实践者。

广厦对社会的贡献，得到了国家和人民的高度肯定，一家企业产生了两位全国人大代表：广厦集团董事局主席楼忠福和京津渝企业董事长郭向东。楼忠福同志还获得“全国劳动模范”、“中国改革十大新闻人物”、“中国十大功勋人物”等荣誉，2003年和2004年相继和国家领导人一起出席APC会议，中央统战部、国家发改委、人事部及国家工商总局和全国工商联于2004年联合授予他“优秀中国特色社会主义事业建设者”称号。广厦控股创业投资有限公司总裁楼明和广厦房产集团董事长楼江跃分别获得“中国经营大师”称号。

沙钢集团
SHAGANG GROUP

精益求精，锤炼品质典范
以精立业，锻造国际品牌

集团董事长、总裁、党委书记：沈文荣

科技领航，科技是取之不尽的资源

沙钢是1975年靠45万元自筹资金创办起来的钢铁企业。31年来，沙钢始终定位国际先进水平，依靠科技创新、机制创新和管理创新，企业实现了持续、快速、高效发展。

目前，企业占地10平方公里，职工9 800余名，总资产450亿元；拥有集烧结、焦化、炼铁、炼钢、连铸、连轧及配套公辅设施于一体的650万吨长流程生产线一条（450万吨热卷板、200万吨宽厚板），具有国际先进水平的100吨、90吨、75吨超高功率竖式电炉炼钢、连铸生产线4条，平立交替、无扭控冷、全连续高速线材生产线4条，全连续切分轧制带肋钢筋生产线6条，以及与韩国浦项合资的不锈钢板、韩国同信合资的镀锌钢板生产线；形成了年产铁1250万吨、钢1500万吨、材1500万吨、不锈钢100万吨、镀锌钢板15万吨的生产能力。沙钢是目前国内最大的电炉钢和优特钢材生产基地、江苏省重点企业集团、国家特大型工业企业，全国最大的民营钢铁企业。

沙钢先后荣获“中国企业管理杰出贡献奖”、“全国质量效益型先进企业”、“全国用户满意企业”、“全国优秀企业（金马奖）”、“江苏省环保先进企业”、“江苏省优秀民营企业”等荣誉。2005年，沙钢在中国制造业500强排名中列第29位（2006年晋升第16位），在全国民营企业排名中列第2位（仅次于联想集团），在国际著名的钢铁市场和企业调查分析机构WSD对全世界最有竞争力的23家钢铁企业排序中，沙钢榜上有名。

沙钢的主导产品“沙钢”牌热轧板卷、高速线材、带肋钢筋已形成20大系列120多个品种规格，其中高速线材、带肋钢筋等产品荣获“实物质量达国际先进水平金杯奖”、“全国用户满意产品”、“国家质量免检产品”等称号。优质高线国内市场占有率35%左右，出口量居全国前列。热轧带肋钢筋国内市场占有率10%左右。板坯通过世界9家船级社质量认证，热卷板畅销国内外市场，5米宽厚板项目已建成投产。

2006年，沙钢共生产生铁1 022万吨，钢1 301万吨，钢材1 108万吨。

未来10年沙钢将以“打造精品基地、建设绿色钢城”为目标，坚持科学发展观，走新型工业化和循环经济的发展道路，继续把企业做优做强，销售收入超1000亿元，利税突破100亿元，奋力跻身世界500强。

自主创新，打造精品

奋力跻身世界500强

河北荣华东风汽车销售服务有限公司

承载希望 放飞梦想

Holding the hope while making the dream be soaring.

钱成海，男，1978年3月出生，浙江乐清市人，现任河北荣华东风汽车销售服务有限公司董事长兼总经理。

钱成海同志，1996年进入十堰荣华东风汽车专营有限公司工作，1999年3月组织成立十堰荣华东风汽车专营公司石家庄分公司，任总经理。2000年12月组织成立河北荣华东风汽车销售服务有限公司，任董事长兼总经理至今。该同志善于学习，不断提高自己，分别于2001年和2003年参加了北京大学EMBA企业现代经理人硕士研究生班、清华大学汽车营销EMBA高级工商管理班的学习并毕业。

该同志长期从事汽车商品的销售与服务，以及企业的管理工作，积累了丰富的企业经营与管理工作经验，具有较高的理论水平和实际工作能力，思路敏捷，有开拓创新意识和敬业精神，在员工中有较高的威信。

该同志现还担任湖北荣华集团有限公司董事局副主席、河北省政府《经济论坛》杂志社理事会理事、河北省政协联谊会《文明建设》编辑部理事、河北省工商联合会直属个人会员。

湖北荣华集团有限公司　董事局副主席
河北荣华东风汽车销售服务有限公司　董事长

诚信天下　荣华百年

钱成海

河北荣华东风汽车销售服务有限公司，成立于2000年12月，注册资金5 000万元。公司具有独立的法人资格，现有员工210人。公司拥有固定资产577万元，流动资产3 300多万元，并在邯郸、保定、沧州、井陉、张家口及石家庄周边市、县设有分公司或销售网点。公司占地面积1.6万平方米，位于河北省石家庄市北二环东路129号，是集东风汽车整车销售、配件供应、维修与售后服务、信息反馈四位一体的"东风"品牌专营公司。

河北荣华东风汽车销售服务有限公司自成立以来，开展整车销售、贷款购车、维修服务等业务，其业务范围辐射河北石家庄（周边17个县市）、邢台、邯郸、保定、唐山、张家口、承德、沧州、廊坊等河北大部分地区，年销售各种型号东风汽车近2 300辆，维修保养东风汽车2 000台次。2001年河北荣华公司被东风汽车公司命名为"河北省区域龙头经销商"；先后被石家庄市工商局、石家庄市技术监督局、质量监督信息中心评为"2000年度、2002年度重合同、守信用单位"、"2002年河北省会市场争创质量稳定、放心消费单位"；2003年和2004年被中国农业银行河北分行评为"AA"级信用企业、石家庄市长安区国税局"2003年度纳税先进单位"。现是河北省工商联合会会员单位、石家庄市汽车（摩托车）行业管理协会理事单位。

为开拓市场，扩大公司销售业务，河北荣华公司已与东风汽车股份公司、东风特汽公司、东风柳汽公司、东风新疆汽车公司、神龙汽车公司建立了合作关系，2003年1月经东风雪铁龙公司的授权，在石家庄北外环路建省会首家大型东风雪铁龙4S专营店（年可销售600辆）；2004年12月经东风本田汽车公司授权在公司本址建河北省首家东风本田4S专营店一个（年销售汽车700辆），集整车销售、配件供应、售后维修服务、信息反馈四位一体，目前经销轿车有雪铁龙、东风本田汽车全系列；轻卡有东风小霸王、多利卡；重型车有牵引车、自卸车、平板车，箱式货车等。

公司作为河北省最大的东风汽车经销商和售后服务站，以及东风雪铁龙、东风本田汽车专营店，资金雄厚、车源充足、配件齐全、售后服务质量好。在新的世纪中，河北荣华东风汽车销售服务有限公司将立足长远，着眼市场，全面制定企业发展战略，急用户之所需，提高服务质量，提高经济效益和社会效益，积极迎接市场的挑战。

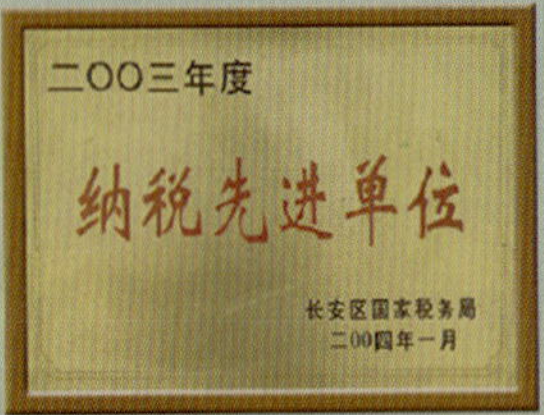

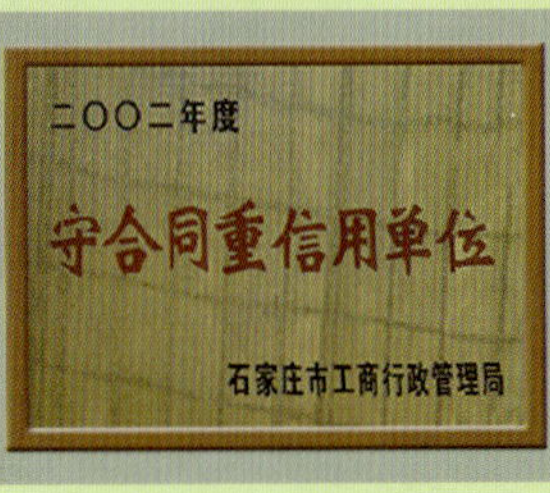

新奥集团
XinAo Group

新奥集团创建于1989年，通过全体员工的共同努力，已发展成为以清洁能源开发利用为主要事业领域的综合性企业集团，主要产业为能源分销、能源装备、能源化工、生物化工等，初步构建了上中下游纵向一体化的能源产业链。截止2006年6月，集团拥有员工2万余人，总资产过170亿元人民币，100多个全资、控股公司和分支机构分布在国内60多个城市及英国、美国、澳大利亚等国家的重要城市。

新奥坚持“以人为本、事求卓越、和谐共生”的核心价值观，致力于创造高品质的产品与服务，努力成为客户信赖、社会尊重、最有价值并具国际影响力的能源企业集团。

清洁能源的开发和利用是新奥的核心事业领域

新奥构筑由能源生产、能源转化、能源分销等产业组成的优势产业群，通过延长和深化能源产业价值链，坚定不移地走高科技、国际化之路，不断探索与发展能源领域的新产品、新市场、新业务，持续推动能源产业升级，开创新的事业空间。

星震宇集团

市场是天 安全是地 质量是命 管理是根

集团董事长：孙勇

给自己不断创建新的目标

始终给自己制定一个前进的方向

星震宇集团，属外商独资高新技术企业集团。集团公司总部地处改革开放的前沿——深圳。公司成立于1993年，通过十年的发展壮大，集团现拥有深圳工业园和江苏海安工业园，同时拥有星震宇电子（香港）有限公司、星震宇电子（深圳）有限公司、星震宇电子（澳门）有限公司、佑力泰电脑（深圳）有限公司、深圳市佑泰实业有限公司、UNITEK-COLORSIT电子（德国汉堡）公司、英国佑泰投资有限公司、星震宇数码科技（南通）有限公司、星震宇电脑（南通）有限公司、星震宇电子（南通）有限公司、南通市佑泰实业有限公司等多家企业。集团是《中国科技产业》常务理事单位，中国企业家协会、中国企业联合会会员单位、中国机电商会会员单位、中国计算机用户协会会员单位。

集团公司以IT产业为基础，集研发、模具、注塑、电子装配于一体，拥有现代化的生产设备、高素质的企业员工、雄厚的技术实力、严谨的产品质量体系和专业的售后服务队伍。

星震宇集团依靠先进的技术设备和科学的组织管理，拥有稳定的客户资源，形成了良好的商业信誉和品牌知名度。特别在欧洲、中东等地区，产品近占市场实际销售份额50%~70%的比例，电脑周边产品占全球市场份额8%~10%左右。

1993年，集团公司的掌门人、董事长孙勇先生，告别生活了30多年的家乡——江苏省海安县，只身来到了竞争激烈的深圳特区，在这个蕴藏着无限商机的热土上，开始了艰难而曲折的创业之路。从开始时的几十个人的元件小厂，经过一步一个脚印，踏踏实实的努力拼搏，风雨十年路，不负有心人，发展到今天拥有深圳、海安两个大型电脑工业园，员工5 000人，其中管理人员拥有中专以上学历的占90%以上，公司拥有大型注塑成型机械、冲压、各种全自动生产流水线、高科技镭射机等先进设备，固定资产超亿元。“UNITEK”、“UTEK”、“COLORSIT”、“佑泰”品牌的电脑机箱、电源、键盘、音箱等产品在全球IT行业有着较高的信誉。公司年产机箱电源500万台套，键盘鼠标1 000万台，多媒体音箱DVD家庭影院300万套，年创汇超亿美元。

“给自己不断创建新的目标，始终给自己制定一个前进的方向”是董事长的人生理念。走进孙勇先生那简洁的办公室，就可以看出他是一个务实求真的人。他的人生哲理就是：“要想做好生意，首先必须学会做人。”他锐意进取、勇于创新的工作作风和稳重的个性，确有其独具的人格魅力。

在星震宇集团，公司推行的是一套全新的管理模式，即不同的部门不同的岗位不同的灵活考核方法；机构能设能撤，人员能上能下，能进能出，双向选择，公司选择员工，员工也可以选择公司，让每个员工最大地发挥主观能动性，使其在星震宇公司能真正的体会到人生的价值所在。公司上至副总下至普通员工，为能加入这样的团队而感到无比的自豪。公司发展到今天有从一开公司就紧跟着的干满10多年的员工，也有刚刚跨出校门的大学生。

一个好的企业成功的关键要看有没有一个好的用人机制和留住人才的方法，公司采取的是效益与业绩挂钩的方法，打破干好干坏一个样、干与不干一个样的陈旧做法。公司花大力引进大批科研人员，成立自己的研发中心，现在平均每个月都有七八个新产品投放市场，不断更新产品的式样、性能、科技含量，使自己的产品在激烈的市场竞争中，始终立于不败之地。

星震宇集团

市场是天　安全是地　质量是命　管理是根

公司制造中心由研发中心、品质中心、注塑厂、模具厂、喷油厂、键盘厂、音箱厂、机箱厂、电源厂、鼠标厂、喇叭厂、DVD厂、元件厂以及数码部组成；研发、制造、营销已成为公司的三大优势。

作为一个成立十多年的企业，星震宇才刚刚起步，星震宇的目标和口号是“做百年业绩，创世界名牌”。要想完成宏图伟业，除了留住人才、不断更新的产品和灵活的管理机制，星震宇还要不断地抓住机遇，不断地充实自己。作为一个企业带头人，孙勇先生拥有战略家和军事家的机智和魄力。

公司在前十年的发展有过两次重要的转折。一次是1999年孙勇先生看准机会，成功兼并一个小型键盘厂，并且在短短的1年的时间内，成功进行重组、改制、转型，达到年产键盘200万只，完成了由配件厂向成品厂转型的初期过程。这在当时需要有多大的魄力和胆识，对于他来说，键盘产品根本没接触过。完全是一个全新事物，但孙先生始终坚信：质量第一，以品质来赢得客户和市场。

由于键盘产品刚开始从不知名的品牌到客户接受，认识过程一般要在半年以上，刚开始的前半年，步子走得很艰难，因为一个键盘至少要有半年以上的寿命，公司的产品从出厂至半年、一年甚至更长时间以后品质是完好如初。出厂的产品从来没有返修和遭客户投诉的。经过长达半年的艰难初步认识阶段，半年以后客户好评如潮，订单像雪花一样涌来，再经一年的发展，完成了一般工厂要十几年才能发展成的生产量。由年产200万台，一下子发展到年产1000万台。并且在此基础上，根据市场的不断变化，由最初的普通的小型超薄键盘，发展到现在已达到四大类：普通类、多媒体、办公类、无线类，25种系列、100多个规格的键盘，市场也由东南亚扩大到欧洲、美洲、中东、俄罗斯等全球五大洲160多个国家和地位的几百个固定客户。

另一次转折是2002年经过将近两年的发展，董事长孙勇先生认识到企业要想做大做强，单靠键盘一个产品是不够的，必须多方面发展全方位前进，公司董事会在孙勇先生的带领下，果断决定增加新产品，由单一键盘扩大到多媒体音箱、鼠标以及机箱电源等电脑周边设备的生产制造，并创造性的提出了礼包和捆绑式销售的新理念，大包装三合一、四合一产品一炮打响（即一个包装里既有机箱电源，又有键盘鼠标、多媒体音箱），增加了品牌和公司的知名度，最大的方便了客户，处处为客户着想，使公司一下子又赢得了更多的市场份额和占有率。在此基础上成功的向DVD、家庭影院等家电行业涉足。“市场是天，安全是地，质量是命，管理是根”是公司的成功秘诀和立于不败的法宝。

星震宇集团

市场是天　安全是地　质量是命　管理是根

企业在经济上取得效益的同时，始终没有忘记回报为公司添砖加瓦作贡献的员工。公司拿出资金，不断改善职工的福利待遇和文化娱乐生活。公司现建有员工专用生活区、员工食堂，拥有标准篮球场和一定的绿化休闲场地。各分厂成立有自己的篮球队，各分厂之间定期组织员工进行篮球比赛、拔河比赛、文艺晚会等活动，极大地丰富了职工的业余文化生活，也增强了企业的凝聚力。每年年终公司都拿出几十万元购买各种奖品用于春节晚会；公司定期组织卫生、流动红旗、先进班组、先进集体的评选活动；分厂与分厂、课室与部门之间展开了劳动竞赛，全集团上下掀起了“比、学、赶、帮、超”的热潮，这些活动的开展，极大地鼓舞和激发广大员工的积极性，“以厂为荣，爱厂如家”的思想深深扎在每一位员工的心里，公司各项工作蒸蒸日上，取得了一个又一个辉煌的业绩。

2003年集团公司所属深圳市佑泰实业有限公司生产的产品被中国电子音箱工业协会授予行业品牌“A”字标志使用单位，连续几年被中国计算机用户协会评为年度“诚信企业”和年度行业采购“首选品牌”称号。

为了进一步开拓国际市场，做百年企业，公司每年拨专项资金几百万元用以加强自身宣传并积极参加各种交易会。至今，已连续几年成功参加德国汉诺威国际通信展、中国广州出口商品交易会、上海亚洲通信技术展、美国拉斯维加斯电脑展以及香港国际家电展等世界知名展会，成功地把自己推向市场、推向世界。

2005年5月6日，星震宇集团又在位于长江三角洲的江苏省海安县兴办“星震宇集团海安工业园”，2005年10月28日，又与海安开发区签订兴办“星震宇集团海安东湖工业园”的协议，星震宇集团在江苏海安总投资2亿美元。星震宇集团海安电脑科技工业园占地175亩，厂房建筑面积10万平方米，2006年3月1日一期工程顺利投产，2006年10月将全部投产。海安数码科技园占地200亩，厂房建筑面积10万平方米，预计工程在2006年下半年破土动工，2007年8月投产。

展望未来公司信心百倍，有信心一定能够将星震宇集团发展成为世界级的知名公司。

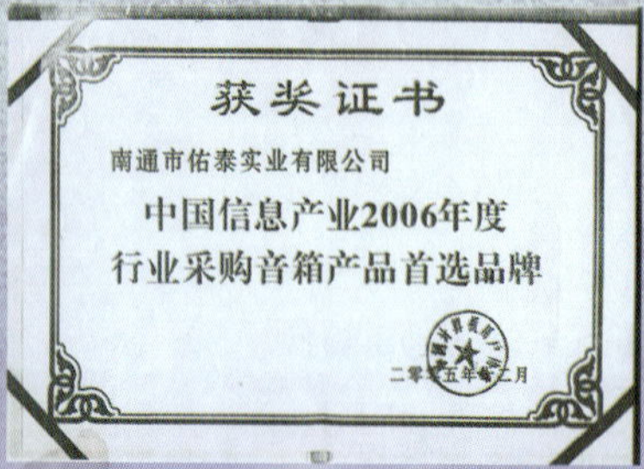
获奖证书
南通市佑泰实业有限公司
中国信息产业2006年度
行业采购音箱产品首选品牌
二零零五年十二月

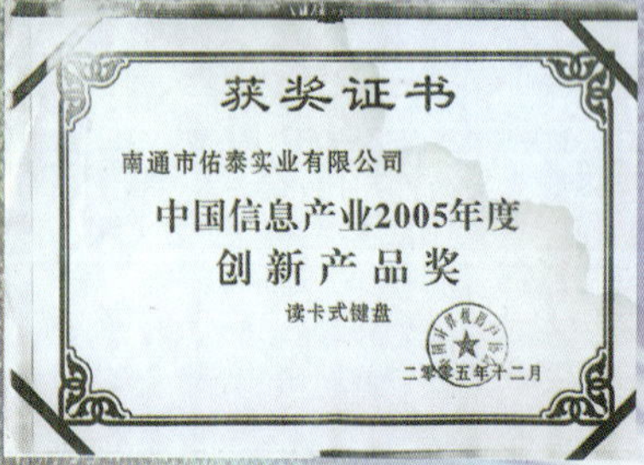
获奖证书
南通市佑泰实业有限公司
中国信息产业2005年度
创新产品奖
读卡式键盘
二零零五年十二月

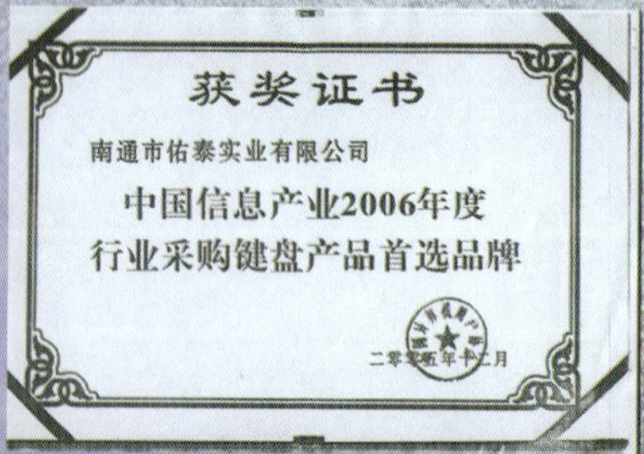
获奖证书
南通市佑泰实业有限公司
中国信息产业2006年度
行业采购键盘产品首选品牌
二零零五年十二月

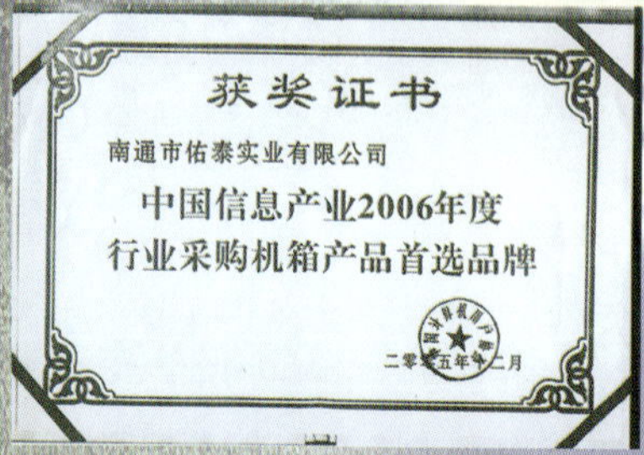
获奖证书
南通市佑泰实业有限公司
中国信息产业2006年度
行业采购机箱产品首选品牌
二零零五年十二月

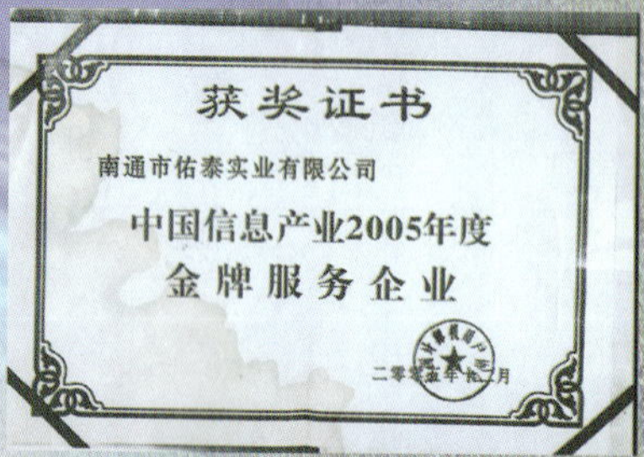
获奖证书
南通市佑泰实业有限公司
中国信息产业2005年度
金牌服务企业
二零零五年十二月

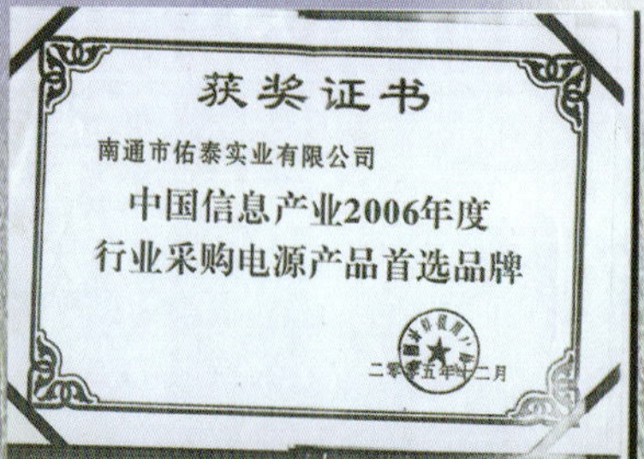
获奖证书
南通市佑泰实业有限公司
中国信息产业2006年度
行业采购电源产品首选品牌
二零零五年十二月

星震宇集团

市场是天　安全是地　质量是命　管理是根

在国外市场取得良好经济效益的同时，公司审时夺势，果断决策开发国内市场。2002年10月成立深圳市佑泰实业有限公司，针对不同地区的生活水平，开发适销对路各档产品，很快取得良好业绩。公司在全国所有省会城市设有一个一级代理商，全线代理公司的产品，并且在全国市场像战场一样划分区域来统一完成物流、配送和售后服务工作。目前已拥有以成都为中心的西南办事处，以武汉为中心的华中办事处，以南京为中心的华东办事处，以北京为中心的华北办事处，以西安为中心的西北办事处，以沈阳为中心的东北办事处，以深圳为中心的华南办事处。这些办事处的成立，有效的统筹了全国市场。2003年全年销售超亿元，完成税收几百万，被授予“纳税大户”的称号。

作为一个成功的企业，在各方面的发展都必须同步进行，在知识产权方面，很多企业自己研发了产品不注重自我保护就投放市场，很快就被别人模仿和抄袭。公司一开始就注重了自我保护这方面的建设，公司决定转型之初就成功注册“UNITEK”商标，经过几年的发展，UNITEK已成为星震宇公司在外国客户心目中的一个代名词，很多人并不会讲中国公司名称“星震宇”，但只要一提到电脑外设生产厂就会脱口而出“UNITEK”，到今天公司已成功拥有“UNITEK”、“COLORSIT”、“UTEK”、“佑泰”以及“星震宇”5个注册商标。另外在新产品的投放之前，研发过程当中，只要一有外型，公司总是第一时间向国家申请外观设计专利，有效地保护了自己。目前集团公司产品均获得3C、UL、CE、CB等国际安全认证，在国内成功开通了国家质监总局“12365”质量查询系统，公司也获得了ISO9001-2000版国际质量体系认证。

初见董事长孙勇先生，觉得他不像是一个商人，给人的印象倒是一个很好的师长，可以看得出来至少是一个儒商。自己成功了始终没有忘记为社会事业做一些力所能及的事。现在公司几千员工当中，成功地为社会安排了一批下岗工人和一定比例的残疾人就业；2000年孙勇听说江西共青城胡耀邦的陵墓工作人员发不出工资，慷慨拿出10万元人民币；2001年孙勇听说湖南某地方失学青少年为交不起学费而失学在家时，马上拿出几万元寄往该地区；连续几年先后为许世友希望小学和周恩来、邓颖超纪念馆捐赠款项。为了解决江苏兴化茅山革命老区脱贫问题，集团公司先后多次在当地招收普通员工到深圳工作，既解决了当地的就业问题，又解决了企业员工短缺的问题。

2001-2003年孙勇先生多次为江苏省海安县中学捐助专项助学金达200万元，并成立了助学基金会为海安县营溪乡捐资200万元修建了一条村级公路，一座连心桥。孙勇先生时常会说，人不能忘本，也不能忘根，一定要有一颗善良和包容的心，尽量多的去帮助那些最需要帮助的人。

VERGREEN AQUATIC PRODUCT

公司部分出口产品

■熟虾仁

■面包凤尾虾

■剪背去头虾

■蝴蝶虾

■浅去皮鱼片

■深去皮鱼片

深圳市庆鹏实业集团有限公司

SHENZHEN QINGPENG INDUSTRIES GROUP CO.,LTD.

跨地区、多城市开发

深圳市庆鹏实业集团，前身为成立于1994年的深圳市庆鹏石油化工经销有限公司。集团组建于2003年，主营石油、房地产、物流及刺绣文化产业，下辖30余家全资及控股公司，经历10多年的建设和发展，已由国有合资企业成长为充满活力的大型民营企业集团。

集团经营油品化工行业逾10年，在全国拥有5家具有成品油批发销售资质的全资及控股企业、30余座全资及控股加油站、总库容17万吨的储油罐和化工罐、3座8000吨和3000吨级油品和化工专用码头，业务贯穿成品油及化工产品的运输、仓储、批发和零售，业务范围覆盖华南、华东、东北及西南地区。集团于2004年进入原油开采领域，在吉林拥有17平方公里区块的原油开采权，完善和充实了油品领域的产业链。

集团自1999年起先后介入船务代理、国际船舶代理业务领域，于2002年成立航姆国际船舶代理集团，在全国8个重要港口城市建立公共国际船舶代理网络，辐射全国，并与交通部、中国石油天然气股份有限公司建立了战略合作伙伴关系。

房地产、市政工程领域是集团于2001年开辟的另一主营业务，以泛珠三角、长三角地区和西部地区作为重点投资区域，实施“跨地区、多城市开发”战略。完成包括川藏公路在内的多个市政建设项目；成功开发占地16万平方米纯花园洋房社区“心怡·左岸花都”、总建筑面积近30万平方米的“心怡·蝴蝶城”等系列精品楼盘，集团正在开发的项目尚有总建筑面积超过300万平方米的“心怡·城南新城”、总建筑面积逾13万平方米的“心怡城市花园”（暂定名）、江都市占地20多万平方米的综合开发项目、深圳市龙岗区向前村、丘屋村两个片区的旧城改造等多个项目。

为传承刺绣艺术，弘扬民族文化，集团2002年创立了苏州任嘒閒刺绣艺术发展有限公司，2005年成立了北京中展天下刺绣文化艺术有限公司，2006年收购中国苏州刺绣研究所。在北京、苏州和深圳共设4个展馆，总面积达3000平方米，并设有多处制作工场，创作刺绣精品600余幅，先后赴世界30多个国家参展交流。在传承刺绣艺术的同时，集团大力推进刺绣艺术的市场化、产业化，让中国刺绣走向世界，让世人共享其艺术魅力。

2006年通过改制为全国工商联直属企业——中国同源公司，使之成为集团与全国工商联携手合作共同控股经营的中国同源有限公司。

加油站

成都“心怡·左岸花都”

国际友人参观绣娘劈线表演

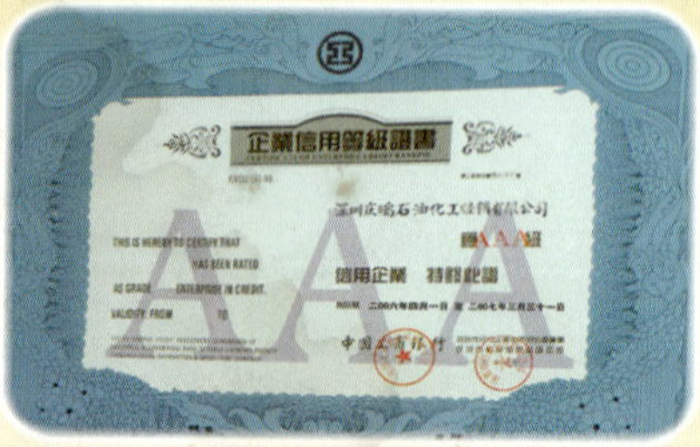

工商银行企业信用等级证

湛江国联水产开发有限公司

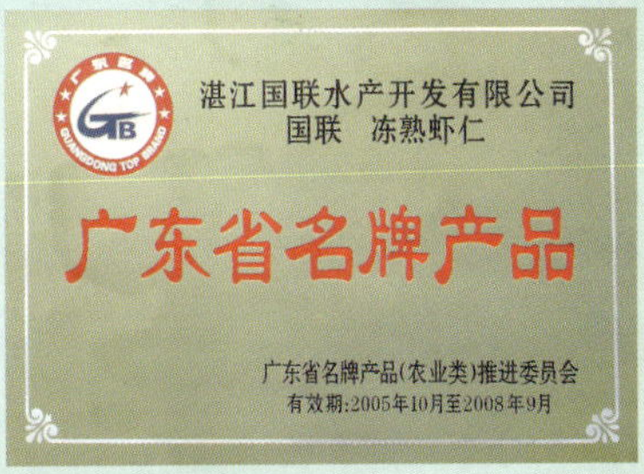

湛江国联水产开发有限公司始建于2001年，坐落在中国大陆最南端——广东省湛江市，现已成为集种苗、饲料、加工、销售、科研开发为一体的大型水产集团企业。公司厂区严格按照中国《出口水产品加工企业注册卫生规范》的标准和美国FDA法规及欧盟标准统一设计。公司占地面积16万平方米，年生产能力达10万吨以上。

公司先后被评为“农业产业化国家重点龙头企业、全国农产品加工示范企业”。荣获“广东省高新技术企业、广东省优秀企业、广东省名牌产品、广东省食品医药行业科技质量工作先进单位、广东省出口创汇大户、广东省文明单位、湛江外贸出口突出贡献一等奖、湛江市工业企业五十强”等荣誉称号。成为引领中国对虾出口的旗舰企业。

公司的营销策略以市场为导向，推动多元化经营。致力完善和推广种苗、养殖、饲料、加工、生物工程农业产业化产业链，依托生态环境良好的水产品自有养殖基地，开发出凤尾虾、虾圈、面包虾、罗非鱼片等数十多种优质产品，产品辐射美国、加拿大、日本、韩国、香港及台湾等数十多个国家和地区。

公司建立专门的水产食品研发队伍，凭借强劲的研发实力，不断地进行自主研发和创新，并在业内率先通过了HACCP、ISO9001、EU、BRC、ACC等国际体系认证。2003年1月，被广东省检验检疫局定为首批大通关试点企业，在生产全过程中实施电子化监管模式，该模式荣获广东省企业管理现代化优秀成果奖，成为中国出口企业推行“2211”模式的先锋典范。

“品质先行，诚信为本”。我们愿与海内外的朋友一道，携手进进，共创辉煌。

特别鸣谢

中华全国工商业联合会烘焙业公会
中华全国工商业联合会冶金业商会
中华全国工商业联合会五金机电商会
中华全国工商业联合会石材业商会
北京经济技术开发区实验学校
奥凯航空有限公司
恒大地产集团
北京恒基伟业电子产品有限公司
北京康得投资（集团）有限公司
北京中马电缆桥架制造有限公司
北京康贝尔食品有限责任公司
上海东鼎投资集团有限公司
河北省工商业联合会
邯郸纵横钢铁集团有限公司
河北新奥集团
河北荣华东风汽车销售服务有限公司
唐山先隆轧辊实业有限公司
沈阳市工商联合会
辽宁万雄集团
辽宁锦州市古玩业商会
内蒙古维信羊绒（集团）有限公司
江苏沙钢集团有限公司
广厦控股创业投资有限公司
九江清源实业集团有限公司
江西民生集团有限公司
山东邹城市翔宇物资贸易有限公司
河南金鑫国际珠宝有限公司
河南省前卫实业有限公司
河南中陆物流配送有限公司
武汉关山梁子湖生态科技园
大汉控股集团
湖南艾华科技集团有限公司
深圳市南洋金象珠宝实业发展有限公司
星震宇集团
广东恒兴集团有限公司
深圳市庆鹏实业集团
湛江国联水产开发有限公司
雨田集团有限公司
贵州省安顺黄果树铝业有限公司